2012年1月6日，“城市生命线工程结构安全”国际联合实验室、广东省城市生命线工程结构力学应急技术研究中心揭牌仪式暨“城市生命线工程结构安全技术”国际论坛在广州举行

2012年2月1日，陈云贤副省长率省府办公厅、省科技厅、省财政厅、省知识产权局、省金融办、省科协及中科院广州分院（省科学院）有关负责同志到广东科学中心调研并召开科技工作座谈会，代表省政府向全省广大科技工作者致以新春的节日问候。图为座谈会期间，陈云贤参观“2011年广东科学中心10件大事评选候选事件推荐表”

2012年3月7日，华南先进光电子研究院在华南师范大学大学城校区挂牌成立

2012年3月22日，广东省引进创新科研团队评审会在广州召开

2012年3月27日，省委、省政府在广州召开广东省科学技术奖励大会暨全省科技工作会议。2011年度广东科学技术奖共评选出272项优秀科技成果，其中特等奖2项、一等奖30项、二等奖87项、三等奖153项。中国科学院院士、中山大学肿瘤防治中心主任、中山大学附属肿瘤医院院长曾益新获2011年度广东省科学技术突出贡献奖，奖金200万元

2012年4月8日，第27届广东省青少年科技创新大赛开幕式在广州市第二中学（科学城校区）举行

2012年5月27日，广东省科普场馆科技进步活动月系列科普活动暨欢乐科学周末在广东科学中心举办。图为机器人表演现场

2012年5月28日，广东省推广应用LED照明产品工作会议在广州召开

2012年6月7日，器官衰竭防治省部共建教育部重点实验室建设项目验收会在广州举行，专家组一致同意通过该实验室的验收

2012年6月15日，由省科技厅和河源市人民政府联合主办的以"科技兴农，情系山区"为主题的大型农业科技和医疗卫生下乡活动在河源东源县新回龙镇举行。图为省农村科技特派员向当地农户代表赠送一批农业实用技术书刊

6月16—17日，第十届广东省少年儿童发明奖优秀作品展暨首届广东省创意机器人大赛在广东科学中心举行

2012年7月13日，陈云贤副省长率队到广州高新区开展改善创新环境行动计划专题调研

2012年7月17日，广东省基本建设优化研究会第一届会员大会暨成立大会在广州举行

2012年7月19日，全省科技创新工作会议在中山市古镇召开

2012年7月21日，由广东省科技信息中心主办的“发现身边的科技——广东省科技进步活动月二十周年户外活动”在广州举行

2012年8月12日，广东省数控一代机械产品创新应用示范工程推进大会在东莞召开

2012年9月20日，广东省创新医疗器械产品应用示范工程科技惠民行动启动会在广州举行

2012年10月21日，“广东省LED主题园启动仪式”暨“LED体验馆开幕仪式”在广东科学中心举行

2012年10月23日，“十二五”广东省制造业信息化科技工程启动大会在广州召开

2012年11月6日，第九届中国国际半导体照明展览会暨论坛（CHINASSL2012）在广州开幕

2012年11月23日，省食品药品监管局和省科技厅联合主办的广东省生物医药产业自主创新大会在广州召开

2012年12月5日，茂名石化1000万吨/年常减压蒸馏装置建成投产，成为全国第三家原油加工能力超过2000万吨/年的炼油企业

2012年12月5日，2012年广东省科技型中小企业技术创新基金工作会议在广州召开

中建钢构阳光惠州有限公司

中建钢构阳光惠州有限公司（原深圳龙岗阳光金属构件公司，以下简称“阳光钢构”）始建于1991年，占地面积20万平方米，注册资金2亿元，年加工钢结构能力20万吨，是国内集制作、安装、设计于一体的大型专业钢结构公司，是中国钢协团体会员、中国建筑金属结构协会团体会员、中国焊接协会常务理事、广东省空间学会常务理事、建设部和建筑钢协定点钢结构制作企业、深圳质量管理协会常务理事、国内钢结构行业中首批取得国内外双认证企业。

阳光钢构为钢结构制造一级、安装一级、设计甲级的大型钢结构企业。现有管理技术人员180余人，其中教授级高工8人、高级工程师28人。公司经营区域覆盖了以珠三角、长三角为重点的中国内地市场和中国港澳、中东及越南。

多年来，阳光钢构在超高层钢结构、大跨度钢结构、高耸塔桅钢结构、复杂空间钢结构等领域，承建了一大批体量大、难度高的标志性建筑，形成了以深圳地王大厦、深圳招商银行大厦、香港环球金融中心、香港长江集团实业中心大厦、江苏江阴空中华西村、深圳南山商业文化中心、厦门国际金融中心、腾讯滨海大厦、长沙国际金融中心为代表的超高层系列，以香港新机场3号候机楼、香港新机场固定空运线、罗湖海关火车站为代表的交通港站系列，以澳门游泳馆、澳门多功能体育馆为代表的体育场馆系列，以郑州国际会展中心、惠州会展中心为代表的会展中心系列，以深圳市民中心、深圳大梅沙京基喜来登酒店、澳门拉斯维加斯酒店为代表的公共设施系列，以深圳大梅沙愿望塔为代表的塔桅构筑系列，以中芯国际（深圳）集成电路制造厂房、惠州东风第二汽车制造厂房为代表的工业厂房系列，以大亚湾岭澳核电站、台山核电站、阳江核电站、妈湾电厂为代表的电厂系列，以越南协福电厂、越南山洞电厂、迪拜双子塔楼、巴基斯坦BBIA机场为代表的海外工程系列。

1996年年初，阳光钢构通过了深圳市质量认证中心（SQCC）和挪威船级社（DNV）ISO9001质量体系认证。近些年多次顺利通过两个认证中心的换证复评审核，并已成为新日铁公司、日本NKK公司、法国ALSTOM公司、法国ABB公司、英国WASTON公司、英国KCB公司等大型跨国公司的注册分供方和广东核电公司、杭州锅炉集团、东方电气集团的合格分供方。

中建阳光钢构愿意继续以自己所拥有的先进管理模式和雄厚的技术力量，本着公司的质量方针和质量目标，竭诚为国内外客户提供优良的产品和最满意的服务。

中建钢构阳光惠州有限公司新厂区

中国科学院深圳先进技术研究院

Shenzhen Institutes of Advanced Technology, Chinese Academy of Sciences

中国科学院深圳先进技术研究院（以下简称“先进院”）成立于2006年2月，由中国科学院、深圳市人民政府友好协商共同建立。先进院目前已初步构建了以科研为主的集科研、教育、产业、资本为一体的微型协同创新生态系统，由五个研究所（先进集成技术研究所、生物医学与健康工程研究所、先进计算与数字工程研究所、生物医药与技术研究所、广州中国科学院先进技术研究所（筹））、1所特色学院（深圳先进技术学院）、4个特色产业育成基地（深圳蛇口机器人基地、深圳龙岗低成本健康基地、深圳李朗云计算与物联网基地、上海嘉定电动汽车基地）、一支天使基金（中科育成）和 3 支风投基金（中科明石、中科道富、中科昂森）、1个具有独立法人资质的民办非企业性质的新型科研机构（深圳市创新设计研究院）组成，设有学术委员会、学位委员会和工业委员会。

2013年，先进院发挥体制机制创新优势，创新能力持续增强，集成交叉更加深入，不断完善四位一体（科研+产业+资本+教育）的发展模式。低成本健康和高端医疗影像、机器人、电动汽车等项目的科研成果取得多项国内第一。专利申请量达1 088件，约占中科院总量的10%；发表论文943篇，其中在Science/Nature系列期刊发表论文3篇，SCI论文343篇，JCR一区论文159篇，论文质量显著提升；全年各类经费到账额5.5亿元，合同额突破6.5亿元，人均科研经费由2012年的35万元增至46万元，增幅31.4%，人均创新能力有大幅提高；总资产（含固定资产和无形资产）逾12.7亿元；与企业合作创新高，横向经费合同额5 584万元；全年新孵化企业17家，入驻育成中心企业累计130家，持股62家；年度培养学生1 280人。在夯实基础的前提下，进一步有序扩张，中国科学院大学第一所揭牌的专业学院“中国科学院大学深圳先进技术学院”正式成立，打造高端人才培养大平台；生物医药与技术研究所正式挂牌成立；建设创新设计研究院等3个专业研究院；引进诺奖获得者，组建创新团队，稳居华南人才高地。

先进院人员规模保持稳定，共1 950人，其中员工1 174人，中高级职称617人，拥有博士学位404人，拥有海外经历人才335名。广东省“电子封装材料”团队负责人汪正平教授入选中国工程院外籍院士，新入选万人计划2人；2人获国家基金委杰出青年基金资助，1人入选新世纪百千万人才工程国家级人选，1人获陈嘉庚青年科学奖；1人入选鹏城杰出人才，1人获深圳市青年科技奖，2人入选鹏城学者；新获批深圳市孔雀人才/领军人才62人次，累计达127人次。新引进中科院“百人计划”A类、Y类3人，累计达31人；新增“千人计划”入选者3人，累计达23人。

在人造眼、功能薄膜材料领域新获批2支广东省创新团队和1支深圳市孔雀团队，累计9支，位列广东省第一，占全省总数的10%、深圳市总数的1/3。全年共获批人才类项目经费1.65亿元，到账经费1.03亿元。

该院主办的学术期刊《集成技术》发行6期，稿源数量和质量均得到较大提升。举办各类学术会议、学术讲座共计214场。

“一三五”重点领域和方向取得阶段性的成果。“一三五”包括一个定位，三个重点突破，五个重点培育。重点突破低成本健康和高端医疗影像、机器人、电动汽车等研究领域，重点培育铜铟镓硒薄膜太阳能电池、大数据与数字城市、先进电子封装材料、纳米载药与神经工程、单抗药物与骨关节材料等研究项目。2013年，在低成本健康和高端医疗影像、机器人、电动汽车等项目的科研成果取得多项国内第一。包括开发出国产第一套超声辐射力弹性成像系统、搭建国内第一套反射式光学分辨光声成像系统，机器人学国际顶级会议论文发表数量全国第一，脊柱手术辅助机器人进行动物实验及远程操作为国内第一次，CIGS薄膜太阳能电池转化效率大中华区第一等。

与企业合作创佳绩，院地合作迈向新台阶。全年横向项目经费与无形资产转移转化共9 714万元。新签横向合同88项，合同金额5 584万元；到款超过2 900万元，同比增长195%；产学研项目到款金额超过3 000万元，同比增长120%；专利转移转化价值金额1 630万元；专利成果转移实现单笔成交金额722万元再创新高。已累计签订各类横向合作合同339个，合同收入25 850万元；累计与企业共建实验室22个，派出科技人员108名，第三次荣获“中科院院地合作先进集体”。新增孵化高新企业17家，入驻育成中心企业数总计逾130家，持股62家。其中一级公司已经注册11家，利用社会资本2亿元，总注册

中国科学院大学深圳先进技术学院揭牌

深圳创新设计研究院揭牌

地址：深圳市南山区西丽大学城学苑大道1068号
电话：0755-86392288
传真：0755-86392299
网址：www.siat.ac.cn

机组全景

潮州发电公司办公楼

潮州发电公司煤码头

潮电煤码头

潮州发电公司挡风抑尘墙

广东大唐国际潮州发电有限责任公司

广东大唐国际潮州发电有限责任公司位于潮州市饶平县东南部的柘林镇，拥有大唐集团首批百万机组，是集团在广东最大的火力发电企业。目前公司共有员工453人，平均年龄34岁。

公司于2003年11月15日注册成立，现有装机容量320万千瓦，一期工程两台60万千瓦超临界机组分别于2006年5月和7月投产发电，二期工程两台100万千瓦超超临界机组于2010年7月22日获得核准，这标志着中国大唐集团百万千瓦火电机组零的突破。潮电公司积极践行“人为本、和为贵、效为先”的核心价值观，始终将节能环保作为一项重要任务，坚持“生命至上，安全第一”的安全理念，打造人员无伤害、设备无缺陷、系统无故障、管理无漏洞、环境无污染的本质安全型企业，实现了安全生产标准化一级达标。截至2013年12月31日，潮电公司实现安全生产2 002天。

潮州发电公司全景

GQI 安全的标记·广东质检 质量的保证

广东质检科学城基地

广东产品质量监督检验研究院
广州电气安全检验所
广东省试验认证研究院

广东产品质量监督检验研究院（简称“广东质检院”，英文简称“GQI”）成立于1983年9月，又名国家技术监督局广州电气安全检验所、广东省试验认证研究院，是国家质检总局和广东省质监局属下的法定第三方专门从事产品质量检验和认证的机构、中国合格评定国家认可委员会（CNAS）认可的国家级实验室和检查机构、国际电工委员会电工设备及元件合格评定体系组织（IECEE）认可的国际CB实验室、国家认证认可监督管理委员会（CNCA）指定的国家强制性产品认证（CCC）检测机构。

广东质检院目前拥有9个国家产品质量监督检验中心，分别为：

- **国家电器产品安全质量监督检验中心**
- **国家家具产品质量监督检验中心（广东）**
- **国家中低压输配电设备质量监督检验中心**
- **国家涂料产品质量监督检验中心（广东）**
- **国家食品质量监督检验中心（广东）**
- **国家机械产品安全质量监督检验中心**
- **国家消防产品质量监督检验中心（筹）**
- **国家太阳能光伏产品质量监督检验中心（广东）（筹）**
- **国家电线电缆产品质量监督检验中心（广东）（筹）**

广东质检院现有1个总部、2个基地，拥有现代化实验室和办公场所8万平方米（正在建设的广州科学城总部基地占地57亩，一期建成5万平方米实验室，预计2013年年底启用），固定资产超5亿元，各类高素质的专业技术和管理人员800多名，先进的检测、校准仪器设备逾8 000台（套），已取得85大类、3 200个产品及项目的检测、检查及校准的国际和国家资质，涉及标准8 500多个。业务范围主要包括电气、电子、信息技术、电磁兼容（EMC）、机械、塑料、家具、食品、化工、涂料、纺织服装、RoHS、玩具、电动自行车、金银珠宝玉石、消防、安防工程、测量及检测设备、智能化建筑等85大类产品和工程项目的检测、校准和工厂检查工作，是集检测、校准、认证、标准制修订与研究于一体，具备国际先进、国内领先水平的专业与权威的认证检测机构。

广东质检院创办的广东质检中诚认证有限公司（CTC），是具有独立法人资格的第三方认证权威机构（批准号：CNCA-R-2002-049）。业务范围包括体系认证和产品认证，体系认证的领域为ISO 9001、ISO 14001和OHSMS 18001等；产品认证范围包括家具、玩具、化学化工、塑料制品、电子电器等近20大类产品，认证的类型分为合格认证、安全认证、环保认证、节能认证等。

总部：广东省广州市海珠区新港东路海诚东街6号
电话：020-89232806　传真：020-89232876　邮编：510330
网址：www.gqi.org.cn / www.gdqt.cn　E-mail：gqi@gqi.org.cn

佛山市路桥建设有限公司

佛山一环快速干线工程建设与管理创新实践

2002年，省委、省政府提出将佛山建设成为“广东省第三大城市”，但相对落后的路网成为巨大制约因素，经省委、省政府同意，市委、市政府决定投资130亿元修建一条环行快速干线。

佛山一环经南海、禅城、顺德和三水4个区共14个镇街，全长99.2公里，双向14车道。工程于2004年4月开工，2006年11月建成通车。

根据项目的特点和难点，项目组开展了工程设计、路桥建造、生态环保和工程管理等四大类共17项专题技术研究，取得了四大主要创新点：一是攻克了复杂条件下路桥建造技术；二是采用“主辅路并行，与被交道路无缝对接”设计技术；三是将低碳节能和绿道理论引入城镇群快速道路建设；四是创造性构建了大型建设项目综合管理体系。

佛山一环的建设形成了珠三角西岸的交通枢纽，取得了显著的经济、社会、生态效益，带来了交通、城市、产业的巨大变化，促进了广佛同城化、广佛肇经济圈、珠三角一体化的协调发展，有效推动了佛山的GDP在5年内连跨4个千亿元大关，为我国经济发达地区环城镇群道路建设提供了重要的参考。

东莞光阵显示器制品有限公司

鼠标扫描仪

视话通系列

东莞光阵显示器制品有限公司(以下简称“光阵公司”)是永成国际有限公司投资的全资子公司。光阵公司成立于2003年7月，注册资本11 380万元，经营范围包括鼠标扫描仪、文档拍摄仪、视话通、手机摄像模组以及多领域摄像功能组件等视频应用类产品。现有生产车间8 000平方米，固定资产投资1.54亿元，员工总数1 000余人。其中研发场地1 200平方米，研发设备总值2 800万元，研发管理人员200多人。

光阵公司积极进行产业结构调整，推进转型升级，被评为全国、省市加工贸易转型升级示范企业。光阵公司致力于新技术、新产品、新工艺的研究，大力开展产学研项目合作，成立了省级光电显示工程技术研究开发中心，开展深入的产学研工作，取得良好的经济和社会效益。

光阵公司重视产品研发和技术创新，致力于光电领域的应用研究，是国家火炬计划重点高新技术企业、博士后创新实践基地和国家博士后科研工作站。光阵公司将一如既往地强化研发能力，注重科技创新和打造自主品牌，努力朝着IT化、多元化的发展道路稳步前进，将企业打造成科技型、多元化型、具有影响力的大型科技企业。

产品介绍

多功能精拍仪系列

多领域摄像模组系列

光阵公司近三年申请专利150多项，其中发明专利36项；近年来获39项广东省高新技术产品，5项广东省自主创新产品，是“广东省创新型企业”。目前光阵公司业务包含五大系列产品：鼠标扫描仪系列、文档拍摄仪系列、智能电子猫眼、手机摄像模组系列以及非手机摄像模组系列。这五大系列产品均以优良的品质和完善的服务享誉国内外市场，成为国内外行业中拥有巨大影响力的高科技大型企业，“光阵”品牌逐步形成。

销售总部地址：深圳市罗湖区沿河北路1002号瑞思国际中心1803-1806 **生产基地：广东省东莞市清溪镇银星工业区**

电话：0755-88267650 82786120 传真：0755-88267612 E-Mail: sales@globaloptics.cn 网址：www.globaloptics.cn

佛山供电局

公司简介

佛山供电局为中国南方电网公司广东电网公司直属的国有特大型企业，负责佛山全市安全供电、电网建设和供用电服务工作，现有供电客户270万户，最大负荷890.4万千瓦，最大供电量502.3亿千瓦时，35kV及以上输电线路4 091千米、变电站203座。

在科技创新方面，佛山供电局建立了“1+3+N”的科技创新实施主体（试验研究所+电力调度控制中心、计量中心、信息中心+输、变、配、营运行等直属单位），紧跟新能源和智能电网技术等前沿科技，突出佛山局高电压、自动化、信息等传统优势专业，分析国际领先企业的科技行为，注重抓好新技术的引进吸收和集成应用。

自2009年至今，佛山供电局各类科技指标均处于同规模电网企业前列，承担国家“863计划”课题2项，获省部级科技奖励30项，申请专利211项，获授权专利71项，“500kV输变电设备带电水冲洗技术研究及工程实践”等科技成果达到国际领先水平。2013年佛山供电局被评为南方电网“科技创新先进集体”，是唯一获此殊荣的地市级供电局，也是佛山供电局连续两年获此荣誉。

今后，佛山供电局还将着力同国内外科研院校开展联合技术攻关和人才培养，打造“带电作业、状态监测、新能源接入、智能配用电”等电力技术品牌建设，力争到2020年，掌握一批电网运营和发展的关键核心技术，一批重大科技成果达到国际领先水平，整体达到国际同规模企业先进水平。

智能配电网自愈控制技术研究与开发

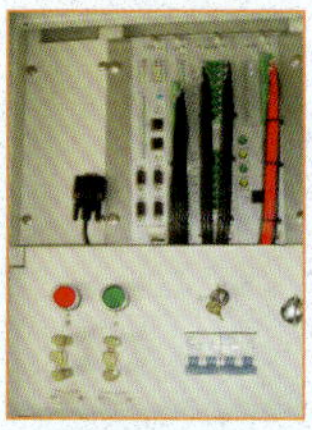
智能配电保护测控一体化终端

自组网中继器

自组网故障指示器

智能配电网自愈控制技术研究与开发项目为国家“863计划”课题，由广东电网公司承担，佛山供电局实施，项目总资金5 911万元。该项目基于我国配电网现状及智能化发展需求，突破智能配电网仿真、在线安全评估及预警、故障检测、定位及网络重构、分布式电源接入及控制等方面的关键技术，提出一整套适合我国配电网智能化发展的自愈控制技术体系，建立我国智能配电网自愈控制技术标准，为智能配电网自愈控制技术在我国的推广应用奠定坚实基础，课题将以广东佛山金融高新技术服务区为示范园区，通过自愈控制系统，实现示范园区内配电网供电可靠性指标不低于99.999%，达到国际先进水平。

截至目前，项目已经完成研究报告15份、申报发明专利13项、发表EI/SCI论文11篇，形成一系列关键技术，构建了完整的智能配电网自愈控制技术体系，现已顺利通过科技部中期审查。并在以下几方面取得了突破或阶段性成果：

1. 建立了面向智能配电网不同应用背景下的分布式电源及储能多时间尺度模型，开发了一整套适用于含分布式电源的智能配电网多时间尺度仿真计算的核心软件工具，并立足于我国配电网实际情况，首次发布了我国的智能配电网标准化算例系统。

2. 提出了配电网在线风险评估模型、安全预警与运行状态划分依据以及在线风险评估方法，研发并实现智能配电网在线风险评估、安全预警功能模块。

3. 研发了基于网络式保护的智能配电保护测控一体化终端，突破配电网多开关串联运行保护配合的困难，并支持断路器和负荷开关混合组网的运行方式，达到国际领先水平。

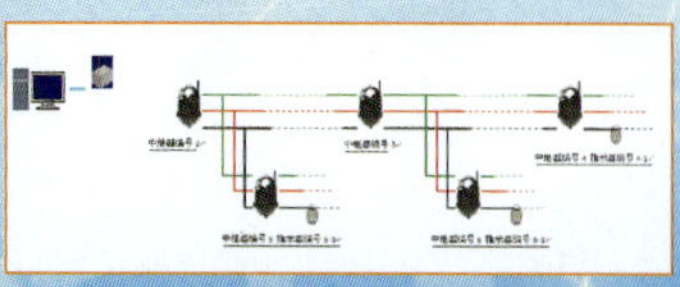
自组网故障指示器组网运行示意图

500kV输变电设备带电水冲洗技术研究及工程实践

“500kV输变电设备带电水冲洗技术研究及工程实践”项目针对我国电力系统对带电水冲洗技术在500kV超高压输变电设备应用的重大安全需求和研究空白，系统地研究了500kV带电水冲洗系列技术，研发了系列输电线路和变电设备带电水冲洗成套装置，开展了实验室验证考核、培训基地验证考核和500kV输变电设备现场作业，实现了冲洗方法及装置实用化工程应用。经专家鉴定，该项目对500kV输变电设备带电水冲洗技术开展了系统和全面的研究，实现了工程应用，研究成果达到国际领先水平”。

【项目主要创新如下】

1. 建立500kV交流输变电设备带电水冲洗技术体系，得到500kV输电线路和变电设备带电水冲洗射流配合参数、清洗效率及效果、水柱和支柱绝缘特性、冲洗安全长度及监测方法、不同污秽条件设备冲洗方式等系列成果，填补相关空白。

2. 研发500kV变电设备机械臂带电水冲洗装置，实现机械臂自动控制冲洗，中、大水冲射流水柱长度达到20m以上，实现多枪车车配合、人车配合、多人配合等多样化冲洗作业方式，国内外率先实现500kV变电设备带电水冲洗实用化现场冲洗。

3. 研制了500kV大功率带电水冲洗装置，实现远距离、特高压力、大直径引水管带电水冲洗，技术参数可同时达到平输送距离300m垂直输送高度180m，实现了水枪扳机自动控制引擎转速，使110～500kV高压输电线路杆塔地形适应性达到90%以上，国内外率先实现500kV输电设备带电水冲洗实用化现场冲洗。

4. 提出了500kV输电线路和变电设备一系列的带电水冲洗方法，建立了500kV输变电设备带电水冲洗实操考核装置和方法，编制了《500kV输变电设备带电水冲洗作业技术规范》和《电力用车载式带电水冲洗装置》2部国家能源行业标准，以及5项企业标准，实现了500kV输电线路和变电设备带电水冲洗方法和装置的标准化。

此外，项目形成输变电带电水冲洗装置13套，申请专利21项，其中发明专利13项、实用新型专利8项，已授权专利9项。

通过500kV输变电设备带电水冲洗技术的体系和装备研究、行标和企标建设、知识产权申请以及南方电网多年工程实践，为500kV输变电设备带电水冲洗推广应用奠定基础，推动了电力行业进步，并取得了显著的社会经济效益。自主研制输变电设备带电水冲洗车，在5年内已经形成经济效益2.04亿元。

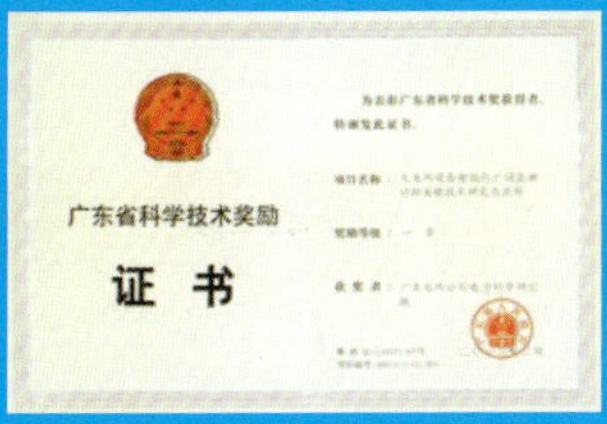

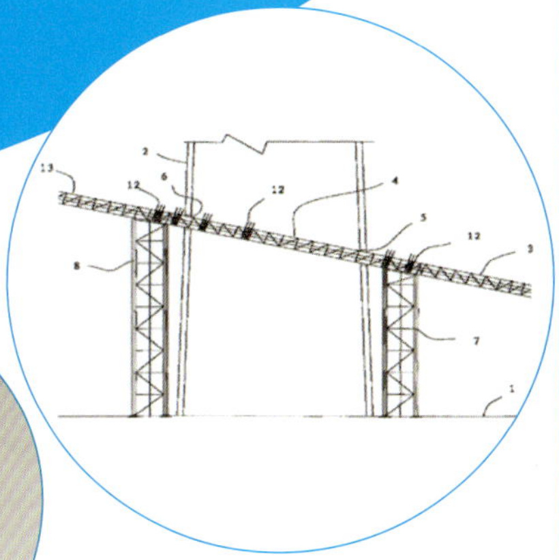

世界首创的管状带式输送机穿烟囱技术

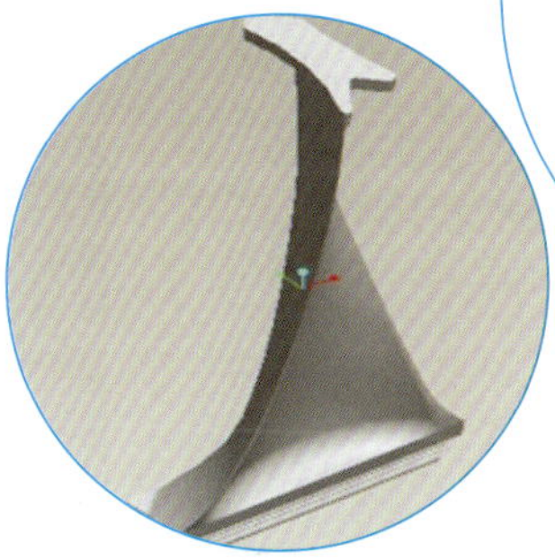

新型给水泵汽轮机的末级叶片示意图

广东电网公司电力科学研究院

广东电网公司电力科学研究院（以下简称“电科院”）成立于1958年年底，是广东电网公司综合性科研试验的执行机构，主要为公司和直属供电局提供技术研究开发与应用服务，是公司技术研发中心、技术支持中心、技术服务中心、试验检测中心和研发人才培养中心。

电科院是全国首批获电力部火电工程类和送变电工程类甲级调试资质的单位之一，并在2011年通过中电建协专家评审，获全国首批电力工程双特级调试能力资格，在全国同行中率先通过ISO9001质量体系认证、安全职业健康管理体系认证、环境管理体系（安健环）国际认证等多项国际认证。2011年，电科院荣获中国电力设备管理协会颁发的“全国电网器材全生命周期质量检验管理”“全国电力行业设备技术监督管理”和“全国电力行业设备调试与试验管理”等3个示范指导单位称号。

电科院系统谋划基础设施和实验室建设，拥有广东省电力行业高低压电工产品质量检验中心等7个专业研究中心及南方电网首批重点实验室电网自动化实验室等67个实验室。目前，电科院着手筹建广东电网研发基地，策划建设一批专业重点实验室，其中，电网自动化实验室建设向国家级重点实验室推进，可再生能源及微电网、智能电网及配网、六氟化硫、电能质量等实验室向省部级重点实验室推进。

2011年，电科院实施科研项目达117项，科研经费达20 622万元；2012年，实施科研项目162项，科研经费22 520万元；2013年，实施科研项目119项，科研经费22 477万元。其中，承担多项国家“863计划”课题研究，并在电力设备运行状态远程监测诊断中心建设和关键技术研究等科研项目研究上都处于国内甚至国际领先水平。

成为人人都信赖的专业厂家

广州常富机械工业有限公司

GUANGZHOU JOFU MACHINERY INDUSTRY CO., LTD.

主要生产线

树脂成型

组立生产线

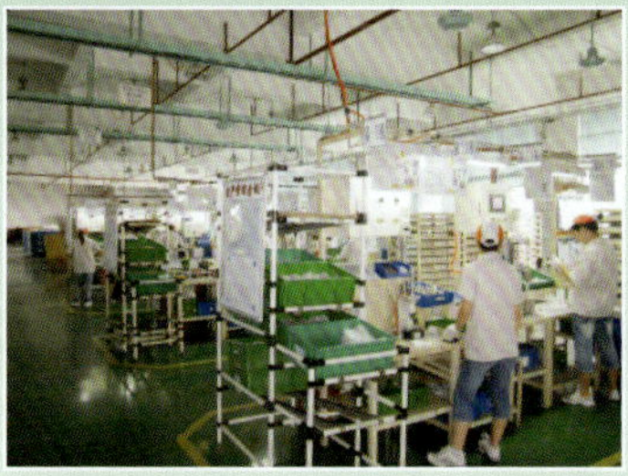

RODHOOD生产线

经营项目：A/T换挡机构

Rod Hood Support

Drive-Plate

Idler Pulley

主要客户：东风日产乘用车公司

日产（中国）投资有限公司

广州日产通商贸易有限公司

郑州日产汽车有限公司

东风乘用车公司

所 在 地：广州经济技术开发区永和经济区

广东实验中学

第28届全国青少年科技创新大赛中获奖师生合影（从左到右依次为卓培工、王剑、徐家连、王桢、高立尧、张煜正、全汉炎、胡正勇、黄柏树）

广东实验中学科技教育坚持以科研为引领，以课程为平台，以社团为依托，以竞赛为磨炼，铸就了科技特色教育品牌。近年来，共有1 000多人次获得全国中学生数学、物理、化学、生物、地理、信息、天文奥林匹克竞赛奖励。2007年以来，在全国青少年科技创新大赛中共获得金牌12枚、银牌10枚、铜牌9枚，22名同学获得保送全国重点大学的资格，学校被授予“全国科技教育创新十佳学校”称号。在第28届全国青少年科技创新大赛中，该校学生获2项金奖、1项银奖、2项专项奖，是广东省成绩最好、获金奖最多的学校，也是全国获奖项目最多的学校。在第65届纽伦堡国际发明展活动中，该校代表团获1金2银2铜，创中国代表团最好成绩。在第三届国际创意节中，该校代表团获6 枚金牌，该校获国际创新学校奖，郑炽钦校长获国际校长创新奖。在天文教育方面，学校共获得18项国际大奖、30多项全国一等奖。在亚太天文奥林匹克竞赛中，黄伟庭同学获得高年组总成绩银牌，并以观测考试第一名的好成绩获得最佳观测金奖；龚啸飏同学获得低年组总成绩银牌。在环境教育领域，学校共获得10 项国际奖项，170多项国家级奖项。近3年，该校学子参加国际信息学竞赛，共获得国际奖金奖4项、银奖2项，国家级奖60余项，有10多位同学获得重点大学保送资格。 在第30届全国青少年信息学奥林匹克竞赛（NOI2013）中，该校黄施霖同学代表广东省参赛荣获金牌，入选国家集训队，获得清华大学预录取。在第19届全国青少年信息学奥林匹克联赛（CCF NOIP2013）中，该校王泽森同学以满分600分的成绩获得全国第一名，被上海交通大学录取。在第22届中国儿童青少年威盛中国芯计算机表演赛中，该校学子获得高中多媒体制作赛一等奖（全国第1名），该校继续成为全国成绩最好的学校，被评为“全国优秀辅导学校”。

纽伦堡国际发明展我校获得1金2银2铜，成为中国代表队成绩最好的学校

广州疾病预防控制中心

——新型甲型H1N1流感病毒流行特征及免疫策略的研究

广州市疾病预防控制中心的“广州市医学重点学科‘病原快速检测实验室’”项目组成员顺利完成了甲型H1N1流感流行特征的研究和甲流流感人群感染状况的调查，研究成果为政府资源有效调配提供了参考依据，实现了投入与防控效果产出的最大优化。面对2009年首例输入病例、社区暴发病例、重症病例制定出一系列针对性较强的防控和隔离措施，及时调整了甲流防控策略，通过多次组织专业技术人员培训，已将经验推广至广州全市范围。完成了甲流流感疫苗免疫安全性以及保护抗体动力学的研究，提出甲流疫苗的抗体水平在接种后半年即有明显衰减，应年度接种一次，此结果成功指导了广州全市范围的人群免疫工作，并有利于国家疫苗接种的科学决策。以上研究用于指导日常防控工作具有积极意义，有利于节约人力、物力和财力，避免浪费资源。研究成果“新型甲型H1N1流感病毒流行特征及免疫策略的研究”获得了2013年度广东省科学技术奖二等奖。

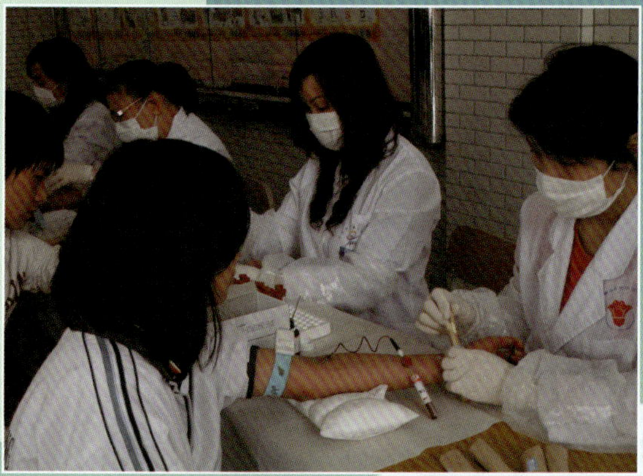

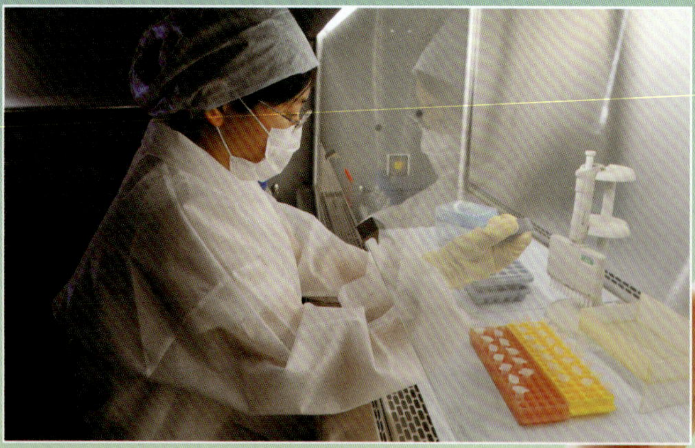

通飞公司珠海基地停机坪

通飞公司总装试飞基地俯视模拟图

AVIC
中航通用飞机

通飞公司珠海基地总装厂房

通飞公司珠海湾仔基地建设模拟图

中航通飞研究院有限公司

中航通飞研究院有限公司（以下简称“研究院”）是中国航空工业集团公司和中航通用飞机有限责任公司所属主要成员单位之一，是我国从事通用飞机、水面飞行器、浮空飞行器等研究开发的高科技主机研究院所，地处广东省珠海市和湖北省荆门市。

研究院主要从事通用飞机、水陆两栖飞机、浮空器的研究设计、试验、试飞等工作，在水动力、腐蚀防护和浮空器研究方面处于国内领先水平。目前主要在研型号包括蛟龙600大型灭火/水上救援水陆两栖飞机、海鸥300轻型水陆两栖飞机、领航150通用飞机、运15-2000多用途通用飞机、高空飞艇、系留气球等。

公司现有各类科研人员800余人，其中含1名新世纪百千万人才国家级人选，24名享受国务院特殊津贴专家，15名中航工业首席、特级和一级技术专家，研究员70名，高级工程师200余人。是国家重点保军单位和博士后科研工作站之一。

未来，研究院将贯彻落实集团公司“两融、三新、五化、万亿”和通飞公司领先发展战略，坚持以市场需求为导向，以技术创新为动力，创新管理体系，着力打造核心竞争力，力争成为集通用飞机、水陆两栖飞机、浮空飞行器等设计、试验、试飞、服务于一体的国内领先、国际知名的研究院所。

广东江粉磁材股份有限公司

广东江粉磁材股份有限公司（以下简称“江粉磁材”）是目前国内最大的铁氧体磁性材料元件制造商之一。主要的产品包括铁氧体永磁元件、铁氧体软磁元件。主业的产品是广泛应用于汽车、IT、办公设备、电动工具、家用电器中微电机的铁氧体永磁元件。江粉磁材是国家高新技术企业、广东省民营科技企业、广东省名牌产品、中国电子元件百强企业。

江粉磁材具有较强的技术开发和研究能力，在铁氧体永磁和软磁的高特性材料开发方面处于国内前沿技术水平。公司积极和国内在相应基础材料研究学术前沿的相关高等院校开展材料研究及产学研合作，为公司的持续发展奠定了坚实基础。

江粉磁材拥有较规范的管理体系，已通过ISO9002：1994质量管理体系认证、ISO9001：2000质量管理体系认证、QS-9000：1998质量管理体系认证、ISO14001：2004环境管理体系认证、ISO/TS16949：2002质量管理体系认证、ISO/TS16949：2009质量管理体系认证。

地址：广东省江门市龙湾路8号

邮编：529000

电话：0750-3503616 3506000

传真：0750-3503666 3506002

Http://www.jpmf.com.cn

广州百花香料股份有限公司

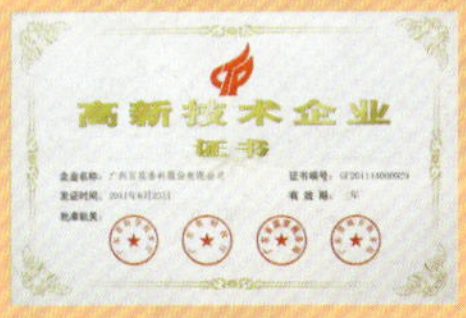

广州百花香料股份有限公司始建于1956年，坐落于广州市荔湾区，占地面积5.5万平方米，是华南地区最大规模的香精香料生产厂家，有56年香精香料生产经验，拥有一流的香料香精生产设备，具有年产香料1 000吨、香精5 000吨的生产能力。公司拥有不同类型产品的现代生产线，包括：山苍籽油系列、香茅油系列、日化香精、食用香精、调味料香精、具有较高技术含量的微胶囊香精、应用生物酶解技术的固体粉末、烟用香精、香水和花露水生产线。公司的技术中心为省级企业技术中心，研究实力雄厚，设立了香料、食用香精、日化香精、烟用香精等8个研究开发设计室。由广东工业大学和公司等共同承担的项目“香辛料抗菌和抗氧化成分的开发利用关键技术与应用研究”获得2011年度广东省科学技术奖二等奖。

2012年，公司实行“聚焦主业，转型升级”管理方针，成绩喜人。2012年主营收入达到2.2亿元，增长率达到28%。2013年预计产值达到3.2亿元，继续保持较快增长率。公司在稳步推进国内市场的同时积极参与国际贸易，拓展海外市场，进出口贸易额稳步增长。产品畅销内地，并销往至日本、美国、法国、荷兰、瑞士等国家以及东欧、东南亚、中国台湾、中国香港等地区。

公司主要产品有“广州”“百香”“冰花”牌天然香料、合成香料，各种香型的食品用、日化用、香烟用及饲料用等香精品种。“广州”牌化妆香精香料、食品香精香料连续多年保持“广东省名牌产品”称号。

目前公司新建南沙香料生产基地将于2015年初投入使用，香料生产能力将得到极大的提升。

公司还被评为“2012年度广东省食品安全先进企业”“连续十八年广东省守合同重信用企业”等多项荣誉。公司发挥工会的作用开展多项职工活动，鼓励职工民主、创新，创造和谐的工作氛围，被评为广州市和谐劳动关系AA级企业。

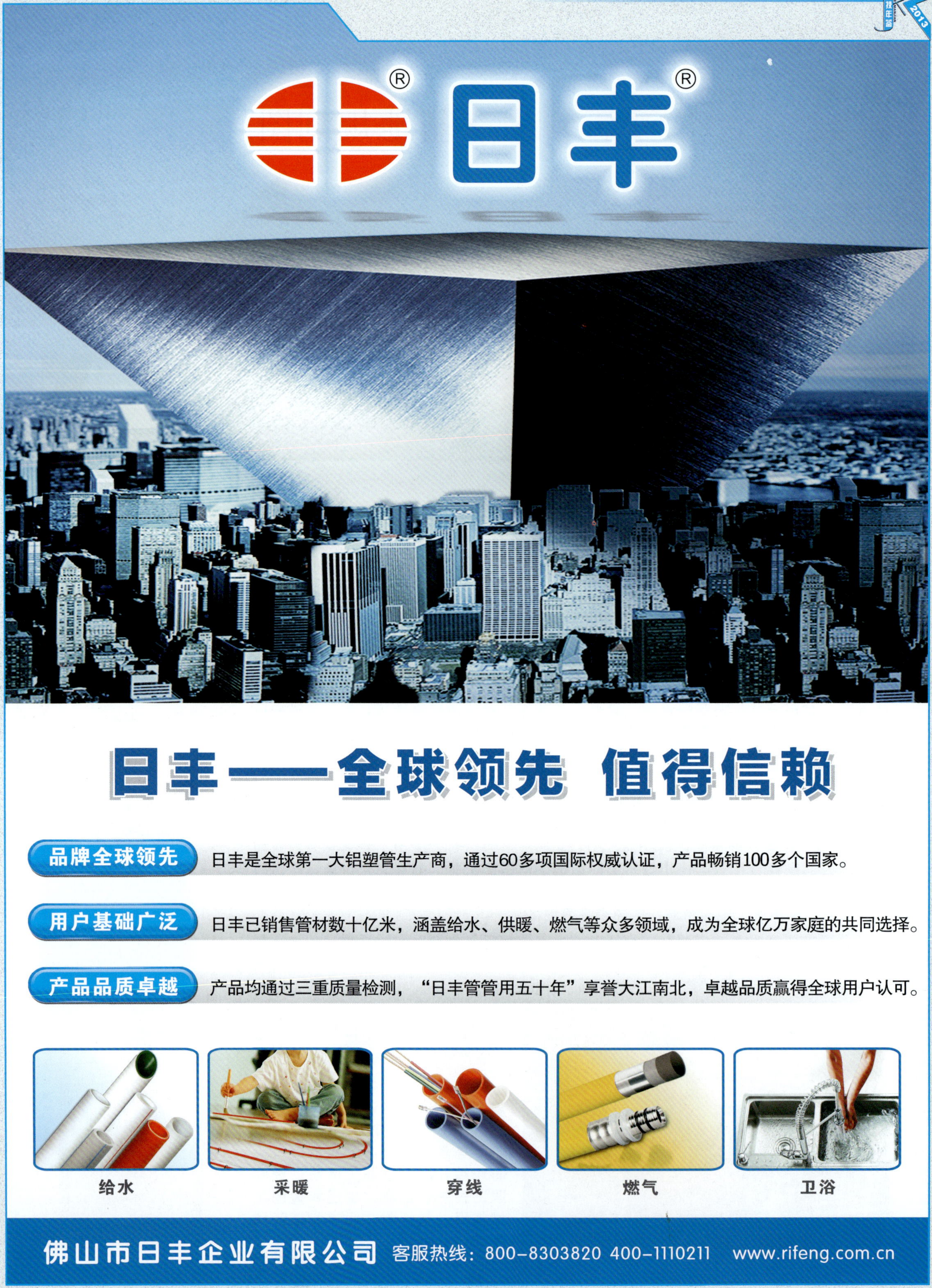
日丰®
日丰——全球领先 值得信赖
品牌全球领先 日丰是全球第一大铝塑管生产商，通过60多项国际权威认证，产品畅销100多个国家。
用户基础广泛 日丰已销售管材数十亿米，涵盖给水、供暖、燃气等众多领域，成为全球亿万家庭的共同选择。
产品品质卓越 产品均通过三重质量检测，“日丰管管用五十年”享誉大江南北，卓越品质赢得全球用户认可。
给水
采暖
穿线
燃气
卫浴
佛山市日丰企业有限公司 客服热线：800-8303820 400-1110211 www.rifeng.com.cn

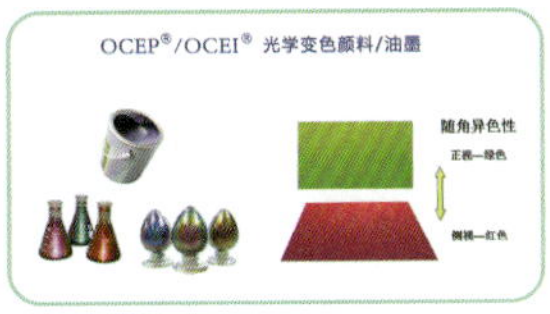

变色效果

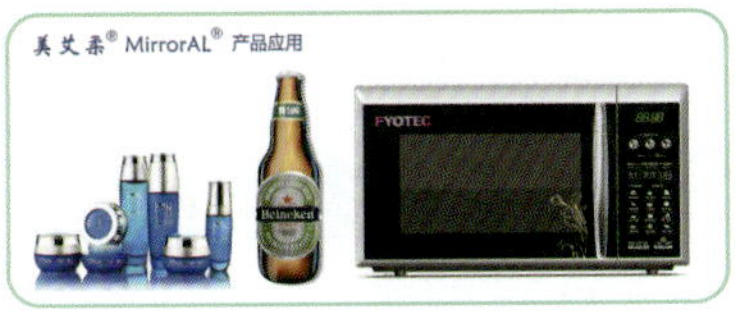

美艾柔应用

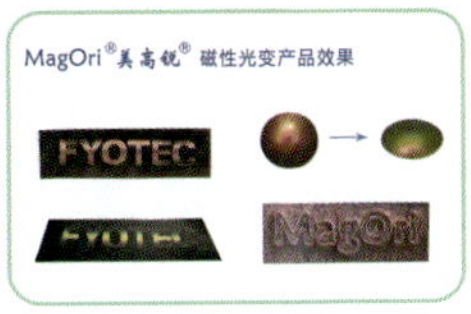

磁性产品

部分获奖成果

惠州市华阳光学技术有限公司

华阳光学厂房

新工厂新气象，共创光学新辉煌

惠州市华阳光学技术有限公司（以下简称“华阳光学”）成立于1996年，是一家专业从事特效颜料/油墨的研发生产和应用推广的高科技企业。公司目前产品有“OCEP®”光学变色颜料、“OCEI®”光学变色油墨，“美高锐®”“MagOri®”磁性光变颜料/油墨，以及“美艾柔®”“MirrorAL®”镜面铝颜料及油墨。

光学变色颜料/油墨是防伪安全领域备受青睐的公众可视识别技术，广泛应用于货币、护照、ID卡以及知名品牌的安全保护。华阳光学是目前国内唯一能稳定批量生产光学变色颜料的企业，也是迄今为止，全球仅有的两家光学变色颜料的规模化生产厂家之一，是中国光学变色行业的开拓者和标准制定的主导者。磁性光变颜料是光学变色技术的最新发展，是货币及高安全领域下一代主流技术。镜面铝颜料是纳米级铝薄膜片状颜料，用于印刷或喷涂，可获得镜面或高亮金属效果，是新一代高端装饰材料。

华阳光学自2005年起一直保持“广东省高新技术企业”称号，广东省技术密集和资金密集的“两个密集型”企业，“光学变色颜料”和“光学变色防伪油墨”被认定为广东省高新技术产品，并通过中国防伪技术协会技术评审，取得国家质量监督总局颁发的防伪产品生产许可证。公司主导制定了光学变色油墨广东省地方标准。此外，公司也是中国防伪技术协会、防伪行业协会的会员单位，北京奥运会与残奥会证件门票制作、防伪和查验技术选型项目入选企业。

华阳光学立足于自主研发、自创品牌，不断创新发展。目前公司拥有的“OCEP®”光学变色颜料、“OCEI®”光学变色油墨产品系列，“美艾柔®”“MirrorAL®”镜面铝颜料及油墨产品系列，以及即将推出的“美高锐®”“MagOri®”磁性光学变色颜料产品系列，均为公司自主研发、自主创新产品。

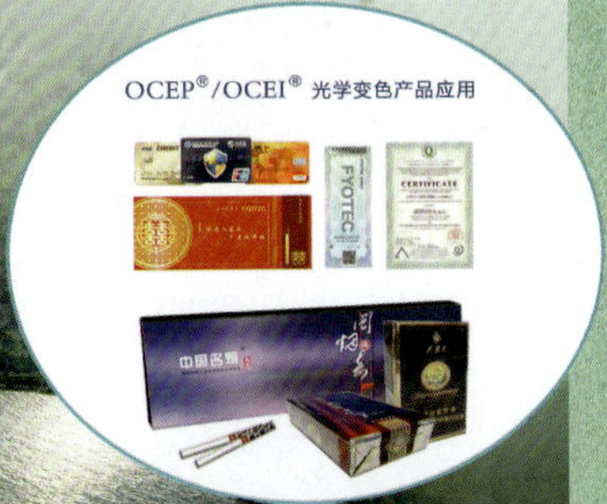

水口工业园效果图

广州保亮得塑料科技有限公司

保亮得
POLYTECH

广州保亮得塑料科技有限公司于2007年5月在广州市工商行政管理局注册成立，是一家广州市番禺区留学生创业园入园企业。主要研发、生产及销售新型的高分子色母粒及功能性母粒，是一家环保型的高科技企业。

2008年公司的“激光标记材料”项目获广州市番禺区高新技术成果转化项目认定，并获得广州市番禺区政府拨款。

2009年公司新增月产量250吨生产线。同年7月通过ISO9000：2008认证。2009年公司经历了金融海啸的影响，克服了各种困难，在逆境中不断壮大和发展，2009年产值比2008年增长170%，奠定了公司今后发展的基础。

2010年公司新增德国科倍隆月产量350吨生产线，2010年产值比2009年增长60%。

2011年公司乔迁新址，公司拥有了更宽敞洁净的生产环境及办公环境，更完善的实验室和试验车间，公司产能和产量也都得到进一步扩大，2011年的产值比2010年增长了65%。管理体系也进一步完善，形成了完整的系列产品。2012年公司被评为广州市民营科技企业，2013年年底被认定为国家高新技术企业。

保亮得人经过了6年多的艰苦奋斗，辛勤创业，已经成为行业内的知名企业。公司的年产能超过了1万吨。公司的产品已经销遍珠江三角洲及全国各地，覆盖了电子、食品、日用品及卫生用品的包装行业。

保亮得人正继续以诚信经营为宗旨，以技术创新为主导，为广大客户提供更高性价比的产品和更高质量的技术服务，与广大客户携手走向光明的未来。

国外客户洽谈

参展2013橡塑展

德国设备

厂房

广州明珞汽车装备有限公司

公司简介 Company Profile

一汽轿车项目现场图

广汽本田项目现场图

广州明珞汽车装备有限公司成立于2008年6月，位于广州市花都区汽车产业基地内，注册资本5000万元。公司是集研发、生产、制造于一体的汽车智能制造解决方案提供商，致力于为汽车整车及零部件企业提供汽车制造工程解决方案，包括汽车白车身自动装焊生产线/焊接夹具、专用输送设备、发动机动力总成制造装备、电气及机器人自动化系统的研发、制造及系统集成服务，是华南区域规模最大、综合实力最强的专业汽车智能装备制造企业之一。

公司是集研发、生产、销售于一体的汽车先进制造解决方案供应商，现已成功开发了一系列高端汽车车身制造装备产品，近年来集中主要人力物力专注于高速、高精、柔性化汽车生产装备的研发，已成功研发多个柔性焊装生产线的配套产品，主要有高速输送台车、积放式输送设备、机器人滚边工作站、机器人焊枪电极帽自动换帽及修模机等，取得多项核心技术的突破，同时积累了宝贵的项目研发经验。

明珞装备作为高新技术民营企业，秉承“技术创新、质量创优、真诚服务、追求卓越”的经营理念，定位于被国外企业垄断的高端自动化制造装备业，以替代国外高端制造装备为己任。通过明珞全体员工的不懈努力，明珞装备现已成长为华南地区综合实力最强、国内领先的汽车制造高端自动化生产线装备集成商。目前，明珞90%以上的业务为主流的合资及国有大型汽车企业提供高端自动化制造装备产品，包括一汽大众、一汽轿车、上海大众、上海通用、武汉神龙、东风日产、广汽本田、广汽丰田、广汽菲亚特、广汽乘用车、广汽三菱、广汽吉奥、长安标致等。

明珞自成立5年来，生产总值以每年100%以上的速度实现了快速发展，企业规模及综合实力不断增强，各项财务指标得到较快提升。公司非常注重技术研发，近3年研发投入超过2000万元，年均研发投入超过主营业务收入的5%。近3年获得国家发改委、工信部、科技部以及省市经信委等资助科技项目达2000万元，并获得“2012年广东省重点创新帮扶500家高成长性中小企业”“中国汽车制造业优秀装备供应商50强”“2013年中国德勤高科技高成长50强第三名”“2013年亚太地区德勤高科技高成长500强（第27名）”“2013年清科最具投资价值50强”等荣誉。

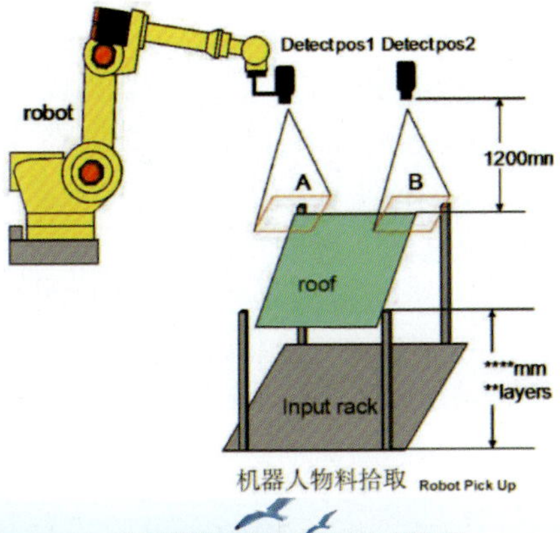

上海通用项目设计图及现场图

在短时间内，广州明珞实现了快速发展，在专用成套设备、输送系统、自动化生产线、信息自动化系统、机器视觉系统等领域获得佳绩，多次承接国内外知名整车和零部件企业的重大汽车装焊设备项目，与上海通用、上海大众、东风日产、东风本田、武汉神龙、一汽轿车、一汽大众、广汽本田、广汽乘用车、广汽菲亚特、广汽吉奥、清远爱机、一汽富奥威泰克零部件集团、江森自控、优尼冲压等国内外多家知名整车制造企业和汽车零部件生产企业形成密切的战略伙伴关系，并广泛开展与日本、欧洲、巴西等国外知名企业的多项业务合作。

雅江光電
YAJIANG APPLIED TECHNOLOGIES

光质量的领航者
Light Quality Leader

广州市雅江光电设备有限公司

伦敦塔桥

杭州西溪湿地博物馆

辽宁营口大剧院

广州市雅江光电设备有限公司是一家专注于舞台照明、建筑照明、商业照明等专业细分领域的LED应用照明产品研发、生产和销售一体化的高科技外向型民营企业，前身是创立于1984年的广州市鸦岗（银星）舞台设备实业有限公司。目前公司总部位于广州市花都区，占地30余亩，是国内灯光行业的领导者之一。

2003年，雅江光电开始以自主品牌Silver Star和Arctik进军国际市场，全面采用国际先进管理理念，聘请国际顶尖灯光技术人才进行产品研发，引进国际先进的制作设备进行产品生产。目前，雅江光电大量的产品出口至美国、日本、德国和澳大利亚等100多个国家和地区，“安全、环保、节能”的雅江产品销售网络遍布国内各大中城市。多年来，雅江光电在LED光学技术和专业细分领域市场产品应用技术等领域研发出大量具有划时代意义的创新产品，获得了近百项技术专利和国际品质认证证书。雅江灯光产品被运用到巴黎埃菲尔铁塔120周年灯光亮化工程、2012伦敦奥运会期间伦敦塔桥亮化工程、2012墨西哥利物浦购物广场灯光亮化工程、2008北京奥运会开闭幕式、2010上海世博会开闭幕式，2010广州亚运会中的海印桥、人民桥、广州大桥亮化工程、中国中央电视台、中国国家大剧院等大量具有国际影响力的灯光亮化项目中。

放眼未来，雅江光电以“光质量的领航者Light Quality Leader”为企业长远发展目标，通过不断提升企业的国际化经营能力，建立具有自主知识产权的技术优势，形成以市场、研发、生产、客户关系为一体的整体品牌体系，优化售前、售中和售后专业服务体系，发展成为最具创新能力的国际化、专业化的全球领先灯光企业。

上海大剧院1号演播厅

雅江光电厂房

雅江光电车间

地址：广州市花都区花山镇两龙华侨工业园华辉路18号　电话：020-86947788　传真：020-86943773　网址：www.yajiang.cn　邮箱：info@yajiang.cn　邮编：510880

广东科技年鉴

二〇一三年卷

广东省科学技术厅 编

SPM 南方出版传媒
广东人民出版社
·广州·

图书在版编目（CIP）数据

广东科技年鉴. 2013年卷/广东省科学技术厅编.—广州：广东人民出版社，2014.8

ISBN 978-7-218-09530-1

Ⅰ.①广… Ⅱ.①广… Ⅲ.①科学研究事业—广东省—2013—年鉴 Ⅳ.①G322.765-54

中国版本图书馆CIP数据核字（2014）第180153号

GUANG DONG KE JI NIAN JIAN 2013 NIAN JUAN

广东科技年鉴（2013年卷）

广东省科学技术厅编

出 版 人：曾 莹

责任编辑：段太彬

封面设计：于俊红

责任技编：周 杰

出版发行：广东人民出版社

地　　址：广州市大沙头四马路10号（邮政编码：510102）

电　　话：（020）83798714（总编室）

传　　真：（020）83780199

网　　址：www.gdpph.com

印　　刷：广州市快美印务有限公司

书　　号：ISBN 978-7-218-09530-1

开　　本：889mm×1194mm 1/16

印　　张：34.5 **插页**：66 **字数**：1260千

印　　数：4000册

版　　次：2014年8月第1版 2014年8月第1次印刷

定　　价：300.00元

《广东科技年鉴》编辑部（广东省科技信息中心）

地址：广州市连新路171号3号楼5楼508室

电话：（020）83517396 网址：www.gdstic.cn

编 辑 说 明

一、《广东科技年鉴》是广东省科学技术厅主编的综合性科技年刊和资料性工具书，其编辑部设在广东省科技信息中心。该年鉴1992年创刊，每年出版一卷，旨在全面、系统、准确地记录广东省的科技工作、科技进步情况，为各级政府制定科学决策、科研企事业单位制定发展战略提供依据和参考，为广大读者了解和研究广东科技事业提供信息资料和数据。

二、《广东科技年鉴》采用分类编辑法，主体内容设篇目、类目、分目、条目四个层次，以条目为基本单元。2013年卷共设12个篇目，39个类目，171个分目。全书条目的标题统一用黑体加【】表示，个别包含多方面资料的条目则在文内用楷体标题表明各段资料的主题。

三、《广东科技年鉴》（2013年卷）在保持基本框架相对稳定的前提下，对部分内容进行了更新、调整、充实。其中："企业科技创新"类目整合原来"技术创新工程"类目内容，使该部分内容更紧凑；"现代产业体系建设"篇目对原有内容进行重新整合，设置"高新技术企业及战略性新兴企业发展"和"产业支撑载体建设"两个类目，"高新技术企业及战略性新兴企业发展"主要介绍高新技术企业、高新技术产品和相关战略性新兴产业发展情况，"产业支撑载体建设"则介绍高新区、产业化基地、孵化器、大学科技园等载体建设情况。

四、《广东科技年鉴》（2013年卷）主要记录2012年度广东科技工作的新进展，部分内容和数据涉及2012年度前的情况，以求查阅和对比方便。

五、本年鉴记事的起止时间为2012年1月1日至12月31日，凡未明确标注年份的内容，均指2012年。

六、本年鉴所刊载的内容和资料，分别由有关省直单位、高等院校、科研院所、企业、各地级以上市科技局、省科技厅机关各处室及厅属各单位提供，并经各级主管部门审定。

七、本年鉴统计数据均经撰稿单位与统计部门核对，某些对应指标数据在上卷刊出后作了调整的，以本卷刊出的数据为准；标点符号、数字用法、计量单位和各种专业术语等，均依照国家最新编辑出版规范和行业规定。

八、为避免交叉重复，部分稿件内容经综合归类合并后，采用联合署名；有的在编排时进行详略处理，注明详见某处；对部分机构、会议、活动、文件等名称，在本分目首次出现使用全称，以后出现使用简称。

九、《广东科技年鉴》（2013年卷）的编纂出版得到了各有关单位、撰稿人及社会各界的大力支持，在此深表谢意。本书疏漏之处，敬请广大读者批评指正。

《广东科技年鉴》编辑部

2014年4月

《广东科技年鉴》（2013年卷）
编辑委员会

编辑部

目　录

综　述

广东科技工作综述……………………………（3）
领导讲话……………………………………（6）
□在全省科技创新工作会议上的讲话
——中共中央政治局委员、广东省委书记
汪洋………………………………………（6）
□在广东省科学技术奖励大会暨全省科技
工作会议上的讲话
——中共广东省委副书记、广东省省长
朱小丹……………………………………（16）
□在广东省科学技术奖励大会暨全省科技
工作会议上的工作报告
——广东省副省长陈云贤……………（21）
重大会议和重大科技活动
□广东省科学技术奖励大会暨全省科技工作
会议……………………………………（24）
□广东省推广应用LED照明产品工作会议
……………………………………………（25）
□全省科技创新工作会议…………………（25）
□全省科技形势分析会……………………（26）
□广东省数控一代机械产品创新应用示范
工程推进大会…………………………（27）
□广东省创新医疗器械产品应用示范工程
科技惠民行动启动会…………………（28）
□2012年中国（东莞）国际科技合作周暨
招才引智大会…………………………（28）
□广东省生物医药产业自主创新大会……（29）
□第14届中国国际高新技术成果交易会…（29）
□第15届中国留学人员广州科技交流会…（30）
全省科技统计指标
□科技人力…………………………………（34）
□科技经费…………………………………（34）
□科技活动机构……………………………（35）
□科研课题与科技成果……………………（35）

科技政策法规及软科学研究计划

科技政策法规…………………………………（39）
□科技政策法规研究与制定………………（39）
□科技政策法规宣传与落实………………（40）
软科学研究计划………………………………（42）
□省软科学研究计划………………………（42）
□国家软科学研究计划项目………………（43）

民营科技经济发展

民营科技企事业单位发展……………………（47）
□民营科技企业技术创新试点……………（47）
□科技类民办非企业单位…………………（48）
民营科技园区建设……………………………（50）
□民营科技园区发展现状…………………（50）
□民营科技园选介…………………………（50）

科技创新体系建设

产学研合作……………………………………（55）
□产学研合作重大项目……………………（55）
□产学研创新平台及示范基地……………（59）
□产学研创新联盟…………………………（62）

□产学研合作重要活动及优秀案例………（63）
企业科技创新……………………………（66）
□全省工业企业科技创新…………………（66）
□技术创新平台建设………………………（69）
□创新型企业建设…………………………（76）
□科技型中小企业技术创新………………（77）
高等院校科技创新………………………（78）
□全省普通高等学校主要科研指标………（78）
□中山大学…………………………………（79）
□华南理工大学……………………………（83）
□暨南大学…………………………………（86）
□华南师范大学……………………………（88）
□华南农业大学……………………………（90）
□南方医科大学……………………………（92）
□广州中医药大学…………………………（94）
□汕头大学…………………………………（95）
科研院所科技创新………………………（98）
□科研体制改革……………………………（98）
□中国科学院广州分院、广东省科学院
……………………………………………（99）
□广东省农业科学院………………………（102）
□广东省工业技术研究院…………………（104）
科技服务体系建设………………………（106）
□科技服务机构及平台……………………（106）
□技术转移及技术市场……………………（109）
□科技评估…………………………………（111）
科技装备动员……………………………（112）
□规划总结…………………………………（112）
□项目管理…………………………………（112）

研究、开发及科技成果产业化

基础性研究………………………………（117）
□国家自然科学基金委员会—广东省人民
政府自然科学联合基金……………（117）
□获国家科技项目支持情况………………（118）
□广东省自然科学基金……………………（119）
科技计划项目……………………………（123）
□科技计划管理……………………………（123）
□重大科技专项……………………………（124）
□粤港关键领域重点突破项目……………（125）
科技成果…………………………………（128）
□广东省重点新产品计划…………………（128）
□科技成果登记……………………………（128）
□科技奖励…………………………………（130）

现代产业体系建设

高新技术及战略性新兴产业发展……（145）
□高新技术产业发展………………………（145）
□战略性新兴产业核心技术攻关…………（147）
□高端新型电子信息产业…………………（148）
□新能源汽车产业…………………………（149）
□LED产业…………………………………（150）
□生物产业…………………………………（152）
□节能环保产业……………………………（153）
□新能源产业………………………………（155）
□新材料产业………………………………（156）
□制造业升级………………………………（157）
产业支撑载体建设………………………（161）
□高新技术产业开发区……………………（161）
□高新技术产业化基地及火炬计划特色
产业基地……………………………（163）
□创新型产业集群…………………………（164）
□科技企业孵化器…………………………（165）
□大学科技园………………………………（166）

农业科技发展

科技兴农…………………………………（169）
□农业领域科技计划项目管理……………（169）
□农业科研团队建设………………………（171）
□优势特色农业产业发展关键技术………（173）
□农业科技示范与推广……………………（174）
□农村科技服务……………………………（179）

□广东农村信息直通车工程……………… (180)
林业科技发展……………………………… (184)
□科技创新与平台建设…………………… (184)
□科技示范推广与重点工程支撑服务…… (185)
□科研成果………………………………… (186)
□科技实施与交流合作…………………… (190)
渔业科技发展……………………………… (191)
□科技成果奖励…………………………… (191)
□渔业专项实施…………………………… (192)
□产业科技支撑…………………………… (193)
□科技体系建设…………………………… (194)

社会发展领域科技进步

社会发展领域科技计划项目组织与实施
…………………………………………… (199)
□中药现代化专项………………………… (199)
□十百千万工程专项……………………… (199)
□海洋资源开发与利用专项……………… (200)
社会发展各领域科技发展………………… (202)
□人口与健康……………………………… (202)
□金融……………………………………… (203)
□公安……………………………………… (206)
□海洋……………………………………… (208)
□环境保护与生态整治…………………… (211)
□能源开发与利用………………………… (213)
□交通……………………………………… (216)
□邮政……………………………………… (220)
□气象……………………………………… (222)
□地震……………………………………… (224)
□建设……………………………………… (228)
□电力……………………………………… (229)
□水利……………………………………… (233)
□石油化工………………………………… (235)
□国土资源………………………………… (240)
□广播电视………………………………… (242)

科技发展资源、环境和条件

专业技术队伍建设………………………… (249)
□创新科研团队引进和管理……………… (249)
□高层次专业技术人才队伍建设………… (253)
□科技干部教育与培训…………………… (254)
科技金融…………………………………… (257)
□科技型企业投融资服务………………… (257)
□科技金融试点…………………………… (257)
□风险投资业发展………………………… (258)
基础条件平台建设………………………… (261)
□创新方法推广应用……………………… (261)
□实验室体系共享平台…………………… (262)
□自然科技资源共享平台………………… (265)
□大型科学仪器共享平台………………… (265)
□科技文献与科学数据共享平台………… (266)
知识产权工作……………………………… (267)
□知识产权政策法规建设………………… (267)
□知识产权创造与运用…………………… (268)
□知识产权保护…………………………… (271)
□知识产权管理与服务…………………… (275)
科技交流与合作…………………………… (277)
□对外科技交流与合作…………………… (277)
□港澳台科技交流与合作………………… (278)
□泛珠三角区域科技合作………………… (279)
□民间对外科技交流与合作……………… (282)

科协、科技社团及科技普及、宣传

科协、科技社团…………………………… (287)
□广东省科学技术协会…………………… (287)
□科技社团………………………………… (288)
科普工作…………………………………… (290)
□科普主要活动…………………………… (290)
□科普基地建设…………………………… (292)
□广东科学中心…………………………… (293)
科技宣传…………………………………… (295)
□全省科技进步活动月…………………… (295)

□大型科技宣传活动……………………（297）

区域科技创新发展

技术创新专业镇……………………（301）
□专业镇认定与培育……………………（301）
□专业镇创新计划……………………（303）
□专业镇交流与研究……………………（305）
区域创新示范……………………（306）
□可持续发展实验区……………………（306）
□科技富民强县……………………（308）
地市科技概况……………………（313）
□广州市……………………（313）
□深圳市……………………（323）
□珠海市……………………（327）
□汕头市……………………（332）
□佛山市……………………（339）
□韶关市……………………（343）
□河源市……………………（346）
□梅州市……………………（349）
□惠州市……………………（352）
□汕尾市……………………（356）
□东莞市……………………（359）
□中山市……………………（362）
□江门市……………………（366）
□阳江市……………………（372）
□湛江市……………………（375）
□茂名市……………………（377）
□肇庆市……………………（379）
□清远市……………………（382）
□潮州市……………………（384）
□揭阳市……………………（385）
□云浮市……………………（388）

附　录

科技政策措施及规范性文件……………………（395）
□广东省科学技术厅关于省重点实验室建设与运行的管理办法……………………（395）
□广东省科学技术厅关于省企业重点实验室建设与运行的管理办法……………………（399）
□广东省科技服务业“十二五”发展规划纲要……………………（404）
□广东省推广使用LED照明产品实施方案……………………（413）
□广东省人民政府关于加快专业镇中小微企业服务平台建设的意见……………………（416）
□中共广东省委、广东省人民政府关于依靠科技创新推进专业镇转型升级的决定……………………（421）
□广东省人民政府办公厅关于推广三资融合建设模式促进我省民营科技园发展的意见……………………（426）
□广东省改善创新环境五年行动计划……（430）
□广东省企业研发机构“十二五”发展规划……………………（437）
□广东省人民政府办公厅关于促进科技服务业发展的若干意见……………………（444）
专题调研报告……………………（449）
□广东专业镇生产力促进体系调研报告……………………（449）
科技统计表……………………（459）
2012年广东科技记事……………………（509）

Table of Contents

Overview

Overview of Guangdong Scientific and Technology Work ······ (3)

Speeches of Leaders ······ (6)

□ Speech at the Guangdong Provincial Scientific and Technological Innovation Conference
——Wang Yang, Guangdong Communist Party Secretary and Politburo member of the CPC Central Committee ······ (6)

□ Speech at the Guangdong Provincial Science and Technology Awards Congress and the Provincial Science and Technology Conference
——Zhu Xiaodan, CPC Guangdong Provincial Committee Deputy Secretary, Governor of Guangdong Province ······ (16)

□ Report on the Guangdong Provincial Science and Technology Awards Congress and the Provincial Science and Technology Conference
——Chen Yunxian, Vice Governor of Guangdong Province ······ (21)

Important Conference and Major Scientific Activities

□ Guangdong Provincial Science and Technology Awards Congress and the Provincial Science and Technology Conference ······ (24)

□ Guangdong LED Product Application and Promotion Conference ······ (25)

□ The Provincial Science and Technology Innovation Working Conference ······ (25)

□ The Provincial Science and Technology Analysis Conference ······ (26)

□ The Demonstration Project Promotion Conference of Guangdong Provincial NC Generation of Mechanical Product Innovation and Application ······ (27)

□ The Opening Ceremony of Guangdong Demonstration Project of Innovative Medical Devices Products Application and the Promotion of Science and Technology for the benefit of the public ······ (28)

□ China (Dongguan) International Science and Technology Cooperation Week and Talent Introduction Conference in 2012 ······ (28)

□ The Guangdong Provincial Independent Innovation Conference of Biological Medicine Industry ······ (29)

□ The 14th China Hi-tech Fair ······ (29)

□ The 15th China Overseas Students Guangzhou Science and Technology Exchange Conference ······ (30)

Statistical Indicators of Provincial Science and Technology

☐ Scientific Human Resources …… (34)

☐ Scientific Fund …… (34)

☐ Scientific Activity Institutions …… (35)

☐ Scientific Study Projects and Achievements …… (35)

Scientific Policies and Regulations and Soft Science Plans

Scientific Policies and Regulations …… (39)

☐ Study and Formulation of Scientific Policies and Regulations …… (39)

☐ Propaganda and Implementation of Scientific Policies and Regulations …… (40)

Soft Science Study Plans …… (42)

☐ Projects of Guangdong Provincial Soft Science Study Plan …… (42)

☐ Projects of National Soft Science Study Plan …… (43)

Private–owned Industry Science and Technology Economical Development

Private–owned Science and Technology Enterprises Development …… (47)

☐ Technology Innovation Pilot of Private owned Science and Technology Enterprises …… (47)

☐ Scientific Private Non–enterprise Organizations …… (48)

Private–owned Science and Technology Park Construction …… (50)

☐ Development Status of Guangdong Private–owned Science and Technology Park …… (50)

☐ Selected Introduction of Private owned Science and Technology Park …… (50)

Science and Technology Innovation System Construction

Industry University Research Cooperation …… (55)

☐ Major Projects of Industry–University–Research Cooperation …… (55)

☐ Industry–University–Research Innovation Platform and Model Bases …… (59)

☐ Industry–University–Research Innovation Alliance …… (62)

☐ Major Activities and Good Cases of Industry–University–Research Cooperation …… (63)

Enterprise Science and Technology Innovation …… (66)

☐ Provincial Industrial Enterprises' Science and Technology Innovation …… (66)

☐ Construction of Technology Innovation Platform …… (69)

☐ Innovative Enterprises Construction …… (76)

☐ Hi–tech Small and Medium Enterprise Technology Innovation …… (77)

Higher Education Academies Science and Technology Innovation …… (78)
□ Major Science Research Index of Provincial Normal Higher Education University …… (78)
□ Sun Yat-sen University …… (79)
□ South China University of Technology …… (83)
□ Jinan University …… (86)
□ South China Normal University …… (88)
□ South China Agricultural University …… (90)
□ Southern Medical University …… (92)
□ Guangzhou University of Chinese Medicine …… (94)
□ Shantou University …… (95)
Scientific and Technological Innovation of Science Research Academies and Institutes …… (98)
□ Reform of Scientific Research System …… (98)
□ Guangzhou Branch of the Chinese Academy of Sciences, Guangdong Academy of Sciences …… (99)
□ Guangdong Academy of Agricultural Sciences …… (102)
□ Guangdong General Research Institute for Industrial Technology …… (104)
Building of Science and Technology Service System …… (106)
□ Organizations and Platform of Science and Technology Services …… (106)
□ Technology Transfer and Technology Market …… (109)
□ Science and Technology Evaluation …… (111)
Science and Technology Equipment Mobilization …… (112)
□ Program summary …… (112)
□ Project management …… (112)

Research and Development, Industrialization of Science and Technology Achievements

Basic Study …… (117)
□ National Natural Science Foundation of China–Guangdong Provincial Government Natural Science Union Fund …… (117)
□ Projects that Receive National Science Support …… (118)
□ Guangdong Provincial Natural Science Fund …… (119)
Science and Technology Planned Projects …… (123)
□ Science and Technology Planned Management …… (123)
□ Major Science and Technology Special Projects …… (124)
□ Guangdong and Hongkong Major Breakthroughs Projects in Key Fields …… (125)

Science and Technology Achievements …… (128)
☐ Guangdong Key New Products Plan …… (128)
☐ Science and Technology Achievement Registration …… (128)
☐ Science and Technology Awards …… (130)

Construction of Modern Industrial System

Development of High and New Technology and Strategic Emerging Industry …… (145)
☐ High-tech Industry Development …… (145)
☐ Strategic Emerging Industries Core Technology Breakthroughs …… (147)
☐ High-end New Electronic Information Industries …… (148)
☐ New Energy Auto Industry …… (149)
☐ LED Industry …… (150)
☐ Bioindustry …… (152)
☐ Energy Saving Industries …… (153)
☐ New Energy Industries …… (155)
☐ New Material Industry …… (156)
☐ Manufacturing Industry Upgrade …… (157)
Building of Industry Supporting Organizations …… (161)
☐ High and New Technology Industry Development Zone …… (161)
☐ High and New Technology Industrialization Base and Torch Plan Characteristic Industries Base …… (163)
☐ Innovative Industrial Clusters …… (164)
☐ Science and Technology Enterprises Incubator …… (165)
☐ University Science and Technology Park …… (166)

Agriculture Science and Technology Development

Science and Technology Revitalized Agriculture …… (169)
☐ Agriculture Science and Technology Planned Project Management …… (169)
☐ Rural Area Scientific Research Team Building …… (171)
☐ The key technology in the development of advantaged characteristic agricultural industry …… (173)
☐ Agricultural science and technology demonstration and promotion …… (174)
☐ Agricultural Science and Technology Services …… (179)
☐ Guangdong Rural Area Information Highway Project …… (180)
Forestry Science and Technology Development …… (184)
☐ Scientific Innovation Platform Construction …… (184)

☐ Science and Technology Demonstration and Key Engineering Support Services ……… (185)
☐ Scientific Research Achievements ……… (186)
☐ Science and Technology Implementation Exchange and Cooperation ……… (190)
Fishery Science and Technology Development ……… (191)
☐ Science and Technology Achievement Awards ……… (191)
☐ Fishery Science and Technology Promotion Projects Implementation ……… (192)
☐ Industrial Science and Technology Support ……… (193)
☐ Science and Technology System Construction ……… (194)

Science and Technology Development of Society

Organization and Implementation of Social Science and Technology ……… (199)
☐ Modernization of Chinese Traditional Medicine Project ……… (199)
☐ Ten-Hundred-Thousand-Million Project ……… (199)
☐ Marine Resources Development and Utilization Project ……… (200)
Science and Technology Progress in Social Development ……… (202)
☐ Population and Health ……… (202)
☐ Finance ……… (203)
☐ Public Security ……… (206)
☐ Ocean ……… (208)
☐ Environment Protection and Ecological Treatment ……… (211)
☐ Energy development and utilization ……… (213)
☐ Transportation ……… (216)
☐ Postal Service ……… (220)
☐ Weather ……… (222)
☐ Earthquake ……… (224)
☐ Construction ……… (228)
☐ Electricity ……… (229)
☐ Water Conservancy Projects ……… (233)
☐ Petrochemical Industries ……… (235)
☐ Land and Resources ……… (240)
☐ Radio and Television Broadcast ……… (242)

Science and Technology Development Resources, Environment and Conditions

Professional Team Building ……… (249)

□ Innovation Science Research Team Project Introduction and Management …… (249)
□ High-end Experts and Technology Intellects Team Building …… (253)
□ Science and Technology Leaders Education and Training …… (254)
Science and Technology Finance …… (257)
□ Hi-tech Enterprises Financing Services …… (257)
□ Science and Technology Finance Pilot Cities …… (257)
□ Risk Investment Development …… (258)
Fundamental Condition Platform Construction …… (261)
□ Application and Promotion of Innovative Approaches …… (261)
□ Laboratory System Share Platform …… (262)
□ Natural Science and Technology Resource Share Platform …… (265)
□ Large Scaled Equipment Share Platform …… (265)
□ Scientific Literature and Science Data Share Platform …… (266)
Intellectual Property Work …… (267)
□ Intellectual Policy and Regulation Construction …… (267)
□ Intellectual Property Invention and Application …… (268)
□ Intellectual Property Protection …… (271)
□ Intellectual Property Management and Service …… (275)
Science and Technology Exchange and Cooperation …… (277)
□ Science and Technology Exchange and Cooperation …… (277)
□ Hongkong, Macao and Taiwan Exchange and Cooperation on Science and Technology …… (278)
□ Pan-Pearl River Delta Exchange and Cooperation on Science and Technology …… (279)
□ Non-governmental Exchange and Cooperation on Science and Technology …… (282)

Science Association, Organizations and Science and Technology Popularization and Promotion

Science Association and Organizations …… (287)
□ Guangdong Provincial Association for Science and Technology …… (287)
□ Science and Technology Organizations …… (288)
Science Popularization Work …… (290)
□ Major Activities …… (290)
□ Demonstrative Sites and Bases Construction …… (292)
□ Guangdong Science Center …… (293)
Science and Technology Promotion …… (295)
□ Provincial Science and Technology Progress Activity Month …… (295)

□ Large Scaled Science and Technology Promotion Activities ……… (297)

Regional Science and Technology Innovation Development

Technology Innovation Professional Town ……… (301)
□ Professional Town Identification and Cultivation ……… (301)
□ Professional Town Innovation Plan ……… (303)
□ Professional Town Exchange and Research ……… (305)
Regional Innovation Demonstration ……… (306)
□ Guangdong Sustainable Development Experimental Zone ……… (306)
□ Science and Technology Makes People Rich and the County Strong ……… (308)
Science and Technology Facts in Cities ……… (313)
□ Guangzhou ……… (313)
□ Shenzhen ……… (323)
□ Zhuhai ……… (327)
□ Shantou ……… (332)
□ Foshan ……… (339)
□ Shaoguan ……… (343)
□ Heyuan ……… (346)
□ Meizhou ……… (349)
□ Huizhou ……… (352)
□ Shanwei ……… (356)
□ Dongguan ……… (359)
□ Zhongshan ……… (362)
□ Jiangmen ……… (366)
□ Yangjiang ……… (372)
□ Zhanjiang ……… (375)
□ Maoming ……… (377)
□ Zhaoqing ……… (379)
□ Qingyuan ……… (382)
□ Chaozhou ……… (384)
□ Jieyang ……… (385)
□ Yunfu ……… (388)

Appendix

Science and Technology Policy Solutions and Regulation Documents ………………… (395)

☐ Guangdong Provincial Science and Technology Department on the Construction and Operation Management Measures of Provincial Key Laboratory ………………………………… (395)

☐ Guangdong Provincial Science and Technology Department on the Construction and Operation Management Measures of Provincial Enterprises Key Laboratory ………………………… (399)

☐ Outline of Twelfth Five –Year Development Plan for Guangdong Provincial Science and Technology Service Industry ……………………………………………………………… (404)

☐ Guangdong Province Promote the Use of LED Lighting Products Plan ……………………… (413)

☐ Guidlines of Guangdong Provincial People's Government on Accelerating the Small and Medium–sized Enterprises Service Platform Construction at Professional Town ……………………… (416)

☐ The Decisions of CPC Guangdong provincial Party Committee and Guangdong Provincial People's Government on Promoting the Transformation and Upgrading of Professional Town through Scientific and Technological innovation ……………………………………………… (421)

☐ The Guidlines of Guangdong Provincial People's Government on Promoting Joint Fusion Construction Mode and Accelerating Provincial Private Science and Technology Park Development ……………………………………………………………………… (426)

☐ Guangdong Provincial Five–year Action Plan of Innovation Environment Improvement …………… (430)

☐ Guangdong Provincial Enterprise R&D Institutions Twelfth Five–Year Plan ……………………… (437)

☐ The Guidlines of Guangdong Provincial People's Government on Promoting the Development of Science and Technology Service Industry ……………………………………………… (444)

Special Topic Research Reports ……………………………………………………… (449)

☐ Guangdong Professional Town Productivity Promotion System Research Report …………………… (449)

Science and Technology Statistic List ………………………………………………… (459)

Memorandum of 2012 Guangdong Science and Technology ……………………………… (509)

Tables Index ……………………………………………………………………… (527)

Subject Index ……………………………………………………………………… (531)

综述

广东科技工作综述

2012年，广东科技工作以科学发展观为指导，紧紧围绕“加快转型升级、建设幸福广东”的核心任务，坚持把自主创新作为加快转型升级的核心推动力来抓，按照“大科技、大开放、大合作”的发展思路，深化科技体制改革，深入推进协同创新，加快推动传统产业转型升级，大力发展高新技术产业和战略性新兴产业，取得明显成效，对广东经济持续健康发展发挥了重要的支撑引领作用。科技创新在全省发展大局中的“执行导演”和“主角”地位得以进一步体现。

【自主创新能力建设】 2012年，广东省区域创新能力综合排名连续5年位居全国第2，创新的经济绩效、企业创新能力等指标领先全国，基本进入创新型地区行列。全省技术自给率进一步提升到68%，接近创新型国家水平（70%）。创新投入稳步提高，全省研发（R&D）投入规模达1 236.15亿元，比2011年增长18.2%，占GDP的2.17%，超过全国平均水平，标志着广东开始步入创新驱动阶段。科技人才队伍建设取得新成效，全省R&D人员累计达49.2万人年，人才规模保持全国第1。全省获得国家财政科技资金支持超过50亿元，其中，在“973计划”、国家自然科学基金、社会发展等领域获得23亿元，在高新技术领域获得20亿元。基础研究水平呈现出厚积薄发的可喜态势，新增国家“973计划”首席科学家项目8项、国家自然科学杰出青年基金获得者15名、国家自然科学基金重点项目32项。全省获得国家自然科学基金经费达14.53亿元，同比增长35%。专利产出稳步增长，全省发明专利授权量达22 153件，同比增长21.4%，数量位居全国第1；PCT国际专利申请受理量达9 211件，占全国的50.8%；专利密度751件/百万人，比2011年年底新增189件/百万人，居全国各省区首位。国家科技奖励工作捷报连连，全省共有26个项目获得国家科学技术奖，其中国家自然科学奖3项、国家技术发明奖5项、国家科技进步奖18项，获奖项目水平明显提高。

【现代产业体系建设】

高新技术产业 2012年，广东省高新技术产品产值达到4万亿元，同比增长17.3%；全省21个高新区营业总收入达2.05万亿元，同比增长约19%（同口径统计对比，下同）；实现工业增加值5 000亿元，同比增长21%，增速比全省规模以上工业高出10%，占全省工业比重达20%；全省认定高新技术企业超过6 500家，数量居全国第2位。推进创新型产业集群建设，深圳移动互联网、惠州云计算智能终端、中山健康科技3个产业集群纳入国家创新型产业集群建设试点，启动广州北斗卫星导航等11个省级创新型产业集群建设试点工作。加快创业孵化加速载体建设，广州、深圳、东莞3个国家级高新区纳入国家科技服务体系建设试点。

战略性新兴产业 2012年，广东省八大战略性新兴产业实现工业增加值2 651亿元，占规模以上工业的12.1%，成为推动全省经济发展的重要引擎。其中，LED产业全年产值达2 170亿元，继续居全国首位。制定《广东省推广使用LED照明产品实施方案》，全年省内各地已招标和安装的LED路灯近50万盏，室内LED照明产品达120万盏。

传统产业 实施“一镇一策”行动计划，推进“一校（院所）一镇”产学研合作，出台《关于依靠科技创新推进专业镇转型升级的决定》《关于加快专业镇中小微企业服务平台建设的意见》等文件，新增5亿元财政专项建设专业镇中小微企业九大公共服务平台，推进专业镇技术创新和集聚发展。截至2012年年底，全省专业镇数

量达342个，实现地区生产总值约1.75万亿元。

【国内外创新资源整合】

省部院产学研合作　2012年，广东省新建产学研创新平台53家、院士工作站27家、企业科技特派员工作站18家；新增企业科技特派员909名，累计达6 200名；组建产学研创新联盟69家，总数达103家。组织广东企业赴全国多个省市开展校企对接活动，加快国家重点建设高校科研成果来粤转移转化。截至2012年年底，省部产学研合作累计实现产值突破1.2万亿元，利税1 700亿元，获得专利2.8万多件，为企业培养技术和管理人才9.1万人。

国际科技合作　中乌巴顿焊接研究院建设被列入中乌战略合作重点项目，获科技部重点支持；推进与德国弗劳恩霍夫协会的合作，佛山“中德工业服务示范区”建设取得阶段性成果，成功推动广州、东莞、佛山等地一批企业、研究机构与该协会开展合作。积极开展国家级国际创新园建设工作，东莞松山湖高新技术开发区、广州大学城分别获批为“东莞环保水处理国际创新园”和“广州现代服务国际创新园”。完善粤港科技合作机制，积极推进“粤港创新走廊”建设，加速形成粤港创新网络。

【科技创新平台建设】　2012年，全省新建20家省重点实验室、7家省企业重点实验室、3家省企业重点实验室培育基地、3家省重点科研基地，基本覆盖了电子信息、生物医药与健康、新材料、环保、新能源等本省重点发展领域，涵盖了基础研究、应用基础与应用开发研究、科技成果转化整个创新链。截至2012年年底，全省共建有12家国家重点实验室、7家国家企业重点实验室、180家省重点实验室、18家省公共实验室以及30家省重点科研基地，其中省企业重点实验室37家、省企业重点实验室培育基地7家，实现了较大的突破，构建了极具广东特色的实验室体系。加大大型科学仪器及检测公共平台建设，2012年，广东省被科技部列入国家重大科学仪器设备开发专项试点，2个项目获得科技部正式立项，实现广东在国家重大科学仪器设备开发专项工作上的突破。加强生物种质资源的保护和利用工作，截至2012年年底，共有51个生物种质资源库（圃）、1个人体标本资源库、1个矿产资源库与1个生物种质资源数据库有机集成的系统的种质资源平台，各类自然科学资源总数超过35万份。

【重大科技专项】　2012年，广东省组织实施“低碳技术创新与示范”“战略性新兴产业关键技术攻关”和“重大新药创制”3个省重大科技专项，5年来累计投入财政专项资金14.2亿元，带动地方和承担单位投入182.1亿元，实现产值1 200亿元以上，财政资金带动社会投入的比例为1∶12.8，放大效应和杠杆作用十分显著。推进省战略性新兴产业核心技术攻关，投入5.41亿元组织实施第2批省战略性新兴产业核心技术专项攻关工作，支持省八大战略性新兴产业领域的77个项目，带动社会投资总额超过41亿元，预计可实现年产值173亿元，年利税超过4亿元。启动“数控一代”机械产品创新应用示范工程专项，投入1亿元，带动企业及社会投入10亿元，在全省专业镇进行示范试点工作，进展顺利。

【科技服务社会民生】　依托农村信息直通车工程，深入推进国家农村信息化示范省建设试点工作，开展农村科技特派员科技服务和创业行动，辐射带动20多万农户，带动农户人均收入达6 500元。深入开展扶贫开发“双到”工作，扎实开展援藏、援川、援疆工作。深入推进低成本创新医疗器械产品应用示范工程，在全省推广应用创新医疗器械产品，覆盖人群达1 000万人，取得初步成效。联合省直有关部门出台《关于加快广东省生物医药产业自主创新能力建设的指导意见》，促进本省生物医药产业加快发展。推进防灾减灾、应急科技支撑体系建设等工作，建成突发事件应急技术研究中心20家。

【自主创新环境建设】

科技创新配套政策　加快制定《广东省自主创新促进条例》配套政策，已正式出台配套政策5项，成稿及拟出台的10项。不断完善自主创新政策体系，推动以省委、省政府名义出台民营科技园建设指导意见、改善创新环境行动计划、企业研发机构建设规划、促进科技服务业发展等多个重要政策文件。积极落实企业研发费税前扣除政策，全年共有6 000多家企业落实加计扣除额超过294.5亿元，累计超过775亿元；帮助企业减免税收73.6亿元，累计超过193.75亿元。

科研创新团队引进　顺利引进第3批共26个创新科研团队，汇聚174名高层次人才，其中包括2006年诺贝尔化学奖获得者1名，国内外院士7名，“千人计划”入选者10名等一批领军人物。开展引进团队项目3年多来，共引进3批57个团队，汇聚高层次人才近500名，累计投入省财政资金14.95亿元，带动地市财政和社会投入80多亿元。截至2012年9月，3批团队共已吸引高层次人才1 620人，是引进之初的3倍多，培养科研骨干2 109人，带动集聚各类人才近6 000人，“以才引才、以才育才、以才聚才”效益凸显。团队已为广东带来一大批产业发展急需紧缺的关键核心技术：获得发明专利377件，国际专利（PCT）142件；参与制定标准87项，其中国际标准2项、国家标准5项；研发新产品、新装备、新工艺一大批，呈现出强劲的市场发展潜力。

科技体制改革　深化科技管理体制改革，制定《广东省省级科技计划管理改革实施方案》和广东省省级科技计划项目立项、监督管理与考核评价、结题验收等3个内部工作规程，有力地推动了省级科技计划管理的系统化、科学化和规范化进程。加快四大板块主体科研机构建设，启动广东省科技服务业研究院筹建工作。推动财政部、科技部、海关总署等部门及时发布《关于科技类民办非企业单位适应科学研究和教学用品进口税收政策的通知》等重要政策文件，为新型科研机构健康发展提供制度保障。出台《广东省企业研发机构“十二五”发展规划》，支持企业建设高水平研发机构，促使企业加快成为技术创新主体。

科技与金融结合　推广番禺节能科技园土地资本、金融资本、产业资本“三资融合”模式，出台《关于推广三资融合建设模式促进我省民营科技园发展的意见》。稳步推进“广佛莞”科技金融结合试点工作，并推动形成具有广东特色的“红土”基金系列。积极推进高新区“新三板”试点工作，试点地区“新三板”挂牌企业梯队已初步形成。

创新文化建设　加强科技宣传阵地和载体建设，与新华社广东分社合作共建“科技频道”。开展系列科技宣传和科普活动，成功举办第21届全省“科技进步活动月”。广东科学中心“LED主题园”一期工程建成开放，整体建成后将是国内首个以LED为主题的综合园区。

（广东省科学技术厅办公室　陈锡强）

领 导 讲 话

在全省科技创新工作会议上的讲话

——中共中央政治局委员、广东省委书记 汪 洋

（2012年7月19日）

同志们：

今天的会议，是以现场会的方式，以专业镇转型升级为样板，传达学习全国科技创新大会精神，贯彻落实党中央、国务院《关于深化科技体制改革、加快国家创新体系建设的意见》，动员和部署全省各方面力量，大力实施创新驱动战略，率先建成创新型省份。全国科技创新大会结束后，省委常委会召开专题会议学习贯彻大会精神。希望大家认真学习、深刻领会、全面落实，自觉地把思想和行动统一到党中央、国务院的决策和部署上来，采取有力措施，加快推进科技创新，为全面建设创新型广东、加快转型升级提供强大动力和支撑。下面，结合广东实际，我就贯彻落实全国科技创新大会精神，深化科技体制改革，加快建设创新型广东讲4点意见。

一、深刻学习领会大会精神，进一步增强建设创新型广东的信心和决心

在刚刚召开的全国科技创新大会上，胡锦涛总书记、温家宝总理发表了重要讲话。这是继2006年党中央、国务院召开全国科学技术大会之后，又一次里程碑式的全国性科技大会，它吹响了我国全面深化科技体制改革的号角，具有深远影响和重大意义。胡锦涛总书记的讲话高屋建瓴，以世界眼光、国际视野、战略思维和全局高度，着眼于国际科技和产业发展的新趋势、新特点、新机遇，立足于我国科技发展的新阶段、新任务、新挑战，深刻阐述了我国加快建设创新型国家的重要性、必然性和紧迫性，从发展战略、重点领域、实施载体、人力资源、发展环境和机制保障等6个方面指明了新的历史条件下建设创新型国家的主攻方向和发展路径，明确提出了到2020年建成创新型国家的战略目标，这是当前以及今后一个时期我国科技创新工作的重要纲领。温家宝总理从研发平台、产学研合作机制、资源开放共享、优化市场环境等4个方面，对增强企业创新能力提出了具体要求，系统阐述了推动企业成为创新主体的政策体系和保障机制。党中央、国务院的高瞻远瞩和殷切期盼，进一步增强了我省实施创新驱动战略，率先建设创新型省份的责任感和使命感。

多年来，我省发挥改革开放“试验田”的作用，不断深化科技体制改革，从率先提出党政“第一把手抓第一生产力”，到首开技术市场立法先河；从首创政府重奖科技人员制度，到首创“科技进步活动月”全民科普活动，有效激发全社会的创新热情和行动，推动全省科技综合实力和区域创新能力持续快速提升。近年来，省委、省政府坚持以科学发展观为指导，深入贯彻落实中央关于自

主创新的战略部署，进一步加大科技体制改革的力度，方向更加明确，思路更加清晰，措施更加有力，成效更加明显。主要表现在：

一是坚定不移地推动科技创新政策制度化。先后出台《广东自主创新规划纲要》《广东省建设创新型广东行动纲要》等政策性文件，颁布实施我国首部促进自主创新的地方性法规——《广东省自主创新促进条例》，基本形成了具有广东特色的自主创新政策法规体系。

二是坚定不移地推动科技创新成果市场化。坚持科技与经济紧密结合的改革方向，建立“三部两院一省”产学研合作新机制，快速集聚全国高校和科研院所的人才和技术资源，全面与广东的优势产业和企业对接，打造培育战略性新兴产业新亮点，有力推动了专业镇传统优势产业转型升级。

三是坚定不移地推动科技创新要素高端化。大手笔引进3批创新科研团队和科技领军人才，积极承担国家重大科技资源和重大创新工程，加速技术和产业的高端突破。东莞散裂中子源建设工程，广州、深圳超算中心，深圳大亚湾中微子实验工程等一批大科学基础工程纷纷落户广东，大大提升了广东在全国科技发展大局中的地位。在科技体制改革的推动下，广东的自主创新能力显著增强，科技综合实力跃居全国第1梯队，创新能力和水平从原来的全国中等水平上升到现在的稳居全国第2，其中企业创新能力和创新的经济绩效更是跃居全国第1，有力支撑引领全省经济社会又好又快发展，并为建设创新型国家探索了新鲜经验。

但是，我们也要清醒地看到，与全国科技创新大会提出的目标和要求相比，我们在科技创新方面仍然存在短板和不足，科技发展水平与国际发达国家和地区仍有较大差距，与我省建设创新型广东、当好科学发展排头兵的要求不相适应。站在新的历史起点上，我们要以贯彻全国科技创新大会精神为契机，深入实施创新驱动战略，增强信心和决心，抢抓机遇，鼓足干劲，为率先建成创新型省份而努力奋斗。

二、进一步深化科技体制改革，为我省实施创新驱动战略提供强大动力

改革创新是广东近30多年来包括科技在内的现代化事业取得举世瞩目成就的强大动力。特别是10多年前，我们在全国率先启动新一轮科技体制改革，有力促进了科技与经济的结合，实现了科技创新水平的历史性跨越。在我省加快转型升级、建设创新型广东的今天，更加迫切需要进一步深化科技体制改革，为实施创新驱动战略注入强大的不竭动力。其实，省第十一次党代会报告中就提到，加快转型升级，核心是创新驱动，实质是“好”字当头，是把提高增长质量和可持续能力放在第1位。要进一步凝聚全社会的共识与合力，推动经济增长从主要依靠低端要素驱动向创新驱动转变。所以，今天讲的创新驱动是党代会报告关于这一问题的延伸。

第一，必须深刻认识新形势下深化科技体制改革的迫切性。当前，我省正处于加快转型升级、建设幸福广东的关键时期，转变经济发展方式任务十分艰巨。国际金融危机的深层次影响仍在持续，欧债危机的连锁反应正在不断发酵。美国、日本、欧盟等主要经济体还没有出现明显的复苏迹象，全球经济发展的不确定性增多。今年以来，包括我国在内的几大新兴经济体经济增速也逐步放缓，我国上半年GDP增速仅为7.8%，3年多来首次低于8%，我省上半年GDP增速仅为7.4%，中小企业发展面临较大困难。我们与全国不一样的是，我们上半年GDP增速是7.4%，但第2季度上来了，增长7.6%；国家是第1季度达8.1%，第2季度是7.6%，最后合起来7.8%。这和2008年有相似之处，就是跌的时候我们比其他省跌得早，升的时候我们也比其他省升得快，这和我们的市场经济发育比较好，对市场的感觉更敏锐，调整的速度也更快些。但总体上看，当前我省经济增速放缓，经济下行压力增大，虽然主要原因是受国际大环境的影响，但也是自主创新能力不够强的实际反映，是科技体制机制长期不适应经济社会发展的体现。无论对外还是对内，包括刚才发言的科达机电介绍的，你有创新能力，你就能逆势增长；你没有创新能力，即使是过好日子的时候你也未必过得好。从深

层次看，我省企业技术创新的主体地位尚未真正确立，这是就全省而言，有些地方不一样，比如深圳。产学研合作机制不够完善，科技与经济结合问题没有从根本上得到解决，已经成为制约我省提高自主创新能力和产业竞争力的主要瓶颈。因此，从某种意义上讲，复杂多变的国内外经济形势既给我们带来了巨大的挑战，也为我省深化科技体制改革，加快提升科技创新能力，形成倒逼机制带来了难得的机遇。现在确实需要企业自已有创新的积极性，因为再不创新，产品卖不掉，产品没有竞争力，就没有议价能力。所以，从一定意义上讲，经济波动既是坏事，也是好事。我们一定要认识到，市场经济就是利用周期性的波动来实现优胜劣汰，这就是市场经济。过去我们对这个问题认识不深刻，经济一低落就觉得是有问题。你得想透，搞市场经济是怎么淘汰落后的，如果你想什么东西都卖得掉，什么东西都供不应求，这是不现实的。什么时候能淘汰落后？就是产品卖不掉的时候。因为购买者是比较挑剔的，企业干不下去了，企业才有创新。所以每一次周期性波动最后都会导致一些新技术的诞生、普及，从而带动整个生产力在新的水平上提高。历史上，市场经济就是这么转过来的。当然，在社会主义市场经济体制下，政府有能力、可以适当地减少周期性波动对社会的冲击，这是我们制度上的优越性。也可以在周期性的波动下，在优胜劣汰的时候，使优能够胜得更快，使劣的淘汰不至于对经济社会有更大的冲击。但是我们想不让经济出现周期性的波动，这是不可能的。如果是不让经济出现周期性波动，最后可能导致优也胜不了，劣也汰不掉。因此，我们要深刻认识这个问题，毕竟市场经济在我国实行的时间还不长。面对新形势、新挑战，我们只有进一步深化科技体制改革，大胆突破制约创新驱动的瓶颈和障碍，最大限度地解放和发展科技生产力，激发全社会的创造活力，加速从要素驱动全面转向创新驱动，从“傍资本大款”全面转向“傍科技大款”，坚定不移地把自主创新作为转变经济发展方式的核心推动力，才能充分发挥科技创新在转型升级中的支撑引领作用，加快推动我省从“制造大省”向“创造大省”转变。

第二，必须明确深化科技体制改革的思路和目标。应当看到，科技体制改革涉及面广、关系错综复杂，改革难度非常大。深化科技体制改革，是一个长期、系统的工程，必须从全局上理清发展思路，结合实际找准改革的突破口，在统筹兼顾、全面部署的基础上，突出重点，攻坚克难，务求实效。我们必须坚持“自主创新、重点跨越、支撑发展、引领未来”的指导方针，以提高企业创新能力为核心，这是最重要的改革思路，以促进科技与经济社会紧密结合为重点，突出企业在技术创新中的主体作用，发挥科研院所和高等学校的生力军作用，强化产学研用紧密结合，促进科技创新资源开发共享，各类创新主体协同合作，提高科技创新的整体效能，力争到2015年基本建立适应我省经济社会发展需求、符合科技发展规律的开放型区域创新体系，形成立足广东、服务全国、面向世界的自主创新格局，建立相对完善的科研体制和科技管理体制，在全国率先建成创新型省份。

第三，必须坚持市场导向的科技体制改革方向，充分发挥市场在配置科技资源中的基础作用。传统科技体制的一大弊病就是政府在科技资源配置上大包大揽，没有发挥市场机制在推动科技创新中的作用。市场的缺位，一方面使得整个科研体系僵化、科技创新缺乏活力；过去很多创新都是用来评奖、评职称的，没有真正地促进经济社会发展，这就是我们过去讲的“两张皮”。另一方面导致创新成果难以实现转化和产业化，很多科技成果只能成为“纸上成果”，既严重挫伤了科技人员的创新积极性，又造成了人力物力资源的巨大浪费。关键是科研人员的观念问题，现在的科研人员从一开始就着眼于怎么出实验数据，怎么出新的提法、观点和论文，至于能不能应用于经济社会发展实践中、能带来多少经济社会实践效果，常常不是科研人员在立课题时首先考虑的问题。这两年有些改变，但之前还甚至影响到“杂交水稻之父”袁隆平的院士评审，只因他发表的论文数量不够，最终由中央有关领导过问才得以解决。

由于历史原因，我省重点高等学校和科研院所较少，高层次创新人才不足，科研力量相对薄弱，但我省市场经济发育早，市场机制比较完善，各类社会资源和企业参与科技创新的积极性很高，这是我省最大的优势。必须坚持市场导向机制，发挥市场在资源配置中的基础性作用，这是从我省特点出发的。所以，我省科研体制改革的一个重要方向，就是要“扬长避短”，充分发挥市场在配置科技资源中的基础作用，吸引聚集国际国内创新资源到广东创新创业，这样才能事半功倍，增创广东科技创新工作的新优势。要深化行政审批制度改革，着力转变政府职能，优化配置科技资源，对于政府主导的创新资源，凡是能够采用市场机制进行配置的，都要采用市场机制，通过竞争实现最优配置，使政府创新资源的使用效率最大化。

从现在成功的例子来看，如深圳能吸引科研机构来落户，就是政府管得少，环境比较宽松。这两天省政府公布了下放转移取消的审计事项，各部门都有“干货”，社会反应非常强烈。实际上就是要让有创意、搞科技的人员进入市场成本比较低，才能利用其市场主体的发散性去捕捉那些不确定的市场机会。如果像现在市场准入那么多，搞个公司这么难，像比尔·盖茨、马克·扎克伯格等人都干不起来。他们的成功就是由于进入市场比较容易，有个想法就办个公司，拿着个主意找人游说风险投资，就干起来了。如果市场不发育，要做个公司谁都不批准，你凭什么办公司？你有没有钱？主意值多少钱？最后就做不成了。别人说，中国能不能出个乔布斯？如果在咱们这样的准入下，中国政府管那么多，是永远出不了乔布斯的。乔布斯、比尔·盖茨这类人都是利用市场主体的发散性，才能抓到那些不确定的市场机会。所以说，就是要市场比较宽松，才能冒出这类人。广东为什么在全国领先？就因为当年全国“框框”多的时候，广东“框框”较少，广东就迅速发展起来了。现在全国“框框”都少了，我们的“框框”就要更少才行。别以为现在政府有钱了，都大包大揽地干起来，这就造成了“挤出效应”，把市场主体挤出去了。珠三角核心城市有钱了，也要用市场配置资源的方式用这些钱。这样才能让市场的氛围更活跃、更宽松，才更有利于创造。省十一次党代会报告“加快转型升级”部分中就强调：“必须把创新作为核心推动力。企业是技术创新的主体，政府的责任是为企业创造良好的创新环境。”这与中央的要求是一致的。要重视培育发展社会组织和科技中介机构，充分调动社会力量推动科技创新。总之，要正确处理好政府、市场和社会的关系，让“有形之手”和“无形之手”共同推动我省科技创新上新水平。充分发挥市场配置作用，不是说政府不拿钱。政府要拿钱，关键要用市场配置资源的方式，把钱用好。从大会材料《广东与江浙鲁科技创新情况比较分析》来看，好多指标不错，但地方财政对科技的投入这项指标还可以赶上去，比江苏投入少了2.98亿元，结果掉到第2，前年还是第1，将来省财政和地方财政一块努力，争取赶上去。

第四，必须加快构建有利于协同创新的新型体制机制。目前，协同创新已经成为创新型国家和地区提高自主创新能力的重要组织模式。美国硅谷成功的关键在于区域内的企业、大学、研究机构、行业协会等形成了扁平化和自治型的“联合创新网络”，使来自全球各地的创新创业者能够以较低的创新成本，获取较高的创新价值。开放型创新是我省开展科技创新的一大特点和突出优势，我省深化科技体制改革必须坚持对外开放的原则，要建设开放型的区域创新体系，组织国内外优势资源到我省开展协同创新。在这方面，深圳、广州、佛山、东莞等地已经作了一些有益的尝试，取得了成功经验。比如，深圳华大基因研究院、深圳光启理工研究院、广州华南新药创新中心等民营民办新型科研机构异军突起，华中科技大学介绍的合作经验、“三部两院一省”合作机制、佛山与德国弗劳恩霍夫协会的合作都是开放型创新。用市场经济的方式整合全世界的资源来弥补我们创新不足之处，这是完全做得到的，也是符合市场经济形势和现代潮流的。我们要着力于源头科技创新研究，在激烈的国际创新竞争中崭露头角。今后，我们要进一步解放思想，着力打破体制机制束缚，充分集聚国际国内创新资源，促进各类创新资源顺畅流动和组合，推动创新主体之间开展协同创新，并提供完善的配套条件，形成全省、全国乃至全球的协同创新网络。“三部两院一省”机制得到了各方面的肯定，效果不错。下一步要推动其深入发展，要研究解决目前存在的问题，使合作更顺畅、成果更多。

第五，必须扭住关键环节重点深化科研体制和科技管理体制改革。科研体制和科技管理体制改革关系到高等学校和科研院所的创新活力，关系到科技工作者创新创造的积极性和主动性，因此，深化科技体制改革，必须扭住科研体制和科技管理体制这两个关键环节，取得改革实效。首先，要加快高等学校和科研院所科研体制改革和机制创新。改革完善高校科研评价制度和科技组织机制，创新运行机制和管理制度，建立科学的评价机制和正确的科研导向，推动高等学校建立与产业、区域经济紧密结合的成果转化机制，鼓励支持高等学校教师转化和推广科研成果。从高校科研和经济社会结合的展览看，成果是令人鼓舞的，前景是非常光明的，我们要在此基础上继续努力。要以组建工业、农业、社会发展和科技服务业等四大主体科研机构为重点，进一步深化省属科研院所体制改革，充分发挥主体科研机构在科技创新中的骨干作用。科研机构要深化改革力度，要能够与经济社会发展有更密切的结合。特别要强调的是，基础科学是科学技术应用的先导和源泉。不稳住基础研究这一头，科技的应用开发就不会有后劲。客观上看，我省的基础研究和基础学科建设还比较薄弱，着眼长远，必须下更大的功夫，加强原创性研究和基础理论创新，不断增强广东的科技底蕴。这里专门说下这个问题。在科技体制、科研体制、科技管理体制改革方面，大家都容易面向市场、面向经济社会发展，考虑比较功利化的东西，但科学技术创新离不开基础性的工作，不能在让一部分科学工作者欢欣鼓舞的同时，让另一部分做基础学科的科研工作者因为觉得没有现实功利性的目标而垂头丧气，这对广东是不利的。这方面要继续重视加强。要制定扶持新型科研机构发展的政策措施，大力发展一批具有国际竞争力的民营新型科研机构，力争在源头技术创新上实现重大突破。

其次，要加快科技管理体制改革。要围绕更好地发挥科技在经济社会发展中的积极作用，去谋划大部制改革。大部制改革的目的是使科技在经济发展中更好地发挥作用，而不是削弱科技在政府机构中的领导力量。建立健全科技重大决策机制，在大部制改革中整合相关科技力量，配强配齐科技部门，充分发挥科技部门在促进自主创新中的统筹协调和组织作用。现在很多地方把工业、科技、信息化整合，要注意在整合中要更好地发挥科技的作用。在我省，科技是主角。整合大部制改革过程中，如在工业信息化整合中，科技应该仍是主导性的力量，不能把科技变成了附属。要推进科技项目管理改革，优化科技项目管理组织流程，建立健全科技项目决策、执行、评价相对分开、互相监督的运行机制。这次政府转移职能工作，不少部门把评比的职能转移出去。虽然没有看到转移到哪，但不管转到哪，都要有监督、科学，我赞成转移，至于如何做到规范、有监督、公平需要一个过程。但评价机构不能成为“第二政府”，要独立、自主、公正、公平、公开地评价。要深化科技评价和奖励制度改革，重点评价目标完成情况、成果转化情况以及技术成果的突破性和带动性，加快科技成果转化为现实生产力。

三、强化企业技术创新主体地位，促进科技与经济更紧密结合

确立企业在技术创新中的主体地位，是我国深化科技体制改革的一项核心任务，这也是实现创新驱动的最重要措施。因为只有企业在技术创新中的主体地位真正确立了，我们国家才能真正成为创新型国家，广东省才能真正成为创新驱动的省份。这是党中央、国务院把握全球经济发展和科技创新规律、针对我国创新体系建设的薄弱环节而做出的重大决策部署。当前，我省的产业大多处于全球产业链和价值链的低端环节，必须通过提升自主创新能力来实现转型升级。而要提升产业创新能力，关键要确立企业在技术创新中的主体地位，增强企业的创新能力。

一是要加快形成企业主导产业技术研发创新的体制机制。由于历史原因，高校和科研院所承担的政府各类科技项目比重普遍较高。经过这些年的改革发展，我省企业承担国家和省市科技项目的能力已经大大增强。比如，深圳做到了“4个90%”，90%以上研发人员集中在企业、90%以上研发资金来源于企业、90%以上研发机构设立在企业、90%以上职务发明专利生产于企业。深圳为什么比较有活力？这是重要原因。这充分反映了企业在深圳创新体系中的重要地位，也代表了今后我省区

域创新体系发展的方向。从这个角度入手来推进我省的科技创新，也是我省扬长避短的重要选择。广东深圳是榜样，其他地市也不错。广东的企业总体上还是向市场找发展，没有到政府找发展。这是方向问题，坚持社会主义市场经济的改革方向，坚持走创新的路子，鼓励企业往这个方向走，这样我们遇到的挑战可能会少一些。接下来，要制定相关政策鼓励企业更多地承担各级科技创新和产业化项目。在省重大科技专项、战略性新兴产业核心技术攻关专项等项目中，要重点支持有条件的企业牵头组织实施，促进科技成果加快产业化。支持我省的行业龙头企业积极争取承担国家重大科技项目，带动企业加大科技投入力度。要大力实施创新型企业院线提升计划，引导创新型企业组建研究开发院，制定企业创新路线图和整体创新战略，提高企业综合创新能力。要进一步调整优化工程技术研究中心、重点实验室、博士后科研流动站等的整体布局，优先支持具备条件的企业建设研究开发机构。要多考虑让政策向企业倾斜，鼓励研发机构放到企业，引导科研机构、高校面向企业。如果高校单独拿不到项目，但和企业合作就可以拿到项目，这样科研机构、高校就愿意和企业结合，科研机构、高校就容易找到产品开发方向，企业容易得到支持，政府资金也容易效益最大化。有些研发放到大学，大学可能没有相关配套能力，要做就得配齐全套。如果放到企业做研发，与企业分利，企业因长期未享受过这种机会，积极性就比较高，而且主体和市场方向比较明确。鼓励企业到省外、国外建立各类研究开发机构，兼并收购海外优质科技企业，广泛集聚利用国内外创新资源，带动全省形成开放性、国际化的区域创新体系。现在欧债危机、美国经济萧条对我们确实是机遇。真正走出去的国际化企业如华为、中兴等把科技研发机构布局在世界各地，成本较低。华为在印度建立规模很大的研究院，印度的研究人员研究能力不错、成本较低、奉公守法、职业操守比较好，条件很有利。现在去欧洲收购企业，人才比较好挖。各地市要注意这个条件。要继续实施产业技术路线图计划，支持企业加强技术创新战略规划，凝练和组织重大科技攻关项目，带动产业技术进步和升级。引导企业加强技术集成、工艺创新和商业模式创新，形成创新驱动的可持续发展模式。鼓励企业大力实施专利、品牌和技术标准战略，提升市场竞争力。要扩大我省科技型中小企业创新基金规模，加大对中小企业、微型企业技术创新的财政和金融支持。

二是要建立健全企业主导的产学研用合作体制机制。企业是产学研用合作的最终受益者和评价者，在科技创新中具有最强的积极性和主动性。因此，高校、科研院所、科技中介机构要紧紧以企业需求为导向，以成果产业化为目标，努力推动创新成果转化为现实生产力。这几年，省部院产学研合作成效卓著，已成为我省科技工作的一大亮点，是全国叫得响的“广东名片”。今后，要继续发挥这个优势，进一步深化“三部两院一省”产学研合作机制，促进高等学校和科研院所的创新资源向企业聚集。要围绕我省产业发展需要，依托产业龙头企业和骨干企业，紧密联合全国高校和科研院所，共同组建以开发应用核心技术和重大产品为目标的创新联盟。要鼓励产学研创新联盟建立健全利益协调机制、科技资源共享机制、专利品牌交叉授权许可制度。鼓励高校和科研院所继续向我省企业派驻企业科技特派员，支持科技人员来广东创办科技型企业或科技服务机构，促进研发成果转化和产业化。鼓励高校、科研院所和我省企业共同建设技术创新平台，共同培养创新人才，共同实施科技创新和产业化项目。以企业为主体组织实施新产品示范应用工程。要在LED、高端电子信息和新能源汽车等重点领域，支持企业创新商业模式，围绕市场需求和用户需要，产学研用联合开展新产品开发及推广应用工作，迅速培育形成新兴市场。

关于新产品开发应用工作。在当前经济下行的情况下，拉动经济继续增长是需要考虑的，但通过战略性新兴产业拉动还需要一个过程。现在最容易见效的是把现有的信息技术广泛应用，这个做好可以很快见效，推动经济增长，大有文章可做。这个和今天会议的主题和当前经济增长都有关系。比如经济不好，东西就卖不掉，就会加剧市场竞争。因此，电子商务可以加大工作力度。它的市场空间大，不受国界、省界限制，成本比较低。可以有几个方式努力。

一是通过电子商务推销广东产品，迈开实质性步伐。第一，支持做大我省已有的电子商务企业，通过政策鼓励企业扩张。如唯品会今年规模预计做到60亿元，类似电子商务企业还有不少。支持这类企业扩张，比支持流通企业成本要小，可能投入小，产值大。第二，利用好外省市的电子商务企业，这方面也要给点政策。如阿里巴巴2011年销售了1 500亿元的广东产品。利用政策刺激它销售广东产品。利用好别人影响大的大网站。第三，通过政策培育，鼓励建立新的电子商务企业，鼓励销售广东产品。第四，鼓励现有企业自主开展电子商务。通过利用电子商务这类已有的信息化技术，解决当前供大于求的市场销售问题。

二是制定政策促进信息化与工业化结合工程。如维尚做家具，开发家具制作软件，收集各地客户要求，模块化后传回来直接上机床生产。现代很多产业如纺织、家电、制鞋等许多终端消费都可以考虑。很多生产都可以数控化，不仅是机床数控化。把数控化技术应用到工业上，提高效率、降低成本，提高制作水平。在困难的时候，通过政策调动企业特别是实体经济运用信息化体系提高自己，让制造业经过危机后上新水平。这项工作很有潜力。李嘉诚有个观点：我深信，人工智能的潜力，远远不是简单地代替人类劳动的技术，而是未来增加生产力和改善生活素质的主要力量。我相信他的判断，虽然他讲得更长远，但目前我们的信息化和工业化结合成效可能会来得比培育战略性新兴产业更快。技术是成熟的，结合是有成功典型的，只要我们恰当地运用它。

三是建立支持面向中小企业开发、创新、销售的信息平台。这可以政府做，也可以政府招标让有能力的创业者做。建立专门为中小企业服务的信息平台，如网站做好了，同样可以形成盈利模式。围绕中小企业搭建信息化平台，为中小企业服务。

四是电子文化。现在电子文化在网络上越来越大，全部的90后和一部分80后，几乎离不开网络的文化消费，如电子游戏、听音乐、读书、看电影等，加之广东本身的网络文化就在全国有一定水平，深圳更是领先的。这些新兴产业是极具潜力的。

希望能够在这些方面找些专家专门研讨，怎样通过信息化、工业化、商业、文化的结合，提升技术水平、政务水平，改善经济、社会相关的诸多问题，降低社会成本，提高社会效率。如广州治堵，如果电子政务搞好了，大家不用上政府办事，广州的交通拥堵问题将大为改善。因此，电子技术的应用对带动经济的快速恢复，无论当前或长远，都很有意义。

三是要建设好高新区和专业镇公共创新服务平台。企业的创新和发展，离不开良好的产业载体和公共创新服务平台。要重点建设好高新区和专业镇两大载体，扶持科技型中小企业发展，培育形成创新型产业集群。首先，要充分利用省高新技术产业开发区发展引导专项资金，支持和鼓励科技型企业开展技术创新活动。实现创新驱动，科技园区有引领作用。园区人才、知识等创新条件集聚，创新有氛围，因此要首先抓好。现在这项工作有差距，特别是和江苏。江苏国家级科技园区8个，2011年营业总收入2.06万亿元；广东省有9个，但总收入才1.5万亿元，少了约5 000亿元。有的园区发展质量还不高，需要有个过程。要强化高新区的公共服务与孵化功能，大力建设和完善各种专业孵化器、创业服务中心、大学科技园、留学生创业园、加速器和专业园区，为企业孵化和成长营造良好创新生态环境。在条件成熟的高新区开展知识产权等无形资产质押贷款业务试点工作。要在重视创新后把知识产权保护放到重要位置。如古镇已经意识到这个问题，存在刚设计出来的东西马上被人仿冒的情况。前几年我们是受外国压力搞知识产权保护，现在是自己觉得有必要，不保护谁创新呢？要争取广州、深圳等发展较好的高新区列入国家在高新区内开展的非上市股份有限公司股份代办转让试点。其次，要加强专业镇公共创新服务平台建设，为中小微企业提供全方位服务。专业镇是我省区域经济的一大特色，也是科技创新的一大亮点，发挥的作用和取得的成绩可圈可点。我们这次选择在一个专业镇召开全省科技创新工作会议，也就是将加快专业镇转型升级作为贯彻落实全国科技创新大会精神的一项重要工作。如果传统产业如灯具制造都有创新能力了，广东创新也就走出来了。今天下午，会议将安排大家参观中山市古镇的灯饰专业镇生产力促进中心、设计中心等服务平台，学习考察他们的先进经验。小丹同志将在下午的讲话中对加快专业镇转型升级作全面部署。我在这里就不多说了。各地要鼓励以市场机制组建集共性技术研发、公共检测服务、管理咨询、人才培训、知识产权综合服务等功能为一体的公共创新服务平台，帮助企业解决技术问题，提高传统产业企业技术创新能力和产品质量。这也是古镇、小榄等中山专业镇成功的经验，就是要有公共服务平台。传统产业的中小微企业规模较小，自己研发成本较高。通过公共服务平台解决企业的共同技术需求，是提高传统产业中小微企业的创新能力的重要手段。要积极推动专业镇有条件的企业开展技术创新和知识产权等试点示范工作，培育形成一批技术创新水平高、示范带动作用强的创新型企业，引领传统特色产业加快转型升级。此外，要引导高校、科研院所的科技基础条件平台向企业开放共享。加强大型科学仪器设备共享协作网络平台建设，建立服务企业技术创新的目标导向和开放共享机制。

四是要完善促进企业技术创新的政策法规体系。要以实施《广东省自主创新促进条例》为契机，围绕改善企业创新环境、激发企业创新活力的目标要求，研究制定一系列促进企业自主创新的政策措施。《广东省自主创新促进条例》是去年人大工作的重要内容。省十一次党代会中总结成就不足千字，但专门提到此条例。目前公民法制素养的培养还需要一个过程，条例制定后关键还是落实，有关部门要明确检查方式，明确落实法律条例，追究违法责任。认真依法办事，就会有很大促进作用。制定引进消化吸收再创新配套政策，引导和支持企业加大对消化吸收再创新的投入力度。制定国有企业自主创新考核制度配套政策，加强对不同行业研发投入和产出的分类考核，加大国有经营预算对自主创新的支持力度。制定促进科技人才向企业集聚、促进高等学校和科研机构职务创新成果转化等配套政策，引导创新要素向企业流动集聚。要尽快制定实施《改善创新环境行动计划》，以企业技术创新需求为导向，切实抓好各项优惠政策的落实，激发企业创新热情。要重点推进高新技术企业认定、企业研究开发费用税前加计抵扣等政策的宣传落实，帮助企业降低创新成本，提高创新效率和收益。

四、完善区域创新体系，努力开创广东科技工作新局面

经过多年努力，我省区域创新体系建设取得了显著成效，为加快整合、高效集聚和有效优化科技资源发挥了重要作用。但应该看到，由于我们的科技体制改革尚未彻底，企业尚未真正成为技术创新主体，我省的区域创新体系还不够完善。比如，区域创新体系与产业发展体系的融合互动不够深入，两者之间还存在一定的“距离”，创新对产业的驱动力还不够强大等。因此，必须以科技体制改革为动力，加快完善以企业为主体、以市场为导向、产学研相结合、与国际融合的开放型区域创新体系。

一要促进科技、产业与金融紧密融合。科技与金融的加速融合，是当今科技创新发展的重要趋势。要实现由要素驱动向创新驱动、由“广东制造”向“广东创造”的根本转变，没有金融的支撑是难以做到的。要吸引金融资本进入创新领域，积极探索科技、金融与产业融合发展新模式，深入推进“广深港”科技金融示范带，开展科技、金融与产业融合试点工作，深化与香港的金融合作。要加大对科技型中小微企业的金融支持，帮助他们突破创新创业的资金瓶颈。要充分发挥市场作用，积极调动社会资源和民间资本参与科技创新。要推广“三资融合”发展模式，促进产业资本、土地资本、金融资本的融合发展。在这方面，深圳创造了不少经验，值得全省推广借鉴。例如，深圳有各类股权投资、风险投资基金近2 000家，数量和管理资本规模占全国1/3，还有中小板、创业板等融资平台，退出机制比较灵活，有力地推动创新型企业进入发展快车道。广州、佛山、东莞等市，在科技与金融融合方面也取得了一些经验，今后要加快金融创新，进一步支撑科技创新。科技投入是科技发展的重要保障。要加快形成以政府投入为引导、企业投入为主体、社会资本以及风险资本积极参与的多元化科技投入体系，不断增加科技创新投入，力争到2015年，全省研发经费支出

占地区生产总值比重达到2.3%。各级财政要不断增加科技投入，确保财政科技资金的落实和高效使用。要善于通过各类科技项目，引导企业自觉加大研发投入。

二要构建科学的人才引进培养和使用机制。人才资源是第一资源。人才的数量、结构和素质在极大程度上决定着我省的科技创新能力。当前，广东正处于经济社会发展转型、经济发展方式转变的关键时期，最紧迫的是促进产业转型升级，最紧缺的是高层次人才。没有一支数量宏大的高层次人才，广东的经济社会发展就没有后劲，就不可能真正实现转型升级。近几年，我们下重本钱引进了三批海内外创新科研团队和科技领军人才，取得了很好的成效，在国内外引起强烈反响。各地、各部门要继续做好服务工作，为这些引进来的创新团队和领军人才营造良好的工作生活环境。靠一部分人创新出成果是可以，但要真正成果产业化，还是要许多一般性人才配合。吴敬琏等专家在广东调研后得出结论，中国未来产业发展方向是有一定知识和技术含量的劳动密集型行业。这需要大量的白领，比如电子商务、外包服务、动漫设计、汽车制造等行业。如何创造和保障如此大量的白领的环境，是今后必须考虑的一个问题。这要和农民工环境需求区别开来。但现在一线城市房价太高、生活成本压力大，如何跨出一线城市，解决这些人的生活条件问题，是下一步要考虑的重要问题。如肇庆华南智慧城立意就很好。靠近广州，可享受广州的生活条件，同时肇庆的生活环境和生活质量比广州高，生活成本比广州低，可以吸引白领。广州、深圳可以考虑，如何在周边的城市内配置资源。城轨修通后，珠三角几个城市有些布局就要超出自己的行政区域去考虑，既有利用当地发展，也有利于在高端人才和一般人才结合上找到突破口。要完善人才评价体系，建立以科技成果转化和产业化为导向的人才评价激励机制。要充分发挥高校、科研院所以及各类创新平台对人才的培养作用，大力造就适应我省经济社会发展需要的规模宏大、素质优良、结构优化的各类人才队伍。

三要完善科技服务体系。完善科技服务体系是推动科技与经济紧密结合的关键环节。我们要看到，在我们的高校和科研院所里面，还有很多的好成果、好技术在“睡大觉”，科技与经济“两张皮”现象还比较突出。为什么？原因固然有很多，但其中一个重要因素，就是我们的科技中介服务仍然比较薄弱。因此，我们要着力培育众多的科技创新的“托”，他们一头连着企业和市场，一头连着科技人员和科研机构，有了这些“托”，科技创新就会更加活跃，科技创新成果就能更快转化和产业化。要鼓励一些能说会道的科研人员做科技中介服务，要抓紧出台加快我省发展科技服务业的指导意见，大力发展科技服务业，促进科技成果的加快转化和产业化，促进科技与经济紧密结合。要加强科技服务业人才培养和引进，建设一支强大的科技服务队伍。要组建一批科技服务机构，加快建设广东科技服务业研究院，以新的体制机制推动科技服务业发展。要创新科技服务模式，加快“广东现代服务超市”建设，构建和完善社会化、网络化的科技服务体系，引导科技服务机构开展专业化业务。

四要完善合作创新和开放共享机制。要构建具有广东特色的区域创新体系，不能“闭门造车”，必须树立国际视野和战略思维，实行“走出去”和“引进来”，善于“站在巨人肩膀上”借力推动科技创新，开展全方位、多层次、高水平的对外科技交流合作。要重点加强与以色列、德国等国家的国际科技合作，拓宽与台港澳地区的合作领域，不断提升对外开放合作水平。同时，要改变分散、封闭、孤立使用科技资源的传统模式，加强科研院所、高校和企业科技资源的整合优化，进一步提高科技资源开放共享水平，建立健全开放科研设施的合理运行机制，有效减少重复购置和闲置浪费。

五要让创新成为全社会的共识和实践。毫无疑问，构建区域创新体系，政府、高等学校、科研机构和企业的力量和作用非常重要。但是，我们要把目光放得更远、更广。建设创新型广东有赖于全社会的共识和参与，整个社会的良好创新氛围和环境非常重要。目前，我省在科技创新方面存在的问题，与我们社会的创新意识不够强、创新文化不够浓厚等因素密切相关，也就是说，我们社会中的创新氛围还不够浓厚。从孩子开始培养，教育制度要改革，不能一味传授知识，要让孩子有提出问题、培养创新性思维，要让孩子异想天开。我前几天看了一本科幻小说，作者的创造性思维，很让我振奋。创造性的思维对社会非常重要，如果所有人都有创造性思维，就不会扼杀创新能力。有了良好的土壤，才能培植出更多的参天大树。各地各部门要加大对科技创新的宣传力度，通过报纸、电视、展览等多种形式宣传科技创新活动和创新成果，积极开展“科技进步活动月”“科技下乡”等科普活动，让社会大众走进科技、了解科技、支持科技。只有全省上下对创新形成共识，追求创新，渴望创新，积极参与创新实践，才能在全社会形成尊重知识、尊重人才、崇尚创新、支持创新、宽容失败的良好氛围，我省的科技创新的整体实力才能持续快速提升。

同志们，全国科技创新大会为我们指明了方向和目标。让我们以此为契机，进一步解放思想，抢抓机遇，开拓创新，扎实进取，坚定不移实施创新驱动战略，努力探索有广东特色的科技创新之路，为加快转型升级、建设幸福广东提供强大支撑！

在广东省科学技术奖励大会暨全省科技工作会议上的讲话

——中共广东省委副书记、广东省省长　朱小丹

（2012年3月27日）

尊敬的汪洋书记，同志们：

今天，我们在这里隆重召开广东省科学技术奖励大会暨全省科技工作会议，主要是深入贯彻落实全国“两会”、全国科技工作会议和汪洋书记近期视察省科技厅时的重要讲话精神，表彰获得2011年度广东省科学技术奖的科技工作者，总结“十二五”开局之年我省科技工作情况，并对今年的科技工作进行部署。省委、省政府对这次会议高度重视，汪洋书记亲自出席大会并为获奖代表颁奖，这充分表明科技工作在全省经济社会发展大局中的重要地位和作用。在此，受汪洋书记委托，我首先代表省委、省政府向获奖单位和个人表示热烈祝贺！希望大家再接再厉，激励和引领我省广大科技工作者为建设创新型广东做出更大贡献。刚才，云贤同志作了全省科技工作报告，省科技厅作了获奖评审报告，获奖代表李荣强教授作了发言，都讲得很好，我完全赞成。下面，我讲3点意见。

一、认清形势，提高认识，不断增强做好科技工作的紧迫感和责任感

2011年是“十二五”开局之年，也是我省围绕“主题主线”和加快转型升级、建设幸福广东的核心任务，全面加强科技工作，推动创新型广东建设取得重大进展的一年，全省各级、各部门按照“大科技、大开放、大合作”的发展思路，不断深化省部院产学研合作、大力引进和培养高层次人才、加速重大科技成果转化，推动自主创新和产业竞争力“双提升”取得明显成效。突出体现在4个方面：

（一）科技促进产业转型升级取得新成效。在科技的支撑引领下，2011年全省高新技术产品产值达3.4万亿元、增长17%，约占全省工业总产值的30%。全省高新区工业总产值突破1.5万亿元，同比增长约20%。高新技术与信息技术改造传统产业步伐不断加快，全省专业镇经济规模突破1.5万亿元，增长16%，成为区域经济的重要增长极。战略性新兴产业加快发展，实现产品产值1.5万亿元，增长24%。科技进步对经济增长的贡献率提升到53.8%。

（二）争取国家创新资源实现新突破。2011年，我省承担的国家重大项目、牵头项目和原创项目呈明显增长态势，有力地提升了我省在全国创新发展大局中的地位。散裂中子源、广州超级计算中心等大科学工程正式启动建设。全省获国家各类科技经费突破40亿元，其中在高新技术产业领域获得国家“863计划”、国家科技支撑计划等重大项目的支持经费超过16亿元，在基础研究领域获国家“973计划”等重大项目的支持经费超过14亿元，均比2010年实现翻番。

（三）科技服务与改善民生能力得到新提升。我省在开展低成本创新型医疗器械产品示范应用、实施“临床医学”民生科技专项、建设应急管理技术体系、推进农村信息化建设等方面，取得了显著的科技成果并得到广泛应用，真正践行了科技造福百姓的理念。这些工作同样在近年来的获奖项目当中体现出来。如今天颁发的获奖项目中，属于医疗卫生、节能环保和社会公共安全类项目

达154项，占获奖项目总数的57%。

（四）优化自主创新环境形成新格局。2011年，我省率先出台首部地方性自主创新促进条例，标志着我省自主创新促进工作进入法制化阶段，对激发全社会的创新热情、营造良好的自主创新环境产生重大而深远的影响。财政科技投入在调动全社会创新积极性、带动全社会科技投入方面效果明显，乘数效应超过1：10，引导企业研发投入大幅增长，取得四两拨千斤的良好效果。土地资本、产业资本、金融资本“三资融合”建设模式为推进科技园区建设树立示范标杆，为全省集聚高端产业、吸引创新资源、加快产业转型升级探索出一条新路。

总之，过去一年我省科技工作的扎实有效推进，为加快转型升级、建设幸福广东做出了重要贡献。借此机会，我代表省委、省政府，向全省科技战线的广大干部职工表示衷心的感谢和亲切的问候！

当前，我省正处在加快转型升级、建设幸福广东的关键时期，深入推进自主创新、加快提升区域创新能力、努力建设创新型广东，已经成为当前和今后一段时期经济社会转型升级的重中之重。但我们必须清醒地看到，与世界发达国家和地区相比，与我省经济社会发展的新要求相比，自主创新能力不强、核心技术和高端人才缺乏、科技创新体制机制仍不完善等突出问题仍然是我省发展最突出的短板。今年全国“两会”期间，汪洋书记带领我们先后会见科技部、中科院、工程院、北京大学、国家自然科学基金委等领导，并明确指出推动转型升级、加快经济发展方式转变，要从主要靠拼体力、拼汗水、拼资源转变主要靠拼科技、拼知识、拼人才。汪洋书记最近到省科技厅视察时强调要让创新成为全社会的共识和实践。全省各地、各部门要充分认识做好新形势下科技工作的重大战略意义，深刻领会和认真贯彻落实汪洋书记的重要指示精神，切实增强工作责任感、紧迫感、使命感，坚定不移地把自主创新作为转型升级的核心推动力，把科技创新作为支撑和引领全省经济发展的主导力量，把科技创新这张关系新一轮发展以至可持续发展主动权的“王牌”牢牢抓在手上，以科技创新促进转型升级，以转型升级推动科学发展，不断提高经济发展质量和效益。

二、深入实施自主创新战略，支撑引领广东转型升级

今年是实施“十二五”规划承上启下的重要一年，是我省加快转型升级、建设幸福广东的关键一年。做好今年的科技工作，要牢牢把握“主题主线”和加快转型升级、建设幸福广东的核心任务，坚持“自主创新、重点跨越、支撑发展、引领未来”的指导方针，继续解放思想，以建设创新型广东为目标，以改革创新为动力，着力推进科技体制改革，着力建设区域创新体系，着力推进协同创新，着力促进科技与经济相结合，切实增强科技进步和创新在稳增长、调结构、转方式、惠民生中的支撑引领作用。为此，要凝聚“一个共识”：积极营造有利自主创新的社会氛围，让创新成为全社会的共识与实践。实现“两个突破”：一是在构建区域创新体系上实现新突破；二是在发展科技服务体系上实现新突破。努力做到“三个提升”：一是广泛聚集国内外的创新资源，有效提升全省创新资源的总量和质量；二是重点攻克一批产业核心技术和关键共性技术，有效提升全省技术自给率；三是加快形成创新驱动型的经济社会发展模式，有效提升科技对经济社会发展的贡献率。在具体工作中，要重点抓好以下6个方面工作：

（一）深化科技体制改革，着力构建区域创新体系。要针对制约科技发展和支撑引领作用发挥的重点问题，加大体制改革、机制创新和政策突破的力度，勇于打破既得利益格局，激发广大高校、科研机构、企业、科技人员以及全社会的创新热情，推动形成跨部门多主体协同创新机制，促进科技与经济紧密结合，加快构建以企业为主体、以市场为导向、产学研相结合、与国际融合的开放型区域创新体系。一是要完善企业主导的技术研发创新体制机制。深入推进国家技术创新工程广东试点工作，充分发挥市场作用，按照产业链发展需求部署创新链，引导创新资源和要素向企业集

聚，促进产学研紧密结合，推动大中小企业协同创新，不断提升企业的技术创新主体地位。二是要完善科技服务体系。抓紧出台加快我省科技服务业发展的指导意见。大力发展研发设计、知识产权、专业技术服务、科技成果转化、科技金融、科技服务外包等科技服务业。逐步完善科技服务业标准化建设。加强科技服务业人才培养和引进。三是要完善公共创新平台体系。加强重点实验室、工程技术研发中心、企业技术中心等创新平台的建设和布局。鼓励引导行业骨干企业及行业联盟设立研发机构。探索产业公共创新平台建设新模式、新机制，培育扶持新型科研机构和产学研重大创新平台发展。四是要完善促进创新政策体系。认真贯彻落实《广东省自主创新促进条例》，进一步完善在培育发展战略性新兴产业、培养引进创新型人才、扶持发展新型科研机构、深化科技计划管理等方面的配套政策。扩大企业研发经费抵扣优惠政策覆盖面。出台鼓励科技金融发展的风险补偿、贷款贴息等政策措施。五是要构建多元化科技投入体系。加快形成以政府投入为引导、企业投入为主体、社会资本以及风险资本积极参与的多元化科技投入体系。同时，要改革和完善政府创新投入的统筹使用、监督管理和绩效评估制度。

（二）集中优势资源，加快攻克重点领域核心关键技术。要顺应全球科技和产业变革趋势，攻克制约企业和行业发展的重大技术瓶颈。要继续组织实施省级重大科技专项，重点在“低碳技术创新与示范”“重大新药创制”“战略性新兴产业关键技术”等领域突破关键共性技术，形成一批自主知识产权成果，带动新兴产业加快发展。积极承担国家重大科技专项和“973计划”“863计划”等科技项目，加强与国家科技项目的对接配套，争取承担更多的国家科技项目。要做好省战略性新兴产业核心技术攻关专项组织工作，重点在高端新型电子信息、新能源汽车、半导体照明等三大领域组织攻克更多处于产业链高端环节、对企业和产业具有重大带动作用的核心技术，切实增强产业核心竞争力。积极引导参与制定新兴产业的国家和国际标准。要加快突破一批社会发展领域的关键共性技术，进一步发挥国家自然科学基金委—广东联合基金、省自然科学基金的作用，吸引和集聚全国科技人才帮助我省解决在公共安全、海洋经济、农业产业等社会民生领域的重大科技问题。与此同时，要坚持高端技术集成与示范应用推广“两手抓”，在建筑、交通、照明等领域实施节能减排重大科技行动，在生态环境、人口健康等领域组织实施社会发展科技项目和示范工程，在装备制造等领域开展数控一代机械产品创新应用示范工程，加快科技成果的转化、应用和推广。

（三）加强高新区和专业镇建设，助推产业转型升级。要把高新区和专业镇作为推进自主创新、加快产业转型升级的重要抓手来抓，带动相关地区和相关产业转型升级。一方面，要加快高新区创新型产业集群发展和科技服务体系建设。大力发展以战略性新兴产业为重点的高新区创新型产业集群，着力推进深圳新一代互联网、广州个体化医疗与生物医药、惠州智能终端与云计算应用、中山健康科技等一批国家级和省级创新型产业集群建设试点，把高新区建设成为战略性新兴产业基地和先进制造业基地。积极推进广州、深圳国家自主创新示范区建设，推动条件成熟的省级高新区升级为国家高新区。积极争取我省国家级高新区开展“新三板”试点。另一方面，要深入推进专业镇转型升级。要以转高、转优、转强为目标，落实“一镇一策”，强化技术和服务驱动，加快专业镇转型升级。加快制定出台创新型产业集群专业镇建设的指导意见，实施创新型产业集群专业镇建设工程。深化专业镇产学研合作机制，实施“一校一镇，一院（所）一镇”计划，引导专业镇与对口高校、科研机构建立长期合作关系。建设专业镇产业生态地理信息系统，制定专业镇产业技术路线图，培育壮大生产性服务业。

（四）深化省部院产学研合作，加快集聚国内外创新资源。加强开放合作、广泛集聚创新资源，是我省突破创新资源瓶颈、加快提升自主创新能力的重要举措，任何时候都不能放松。一方面，要着力推动“三部两院一省”产学研合作上新水平。完善省部院会商机制，推动省部院产学研重大创新平台建设，增强我省对接和承载国家创新资源的能力，争取更多的国家重大科学工程和科技项目落户我省。继续抓好散裂中子源、云计算平台、国家基因库等重大项目建设。加强产学研创新联盟建设，强化与省外高校、科研院所的产学研对接活动，共同实施一批产学研重大合作项目，加快国家重大成果在我省转化和产业化。拓宽产学研合作领域，深化与央企所属科研院所、国防科工系统的合作联系。继续推进国家知识产权城市试点示范工作及强县工程。另一方面，要继续加强区域和国际科技合作。加强与独联体国家的国际科技合作，重点推进“中乌巴顿焊接研究院”建设；拓宽与以色列的合作领域，加快推进“中以水处理环保创新产业园”建设；加强与国际知名科学组织的合作，积极提升与德国弗劳恩霍夫协会的合作水平。深入开展海峡两岸四地科技产业合作，落实好粤港、粤澳合作框架协议，积极推进深圳前海现代服务业合作专区、广州南沙资讯科技园及珠海横琴新区等粤港澳科技服务合作集聚区建设。积极探索国际科技合作新模式，建立健全招才引智和合作创新的长效机制。

（五）大力发展科技服务业，促进科技与经济紧密结合。科技服务业作为科技与经济结合发展最快、最活跃的领域之一，是加快“广东制造”向“广东创造”和“广东服务”转变的重要助推器。汪洋书记春节前视察省科技厅的时候，特别强调要重视通过科技服务促进创新，培养千万个科技与经济相结合的科技“经纪人”，有效解决科技、经济“两张皮”问题。我们要认真贯彻落实汪书记的重要指示精神，从战略高度谋划我省科技服务业发展，加快出台促进科技服务业发展的政策法规、产业规划以及配套措施，努力建设以珠三角为核心、国际知名的科技服务业产业基地。要提高科技服务机构服务水平。鼓励科技服务机构围绕我省战略性新兴产业和支柱产业，开展专业化科技服务，打造服务特色和服务品牌。大力引进国内外知名科技服务企业来粤设立地区总部、分支机构、研发中心，吸引国内外著名高校、科研机构来粤设立研究和服务机构，不断提升我省科技服务机构整体水平。要加快建设科技服务业集聚区。在高新区、专业镇、产业转移园、民营科技园等建设科技服务业集聚区。推进“广东现代服务交易中心”总部及其延伸机构建设，吸引国内外优质服务机构入驻，构建一体化的综合服务平台，为入区企业提供配套服务。支持港澳台地区科技服务机构参与我省工业设计、技术检测等服务平台建设。要发展壮大技术市场。加强全省技术市场管理机构、技术交易服务机构建设，推进技术市场信息化建设，提高技术市场公共服务能力。稳步发展深圳联合产权交易所等技术交易市场和平台，支持符合条件的科技服务企业在深柜市场等进行企业股权交易和技术产权交易，大力推动技术转移和成果转化。要加大政策支持力度。参照高新技术企业的优惠政策研究制定对科技服务企业的扶持办法。鼓励政策性银行、商业银行等金融机构建立适应科技服务业特点的信贷管理和贷款评审制度。

（六）加大创新人才引进培养使用力度，强化人才队伍建设。科技创新的关键在人才，要突出抓好以高层次人才和高技能人才为重点的各类人才队伍建设。要继续大力引进领军人才。舍得开出优厚条件，加大资金投入，把海内外领军人才、拔尖人才吸引到广东来创业。充分利用“三部两院一省”产学研合作框架和“哑铃型”国际科技合作模式广泛招纳国内外高端人才。认真做好引进第3批高层次创新科研团队和领军人才工作，特别要引进一批我省发展战略性新兴产业急需紧缺的创新科研团队。今年省财政用于这项工作的专项资金翻一番，增加到8.5亿元。要多渠道培育优秀人才。充分利用国家和省级实验室体系、工程技术研发中心等行业公共平台，培养产业转型升级急需的各类科技人才。要坚持将人才培养与实施重大科技专项计划相结合，在创新实践中发现人才、培养人才、凝聚人才。大力推行博士后特约研究员制度，探索建立博士科学研究院。与此同时，要完善各类人才管理和服务体系。修订完善引进创新科研团队的系列管理办法，做好后期跟踪管理服务工作。加快完善各类人才的评价考核制度和激励机制。深化科研体制改革，努力破解制约自主创新和青年人才发展的深层次问题，积极改善各类人才住房、子女入学等工作和生活条件，为科技人才脱颖而出、施展才干提供更大的舞台和更多的机会。

三、加强组织领导，为我省推进自主创新营造良好环境

做好科技工作，进一步增强自主创新能力、建设创新型广东，需要全省上下各级、各部门戮力同心，狠抓落实。

（一）切实加强对科技工作的组织领导。各级政府要从全省经济社会发展大局出发，切实把科技工作摆在更加突出的位置来抓，坚持主要领导亲自抓、分管领导具体抓，强化对科技管理部门组织实施重点科技项目的统筹指导，不断巩固和完善联动机制、省部会商制度等，形成各部门紧密配合、上下齐心协力推进科技工作的格局。

（二）切实加强基层科技管理队伍建设。要紧贴产业转型、技术升级发展潮流，加强基层科技管理机构和队伍建设，将更多熟悉工业经济、产业技术的年青干部充实到基层科技管理队伍，不断增强基层科技的公共服务能力，为群众提供更多更优质的科技公共产品和服务。充分发挥全国县（市）科技进步考核等评价机制的激励作用，不断激发基层科技管理人员工作的主动性、积极性和创造性。科技管理干部要加强自身素质建设，努力提高服务创新创业的能力和水平。

（三）切实营造良好创新氛围。深入开展“全省科技进步活动月”等大型科普教育活动，普及科学知识，提升公众科学素质。深入宣传省自主创新促进条例等创新政策，建立健全知识产权保护长效机制，积极发展创新文化，培育创新意识，鼓励开展群众性创新活动，努力形成尊重知识、崇尚创新、支持创新、勇于创新的浓厚氛围，让创新成为全社会的共识和实践。

同志们，科技的地位和作用从来没有像今天这样重要，科技发展的紧迫性从来没有像今天这样突出。希望各地、各有关部门深入贯彻落实科学发展观，按照省委、省政府的部署和要求，坚定信心、开拓进取、真抓实干，推动全省科技工作再上新台阶，为加快转型升级、建设幸福广东做出新的贡献，以优异成绩迎接党的十八大和省第十一次党代会胜利召开！

在广东省科学技术奖励大会暨全省科技工作会议上的工作报告

——广东省副省长　陈云贤

（2012年3月27日）

同志们：

根据会议安排，现在我就2011年全省科技发展情况和今年工作安排作一个简要报告。

一、2011年我省科技工作回顾

2011年是“十二五”开局之年，我省深入贯彻落实科学发展观，牢牢把握“主题主线”和加快转型升级、建设幸福广东的核心任务，坚持“大科技、大开放、大合作”的发展思路，深入推进协同创新，推动科技工作不断取得新成效，创新型广东建设步伐明显加快，实现了“十二五”时期良好开局。主要体现在以下六方面：

（一）科技综合实力大幅提升。2011年，广东科技综合实力继续稳居全国第1梯队，区域创新能力综合排名连续4年位居全国第2，创新绩效等指标位居全国首位。全省加快实现从对外技术依赖型向技术自给型转变，技术自给率达66.8%。科技投入继续增长，全省研发（R&D）经费达1 000亿元，R&D投入占GDP比重的1.85%。创新人才队伍不断发展壮大，全省R&D人员达38万人，比上年增加3.5万人。全省共获国家各类科技经费突破40亿元，再创历史新高。获国家自然科学基金经费超过10亿元，基础研究水平和原创性能力建设实现了质的飞跃。专利产出稳步增长。2011年，全省发明专利申请量和授权量分别达52 012件、18 242件，增长27.3%和33.2%，位居全国第2位和第1位。全省专利密度位居全国第1，达547.8件/百万人，是全国平均水平的2.4倍。PCT国际专利申请受理量连续8年居全国第1，占全国的一半以上。国家科技奖励工作再获佳绩。全省有34项/人成果获得国家科学技术奖，以广东为第1完成单位及完成人的获奖项目有16项/人，其中获得国家自然科学二等奖4项，为历年之最。

（二）推动产业结构优化升级取得新成效。一是高新技术产业持续快速发展。2011年高新技术产品产值达3.4万亿元，增长17%；全省高新区实现工业总产值达1.5万亿元，增长20%；全省共有国家认定的高新技术企业5 400多家，规模居全国前列。二是战略性新兴产业加快发展。2011年全省战略性新兴产业实现产品产值1.5万亿元，增长24%，占全省高新技术产品产值比重达到44%，其中LED产业达到1 500亿元，增长76%，产值和规模继续位居全国首位。三是传统产业加快转型升级。大力实施“一镇一策”推进专业镇转型升级，2011年全省专业镇实现地区生产总值达1.5万亿元，增长16%，占全省GDP的28%。组织召开全省民营科技园“三资融合”建设模式现场会，加快发展民营科技企业。“广东现代服务交易中心”挂牌成立，科技服务业发展加快。

（三）国内外创新资源加快聚集。2011年，全省新建产学研结合创新平台98个、院士工作站47个。一大批高水平创新平台落户广东，为人才集聚、技术创新和科技成果产业化提供更多的平台支撑。散裂中子源建设工程、广州超算中心项目等大科学工程正式启动建设，有力提升了广东在国家创新大局中的地位。新增科技特派员1 300多名，累计派出5 100多名，形成特派员创新团队联动效应。不断完善产学研合作机制，建立部省工作会商制度。全年省部、省院产学研合作项目达5 700多项，增长18.7%，新增产值2 760多亿元，增长32.3%，新增利税310多亿元，获得专利4 600多件，为企业培养技术和管理人才8 900多人。完善“哑铃型”国际科技合作模式，先行先试组建“中国—乌克兰巴顿焊接研究院”，推进“中以水处理环保创新产业园”建设，与德国“弗劳恩霍夫协会”签署战略合作框架协议，国际科技合作迈向实质性阶段。

（四）重大科技专项效益突出。2011年，继续组织实施3个省重大科技专项，新增产值480亿元，新增利税147亿元，经济和社会效益显著。启动第1批省战略性新兴产业核心技术攻关项目的组织实施工作。首批项目计划安排4亿多元，面向八大战略性新兴产业领域，支持50多个创新能力强、经济效益好、示范带动强的项目。科技创新平台建设迈上新台阶。新增6家国家重点实验室、27家省重点实验室、20家省企业重点实验室。实验室体系的学科及地域布局进一步优化，科技基础条件平台建设迈上新台阶。

（五）科技服务社会民生成绩显著。深入推进“农村信息直通车工程”，信息服务站点覆盖全省2万多个镇村，构建起支撑农业技术推广和农产品商贸信息服务的基本框架，为全国农村农业信息化建设提供了新鲜经验。积极与江西省开展跨省合作试点工作，推动“信息直通车”服务向泛珠三角地区延伸。启动“创新医疗器械产品应用示范工程”，深入开展低成本、创新型医疗器械应用推广工作，进一步缓解了基层群众“看病贵”等问题。加强农村科技工作，扎实开展援藏、援川、援疆工作，推广应用了一批先进适用技术。

（六）自主创新环境日益优化。出台我国首部自主创新地方性法规——《广东省自主创新促进条例》，标志着我省自主创新促进工作步入了法制化管理阶段。加快引进高层次科研创新团队。2011年第2批引进20个创新科研团队，汇聚了150多位国内外高层次人才；2010年首批引进的11个创新科研团队，成员已由原来的93人扩充至462名，实现了“以团队引团队、以人才引人才”的人才倍增效应。一批创新成果有望在2～3年内实现产业化，预计产生数千亿元的产值。加快建设四大主体科研机构，广东省工业技术研究院进入实质性建设阶段，华南农业科技创新中心和省科技服务业研究院建设步伐加快。大力扶持新型科研机构发展，攻克了一批具有产业化前景的关键核心技术。国家创新方法试点省工作稳步推进。

总之，2011年我省科技工作取得了显著成绩，为经济平稳较快发展和社会和谐稳定提供了强大的科技支撑，为加快建设创新型广东积累了宝贵经验。但我们也清醒地看到，我省科技工作还存在一些薄弱环节：高端人才仍较为缺乏；科技与金融结合还不紧密；全省科技区域发展不平衡问题较为突出；基层科技管理队伍建设有待加强等。对这些问题要高度重视，采取有力措施认真加以解决。

二、2012年科技工作重点

2012年我省科技工作的总体要求是：深入贯彻落实科学发展观，牢牢把握主题主线和加快转型升级、建设幸福广东的核心任务，认真实施珠三角《规划纲要》、“十二五”科技发展规划，按照汪洋书记近期视察省科技厅时的重要指示精神，把提高自主创新能力摆在科技工作的首要位置，着力解决制约经济社会发展的重大科技问题，推动经济发展从要素驱动向创新驱动转变。重点抓好以下几项工作：

一是组织实施战略性新兴产业核心技术攻关。做好战略性新兴产业核心技术攻关专项组织工作，推动核心技术攻关成果转化和产业化。继续深入实施省重大科技专项，重点在建筑领域推进绿色建筑节能减排专项，新设立数控一代机械产品创新应用示范工程专项。加快突破LED核心技术，拉动LED产品市场应用。

二是加强高新区和专业镇建设。重点在高新区、专业镇启动一批国家级和省级创新型产业集群建设试点，实施创新型产业集群专业镇建设工程。加快发展科技服务业，积极推进科技服务外包，推进全省生产力促进中心“两服务”行动。

三是深化产学研合作和国际科技合作。抓好落实部省会商重点工作，继续组织实施重大产学研合作项目，推动重大创新平台建设，争取更多的国家重大科技项目落户广东。加强区域和国际科技合作，聚集全球科技创新资源。

四是加大科技服务民生和“三农”力度。强化科技对社会发展的支撑作用，继续实施社会发展科技项目和示范工程。做好海洋经济综合试验区工作。推进科技应急体系建设，继续组建若干突发事件应急技术研究中心。

五是推进科技、产业、金融融合发展。积极探索新三板、知识产权质押等科技金融相结合的新路子，建立新型风险投资机制支持战略性新兴产业发展。培育发展创业投资和私募股权投资，引导更多社会资本投入科技创新。

六是做好引进创新科研团队工作。启动我省第3批引进创新科研团队申报工作、评审工作。继续做好引进创新科研团队后期跟踪管理服务工作。全面推进对科技人才的引进、培养和使用工作。

七是继续完善自主创新政策体系。认真落实《广东省自主创新促进条例》，组织开展政策宣传、巡回宣讲活动，出台配套政策和实施细则。加快制定支持科技服务业发展等方面政策。深化科研单位体制改革和计划管理体系改革，研究制定扶持新型科研机构发展的政策措施。

同志们，回顾2011年，我省科技工作实现了新突破、迈上了新台阶；展望2012年，科技工作正面临新挑战、充满新机遇。让我们在省委、省政府的正确领导下，深入贯彻落实科学发展观，进一步凝聚创新共识，振奋精神，开拓进取，全力以赴完成今年各项科技工作任务，为加快转型升级、建设幸福广东做出更大贡献！

谢谢大家。

重大会议和重大科技活动

广东省科学技术奖励大会暨全省科技工作会议

2012年3月27日，省委、省政府在广州召开广东省科学技术奖励大会暨全省科技工作会议。中共中央政治局委员、广东省委书记汪洋，省委副书记、省长朱小丹，省委常委、副省长徐少华，省委常委、省委秘书长林木声，省人大常委会副主任王宁生，副省长陈云贤，省政协副主席覃卫东等出席大会并为获得2011年度广东省科学技术奖的科技工作者代表颁奖。朱小丹在会上作重要讲话，徐少华主持会议，陈云贤作全省科技工作报告，省科技厅作《2011年度广东省科学技术奖评审工作报告》。

2011年度广东科学技术奖共评选出272项优秀科技成果，其中特等奖2项、一等奖30项、二等奖87项、三等奖153项。省科学技术突出贡献奖授予中国科学院院士、中山大学肿瘤防治中心主任、中山大学附属肿瘤医院院长曾益新，奖金200万元。

全省科技工作会议上，朱小丹代表省委、省政府对全省2011年科技工作所取得的成绩给予了充分肯定。朱小丹指出，科技的地位和作用从来没有像今天这样重要，科技发展的紧迫性从来没有像今天这样突出。“十二五”期间，全省要坚定不移地把自主创新作为转型升级的核心推动力，把科技创新作为支撑和引领全省经济发展的主导力量，把科技创新这张关系新一轮发展以至可持续发展主动权的“王牌”牢牢抓在手上，继续解放思想，以建设创新型广东为目标，以改革创新为动力，着力推进科技体制改革，着力建设区域创新体系，着力推进协同创新，着力促进科技与经济相结合。为此，要凝聚“一个共识”，就是要积极营造有利自主创新的社会氛围，让创新成为全社会的共识与实践。实现“两个突破”，就是要在构建区域创新体系上实现新突破，在发展科技服务体系上实现新突破。努力做到“三个提升”，就是要广泛聚集国内外的创新资源，有效提升全省创新资源的总量和质量；重点攻克一批产业核心技术和关键共性技术，有效提升全省技术自给率；加快形成创新驱动型的经济社会发展模式，有效提升科技对经济社会发展的贡献率。

朱小丹要求，深入实施自主创新战略，支撑引领广东转型升级，重点要抓好六个方面工作。一是深化科技体制改革，着力构建区域创新体系。完善企业主导的技术研发创新体制机制、科技服务体系、公共创新平台体系、促进创新政策体系、构建多元化科技投入体系。二是集中优势资源，加快攻克重点领域核心关键技术。继续组织实施省级重大科技专项，重点在“低碳技术创新与示范”“重大新药创制”“战略性新兴产业关键技术”等领域突破关键共性技术。做好省战略性新兴产业核心技术攻关专项组织工作，加快突破一批社会发展领域的关键共性技术。三是加强高新区和专业镇建设，助推产业转型升级。着力推进深圳新一代互联网、广州个体化医疗与生物医药等一批国家级和省级创新型产业集群建设试点，积极争取本省国家级高新区开展“新三板”试点，加快制定出台创新型产业集群专业镇建设的指导意见。四是深化省部院产学研合作，加快集聚国内外创新资源。着力推动“三部两院一省”产学研合作上新水平，继续加强区域和国际科技合作。五是大力发展科技服务业，促进科技与经济紧密结合。提高科技服务水平，加快建设科技服务业集聚区，发展壮大技术市场。六是加大创新人才引进培养使用力度，强化人才队伍建设。认真做好引进第3批高层次创新科研团队和领军人才工作，特别要引进一批本省发展战略性新兴产业急需紧缺的创新科研团队，2012年省财政用于这项工作的专项资金翻一番，增加到8.5亿元。

陈云贤在作全省科技工作报告时指出，2011年全省科技工作取得了显著成绩。广东科技综合实力继续稳居全国第1梯队，区域创新能力综合排名连续4年位居全国第2，创新绩效等指标位居全国首位。全省发明专利申请量和授权量分别达52 012件、18 242件，同比增长27.3%和33.2%，位居全国第2位和第1位。全省专利密度位居全国第1。2012年，广东省科技工作要着力解决制约经济社会发展的重大科技问题，推动经济发展从要素驱动向创新驱动转变。

（广东省科学技术厅科技服务与管理处　王雅文）

广东省推广应用LED照明产品工作会议

5月28日，广东省推广应用LED照明产品工作会议在广州召开，研究部署本省在公共照明领域全面推广普及LED照明产品工作。省委副书记、省长朱小丹出席会议并讲话，副省长刘志庚代表省政府与各地级以上市政府签署了广东省推广应用LED照明产品责任书，省科技厅领导介绍了《广东省推广使用LED照明产品实施方案》的主要内容。

会议强调，自5月23日省政府印发《广东省推广使用LED照明产品实施方案》起，全省道路、公共场所、政府机关、国有企事业单位等财政或国有资本投资建设的照明工程以及南沙、前海、横琴等新规划建设的新区一律使用LED照明产品。根据方案，珠三角地区要力争在2013年年底前，东西北地区在2014年年底前，普及公共照明领域LED照明，带动全社会普及LED照明，实现同比口径下照明节能50%以上，拉动全省LED产业“十二五”期末实现年产值5 000亿元以上。

朱小丹指出，省委、省政府高度重视LED产业发展，明确将LED产业列为重点培育发展的三大战略性新兴产业之一。2011年，广东省LED总产值超过1 500亿元，继续居全国首位。当前，进一步推广应用LED照明产品，有利于本省推动城市节能减排，有利于以市场推广带动战略性新兴产业发展，有利于通过准入标准的确立推进LED产业自主创新和有序发展，有利于通过商业模式的创新推动经济发展方式的“软”转型。

朱小丹要求，全省各地、各部门和各单位要认真落实中央和省委、省政府关于发展战略性新兴产业的决策部署，切实把推广应用LED照明产品作为重要工作来抓，坚持政府推动与市场运作、技术创新与应用示范、培育新兴与改造传统、扶持企业与培育集群相结合，进一步完善工作机制、加大工作力度、加快培育市场，努力把广东建设成为世界知名的LED产业制造基地和有重要影响力的创新服务集聚区。在组织领导上下功夫，为推广应用LED照明产品提供坚强保障；在部门协同上下功夫，形成推广应用LED照明产品的强大合力；在技术创新上下功夫，为推广应用LED照明产品提供科技支撑；在质量监管上下功夫，确保LED照明产品和应用工程质量安全；在政策配套上下功夫，完善推广应用LED照明产品的政策和制度体系；在宣传发动上下功夫，掀起新一轮推广应用LED照明产品的热潮。

会上，广州市政府介绍了推广应用LED照明产品的做法和经验。南方电网公司作会议发言，表示将充分发挥电网优势，全力以赴协助各级政府在道路、公共场所、室内照明等领域大力推广应用LED照明产品，服务广东节能减排。各地级以上市政府、省有关单位，中直驻粤有关单位负责人，有关高等院校、科研机构、检测机构、行业协会、LED企业代表近200人参加了会议。

（广东省科学技术厅发展规划处　张冬蕾）

全省科技创新工作会议

7月19日，全省科技创新工作会议在中山市古镇镇召开，传达全国科技创新大会精神，部署全省科技创新和加快专业镇转型升级各项工作。中共中央政治局委员、广东省委书记汪洋出席会议并作重要讲话，省委副书记、省长朱小丹主持会议并作总结讲话，省委常委、常务副省长徐少华传达了全国科技创新大会精神。

汪洋强调，改革创新是广东近30年来现代化事业取得举世瞩目成就的强大动力。特别是10多年前，广东在全国率先启动新一轮科技体制改革，有力地促进了科技与经济的结合，实现了科技进步和创新的历史性跨越。广东正处在加快转型升级、建设幸福广东的关键阶段，转变经济发展方式任务十分艰巨。当前本省经济增速放缓，经济下行压力增大，虽然主要原因是受国际大环境的影响，但也是自主创新能力不够强的实际反映，是科技体制机制长期不适应经济社会发展的体现。必须深刻认识新形势下深化科技体制改革的迫切性，明确深化科技体制改革的思路途径和目标任务，坚持市场导向的科研体制改革方向，加快构建有利于协同创新的新型体制机制，扭住关键环节重点深化科研体制和科技管理体制改革，力争在2015年基本建成适应本省经济社会需求、符合科技发展规律的广东特色区域创新体系。

汪洋强调，确立企业的技术创新主体地位，是我国深化科技体制改革的一项核心任务。本省的产业大多处于全球产业链和价值链的低端环节，必须通过提升自主创新能力来实现转型升级。提升产业创新能力的关键是要增强企业的创新能力，加快形成企业主导产业技术研发创新的体制机制，建立健全企业主导的产学研用合作体制机制，建设扶持企业创新的产业载体和服务平台，完善促进企业技术创新的政策法规体系，确立企业的技术创新主体地位。

汪洋强调，要完善区域创新体系，努力开创广东科技工作新局面。一要促进科技、产业与金融紧密融合。加快形成以政府投入为引导、企业投入为主体、社会资本以及风险资本积极参与的多元化科技投入体系，力争到2015年，全省研发经费支出占地区生产总值比重达到2.3%。二要构建科学的人才引进培养和使用机制。继续引进海内外创新科研团队和科技领军人物，完善人才评价体系，发挥高校、科研院所以及各类创新平台对人才的培养作用。三要完善科技服务体系。抓紧出台加快本省发展科技服务业的指导意见，加快建设广东科技服务业研究院和“广东现代服务超市”，构建和完善社会化、网络化的科技服务体系。四要完善合作创新和开放共享机制。树立国际视野和战略思维，善于“站在巨人肩膀上”借力推动科技创新。改变分散、封闭、孤立使用科技资源的传统模式，有效减少重复购置和闲置浪费。五要让创新成为全社会的共识和实践。加大对科技创新的宣传力度，积极开展“科技进步活动月”等科普活动，在全社会形成尊重知识、尊重人才、崇尚创新、支持创新、宽容失败的良好氛围。

朱小丹在总结讲话中指出，这次会议主题鲜明，内容充实，务实高效，统一了认识，坚定了信心，交流了经验，完善了政策。各地各部门要认真贯彻落实会议精神，扎实抓好创新型广东建设各项工作。一要抓组织领导，切实把科技创新工作摆上更加重要的位置。二要抓改革创新，推动科技与经济更紧密结合。三要抓统筹部署，加快完善开放型区域创新体系。四要抓科技攻关，抢占经济科技发展制高点。五要抓载体建设，为科技创新提供强有力支撑。

会议期间，与会代表实地参观了中山古镇灯饰产业转型升级公共服务平台、灯饰大厦琪朗灯饰设计中心和东方·百盛灯饰广场，深入了解中山市专业镇转型升级的成功经验。

各地级以上市、顺德区党委或政府主要负责人，政府分管科技工作负责人及科技部门主要负责人，全省国家级和省级高新区管委会主要负责人，省直有关单位和中直驻粤有关单位主要负责人，有关高校、科研院所和企业主要负责人等约200人参加了会议。

（省部院产学研结合协调领导小组办公室）

全省科技形势分析会

8月2—3日，省科技厅召开全省科技形势分析会，贯彻落实全国科技创新大会和全省科技创新工作会议精神，分析全省科技发展形势，讨论提出下一步工作重点任务。会上，省科技厅领导作全省科技形势分析报告，各位厅领导、各市科技局、顺德区经济和科技促进局和各高新区的负责同志就贯彻落实会议精神作了发言。

2012年上半年，广东省整个科技产业发展稳中有升，LED产业抢占战略先发优势，高新区引领全省科技经济发展，专业镇技术创新加快推动产业转型升级，R&D投入强度快速提高，创新基础条件不断改善，创新人才队伍持续壮大，区域创新能力显著增强。

会议一致认为，全国科技创新大会和全省科技创新工作会议相继召开，充分体现了党中央、国务院和省委、省政府对科技创新工作的高度重视和殷切期盼。对于科技管理部门，这是一个难得的历史机遇，一定要牢牢把握住，乘势而上，不辱使命，有所作为。

会议强调，各个单位、部门在思想认识上，要迅速统一到中央和省委、省政府的分析判断和决策部署上来。在发展思路上，要围绕科研体制改革和科技管理体制改革这两大关键环节深化科技体制改革，前者要加快高等学校科研体制改革和机制创新，加快组建省四大主体科研机构，大力支持新型科研机构发展，支持企业内设研究机构发展和建立公共创新平台服务中小微企业；后者则要推进科技计划项目和经费管理改革，深化科技评价和奖励制度改革。同时，要狠抓企业创新能力建设，加快形成企业主导产业技术研发创新的体制机制，并通过完善区域科技合作和开放共享机制，促进科技、产业与金融紧密融合，构建科学的人才引进培养和使用机制等措施，构建起具有广东特色的开放型区域创新体系。在政策措施上，要在完善促进科技创新和成果转化的政策法规体系上取得突破。

（广东省科技统计分析中心　张金水）

广东省数控一代机械产品创新应用示范工程推进大会

8月12日，广东省数控一代机械产品创新应用示范工程推进大会在东莞召开，会议总结了“数控一代”示范工程启动以来的成绩和经验，部署下一阶段的工作。中国工程院院长周济院士出席会议并作重要讲话，广东省副省长刘志庚致辞，省科技厅、东莞市、华中科技大学、广东省机械工程学会和华中数控股份有限公司的代表分别作了大会发言。各地级以上市科技局负责人、各省级以上高新区、有关专业镇、机械装备企业、机械工程学会、数控一代专家组、有关高等院校、科研院所、承担省“数控一代”专项项目负责人等200多人出席会议。

周济在讲话中指出，改革开放以来，我国制造业发展迅速，并逐步建立了比较完整的体系。与发达国家相比，我国制造业有着强大的技术基础、产业基础和人才基础，以及巨大的内需市场。我们要以数字化、智能化为核心，通过“工业化和信息化”两化融合改造提升现有的制造业，走出一条中国特色的创新道路，推进我国从“制造大国”向“制造强国”转变，使中国能够处于世界创新强国之列。

刘志庚代表广东省人民政府对中国工程院和科技部一直以来对广东的支持表示衷心感谢。他说，机械装备产业是广东省发展速度快、创新能力强、成长潜力巨大的主导产业之一。经过多年的发展，广东省机械装备产业已拥有在国内占较大市场份额的优势企业、处于领先地位的主导产品和相对完善的技术研发与服务体系，形成了以珠三角为核心、以东西两翼为辅助的发展格局。当前，广东省正处于从制造大省向创新大省加快转变的重要时期，国家启动数控一代示范工程，并将广东省列为首批试点省，既是对广东的充分肯定，也给广东的转型发展带来了新机遇。刘志庚要求全省各地、各有关部门认真贯彻落实国家和省有关部署要求，发挥好自身优势和特色，深化科研体制改革，广泛利用各种创新资源，大力推进协同创新，加强产学研合作，争取早日实现机械产品的全面升级换代。

省科技厅要求与会人员把大会精神特别是国家和省领导的重要讲话精神传达到各地、企业和产业各个环节。全省要按照国家战略部署，结合广东省实际情况，发挥广东装备制造业自身的优势和特色，力争在5年内实现机械产品的全面升级换代。重点抓好国家战略与本省实际、技术研发与集成应用、重点突破与全面带动、企业创新与协同创新四方面的结合。提出要多措并举，为实施示范工程提供有力保障和支撑。一是加强组织领导，切实把“数控一代”工作摆上更加重要的位置；二是加强资源整合利用，推动形成协同发展的局面；三是发挥专项资金效用，引导地方和社会加大投入；四是创新管理体制机制，优化示范工程实施环境。

（广东省科学技术厅高新技术发展及产业化处 黄 攀）

广东省创新医疗器械产品应用示范工程科技惠民行动启动会

9月20日，广东省创新医疗器械产品应用示范工程科技惠民行动启动会在广州举行。会议由省科技厅、省卫生厅、省食品药品监管局联合主办，部分试点县区政府领导，各地级以上市科技局、卫生局领导，医疗器械产业技术创新战略联盟专家，有关高校、科研机构负责人，医疗器械企业代表，示范医疗机构代表等200多人参加会议。

会上介绍了《广东省创新医疗器械产品应用示范工程实施方案》。省内有关医疗器械生产企业与梅州兴宁市、蕉岭县，广州市荔湾区等首批试点县区签约。医疗器械企业的代表广州达安临床检验中心有限公司总裁，试点县区的代表梅州市蕉岭县政府领导和省医疗器械产业技术创新战略联盟理事长分别发言。

召开本次会议的目的是为了进一步推动创新医疗器械产品应用示范工程的深入实施，加快推进本省医疗器械产业发展，提升本省基层医疗装备水平和医疗卫生服务能力，让创新医疗器械产品更好地惠及广大百姓。会议强调，做好本次科技惠民行动，一是要提高认识，各有关部门要高度重视，扎实推进科技惠民工程的实施工作；二是要加强协调，强化省医疗器械产业技术创新战略联盟的组织、协调和指导作用，形成创新与应用之间的良性循环，确保行动顺利开展；三是要明确重点，重点关注广大农村和社区基层，积极开发和推广适合基层实际的技术和产品，完善基层卫生服务体系建设和基本公共卫生服务均等化建设。

近年来，本省医疗器械产业依靠科技创新，已发展成为一个产品门类比较齐全、创新能力不断增强、市场需求十分旺盛的朝阳产业。全省在广州、深圳、珠海、佛山、东莞、中山等珠三角核心地区已形成了多个医疗器械产业特色集群。全省医疗器械产业产值以年均25%左右的速度持续快速发展，经济社会效益显著。下一步，本省将在完善医疗器械产业技术创新链、完善医疗器械的使用保障体系、提高基层医疗装备和卫生技术水平、降低基层医疗成本、提高各部门的协同能力等方面重点开展工作。

（广东省科学技术厅社会发展与基础研究处 周 彧）

2012年中国（东莞）国际科技合作周暨招才引智大会

11月1—4日，2012年中国（东莞）国际科技合作周暨招才引智大会（以下简称“科技合作周”）在东莞国际会展中心成功举办。该届科技合作周经科技部同意，正式更名为“中国（东莞）国际科技合作周”，成为国家级科技交流合作专题展会。科技部副部长张来武、以色列工贸部总司长沙龙·凯德密、省人民政府副省长陈云贤，以及省科技厅、省人力资源和社会保障厅主要领导和东莞市几套班子主要领导出席了开幕式及相关专题活动。

该届科技合作周以“协同创新、合作共赢”为主题，围绕科技创新、人才对接开展了专题展览、洽谈对接、高峰论坛、项目签约等四大专题活动，共举办20多项子活动。其中，在最受关注的项目签约专题活动上，组织了10个国际科技合作重点项目进行集中签约，同时举办中国与以色列科技合作联合声明的签约仪式和“中以国际科技合作产业园入园企业协议”签约仪式，以及举办中德精密制造技术中心和国家、省国际科技合作基地揭牌仪式。

相比上一届，该届科技合作周举办规格更高，不仅成功升格为国家级展会，而且展会规模也进一步扩大，展区面积从上届的5 000平方米增加到10 000平方米。合作范围更广，尤其是突出了与以色列、德国等国家的科技合作，通过举办多种交流活动，集中展示了东莞与以色列、德国之间的国际合作成果。活动内容更实，科技合作周期间，举行广东省LED照明产品推广应用政府采购洽谈会，邀请全省各地政府、企业的采购代表来莞进行集中洽谈采购，助推东莞LED产业扩大行业影响、抢占市场份额，带动产业加快发展。

参加科技合作周的海内外观众超过5万人、高层次人才200多人，参展单位超过200家，参展项目1 500多个，征集实物产品近1 000件，促进300多个科技、人才项目达成合作意向。

（东莞市科学技术局　王少波）

广东省生物医药产业自主创新大会

为加快发展广东省生物医药产业，充分发挥自主创新对产业发展的支撑引领作用，11月23日，省食品药品监管局和省科技厅在广州联合主办广东省生物医药产业自主创新大会。广东省生物医药自主创新联席会议成员单位有关负责人、各地级以上市食品药品监管局和科技局（委）主要负责人、全省药品生产企业和药物研究机构、生物医药产业园区负责人约300人参加会议。

省生物医药产业自主创新工作联席会议召集人、省食品药品监管局局长陈元胜对全省生物医药自主创新工作取得的阶段性成果进行总结。他指出，广东省生物医药产业自主创新工作联席会议建立以来，在省委、省政府和地方各级党委、政府高度重视下，凝聚了人心、整合了力量，全省生物医药自主创新环境得到较大改善。下阶段，省生物医药产业自主创新工作联席会议将围绕“加快推进生物医药产业转型升级”的目标任务，继续稳步推进本省生物医药产业自主创新工作，要深化行政管理体制改革，力求在创新研发体制机制上有新突破；要确立药品质量标准引擎地位，力求在创新技术载体上有新突破；要加大研发创新投入，力求在提高创新能力上有新突破；要实施品牌战略，力求在研发成果市场化上有新突破；要引进与培养相结合，力求在医药科技人才建设上有新突破。

省科技厅从科技创新角度，对全省生物医药产业自主创新工作提出意见和建议。今后，省科技厅将以十八大精神为指导，通过强化生物医药企业的技术创新主体地位，建立完善生物医药产业协同创新机制，加强基础研究和原始创新能力建设，加快培育一批生物医药新型科研机构，探索建立多元化的投融资体系，努力构建立足广东、服务全国、面向世界的生物医药自主创新格局，推动广东成为我国推进生物医药产业自主创新的主力省。

省政府副秘书长李捍东代表省政府对全省生物医药产业自主创新工作进行全面部署，他指出，全省上下要充分认识加快本省生物医药产业自主创新能力建设的重要性和迫切性，要推动本省生物医药产业尽快实现从要素驱动向创新驱动转变，从生物医药大省向生物医药强省转变。全省生物医药产业自主创新建设必须坚持创新驱动，充分发挥联席会议作用，以政府引导、市场调节为原则，落实科技投入，完善投融资机制，优化创新服务，打造生物医药创新服务平台，创新体制机制，营造生物医药自主创新的良好环境，加快推进广东省生物医药产业转型升级。

（广东省科学技术厅社会发展与基础研究处　周　彧）

第14届中国国际高新技术成果交易会

11月16—21日，第14届中国国际高新技术成果交易会（以下简称“高交会”）在深圳会展中心隆重举行。该届高交会以“推进科技创新、提升发展质量”为主题，共设9个展馆，包括高新技术成果交易、高新技术专业产品展、中国高新技术论坛、super-SUPER专题活动、人才与智力交流会、不落幕的交易会六大板块，总展览面积超过11万平方米。

共有67个国家和地区的111个代表团、2 976

家参展商、15 533个项目和3 132家投资商参加了该届高交会，其中89家跨国公司参展，海外参展净面积近1万平方米；入场人数达53.8万人次，专业观众人气指数达230，均比上届有所增长；近200家海内外媒体的约1 500名记者参与报道了大会盛况。

该届高交会以国家确定的七大战略性新兴产业为重点，汇聚了节能环保、新一代信息技术、生物、高端装备制造、新能源、新材料、新能源汽车等领域的海内外新技术、新产品，亮点迭出、精彩纷呈。其中，有云计算、三网融合、4G、物联网、移动互联等新一代信息技术的热点，有TD-LTE在系统设备、芯片、终端、业务应用等全产业链的创新科技成果，有最新的智慧城市技术解决方案、基于三网融合的家庭健康管理系统等“智慧城市”“感知中国”的最新成果和实践以及新型能源、节能减排、农业科技、生态建设、环境保护等方面的新技术新成果，对产业和经济发展的引领导向作用更加突出。国家工程研究中心建设20周年主题论坛、TD-LTE产业发展论坛、三网融合高峰论坛等一系列论坛，北斗卫星应用产业化联盟启动仪式、中国软件名城授牌仪式等一系列重大发布、授牌活动，都体现了国家层面对战略性新兴产业的政策导向。

该届高交会举办的中国高新技术论坛邀请到多国政府部长级官员以及众多权威人士，解读世界科技产业变革和全球经济深度调整带来的机遇和挑战。国际货币基金组织、摩根大通等机构的知名嘉宾参加了“资本市场专场”，展望全球经济发展的趋势与投资方向。“中国创业家论坛”嘉宾解读国家相关政策，探寻小微企业创业之道。“低碳技术与新能源发展峰会”围绕新能源与节能环保产业融合发展、低碳技术创新与国际合作等前沿话题，进行了多维度的对话交流。国内外众多嘉宾在“深圳国际化城市建设研讨会”上，围绕深圳国际化城市建设进行综合讨论，发表自己的高见。来自武汉、成都、上海等30个国家高新区100余家高新技术企业的代表与韩国、比利时、以色列、意大利、美国等国代表参加了“建设世界一流高科技园区国际会议”，就信息通讯、计算机、节能环保、照明等领域的企业现状和产品进行了深入的探讨。各行业协会、学会、权威研究机构举办的一系列专业技术研讨交流会，汇聚了相关领域的国内外专家和行业领军企业领袖，成为行业内的重要思想盛宴。

该届高交会首次提出利用科技手段促进外贸的发展等新理念，对于促进外贸结构优化调整和电子商务加快发展，具有重要的现实意义。中外政要、大型企业、投资机构高层等高端人士参加的“super-SUPER”系列专题活动、海外高新技术成果展、人才高交会以及海外买家采购洽谈会、项目配对洽谈会、新技术新产品发布等一系列活动，有效促进了技术与资本、人才与产业的对接，为海内外客商交流信息、拓展合作搭建了平台。大会期间，深圳与俄罗斯伊尔库茨克市签订了《友好交流合作备忘录》，双方缔结为友好交流城市。

（深圳市科技创新委员会　杨滢亮）

第15届中国留学人员广州科技交流会

由中央海外高层次人才引进工作小组指导，教育部、科学技术部、人力资源和社会保障部、中国科学院、国务院侨务办公室、欧美同学会·中国留学人员联谊会和广州市人民政府共同主办，北京、上海、天津等23个城市和机构联合协办的第15届中国留学人员广州科技交流会（以下简称“留交会”），于12月19—21日在广州举行。共有22个海外留学人员社团，2 400多位海外人才（其中外裔专家100多位）参加了留交会，比2011年增长10%，其中获得博士学位的占54%，超过一半具有5年以上海外工作经历，有意向回国创业的占51%，参会项目1 300多项，拥有专利或正在申请专利的占项目总数的59.5%。国内79个省市政府代表团、250多家高校、科研院所及企业机构独立组团参展参会，同比增加20%。国内参会人员4 000多人，带来人才岗位需求1.4万多个，招聘人才2.4万多人，项目需求2 000多项，展出项目成果近3 000项，均创历届之最。

在指导单位、主协办单位以及海内外参会各

方的共同努力下，大会贯彻“面向海内外，服务全中国”的办会宗旨，紧扣“广聚海外英才，创新驱动发展”的主题，以人才交流、创新论坛、成果展示和多项推介会相结合的“3+N”创新模式组织大会各项活动，圆满完成了各项议程，是一场人才交流的盛会、创新思想的盛宴、科技成果的盛展。

【与会人才交流】　人才交流活动包括教育部“春晖计划”为国服务活动、第7届“春晖杯”创新创业大赛交流对接及颁奖活动、2012“中国留学人员创业园百家最具潜力创业企业”系列活动、“留学报国之路”报告会及海外人才项目对接交流洽谈会等活动，交流气氛热烈，对接成效显著。

大会期间共有5万人次进场参观洽谈，现场累计洽谈人数达2万人次，洽谈项目5 800多项次，达成初步合作意向2 000多项次，其中，签约创业项目近600项，累计投资金额28亿元。

第7届“春晖杯”创新创业大赛于2012年3月拉开帷幕，最终确定126个项目入围。入围者从美国、英国、日本、德国、澳大利亚、南非等22个国家和地区汇聚广州，与留学人员创业园、风险投资机构和企业等进行了深入的洽谈、对接。在“春晖杯”项目专场对接期间，共洽谈710人次，签订入驻创业园意向85份，签订融资及合作意向68份。

广东省以省人力资源和社会保障厅为核心，组织了珠海、佛山、东莞、中山、茂名、梅州、清远等地市组团参展参会，形成集团效应。各展区展位来咨询洽谈的留学人员2 000多人次，有意向来粤发展和创新创业的高层次留学人才共233名，其中博士129人、硕士94人，达成合作意向的项目356项。

广州各区及相关机构积极借力留交会，开展人才引进工作，累计洽谈项目600多项，达成初步合作意向130多项。萝岗、天河、白云等区充分利用地主之便，分别组织了参观考察活动，成效显著。广东—独联体国际科技合作联盟洽谈项目300项，达成初步合作意向80项。广州开发区共接洽了172个项目，已有29个项目达成了初步合作意向，另有1个中组部“千人计划”项目和2个申报广州市领军人才项目在进一步洽谈中，乌克兰国家科学院技术转移中心拟在广州开发区落户建立分中心，不定期举办双方重点合作领域的国际科技合作交流及经贸促进活动，促进技术成果转化。天河区项目洽谈126项次，其中，创业意向项目76项，并与8名海外人才达成引进意向，与美国考察团签订“国际创新孵化器”合作框架协议。广州创业服务中心与吉林省霍普金斯药物研究院有限责任公司达成初步合作意向，拟引进60位博士（其中海外博士近30名）在广州设立生物医药研究机构；美国休斯卫星公司系统经理、AASI飞机公司前董事长兼执行长、留美博士陈磊与广州空港经济区管理委员会就大飞机等项目达成了初步合作意向等。

各地参会省市纷纷前来“挖人才、拉项目”，争当招才引智的主角，通过举办多场推介会，比拼政策、环境和服务，吸引人才前往当地创业落户，满载而归。江苏省各地组织了多个政府代表团，团员总数将近800人，针对参会海外人才，举办了20多场推介活动，积极宣传当地极具竞争力的海外人才政策，吸引了460个项目和375名海外人才签约。北京市代表团与46位海外人才达成初步合作意向；上海市代表团就55个创业项目达成合作意向；天津市代表团吸引28个创业项目落地；厦门市代表团与18位留学人员达成初步合作意向，创业项目33个；武汉代表团达成项目初步合作意向50余项；长春市代表团现场达成合作意向32人，在网上留交会达成合作意向58人，为历届收获最大的一次。

【重大论坛和座谈会】　留交会以第2届珠江创新论坛和首届人才政策创新论坛统领创新和人才两大主题，精心组织举办了10场高质量、高水平的学术交流论坛和座谈会活动，邀请一批名家大师交流创新思想，取得了丰硕的成果，为我国人才事业发展提供了新的时事素材、理论视角、理念和信息。

第2届珠江创新论坛　在该论坛上，邱震海等6位知名学者专家代表纵论中国经济和创新方向，提出创新要围绕产业的观点。中国科学技术发展战略研究院副院长王宏广呼吁“在应用研究领域，取消以论文作为学术评价指标，以新产品的数量和销售额为评价指标。”他认为，中国要成为全球科技创新中心，首先要成为全球人才中心，要汇聚大量的国内外人才。国务院发展研究中心产业所所长冯飞认为，从技术主导的阶段到知识主导的阶段尤其艰难，要吸收日本的经验教训，不仅要培养工程师，更要培养科学家，不仅要关注技术创新，更要注重知识创新。

首届人才政策创新论坛　该论坛以“经济全球化下的人才流动与吸引”为主题，国际组织驻华总代表李杰在论坛上介绍了国外的高技术移民和劳工政策，希望国内在制定政策时鼓励中国学生留在他国奉献才智，同时国内储备足够的留学人才，配套技术移民政策。Dice集团英国公司董事总经理约翰·本森介绍英国人才计划：实施税收激励机制、全球创业者计划、科技城基地，同时认为仅靠政策创新不能吸引顶尖创业者，应积极宣传本国、本地区的引才计划、创业环境等。

麻省理工科技创业新兴技术论坛　该论坛为首次引入，由麻省理工《科技创业》杂志出版人Jason Pontin发布十大世界新兴技术、年度35岁以下的青年科学家和最具前景科技创业公司等科技资讯，并宣布由麻省理工《科技创业》杂志主办的35岁以下未来技术领军人物评选落地中国，TR35中国区评选有望落户留交会。麻省理工学院黄亚生教授指出，创新依赖于学术自由、学院自治、开放体系、合作研究以及同行评审制度，这些价值共同构成了“科学共和”体系，引起了与会专家的共鸣。

首届大使科技论坛　该论坛以“国际化与人才引进”为主题。原外交部副部长刘古昌大使讲述了中俄关系新特点，认为从俄罗斯引进人才可以大有作为，中俄之间是合作共赢的关系。赵进军大使通过在法国的亲身经历，阐述了“东升西降”的国际形势，即新兴经济体综合活力不断上升，国际影响力不断扩大的形势和趋势，并由此论述了对中国和平发展的信心。马振岗大使分析了欧元区经济上缺乏统一的财政政策、有准入机制没有退出机制的不足，发展模式的高福利和过度依赖虚拟经济的弊端、政治上民主制度的日益极端化等问题。卢秋田大使讲解了中国人的含蓄、谦虚，德国人的严谨、坦率，以及求同思维和求异思维等东西方文化之间的差异。

第5届广州国际干细胞与再生医学论坛　该论坛和第3届中国干细胞研究年会合并举办，邀请了同济大学校长裴钢院士等40余位国内外顶级专家参会演讲，更突显了论坛在全国的影响力和国际水平。该论坛设立了青年科学家论坛，为在干细胞领域的优秀青年科学家提供了展示科研成果的机会。

广州国际新材料高峰论坛　在该论坛上，俄罗斯的利亚霍夫·尼古拉·扎哈罗维奇院士等一批独联体著名科学家介绍了他们的最新成果，并通过技术交流促成了一批项目落户广州市白云区和清远市。论坛还举行了全国对独联体科技合作最全信息平台——“独联体国际科技合作资源数据库”启动仪式。

【科技成果展览】　科技成果展览交流提高了项目洽谈的成效，促进了技术碰撞和创新交流，是留交会内容不断丰富，逐步走向立体化的重要载体。该届留交会展览展示规模和层次均创下历届之最。大会展览面积4.2万平方米，比上届增加20%，创历史新高，共有3 000多项优秀科技成果到场展示交流。

首届海外人才科技成果交易洽谈会　首次举办的海外人才科技成果交易洽谈会吸引了全国各地近300家海外人才企业参展，吸引了大批专业人士前来洽谈交流。展品包括了全球首台儿童核磁共振机、全球最密高清LED显示屏、世界上首个应用于常见心脑血管疾病的个体化诊疗产品奥萨医药“依叶”及配对产品和相关仪器、全球首款支持TD-LTE/LTE FDD/TD-SCDMA/GSM多模单待技术的终端基带芯片等一批由“千人计划”专家和优秀归国人员发明的代表当今世界最先进水平的科技成果，还有为残障人士设计的发音装置、科幻电影中经常出现的隐形斗篷、乒乓球竞技机器人等海外最新技术成果、顶尖技术，提升了展会层次。益善生物等海外人才企业通过参会展示交易，扩大了企业的知名度和客户群，进一步开拓了国内市场。

第2届中国（广州）国际创新博览会　第2届中国（广州）国际创新博览会（以下简称“创博会”）展览面积1万平方米，展出项目超过2 000项，其中实物、模型等展品1 000项，来自世界各地的300多家展团参会交流。科技部的国家高新技术产业区建设20周年成就展吸引了数万名观众到场参观，中科院展区的robin代步机器人、LED分选设备模型、LED检测设备模型、矿用井下探测机器人等也受到观众的热捧。除展出效果突出外，该届创博会的对接实效也很显著，初步达成项目合作意向的有100余项科技成果，主要包括：广州中科院软件所的智慧家庭、智慧路灯、广州市香港科大霍英东研究院的车辆高速称重系统、广东省电信规划设计院有限公司的阳光政务平台等。

（广州市科技和信息化局 孙 翔 刘时良）

全省科技统计指标

与2011年相比，2012年广东省的科学研究人员和农业技术人员数量下降，工程技术人员略有上升，R&D经费保持稳步增长。

科 技 人 力

2012年，广东省国有企业、事业单位专业技术人员达145.90万人，在国有企事业单位专业技术人员中，工程技术人员、农业技术人员、科学研究人员分别有15.20万人、1.23万人、0.50万人，分别占总体的10.42%、0.84%、0.34%（见表1–4–1–1）。

科 技 经 费

2012年全省R&D总经费1 236.15亿元，比2011年增长18.2%，占GDP的2.17%；政府科技拨款246.71亿元，比2011年增长20.99%，占财政支出的3.34%，比2011年高0.3个百分点（见表1–4–2–1）。

2012年，全省研究机构R&D经费39.12亿元、高等院校44.01亿元、企业1 077.86亿元、分别占总体的3.2%、3.6%、87.2%。按经费来源分，政府资金107.90亿元，占8.7%；企业资金1 090.95亿元，占88.3%；国外资金8.89亿元，占0.7%；其他资金28.41亿元，占2.3%（见表1–4–2–2）。

表1–4–1–1 全省国有企业、事业单位专业技术人员数（2008—2012）

指标	2008年		2009年		2010年		2011年		2012年	
	绝对人数（人）	比重（%）	绝对人数（人）	比重（%）	绝对人数（人）	比重（%）	绝对人数（人）	比重（%）	绝对人数（人）	比重（%）
工程技术人员	144 941	10.21	153 563	10.50	154 297	10.58	151 700	10.48	151 998	10.42
农业技术人员	16 701	1.18	15 805	1.08	14 074	0.97	13 475	0.93	12 256	0.84
卫生技术人员	260 940	18.38	268 796	18.37	257 338	17.65	253 992	17.54	264 976	18.16
科学研究人员	5 745	0.40	5 984	0.41	4 528	0.31	5 260	0.36	5 021	0.34
教学人员	837 059	58.95	856 665	58.56	878 477	60.25	879 621	60.75	861 104	59.02
其他人员	154 466	10.88	162 048	11.08	149 330	10.24	151 700	10.48	163 663	11.22

注：其他人员含经济人员、财会人员、统计人员、文艺人员、外语翻译人员

表1-4-2-1　全省科技活动经费增长情况（2008—2012）

指标		2008年	2009年	2010年	2011年	2012年
R&D经费	（亿元）	504.57	652.98	808.75	1 045.49	1 236.15
#占GDP比重	（%）	1.41	1.65	1.76	1.96	2.17
政府科技经费拨款	（亿元）	132.52	168.50	214.44	203.92	246.71
#占政府财政支出的比重	（%）	3.51	3.89	3.96	3.04	3.34

表1-4-2-2　全省R&D经费明细情况（2012）

单位：亿元

指标	合计	企业	科研机构	高等院校	其他
R&D经费	1 236.15	1 077.86	39.12	44.01	75.16
#政府资金	107.90	36.91	27.47	31.10	12.43
企业资金	1 090.95	1 077.80	1.79	9.54	1.81
国外资金	8.89	8.31	0.28	0.27	0.03
其他资金	28.41	13.59	9.57	3.11	2.15

科技活动机构

2012年，广东省科技活动机构增至4 756个，其中科研机构184个、全日制所有制普通高校科技活动机构600个、企业科技活动机构3 910个、其他类型科技活动机构62个，分别占总数的3.9%、12.6%、82.2%和1.3%（见表1-4-3-1）。

2012年，全省共有科研机构184个，R&D人员1.46万人，R&D经费为39.12亿元。广东省有高等院校138所，拥有研究机构600个。高等院校科技机构共有R&D人员0.71万人，R&D经费为8.39亿元。企业办研究开发机构3 910个，机构R&D人员25.02万人。全年企业办研究开发机构经费596.63亿元。

科研课题与科技成果

2012年，全省各类单位共开展R&D项目9.32万项，参加项目人员全时当量44.00万人年，项目经费1 103.30亿元。

2012年，全省科技执行部门共发表科技论文88 176篇，其中科研机构7 030篇、高等院校64 501篇、企业10 142篇。全省科技执行部门共申请专利98 131件，其中科研机构、高等院校、企业分别申请专利1 467件、4 682件和90 209件。全省科技执行部门共出版科技著作2 363种，其中科研机构、高等院校、企业分别出版152种、2 067种和47种（见表1-4-4-1）。全省共获2012年度国家科技奖励成果26项，获2012年度省级科技奖励成果280项，省级重大科技成果登记573项（见表1-4-4-2）。

表1-4-3-1 科技活动机构概况（2012）

指标		合计	企业	科研机构	高等院校	其他
机构数	（个）	4 756	3 910	184	600	62
R&D人员	（万人）	27.30	25.02	1.46	0.71	0.12
R&D经费支出	（亿元）	645.36	596.63	39.12	8.39	1.22

表1-4-4-1 科研课题及科技产出情况（2012）

指标		合计	企业	科研机构	高等院校	其他
科技项目数	（项）	93 179	41 063	4 884	44 800	2 432
科技项目人员全时当量	（人年）	439 950.1	404 598.8	8 718.2	18 386.5	8 246.6
#科学家和工程师	（人年）	162 120.2	140 345.9	5 018.4	14 777.6	1 978.3
科技项目经费内部支出	（万元）	11 032 998.5	10 457 333	198 416.5	303 655.4	73 593.6
专利申请数	（件）	98 131	90 209	1 467	4 682	1 773
发表科技论文	（篇）	88 176	10 142	7 030	64 501	6 503
出版科技著作	（种）	2 363	47	152	2 067	97

表1-4-4-2 国家及省级科技成果奖励情况（2008—2012）

单位：项

指标	2008年	2009年	2010年	2011年	2012年
国家科技奖励成果	30	26	36	34	26
省级科技奖励成果	289	273	262	273	280
省级重大科技成果	433	504	431	482	573

注：各年度广东省科学技术突出贡献奖已列入该年度省级科技奖励成果总数统计

（广东省科技统计分析中心 幸 雯）

科技政策法规及软科学研究计划

科技政策法规

2012年，省科技厅牵头研究起草了《广东省人民政府办公厅关于推广三资融合建设模式促进我省民营科技园发展的意见》等多个重要政策文件，并就实施《广东省自主创新促进条例》等政策法规进行了系列宣传活动，不断完善自主创新政策体系，促进自主创新政策进一步深入人心。

科技政策法规研究与制定

2012年，省科技厅牵头研究起草并推动以省委、省政府名义出台了《广东省人民政府办公厅关于推广三资融合建设模式促进我省民营科技园发展的意见》《广东省改善创新环境五年行动计划》《广东省企业研发机构“十二五”发展规划》《广东省人民政府办公厅关于促进科技服务业发展的若干意见》等多个重要政策文件，不断完善自主创新政策体系。

【《广东省人民政府办公厅关于推广三资融合建设模式促进我省民营科技园发展的意见》】

民营科技园是培育民营科技企业、壮大民营科技经济的重要载体，是提高自主创新能力、推动产业转型升级的重要平台，是促进创业就业、建设幸福广东的重要基地。

2012年10月9日，为认真贯彻落实胡锦涛同志在广东视察时的重要精神指示，总结推广番禺节能科技园推行土地资本、金融资本和产业资本相融合（以下简称“三资融合”）的建设模式，探索民营科技园建设新体制机制的做法，推动广东省民营科技园又好又快发展，广东省人民政府办公厅印发了《广东省人民政府办公厅关于推广三资融合建设模式促进我省民营科技园发展的意见》，在全国率先提出工业用地开发建设的省级民营科技园内按规划建设的房屋，可按房屋的幢、层、套、间等有固定界限的部分为基本单元进行产权登记，同时明确简化民营科技园企业注册登记和产权登记，提升民营科技园区土地集约化水平，增强土地资本的产出效益。

【《广东省改善创新环境五年行动计划》】

2012年，省科技厅组织省科技发展战略研究院共同研究起草了《广东省改善创新环境五年行动计划》（以下简称《行动计划》）。

该《行动计划》作为广东省贯彻落实第十一次党代会精神制定的“八个行动计划”之一，围绕如何营造开放包容、活力迸发、高效规范和功能完善的广东特色创新环境，在全国首次提出改善创新环境的主要目标，助推加快建设创新型广东。2012年10月13日，经省政府常务会议、省委常委会议审议，以省委、省政府办公厅名义正式印发执行《行动计划》。

《行动计划》坚持把改善创新环境作为一项系统工程来抓，高度重视总体设计、统筹规划、制度安排与政策制定，既注重加强科研基础设施与服务平台等硬环境建设，又注重创新体制机制、提升服务质量、创新文化氛围等软环境建设。它将创新环境分为研发环境、市场环境、产业环境、人才环境和文化环境五大板块，各板块由创新链、产业链为主线串起，涵盖了与自主创新工作紧密相关的技术研发、成果转化、科技金融、公共服务、园区建设、产学研合作、知识产权、技术标准、商业模式等内容，分别提出31条行动措施。整个《行动计划》既遵循市场经济和产业发展的基本规律，又集中体现了当前广东省建设创新型广东的现实需求，将成为今后支撑广东省建设“以企业为主体、以市场为导向、以法治为保障”开放型区域创新体系的一份重要纲领性文件。

【《广东省企业研发机构“十二五”发展规划》】 企业研发机构是企业设立的具有自主研发能力的技术创新组织，既是企业依靠科技创新赢得竞争优势的重要制度安排，也是区域创新体系的重要组成部分，在集聚创新资源，开发新技术、新产品，带动行业技术进步和产业转型升级方面具有重要作用。推动企业研发机构加快建设发展，是深化科技体制改革、强化企业创新主体地位的内在要求，是推动转型升级、建设现代产业体系的关键环节，是深入实施创新驱动战略、建设创新型广东的重要途径。

2012年，省科技厅组织省技术经济研究发展中心共同研究起草了《广东省企业研发机构“十二五”发展规划》（以下简称《发展规划》）。11月14日，省政府印发了《发展规划》。这是广东省首个企业研发机构发展规划。

《发展规划》提出，“十二五”期间要有针对性地引导和支持广东省企业建立研发机构，全面提升企业研发机构建设发展水平和自主创新能力，重点实施引导大中型企业研发机构建设、推动创新型企业院线建设和提升、支持行业技术研发中心建设、加快培养引进高层次创新科研团队和科研领军人才、加快公共创新平台建设、开展新型科研机构建设示范、鼓励和支持企业研发机构开展对外合作7项重点任务，重点从税收优惠、财政激励、科技金融、人才扶持等方面提出了具体的政策措施。

【《广东省人民政府办公厅关于促进科技服务业发展的若干意见》】 科技服务业是现代服务业的重要内容，技术含量和附加值高，创新性强，发展潜力大，辐射带动作用突出。加快发展科技服务业，对于培育壮大战略性新兴产业和促进产业结构优化升级具有重要意义。2012年10月30日，省政府常务会议审议并原则通过了《广东省人民政府办公厅关于促进科技服务业发展的若干意见》（以下简称《若干意见》）。11月20日，广东省人民政府办公厅印发了《若干意见》。

《若干意见》是我国首个由省级层面出台的促进科技服务业发展的指导性意见。该意见在政策层面明确了科技服务业的内涵，确定了全省科技服务业发展的主攻领域，提出要大力推动研发设计服务、知识产权服务、检验检测服务、科技成果转化服务、科技咨询服务、科技服务外包等重点领域；强化科技金融、科技中介服务机构和新型科研机构等科技支撑服务；加快产业聚集，大力提升科技服务业协同创新能力；加强交流合作，大力提升科技服务业的国际竞争力。《若干意见》的出台对加快广东省科技服务业发展，培育壮大战略性新兴产业，促进产业结构优化升级具有重要意义。

（广东省科学技术厅政策法规处
王富贵　李金惠）

科技政策法规宣传与落实

【《广东省自主创新促进条例》实施】 2012年3月1日，我国首部促进自主创新地方性法规——《广东省自主创新促进条例》（以下简称《条例》）正式实施。《条例》首次在立法层面明确了自主创新的概念定义和逻辑框架，覆盖自主创新全过程，开创了我国自主创新立法之先河，标志着广东自主创新进入法制化轨道的全新阶段。

2012年，省人大法制委、省人大常委会法工委、省政府法制办和省科技厅联合编写并正式出版了《〈广东省自主创新促进条例〉释义及实用指南》，这是广东省首次正式出版法规释义和实用指南。该书对《条例》进行了全面的剖析和解读，可以帮助社会各界人士了解条例立法宗旨、起草背景、审议过程、基本原则和核心内容。2月28日，为切实做好《条例》的宣传贯彻工作，动员全社会的力量，共同学习、宣传和贯彻好《条例》，省科技厅联合省人大法委、省法制办等单位举行了《条例》颁布实施新闻发布会，《南方日报》《科技日报》等媒体对《条例》进行重点宣传和常年追踪报道。

6月和10月，在珠三角地区及汕头、潮州等粤东西地区开展了2期巡回宣讲。宣讲会由省科技厅、省人大常委会法工委和相关地市科技局联合组织，宣讲团由省人大常委会法工委、省科技厅条例起草小组核心成员和省软科学研究会专家组成，先后深入潮州、揭阳、深圳、佛山、东莞、惠州、珠海、中山、江门、肇庆等地级以上市及金平区召开13场专题报告会。此次巡回宣讲活动是深入学习宣传和贯彻落实《条例》的重要举措。在将近1个月的巡回宣讲中，来自全省科技、企业战线上的3 000多名政府相关部门代表，高校、科研机构、科技中介服务机构及企业代表们参加了宣讲活动，免费派发了《条例》等政策法规宣讲图书数千册，并向地市科技局赠送《广东省自主创新促进条例释义及实用指南》《广东科技——占领创新法制高地专刊》《高新技术企业申请认定实操指南》和《研发费税前加计扣除政策实操指南》等相关培训资料，掀起《条例》全省学习热潮。各地媒体积极参与报道，构造了强大的舆论导向作用，使《条例》及相关自主创新政策进一步深入人心。

【企业研发费税前扣除政策落实】 2012年，省科技厅共在全省16个地级以上市、广州等部分高新区组织了两轮企业研究开发费用财税优惠政策巡回宣讲活动，实现了全省21个地级以上市政策培训全覆盖，共培训科技型企业5 000多家，1万多名科技、管理、财务人员，为企业免费发放政策培训资料5 000余份。通过建立政策咨询免费热线、QQ群等方式，为全省企业提供优质政策服务，帮助广大科技型企业享受研发税收优惠政策，成功应对经济困难形势，调动企业加大研发投入，提高自主创新能力和产业竞争力。

据统计，2012年全省共有6 000多家企业落实研发费用税前扣除政策，加计扣除额超过294.5亿元，帮助企业减免税收73.6亿元，在全国仅次于江苏，位居各省市第2位，成为全国落实该项政策较好的几个省市之一。2009—2012年，全省研发费用税前加计扣除额累计超过775亿元，帮助企业减免税收超过193.75亿元。

（广东省科学技术厅政策法规处
王富贵　李金惠）

软科学研究计划

2012年，省科技厅围绕省委、省政府关于加快经济发展方式转变和产业转型升级、促进自主创新能力和产业竞争力“双提升”的核心任务，以及加快发展战略性新兴产业和科技服务业等重点工作，结合科技和经济社会发展的重大决策需求，围绕发展战略研究、科技立法研究、科技政策研究和服务决策研究，开展软科学研究。

省软科学研究计划

2012年，广东省组织遴选了“《广东省自主创新促进条例》实施细则与实用指南研究”“广东战略性新兴产业与创新集群的理论与实践研究”等一批立足实践、面向决策的省软科学研究计划重大项目。全年共立项“广东省软科学研究计划”144项，安排经费1 000万元。

【《广东省自主创新促进条例》实施细则制定研究】 该项目主要由广东省技术经济研究发展中心承担。

该项目紧密围绕《广东省自主创新条例》（以下简称《条例》）的基本框架和主要内容，深入分析广东省自主创新工作中亟需解决的瓶颈问题，学习借鉴国内外先进经验做法，针对《条例》实施细则制定工作展开充分的研究和调研，分析和起草《条例》实施细则的制定分工方案草案。同时，根据省政府分工方案的要求，深入研究制定引进消化吸收再创新政策草案、大型科学仪器设施共享政策草案、高校和科研机构职务成果转化政策草案、科技中介服务机构政策草案、创新成果信息统一公开政策草案、科技奖励办法修订草案等若干项实施细则草案及起草说明等，为广东省最终出台《条例》相关实施细则提供决策依据和参考，全面保障《条例》的贯彻落实，大力优化全省自主创新法制环境。

2012年，省科技厅积极推动以省政府名义正式印发《条例》配套政策制定任务分工方案。截至2012年年底，已正式出台3项《条例》配套政策，形成完善稿件、拟出台12项，完成前期调研、正研究起草初稿4项，为加快《条例》的贯彻落实奠定了坚实基础。

【《广东省自主创新促进条例》实用指南研究】

该项目主要由广东省技术经济研究发展中心承担。

《条例》从法制层面确立了自主创新的地位，为自主创新活动提供了良好的法治环境，是大力提高广东自主创新能力、加快转变经济发展方式、促进产业转型升级的重要法制保障。与此同时，如何在有限的时间里，使全省各级人民政府及相关部门，企业、高等院校、科研机构等单位，特别是一线的科学技术人员，全面了解掌握《条例》的立法宗旨、起草背景、审议过程、基本原则和核心制度，为全面、完整、准确地实施该条例，并通过该法的有效实施，增强各级人民政府及相关部门依法促进自主创新的意识和水平，提高自主创新主体开展自主创新活动的积极性，大力提高广东自主创新能力，是今后一段时间广东自主创新工作的一项重要任务。

《条例》的实用指南研究将成为全国系统、全面、针对性分析自主创新地方性法规的研究成果，有利于普及和宣传广东省各项自主创新促进工作和举措。该项目研究的内容选取国内外及广东省有关自主创新活动的指导案例，分析并提出《条例》实施后的具体贯彻落实的对策及方法，是一种自主创新行为。该项目研究具有实操性和指导性，必将为自主创新主体进行各项自主创新活动提供实际的操作指引，为政府贯彻落实自主创新促进条例工作提供具体的政策建议，为学习科技法律的学者提供有益的参考。

【广东新型源头科技创新机构发展研究】 该项目主要由广东省科学技术情报研究所承担。

近几年，随着创新创业环境不断改善以及新兴产业的加快发展，国内市场机制最为完善的广东成为众多海外创新人才回国创业的首选之地。在这样的大背景下，伴随着新技术的快速发展以及新一轮产业革命的到来，在珠三角地区涌现出一批以深圳光启高等理工研究院、深圳华大基因研究院等为代表的民办新型科技创新机构。这类机构以市场运作为主要模式，集科技创新与产业化于一体，汇集了众多海内外高层次人才，不但迅速地提高了广东的源头创新能力，催生了一批巨大增长潜力的新兴产业，促进了广东产业的转型升级，成为广东省源头创新和拉动新兴产业发展的重要力量，而且在我国开创了民办组织从事源头性技术创新的先河，开拓了科技探索与产业化结合的新途径，开启了聚焦人才、源头创新的新局面，开启了我国深化科技体制改革的新方向。其迅猛的发展势头、独特的运行机制和骄人的创新成就，引起了经济界、科技界的高度关注。胡锦涛等中央领导先后对这些新型机构进行了多次视察，充分肯定其发展模式和成绩。这种基于广东市场环境和社会力量所创建的新型科研机构，和改革开放初期我国沿海地区民营企业和民营经济的萌芽发展非常相似，其发展潜力和前景不可估量。

该项目的研究，旨在通过深入了解广东各地政府部门培育发展新型源头科技创新机构的做法，全面掌握广东省新型源头科技创新机构发展的现状、存在问题以及需要支持的政策措施，正确认识新型源头科技创新机构的特征、发展模式和发展规律，从而为省委、省政府领导及相关部门研究制定促进广东省新型源头科技创新机构的决策提供重要参考。

（广东省科学技术厅政策法规处　王富贵）

国家软科学研究计划项目

2012年，广东省的“知识服务嵌入制造业集聚创新体系机制研究”和“城市土地利用模式创新顶层理论设计研究”2个项目被纳入2012年度国家软科学研究计划项目。

【知识服务嵌入制造业集聚创新体系机制研究】

该项目由中山大学承担。

我国制造业转型升级，实现由“中国制造”向“中国创造”转变的关键在于自主创新能力的提升，而创新和集聚应当存在一个互为因果、相互强化的内生互动关联。我国的制造业集聚大都存在自主创新能力不足的问题，“创新—集聚”互动机制未能充分发挥作用，而专业化知识服务的嵌入将在很大程度上提升制造业集聚创新能力。

该项目以知识服务为切入口，主要研究创新与集聚的内生互动机制、我国制造业集聚与创新互动关联的经验证据、制造业集聚创新体系升级、知识服务嵌入制造业集聚的产业空间组织模式以及知识服务与制造业集聚创新体系协同的政策导向等内容。该项目的研究将有助于明确创新与集聚的内生互动关联机制，了解我国制造业集聚创新体系的现状与存在的问题；有助于发现集聚经济下差异化企业的创新活动对知识服务需求的一般化规律；有助于从产业、空间双重维度，明确不同的知识服务产业空间组织模式的基本特征，以及对制造业集聚创新体系的支撑作用；有助于知识服务与制造业集聚创新体系协同政策的制定，可为相关部门决策提供参考。

【城市土地利用模式创新顶层理论设计研究】

该项目由深圳大学承担。

我国在城市土地利用结构和空间布局、城市规模扩张与用地供需矛盾、城市土地利用率与集约度、城市土地生态环境以及城市土地管理体制等方面的弊端，将严重阻碍我国的城市化进程。

该项目以系统工程理论为指导，结合城市规划、应用经济、生态学、可持续发展、承载力以及工业工程等理论，对我国土地节约集约利用状况进行系统分析，通过基于生态足迹的城市土地生态承载力、基于生态系统服务价值和元胞自动机的土地利用结构优化建模及仿真、管理制度、城市土地利用模式创新体系五维（地理维、产业维、要素维、政策维、时间维）分析框架，以及城市土地系统中的各子系统的耦合度以及总系统的鲁棒性等研究，完成我国城市土地利用模式创新的系统框架设计（顶层理论），可为相关部门决策提供参考。

（广东省科学技术厅政策法规处 王富贵）

民营科技经济发展

民营科技企事业单位发展

2012年，省科技厅贯彻落实《中共广东省委、广东省人民政府关于促进民营经济发展上水平的意见》文件精神，继续推动省级民营科技企业开展技术创新，提高企业自主研发能力。全省新认定912家省级民营科技企业，审批通过2家民办非企业单位。

民营科技企业技术创新试点

截至2012年年底，全省纳入统计的民营科技企业共有7 573家，其中，科技活动人员49.6万人，占从业人员总数的25.3%，研究与试验发展人员折合全时当量17.8万人年；实现技工贸总收入近1.29万亿元，工业总产值近1.27万亿元；实现工业增加值3 147亿元，产品销售收入11 681亿元，出口销售收入519亿美元。

广东省民营科技企业技术创新试点项目重点支持民营科技企业实施技术创新工程试点工作，提高企业自主创新能力和产业竞争力，制定技术创新工程发展战略，推广应用创新方法，开发具有自主知识产权的先进适用技术和产品，培育民营科技企业成长为高新技术企业、省级以上创新型（试点）企业，发展壮大一批创新型企业群，示范带动全省民营科技企业提升发展。2012年，全省安排民营科技企业技术创新试点项目18项，下拨经费220万元。2009—2012年，全省共安排民营科技企业创新项目61项，累计投入660万元。

【电力线载波信号融合转发器】 该项目由广东东方电讯科技有限公司承担，致力于利用布线网络最为密级和最为宽广的低压电力电源线为传输介质、以工频50Hz交流正弦波为传送基准频率，将数字信号通过调制调解成不同频率、不同幅度大小、不同交结模式、不同交结载波机制的数字信号嫁接在电力电源的正弦波上，并通过电源线介质进行远距离传送。项目致力于将各种载波信号进行融合，使融合后的信号不发生畸变并能进行传送或被接收，预期实现融合60kHz～450kHz的各种窄带载波、兼容带宽30MHz的宽带载波和带宽60kHz～26MHz的跳频载波；适应电源为220V ± 25%；EMC等级为4级；融合误码率为0.01%；最低双向传送距离为5km；功耗小于或等2W。电力线载波信号融合转发器将能够与各种智能电网终端配套，也可用作家电网络转换器。项目成果转化后，预计年产值增加2 500万元；预期申请1个发明专利、5个实用新型专利，形成1个新产品。

【基于TD-SCDMA无线中继的融合通信系统】

该项目由广东天波信息技术股份有限公司承担，致力于研发能够充分利用中国移动TD-SCDMA网络发展企业固网业务的一种程控交换机设备；如何通过TD无线中继实现企业用户使用中国移动“集团语音专线”VPMN业务；通过研究解决了接续速度问题，降低用户的使用感知度；实现了企业固网业务快速接入和快速部署的目标，减少施工建设周期和建设成本，实现了来电号码由移动号码到固网号码的变换，实现了企业直线号码和总机号码的呼入呼出，实现了重点政企客户的语音备份通信保障。该系统由TD-SCDMA无线交换机设备，号码变换平台和移动网关组成。项目主要涉及的关键技术包括：程控交换机技术、TD-SCDMA 3G无线通信技术、时分交换技术、PRI信令引擎技术和嵌入式系统技术。项目致力于提供IP中继和E1数字中继（可选，最大4个），实现系统主体单元提供不超于

32个POTS接入（可选8个FXO接口，支持断电直通），可通过外接用户盒或IAD实现POTS端口扩容；支持2 000SIP软用户；集成1个GE口，4个10/100M网口，支持无线AP接入；研发统一纳入IMS的OMC网管等。项目成果转化后，预期累计实现销售1.5亿元，实现利税4 000万元；形成新产品1款，申请专利2项。

【铜浮渣综合回收冶炼新工艺的研发】 该项目由四会市鸿明贵金属有限公司承担，致力于通过高效、低成本的火法冶炼工艺除去铅、锑，利用大量的铜、铋作为贵金属捕集剂，产出富含贵金属的银铜铋合金，有效解决了传统工艺铜、铋回收率低、贵金属分散等问题。项目致力于使用火法冶炼产出多金属粗铜，使铜直收率大于95%，金、银直收率大于99%，铋直收率大于90%，多金属粗铜含银、铜、铋、金、碲的总量大于95%；粗铜电解产出阴极铜质量：铜大于99.8%，银小于0.005%，铋小于0.1%，碲小于0.01%；银回收率大于99.95%，金回收率大于99.98%，铋回收率大于99.5%，铜回收率大于99.95%。项目预期申请发明专利1项。

（广东省科学技术厅政策法规处　黄　欢）

科技类民办非企业单位

2012年上半年，省科技厅审批通过了广东华工食品科学研究院、广东华南太阳能光伏技术研究院2家民办非企业单位。按照广东省民间组织管理局的要求，对20家民办非企业单位、21家省级社团、1家基金会进行有关年度审查工作。

【广东华工食品科学研究院】 广东华工食品科学研究院成立于2012年5月，是由广州萃取生物科技有限公司联合华南理工大学、广东工业大学等企事业单位组织、建设的广东省科技类民办非企业单位。研究院的业务主管单位为省科技厅，登记管理机关为广东省民间组织管理局。

研究院成立宗旨是构建食品科学技术自主创新服务平台，培养食品科学方面的人才，研究开发营养健康主食和功能性食品的新产品、新技术、新工艺、新设备，为食品行业提供丰富并具科学内涵的科研成果和便捷高效的科技咨询和技术服务，促进广东乃至我国食品科技及产业的快速和创新发展。

研究院成立了由本领域著名专家、学者组成的学术委员会，实行学术委员会指导下的院长负责制。研究院拥有技术人员15人，其中高级职称5名，有超临界萃取等食品研发及理化检测设备一批。2012年联合申报广州市生物产业示范工程发展专项课题已获立项资助，资助经费350万元。研究院技术力量和科研平台建设在快速发展之中，科研成果亦在不断积累之中。

【广东华南太阳能光伏技术研究院】 广东华南太阳能光伏技术研究院是由广东太阳岛光伏科技有限公司全资设立，以研究光伏新能源应用技术和产业化为主要方向的一家综合性企业技术中心，成立于2012年7月。研究院拥有人员30余名，其中博士研究生1名、硕士研究生4名，教授级高级工程师2名、高级工程师6名，拥有本科学历者达80%以上。

研究院依托中山大学太阳能研究所、联合国工业化组织太阳能发展促进中心、甘肃格耐用太阳能电力有限责任公司、甘肃金塔太阳岛新能源有限公司等院校企业，积极研究开发友好型光伏系统集成技术、光伏并网逆变器技术、新型光伏储能技术、自清洁光伏组件等项目，主要开展以下几方面的工作：

1．完成100kW光伏并网逆变器的研发。

2．开展“电网友好型”光伏系统研发，包括系统平衡部件如逆变器、控制器，电站的远程监控、诊断和控制技术，微型逆变器、输出DC-DC变换、远程通讯部件、MPPT跟踪系统。

3．开展适于极端环境光伏系统的新型光伏组件及工艺研究，包括在极高、极低环境温度下应用的光伏组件，在海拔2 000米以上地区应用的光伏组件，在海岛、海礁和水面上使用的光伏组件。

4．开展上述各类组件的封装材料和封装工艺技术研究。

5．开展高转换效率、低制造成本的光伏电

池（包括晶硅电池和薄膜电池）及工艺研究，研发新型电池的封装应用组件，开展高效低成本电池所需的新材料研究。

6．开展自清洁纳米电池组件及工艺研究，为分布式电站的推广应用打下良好的基础。

7．积极研发光伏应用产品，开发新的应用领域。

8．积极开展光伏检测和实验技术及其设备研究，包括材料分析、检测实验技术、产品的实验、检测技术、产品环境实验技术、光伏系统及平衡部件的检测实验技术。

9．研究开发新型光伏储能技术。

10．积极参与省内行业技术标准的制定。

（广东省科学技术厅政策法规处　刘世伟）

民营科技园区建设

2012年，全省贯彻落实《中共广东省委、广东省人民政府关于促进民营经济发展上水平的意见》和《关于推广三资融合建设模式促进我省民营科技园发展的意见》文件精神，继续加大对省级民营科技园的建设投入，重点抓民营科技园“三资融合”建设试点的建设，促进全省14个国家级和省级民营科技园成为各地承接产业转移、推动专业镇集群发展的聚集地。

民营科技园区发展现状

【“三资融合”建设模式】 2012年8—10月，为全面贯彻全省民营科技园“三资融合”（即土地资本、金融资本和产业资本相融合）建设模式现场会重要精神，进一步提升省级民营科技园区发展水平，省科技厅积极推动省政府审议通过《关于推广三资融合建设模式促进我省民营科技园发展的意见》，在全国率先提出工业用地开发建设的省级民营科技园内按规划建设的房屋，可按房屋的幢、层、套、间等有固定界限的部分为基本单元进行产权分割和登记，主要做法包括：引导具有较高科技含量的产业资本向民营科技园区集聚，壮大民营科技经济发展规模；提升民营科技园区土地集约化水平，增强土地资本的产出效益；大力发展科技金融，切实解决民营科技企业融资难问题。

【民营科技园“三资融合”建设项目】 2012年，省科技厅安排民营科技园“三资融合”建设项目15项，下拨经费580万元，2009—2012年累计投入2 540万元。项目重点支持“三资融合”建设试点，支持民营科技园开展“三资融合”战略规划研究，引导民营科技园应用“三资融合”新模式升级改造园区，实施“二次开发创业”，通过加强园区与大中型企业（尤其是创新型企业）、高等院校、科研机构、金融机构、地产机构的合作，建设技术创新平台、信息网络平台、科技服务平台等多元化的技术支撑体系和综合管理服务体系，推动民营科技园发展为高端产业集群、创新要素聚集、转型升级示范的新平台。项目还支持和引导民营科技园引进现代服务专业机构、设立科技服务中心（窗口），为园区内中小企业提供各类研发、标准化、检测、技术评估和推广等综合型科技服务；支持园区现代服务业和先进制造业相结合双轮驱动的发展模式，为当地调整产业结构、转变经济增长方式提供强大支撑。

（广东省科学技术厅政策法规处　黄　欢）

民营科技园选介

【金平生态科技园】 金平生态科技园着力以“三资融合”的新模式，整合各方资源，以生态科技的基本要求和内涵，以前瞻性的总体规划、先进的功能设计，进行二次开发建设，立体的生态空间和智能化的信息网络实现生态与智能完美结合，通过土地资本、金融资本和产业资本的有机融合，推动园区向更高层次发展。

生态科技园将充分考虑创业者的需求，为园区内单位提供信息现代化平台，建设研发中心、金融中心、服务中心、培训中心、交流中心、商务中心、休闲中心、公寓等功能板块，力求建成一个集研究开发、会议展览、成果交易、风险投资、信息传播、社区服务等配套功能完善的生态园区。按照金平生态科技园的总体目标，将分阶段建成生态园区的研发中心、服务中心、园区公寓、培训中心、商务中心、交流中心和休闲中心，提供研究开发、会议展览、成果交易、风险投资、信息传播、社区服务等园区服务项目。项目的实施，为金平区民科园带来新的经济增长点，项目前期可望实现每年增长1.2亿元的经济效益，同时促进产学研合作，加速科技成果的转化，带动和辐射金平民科园以及粤东地区相关产业的发展，为金平民科园科技创新服务体系的建设、生态经济的示范提供良好的依托，为园区二次开发积累经验。

【新会今古洲民营科技园】 新会今古洲民营科技园深入贯彻落实科学发展观，进一步加大园区体制机制创新力度，以“三资融合”新模式推动民营科技园向更高层次发展，加快实现从依靠要素驱动向依靠创新驱动转变，从依靠优惠政策向依靠内生发展转变。把新会今古洲民营科技园打造成为培育民营科技企业、壮大民营经济的重要载体，提高自主创新能力、推动产业转型升级的重要平台，促进创业就业、建设幸福广东的发展乐园。依托区域产业优势，努力发展先进技术集群和高新技术产业集群，壮大民营科技经济发展规模；以地产资本、工业资本和金融资本“三资融合”模式推动民营科技园的发展，跨越式提升民营科技园发展的质量效益；完善民营科技园科技创新服务体系，努力提高民营科技企业自主创新能力；营造民营科技园区良好的发展环境，努力建成“用地少、投资大、效益好、科技含量高”的高效产业园。项目将建立地产资本、工业资本和金融资本“三资融合”的发展模式，推动民营科技园提升发展的质量效益。将初步形成特色产业集群1～2个；建立中小企业技术创新平台、产学研校企合作平台、信息交流平台、政务服务平台和银企融资平台5个服务平台；建立以企业为主体的科技研发机构和企业工程技术中心3～5个，建立2～3个行业技术创新平台；带动园区企业获得知识产权300项以上。

【湛江民营科技园】 湛江民营科技园围绕赤坎区建设中央商务区、高新产业区和现代物流中心“两区一中心”的基本定位，高水平、高起点、高标准规划赤坎民营科技园新区的产业布局，争取将其打造成为赤坎区的技术密集和知识密集区。具体对规划建设如下四大园区进行论证：1．把湛江民营科技园赤坎新园区作为高新产业园区来规划建设，主要承载电子信息、软件等新兴产业，并以建设科技新城为导向，合理布局，完善功能，提升能级；2．按照“功能集中，产业集聚”的原则，建设“三资融合”四大园区发展模式，即海洋生物信息产业园、节能环保产业园、新材料产业园和企业孵化园；3．制定相应的建设规划和政策措施，合理界定各园区具体承载的产业，规定管理经营规则，确定企业入园标准；4．着力培育和发展战略性新兴产业，充分利用园区资源条件，将国家战略与区域基础紧密结合，坚持外部引进与内生培育并重，重点发展电子信息和软件技术，积极引进“世界500强”和“世界华商500强”中的电子信息企业落户园区，大力培育一批拥有自主知识产权与知名品牌、成长快、效益好、创新能力强、竞争优势明显的高新技术企业和自主创新企业；5．加强企业孵化器和服务体系建设，以企业孵化器和服务体系建设作为园区建设的起点和重点，积极吸收社会力量，引进民间资本，以政府投入为引导，社会投入为主，加快发展“官助民办”型的科技企业孵化器，为园区初创企业提供创业服务。同时，推动园区的服务体系建设，大力培育和发展生产力促进中心、科技信息中心、科技咨询公司、专利事务所、会计师事务所等中介机构，为发展新兴产业提供优质服务。

通过项目实施，到2020年湛江民营科技园赤坎新园区有望建设成为聚集度高、发展潜力大、创新能力强的战略性新兴产业基地，形成湛江市经济发展新的增长点，科技新城区初具雏形，经济总量实现跨越式增长。到2015年，赤坎民营科技园总产值达到220亿元，比2011年增长1倍，其中新园区总产值10亿元，经济发展质量效益不断提高，工业增加值率超过35%，新园区高新技术产业收入占总收入的比重达到70%以上；自主创新能力显著提升，研发投入强度大幅提高，企业研发投入占企业销售收入的比重达到6%以上，赤坎区政府财政科技经费占财政总支出的比重达到

1.5%。赤坎民营科技园内企业孵化器面积达到10万平方米，建成科技公共资源共享平台，各种企业技术创新机构达到20家以上，为企业服务的中介机构10家以上。

（广东省科学技术厅政策法规处　黄　欢）

科技创新体系建设

产学研合作

2012年，广东省产学研结合工作遵循“跳出科技抓科技、跳出部门抓科技、跳出地域抓科技”的工作思路，在重大专项的组织管理、产学研合作长效机制建设、提高服务工作能力与水平以及项目的顶层设计等方面进行了有益的探索和实践，形成了新的认识与经验。

2012年，全省企业科技特派员队伍进一步壮大，共新增企业科技特派员909名，累计派驻企业的科技特派员达到6 200名。产学研合作技术创新平台建设成效显著，全年共新建产学研创新平台53家，院士工作站27家，企业科技特派员工作站18家，企业重点实验室10家。截至2012年年底，全省各类产学研合作技术创新平台总数超过1 500家。基于产业链的协同创新能力有所提高，全年共组建产学研创新联盟69家，总数达到103家，实现了《珠江三角洲地区改革发展规划纲要（2008—2020年）》的目标要求。产学研合作示范带动作用进一步显现，全年共新增产学研示范市区9个，新增产学研示范企业13家。

产学研合作重大项目

【重大科学工程】 2012年，省部、省院联合开展重大项目的成效进一步显现，研发出一批高水平的科研成果，使广东省重大科学工程取得“零”突破，有力促进了产业结构调整和优化升级。

东莞散裂中子源 2012年，中国散裂中子源（CSNS）取得了阶段性的重要进展并向前迈出实质性的步伐。5月5日，散裂中子源土建工程开工仪式在东莞市大朗镇散裂中子源工程施工现场举行，这标志着土建工程的正式开始。中国科学院高能物理研究所、东莞市发改局、东莞市城建局（代建单位）、广东省建工集团（施工单位）、中咨工程建设监理公司（监理单位）等单位的相关负责人出席了开工仪式。

散裂中子源工程自2011年10月20日举行奠基仪式正式启动建设以来，一直受到各级领导的高度重视。2012年2月、7月，中国科学院有关领导考察了东莞散裂中子源项目装置地现场。11月6日，在高能物理研究所所长和陈和生院士等领导的陪同下，第33次中美高能物理合作联合委员会会议的代表们参观了中国散裂中子源建设地。

散裂中子源工程举行了一系列重要会议。2012年2月28日，散裂中子源工程指挥部第3次会议在广州市举行，会议研究落实了工程施工的有关问题。8月6日，CSNS高能中子单粒子效应（SEE）测试束线可行性讨论会在高能物理研究所召开，会议由CSNS工程科学技术委员会中子散射应用分委员会主任王鼎盛院士主持，来自中国原子能科学研究院、中国科学院物理研究所、中山大学和高能物理研究所的11名专家，包括3位院士参加了会议。9月22—24日，工程经理部在高能物理研究所组织召开了CSNS国际顾问委员会第4次评审会，来自英国RAL、美国ORNL和BNL、日本J-PARC和KEK、澳大利亚ANSTO、瑞士PSI以及CERN等机构的19位国际知名专家，对CSNS工程的设计和建设进展进行了评审。与会专家高度评价了CSNS项目自去年第3次评审会以来的进展，并对工程进度安排、人力资源、组织管理、用户需求与培养，以及加速器和靶站谱仪各系统的关键技术问题提出了具体的意见和建议。11月6日，散裂中子源工程指挥部第4次会议在东莞召开。

散裂中子源项目的园区建设以及相关配套设施建设取得重大进展。2012年3月30日，中纪委驻中科院纪检组组长与东莞市市委书记就加快散裂中子源项目建设进行了商谈，提出保工期、保施工质量、保工程概算、保施工安全、保工程廉洁的“五保”要求。散裂中子源工程经理部部署和制定了工作方案，成立了土建工程现场管理小组，与代建单位东莞市城建局密切配合，对工程实行专业化、规范化管理。散裂中子源工程建设工艺要求高，工艺与基建的配合复杂。本着精心设计、精心施工的原则，工程现场管理小组针对施工难点逐一专题立项，组织施工单位、工程设计单位、项目组工艺人员，以及聘请的相关专家，对各专项方案进行讨论和评审，以此协助施工单位保证工程顺利进行。截至2012年年底，已完成9个工艺专项的评审工作，施工质量始终处于受控状态，已完成施工的桩基等均达到设计和质量要求，后续评审将根据进展情况逐步进行。主装置区进行土石方开挖和基坑支护工作，RCS环和RTBT实现基坑贯通。靶站永久挡墙附近的搅拌桩施工完成。辅助装置区的桩基础已全部完成，综合实验楼南北楼基础承台结构垫层开始施工，进入地面结构施工阶段。住宅楼建设按期完成，即将组织验收。常虎高速和水平村通往装置区的分别为3.67公里和0.77公里的2条专用道路已由东莞市交通局完成建设。变电站建设的相关资料已报送给东莞市供电局，110kV专用变电站的建设工作将在2013年10月前建成，并可满足项目设备调试与运行。

截至2012年年底，CSNS工程预研样机的加工和制造已经基本完成，转入非标设备批量生产阶段。2012年度CSNS工程累计完成了38个项目的招投标工作，其中36个项目是国内招标，2个项目是国际招标。中标金额累计达29 555.84万元。

大亚湾中微子　大亚湾反应堆中微子实验站位于深圳大亚湾核电站内。项目是由中国科学院高能物理研究所牵头、以我国科学家为主的大型粒子物理实验。其主要科学目标是通过探测来自反应堆的中微子，精确测量物理学中的基本参数——中微子混合角 θ_{13}。

中微子实验站于2007年10月动工建设，2011年年底完成了土建工程，2011年中完成了部分探测器的建造与安装，2011年8月开始近点取数，12月24日开始远近点同时运行，于2012年8月全面完成探测器的建设与安装，开始正式运行。2012年3月8日14时，大亚湾中微子实验国际合作组发言人王贻芳宣布发现新的中微子振荡模式，精确测量到中微子混合角 θ_{13}。这是我国诞生的一项重大物理成果，在国际高能物理界引起热烈反响，被评价为中微子物理的一个里程碑，也标志着我国的粒子物理研究达到前所未有的新高度。

该项目得到了广东省、深圳市、中国广东核电集团、科技部、美国能源部等多家单位的经费支持，是协同创新的典范。广东省、深圳市的领导多次亲临大亚湾实验现场，关心项目的建设进展，通过“产学研项目”“重大科技项目”支持1 500万元建设。中国广东核电集团不仅开创了国有大型企业经费支持前沿基础研究先例，还在项目建设手续、招标代理、现场管理等方面给予了直接支持。

目前所知道的物质世界由12种基本粒子构成，包括6种夸克、3种带电轻子和3种中微子。中微子可以在飞行中从一种类型转变成另一种类型，即“中微子振荡”。其振荡模式理论上有3种，1998年日本的超级神冈实验发现大气中微子振荡（θ_{23}），随后太阳中微子振荡（θ_{12}）也被多个实验证实，日本的小柴昌俊和美国的R.Davis因此获得了2002年诺贝尔物理学奖。第3种振荡对应中微子混合角 θ_{13}，因测量难度更大，一直没有被发现，是科学界关注的焦点。

精确测量是科学发现和突破的基础。大亚湾实验测量到 θ_{13}，将为今后中微子物理、天体物理、宇宙学等前沿科学研究提供精确的初值输入，对基本粒子物理的大统一理论、寻找与鉴别新物理，甚至揭开“宇宙反物质消失之谜”具有重要意义。

大亚湾实验成果的发布，立即在全球科学界引起热烈反响。多位世界著名学者和多项国际一流的学术杂志评论，被网络媒体大量转载，掀起了一股中国和中微子的热潮。

诺贝尔物理学奖获得者李政道称赞：“这是物理学上具有重要基础意义的一项重大成就！”诺贝尔物理学奖获得者Carlo Rubbia（欧洲核子研究中心前所长）表示，要为这个“卓越的成功”向实验的参与者表示祝贺。诺贝尔物理学奖获得者杨振宁、丁肇中也通过题词、邮件等方式表示祝贺与鼓励。

欧洲核子研究中心、美国费米实验室、布鲁克海文国家实验室、阿贡国家实验室、日本高能物理研究所等多个国际研究机构，以及T2K、OPERA等重要中微子实验的领导人纷纷发来贺电，高度评价了大亚湾实验取得的成果，表示这一成果将对他们进行的实验和下一代中微子实验产生重要影响。

美国《科学》杂志在题为《中微子关键参数的测量标志着中国的崛起》中评价说："这可以说是有史以来出自中国最重要的物理学成果。"英国《自然》杂志在线版发表《对中微子振荡的创纪录式精密测量》一文，认为"这个曾经可望而不可及的参数，现已被首次精确地测量。"美国《今日物理》杂志发表题为《反应堆中微子实验发现中微子振荡的第三个混合角》的文章，指出："这个结果将有力地推动实验人员开始探索中微子在宇宙中物质—反物质不对称性方面所起作用的研究。"

美国费米实验室和斯坦福直线加速器实验室联合出版的《对称》杂志，以"大亚湾实验产生关键性测量，为未来的发现铺平道路"为题，介绍了实验情况及中微子相关研究。美国Jefferson国家实验室常务副所长McKoewn在接受访问中指出："世界各地有五大实验项目的物理学家都对此展开竞赛，现在大亚湾实验的精确测量提供了最后的线索，帮助我们理解了中微子转换。"

与此同时，中央电视台、新华社、《人民日报》、《光明日报》、《科技日报》、中国国际广播电台、新浪网、人民网等几十家国内媒体都在第一时间进行报道，高度评价大亚湾实验取得的重大突破。

2012年4月2日，中共中央政治局委员、国务委员刘延东在得知大亚湾实验成果后批示道："向参与大亚湾中微子实验的同志们表示祝贺！望同志们抢抓机遇、再接再厉、勇于探索，加强国际合作，为破解反物质之谜做出新贡献"。8月24日，她亲自来到实验站，视察了项目进展情况，对大亚湾中微子实验取得的成绩给予了充分肯定，并殷切地提出三点希望：一是希望进一步建设一流的技术创新实验基地；二是希望更好地体现国际合作和与"政产学研用"的结合，创新科学实验的模式，特别是在理论的原始创新和核心技术突破方面做出更多好的成果；三是希望坚持可持续的研究和科学发展，培养更多的创新人才。

截至2012年年底，大亚湾反应堆中微子实验站已全面建成，全部8个中微子探测器正式投入运行取数。实验站将持续运行3～5年，把θ_{13}的测量精度提高4倍，并开展反应堆中微子能谱测量等研究，继续领跑世界反应堆中微子研究。同时，中微子实验二期也正进行紧张的筹备。江门市附近世界上最大的核反应堆群（阳江核电站2.9×6万千瓦，台山核电站4.6×4万千瓦，共35.8万千瓦）是二期实验的最优选址。高能物理研究所已与江门市政府、开平市取得联系并进行了初步地质勘测。

二期实验的科学目标主要有：确定中微子质量顺序；精确测量中微子6个振荡参数中的4个，并达到好于1%的国际最好水平；研究超新星中微子、地球中微子、大气中微子、不活跃中微子等。

【产学研合作重大专项】 2012年，产学研合作重大专项以"围绕重点，创新模式；创新引领，强化支撑；做强存量，引入增量；集中力量，形成优势；优化结构，服务发展"为工作指导方针，以各地市党委政府重点发展或关注的产业、行业为主要对象，以重点产业、重大平台、重大产品为主要抓手，以专业镇、产学研合作技术创新联盟、行业龙头企业为主要载体，以市场拉动、政府服务协调为主要模式，以基于产业链的协同创新为主要驱动，以集聚更多优质创新资源为主要支撑，以有效促进广东省重点产业集群发展提升、主导产业加快转型升级、重大目标产品实现产业化、引进和建设更多高水平创新平台及团队为主要目标，通过省市联动、产学研合作、区域协同创新组织重大专项。

2012年，通过省市协调、上下互动、产学研合作，共同协商解决制约当地经济社会发展的各项重大科技问题和产业转型升级的重大科技需求。2012年，全省各地市（包括深圳）共组织提出重大专项42个，涉及电子信息、先进制造、节能环保与新能源、新材料、现代农业和海洋产业等高新技术产业和战略性新兴产业，项目主要依托产业龙头企业、产学研合作技术创新联盟、产学研合作重大创新平台。通过组织专家对各地市推荐的重大专项项目进行了技术、管理、实施方案的咨询，对各个项目做进一步的凝练、提升，择优遴选，最终组织实施了17个省部产学研重大项目。

通过重大专项项目的组织工作，各地市科技主管部门更加注重紧密配合本区域经济社会发展的中心工作，更加注重体现地方党委政府的产业发展决策重点，如肇庆针对高端铝镁加工行业、揭阳针对纺织服装业升级、湛江针对蔗糖产品深加工、汕尾针对海洋渔业升级、深圳针对锂离子动力电池产业链协同创新来组织重大专项。这些项目既有效地整合各方资源，又发挥了市场在配置科技资源中的作用，确保了地方配套措施和资金的投入，形成了上下联动、协同推进的良好局面。

甘蔗良种良法关键技术研究与示范 该项目是“湛江蔗糖产业关键技术研发与产业化”项目的子项目，该项目在广州甘蔗糖业研究所湛江甘蔗研究中心与广东省工研院生物工程所、广东恒福糖业集团有限公司等建立产学研合作关系的基础上，由广州甘蔗糖业研究所湛江甘蔗研究中心组织实施，通过发挥科研院所研发优势和企业推广应用的能力，组织参与单位的育种、栽培、植保等多学科科技人员，组成项目研发团队，进行联合攻关。

项目针对湛江蔗区特点开展甘蔗新品种选育、甘蔗脱毒健康种苗、病虫草害综合防治、节水抗旱与科学施肥等开展创新性研究，为湛江蔗糖产业选育高产、多抗优良新品种，建立节本增效的现代甘蔗栽培技术体系。项目执行期间的总体任务指标为：选择出3～5个目标品种材料进入下一阶段的试验筛选；完善甘蔗健康种苗生产体系，生产健康种苗100万株；调查湛江蔗区虫情发生情况；发表论文5篇，申请专利4～6项。

截至2012年年底，该项目进展情况如下：

1．甘蔗新品种选育。通过遗传分析，筛选出了10个农艺性状优良、配合力高的优异亲本，利用优异亲本配置了26个杂交组合，甘蔗实生苗1.8万株。在项目前期研究基础上，筛选出各阶段优异的育种中间材料110多份，12个新品系参加品种比较和区域试验。

2．健康种苗繁殖技术。开展主要激素组合研究，改进完善粤糖60号、粤糖00-236等主栽品种的健康种苗繁殖培养基配方，结合当前生产中的实际问题，进行健康种苗生产体系的研究。已形成200万株/年以上的生产能力，在广州甘蔗糖业研究所湛江甘蔗研究中心生产了粤糖60号、ROC22和粤糖93-159等品种的腋芽脱毒健康种苗90万株，进行示范应用。

3．病虫草害综合防治。已通过室内和田间筛选，研制出一种高效低毒农药，对甘蔗螟虫、地下害虫、蚜虫、蓟马等有较好防治效果。项目组联合湛江市甘蔗协、糖业协会、农药行业协会、农资协会、湛江市农业局、湛江市经信局、广东海洋大学等单位或团体的相关专家进行调研，探讨湛江蔗区糖分低、虫害危害严重的原因及防治对策，并建立对湛江重要虫害预测预报技术体系一套。

4．甘蔗节本增效综合技术研究。项目根据甘蔗品种的种性以及湛江蔗区土壤气候等特点，综合集成多项甘蔗高产栽培技术，将“良种选用、提早植期、科学浸种、配方施肥、地膜覆盖、有害生物控制”等多项技术高度集成，初步形成糖能甘蔗品种与配套节本增效的高产综合栽培技术体系，在龙门、遂溪、徐闻等蔗区进行16个试验点、每点0.13公顷的联合试验。初步表明，通过合理使用肥料、农药，可以显著促进甘蔗早期生长，增加分蘖，虫害引起的枯心苗率可降低70%～80%，为甘蔗中后期生长，保证有效茎数奠定基础。

广东资源节约型安全高效饲料产业化关键技术研究与示范 该项目由广东省农业科学院联合中国农业大学、广东温氏食品集团有限公司等17家单位承担，省部产学研专项计划支持金额1 000万元，项目总投入4 094.56万元。2012年，该项目通过验收。

广东是我国饲料大省，但饲料营养潜力未充分发挥，高效低成本饲料配方技术体系落后，动物生产力低，主要养殖动物关键阶段的饲料配制关键技术仍待突破，具有自主知识产权的安全添加剂品种少、生产工艺技术落后。针对上述制约广东饲料产业持续健康快速发展的瓶颈，该项目以饲料产学研创新联盟为平台，联合联盟内的重点高校、科研院所、广东饲料核心企业和骨干企业，重点开展新型安全饲料添加剂（抗菌肽、异黄酮、谷氨酰胺肽、硒代蛋氨酸）研发、高效低成本饲料产业化共性技术研发、乳猪教槽料和保育料研发与示范、鱼虾开口料产业化共性技术研发与示范、资源节约型安全高效饲料产业化共性技术集成与综合示范，实现安全饲料添加剂、高效低成本饲料、乳猪教槽料、保育料、鱼虾开口料产业化共性技术的整体重大突破，形成饲料产业创新技术体系。

项目研究建立了新型安全饲料添加剂（功能性肽、异黄酮、硒代蛋氨酸）、高效低成本饲料、乳猪教槽料和保育料、鱼虾开口料产业化关键共性技术，总体达到国内领先、国际先进水平。项目实施期内，示范生产安全饲料添加剂1.69万吨、高效低成本饲料558万吨、乳猪教槽和保育料18.8万吨、鱼虾开口料420吨、资源节约型安全高效猪鸡、鱼虾、鸭饲料1 068万吨。通过产品和技术的推广应用，累计实现经济效益6.17亿元。

项目实施过程中，新建生产线4条，包括天蚕素抗菌肽产业化生产线1条、生物化工类安全饲料添加剂产业化生产线1条、乳猪教槽料和保育料膨化生产线1条、畜禽全价配合饲料产业化示范生产线1条。项目获得2010年度国家科学技术进步奖二等奖1项、2011年度广东省科学技术奖一等奖1项、2011年度广东省科学技术奖二等奖1项；申请国家发明专利12项，获得授权的国家发明专利6项；制定饲料国家标准4项；研制开发新产品43个；发表文章32篇，其中SCI收录论文3篇、中文期刊论文29篇；培养人才35人，其中培养博士和硕士研究生30人，取得副高以上职称5人。此外，在该项目实施期内，项目组成员麦康森教授被遴选为中国工程院院士。

项目承担单位在执行期间，对项目实施的组织与管理进行了探索和创新，有效地整合了省内外饲料科技创新资源，组建了饲料产业技术产学研创新联盟，建立了一批饲料产业技术创新平台，形成了产学研协同创新机制。

【省部、省院联合开展的重大项目】 2012年，省部、省院联合开展重大项目的成效进一步显现，研发出一批高水平的科研成果，使广东省重大科学工程取得“零”突破，有力促进了产业结构调整和优化升级。

大亚湾中微子实验 工程实现了广东省重大科学工程“零”突破（详见第56页）。2012年年底，该项目的第2期工程已经启动，实验装置规模大大超过第1期，选址在江门市。

多用途计算机系统芯片 2012年1月，广东新岸线公司研制成功了NS115芯片，于2012年6月正式实现量产，该芯片主频最高达1.5吉赫、平均功耗只有400兆赫，约为国际顶级芯片制造商nVIDIA公司Tegra2芯片的1/2，芯片面积31平方毫米，约为Tegra2芯片的2/3，芯片的综合性能指标达到国际一流水平，在平板电脑和智能手机市场更具竞争优势。该系列芯片的成功研发，为广东省发展新一代电子信息技术等战略性新兴产业，推动产业转型升级奠定了良好的基础。

（省部院产学研结合协调领导小组办公室）

产学研创新平台及示范基地

【产学研合作创新平台】 2012年，为更好地发挥产学研合作在各类平台建设上的支撑作用，省科技厅积极创新平台建设方式，多途径、多形式加强平台建设。

2012年，省科技厅择优遴选出10个企业重点实验室进行支持，通过企业重点实验室建设，为企业应用基础研究衔接、科技成果推广转化、核心竞争力提升提供了重要的支撑。坚持“突出重点、服务大局、科学规划、稳步推进、有序发展、形成体系、引导需求、合理布局”的工作原则，结合广东省专业镇发展与转型升级实际，围绕专业镇中小微企业公共服务平台建设，以形成社会化、市场化、专业化的中小微企业公共服务体系和长效机制为目标，开始实施专业镇生产力促进中心建设工程、专业镇中小微企业公共服务平台建设工程、专业镇中小微企业公共服务平台能力提升工程、专业镇中小微企业公共服务平台网络建设工程4项公共服务平台建设工作，力争通过扶持中小微企业发展，促使本省专业镇尽早实现转型升级。

经过多年的发展，产学研合作创新平台的建设为广东省的自主创新、产业转型工作发挥了重要作用。为进一步发挥产学研合作平台的积极效应，提高合作平台服务企业的能力和水平，2012年，省科技厅加大对产学研合作服务平台的建设力度。充分利用产学研促进会的桥梁纽带作用，大力实施“走出去”战略，积极开展校企对接活动，先后组织省内企业赴北京、浙江、江苏、黑龙江、吉林、湖北、湖南等省份开展产学研对接，促进了国家重点建设高校科研成果来粤转移转化。充分利用省部、省院产学研创新资源，积极引导高校、科研院所、科技服务中介机构参与到专业镇的建设中来，2012年，引导中山大学、广东现代服务交易中心、广东省专业镇支援中心等分别与古镇镇政府签订多项合作协议，助力古镇公共创新服务平台建设，增强了公共创新平台服务企业的能力，大大加快了古镇产业转型升级的进程。

【产学研结合示范基地】 2012年，为充分发挥产学研结合先行地区和单位的积极性和创造性，省科技厅探索建立产学研合作新机制和新模式，加快产学研结合示范基地建设，辐射带动全省各地的省部院产学研合作全面发展。全年新增产学研结合示范市1个（江门市），产学研结合示范县区（镇）8个，产学研结合示范企业12家。截至2012年年底，全省共建立了241个产学研结合示范基地，全省21个地级以上市中有11个为产学研结合示范市，基地的示范带动作用日益明显。

江门市 2012年，江门市扎实推进产学研结合工作，制订了《2012—2015年产学研结合工作实施方案》，成立了江门市产学研结合协调领导小组，制定了《江门市产学研结合示范基地管理办法》。与北京航空航天大学、华中科技大学、北京理工大学、华南理工大学、哈尔滨工业大学、四川大学、电子科技大学、北京科技大学、华南农业大学以及省农科院、长春光学精密机械研究所等国内高校、科研院所进行了交流与对接，推动其创新资源落地江门市。

2012年，江门市充分利用高校科研院所的研发力量，结合区域主导产业及重点发展产业的关键共性技术产业，凝练了主要产业及新兴产业两项重大关键核心技术，组织了相关企业、高校和协会共同实施2012年省部院产学研结合重大专项“高性能有机/无机杂合乳液及水性工业涂料产业化技术”。项目针对目前制约江门市水性环保涂料发展的关键技术“乳液”进行重点协同创新，开发“高性能有机/无机杂合乳液及水性工业涂料产业化技术”，计划用2～3年的时间，通过项目的实施，总体提升江门市涂料产业竞争力。项目将给国家上缴5 000万元以上税金，每年向社会提供10 000吨水性木器涂料、5 000吨水性皮革涂料、1 000吨水性瓷膜涂料、1 000吨水性汽车涂料及1 000吨水性塑料涂料，促进整个行业及上下游行业的发展，并推动广东省乃至全国涂料业的持续发展。

加强与高校及科研院所的对接与交流，促进高校、科研院所的科技成果在江门进行转化，创造良好条件推动大院名校的科研力量向该市企业集聚。截至2012年年底，江门市已经与清华大学、北京理工大学、华南理工大学、广东省农科院等高校及科研院所签订或建立了产学研全面合作关系，推动了国内100多所高校院所参与到江门市的产学研合作，组织实施产学研项目600多项，年推广科技成果500多项，年新增产值超20亿元、利税超1亿元。

积极实施企业科技特派员计划，全市共引进100多所高校的156名省部科技特派员入驻企业。其中博导约30名，60%是正教授，全部具有副教授级以上职称。全市科技特派员直接参与了约400个项目的研发工作，这些项目的实施年新增产值超15亿元。支持华南农业大学、北京理工大学、五邑大学、江门市职业技术学院分别在相关企业建设科技特派员工作站。通过科技特派员，组成研发团队，攻关战略性新兴产业核心关键技术。如华中科技大学派驻到广东江粉磁材股份有限公司的冯则坤教授，派出多名研究生到企业，其团队参与“高导、高阻抗材料JPH-5Z的开发”“镍锌材料JPZ60的开发”“宽频高磁导率JPH-10F材料的开发”等10多个国际先进项目的研发，组建了企业工程技术研发中心及企业与华中科技大学联合成立的软磁铁氧体研发基地“江华磁性材料与应用技术研究所”2个创新平台，其“高温高Bs、低损耗锰锌功率铁氧体材料”项目已顺利通过验收，技术水平达到国际先进，单个项目年产值达1.2亿元，利润1 878万元，税金307万元。华南理工大学派驻到无限极（中国）有限公司的赵谋明科技特派员，组成团队，攻关“海洋生物活性多肽高效制备关键技术与产业化示范”战略性新兴产业技术，通过了省重大科技立项，获科技经费支持800万元。

数字视听产品研发基地　数字视听产品研发基地是由TCL集团股份有限公司联合中山大学、武汉大学、华南理工大学等高校及科研院所成立的省部产学研结合示范基地。经过多年的发展和积累，基地初步形成了以视听电子为特色，大集团为龙头、中小企业相配套的视听产业集群。从技术开发、原材料加工到终端产品制造的较为完整产业链，并成为首批国家信息产业基地，呈现出“发展速度快、制造能力逐步增强、名牌产品突出、产业聚集和国际化”的发展特色和亮点。

截至2012年年底，基地吸引了许多大专院校以及研究院所的加盟，其均与TCL集团建立了良好的合作关系，聘请了国内众多院士以及专家作为高级技术顾问，为TCL集团出谋划策。TCL集团与清华大学、中国科学院、中山大学、电子科技大学、武汉大学、西安电子科技大学、香港科技大学等院校及科研机构进行科技合作，进行了10多项数字视听领域的科技项目合作研发，得到了国家、省部、市科技资金的大力支持。通过产学研合作，承担了国家支撑计划、省部科技攻关、关键技术领域等科技项目。

TCL集团每年开发新技术、新产品250项以上，累计获得省部级以上奖励80多项，其中省科学技术奖特等奖、一等奖、中国专利金奖、省专利金奖等均实现了惠州市零的突破。获得了省科技先进单位、专利管理先进单位称号，并被列为全国第2批企事业专利试点单位。截至2012年年底，TCL集团累计申请专利8 700件，授权专利1 300件。

表4-1-2-1　各地市省部产学研结合示范基地建设情况一览表（2008—2012）

单位：个

项目	2008年	2009年	2010年	2011年	2012年	合计
广州	5	14	6	5	2	32
深圳	5	8	1	0	0	14
汕头	1	3	1	1	0	6
珠海	3	2	2	0	0	7
东莞	5	8	4	3	1	21
潮州	1	0	0	1	2	4
佛山	12	10	2	4	3	31
梅州	4	6	0	0	2	12
中山	3	5	2	1	2	13
惠州	2	1	2	1	1	7
河源	0	2	1	1	2	6
江门	2	0	0	0	1	3
茂名	1	1	0	1	1	4
韶关	0	0	0	1	0	1
阳江	2	1	0	1	1	5
云浮	1	1	0	1	1	4
肇庆	0	0	2	0	1	3
湛江	1	1	0	0	0	2
揭阳	0	1	1	0	1	3
总计	48	64	24	21	21	178

表4-1-2-2　各类型省部产学研结合示范基地一览表（2008—2012）

单位：个

项目	2008年	2009年	2010年	2011年	2012年	合计
示范市、区、镇	8	1	13	6	9	37
示范企业	0	0	11	5	12	28
产业化基地	16	11	0	5	0	32
研发基地	24	52	0	5	0	81
总计	48	64	24	21	21	178

【企业科技特派员工作站】　2012年，全省企业科技特派员队伍进一步壮大，共新增企业科技特派员909名，累计派驻企业的科技特派员达到6 200名。

2012年，省部院产学研办继续探索科技人员服务企业新模式，建立企业科技特派员工作长效机制，紧抓企业科技特派员工作站（以下简称“工作站”）建设工作。根据《企业科技特派员工作站试点方案》，筛选了一批产学研合作基础良好、特派员工作开展效果明显的企业、高新区、专业镇、产业转移园区等开展工作站建设工作。各地级以上市科技局结合本地区的实际情况，制定专门的工作站创建激励政策措施及相关配套措施，鼓励和支持工作站承担国家和省级重大项目。全年共支持全省10个地市18个工作站的建设，安排专项经费540万元，带动企业投入资金2 000多万元，参与工作站建设的高校及科研院所近百家，吸引近200名特派员及其特派员助理进站工作。

【院士工作站】　2012年，省部院产学研办进一步加大力度开展院士工作站建设工作，吸引院士及其团队来粤开展产学研合作。2012年，省院双方共同设立了27家院士工作站。这些院士工作站以珠三角地区为核心，遍布全省各地，广泛涉及地方传统支柱产业领域及高端新型电子信息、新能源汽车、LED、新材料、高端装备制造、节能环保、生物医药等战略性新兴产业领域。截至2012年年底，院士及其团队以院士工作站为平台，不断创新，为企业、地方或行业制定技术及产业规划115项，突破核心技术700多项，为企业培养各类科技人才2 600多人。中国工程院的专家学者深入本省各地市和企业开展技术需求调研，联合召开了20多场技术成果对接洽谈会、研讨会、专题报告会，多次为产业及企业发展提供战略咨询和技术指导。

（省部院产学研结合协调领导小组办公室）

产学研创新联盟

2012年，省部院产学研办会同地市科技主管部门，积极发挥主动组织、协调引导作用，以省战略性新兴产业、高新技术产业、优势传统产业和区域支柱产业的技术创新需求为导向，先后分3批发动各产业领域的龙头企业、骨干企业，通过“走出去”和“引进来”的方式，吸引国内外优势高校、科研机构共同组建69家产业技术创新联盟。截至2012年年底，全国87所重点高校、92个科研院所和977家广东企业共同组建了103家产业技术创新联盟，涉及半导体照明、下一代通信、电动汽车、数字家庭、数字装备等产业领域。联盟围绕区域产业发展的重大技术问题，组织制定产业技术路线图，提出制约产业发展的关键共性技术问题，促进创新要素向企业集聚，突破了一批制约产业发展的重大技术瓶颈问题，取得了良好的效果。

【数字化制造装备产学研技术创新联盟】　2012年，数字化制造装备产学研技术创新联盟针对广东省家具、纺织、模具、LED、物联网等传统支柱行业和战略性新兴产业，建立了广东省制造装备数字化重点实验室、数控关键共性技术服务平台、现代工业设计公共服务平台、制造产业信息服务平台、毛织行业装备研发与技术服务平台、光电数码产业综合服务创新平台等科技创新服务平台，先后与近200家企业开展合作，攻克了100多项数字化制造装备关键核心技术和共性技术，开发出了十几类、数十个系列的行业关键装备，改造了1 000多台套毛纺机控制系统和注塑机控制系统，研发成果在制造业企业得到了广泛应用，实现了数字化技术对传统产业的改造和提升，推进了传统产业制造装备数字化进程，支撑了LED、物联网等战略性新兴产业发展。同时，联盟还发起成立了数控装备行业协会，主要致力于促进企业与高校、科研机构、政府以及上下游产业之间的交流与合作，协会组织了一系列技术研讨、推广应用及培训活动。走访调研了34个镇街，并与10多个镇街和86家代表性企业进行了座谈，制定了轻工机械、电子制造装备、数控机床、塑料模具等5个行业分析报告和技术路线图，为东莞市开展数控一代示范工程提供了决策依据。另外，联盟还面向制造业企业开展运动控制技术培训，已成功举办5期，培训了工程师200余人。

【广东人体组织功能重建产业技术创新联盟】

2012年，广东人体组织功能重建产业技术创新联盟通过自身建有的国际标准动物实验基地和临床示范基地，吸引了美国休斯顿大学、美国莱斯大学、美国约翰霍普金斯医学院、德国美因茨大学、新加坡南洋理工大学等世界多所著名高等院校和科研机构科研人才来粤开展国际合作研究和临床转化与产业化。联盟的创建，起到了“筑巢引凤”的积极效应，吸引了高等院校、科研机构、科技企业以及国内外专业技术人才到粤，一批产业发展急需的国内外优秀创新人才及团队与广东产业界紧密结合，大幅提高了相关产业的自主创新能力和核心竞争力。

【广东先进模具产业技术创新联盟】 广东先进模具产业技术创新联盟以专业镇创新平台为切入点，依托东莞市横沥模具产业协同创新中心、东莞市长安镇模具国家重点实验室长安试验中心等联盟与地方专业镇联合共建公共创新平台，开发出一系列新产品、新技术、新工艺，推动联盟内企业创新能力大幅提高，联盟内企业不断发展壮大，逐步形成了具有独特优势的产业集群。

截至2012年年底，联盟与横沥镇共建的模具产业协同创新中心总投资额达2.08亿元，中心围绕模具全产业链建设了十大子中心，主要开展模具关键共性技术和先进适用技术研发及转移转化、模具先进装备样机研发、模具设计服务、技术成果孵化和技术辐射等服务。已与劲胜精密模具股份有限公司、群达模具（深圳）有限公司、康佳集团等企业进行了深入合作，开展了模内层压工艺及数控装备、数字化模具设计技术、基于RFID的模具自动化生产、模具精益化管理等多项科研项目开发，其中13个研发项目获得国家“863计划”、科技支撑计划、省部产学研等项目立项支持，共申请国家专利256件，获得授权专利182件，提升了企业自主创新能力。此外，联盟还举办了“中国模具产业发展高峰论坛”，吸引了300余名国内外知名专家学者、知名模具企业家、工程师共同研讨模具产业发展道路。

（省部院产学研结合协调领导小组办公室）

产学研合作重要活动及优秀案例

【产学研合作重要活动】

中国工程院专家团来粤调研　8月12—15日，在全国政协原副主席、中国工程院主席团名誉主席徐匡迪院士，中国工程院院长周济院士的带领下，中国工程院有关院士、专家一行60余人来广东省就“战略性新兴产业培育和发展战略研究”和“中国特色城镇化道路发展战略研究”课题进行专项调研。中共中央政治局委员、广东省委书记汪洋，省长朱小丹，省政协主席黄龙云会见了徐匡迪、周济等中国工程院院士专家调研团成员。调研组就广东省的城镇化建设和战略性新兴产业发展提出了一系列政策建议。

中国海洋工程与科技发展研讨会　9月17日，中国工程院院长周济院士、常务副院长潘云鹤院士以及有关院士、专家一行70余人，在广州参加中国海洋工程与科技发展研讨会，考察调研了广东省海洋开发与建设情况，针对广东海洋发展战略问题提出了许多具有建设性和前瞻性的决策咨询意见。

广东省与中国科学院全面战略合作座谈会暨重点合作项目签约仪式 3月10日，广东省与中国科学院在北京举行全面战略合作座谈会，共商院省合作大计。会上还举行了院省全面战略合作重大项目签约仪式。中国科学院与佛山市人民政府签署了《共建佛山中国科学院产业技术研究院意向书》，广东省国土资源厅与中国科学院云计算产业技术创新与育成中心签署了《关于联合推动数字广东空间信息云服务合作框架协议》，汕头市人民政府与中国科学院深圳先进技术研究院签署了《关于共建健康汕头、平安汕头的战略合作协议》，中科宏微半导体设备有限公司、广东半导体照明产业技术研究院、广东德豪润达电气股份有限公司、佛山市国星半导体技术有限公司、晶科电子（广州）有限公司、东莞市福地电子材料有限公司的负责人共同签署了国产MOCVD工艺创新联盟协议。中共中央政治局委员、广东省委书记汪洋，省委副书记、省长朱小丹，中国科学院院长、党组书记白春礼等领导见证了项目签约。

【产学研合作优秀案例】

具有核心技术的激光打印机研究及产业化

2010年，受省部产学研专项计划支持，珠海赛纳打印科技股份有限公司（以下简称“塞纳科技”）联合珠海艾派克微电子有限公司、大连理工大学承担了“具有核心技术的激光打印机研究及产业化”产学研重点项目，支持金额250万元，项目总投入1.1亿元。2012年，该项目通过验收。

项目研发了基于多级指令流水线的CPU核的SOC芯片，合成了新型的星形氯醚橡胶、三元丁腈橡胶和导电硅树脂等材料，成功开发了基于上述新材料的激光打印机用显影辊和国内首款具有自主知识产权的激光打印机产品，产品性能稳定可靠，品质优良，已在国内外实现销售，用户反映良好。项目已申请发明专利24件；申请实用新型专利37件，获授权33件；获外观专利4件；获集成电路布图设计登记1件；获计算机软件著作权2件。

2010年12月6日，依托该项目关键技术研究成果，赛纳科技研发并制造的中国首台具有自主知识产权的黑白激光打印机在北京人民大会堂隆重推出，打破了30多年来国外打印巨头对这一行业的垄断，填补了国内行业空白。自此，中国成为了全球第4个掌握激光打印机核心技术、有能力研发和制造激光打印机的国家。

在推出首台具有自主知识产权的黑白激光打印机之后，赛纳科技克服技术难关，打破行业垄断，在不到一年的时间里，又推出后续产品——黑白激光多功能一体机。2011年10月，举行了盛大的多功能激光打印机全球发布会。这不但增强了国家在激光打印机研发和制造领域的竞争力，同时将进一步带动整个国产打印机产业链条的技术提升，为真正国产打印机的批量化、产业化和规模化提供了技术保证，为行业的长远发展提供了有力保障。同时，黑白多功能激光一体机的研发，不仅能够在广东逐渐形成完善的打印机产业链条，同时更为真正国产打印机占领市场提供又一个砝码。

项目的实施，还为企业发展储备了大量优秀人才，涉及精密机械、精密化工、光学、电学、嵌入式实时控制系统、软件开发等众多技术领域。有利于赛纳科技的可持续发展，带动周边配套企业，形成产业链条，降低成本风险，做大做强。

2012年1月4日，《福布斯》杂志发布了2012年度针对中国地区的首份榜单“2012福布斯中国最具潜力非上市企业榜”。实现产业升级的赛纳科技再度登上榜单第4名，这已是赛纳科技凭借优异的市场业绩与巨大的激光打印机市场发展潜力，连续第2年登上《福布斯》最具潜力企业榜的第4名，也是唯一一家两年稳居潜力榜前5位的企业。

该项目成果发布以来，赛纳科技和奔图激光打印机就受到了来自网络、电视、平面媒体的多次大型系列报道和关注。项目立项后，来自工信部、科技部、广东省知识产权局以及国家保密局等政府机构领导到塞纳科技参观访问。同时，也获得了来自澳大利亚、巴西、俄罗斯、欧洲、美国等多家海外销售商的信赖，提高了塞纳科技的品牌知名度和美誉度。

透过该项目成果的成功应用，塞纳科技真正看到了“产学研”模式对企业产品研发，发挥的重要作用。因此，赛纳科技在2011年还与工业和信息化部软件与集成电路促进中心（CSIP）、大连理工大学共同组建了国内首个国家级打印产业公共服务与研发平台MIIT_CSIP-DUT赛纳科技创新中心，以产学研合作联盟的方式，推动集成电路芯片和软件技术在我国激光打印机产业领域的应用和产业化，通过整机带动芯片和软件产业的上下游联动，实现中国打印机产业的升级和产业链的建设。

高性能铝钛硼（碳）母铝合金研制及产业化

深圳市新星轻合金材料股份有限公司（以下简称“新星公司”）是一家以研发、生产高性能新型轻合金材料的国家高新技术企业。2010年，受省部产学研专项计划支持，联合金发科技股份公司和华南理工大学承担了“高性能铝钛硼（碳）母铝合金研制及产业化”产学研重点项目，支持金额100万元，项目总投入1 209.83万元。

项目实施后，突破了一系列关键技术，获得了重大科技成果。发明了制备高效铝晶粒细化母合金的多层多频线圈电磁感应炉及熔炼技术，发明了制备高效铝晶粒细化母合金的高速强应变连铸连轧装备及技术，建成从原矿到高端母铝合金完整的产业链。通过从技术思路、技术原理、技术方法等方面自主创新，突破了近60年来传统生产技术与工艺，在我国建成了首条具有世界领先水平的多频多层电磁炉熔炼及高速强应变连铸连轧生产线，形成了具有自主知识产权的高端母合金产品技术与工艺（标准），以及世界上仅有的从原矿到母合金制造的完整产业链，促进了我国高附加值铝板带产量比例的大幅提高、铝材性能及品质的全面提升。

高效铝晶粒细化剂作为铝材加工过程中必须添加的合金材料，是改变铝材的塑性、强度、抗疲劳性能、延展性等特性的唯一材料，是铝材加工之母。铝晶粒细化剂的全面产业化将全面推动我国铝加工产业的快速发展，实现高端铝材的产业化，实现我国“大飞机”制造铝材依赖进口的尴尬局面。

2010年3月，新星公司与华南理工大学正式启动了项目的建设工作。新星公司进行铝钛硼（碳）母铝合金的制造工艺优化、中试和产业化，并将生产工艺数据及时反馈，华南理工大学提供材料组成与配方的优化试验研究和开发、技术咨询、科技人才，全面开展高性能铝钛硼（碳）母合金的研究。在合作过程中，新星公司与华南理工大学共同进行材料专业研究生培养。华南理工大学教授、博士生导师在新星公司共授课600余小时，为企业技术人员讲解了铝钛硼铸轧工艺理论、金相测试分析、扫描电镜微观分析、晶粒细化理论知识等课程，同时在生产线进行现场实践，极大地提高了公司技术人员的技术水平。截至2012年年底，共培养了20余名中高级技术人才。

新星公司还通过与华南理工大学、中南大学、清华大学的产学研合作，设立了“深圳市新星铝镁轻合金研究院”，由一批在铝镁新材料领域具有丰富研究经验的教授专家指导镁铝合金的项目开展，并加入了广东省铝镁金属材料产学研战略联盟、深圳市新材料产学研创新联盟，已投入了数千万元用于铝钛硼的生产、研发和检测。

（省部院产学研结合协调领导小组办公室）

企业科技创新

2012年，广东省深入贯彻落实全国科技创新大会和全省科技创新工作会议精神，加快建立企业主导产业技术研发创新的体制机制，鼓励企业加大研发投入，促使企业加快成为技术创新主体。大力实施创新型企业院线提升计划，企业技术创新平台加快建设，研发能力持续增强，为实现产业转型升级，促进广东经济持续健康发展发挥了重要的支撑引领作用。

全省工业企业科技创新

2012年，广东规模以上工业企业达3.78万家，其中设有研发机构的2 601家，当年有研发（R&D）活动的企业5 082家。与上年相比，工业企业R&D经费和人员的投入继续保持强劲的增长势头，但也还存在基础和应用研究投入不足以及地区研发投入不平衡等问题。

【创新投入】　2012年，广东工业企业R&D经费投入为1 077.9亿元，占全社会的87.2%，比上年增长19.8%；R&D人员（折合全时当量，以下同）投入为42.5万人年，占全社会的86.4%，比上年增长22.8%。其中，大中型工业企业R&D经费投入为941.5亿元，占工业企业的87.3%，比上年增长17.8%；R&D人员投入为36.7万人年，占工业企业的86.4%，比上年增长19.9%（见表4-2-1-1）。

表4-2-1-1　广东省工业企业R&D经费和人员投入情况（2011—2012）

指标	R&D经费（亿元）		R&D人员折合全时当量（万人年）	
	2011年	2012年	2011年	2012年
全省工业企业	899.4	1 077.9	34.6	42.5
#大中型工业企业	799.3	941.5	30.6	36.7

【区域优势】　2012年，工业企业R&D经费投入珠三角地区为1 009.9亿元，占全部工业企业的93.7%；粤东地区为25.6亿元，占2.4%；粤北地区为24.6亿元，占2.3%；粤西地区为17.8亿元，占1.7%。R&D人员投入珠三角地区为39.6万人年，占全部工业企业的93.2%；粤东地区为1.3万人年，占3.1%；粤北地区为0.9万人年，占2.1%；粤西地区为0.7万人年，占1.6%（见表4-2-1-2）。

广州、深圳、佛山和东莞R&D经费分别为158.2亿元、461.9亿元、146.9亿元和74.8亿元；R&D人员折合全时当量分别为5.25万人年、17.64万人年、4.96万人年和4.29万人年，在经费和人员投入上继续处于全省领先地位。由于深圳拥有华为、中兴等超大型研发企业，其工业企业R&D经费和人员的投入量占全省比重继续维持高位水平（见表4-2-1-3）。

表4-2-1-2 广东省区域工业企业R&D经费和人员投入情况（2012）

区域	R&D经费（亿元）	R&D经费占全省总量比重（%）	R&D人员折合全时当量（万人年）	R&D人员占全省比重（%）
全省	1 077.9	—	42.5	—
#珠三角	1 009.9	93.7	39.6	93.2
粤东	25.6	2.4	1.3	3.1
粤西	17.8	1.7	0.7	1.6
粤北	24.6	2.3	0.9	2.1

表4-2-1-3 广东省部分地市工业企业R&D经费和人员投入情况（2011—2012）

区域	R&D经费（亿元）	R&D经费占全省总量比重（%）	R&D人员折合全时当量（万人年）	R&D人员占全省比重（%）
全省	1 077.9	—	42.5	—
#广州	158.2	14.7	5.3	12.5
深圳	461.9	42.9	17.6	41.4
佛山	146.9	13.6	5.0	11.8
东莞	74.8	6.9	4.3	10.1

【研发主体】 2012年，全省工业企业中，制造业企业R&D经费和人员投入占绝对优势，R&D经费投入为1 067.4亿元，R&D人员投入为42.2万人年，分别比上年增长19.4%和22.7%，两项投入均占全部工业企业投入的99%以上。采矿业与电力、热力、燃气及水生产和供应业研发投入仅占不到1%的比例，其中采矿业企业R&D经费投入为3.7亿元，R&D人员投入为0.09万人年，分别比上年增长184.6%和50.0%；电力、热力、燃气及水生产和供应业R&D经费投入为6.8亿元，R&D人员投入为0.21万人年，分别比上年增长58.1%和31.3%（见表4-2-1-4）。

在制造业中，计算机、通信和其他电子设备研发投入占绝对比重，R&D经费投入为510.9亿元，比上年增长16.1%，占制造业R&D经费投入的47.9%；R&D人员投入为19.4万人年，比上年增长22.0%，占制造业R&D人员投入的46.0%。电气机械和器材生产企业R&D经费投入为136.2亿元，占12.8%；R&D人员投入为5.4万人年，占12.8%。汽车制造业R&D经费投入为53.1亿元，占5.0%；R&D人员投入为1.8万人年，占4.3%（见表4-2-1-5）。

表4-2-1-4 广东省工业企业分门类R&D经费和人员投入情况（2011—2012）

行业	R&D经费（亿元）		R&D人员折合全时当量（万人年）	
	2011年	2012年	2011年	2012年
全省工业企业	899.4	1 077.9	34.6	42.5
#制造业	893.8	1 067.4	34.4	42.2
采矿业	1.3	3.7	0.06	0.09
电力、热力、燃气及水生产和供应业	4.3	6.8	0.16	0.21

表4–2–1–5　广东省工业企业相关行业R&D经费和人员投入情况（2011—2012）

行业	R&D经费（亿元）		R&D人员折合全时当量（万人年）	
	2011年	2012年	2011年	2012年
制造业	893.8	1 067.4	34.4	42.2
#计算机、通信和其他电子设备	440.2	510.9	15.9	19.4
电气机械和器材	126	136.2	5.3	5.4
汽车制造业	38.2	53.1	1.2	1.8
化学原料和化学制品制造业	41.5	51.8	1.3	1.5
通用设备制造业	27.8	42.8	1.3	1.9
医药制造业	18.3	24.7	0.8	1.0

【研发经费投入重点】 2012年，各级政府对工业企业研发经费直接投入合计为32.9亿元，比上年增长17.5%。其中，对大、中、小型工业企业的R&D经费投入分别为17.0亿元、9.5亿元、6.3亿元，比上年增长22.3%、9.2%、16.7%。在对工业企业的经费投入中，对制造业企业R&D经费投入总量为32.2亿元，比上年增长16.2%，占政府总投入的97.9%，占绝对比重。在制造业企业中，主要向计算机、通信和电子设备行业倾斜，共投入R&D经费15.0亿元，比上年增长15.4%，占政府总投入的45.6%（见表4–2–1–6）。

【创新基础建设的存在问题】 从经费和人员投向来看，广东工业企业中试验发展经费和人员的投入仍占主体，企业对拥有核心技术的基础研究和应用研究领域经费与人员的投入仍然偏少。

核心技术领域投入不足　2012年，工业企业中R&D基础研究经费为0.09亿元，应用研究经费为40.2亿元，试验发展经费为1 037.6亿元。基础研究和应用研究经费投入比重过小。

从R&D人员分布看，专门从事研究工作的研究人员在整个R&D人员中的比重仍然不高。2012年R&D人员中专门从事研究工作的研究人员为

表4–2–1–6　政府对工业企业R&D经费投入情况（2011—2012）

单位：亿元

企业类别	2011年	2012年
工业企业	28.0	32.9
#大型企业	13.9	17.0
中型企业	8.7	9.5
小型企业	5.4	6.3
#制造业	27.7	32.2
#计算机、通信和其他电子设备	13.0	15.0

表4–2–1–7　广东省工业企业R&D经费和人员投入情况（2012）

指标	基础研究	应用研究	试验发展
R&D经费（亿元）	0.09	40.2	1 037.6
R&D人员折合全时当量（万人年）	0.004 3	1.4	41.0

1.45万人年，占R&D人员的3.41%，比2011年的1.33万人年仅增长9%。试验发展项目投入的人员为41.0万人年，是应用研究和基础研究项目的29倍（见表4-2-1-7）。

从投入的项目分类看，“科学原理探索与发现”“技术原理研究”“增加产品功能与提高性能”“开发全新产品”项目经费投入，分别为3.9亿元、43.8亿元、476.0亿元和362.5亿元，具有核心竞争力的“科学原理探索与发展”和“技术原理研究”项目投入仍较少。

政府对企业投入占比很低　2012年，政府对企业R&D经费投入仅为32.9亿元，仅占工业企业R&D经费的3.1%。政府经费偏少，对企业的推动效果较弱。

（广东省统计局　谭乐明）

技术创新平台建设

【广东省工程技术开发研究中心】　2012年，广东省工程技术研究开发中心（以下简称“省工程中心”）建设进展顺利，全年共批准组建了76家省级工程中心（见表4-2-2-1），获批能力建设项目8个（见表4-2-2-2），56家省级工程中心通过验收（见表4-2-2-3）。

建设规模　截至2012年年底，全省已建立国家级工程中心22家、省级工程中心616家、市级工程中心1 700多家。省级工程中心中依托企业组建的有583家（占94.7%），依托高校组建的有23家（占3.7%），依托科研院所组建的有10家（占1.6%），带动一大批本土大中型企业设立了企业研发机构。省工程中心行业领域布局不断优化，基本覆盖了新材料（198家）、光机电一体化（189家）、电子信息（96家）、生物医药（92家）、现代农业（24家）、新能源与高效节能（17家）等重点产业领域。这些工程中心主要分布于珠三角地区，有426个，占全省的69.16%；粤东地区（汕头、潮州、揭阳、汕尾）有95个，占全省的15.42%；粤西地区（湛江、茂名、阳江）有25个，占全省的4.06%，粤北地区（韶关、梅州、清远、河源、云浮）有70个，占全省的11.36%。

研发投入　在省市两级的共同扶持下，省工程中心的创新投入规模不断加大。2012年，全省工程中心的研发投入已经超过260亿元，科研仪器设备费106亿元，固定资产构建费56亿元，有力地提升了工程中心的自主创新能力和成果转化能力。在全省批准组建的616家省级工程中心中，已有72家发展为国家级工程中心、企业技术中心、工程实验室等重大创新平台，具备了较强的科技研发和创新实力。工程中心持续增长的创新投入有效带动了依托企业创新能力的大幅提升，工程中心依托单位逐步成长为创新型龙头企业。

人才培养　聚集、培养、输出高水平的工程技术人才和工程管理人才是工程中心的重要功能。近年来，通过不断优化工程中心科研条件和人才发展环境，吸引了一大批科技人员加盟落户，工程中心已经成为汇聚产业创新人才的新高地。据统计，全省工程中心从事研究开发的技术人才超过了10万人，其中高中级职称人员5.2万人，占总人数的52%；设有博士后工作站132个，为企业培训专业技术人员近13万人，逐步在本行业形成一支知识、年龄、学历结构较为合理，研发能力和工程化能力较强的行业技术人才队伍，有效促进了科技与经济的紧密结合。

成果转化　2012年，省工程中心承担的科研项目超过13 662项，其中国家级项目559项，承担或参与制定国家标准、行业标准1 700多项，发表论文4 300多篇，为企业培训专业技术人员12万人以上。2012年，全省工程中心的研发投入超过260亿元，研发并投入生产的新产品、新装备、新材料、新工艺超过18 000个（台、套）；受理申请专利22 000多件，其中发明专利12 000多件，获授权专利14 000多件，其中发明专利5 000多件；新产品产值7 800多亿元，产生了巨大的经济效益。

【国家认定企业技术中心】　2012年，国家认定企业技术中心数量继续呈上升态势，全省新增国家认定企业技术中心8家（含深圳），其中首次有建筑类企业获得此认定资格。截至2012年年底，全省国家认定企业技术中心共67家，同比增长14%。从行业分布来看，以轻工和电子行业居多，分别为17家和15家，分别占总数的25.37%和22.39%。其次为机械、化工、船舶、有色、医药、有色等6个行业，合计24家，占总数的35.82%。从地区分布来看，珠三角地区共56家，占全省总数的83.58%；中央及省属企业、东西北地区分别为5家和6家，分别占全省的7.46%和8.96%（见图4-2-2-1、图4-2-2-2）。

表4-2-2-1 新组建的省级工程中心一览表（2012）

序号	工程中心名称	依托企业
1	广东省光电工程技术研究开发中心	华南理工大学
2	广东省蒸发式冷凝空调制冷设备工程技术研究开发中心	广州市华德工业有限公司
3	广东省医用胶原工程技术研究开发中心	广州创尔生物技术有限公司
4	广东省动力电池及太阳能转换与储存材料工程技术研究开发中心	广东工业大学
5	广东省医药检测工程技术研究开发中心	广州金域医学检验中心有限公司
6	广东省LED光电技术与应用工程技术研究开发中心	深圳市洲明科技股份有限公司
7	广东省新能源汽车动力点出定向循环工程技术研究开发中心	佛山市邦普循环科技有限公司
8	广东省建筑陶瓷加工与包装工程技术研究开发中心	广东一鼎科技有限公司
9	广东省环保节能陶瓷窑炉装备工程技术研究开发中心	广东中窑窑业股份有限公司
10	广东省高密度互联（HDI）印制电路板工程技术研究开发中心	博敏电子股份有限公司
11	广东省铁合金铸造工程技术研究开发中心	梅州五指石科技有限公司
12	广东省移动通信终端天线工程技术研究开发中心	惠州硕贝德无线科技股份有限公司
13	广东省数字电视系统设备及软件工程技术研究开发中心	惠州市伟乐科技有限公司
14	广东省海工及特种船舶工程技术研究开发中心	广东中远船务工程有限公司
15	广东省环保型复合装饰材料工程技术研究开发中心	东莞市华立实业股份有限公司
16	广东省功能性色母粒工程技术研究开发中心	广东美联新材料科技有限公司
17	广东省人乳头状瘤病毒（HPV）相关疾病分子诊断工程技术研究开发中心	广东凯普生物科技股份有限公司
18	广东省食品机械工程技术研发中心	广东复兴食品机械有限公司
19	广东省乳品工程技术研究开发中心	广东雅士利集团有限公司
20	广东省功能化传统食品工程技术研究开发中心	广东长兴科技保健品有限公司
21	广东省电梯节能工程技术研究开发中心	快意电梯有限公司
22	广东省PET容器成型工程技术研究开发中心	广东星联精密机械有限公司
23	广东省绿色建筑陶瓷低碳成套装备工程技术研究开发中心	广东摩德娜科技股份有限公司
24	广东省平板电视系统集成应用工程技术研究开发中心	广州视源电子科技股份有限公司
25	广东省市政工程重点工程技术研究开发中心	广州市市政集团有限公司
26	广东省电子政务应用平台工程技术研究开发中心	广州华南资讯科技有限公司

（续上表）

序号	工程中心名称	依托企业
27	广东省安全云服务工程技术研究开发中心	广州中长康达信息技术有限公司
28	广东省金融自助服务工程技术研究开发中心	广州广电运通金融电子股份有限公司
29	广东省城市轨道交通智能系统工程技术研究开发中心	广州新科佳都科技有限公司
30	广东省数字城市应用支撑平台工程技术研究开发中心	金鹏电子信息机器有限公司
31	广东省核岛重型装备工程技术研究开发中心	东方电气（广州）重型机器有限公司
32	广东省环保节能卫浴工程技术研究开发中心	广州海鸥卫浴用品股份有限公司
33	广东省智能监控工程技术研究开发中心	高新兴科技集团股份有限公司
34	广东省电梯配件工程技术研究开发中心	广州广日电气设备有限公司
35	广东省专业音响系统工程技术研究开发中心	广州市锐丰音响科技股份有限公司
36	广东省业务支撑系统工程技术研究开发中心	广州从兴电子开发有限公司
37	广东省无线网络优化工程技术研究开发中心	广东省电信规划设计院有限公司
38	广东省智能综合监控工程技术研究开发中心	广东互维科技有限公司
39	广东省畜禽产品加工工程技术研究开发中心	华南农业大学
40	广东省干细胞与再生医学工程技术研究开发中心	中山大学
41	广东省网络安全检测与防护工程技术研究开发中心	暨南大学信息科学技术学院
42	广东省特种光纤材料与器件工程技术研究开发中心	华南理工大学材料科学与工程学院
43	广东省复杂过程信息物理融合系统工程技术研究开发中心	广东工业大学计算机学院
44	广东省工程结构抗风与健康监测工程技术研究开发中心	广州大学土木工程学院
45	广东省植物纤维综合利用工程技术研究开发中心	广州甘蔗糖业研究所
46	广东省土壤修复技术与装备工程中心	广东省生态环境与土壤研究所
47	广东省电子信息产品可靠性与环境工程技术研究开发中心	工业和信息化部电子第五研究所
48	广东省道路工程新材料工程技术研究开发中心	河源海川科技有限公司
49	广东省金属基板及特种印制电路板工程技术研究开发中心	景旺电子科技（龙川）有限公司
50	广东省聚氨酯回收利用环保型光固化涂料工程技术研究开发中心	澳达树熊涂料（惠州）有限公司
51	广东省移动互联网节能终端集成与制造工程技术研究开发中心	惠州市德帮实业有限公司
52	广东省LED显示器用印刷线路板工程技术研究开发中心	胜宏科技（惠州）有限公司
53	广东省新型陶瓷色釉料工程技术研究开发中心	广东道氏技术股份有限公司
54	广东省缓控释微丸制剂工程技术研究开发中心	广东彼迪药业有限公司
55	广东省服装用特殊功能纤维材料工程技术研究开发中心	广东柏堡龙股份有限公司
56	广东省生物医药制剂工程技术研究开发中心	广东博洲药业有限公司
57	广东省小尺寸3D光栅成像工程技术研究开发中心	清远市佳的美电子科技有限公司

（续上表）

序号	工程中心名称	依托企业
58	广东省智能烹调电器工程技术研究开发中心	汕头市夏野电器科技有限公司
59	广东省新型塑料管道工程技术研究开发中心	广东三凌塑料管材有限公司
60	广东省伺服液压缸工程技术研究开发中心	韶关液压件厂有限公司
61	广东省绿色建筑工程技术研究开发中心	深圳市建筑科学研究院有限公司
62	广东省电子废弃物资源化利用工程技术研究开发中心	深圳市格林美高新技术股份有限公司
63	广东省光掩膜工程技术研究开发中心	深圳清溢光电股份有限公司
64	广东省移动互联网终端应用中间件工程技术研究开发中心	深圳康佳通信科技有限公司
65	广东省蛋白质（多肽）分离纯化工程技术研究开发中心	深圳市卫武光明生物制品有限公司
66	广东省瓦楞纸包装成套装备工程技术研究开发中心	广东万联包装机械有限公司
67	广东省便携式运载车具工程技术研究开发中心	阳江市顺和工业有限公司
68	广东省硫铁矿业工程技术研究开发中心	云浮广业硫铁矿集团有限公司
69	广东省智能家用电炊具工程技术研究开发中心	广东省湛江市家用电器工业有限公司
70	广东省涂料用树脂工程技术研究开发中心	广东同步化工股份有限公司
71	广东省松脂深加工工程技术研究开发中心	广东科茂林产化工股份有限公司
72	广东省移动通信基站天线与射频器件工程技术研究开发中心	广东通宇通讯股份有限公司
73	广东省调味品及其副产物高值化利用工程技术研究开发中心	广东美味鲜调味食品有限公司
74	广东省塑料真空密封工程技术研究开发中心	中山市太力家庭用品制造有限公司
75	广东省欧式家具工程技术研究开发中心	中山四海家具制造有限公司
76	广东省高速通讯印制电路板工程技术研究开发中心	珠海方正科技多层电路板有限公司

表4-2-2-2　省级工程中心能力建设项目一览表（2012）

序号	项目名称	依托单位
1	广东省空调节能工程技术研究开发中心能力建设项目	广东美的电器股份有限公司
2	广东省建材装备工程技术研究开发中心能力建设项目	广东科达机电股份有限公司
3	广东省大屏幕显示系统工程技术研究开发中心	广东威创视讯科技股份有限公司
4	创建肉鸡、肉猪种业国家工程技术研究中心能力建设	广东温氏食品集团有限公司
5	建设具备国家工程技术研究中心实力的锂电池工程中心	惠州亿纬锂能股份有限公司
6	广东省香精香料工程技术研究开发中心能力建设	广东铭康香精香料有限公司
7	广东省瓷质釉饰建筑陶瓷工程技术研究开发中心能力建设项目	东莞市唯美陶瓷工业园有限公司
8	国家高性能聚合物膜材料与应用工程技术研究中心的建设	佛山佛塑科技集团股份有限公司

表4-2-2-3 通过验收的省级工程中心一览表（2012）

序号	工程中心名称	依托单位
1	广东省软件支撑平台工程技术研究开发中心	广州市京华网络有限公司
2	广东省电声电子工程技术研究开发中心	国光电器股份有限公司
3	广东省优质鸡工程技术研究开发中心	广东省智威畜牧水产有限公司
4	广东省日用化学品工程技术研究开发中心	广州立白企业集团有限公司
5	广东省通讯工程技术研究开发中心	广州市高科通信技术股份有限公司
6	广东省精细化工材料工程技术研究开发中心	广州天赐高新材料股份有限公司
7	广东省绿色精细化学产品工程技术研究开发中心	华南理工大学
8	广东省建筑智能工程技术研究开发中心	广东宏景科技有限公司
9	广东省热熔胶工程技术研究开发中心	广州鹿山新材料股份有限公司
10	广东省热带亚热带果蔬加工工程技术研究开发中心	广东省农科院蚕业与农产品加工研究所
11	广东省废弃生物质循环利用工程技术研究开发中心	佛山市沃德森板业有限公司
12	广东省高能环保电池工程技术研究开发中心	佛山市实达科技有限公司
13	广东省新型兽药与饲料添加剂工程技术研究开发中心	佛山市海纳川药业有限公司
14	广东省汽车智能电子工程技术研究开发中心	佛山市三水好帮手电子科技有限公司
15	广东省分析仪工程技术研究开发中心	佛山分析仪有限公司
16	广东省铝镁加工工程技术研究开发中心	广亚铝业有限公司
17	广东省电热及温度控制附件工程技术研究开发中心	佛山市天朋温控器有限公司
18	广东省厨具表面处理工程技术研究开发中心	广东阳晨厨具有限公司
19	广东省空调风机工程技术研究开发中心	广东顺威精密塑料股份有限公司
20	广东省家电智能控制器工程技术研究开发中心	佛山市顺德区瑞德电子实业有限公司
21	广东省汽车附件工程技术研究开发中心	广东东箭汽车用品制造有限公司
22	广东省脚轮工程技术研究开发中心	阳江市飞轮脚轮制造有限公司
23	广东省人造石材工程技术研究开发中心	云浮市新富云岗石有限公司
24	广东省清热解毒类药物工程技术研究开发中心	广东省罗定制药有限公司
25	广东省电子学习产品工程技术研究开发中心	中山市读书郎电子有限公司
26	广东省铝合金新材料工程技术研究开发中心	中山市金胜铝业有限公司
27	广东省刚挠印制电路工程技术研究开发中心	珠海元盛电子科技股份有限公司
28	广东省中兽药工程技术研究开发中心	广东紫金正天药业有限公司
29	广东省LED照明工程技术研究开发中心	河源市粤兴实业有限公司

（续上表）

序号	工程中心名称	依托单位
30	广东省移动通信终端设备及产品工程技术研究开发中心	西可通信技术设备（河源）有限公司
31	广东省运输制冷工程技术研究开发中心	劲达技术（河源）有限公司
32	广东省改性工程塑料工程技术研究开发中心	惠州市沃特新材料有限公司
33	广东省印制线路板工程技术研究开发中心	惠州中京电子科技股份有限公司
34	广东省汽车电子产品工程技术研究开发中心	惠州天缘电子有限公司
35	广东省绿色照明工程技术研究开发中心	惠州雷士光电科技有限公司
36	广东省特种电缆工程技术研究开发中心	广东吉青电缆实业有限公司
37	广东省微晶玻璃工程技术研究开发中心	广东科迪微晶玻璃实业有限公司
38	广东省大容量注射剂制药工程技术研究开发中心	广东利泰制药股份有限公司
39	广东省水产种苗开口饲料工程技术研究开发中心	广东越群海洋生物研究开发有限公司
40	广东省特种耐火材料工程技术研究开发中心	广东热金宝特种耐火材料实业有限公司
41	广东省电烤器工程技术研究开发中心	辉胜达电器实业（梅州）有限公司
42	广东省民用爆破器材及包装设备工程技术研究开发中心	广东天诺民爆有限公司401厂
43	广东省青蒿工程技术研究开发中心	广东省新南方青蒿科技有限公司
44	广东省铝挤压工程技术研究开发中心	广东豪美铝业有限公司
45	广东省半导体照明工程技术研究开发中心	广东科信实业有限公司
46	广东省智能型电动玩具工程技术研究开发中心	广东骅威玩具工艺股份有限公司
47	广东省糖果凉果及焙烤食品工程技术研究开发中心	汕头市茂发食品有限公司
48	广东省新型建筑材料工程技术研究开发中心	汕头经济特区龙湖科技有限公司
49	广东省纺织印染工程技术研究开发中心	广东金荣华实业有限公司
50	广东省再造烟叶工程技术研究开发中心	广东省金叶烟草薄片技术开发有限公司
51	广东省特种计算机工程技术研究开发中心	研祥智能科技股份有限公司
52	广东省环境检测和治理工程技术研究开发中心	宇星科技发展（深圳）有限公司
53	广东省新型电子化学品工程技术研究开发中心	深圳新宙邦科技股份有限公司
54	广东省电子茶具工程技术研究开发中心	广东海利集团有限公司
55	广东省新型水性油墨工程技术研究开发中心	东莞市英科水墨有限公司
56	广东省轻工合金工程技术研究开发中心	东莞宜安电器制品有限公司

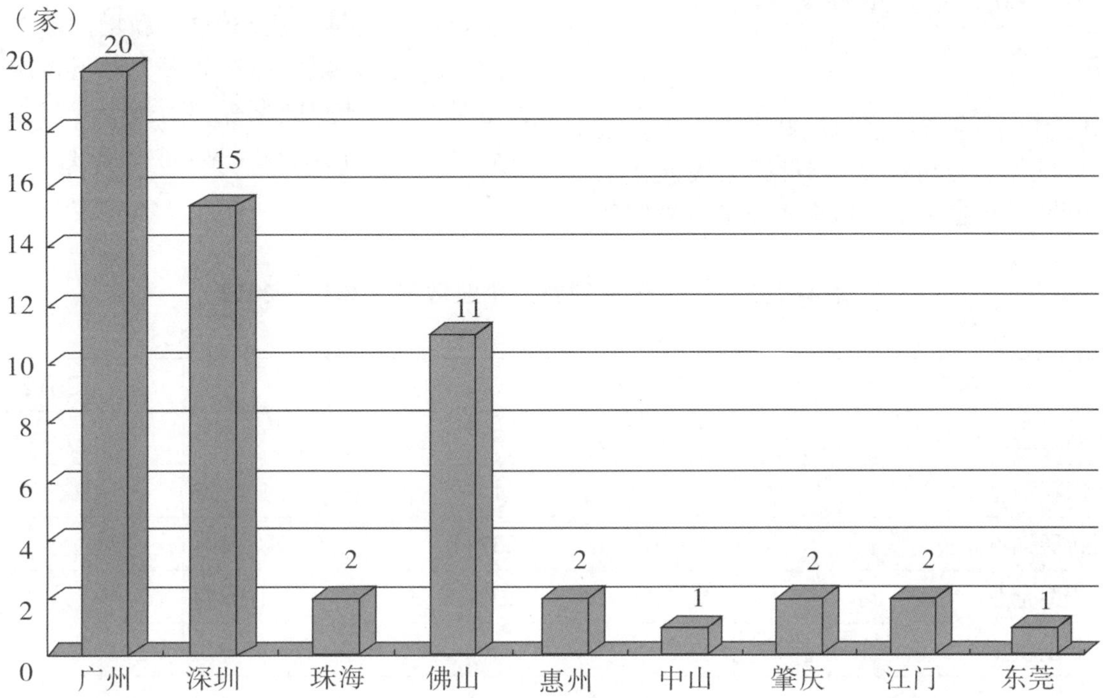

图4-2-2-1　珠三角地区国家认定企业技术中心分布（2012）

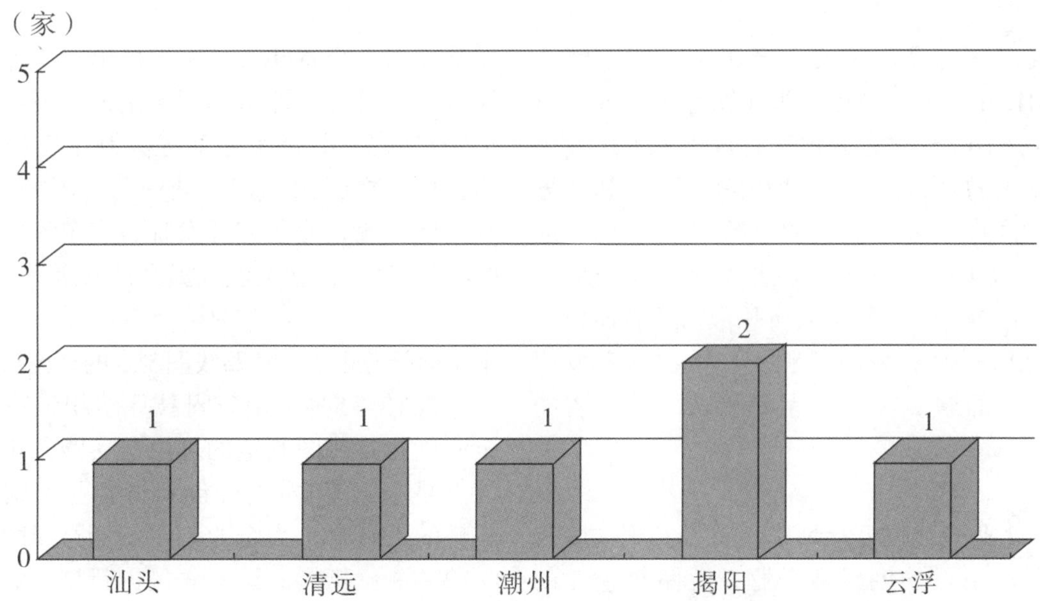

图4-2-2-2　东西北地区国家认定企业技术中心分布（2012）

（广东省科学技术厅科研条件与财务处　卢景昌）

（广东省经济和信息化委员会技术创新与质量处　樊丽雅）

创新型企业建设

2012年，广东省继续组织开展省级创新型企业评价、试点、复审以及第5批国家级创新型试点企业申报推荐工作。全年全省新增省级创新型试点企业77家，累计达383家；新认定省级创新型企业49家，累计达230家；新增国家级创新型试点企业8家，累计已达39家，数量位居全国各省市第3位，其中国家级创新型企业23家，数量位居全国各省市第2位（见表4–2–3–1）。

表4–2–3–1　广东省创新型企业数量（2010—2012）

单位：个

年度	2010	2011	2012
国家级创新型试点企业	31	31	39
国家级创新型企业	14	23	23
省级创新型试点企业	237	306	383
省级创新型企业	123	181	230
省级以上创新型（试点）企业合计	247	314	391

注：各年度企业数指截至当年末的相应类型企业累计数，其中部分创新型试点企业已通过评价被正式认定为创新型企业，部分省级创新型（试点）企业已升级为国家级创新型（试点）企业；省级以上创新型（试点）企业合计数指截至当年末的4类企业累计数之和（不含交叉重复统计）。

【主要经济指标及科技投入产出】　据不完全统计，2012年，广东省创新型（试点）企业主营业务收入达10 650亿元，占全省规模以上工业主营业务收入的11.35%；上缴税额、税后利润分别占全省规模以上工业纳税总额、利润总额的8.91%、11.69%；研发经费支出总额占全省研发经费支出的18.59%；研发人员总数占全省研发人员总数的23.65%；发明专利授权数占全省发明专利授权数的54.28；新产品销售收入占全省的35.08%。

【创新型企业院线提升计划】　首批实施“院线提升计划”项目的创新型企业，近两年企业的主营业务收入、利润总额、纳税总额、研发费用投入增幅分别达46.42%、88.68%、69.17%和47.04%；专利授权总数、发明专利授权数增幅分别达36.77%和143.28%；主持制定、参与制定国际国家或行业技术标准数增幅分别达62.92%和60.58%；新产品销售收入增幅达33.70%。

2011年12月22日，省科技厅发布《2012年度广东省创新型企业院线提升计划入库项目申报指南》，正式启动2012年广东省创新型企业院线提升计划，全省共有33家单位申报该计划项目。经过专家组材料评审和现场论证，最终白云电气集团有限公司等8家企业立项制定实施创新路线图，广州白云山和记黄埔中药有限公司等7家企业立项组建企业研究开发院，广东省生产力促进中心等3家单位立项院线提升计划研究与推广。

【《创新型企业创新路线图制定的理论与实践》】

2012年5月，由省科技厅组织编写《创新型企业创新路线图制定的理论与实践》正式出版。该书是全国第1本引导创新型企业实施创新发展战略的工具书，为企业制定创新路线图提供了科学的方法论指导。该书立足创新型企业的创新活动和实践，以系统论、企业技术创新管理理论和企业战略管理理论为理论基础，对企业创新路线图的概念、内容、框架和制定方法进行了探索和研究；从思想路线、市场路线、产品路线、技术路线和组织路线5条主线，创新战略系统、创新活动系统和创新组织系统3个层次，对企业的创新体系进行系统分析，并提出了一个全方位的企业创新系统设计分析框架、制定方法和实施路径选择的操作性指南。

【广东省创新型企业院线提升计划宣讲培训会】 6月18—19日，首期广东省创新型企业院线提升计划宣讲培训会在广州大学城召开。该会议由省科技厅主办，华南理工大学现代服务业研究院和广东省生产力促进中心联合承办，全省各地级以上市科技管理部门和有关创新型（试点）企业的学员等共100余名代表参加了会议。会议旨在阶段性总结本省近3年来实施创新型企业“院线提升计划”的理论与实践，深入推进实施“院线提升计划”项目，加强各地科技管理部门和项目承担单位对项目的理解，引导企业科学系统谋划创新体系建设，明确总体创新思路，成功整合创新资源，组建企业研究开发院，制定并实施企业创新路线图，进一步推动广东省创新型企业建设，提高企业核心竞争力。

（广东省科学技术厅政策法规处 张燕 陈晓）

科技型中小企业技术创新

【立项及资金投入情况】 2011—2012年，全省科技型中小企业技术创新基金无论从地方创新基金单位数、申报评审项目数以及国家创新基金立项数、立项金额等指标，均有大幅提升，立项数和资助金额跃居全国第4位。2011—2012年，全省获得国家创新基金立项851项，资助金额超6亿元，其中2012年全省（含深圳）共获得国家创新基金立项476项，资助金额34 847万元，比2011年增加101项，增加资助金额9 608万元，获得国家创新基金资助增幅居全国第1位。

2012年8月，省政府出台《关于促进稳增长调结构惠民生工作的若干意见》，明确提出加大科技型中小企业技术创新专项资金投入，2013年起，省创新资金规模将达到1亿元，实现资金规模翻番。同时，在省科技厅的推动以及各级科技主管部门的努力下，全省新增了6个地方创新基金单位。截至2012年年底，全省共有26个单位设立地方创新基（资）金，年度规模合计超3.6亿元，为广东省科技型中小企业发展提供了强大的资金后盾。

截至2012年年底，全省共有1 500多家企业的2 305个项目获得国家创新基金支持，资助金额达15亿元。据统计，国家和省级创新基金项目（企业）累计实现销售收入253亿多元，缴税总额21亿元，获得授权专利4 223件，其中发明专利1 034件，累计带动就业人数3.2万人。一大批受到创新基金支持的企业，根据市场需求开发出核心技术和产品，赢得了资本市场的青睐。2012年，曾获创新基金资助的蓝盾信息安全技术股份有限公司成功在深圳创业板上市，截至2012年年底，全省共有创新基金扶持过的32家科技型中小企业成功上市，广东冠昊生物科技股份有限公司、广东金明精机股份有限公司等一批企业，已迅速成长为行业龙头企业。

【全省科技型中小企业技术创新基金工作会议】 12月5日，全省科技型中小企业技术创新基金工作会议在广州召开。全省各地科技主管部门、地方创新基金管理机构、有关高新区、广东省科技型中小企业公共技术服务示范机构相关负责人约100多人参加会议。

会上传达了国家创新基金工作会议精神，总结和部署了全省创新基金工作，为12家广东省科技型中小企业公共技术服务示范机构授牌，广州、肇庆科技局、惠州仲恺高新区等地市代表分别介绍了创新基金工作的经验和做法，中山市立创检测技术服务有限公司和广州海汇投资管理有限公司分别代表公共技术服务机构和创投机构发言。

【培训工作】 2012年，全省共培训企业3 000余家，带动740家省内中小企业报名参加中国创新创业大赛，获得国家中小企业公共技术服务机构补助资金立项30项，资助金额达2 180万元；获得国家创业投资引导基金立项12项，资助金额2 782万元；惠州市TCL恺创企业管理有限公司首次获得国家2 000万元创业投资引导基金参股。

（广东省科学技术厅高新技术发展及产业化处 龚建文）

高等院校科技创新

2012年，广东省普通高等学校扎实推进科研工作，不断提升科研水平、管理水平和服务水平，科技创新能力进一步增强，科研综合实力稳步提高，产生了一批高层次科研成果。

全省普通高等学校主要科研指标

2012年，全省共有78所高校和21家高等学校附属医院参加广东省普通高校科技/社科统计工作。参加科技类统计的单位有84个，其中普通高校63所，高校附属医院21所（相比2011年新增24所高校）；参加人文社科类统计的单位有50个，均为高校（相比2011年增加7所高校）。由于2012年全省科技/社科统计数据中包含了新增的31所高校的数据，统计范围与往年有所不同，所以汇总数据与往年数据不具可比性。

【科研人力资源】 2012年，全省普通高校从事教学与研究人员总数为88 065人。其中人文社会科学类教学与研究人员数为27 964人，科技（理、工、农、医）（以下简称“科技”）类教学与研究人员数为60 101人。

2012年，全省普通高校从事教学与研究人员中高级职称人数为28 542人，其中科技类有18 378人、人文社科类有10 164人；博士研究生共16 058人，其中科技类有11 056人、人文社科类有5 002人。

【科研经费】 按2012年统计范围计，全省普通高校当年拨入科研经费总额为72.00亿元，其中人文社会科学类的科研经费9.70亿元，占总经费的13.47%；科技类经费为62.30亿元，占总经费的86.53%。

2012年，全省普通高校当年政府投入的科研经费为50.02亿元，其中投入至人文社会科学类的经费为5.44亿元，占政府投入社科类总经费的56.07%；科技类44.58亿元，占政府投入科技类总经费的71.56%。

全省普通高校当年企事业单位拨入的科研经费为16.13亿元，其中拨入至人文社会科学类的经费为2.73亿元，占社科类总经费的28.11%；科技类13.40亿元，占科技类总经费的21.51%。

全省普通高校当年其他经费拨入为5.85亿元，其中拨入至人文社会科学类的经费为1.53亿元，占社科类总经费的15.82%；科技类4.32亿元，占科技类总经费的6.93%。

【研究机构】 2012年，全省普通高校共拥有上级主管部门批准的研究机构629个。其中科技活动机构459个，包括国家级机构35个、省部级机构298个、其他主管部门机构126个；人文社科研究活动机构170个，包括教育部重点研究基地9个、省部共建基地2个、“985工程”创新基地1个、省级基地46个、省级实验室2个、其他42个。

【科研项目】 2012年，全省普通高校拨入项目（课题）经费合计54.29亿元，占全省高校当年拨入科研经费的75.40%。在研课题51 026项，其中当年新立项课题20 566项，当年新立项课题拨入经费34.92亿元。

科技类课题当年拨入经费47.86亿元，在研课题31 145项，其中新立项课题14 171项，新立项课题当年拨入经费30.15亿元。

人文社科类课题当年拨入经费6.44亿元，在研课题19 881项，其中新立项课题6 395项，新立项课题当年拨入经费4.77亿元。

【科研产出】

学术论文发表及图书出版　截至2012年12月31日，全省普通高校主办学术期刊164种，其中科技（理、工、农、医）类学术期刊94种，人文社科类学术期刊70种。

2012年，全省普通高校共发表学术论文67 626篇，其中在国外发表学术论文12 193篇。全年发表科技类学术论文48 032篇，其中在国外发表学术论文11 507篇；被三大索引（SCI、EI、ISTP）收录论文16 269篇。发表人文社科类学术论文19 594篇，其中在国外发表学术论文686篇。

2012年，全省普通高校出版各类图书2 543部，包括科技类图书829部、人文社科类图书1 714部。其中专著824部，包括科技类专著157部、人文社科类专著667部。

技术转让　2012年，全省普通高校技术转让合同307项，合同金额达19 649.6万元，当年实际收入9 610.8万元。

专利　2012年，全省普通高校专利申请5 269件，其中发明专利3 030件，占专利申请总数的57.51%；专利授权3 223件。截至2012年年底，全省高校拥有9 449件专利。

成果奖励　根据各校统计报表汇总，2012年全省普通高校共获得各类成果奖励222项。其中，科技领域获得国家级二等奖以上奖励7项，省部级二等奖以上奖励126项；人文社科领域获得部级奖10项，省级奖1项。

项目验收和成果鉴定　2012年，全省普通高校科技项目中共有150项国家级项目验收。其中，“973计划”项目11项，国家科技支撑计划项目30项，“863计划”项目27项，国家基金重点项目62项，军工项目20项。

2012年，全省普通高校科技类成果中共有115项成果进行了鉴定。其中，鉴定结论为国际水平的24项，国内首创的7项，国内先进的78项。

【学术交流】　2012年，全省普通高校在开展科技类学术交流方面，合作研究共派出1 723人次，接受1 484人次；出席国际学术会议7 304人次，交流论文3 650篇；主办国际学术会议213次，国际学术会议特邀报告1 224篇。

在开展人文社科类学术交流方面，合作研究共派出676人次，含国（境）外95人次；接受合作研究524人次，含国（境）外87人次；出席国际学术会议1 470人次；提交交流论文1 342篇；主办国际学术会议83次。

（广东省教育厅　杨立群）

中山大学

【科研项目和经费】　2012年，中山大学当年科技总经费11.64亿元，其中国家级科技项目到位总经费2.87亿元，部省市所拨经费5.53亿元，企事业单位委托到位总经费1.71亿元，其他投入经费约1.53亿元。

新增项目经费超过1 000万元的项目共21项，经费超3.79亿元，创历年新高。首次承担国家基金重大项目1项，首次获得国家基金重大国际合作项目4项，首次以项目协调人获得科技基础性工作专项项目2项，首次获准国家基金重点重大类项目合计达35项。

新增重大科学研究计划首席1项，经费2 600万元；获批“863计划”重大项目2项，经费6 800万元；承担“863计划”重大重点项目课题和子课题20项，总经费8 287万元；获批国家支撑计划项目1项，经费1 281万元；承担国家科技支撑计划课题和子课题11项，总经费2 933.28万元；主持国家公益性行业专项3项，总经费达4 513万元。GFJG项目方面也取得突破，获准主持成果转化项目1项，经费800万元。

【产学研工作】　2012年，中山大学继续贯彻落实《珠江三角洲地区改革发展规划纲要（2008—2020年）》，积极服务珠三角经济社会全面发展。全年省部企业科技特派员获批准17人，累计共有288人。

战略合作　与省海洋渔业局、珠海市、花都区签署了战略合作协议；与梅州就市校合作事宜进行了洽谈，初步达成了共识；与TCL集团股份有限公司、中国南方电网有限责任公司等龙头企业签订了战略合作框架协议。

贯彻实施省委、省政府“依托专业镇，实行

一镇一策的产业转型升级改造”战略，与古镇镇政府签订了“一校一镇”合作协议和“院士工作站”合作协议，设立了“中山大学（古镇）半导体照明技术研究中心”“中山大学半导体照明系统研究中心古镇分中心”“院士工作站”和“特派员工作站”。

地方研究院管理 筹建南沙研究院（南沙科技创新产业基地），取得积极进展，5个科研团队共100多人已经正式进驻南沙开展相关工作。先进研究院及地方研究院承担项目的能力不断增强，2012年承担各类国家、省、市纵横向科研项目73项，合同总金额7 000多万元。组织实施“985工程”三期“面向产业发展的关键技术研究与应用”项目。积极开展面向产业的应用研究项目支持计划，在第1批成功组织实施之后，执行第2批和第3批的支持项目计划，现已评审出第2、第3批支持项目22项，支持经费共840万元，3个批次的支持项目共计支持经费2 240万元。

【科研平台建设】 2012年，中山大学获准新建1个国家地方联合工程实验室、1个公安部重点实验室、7个广东省重点实验室、1个广东高校工程技术研究中心、1个广东省工程技术研究中心、1个国际暨港澳台科技创新合作平台、3个广州市重点实验室、2个广州市工程技术研究中心、1个广东省教育厅工程技术研究中心（见图4–3–2–1）。

同时，中山大学加强了平台的中后期管理，及时跟进建设进展。智能传感器网络教育部重点实验室（原数字家庭教育部重点实验室）、水产品安全教育部重点实验室和广东省海洋资源与近岸工程重点实验室（原广东省近岸海洋工程重点实验室）已完成建设工作，验收工作也已经启动。

【科研成果】 2012年度，中山大学获得国家自然科学奖二等奖2项，即徐安龙老师主持完成的

表4–3–2–1 中山大学获准新建科研平台一览表（2012）

序号	类别	名称
1	国家地方联合工程实验室	物联网芯片与系统应用技术国家地方联合工程实验室
2	公安部重点实验室	视频图像智能分析与应用技术公安部重点实验室
3	广东省重点实验室	广东省生殖医学重点实验室
4	广东省重点实验室	广东省糖尿病防治重点实验室
5	广东省重点实验室	广东省卫生信息学重点实验室
6	广东省重点实验室	广东省内分泌重点实验室
7	广东省重点实验室	广东省垂体肿瘤研究重点实验室
8	广东省重点实验室	广东省心电生理与心率失常重点实验室
9	广东省重点实验室	广东省牙病预防控制重点实验室
10	广东高校工程技术研究中心	广东高校精细化学品高值化利用工程技术研究中心
11	广东省工程技术研究中心	广东省干细胞与再生医学工程技术研究开发中心
12	国际暨港澳台科技创新合作平台	重金属复合污染土壤修复和工程示范
13	广州市重点实验室	广州市城市景观生态演变重点实验室
14	广州市重点实验室	广州市生物活性化合物成药性评价重点实验室
15	广州市重点实验室	广州市鼻咽癌多学科临床诊治重点实验室
16	广州市工程技术研究中心	广州市重大交通基础设施安全行业工程技术研究中心
17	广州市工程技术研究中心	广州市数字生活行业工程技术研究中心
18	广东省教育厅工程技术研究中心	精细化学品高值化利用工程技术研究中心

“脊椎动物免疫的起源与演化研究”、毛宗万主持完成的“金属酶的化学模拟及其构效关系研究”。获省部级奖励一等奖9项、二等奖7项，高等学校科学技术奖2项，中华医学科学技术奖2项，广州市科学技术奖2项。肿瘤防治中心马骏主持的“鼻咽癌放化综合治疗及个体化治疗基础的研究”研究成果成功入选2012年度“中国高等学校十大科技进展”。

另外，中山大学附属第一医院刘小林团队自主研发的“去细胞同种异体神经修复材料”——“神桥”，通过了国家食品药品监督局严格审批，正式获得准产注册证，获准临床使用与上市。这是我国自行研发、拥有完全自主知识产权的国内唯一获正式批准的缺损神经修复材料。该研究成果由省科技厅、省卫生厅共同组织的国内同领域一流专家对其进行科研鉴定，鉴定结果为“总体上处于世界先进水平，部分技术处于世界领先水平”。中山眼科中心高前应教授多年来执着于寻找理想的人眼玻璃体替代物，其自主研发的折叠式人工玻璃体，已完成多中心临床试验，即将申请SFDA注册证。

据中国科学技术信息研究所2011年度的论文统计，中山大学2011年度国内发表论文5 432篇，较2010年度有明显增加，其中SCI收录论文2 645篇、EI收录论文682篇、ISTP收录论文126篇。MEDLINE收录中山大学论文数1 525篇，在全国高校中排名第6位。生命科学学院贺雄雷教授带领的课题组在研究染色质结构如何调节DNA突变工作中取得重要进展，研究成果发表在2012年3月9日的*Science*杂志上。

项目名称：脊椎动物免疫的起源与演化研究

获奖情况：2012年度国家自然科学奖二等奖

该项目选取头索动物文昌鱼为核心研究物种，并与低等脊椎动物七鳃鳗和斑马鱼进行纵向比较，从基因组、分子、细胞到整体动物水平进行开拓性研究，取得了以下科学发现：1. 发现文昌鱼天然免疫基因经历了“大爆炸”，揭示脊椎动物的祖先具有一个空前复杂和多样的先天免疫系统，从而阐明脊椎动物祖先天然免疫识别分子的功能特色和免疫信号转导通路出现与演化的规律。2. 在文昌鱼中发现了淋巴样细胞及淋巴细胞信号转导的关键功能分子，并发现与适应性免疫相伴而生的外源性细胞凋亡信号通路，从而将原始适应性免疫的起源追溯到头索动物文昌鱼中,在无颚脊椎动物的基础上再向前追溯1亿年，改写了教科书关于适应性免疫系统起源于脊椎动物的观点。3. 通过与脊椎动物模式生物斑马鱼进行比较免疫研究，揭示了斑马鱼抗感染免疫机制上的特殊性以及鱼类对细菌感染不敏感的部分机理，由此可能对水产养殖病害控制提供新的理论和技术支持。

截至2012年年底，项目共发表SCI收录论文33篇，其中IF>10的5篇，10>IF>5的10篇。出版Amphioxus Immunity专著1部（国际上首部关于文昌鱼免疫的专著）。该项目研究成果获2008年度广东省科学技术奖一等奖，2010年高校十大科技进展。

项目名称：金属酶的化学模拟及其构效关系研究

获奖情况：2012年度国家自然科学奖二等奖

该项目主要成果如下：1. 建立和发展了金属钌的生物无机化学基础理论。获得一系列DNA“分子光开关”和具有序列选择性的DNA结构探针；发现靶向DNA拓扑异构酶和端粒酶、具有高抗肿瘤活性、可进行光动力治疗的多吡啶钌配合物；首次引入密度泛函计算方法分析钌配合物与核酸作用的电子结构和能级变化，从理论上阐明了作用机制和构效关系。2. 创建和发展了超分子和杂化金属酶模拟体系及作用机制探索的新方法。构筑了新型超分子模拟酶体系，实现了对金属酶活性中心、微环境及亚稳态结构的多重模拟；获得高生物活性和部分选择性的模拟酶。3. 实现了金属酶的基础研究在酶工程的技术应用转化。提出金属离子调控黑曲霉细胞代谢合成葡萄糖氧化酶和过氧化氢酶的新方法，独立研制出相关生物工程发酵新技术，可在常温常压下一步将葡萄糖发酵成葡萄糖酸盐系列产品。

项目在国际化学顶级刊物如*Coord. Chem. Rev.*、*J. Am. Chem. Soc.*等发表SCI收录论文150篇，其中20篇核心论文被SCI他引1 159次，8篇代表性论文被SCI他引666次，3项发明专利获授权并实现技术转让。先后获得广东省自然科学奖一等奖2项、国家教委（教育部）科技进步/发明奖二等奖2项。编写的《生物无机化学导论》获国家教委优秀教材二等奖1项。

【知识产权工作】 2012年，中山大学专利申请量506项，其中发明专利480项[含PCT（外国）申请7项]、实用新型专利24项、外观设计专利2项；获授权331项，其中发明专利296项、实用新型专利34项、外观设计专利1项。该校专利“使数字家庭网络的终端可播放多种媒体格式的装置及方法”获得第13届中国专利奖优秀奖。

【科技交流与合作】 2012年，中山大学积极搭建各类交流平台，为科研人员的科技交流合作提供有利条件。举办了15场大型国际学术会议，包括国家基金化学部杰出青年基金中期检查验收会、亚洲空气质量与气候对健康影响研讨会、第4届国际生物医学和环境科学技术大会、2012年国际中国地球科学促进会年会暨地球系统资源环境效应国际学术研讨会、第3届中国液化天然气论坛、中国物理学会2012年秋季学术会议、中山大学—法国农业科学研究院（INRA）土壤污染修复研讨会、第2届中俄东亚植物群演化与发展学术研讨会、国际先进功能材料研讨会等。

亚洲空气质量与气候对健康影响研讨会

2012年4月9—11日，由中山大学环境科学与工程学院和美国国家大气研究中心联合举办的亚洲空气质量与气候对健康影响研讨会在中山大学举行。此次研讨会汇聚了来自中国大陆、香港、台湾和日本、韩国、印度、德国、美国的60位在大气化学、气候、人体健康和社会风险研究方面杰出的专家和学者，对复杂的“空气质量—气候—健康影响”这一系统工程进行了深入的讨论，总结了目前研究存在的问题和未来的研究需求，为科学家提供了一个良好的讨论平台。4月11日，与会中外专家参观了位于广东鹤山的广东省环境监测超级站。超级站的建设给专家留下了很深的印象，均表示未来将充分利用此平台加强合作，为珠三角大气污染控制提供科技支撑。

第4届国际生物医学和环境科学技术大会

2012年4月16—19日，由华人生物学家协会主办，中山大学生命科学学院承办的2012年第4届国际生物医学和环境科学技术大会（icBEST2012）暨基因组稳定性和人类疾病国际大会在中山大学召开。此次大会旨在为中外学者提供学术展示交流平台，就环境因素所致基因组DNA损伤修复与细胞学响应机制，其在人类癌症发生中的作用本质和相应干预措施的最新研究成果和前沿知识进行交流和探讨。来自美国、法国、英国、加拿大、澳大利亚等国家，以及国内的专家、学者共计300余人出席了大会。

此次大会主题为“基因组稳定性和癌症发展”。大会特邀嘉宾美国科学院院士、哈佛大学医学院Stephen J. Elledge教授，作题为“*The DNA Damage Response: Making It Safe to Play with Knives*”的主旨报告，介绍了遗传物质损伤给人类带来的威胁，并详细阐述了真核生物中DNA损伤反应的机理，重点与各位嘉宾分享了当今国际前沿研究的DNA损伤在哺乳动物细胞的研究进展。

大会8场专题研讨会共进行了45个大会报告和1场论文海报展示，交流学术论文80余篇，内容包括DNA损伤信号和DNA损伤修复、端粒生物学、衰老和环境基因毒理学的机制、癌症生物学和癌症干预相关的研究成果。大会还评选出6篇优秀海报展示论文。

2012年国际中国地球科学促进会年会暨地球系统资源环境效应国际学术研讨会　2012年7月2—5日，2012年国际中国地球科学促进会年会（2012 ' IPACES Annual Conference）暨地球系统资源环境效应国际学术研讨会在中山大学召开。这次会议由国际中国地球科学促进会（IPACES）、国家自然科学基金委员会地学部、广州市科学技术协会、国际数学地球科学协会中国国家委员会（IAMG-CN）、中国矿物岩石地球化学学会、中山大学、广州大学、广东省地质学会等单位联合发起和主办，经教育部国际合作与交流司的正式批准，由中山大学地球科学系、中山大学地球环境与地球资源研究中心及广东省地质过程与矿产资源探查重点实验室负责承办。

24位来自海外的IPACES成员参会是这次会议的重要亮点。IPACES是由海外杰出华人地球科学家组成的一个学术组织，成员实行邀请制，基本上代表了海外华人在国际地学界的最高学术水平和地位。通过最近两届IPACES年会平台，已有多名IPACES成员成为中组部千人计划人才回国工作，受到社会的高度重视。

（中山大学科技处 徐 静 薛海燕）

华南理工大学

2012年，华南理工大学紧密围绕建设高水平研究型大学的目标，以国家、广东省重大科技需求为导向，在重大项目、重要奖励、重点基地和高层次人才的争取工作等方面取得了突出成绩，科技创新能力进一步增强，科研综合实力稳步提高。

【科研项目和经费】 2012年，华南理工大学新增科研项目超过2 700项，实到经费超过12亿元。

在基础研究方面，获批“973计划”项目课题3项；获批国家自然科学基金项目213项，经费达1.4亿元，其中国家杰出青年基金项目4项、国家优秀青年科学基金项目3项、国家自然科学基金重点项目4项、国家自然科学基金委—广东联合基金重点项目5项、国家自然科学基金重大研究计划重点支持项目1项。

在应用研究方面，牵头获批承担国家科技支撑计划项目3项、“863计划”专题课题4项、广东省战略性新兴产业专项7项、广东省重大科技专项9项。

在横向科技合作方面，承担企事业单位委托项目超过1 400项，其中承担合同经费超过1 000万元的项目1项。

【产学研工作】 2012年，华南理工大学加大力度推进广州现代产业技术研究院建设，截至2012年年底，广州现代产业技术研究院已搭建了高端制造装备、高端电子信息、新能源技术、轻工技术与工程、船舶与海洋工程5个研发平台，组建9个研发中心、17个实验室及8条中试生产线，孵化科技型企业7家，创造经济效益超过17亿元，已初步建立起集研究开发、中试生产、企业孵化、国际交流与合作和人才培养于一体的产学研结合创新基地，成为广州同类科技创新平台的领头羊。

为面对东莞产业转型升级发展的重大需求，华南理工大学与东莞市人民政府签约共建华南协同创新研究院，以华南理工大学高水平人才和成果为支撑，以生物医用材料、装备、电子信息为重点，以科技创新平台和中小微企业的孵化和培育为主要载体，吸收国内外企业、科研机构的研发和产业化力量，以市场化的运作机制、社会化的协同机制、目标化的激励机制、多元化的投入机制，实现技术、成果与资本、市场的无缝对接。

通过有效整合汇聚高校的创新资源，华南理工大学面向广东省制造业转型升级对高端装备自主创新的需求，汇聚了科研院所的创新资源和区域产业集群的优势，培育组建了面向广东地区的高端制造装备协同创新中心；全力借助行业产业优势和区域联合优势，培育组建了面向行业的有机发光显示协同创新中心。

华南理工大学牵头组建了人体组织功能重建、模具制造与材料成形2个产业技术创新联盟，参与组建OLED、耐磨材料、机器人等11个联盟，使学校建设的省部产学研创新联盟总数达到了40个。与美的集团、深圳燃气集团、广东汕头超声电子股份有限公司、德赛集团等11家大型企业共建联合研发中心。选派了66名优秀中青年教师作为省部企业特派员参与企业的科技创新工作，累计派出人数居全国高校首位。

【科研平台建设】 2012年，华南理工大学新增科研基地成绩显著，获批组建1个国家地方联合工程实验室、1个引智基地、1个广东省重点实验室、2个广东省工程技术研究中心、1个广东高校工程技术研究中心、2个广州市行业工程技术研究中心（见表4-3-3-1）。

截至2012年年底，华南理工大学共有上级主管部门批准建设的自然科学类科研机构79个，其中国家级科研机构总数达到12个，居广东高校首位和全国高校前列。

【科研成果】 2012年度，华南理工大学获省部级以上科技奖励33项，包括高等学校科学研究优秀成果奖（科学技术）3项，其中一等奖2项、二

表4-3-3-1　华南理工大学获批组建的科研平台一览表（2012）

序号	类别	名称
1	国家地方联合工程实验室	风电控制与并网技术国家地方联合工程实验室
2	高等学校学科创新引智基地	新型生物医用材料及其组织修复创新引智基地
3	广东省重点实验室	广东省先进储能材料重点实验室
4	广东省工程技术研究开发中心	广东省光纤材料与器件工程技术研究开发中心
5	广东省工程技术研究开发中心	广东省光电工程技术研究开发中心
6	广东高校工程技术研究中心	工业废弃物资源化利用广东高校工程技术研究中心
7	广州市行业工程技术研究中心	广州市智能无损检测工程研究中心
8	广州市行业工程技术研究中心	广州市水资源与水环境行业工程技术研究中心

表4-3-3-2　由华南理工大学牵头的部分获奖成果一览表（2012）

序号	项目名称	项目负责人	获奖类别
1	单频光纤激光材料与器件关键技术及应用	杨中民	2012年度高等学校科学研究优秀成果奖（科学技术）一等奖
2	金属功能材料的多相多尺度结构与性能调控的基础研究	朱　敏	2012年度广东省科学技术奖一等奖
3	高值化糖品绿色加工关键技术及应用	于淑娟	2012年度广东省科学技术奖一等奖
4	基于可持续性的体育建筑设计及其技术应用	孙一民	2012年度广东省科学技术奖二等奖
5	粤式传统腊味肉制品现代化加工与安全控制关键技术及产业化	孙为正	2012年度广东省科学技术奖二等奖
6	高效低耗的印染废水深度处理及回用集成技术	黄瑞敏	2012年度广东省科学技术奖二等奖
7	高性能开关电源的柔性技术及应用	张　波	2012年度广东省科学技术奖二等奖

等奖1项；广东省科学技术奖25项，其中特等奖1项、一等奖2项、二等奖13项、三等奖9项；广州市科学技术奖5项，其中二等奖4项、三等奖1项（见表4-3-3-2）。

单频光纤激光材料与器件关键技术及应用

该成果围绕稀土离子掺杂多组分玻璃光纤和单频光纤激光器，以高浓度掺杂、高效发光、高抗析晶能力、可拉制光纤为目标，研制高增益多组分玻璃与光纤；基于该光纤，以高功率、低噪声、可调谐、无跳模为目标，研制单频光纤激光器；最后将多组分玻璃光纤与单频光纤激光器用于光纤通讯、光纤传感以及激光相干合成等领域。成果获授权发明专利8项。发明的“单频光纤激光器”曾获得第38届日内瓦“国际发明及创新技术与产品展览”银奖、“第12届中国国际高新成果交易会”优秀产品奖以及“2010中国光学重要成果”奖。授权发明专利“一种低噪声窄线宽高功率的单纵模光纤激光器”获2010年度百件优秀中国专利。多组分玻璃光纤与单频光纤激光器已在激光相干合成、授时系统等国家重大工程和专项中得到了重要应用。

金属功能材料的多相多尺度结构与性能调控的基础研究 该成果以储氢合金、锂离子电池负极合金、Al基轴瓦合金、多孔形状记忆合金等在新能源和节能降耗方面有重要应用价值的材料为对象，针对发展简捷高效纳—微多相多尺度结构材料制备技术，认识纳—微多相多尺度结构与材料性能关系并实现材料性能的有效提升等材料科学领域前沿问题开展了深入系统研究，在材料制备方法和新材料创制上取得多项成果，发表SCI收录论文80余篇，论文被他人引用1 100余次，获授权发明专利11项。该成果也为进一步开展重大的材料领域应用研究奠定了基础。

高值化糖品绿色加工关键技术及应用 该成果针对制糖行业废水和CO_2排放量大、产品含硫量高、附加值低、糖料中活性物质没有充分利用等制约产业可持续发展的共性关键问题，解决了甘蔗活性成分与蔗糖共结晶困难，烟道气CO_2浓度低和澄清效果差，糖浆离子交换精制废液量大和处理成本高等关键技术问题，发表SCI、EI收录论文22篇，获授权发明专利9项。成果已在广东广垦糖业集团有限公司、新疆绿翔糖业有限责任公司、印尼和中国台湾等境内外多家行业龙头企业得到成功应用，产生了明显的经济效益，显著提高了我国制糖行业的生产技术水平，对促进产业结构调整及升级具有典型的示范作用。

据2012年中国科学技术信息研究所公布结果，2011年度华南理工大学被三大索引（以SCIE、EI、ISTP计）收录论文3 260篇次。2011年度发表“表现不俗”（即论文发表后的被引用数超过其所在学科的一般水平）SCI论文488篇，较2010年度增加250篇，在全国高等院校中排名17位。其中，在排名前30位的高校中，华南理工大学“表现不俗”论文占SCI论文总数的比例为39.9%（全国平均比例为29.8%），这一比例排名居第6位。SCI学科影响因子前1/10的期刊论文272篇，在全国高等院校中排名第14名。材料学院吴宏滨教授以通讯作者在*Advanced Materials*发表的研究论文*Simultaneous Enhancement of Open-Circuit Voltage, Short-Circuit Current Density, and Fill Factor in Polymer Solar Cells*（发表当年被引用次数为121次）入选“2011年中国百篇最具影响国际学术论文”。

【知识产权工作】 2012年，华南理工大学申请专利1 722件，其中发明专利1 148件，国际专利申请（PCT）20件；授权专利总量974件，其中发明专利602件。电力学院张波教授团队完成的专利“基于LLC串联谐振的低电压应力单级AC-DC变换器”和机械与汽车工程学院张宪民教授团队完成的专利“用于锡膏印刷的L型双镜头图像采集装置”荣获第14届中国专利优秀奖，获奖数量全国高校并列第1，2009年以来累计获奖数量居全国高校首位。

【科技交流与合作】 2012年，华南理工大学主办或承办第4届传热与节能国际研讨会、2012年IEEE机器人与仿生学国际学术会议、造纸与生物质炼制国际研讨会等9次大型国际学术会议。主办或承办第19届当代中国建筑创作论坛、第2届新能源装备设计与制造基础高层论坛、第6届中国功能玻璃学术研讨会暨新型光电子材料国际论坛、第6届中国高校电力电子与电力传动学术年会等10次全国性大型学术会议。

第4届传热与节能国际研讨会 1月6—9日，第4届传热与节能国际研讨会在广州召开。该研讨会由华南理工大学传热强化与过程节能教育部重点实验室主办。会议的主题为“传热强化与节能”，议题涵盖传热强化新理论、传热强化与节能新技术、传热与节能新技术的应用，主要包括传热传质新理论、传热传质新技术、相变与储能、建筑节能、能量回收、计算传热传质、电子散热冷却技术、工业过程中的传热与节能。3位嘉宾发表特邀报告，来自16个国家和地区的162位代表参加了会议。

造纸与生物质炼制国际研讨会 12月5日，造纸与生物质炼制国际研讨会在广州召开。该研讨会由中国造纸学会主办，华南理工大学制浆造纸工程国家重点实验室承办。来自美国、加拿大、法国及国内在制浆造纸与生物炼制领域的著名专家180余人参会。会议主题涉及木材化学，湿部化学和造纸技术，木材、纤维、制浆化学和生物质精炼的分析方法，纤维素乙醇和生物燃料，木质纤维基生物材料/复合材料，纤维相关的

纳米技术，纳米和微米结晶纤维素及应用等。

2012年IEEE机器人与仿生学国际学术会议

12月11日，2012年IEEE机器人与仿生学国际学术会议在广州举行。该会议由IEEE（国际电子和电气工程师协会）主办，华南理工大学承办。来自30多个国家和地区的机器人学与仿生学技术领域的400多位著名专家与学者参会。会议主题为"机器人学与仿生学的融合"，议题涵盖机器人学、各种机器人、仿生学、仿生机器人、仿生传感、仿生智能、机器智能、微纳技术与系统、生物医疗及康复工程、人机交互、智能机电系统、多传感器融合、无线传感器网络、机器视觉和图像处理等。来自英国雷丁大学的Kevin Warwick教授、香港科技大学的李泽湘教授、美国宾夕法尼亚大学的Vijay Kumar教授和日本大阪大学的Koh Hosoda等多位国际机器人学界知名的学者出席会议并作了主题报告。

第19届当代中国建筑创作论坛　11月3日，第19届当代中国建筑创作论坛在广州召开。该论坛由当代建筑创作论坛组委会和华南理工大学主办，9位中国科学院、中国工程院院士，8位全国工程勘察设计大师，30余所国内知名高校建筑学院负责人，多所大型设计院院长以及来自全国各地建筑理论界、评论界的专家学者和相关高校建筑专业师生600余人参加会议。论坛旨在让建筑业界人士共论建筑创作之道，共同探寻传统建筑的传承和创新之路。何镜堂院士、程泰宁院士分别作了题为"建筑学科产学研三结合模式探索与实践""语言与境界"的主题演讲。论坛包括院士演讲专场、设计大师专场，以及"创作与教育""创作与试验""创作与实践""创作与评论""创作与技术"5个专题的分论坛。分论坛采取自由沙龙和嘉宾讨论的形式，20多位论坛成员及相关业界人士带来自己的最新作品或创作理念与观众分享，对中国建筑的热点问题进行了热烈探讨并提出了各自的观点。

第6届中国功能玻璃学术研讨会暨新型光电子材料国际论坛　11月19日，第6届中国功能玻璃学术研讨会暨新型光电子材料国际论坛在广州召开。该论坛由中国硅酸盐学会特种玻璃分会、中国科学院上海光机所主办，华南理工大学承办。中科院上海光机所、中科院上海硅酸盐所、同济大学、中山大学、浙江大学等高校及研究所师生210余人参加了会议。会议还邀请了来自丹麦、法国、德国、美国、日本、新加坡等玻璃领域的国际著名学者参会。会议围绕激光玻璃、非线性光学玻璃、特殊玻璃光纤及微纳结构光纤、激光与晶体/无定形态固体材料的相互作用、溶胶凝胶光功能材料、功能薄膜材料、中国功能玻璃及相关产业的发展7个主题展开。干福熹院士、法国科学院院士Jacques Lucas教授等分别作大会报告，来自法国雷恩大学、南京邮电大学、华南理工大学等10几所国内外高校学者及研究生分别作邀请报告及口头报告，汇报了玻璃研究领域最新的前沿研究动态。

（华南理工大学科技处　杨　军）

暨南大学

2012年，暨南大学继续围绕"搭大平台、组大团队、拿大项目、出大成果"的发展思路，结合学校的特色和实际情况，通过优化资源配置、深化科研体制改革，不断提升科研水平、管理水平和服务水平，扎实推进科研工作，产生了一批高层次科研成果，实现多项零突破，取得了可喜的成绩。

【科研项目与经费】　2012年，暨南大学立项项目510项，批准科研经费达到2.85亿元。获批基础类项目191项，经费7 700.3万元，其中，"973计划"课题获批322万元；国家自然科学基金获资助项目128项，获批经费6 942.3万元，同比增长46%，并在杰出青年项目、重点项目、国际合作项目上取得突破；省自然科学基金项目获批44项，经费298万元，同比增长36.7%。获各类科技攻关类项目资助9 576万元，其中，国家级重点重大项目9项，获批经费2 541万元，同比增长28.6%；省部级重点重大项目获批经费6 565万元，同比增长48%；厅局级项目获批经费470万元。横向项目获资助超过1亿元，获批中央高校基本科研业务费1 910万元。

2012年，暨南大学获批的重大项目在量和质上都有显著提高。实现国家自然科学基金在信息领域杰出青年基金和重点项目、国家自然科学基金重大国际（地区）合作研究项目、高等学校学科创新引智计划、广东省战略性新兴产业专项、广东省自然科学基金优秀青年基金零的突破。广东省战略性新兴产业专项获批2项，经费1 800万元；叶文才教授主持的广州市医药重大专项，已获得第3年的滚动支持，累计获资助额度1 572万元。

【产学研工作】 2012年，暨南大学坚持以“产为方向，学为基础，研为纽带，走科技强校之路”，加强校企合作，提高自主创新能力，促进科技成果产业化。继续推动暨南大学韶关研究院的发展，重点开展耐磨材料、中药材开发工作，截至2012年年底，已获得各类经费约1 000万元。与民进广东省委共建“广东低碳与可持续发展研究院”，研究院的成立开创了广东省高校与民主党派积极合作的先河。与珠海市合作共建“珠海暨南大学研究院”，全面扩展暨南大学服务广东省产业转型升级战略的辐射能力。与东莞市共建协同创新中心，首期投入3 000万元。分别与中国光能科技股份有限公司、广州市美晨集团股份有限公司等公司共建了3个联合研发中心，未来累计投入学校经费将达500万元。

【科研平台建设】 2012年，暨南大学整合学校特色资源，构建交叉学科科研平台，为承担重大科技任务提供有力支持。新建2个省级工程技术研究开发中心，为广东省网络安全检测与防护工程技术研究开发中心、广东高校卫星导航定位与位置服务工程技术研究中心。同时，加强实验室运行管理，以优质高效的管理促进重点实验室的建设，使重点实验室建设取得了新的突破。其中，新增1个联合实验室，为城市生命线工程结构安全国际联合实验室（暨南大学—美国加州大学圣地亚哥分校）；水体富营养化与赤潮防治广东普通高校重点实验室验收评估优秀，组织申报并获得滚动资助90万元；广东省分子免疫与抗体工程重点实验室（培育基地）获得结转资助100万元。

【科研成果】 2012年度，暨南大学注重高水平高层次的科技成果组织，成果奖励再次实现突破。以第1完成单位获省部级科技成果二等奖4项、三等奖2项，市级科技成果二等奖1项，获奖成果涵盖生物医药、土木力学、信息安全、新材料等领域。申报专利117项，获授权92项，同比增长22.67%，签订了3项专利实施许可。

【科技合作与交流】 2012年，暨南大学在中央高校基本科研业务费中设立了学术交流专项，加大了对学术交流的资助力度，为科技工作者提供交流和沟通的平台。设立暨南大学青年学术沙龙，营造宁静致远的学术氛围，为青年教师搭建一个经常性、制度化的学术交流平台。支持学术交流报告会83场次，支持经费26.62万元；支持学术会议约800人次，其中出国学术交流经费1.64万元；支持主办国际、国内学术会议经费15.21万元；支持省级以上学会费用3.8万元。

中国细胞生物学学会细胞工程与转基因生物分会2012年年会　7月5—7日，由中国细胞生物学学会细胞工程与转基因生物分会主办、暨南大学生物医药研究院承办的中国细胞生物学学会细胞工程与转基因生物分会2012年年会在该校举行。来自全国20多所高等院校、研究机构以及国内外相关企业的150多名学者和专家参加了大会。会议为粤港澳地区的学者搭建了一座交流的桥梁，共同探索粤港澳创新药物合作新模式、新机制，形成区域协同创新，推动创新药物研究和产业发展。

2012年工程科学跨学科学术研讨会　9月4—7日，由暨南大学理工学院与台湾暨南国际大学科技学院联合举办的2012年工程科学跨学科学术研讨会在该校召开。来自台湾暨南国际大学的16名教授学者和暨南大学理工学院师生120余人参加了大会。本次工程科学跨学科学术研讨会包括6个大会报告和22个专题报告，以及20份板报，全面展示了两岸暨大在光电技术、生物医学工程、工程力学、环境科学、食品科学和纳米技术等领域的最新进展和成果。

（暨南大学科技处　朱星谕）

华南师范大学

【科研项目和经费】 2012年，华南师范大学获科技项目经费再次突破亿元大关，为1.17亿元。其中，科技纵向项目经费8 620.25万元，实到科技横向项目经费3 080.5万元，每年以500万元的幅度增长，5年增长了480%。

2012年，华南师范大学共获批立项国家自然科学基金项目81项，经费4 271.5万元，继续保持在地方师范院校前列；获批教育部"创新团队发展计划"和广东省自然科学基金研究团队各1项；首次获批国家自然科学基金优秀青年科学基金资助1项。

【产学研合作】 2012年，华南师范大学在广州市南沙区成立了光子中医信息治疗仪器产学研结合示范基地，在东莞太平洋博高润滑油有限公司成立了博高润滑材料产学研结合示范基地，与惠州仲恺高新技术产业开发区、中国灯饰之都中山市古镇镇、与广东泰宝科技医疗用品有限公司、大族激光科技股份有限公司等建立产学研合作关系。

【科研平台建设】 2012年，华南师范大学新增广州市重点实验室1个，为云计算安全与测评技术重点实验室；广东普通高校工程技术研究中心1个，为城市水环境生态治理与修复工程技术研究中心；获批教育部首批"互联网应用创新开放平台示范基地"。截至2012年年底，华南师范大学共有厅局级（含）以上科技创新平台25个。

【协同创新培育】 "2011计划"（即高等学校创新能力提升计划）是继"985工程"、"211工程"之后我国高等教育领域又一项影响深远的战略工程。2012年，华南师范大学贯彻落实"2011计划"，以国家和省重大战略需求为导向，大力推进"绿色光电子协同创新中心""华南智慧国土与土地科学协同创新中心""动力与储能电池材料与技术协同创新中心""环境理论化学协同创新中心"的培育组建工作，服务广东产业转型升级、社会发展和建设幸福广东。

【科研成果】 2012年度，华南师范大学共获得省部级科学技术奖5项，其中一等奖1项、二等奖2项、三等奖2项。李伟善教授主持申报的"锂离子电池凝胶聚合物隔膜及功能电解质的设计与制备技术"项目获得2012年度广东省科学技术奖一等奖，邢达教授主持申报的"新型生物传感技术在功能分子检测和成像中的应用基础研究"获2012年度教育部高等学校科学研究优秀成果奖二等奖。

锂离子电池凝胶聚合物隔膜及功能电解质的设计与制备技术 该项目基于聚合物单体所含基团的特性，设计出具有不同功能的系列聚合物；基于纳米无机粒子的对聚合物及凝胶聚合物电解质的改性作用，在新型聚合物中掺杂SiO_2、Al_2O_3、TiO_2等无机纳米粒子制备自支撑的及无纺布、聚醚改性PP（聚氧化丙烯）、聚氧化乙烯（PE）等作支撑体的聚合物膜及凝胶聚合物电解质；基于电极材料与电解质间相互作用原理，开发出能够同时与电极材料和电解质相容的界面膜的功能分子；基于络合稳定锂盐、电聚合形成阻断层、氟及磷酸基团的阻燃原理，开发电解质稳定剂、防过充剂、阻燃剂等功能电解质组分。项目研究开发锂离子电池功能电解质新型材料——凝胶聚合物电解质及配套电解质关键组分——SEI界面成膜、防过充、阻燃等添加剂，旨在提高锂离子电池的安全性和降低电池制造成本。研究成果应用于制造凝胶聚合物锂离子电池，取代传统的液态锂离子电池，并将产品应用于手机、数码相机、手提电脑等便携式电子设备中，最后实现在电动汽车、混合动力汽车、电网储能、太阳能、风能储能中的应用。

新型生物传感技术在功能分子检测和成像中的应用基础研究 该项目在国家自然科学基金等项目支持下，以攻克关键科学难题及发展革新性技术为目标，研究特异性生物功能分子量化信息获取、若干重要生物信号分子的功能监测以及功能生物分子的高分辨率成像。主要成果包括：1．在功能核酸分子信息获取上，构建了具有光、电特性的分子探针以及微流控快速检测系统。研究工作的主要科学发现是解决了核酸诊断

领域中传统检测方法费时费力、耗时多以及灵敏度差的关键难题，该研究方向在2007年开始陆续在*Chemical Reviews*、*Nucleic Acids Research*等国际权威刊物上发表论文20篇，被科学界权威期刊*Chemical Reviews*等引用200多次。这些方法已用于分析化学、癌症的分子标记物的单分子检测，并实现了检测方法的器件化。2．发展基于荧光化学探针的光谱学影像技术，在细胞水平上无损、在位、活体监测信号分子，获取细胞程序性死亡的调控信息，阐明了功能分子的作用机制。系列研究结果连续被国外著名实验室采用，平息了肿瘤细胞凋亡过程中若干功能分子信号机制的学术争议，该研究方向在*Nano Letters*等杂志发表了28篇论文，包括*Nature Reviews Cancer*在内的顶级期刊对研究成果做了结论性的正面引用。3.在组织水平上，开拓了创新型的生物脑组织结构和功能检测的光声成像方法，并将光谱成像技术成功用于肿瘤光动力治疗过程的肿瘤血管监控和疗效评估。

2012年，华南师范大学共以第1单位发表三大索引收录论文1 034篇，其中SCI收录论文558篇、EI收录论文431篇、ISTP收录论文45篇。

【知识产权工作】 2012年，华南师范大学共提交专利申请159项，其中发明专利132项、实用新型专利26项、外观设计专利1项；共获专利授权98项，其中发明专利73项、实用新型专利25项。另有计算机软件著作权申请登记33项。

【学术交流与合作】 2012年，华南师范大学共举办学术活动204场，其中新世纪论坛11场。与广东省教育厅共同承办广东省高校学科建设与自主创新工作会议暨成果展，承办2012年亚洲通信与光电子国际会议（ACP2012）。组织项目参与了第14届中国高新技术交易会（深圳）、中国（南京）专利交易会、广东省珠江三角洲地区与山区及东西两翼经济技术合作洽谈会以及第15届中国留学人员广州科技交流会等科技展览会。

广东省高校学科建设与自主创新工作会议暨成果展 5月22日，省政府在广州召开高校学科建设与自主创新工作会议，贯彻落实国家全面提高高等教育质量工作会议和省第11次党代会精神，加快部署本省高校学科建设与自主创新工作，推动本省高等教育事业发展上新水平。

会上，受中共中央政治局委员、广东省委书记汪洋委托，朱小丹代表省委、省政府向全省高教战线广大师生员工，向关心支持高教事业发展的社会各界人士表示崇高敬意和衷心感谢。朱小丹要求，当前和今后一个时期，要推动高等教育从规模扩张的外延式发展向质量提升的内涵式发展转变，建设一流学科，打造创新高地，大力推进广东省由高等教育大省向高等教育强省迈进。要优化高等教育结构，创新人才培养模式，加强师资队伍建设，提升科学研究能力，加强文化传承创新，改革高等教育管理体制，在彰显办学特色优势、教育教学改革、引进培育高层次人才、协同创新、提升高等教育软实力、加快建设现代大学制度6个关键环节上取得新突破。朱小丹强调，高校在广东省加快转型升级、建设幸福广东进程中肩负着特殊重要的使命，各级党委、政府要把支持高校学科建设和自主创新能力提升摆在更加重要的突出位置，努力解决制约本省高等教育质量和核心竞争力的突出问题，采取更加有力的措施推进高校学科建设和自主创新能力提升；要切实肩负起对本地区高等教育改革发展工作的领导责任，引导全社会关心和支持高等教育的改革发展，高度重视维护高校的稳定。

受教育部部长袁贵仁委托，杜占元代表教育部向会议召开表示祝贺。他指出，广东省委、省政府一直以来高度重视高校学科建设和自主创新工作，广东高校已经建立起以重点学科建设为基础、以创新平台建设为载体、以创新人才培养为着力点、以产学研结合为突破口的高校学科建设与自主创新体系，为国家和区域自主创新发展提供了科技支撑和人才保障。当天召开的会议标志着广东高校学科建设和自主创新工作将开启新篇章。

2012年亚洲通信与光电子国际会议 11月7—10日，由美国光学学会（OSA）、国际光学工程学会（SPIE）、国际电子电气工程师协会光子学会（IEEE Photonics Society）、中国光学学会和中国通信学会主办，华南师范大学承办的2012年亚洲通信与光电子国际会议（ACP2012）在广州召开。

ACP是目前亚太地区规模最大、参会人数最多、影响最广泛的光电子学术会议，被誉为“国际三大光通信会议”之一。本届ACP会议共有来自26个不同国家和地区的600多名代表参加。会议安排了200多场学术报告，包括大会报告（4场）、邀请报告（160多场）、Post-deadline报告（20多场）、口头报告和海报报告等。此外，会议还设有专题工业论坛和展览。邀请了工业界和学术界专家学者，共同讨论光通信和新兴光电子产业中的热点问题，如光纤和光纤设备及无源光器件、光电材料和光电设备、光传输和光交换及子系统、光网络工程管理和应用、光传感器和生物光子学、固态发光器件和太阳能电池等。会议还安排了4场专题讨论会（Workshop）和1个小型学术研讨会，对硅基光子器件和芯片以及其在下一代光网络中的应用、高能效光网络、生物光子学在现今的应用和产业化、先进材料等国际上的热门课题进行了专门的讨论。为吸引广大在校学生积极参与高水平学术会议，与国内外同行进行交流，会议还特别设立了“最佳学生论文奖”，共18名学生获得该项奖励。

会议组织了部分参会代表参观了华南先进光电子研究院，为加强不同国家和地区的光子学和相关领域学者提供一个交流与沟通的渠道。

（华南师范大学科技处　张　雯）

华南农业大学

【科研项目和经费】 2012年，华南农业大学到位经费34 717万元，比2011年增长15%。其中，纵向经费27 041万元，占77.89%，横向经费7 676万元，占22.11%；自然科学类到位经费32 347万元，占93.17%，人文社会科学类到位经费2 370万元，占6.83%。

新增国家“973计划”课题5项，经费1 466万元；新增国家自然科学基金项目107项，总经费5 717.6万元；首次以主持单位的身份获得“863计划”项目1项，合同经费2 670万元；获农业公益性行业科研专项1项，合同经费1 612万元。

人文社科研究立项总数103项，合同总经费为446.6万元。其中国家社科基金立项9项，经费95万元；国家社科基金后期资助项目2项，教育部后期项目1项。

签订横向合作合同和协议1 368项。其中，技术开发、技术服务、技术咨询类合同（协议）774项，合同经费11 744.25万元，到位经费7 676万元，比上年增长34.7%；合作申报协议594项。

邱宝利、谭砚文2人入选教育部“新世纪优秀人才支持计划”，廖明教授及其团队入选“农业部科技杰出人才及创新团队”，新增“珠江新星”3人，为林云琴、樊惠英、杨婉莹。

【产学研工作】 2012年，华南农业大学新增省部企业科技特派员38人次、农村科技特派员55人，30位专家受聘国家产业技术体系专家，合同经费2 070万元。与企业合作建立研发平台5个，分别是农用光电材料、生态智慧乡村、绿色智慧建筑、特色农业资源利用、大豆新品种选育产学研平台。

在“科技绿舟”的平台上，华南农业大学大力推进“3341”工程。“3341”工程即“三进”工程和“四一”工程的统称，“三进”工程指学校教授要进企业、进政府、进农业开发区，学生要进村头、进田头、进户头，“四一”工程是指以产业链为纽带，由教授带领一个团队，联合一个龙头企业，发展一个农业产业，带富一方农民。2012年，华南农业大学与汕尾市、信宜市、佛山市初步达成新的校地合作事宜；与广西农业厅签署了“荔枝龙眼产业技术研究、试验与示范推广合作”等4项新的合作项目；与百色市举行第2次校地合作联席会议，签订了《百色市人民政府—华南农业大学深化全面合作协议》等3个深化全面合作协议；与开平市签订了《华南农业大学 开平市人民政府合作共建新农村服务基地框架协议书》等，合作内容涵盖合作共建现代农业综合示范基地、现代农业特色产业基地以及合作共建新农村建设分布式服务站等，有效推进了该校农业科技创新与推广服务新模式的形成与发展。

【科研平台建设】 2012年，华南农业大学有4个省部级科研平台获批建设，新增4个厅级平台，8个校级研究机构。这些平台的建设为相关学科的发展奠定了良好的基础。

表4-3-6-1 华南农业大学获批组建的科研平台一览表（2012）

序号	名称	批准部门
1	国土资源部建设用地再开发重点实验室	国土资源部
2	广东省农业生物蛋白质功能与调控重点实验室	广东省科技厅
3	广东省微生物信号与作物病害防控重点实验室	广东省科技厅
4	广东省畜禽产品加工与质量安全控制工程技术研究开发中心	广东省科技厅
5	广东高校污水生态处理与修复工程技术研究中心建设项目	广东省教育厅
6	广东普通高校南方农业机械与装备关键技术重点实验室滚动支持项目	广东省教育厅
7	广东省农产品电子追溯平台	广东省经济和信息化委员会
8	华南农业大学国家瓜果改良中心荔枝分中心建设项目	农业部

【科技成果】 2012年，华南农业大学获得各类科技奖励23项，主持项目获得奖励11项。获2011年度广东省科学技术奖4项，其中一等奖2项、二等奖2项；获2011年度广东省农业技术推广奖7项，其中一等奖3项、二等奖3项、三等奖1项。罗必良获得教育部第6届高等学校科学研究优秀成果三等奖，廖杨获得“全国优秀社会科学普及名家”称号，何一鸣获得广州市哲学社会科学优秀成果三等奖，李敏获得第3届澳门人文社会科学研究优秀成果一等奖，曾玲教授、徐汉虹教授、樊小林教授荣获“全国优秀科技工作者”称号。

2012年，全校共发表论文3 627篇，其中SCI收录论文370篇、EI收录论文328篇、ISTP论文收录69篇。生命科学学院庄楚雄研究员课题组成功克隆了水稻光温敏核不育基因，并在*Cell Research*（影响因子9.417）发表高水平论文，该研究成果代表了我国在杂交稻分子基础研究领域的重大突破。动物科学学院王修启研究员课题组在*PLoS ONE*（影响因子4.411）上发表高水平论文。农学院张桂权教授指导的博士生王少奎在遗传学领域国际顶级学术刊物*Nature Genetics*[影响因子36.377（2010）和34.284（2011）]上在线发表，为揭示水稻品质和产量协同提升的分子奥秘提供了新线索。

表4-3-6-2 华南农业大学获奖重要成果一览表（2011年度）

序号	获奖项目名	获奖类别
1	杂交稻育性控制的分子遗传机理研究	广东省科学技术奖一等奖
2	控释肥料产业化关键技术创新、集成及应用	广东省科学技术奖一等奖
3	华南种猪遗传评估系统建立及应用	广东省农业技术推广奖一等奖
4	风送式喷雾机的研制与推广应用	广东省农业技术推广奖一等奖
5	高产抗逆大豆新品种选育及间套作高效栽培技术推广应用	广东省农业技术推广奖一等奖

【知识产权工作】 2012年，华南农业大学申请专利231件，其中发明专利207件、实用新型专利24件；申请软件著作权27件，申请植物新品种权9件。获授权专利190件，其中发明专利157件、实用新型专利32件、外观设计1件，软件著作权23件。

【科技交流与合作】 2012年，华南农业大学共组织了学术活动80场，其中国外专家报告27场，院士学术报告3场。主办（承办）了首届全国昆虫学青年科技工作者创新论坛、第7届全国艺术院校院（校）长高峰论坛暨国际艺术与设计研讨会、2012年中国茶产业发展蓝皮书发布会暨广东茶文化经济论坛、2012广东省社会科学学术年会大会、惠州农业文化遗产暨广东农史第9次学术研讨会、广东社会学学会‘三农’研究专业委员会换届会议暨农村社会建设与社会工作学术研讨会等国际国内学术研讨会。与《农科创富》杂志社联合主办2012华南优质农业创富品牌展览暨农科创富高峰论坛，共举办了15场专家演讲，组织了学校师生近1 000人次参会，为学校师生带来农业各个领域顶尖思想的交流碰撞，获得了与会专家、参会企业和媒体等多方的认可。

首届全国昆虫学青年科技工作者创新论坛

7月23—26日，由华南农业大学和广东省昆虫学会、福建省昆虫学会、福建农林大学等多家单位发起并联合主办的首届全国昆虫学青年科技工作者创新论坛在福建召开。论坛的主题是“青年与昆虫学发展、创新”。来自全国15个省市30余所大学、科研机构的100名特邀专家和青年昆虫学科技工作者参加了论坛，并就近年来昆虫学研究领域新理论、新技术、新进展及发展方向、发展趋势等展开了热烈的研讨与交流。此次论坛的成功召开，将为促进我国昆虫学研究，加强青年昆虫学科技工作者的交流与合作等方面起到显著的推动作用。

华南农业大学首届哲学社会科学科研工作会议暨华南农业大学社科联成立大会 10月22日，华南农业大学首届哲学社会科学科研工作会议暨华南农业大学社科联成立大会召开并为华农社科联揭牌。自此华南农业大学成为广东省第3家成立社科联的高校。华农社科联的成立，将对推动高校社科队伍建设，提升高校哲学社会科学的凝聚力和影响力发挥重要的带动和示范作用。

（华南农业大学科技处 杨 征）

南方医科大学

【科技项目和经费】 2012年，南方医科大学获立项课题453项，资助经费28 867.95万元。其中，“艾滋病和病毒性肝炎等重大传染病防治”国家科技重大专项1项，经费9 521.2万元；国家科技支撑计划项目1项，经费3 197万元，该项目是南方医科大学作为项目牵头单位承担的首个国家科技支撑计划项目；国家科技惠民计划1项，经费2 665万元，该项目是科技部2012年首次设立后，南方医科大学作为项目牵头单位承担的首个国家科技惠民计划项目；主持国家“863计划”课题3项，经费1 987万元。

2012年，南方医科大学获国家自然科学基金项目171项，资助经费10 154.6万元，在项目数和经费数上连续第7年创历史新高，在全省高校排名第3位。其中，获国家杰出青年基金项目1项，这是该校2007年以来的第6位杰出青年基金获得者；国家基金重点类项目4项，海外及港澳学者合作研究基金延续资助项目2项，该类延续资助项目是国家自然科学基金委于2011年度设立，上述2个项目的取得实现了该校在该类别项目上零的突破。

2012年，南方医科大学获省部级课题239项，经费2 436万元，其中省重大科技专项3项、省部产学研结合重点项目4项、省自然科学杰出青年基金1项。获人文社科项目22项，其中教育部一般项目4项、省高校人文社科重大攻关1项，实现该校在重大攻关项目零的突破。获省高等学校思想政治教育课题8项。

【产学研工作】 2012年，南方医科大学与顺德区政府正式签署战略合作协议，以顺德区政府建设“中国南方智谷”三区一园中的马岗生物产业基地为背景，在南方医科大学顺德校区共建大学科技园。

2012年，南方医科大学与珠海联邦制药有限公司等9家企业发起成立珠海南医大生物医药公共服务平台有限责任公司。珠海金湾区政府将投入3 000万元扶持资金，建立生物医药新产品的研制、生产、市场化和产业化过程中共性和关键技术平台。

【科研平台建设】 2012年，器官衰竭防治省部共建教育部重点实验室顺利通过教育部验收。实验室经过3年建设，通过多学科交叉合作研究，针对肾脏、肝脏、大肠和心脏多脏器衰竭，从发病机制、各脏器相互作用和流行病学等方面进行了深入研究，先后获得一批国家重大科研项目，发表了一批高水平的学术论文，获得了一批高层次科研成果。脑功能修复与再生实验室、骨与软骨再生实验室2个广东高校重点实验室通过省教育厅检查验收。南方医科大学的中药新药研究实验室被评为“国家中医药科研二级实验室”，炎症与免疫性疾病重点实验室被评为“广州市重点实验室”，获广州市人文社科重点研究基地1项。

2012年，南方医科大学为做好国家级、省级“2011协同创新中心”申报培育工作，依据协同创新中心分层建设的需要，组建了10个校级协同创新中心，积极探索建立协同创新的新模式，构建创新要素融合的新平台。

【科技成果】 南方医科大学以第1完成单位获2012年度广东省科学技术奖一等奖1项、二等奖3项。根据2012年中国科技信息研究所公布的资料，南方医科大学2011年度SCI收录论文322篇，比2010年度增加42篇，在全国高校中名列第86位，在全国医药类高校名列第10位。

项目名称：南方慢性肾脏病进展的机制与防治研究

获奖情况：2012年度广东省科学技术奖一等奖

该项目通过多学科交叉和转化医学研究，取得下列主要成果：1. 证实蛋白质氧化产物是促进CKD进展的致病分子及其作用机制，证实Wnt/β-catenin活化是介导肾纤维化的重要信号途径，揭示了CKD进展的新致病分子和新机制，为防治CKD提供了新靶标。2. 根据尿蛋白排泄率逐步增加RAS阻断剂剂量能使伴有蛋白尿的CKD患者进展至ESRD的风险降低50%，为延缓CKD进展提供了临床新策略。3. 通过流行病学研究揭示了我国CKD并发CVD的疾病特点，建立了迄今国内唯一的透析人群CVD资料库。4. 从传统中药中筛选提取了具有延缓CKD进展和防治CKD加速性动脉粥样硬化作用的新化合物。该项目发表SCI收录论文48篇，其中IF 4以上14篇，IF 8以上6篇。研究成果被载入美国肾脏病医师继续教育课程（NephSAP）和Therapy in Nephrology & Hypertension，3rd，获国家发明专利授权2项。该项目成果在全国26省、4个直辖市的84家医院应用，改善了我国CKD患者的预后，为推进CKDF防治与研究发展做出了贡献。

【知识产权工作】 2012年，南方医科大学申请专利64项，获授权专利73项，同比分别增长38.46%、87.11%。截至2012年年底，南方医科大学拥有的授权专利总数达247项。

【科技交流与合作】 2012年，南方医科大学承办第8届全国肠道疾病学术大会等大型学术会议15场，举办各类学术讲座32次。

器官衰竭防治省部共建教育部重点实验室建设项目验收会 2012年6月7日，器官衰竭防治省部共建教育部重点实验室建设项目验收会在南方医科大学南方医院召开。教育部科技司、广东省教育厅等部门领导和钟南山院士等专家参加验收会。经过实验室负责人汇报、实验室实地考察和讨论，专家组认为该实验室完成了建设计划任务，达到了预期建设目标，一致同意通过教育部重点实验室的验收。

国家科技支撑计划项目“地中海贫血等高发遗传病防治技术研究及示范应用”启动会 2012年11月24日，“地中海贫血等高发遗传病防治技术研究及示范应用”启动会在南方医科大学召开。科技部领导以及课题组成员共40余人参加启动会。以南方医科大学徐湘民为首席科学家申报的国家科技支撑计划项目“地中海贫血等高发遗传病防治技术研究及示范应用”获资助经费3 197万元，同时徐湘民教授也成为该校首位国家科技支撑计划项目首席科学家。

首届国家自然科学基金医学科研项目管理专题研讨会　2012年1月7日，首届国家自然科学基金医学科研项目管理专题研讨会在广州召开，会议由中华医学会医学科学研究管理学分会主办、南方医科大学承办。北京大学医学部、中山大学医学部、华中科技大学、第三军医大学和第四军医大学等70多家国内著名医学院校、科研院所领导及专家共280余人参加会议，与会专家就国家自然科学基金项目申报与管理的相关规划和策略、项目申报质量的经验和方法等方面进行经验介绍和交流。

第8届全国肠道疾病学术大会　2012年6月22—24日，第8届全国肠道疾病学术大会在广州召开。会议由中华医学会消化内镜学分会主办，广东省医学会和南方医科大学南方医院共同承办，来自世界各国的600多位代表参加了会议。会议采取专题讲座与内镜操作表演的形式进行，近100位国内外著名专家对消化疾病诊治的热点和难点进行了演讲、操作表演和现场讨论，全面展示了国内外胃肠道疾病诊治的发展动态。

（南方医科大学科技处　曹　蓓）

广州中医药大学

【科研项目和经费】　2012年，广州中医药大学获得各级各类资助项目374项，总经费达到6 917.205万元。其中获国家自然科学基金项目资助57项，经费首次突破3 000万元达到3 058万元；国家自然基金重点项目1项，经费280万元；“十一五”国家科技支撑计划1项，经费407万元；广东省自然科学基金立项35项，经费222万元，并首次获得重点项目和团队项目同时立项；广东省科技计划项目77项，经费622万元；广东省重大科技专项项目3项，经费320万元；广东省科技专项（低碳技术创新与示范）资金200万元。此外，还获得广东省政府产业技术研究与开发“中医药防治代谢性疾病重大项目和平台建设”经费500万元。

【产学研工作】　2012年，广州中医药大学签订技术服务、技术委托项目54项，合作金额达750万元。先后与清远、阳江、中山、东莞、潮州、番禺区、白云区、广药集团、广东省广弘资产经营有限公司等各级政府、企业签订全面合作协议，借助政府、企业力量推动产学研合作，为区域经济发展做出了较大贡献。2012年，广州中医药大学正式启用“广州中医药大学暨中华中医药学会科研产业化分会产学研结合信息网”，面向企业及研究机构免费开放，提供中医药科技成果转化与信息交流公共服务平台。

2012年，广州中医药大学联合中国科学院物理研究所、北京大学药学院、中山大学广州现代中药质量研究开发中心等共同发起广东中药产业技术创新联盟，已列入2012年第1批广东产业技术创新联盟建设计划。

【科研平台建设】　2012年，广州中医药大学“广东省中医针灸重点实验室”获得了省科技厅立项，填补了该校在临床学科重点实验室的空白。同时，该校有23个实验室通过了中医药科研实验室认证评级，其中16个科研实验室获得二级实验室认证。

【科研成果】　2012年，广州中医药大学共组织成果鉴定10项，登记12项，申报教育部高校科学技术奖励5项、广东省科学技术奖9项。获得2012年度广东省科学技术奖一等奖、二等奖、三等奖各1项，其中该校郭姣教授及其团队的研究成果“防治糖脂质代谢紊乱性疾病方药物质基础及作用机理研究”荣获一等奖。

该项目研究团队一直致力于中医药防治糖脂代谢紊乱疾病研究。首次提出“以肝为枢，调脂化浊”代谢性疾病防治新理论和“调肝启枢，补肾健脾、祛瘀化痰、凉血解毒”的临床治疗新策略；从胰岛素抵抗、血管功能角度阐释了创新理论对糖脂代谢紊乱性疾病整体观和多靶点认识的科学内涵，首次发现脂肪组织、AT1信号通路在胰岛素抵抗发生中依赖与非依赖的双重特性，及血管钙化是高血脂诱发动脉粥样硬化一个新途径。丰富发展了该类疾病中医病因病机学说体系，拓展了防治思路，从而促进了相关学科的发展和临床防治水平的提高。

在创新理论指导下，研究团队研制出具有调脂、降糖、抗动脉粥样硬化、防治脂肪肝、抗骨质疏松等综合疗效，及拥有自主知识产权的复方、有效部位组方、有效成分等系列备选新药，系统研究了代表方药多途径调节糖脂代谢机制和物质基础，首次发现多靶点调节脂质合成、转化、转运、分解、排泄的作用机制；分析鉴定出主要有效成分及入血成分，并揭示这些成分的体内代谢过程。解决了中药复方物质基础和作用机制不清的问题，克服了化学药物肝肾损害、停药反跳等毒副作用，显著提高临床疗效，为中药复方现代化研究提供借鉴。

项目申报国家发明专利4项，国际PCT 4项，欧美专利各1项，获授权发明专利3项。在糖尿病、药理和传统医学领域等权威专业期刊发表论文56篇（SCI收录论文14篇，总影响因子42.01），他引221次。系统构建了中医药防治代谢性疾病研究平台，成为广东省重点实验室，国家中医药管理局调肝降脂重点研究室和“脂代谢三级实验室”，为国内多家单位应用，推动了中医药防治糖脂代谢紊乱性疾病的发展，提高了研究水平，辐射和引领作用明显。

【**知识产权工作**】 2012年，广州中医药大学加强知识产权保护工作，共申请专利26项，其中发明专利20项，实用新型专利6项。获授权专利16项，其中发明专利14项，实用新型专利2项。

【**科技交流与合作**】 2012年，广州中医药大学邀请国内外著名专家进行专题及学术讲座12场次。其中，成功承办了“国家‘973计划’中医理论专题2012年度会议”。参加会议代表超过500人，强伯勤、陈凯先、石学敏、张伯礼等7位院士以及来自北大、清华、复旦、中科院等高校院所的30多位专家出席了会议，会议规模为历年之最，亦为中医药界的科研盛会。会议的顺利举办得到科技部、国家局及参会专家的广泛赞誉，对提升广州中医药大学的社会影响力起到积极的推动作用。

（广州中医药大学科技处　蔡晓燕）

汕 头 大 学

2012年6月29日，教育部、广东省人民政府、李嘉诚基金会签订协议，决定三方共建汕头大学。实现三方共建后，汕头大学获得了更高的自主办学权，同时也为学校的科研提升提供了良好的发展机遇。一年来，汕头大学围绕综合改革试点与八年规划发展纲要的中心任务，提出并启动了“学科建设与科研提升”专项建设项目，在该项目的推动下，该校的科研创新、项目建设、平台构筑等方面的工作取得了可喜的成绩。

【**科研项目与经费**】 2012年，汕头大学科研整体实力得到了长足进步，学校科研经费总额达到8 135万元，比2011年度增长15.70%。其中，基础研究项目在“质”与“量”上取得了新的突破，共获国家自然科学基金各类项目60项，批准经费2 930.1万元，资助项目数增长13.2%；获批广东省自然科学基金项目27项，立项经费334万元。

在科研经费总量增加的同时，科研项目的级别与层次也不断提升，一批高水平科研项目获得立项。2012年，汕头大学申报的“光功能配位超分子聚集体的可控合成、发光机理与应用研究”项目获得“973计划”课题资助，资助经费260万元（前两年），至此，该校共有5个“973计划”二级课题同时开展工作。“聚集诱导功能的晶态配位超分子材料的研究”项目获得国家自然科学基金委重大研究计划重点项目资助，资助经费300万元，是该校历年获得国家自然科学基金项目单项资助的最高金额。“基因表达的表观遗传调控与疾病”项目获得广东省自然科学基金团队项目资助，是该校承担的第4项广东省自然科学基金团队项目。此外，该校还有一批高水平科研项目分别获得国家科技支撑计划、科技部农业科技成果转化资金项目、农业部渔业种质资源保护项目的资助。

【**产学研工作**】 2012年，汕头大学继续加强与地方政府、企业的产学研合作。先后与汕头市潮南区人民政府、揭阳市海洋与渔业局等签订科技合作协议，积极推进与粤东各市、区（县）的联系，搭建有效的信息互通平台，深入科技合作。另一方面，与省内30多家企业、科研院所开展产学研科技合作，共同申报省部产学研结合项目20余项。其中，由汕头轻工装备研究院牵头申报的“软包装印刷设备产业关键技术研发与产业化”项目获得广东省产学研省部合作专项资金重大专项立项资助；“包装印刷机械装备数控技术服务平台”获得2012年广东省数控一代机械产品创新应用示范工程专项资金项目立项资助。截至2012年年底，该校累计向企业派驻科技特派员30余名。通过充分发挥人才和科技资源优势，为地方经济与科技发展起到积极的推动作用。

【科研平台建设】 近年来，汕头大学已逐步建成基础研究、工程技术应用研究、人文社会科学研究及科技成果产业化4类高水平研究创新平台。截至2012年年底，该校已拥有5个广东省重点实验室，3个广东省国际科技合作基地，3个广东省普通高校重点实验室，4个广东省高校产学研结合示范基地，2个广东省高校工程技术研究中心，2个广东省高校国际科技合作创新平台和2个广东省高校人文社科重点研究基地。

表4-3-9-1 汕头大学获批建设的科研平台（2012）

序号	平台类别	平台名称
1	广东省重点实验室	广东省乳腺癌诊治研究重点实验室
2	广东省国际科技合作基地	广东省医学信号分析与成像国际科技合作基地
3	广东省国际科技合作基地	广东省新发传染病国际科技合作基地
4	广东省高校国际暨港澳台科技合作创新平台	广东高校海洋生物资源综合开发国际科技合作创新平台

【科研成果】 根据汤森路透（Thomson Reuter）2012年3月的数据，汕头大学化学、临床医学两个学科进入ESI（Essential Science Indicators）全球前1%行列。在“2012中国大学Nature & Science论文排行榜”中，汕头大学列全国高校第14位，居广东省高校第1位，篇均被引次数位居全国第1位。根据中国科学技术信息研究所2012年12月发布的数据，2011年度汕头大学被科学引文索引扩展版（SCIE）收录论文234篇，被SCI收录的期刊平均影响因子由2006年的1.65提高至2011年的2.59，为历年最高值；2006—2010年，共有353篇SCI收录论文被引用999次，在全国高校排名中列第83名。

该校医学院黄东阳教授课题组开展的“全反式维甲酸代谢酶NRDR的功能及表达调控机制研究”，取得了重大突破。该研究成果揭示了长反义非编码RNA复杂的表观遗传调控功能和作用机制，对于理解和解决后基因组时代诸多新lncRNAs的功能具有积极意义，论文*AS1DHRS4, a head-to-head natural antisense transcript, silences the DHRS4 gene cluster in cis and trans*在国际顶级科技期刊*PNAS*（美国科学院院刊）上发表。

2012年度，汕头大学共获广东省科学技术奖三等奖3项；获汕头市科学技术奖14项，其中一等奖6项、二等奖5项、三等奖3项。

【知识产权工作】 作为广东省知识产权示范事业单位，汕头大学进一步加强知识产权管理工作，不断提升知识产权创造与保护能力。截至2012年年底，该校累计申请专利268项，其中发明专利190项（PCT申请5项），占70.9%；共转让（实施许可）13项专利技术，其中3项为PCT申请权的转让。在专利获奖方面，该校工学院完成的专利“一种风光互补反渗透海水淡化装置”于2012年12月获得第4届汕头市专利奖优秀奖。

2012年，汕头大学积极推进知识产权学术研究、教学培训等工作，成果显著。向省知识产权局申报的“汕头大学知识产权培训基地”建设项目获得批准，成为粤东首个省级知识产权培训基地，对发挥学校的学科、人才和管理优势具有积极影响。

【科技交流与合作】 2012年，汕头大学主办或承办国内外大型学术会议20余场，如第6届“东西方联盟”（East-West Alliance，EWA）年会“21世纪全球研究的新方向”（New Directions in Global Studies in the 21 Century）国际学术研讨会、第16届全国远程医疗教育研讨会等，邀请国外知名学者来校开展学术报告60余场，派出并接受来访学者开展科研合作研究40人次。

第6届“东西方联盟”年会　5月26—27日，第6届“东西方联盟”（East-West Alliance，EWA）年会在汕头大学召开。该年会以“医学教育改革的趋势和举措”为主题，参加会议的包括牛津大学、剑桥大学、斯坦福大学、加州大学伯克利分校、阿尔伯塔大学、明尼托巴大学、多伦多大学圣米高医院、香港大学、香港中文大学等EWA成员单位，以及非成员单位的国内外知名高校校长、医学院院长、资深专家近150人。会议期间还特地组织各著名医学院校与汕头大学医学院各附属医院开展合作讨论，对口举行工作坊活动，包括儿科工作坊、儿科论坛、微创外科技术交流会、肿瘤工作坊等。

“21世纪全球研究的新方向”国际学术研讨会　11月30日—12月1日，汕头大学国际研究中心（CIS）举办了题为“21世纪全球研究的新方向”（New Directions in Global Studies in the 21 Century）国际学术研讨会。来自英国、美国、加拿大、日本和中国的专家学者，包括北美全球研究协会秘书长和亚洲全球研究协会主席，聚首汕头大学，与学校师生以多元视角和跨学科的方式共同探讨了前沿性全球研究（Global Studies）的现状与新的发展可能性。

第16届全国远程医疗教育研讨会　12月12日，由教育部和卫生部名誉赞助，李嘉诚基金会“国际医疗访问学者计划”赞助，李嘉诚基金会、中国教育电视台主办，中国汕头大学医学院、中国汕头大学·香港中文大学联合汕头国际眼科中心、加拿大多伦多大学、中国香港中文大学承办的第16届全国远程医疗教育研讨会在汕头大学·香港中文大学联合汕头国际眼科中心顺利举行。会议对于促进基层和边远地区的医疗和医生培训，提高医疗和教育资源利用的可及性和公平性发挥了重要的作用。

（汕头大学科研处　罗英光）

科研院所科技创新

2012年，广东省深化科研体制改革，保障新型科研机构健康发展，加快工业、农业、社会发展、科技服务四大板块主体科研机构建设，启动省科技服务业研究院筹建工作。

科研体制改革

【主体科研机构建设】 2012年，广东省继续深化科研体制改革，推进工业、农业、社会发展、科技服务等领域主体科研机构建设。

2012年，省科技厅深入贯彻《珠江三角洲地区改革发展规划纲要（2008—2020年）》和《关于深化科研体制改革的意见》中加快推进广东工业、农业、社会发展和科技服务业主体科研机构建设的精神，提升主体科研机构创新能力，发挥主体科研机构在提高广东自主创新能力、促进经济发展方式转变中的重要作用，支持广东省内已经组建或正在参与组建工业、农业、社会发展和科技服务业四大类主体科研机构的省属科研单位，整合优势科技资源，研发产业关键共性技术，建设高水平创新平台，培养引进高层次创新团队和领军人才等工作，改善主体科研机构科研条件，切实提高主体科研机构创新能力。继续发挥大项目打造大平台的成功经验，集中资源，定向申报组织，重点支持广东省科技服务业研究院建设，共组织遴选了"广东省战略性新兴产业检测及跨地域科技视频信息共享平台建设""新型激光表面加工创新平台建设""华南红壤物质循环与环境技术国家级平台创建""广东省农业科学院农产品质量安全与标准研究中心建设"等10个项目。

【科技服务业研究院筹备】 根据省政府办公厅《转发省编办科技厅关于深化科研体制改革意见的通知》和事业单位分类改革的精神，2012年，省科技厅继续推进广东省科技服务业研究院筹建工作，多次组织召开广东省测试分析研究所、广东省科学技术情报研究所、广东省计算中心、广东省对外科技交流中心、广东省科技信息中心5个现有厅属事业单位负责人参加的筹建工作会议，研究制定编制方案、分类改革方案。2012年10月，《印发广东省科学技术厅所属事业单位分类改革方案的通知》正式明确设立广东省科技服务业研究院，取得了重大突破。

【新型科研机构发展】 为总结广东发展新型科研机构实践探索的经验与成效，进一步促进广东新型科研机构创新发展，完善区域创新体系，2012年4月10—12日，省科技厅联合科技部、省委政研室开展2次新型科研机构调研，深入了解光启高等理工研究院、华大基因研究院、东莞华中科技大学制造工程研究院、广州毅昌科技股份有限公司等新型科技创新机构的机构属性、支持方式、发展模式，征求从法律、政策角度扶持发展的建议，为制定促进新型科技创新机构发展的有关政策提供重要参考。调研组与各新型科研机构进行了深入的交流探讨，积极向有关部门反映情况，帮助研究机构解决困难与问题。加紧研究制定《促进广东新型科技创新机构发展的若干意见》等政策，推动广东新型科研机构进一步发展，为广东在新时期深化科技体制改革、完善区域创新体系开展有效地探索。

（广东省科学技术厅政策法规处
王富贵　龙云凤）

中国科学院广州分院、广东省科学院

2012年，中国科学院广州分院共有职工3 779人，其中，中国科学院院士2名（含兼职1名）、中国工程院院士1人、俄罗斯科学院外籍院士1名、国际欧亚科学院院士4名；高级专业技术人员940名、中级专业技术人员981名、初级专业技术人员839名；具有博士学位1 195名、硕士学位962名。2012年，新增广东省重点实验室1个。截至2012年年底，全院共有国家重点实验室4个（其中之一与广州市呼吸病研究所共建），中国科学院重点实验室12个，广东省重点实验室9个，湖南省重点实验室1个；共有野外科学实验站17个，其中，国家与中国科学院共属野外科学实验站8个、中国科学院专属野外科学实验站3个、中国科学院广州地区研究所所属野外科学实验站6个；共有博士后流动站4个、工作站2个，博士学位二级学科授予点24个、硕士学位二级学科授予点45个，在学研究生2 168名；共有科学考察船3艘，植物、岩矿、海洋生物标本馆3个。

2012年，广东省科学院共有职工861名，其中，中国科学院院士4名（兼职）；具有高级专业技术职称的233名、中级职称241名、初级职称145名；具有博士学位的112名、硕士学位208名。截至2012年年底，全院共有省部共建国家重点实验室培育基地1个，广东省重点实验室5个，广东省公共实验室5个，野外科学实验站16个，广东省重点科研基地3个，广东省种质资源库（标本馆）3个，博士后工作站2个。

【科研项目】 2012年，中国科学院广州分院在研科研项目3 026项，项目总经费30.39亿元，2012年到位项目经费10.5亿元。按项目性质分类：应用及应用基础研究994项，试验发展项目118项，科技服务455项，成果应用106项。按项目来源分类：承担或参与的国家（含各部委）项目1 035项，其中“973计划”项目110项、“863计划”项目31项、国家科技支撑项目48项、国家自然科学基金699项；承担中国科学院创新、百人计划、科研装备、青年人才及院地合作等项目431项；承担广东省科技计划项目29项，广东省自然科学基金87项，湖南省科技计划29项，广州市科技计划项目50项，广东省、广州市科技主管以外的其他政府部门项目74项，广东省除广州市以外的其他市县政府项目269项；承担国际科技合作项目44项；承担军工项目2项；承担企业委托项目584项。

2012年，广东省科学院在研科研项目527项，项目总经费2.178亿元，2012年到位项目经费1.57亿元。按项目性质分类：基础及应用基础研究366项，试验发展项目28项，科技服务100项，成果应用及生产性项目等33项。按项目来源分类：承担国家项目93项，其中，“973计划”项目2项，“863计划”项目1项，国家自然科学基金69项，国家科技支撑项目等21项；承担中国科学院创新及院地合作等项目4项；承担省、市、区地方政府各类项目323项，其中，广东省科技计划重大专项和招标项目9项，广东省自然科学基金项目36项，湖南省科技计划项目29项，广州市科技计划课题22项，广东省属和广州市其他厅局级项目44项，广东省除广州市外其他市县项目77项；承担国际科技合作项目13项；承担省院合作项目33项；承担企业委托等项目60项。

【科研成果】 2012年，中国科学院广州分院取得科技成果44项；在国内外核心期刊发表论文2 367篇，其中SCI收录论文1 265篇；出版专著23种，716万字；专利申请受理632件，其中发明专利537件；授权专利363件，其中发明专利284件；获得2012年度广东省科学技术一等奖3项（其中之一同时获2012年度广东省环境保护科学技术奖一等奖）、三等奖2项，2012年度湖南省科技进步奖二等奖2项、自然科学奖二等奖1项。

2012年，广东省科学院取得科技成果48项；在国内外核心期刊发表论文329篇，其中SCI收录96篇；出版专著9种，107万字；专利申请受理64件，其中发明专利58件；授权专利47件，其中发明专利41件；获得2012年度广东省科学技术奖一等奖2项、二等奖1项。

项目名称：华南珍稀濒危植物的野外回归研

究与应用

获奖情况：2012年度广东省科学技术奖一等奖、2012年度广东省环境保护科学技术奖一等奖

主要完成单位：中国科学院华南植物园

该项目通过对分布于华南地区的报春苣苔、伯乐树、四药门花等28种珍稀濒危植物系统开展了生态生物学特性及繁殖生物学研究，揭示了报春苣苔、虎颜花等珍稀濒危植物的野外回归机理，引起国际关注。通过成功易地回归证明了在气候变化情景下，人类可以帮助珍稀物种迁居，澄清了当前学术界的争论。该项目共发表论文33篇（其中SCI收录论文23篇），完成国家咨询报告2份，申请发明专利6件，获授权5件。该成果经推广应用，与有关单位合作建立了9个回归示范点及3个苗圃生产基地，带来了2.21亿元经济效益，实现了社会、生态和经济效益的统一。

项目名称：南海及邻近海域藻华形成演变过程机制与遥感监测方法

获奖情况：2012年度广东省科学技术奖一等奖

主要完成单位：中国科学院南海海洋研究所

该项目充分利用多尺度多时空数据，围绕藻华生消规律—动力学机制—生态环境效应—遥感监测与评估方法主线，取得了一系列创新性成果。发表论文235篇，其中SCI/EI收录论文117篇，他引3 585次。该研究形成了较为完整的理论体系，为有害藻华预测预警提供了理论和方法，对指导南海渔业生产等有重要的应用价值。

项目名称：食药用菌工厂化生产与精深加工关键技术

获奖情况：2012年度广东省科学技术奖一等奖

主要完成单位：广东省微生物研究所

该项目研究发明了野生食药用菌高值品种高效筛选和快速驯化技术、高温品种选育和高低温品种优化配置的食药用菌工厂化现代节能生产新技术、基于构效明确化合物分离提取的食药用菌深加工技术及食药用菌工厂化生产新危害源快速监控技术等系列新技术和新产品，解决了食药用菌工厂化栽培和精深加工过程中附加值低、能耗高、主要活性成分结构及功能不明晰、工厂化栽培中新污染源带来的食品安全威胁等问题。该成果主要应用在轻工业的食品加工和微生物制造领域，经大规模推广生产，取得了显著的经济效益。

项目名称：城市生活污泥资源化利用技术及装备

获奖情况：2012年度广东省科学技术奖一等奖

主要完成单位：广东省生态环境与土壤研究所

该项目针对我国污泥缺乏无害化与资源/能源化适用技术的现状，基于循环经济理念与节能减排政策，提出污泥脱毒—减量—资源化/能源化利用的一体化工艺，形成了城市污泥高效脱水脱毒成套设备、污泥生物肥成套设备、污泥生物炭炭化设备及盘管式微生物燃料电池堆新型发电系统，实现了污泥资源/能源化技术的机械化、规模化与产业化。

项目名称：重金属超标土壤的农业安全利用关键技术研究与应用

获奖情况：2012年度湖南省科技进步奖二等奖

主要完成单位：中国科学院亚热带生态农业研究所

该项目以湖南省不同程度重金属超标农田土壤为研究对象，以有效降低土壤重金属生物有效性和控制农产品重金属含量在国家相关标准以内为首要目标，通过近8年的技术攻关与示范，累计推广应用了36.63万公顷，新增产值4.27亿元。

【重点实验室建设】 2012年11月12日，广东省纳米医药重点实验室获省科技厅批准成立，依托中国科学院深圳先进技术研究院建设。实验室宗旨是通过融合纳米材料、纳米医学、分子生物学、免疫学、光学光谱技术、分子影像和纳米载药技术等多交叉学科，以及跨学科和团队高效协作，探索用于纳米尺度及单分子水平上的分子探针、分子影像、分子诊断、纳米载药、纳米疫苗及其靶向传递技术，并通过源头创新实现其关键技术突破，以期构建癌症预防、诊断、治疗一体化的技术平台，开发分子靶向纳米药物制剂、多肽药物和抗肿瘤疫苗，促进纳米生物医学成果临床转化与产业应用。该实验室已承担国家“973计划”、国家自然科学基金项目、中科院知识

创新工程重要方向项目等30余项，总经费4 800万元；发表学术期刊论文69篇；申请发明专利33件，获授权专利7件。

【科技交流与合作】 2012年，中国科学院广州分院接待多个国家（地区）来访的科技界人士368批1 186人次，主持召开国际学术会议11次，向49个国家（地区）派出学术交流及合作研究科技人员422批782人次。广东省科学院接待多个国家（地区）来访的科技界人士43批127人次，向49个国家（地区）派出科技人员455批752人次，向境外8个国家（地区）派出科技人员47批103人次，与境外科研机构签订科技合作协议5项，执行国际合作项目11项。

第3届中国干细胞研究年会暨第5届广州国际干细胞与再生医学论坛 该论坛于2012年12月16—18日在广州举行，由中国细胞生物学学会、中国科学院等主办，中国科学院广州生物医药与健康研究院、中国细胞生物学学会干细胞分会、再生细胞分会共同承办。论坛围绕干细胞的分子调控机制及网络等议题展开广泛的交流与讨论。国家“发育与生殖研究”重大科学研究计划专家组成员、“973计划”项目首席科学家等国内外本领域知名专家40余位参会演讲，450余位国内干细胞领域的科技人员参加会议。

第6届生物医学与健康工程高峰论坛 该论坛于2012年12月3—4日在深圳举行，由中国科学院深圳先进技术研究院主办，国内外知名专家、学者300余人参加。会议以生物医学影像及应用、神经/组织工程、微纳生物医学器件、健康信息学等为主题，邀请了国内外近30位生物医学领域的知名专家演讲，共同分享了对生物医学与健康工程未来发展前景和路径的看法。

第2届国际云计算技术研讨会 该研讨会于2012年7月16日在深圳召开，由中国科学院深圳先进技术研究院、清华大学信息科学与技术实验室联合主办。会议以“安全云”“绿色云”等云计算服务研究热点为主题，来自美国南加州大学、澳大利亚墨尔本大学、挪威史达温格和北达科他州立大学等机构的海内外云计算知名专家学者100余人与会。

第13届国际植物园协会（IABG）大会 该大会于2012年11月13—15日在广州召开，由中国科学院华南植物园承办。来自30个国家和地区的植物园、科研机构、大学等组织的300余位专家出席会议，其中五大洲的知名植物园的园主任或代表均出席。大会期间，进行了“植物保护与可持续利用”“植物园面对自然破坏的世界快速城市化的角色”“中国植物园促进珍稀树木的保护”“广州的生态和环境保护”“退化森林生态系统恢复与考虑野生植物资源保护”“园艺植物的育种和发展”等13个专题进行了交流研讨。与会者一致认为，该大会为世界各地植物学专家们提供了一个国际交流平台，以应对世界经济社会发展中植物园及植物学科所面临的挑战，并寻求更多可持续发展的机遇，对促进国际社会可持续发展具有重要意义。大会期间，国际植物园协会选举产生了新一届协会领导成员。

第6届海峡两岸鱼类生理与养殖研讨会 该研讨会于2012年11月23—28日在广州从化召开，由中国科学院南海海洋研究所主办、中山大学和阳江海纳水产养殖有限公司协办，180余位两岸专家代表与会。研讨会以“健康可持续发展的水产养殖”为主题，围绕“水生生物生理及养殖”与“水生生物营养、免疫及疾病”两个专题分别展开了热烈研讨。会议发表学术论文摘要126篇，促进了两岸的进一步合作研究关系，提升了双方学术水平，并将为两岸水产养殖业的健康可持续发展做出更大的贡献。

第12届全国二类水体水色遥感研讨会 该研讨会于2012年9月14—16日在广州召开，由中国科学院南海海洋研究所、热带海洋环境国家重点实验室（LTO）主办，海洋光学学科组和海洋水色遥感组承办。国内外水体光学和水色遥感研究及应用等相关领域的35家单位120余名专家学者与会，交流讨论了水体光学特性测量及分析、海洋—大气系统光辐射传输、水色反演算法、光学遥感应用的前沿动态，并围绕“水体—大气辐射传输与大气校正方法”“水体光学特性的分析”“水色遥感的综合应用”等7个议题展开研讨，共有55个专家学者作了精彩的口头报告。该研讨会有力地推动了国内水体光学及遥感领域研究的合作交流，对推进我国水体光学遥感研究有重要意义。

（中国科学院广州分院、广东省科学院　张　军）

广东省农业科学院

2012年，广东省农业科学院设水稻、果树、蔬菜、作物、植物保护、动物科学、蚕业与农产品加工、农业资源与环境、动物卫生、农业经济与农村发展、饮用植物、环境园艺12个研究所及农业生物基因研究中心、农产品公共监测中心、农业科研试验示范场；建有国家重点实验室1个，农业部专业性/区域性重点实验室5个、科学观测试验站5个、部属中心和分中心共7个，省部共建国家重点实验室培育基地1个，广东省公共实验室3个、重点实验室12个，广东省工程技术中心3个，广州市工程技术中心8个，科技部国际科技合作基地1个，国家种质资源圃4个及华南分圃2个，省市共建种质资源库9个，收集保存国内外种质资源4万多份，是华南地区最大的农业生物种质基因库；建有“广东广州国家农业科技园区”，占地133.33公顷。

截至2012年年底，全院在职职工1 963人，其中具有高级专业技术资格科技人员341人，博士192人，享受国务院政府特殊津贴专家101人（其中在职专家24人），入选国家“百千万人才工程”国家级人选3人，“全国杰出专业技术人才”和“全国优秀青年科学家”各1人。有24位专家担任国家现代农业产业技术体系岗位科学家或综合试验站站长，26位专家担任省现代农业产业技术体系创新团队成员。当年引进各类人才96人，其中博士22人。蒋宗勇、易干军、张名位3位专家及其团队入选农业部2012年全国农业科研杰出人才及其创新团队。水产动物营养与饲料研究团队获得“国家星火科技工作先进团队”。肖更生、李传国2位专家获得广东省丁颖科技奖。

【科技项目与创新成果】　2012年，该院有477项科技项目获得立项，项目经费2.43亿元，其中国家级项目立项125项，经费1.11亿元，占总经费的45.7%。基础研究项目与重大项目立项取得历史性突破，获得国家自然科学基金立项16项，为历年来立项数量最多的一年。主持国家“973计划”前期研究专项及课题各1项；主持或参与国家科技支撑计划课题10项；新增省农业领域重点项目立项6项。

2012年，该院共获得各级科技成果奖励35项；通过广东省品种审定的农作物品种39个，占2012年全省审定（登记）品种的40%；获授权专利68件，其中发明专利57件；获植物新品种权1个，计算机软件著作权12项，新产品33个；发表科技论文703篇，其中被SCI收录83篇，比上年增长29%。

动植物育种研究　该院选育的“金农丝苗”被农业部新确认为超级稻品种。育成抗枯萎病节瓜新品种和冬瓜新品种。选育出高抗枯萎病香蕉品种“中蕉3号”。甘薯新品种“广薯205”通过国家品种鉴定。筛选出菜用桑树品种1个、制茶桑树品种3个和田间抗病性较强的桑树新品种组合7个。全年有10个兰花新杂交种在英国皇家园艺学会登录。完成农科猪配套系Ⅰ号一个世代的选育；成功培育出降低碳和氮排放的转木聚糖酶基因猪。

现代农业种养技术研究　集成华南超级稻双季双抛高产栽培技术、手插高产栽培技术、机插技术及强化栽培技术。改进了香蕉组培苗快繁技术，使快繁效率提高了近10倍。建立了猪健康养殖关键营养技术3套、黄羽肉鸡和蛋鸭高效低成本饲料配制技术各2套、鸡肉品质和鸭蛋蛋壳品质的营养调控技术各3套，提出了黄羽肉鸡和蛋鸭营养需要参数。

动植物病虫害防控研究　研制出水稻稻瘟病病原生理小种和白叶枯病菌小种变异监测技术。建立了基于环境因子的小菜蛾种群灾变动态CLIMEX模型，并成功用于小菜蛾种群灾变预测预警。研制出基于黄龙病病原菌OMP蛋白的酶联免疫吸附检测技术，提出柑橘黄龙病综合防控技术，改进了柑橘病原检测、脱毒及无毒苗繁育技术。研发出鸡艾美耳球虫四联减毒活卵囊疫苗、鸭坦布苏病毒病灭活疫苗。

农产品加工与质量安全研究　研制出果汁的结冰解冻浓缩、真空微波浓缩及高真空浓缩技术等低温浓缩技术和冷链加工技术。研制出果干

霉变控制、热泵节能干燥和水分调控等关键技术。红茶加工自动化生产技术研究获得成功，大大地提高了茶叶质量安全水平并节约了生产成本。研制出蔬菜、水产品中不同形态砷、汞的测定方法，研发出重金属快速检测仪器设备并推广应用，有效地降低了检测成本。推动农产品安全监测预警公共研究平台建设，开展农产品产量和价格监测预警及产地溯源，建立固定信息采集点200多个，采集数据10万多条，发布监测报告20多份。共承担农业行业标准的制修订任务11项。

农业资源环境研究 开展绿色环保型肥料技术研究，好氧堆肥研究取得突破性进展，有效地提高了堆肥效率并减少氮氧化物（温室气体）的排放。历时5年，在全省范围内进行野外监测，基本掌握了广东省典型农田氮磷污染物流失的时空变化规律和主控因素，获取了水稻、菜地、香蕉、甘蔗等典型农田氮、磷等污染物的流失系数，为摸清全省农田氮磷污染物排放底数提供了科学依据。

农业基础研究与前沿技术研究 通过分子标记辅助选择育成了聚合2个稻瘟病基因的杂交稻不育系和恢复系并通过鉴定。利用全基因组差异表达分析与QTL结合鉴定水稻苗期耐冷基因，鉴定出稻瘟病广谱抗性基因用于本省优质稻抗病性改良。在国际上首次利用蛋白质组学和转录组学技术研究大蕉抗寒分子机理，为香蕉抗寒分子育种提供了理论依据。在国际上首次完成香蕉细菌性软腐病菌全基因组测序。研制出国际上首张高密度甘薯基因芯片，构建了国内外第1张花生分子遗传图谱。采用细胞生物学、蛋白质组学、基因组学等分子生物学手段，研究了营养影响母猪繁殖性能、猪肉品质及仔猪和黄羽肉鸡肠道健康、鸭蛋蛋壳形成的分子机理。在国际上首次发现以新生仔猪腹泻及高死亡率为特征的猪流行性腹泻可以通过母乳传播，并对流行毒株的变异进行了分析。初步鉴定了鸭疫里默氏杆菌的毒力因子及其表达产物，首次在国内外建立了较为完善的鸭疫里默氏杆菌突变体构建平台。

【科技创新平台建设】 依托该院建设的中国农业科技华南创新中心已建成公共实验室1个和研究中心8个，累计购置、安装了价值8 000多万元的具有国际先进水平的科研仪器设备300多台（套），同时建成仪器设备预约系统并实现面向全省预约使用。畜禽育种国家重点实验室建设进展顺利。成立了农业生物基因研究中心、农产品公共监测中心。“农业部南方蔬菜质量安全监督检验中心”建设项目已列入2013年执行计划。“家蚕基因组生物学国家重点实验室蚕桑抗病育种中心”“广东省农作物病虫害应急防控技术研究中心”获准成立。广州市热带盆栽观赏植物行业工程技术研究中心、广州市茶叶行业工程技术研究中心、广州市动物疫病诊断行业工程技术研究中心3个广州市行业工程中心获准立项建设。

【科技服务】

优良品种和先进技术的推广应用 该院选育的42个品种和研究的12项技术分别被列为2012年广东省农业主导品种和主推技术，分别占全省主导品种的59%和主推技术的42%。有113个水稻品种（组合）在全省推广超过100万公顷，超过全省水稻种植面积的50%，其中“常规稻粤晶丝苗2号”是全省推广面积最大的水稻新品种。水稻“三控”技术全年推广应用面积超过66.67万公顷，增产稻谷3.1亿公斤，增收节支10亿多元。华南双季超级稻强化栽培技术入选广东省超级稻推广和粮食高产创建的主推技术，应用面积占超级稻种植面积的50%左右。蔬菜新品种、新技术全年推广约17.33万公顷。果树栽培及病虫害防控技术辐射面积约16.67万公顷，其中柑橘无病毒苗木在全省的推广普及率达到30%。“粤甜”系列甜玉米、广薯系列甘薯和粤油系列花生品种及配套种植技术在全省覆盖率已分别超过35%、50%、55%，全年推广面积66.67万公顷。果树品种和技术辐射面积达16.67万公顷。蚕桑品种在两广地区种养率达80%以上。蝴蝶兰瓶苗组培生产首次突破100万株，已推广至全国15个省份。岭南黄鸡在全国优质鸡种鸡的市场占有率达12%，全年共推广父母代种鸡450万套，可生产商品鸡苗5亿只以上。猪、鸡系列健康养殖技术在全国20多个省市300多家畜禽饲料和养殖企业广泛应用。“英红九号”和“丹霞1号”等高香红茶加工、热带亚热带果蔬加工、南方特色粮油加工、蚕桑资源高效利用等农产品加工核心技术在省内外50多家

企业推广应用。

院地企合作　2012年，该院与河源、揭阳、信宜、仁化、开平等市县政府正式签订了战略合作协议，并组织专家与100余个龙头企业、专业合作社和专业镇建立了"一对一"合作关系。依托该院科技资源建成了广东省专业镇农业创新资源中心，成立了广东省专业镇农业科技专家服务团。该院先后与省内的3个国家现代农业示范区开展了技术对接合作活动，并在各示范区核心区域建立了新品种新技术试验示范基地。截至2012年年底，该院已在省内100多个县市建立了490多个试验示范、服务基地（点）。

2012年，该院继续组织院属研究所分别采取签订技术转让协议、联合共建研发平台、共同申报科研项目、搭建产业联盟平台等形式，与涉农企业开展合作。2012年，该院牵头组建了7个产业技术创新联盟，并启动了水产饲料（行业）公共服务平台建设。同时，该院实施"百名科技人员服务百家龙头企业计划"。截至2012年年底，该院共与省内外近250家企业建立了固定合作关系。

农技推广服务　2012年，该院共组织参加大型科技下乡咨询活动15场，在全省22个市（县）89个镇开展农业技术培训203场次，累计培训农技人员和农民5万多人次。该院依托省农村信息直通车工程、农村党员干部现代远程教育、农业科技大讲堂活动等，开展农业技术远程培训。该院持续利用覆盖全省21个地市的动植物医院网络开展远程诊疗服务，全年新增植物医院和动物医院诊所59个，累计达120多个。

【科技交流与合作】　2012年，该院新签署合作协议10项；获得各类国际合作项目20项，合同经费约1 140万元。该院与东盟国家的合作成效尤为突出，联合越南、老挝、菲律宾、泰国、缅甸等国及我国华南地区相关机构建立了中国—东盟生物安全研究平台，在菲律宾、马来西亚分别建设了农业试验示范基地，推广优质蔬菜、甘蔗、香蕉及甜玉米品种。

2012年，该院共派出33批94人次出国开展合作研究、访问、学术交流；共邀请和接待了96位境外专家、学者、官员来院开展学术交流、合作研究、技术指导和考察访问；先后邀请国内外专家190人来院作学术报告会48场；成功承办了第5届国际热带水果学术研讨会等高水平学术研讨会。

2012年，该院被省科技厅授予"广东省对外科技合作先进单位"称号，与该院合作的2位外国专家获得了省政府首届国际友谊贡献奖。

（广东省农业科学院　曾秀媚）

广东省工业技术研究院

【科研项目】　2012年，广东省工业技术研究院（广州有色金属研究院，以下简称"广东省工研院"）共实施纵向科技项目203项，投入科研经费2.7亿元。新立纵向科技计划项目63项，其中国家级项目14项，省级项目34项，市区级项目15项；实施横向委托科研项目124项，新签技术合同94项。共签订科研项目合同额达1.26亿元。

【科技创新平台建设】　2012年，广东省工研院进一步加强研发平台建设，大力推进中国—乌克兰巴顿焊接研究院（以下简称"中乌研究院"）、广东半导体照明产业技术研究院的建设，科研条件得到进一步的改善。

依托广东省工研院建成的广东省矿产资源综合利用重点实验室被评为省优秀重点实验室，广东省现代焊接技术重点实验室获省科技厅批准立项，广东省现代表面工程技术重点实验室完成了再建设，广东省高性能功能涂层材料工程实验室也获得省发改委立项支持。稀有金属分离与综合利用国家重点实验室、广东省稀土开发及应用重点实验室、广州市金属材料成型与加工工程技术研究中心、广州市粉体材料及精密零件制造工程技术研究中心、广州市焊接材料工程技术研究中心等平台项目已完成大部分建设任务。中乌研究院完成了中试场地改造工程，启动了6个国际合作项目。广州市委、市政府将中乌研究院建设列入国际创新工程，并定为首批广州国际科技孵化基地（试点）培育建设单位。

【科研成果】 2012年，广东省工研院共申请专利52件，其中发明专利46件、实用新型专利7件，获授权专利19件，其中发明专利15件、实用新型专利4件。

2012年度，全院有13项科研成果通过了鉴定或评价，获得省、市、行业等各级科学技术奖15项，其中，中国有色金属工业协会科学技术奖一等奖1项、二等奖6项、三等奖3项，广东省科学技术奖三等奖1项，广州市科学技术奖二等奖1项，全国有色金属标准化技术委员会一等奖1项、三等奖1项，中国产学研创新成果奖1项。参与制修订标准16项，其中国家标准3项，行业标准8项，企业标准5项。发表论文248篇，其中中文核心期刊论文115篇，EI、SCI收录论文22篇，国际会议27篇，国内会议29篇；出版著作2本。

【科技交流与合作】 2012年9月4—5日，广东省工研院在北京举办了主题为“基于钨的稀有金属资源高效提取与循环利用”的香山科学会议第430次学术讨论会，来自高校、科研机构和企业27个单位的43位国内知名专家学者应邀参加了会议。与会专家围绕中心议题共同对我国钨工业发展战略中的全局性、前瞻性重大问题及钨资源开发利用过程中的科学技术问题进行了深入的学术交流和探讨，凝练出我国钨资源开发利用亟待解决的若干重大科学问题和共性关键技术，并就我国钨工业的发展战略与对策提出了宝贵意见。

9月27—28日，广东省工研院参加了由科技部和云南省联合举办的首届“科技入滇”系列活动，并与云南省科技厅签署了战略合作协议，在冶金、新材料、生物等领域开展进一步的合作和交流。与伯明翰大学签订了全面科技合作备忘录，并在快速成型、搅拌摩擦焊、表面工程等领域开展了多项科技项目的合作。与法国贝尔福—蒙博里亚科技大学材料、工艺及表面实验室，广东工业技术研究表面工程实验室和西安交通大学热喷涂实验室联合组建“中法表面工程联合实验室”。

（广东省工业技术研究院　王　翔）

科技服务体系建设

科技服务业是现代服务业的重要内容，技术含量和附加值高，创新性强，发展潜力大，辐射带动作用突出，加快发展科技服务业对培育壮大战略性新兴产业以及促进产业结构优化升级具有重要意义。

2012年1月，中共中央政治局委员、广东省委书记汪洋，省委副书记、省长朱小丹和副省长陈云贤到省科技厅视察时，提出要让创新成为全社会的共识与实践，同时特别强调要重视培育科技经纪人，大力发展科技中介服务机构。朱小丹省长在《政府工作报告》中专门提出要“健全区域创新体系”，并把完善科技服务体系作为健全创新体系的重要内容。4月，《广东省科技服务业“十二五”发展规划纲要》发布。7月，《广东省“十二五”生产力促进中心发展规划纲要》发布。9月，省科技厅组织开展广东省第3批科技服务业百强企业（机构）评选。10月，《广东省人民政府办公厅关于促进科技服务业发展的若干意见》发布，是国内首个由省级政府层面出台的促进科技服务业发展的指导性意见。12月，《专业镇中小微企业服务平台建设专项申报指南》面向社会公布。

科技服务机构及平台

2012年，省科技厅从科技服务业技术研发与服务、科技服务机构建设、科技服务创新基地建设、科技服务对接示范工程4个方向加强政府引导，对全省166个符合科技服务业发展方向的申报项目给予支持，支持经费总额达3 000万元，加强科技服务业品牌培育推动了全省科技服务业的发展；组织认定第3批共22家广东省科技服务业百强企业（机构）；为支持生产力促进中心建设，引导生产力促进中心专业化、规范化发展，对广东省生产力促进中心、梅州生产力促进中心等省市各级共27家生产力促进中心予以立项支持，支持经费总额近500万元。

【科技服务业百强企业（机构）】 2012年，省科技厅组织开展了第3批科技服务业百强企业（机构）认定工作，受理了全省66家科技服务企业（机构）申报，经资格审查、专家评审及综合评估后，认定第3批共22家科技服务百强企业（机构）。这批企业（机构）分布于研发设计服务、检验检测服务、科技咨询服务、科技成果转化服

表4-5-1-1 广东省科技服务业百强企业（机构）名单（2012）

序号	申报单位	推荐单位	机构性质	所在地市
一、研发设计服务机构（7家）				
1	广东省轻纺建筑设计院	广东省广业资产经营有限公司	企业法人	广州
2	广东省机械研究所	广东省广业资产经营有限公司	企业法人	广州
3	广东省农业机械研究所	广东省农业厅	企业法人	广州
4	深圳市众鸿科技有限公司	深圳市科技创新委	企业法人	深圳

（续上表）

序号	申报单位	推荐单位	机构性质	所在地市
一、研发设计服务机构（7家）				
5	深圳市筑博设计股份有限公司	深圳市科技创新委	企业法人	深圳
6	炬力集成电路设计有限公司	珠海市科工贸信局	企业法人	珠海
7	佳都新太科技股份有限公司	广州市科信局	企业法人	广州
二、检验检测服务机构（4家）				
8	广东省通讯终端产品质量监督检验中心	河源市科技局	事业法人	河源
9	广州市特种机电设备检测研究院	广州市科信局	事业法人	广州
10	广东省珠海市特种设备检验所	珠海市科工贸信局	事业法人	珠海
11	广东省珠海市质量计量监督检验所	广东省质监局	事业法人	珠海
三、科技咨询服务机构（5家）				
12	广州嘉权专利商标事务所有限公司	广东省知识产权局	企业法人	广州
13	广州粤高专利商标代理有限公司	广东省知识产权局	企业法人	广州
14	广州泰克威企业管理顾问有限公司	广州市科信局	企业法人	广州
15	深圳市精英商标事务所	广东省知识产权局	企业法人	深圳
16	东莞市电子计算中心	东莞市科技局	企业法人	东莞
四、科技成果转化服务机构（3家）				
17	广东华南智慧城发展有限公司	肇庆市科技局	企业法人	肇庆
18	深圳市留学生创业园有限公司	深圳市科技创新委	企业法人	深圳
19	佛山市南海南方技术创新中心有限公司	佛山市科技局	企业法人	佛山
五、科技服务外包机构（3家）				
20	广东天拓资讯科技有限公司	广州市科信局	企业法人	广州
21	深圳市脉山龙信息技术股份有限公司	深圳市科技创新委	企业法人	深圳
22	深圳市银雁金融配套服务有限公司	深圳市科技创新委	企业法人	深圳

务、科技服务外包等领域。截至2012年年底，全省累计认定科技服务业百强企业（机构）达111家。

广东省农业机械研究所　广东省农业机械研究所（现广东省现代农业装备研究所，以下简称“农机所”）成立于1958年，主要从事种植机械、农业设施、畜牧机械、农产品加工装备、肥料机械、农业信息化的研发、设计和生产，具有学科齐全、结构优化的科技服务团队和良好的科技服务基础。农机所拥有国家农业机械工程技术研究开发中心南方分中心、国家农产品加工技术装备研发分中心、广东省农业机械装备技术公共实验室、广东省农产品干燥加工工程重点实验室等创新平台；拥有水稻脱粒试验装置、水稻清选试验装置、工厂化种植试验温室、回热型双级除湿热泵干燥机、智能分选试验装置及分析控制系统、智能型种猪测定系统等先进的试验及检测装置128台套；拥有数控折弯机、数控激光切割机、数控转塔冲床、喷涂生产线等一批先进加工生产设备，具有良好的中试试验能力及加工生产条件。农机所有职工148人，科技人员占80%，其中高级职称63人，先后有13位科技人员获政府特殊津贴专家和国家级突出贡献专家荣誉。该所先后承担国家“863计划”、科技支撑计划等国家及省部级科研项目1 000多项，获得国家及省部级科技奖励92项，取得科技成果427项、专利96项。

2012年，农机所科技服务的企业及机构对象包括国家、省、市级农业龙头企业、科研机构、国营农场、民营企业、上市公司、各种农业合作组织以及个体户等，服务范围辐射到全国20多个省市区及东南亚等国家和地区。利用农机所的广东省农机化培训中心、农业部饲料职业技术培训考核点、成果展示厅、实验室等平台先后开展农业机械化技术培训22期，培训技术人员、工人、农民等632人。

广州粤高专利商标代理有限公司　广州粤高专利商标代理有限公司（以下简称“粤高”）创设于1985年，经过20多年的发展，已发展成为集专利、商标、版权和法务于一体的综合性知识产权服务机构。粤高拥有一批经验丰富的专利代理人、商标代理人、律师，其中包括执业专利代理人31人，专业覆盖机械、电子、计算机、通讯、物理、石油、化工、冶金、轻工、食品、医药和生物等领域，具有全面系统提供知识产权服务的能力，是目前广东省执业专利代理人数最多的代理机构。近年来，粤高规模逐步扩大，先后在东莞、惠州、阳江、江门、中山、潮州、清远等地区设立分支机构，在华南理工大学、中山大学等高校设立办事处，逐渐形成以广州为核心，网络覆盖全广东的服务架构。粤高除开展专利代理业务外，还开展商标、著作权、海关备案、计算机软件、不正当竞争、技术中介、商业秘密保护、侵权调查、展会维权等其他类别知识产权服务，并为客户提供各种知识产权信息检索和运用、法律咨询和诉讼、企业知识产权专项等服务，业务门类多元，服务内容多样。粤高通过向企业派驻知识产权服务团队，与企业研发团队协同工作，创立了独特的“亲近企业、亲近科技创新”的服务模式。近3年来，粤高每年的发明专利申请代理量均名列全省第1名，每年服务企业数量均在200家以上，年均科技服务收入达1 000万元。

【生产力促进中心】　截至2012年年底，全省共有生产力促进中心129家，其中国家级示范中心7家，省级示范中心16家。基层生产力促进中心有77家，已发展成为本省生产力促进体系中的重要力量，并涌现出一批敢于创新、模式灵活、具有较大行业影响力的机构。6月，省长朱小丹率省调研组到中山开展调研，在参观考察小榄镇生产力促进中心时，对其经验和做法给予了高度评价，认为小榄镇生产力促进中心是中小微企业综合服务平台的成功范例，要认真总结推广“小榄经验”。

8月，省科技厅在广州召开全省生产力促进中心工作会议暨中心负责人培训班，总结和交流全省生产力促进中心工作经验，研究部署下阶段工作；对全省85家生产力促进中心的120多位代表进行了培训，开办“生产力组织发展与运营”“产业成功转型的模式与启示”“软科学研究思维范式探究与研究报告撰写结构探讨”“科技顾问服务模式探索与实践”四大主题课程，推动生产力促进中心建设成为集聚优势创新资源、促进成果产业化、引领创新服务模式的高端科技中介服务机构。

【广东省基本建设优化研究会】　广东省基本建设优化研究会（以下简称“研究会”）是由广东省生产力促进中心、中国科学院广州分院、广东省农业科学院、华南理工大学、广东工业大学、深圳市广深发投资有限公司6家单位共同发起成立的一个致力于广东省基本建设优化研究和实践的非营利性社会组织。研究会接受省科技厅和省民间组织管理局的业务指导和监督管理，接受中国基本建设优化研究会的业务指导。截至2012年年底，研究会已发展个人会员58名，单位会员26家，主要是省内研究院所、高等学校和企业等。

研究会将围绕广东经济和社会发展总体规划和部署，根据区域、产业和民生发展需求，团结和组织社会各方面力量，开展基本建设优化理论研究和实践推广等活动。如城乡建设发展战略和重大项目规划布局的科学理论和方法研究，优化理论在基本建设规划、科学管理和投资决策中的应用，各类教育、科技资源配置的优化研究，以及包括高新技术开发区等空间布局、城市圈道路交通基础建设、城乡环境建设和生态建设、农业发展规划、防灾减灾、环境保护和生态文明建设等优化研究，逐步起搭建一个由高等院校、研究机构和产业界共同参与的跨部门、跨行业、跨区域的基本建设优化研究平台，打造一个由学术界、实业界高层人士参与的民间智囊机构，为加快转型升级、建设幸福广东做出贡献。

7月17日，研究会第1届会员大会暨成立大会在广州隆重举行。民建中央副主席、广东省委主委、原广东省副省长宋海，科技部原副部长韩德乾，新华社原副总编闵凡路，中国基本建设优化研究会副会长兼秘书长付文军，省政府副秘书长、中科院广州分院院长陈勇等出席会议并讲话，来自中国基本建设优化研究会、省科技厅、民政厅等相关部门负责同志，高校和企业代表，以及广东省基本建设优化研究会第1批会员单位的代表共100余人参加会议。

中共中央政治局委员、广东省委书记汪洋向大会发来贺信。汪洋在贺信中代表省委、省政府对广东省基本建设优化研究会的成立表示热烈的祝贺，他说，改革开放以来我省经济社会发展取得了令人瞩目的成就，但加快转变发展方式，提高发展质量和核心竞争力的要求日益迫切，需要社会各方的真知灼见和积极参与。研究会的成立，将对全省基本建设优化理论的研究和实践产生积极影响，为广东加快转型升级、实现科学发展发挥促进作用。希望研究会凝聚各方力量，发挥自身优势，打造成为出色的“民间智囊机构”，紧紧围绕广东转型升级、优化发展的重大问题，开展调查研究，为省委、省政府决策提供更多更好的意见和建议，为广东切实当好推动科学发展、促进社会和谐的排头兵，率先全面建成小康社会，率先基本实现社会主义现代化作出积极贡献！

会上选举了研究会第1届理事会及执行机构，民建中央副主席、广东省委主委、原广东省副省长宋海当选会长，省政府副秘书长、中科院广州分院院长陈勇当选常务副会长。

【科技服务平台】 为贯彻落实《中共广东省委 广东省人民政府关于依靠科技创新推进专业镇转型升级的定》和《广东省人民政府关于加快专业镇中小微企业服务平台建设的意见》文件精神，自2012年起，省科技厅以专业镇中小微企业服务平台建设专项资金为依托，大力推进专业镇中小微企业服务平台建设。12月，省科技厅从专业镇生产力促进中心建设、专业镇生产力促进中心能力提升、工业设计服务平台建设、知识产权服务平台建设、信息网络服务平台建设、电子商务服务平台建设、创业孵化服务平台建设、企业融资服务平台建设8个课题领域对全省63个符合专业镇中小微企业服务平台建设方向的申报项目进行了支持，有力地支撑了专业镇产业转型升级。

广东省专业镇农产品加工共性技术研发中心（以下简称“研发中心”）是省科技厅资助，由广东省农业科学院蚕业与农产品加工研究所承担建设的专业镇中小微企业服务平台。研发中心依托广东省农业科学院蚕业与农产品加工研究所建设成立，拥有专职科技人员32名，其中高级职称13人、中级职称12人、初级职称7人；科技人员专业方向有果蔬保鲜与加工、粮油加工、功能食品、蚕桑资源综合利用、畜禽水产加工、食品质量与安全等。研发中心主要服务广东省中山黄圃食品专业镇、潮州庵埠凉果专业镇、饶平浮山水果专业镇、揭东埔田竹笋专业镇等专业镇农产品加工中小微企业，以产学研结合方式研发农产品加工共性技术，培训企业技术人员、推广应用新技术新工艺，解决影响专业镇农产品加工中小微企业发展的产业技术难题，促进专业镇产业转型升级和经济发展。

（广东省科学技术厅科技服务与管理处 严军华）

技术转移及技术市场

2012年，省科技厅围绕产业结构调整和促进科技服务业发展，以技术转移和成果转化为主线，在技术转移机构高端品牌建设和技术合同登记等工作领域取得了显著成效。

【国家级技术转移示范机构】 2012年，科技部新批准认定广东省4个国家级技术转移示范机构，分别是：东莞电子科技大学电子信息工程研究院、深圳市南山科技事务所、深圳中科院知识产权投资有限公司、中国科学院佛山产业技术创新与育成中心。截至2012年年底，广东省国家级技术转移示范机构已达到19个。新获批国家创新驿站站点1个，由广东省生产力促进中心牵头建设区域站点。

东莞电子科技大学电子信息工程研究院　东莞电子科技大学电子信息工程研究院（以下简称“电研院”）于2007年8月由电子科技大学、东莞市人民政府、省科技厅共同投资2.4亿元建设。电研院以广东省教育部产学研结合示范基地建设为契机，围绕新型材料及元器件、IC设计、云计算、高端精密仪器等战略性新兴产业领域，逐渐形成了集研发设计、中试孵化、成果转化、科技投融资、人才培养与引进等各种功能于一体的综合性公共服务平台。2012年，电研院被科技部认定为第4批国家级技术转移示范机构，已建立了六大研究中心，包括IC设计研究中心、电子射频研究中心、汽车电子研究中心、数字媒体与信息化研究中心、新型材料与元器件研究中心、精密仪器研究中心；建设了3个公共实验室，包括电磁兼容公共实验室、IC设计公共实验室、数字媒体公共实验室；建立了物联网检测、动漫设计、智能玩具、光电信息传输等多个国家、省、市级公共服务平台。另外，电研院还引进物联网、新型通信网络、云计算、集成电路等高端人才创新团队5个。

电研院以项目策划、引进为核心，以孵化载体、平台建设为基础，以体系完善、机制创新为重点，点面结合、层层推进，逐步向“技术+资本”的方向探索和实践，形成了符合自身特色的企业服务、技术转移、企业孵化模式：1. 辩证遴选重点项目培育，根据国家发展战略，结合广东省的产业现状和环境，选定项目重点支持、重点培育、重点发展；2. 引入成熟项目团队落地发展，发现、物色、选择具有企业化潜质、技术含量高、队伍成熟且具有市场观念的项目和团队引进到电研院，选定一个方向成立企业，将团队的技术积累、成果推向市场；3. 衍生新项目成果推向市场，与企业、团队在项目合作的基础上，衍生新项目、构建成果转移孵化的新模式。

2012年，电研院积极孵化培育符合国家重点支持、东莞产业转型急需的高端新兴电子信息产业等领域的高科技企业，孵化、参股企业14家；重点推进了“LTCC”“健康云”“换芯工程”等近10个项目的技术转移及产业化工作。

中国科学院佛山产业技术创新与育成中心

中国科学院佛山产业技术创新与育成中心（以下简称“育成中心”），于2009年7月由中科院与佛山市政府签署共建。育成中心以服务提升佛山制造业创新发展能力为核心，集聚中科院技术、成果、项目和人才等创新资源，搭建平台、促进合作、建设队伍、优化体制，大力推进与企业的协同创新，促进重大成果产业化。育成中心按照“政府推动、企业参与、市场化运营”的机制运行，主要服务内容包括：1. 政府投入启动和引导资金，推动和帮助中科院的研究所进入佛山，与佛山市区、镇、企业开展合作；2. 引导企业积极参与到院市合作中来，鼓励企业成为技术创新的投入主体和利益主体；3. 鼓励各专业中心进行市场化运作，由地方政府、中科院共同扶持，实现可持续发展。育成中心与佛山市政府密切联动，紧紧把握企业需求，找准技术，为科研院所和企业牵线搭桥，进行技术转移与服务，形成了以“企业需求、技术对接”（由下至上）为主，“技术成果转移”（由上至下）为辅，技术转移与知识转移相结合的服务模式。

截至2012年年底，育成中心建成专业中心7个、成果转移转化平台15个，育成企业47家，与政府共建专业产业园区6个、院士工作站4个、产业联盟6个。其中，专业中心及研发平台法人形式多样，主要分布领域为生物医药、新能源、环保、新材料、LED、芯片设计（EDA）、CAE、新能源汽车等新兴产业，为地区提供强大的科技力量支撑。育成中心累计引进52家院属研究机构的创新团队41个，聚集研发队伍360多人，实施省院、院地、院市合作项目700余项，经费超过6.5亿元。

【技术合同登记】　2012年，全省共认定登记技术合同19 663项，合同成交金额369.8亿元，其中技术交易额318.5亿元。与2011年相比，合同成交金额和技术交易额都取得较大增长，其中合同成交金额增长29.0%，技术交易额增长47.2%。

【科技会展】　2012年，省科技厅组织了近100

家单位的170多个项目参加重庆高交会、北京科博会、东盟博览会、西博会、科技入滇对接会、绿色创新技术产品展、深圳高交会、杨凌农高会8场国内大型综合性科技展览，特装展示面积近500平方米，展示设计充分体现了“岭南特色”与“科技元素”的有机融合，展示效果良好。在重庆高交会、东盟博览会、杨凌农高会上，广东展团分别获得了“优秀展示”“优秀组织”“优秀参展项目”等荣誉奖项。

（广东省科学技术厅科技服务与管理处 严军华　陈丽英）

科　技　评　估

2012年，广东省科技评估中心（以下简称“评估中心”）加强科技项目评估工作的规范化建设，完善各类项目评估程序及评价方法，以适应社会经济不断发展对科技评估工作的新要求，确保科技评估工作的公开、公正、公平和评价结果的安全性、高效率、高质量。

【科技项目管理】 2012年，评估中心完成广东省科技计划项目网上评审工作，涉及工业攻关领域、社会发展领域、产学研合作、农业领域、科技服务管理、国际合作、软科学研究等七大领域。完成2012年广东省战略性新兴产业专项资金核心技术、LED产业项目立项前评审，其中核心技术攻关项目受理了428项，经过形式审查和书面评审后，对125个项目进行了现场考察及答辩；LED产业项目共受理了104项，经过形式审查和书面评审后，对49个项目进行了现场考察及答辩。2012年，广东省战略性新兴产业项目评审组织工作相比上年度提前了约4个月，于5—6月顺利完成了形式审查、书面评审和现场考察等阶段的评审工作。完成粤港关键领域重点突破项目招投标代理工作，邀请香港专家参与评标过程，向真正意义的粤港联合招标迈开了新步伐。本次招标共受理有效投标书191项，邀请专家87人次，对投标项目进行了两轮评审。完成了国家和省级重点新产品计划、国家火炬计划等多个科技项目立项前的评审工作，累计评审科技项目超过16 000项，邀请专家超过8 000人次。评估中心为部分地市科技管理部门提供项目评审咨询服务，累计各类评审共邀请专家超过3 000人次，评估项目超过5 000项。

2012年，评估中心协助对广东省科技计划项目评审的专家库进行信息维护，严格按照广东科技咨询专家入库条件，新入库专家2 000余人；对原有在库专家信息进行了更新，在历年工作的积累上，建立和完善专家信用评价体系，对于每次项目评审都进行信用评价。建立和完善各类项目的数据库，为各类科技政策的决策提供数据支持。

【理论研究与交流】 2012年，评估中心加强对科技评估工作的理论研究，积极探索科技评估的方法、指标体系等，根据各类评审工作中政策要求，与相关科技主管部门进行沟通，分别制定指标体系。2012年度评审多项重大专项，根据各专项的特点，设计不同评价指标，如战略性新兴产业核心技术评价指标、战略性新兴产业LED专项评价指标、省部院产学研合作专项评价指标，其中省部院产学研专项针对省院、省部、工作站、特派员等不同类型的项目进一步细分评价指标，使评审的指标更符合政策的指向需求。积极加强自身评估队伍的建设，组织在职评估人员参加国内外多个学习班进行科技评估继续培训，如参加中国产学研合作协会、科技部中国技术创业协会、科技部等部门举办科技项目管理、评估等多形式的培训班。积极与国内同行进行工作经验交流，派人参加国家科技评估中心组织的科技评估研讨会，提升评估中心科技项目评估理论水平。

（广东省科技评估中心）

科技装备动员

2012年，广东省科技装备动员工作在广东省国防动员委员会的统一部署和领导下，坚持以科学发展观为指导，以军事斗争准备需求为牵引，认真贯彻落实国家、广州军区、广东省军区关于装备动员工作一系列的指示精神，坚持“平战结合、军民结合、寓军于民”的基本方针，在科技装备动员“十二五”建设任务制定、科技计划涉密项目保密检查与规范、军民两用技术研发等方面开展了积极的工作。

规 划 总 结

【广东省科技装备动员“十二五”规划】 为推进全省科技装备动员建设创新发展，依据国务院、中央军委〔2011〕19号文件精神、新时期军事战略方针、军事斗争准备任务和广东省国防动员建设总体部署，2012年，广东省科技装备动员办公室（以下简称“省科装办”）制定了《广东省科技装备动员“十二五”规划》。

该规划分析了“十二五”时期科技装备动员建设面临的形势，提出“十二五”期间，广东省需完成“健全机构，完善动员预案方案，提高重点企业的转、扩产能力，提高组织指挥、业务管理和协调能力，完善信息网络系统”等目标，围绕目标需开展健全组织指挥体系、组织科技装备动员潜力调查、完善动员预案、抓好科技装备人才队伍建设、推进科技装备预储预征、搞好高新技术“民技军用”转化、建立科技装备动员信息网络等方面工作，并制定分阶段实施方案。

【全省科技装备动员工作会议】 2012年10月，省科装办组织召开全省科技装备动员工作会议，这是广东省科技装备动员工作自开展以来首次召开全省性工作会议，来自全省各地市100多名军地代表参加了会议。会议回顾了“十一五”期间广东省科技装备动员工作情况，总结了经验，分析了工作形势，部署了“十二五”工作任务。省军区司令员刘联华、副省长陈云贤和广州军区装备部副部长马改河参加会议并作讲话。会议上组织了“十一五”全省科技装备动员军民两用技术成果展，涉及工程设备、航空航天、能源动力、化工材料等六大领域，共展出军民两用优秀成果23项，得到了与会军地领导的一致认可。

（广东省科学技术厅发展规划处　石福华）

项 目 管 理

【《广东省科技装备动员项目管理办法》制定】

2012年，省科装办制定了《广东省科技装备动员项目管理办法》，该《办法》共分为总则、项目申报与审批、项目管理、项目验收、项目经费管理和附则共6章27条，说明了专项设立的目的、支持的对象、内容和方式，规范了专项指南的制定与发布、项目申报、评审、审批与验收、专项项目经费使用等相关事项。

【科技装备动员项目保密检查】 为贯彻落实国家国防动员委员会首长关于“认真做好保密工作，防止各种途径的失、泄密”的重要批示，进一步加强广东省涉密科研项目的保密工作规范管理，2012年2月，省科装办联合各地市科装办对“十一五”期间广东省科技装备动员专项涉密项目从涉密制度规范、涉密人员、涉密场所、涉密介质4个方面开展检查工作。本次检查共涉及广州、惠州、深圳、珠海、汕头、揭阳共6个地市34个项目，项目均属军民两用类研究，有着较好的军事应用前景和民用产业化前景。

【军民两用技术研究】 2012年，省科装办共安排专项资金支持“防空训练系列靶标研制”“舰船用907A钢新型配套药芯焊丝工程应用试验研究”“建制连队节能减排电磁灶”“危险品库房光纤照明系统”等16个项目的研发及产业化，稳步推动全省军民两用科技装备水平的提高。

（广东省科学技术厅发展规划处 石福华）

研究、开发及科技成果产业化

基础性研究

2012年，广东省基础研究工作稳步前进。全省获得国家重点基础研究发展计划（含国家重大科学研究计划）首席科学家项目数量连续4年取得大丰收，获得国家自然科学基金项目数和总经费均创历史新高，国家杰出青年基金项目创历史新高，在国家自然科学基金重大项目上实现“零的突破”。广东省自然科学基金申报项目比上年增长3.9%。在地方首设“省自然科学杰出青年基金”，首创国内资助35周岁以下年轻科学家的先河。

国家自然科学基金委员会—广东省人民政府自然科学联合基金

【项目申报与资助情况】 2012年度国家自然科学基金委员会—广东省人民政府自然科学联合基金（以下简称“国家自然科学基金委—广东联合基金”）受理项目161项，其中重点项目132项、面上项目29项。该批申请项目共有64个依托单位申请，分布在17个省、市、自治区。2012年度国家自然科学基金委—广东联合基金项目资助经费7 725万元，共资助32个项目，其中重点项目30项、面上项目2项，重点项目资助强度约为260万元。

【项目选介】

珠江河口湿地生态系统结构、动态与水环境效应　该项目是由中山大学承担的国家自然科学基金委—广东联合基金重点项目。项目针对珠江河口地区水网交错，湿地生态系统类型多样，以及近年来随着经济发展对河口地区的破坏日趋严重的现状，研究了珠江河口典型湿地生态系统结构、动态及水环境效应，并进行了湿地生态恢复与净化水质的应用示范研究。

项目取得了以下主要成果：1. 掌握了珠江河口的生物物种资源与水环境现状。首次系统调查掌握了珠江河口典型湿地生态系统的生物物种结构；发现了一些新种；基于河口水环境与生物物种分布，找出原生动物纤毛虫可以作为评价水环境的指示生物；掌握了珠江河口水体中酚类内分泌干扰物（pEDCs）的浓度分布与N、P污染现状与动态。2. 揭示了集水区陆地生态系统与珠江河口水环境效应的作用机制。首次建立了适用于珠江河口这一世界上最为复杂的河口之一的

表5-1-1-1　国家自然科学基金委—广东联合基金资助项目情况表（2008—2012）

年份	立项总数（项）	由广东牵头的项目				由外地牵头的项目			
		立项数（项）	占立项总数（%）	与外地合作项目数（项）	占广东牵头项目数（%）	立项数（项）	占立项总数（%）	与广东合作项目数（项）	占外地牵头项目数（%）
2008	28	22	78.6	14	63.6	6	21.4	6	100
2009	28	21	75.0	12	57.1	7	25.0	6	85.7
2010	25	15	60.0	5	33.3	10	40.0	8	80.0
2011	31	24	77.4	13	41.9	7	22.6	5	71.4
2012	32	28	87.5	18	57.1	4	12.2	3	75

SWAT模型，阐明了珠江流域集水区及珠江河口区域的水陆相互作用，预测了气候变化对水陆相互作用产生的影响。3. 阐明了湿地恢复的过程与水环境效应机制。提出并验证了红树林演替的化感驱动力假说；发现红树植物普遍感染了丛枝菌根真菌（AMF），AMF对红树林湿地优势植物的生长有明显的促进作用；建立了简单、快速、灵敏的PAHs代谢产物测定方法，通过研究微生物和多种PAHs的共代谢途径和机理，阐明了红树林根际水质净化功能的微生物作用机制。4. 进行了“利用海桑、秋茄、桐花树等对生活污水的净化”和“红树林快速演替恢复”的应用示范研究。

项目发表论文37篇，其中SCI收录论文22篇；出版专著2部，译著2部；申请专利5项，其中3项已获授权。项目培养教授和副教授各1名、博士后3名、博士18名。

高性能纳米冷阴极及其在平板显示器件的应用基础研究 该项目是由中山大学承担的国家自然科学基金委—广东联合基金重点项目。项目从场发射平板显示器研制这一国家战略需求出发，探索能够充分利用多种优势制备大面积纳米冷阴极材料及真空微纳电子源阵列的科学原理，设计和研制新型FED器件并发展相关拥有自主知识产权的技术，为FED未来产业化提供关键知识产权和技术储备。

围绕上述目标，项目重点解决从新材料研究发展到能够用于器件中冷阴极过程中存在的突出科学问题：寻找高效发射电子的纳米材料；大面积有序排列纳米冷阴极的精细定位低温生长；高性能纳米冷阴极器件结构设计与集成；纳米冷阴极的工作稳定性、可靠性；对上述材料、器件和过程的物理机理理解。项目在低温制备准一维纳米材料技术、精细定位生长准一维纳米材料制备技术、纳米材料的表面处理技术、准一维纳米材料冷阴极阵列制备技术、FED器件技术中取得了突出进展，发展了低温制备技术，实现Si、ZnO和CuO纳米线或管的可控定位生长；发展了“自组装生长”和“微加工”相结合的制备技术，在Si衬底上制作出可寻址带栅极硅纳米线冷阴极阵列，单个电子源直径小至5μm，并实现了单个像素单元的低压驱动和高亮度显示；发展了2项基于纳米线材料的大面积（3.5英寸及以上）冷阴极阵列制备技术，1项基于碳纳米管材料的大面积冷阴极制备技术，实现了符合全高清晰度FED像素要求的可寻址纳米材料冷阴极基板；发展了2项后处理技术改善纳米线冷阴极的场发射特性和纳米线冷阴极阵列的均匀性；研制出2种符合全高清晰度像素要求的原理型FED器件，即3.5英寸、单色和三基色的氧化铜纳米线FED原理型器件，1.5英寸单色碳纳米管FED原理型器件；发展了传统的Fowler-Nordheim场发射理论，建立了碳纳米管场发射理论，发现了碳纳米管发射图像对称性自发破缺，提出了宽带隙纳米线场发射机制并进行了实验验证。

该项目执行期共发表科技论文97篇，其中SCI收录论文38篇，*Phys Rev Lett*、*Adv Mater*、*ACS Nano*等影响因子为3以上的国际期刊论文14篇。该项目研究人员还被邀请在国际会议和全国重要学术会议做特邀和邀请报告3次；获授权发明专利14项，申请发明专利6项。在项目执行期内，培养了从事与项目研究领域相关工作的研究生60名，其中博士研究生22名、硕士研究生38名，2名博士研究生获全国百篇优秀博士论文奖。在国家自然科学基金委—广东联合基金的前期资助下，许宁生教授进一步承担了国家“973计划”项目。2009年，许宁生教授当选中国科学院院士。

（广东省科学技术厅社会发展与基础研究处 彭向阳）

获国家科技项目支持情况

2012年，广东省基础研究工作稳步前进。全省获得国家“973计划”（含国家重大科学研究计划）首席科学家项目8项，连续4年获得大丰收；获得国家自然科学基金经费14.53亿元，项目超过2 400项，项目数和总经费均创历史新高，位列全国第4位；新增国家杰出青年基金项目15项，资助经费2 940万元，创历史新高，位居全国第4位；新增国家自然科学基金重点项目32项，为历年最好成绩，其中，中山大学获得国家基金资助经费为超过4亿元，位居全国第5位，位列上海交通大学、北京大学、浙江大学和清华大学之后，特别是中山大学获得1项重大项目，获资助经费1 500万元，实现“零的突破”。深圳大学牛憨笨院士获得国家重大科研仪器研究专项，获资助经费900万元，为广东省首个“国家重大科研仪器设备研制专项”项目。

（广东省科学技术厅社会发展与基础研究处 彭向阳）

表5–1–2–1 广东省获国家“973计划”（含国家重大科学研究计划）首席科学家项目情况（2012）

序号	类别	项目名称	负责人	依托单位
1	“973计划”首席科学家	高温功能涂层制备科学与界面基础研究	刘　敏	广州有色金属研究院
2	“973计划”首席科学家	金属配合物激发态的基础与应用研究	支志明	香港大学深圳研究院
3	“973计划”首席科学家	聚集诱导发光的基本科学问题	唐本忠	香港科技大学深圳研究院
4	“973计划”首席科学家	老年痴呆症的分子机制研究	叶玉如	香港科技大学深圳研究院
5	“973计划”首席科学家	果实采后衰老的生物学基础及其调控机制	蒋跃明	中国科学院华南植物园
6	国家重大研究计划首席科学家	干细胞分子标记筛选、鉴定及其分子网络关联研究	曾令文	中国科学院广州生物医药与健康研究院
7	国家重大研究计划首席科学家	南海珊瑚礁对多尺度热带海洋环境变化的响应、记录与适应对策研究	余克服	中国科学院南海海洋研究所
8	国家重大研究计划首席科学家	基于纳米冷阴极的新型真空微纳电子器件的基础问题研究	邓少芝	中山大学

广东省自然科学基金

【项目申报与资助】 2012年，广东省自然科学基金申报项目达5 619项，比上年的5 408项增长3.9%，共有256家单位申报。经形式审查，正式受理申报5 256项，其中研究团队52项、重点项目218项、自由申请3 043项、博士科研启动1 968项、省杰青项目337项。与上年相比，申请量增加比较大的类别是自由申请和重点项目，分别较上年增长了12.32%和10.65%。

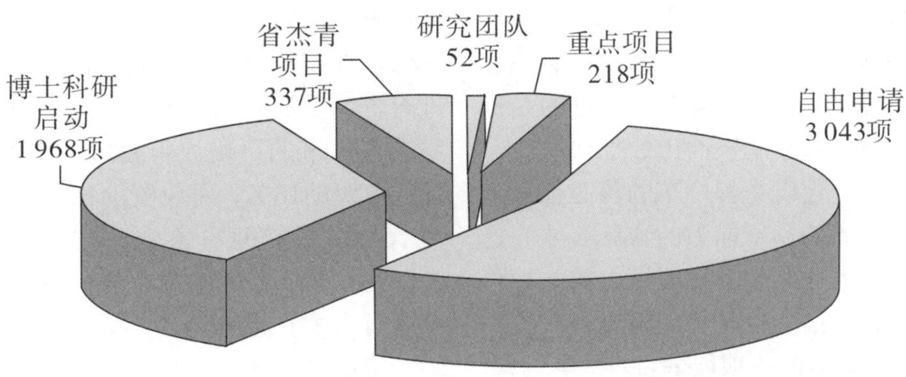

图5–1–3–1 广东省自然科学基金受理项目领域分布（2012）

2012年，省自然科学基金共资助项目1 184项，其中，研究团队36项（包括滚动支持26项），重点项目85项（包括滚动支持42项），自由申请642项（包括联合资助34项），博士科研启动405项（包括联合资助24项），省杰青项目16项。资助项目数比上年增长7.83%，资助率为21.09%，基本与上年持平。

表5–1–3–1　广东省自然科学基金资助项目情况（2012）

计划类别	立项数（项）	经费（万元）	资助率（%）
研究团队（包括滚动支持）	36（新上10个）	1 360	—
重点项目	43	1 260	18.6
自由申请	608	3 061	22.77
博士后启动	381	1 146	19.4
省杰青项目	16	1 120	4.8

表5–1–3–2　广东省自然科学基金各学科面上项目资助情况（2012）

学科	自由申请项目					博士科研启动项目				
	受理数量（项）	立项数量（项）	资助率（%）	占比（%）	总经费（万元）	受理数量（项）	立项数量（项）	资助率（%）	占比（%）	总经费（万元）
数理	122	22	18.03	3.43	86	115	27	23.48	6.67	79
化学	172	33	19.19	5.14	139	138	29	21.01	7.16	83
生科	448	76	16.96	11.84	342	280	60	21.43	14.81	172
地球	148	23	15.54	3.58	136	100	22	22.00	5.43	66
材料	283	52	18.37	8.10	217	206	39	18.93	9.63	109
信息	326	66	20.25	10.28	278	261	52	19.92	12.84	142
管理	217	48	22.12	7.48	414	149	26	17.45	6.42	78
医学	1 313	322	24.52	50.16	1 483	719	150	20.86	37.04	438
合计	3 029	642	21.20	100	3 095	1 968	405	20.58	100	1 167

【广东省自然科学杰出青年基金】　2012年是广东省自然科学杰出青年基金（以下简称“省杰青基金”）设立的第1年。该基金设立的目的是促进本省优秀青年科技人才脱颖而出、加快成长，围绕加快转型升级、建设幸福广东的核心任务，培养一批具有重大原始创新能力的青年人才。这不仅是培养具有重大原始创新发展潜力的本地科学家一项重大创新举措，也是全国地方首次资助35周岁以下年轻科学家的一项创举。

“省杰青基金”项目从2012年开始接受申报就引起社会强烈反响与密切关注，主要围绕高端新型电子信息、生物技术、高端装备制造、节能环保、新能源、新材料六大战略性新兴产业领域进行资助，最后通过专业评审、学科会评与大评委综合评审的严格评审程序从337名申报人中择优选取资助16名，每位资助100万元。

在16名资助对象中，“80后”科学家有8人，占了50%，其中最年轻的仅27周岁。资助对象既有全才，也有奇才、异才，既有来自中山大学、华南理工大学、广东省科学院等“传统航母级”基础研究单位，也有来自深圳光启高等理工研究院、广州市香港科大霍英东研究院等新生代小型民营科研机构，充分体现了省自然科学基金不拘一格降人才的自由公正的科学精神。从发展潜力看，受资助的杰出青年科学家已主持完成100多项国际、国家及省部级项目，获得授权专利近百项，并且不乏发明专利，发表SCI收录论文近千篇，多项成果已经实现产业化，前期工作已经显露出他们高超的科研实力。这批项目将紧紧围绕高端新型电子信息、生物技术、高端装备制造、节能环保、新能源、新材料等战略性新兴产业领域开展协同创新研究，为本省今后转型升级培养造就一大批拔尖创新人才，提供强有力前沿技术支撑引领。

【项目选介】

木质素基功能高分子表面活性剂的理论与技术　该项目是由华南理工大学承担的广东省自然科学基金研究团队项目。项目研究利用造纸废液中的碱木质素原料制备量大面广的木质素基功能高分子表面活性剂，能有效地解决石油资源的紧缺及环境污染问题，对实现可持续发展具有重要的意义。项目通过对碱木质素原料、碱木质素化学或生物改性、碱木质素改性产物——木质素两亲聚合物的应用基础研究，揭示了碱木质素在溶液中高度聚集是导致其反应效率低、改性难度大的主要原因，阐述了碱木质素改性制备木质素两亲聚合物的多条途径及其反应机理，建立了木质素两亲聚合物的结构特征与其表面物化性能的关系，阐明了木质素两亲聚合物在固体颗粒表面的吸附特征和分散性能。通过研究碱木质素在溶液中的聚集行为，首次提出了碱木质素芳香环的聚集类型是J-聚集。对碱木质素改性提出了亲水改性和疏水改性的新思路，其中亲水改性的典型产品是高分子量高磺化度的碱木质素磺化产物，解决了碱木质素磺化效率低及成本高的难题；而疏水改性的典型产品有碱木质素乙酰化产物和偶氮化产物，可以用来组装制备规整的纳米球结构。调整木质素两亲聚合物的制备工艺，将其应用于混凝土外加剂、水煤浆添加剂、农药分散剂等领域，获得了一系列具有自主知识产权的新产品，推动了木质素可再生资源的高效利用及造纸行业的可持续发展。

截至2012年11月，该项目发表相关学术论文36篇，SCI/EI收录论文23篇；申请发明专利16项，其中美国专利1项，获得授权发明专利12项；人才培养方面，新晋高级职称3人，共培养博士后4名、研究生38名，在读博士后4名、博士研究生7名、硕士研究生38名；出国进行学术交流6人次，邀请国外知名专家来团队学术交流10次，参加国内学术会议50人次；研究成果“碱木质素的改性及其资源化高效利用”获得2010年度广东省科学技术奖一等奖。

广东道地中草药的活性成分及质量标准研究

该项目是由暨南大学承担的广东省自然科学基金研究团队项目。项目在对岭南地区广泛使用、但化学成分不明确且缺少质量标准的岗梅根、牛大力等66种中草药进行比较系统的化学成分研究过程中，共分离鉴定了1 700余个化合物的结构，其中新化合物331种（新骨架化合物8种）；对32种中草药的化学成分进行了抗炎、抗菌、抗病毒、抗肿瘤、降血糖等药理活性研究，发现具有明显生物活性化合物140余种；开展HPLC指纹图谱和对照品指认研究，制定了22种药材的可化学指认指纹图谱；对特征成分的定量分析方法进行研究，初步建立了26种中草药的含量测定标准。通过最新的文献资料分析，可以说明该团队在对广东道地中草药活性成分的研究、相关化学对照品制备以及定性定量分析研究方面，已达到同期国内外研究工作的领先水平，研究成果弥补了诸多广东道地中草药在化学成分、药理活性、质量标准方面的空白，进而对揭示广东道地中草药和相关中成药制剂的科学内涵、提升相关药品食品的品质、促进相关产品的二次开发具有重要作用。目前，一些研究成果已推广应用至企业和医院，例如板蓝根的化学成分和质量标准研究成果已被广州王老吉药业股份有限公司采用，在药材种植、采收、加工和产品质量控制方面发挥重要作用，全面提升了板蓝根颗粒的产品质量，确保其临床疗效。广东土牛膝和岗梅根的化学对照品和含量测定方法已被中山大学附属第一医院采用，用于多种医院制剂的生产和质量控制，推进了相关产品的二次开发。预计以上科研成果转化产生的经济效益将大于5 000万元。

截至2012年11月，项目研究团队已发表论文113篇，其中SCI收录论文47篇、其他期刊论文49

篇、会议论文17篇；申请发明专利11项，已授权5项；获批候选新药研究项目3项；获国家和省部级奖励5项；获批国家药品标准提高暨2015版药典科研项目6项。该创新团队项目的实施对人才培养特别是对青年科技人员的培养起到了积极促进作用，培养核心成员江仁望教授成为新世纪百千万人才工程国家级人选和教育部新世纪优秀人才，核心成员高昊副教授入选教育部新世纪优秀人才和广东省千百十人才计划校级培养对象，核心成员张晓琦副教授成为广东省千百十人才计划校级培养对象，研究人员王英副教授入选教育部新世纪优秀人才和广州市珠江科技新星，研究人员张冬梅副研究员入选广州市珠江科技新星，已累计培养博士后人员6人、博士生13人、硕士生45人，其中3名毕业生获得了“南粤优秀研究生”称号。研究团队共获得国家、省部级后续资助约955万元，其中国家“重大新药创制”科技重大专项2项，教育部创新团队1项，国家自然科学基金委—广东联合基金重点项目1项，广州市重大科技专项1项，其他国家、省部级项目14项。

（广东省科学技术厅社会发展与基础研究处
彭向阳　张　玮）

科技计划项目

2012年，广东省各类科技计划支持项目3 840项，带动社会创新资金投入约215亿元。“低碳技术创新与示范”“战略性新兴产业关键技术”和“重大新药创制”3个省重大科技专项累计投入资金3.11亿元，共计支持项目215项。粤港共性技术招标工作中投入1亿元，在4个大领域17个子领域共立项38项，各关键性领域有了重点突破。

科技计划管理

【科技计划项目管理】 2012年，省科技厅投入的财政经费总额约28.7亿元，向社会发布了172个专题的技术领域和专项工作扶持引导指南，收到社会各界项目申报12 600余项。经专家评审，省科技厅择优支持了3 840项，带动社会创新资金投入约215亿元。其中，省科技计划重点围绕省战略性新兴产业的突破发展，集中资源支持了战略性新兴产业核心技术攻关77个项目，投入5.41亿元；支持LED产业技术攻关和应用示范项目42项，投入5.07亿元。2012年，省级科技计划新启动了“数控一代”机械产品创新应用示范工程和专业镇中小微企业服务平台建设2项专项工作，积极开辟新的创新经济增长点。

2012年，省科技厅进一步深化科技计划管理改革，制定《广东省省级科技计划管理改革实施方案》及相应的配套措施，全面优化改革科技计划管理制度，逐步建立起一套系统、高效、科学的项目管理流程。省级科技计划整理规范了科技业务分类，调整划分为基础研究、科技攻关与产业发展、科技能力与环境建设和计划协调监督评估四大板块，梳理了项目管理流程，建立起由计划资金预算制定、指南编制发布、项目申报、评审与立项、实施与监督、验收与评估等环节组成的全流程管理。改革后，科技计划的管理形成了决策、执行、监督三方协作制约的科技管理体制。

【科技计划经费管理】 2012年，省财政下达省科技厅经费预算55.92亿元，新增科技经费16.81亿元，增幅达41.6%，科技经费投入的总体水平持续得到提高，有效地支撑了各个层次的科技创新活动。针对广东省经济社会发展对科技工作的要求，省财政2012年新设了专业镇、数控一代等多个专项，截至2012年年底，科技专项达到18个。各科技专项资金自设立以来，充分发挥了政府财政资金的引导和示范作用，专项资金额度相应增加，资金结构不断优化，稳定性经费和竞争性经费的比例也进一步优化，为科技工作的有效开展和发挥对经济社会的支持作用打下坚实基础，保障了各项新增科技工作的顺利开展，大大提升了本省的产业竞争力。

广东省按照财政科学化、精细化管理改革的要求，努力探索科技计划项目管理的新机制、新方法，科技经费管理日益完善。除做好年度科技项目经费总预算的编制工作，细化预算项目外，还加强了预算编制、预算评审、预算执行、财务验收等各管理环节之间的有效衔接，提高科技经费的科学性和规范性。经费监管手段日益丰富，做到日常监管和专项监管相结合，实现监管重点由揭示问题为主向提供服务为主转变，监管队伍也初步形成，科技经费监管体系不断完善，逐步形成了省科技经费管理的长效机制。

管理制度化 2012年，省科技厅组织力量编写了《广东省科学技术厅科技项目（课题）经费管理办法（征求意见稿）》，制定了预算评审、财务验收和绩效评价3个工作规程，作为具体工作操作指引，科技计划项目管理流程中经费管理环节得到有效监控和规范。

预算管理　项目预算评审试点是加强项目预算管理的新举措，从2012年9月起，省科技厅选取“2012年低碳技术创新与示范重大科技专项”相关的项目进行预算评审试点。本次预算评审工作前期准备充分、过程完整合规、结果科学合理，基本达到预期目标，为大规模开展预算评审打下良好基础。

管理培训　2012年，省科技厅组织编写了《广东省省级科技计划项目经费核算和会计制度汇编》，并在全省21个地市开展了省级科技计划项目经费管理培训会以及预算评审和财务验收工作的宣贯会，3 000多家承担省级科技计划的企事业单位共计10 000多人参加了培训，有效地宣传了广东省经费管理规章制度和经费管理理念，有助于提高各项目承担单位经费管理水平，提高省科技计划经费管理的规范性和科技计划经费的使用效益，保证了科技计划项目顺利实施。

监管网络化　2012年，省科技厅遴选了80家具备科技计划项目经费审计资格的会计师事务所，作为未来4年承担省级科技计划项目财务验收推荐单位，为进一步做好科技项目预算评审、中期检查和财务验收工作打下坚实基础。

（广东省科学技术厅发展规划处　陈楚祥）
（广东省科学技术厅科研条件与财务处　卢景昌）

重大科技专项

【低碳技术创新与示范专项总体情况】　2012年，广东省“低碳技术创新与示范”重大科技专项立足于低碳经济和节能减排的科技需求，以将广东省建设成为“低碳示范省”和“宜居城乡示范省”为目标，以建筑节能减排为突破口，坚持重点突出、实效优先的原则导向，开展建筑节能减排技术集成与示范和关键产品、技术的研究与产业化。当年，该专项立项48个项目，投入资金1亿元，包括绿色低碳城区、小区、建筑楼宇的建设技术集成与示范，共性技术、围护结构开发及其产业化，建筑节能运营管理智能系统，有效地推动低碳城区、低碳建筑示范，加快低碳建筑关键技术攻关，引导社会力量积极投身建筑节能事业，为提升广东省建筑节能和绿色建筑自主创新能力和产业竞争力，完成广东省“十二五”节能减排的各项约束性指标做出贡献。

中新广州知识城南起步区绿色低碳城区建设技术集成与示范　该项目吸收新加坡绿色建筑建设经验，100%按绿色建筑标准建设，通过绿色智能技术，将高新产业功能、城市功能、生态功能有机地融为一体，将中新知识城建设成为绿色的高新产业区。

广东省建筑科学研究院检测实验大楼绿色节能建筑楼宇技术集成与示范　该项目以广东省建筑科学研究院检测实验大楼为研究对象，结合本地气候特点，开展适用于城市建筑密集区的高层办公建筑的绿色建筑技术集成应用研究。项目通过绿化种植屋面、太阳能遮阳屋面及热反射屋面、固定百叶外遮阳与立面绿化外遮阳、垂直绿化等被动式绿色节能技术，以及多联式空调系统与新排风热回收集成、高效太阳能光伏、光热建筑一体化、紧凑节地型雨水收集、中水回用、人工湿地等节能节水技术的综合应用与示范，将“实验大楼”建设成为三星级绿色建筑，在楼宇建筑上起到良好的示范作用。

绝热型材配置可调遮阳节能门窗研发　该项目主要应用可调节内置百叶中空玻璃和纳米隔热涂膜玻璃等新型高性能节能环保门窗技术，研究适用于广东省气候特点、资源状况和经济水平的复合型绿色节能门窗，实现门窗的低碳生产和建筑节约能源的双重节能目标。

基于陶粉废物利用与秸秆纤维复合节能围护墙材的开发及产业化　该项目针对广东作为建陶大省，产生陶瓷废料量大、处理困难、对环境污染严重以及目前建筑使用的自隔热墙材强度较低、脆性大、吸水率和干缩性较大等问题，按照建筑设计技术和综合节能减排的目标要求，交叉融合建筑学、制浆造纸工程、材料学、化工、生物工程等多学科领域，利用固体废弃物（陶粉、稻草秸秆），自主研发创造新型复合墙体材料配方与工艺，开创新型纤维混凝土墙材。

【战略性新兴产业关键技术】　2012年，广东省“战略性新兴产业关键技术”重大科技专项重点支持关键电子元器件、高端软件和新兴信息服务、智能控制装备、功能性和结构性新型材料等领域的产业共性关键技术、重点产品的研发和成果产业化等方面，共安排项目93项，投入资金1.03亿元，为广东省发展战略性新兴产业提供技术和项目储备。

2012年，该专项在水性树脂生产技术、水性凹印油墨新技术等多项技术达到国际国内领先水平，解决了包装印刷行业实现绿色包装的关键技术难题，填补了国内空白。印刷涂布设备干燥箱辅助设计软件、全自动零速接纸放卷机设计技术、超高含量抗静电母料生产技术、化工行业节能型低成本废水处理技术等多项技术工艺突破了国际技术壁垒。

支持协同互联的数字家庭多媒体共性技术平台　该项目完成验收，项目实施期内申请专利83项，其中发明专利60项；基于项目成果的数字电视机顶盒、IPTV终端、GPS导航仪、手机移动视讯终端、Android智能电视等产品全国销量领先，部分达到国际领先水平。

高性能数字集群对讲机射频芯片研发　该项目采用TSMC 0.13um RF CMOS工艺技术，计划用2年时间开发并实现定型量产具有完全自主知识产权、达到世界领先水平的专用射频芯片产品，可支持数字多媒体通信、海岸通信、煤矿井下通信、灾害应急通信、铁道列车通信和传感网等行业的专网应用。

新一代抗EGFR人源抗体新药BAT-7205的临床前研究及其规模制备技术　该项目计划用2年时间完成BAT7205所有临床前研究，申报我国首个新一代针对靶向且肿瘤免疫杀伤能力强的全人源抗体药物的临床研究，并最终获得SFDA的临床批件。通过项目实施，建立国内领先的抗体生产技术平台，包括抗体库建立、动物细胞大规模培养技术，质控和评价系统，使抗体的生产能力达到2.5g/L以上，达到国际领先水平，配合GMP车间的大规模生产，极大促进国内抗体药物的研发和产业化。

【重大新药创制】　根据国家有关战略性新兴产业发展规划，以及省委、省政府关于广东省战略性新兴产业战略规划和部署，2012年，“重大新药创制”重大科技专项针对恶性肿瘤、心脑血管疾病、神经退行性疾病、糖尿病、精神性疾病、自身免疫性疾病、耐药性病原菌感染、肺结核、病毒感染性疾病等10类（种）严重危害人们健康的重大疾病，共安排项目74项，投入资金1.086亿元，创制一批具有重大创新、重大产业化前景和重大市场效应的重点新药，培育广东省生物医药产业新增长点。

靶向抗肿瘤一类新药Z582的临床前研究　该项目研制的化学药物具有较强的EGFR抑制作用，适用于广大的非小细胞肺癌患者。项目完成产业化之后，产值将达到7.1亿元，年均利润总额28 906万元，净利润21 679万元。该药物能提高病人的生活质量，挽救病人的生命，具有巨大的社会效益和经济利益。

中药五类新药地乌风湿安胶囊质量控制关键技术研究　该项目已经进入Ⅲ期临床试验。Ⅰ、Ⅱ期临床试验显示其有望开发成为高效、低毒的RA治疗药物，市场前景广阔。地乌风湿安胶囊原药材地乌中皂苷含量高达8%以上，投放市场后，预计3年内可实现年销售收入超2亿元。项目还计划建设一条自动化大孔树脂纯化洗脱生产线及近红外在线监控系统，实现中成药生产过程中分离纯化过程的全自动化及产品品质的实时在线检测，可为中药产业生产装备的技术升级及产品技术含量的提高提供示范作用。

（广东省科学技术厅发展规划处
韩亚欣　赵劲松）
（广东省科学技术厅高新技术发展及产业化处
谢伟胜　郭秀强）

粤港关键领域重点突破项目

【2012年招标项目立项情况】　2012年，省科技厅在粤港关键领域重点突破项目招标工作中投入1亿元，在战略性新兴产业、加工贸易转型升级和传统产业优化升级、绿色制造技术研究应用、现代服务业等关键性领域17个子领域中，共立项38项展开重点突破。

表5-2-3-1 粤港共性技术招标项目立项情况（2005—2012）

单位：项

项目	2005年	2006年	2007年	2008年	2009年	2010年	2011年	2012年	合计
电子信息	22	21	14	12	17	3	4	0	93
先进制造	0	11	13	6	10	4	3	0	47
新型材料	0	7	19	15	5	5	0	0	51
生物医疗器械	23	17	9	8	11	8	0	0	76
能源环保	0	11	6	8	9	4	0	0	38
粤港产业平台	0	0	0	0	6	0	0	0	6
科技农业	14	11	6	8	1	0	0	0	40
食品安全	3	6	5	4	7	4	0	0	29
专业镇共性平台	0	0	0	0	0	12	11	0	23
现代服务业	0	0	0	0	0	0	18	12	30
战略性新兴产业	0	0	0	0	0	0	0	6	6
加工贸易转型升级和传统产业优化升级	0	0	0	0	0	0	0	2	2
绿色制造技术研究与应用	0	0	0	0	0	0	0	18	18
合计	62	84	72	61	66	40	36	38	459

【历年招标项目总体情况】 2005—2012年，粤港关键领域重点突破项目共立项资助459项，其中203项已结题验收。这些项目共申请发明专利约1 950件，其中获得授权800件；申请实用新型专利约1 810件，获得授权730件；申请外观设计专利1 300件，获授权700件；申请国外专利140件，取得计算机软件著作权400项；制定或参与制定标准280多项。研究创新工艺310项，开发新产品超过1 000项，研究出新材料73种，开发新装备240项。发表论文著作3 500余篇（部），制定或参与制定标准约300项，项目成果获国家级奖励28项次，省级奖励60项次，市级奖励40项次；培养人才共6 000余名，其中博士研究生400名、硕士研究生2 100名、本科学士3 300名。

【2012年典型招标项目情况】

电子信息领域　晶科电子（广州）有限公司承担的“照明用110lm/W大功率LED外延与芯片的研发及产业化”，研究出适用于大功率LED芯片的凸点倒焊装工艺，配以倒装焊适应性外延衬底技术，开发出一系列外延技术及芯片工艺，并利用倒封装工艺实现无金线低热阻的多芯片模组互联，从而实现无金线互联的照明用大功率LED芯片模组，将LED出光效率提高到110lm/w以上。

先进制造领域　广州广船国际股份有限公司承担的“5万载重吨及以上半潜船的自主研发”，研究了5万载重吨及以上半潜式自航工程船的共性和专项核心技术，申请了多项发明专利，并在项目后期掌握了7万载重吨潜船的技术，有效提升了我国在5万载重吨及以上半潜式自航工程船产业中的技术水平和国际竞争力，为赶超世界先进造船技术水平奠定了坚实的基础。

新型材料领域　广东生益科技股份有限公司承担的“覆铜板用低介电常数电子级玻璃纤维布的应用开发”，通过研究低介电常数电子级玻璃纤维布和各种低介电常数树脂的界面结合情况，解决了玻璃纤维布和集体树脂结合力差的问题，项目产品可用于高频数字移动通讯、高速数字信息处理器、卫星信号传输设备、导航系统和全球定位系统等高端电子装备基板，取得了较好的经济效益和社会效益。

能源环保领域　珠海兴业幕墙工程有限公司承担的“多能源互补分布式可再生能源发电微电网技术研究与示范”，以珠海市东澳岛能源应用为依托，建立以风/光/柴/蓄分布式微电网的多种能源集成示范基地。项目综合利用多种可再生能源（风能、太阳能、生物质能等），组成多种能源分布式可再生能源供电体系，为广东省海洋开发和海岛的可持续发展以及新型能源的发展应用提供了巨大的示范作用。

生物医药领域　广东食品药品职业学院、广东省中药研究所、广东省湛江南药试验场联合承担的“道地南药（檀香、广藿香等）品种选育和种苗快繁关键技术研究及示范基地建设”，主要采用迁地保护手段收集野生或栽培的南药种质资源，挖掘种质的多样性，在南药资源和GAP研究的基础上，以檀香、广藿香等道地南药为示范物种，开展道地南药的品种选育和种苗快繁示范基地，为其他南药的相关研究和技术推广提供了良好的示范作用。

（广东省科学技术厅高新技术发展及产业化处
谢伟胜　郭秀强）

科 技 成 果

2012年，全省共有26项科技成果获得2012年度国家科学技术奖，其中国家自然科学奖3项、国家技术发明奖5项、国家科学技术进步奖18项。全省核准登记的重大科技成果有1 799项，有266家企事业单位的283个项目列入省重点新产品计划。广东省科技成果更加突出企业作为创新的主体地位，更加突出科技在惠及社会民生中的支撑作用，更加突出青年科学家在科技创新中的栋梁作用，更加突出基础研究和原始创新能力的突破。

广东省重点新产品计划

2012年，广东省有266家企事业单位的283个项目（含省科技厅、深圳市及广州市渠道）被列入省重点新产品计划，其中，80项被列入国家级重点新产品计划，1项列入国家战略性创新产品，居全国第5位。这些项目涉及人口与健康、信息产业、材料、制造业、能源、资源和环境、农业、交通与运输等多个产业领域，其技术领域主要集中在电子信息、新型材料、光机电一体化、新能源与高效节能、生物技术与新医药等高新技术领域，超过省重点新产品计划总数的97%。

据对由省科技厅渠道申报立项的173项省重点新产品项目的统计，从申报单位来看，属高新技术企业的137家，占申报立项总数的75%；从采标情况看，采用国际标准30项，采用国家标准60项，采用行业标准26项，采用企业标准57项；从项目的成熟度看，批量（规模）生产107项，小批量生产56项，中试生产10项；从技术来源看，企业自行开发148项，政府资助24项，采用国外技术1项；从开发形式看，本单位独立开发148项，合作开发21项，引进消化吸收4项。可见这批项目技术水平高，成熟度高，大部分拥有自主知识产权，属独立开发和自有技术。

在列入省重点新产品计划的项目中，绝大部分已申请或获得专利，其中获得授权的发明专利159项、实用新型专利795项、外观设计专利569项，取得软件著作权99项。这些新产品计划项目总投入约27.35亿元，其中产品研发投入约16.29亿元。实施一年后，预计年销售额约318.98亿元，创汇约76 319万美元，上缴增值税约13.74亿元。

（广东省科学技术厅高新技术发展及产业化处 郭秀强）

科技成果登记

2012年，全省核准登记的重大科技成果有1 799项，由省科技厅核准登记的有573项，组织成果鉴定480项。

在登记的科技成果中，应用技术成果有522项，占登记总数的91.1%；基础理论成果有44项，占登记总数的7.68%；软科学成果有7项，占登记总数的1.22%。在登记的科技成果中，72.08%的项目成果水平达到国内领先以上。

这些研究成果中，由企业完成的项目有286项，占登记总数的49.91%；医疗机构完成的项目有53项，占9.25%；科研院所、大专院校完成的项目有172项，占30.02%；其他项目有62项，占10.82%。在应用技术类科技成果中，已授权专利数有936项，其中有625项专利是企业取得的，占总数的66.77%。属于电子信息、软件、光机电一体化、新材料、新能源与高效节能、生物医学、环保等高新技术领域的成果有297项，占应用技术类成果登记总数的56.9%。

2012年，有486项成果已得到应用。对其中176项成果进行经济效益统计显示，新增利润92.44亿元，增长2.83%；新增利税52.74亿元，增长91.31%；出口创汇15.02亿元，增长59.53%。

表5-3-2-1　全省已登记重大科技成果基本情况一览表（2011—2012）

项目	2011年		2012年	
	项目数（个）	比重（%）	项目数（个）	比重（%）
一、成果完成单位类型				
1．独立研究机构	84	17.43	83	14.49
2．大专院校	71	14.73	89	15.53
3．企业	238	49.38	286	49.91
4．医疗机构	51	10.58	53	9.25
5．其他	38	7.88	62	10.82
合计	482	100	573	100
二、成果类别				
1．应用技术	440	91.29	522	91.10
2．基础理论	35	7.26	44	7.68
3．软科学	7	1.45	7	1.22
合计	482	100	573	100
三、成果水平				
1．国际领先	44	9.13	35	6.11
2．国际先进	110	22.82	142	24.78
3．国内领先	212	43.98	236	41.19
4．国内先进	91	18.88	76	13.26
5．其他	25	5.19	84	14.66
合计	482	100	573	100
四、基本情况				
1．鉴定项目数	407	84.44	480	83.77
2．验收项目数	35	7.26	37	6.46
3．评审项目数	35	7.26	46	8.03
4．行业准入数	1	0.21	2	0.35
5．其他	4	0.83	8	1.40
合计	482	100	573	100

表5-3-2-2　全省已登记重大科技成果应用及经济效益情况一览表（2012）

应用情况		经济效益情况	
项目	合计	项目	合计
已应用　（项）	486	经济效益项目数　（项）	176
应用后停用　（项）	1	净利润　（万元）	924 384
未应用　（项）	8	实交税金　（万元）	527 435
#资金问题	5	出口创汇　（万元）	150 240
其他原因	3	节约资金　（万元）	543 946

表5-3-2-3　全省重大科技成果登记完成单位情况一览表（2008—2012）

单位：项

项目	2008年	2009年	2010年	2011年	2012年
合计	433	504	431	482	573
企业	166	236	217	238	286
科研院所	73	71	60	84	83
大专院校	87	98	88	71	89
医疗机构	56	51	34	51	53
其他	51	48	32	38	62

（广东省科学技术厅科技服务与管理处　王雅文）

科　技　奖　励

【国家科学技术奖获奖情况】 2012年度，全省共有26项科技成果获得国家科学技术奖，其中，国家自然科学奖3项、国家技术发明奖5项、国家科学技术进步奖18项。

表5-3-3-1　获国家级、省级科技奖励情况一览表（2008—2012）

单位：项

项目	2008年	2009年	2010年	2011年	2012年
国家级科技奖励成果	31	26	36	34	26
国家技术发明奖	1	1	2	5	5
国家自然科学奖	4	2	1	5	3
国家科学技术进步奖	26	23	33	23	18
中华人民共和国国际科学技术合作奖	—	—	—	1	—
省级科技奖励成果	288	271	260	272	280
省科学技术突出贡献奖	1	2	2	1	—

表5-3-3-2 广东省获国家科学技术奖项目名单（2012）

序号	项目名称	主要完成单位	主要完成人	奖励等级
自然科学奖（3项）				
1	金属酶的化学模拟及其构效关系研究	中山大学	毛宗万 计亮年 巢 晖 刘建忠 鲁统部	二等奖
2	脊椎动物免疫的起源与演化研究	中山大学	徐安龙 黄盛丰 元少春 陈尚武 禹艳红	二等奖
3	若干新型非线性电路与系统的基础理论及其应用	中国科学院数学与系统科学研究院 香港城市大学 广东工业大学	吕金虎 陈关荣 禹思敏	二等奖
技术发明奖（5项）				
1	立体视频重建与显示技术及装置	清华大学 深圳超多维光电子有限公司 北京凌云光视数字图像技术有限公司	戴琼海 季向阳 刘烨斌 曹 汛 戈 张 杨 艺	一等奖
2	异种（猪）皮肤替代物的研发与临床应用	中国人民解放军总医院第一附属医院 启东市人民医院 温州医学院附属第三医院 佛山市第一人民医院	柴家科 杨红明 梁黎明 潘银根 陈 炯 冯祥生	二等奖
3	光电交叉联动与跨层灵活疏导的光传送技术及设备	北京邮电大学 中兴通讯股份有限公司	纪越峰 张 杰 赵 勇 陈 雪 涂 勇 赵志勇	二等奖
4	高速分布反馈半导体激光器及其与电吸收调制器单片集成光源	清华大学 武汉电信器件有限公司 深圳市恒宝通光电子有限公司	罗 毅 孙长征 熊 兵 王任凡 柴广跃 阳红涛	二等奖
5	大型水电工程地下洞室热湿环境调控关键技术、系列产品研发及应用	西安建筑科技大学 广东申菱空调设备有限公司 水电水利规划设计总院	李安桂 刘 雄 陈 华 赵鸿佐 杨志刚 樊越胜	二等奖
科学技术进步奖（18项）				
1	前列腺癌诊疗体系的创新及其关键技术的应用	中国人民解放军第二军医大学第一附属医院 中山大学附属第三医院 复旦大学附属肿瘤医院 华东师范大学 西安交通大学附属第一医院 天津市泌尿外科研究所	孙颖浩 高 新 叶定伟 刘明耀 贺大林 牛远杰 尚芝群 李 磊 易正芳 高 旭 周 铁 庞 俊 张海梁 任善成 王辉清	一等奖

（续上表）

序号	项目名称	主要完成单位	主要完成人	奖励等级
2	重要动物病毒病防控关键技术研究与应用	中国人民解放军军事医学科学院军事兽医研究所 华南农业大学 中国农业科学院特产研究所 华中农业大学 广西壮族自治区动物疫病预防控制中心 北京大北农科技集团股份有限公司	金宁一 廖 明 程世鹏 涂长春 高玉伟 何启盖 刘 棋 赵亚荣 任 涛 闫喜军 肖少波 金扩世 鲁会军 辛朝安 吴 威	一等奖
3	中国生态系统研究网络的创建及其观测研究和试验示范	中国科学院地理科学与资源研究所 中国科学院沈阳应用生态研究所 中国科学院南京土壤研究所 中国科学院植物研究所 中国科学院水生生物研究所 中国科学院寒区旱区环境与工程研究所 中国科学院水利部水土保持研究所 中国科学院东北地理与农业生态研究所 中国科学院华南植物园 中国科学院水利部成都山地灾害与环境研究所	孙鸿烈 陈宜瑜 沈善敏 赵士洞 赵剑平 韩兴国 张佳宝 于贵瑞 刘国彬 秦伯强 赵新全 马克平 欧阳竹 杨林章 李 彦	一等奖
4	TD-SCDMA关键工程技术研究及产业化应用	中国移动通信集团公司 电信科学技术研究院 工业和信息化部电信研究院 中兴通讯股份有限公司 华为技术有限公司 展讯通信（上海）有限公司 北京邮电大学 北京时分移动通信产业协会 中国普天信息产业股份有限公司 联想移动通信科技有限公司	真才基 李 跃 曹淑敏 陈山枝 王晓云 杨家军 周建明 王志勤 刘迪军 王溪澄 张 平 张韶井 赵先明 王 远 杨 骅	一等奖
5	特色热带作物种质资源收集评价与创新利用	中国热带农业科学院 广西壮族自治区亚热带作物研究所 广州市果树科学研究所 攀枝花市农林科学研究院 广东省湛江农垦集团公司 广西壮族自治区农业科学院园艺研究所 云南省德宏热带农业科学研究所	王庆煌 陈业渊 黄国弟 陈 健 蔡泽祺 李贵利 刘业强 周 华 李 琼 陆超忠	二等奖

（续上表）

序号	项目名称	主要完成单位	主要完成人	奖励等级
6	竹木复合结构理论的创新与应用	南京林业大学 新会中集木业有限公司 国际竹藤中心 南通新洋环保板业有限公司 湖南中集竹木业发展有限公司 嘉善新华昌木业有限公司 诸暨市光裕竹业有限公司	张齐生　陶仁中 孙丰文　刘金蕾 蒋身学　费本华 吴植泉　朱一辛 许　斌　关明杰	二等奖
7	汽车用高性能环保聚丙烯材料关键技术的开发与应用	金发科技股份有限公司	黄险波　罗忠富 李建军　李永华 宁凯军　陈广强 曾祥斌　黄　达 丁　超　周英辉	二等奖
8	湿法高效脱硫及硝汞控制一体化关键技术与应用	浙江大学 浙江蓝天求是环保集团有限公司 浙江浙大网新机电工程有限公司 蓝天环保设备工程股份有限公司 广东电网公司电力科学研究院	高　翔　骆仲泱 倪明江　岑可法 周劲松　王树荣 余春江　张涌新 朱燕群　文　雅	二等奖
9	数字视频编解码技术国家标准AVS与产业化应用	北京大学 中国科学院计算技术研究所 浙江大学 清华大学 上海大学 工业和信息化部电子工业标准化研究院 华为技术有限公司	高　文　黄铁军 虞　露　何　芸 马思伟　陈熙霖 王国中　张爱东 张恩阳　梁　凡	二等奖
10	沥青路面状态设计法与结构性能提升技术及工程应用	长沙理工大学 湖南省高速公路建设开发总公司 武汉理工大学 海南高速公路股份有限公司 广东省长大公路工程有限公司	郑健龙　周志刚 钱国平　曾　胜 刘朝晖　赵　平 黄紹龙　李宇峙 关宏信　吕松涛	二等奖
11	低C/N比城市污水连续流脱氮除磷工艺与过程控制技术及应用	北京工业大学 哈尔滨工业大学 东北师范大学 凌志环保股份有限公司 广州市市政工程设计研究院 安徽国祯环保节能科技股份有限公司 东达集团有限公司	彭永臻　霍明昕 王淑莹　李　冬 杨　庆　韩洪军 隋　军　凌建军 王　淦　王焜冬	二等奖

（续上表）

序号	项目名称	主要完成单位	主要完成人	奖励等级
12	肿瘤转移的分子靶向治疗应用	华中科技大学同济医学院附属同济医院 首都医科大学附属北京佑安医院 深圳市天达康基因工程有限公司 武汉天达康基因工程有限公司	马　丁　周剑峰 李　宁　胡俊波 袁响林　汪道文 王世宣　冯作化 吴　鹏　陈　刚	二等奖
13	补肾活血理论在治疗帕金森病中的应用	中国人民解放军总医院 中国人民解放军第四军医大学 广东省中医院	杨明会　陈建宗 李紹旦　史恒军 雒晓东　窦永起 王振福　刘　毅 康晓刚　李　刚	二等奖
14	经穴效应特异性循证评价及生物学基础研究	成都中医药大学 中国中医科学院 复旦大学 北京中医药大学 广州中医药大学 成都信息工程学院	梁繁荣　朱　兵 丁光宏　朱　江 赖新生　李　瑛 吴　曦　赵　凌 曾　芳　任玉兰	二等奖
15	高性能、跨网络的多媒体通信技术创新及产业化	华为技术有限公司	顾炯炯　马海寅 王伟杰　王　阳 严　军　罗　松 杨三九　张光钧 马卫军　林宏达	二等奖
16	新一代无源光网络EPON/10G-EPON关键技术与应用创新	中兴通讯股份有限公司 中国电信集团公司	许　明　王作强 贝劲松　王　波 史伟强　沈成彬 马　壮　蒋　铭 朱永兴　王晓牧	二等奖
17	中国东部中生代隐伏金属矿找矿理论技术创新与重大突破	中国地质科学院矿产资源研究所 中国地质科学院地球物理地球化学勘查研究所 河南省地质矿产勘查开发局 湖南省地质矿产勘查开发局 广东省地质局 河南省有色金属矿产局 河北省地质矿产勘查开发局	毛景文　王学求 张宗恒　贾宝华 杜海燕　郭保健 刘建明　李春生 田豫才　黄水保	二等奖
18	中国肺癌微创综合诊疗体系的建立、临床基础研究与应用推广	北京大学 江苏省肿瘤医院 佛山市第一人民医院 北京中法派尔特医疗设备有限公司	王　俊　许　林 刘　军　李剑锋 姜冠潮　刘桐林 杨　劼　卜　梁 蒋　峰　杨　帆	二等奖

【广东省科学技术奖奖励情况】 2012年，省科技厅对省科技奖励学科专业分组进行调整，对评审系统进行优化升级，进一步完善了省科学技术奖评审体系。举办了“2012年度省科学技术奖推荐工作培训班”，共有80多个单位160多人参加。2012年度省科学技术奖受理并进入评审项目625项，评选出获奖项目280项，其中特等奖2项、一等奖29项、二等奖80项、三等奖169项。

表5-3-3-3 2012年度广东省科学技术奖特等奖、一等奖获奖名单

序号	项目名称	主要完成单位	主要完成人
特等奖（2项）			
1	佛山一环快速干线工程建设与管理创新实践	佛山市人民政府 佛山市路桥建设有限公司 佛山市交通运输局 华南理工大学 长沙理工大学 河海大学 中南大学 交通运输部公路科学研究所 湖南省交通规划勘察设计院 上海市政工程设计研究总院（集团）有限公司 天津市市政工程设计研究院 佛山市交通运输工程质量监督站 佛山市公路桥梁工程监测站 中铁港航局集团第二工程有限公司 交通运输部科学研究院 广东产品质量监督检验研究院	
2	专业镇中小微企业科技服务体系的创新与实践	中山市小榄镇人民政府 中山市小榄镇生产力促进中心 中山市小榄镇商会 中山市锁业协会 中山市半导体照明行业协会 中山市工业设计协会 中山市个体劳动者协会小榄办事处	
一等奖（29项）			
1	微孔与磁性配位聚合物研究	中山大学	陈小明 张杰鹏 郑彦臻 程小宁 章跃标
2	南海及邻近海域藻华形成演变过程机制与遥感监测方法	中国科学院南海海洋研究所 香港中文大学 中国科学院南京地理与湖泊研究所 暨南大学	唐丹玲 施 平 林 珲 詹海刚 张渊智 黄 波 王东晓 王素芬 段洪涛
3	细菌外膜功能蛋白质组学的研究	中山大学 厦门大学	彭宣宪 李 惠 彭 博 林向民 熊筱鹏

（续上表）

序号	项目名称	主要完成单位	主要完成人
4	克服ABC药物转运泵介导的肿瘤多药抗药性的研究	中山大学肿瘤防治中心	符立梧　梁永钜　石　智　戴春岭　闫燕艳
5	金属功能材料的多相多尺度结构与性能调控的基础研究	华南理工大学	朱　敏　欧阳柳章　王　辉　高　岩　袁　斌　曾美琴　胡仁宗
6	荔枝高效安全生产理论与关键技术体系研究及产业化应用	华南农业大学 深圳市南山区西丽果场	李建国　陈维信　陈厚彬　黄旭明　胡桂兵　吴振先　张昭其　钟艺平　张承林　王泽槐　王惠聪　吴定尧　李　柯　周碧燕　邱金淡
7	水稻三控施肥技术体系的建立与应用	广东省农业科学院水稻研究所 广东省农作物技术推广总站	钟旭华　黄农荣　胡学应　彭少兵　陈荣彬　田　卡　徐世宏　潘俊峰　孔清霓　吕仲贤　叶丹杰　梁向明　黄大山　符　斋　王　强
8	国际马术比赛进出境参赛马检疫政策与技术研究	广东出入境检验检疫局	李延辉　黄冠胜　黄伟明　王新武　陈永红　郭　权　王彭军　游　洪　刘中勇　林志雄　吴炳荣　郭光楷　张志平　周仲芳　陈　文
9	凡纳滨对虾良种选育关键技术及产业化应用	中国科学院南海海洋研究所 广东粤海饲料集团有限公司 湛江市东海岛东方实业有限公司 湛江海茂水产生物科技有限公司 广东海兴农集团有限公司 广东广垦水产发展有限公司 茂名市金阳热带海珍养殖有限公司 雷州市海威水产养殖有限公司 中山市阜沙镇永健水产养殖场 电白县新科养殖有限公司	胡超群　张吕平　任春华　罗　鹏　陈　偿　赵　哲　郑石轩　陈文林　陈国良　江谢武　杜少波　谢珍玉　沈　琪　王艳红　夏建军
10	食药用菌工厂化生产与精深加工关键技术	广东省微生物研究所 广东粤微食用菌技术有限公司 广东环凯微生物科技有限公司 梅州市微生物研究所 广东汇香源生物科技股份有限公司 无限极（中国）有限公司 惠州市天蕈生物食品有限公司 广东侨微生物科技有限公司	吴清平　杨小兵　李森柱　谢意珍　李泰辉　阙绍辉　曾振基　孔令会　华洋林　郑太灿　谢光辉　李　崇　张　智　胡惠萍　潘鸿辉

（续上表）

序号	项目名称	主要完成单位	主要完成人
11	南海主要经济海藻精深加工关键技术的研究与应用	中国水产科学研究院南海水产研究所 汕头市澄海区琼胶厂 汕尾市维明生物科技有限公司	李来好 杨贤庆 戚　勃 郝淑贤 吴燕燕 陈胜军 岑剑伟 马海霞 黄　卉 魏　涯 邓建朝 麦伟群 陈栩哲 刁石强 石　红
12	桑树资源功能物质研究与食药用开发	广东省农业科学院蚕业与农产品加工研究所 广州采芝林药业有限公司 广东宝桑园健康食品研究发展中心	廖森泰 肖更生 邹宇晓 徐玉娟 吴继军 周路山 吴娱明 刘学铭 施　英 刘　凡 唐翠明 陈卫东 陈智毅 张友胜 刘子放
13	高值化糖品绿色加工关键技术及应用	华南理工大学 广东广垦糖业集团有限公司 新疆绿翔糖业有限责任公司	于淑娟 扶　雄 曾新安 管永光 朱思明 张本山 赵振刚 陈志江 邱荣其 高文宏 耿予欢 李国基 杨永军
14	百万千瓦超超临界机组自启停控制技术研究及应用	华能国际电力股份有限公司海门电厂 广东电网公司电力科学研究院 广州粤能电力科技开发有限公司 广东红海湾发电有限公司	陈世和 孙叶柱 潘凤萍 李毅杰 张又新 朱亚清 钱戈金 李　锋 孙伟鹏 陈锐民 杨　略 张　曦 张春生 罗　嘉 张红福
15	大电网设备智能化广域监测诊断关键技术研究与应用	广东电网公司电力科学研究院 广东电网公司佛山供电局 南京南瑞继保工程技术有限公司 武汉三相电力科技有限公司 快威科技集团有限公司 浙江大华技术股份有限公司 清华大学 武汉大学	钟　清 王红斌 谢善益 钟连宏 彭向阳 孟源源 范　颖 何宏明 阚伟民 梁文进 高新华 高　雅 陈剑光 郑晓光 陈　勉
16	城市轨道交通工程安全风险预防、控制及信息平台关键技术的研究与应用	广州市地下铁道总公司 北京安捷工程咨询有限公司 北京城建设计研究总院有限责任公司 广州地铁设计研究院有限公司	刘光武 吕培印 罗凤霞 刘国祥 李文球 冯国冠 杨秀仁 史海欧 金　淮 夏成华 廖翌棋 李秋明 张　伟 李俊伟 石祥锋
17	轨道交通自动售检票成套设备	高新现代智能系统股份有限公司	李　龙 胡宇舟 胡剑峰 刘新宇 杨　哲 李瑗瑗 包纯一 龚文涛 赵　靖 赵　珂 王凯元 金　宇 王　欢 郭建华

（续上表）

序号	项目名称	主要完成单位	主要完成人
18	基于移动终端可广泛易嵌入微浏览器——UCWEB	广州市动景计算机科技有限公司 优视科技有限公司 北京优视网络有限公司	何小鹏　梁　捷　俞永福 朱顺炎　江蔚然　郑从威 许伟坤　李炳津　陈德志 缪洁宏　刘忠华　黄添才 张　军　李桂宝　黄荣海
19	锂离子电池凝胶聚合物隔膜及功能电解质的设计与制备技术	华南师范大学 广州天赐高新材料股份有限公司 深圳华粤宝公司电池有限公司	李伟善　廖友好　许梦清 梁　英　刘建生　李　斌 张若昕　饶睦敏　李小平 邢丽丹　周代营　谭春林 傅　昭　张利萍　冯岸柏
20	慢性阻塞性肺疾病发病与人群防治研究	广州医学院第一附属医院 中国医科大学附属第一医院 北京大学第三医院 上海交通大学医学院附属瑞金医院 中国人民解放军沈阳军区总医院 中国人民解放军第三军医大学第二附属医院 首都医科大学附属北京朝阳医院 天津医科大学总医院 广州市荔湾区第二人民医院 韶关市第一人民医院	冉丕鑫　钟南山　郑劲平 周玉民　康　健　姚婉贞 黄绍光　陈　萍　王长征 王　辰　陈宝元　王大礼 刘升明　王小平　王　健
21	慢性肾脏病进展的机制与防治研究	南方医科大学 中国科学院昆明植物研究所	侯凡凡　周秋根　程永现 梁　敏　谢　迪　郭志坚 白晓燕　周丽丽　魏潇凡 曹　维　张　训
22	肺癌个体化靶向治疗模式的建立与推广	广东省人民医院（广东省医学科学院）	吴一龙　莫树锦　周　清 张绪超　钟文昭　杨衿记 杨学宁　聂　强　安社娟 苏　健　陈志红　徐崇锐 陈华军　黄逸生　王　震
23	晶状体病的手术关键技术改进和发病机理的研究	中山大学中山眼科中心	刘奕志　陈伟蓉　郑丹莹 罗莉霞　吴明星　程　冰 柳夏林　张新愉　林浩添 黄文勇　何明光　殷秋霞 杨文辉　刘玉华　张振平
24	体表血管瘤与血管畸形序列化治疗技术的建立及应用	广州军区广州总医院	李　勤　余文林　肖　强 苑凯华　唐建兵　彭丽霞 张　斌　程　飚　陈　葵 曹　梁　齐向东

（续上表）

序号	项目名称	主要完成单位	主要完成人
25	膀胱癌微创诊疗技术的研发、应用与推广	中山大学孙逸仙纪念医院	黄　健　林天歆　许可慰 江　春　韩金利　黄　海 董　文　张彩霞　刘　皓 姚友生　谢文练　郭正辉 玄绪军　毕良宽　关健仪
26	防治糖脂代谢紊乱性疾病方药物质基础及作用机理研究	广州中医药大学 广东药学院	郭　姣　荣向路　贝伟剑 范冠杰　唐富天　朴胜华 石忠峰　王术玲　罗朵生 罗广波　唐春萍　胡因铭 黄利华　李　勇　王来友
27	岭南特色中药化橘红谱效学质量控制新模式研究及应用	中山大学	苏薇薇　李沛波　王永刚 彭　维　苏　畅　高　森 方铁铮　杨翠平
28	华南珍稀濒危植物的野外回归研究与应用	中国科学院华南植物园	任　海　简曙光　陈红锋 曾宋君　马国华　曾庆文 张倩媚　陆宏芳　龚　维 王峥峰　邢福武　王　俊 段　俊　吴坤林　张奠湘
29	城市生活污泥资源化利用技术及装备	广东省生态环境与土壤研究所 暨南大学 广东省土壤肥料总站 广州女娲肥业有限公司 广东省农业机械研究所 东莞市圣茵环境科技有限公司	周顺桂　莫测辉　曾思坚 林翠兰　王跃强　马志光 麦　行　周世明　李良秋 庄　莉　曾庆东　梁文涛 袁　勇　徐荣险　王定美

【广东省科学技术奖获奖项目特点】

更加突出企业作为创新的主体地位　获奖成果中，企业独立承担或参与完成的170项，占获奖项目总数的60.7%，其中企业以第1完成单位牵头完成的项目119项，占企业获奖项目总数的70.0%，较上年提高了8.1个百分点；企业共获得授权发明专利509项，占获奖项目发明专利的82.2%。

更加突出科技在惠及社会民生中的支撑作用　获奖成果中，属于农业科技、重大疾病防治、食品安全、防灾减灾、节能环保等领域的成果117项，占获奖项目总数的41.8%。

更加突出青年科学家在科技创新中的栋梁作用　获奖成果中，完成人平均年龄为41岁，35岁及以下的占31.9%，完成人年龄结构更加优化。其中45岁以下的中青年科研人员比例达到69.9%。29个一等奖项目中，团队平均年龄在40岁以下的有7个，在45岁以下的有23个，占一等奖获奖项目的79%。青年科学家已经成为广东省科技创新的主力军。

更加突出基础研究和原始创新能力的突破　2012年，广东省基础研究取得新突破，全省获得国家自然科学基金经费超过14亿元，新增国家自然科学基金杰出青年基金获得者15名，创历史新高，新增国家“973计划”（包括重大科学研究计划）首席科学家7名，连续第4年获得大丰收。

【特等奖项目介绍】

项目名称：佛山一环快速干线工程建设与管理创新实践

完成单位：佛山市人民政府等

为把佛山市建设成为“产业强市、文化名城、现代化大城市”，佛山市政府决定织就“大路网”，构建“大交通”，以实现产业大提升，促进城市大发展。但相对落后的路网成为巨大掣肘，完善干线路网构建城市主骨架成为燃眉之急和必然抉择。

佛山一环以建成“工程质量优，生态环境好、交通功能强”的绩优工程为目标，通过科学规划和技术攻关，取得创新成果包括：

1．提出了环城镇群快速干线道路“主辅路并行，与被交道路无缝对接”的设计理念。实现了公路和城市道路融为一体的综合道路交通体系，提出了超宽主辅路并行快速干线交通标志系统设计方法。

2．攻克了复杂条件下路桥建造技术。形成了大跨度自锚式悬索桥建造成套技术，率先建成了世界上跨度最大的独塔多索面混合梁自锚式悬索桥；建立了软基信息化监控系统，研发了多种软基质量控制新方法，形成了岩溶区综合勘察、桩基隐患处理等一整套技术；首次大规模使用特立尼达湖改性沥青路面材料，率先在国内引入路面质量监控体系；成功研制了自密实混凝土、抗酸雨侵蚀和大掺合料新型混凝土。

3．将低碳节能和绿道理论引入城镇群快速道路建设。首次提出“城市道路绿地系统生态价值核算体系”；率先大规模实施太阳能LED路灯节能环保技术，编制了广东省《太阳能道路照明LED路灯标准》。

4．构建了具有创新性的大型建设项目综合管理体系。提出了科学决策、高效管理、和谐组织、环境友好的管理理念，建立并有效实施了“工程指挥部+项目法人+项目管理咨询”的项目管理模式，研究提出了大型建设项目组织运行机制模型——业务流程、组织架构、沟通渠道与组织氛围模型及“4+1”质量管理模式和10个信息管理系统。

佛山一环经南海、禅城、顺德和三水4个区共14个镇街，全长99.2公里，双向14车道。一环的建设形成了珠三角西岸的交通枢纽，取得了显著的经济、社会、生态效益，带来了交通、城市、产业的巨大变化，促进了广佛同城化、广佛肇经济圈、珠三角一体化的协调发展，有效推动了佛山的GDP在5年内连跨4个千亿元大关。

项目名称：专业镇中小微企业科技服务体系的创新与实践

完成单位：中山市小榄镇人民政府等

小榄镇通过构筑十大创新平台、健全三种创新机制、强化三类队伍建设等措施，为中小微企业转型升级提供全方位的服务与支持。主要创新成果包括：

1．构建了完善高效的专业镇科技服务体系。形成了以政府为主导，生产力促进中心为核心，行业组织为支撑，科研院所等多方力量参与，结构完整、功能齐全、运作有效的镇域协同创新服务体系，为中小微企业提供产品研发、质量检测、人才培训和企业融资等服务，将综合服务贯穿企业发展全过程，覆盖企业生产经营各环节。

2．引领了专业镇生产力促进中心建设新模式。生产力促进中心为整个中小微企业科技服务体系的核心与枢纽，是以企业法人形式成立的服务组织。在运作模式上，小榄镇政府在平台建设前期适当介入，提供政策和资金等支持，然后下放平台建设权和管理权，在政府监管下将平台推向市场，实行绩效评价体系衡量平台运作成效。

3．率先在镇级实现科技与金融结合新模式。率先构建专业镇科技金融一站式公共服务体系，通过实施科技与金融结合示范工程、构筑企业融资服务平台的举措，为中山市乃至全省中小微企业科技金融结合工作提供了引领和示范。

4．探索了专业镇产业转型升级的新路径。借力专业镇中小微企业科技服务体系，确立了以“制造业服务化”作为加快专业镇产业转型升级的新路径，实现产业价值链由“以制造为中心”向“以服务为中心”的转变，实现产业布局从横向一体化向纵向一体化转型。

通过13年建设，小榄镇科技创新服务体系有力地支撑了企业的发展，推动了企业的转型升级，为本省的专业镇转型升级起到了示范带动作用。

【社会力量设立科技奖】 2012年，省科技厅根据《社会力量设立科学技术奖管理办法》的要求，审批设立了5项社会力量设奖奖项。

表5-3-3-4　社会力量设立科技奖（2012）

序号	奖项名称	设立单位
1	广东发明协会发明创业奖	广东发明协会
2	广东省计算机学会科学技术奖	广东省计算机学会
3	广东省机械工程学会科学技术奖	广东省机械工程学会
4	广东省市政行业协会科学技术奖	广东省市政行业协会
5	广东省土木建筑学会科学技术奖	广东省土木建筑学会

（广东省科学技术厅科技管理与服务处　王雅文）

现代产业体系建设

高新技术及战略性新兴产业发展

2012年，全省高新技术产品产值达到4万亿元，同比增长17.3%；全省高新区实现营业总收入达2.05万亿元，同比增长约19%（同口径统计对比）。获得国家财政资金支持再次实现新突破，全省获得国家财政资金超过20亿元，国家“863计划”、国家科技支撑计划、国家科技型中小企业创新基金等项目立项数量和资金规模均位居全国前列。第2批省战略性新兴产业核心技术攻关项目共选取八大领域、37个专题作为支持重点，安排项目77项，总计5.41亿元。

高新技术产业发展

【高新技术企业认定】 2012年，广东省高新技术企业认定管理工作领导小组办公室积极开展高新技术企业优惠政策宣传，完成了2012年度高新技术企业认定和复审两项工作，认真履行监督管理职能，落实税收优惠政策，取得了明显成效。为了科学严谨地推进高新技术企业认定工作的开展，全省继续落实市科技管理部门对所有申报企业进行实地考察机制，主要结合高新技术企业认定要求，考察企业的研发项目、研发场所、研发设备和研发人员情况，出具考察意见，为广东省高新技术企业认定工作提供了重要和准确信息。

2012年上半年，为更好宣传政策，培育企业、引导企业科学申报，省科技厅组织人员到佛山、珠海、中山、东莞、惠州、韶关、阳江等地市以及深入广州3个片区开展高新技术企业认定、复审培训班、座谈会，累计培训3 000人次，为企业解读高新技术企业认定、复审政策，答疑解惑，扎实做好2012年全省高新技术企业认定、复审的启动工作。

截至2012年年底，广东省组织完成两批认定和两批复审的评审工作，共受理评审1 805家申报企业，完成273家企业财务复核，组织完成317家申报企业答辩，累计组织评审专家约460人·天，完成企业评审答辩2 395家·次，评审工作总量是自2008年以来之最（见表6-1-1-1）。按照评审公示数量统计，2012年全省（含深圳）高新技术企业超过6 500家，数量在全国排名第2位。

为了阶段性总结全省高新技术企业认定管理工作经验，科学制定未来高新技术企业认定管理工作措施，2012年，省科技厅组织开展《广东省高新技术企业发展报告》课题研究。

表6-1-1-1 高新技术企业认定复审评审统计表（不含深圳）（2012）

单位：家

申请批次	申请数量	财务复核数量	答辩数量	通过数量
第1批认定	326	44	95	229
第1批复审	356	62	61	315
第2批认定	754	107	114	543
第2批复审	369	60	47	303
合计	1 805	273	317	1 390

【高新技术产品认定】 高新技术产品是高新技术产业的重要组成部分，《广东省科学和技术发展"十二五"规划》要求，到2015年，全省战略性新兴产业规模突破2.5万亿元，高新技术产品产值达到4万亿元，高新技术产品产值占工业总产值的比重超过40%，高新技术产业规模保持全国第1位。各市县（区）科技局积极申报高新技术产品，将其作为地方落实科学发展观，促进产业结构转型升级的重要内容。尤其是广州科信局，积极做好宣传发动和服务工作，广州有361家企业报送844个产品，是全省报送量最多的市。佛山和东莞也分别有279家企业申报708个产品和270家企业申报672个产品进入前3名（见图6–1–1–1、图6–1–1–2）。

据不完全统计，2012年广东省高新技术产品的申报总量达3 802个，同比增长31.70%。申报企业数达到1 732家，平均每家企业申报产品量为2.19个，单家企业的高新技术产品申报数最多达13个。

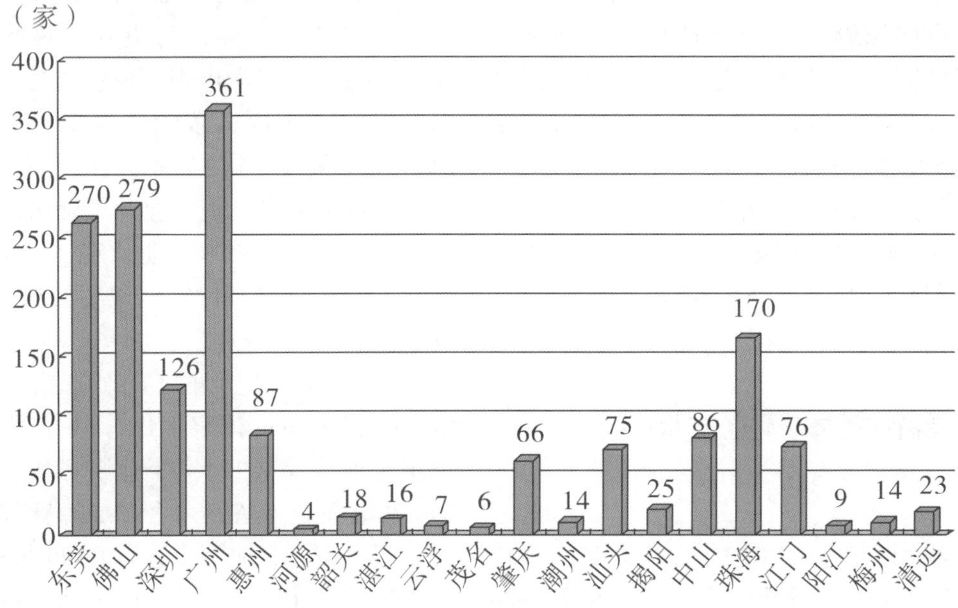

图6–1–1–1　广东省各地市申报高新技术产品的企业数量情况（2012）

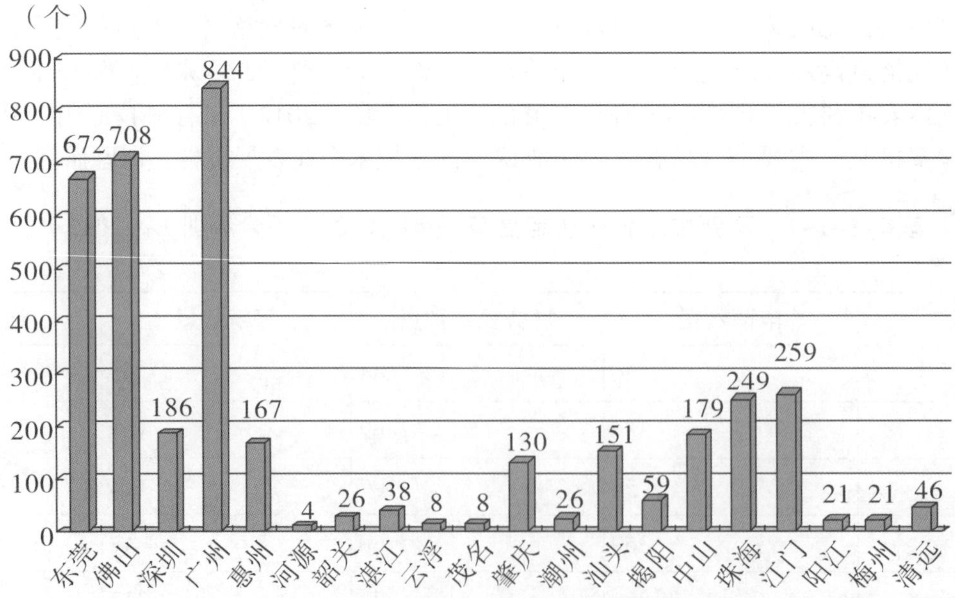

图6–1–1–2　广东省各地市的高新技术产品申报数量情况（2012）

【高新技术产品进出口】 据海关统计，2012年，广东省高新技术产品进出口达4 073.2亿美元，比2011年增长12.4%。其中，出口2 213.8亿美元，比2011年增长12.2%；进口1 859.4亿美元，比2011年增长12.5%。高新技术产品进出口、出口、进口增幅分别比全省进出口、出口、进口增幅高4.7个、4.3个、5.1个百分点，占全省进出口、出口、进口的比重分别为41.4%、38.6%、45.4%，比上年分别提高1.6个、1.5个、1个百分点。全省高新技术产品进出口顺差354.4亿美元。

进出口额再创新高　2012年，广东省高新技术产品进出口额突破4 000亿美元大关，达到了4 073.2亿美元，其中出口额跨过了2 000亿美元关口，达到了2 213.8亿美元。12月，高新技术产品出口、进口额分别达256.1亿美元、194.7亿美元，均创单月历史新高，分别比2011年增长34.7%、32.2%。

进出口额和增幅继续领跑沿海主要省市

广东省高新技术产品进出口额继续居全国首位，其中，出口额占全国的36.8%，进口额占全国的36.7%，比重较2011年分别提高0.8和0.9个百分点。广东省高新技术产品出口增幅比全国平均水平高2.6个百分点，比上海、江苏、浙江、山东分别高15.2个、10.9个、16.9个、17.1个百分点；广东省高新技术产品进口增幅比全国高3.0个百分点，比上海、江苏、浙江、山东分别高3.9个、11.5个、22.4个、8.6个百分点。

加工贸易进出口增速转负为正，保税区仓储或转口货物方式进出口增速迅猛　2012年，广东省高新技术产品加工贸易出口额1 487.6亿美元，比2011年增长0.2%，进口额975.1亿美元，比2011年增长0.8%。一般贸易出口、进口额分别为428.3和449.6亿美元，比2011年分别增长13.3%和8.1%。保税区仓储或转口货物方式出口、进口额分别为256.3和335.6亿美元，比2011年分别增长240.1%和87.6%。

民营企业进出口增速强劲，比重提高　2012年，广东省民营企业高新技术产品进出口额938.4亿美元，比2011年增长61.0%，占全省的比重为23.0%，比重较2011年提高6.9个百分点。外商投资企业高新技术产品进出口额2 749.0亿美元，比2011年增长6.0%，占全省的比重为67.5%，比重较2011年降低4个百分点。国有企业、集体企业高新技术产品进出口额分别比2011年下降11.2%、20.8%。

珠三角主要城市平稳增长，东西两翼增长较快　除惠州、肇庆外，珠三角其他城市高新技术产品进出口增幅均低于全省平均水平。惠州高新技术产品进出口额增长50.0%；深圳高新技术产品进出口增长12.1%，较前3季度提高了8.2个百分点，增速提升明显。阳江、茂名、梅州、揭阳、汕头、汕尾高新技术产品进出口分别增长133.3%、127.5%、46.1%、32.4%、27.8%、24.5%。

对美国、欧盟出口和从日本、东盟进口同比下降　2012年，广东省高新技术产品对美国、欧盟出口额分别为221.4亿美元和172.0亿美元，下降4.1%和9.1%，对中国香港出口1 171.2亿美元，增长19.1%，对韩国出口161.1亿美元，增长83.3%。受钓鱼岛事件影响，从日本进口高新技术产品157.7亿美元，下降7.3%，从东盟进口下降1.7%，从中国台湾、韩国、美国进口分别增长26.3%、14.4%、21.6%。

主要技术领域产品增速平稳，战略性新兴产业产品出口快速增长　2012年，广东省出口比重最大的计算机和通信技术产品出口额为1 693.2亿美元，比2011年增长4.3%，占76.5%；进口比重最大的电子技术产品进口额为930.2亿美元，比2011年增长9.6%，占50.0%。集成电路、液晶显示板、二极管及类似半导体器件出口额分别为161.4亿美元、142.6亿美元、44.9亿美元，分别比2011年增长156.6%、51.0%、22.2%。

（广东省科学技术厅高新技术发展及产业化处　张相年）

（广东省对外贸易经济合作厅科技发展与技术贸易处）

战略性新兴产业核心技术攻关

2012年，省科技厅、省财政厅会同省发展改革委、省经济和信息化委组织实施了第2批省战略性新兴产业核心技术攻关项目的申报和评审工作，共选取八大领域（含LED核心技术）、37个专题作为支持重点，共安排项目77项，总计5.41亿元，支持“轨道交通站级装备智能化关键技术研发及产业化”等战略性新兴产业的核心技术攻关。据统计，本批项目投资总额41亿元，预计实施后可实现年产值173亿元，年利税收入超过4亿元。

本批项目中，突出了与广东珠三角发展改革规划和科技规划的对接，注重与国家重大科技项目的配合。例如“轨道交通站级装备智能化关键技术研发及产业化”项目是配合国家轨道交通建设计划的项目；“车用锰基锂离子电池及其关键材料的开发与应用”是落实本省电动车发展的重要项目；针对广东地方常见病的治疗和医疗服务体系建设，安排了“医疗云服务平台核心技术研究”等公共性技术研究和“抗肿瘤寡核酸化学药物核心技术攻关”等一批核心药物技术攻关。配合国家节能减排的政策要求，安排了“污泥源减量技术—改良好氧—沉淀—厌氧（MOSA）工艺的研究及产业化应用示范”“废旧电器电子产品绿色处理及高值综合利用关键技术研究与产业化示范”等一批节能环保项目。

【LED照明标准光组件的研究与实施】 该项目通过标准光组件的模块化设计，光源及灯具产品标准化设计，形成一系列具有自主知识产权的科技成果，有望突破LED产业高端环节的国外专利壁垒和技术封锁，建立影响LED产品兼容性和替换性的主要技术经济指标体系。

【抗肿瘤寡核酸化学药物核心技术攻关】 该项目开展寡核酸化学药物研发和生产关键技术攻关，利用最新的基因沉默技术和反义技术开展疾病发生机制的研究、疾病治疗药物的开发，在新药筛选、寡核酸原料药生产和抗肿瘤寡核酸药物开发方面将取得突破性进展，建立国际一流寡核酸新药研发产业化基地，填补广东省寡核酸创新药物产业空白，推动生物医药产业升级。

【废旧电器电子产品绿色处理及高值综合利用关键技术研究与产业化示范】 该项目完成后，可建成日处理30吨高效节能环保拆解处理和日处理10吨高附加值资源化产品综合利用产业化示范线，将促进电器电子产品原材料与关键部件的再资源化，构成“产品——废弃——再生产品”大循环的形成，从而有力地促进循环经济以及新兴产业的发展。

（广东省科学技术厅发展规划处 韩亚欣）

高端新型电子信息产业

为着力推进高端新型电子信息产业发展，广东省以抢占全球电子信息产业发展制高点为目标，立足现有产业基础和优势，通过做大产业新型显示、新一代通信等优势、培育物联网、云计算、三网融合、下一代互联网、网络增值服务、新一代空间信息等新型业态、突破软件与集成电路设计、数字家庭、高端消费电子产品等高端环节，提升关键元器件、专用电子设备等基础产品，实现全省电子信息产业由大到强的战略性跨越，形成具有全球竞争力的超大规模高端新型电子信息产业群，促进产业转型升级和经济发展方式转变。

【项目立项】 2012年，广东省在高端新型电子信息领域重点突破核心高端芯片、基础软件和新型软件开发、新一代宽带通信与互联网、物联网和云计算等方向，力争掌握一批具有自主知识产权的关键技术、共性技术和标准，推进技术创新和成果转化，为培育一批具有国际影响力的大企业和一批具有创新活力的中小企业提供技术支撑。2012年，工业高新技术攻关引导项目在高端电子信息领域共设立专项经费约1 000万元，立项60项，以发展高新技术产业、培育战略性新兴产业。

【项目简介】

物联网关键技术支撑系统—基于SAAS在线网络测试平台 广东百泰科技有限公司承担的“物联网关键技术支撑系统—基于SAAS在线网络测试平台”项目针对中小企业信息化特点以及国内软

件产业存在的一系列问题，针对不断变化的中小企业管理需求研发设计一套面向SAAS的软件自动化功能测试平台。项目研制了一套面向SAAS软件自动化功能测试平台，对Windows、Java、Web环境下应用系统软件能进行自动化功能测试。项目在软件自动化测试控件识别、脚本录制、脚本调试方面具有创新性，在脚本录制和脚本调试领域填补了国内空白，该平台已在广州高澜节能技术股份有限公司、广州海运集团等企业及单位进行应用，成功为这些企业软件系统上线部署进行自动化测试，用户使用后反映良好，测试平台市场前景广阔。对于SAAS模式的应用推广提供了重要的QA测试保证。

基于数字证书的云安全认证服务支撑平台

广东数字证书认证中心有限公司承担的“基于数字证书的云安全认证服务支撑平台”项目为全省电子政务、电子商务信息系统提供基于PKI数字证书认证机制的实体身份鉴别服务，以便能在全省的信息社会内唯一地确定实体的真实身份，从而建立起全省、全系统范围内一致的信任基准，为分布式计算环境的构建和大规模使用提供支持。作为基于数字证书的云安全认证支撑平台，项目的成功建设为用户提供身份鉴别、可靠电子签名、可信数据电文、信息安全防护等云计算应用服务，有效地与用户建立基于云安全的信任机制。项目成果集成了多项该领域的先进技术，具有高安全性、高可靠性、高扩展性等特点，用户使用效果良好，对广东省云计算行业安全认证标准的制定起到重要的试点和参考作用。

（广东省计算中心　陈　阳）

新能源汽车产业

2012年8月，省人民政府印发了《广东省人民政府转发国务院关于印发节能与新能源汽车产业发展规划（2012—2020年）的通知》，并结合广东省实际提出了指导意见，明确提出争取用5年左右的时间建立以骨干企业为核心的节能与新能源汽车产业链，用10年左右的时间将广东建设成为产业规模、创新能力和品牌影响力均达到国际前列的节能与新能源汽车产业基地，近期重点推进纯电动汽车、插电式混合动力汽车、增程式电动汽车开发和产业化，创新商业运营模式，争取到2015年，全省新能源汽车推广应用规模达到5万辆。

当前，广东省以比亚迪、五洲龙、广汽集团、大洋电机、深圳比克、东莞新能源、珠海银通、中科信泰、迈科、科达机电等企业为代表，初步形成了涵盖客车、轿车、低速汽车、专用改装车和电池、电机等多系列、多品种的新能源汽车产业体系。

【项目立项】 2012年，新能源汽车领域布局重点突破锰基锂离子电池及其关键材料、锂离子动力电池管理系统关键技术、电动汽车高效驱动与传动集成技术研发，力争在动力电池性能及其管理系统、高效驱动与传动方面取得技术突破。工业高新技术攻关引导项目选取了具有重要示范意义的10个项目作为重点攻关，共设置专项经费约200万元。

【项目简介】

电动汽车用锂离子电池及电池管理关键技术

东莞市迈科新能源有限公司承担的“电动汽车用锂离子电池及电池管理关键技术”项目已取得动力锂离子电池凝胶聚合物电解质膜新材料的制备方法，获得了稳定的、具有高锂离子导电性、能够阻隔电解质与电极材料间相互作用的电极界面膜的形成方法与技术，设计和研发了适用于动力锂离子电池规模化生产的电池管理系统。项目形成锂离子电池制备技术3项，获得高性能动力锂离子电池产品1项，获得高安全性动力锂离子电池控制管理系统1项。项目实现了动力锂离子电池及电池控制管理系统的产业化，取得了较好的经济效益，为企业培养了人才，提高了企业的自主创新能力。产品经国家化学电源产品质量监督检验中心及国家电动汽车试验示范区管理中心检验，显示该电池在电动汽车上有良好的应用性能。

智能快速充电机研发　广州益维电动汽车有限公司承担的“智能快速充电机研发”项目采用多个模块并联运行，安全可靠的大功率充电系统能实现电动汽车的快速安全充电；在电池组的充电过程中对电池进行有效管理和保护，进行均衡充电控制，有效地解决了串联电池组的均衡充电问题；项目研发了4款适用于不同电压等级、不同功率需求的电动汽车用智能快速充电机，其中EVC400528090智能充电机通过湖南娄底市大丰和电动车辆有限公司的检验。项目所研制的技术有效地延长了电池循环次数，提高了充电效率和使用安全性。项目申请发明专利2件，登记软件著作权1项，发表论文2篇。产品已在长春一汽客车有限公司、台湾立凯集团、深圳五洲龙汽车有限公司等多个电动汽车厂家试用，取得了较好社会经济效益。

（广东省科学技术厅高新技术发展及产业化处 黄 攀）

（广东省计算中心 陈 阳）

LED产业

2012年5月28日，省政府召开广东省推广应用LED照明产品工作会议，全省大规模推广应用LED照明产品驶入快车道，全年累计推广应用LED路灯超过40万盏，新增应用路段超过1万公里，累计节电3亿千瓦时。省科技厅紧紧把握LED产业发展的历史机遇，在省促进战略性新兴产业发展领导小组的直接领导下，实行核心技术攻关和示范推广应用“两端突破”，从技术、质量、标准、市场等方面着手，推进创新链与产业链“双链融合”，大力提升产业集中度、技术创新度和区域品牌度，取得了良好成效。

【产业发展现状】 2012年，广东LED产业逆势增长，全省LED产业实现工业总产值2 170亿元，比2011年增长40%，LED研发和生产企业约4 000家，带动就业近300万人，产值和规模继续位居全国首位。

2012年，广东LED上市企业达25家，产业基地基本形成“1+5”发展格局，即深圳国家级LED产业基地和惠州、东莞、江门、佛山、广州5个省级LED产业基地，加速了区域LED产业集聚和集群式发展。

在LED产业核心技术攻关项目的带动下，广东省LED上游环节取得重大突破，中下游环节仍保持强劲发展势头。国产MOVCD样机等一批战略性新兴产品研制成功，LED芯片制备技术领域的专利申请量近1 700件，约占相关专利总量的20%，连续3年保持30%以上的增长率，引领产业逐渐向高端环节延伸，全省LED产业自主创新能力和国际竞争力显著增强。

【产业核心技术攻关】 广东省第3批省战略性新兴产业发展专项资金LED产业项目立项支持“高效LED外延芯片结构设计及产业化关键技术研发”等42个项目，安排财政资金5.07亿元，拉动地方及企业新增投资29.7亿元。中科宏微半导体设备有限公司、广东昭信半导体制造装备有限公司各自研制的国产MOCVD设备均已下线，设备总体性能指标接近同类型国际产品。广东赛翡蓝宝石科技有限公司的LED蓝宝石衬底ASF工艺、晶科电子（广州）有限公司的大功率倒装焊LED集成芯片技术、深圳长运通光电技术有限公司的去电源化高压LED核心技术等一批专利技术项目实现产业化，填补了产业链空白。

【产业发展服务支撑】

LED产品质量标杆体系制订与推广 2012年，省科技厅将标杆体系管理工作整体移交省半导体光源产业协会。重新修订印发《广东省LED路灯产品评价标杆体系管理规范（第2版）》，并通过招标将标杆检测机构拓展至10家。2012年，全省共发布标杆目录3次，推荐产品超过440个。经各类示范工程验证，标杆产品没有出现质量问题。

8月2日，广东省半导体照明标杆体系评价认定委员会（以下简称“LED标杆体系评定委”）成立大会暨第1次工作会议召开。第1届LED标杆体系评定委委员由广东省半导体光源产业协会、中山大学、省标准化研究院以及有关科研院所、质检机构专家共7人组成。根据省科技厅《关于同意将LED标杆体系管理工作移交省半导体光源产业协会的批复》，广东省半导体光源产业协会（以下简称“协会”）负责LED标杆体系管理工作，下设LED标杆体系评定委，具体负责审核检测机构、审查机构、计量机构、标准机构的遴选办法和遴选结果，以及LED照明产品标杆体系分级认定等的评定结果，确保LED照明产品的标杆体系评测、分级、认定的公正性和权威性。

10月30日，“广东省半导体照明质量与可靠性服务中心”成立。该中心主要面向半导体照明产品制造企业和最终用户，提供质量规划、检测验证、质量控制、标杆体系建设等多种质量与可靠性云服务，推动标杆检测工作与产品质量服务认证工作的对接，注重半导体照明质量与可靠性共性技术的研究。该中心在电子第五研究所（中国赛宝实验室）成立，有利于促进电子第五研究所（中国赛宝实验室）半导体照明质量与可靠性检测业务的发展，奠定了电子第五研究所（中国赛宝实验室）在半导体照明行业的地位和影响力。

“LED照明标准光组件计划”实施　广东省积极参与全球标准制定，牵头组织实施“标准光组件”计划。支持省LED产业联合创新中心和省内LED龙头企业、高校、科研机构、检测机构和标准研究机构，通过对我国LED产业中下游已有先进技术和产品的整合，研发系列化的LED照明标准光组件产品，制定产品编码原则，掌握具有自主知识产权的核心专利技术和光组件检测技术，掌握LED国际标准话语权。成功发布21项组件规范在第9届国际半导体论坛上集中展示，引起了国际同行的高度关注。

LED标准体系建设　1月，省科技厅、省质监局发布亚洲地区首份《LED照明产业标准体系规划与路线图》，由广东省标准化研究院牵头联合成立广东省LED照明标准技术联盟，构建省LED照明产业标准化公共平台，全面启动130余项地方标准的制修订工作，在全国率先建立较为完备的LED产品标准体系，并积极争取让广东LED地方标准升格为国家标准乃至国际标准。

LED产业发展公共服务平台建设　依托省标准化研究院、广百集团等企事业单位，组建广东省LED产业共性技术检测服务平台、广东省LED照明产业标准化公共平台、广东省新光源展贸公共服务平台、广东省LED照明产品全生命周期节能监管服务平台、广东省LED产品质量控制云平台五大平台，全省LED产业公共服务平台全面覆盖技术研发、创意设计、检验检测、物流会展等各个环节。

推广应用商业模式创新　为做好应用示范，各地因地制宜地探索出多种推广应用商业模式，为全社会全面普及LED照明积累了有益的经验。2012年5月，省政府印发了《广东省推广使用LED照明产品实施方案》，计划3年内在全省公共照明领域全面推广应用LED照明产品，带动全社会普及LED照明。11月，省科技厅与兴业银行签署《兴业银行全面支持广东省LED照明应用推广专项合作协议》，为推广应用LED照明产品提供100亿元专项融资服务。

【宣传推广】　2012年，全省持续掀起推广应用LED照明产品工作的宣传热潮。分阶段在《光明日报》《南方日报》《羊城晚报》等主流媒体开设专版，解读产业政策及技术发展路线，普及LED知识等；在《人民日报海外版》刊发10期广东省LED专版，向海外宣传本省优秀企业。在东莞国际科技合作周期间成功举办LED推广应用系列活动，为政府、业主、企业搭建沟通和对接平台。在省科技厅网站开辟LED工作专栏，编印《广东省推广应用LED工作简报》9期，通报各地进展，介绍经验做法。10月18日，“广东省LED主题园”在广东科学中心正式启动，以提高公众对LED照明产品的认知和接受程度，推动LED走入千家万户。

【优秀项目选介】

大功率高亮度LED芯片及光组件模组产业化

该项目建设完成年产值20亿～25亿元大功率LED外延、芯片及模组制造、LED光组件产品生产线，形成规模化的LED中上游产业链，打造年产值达200亿元的光电子产业集群。

MOCVD装备及产业化示范应用　该项目基于半导体照明产业核心装备MOCVD的制造技术，通过大型自主研制MOCVD设备的外延示范应用，改进和完善设备的可靠性和稳定性，结合外延生产需求，开发制造生产型MOCVD关键设备，实现MOCVD设备的产业化制造和应用。

LED衬底蓝宝石晶体产业化　该项目主要生产应用于LED衬底蓝宝石晶体及其晶片加工。项目首期投资2亿元，主要购置原材料、晶体加工设备及蓝宝石晶体生长炉等，项目达成时实现100台蓝宝石晶体炉规模，实现年生产2～4英寸蓝宝石晶片600万片生产和加工能力。

新型LED标准光组件及光源产品产业化　该项目重点研究封装组件、照明模组、照明光源、照明灯具，共规划建设120条生产线，预计3年后达产。达产后可形成年产标准光组件3 000万套、照明应用灯具6 000万～8 000万套的生产能力，产值超过16亿元。

（广东省科学技术厅发展规划处　云丹平）

生　物　产　业

【产业规模】　2012年，广东省生物医药总产值超过2 500亿元，是5年前的3.2倍，占全国总产值的12%，远高于全省GDP增速。其中，生物医药制造业总产值992亿元，销售产值961亿元，同比增长22.5%；中药产业总产值达370.5亿元，占全国中药产业总产值的7.2%，中药产业各项经济指标的同比增长比例均高于医药制造业的整体平均水平，发展势头强劲；医疗器械产业完成产值600亿元，各项数据居全国前列。

2012年，一批居行业领先地位的骨干企业快速发展，广州医药集团有限公司、广东康美药业有限公司、华润三九医药股份有限公司、联邦制药国际控股公司、丽珠医药集团股份有限公司、深圳信立泰药业有限公司、深圳致君制药有限公司、广东众生药业股份有限公司8家企业入围2012年度中国制药工业百强企业。

截至2012年年底，广东仅生物医药方面的上市企业，国内A股有14家，海外上市有4家，还有不少中小企业在创业板上市，广东省在生物医药领域上市公司数量居全国第1位。

【产业体系】　广东省尤其是珠三角地区是全国生物医药产业最为聚集的地区之一，拥有广州和深圳2个国家生物产业基地，以及佛山市高新技术产业开发区医药健康产业园、中山国家健康科技产业基地和珠海生物医药科技产业园等。

截至2012年年底，全省生物医药企业已达600余家，已形成涵盖药品、器械、试剂等领域的研究、开发、生产、销售各环节，中药和化学药为主体、医疗器械为特色、健康服务和流通为市场价值链终端的生物医药产业体系，在现代中药、化学合成药物、生物制药、海洋药物、基因诊断试剂、医疗器械等领域具有一定优势。一些大型企业向上游原材料领域积极拓展，产业链得到进一步延伸。

【创新能力】　据统计，截至2012年年底，全省拥有50多家生物医药研究院（所），其中重点建设的中科院广州生物医药与健康研究院、中科院深圳先进技术研究院、广东华南新药创制中心等公共平台日渐成熟，创新能力不断提高；深圳、广州作为2个国家生物产业基地的辐射能力不断增强；一批国家级生命健康和生物科技研发平台亦不断完善。截至2012年年底，广东已拥有6家国家级企业技术中心，分别是广东肇庆星湖生物科技股份有限公司技术中心、丽珠医药集团股份有限公司技术中心、深圳海王集团股份有限公司技术中心、深圳信立泰药业股份有限公司技术中心、广州白云山制药股份有限公司技术中心和广东海大集团股份有限公司技术中心，已初步形成了以企业为主体、高校和科研机构为中坚、产学研相结合的创新平台体系。通过产学研的合作，广东创新技术和成果不断涌现，基因重组药物技术、新型疫苗技术、海洋生物功能技术的研究均有明显的进展，一批创新的生物医药产品的研究如胰岛素增敏剂1.1类新药DK3、治疗乙肝的1.1新药甲磺酸莫非赛定、重组人组织型纤溶酶原激活剂TNK突变体等重大新药均取得了阶段性的进展，产业创新活跃。

【产业集聚发展】　2012年，广东省通过加强产业科学布局，加快生物医药产业基地建设，集聚了大批专业人才，吸引了一批企业入驻，推动了产业集聚发展，形成了若干特色鲜明、优势互补的产业集群，集聚发展态势日益显现。广州已基本形成了“3个核心区、6个特色园区、3个孵化和服务基地”优势互补、协调发展的生物产业布局（“363布局”）。依托坪山新区的建设，深圳国家生物产业基地核心区的建设不断推进，截至2012年年底，核心区已吸引了30多家国内外企业及相关机构入驻，包括世界500强企业1家、上市公司6家。在中山，以中山火炬开发区国家健康基地为核心的生物产业集聚区发展迅速，已形成中西药品、生物工程、医疗器械、化妆品、保健品、健康食品、药包材七大产业集群，是目前最具规模的国家级健康产业园区。在珠海，生物医药产业已形成了三灶、南屏、唐家湾三大聚集区，其中，三灶生物医药产业基地更成为国家新型工业化产业示范基地，基地聚集了一大批生物医药龙头企业，形成了以产业聚集形态为特征的集生产企业、研发中心、高校、企业孵化器、药品分销和公共服务为一体的“产、学、研、销、服”医药产业集群体系。

【产业国际化】 2012年，在国际金融危机的深层次影响下，国内生物医药出口普遍放缓甚至停滞，但广东省出口额仍实现2.5%的增长。深圳华润九新药业有限公司的无菌头孢原料和制剂、深圳市海滨制药有限公司的无菌美罗培南制剂（注射用粉末）等一批产品通过欧美权威国际认证，获得国际市场认可。在欧美市场持续低迷的背景下，广东积极开拓新兴市场，印度成为广东医药品出口的新增长点，跻身广东生物医药产品五大出口市场。同时，广东企业主动出击，积极参与海外并购，深圳华大基因研究院收购美国人类全基因组测序公司，深圳市海普瑞药业股份有限公司认购加拿大药企博美迪克生命科学有限公司股权，都成为2012年国内生物医药企业赴海外并购的经典案例。

（广东省科学技术厅发展规划处　韩亚欣）

节能环保产业

“十二五”以来，广东省节能环保产业呈现持续稳定的发展态势，产值年均增长20%以上。截至2012年年底，节能环保产业总产值达到3 456亿元。

【产业发展现状】 随着节能环保产业技术创新扶持力度逐渐加大，企业自身对节能环保技术开发和推广力度不断增强，科技水平和自主创新能力不断提高，广东省在印染、电镀、线路板、养殖等行业废水治理和危险废物处理处置等方面拥有较为完善的技术体系，在城市污水处理、工业废水处理、垃圾焚烧发电、噪声治理和环境监测等领域具备自行设计及制造成套设备的能力。废塑料深加工、粉煤灰、煤矸石、危险废物等固废综合利用技术达到国内领先水平。LED系列高效节能照明、智能电网等节能技术设备在全国处于领先地位。节能环保企业逐渐向规模化发展，涌现了一批年产值超10亿元的企业。已有东江环保股份有限公司、广州迪森热能技术股份有限公司、广东长青（集团）股份有限公司在国内上市，还有近10家企业正进行股改筹划上市。

【科技项目组织实施】

项目立项情况 2012年，第2批广东省战略性新兴产业核心技术攻关项目节能环保领域共设置“水治理技术及装备”“再生资源循环利用”“节能技术及装备”3个专题共8个研究方向，接收省内企业、高校以及科研院所申报书56份，立项12项（见表6–1–7–1），总计财政投入7 700万元，较之2011年立项5项、财政投入3 700万元有了大幅度的提高。

项目实施情况 2011年立项项目当中，2个项目于2012年底到期，实施效果均达到或超过合同指标要求。由珠海天威飞马打印耗材有限公司承担的“国家机电产品再制造试点单位——打印耗材再制造核心技术研发及产业化”项目，新增产品123项，新增发明专利8项（已授权6项），实现总产值2.288亿元，新增利税1 099万元，出口创汇2 402万美元。

由广东海鸿变压器有限公司承担的“SCB13–RL立体卷铁心树脂绝缘干式变压器研发及产业化”项目，研发产品领先国际水平，填补国内空白，2012年项目产品销售收入8 293万元，新增利税767万元，成功推广1 016台产品，节省用电量852万千瓦时，折算标准煤2 888吨/年。

表6-1-7-1　广东省节能环保战略性新兴产业核心技术攻关立项情况（2012）

序号	项目名称	牵头承担单位	参与单位
1	饮用水安全微生物和化学联合高效控制技术研究与示范	广东省微生物研究所	华南理工大学环境科学与工程学院 广东环凯微生物科技有限公司 广州市番禺水务股份有限公司
2	造纸行业高效节能废水处理及资源化技术研发与产业化示范	华南理工大学环境科学与工程学院	中山永发纸业有限公司
3	高效处理水源水中重金属、有毒有机物等微量污染物应急技术及成套装备工程示范	肇庆市水务集团有限公司	佛山市雅洁源科技有限公司 中国科学院广州地球化学研究所
4	污泥源减量技术—改良好氧—沉淀—厌氧（MOSA）工艺的研究及产业化应用示范	佛山市水业集团有限公司	中山大学 中国科学院广州地球化学研究所 安德里茨（中国）有限公司
5	废旧电器电子产品绿色处理及高值综合利用关键技术研究与产业化示范	中国电器科学研究院有限公司	中国科学院广州地球化学研究所 惠州市鼎晨实业发展有限公司
6	废润滑油清洁处理与资源化技术	佛山汉维科技有限公司	
7	地沟油识别和再利用技术与设备	暨南大学理工学院	广东省测试分析研究所 佛山市正德石油化工机械设备有限公司 广州汇标检测技术中心
8	双级高效永磁同步变频离心式冷水机组的研制及产业化	珠海格力电器股份有限公司	
9	全卤制碱淡盐水处理节能装备示范及产业化	广州新普利水处理科技有限公司	华南师范大学
10	新一代高效节能型焊接装备关键技术及其产业化	广州友田机电设备有限公司	华南理工大学
11	新型高效节能窑炉装备研发示范与产业化	广东顺祥陶瓷有限公司	潮州陶瓷研究院
12	新型平行流换热器在家用空调中的应用研究及产业化	广东美的制冷设备有限公司	中山大学

（广东省经济和信息化委节能和循环经济处　孙青林）
（广东省科学技术厅社会发展与基础研究处　陈文杰）

新能源产业

近年来，广东积极发展核能、风能、太阳能、生物质能等可再生能源，取得显著成效，新能源产业已经成为广东经济增长的新亮点。据统计，2012年，广东新能源产业实现总产值415亿元，全省新能源产业增加值为126亿元。

【新能源开发利用】

核电　2012年，核电在运装机容量突破600万千瓦，占全国的一半；在建装机容量居全国首位，电站备用厂址储量在全国居第1位。

风能　积极开发陆上风能资源，建设饶平大埕、陆丰甲湖扩建、徐闻勇士、阳江新洲、茂名中坳、台山下川岛、云浮新兴等风电场，大力开发海上风电资源，重点开发近海30米水深内的海上风能资源，推进珠海桂山、阳江海陵岛等海上风电项目建设推动风能与其他能源互补发电及储能系统示范应用。2012年，建成投产风电装机容量突破90万千瓦。

太阳能　在条件较好的经济开发区、工业园区、商业企业和公益性事业单位建设光伏发电项目；在土地资源较丰富的地区利用荒山、坡地等建设地面光伏发电项目；推进粤电大学城光伏发电项目等金太阳示范工程建设。在学校、宾馆等热水需求量大及农村地区推广太阳能热水器应用；逐步推广太阳能光热系统在工业、农业等生产领域的使用。

生物质能　合理布局建设一批高环保标准的垃圾发电项目；推进已落实资源的农林生物质发电项目；结合畜禽养殖场、垃圾填埋场、城市污水处理、工业有机废水处理建设沼气利用工程；在湛江、肇庆等地利用当地生物质资源建设生物燃料乙醇项目。

【科技项目组织实施】

项目立项　2012年，第2批广东省战略性新兴产业核心技术攻关项目新能源领域共设置“太阳能高效利用核心技术”“风能高效利用核心技术”“生物质能高效利用核心技术”3个专题6个研究方向，接收省内企业、高校以及科研院所申报书22项，立项7项（见表6-1-8-1），总计财政投入4 000万元，较之2011年立项4项、财政投入3 600万元有一定的提高。

项目实施情况　2011年立项项目均处于执行期，进展良好。如东莞南玻光伏科技有限公司承担的“高效低成本超薄晶体硅电池产业化成套技术”项目，相关技术成功应用于产品生产过程，2012年项目实现销售收入共计人民币2 818.58万元，全部出口欧洲。

表6-1-8-1　广东省新能源战略性新兴产业核心技术攻关立项情况（2012）

序号	项目名称	牵头承担单位	参与单位
1	MW级高效铜铟镓硒薄膜太阳能电池制造核心技术	佛山市钜仕泰粉末冶金有限公司	
2	高效低成本铜铟镓硒薄膜太阳能电池关键技术开发及产业化	阳江市汉能工业有限公司	华南理工大学
3	智能微电网集成关键技术研发及其产业化	南方电网综合能源有限公司	南方电网科学研究院有限责任公司 华南理工大学
4	小数据集下的风电功率预测系统研制及其产业化	广东智造能源科技研究有限公司	广东粤能风电有限公司 华南理工大学 广东电网电力调度控制中心 中国气象局广州热带海洋气象研究所
5	智能电网协调控制系统技术攻关	珠海优特电力科技股份有限公司	

（续上表）

序号	项目名称	牵头承担单位	参与单位
6	生物质替代工业窑炉燃料关键技术研究及示范	中国科学院广州能源研究所	佛山市三水凤铝铝业有限公司 广东正鹏生物质能源科技有限公司
7	生物质高温热解气化装置应用在工业窑炉中智能控制优化燃烧关键技术研发及产业化示范	东莞市百大新能源股份有限公司	哈尔滨工业大学

（广东省科学技术厅社会发展与基础研究处　陈文杰）
（广东省技术经济研究发展中心）

新材料产业

2012年，国家出台了《新材料产业“十二五”发展规划》和《新材料产业“十二五”重点产品目录》等政策，将广东新材料产业推进一个新阶段。据统计，2012年，广东新材料产业实现总产值达1 339亿元，全省新材料产业增加值为299亿元。

【科技项目组织实施】

新型功能结构材料研究　2012年，省科技厅组织开展了“战略性新兴产业关键技术”（第1批）重大科技专项，新型功能结构材料研究被作为其中的一个重要课题。该课题主要实施内容是研发稀土永磁材料、高纯稀土功能材料及高纯电子化学品，新型发光显示材料、高效大尺寸铜铟镓硒（CIGS）靶材制备，用于先进制造的轻质耐磨材料，耐高温高性能合金材料，环境友好型高分子复合材料。

通过突破新型功能结构材料制造工艺与装备，加快形成广东省新材料产业的产业化水平和竞争优势。突破高性能金属及稀土功能材料制备技术，促进稀土材料的平衡利用，提升广东省稀土材料产业的技术竞争力，形成一定规模的产业；在高强轻型、耐高温、环境友好等新型功能、结构和复合材料上取得重大突破，研发5～6种具有广泛应用前景和推广价值的新型功能、先进结构复合材料，具备大规模产业化的能力。

中山大学物理科学与工程技术学院承担的“无铅室温压电、铁电及铁磁复合材料研制”项目选择固相烧结法和溶胶—凝胶法，将可改善铁磁性材料（$CoFe_2O_4$，$BiFeO_3$）和可改善其铁电性的固溶体材料ABO_3（其中A=Ba，Sr，Ca…，B=Ti，Nb）结合起来，成功地制备出了具有室温磁电效应的$BaTiO_3$-$CoFe_2O_4$和（BiLa）（FeCo）O_3无铅压电、铁电和铁磁多铁电材料。项目在国内外重要学术杂志发表有关学术论文共9篇，其中有6篇被SCI收录，2篇被EI收录。项目为磁电材料改性研究提供了有效实验方法，为磁电材料测量提供了技术支持，这对掌握磁电材料性能参数，认识和阐明磁电材料微观机制和内部规律，推动磁电材料研究和发展等方面都有重要的学术和实际应用意义。项目研发的高性能，具有室温压电、铁磁复合材料，有望在信息存储、微波领域、宽波段磁探测以及多功器件等方面得到应用前景。

先进高分子材料合成及复合材料制备关键技术　2012年，“先进高分子材料合成及复合材料制备关键技术研究”被列入了《第2批省战略性新兴产业核心技术攻关申报指南》。该课题重点发展具有优异的力学性能、电性能、耐化学性、耐热性、尺寸稳定性、耐候性、生物相容性等特点的先进高分子材料合成关键技术；高性能纤维增强聚合物基复合材料制备与成型加工关键技术；超材料制备关键技术。主要目标是研发并突破电子信息、交通运输、新能源、高端装备制造、生物及医用、航空航天等领域用先进高分子材料及其复合材料。

广东生益科技股份有限公司承担的“高性能二层挠性覆铜板用聚酰亚胺树脂关键技术的开发”项目通过对分子设计及工艺研究，合成了高粘合力、含活性侧基的热塑性聚酰亚胺树脂（TPI）。该产品具有高耐热、低热膨胀系数等特点，广泛应用于制作高性能二层挠性覆铜板，在高性能二层挠性覆铜板用高粘合性热塑性聚酰亚胺树脂、低热膨胀系数热固性聚酰亚胺的合成机增强两者的界面结合方面具有创新性。项目核心技术获授权发明专利2件，发表论文2篇，获得新工艺3项、新产品1个。项目技术在广东生益科技股份有限公司获得了应用，为广东省电子电路行业提供了有效的技术资源支持和服务，取得了良好的社会效益和经济效益。

【广东省新材料产业基地建设】 广东省新材料产业基地于2011年3月正式筹建，7月被省经济和信息化委认定为省市共建战略性新兴产业基地，2012年被列入南海高新技术产业开发区范围。该基地位于佛山南海区里水镇，以里水镇为核心区，在狮山、大沥、丹灶、西樵、罗村等5镇街建立特色产业区。基地由省、市、区三级共建，核心区总体规划200多公顷，其中一期规划约66.67公顷，投资总额120亿元，总建筑面积120万平方米。政府计划投资15亿元用于基地建设，包括进行基础设施、孵化器、公共平台等建设。

新材料产业基地以产业“集约化、集群化、尖端化”为目标，以金融、科技、产业融合发展为动力，以“龙头企业+技术平台+特色园区”为发展模式，按照“高起点规划、高标准建设、高效能管理、高水平引资”的原则，重点发展新能源材料、特种金属功能材料，培育发展生物医用材料、稀土材料等，努力打造成为国内一流并具有国际竞争力的新材料产业集群。其中，核心区将重点发展新能源材料、生物医用材料、电子信息材料、生态环保及复合材料等其他前沿新材料，并建立产业技术孵化基地等行业公共服务平台。狮山、大沥将重点发展特殊轻质材料产业、新型金属材料产业，促进铝型材产业的转型，培育发展LCD、OLED等平板显示材料企业，建设中国科学院（南海）生物医药产业中心（园）；丹灶将重点发展超硬材料、氢燃料电池材料等新能源材料制备技术，西樵和罗村将分别依托现有的纺织和新能源产业发展相关材料产业。预计到2015年，将可培育销售收入超10亿元新材料企业1～2家，销售收入超5亿元新材料企业2～3家。

（广东省技术经济研究发展中心）

（广东省计算中心　陈　阳）

制造业升级

【制造业信息化科技工程】 2012年10月23日，“十二五”广东省制造业信息化科技工程启动大会在广州召开，会议分析总结了广东省“十一五”制造业信息化科技工程实施的成效，部署“十二五”制造业信息化科技工作，进行了广东省制造业信息化科技工程专家聘书颁发仪式以及广东省制造业信息化示范单位授牌仪式。各地级以上市科技局、各省级以上高新区、有关专业镇、有关高等院校、科研院所、制造业信息化专家组等近200人出席了会议。

“十一五”时期，广东省积极贯彻国家科技部对制造业信息化工作的总体规划和部署，紧紧围绕广东制造业的产业特点和实际需求，以“围绕一条主线、把握两大趋势、突出三个层面、抓好四大重点”为工作思路，以应用示范为主线，以产业集聚区和龙头骨干企业及中小企业为重点，通过实施“十、百、千、万”工程，构筑了点、线、面、体的系统化、全方位的工作推进体系，开展了一系列卓有成效的工作，有效地提升了广东制造企业竞争力，取得了显著的经济效益和示范效应。“十一五”期间，示范企业新增销售收入225.2亿元，全省制造业信息化水平明显提高。

建立系统性、全方位的工作推进体系　广东省委、省政府一直高度重视制造业信息化工作，在2012年全省科技创新大会上，中共中央政治局委员、广东省委书记汪洋对信息化工作作重点论述。省科技厅和各示范市都把制造业信息化科技工程作为“十一五”科技工作的重要工作，省市区镇联动出台实施了一系列政策和举措。先后建立了制造业信息化领导工作小组、专家组及办公室，为推进省制造业信息化科技工程的顺利实施提供了有力的组织保障。结合广东省制造业发展需求，先后出台《关于推进广东省“十一五”制造业信息化科技工程工作的若干指导意见》以及

《"十一五"广东省制造业信息化科技工程规划》。制定并实施了若干推进制度和管理办法，如实施了《广东省龙头骨干企业数字化设计、制造和管理集成应用与示范建设项目过程管理暂行办法》《广东省制造业信息化科技工程专家组工作细则》等管理措施。

实施制造业信息化示范工程 "十一五"期间，为了有效地调动省、市（区）、镇推进制造业信息化科技工程的积极性，省科技厅实施了"5个试点示范城市、4个专业镇服务平台、8家龙头骨干示范企业、88家市级示范企业"的示范工程建设。以"两甩"为核心的龙头骨干企业和以"单甩"为基准的中小企业示范工程，起到了"以点带面，全面推进"的效果。通过示范工程的实施，有效地促进了区域制造业信息化进程，大大提高了企业综合竞争力。据对8家龙头骨干示范企业的统计表明，新产品开发周期缩短27.7%，生产周期缩短30%，产品平均综合成本降低10%，累计新增销售收入225.2亿元。如广东科达机电股份有限公司实施的商业智能和制造执行系统项目，有效提高产能17.9%，提高劳动生产率22.6%，实现新增销售收入2.6亿元，新增利税6 690万元。

大力扶持信息服务业发展 "十一五"期间，广东省积极推进信息化和工业化深度融合，大力培育和发展信息服务业，围绕制造业的研发设计、生产控制、生产管理、市场流通、销售服务、回收再制造等关键环节，重点扶持计算机辅助设计和辅助制造、制造执行管理系统、过程控制系统、产品生命周期管理、企业管理、绿色制造等软件信息业的发展。加快制造业软件、信息技术应用和产业化进程，重点推动信息服务业在机械、汽车、石化、钢铁、有色、建材、电子、轻工和纺织等领域的广泛应用，提高产品技术水平和综合竞争力。通过整合资源，重点支持了一批支撑制造业信息化的服务项目和企业，加快了相应信息服务的研发和应用，带动了传统产业改造升级，催生了一批高附加值、绿色低碳的新兴产业，为促进全省产业转型升级做出了积极贡献。

开展关键应用技术攻关 "十一五"时期，广东省紧密围绕全省制造业发展的战略目标和工作重点，根据"国家引导，地方扶持，企业为主"的原则，鼓励产学研结合，深入广泛地开展技术攻关和推广应用。"十一五"时期，广东省选择了一批对制造业信息化工程带动性强、覆盖面广的关键共性技术项目进行资助，如粤港联合科技资助计划、省部产学研结合专项等科技计划项目重点支持了一批物联网、数字化、云服务、虚拟与现实、工业设计、信息服务平台和信息化集成等技术的攻关。"十一五"广东省制造业信息化科技工程实施期间，全省立项完成省级制造业信息化项目28项，申请专利47件，获得软件著作权27件，获得省、市级科技进步奖励1项。如金蝶软件（中国）有限公司在混合流程行业制造执行系统、轻工制造装备远程监控系统等方面取得多项成果，有效提升信息化产品竞争力。

打造多元化的公共服务平台 "十一五"时期，广东省通过资源优化和整合，建立起以信息技术推广和人才培养为主要目的，分布省、市、区、镇多层次的制造业信息化服务体系。"十一五"期间，全省新建各类制造业信息化服务机构和平台超过100家，形成了服务特色鲜明的制造业信息化服务网络。其中，重点支持的广东省机械研究所、广东省生产力促进中心、广东华南工业设计院和广州生产力促进中心4个省级制造业信息化技术服务机构，建成了覆盖主流CAD/CAM、CAE、ERP软件的技术培训、工业设计服务、快速制造服务、专利服务和制造业信息化技术咨询服务网络。据不完全统计，在"十一五"期间，服务机构及平台共服务企业17 000家以上，服务收入8 269万元，培训各类信息化应用人才3万多人次，为推动本省制造业信息化提供了有效的支撑。

【数控一代机械产品创新应用示范工程】 2011年12月8日，广东省率先召开了数控一代机械产品创新应用示范工程动员大会，正式启动了广东省数控一代示范工程。随后，省科技厅根据本省机械产品升级的实际需求，制定了《广东省数控一代机械产品创新应用示范工程"十二五"实施方案》，该方案得到了省委、省政府的高度重视和肯定。2012年，由省财政预算安排专项资金，用于增设"数控一代机械产品创新应用示范工程专项"，支持提高广东省机械装备企业的自主创新能力，提升机械装备产品的数控化水平，促进省制造业加快转型升级。8月12日，广东省数控一代机械产品创新应用示范工程推进大会在东莞召开，会议总结了“数控一代”示范工程启动以来的成绩和经验，部署下一阶段的工作。

2012年，广东省在电子制造装备、印刷包装机械、塑料机械等重点行业先行示范推进，东莞市、中山市以及顺德区、汕头市金平区、潮州市潮安县等重点区域的应用示范工程全面启动；全省机械装备产业工业增加值同比增长11.3%，高于全省工业的平均增速4.3个百分点，成为经济增长中的新亮点。

组织领导　数控一代机械产品创新应用示范工程启动以来，广东省加强顶层设计和宏观管理，制定了数控一代示范工程的实施规划。成立了由陈云贤副省长为组长，由省科技厅、发改委、教育厅、财政厅等省直有关部门、有关地市科技部门及行业协会负责人为成员的“示范工程”领导小组，统筹推进全省数控一代机械产品创新应用工作。成立了以中国工程院院长周济院士为总顾问的咨询顾问组，对示范工程战略目标、总体方向等提供咨询。成立了以企业为主，高校、研究机构及学会/行业协会等专家为成员的专家组，负责对全省数控一代机械产品创新应用示范工程的决策参谋、技术指导、绩效考核、技术路线论证等工作。在领导小组、咨询顾问组、专家组等组织的共同推进下，广东省数控一代示范工程实现了良好开局。

资金投入　为全面推进广东数控一代示范工程示范省建设，省政府决定，2012—2014年省财政预算安排3亿元专项资金用于数控一代示范工程的实施，重点用于开展机械装备数控化的关键技术攻关、重点行业和区域应用示范、服务体系和环境建设。省科技厅与省财政厅共同制定了《广东省数控一代机械产品创新应用示范工程专项资金管理办法》。在省专项资金的带动下，多个地市、区均设立了相应的专项资金，如中山市每年设立数控一代专项经费2 000万元，东莞市设立每年不少于2 000万元的数控一代科技专项，顺德设立了每年800万元的专项。预计到2012年底，数控一代示范工程将带动市、区、镇等各级政府财政资金投入超过3亿元，带动企业及社会投入超过10亿元。

提升机械装备创新能力　根据突出重点、点面结合的原则，2012年，重点针对电子制造装备、印刷包装机械、塑料机械等三大行共性关键技术攻关和应用示范。通过支持的3个综合、7个专业性服务平台以及4个重大项目、39个重点项目，将开发出60种以上专业化数控系统和60种以上数控化装备新产品，形成不少于1万台套或总产值不少于100亿元的应用示范规模。

完善数控机械装备产业链　2012年，以示范市（区）、示范专业镇等为重点，培育和完善区域内相关数控机械装备产业链。重点建设东莞、中山等示范市，惠州培育示范市，佛山市顺德区、汕头市金平区、潮州市潮安县等示范县（区）以及东莞市的横沥镇、大朗镇等13示范专业镇，形成各类数控技术产业联盟，促进机械产品产业链向高端延伸，提高区域的机械装备产品附加值。

完善数控机械产业发展支撑体系　针对机械产品数控化需求，启动制定了广东省数控一代实施技术路线图。建立了广东省数控一代创新应用综合服务平台、行业装备数控综合服务平台、专业化服务平台。此外，还积极开展国内外数控技术的交流，促进数控装备生产企业、数控技术研发机构与用户之间的合作，加快推进机械装备数控化进程，降低应用推广成本。如2012年3月和6月，先后在广州和深圳举办了2次广东省数控一代机械产品创新应用高端论坛，围绕数字化智造等问题展开讨论，加强宣传发动工作。

【项目简介】

面向软包装印刷行业的数控系统及装备研发与产业化　由广东金明精机股份有限公司承担的“面向软包装印刷行业的数控系统及装备研发与产业化”项目获2012年省科技计划项目立项支持，支持经费500万元，单位自筹1 800万元。

该项目针对印刷包装机械存在的核心技术问题，开展数字化印刷包装机械控制系统和装备的研发和产业化，并形成行业示范应用。开发出具有自主知识产权的高性能智能化多层共挤吹塑装备、环保石头纸专用吹塑机组、三层共挤糙面土工膜吹塑机组、多轴数控切台机、全自动电子胶粘带涂布机、高速多功能分条装备6种专业化印刷包装机械数控系统和装备。项目的实施，能够打破国际技术壁垒，实现国产印刷包装机械与国际市场的接轨；提高印刷包装机械的自动化水平，降低印刷包装产业的劳动强度和意外伤害风险；提高从业人员的技术水平，实现我国数字化印刷包装机械技术水平和市场竞争力的大幅提高。

导光板数控激光加工装备开发与平面显示行业数控一代应用示范　由广东大族粤铭激光科技股份有限公司承担的“导光板数控激光加工装备开发与平面显示行业数控一代应用示范”项目获2012年省科技计划项目立项支持，支持经费100万元，单位自筹500万元。

该项目研究导光板网格设计与光路仿真技术、导光板激光加工工艺参数的匹配与优化技术、导光板数控激光加工专机技术、开放式专用数控系统技术，最终形成导光板CAD/CAM软件、导光板数控激光加工专机和开放式专用数控系统产品。项目执行期内将完成专业化数控系统和数控化装备新产品各2种，完成行业数控技术标准1项，形成数控装备新产品200台套，应用示范总产值6 000亿元。项目研发导光板的新工艺和新装备，用激光加工取代印刷加工，可降低成本、减少排放、提高产品质量，激光加工的导光板产品寿命比油墨印刷导光板产品寿命高5年左右，推广激光加工技术，废旧导光板的废弃量1项就可以减少2/3，激光加工导光板是一个绿色制造过程。

高速节能智能化数字控制挤出复合机关键技术研究与产业化　由江门市辉隆塑料机械有限公司承担的“高速节能智能化数字控制挤出复合机关键技术研究与产业化”项目获2012年省科技计划项目立项支持，支持经费100万元，单位自筹400万元。

该项目为解决现有挤出复合生产线控制分散集成度不高等问题，拟研制一种创新的挤出复合生产线一体化集成控制系统，包括一体化集成嵌入式智能控制的应用、基于自整定模糊高阶PD型迭代学习控制算法的共挤层厚度在线智能控制、电磁感应加热及基于模糊PID控制策略的温度控制，设计出共挤复合生产线的关键装备。项目执行期将内完成专业化数控系统3种、数控化装备新产品1种，形成数控装备新产品15台套，应用示范总产值超1.2亿元。项目对于突破包装机械行业关键领域的高端装备精密制造技术，特别是在提高包装机械行业在挤出复合制造领域数字化、节能化、高效精密加工整体技术进步，提高包装行业产业向资源节约和数控高效新一代技术转型升级换代，增强包装行业自主创新能力，提高国际市场影响力和产品出口能力，对包装机械制造业技术进步起到示范引领作用。

（广东省科学技术厅高新技术发展及产业化处　黄　攀）

产业支撑载体建设

2012年，广东省开展高新区创新发展战略提升行动，科技创新载体建设取得新进展。截至2012年年底，全省共有省级以上高新区21家；特色产业基地110家，其中国家级火炬计划特色产业基地29家；深圳高新区下一代互联网、惠州云计算智能终端与云计算应用、中山健康科技3个产业被纳入国家创新型产业集群建设试点；建成各类科技企业孵化器150多家，对广东省的科技创新、科技成果转化、创新创业人才培养等方面发挥了重要作用。

高新技术产业开发区

2012年，全省21个省级以上高新区营业总收入约2.05万亿元，同比增长19.0%，其中9个国家级高新区营业总收入17 935.76亿元，同比增长18.9%；12个省级高新区营业总收入2 569.46亿元，同比增长19.6%。广东省21个高新区实现工业增加值5 000亿元，同比增长21%，增速比全省规模以上工业高出10个百分点，占全省工业比重达到1/5，比上年同期高出4个百分点。全省高新区以占全省0.2%的土地，创造了1/6的工业增加值、1/6的出口额、1/3的高新技术产品产值。

【高新区升级和认定】 2012年，广东省重点推进国家高新区创新发展战略提升行动，推进广州、深圳高新区创建国家自主创新示范区，深圳自主创新示范区建设方案获国家总理温家宝批示；推进珠海、江门、东莞等国家高新区建立创新发展政策体系，建设创新型产业集群，完善科技服务体系，提升高新区经济规模和质量；推进高新区进行体制机制改革创新，加快珠海、佛山等高新区整合改革，正式获得了一级财政和市级经济管理权限，建立了精简高效的管理机构；梅州高新区根据梅州城市未来发展总体部署，拓展发展空间，完成迁园；河源高新区升级工作已报国务院，已配合科技部完成前期考察评审等工作；湛江高新区已完成国家级高新区申报工作。积极发挥高新区战略联盟的作用，开展“中加高新技术投资洽谈会”和不同类型战略联盟学习交流等活动，促进高新区之间的交流与协同，提升园区管理水平。完善高新区考核办法和考核体系，科学引导高新区创新发展，启动国家和省级高新区考核工作。

【高端产业及人才汇聚情况】 广东省高新区呈现了地位高、产业高端、人才高端、消费高端、国际化程度高等特征，形成了各具特色的高端产业集群和人才集聚的核心区，如深圳移动互联网、中山健康科技产业、惠州云计算智能终端等产业集群均居国内先进甚至领先水平。全省高新区呈现高端人才加快集聚的趋势，截至2012年年底，列入省政府创新科研团队资助计划的48个创新科研团队中，有28个落户高新区；列入省政府领军人才资助计划的44名领军人才中，高新区占1/4。东莞松山湖高新区依托科研平台，引进以李泽湘教授为带头人的“运动控制与先进装备制造技术国际研究”团队、以黄铠教授为带头人的“云计算产业研究”团队、以惠宏襄博士为带头人的“代谢医学研发”团队等8个省创新科研团队。深圳市引进的22名海外高层次人才列入中央“千人计划”，其中15人落户深圳高新区。广州高新区聚集中央“千人计划”人才22名，占广州市的75%。

【高新区选介】

广州高新技术产业开发区　2012年，广州高新技术产业开发区营业总收入达4 203.55亿元，同比增长11%；工业总产值3 187.92亿元，同比增长10%，高新技术产品产值占工业总产值比重达到90%以上。

园区的主要做法包括：

1．高标准打造一流创新载体。园区高标准规划建设了中新广州知识城、广州科学城、广州国际生物岛三大战略性发展平台，打造了面积规模高达100万平方米的科技企业孵化器，其中国家级孵化器4家。同时，重点建设了电子信息、生物和新材料三大新兴产业领域的公共技术平台，建立了中科院生命与健康研究院、华南新药创制中心等12家开放实验室和4 000多项的仪器设备资源库，引进了中国电器科学院、SGS、莱茵等20多家国内外权威专业检测认定机构，建成了专业性强、开放度高的公共技术平台体系。

2．不断完善创新政策体系。将“创新萝岗”列入园区的发展战略，制定了《创新萝岗建设工作实施方案》，出台了“1+10”创新政策，集中园区资源推动区域创新体系建设，并与世界顶级智库兰德公司开展创新体系研究，构建了由54个指标组成的创新体系。

3．增强以企业为主体的创新能力。2012年，广州高新区聚集规模以上科技企业2 241家，高新技术企业808家，各类研发机构400多家，经过认定的各类科技研发机构共89个，其中国家级研发机构17个。有80多家跨国公司在区内设立了研发中心、创新中心、检测认证中心。

4．引导高端人才集聚发展。坚持人才强区发展理念，制定了“2+7”人才政策，在全省率先出台吸引科技领军人才实施办法，对每名科技领军人才奖励扶持最高达1 500万元。建设了高层次人才服务区，安排服务专员提供“一站式服务”。推广“高层次人才服务捷通卡”，为高层次人才提供绿色通道服务。实施“百千万”人才计划，建立海外人才工作站，支持设立院士工作站，探索柔性引才机制，打造支撑知识经济发展的“人才金字塔”。

5．深度融合科技和金融。园区围绕创新型企业成长路线图，制订了从创业孵化、产业化到成长壮大全过程的投融资政策进行支持，提供全过程全方位的投融资服务。设立了10亿元的创业投资引导基金、3亿元的科技担保资金和5 000万元的种子资金。

6．活跃国际科技交流合作。园区搭建了中英生物科技之桥、中以生物科技之桥、瑞士洛桑生命科技园、丹麦INDEX工业设计等国际合作平台，建立了数字家庭技术联盟、包装机械技术产业联盟、LED照明灯具技术联盟、生物医药研发联盟、基因检测联盟、现代信息服务联盟、环保新材料产业技术联盟7个产业创新联盟组织。

深圳高新技术产业开发区　2012年，深圳高新技术产业开发区实现工业总产值4 693.60亿元，同比增长15.76%；工业增加值1 370.81亿元，同比增长31.00%；出口创汇187.96亿美元；实现税收267.49亿元。

园区的主要特点包括：

1．自主知识产权占据主导地位。高新区企业研发生产的具有自主知识产权、自主品牌的产品在国内外具有广泛影响，成为深圳市自主创新的主要特征。2012年，专利申请量为15 110件，其中发明专利9 976件，PCT申请量超过5 000件。

2．高新技术产业链不断完善。高新区已形成了通讯产业群、计算机产业群、软件产业群、医药产业群、新材料产业群、光机电一体化产业群。其中年销售超亿元的企业281家，经认定的国家高新技术企业520家。

3．孵化器群呈现多元化、专业型、互动式。由政府、院校、留学生协会等共同创办的孵化器群已经形成，为“创业板”和“新三板”市场培育了一批优质的企业资源。“深圳高新区孵化器联盟”进一步聚合创新资源，推动区内中小科技企业快速成长；高新区“创业投资服务广场”为高科技企业提供投融资与创业服务。

4．名校汇聚高新区。汇聚55所海内外著名院校的深圳虚拟大学园，经过14年的发展，在深培养硕士以上研究生34 392余人，引进博士后104名，孵化企业740家，校企合作项目1 367项；由103个国家级科研机构组成的“深圳虚拟大学园重点实验室平台”为企业技术创新提供支撑；“深圳虚拟大学园国家大学科技园”在建中。深圳虚拟大学园已经成为高层次人才培养、重点实验室建设、科研成果转化和产业化基地。

5．科技金融结合日益完善。园区较早地开展了创业投资、私募股权投资、科技投融资体系、科技金融产品创新、科技金融合作平台等创新尝试。2012年，高新区聚集了由6家境内外证券交易所常驻机构、46家银行分支机构、8家证券营业部、180多家国内外知名创投私募基金公司、20多家担保评估机构、20多家律师会计师审计师事务所等组成的投融资服务体系，为企业提供多层次、全方位、多元化、一条龙的投融资服务，实现了科技与金融的渗透和融合。

6．园区逐步走向国际化。园区设立了“深圳国际科技商务平台”，已有31个国家和地区的44家海外机构入驻国际平台。

珠海高新技术产业开发区　2012年，珠海国家高新技术产业开发区实现地区生产总值1 563.80亿元，工业总产值1 554.73亿元，出口创汇110.48亿元。

园区的主要特点包括：

1．科技金融服务体系建设加强。2010年起，珠海高新区“成长之翼”融资平台正式成立。2012年，加盟“成长之翼”债权融资平台机构增至21家，企业贷款累计近2亿元。珠海高新区还设立全市首家企业融资增信平台，区财政投入扶持企业上市、企业贷款贴息等350万元。

2．创新驱动能力明显提升。2012年，珠海高新区财政支出支持企业研发、扶持企业上市和公共平台建设、新兴产业配套等专项资金7 352万元。加强了博士后科研工作站、院士工作站、留学生创业园建设，共引进16名博士后科研人员，拥有近300名留学人员在区内自主创业。

3．产业结构转型升级见实效。珠海高新区坚持大招商、招大商，成功引进乐淘电商等总部企业及汇金科技、博观科技等高科技项目，促成市政府与中国电子信息产业集团签署电子信息行业战略合作框架协议，拓展了园区电子信息产业招商平台。

4．创新创业环境进一步完善。2012年，珠海高新区财政投资实施基础设施项目共计58个，完成年度投资2.5亿元。高新区高标准谋划唐家湾滨海科教新城建设，明确了金鼎工业片区、创新海岸片区、后环片区、前环片区、东岸片区等10个片区的重点发展方向，努力打造软件和集成电路、移动互联网、智能电网、医疗器械和高端制造、文化创意的“4+2”产业格局，建设“高、新、特、精”特色园区，力争到2017年把高新区主园区建设成为现代产业集聚、区域品质高尚、生态优势明显、功能布局合理、人口规模适中的现代化智慧新城。

（广东省科学技术厅高新技术发展及产业化处　黄　攀）

高新技术产业化基地及火炬计划特色产业基地

【特色产业基地发展】　截至2012年年底，全省共有省级以上特色产业基地110家，其中国家级火炬计划特色产业基地29家，省级火炬计划特色产业基地81家，包括广州现代服务业高新技术产业化基地、广州国家集成电路设计高新技术产业化基地、惠州国家通信高新技术产业化基地、中山国家先进装备高新技术产业化基地、东莞国家LED半导体照明工程高新技术产业化基地、东莞松山湖现代服务业高新技术产业化基地、顺德现代服务业高新技术产业化基地等7家国家级高新技术产业化基地。据统计，2012年，全省特色产业基地汇集企业7.8万余家，工业总产值超过2万亿元，上交税额超过1 000亿元，出口创汇800亿美元。

广东特色产业基地大力发展高新技术产业和区域特色产业，在推动当地特色高新技术产业发展、提高自主创新能力、推进产业结构优化升级和辐射带动区域经济增长方面，均取得了可喜的成绩，呈现出良好的发展态势。高新技术产业化基地和特色产业基地经济总量增长迅猛，有力地带动区域经济发展；特色产业基地坚持创新发展，成为区域自主创新的有效载体；特色产业基地不断完善和延伸产业链，有效地推进区域产业结构的优化升级；特色产业基地的产业竞争力不断增强，形成了一批具有国际影响力的自主品牌。

【广州国家集成电路设计高新技术产业化基地】

广州国家集成电路设计高新技术产业化基地

由政府、高校、企业共建，三方投资成立的广州星海集成电路基地有限公司负责基地的建设与运营管理。基地秉持“政府引导、市场运作”原则，通过“模式创新、体制创新和服务创新”创造后发优势，推动集成电路的科技创新与产业发展。

基地建设规划共分为三期，分别为：1. 建设期（2012年4月—2015年3月）。基地建筑面积达到8万平方米，基地企业产值突破100亿元，培育10家以上年总销售收入过亿元的龙头企业。2. 成长期（2015年4月—2017年3月）。基地建筑面积达到30万平方米，基地企业产值突破300亿元，培育10家以上年总销售收入过5亿元的龙头企业，推动5家以上的企业上市。3. 发展期（2017年4月—2022年3月）。基地建筑面积达到60万平方米，基地企业产值突破1 000亿元，培育10家以上年总销售收入过10亿元的龙头企业，推动10家以上的企业上市。

基地汇聚微电子、计算机、机电、信息通讯、自动化等集成电路设计和应用相关专业的大量专家学者及众多电子信息领域的从事集成电路设计、生产、应用和产业化的高技术企业，为企业、高校提供EDA技术服务、IC设计服务、MPW及流片服务、IP及SoC服务、测试分析服务、投融资服务、人才培训服务等集成电路全产业链的全方位服务。基地建成以来，与国家相关部门及业界重点企业建立了战略合作关系，包括工信部软件与集成电路促进中心、工信部电子第五研究所、大唐电信科技集团等，成功承办“2012中国集成电路产业促进大会暨第7届‘中国芯’颁奖典礼”等大型活动。

（广东省科学技术厅高新技术发展及产业化处 黄 攀）

创新型产业集群

【创新型产业集群建设】 根据科技部确定的新时期国家高新技术产业化工作重点开展的“国家高新区创新发展战略提升行动”和“创新型产业集群建设工程”“科技服务体系创新工程”（一个行动、两个工程），2011年，广东省制定了《广东省创新型产业集群建设工程实施方案（试行）》，以高新区、特色产业基地为载体，通过制度建设和机制创新，以科技资源带动各种生产要素集聚，形成以科技型中小企业、高新技术企业和创新人才为主体，以创新组织网络、商业模式和创新文化为依托的创新型产业集群。

2012年，深圳移动互联网、惠州云计算智能终端、中山健康科技3个产业被纳入国家创新型产业集群建设试点。在建设创新型产业集群中，逐步摆脱了对传统的招商引资型的产业集聚路径依赖，形成了新型的产业集群路径。一是通过科技要素集聚带动生产要素集聚。各园区积极吸引高校、科研院所共建创新平台，完善科技服务体系，让技术持有者或中小企业低成本进入产业通道，加速产业上下游企业集聚。如河源高新区“广东省通讯终端质量监督检验中心”建设，迅速吸引了手机通讯及配套企业50多家，实现“平台集聚—企业集聚—产业集群—品牌和文化集聚”的发展新路径。二是通过创业孵化带动产业集群的形成。各园区通过大力建设科技企业孵化器、加速器、专业科技园，建立了知识到价值的服务链，形成了“创业孵化—加速—集群”的内生增长模式。

【中山市健康科技产业集群】 截至2012年年底，中山市健康科技产业集群以密集的产业集聚程度、完善的产业链条、强大的配套能力，累计引进投资13.5亿美元，共吸引212家国内外知名的生物医药、医疗器械等大众健康科技企业落户中山火炬高新区，已形成以生物制药、医疗器械、保健食品、药妆品、医疗信息服务、医学生态六大板块为主的集群结构，并在创新网络、服务体系、创新创业氛围、运营模式等方面形成了富有特色的发展优势。

以产学研合作为特色的创新网络已基本形成

中山健康科技产业集群在省部产学研合作框架下，探索产学研结合的长效机制，形成了以产学研合作为核心，以企业、中介、政府部门等创新资源集聚为主要要素的创新网络。该产业集群与清华大学、武汉大学、华中科技大学、中国药科大学、广州中医药大学、中国科学院、上海交通大学等国内外60多个高校及科研机构开展产学研合作，长期稳定的产学研合作关系有效地解决了企业创新能力不足、人才缺乏的问题，特别在健康科技产业共性技术、关键技术联合攻关上成效显著。

产业配套服务体系逐步完善 中山健康科技产业集群加强产业配套服务体系建设，在产业链的上中下游分别建成与产业链深度耦合的配套服务。在上游，建立公共研发实验室，按药品非临床研究质量管理规范（GLP）要求建立标准实验室并配备高效液相色谱仪、气相色谱仪等相应的实验设施、仪器设备，为企业提供相关的研发、检验检测服务。在中游，建立固体药物制剂中试平台（GMP）及广东华南新药创制中试基地，按药品、保健食品GMP标准建设片剂、胶囊剂、软胶囊剂、颗粒剂、透皮贴剂、软膏剂、粉针剂等剂型的中试生产车间，提供新药临床试验样品制备、固体制剂中试放大生产工艺研究、保健食品委托加工生产服务。在下游，建立检验检测服务平台，引入中山市药检所及广东省保健品化妆品检测中心，为企业提供便捷高效的药品、保健食品以及化妆品的功能、质量、安全性等检验检测服务。

形成创新型企业、人才高端集聚的良好氛围

经过多年的发展，中山健康科技产业集群已成为以科技型中小企业、高新技术企业和创新人才为主体的特色产业集群。截至2012年年底，集群拥有各类专业技术人才和管理人才约1万人。陈亚珠院士“肿瘤物理治疗技术及医疗装备研发”团队、清华大学张锡文教授“好特人工心脏研究”团队、Sandoval“手性催化氢化合成技术研发”团队、戴仁科研究员“创新药物筛选评价体系的研发及其产业化团队”、李百勇博士“生物大分子新药研发团队”等大批创新团队纷纷进驻。

专业园区承载、公司化运作的运营模式逐渐成熟 经过多年的发展，中山健康科技产业集群形成独具特色的“集群建设委员会—中山火炬高新区管委会—健康科技产业基地发展有限公司”三级框架结构的专业化运营模式。集群建设委员会负责研究和指导中山健康科技产业集群的发展战略，制定长远发展规划；中山火炬高新区管委会承担园区监督和指导等行政职责，牵头负责大项目招商、客商服务、中小企业管理等；健康科技产业基地发展有限公司作为独立的开发企业和一级法人，行使园区建设的经济职能，按“统一规划、统一办理审批事项、统一基础设施、统一管理”的要求，负责健康科技产业基地区的开发、建设和经营，为企业提供服务。

（*广东省科学技术厅高新技术发展及产业化处 龚建文*）

科技企业孵化器

2012年，全省新增国家级科技企业孵化器培育单位16家，新申报国家级孵化器5家。同时，一批新型创业孵化加速载体在全省各地兴起，如天安数码城、番禺节能科技园、南海瀚天科技城等，逐步形成了依靠市场机制促进科技企业做大做强的新模式。高新区科技企业孵化器建设运营模式正呈现政府主办型、政企共建型、民营主导型齐头并进的发展趋势。截至2012年年底，全省建成各类科技企业孵化器150多家，其中国家级科技企业孵化器24家，省级科技企业孵化器27家；孵化场地面积超过1 000万平方米，在孵企业近1万家。

【全省科技企业孵化器工作座谈会】 为总结广东省科技企业孵化器20年的建设与发展成效，研讨和部署下一阶段工作，2012年7月11日，广东省科技企业孵化器工作座谈会在广州召开。会上，科技部火炬中心人员介绍了《国家科技企业孵化器“十二五”发展规划》，省科技厅作《广东省科技企业孵化器工作报告》。全省高新区科技工作负责人、各地市科技局有关负责人、部分科技企业孵化器及公共服务平台代表、大学科技园负责人等150人出席了会议。

会议传达了全国科技创新大会精神，充分肯定了近年来广东省科技企业孵化器的建设成效，要求进一步深化科技体制改革，着力强化企业技术创新主体地位，优化科技创新创业环境，将孵化器建设工作提升到战略层面；各地要完善产业生态环境，营造适合创新创业的环境，积极探索，建设满足不同领域、阶段和区域的孵化需求的孵化器；鼓励创新体制机制，形成孵化器投资运营模式多元化，通过政府的公信力，积极引导社会力量参与孵化器建设；同时积极拓展孵化功能，提升与创业企业协同发展的服务能力。

【《广东省科技企业孵化器认定和管理办法》修订】 为贯彻落实省委、省政府《加快高新技术产业开发区发展的意见》和科技部《科技企业孵化器认定和管理办法》，引导广东省科技企业孵化器健康发展，提升其管理水平与创业孵化能力，进一步营造全省科技型创业企业的成长环境，培养科技创业领军人才，省科技厅在广泛征求意见的基础上，对原《广东省高新技术创业服务中心管理办法》进行了重新修订，并于2012年3月21日颁布了新办法——《广东省科技企业孵化器认定和管理办法》。

该办法共分为总则、主要功能与目标、省级孵化器认定条件与程序、孵化器管理、扶持与促进措施等6章31条，说明了省级科技企业孵化器的主要功能和发展目标，规范了省级孵化器认定条件与程序，明确了孵化器管理、扶持与促进等相关措施。

（广东省科学技术厅高新技术发展及产业化处 黄 攀）

大学科技园

2012年，广东省共有大学科技园8家。其中，国家级大学科技园3家，分别是中山大学科技园、华南理工大学科技园、深圳虚拟大学科技园；省级大学科技园5家，分别是暨南大学科技园、华南农业大学科技园、广州中医药大学科技园、深圳大学科技园、南方医科大学科技园。同时，引进了清华大学科技园设立广州番禺创新基地。这些大学科技园对广东省的科技创新、科技成果转化、高科技企业孵化培育、创新创业人才培养等方面发挥了较大的作用。

【大学科技园发展模式】 全省大多数大学科技园形成了“一园多区”共享模式。截至2012年年底，中山大学科技园基本形成了6个分园区、3个中试基地以及各具不同功能的研发基地，其中主孵化园区、大学城园区、越秀园区以及南校区中试基地、梅州中山大学南药基地已正常运行。

华南理工大学科技园在主园区大力开展技术创新、创新人才培养和企业孵化工作，在各分园有重点地发展特色产业。截至2012年年底，已建立了5个大学科技园分园、1个IC专业孵化器。

南方医科大学在建好校本部园区的同时，与松山湖管委会合作建设了南方医科大学松山湖实验动物科技园。暨南大学科技园、华南农业大学科技园、广州中医药大学科技园、深圳大学科技园建设与发展均取得明显成效，有效促进了科技成果转化。

【深圳虚拟大学科技园】 截至2012年年底，深圳虚拟大学科技园共聚集了54所国内外知名院校，包括清华大学、北京大学等39所内地院校，香港大学、香港中文大学等6所香港院校，加拿大阿尔伯达大学等6所国外院校以及中国科学院、中国工程院院士活动基地和中国社会科学院研究生院，其中建立事业单位建制、具有独立法人资格的研究院42家。通过搭建“深圳虚拟大学园国家重点实验室（工程中心）平台”，共设立研发机构113家；累计培训各类人才144 604人，其中培养博士1 438人、硕士32 488人，引进博士后85人，引进实习研究生3 479人，完成订单培训42 369人；举办各类国内、国际学术活动、学术会议和专家讲座1 363场；设立“深圳虚拟大学园孵化器”，孵化场地面积4.5万平方米，累计孵化科技企业704家；转化科技成果1 247项，开展校企合作项目1 367个，承担国家级科技项目162个、省部项目61个、市级项目191个，获得专利357项。

（广东省科学技术厅高新技术发展及产业化处 黄 攀）

农业科技发展

科 技 兴 农

2012年，广东省深入贯彻落实全国和全省科技创新大会精神，全面落实中央一号文件、《广东省科学和技术发展“十二五”规划》和《广东省农业科技“十二五”发展规划》等重要文件精神，全方位多层次推进农村科技工作，并取得较好的成效。

农业领域科技计划项目管理

2012年，全省共有9个项目获得国家“863计划”和科技支撑计划项目立项，经费支持共计8 972万元；获国家级农业类科技计划项目立项118项，经费支持约1.2亿元。2012年，省级农业领域重点专项立项19项，均为农业共性关键技术研究项目，共安排经费1 720万元；农业领域重点项目立项18项，均为关键节点关键技术项目，共安排经费920万元；农业领域科技专项立项147项，其中，现代农业适用关键技术应用示范112项，现代农业产业关键技术集成示范26项，广东省农业科技园区9项，共安排经费2 500万元。

【广东省战略性新兴产业核心技术攻关项目】

“十二五”期间，生物产业已成为广东省重点发展的战略性新兴产业之一，广东省也是我国主要的生物产业基地之一。近年来，广东省重点支持发酵工程、生化工程、海洋生物、生物制药、环境生物等方面关键技术攻关与新产品开发。2012年，省科技厅顺利完成战略性新兴产业核心技术攻关项目的组织实施工作。在农业领域，项目主要面向生物战略性新兴产业领

表7-1-1-1　广东省农业领域科技计划项目立项情况（2012）

序号	类别	立项数（项）	支持经费（万元）
1	广东省战略性新兴产业核心技术攻关项目	6	4 900
2	重点专项	19	1 720
3	重点项目	18	920
4	引导项目	287	2 148
	#省直	163	1 159
	地市	124	989
5	现代农业适用关键技术应用示范	112	670
6	现代农业产业关键技术集成示范	26	830
7	广东省农业科技园区	9	1 000
8	广东农村信息直通车工程	20	625
9	对口科技援助项目	25	500
10	合计	522	13 313

域，通过竞争性安排择优支持6个创新能力强、经济效益好、示范带动效应大的项目（见表7-1-1-2），安排专项资金4 900万元，每个项目的支持经费在500万元以上。预计在生物种业、农用生物制品、海洋生物功能产品关键技术等尖端领域将取得具有自主知识产权的核心技术及装备，形成一批拉动战略性新兴产业发展的新增长点。

表7-1-1-2　广东省战略性新兴产业核心技术攻关项目一览表（2012）

序号	项目名称	主要完成单位
1	优质肉鸡生物育种核心技术体系建立与应用	广东智威农业科技股份有限公司 广东温氏食品集团有限公司 中国农业大学 华南农业大学 广东省农业科学院畜牧研究所
2	生物反应器生产高效动物疫苗关键核心技术研究及产业化	广东永顺生物制药股份有限公司 中山大学 华南农业大学 广东现代农业集团研究院有限公司 仲恺农业工程学院 云南生物制药有限公司
3	海洋生物活性多肽高效制备关键技术与产业化示范	无限极（中国）有限公司 华南理工大学 广州合诚实业有限公司
4	广东主要养殖水产品种良种选育及产业化	广东海大集团股份有限公司 中山大学生命科学学院 中国水产科学研究院珠江水产研究所
5	新型动物专用抗生素肠溶微囊的研制及产业化技术研究	广东大华农动物保健品股份有限公司 华南农业大学
6	中国兰花的分子育种及种苗高效繁育技术研究与应用	广东远东国兰有限公司 广东省农业科学院花卉研究所

优质肉鸡生物育种核心技术体系建立与应用

该项目由广东智威农业科技股份有限公司承担，2012年获得了省战略性新兴产业核心技术攻关项目立项资金支持1 000万元。

项目经过一年的实施，取得以下阶段性成果：首次发现鸡玫瑰冠、缨头性状的基因突变，并建立PCR分子检测方法。熟化建立了黄白皮肤、矮小、隐性白羽、显性白羽以及快慢羽等5项轻简化实用分子标记辅助选择技术，并为8家育种企业开展了分子检测服务。针对生长、屠宰和抗病力3类肉鸡重要经济性状，开展了基因组育种值估计准确性和传统BLUP法比较研究。结果表明，基因组选择极大地提高了育种值估计的准确性，生长性状、屠宰性状和抗病性状基因组育种值估计准确性可以提高339.1%、40.6%和43.4%，对优质肉鸡的遗传评估具有重要意义。利用已建立的分子育种技术开展了优质肉鸡新品系的性状提纯和选育，自主培育出岭南黄鸡4号配套系、天露草鸡、天露黑鸡3个优质肉鸡新配套系。截至2012年年底，3个配套系均已在国家肉鸡性能测定中心完成性能测定，准备申请国家畜禽遗传资源委员会进行新配套系审定工作。项目申请并获得实用新型专利1个，发表文章5篇。

广东主要养殖水产品种良种选育及产业化

该项目由广东海大集团股份有限公司承担，2012年获得了省战略性新兴产业核心技术攻关项目立项资金支持700万元。

2012年，项目取得以下阶段性成果：在草鱼方面，构建了草鱼种质资源库，以群体间自交和杂交筛选出的快速生长群体为基础筛选出5个家系，通过雌核发育技术获得雌核后代12万多尾，以快速生长和慢速生长群体为样本获得功能基因有效标记10个，用于分子标记辅助育种，研究了精液冷冻保存技术，扩繁了基础种群，推广良种鱼苗11.92亿尾。

在罗虾方面，引进了3个不同地区的野生种群，以印度野生种群为基础建立了18个家系，进行保种。获得优质幼体5亿尾，亲本15 000对，推广虾苗4亿尾。

在鳜鱼方面，从鳜鱼原产地引进300多尾原种，建立了3个翘嘴鳜和1个斑鳜基础群，建立了鳜育种数据库。对15个翘嘴鳜半同胞家系，经电子标记同塘测试筛选出2个具有显著生长优势的家系；建立了翘嘴鳜和斑鳜3个杂交组合，研究了斑鳜精液冷冻保存技术。

在凡纳滨对虾方面，在珠海建设了1个一级隔离场用于国外种虾引进和隔离观察，引进8个国外不同来源的种虾。对2012年F2代245个家系通过荧光标记后测试，以育种值排名选留72个家系，按标准化育种SOP程序构建了F3代家系102个，推广优质虾苗92亿尾。

【农业科技重大专项】 2012年，省科技厅对“农产品安全生产关键技术研究与示范”重大专项验收完毕。据统计，该专项共突破农产品安全新技术50多项，制定农产品安全生产技术规程40项，技术和产品在30多个企业和生产基地进行试验示范，成果转让获得资金4 000多万元，带动企业和社会增加经济效益5亿多元，建立了“生产—加工—销售—追溯”一体化链式农产品安全科技保障体系，填补了农产品和食品安全相关技术规范的空缺，创造了显著的经济效益和社会效益。

【现代农业产业关键技术集成示范】 2012年，省科技厅调整优化科技项目类型，设立区域现代农业产业关键技术应用示范专项，坚持产业推进、区域特色和应用示范原则，开展现代农业适用技术应用示范、现代农业产业关键技术集成示范和农业科技园区工作，集成优势科技资源，提升现代农村科技的显示度。同时，加强科技成果转化与示范，培育现代科技创新型企业。通过产学研结合的方式，投入830万元，支持26家农业龙头企业针对产业发展需求，开展农业科技集成创新研究，提升技术链的耦合度与集成度，促进特色优势产业的标准化和专业化发展。

（广东省科学技术厅农村科技处）

农业科研团队建设

2012年，广东省关注科技创新平台建设，推进农业科技协同创新，重点围绕制约本省农业产业健康快速发展的共性关键技术进行联合攻关，打造代表本省农业行业最高水平的科研队伍。全年投入1 000万元，新设立了“亚热带果蔬加工品质调控关键技术研究”“广东省生态农业共性关键技术研究”“家禽重大传染病控制技术研究”“岭南特色蔬菜杂交育种共性关键技术研究”“农作物有害生物抗药性控制技术研究”“水产品中有害物质高通量检测技术研究”“食药用菌驯化与利用技术研究”“岭南特色果树优质高效栽培与增值关键技术研究”“健康低碳栽培与营养调控技术研究与示范”“农产

表7–1–2–1 广东农业科研团队及项目一览表（2012）

序号	项目名称	承接单位
1	亚热带果蔬加工品质调控关键技术研究	广东省农业科学院生物技术研究所
2	广东省岭南特色果树优质高效栽培与增值关键技术研究	广东省农业科学院果树研究所
3	广东省农产品安全预警与追溯技术研究	广东省农业科学院科技情报研究所
4	广东省岭南特色蔬菜杂交育种共性关键技术研究	广东省农业科学院蔬菜研究所

（续上表）

序号	项目名称	承接单位
5	农作物健康低碳栽培与营养调控技术研究与示范	广东省农业科学院土壤肥料研究所
6	广东省农作物有害生物抗药性控制技术研究	广东省农业科学院植物保护研究所
7	广东省生态农业共性关键技术研究	华南农业大学农学院
8	广东省水产品中有害物质高通量检测技术研究	华南农业大学食品学院
9	广东省家禽重大传染病控制技术研究	华南农业大学兽医学院
10	广东省食药用菌驯化与利用技术研究	广东省微生物研究所

品安全预警与追溯技术研究”10个农业科技研究团队（见表7-1-2-1）。截至2012年年底，全省合计已有20个农业科技研究团队，累计投入经费2 500多万元。

通过一年的努力，10个团队共发表了高水平论文90多篇，申请及授权专利40多件，创制优质新品种材料及开发新产品160多件，研究开发新技术28项，培养了27名硕士研究生、6名博士研究生及17名技术骨干，获得国家科技进步奖一等奖1项，广东省科学技术奖一等奖1项、二等奖1项，获得省农业技术推广奖一等奖1项、二等奖2项，获得省级成果鉴定及省农作物品种审定8项。科研团队的建设为提升本省优势特色农业产业竞争力和自主创新水平做出了新的贡献。

【“广东省家禽重大传染病控制技术研究”团队】 该团队以华南农业大学廖明教授为首席执行专家，主要进行对广东省家禽重大疫病和新发病流行病学、家禽新发传染病快速诊断技术、家禽重大传染病防控产品、家禽重大蛋传性传染病净化技术等研究。

2012年，该团队取得了较好的阶段性成果：建立了“新型鸭呼肠孤病毒实时荧光定量RT-PCR”和“鸭坦布苏病毒ELISA”两种检测方法，筛选获得了10种左右的抗球虫先导化合物，制定了适合广东省地方品系优质鸡核心种群的禽白血病净化操作规程及效果评价方法各1项，研制的“禽流感灭活疫苗（H5N2亚型，D7株）”获得新兽药证书，研发的新技术“重要动物病毒病防控关键技术研究与应用”获得2012年度国家科技进步奖一等奖。获得授权专利5项，新申请专利1项。发表了论文16篇，其中SCI收录论文8篇。培养硕士研究生6名、博士研究生2名，培养青年学术骨干1名。

【“广东省食药用菌驯化与利用技术研究”团队】 该团队以广东省微生物研究所吴清平研究员为首席执行专家，主要开展了野生资源采集与分离、野生资源分离培养基研制、仿真育种驯化技术研制、食药用菌活性成分快速测定方法及其功效筛选模型的研制及野生珍稀品种大规模栽培技术示范推广等工作。

2012年，该团队取得了丰硕的研究成果：采集、分离并保藏了涵盖广东和西藏林芝地区220株野生食药用菌，初步研制了珍稀食药用菌的菌种保藏培养基3种，研制了野生食药用菌的分离培养基3种，初步总结出37个野生灵芝的人工生境栽培特性，初步筛选并驯化出4株活性成分高的野生灵芝品种作为新栽培品种，从中低温野生食药用菌中驯化出2株高温品种。组织成立了“广东省食用菌标准化技术委员会”，研发的“食药用菌工厂化生产与精深加工关键技术”获得了2012年度广东省科学技术奖一等奖，发表了论文8篇；申请专利6个，培养博士研究生2名、硕士研究生6名，培训西藏技术骨干16名。

【“亚热带果蔬加工品质调控关键技术研究”团队】 该团队以广东省农科院农业生物技术研究所肖更生研究员为首席执行专家，以亚热带特色主要水果（荔枝、菠萝、芒果、柑橘）和蔬菜主栽品种（苦瓜等）为对象，主要研究亚热带果蔬干、果蔬脯、果蔬汁、果酒及其功能食品的加工新工艺和新技术，研发亚热带果蔬加工品质调控共性关键技术，建立其质量控制技术体系，开发高品质的亚热带果加工新产品，并实现产业化示范。

2012年，该团队取得了较好的阶段性成果：研发的高温热泵干燥技术、凉果SO_2控制技术、荔枝褐变控制技术、维果灵冷杀菌技术、果酒陈酿技术、荔枝汁和荔枝酒加工技术已在企业应用。制定企业标准1项，开发半干型龙眼干新产品，并已中试。发表了SCI收录论文5篇，中文期刊论文13篇，录用4篇，授权发明专利10项，新申请发明专利8项，培养研究生4名。

（广东省科学技术厅农村科技处）

优势特色农业产业发展关键技术

2012年，针对制约广东省优势特色农业产业发展过程中的关键技术环节，省科技厅设立了农业领域关键节点关键技术重点项目，重点支持开展优势特色农业相关的安全高效种养关键技术和模式、高效低风险农业投入品开发、有害生物防控关键技术、农业生产环境持续发展关键技术、农产品加工与增值关键技术、食品安全关键技术、精细农业关键技术与关键装备等研究，共支持18个项目，投入资金总额920万元（见表7–1–3–1）。

表7–1–3–1　广东省农业领域关键节点关键技术重点项目一览表（2012）

序号	项目名称	承担单位
1	广东省柑橘黄龙病防控技术集成与示范	广东省农业科学院果树研究所
2	养蚕废弃物蚕沙无害化肥料处理装备及关键技术研究	广东省农业科学院蚕业与农产品加工研究所
3	水稻低碳高产栽培关键技术研究	广东省农业科学院水稻研究所
4	广东省主要猪重大疫病综合防控关键技术集成研究	广东省农业科学院兽医研究所
5	蔬菜质量安全标准与风险评估技术研究	广东省农业科学院农产品质量安全与标准研究中心
6	农作物超级复合有害生物双生病毒与烟粉虱的控制技术研究	广东省农业科学院植物保护研究所
7	广东省耕地质量动态监测信息系统	华南农业大学信息学院
8	亚热带木本果树的远缘杂交技术研究	华南农业大学园艺学院
9	大宗柚子分解加工及产品综合开发核心技术研究	华南理工大学轻工与食品学院
10	特异性配体快速筛选技术及农产品、食品入侵毒物快速检测技术的研究	暨南大学生命科学技术学院
11	水产养殖物联网关键技术集成研究	广东海洋大学
12	香蕉防控枯萎病育苗技术及组培苗生产标准化研究	广东海洋大学
13	坛紫菜高效种养的种苗培育关键技术研究	汕头大学
14	太阳能自动节水灌溉关键技术研究	广州大学机械与电气工程学院
15	近江牡蛎健康苗种规模化培育与良种选育关键技术研究	中国科学院南海海洋研究所
16	广东鹅四季均衡生产的关键技术研究	仲恺农业工程学院
17	广东省冬种作物遥感监测与评估关键技术	广州地理研究所
18	橄榄、杨梅、余甘子等潮汕山地果树良种选育关键技术研究	汕头市林业科学研究所

【广东省主要猪重大疫病综合防控关键技术集成研究】 该项目由广东省农业科学院兽医研究所、华南农业大学、佛山科技学院、广东省动物防疫监督总所、广东永顺生物制药有限公司共同承担完成，立项经费50万元。

项目研究内容包括：1．猪圆环病毒病、猪流行性腹泻、猪葡萄球菌病和副猪嗜血杆菌病等的流行病学调查和研究；2．猪圆环病毒病、猪流行性腹泻、猪葡萄球菌病和副猪嗜血杆菌病等的流行病学调查研究和快速诊断技术的集成；3．猪葡萄球菌病和副猪嗜血杆菌病等灭活疫苗的研制；4．猪圆环病毒病、猪流行性腹泻、猪葡萄球菌病和副猪嗜血杆菌病等猪病综合防控技术集成和示范。

【广东省柑橘黄龙病防控技术集成与示范】 该项目由广东省农业科学院果树研究所、华南农业大学、广东省农业科学院植物保护研究所、肇庆学院等单位共同承担完成，立项经费50万元。

项目研究内容包括：1．无毒苗高效繁育关键技术研究；2．柑橘木虱防治新技术研究；3．研发维持树势、延长经济结果年限的相关栽培技术；4．建设黄龙病防控新技术示范基地。

【广东省耕地质量动态监测信息系统】 该项目由华南农业大学信息学院、广东省土地开发储备局、广东友元国土信息工程有限公司共同承担完成，立项经费50万元。

项目研究内容包括：1．基于遥感影像、无线传感器网络、实地视频的多方式耕地质量动态监测系统的研究；2．基于GIS的耕地质量评价系统的研究；3．海量分布式多源异构耕地质量空间数据和非空间数据的建库、集成和共享技术研究。

【特异性配体快速筛选技术及农产品、食品入侵毒物快速检测技术的研究】 该项目由暨南大学生命科学技术学院、广东开平牵牛生化制药公司共同承担完成，立项经费60万元。

项目研究内容包括：1.研究各候选适配体与靶分子（配基）分子对接并计算结合能，统计分析并优选出结合能较低（较稳定）的适配体作为预选适配体；2.分别用靶分子溶液滴定相应的预选（适）配体溶液，用等温滴定微量热法测量它们的亲和常数，筛选出高特异性的（适）配体；3.分别用以上那个优选出来的高特异性（适）配体分子为识别分子，修饰电极并用修饰电极做传感器检测被检的靶分。

【太阳能自动节水灌溉关键技术研究】 该项目由广州大学机械与电气工程学院、华南农业大学、广州市神禹太阳能灌溉设备有限公司、华南师范大学共同承担完成，立项经费50万元。

项目研究内容包括：1．研究太阳能自动节水灌溉系统中的执行器省力节电技术；2．进一步研究把节水灌溉新理论成果与控制工程技术相结合的方法；3．研究太阳能自动节水灌溉的轻量化技术；4．研究抗雷击防误启技术；5．自主研发土壤干湿探头的抗钝化技术；6．研究灌溉控制装备的高效太阳能利用技术；7．研究灌溉控制装备技术标准；8．灌溉控制装备产业化技术研究。

（广东省科学技术厅农村科技处）

农业科技示范与推广

【国家农村信息化示范省建设试点】 2012年2月，科技部、中组部、工信部联合下文把广东省列为依托全国党员干部现代远程教育网络开展国家农村信息化示范省建设试点。方案经过国家农村农业信息化委员会专家组多次咨询会的修改，2012年9月，顺利通过科技部、中组部、工信部和专家组的论证。

【农业科技园区】 2012年，省科技厅投入400万元新认定云浮、潮州、江门为广东省农业科技园区。截至2012年年底，全省已建设园区8个，累计投入经费2 000万元。同时，吸纳100多名农村科技特派员进驻园区，加强与高校科研院所的科技合作和技术对接，推进核心区、示范区、辐射区三位一体的发展模式。湛江园区内已形成了特色明显的甘蔗产业链、对虾产业链、菠萝产业链和花卉产业链，2012年实现园区总产值104.2亿元，新增经济效益4.13亿元，出口创汇2.04亿美元。梅州园区已建成5个国家级农业标准化示范区和15个省级农业标准化示范区，示范面积1万公顷，辐射带动面积达到3.33万公顷，累计获得国家认证的无公害农产品生产企业112家。汕头园区的核心区和示范区内企业产值、利税年递增10%以上。辐射带动规范化生产基地7个，带动周边农户年均增收20%以上。

【国家农业科技成果转化资金项目】 2012年度，广东省有“水产养殖无线测控网络关键技术集成中试与转化”等16个项目获得科技部农业科技成果转化资金项目立项（见表7-1-4-1），经费支持共计1 280万元。其中，广东村村通科技有限公司承担的“水产养殖无线测控网络关键技术集成中试与转化”获国家重大项目立项支持，湛江市博泰生物化工科技实业有限公司承担的“虾废弃物生产虾肽肥专利技术示范推广”和广东温氏食品集团有限公司承担的“新兴矮脚黄鸡健康养殖与肉品加工技术集成与转化”2个项目获得国家重点项目立项支持。2012年获国家立项的16个项目的实施，预期可吸引地方和社会投资6 768万元，实现销售收入120 707万元，技术性收入280万元，出口创汇1 710万美元，净利润达17 450万元，缴税总额达2 484万元。

表7-1-4-1 广东省获国家农业科技成果转化资金项目一览表（2012）

序号	项目名称	承担单位
1	水产养殖无线测控网络关键技术集成中试与转化	广东村村通科技有限公司
2	果香型干白荔枝酒生产关键技术示范与产业化	广州市从化顺昌源绿色食品有限公司
3	粤引尤力克柠檬标准化种植技术示范与推广	广东中兴绿丰发展有限公司
4	虾废弃物生产虾肽肥专利技术示范推广	湛江市博泰生物化工科技实业有限公司
5	农林剩余物固定床气化炉技术设备研发应用示范	东莞市百大新能源股份有限公司
6	新兴矮脚黄鸡健康养殖与肉品加工技术集成与转化	广东温氏食品集团有限公司
7	利用水葫芦发酵生产生物有机肥料高科技产业化	广东福尔康化工科技股份有限公司
8	生物质腐植酸有机水溶肥乌金绿生产及其示范推广	江门市杰士植物营养有限公司
9	鳜杂交育种产业化技术熟化与示范应用	佛山市生生水产股份有限公司
10	岭南黄鸡3号配套系及生产综合技术的示范与推广	广东智威农业科技股份有限公司
11	蝴蝶兰新品种“红梅”和“红桃”的中试与示范	广东省农业科学院花卉研究所
12	桑叶高值化利用技术成果转化与示范	广东省农业科学院蚕业与农产品加工研究所
13	龙须菜新品系选育、栽培示范及高值化加工应用	汕头大学
14	珍禽贵妃鸡良种繁育体系的建立及标准化生产示范	广东海洋大学
15	重金属钝化铁基土壤调理剂的生产技术与应用示范	广东省生态环境与土壤研究所
16	广适型优质超级稻“合美占”及配套集成技术的示范推广	广东省农业良种示范推广中心

2012年，在粤的国家农业科技成果转化资金项目实施良好，成果转化效果显著。在国家农业科技成果转化资金的支持下，涌现了广东省农科集团有限公司、西陇化工股份有限公司等一批具有地方特色和符合广东产业发展的农业科技型企业，在创造良好的企业效益之余，还带动了当地农户增收，取得了显著的社会效益。

华南特色蔬菜安全生产与增效关键技术集成示范 该项目由广东省农科集团有限公司承担，2011年获得了国家农转资金项目的重大项目立项支持。

项目以蔬菜新品种菜心、冬瓜、苦瓜为载体，围绕产品安全、增加效益两个目标，集成了以多抗、优质新品种为核心，配套相应高效、安全水肥管理及病虫害综合防治技术和菜心产后贮运保鲜，冬瓜、苦瓜深加工技术以及针对特色蔬菜制定的生产技术规程等技术，在华南地区蔬菜主产区进行生产示范，以提高蔬菜生产效益、为社会提供安全蔬菜和实现农业可持续发展。

项目经过一年多的实施，共在国内刊物上公开发表相关论文2篇，获得国家发明专利授权1项，共培养研究开发类、质量安全检测类、示范推广类人才222人。该项目自主育成的蔬菜新品种“黑优2号”冬瓜2011年被评为广东省自主创新产品，2012年被评为广东省农业主导品种；“铁柱168”冬瓜通过广东省种子总站组织的品种鉴定；项目的3项应用技术获得了2011和2012年广东省农业技术推广奖二等奖。集成技术现已建立5个示范基地，累计生产示范面积140公顷，辐射推广面积2 461.33公顷，并已在多家企业、菜场、农场得到应用和推广，项目实施期间累计生产安全、优质蔬菜产品17.6万吨，农户种植获得社会经济效益约2.3亿元。示范期间组织相关农业部门、上级农业主管部门及有关电视台农业节目组、种子供销商、种植大户等进行现场参观，加大宣传力度，并进行了相关技术培训工作，累计举办技术培训班培训农户及技术人员3 549人次，示范现场观摩会9场，对提高农业效益、增加农民收入发挥了重要作用。项目研究的关键技术已完全适合华南菜区的生产需求，可以大面积推广应用且有利于保护农业生态环境，促进农产品综合利用，具有良好的生态效益。该技术整体上处于国内先进水平。

安全高效食品添加剂柠檬酸亚锡二钠的产业化与推广 该项目由西陇化工股份有限公司承担，2011年获国家农转资金项目立项支持。

项目承担单位西陇化工利用自有知识产权，与江南大学进行产学研交流合作，在江南大学的技术指导下，完善了生产柠檬酸亚锡二钠的制备工艺，完成了各种技术的集成配套，并共同完成项目的中试及试生产，编制了高效安全生产规范化生产规程，项目的核心技术达到国际先进水平。

项目经过一年多的实施，已开发新工艺2个，在生产工艺方面开发新设备2套，建成安全高效食品添加剂的中试线2条，建立食品添加剂的实验基地1个，申请发明专利4件，已获授权2件，在国内外核心期刊上发表论文2篇，培养人才12人。项目已经完成中试化阶段，并建成了食品添加剂产品关键工艺技术和安全高效的食添生产模式，基本实现规模化生产，达到年产400吨生产能力，实现年收入达到3 520万元，项目的成功实施，可带动农民就业1 200人，带动农民收入6亿元。食品稳定剂柠檬酸亚锡二钠不仅可以延长食品的贮存期、货架期，给生产者、经销者带来良好的经济效益，而且给消费者带来更好的安全感，项目的实施增加了本省高效安全食品添加剂品种，提供了安全高效的食添生产模式，对罐头食品安全起重大作用，对应用现代高新技术提高食添的功能性和安全性起示范作用。

【广东省农业科技成果转化资金项目】 2012年，省科技厅联合省财政厅正式启动设立了广东省农业科技成果转化资金专项，投入财政资金2 000万元。围绕农产品与食品安全生产的社会热点问题，重点支持本省的主导产业、特色产业农产品的优质安全生产和供给，农产品安全加工和贮运，农村环保与生态建设等的成果转化及推广示范应用等3类54个项目。2012年获国家立项的54个项目的实施，预期可吸引地方和社会投资8 936.5万元，实现销售收入205 425万元，技术服务收入989.32万元，出口创汇2 608万美元，缴税总额达4 759.2万元。

2012年，在省农业科技成果转化资金的支持下，涌现了广东省现代农业装备研究所、惠东县奕达农贸有限公司、广东海洋大学、广东村村通科技有限公司等一批具有地方特色和符合广东产业发展的农业科技型企事业单位，既创造了良好效益，又带动了当地农户增收，项目总体实施情况良好，成果转化效果显著。

稻谷热泵干燥技术成果转化 该项目由广东省现代农业装备研究所承担，2012年获得了省农转资金项目的立项支持。

项目主要内容是将省级科技成果鉴定“GHRH2-20型热泵干燥机”技术装备进行中试和成果转化，根据稻谷特性开发相适用的高效节能稻谷热泵干燥机，形成成熟产品，并进行产业化推广应用。

经过近一年的项目实施，实施单位利用已有技术，通过反复的试验、改进与性能优化，研制出适合稻谷干燥的热泵干燥机，批处理稻谷10吨干燥机已在罗定、从化、清远、英德、珠海等地推广了16台，为本省稻谷机械化干燥找到了一种可持续发展的加工模式。项目发表了论文1篇，开发了一种使用0.5%～5%的投料量便可以模拟实际生产应用（100%投料量）的稻谷热泵干燥试验技术及装置，并申报了发明专利2项。项目执行期间，分别在罗定、清远建立了稻谷集中干燥中心，并举行了现场示范推广会，邀请了全省100多家农村合作社和种粮大户参加；同时，举办培训班2场，培训人员1 000多人次。项目的实施，对本省实现水稻机械化干燥具有重要意义，为水稻实现全程机械化生产迈出了关键的一步。

广东冬种马铃薯高产高效栽培集成技术推广转化 该项目由惠东县奕达农贸有限公司承担，2012年获得省农转资金项目的项目立项支持。

马铃薯产业是广东农业产业结构调整的重要部分，项目以广东冬种马铃薯高产优质高效栽培关键技术研究、集成与应用为核心技术成果，转化推广马铃薯生产过程中核心技术。

项目经过一年建设，在惠东县建设示范基地3个，分别是在平海镇建设示范基地1个，面积66.67公顷；在稔山镇建设示范基地1个，面积100公顷；在铁涌镇建设示范基地1个，面积66.67公顷。基地每公顷产量较当地平均产量增产19%，生产成本投入减少8%，资源节约率达到11%，产品进入市场的单位销售价格在每千克1.9元，项目实施的233.33公顷示范基地，总产量为10 500吨，总销售收入为1 995万元，总利润预计1 015万元。项目举办技术培训（含生产观摩）18次，培训农民2 100人次，推广4 000公顷，培养研究生1人。该项技术的实施促进了广东马铃薯产业发展，提高了化学肥料和农药的使用效率，减少了化肥、农药施用量，稻草覆盖和有机肥的使用增加了有机质来源，具有显著的生态效益，对实现马铃薯产业可持续健康发展具有重要的意义。

珍珠高值化加工技术示范与推广 该项目由广东海洋大学承担，2012年获得省农转资金项目的立项支持。

项目核心技术为广东海洋大学与湛江龙之珍珠有限公司等单位联合开发的科技成果，包括珍珠加工预前处理、漂白、染色和抛光技术。该成果达到国际先进水平，已经在广东、广西和海南多个企业进行了推广应用，经济效益和社会效益显著。

项目实施一年以来，已建设珍珠加工示范基地1个，对湛江龙之珍珠有限公司现有珍珠加工厂房设施进行技术升级改造，形成1条现代化珍珠加工生产线。取得发明专利2件，发表科技论文3篇，培训技术人员60多人次。项目的实施，将明显降低珍珠加工成本，附加值提高50%以上，提高珍珠产品质量和市场竞争力，促进本省珍珠产业的可持续发展。

农民专业合作社溯源信息服务系统及相关技术集成开发与应用 该项目由广东村村通科技有限公司承担，2012年获得了省农转资金项目的立项支持。

项目集成农业企业地理信息查询系统、安全农产品追溯系统及移动信息服务系统等技术成果为统一的新型农民专业合作社信息化服务平台，并进行农民专业合作社的实际应用和推广。同时，通过安全农产品溯源系统，为消费者提供电话、网站和手机等多种渠道查询农产品的生产、加工、流通和质量检查信息等功能，实现农产品“从农田到餐桌”的全程控制与监管。

通过一年的实施，项目已完成新型农民专业合作社信息化服务平台的集成，完成1个农民专业合作社溯源信息服务系统应用和81个广东农民专业合作社网站集群建设。项目的实施有效提升了广东农民专业合作社信息化建设水平，为政府主管部门提供便捷的信息管理手段，同时安全农产品溯源系统的应用，促进了农民专业合作社农产品生产信息透明化，为农产品质量提供有效保障，增加了农产品市场竞争力。

【星火计划】 2012年，广东省共有86个项目获得国家星火计划立项支持，包括重大和面上项目2类，其中3个重大项目获得国家星火计划项目立项（见表7–1–4–2），获经费支持617万元。

表7–1–4–2 广东省获国家星火计划重大项目一览表（2012）

序号	项目名称	承担单位
1	对虾产业高效生态关键技术集成与示范	中山大学
2	供港鲜活农产品质量安全保障技术应用示范	华南农业大学
3	基于信息化的安全农业投入品及其应用技术集成与示范	广东省农业科学院

对虾产业高效生态关键技术集成与示范 该项目获国家重大项目立项资金支持160万元。项目启动以来，针对对虾产业病害问题严重、种苗良莠不齐、加工滞后、饲料原料短缺、养殖水质及对环境影响等问题，开展对虾抗病品种选育，高效生态环保养殖以及对虾加工技术与示范推广。

项目实施一年来，取得了一系列显著的效果：扩繁凡纳滨对虾抗白斑综合症病毒新品种苗种3 000万尾，选育亲本5万对，杂交苗种推广面积333.33公顷，该苗种具有抗病力强等特点，抗病力较未选育虾提高20%以上，养殖成活率高。集合对虾生物防控技术，养殖对虾水质调控技术、高效环保饲料及投饲技术等的凡纳滨对虾高效环保生态技术体系，养殖期间不排水，明显减少养殖水对外界环境富营养化的影响，同时养殖过程中药物使用大大减少，有效保障了对虾产品的安全；通过示范养殖、科技培训等，技术体系已在珠三角、粤东和茂名、湛江等地区养殖推广面积超过0.33万公顷，平均养殖产量提高20%以上，效果相当显著，农民收入得到明显提高。加工方面，在湛江国联水产开发股份有限公司建立1个对虾生产示范基地，利用新型调理食品加工技术、真空油炸等技术，开展冻蝴蝶虾、冻面包虾、虾肠等产品的示范生产，产品销售收入达到7 500万元，利税600万元，增加就业岗位50人以上。通过举办各类培训会，现场观摩会以及电话咨询、短信咨询等方式，培训养殖大户、基层技术人员以及农民共计1.5万人次，接受咨询500余次，发放技术资料5 000余册（本）。

供港鲜活农产品质量安全保障技术应用示范 该项目获国家重大项目立项资金支持315万元。项目选择广东供港量大、食品安全隐患突出的4类鲜活农产品（蔬菜、淡水鱼类、肉猪和肉鸡），按照供港鲜活农产品产业链的构成对上述4类鲜活农产品的质量安全保障技术体系开展集成与示范。

项目实施一年来，取得了一系列显著的效果：开发了6项水产品安全检测技术，集成与示范了2项蔬菜病虫害监测技术、8项生猪种苗繁育、养殖、废弃物处理、违禁药物检测及猪肉加工储存技术，筛选出2种鳜鱼家系的优选组合，筛选和培育出2个肉鸡新品种，制定了3个鳜鱼操作规程，推广了3项蔬菜病虫害治理及环境友好型药剂合理应用技术体系，研制开发出一款食品安全综合分析仪，在惠州2个企业建立3个蔬菜生产技术集成示范区，示范面积333.33公顷，在惠州、阳春、高要等蔬菜主产区推广环境友好型药剂使用技术5项，推广面积逾1 666.67公顷；已建成“广东省省级水产良种场”，建立淡水鱼养殖出口注册基地1 681.33公顷；广东温氏食品集团股份有限公司等4个养猪基地年新增出港肉猪14万头，新增产出1.2亿元，新增直接经济效益4 200万元，研发出的冰鲜鸡天然保鲜剂技术已在温氏集团冰鲜鸡生产中广泛应用，每天生产供港冰鲜鸡数量可达12万只，年产值近10亿元，并与20多个经销商及大型机构客户合作，日销3.2万只以上，占香港冰鲜鸡市场30%以上份额。通过基地示范、开现场会、技术咨询、发放技术资料等开展技术培训，共培训技术骨干和种养殖户2 800人次以上。

基于信息化的安全农业投入品及其应用技术集成与示范　该项目获国家重大项目立项资金支持142万元。

项目实施一年来，实施成效显著：建立安全环保的水产饲料添加剂产品信息化数据库、添加剂安全使用技术数据库1个，是目前国内首个关于水产饲料添加剂产品信息量最为丰富和全面的数据库。形成水产饲料添加剂安全使用技术3项，其中“微胶囊化晶体氨基酸应用技术”被列为“2012年广东省农业主推技术”。调查了南方桑、果主产区的桑、果树病虫草害及其防控农药的使用情况，完成了华南桑、果园病虫草害种类及其安全农药产品调查和基础数据分析，筛选出防控南方桑、果园病虫草害安全药剂（组合）18个，其中防治桑树病虫草害药剂3个，防治香蕉叶斑病药剂7个，防治香蕉黑星病药剂3个，柑橘炭疽病高效低毒药剂组合5个。收集并分析测试了具有代表性的肥料样品67个，获得肥料指标信息625个，推荐安全肥料55个；建立安全基质、肥料数据库1个，推荐安全基质、肥料10～15个；建立安全信息化系统。建立16个示范基地，开展先进实用技术的宣传，开发设计了在线知识服务系统，实现安全农业投入品信息的查询、展示、推广、培训等功能，开发投入品技术视频2个，编写实用手册6套；通过“动植物医院”和“植保直通车”网站，上传1 000多条南方桑、果病虫草害安全农药应用等植保信息，接受远程视频咨询100多次，回答网上提问100多条，接受电话咨询及电话回访300多次，对推广应用环境友好型农药等技术给予了有力支撑；以网站、杂志为媒介建立应用技术信息交流发布平台，共举办技术研讨会、现场观摩会、培训班19场次，培训人员2 300多人次。

（广东省科学技术厅农村科技处）

农村科技服务

【农村科技特派员】　广东省全面开展农村科技特派员科技服务和创业行动，成效显著。2012年，广东省共有个人农村科技特派员7 033名，农村科技特派员团队203个，法人农村科技特派员230名，农村科技特派员工作站693个。国家级科技特派员创业链3条，分别是汕头茶产业、韶关蚕桑产业和惠州生猪产业链。推广农业科技成果、新品种、新技术、新工艺1 200多个，推广先进农业和农村适用技术2 500项。超过1/3的科技特派员直接或间接参与农业产业化企业的生产经营活动，实施科技特派员创业项目200多个，培植农业龙头企业100家以上，带动相关企业建立起了100多个示范基地，培育品种（系）400多种，选育品种（系）120多种。辐射带动耕种面积6.67万公顷以上，食品安全领域共突破新技术50多项，获得产品和企业认证11个，制定农产品安全生产技术规程40项。发放农业技术资料和科普资料近4万册，培训农村基层技术人员和农民约2万余人次，辐射带动20多万农户，有100多万人受益，吸纳劳动就业2.5万人，带动农户人均收入达6 500元，有效促进了当地农民增收致富。

【科技下乡与科技培训】　2012年，省科技厅在江门市台山市和恩平市、韶关市乐昌市、梅州市兴宁市、茂名市电白县、河源市东源县等地开展粮食春耕、农业科技、医疗卫生科技下乡活动，为当地农民、种粮大户、农技人员开展了数十场专题技术培训。向农户赠送化肥1 270千克、水稻良种500多千克、技术资料5 000多份、果蔬良种650包、农药500袋。

【“双到”扶贫】　2012年，为做好省科技厅帮扶点东源县新回龙镇留洞村的扶贫开发“双到”工作，厅帮扶工作小组通过科技项目支持、入股企业、帮扶单位捐助等多渠道筹集帮扶资金，通过完善基础设施，推进环境改造，强化技能培训，推动劳动力转移，提高生产水平，发展特色产业，壮大集体经济，提升干部素质，顺利推进了各项扶贫工作，有效促进了留洞村经济、社会全面发展。截至2012年年底，省科技厅组织开展了农业科技培训、劳动力技能培训、医疗卫生和科技下乡活动共20多次，参与农民达1 049人次。省科技厅共落实各级帮扶资金891.33万元，通过引导农业龙头企业和农民专业经济合作组织与贫困户对接，发展和完善主导农业产业，成立科技帮扶互助组等方式，贫困户人均纯收入大幅度提高，达到8 646元，脱贫率达100%。科技厅帮扶工作小组创建扶贫开发长效机制，不断壮大村集体经济，使村集体经济总收入达到16.1万元。

【对口科技援助】 2012年，省科技厅立足本省科技优势，创新工作思路，注重工作实效，努力开拓科技援藏援疆工作新局面，通过科技援助工作的实践，实现与受援地区之间科技合作共赢。

2012年，省科技厅对“西藏林芝地区食药用菌人才培养及资源调查”等项目给予立项，支持经费200多万元。其中“西藏食药用菌资源研究及优良品种栽培示范”等多个项目进展顺利。作为广东第6批援藏工作队重点推进3个“造血型”产业化项目之一，食用菌种植及深加工已推广1.67公顷（野外种植），预计每公顷产值可达120万元。西藏林芝地区天麻种植已在人工育种和种植取得了成功，在此基础上依托和藤藏药开发有限公司建立林芝地区天麻仿野生繁育基地，为全地区提供技术和麻种。依托喀什地区农产品电子商务平台，组织了多次喀什农副产品团购活动，有效地实现了资源互通。援建的喀什生产力促进中心，作为喀什地区首家企业运作模式的科技中介组织，面向喀什地区12个县市乡为2 000余农牧民提供信息服务，为喀什地区广大企业提供信息咨询、市场营销、投资融资、人才引进、贷款担保、产权交易、展览展销等多元化、综合性服务，服务企业22家，为企业争取各类资金6 000多万元，成为政府推动企业科技创新的重要助手。2012年7月和9月，在广州分别为西藏林芝地区和新疆地区的科技人员开展食用菌栽培技术和花卉栽培技术专业培训。

（广东省科学技术厅农村科技处）

广东农村信息直通车工程

2012年，秉承“信息直通千万家、科技服务新农村”的宗旨，广东农村信息直通车工程紧密结合省情，加强信息门户、网站群系统、农村专业应用信息系统、信息资源库群的建设，建成农业电子商务服务平台的村村通商城、亿农大市场两大农业电子商务应用系统，农业科技信息服务平台的动植物医院及动植物病虫害防治远程诊治服务系统，村远程医疗服务平台，远程村务管理信息系统。

2012年2月，科技部办公厅、中组部办公厅、工信部办公厅联合下文将广东省列为国家农村农业信息化示范省建设试点。9月，科技部、中组部、工信部在北京联合召开安徽、河南、湖北、广东、重庆五省（市）国家农村信息化示范省实施方案论证会，广东省的国家农村信息化示范省实施方案得到了科技部、中组部、工信部领导和专家组的充分肯定，顺利通过论证。为共同推进国家农村信息化示范省建设，广东省与湖南、湖北两省进行了深入的交流探讨，相互借鉴有利经验以提高综合服务能力，更好地以信息化促进农业建设发展。

【项目管理与实施】 2012年，省科技厅下发了《关于印发广东省省级科技计划经费管理有关工作规程的通知》《广东省科学技术厅关于印发广东省省级科技计划项目财务验收审计报告和经费决算表标准格式的通知》《关于开展省级财政支出项目绩效自评工作的通知》等一系列文件，直通车工程专项项目从立项、中期检查到验收均严格按照文件相关规定执行。

2012年，广东农村信息直通车工程实施办公室（以下简称“直通车工程实施办”）完善编制了《广东农村信息直通车工程专项项目跟踪管理办法（试行）》和《项目结题验收工作指引》，并针对工程运营方面完善了服务体系管理规范（包括服务站管理办法、信息员管理办法和专家队伍管理办法）、直通车信息资源建设管理规范、动植物医院管理规范和农产品电子商务管理规范。7—8月，直通车工程实施办对广东农村信息直通车工程项目开展了中期检查工作，有效地推动了广东农村信息直通车工程建设工作高效、务实、有序地开展。

【综合平台信息服务】

农业电子商务服务平台 2012年，农业电子商务服务平台朝着“服务三农，加快农业实现信息化、现代化的步伐为目标”迈进，已成为一个集B2B贸易市场、B2C商城、团购为一体的可追溯的农业产供销电子商务平台，实现了信息流、资金流、物流的“三流合一”，可为农产品产业链的各方参与者，提供内参资讯、现货交易、在线支付、物流配送和农产品质量安全追溯等全方位农产品电子商务解决方案和农村现代流通方式，推进了农产品流通、交易、品牌建设和质量安全追溯等信息化建设，加速农产品流通，实现农产品产销对接，降低农产品营销成本，提升农产品品牌建设，提高农业生产综合效益，促进现代农业的发展。

按服务对象和功能需求的不同，2012年，农业电子商务服务平台继续深化村村通商城、亿农大市场和安全农产品溯源信息公共服务三大平台系统的建设。村村通商城以安全、名优、特色为经营理念，搭建安全农产品生产商与消费者直接交易的网上平台，营造健康绿色现代生活。亿农大市场以“做中国最大的农业贸易信息发布平台”为总目标，以提高平台的易用性、专业性、权威性为分目标，从平台建设、运营政策、对外推广各方面进行了全方位的策划改造，并取得一定的成果。2012年，亿农大市场总注册用户数达到6 759个，其中个人用户数1 420个、企业用户数5 339个；供应求购信息共计7 361条，其中供应信息7 089条、求购信息272条。基于条形码技术和网络技术的溯源系统继续筹建从“农田到餐桌”全过程的监控与管理信息化系统，解决农产品经营及安全监管等问题，方便消费者通过短信、电话、网站和手机等多种渠道，查询农产品的生产、加工、流通和质量检测信息，增加消费者对产品的了解和信心，实现农产品“从农田到餐桌”的全程控制与监管，促进健康食品的稳步发展。

各大平台虽发挥不同的功能，但在服务上却相互协作，更大地扩展平台功能，促进农产品各环节结构互补、流通、优化和升级。截至2012年年底，已有500多家企业在村村通商场开通企业网店，累计出售5 000多种安全农产品；100多家企业参与团购商贸，组织200多期团购活动，累计团购达到60 000人次。在支持常用的支付手段的同时，还推出了特色的村村通商城“乐活卡”支付方式，采用独立店、品牌店等多种模式开展业务，集团购、抢购、时令水果预售、宅配、月配、企业采购等于一身，商城销售额逐月增加，市场和社会影响力逐步扩大，2012年销售额近1 500万元。2012年，村村通商城旗下已开通一大主站及七大联盟商城：全国主站、广州分城、深圳分城、中山分城、珠海分城、东莞分城、南昌分城、南宁分城。为推进“农村信息直通车江西试点工程”的建设，村村通商城与江西省达成合作意向，筹建江西分城。而云南省、海南省也陆续进入洽谈阶段，这意味着农业电子商务服务平台的领头模范作用和影响力日益壮大，业务范围由泛珠三角辐射至全国。

农业科技信息服务平台 农业科技信息服务平台主要由动植物医院平台组成，以为农业生产服务为基本思路，逐步实现农业信息化。2012年，动植物医院平台已经实现了线上线下同步发展的立体格局。

动植物医院前后经历了5个版本的升级和改造，从版面布局、实用功能、丰富科技信息等方面，都作了全面的调整。包括改造和优化视频诊断功能、优化在线咨询功能、优化农博士信箱、丰富自助专家系统、开通了药品评测栏目、增加疫病快查栏目、增设市场行情栏目等其他科技信息建设。为了让用户能够更大范围操作动植物医院平台，还开发了各种客户端软件，如水产智能诊断终端和动物远程诊断客户端。

动植物医院以平台为中心，地方以分院为服务中心，在分院下建立诊所服务网点，建立起“总院—中心医院—分院—诊所”的服务网络体系，让平台从线上、线下向地方辐射，从而解决了中心医院专家资源紧缺的难题，同时生产用户也能够就近获得面对面的技术支持。截至2012年年底，已经建成动物中心医院、植物中心医院、水产中心医院各1个，在粤东、粤西、粤北及珠三角建成诊所100多家，分院建设也在逐步推进中。

12396语音专家热线已经在全省范围内落地。种养殖户（企业）、兽药相关经营单位，均可在省内范围拨打热线。热线将自动按用户的问题分类，转接到相关的专家手机。12396热线不断核实专家的资料，提高热线转接的准确率。12396热线计划在每个分院建立分总机，按区域自动转接到分总机，为农户服务。

动植物医院与中国农业大学紧密合作，在广州番禺建成一个水产智能养殖示范基地。基地安装了一套水质智能监控系统，实时采集水中溶氧、pH值、温度等参数，智能控制增氧机或其他设备；结合小型气象站，在水质异常的情况下，把数据发送到指定的手机。用户通过手机，可以掌握和控制增氧机等相关设备。

农村远程医疗服务平台 农村远程医疗服务平台运用计算机技术、现代通信技术，构建基于SAAS模式的农村基层远程检测、远程监护、健康记录、专家视频会诊、影像资料传送、常见病征智能判别等，实现对农村农民、基层居民、老年人口和社会普通人群等社会大众的医学检测、医疗诊疗和实时健康监测。

新农村医疗服务平台包括三大系统：远程医疗辅助诊断系统、远程健康监护服务系统、广东农村合理用药监测及处方点评专家支持系统。平台上线全面提升广东农村医疗机构的医疗信息化水平，促进了广东医疗城乡一体化、均等化的基本医疗服务体系建设。

截至2012年年底，新农村医疗服务平台已在中山大学附属第二医院、惠东第二人民医院、惠东妇幼保健院等多家大型三甲医院和地方基层医院投入使用，聘请三甲医院专家开展面向基层医生的远程辅助诊断、远程教育、远程咨询等多项医学活动。地方医院反映效果良好，大大提高了地方基层医护人员的医务水平，基层医护学习情绪高涨。

农村远程管理信息系统 农村远程管理信息系统包括远程村务管理信息系统和远程社务管理信息系统。远程村务管理信息系统是以基层农村村委会办公管理信息化为基础，基于SAAS模式设计开发，实现农村政务管理、资产管理、财务管理、集体经济组织管理及村务信息公开等。远程社务管理信息系统是以农民专业合作社管理信息化为基础，基于SAAS模式进行设计开发，提供专业合作社采购（进）、入库（存）、销售（销）的动态管理功能，客户关系管理等。截至2012年年底，远程村务管理信息系统已完成开发工作，处于应用推广阶段；远程社务管理信息系统处于系统整体设计阶段。

基于SAAS模式农村远程管理信息系统为农村管理信息化提供低投入、易运行的信息服务系统，以适应基层农村信息化投入不足、运行维护人力资源短缺的现实情况，推动广东省农村基层管理信息化的快速发展。

【信息员培训】

动植物医院专业技术培训 2012年，动植物医院建成独立专家坐席10个，专家团队内拥有优秀专家392名。定期或按农户要求，组织专家下乡服务，全年共组织专家下乡30多场次。

农产品电子商务应用培训 2012年，农产品电子商务应用培训在佛山、东莞、深圳、江西（吉安）等17个城市开展，合计培训了919个农业企业、合作社等单位，共计1 295人参加了培训。培训为广泛开展农产品电子商务活动奠定了良好的群众基础，构建了安全农产品产供销一体化的服务体系，为农产品电子商务工作提供了具体化的解决方案，通过现代互联网技术把农民开展电子商务的迫切需求落到实处。

数字乡村应用信息员培训 2012年，广东农村信息直通车工程数字乡村应用信息员培训在华南农业大学、广东科贸职业学院、仲恺农业工程学院举行，300多人次在校大学生信息员参加了培训，为基层农村建立“数字乡村”信息网站，成为基层农村农民统一信息发布、展示新农村建设的窗口。

【交流与合作】 2012年，省农业厅、省科技厅签署农民专业合作社信息化建设战略合作框架协议。广东村村通科技有限公司与华南农业大学、广东省科贸职业学院、广州华南商贸职业学院、广东省家禽业协会、广东省农业生产资料流通协会等单位签订合作协议，共同推进农村信息化事业的大力发展。

2012年，农村信息直通车江西试点工程实施情况良好：1. 依托"三农直通车"网站群平台、信息资源、设计制作团队和技术支持团队，建设江西省级直通车网站1个、地市直通车网站11个。2. 结合江西省农业产业分布情况，围绕植物、动物（含水产动物）病虫害防治，依托"村村通动植物医院"平台及其专家资源，在江西省农村信息直通车工程现有工作基础上，在江西省农村建设村村通动植物医院远程诊所100家，培训诊所信息员100名，发展江西农业科技信息服务专家团成员50名，成为村村通动植物医院服务专家。3. 结合江西省农产品产业分布情况，依托"村村通商城"和"村村通大市场"农业电子商务平台，建设江西省农业企业农产品网店50家，发展江西省电子商务应用企业100家，培训企业信息员150名。4. 在江西省开通12396语音服务热线，开展农业科技信息语音服务。

为加快推进广东农村信息直通车工程向"泛珠三角"区域延伸服务，10月25日，广东农村信息直通车工程实施办公室参加"泛珠三角"区域科技合作2012年第1次联络员工作会议，就如何"共享信息服务、科技服务、电子商务三大平台，推进泛珠科技合作"与参会省份进行交流。11月30日，广东农村信息直通车工程实施办公室赴云南省科学技术厅农村科技服务中心就农村信息公共服务平台和电子商务平台的合作和拓展进行了交流洽谈。同时，不断推进海南、广西、贵州、湖南、福建等省农村信息直通车工程的合作建设。

（广东省科学技术厅农村科技处）

林业科技发展

2012年，广东全省林业系统认真贯彻落实中共中央、国务院《关于加快推进农业科技创新持续增强农产品供给保障能力的若干意见》《关于深化科技体制改革加快国家创新体系建设的意见》及《广东省改善创新环境五年行动计划》《国家林业局关于加快科技创新 促进现代林业发展的意见》等文件及全国、全省科技创新大会和全国林业科技大会精神，紧紧围绕新一轮绿化广东及生态景观林带、森林碳汇、森林进城围城三大重点生态工程建设，大力推进林业科技创新，提高全省林业科技发展水平，取得了明显成效。

科技创新与平台建设

【科技攻关】 2012年，广东省林业科研机构以国家林业公益性行业科研专项、广东省林业科技创新专项等项目实施为重点，积极推进乡土阔叶树种、珍贵树种良种选育、高效栽培及生态公益林可持续经营、困难立地造林、沿海防护林结构调控、森林有害生物和森林火灾防控、森林生态效益监测等研究，并在乡土阔叶树种、珍贵树种、松杉树种等研究方面取得了新进展。樟树、荷木、枫香组培育苗技术取得重大突破，樟树组培育苗已实现了工厂化；初步建立了红椿、黄梁木组培育苗技术体系，已具备规模化育苗水平；施用生产调节剂和菌种促进檀香心材形成和土沉香结香取得初步成效；选育的11个马尾松、湿加松优良家系松脂产量提高了11%~82%，6个杉木优良品系木材密度提高2.89%~15.27%。据不完全统计，截至2012年年底，全省共收集乡土阔叶树种、珍贵树种等优良种质资源3 900多份，建立种质资源保存圃156公顷，初步筛选优良种源/家系/无性系415个，建立科研试验示范基地3 000公顷，培育优质苗木3 000多万株。

继续推进油茶科技攻关协作。在油茶遗传资源调查方面，共调查油茶标准株及优株935株，收集标本564份，采集叶片610份、果实527份、种子271份。良种选育方面，继续开展了广宁红花油茶、高州油茶、普通油茶优良种质资源选择与收集，增选优树80多株；从湖南、江西、广西等省份新引进了优良油茶资源20份，收集国家及各省审（认）定良种100多个。苗木繁育方面，油茶轻基质育苗成活率提高了5%~10%，苗木高生长增长了30%以上，侧（须）根数增加25%以上。栽培技术方面，开展了施肥、林地垦覆、林地覆盖、立体经营等研究，林地垦覆的油茶林产油量比对照明显提高，采用覆草的油茶林前3年抚育管理成本比不覆盖明显降低。病虫害防治方面，对油茶病虫害进行了全面调查，开展了油茶炭疽病、油茶软腐病、油茶茶苞病、褐足角胸叶甲、油茶象甲等主要病虫害的生物学特性及生物药剂筛选研究，提出了综合防控技术措施。加工利用方面，通过对广东省内不同产地、不同种类的15个油茶样品的加工特性、化学组成、脂肪及脂肪酸组成分析，筛选出适合提炼保健茶油的原料；同时，研究提出了亚临界流体萃取茶油的最佳工艺。

【试验示范平台】 2012年，省林业厅组织有关林业科研、技术推广等单位，继续加强省级林业科研试验示范基地、省优良珍贵树种培育试验示范基地和省高脂马尾松良种繁育基地三大林业科技创新示范基地（平台）建设，基地规模达到400公顷。培育高脂马尾松优良苗木100万株、樟树等乡土阔叶树种组培苗50万株。省林业科学研究院建立的大南山、乐昌龙山、阳春3个试验示范基地，营建了乡土阔叶树种、珍贵树种、松树、杉木、相思、南洋楹、竹子等种质资源库、试验示范林共2 000多公顷，规模示范效果明显；东莞林科园、佛山茶花园等区域性林业科技示范基地建设也日益完善，示范带动作用进一步显现。林业科技试验示范基地已成广东林业科技试验示范和成果集中展示的窗口。

【生态观测网络】 2012年，广东在东江、西江、北江、韩江等重点流域及南岭、沿海、珠三角等区域初步建立了广东沿海防护林森林生态系统定位研究站、南岭森林生态系统定位研究站、东江源森林生态系统定位研究站、珠江三角洲森林生态系统定位研究站、湛江桉树人工林生态系统定位研究站5个国家林业局级观测站及龙川、蕉岭等12个广东省级观测站点和广州帽峰山、流溪河等5个广州市级观测站。广东海丰湿地生态系统定位研究站通过了国家林业局组织的专家评审。已建观测站点基础条件进一步完善，初步搭建起了森林生态系统长期定位研究的平台，形成由国家级、省级与市级站点组成，一站多点、点—线—面相结合，具有广东特色的省级区域性森林生态监测网络框架。生态观测研究也取得重要进展，通过沿海地区气象观测和重点流域水文观测等，为沿海防护林和重点流域水源涵养林结构优化、森林生态服务功能评估和效益补偿提供了重要决策依据。

（广东省林业厅科技与交流合作处　张心结）

科技示范推广与重点工程支撑服务

【林业科技示范推广】 2012年，省林业厅积极组织实施中央财政林业科技推广示范专项等项目，以提升林业科技推广服务能力建设为重点，加快林业科技成果转化，针对乡土阔叶树种、珍贵树种、油茶等本省林业发展重点领域开展示范推广。全年新建油茶、松、杉、樟树、红锥、楠木、黎蒴、格木、奇楠沉香等树种优良品系示范林近500公顷，苗木繁育基地近20公顷，培育良种苗木约380万株，培训技术人员及林农一大批，林业科技推广示范作用进一步增强。

【重点生态工程建设关键技术研究与应用】 2012年，省林业厅围绕省委、省政府新一轮绿化广东的战略决策，为更好地支撑三大重点生态工程建设，在林业科技创新专项、中央财政林业科技推广示范专项中加大了重点工程科技支撑支持力度，重点开展樟树、红锥、枫香、木荷、火力楠等乡土阔叶树种及红花荷、仪花、蓝花楹、野生杜鹃、雨树、红花油茶、含笑等景观树种良种选育与应用，沿海防护林及道路景观植物筛选、林带构建模式、病虫害防控，石灰岩地区造林树种选择与造林、重金属污染地区植被恢复、林业碳汇计量监测体系、森林火灾碳排放监测、高效固碳乡土树种筛选等研究。

为更好地推动碳汇林业发展，省林业厅组织省林业科学研究院、省林业调查规划院、华南农业大学等单位开展碳汇计量监测相关研究，已初步开展了优势树种碳储量测算与固碳能力评价、森林生态系统固碳潜力、不同起源和不同龄组森林固碳物质量评估等研究工作，并取得了一批计量监测研究数据，为推动林业碳汇交易纳入广东省碳排放权交易试点提供科学依据。

【重点生态工程建设科技服务】 2012年，省林业厅组织编制了广东省地方标准《生态景观林带作业设计技术规范》，编写出版了《广东生态景观树种栽培技术》一书，开展生态景观林带学术交流，并在《广东林业科技》杂志设立了生态景观林带建设学术交流专栏，有力地推动了生态景观林带重点工程建设。组织开展“送林业科技下乡暨提升重点生态工程建设科技支撑活动”，通过现场展示科技成果，发放实用技术书籍，开展乡土阔叶树种、生态景观树种、珍贵树种、油茶等栽培技术咨询服务等，为工程建设提供技术服务。

为提升本省重点生态工程科学规划设计水平，促进科技进步和科学普及，省林学会成立了林业调查规划设计专业委员会；为进一步增强困难立地尤其是石灰岩地区造林的科技支撑，提高其造林成效，组织省林业科学研究院、华南农业大学等单位有关专家到韶关市、清远市开展石灰岩地区造林树种选择及其造林技术调研，并开展了技术咨询服务。

为促进广东应对气候变化节能减排目标的实现，结合广东低碳省试点工作，3月，省林业厅与中国绿色碳汇基金会联合举办了第2届“绿化祖国·低碳行动”植树节活动，推动广东碳汇林业发展。活动期间，全省共有314家企事业单位、9 000多人参与，募集碳汇造林资金近100万元，活动成效显著。

（广东省林业厅科技与交流合作处　张心结）

科研成果

【科技成果奖励】 2012年度，广东省有1项参与完成的成果获得国家科学技术进步奖二等奖；有9项林业科技成果获广东省科学技术奖，其中二等奖3项、三等奖6项；有12项林业科技成果获广东省农业技术推广奖，其中一等奖1项、二等奖5项、三等奖6项（见表7-2-3-1）。

表7-2-3-1　部分林业科技获奖成果一览表（2012）

序号	获奖类别	获奖项目名称	承担单位
1	2012年度国家科学技术进步奖二等奖	竹木复合结构理论的创新与应用	新会中集木业有限公司（第2完成单位）
2	2012年度广东省科学技术奖二等奖	红树林湿地生态系统安全响应机制研究	广东内伶仃福田国家级自然保护区管理局 香港城市大学 深圳大学 中山大学
3	2012年度广东省科学技术奖二等奖	松材线虫病持续控制技术研究与集成示范	广东省林业科学研究院 江苏省林业科学研究院 广东省林业有害生物防治检疫管理办公室 江苏省林业有害生物检疫防治站 华南农业大学 广州市森林病虫防治检疫站
4	2012年度广东省科学技术奖二等奖	杉木系统改良与无性系选择	广东省林业科学研究院 广东省林木种苗管理总站 乐昌市龙山林场 肇庆市国有林业总场大坑山林场 韶关市曲江区国营小坑林场
5	2012年度广东省科学技术奖三等奖	黎蒴良种选育与高效栽培技术研究	广东省林业科学研究院 广东省林业科技推广总站 广东省龙眼洞林场 广东省林木种苗管理总站 梅州市林业科学研究所
6	2012年度广东省科学技术奖三等奖	全球陆地潜在碳汇分析系统研发与应用	广东省林业科学研究院 华南农业大学
7	2012年度广东省科学技术奖三等奖	木兰科植物种质创新和利用	深圳市仙湖植物园管理处 棕榈园林股份有限公司

（续上表）

序号	获奖类别	获奖项目名称	承担单位
8	2012年度广东省科学技术奖三等奖	能源矿迹地生态重建技术研究与示范	茂名市林业科学研究所 茂名市环境科学研究所
9	2012年度广东省科学技术奖三等奖	年产四万吨木塑复合材料先进加工工艺关键技术研究	惠东美新塑木型材制品有限公司
10	2012年度广东省科学技术奖三等奖	不饱和树脂复合材料在欧式古典家具制作中的研究及产业化	汕头市华莎驰家具家饰有限公司 厦门大学
11	2012年度广东省农业技术推广奖一等奖	广东省优良珍贵树种研究与推广	中国林业科学研究院热带林业研究所等
12	2012年度广东省农业技术推广奖二等奖	红锥优良品系示范与推广	广东省林业科学研究院等
13	2012年度广东省农业技术推广奖二等奖	黎蒴良种推广	广东省林业科学研究院等
14	2012年度广东省农业技术推广奖二等奖	木麻黄抗逆优良品系的推广应用	广东省林业科学研究院等
15	2012年度广东省农业技术推广奖二等奖	林业主要杀虫微生物高效利用技术示范推广	茂名市林业科学研究所
16	2012年度广东省农业技术推广奖二等奖	南亚热带松林改造模式推广应用	佛山市林业科学研究所
17	2012年度广东省农业技术推广奖三等奖	红锥大径材培育技术示范推广	广东省九连山林场
18	2012年度广东省农业技术推广奖三等奖	苦竹笋用林丰产栽培技术推广应用	梅州市林业科学研究所等
19	2012年度广东省农业技术推广奖三等奖	粉单竹丰产栽培技术推广	惠州市林业科学研究所等
20	2012年度广东省农业技术推广奖三等奖	珍稀木本花卉杜鹃红山茶的推广应用	阳江市农业和林业科学研究所
21	2012年度广东省农业技术推广奖三等奖	新型树木挂牌技术的推广应用	华南农业大学
22	2012年度广东省农业技术推广奖三等奖	菜蕨丰产栽培技术推广应用	梅州市林业科学研究所

竹木复合结构理论的创新与应用　该项目深入分析了竹材和木材的材性、加工、经济和应用性能，在国内外率先提出了“竹木复合结构是科学合理利用竹材资源的有效途径”的科学论断，构建了完整的竹木复合结构理论体系，从细观和宏观层面上阐释了不同使用条件下竹木复合结构的失效机制，并提出了竹木复合结构的“等强度设计”准则，为各种高性价比的竹木复合结构产品设计和研发提供了坚实的理论基础。该项目从理论到实践均取得重大突破，产生显著的经济和社会效益。项目获得国家授权发明专利9项、实用新型专利13项，培养硕士和博士研究生11名，发表论文52篇，出版专著2部，制定标准2项。截至2011年年底，累计实现销售收入42.86亿元，实

现税利3.81亿元，节约代用各种优质原木188万余立方米。

红树林湿地生态系统安全响应机制研究 该项目在国家、省、市及高校基金40多个项目资助下，进行了近20年的研究，在国际上率先开展了红树林湿地遭受污染等干扰下的生态响应机制研究：

1．全面调查了珠江口及深圳湾红树林湿地重金属和持久性有毒有机污染物的污染程度、污染源及其迁移。研究了红树林生态系统中动物和植物（含根际微生物）对污染的响应机制，发现红树林湿地强大的纳污、抗污、去污能力，揭示了其机制机理，验证了红树林湿地处理污水及用于生物修复的可行性、高效性及可持续性。

2．筛选出多种能高效去除污染物的微生物（如分枝杆菌、鞘氨醇假单胞菌等细菌，镰刀霉菌等真菌，蛋白核小球藻、微小小球藻、衣藻等微藻），发现分枝杆菌能同时通过3条双加氧途径氧化，其中一条是新发现的初始氧化途径；阐明微生物去除多种污染物的机制、代谢途径及共代谢机理。

3．建立了全自动SPME衍生化方法及准确、高灵敏度的色谱定量分析方法体系，用于有机污染物及其代谢产物的定性定量分析。

4．揭示了外来种、虫害等干扰对红树林湿地的影响及红树林群落生态安全维持机制。发现了红树林湿地具有丰富的微生物群落和丰富的生物活性物质；首次报道了我国深圳湾、北部湾红树林爆发大面积虫害的原因和危害机制，确定了主要虫害身份，研制出大面积有效防治主要虫害的生物防治技术。

该成果为解决城市化干扰下的湿地污染、虫害问题提供了科学依据。在国际上开创了污染治理研究的新方向，为红树林虫害防治提供了新的、有效的技术方法，解决我国华南地区红树林虫灾大爆发的治理难题。

发表SCI收录论文182篇、国际会议论文23篇、英文及中文核心期刊论文66篇，出版专著8部，取得发明专利2项，其中影响因子4.0以上论文18篇，中国科学院SCI论文分区中的一区、二区论文104篇，被SCI他引累计达2 614次。

松材线虫病持续控制技术研究与集成示范 该项目针对松材线虫病在我国的扩散和控制的特殊性，根据我国华南地区、长江流域2个松材线虫病典型类型区的特点，以持续控制松材线虫病、保护松林生态系统为宗旨，以控制松材线虫病的传播媒介松褐天牛、切断松材线虫向松树传播的途径为核心，开展松材线虫病持续控制技术、集成创新与示范等关键技术研究，在利用松褐天牛引诱剂、花绒寄甲和抗松材线虫病马尾松优良种源持续控制松材线虫病方面达到国际同类研究的领先水平,为遏制松材线虫病的扩散和危害提供了技术支撑。该成果的关键技术如下：

1．研发了能诱捕处于补充营养及产卵阶段的松褐天牛成虫的“A–3型引诱剂”，以及组合式诱捕器、引诱剂缓释器，获得2项专利，并制定国家林业行业标准《松褐天牛引诱剂使用技术规程》，可标准化、全天候地监测和控制松褐天牛及其传播的松材线虫病。引诱剂在16个省市推广应用，面积达23.6万公顷，取得了显著的经济效益和生态效益。

2．研究建立了花绒寄甲规模化繁殖和利用技术，首次提出“花绒寄甲与管氏肿腿蜂联合控制松褐天牛幼虫”和“地面罩网灭疫并繁育花绒寄甲”2种生物防治方法。

3．研究筛选出3个对松材线虫病具有良好抗性的马尾松优良种源，并从解剖结构和化学组分等方面分析探讨其抗性机理，为通过调控松林树种结构控制松材线虫病提供依据。

4．研究和集成了“松材线虫病排查、诊断与监测技术体系”和“松材线虫病持续控制技术体系”，在华南地区和长江流域林区应用示范达1.82万公顷，有效缓解了松材线虫病的危害。

杉木系统改良与无性系选择 该成果是对16年来杉木相关研究的系统总结，在杉木种子园营建技术的系统性和无性系综合选择方面达到国际同类研究的先进水平。

该成果揭示了杉木种子园建园亲本结实规律，提出杉木种子园球果、种子年产量与3月中旬平均气温间存在指数函数关系；对杉木2代种子园营建技术方面做了系统、全面研究，包括交配设计、配合力分析、建园材料选择、建园效果分析、2代园子代遗传测定与增益估算等，2代种子园良种材积遗传增益、现实增益分别比初级/1代改良种子园提高1.88%～5.85%和9.33%～11.67%。

率先提出“杉木无性系早期选择的最佳年龄为3～4年，以胸径作为选择指标比树高更简便、精确”；基于无性系生长与材质性状呈显著负相关，选择速生、优质无性系难，首次提出杉木无性系生长与材质综合选择分两步走策略。

研究了杉木木材基本密度、心材比、管胞长度与宽度、管胞长宽比等材质性状，揭示了材质性状在种源—无性系水平上的遗传变异规律；编制的国家林业行业标准《杉木无性系扦插育苗技术规程》及广东省地方技术标准《杉木无性系育苗技术规程》，填补了我国杉木无性系育苗/扦插育苗技术规程的空白；取得具有自主知识产权的杉木良种11个。

科研与生产紧密结合，成果得到快速转化，1996—2012年应用杉木良种苗木在广东营造丰产林50 636.49公顷，可增产木材151.91万立方米，新增利税136 375.11万元，产生了巨大的经济效益和社会效益。

【林业知识产权保护】 2012年，根据国家林业局的部署，省林业厅在全省开展主题为“尊重知识、崇尚创新、诚信守法”的知识产权宣传周活动，继续开设“林业知识产权宣传专栏”，加强林业知识产权宣传。根据《国家林业局办公室关于严厉打击侵犯植物新品种权行为的通知》要求，在广东全省部署开展打击侵犯知识产权和制售假冒伪劣商品工作。省林业厅成立了林业植物新品种权执法专项行动领导小组，制定《广东省林业厅打击侵犯植物新品种权执法专项行动实施方案》，并启动开展林业植物新品种权侵权情况摸底调查。2012年，有3项林木新品种申请植物新品种权，14个林木花卉新品种获得国家林业局植物新品种授权，授权量超过了全省林业植物新品种授权总量23件的一半；另有3个授权品种成功进行了转让，进一步加快了知识产权的转化应用。

【林业标准化与林产品质量管理】 2012年，广东省有关单位承担制定的4项林业行业标准经国家林业局发布实施，7项广东省地方标准经广东省质监局发布实施（见表7-2-3-2）；阴香、茶花、红树林等8个省级林业标准化示范区通过了验收；30个林产品获得2012年度“广东省名牌产品”称号。同时，根据国家林业局关于开展林产品质量安全监测工作的要求，配合国家人造板与木竹制品质量监督检验中心对50多家实木复合地板和浸渍胶膜纸饰面人造板生产企业进行了产品质量检测。

表7-2-3-2 经批准发布的林业行业标准和广东省地方标准（2012）

序号	标准编号	标准名称	起草单位
1	LY/T 2026-2012	松突圆蚧生物防治技术规程	广东省林业科学研究院
2	LY/T 2037-2012	木荷培育技术规程	广东省林业科学研究院
3	LY/T 2038-2012	橄榄丰产栽培技术规程	广东省林业科学研究院
4	LY/T 2039-2012	黎蒴培育技术规程	广东省林业科学研究院
5	DB44/T 1059-2012	桉树主要病虫害防治技术规程	华南农业大学
6	DB44/T 1060-2012	松材线虫病治理工程监理规范	广东省林业科学研究院
7	DB44/T 1061-2012	广东省陆生野生动物疫源疫病监测站建设与管理规范	广东省野生动物救护中心
8	DB44/T 1062-2012	火力楠栽培技术规程	华南农业大学
9	DB44/T 1063-2012	印度紫檀栽培技术规程	中国林科院热带林业研究所
10	DB44/T 1064-2012	银海枣苗木生产技术规程	广东棕榈园林股份有限公司
11	DB44/T 1065-2012	绿萝柱式盆栽生产技术规程	茂名市林业科学研究所

（广东省林业厅科技与交流合作处 张心结）

科技实施与交流合作

【科技项目管理】 2012年，广东省林业科技创新专项资金项目申报、竞争性分配、实施管理等更加规范化。为进一步加强省林业科技创新专项和国家林业科技项目归口管理，省林业厅组织有关专家分粤北、粤西、粤东3组对各地项目实施情况进行跟踪检查，并在广州召开了省林业科技创新专项资金项目和归口管理的国家林业科研计划项目实施情况汇报会，全面地了解了项目实施进展情况，及时发现和分析解决项目实施中存在的问题，促进项目加快实施、快出成果。对列入2012年中期评估的国家林业行业科研专项和“948”项目进行预评估，使广东省归口管理项目在国家林业局组织的中期评估中名列中上水平。广东省林业科学研究院和华南农业大学主持承担的1个行业科研专项、2个“948”项目通过了国家林业局科技司组织的现场查定，专家给予了较好评价。对12个广东省2011年度中央财政林业科技推广示范资金项目开展了绩效评价，经过专家评分，其中有11个项目被评为A级。到期的8项广东省林业科技创新项目和5项中央财政林业科技推广示范项目通过了省林业厅组织的专家验收，各项目基本能够按照合同指标组织实施，项目建设质量比往年明显较高，起到了较好的示范带动作用。

11月，省林业厅举办了全省林业科技管理培训班，系统地开展了林业科技和标准化项目与资金管理、科技成果管理、知识产权保护、林业科技业务综合管理系统应用、现代林业科技发展等培训，林业科技管理和专业技术人员共140多人参加了培训，进一步促进了本省林业科技管理水平的提高。

【林业科技投入】 2012年，全省共落实国家和广东省林业科技项目资金5 000多万元，比上年又有新的增长。其中，争取国家投入资金3 000多万元，省级专项资金2 350万元。

由广东省林业科学研究院牵头的“十二五”国家科技支撑计划“南方集体林区生态公益林可持续经营技术研究与示范”课题正式启动，总经费达937万元，这是广东省林业科学研究院首次主持承担国家科技支撑计划课题，也是全国首家主持此级别国家级课题的省级林业科研院所。广东省林业科学研究院还承担了国家林业公益性行业科研专项重大项目“黎蒴等华南重要乡土树种良种选育研究”，该项目是2012年度国家林业公益性行业科研专项重大项目中仅有的由省级林业科研院所承担的2个项目之一。

【林业交流合作】

粤港澳林业交流合作　2012年，为加强《粤港合作框架协议》《粤澳合作框架协议》有关重点工作内容的落实，成立了广东省林业厅落实粤港、粤澳合作框架协议年度考核工作小组，开展了多方面的粤港、粤澳林业交流合作。

在粤为香港渔农自然护理署、香港康乐文化事务署举办林业交流学习班3期，培训人员65人；省林业厅派出2位专家到港为香港渔农自然护理署举办苗圃管理与乡土树木育苗技术培训班，受到港方好评。11月，省林业厅组织有关管理人员前往香港米埔自然保护区参加了湿地管理研讨班学习。粤港就深港生态廊道建设进行了探讨，港方高度评价深圳梧桐山风景区的建设，并表示将加强港方红花岭生态保护区保育工作。粤澳林业交流合作方面，在加强省林科院与澳门有关方面合作的基础上，3月，组织有关人员参加由澳门民政总署管委会主办的“2012澳门绿化周”活动，并商讨粤澳林业合作有关事宜。

国际林业交流合作　积极做好省林业厅组织的林业出国考察和培训团组的组织和协调以及来访外宾接待等工作，加强对外宣传。全年，共完成办理出国（境）团组报批14批、73人次，接待来访外宾12批、55人次。

（广东省林业厅科技与交流合作处　张心结）

渔业科技发展

2012年，广东省认真贯彻国家和省关于现代渔业工作的一系列重大部署，扎实推进现代渔业建设，全省渔业经济保持快速发展的良好态势。全年渔业经济总产值1 983.6亿元，同比增长8.5%，增加值641.9亿元；水产品总产量789.5万吨，产值941.3亿元，同比增长8.5%，增加值341.6亿元。渔业产值占农业产值比重近20%，成为农业的重要支柱。

科技成果奖励

2012年度，广东省渔业科技发展成效显著，共获得各类奖项14个，其中广东省科学技术奖8项、广东省农业技术推广奖6项（见表7–3–1–1）。

表7–3–1–1　渔业获奖项目一览表（2012）

序号	获奖类别	获奖项目名称	承担单位
1	2012年度广东省科学技术奖一等奖	凡纳滨对虾良种选育关键技术及产业化应用	中国科学院南海海洋研究所
2	2012年度广东省科学技术奖一等奖	南海主要经济海藻精深加工关键技术的研究与应用	中国水产科学研究院南海水产研究所
3	2012年度广东省科学技术奖二等奖	南海北部近海渔业资源及其生态系统水平管理策略	中国水产科学研究院南海水产研究所
4	2012年度广东省科学技术奖三等奖	生物活性饲料添加剂在凡纳滨对虾健康养殖中的研究与应用	广东省农业科学院畜牧研究所
5	2012年度广东省科学技术奖三等奖	贺江等足类寄生虫病防治技术研究	中国水产科学研究院珠江水产研究所
6	2012年度广东省科学技术奖三等奖	密斯特黄彩鲶的引进与人工繁育研究	华南农业大学
7	2012年度广东省科学技术奖三等奖	增强幼虾抗逆性和抗病能力的生物调控虾苗培育技术	茂名市金阳热带海珍养殖有限公司
8	2012年度广东省科学技术奖三等奖	南方地区多宝鱼无公害工厂化控温养殖技术研究	惠东县水产技术推广站
9	2012年度广东省农业技术推广奖一等奖	南海主要经济海藻精深加工技术推广	中国水产科学研究院南海水产研究所
10	2012年度广东省农业技术推广奖二等奖	草鱼高效健康养殖技术研究与集成示范	中国水产科学研究院珠江水产研究所

（续上表）

序号	获奖类别	获奖项目名称	承担单位
11	2012年度广东省农业技术推广奖二等奖	石斑鱼规模化种苗培育关键技术及产业化推广	中国水产科学研究院南海水产研究所
12	2012年度广东省农业技术推广奖三等奖	杂交鳢的育种和养殖方法	华南农业大学
13	2012年度广东省农业技术推广奖三等奖	罗非鱼下脚料饲用化高值利用技术推广应用	湛江恒兴水产科技有限公司
14	2012年度广东省农业技术推广奖三等奖	以乳酸菌发酵法回收虾头虾壳中的甲壳素和蛋白质的技术及推广应用	华南农业大学

【凡纳滨对虾良种选育关键技术及产业化应用】

该成果选育出具有生长速度快、淡水耐受力强和体长变异系数小等特点的凡纳滨对虾“中科1号”新品种，比普通凡纳滨对虾生长速度提高21.8%，仔虾淡化应激成活率提高30.2%。同时，发明了系列配套关键技术，形成了一套以遗传选育为主线，疫病检测、营养饲料和关键设施综合配套的凡纳滨对虾良种选育关键技术体系。近3年，合作企业累计实现直接新增产值69.6亿元，新增利税5.4亿元，节支2.2亿元，实现社会效益270.0亿元。

【南海主要经济海藻精深加工关键技术的研究与应用】 该成果建立了自动凝胶系统生产琼胶新方法，提高了琼胶生产技术、产品品质，降低了能耗、生产成本和劳动强度。开发系列海藻食品，增加海藻多元化产品，增强了海藻产品的市场竞争力，开拓了海藻加工“零废弃”的途径。“南海主要经济海藻精深加工技术推广”项目在国内率先对传统海藻加工产业进行了关键技术集成创新，在广东6家企业进行推广应用，近3年来累计新增产值14.0亿元，新增利税1.3亿元。

【南海北部近海渔业资源及其生态系统水平管理策略】 该成果建立了南海北部近海渔业资源和渔业生态环境数据库，研发和集成了渔业资源增殖放流、人工鱼礁、海洋牧场和捕捞管理等技术体系，提出了南海北部近海渔业资源养护与管理技术策略。建立了11个推广应用示范区，示范区面积达到236平方公里，资源密度提高了6.3～26.6倍，渔业经济效益及生态服务效益增值110.0亿元，新增利税11.0亿元。

【草鱼高效健康养殖技术研究与集成示范】 该项目通过开展一系列草鱼高效健康养殖技术研究与集成示范，探索出一套适合华南地区养殖特点、优质、高效、健康、安全、生态的草鱼高效健康养殖技术体系，先后在中山、惠州、茂名、韶关、河源、广州、梅州进行示范推广，累计推广面积超过6 666.7公顷，增加产量7 000多吨，增加产值1.4亿元，增加利润0.9亿元。

【石斑鱼规模化种苗培育关键技术及产业化推广】 该项目研究、集成了石斑鱼亲鱼培育、人工催产、种苗培育、中间培育、健康养殖等关键技术，形成系统的石斑鱼全人工繁育技术体系，推广实施石斑鱼无公害养殖和种苗技术化、规范化、标准化和安全化生产，在潮州、汕头、汕尾、深圳、珠海、广州、海南、福建等地沿海开展技术推广，共计养殖面积800.0公顷，产值约3.8亿元。

（广东省海洋与渔业局　陈海丽）

渔业专项实施

2009年以来，广东省财政设立了一系列渔业科技专项，截至2012年年底，累计投入资金近4.6亿元，开展科技兴渔项目的实施，取得了显著成效。

【广东省海洋渔业科技推广专项】 2009年起，广东省财政每年安排海洋渔业科技推广专项资金5 000万元，主要用于海洋与渔业科技创新、技术推广、振兴“南珠”等方面，建设具有全国领先水平的科研成果应用示范基地。2009—2012年，专项累计实施项目312个，投入资金19 250万元。2012年，专项实施项目68个，投入资金4 750万元，对珍珠专题项目重点倾斜，对对虾、罗非鱼、鱼类种苗、名特优、健康养殖、资源与生态环境等专题有所侧重，对设施渔业、节能减排、海水利用等专题适当支持，对技术推广项目资助范围较广。

【广东省深水网箱产业发展专项】 广东省从2010年开始组织实施深水网箱产业发展专项，2010年投入经费1 500万元，2011年起增加到2 500万元。支持深水网箱养殖产业园区建设，建成了湛江特呈岛、潮州柘林湾等一批深水网箱养殖产业园区，2012年新增深水网箱600个，全省深水网箱达1 300个，年产优质海水鱼8 806吨，并经受住了“启德”等强台风考验。

【广东省水产良种体系建设专项】 广东省财政2011年设立水产良种体系建设专项资金，从2011年至2015年，每年安排2 000万元。2012年安排水产良种体系建设项目53个；争取农业部安排广东省亲本更新试点5个，下达资金100万元。2012年，全省水产种苗年生产总量达9 040亿尾，保障了水产养殖业持续健康发展。

【广东省鱼病防治专项】 广东省从2009年开始组织实施鱼病防治专项，每年投入经费2 000万元。全省有18个地级以上市、74个县建立了水生动物防疫检疫实验室，湛江市、肇庆市水生动物防疫检疫实验室已通过资质认证。此外，广州、中山、深圳、东莞、顺德、南海等珠三角地区均由当地财政支持建成水生动物检疫实验室。建成基层鱼病诊所18家，为68个市、县装备了水生动物防疫检疫专用车，为12个市装备了巡回诊疗车。

【广东省水产品质量安全专项】 广东省从2009年开始组织实施水产品质量安全专项，每年投入经费2 000万元。为发挥规范使用渔药的示范作用，在高要等地建立20个规范用药示范区，面积共2 000多公顷，引导、带动规范用药面积达3.33万公顷以上，有效提高了水产品质量安全水平，促进了生产的健康发展。2012年水产品抽检合格率达96.2%。

（广东省海洋与渔业局　陈海丽）

产业科技支撑

2012年，全省紧紧围绕广东海洋经济综合试验区建设的战略定位、重大任务，把握科学发展的主题，抓住加快转变经济发展方式的主线，围绕“加快转型升级，建设幸福广东”这个核心，奋力开创现代渔业强省建设的新局面。

【现代渔业园区建设】 积极创建农业部“水产健康养殖示范区”，建成水产健康养殖示范区116个，面积2.5万公顷。2012年新建健康养殖示范场37个。争取农业部扶持广东省“菜篮子”产品建设资金1 000万元，建设“菜篮子”产品生产基地40个。积极争取省财政安排项目资金6 000万元，首次通过竞争性资金安排，启动建设节地节水高质高效渔业示范园区10个。建成一批国际一流的水产品加工园区，港澳地区超过90%的鲜活水产品来自广东省。

【标准化池塘改造】 推进标准化池塘建设，2012年下达标准池塘建设项目32个，引导投入资金2.4亿元，改造标准化池塘1.0万公顷，全省累计建成标准池塘18.0万公顷。2012年新建标准池塘9 333.3公顷。

【水产养殖】 2012年，全省水产养殖产量达619.8万吨。海水养殖产量275.7万吨、面积20.2万公顷，其中海水鱼类产量39.9万吨、面积2.8万公顷；海水虾产量36.2万吨、面积6.0万公顷；海洋贝类产量186.3万吨、面积9.4万公顷；海水珍珠产量6 903千克、面积2 254公顷。淡水养殖产量344.1万吨，其中淡水鱼产量308.0万吨、淡水虾产量29.0万吨。

【海洋捕捞】 “深蓝渔业”加快发展。2012年获补助资金1.02亿元，扶持建造大型钢质海洋渔船45艘。组织多批渔船在休渔期坚持赴南沙海域生产，产量5 825吨，产值7 611万元。引导企业赴北太平洋和东南太平洋公海生产，开辟了海洋捕捞转型升级的新路径，填补了本省鱿鱼钓船作业空白。2012年，全省海洋捕捞产品产量达156.6万吨，产值121.3亿元，同比增加13.3亿元。

【水产品加工流通】 截至2012年年底，全省拥有水产品加工企业1 130个，其中年主营业务收入500万元以上的水产加工企业131个，全省水产品加工能力达259.3万吨/年。2012年，全省水产品加工总量达145.7万吨，产值217.8亿元，同比增加6.0亿元；水产流通产值656.1亿元，同比增加37.3亿元。

【休闲渔业】 全省观赏鱼及配套渔具产业迅猛发展，每年观赏鱼产值近10亿元，占全国的60%，2012年全省观赏鱼产量近2.2亿尾。观赏渔具规模生产企业200多家，销售总额占全国的60%以上。广州、深圳、佛山、梅州等地积极发展集垂钓、美食、娱乐、度假、旅游、商务于一体的高层次休闲渔业，2012年休闲渔业产值22.7亿元，同比增加0.1亿元。广州、东莞、中山等地已成为观赏鱼养殖集散地，产品远销港澳台、东南亚等地。

（广东省海洋与渔业局　陈海丽）

科技体系建设

2012年，全省深入解放思想，坚持先行先试，突出加快建设现代渔业体系，促进海洋与渔业科技创新，全面推进海洋与渔业科技发展，努力推进实现现代渔业发展新跨越，科技支撑能力得到提升，科技保障体系不断壮大。

【科技平台建设】 广东海洋与渔业科研力量、科技成果和研发水平居全国前列，已成为我国海洋与渔业科技人才、科技创新、高技术成果转化和产业化的重要集聚区。以中山大学、中科院南海海洋研究所、广东海洋大学、水科院南海水产研究所、珠江水产研究所等在粤科研院校为支撑，全省建成了覆盖有害生物控制与资源利用、水生经济动物良种繁育、海洋渔业生态环境、水产品质量安全风险评估等领域的省部级重点实验室25个，成为全省海洋与渔业科技创新的重要保障。全省拥有的海洋与渔业专业技术人才约占全国同类人才的25%，涉海涉渔专职科研人员达2 795人，其中中高级职称人数达1 660名。

【水产良种体系】 进一步健全了水产良种体系。截至2012年年底，全省建成国家级水产良种场2个、省级水产良种场53个、国家级水产种质监督检验测试中心1个和国家级水产引种保种中心1个，基本形成“国家级遗传育种中心—国家级良种场—省级良种场—繁育场—培育场”种苗生产体系。2012年，广东新建省级水产良种场6个，全省水产苗种场总量达1 970个，占地面积1.1万公顷。全省培育海水鱼苗9.9亿尾，其中鲆鱼苗339万尾；虾类育苗190.0亿尾，其中南美白对虾179.0亿尾；贝类育苗58.9亿粒，其中鲍鱼7.6亿粒；淡水鱼苗7 658.3亿尾，其中罗非鱼104.4亿尾。

【水生动物防疫检疫体系】 全省现已有获当地编委批准成立的市、县水生动物防疫站共102个（18个地级市、84个县区），其中湛江、韶关、惠州、梅州、汕头、河源、云浮所属各县区均已建立了水生动物防疫检疫站，建站率达100%。截至2012年年底，全省在18个地级以上市、84个县区，设立常规监测点390个，进行周年连续测报，监测池塘面积1.33万公顷，海水网箱6.6万多立方米，监测养殖种类32种，监测全省常发、多发的52种水生动物病害。全省已安装了水生动物病害远程诊断平台81套，分布在全省的19个市级站和62个县、区站及鱼病诊所。在高要等地建立20个规范用药示范区，面积共2 000公顷，引导、带动规范用药面积达3.3万公顷以上。

【水产品质量安全监管体系】 广东省从2006年

开始实施水产品质量安全追溯项目，截至2012年年底，共建立了1个省级、7个市级、13个县级水产品可追溯监管平台，在广州、茂名等7个市13个县（区）29家养殖企业和4家批发市场，配备可追溯设备软件。溯源养殖品种包括罗非鱼、草鱼、对虾、文岃鲤等品种，涉及养殖面积4 000公顷，年产量4万余吨，批发市场年交易量20余万吨。初步建成包含政府监管部门、企业、批发市场、协会、专业合作社和消费者查询平台组成的广东省水产品质量全程跟踪与溯源体系。

【渔业安全监管体系】 全力推进广东省渔业安全生产通信指挥系统建设，建成了由1个省级指挥中心、14个沿海市级分中心、46个沿海县级站点及10个AIS基站组成的广东省渔业安全生产通信指挥系统，实现了全省沿海大中型渔船即时通信、实时监控和船位识别。2012年组织或直接参与海上搜救行动80次，救回遇险人员316人。全省渔业船舶生产安全较大事故、死亡失踪人数，同比分别下降80%和48.8%。

【水产技术推广体系】 积极通过体系改革，完善基层推广体系，加强服务能力建设，努力构建以国家水产技术推广机构为主，高等院校、科研院所、龙头企业、行业协会、专业合作社广泛参与、互相结合的推广新机制。组织开展广东省渔业科技促进年活动，2012年全省21个市、92个县（区）、576个乡镇，累计有1 509名水产技术推广人员、557名渔业技术专家、13.8万名渔农、44家渔药企业、40家饲料企业、199家种苗企业、18家渔机企业参与了活动。全省累计举办渔民培训班349次，培训渔民3.4万人；累计举办技术推广人员培训62次，培训技术推广人员1 166人。

（广东省海洋与渔业局　陈海丽）

广东创能科技有限公司

创能科技 CREATE TECHNOLOGY

广东创能科技有限公司成立于2000年，公司注册资金为2 800万元，是计算机系统集成、建筑智能化、信息化和轨道交通行业的高新技术企业。公司致力于为轨道交通、智慧城市、绿色建筑提供高科技研发成果及智能化信息系统解决方案。公司自主研发的主控制装置、三合一读写器、自助服务终端、智能一卡通系统等产品在城际轨道、房地产、金融行业均有成功应用。拥有建筑智能化设计与施工壹级、安全技术防范系统设计、施工、维修壹级、计算机系统集成贰级等资质，公司坚持“创造卓越、倾尽所能”的企业精神为广大客户提供优质的服务。

CN-ECR201
普通读卡器

CN-ECR202P
密码读卡器

CN-ECI301
发卡器

CN-ECP5106
台式消费机

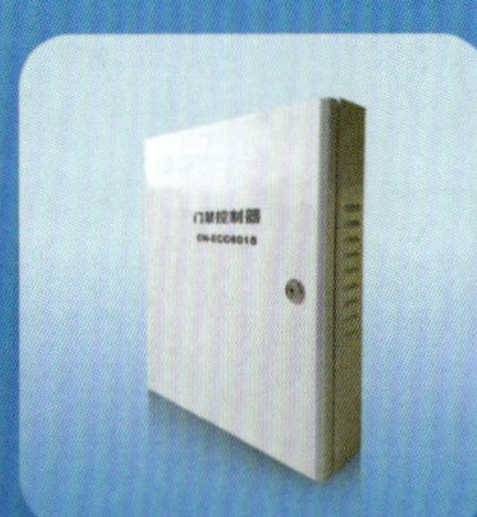
CN-ECC6018
门禁控制器

地 址：广州市天河区软件路15号5楼　电话：020-83579118　400-8228-969　传真：020-83576273　网址：www.createw.com　E-mail：gd@createw.com

广州市中新塑料有限公司

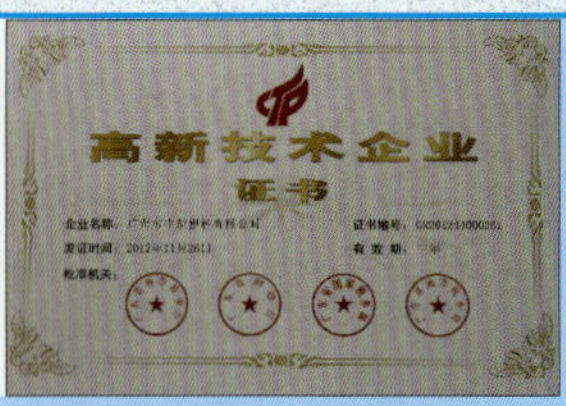

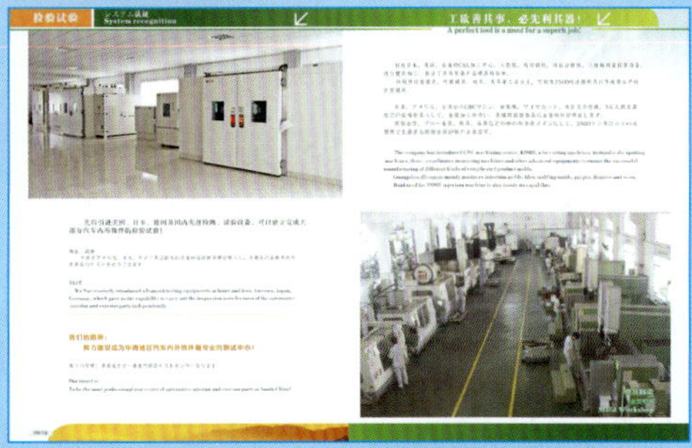

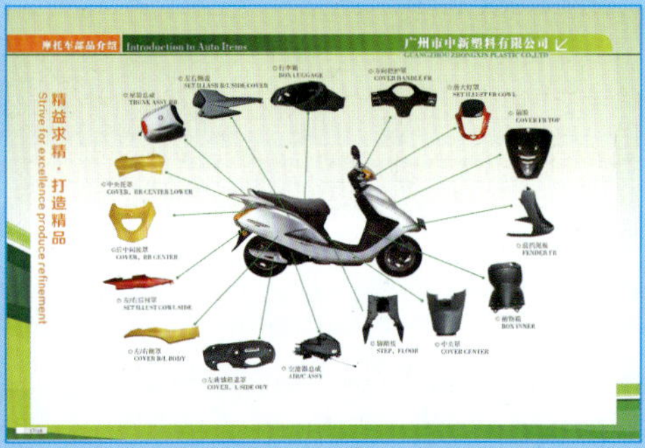

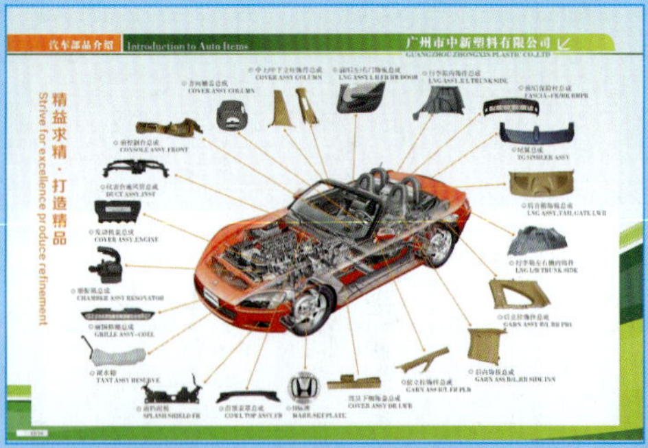

广州市中新塑料有限公司成立于1981年，是一家专业研发、制造汽车零部件、内外饰件的民营企业，配套客户有广汽本田、广汽丰田、东风本田、东风日产、广汽三菱、广汽乘用车、北汽等大型企业，是汽车行业大型重点骨干配套企业。

广州市中新塑料有限公司拥有健全的管理体系，1998年通过德国莱茵公司ISO9000质量体系认证；2004年通过ISO14001、OHSAS18001认证；2005年通过TS16949体系认证；2006年通过国家3C认证。

在各级政府的大力支持及中国汽车市场的影响下，公司的业务范围逐步扩大，为了满足需求，公司2003年在湖北武汉建立了武汉中新塑料有限公司，配套生产东风本田汽车有限公司及东风日产汽车有限公司的汽车零部件；2007年，在新塘建立了广州市中新塑料有限公司新塘工厂，配套生产广汽本田二厂及广汽乘用车公司的汽车零部件；2011年，在湖南长沙建立了长沙中新塑料有限公司，配套生产广汽菲亚特、广汽三菱汽车有限公司的汽车零部件。

多年来，广州市中新塑料有限公司一直致力于汽车零部件、车身件、内外饰件的研究、设计、开发与制造，积累了丰富的设计、开发、制造经验。公司拥有省级企业技术中心，有一个技术过硬的研究、设计、开发团队；有一个具备同步研究、设计、开发功能的检验试验室；还有一个专业从事模具研究、设计、开发的试制部门，积极参与广汽本田、东风本田、广汽乘用车等各系列车型的同步研究、设计、开发。

广州市中新塑料有限公司在广东省内资汽车零部件企业排名第一，是广东省民营汽车零部件企业领头兵，在国内具有领先的地位。是高新技术企业、省级企业技术中心、中国制造业500强、广东省制造业百强企业（制造业排名第39名）、广东省企业500强（综合排名第262名）。

广州市中新塑料有限公司
GUANGZHOU ZHONGXIN PLASTIC CO.,LTD

地址：广州市增城中新镇中福北路3号
ADD: Datian zone, zhongfu road, zhongxin town, zengcheng, guangzhou
电话（TEL）:020-82866382
传真（FAX）:020-82868383
邮编（P C）:511360
网址（WEB）:http: //zhongxinplastic.com.cn
邮箱（E-mail）:zhongxin@zhongxinplastic.com.cn

广州市中新塑料有限公司
GUANGZHOU ZHONGXIN PLASTIC CO.,LTD

广州市番禺奥莱照明电器有限公司

广州市番禺奥莱照明电器有限公司成立于1999年8月，子公司奥莱新星照明电器有限公司于2006年6月在浙江省宁波市成立（统称“奥莱公司”）。占地面积4.5万平方米，专注于红外及微波感应技术的研发、应用及红外感应灯具的制造、销售等业务。

奥莱公司以感应器和LED灯具为主营产品，具体分为独立式感应器、感应灯具、太阳能感应灯具及LED灯具等四大类，45个系列，超过300款产品。产品主要出口欧洲、美国、加拿大、澳大利亚、日本等国家和地区。主要客户有美国通用电器、美国COOPER公司、欧洲EGLO公司、Philips、Osram、Screwfix、B&Q、BRICO、AIDI、CIDL等。2013年年产值逾1.8亿元，奥莱公司以年产逾650万台感应器及灯具的销售业绩，占据全球红外及微波感应器市场的14%份额，产品销量占全球同行首位，技术含量占全国同行首位。

奥莱公司重视人才引进、重视科技创新。获得3件发明专利，另获得的实用新型专利及软件著作权共20件，外观专利36件，注册商标8项。未来两年计划申报5项发明专利，13项软件著作权及实用新型专利。

奥莱公司已形成健全的现代企业管理制度，2002年推行5S管理，2005年通过ISO9000系列管理体系，2007年开展ERP（企业资源计划），2010年通过BSCI社会责任管理体系，2012年获得广州市安全生产标准化达标企业资质认定。95%以上的产品通过欧美日市场的安全或环保认证，如ITS或SGS等授权的GS、UL、ETL、FCC、EMC SEMKO、LCIE等认证。奥莱公司在技术创新、质量管理、社会责任及安全生产等领域表现优秀，深受国内外同行信赖。

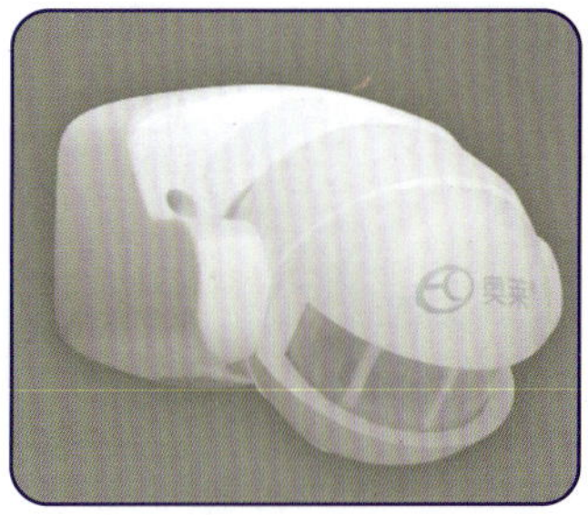

独立式感应器

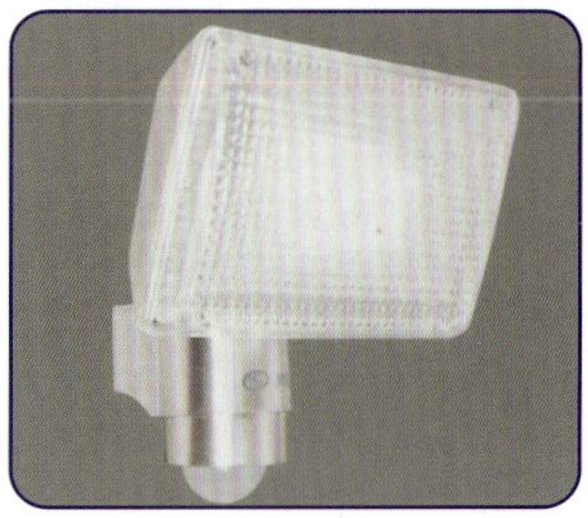

感应灯具

太阳能感应灯具

台山市金桥铝型材厂有限公司

台山市金桥铝型材厂有限公司成立于1983年，位于台山市大江镇石桥工业区，经过30年的发展壮大，现占地面积38.9万平方米，建筑面积26.1万平方米。

公司主要从事各种铝合金棒、新型铝合金型材和异型材生产及其表面处理和铝质工程及模具制造。产品应用领域包括运输、电子、航天航空、汽车、轨道交通、医疗及耐用消费品等多个行业。目前公司已发展成为一家雇员1900多名及拥有一系列先进完善的生产线的国际性铝挤压知名企业，产品远销全球多国。

公司年生产能力达10万吨，现有挤压生产线31条，最大吨位为6180吨；表面处理生产线8条，可提供表面阳极氧化、化学抛光、粉末喷涂、氟碳喷涂等多种处理。同时配套后工序生产的铝制品厂，可提供客户后期生产所需的锯切、钻孔、CNC、焊接、倒角等多种加工。公司多年来通过多项认证，包括：方圆认证、ISO9001产品质量体系认证、ISO14001环保质量体系认证、ISO TS16949汽车产品质量认证、DNV挪威船级社认证、BV法国船级社认证、PSB新加坡认证、德国U认证等。

佛山市利迅达机器人系统有限公司

打磨

佛山市利迅达机器人系统有限公司专业从事机器人在通用工业的应用系统开发、推广以及通用工业应用的设备智能化、自动化系统的研发。公司在机器人系统以创新、优质、服务等要素走在国内同行前面，机器人金属产品表面处理综合系统具世界水平。业务遍及汽车、机车、医疗、3C、物流、家电、建材、五金、卫浴、家具、餐具等新兴和传统行业。

OPP手机高速自动化生产线

佛山市利迅达机器人系统有限公司为广东省高新技术企业、2012年顺德区中小企“星光企业”、国家级两化深度融合示范企业。公司产品“机器人自动化打磨拉丝系统”和“机器人智能化烤炉焊接系统”分别被评为2011和2012年“广东省高新技术产品”。

美芝拉床自动上下料搬运系统

科达大型压机配套自动化上下料机械手

利迅达机器人是瑞典ABB机器人和意大利柯马机器人的战略合作伙伴。利迅达建立了全球业界最大型的机器人表面处理实验基地，目前共有10多个实验工作站（其中3个焊接实验站、7个抛光打磨去毛刺实验站），专门为用户提供产品研发，使用户能够全过程、直观地看到品质、技术，急客户所需，想客户所想，快速为客户量身制定产品的解决方案。利迅达机器人是全国首家与大专院校展开机器人专材培训的机器人系统公司，建立起了完善的人才网络。公司不断强化研发投入，坚持自主创新，重视专利保护。

焊接

利迅达机器人与相关用户合作，用5年时间在广东各主要城市设立智能化机器人加工服务中心项目，全面服务于广东金属制品行业。机器人应用加工服务中心一方面是金属制品行业的科研开发、示范培训项目，另一方面以市场为导向，把原有各企业外发手工加工的产品接回来用机器人系统生产。最终完成行业的商业模式快速复制，实现工业机器人全面应用推广，实现通用工业生产智能化、信息化的融合推进。这是全球金属制品行业独一无二的示范项目，是全新的战略性商业运作模式的新兴产业。

打磨

利迅达机器人走上了一条充满阳光，前途无量，高速发展的道路。乘着国家推动制造业转型升级，智能化和信息化两化融合的东风，在各级领导部门的关怀和指导下，乘风破浪大步向前。

OPPO（中国）公司

OPPO（中国）公司成立于2004年。作为一个年轻的探索者，OPPO从一开始就不甘心做一个平凡的品牌。怀着探索未知的强烈好奇心，OPPO先后进入MP3、MP4、高端影音、手机和移动互联网等领域。如今OPPO产品和服务已覆盖中国、美国、俄罗斯、印度、韩国、欧洲、东南亚等广大市场，正致力于打造专业化的智能手机与移动互联网公司。

公司本着通过科技创新给消费者创造价值的理念，打造独特的OPPO品牌。OPPO品牌已先后获得“中国驰名商标”“广东省著名商标”称号，特别是OPPO蓝光DVD已成为全球知名的品牌产品，在美国市场获得60多家专业测评及媒体的好评和推荐，各项评测指标遥遥领先Sony、三星等品牌，产品营销基本靠口碑宣传，为中国产品赢得尊严。

NFEA® 广东南丰电气自动化有限公司

广东省著名商标

GUANGDONG NANFENG ELECTRIC AUTOMATION CO.,LTD.

- 国家级高新技术企业
- 中国电器工业协会水电设备分会理事单位
- 连续三届中国电器工业协会水电设备分会全国优秀企业
- 水电站计算机监控系统国家标准起草单位
- 专业生产水电站电气控制设备，主导产品为：
  ① 水电站计算机监控系统
  ② 发电机、主变压器及输电线路等微机保护装置
  ③ 同步发电机微机励磁装置
  ④ 微机型高频开关直流电源装置
  ⑤ 高低压成套开关设备

上述主导产品企业拥有全部自主知识产权

- 公司于1999年通过了ISO9001和英国UKAS质量管理体系认证、2010年通过了ISO14001环境管理体系认证和OHSAS 18001职业健康安全管理体系认证。
- 注册商标为NFEA，是广东省著名商标。
- NF2000系列水电站计算机监控系统已通过省级科技成果鉴定，鉴定结论认为该产品已达到国外同类产品的先进水平。荣获“广东省科学技术奖二等奖”“梅州市科学技术奖一等奖”“广东省高新技术产品奖”和“广东省名牌产品”称号。
- WKL系列同步发电机可控硅静止励磁装置连续三届被中国电器工业协会授予“质量可信产品”称号。
- 高、低压成套开关设备分别获得了PCCC认证（即第三方认证）和3C强制认证。
- 由于信守“先进的技术、可靠的质量、热诚的服务”的承诺，目前产品已为国内包括大唐、国电、中广核等知名电力投资公司所属电站在内的1000多家水电站采用，而且跨出国门走向世界，出口至巴基斯坦、土耳其、泰国和越南等国家，受到国内外用户的一致好评。公司在成都、昆明和越南河内设有联络处。
- 2012年企业综合经济效益指数在中国电器工业协会继电保护和电气自动化分会30强中排名第14位。

地址：广东省兴宁市兴南大道98号
邮编：514523
电话：0753-3261102
传真：0753-3261201
网址：http//www.nfea.com.cn
邮箱：nfea@nfea.com.cn

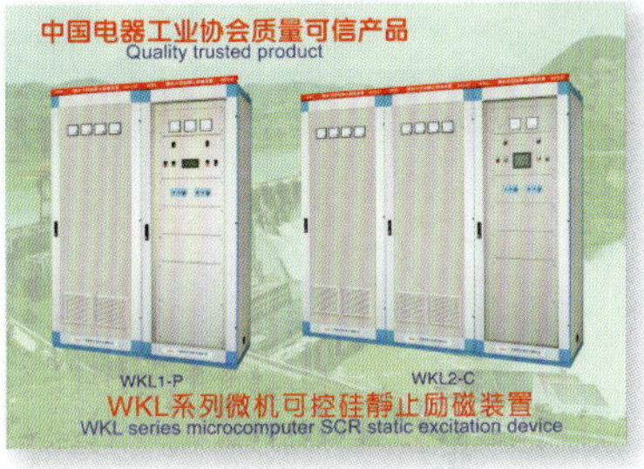

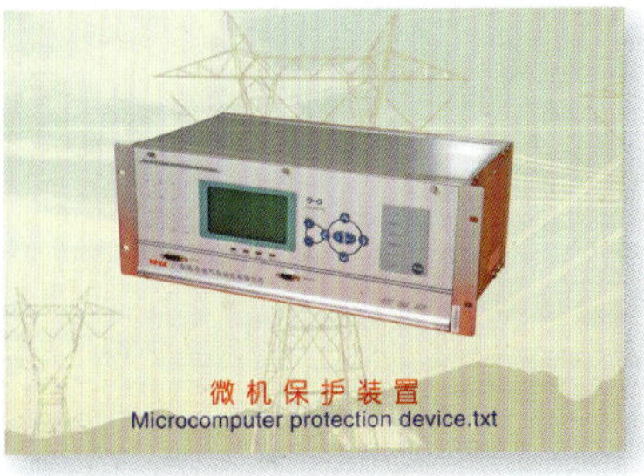

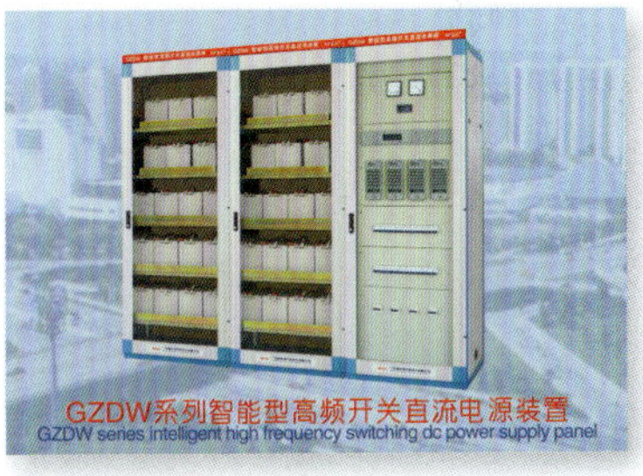

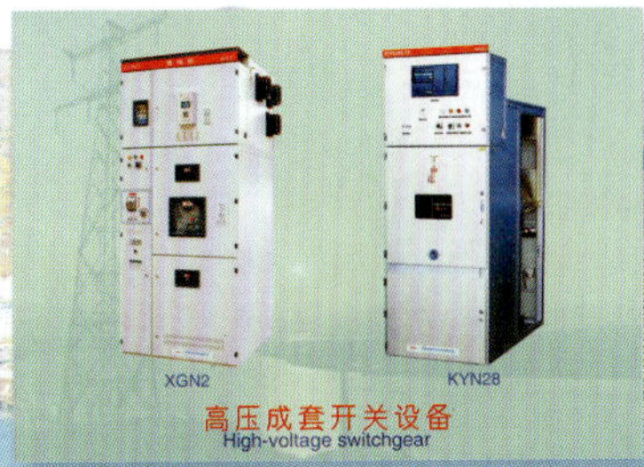

原 创 卫 浴 大 师

ABM 安蒙卫浴

荣获德国大奖

reddot 德国红点工业设计大奖 | 德国iF工业设计大奖 | 日本G-mark工业设计大奖 | 中国红星工业设计大奖 | 中国红棉工业设计大奖

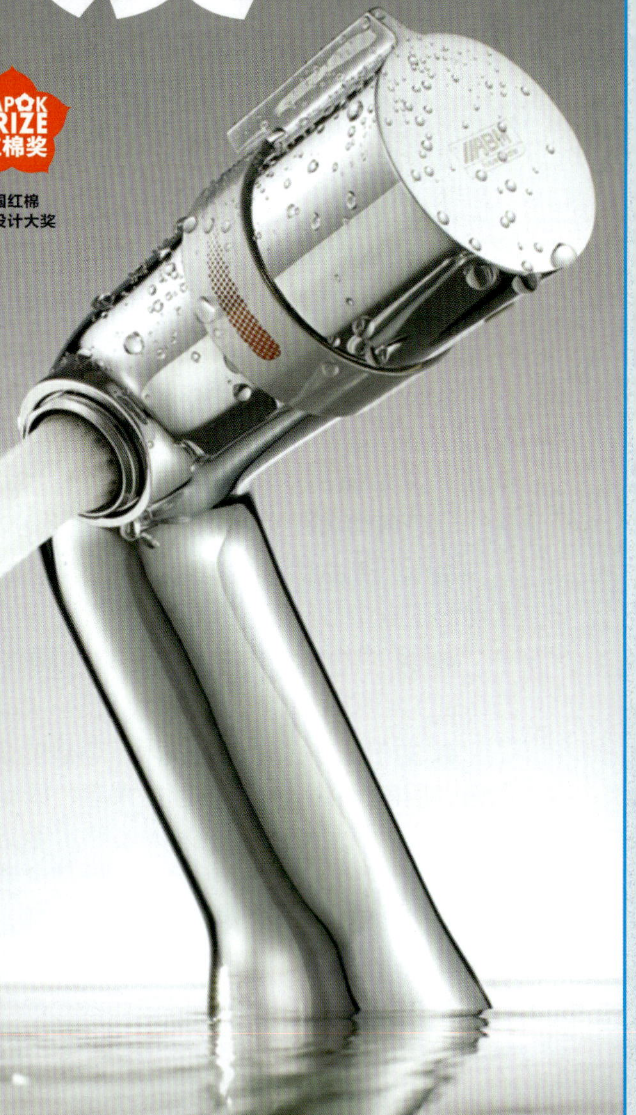

安蒙公司简介

安蒙卫浴是国内唯一一家同时获得德国红点奖、IP奖、日本G-mark等全球顶级工业设计大奖的自主创新型企业，企业现已累计有2000多项技术研发专利，多项产品引领着卫浴行业的未来趋势，被业内称为“增长最快、最具活力”的卫浴品牌。一直以来，安蒙卫浴坚持以原创设计为准绳、以未来用水技术的革新为方向，领导卫浴空间的用水革命，致力于打造未来用水终端的卓越解决方案，推动人与水的和谐共生。安蒙卫浴以人性化的设计和精湛的生产制造工艺生产出来的产品，倍受市场推崇，并广泛应用于星级酒店、休闲会所、高档公寓等领域。企业全面通过ISO质量体系认证、国家３C体系认证、节水产品认证等。安蒙品牌先后荣获“十大龙头品牌”“十大工程卫浴品牌”“全国保障性住房优秀供应商”“购房者首选家居品牌”等荣誉。

未来，安蒙将更加注重绿色和环保在卫浴技术中的应用，引导卓越的未来用水文化，不断创造世界级的设计，探索、创造出意义深远的标志性的新形式，引导卫生洗浴新观念，开创体验水浴新天地。

地址：广东省佛山市季华西路 Add: West Road Jihua, Foshan, Guangdong, CHINA
电话(Tel): 0757-8272 6666　传真(Fax): 0757-8266 4141　E-mail: abm@abm365.com
安蒙卫浴科技有限公司 ABM SANTARY WARE TECHNOLOGY CO., LTD.
安蒙(中国)营销管理中心 ABM (CHINA) MARKETING MANAGEMENT CENTER

用手机扫描二维码
即可登陆安蒙官网

佛山市巨亚铝业有限公司

佛山市巨亚铝业有限公司建于2003年，占地面积30000平方米，其中厂房占地面积18000平方米，总建筑面积25000平方米。现有职工228人，总资产2.2亿元。

公司拥有雄厚的技术力量，有大专以上科技人员71人，集研发创新、科技成果转换于一体，不断开发各种系列新产品。近几年来自主研发项目14项，其中6项获国家专利证书。2013年10月，公司被认定为国家级高新技术企业。

公司拥有优良的技术设备，其中1500宽幅连铸连轧生产线1条，熔铸电磁搅拌翻倾炉3台(套），1300宽幅热热生产线1条，可递式1400宽幅四辊冷轧机3台(套），分条生产线2条，平板生产线4条，80300T数控移动送料冲床8台(套），流水式快速退火炉和箱式退火炉8台套，设备年生产能力6万吨。

公司拥有从原材料成品标准化生产工艺水平和成本控制，运行先进的产销协调模式，实行规范的现场管理，导入适合本企业的管理模式，以客户为中心，以质量求信誉，具有同行业中的竞争优势。

公司产品覆盖面广，品种多样，性价比可选。公司生产经营的主要产品是铝圆片、铝板带，能根据客户要求生产不同合金牌号、不同规格和厚度的产品，与国内知名企业美的、苏泊尔、中宝、华盛合作多年，倍受青睐。

公　司电话：（0757）86517301、86517799

销售部电话：（0757）86517700、86510398

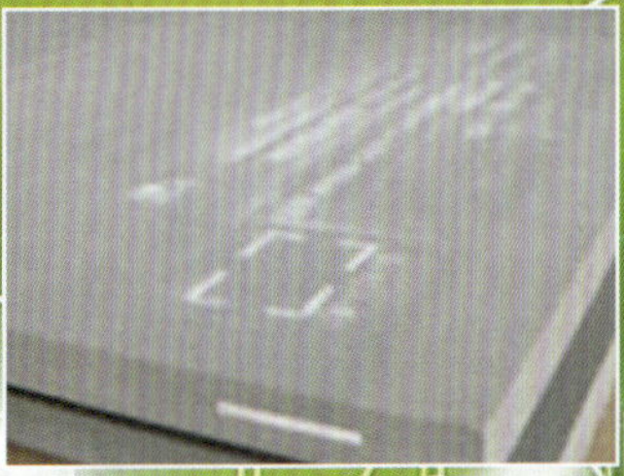

中国电信综合平台

流量直通车是中国电信综合平台开发运营中心面向合作伙伴推出的流量后向合作业务。合作伙伴通过综合平台购买流量赠送用户，增加产品用户黏性、提升用户活跃度、促进业务快速发展。

合作价值

- 电信数据共享 利于业务开展
- 电信海量用户 实现转化增长
- 创新分成合作 拓宽收益模式
- 联合营销活动 助力推广效果

合作案例

看UC小说抢天翼100M流量：

活动前三天，已有百万用户参与活动抢 7 万份 100M流量包，整点准时开抢，流量瞬间一扫而空。该活动为 UC 小说带来过百万的活跃用户。

Tencent 腾讯　高德 AutoNavi　網易 NETEASE www.163.com　UC优视　更多合作伙伴

业务合作详询 flow.e.189.cn

牵手流量应用 实现合作共赢

流量宝是一款用户完成指定任务，即可获赠流量币的手机应用。流量币可兑流量卡充值至手机，也可实现好友间的赠送与索取。合作企业通过流量宝可实现流量营销的小额赠送，不用受运营商流量套餐的额度限制。

合作价值

1. 实现小额流量赠送，使营销覆盖面更广
2. 广告投放更精准、更高效
3. 按激活结算、成本更低的APP推广模式

业务合作详询 lb.21cn.com

21CN

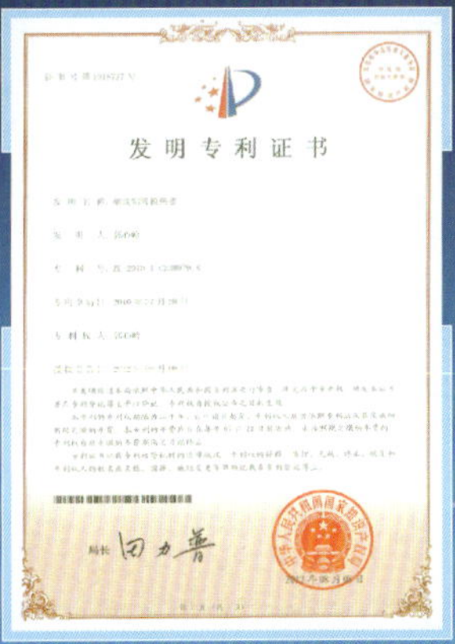
发明专利证书

引风机

自动化系统

自动给料机

韶关市曲江盛大冶金渣环保科技开发有限公司

韶关市曲江盛大冶金渣环保科技开发有限公司成立于2004年8月，前身是山东泰丰金属物资回收加工有限公司韶关分公司（总公司成立于1986年），主要经营范围为金属加工、冶炼渣加工、销售、技术咨询及推广服务；机械设备研发与维修服务，废旧物资回收与批发的综合性企业。公司组织架构与管理机构健全，运作规范，正积极开展冶金渣（粉）干法磁选富集技术及钢渣裂解技术及热能回收利用技术的应用研究推广。

2002年8月底，公司与韶钢集团公司签订了龟铁加工业务，随后相继签订了大块渣钢、脱硫渣铁、还原渣、砖头渣加工业务。炼铁生产流程产生的0—120吨的大小龟铁，经汽运和铁路运输至加工现场，并按照韶钢炼钢厂的需要，经过筛粉、落锤加工成合格产品再次炼钢，年处理加工2万吨以上；脱硫渣、大渣钢的落锤加工使含渣量高的金属块在加工过程中，打掉废渣，收取金属料为钢厂降低了成本。

沸腾炉

2004年年初，韶钢技术中心、综合管理部、华欣公司组织了包括该公司在内的共5家专业化公司参加干法富集磁选粉项目的技术和商务招投标，公司荣幸中标并与韶钢签订了加工合同。

提升机

针对韶钢集团公司提出的干法富集磁选粉的要求，公司与冶金部北京建筑研究设计院开展技术协作，借鉴国内当时从日本新引进的钢渣自磨、半自磨工艺技术并进行优化改进，委托国内最专业的洛阳大华机械厂制作本生产线的主体设备，总投资600多万元，于2005年1月在韶钢建成投产了国内第一条磁选粉干法富集生产线，该项目的建成投产对于提高尾渣粉的使用价值和减少二次环境污染具有里程碑式的意义，其中富集磁粉产品质量TFe52%~56%，用于原料配矿；尾渣粉MFe＜1%，直接作为生产水泥产品的原料。

2007年6月，公司向韶钢集团公司提交了富集粉生产线搬迁改造方案（主要改造内容包括建设原料厂房，增加生产线烘干设施，增加除尘设施，对原生产线进行搬迁等），并得到韶钢集团公司批准[韶钢综合（2007）267号文件]。

公司按照韶钢集团公司批准的方案，在宝钢集团韶关钢铁公司投资1300万元建成具有自主知识产权的第二条年处理20万吨，自动化程度高的磁选粉干法富集生产线，并于2010年年底搬迁改造配套成功投产。为钢铁企业实现了低品位磁选粉、低价值渣钢的高附加值利用和避免湿法分离渣铁带来的钢渣活性下降及由此而来的环境污染，提高了非磁性微渣的利用价值。

粒钢

公司坚持科技兴企、强企的发展道路，重视研发队伍建设、研发投入和推广成果的产业转化，目前在冶金渣处理及深加工方面拥有4项发明专利、3项实用新型专利：

1. 钢渣自磨机或半自磨机的出料装置。实用新型专利号：ZL20072 0051484.8，证书号：1028807号
2. 一种富集磁选粉的方法。专利号：ZL 200710026511.0，证书号：第536881号
3. 一种粒状渣钢的提纯方法 。专利号：ZL 200710031137.3，证书号：第580037号
4. 钢渣裂解炉。实用新型专利号：ZL 200920050893.5，证书号：第1310994号
5. 一种炽热钢渣裂解方法 专利号：ZL200910037022.4，证书号第：683776号
6. 一种螺纹铝管换热器 实用新型专利号：ZL201020273942.4，证书号：第1691938号
7. 螺纹铝管换热器 专利号：ZL2010 1 0238979.8，证书号：第1018727号

富集精粉

公司坚持“以人为本、开拓创新、诚信务实、合作双赢“的原则，竭诚为钢铁企业在工业渣加工处理利用、渣钢与磁选粉的干法富集深加工、钢渣微粉高附加值利用以及生铁

中山市国能电器有限公司

中山市国能电器有限公司成立于1994年，公司占地20000平方米，厂房面积12000平方米。主要产品有：35kV及以下互感器、计量箱、220kV及以下避雷器、10kV变电站及互感器检测设备等。国能公司产品畅销广东、广西、海南、贵州、云南、湖南、北京等地，产品品质稳定、安全，服务及时、周到，在业界得到普遍好评。为预防洪灾、雪灾、地震等自然灾害，公司发明了地埋式变电站（专利号：200920274189.8、201120029450.5）。

总经理何排枝先生于1978年3月入伍，1979年参加对越作战自卫反击战争，因舍身救战友荣立个人三等功。1981年复员后从事互感器和避雷器的研究，拥有发明专利90余项，是不锈钢计量箱（专利号：200530068677.0、200530068676.6、200530068674.7）和全绝缘避雷器（专利号：20112077836.3）之父。发表了《应当推广使用过载能力200%的（10kV以下）电流、电压互感器》、《建议380V的线路使用220V的避雷器》等文章。

东鹏饮料 EASTROC BEVERAGE

公司网址：Http://www.szeastroc.com

广州市东鹏食品饮料有限公司

广州市东鹏食品饮料有限公司为东鹏饮料广州生产基地，其市场营销中心为深圳市东鹏饮料实业有限公司。东鹏饮料是一家民营股份制企业，前身为深圳市原国有饮料生产企业，公司成立于1987年，是深圳市老字号的饮料生产企业。广州东鹏食品饮料有限公司位于广州增城市石滩镇三江，占地近3万平方米，建筑面积3万多平方米。

为扩大生产经营规模，2010年10月份在东莞道滘立项建立广东东鹏维他命饮料有限公司，作为东莞生产基地，并在2012年5月份顺利投产。2012年8月份在安徽滁州经济开发区投资建立东鹏饮料安徽生产基地。2012年度东鹏饮料顺利通过投标，中标中央电视台CCTV-1黄金时间段，并于2013年3月份起播出。2013年1月1日聘用香港影视红星谢霆锋先生为代言人。2012年度东鹏饮料投放广告金额已超1亿元。

EASTROC BEVERAGE

广州生产基地

位于广州增城三江，占地近3万平方米，建筑面积3万多平方米，紧临广惠高速、324国道（广汕公路），交通极为便利。
2006年初：广州市东鹏食品饮料有限公司开始立项、基建；
2007年初：深圳东鹏的机器设备搬迁及广州东鹏进行设备安装；
2007年6月：广州东鹏投产。

是东鹏饮料的主要生产基地，年产能约28万吨。

广州东鹏

STONEWELL MotorSport

台山市国际交通器材配件有限公司

为铝合金轮圈事业奋斗不懈的企业...

国际交通器材配件有限公司是一家专业生产铝合金汽车轮毂的美资企业。工厂位于珠江三角洲西南部，毗邻港澳，地处广东经济发展的热土——五邑地区的“全国第一侨乡”之称的台山市。公司成立2001年11月，占地面积550亩，目前拥有模具制造、熔炼、铸造、加工、涂装、电镀等多个大型厂房设施及全套先进设备，已经建成花园式企业。

公司以产、供、销一体化的经营模式进行管理，推行净化绿化环保生产，目前工厂可以生产10寸到30寸铝合金轮毂，年产量120万个，年销售额达到9000万美元。

工厂严格执行TS-16949的质量管理体系控制产品质量，建立完善的轮毂成份、性能检测实验室，拥有2台30寸径向试验机，JWL和VIA认证的13度、30度、90度冲击试验机和弯曲试验机，还配备先进的光谱分析仪和X光检设备，保证每件产品安全可靠。

公司拥有专业的设计开发团队，多名国外铝轮毂经验丰富的工程师，到目前已经开发出25个系列600多种款式产品，每年产品开发能力在200款以上，从产品设计到量产最快25天。

公司销售网络遍及全球，主要出口美洲、欧洲、日本等国家和地区。我们以优质产品开拓市场，以诚信谋求发展，让客户满意的售后服务。

地址：台山市西湖外商投资示范区国际路一号　电话：86-750-5588107-9
网址：www.stonewell.cn　邮编：529200

广州科力新能源有限公司

广州科力新能源有限公司于2006年6月创立于中山大学科技园，注册资本7528万元，是集新能源研发、生产、销售及售后服务于一体的高新技术企业。

科力立足于高端市场，注重品牌建设，作为广东省守合同重信誉企业、广东省诚信示范企业、广州市工商企业节能服务商，科力一直保持全方位的领先优势，是行业相关规则的制定者和领跑者。公司拥有热泵产品、太阳能利用等多个专利，是CRAA热泵联盟的发起人之一，是少数获得国家节能产品认证的企业之一，是拥有自主创新产品的企业之一，是首个将工业自动化可编程智能控制系统以及网络技术运用在热泵集体系统的企业。

科力成立至今，完成了多个精品工程，通过领先的技术实力和优异的产品、服务质量，在业内建立了稳固的市场地位和良好的服务品牌。

2010年经广州市政府批准，由广州科力新能源有限公司与香港华盛国际投资有限公司合资，在广州科学城成立“广东科力新能源有限公司”，总投资3000万美元，建设节能产业园，致力于科力系列产品及技术的升级与研发，为公司发展揭开了新的一页。

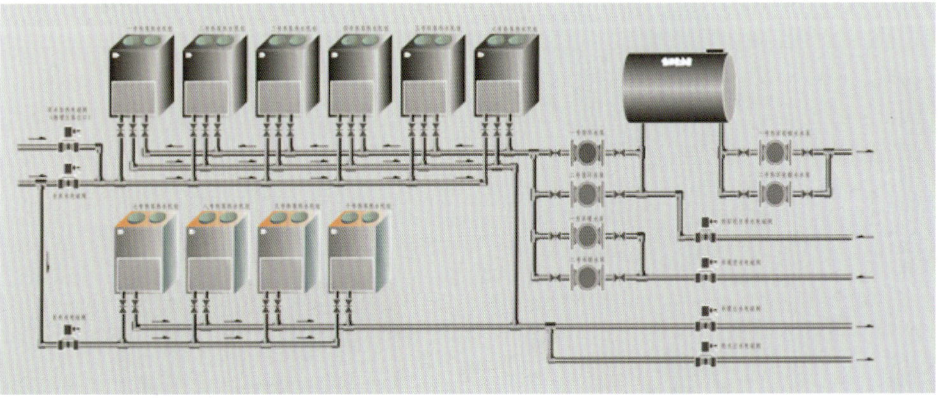

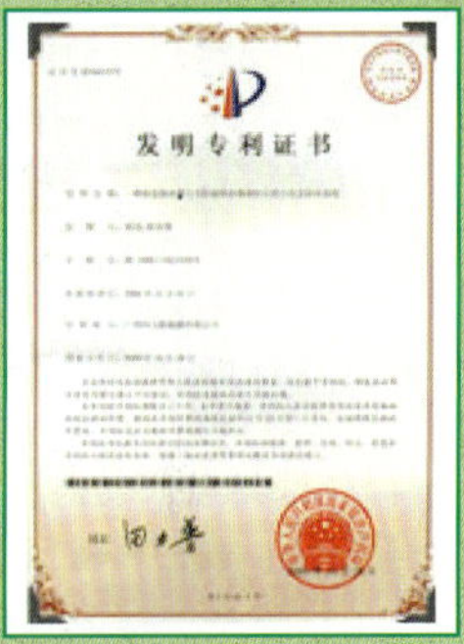

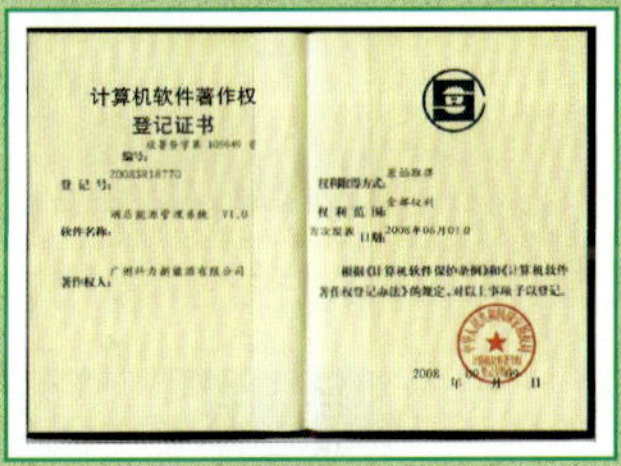

开平市嘉仁乳胶设备制造有限公司

开平市嘉仁乳胶设备制造有限公司位于中国碉楼之乡广东开平，是国内目前唯一的乳胶丝生产设备制造企业及乳胶丝生产技术研发和培训单位。

嘉仁公司设备及生产工艺核心技术源于生产乳胶丝最权威的泰国和马来西亚。经过多年的发展，嘉仁公司已经完全掌握了此行业国际前列的技术。在国内销售乳胶丝生产线的同时，2009年参与国际竞标，成功将国产乳胶丝生产线销往国外越南，得到了客户充分肯定的评价！

公司以科技领先、优质高效的服务，追求卓越的企业精神，做用户最满意的工程，竭诚与新老客户携手合作，共筑“双赢航母”。

地址：中国广东省开平市三埠区簕冲大道75号

电话：0750-2397216　　传真：2397206

邮编：529300　　邮箱：agun686@163.com

金龙游乐集团
GOLDEN DRAGON GROUP
● 中国游艺机游乐园协会副会长单位 ● 广东省特种设备协会理事单位 ● ISO9001质量管理体系国际标准认证企业
● 滑行车类产品系列
● 转马类产品系列
● 观览车类产品系列
● 飞行塔类产品系列
● 飞行塔类产品系列
● 小火车类产品系列
● 自控飞机类产品系列
● 碰碰车类产品系列
游乐园及综合体室内游乐场策划设计与投资顾问
金龙游乐集团 搜索
中山市金龙游乐设备有限公司
国家A级游艺机制造许可资质 销售热线 0760 88920289
地址：广东省中山市港口镇沙港中路29号
传真：0760-88920389 邮编：528447
邮箱：marketing@gd-amusement.com

惠州仲恺高新区东江高新科技产业园
——发展高新科技　建设东部新城

东江高新科技产业园与企业签约

东江高新科技产业园于2008年12月经市委、市政府批准设立，是惠州市“十一五”“十二五”期间重点建设的工业园。2010年2月纳入仲恺高新区，成为仲恺高新区“一区四园五镇（街）”的重要组成部分。园区按照“近期建区，中期成园，远期为城”的发展思路实施建设，近期3～5年内将开发10平方公里的高新技术产业聚集区，中期5～10年内将建设50平方公里的生态科技产业园，远期将打造101平方公里的高新科技城。

成立以来，东江产业园紧紧围绕“国家级、创新型、生态化、示范性”四个关键词，坚持产业带动、创新驱动、产城联动，以战略性新兴产业引领园区科学发展，全面掀起“大招商、大建设、大发展”新高潮，加快打造园区核心竞争力，园区经济社会各项事业实现持续、快速、健康发展。截至目前，园区已引进优质项目超100个，总投资额500多亿元。其中，投产企业27家，在建项目50多家，筹建项目20多家。引进的企业80%以上是上市公司或正在准备上市的公司，引进的项目基本进入细分行业前三名。华阳集团、雷曼光电、长方照明、艾比森光电、硕贝德科技、拓邦股份、景阳科技、泓淋科技、卡撒天娇、胜诺达手机、伊利乳业、雪榕生物、怡丰智能车库、可立克科技等一批行业龙头企业聚集园区，初步形成了以LED光电、移动通讯、高清视频等产业为主的战略性新兴产业集群。同时引进了商住地产、医院、科技金融大厦、学校、社会停车场、公交汽车、燃气、加油站、主题公园等配套项目，初步奠定了高新技术产业与科技金融、现代物流、商住地产和学校教育等现代服务业衔接配套、互融发展、优化合理的产业布局。

硕贝德科技新工业园落成启用

2012年，园区实现工业总产值106亿元，税收2.3亿元；预计2013年有望实现工业总产值约160亿元，税收约3亿元。园区经济呈现出发展速度快、发展质量高、发展势头猛的特点，已成为仲恺高新区新的经济增长点和重要的税源地，以及拉动惠州市区东部发展的重要引擎。

华阳工业园

广东中山火炬新技术开发区

中山火炬开发区是由科技部、广东省政府和中山市政府于1990年共同创办，并于1991年经国务院批准的第一批国家级高新区。20多年来，火炬开发区始终坚持与时俱进，开拓创新，在珠江之滨绘就了一幅沧海变桑田的壮丽画卷。在这片面积90平方公里、总人口23万的热土上，崛起了国家健康科技产业基地、中国包装印刷生产基地、中国电子（中山）基地、国家高新技术产品出口加工基地、中国技术市场科技成果产业化（中山）示范基地、国家火炬计划中山（临海）装备制造产业基地、国家先进装备制造（中山）高新技术产业化基地等7个国家级基地，初步形成了以先进装备制造、高端新型电子信息、健康科技、新能源等四大战略性新兴产业为主体的先进制造业体系。近年来，火炬开发区经济保持平稳较快发展势头。2012年实现生产总值349.3亿元，工业总产值1503亿元，国地两税61.6亿元，公共财政预算收入24.5亿元，固定资产投资122.8亿元，出口总值76.3亿美元。主要经济指标均位居中山市24个镇区之首。

在打造工业强区的同时，火炬开发区紧紧围绕构建和谐高新区的总体目标，致力于发展各项社会事业，促进城乡协调共进，全面实现人与自然、人与社会的和谐统一。着力增强自主创新能力，继广州之后成为全省第二个国家创新型科技园区建设单位，2012年荣获“国家高新技术产业开发区建设20年先进集体”称号；建立了涵盖普通教育、高等职业教育、民办教育的完善教育体系，成为中山市首个省级教育强区；广泛开展全民健身活动，被评为“全国亿万农民健身活动先进乡镇”和“全国城市体育先进社区”；完善公共卫生体系、社区卫生服务体系及重大传染病防控体系，城乡居民住院基本医疗保险覆盖率100%，社区卫生服务站覆盖率100%，实现“小病在社区，大病进医院，康复回社区”；强化社会治安综合治理，被评为“全国社会治安综合治理先进单位”； 每年投入约2亿元推进社会主义新农村（社区）建设，成为全市城乡一体化示范点；城乡基础设施、配套功能建设及环境综合整治力度不断加大，创造了良好的人居环境。

国家中山火炬高技术产业开发区管理委员会

河源市高新技术开发区

河源市高新技术开发区（以下简称“河源高新区”）是2002年7月经省政府批准设立的省级高新技术开发区，2003年6月正式启动开发建设，总控制面积50平方公里，已开发面积15平方公里。在省委、省政府和省直部门的大力支持下，河源高新区已成为全省成长最快、产业聚集度最高、环境保护效果最好、辐射带动作用最突出、经济社会生态综合效益最显著的省级园区之一，是河源工业发展的主战场和经济增长的主引擎。自成立以来，河源高新区始终以打造“财源工程、示范工程、环保工程、阳光工程”为目标，按照“高起点规划、高标准建设、高效益经营”的思路，建成和完善了园区城市基础设施和一大批产业配套项目，引进工业项目170多个，投资总额超500亿元，形成了以手机为主的电子信息产业、精密模具制造、太阳能光伏三大主导产业和食品饮料、五金塑胶、服装制造三大特色产业。河源高新区的建设发展成效得到了省委、省政府的高度肯定，区内的深河产业园连续四年获得省产业转移目标责任考核优秀等级，并获第一批“广东省循环经济工业园”称号，是省产业转移园“十大重点园区”和省星级服务园区中的“五星级园区”。

汕头高新技术产业开发区管理委员会

汕头高新区孵化器

汕头高新区利侨高科技园

汕头高新区于1992年4月筹办，1993年7月经广东省政府批准为省级高新区，1996年5月汕头高新区管委会经省编委批准为副厅级单位，是市政府的派出机构，行使市一级管理权限。

汕头高新区是目前汕头经济发展重点区域之一，也是新一轮经济发展的增长极。规划分东、西、南3个片区，总面积约1300公顷。东片区位于汕头市区中心，占地约85公顷，已基本完成开发建设，建成厂房面积约78万平方米，初步形成以电子信息产业为主导的产业发展格局；东片区同时也是省环境保护试点园区和知识产权保护园区。西片区地处汕头大学的南侧，占地约215公顷，已完成控制性详规制订和50公顷的基础设施建设，目前已有荣升科技园和叠金工业区投入运作。南片区位于工业经济带，已列入汕头市总体规划，占地约1000公顷，目前尚在规划阶段。

汕头高新区在推动工业发展的同时，致力于完善投资软环境建设，创建科技创新服务平台和服务体系，目前在东片区已形成汕头市博士后、留学回国人员创业园，国家“863”软件专业孵化器广东基地粤东站和广东软件科学园粤东基地为主要载体的创新创业环境，为企业在产品研发、信息交流、技术培训、融资渠道等方面提供优质的服务资源。

佛山国家高新技术产业开发区

佛山国家高新技术产业开发区（以下简称“佛山国家高新区”）1992年经国务院批准建设，现已形成南海园、三水园、禅城园、顺德园、高明园等“一区五园”的发展格局。经过20年的发展，佛山国家高新区已形成了光电显示、汽车及零部件制造、新光源、生物医药、新能源、新材料、现代服务业、高端装备制造、家电等多个产业集群。园区聚集了一汽大众、奇美电子、海信科龙等一批世界知名企业。2012年佛山国家高新区“一区五园”实现规模以上工业总产值2450亿元，拥有年产值超亿元的企业260多家、上市企业13家、国家级高新技术企业182家、产学研平台22个、省级工程技术研发中心40个（科技部火炬中心统计口径），已经成为支撑佛山经济持续增长的核心力量。

2012年，佛山国家高新区核心园区移师南海，开启“二次创业”新征程，正式确立“中国智造金谷”的战略定位，确定以科技金融结合创新为重要支撑，以创新发展为主线，打造创新型产业集群，集聚创新创业高端人才和要素，全面提速“集群化、国际化、城市化”进程，争取利用3~5年的时间加快发展，将南海园建设成为南海跨越发展的排头兵、先进制造业的主基地、科技创新的先行园、国际合作的引领者和产·城·人融合的示范区。佛山国家高新区成为一个具有核心园区、独立财政、充分授权、环境优美、服务完善的全国一流的创新型园区，成为区域具有国际影响力的科技产业新城。

佛山国家高新技术产业开发区分布图

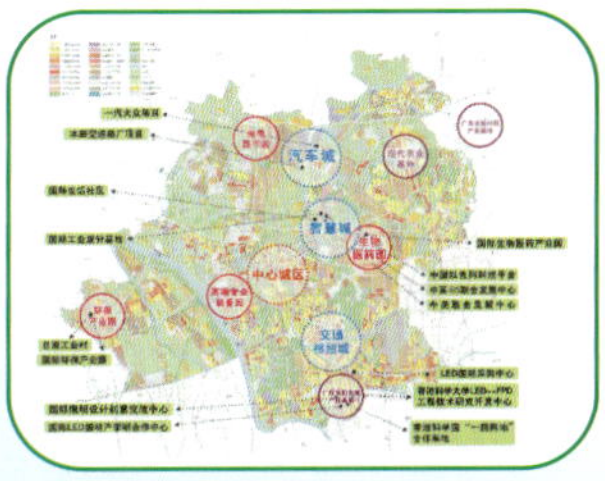

珠三角国际科技园示意图

2012年12月18日中共中央政治局委员、广东省委书记胡春华视察一汽大众佛山工厂

深圳清华大学研究院力合（佛山）科技园

广东新光源产业基地

地理位置
Geographical Postion

广东省阳江高新技术产业开发区

广东省阳江高新技术产业开发区（以下简称“阳江高新区”）是经广东省人民政府批准，于2003年1月正式成立的省级高新技术产业开发区，属阳江市政府派出机构，行使市一级管理权限。2008年8月，经阳江市委、市政府批准，实行区、镇、港合一管理模式，辖区内总人口约10万人，总面积约120平方公里。经过数年的发展，高新区的工业已初具规模，初步形成了食品药品、有色金属加工、新能源、新材料等重点产业。目前，已有美国嘉吉集团、青山钢铁集团、中海油集团、华润集团、粤电集团等国内外大型企业在高新区投资。

阳江高新区地理区位优势明显，园区紧靠珠三角，陆路距广州210公里，水路距香港125海里，已构筑完善的海陆交通网络，交通运输十分便捷。广湛高速、西部沿海高速和三茂铁路、阳阳铁路贯通阳江，云阳高速公路直达阳江港区。已动工兴建的港珠澳大桥将使阳江至香港路程缩短至231公里。2013年开工建设的广东西部沿海高速铁路，将使阳江到广州、深圳的车程缩短至1小时以内。位于园区西南侧的阳江港为国家一类对外开放口岸，濒临南海，地处广州港、湛江港两大主枢纽港之间，已建成6个万吨级以上码头，集装箱定期航班可达深圳、香港等地，另有5个10万吨级码头正在加紧建设，阳江港西岸可建20万~30万吨级的多功能深水泊位，非常适宜发展临港工业和现代物流业。

未来，阳江高新区将继续按照“全力打造阳江市经济发展的重要引擎、招商引资的主战场、新兴产业的聚集地、沿海临港工业基地、城市建设的新组团和体制创新的先行区”的发展思路，加快发展，做大总量，朝着把阳江高新区建设成为工业发达、环境优美、产业协调、宜居宜业、社会和谐的现代化工业新城的方向大步迈进。阳江高新区作为阳江市工业发展的亮点和重要载体，必将发展成为粤西乃至全省的一颗璀璨明珠。

湛江炼化一体化项目

湛江高新技术产业开发区

湛江钢铁基地500万吨球团项目厂区

省级湛江高新区依托国家级湛江经济技术开发区建设，由位于湛江市区中心的提升区和位于东海岛的拓展区两部分构成。提升区经过28年的建设，基础设施配套、交通、能源、通讯条件完善，形成了特种纸、新材料、生物医药、海洋高新技术、电子信息等高新技术产业体系，成为高新技术产业集聚度全市最高、自主创新能力全市最强、产业特色明显的园区。东海岛拓展区经6年的大开发、大建设，土地征用和平整已基本完成，道路、水、电和配套基础设施已基本建成，一批重大高新技术项目已落户建设。拓展区将重点发展先进装备制造、精细化工、生物医药、节能环保、新材料、新能源等相关产业。

随着年产钢1000万吨的湛江钢铁基地项目和年炼油1500万吨、生产乙烯100万吨中科炼化一体化项目在湛江高新区动工建设，湛江高新区迎来新一轮大发展。两大项目总投资1300多亿元，达产后年产值超过1500亿元。两大项目将拉动配套产业投资5000亿元以上，为高新区提供了广阔的发展空间。湛江高新区将充分利用钢铁、炼化两大项目落户同一园区的有利条件，不断延伸钢铁、石化产业链条，形成钢铁、石化、高新技术产业集群，大力发展钢铁与炼化一体化循环经济产业，全力打造国家级循环经济示范区。

湛江高新区坚持科技引领、集约发展、环境优良的产业导向，充分利用湛江得天独厚的深水良港与海洋资源优势，将国家战略与区域基础紧密结合，围绕重大项目布局，实践创新驱动发展模式。着力构建“以临港新材料、海洋生物与资源利用产业为双支柱，战略性新兴产业、现代服务业为双支撑”的产业集群发展构架，致力于打响具有全国影响力的“蓝色经济强区”品牌。

展望未来5年，湛江高新区工业产值将力争达到2000亿元，创税收200亿元；10年内工业产值将力争达到5000亿元，创税收350亿元，成为湛江高新技术产业发展基地、产学研合作基地和科技创新基地。

30万吨级油码头及油库

中科炼化一体化项目奠基典礼

肇庆国家高新技术产业开发区

肇庆国家高新技术产业开发区位于珠三角中心区西部、肇庆市最东端，面积98平方公里，距广州市区50公里，与佛山市一河之隔，属广佛半小时经济生活圈，到广州白云机场仅需40多分钟车程，到香港、澳门仅需2个多小时车程。321国道、二广高速公路、珠三角外环高速公路、广茂铁路、南广铁路、贵广铁路和广佛肇城际轨道交通等多条主干道在此交汇，水路运输通过北江和西江航道通达世界各地，形成了水、陆、空、铁立体式、多元化的黄金交通网络。

近年来，肇庆高新区在省委、省政府的重视支持和市委、市政府的正确领导下，经济社会超常规、跨越式发展。2012年与2002年相比，全区GDP增长了42.2倍，工业总产值增长了135.1倍，财政一般预算收入增长了51.6倍。招商引资成效尤其显著，2012年实际利用外资3.56亿美元，约占肇庆市总量的1/3，连续多年在全省开发区中位居前列。截至目前，全区已投产企业230多家，吸引了世界500强企业韩国现代集团、韩国SK集团、中国国电集团、美国财富500强企业美国LP集团、全球三大铝银浆生产企业之一的日本东洋铝业公司、亚洲最大的铝材生产企业亚洲铝业集团、亚洲最大的中医药企业中恒集团等国内外知名企业落户，初步形成了金属新材料、电子信息、生物医药、先进装备制造等四大主导产业。

下阶段，肇庆高新区将围绕“建设现代科技工业城、引领全市新型工业化”的核心任务，牢固树立“发展是第一要务、项目是第一抓手”的理念，把转型升级发展作为“二次创业”的主旋律，全力以赴谋招商，聚精会神抓工业，加速壮大经济规模，加快调整产业结构，不断增强辐射带动能力，以法治化、国际化的营商环境大力承接国内外高端产业转移，加快发展高新技术产业和战略性新兴产业，努力开创“二次创业”新辉煌。

达诚机械
Designer Machinery

广东达诚机械有限公司

——高精密智能挤出成型一体化成套装备项目

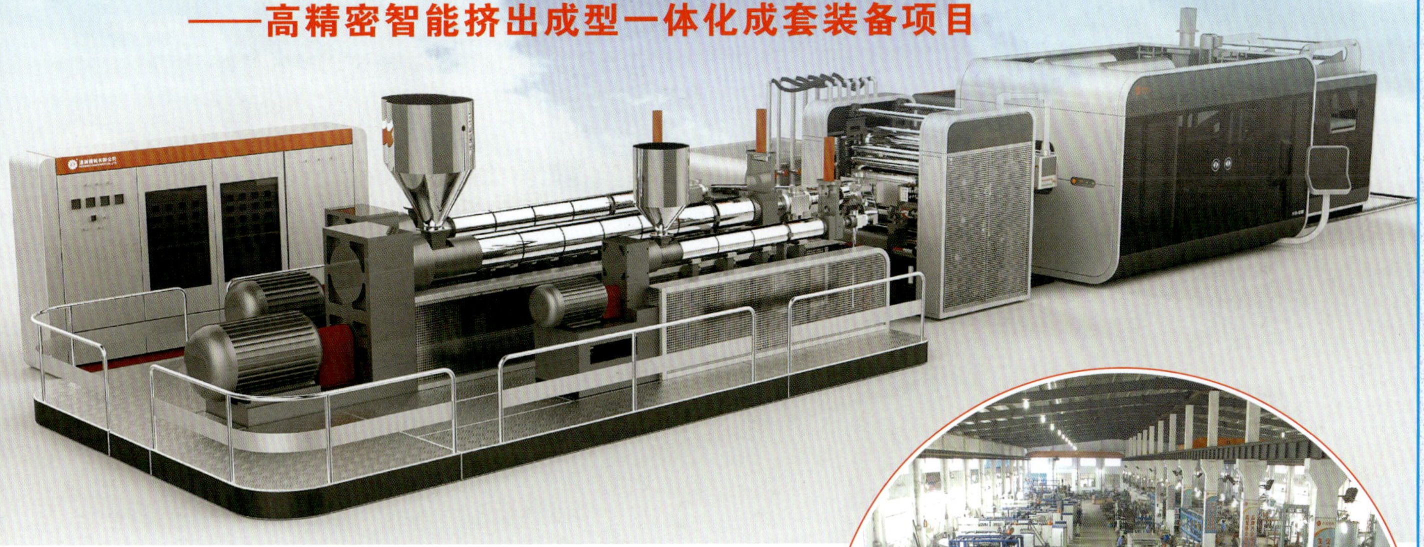

“高精密智能挤出成型一体化成套装备”项目采用基于复杂系统遗传算法优化方法，结合螺杆设计技术，完成小直径高速挤出螺杆设计，实现材料高效挤出的目标；采用一体化技术将挤出与成型装备有机整合在一起，并结合基于模糊控制的共轭凸轮连杆机构模台，合理分配生产线资源；从芯片级研发其专用的数控设备，并结合ZigBee技术实现其工业控制总线，实现装备整体控制的同步以及部件运行状况的收集和诊断。项目产品的应用范围涵盖了国民经济各个部门及人们生活领域中大部分塑料制品的成型加工工艺。设备节能30%左右，降低设备的维护成本35%左右，对改变塑料加工高能耗的现状，提高我国塑料成型加工技术及装备整体水平，推动塑料产业的可持续发展有着重要的意义。

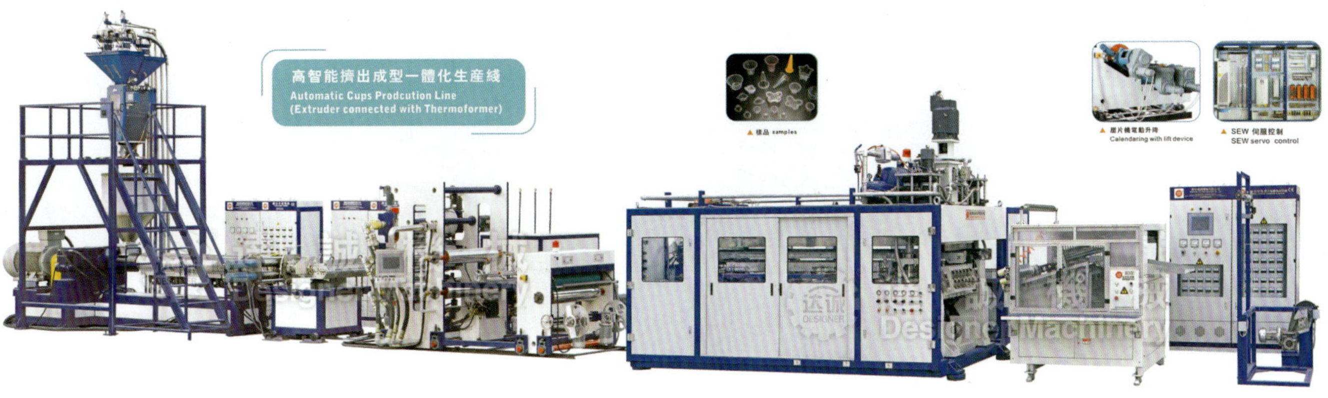

飞亚达(集团)股份有限公司

高精度多功能机械手表机芯制造及应用

飞亚达(集团)股份有限公司应用新材料、新工艺以及IT技术最新成果改造传统手表制造业，建立起以计算机辅助设计、制造、分析为主要特征的高精度多功能机械手表机芯的研制技术体系，可实现应对小批量、多品种市场需求的研发制造一体化机芯设计生产。

FIYTA Holdings Ltd. http://www.fiytagroup.com

金塘大桥

杭州湾大桥

崖门大桥

广东省长大公路工程有限公司

广东省长大公路工程有限公司成立于上世纪50年代，是广东省最早创建的一支公路施工专业队伍。公司现有总资产超过100亿元，年施工产值达100亿元，是具备国家公路工程施工总承包特级资质、公路行业设计甲级资质并拥有对外经营权的大型企业。公司主营业务从公路、桥梁、隧道施工，扩展到公路项目投资和运营管理、工程项目BT与BOT投资建设、设计施工总承包等建设模式、高速公路养护、旧桥加固维修等。

改革开放以来，公司参与承建了260多座特大型、大型桥梁精品工程和一大批高速公路的路基、路面、桥隧工程。此外，公司还投资建设了广东广惠高速公路、广西南宁永和大桥、南武城市大道、四川都江堰大桥、广东云浮至广西梧州高速公路和正在建设的广佛肇高速公路等项目。

公司坚持技术创新，尊重人才，积极开展“群众性技术创新”活动。在施工工艺、产品质量、科技进步等方面先后获得国家和省部级科技进步奖80多项，取得发明专利23项、国家级工法6项、省部级工法23项、获鲁班奖2项、国家优质工程金质奖1项、国家优质工程银质奖3项、中国土木工程詹天佑奖6项，是1997年唯一获得西班牙第九届国际建筑大奖的中国公司。2006年10月，公司被评为中国交通建设“十大桥梁英雄团队”；2011年，公司党委被中央组织部授予“全国先进基层党组织”称号。

广东云梧高速

中国人民银行韶关市中心支行
韶关市地方税务局
韶关市市民卡服务中心

韶关地税POS直接入库系统启动仪式

启动仪式现场部分领导合影

部分领导到韶关市武江地税现场体验

中国人民银行韶关市中心支行联合韶关市地方税务局、韶关市银行电子结算中心共同研发的“韶关地税POS实时入库系统”，具有自主知识产权，有效解决了缴税环节多、手续复杂、税款在途时间长等问题，确保了税款在线实时入库，提高了办税效率，降低了征缴成本，方便了纳税人，取得了显著的经济效益和社会效益。

该系统得到了中国人民银行广州分行、广东省地方税务局、中国银联股份有限公司广东分公司的大力支持。系统上线三年来，系统覆盖网点率达到100%，逐步取代现金缴税。该系统的研发与推广应用，不仅是金融创新支持经济发展、改善民生的创新成果，也是一项服务社会、造福大众的民心工程。该项目被评为“中国人民银行广州分行2012年十大亮点工作”，并获“2012年韶关市科学技术进步奖一等奖”。

社会发展领域科技进步

社会发展领域科技计划项目组织与实施

2012年，省科技厅联合各省直部门开展社会发展领域科技工作，促进全省民生科技工作长足发展。如和省卫生厅、省食品药品监管局继续深入推进创新医疗器械产品应用示范工程；和省发展改革委、省海洋渔业局完成《广东省发展海洋新兴产业及海洋科技实施方案》编制；联合省财政厅、省住房城乡建设厅成立广东建筑节能减排创新与应用工作领导小组，成立广东建筑节能减排创新与应用专家咨询委员会，牵头编写并发布《科技促进建筑节能减排实施方案》；联合省财政厅开展科技惠民计划工作等。

2012年，广东省社会发展领域共受理申报项目2 776个，根据专家评审结果，共立项资助828个项目，主要分布在人口与健康、资源与环境、防灾减灾、公共安全等领域。

中药现代化专项

2012年，中药现代化专项针对本省中药产业发展中面临的中药材生产可持续发展、中药新药产品开发滞后、中药健康产品开发等关键技术问题，围绕国家“十二五”规划战略目标，以市场为导向，企业为主体，以政府为引导，重点突破现代中药产业链的关键、核心技术，形成中药材生产大品种、中药饮片和健康产品。通过扶持、培育“大品种”“大企业”，带动产业优化升级，促进技术跨越发展，提升本省大中药产业的整体素质和竞争力，提高中药在国内外医药市场中的占有率及在国民经济中的贡献率。主要围绕以下3个专题进行资助：

1．岭南中药材规范化种植（养殖）关键技术研究。选择若干大宗南药或珍稀中药、本省名优中成药和健康产品相关的岭南中药材品种，开展优良品种选育研究、野生变家种与野生抚育支撑技术、种子种苗标准化及相关栽培技术的研究，建设相应GAP种植示范基地及优质种源繁育生产基地，应用现代生物技术、现代农业技术、生态保护技术等构建岭南道地药材生产可持续发展模式。

2．岭南特色中药饮片生产工艺和质量标准化关键技术研究。以岭南特色中药饮片和超微饮片为研究对象，重点开展饮片生产工艺和质量标准化关键技术研究；运用现代先进的科学技术，研究饮片加工过程中化学成分、药理及毒性的变化。

3．中药健康产品的产业化研究。支持若干以中药为基础的健康产品和功能保健品、日用品、化妆品、香熏产品、食品添加剂以及中药农药、兽药、饲料添加剂等大中药产品研究，并实现产业化。

2012年，省科技厅共受理中医药现代化专项91项，立项18项。在全省建设大健康产业集群的发展思路带领下，2011年由广州王老吉药业股份有限公司承担的“王老吉系列新产品——龟苓膏、润喉糖系列[润喉糖（经典加强型）、无糖润喉糖]的产业化研究”已经顺利启动，预计龟苓膏从2012年至2014年7月的总销售额达3.5亿元，润喉糖系列从2012年至2014年7月的总销售额达7 000万元。

（广东省科学技术厅社会发展与基础研究处 张 玮）

十百千万工程专项

广东省是国家创新医疗器械产品应用示范工

程（简称“十百千万工程”）试点省。2011年11月，科技部、卫生部在广州召开创新医疗器械产品应用示范工程（广东省）启动会。省科技厅组织成立了省医疗器械产业技术创新战略联盟，联合省卫生厅、食品药品监管局等部门积极探索政府引导、市场运作的新模式，并在粤东、粤西、珠三角部分县（区）开展基层医院“全覆盖”低成本远程医疗服务试点工作。

2012年，广东省创新医疗器械产品应用示范工程在科技部和省委、省政府的大力支持下取得初步进展，在全省16个医疗机构示范推广100台套价值近亿元的创新医疗器械产品，覆盖人群达1 000万人，直接受益群众10万人次，创新医疗器械产品应用示范工程的实施有力提升了本省示范医疗机构的医学服务水平，进一步缓解了基层群众“看病难，看病贵”问题。

2012年，十百千万工程专项配合本省实施的创新医疗器械产品应用示范工程，扶持本省积极参加创新医疗器械产品应用示范工程的医疗器械企业、医疗机构、科研院所和高校，开展创新医疗机械关键技术研发、技术提升和应用评价等研究。重点支持开展医学影像设备关键核心技术、生理参数的新型检测技术、血液透析关键技术、高端全自动生化检测分析仪及配套试剂、五分类血细胞分析仪、全自动血库系统、临床即时检验分析仪器及配套试剂等的研发。

【高速高性能全自动生化分析仪研制】　该项目由深圳迈瑞生物医疗电子股份有限公司承担完成。项目对高速微量精密加样系统等关键技术点进行研究，在此基础上进一步完成系统研究整机配置与系统设计、产品可靠性设计、工程化转换及产业化等相关问题，形成全面的产品集成方法和有效评价方法，完成全自动生化仪整机的研制，获得完整自主知识产权，取得注册证。研制出的仪器在单机测试速度、最小反应体积、最小样本量等核心技术指标上，达到国际领先水平。

【基层医院数字X线机及区域数字化网络建设关键技术研发及产业化】　该项目由珠海保税区和佳医学影像设备有限公司承担完成。项目通过开发具有自主知识产权的数字X线摄影系统的高频高压发生器、数字化放射图像采集工作站软件、医疗影像归档与传输系统以及应用美国iDR数字探测器技术，推出适应中国基层医院的数字X线机及区域数字化网络建设方案，并实现产业化生产及销售。

（广东省科学技术厅社会发展与基础研究处　周　彧）

海洋资源开发与利用专项

2012年，为配合省委、省政府做好广东海洋经济综合试验区建设，省科技厅新设立“海洋资源开发与利用专项”。专项围绕《广东海洋经济综合试验区发展规划》的发展战略目标，大力推进海洋科技自主创新，为培育壮大海洋新兴产业提供技术引领和支撑，推动海洋经济综合开发，提高海洋经济发展的核心竞争力。重点支持开展海洋生物资源开发与利用、海水综合利用技术、海洋工程装备制造技术研发。

【海洋微生物新型酶的研究与开发】　该项目由汕头大学承担完成。项目利用已建立的筛选系统，从海洋不同生境样品、已有海洋微生物资源库中筛选产生工农医用酶的菌株；重点挖掘具特殊活性、结构新颖的新型酶基因资源，开展基因克隆、定向进化、高效重组表达研究；选择具特殊功能、活性强的新型重组酶进行中试制备，进行发酵工艺、纯化工艺优化及酶应用性评价。项目完成后，将新增海洋产酶微生物50株，了解典型产酶菌的主要特性；分离鉴定1～2个微生物新物种；克隆到海洋微生物酶完整编码基因序列15条；实现1～2种新型酶的高效重组表达，优化出新型酶的规模化发酵、制备工艺。

【海洋细菌抗生素高亲和力受体蛋白鉴定及其在食品抗生素残留高灵敏快速检测产品中的应用】

该项目由中山大学生命科学学院承担完成。项目采用自行创建的蛋白质组学与抗生素同步分析方法，发现和鉴定海洋细菌各类抗生素高亲和性受体蛋白，克隆、序列分析、表达对应各类抗生素受体蛋白，研制检测一类抗生素残留的胶体金试纸条，建立可同时检测一类抗生素中多种分子或全部分子的快速检测新技术。项目完成后，可替代进口检测试剂盒，为动物源性食品的监督检验提供重要的技术手段。项目投产后，将实现年直接销售额1 000万元，年利税200万元。

（广东省科学技术厅社会发展与基础研究处 周 彧）

社会发展各领域科技发展

2012年，广东省各有关部门以科学发展观为指导，紧紧围绕“加快转型升级、建设幸福广东”的核心任务，加快发展人口健康、环境保护、气象预报、地震预测等各项事业，科技创新在社会发展各领域发挥着越来越重要的作用，在全省发展大局中的“执行导演”和“主角”地位得以进一步体现。

人口与健康

截至2012年年底，全省拥有医疗卫生机构（不含村卫生室，下同）1.75万个，每千常住人口拥有卫生机构0.16个；床位总数达35.5万张，每千常住人口拥有床位数3.35张；卫生技术人员总数达51.0万人，其中执业（助理）医师19.2万人、注册护士19.73万人，每千常住人口拥有卫生技术人员4.81人，其中执业（助理）医师1.81人、注册护士1.86人。居民期望寿命达到76.1岁（全国74.8岁），比2000年提高1.56岁。全省婴儿死亡率为3.63‰（全国10.3‰），孕产妇死亡率为12.36/10万（全国24.5/10万）。居民健康指标居全国前列。卫生资源总量适度增长，结构更加合理。城乡基本医疗卫生服务均等化水平显著提升，2012年，卫生院总诊疗人次达7 100.4万人次，社区卫生服务机构9 638.3万人次，分别占全省医疗机构总诊疗人次的9.9%和13.4%。医药费用增长得到有效控制，全省医院住院次均费用增幅减小。政府在提供基本医疗卫生服务中的作用日益增强。

【卫生信息化建设】 广东省政府成立了卫生信息化建设领导小组。各地积极筹措资金，推进区域卫生信息化平台、公共卫生和医院管理信息系统建设。佛山市作为国家试点城市，积极推广使用居民健康卡。加强了顶层设计，积极争取中央项目支持，筹集4.43亿元启动建设基层医疗卫生机构管理信息系统，加快省级平台建设步伐。

【基层医疗卫生】 2012年，新农合筹资水平人均270元以上，政策范围内报销比例提高到70%左右，报销最高封顶线15万元以上，保障水平显著提高，并与城镇居民医保实现合并运行。

医疗卫生服务体系显著加强。2008年以来，结合扩大内需、深化医改，中央和广东省先后投入162.4亿元（其中中央投入19.6亿元、广东省及各地配套142.8亿元），改造建设项目2 906个，改造建设面积533.1万平方米，其中84家县级医院和966家乡镇卫生院完成新一轮改造建设。“优化城乡基本医疗卫生服务”连续两年纳入省政府10件民生实事，并在群众满意度调查中排名第1。来自经济欠发达地区基层医疗机构的425名学员完成第1期全科医师转岗培训，其中419名学员考试合格，取得《广东省全科医生转岗培训合格证书》，6月5日启动第2期全科医师转岗培训。全省6 407名在职在岗乡村医生于7月顺利通过毕业考试，取得国家承认的中等医学专业学历，使全省乡村医生取得中专以上医学学历的比例从2007年的43.5%提高到2012年的80%左右。采取集中理论授课与远程视频教学相结合的方式对乡镇卫生院公共卫生人员、临床业务人员、乡村医生进行岗位培训，共培训31 465人。

【疾病防控】 2012年，结核病、重性精神疾病防治保持全国领先，以县为单位的现代结核病控制策略覆盖率保持在100%。全省适龄儿童卡介苗、脊灰、麻疹、乙肝等7种免疫规划疫苗接种率均达到95%以上，实施扩大国家免疫规划，过去10年全省14岁以下儿童乙肝表面抗原携带率从19.9%下降至1.9%，连续19年维持无脊灰状态。建立了疫苗接种异常反应补偿机制。慢性病、地方病、寄生虫病防治成果得到巩固，口腔卫生工作得到加强。

【卫生科技创新体系】 2012年，《广东省"十二五"卫生科技发展规划》顺利实施，立项建设20个医学重点实验室和30个医学重点学科。"十一五"期间立项的12个重大传染病防治科技重大专项项目顺利通过卫生部重大专项办的现场验收，"深圳市宝安区、广州市番禺区结核病防治示范区"等5个项目被列入2012年传染病防治科技重大专项，获国家专项经费1.65亿元。新增5个省重点实验室和1个疫苗安全重点科研基地，基本建成涵盖临床医学和公共卫生大部分三级学科的实验室体系。

受理省医学科研基金课题申报1 248项，立项资助管理335项，立项非资助管理325项，资助总额300万元。卫生系统共获各级立项科研课题8 639项，投入科研经费19.5亿元，其中获国家科技支撑计划、"863计划"、"973计划"和国家自然科学基金等重大科研项目924项，获资助经费6.74亿元。

【科技成果奖励】 全省卫生系统获得2012年度广东省科学技术奖54项，占奖励总数的19.3%，其中一等奖10项，占一等奖总数的34.5%，二等奖17项，三等奖27项。

项目名称：克服ABC转运泵介导的肿瘤多药抗药性的研究

主要完成单位：中山大学肿瘤防治中心

获奖情况：2012年度广东省科学技术奖一等奖

该项目针对肿瘤化疗失败的主要原因——多药抗药性（以下简称"MDR"）进行了一系列的研究，首次报道了多种酪氨酸激酶抑制剂（TKIs）能逆转ABC转运泵介导的MDR，发现了具有自主知识产权的FG020326（咪唑类衍合物）以及非抗癌药物如Sildenafil（西地那非）、粉防已碱等第3代MDR逆转剂，发现沉默mdr1基因能体内外增强MDR细胞对抗癌药物的敏感性。该项研究为逆转MDR提供了新思路、新策略，指导着TKIs与传统药物联合应用，为临床安全用药提供依据，为MDR肿瘤病人带来曙光，具有重大的社会效益。

项目名称：慢性阻塞性肺疾病发病与人群防治研究

主要完成单位：广州医学院第一附属医院

获奖情况：2012年度广东省科学技术奖一等奖

该项目对我国慢性阻塞性肺疾病的流行病学、致病因素、发病机制和综合防治等进行了系统研究，首次准确阐述了我国慢性阻塞性肺疾病的患病率及其危险因素，直接证明生物燃料在慢性阻塞性肺疾病发病中的作用，建立了适合第三世界国家的社区与基层慢性阻塞性肺疾病初筛和综合防治的模式，为政府制定防治慢性阻塞性肺疾病的政策和制定行业的防治规范提供依据。研究成果不仅能减少患者急性发作次数，还能明显减轻患者的疾病负担。

【适宜卫生技术推广】 根据"安全、有效、经济、成熟及适合基层使用"的原则，广东省安排60万元专项经费重点推广30项适宜卫生技术，并加强对推广工作的监督检查和推广效果的评价等工作。组织开展全省农村基层医疗卫生机构适宜技术使用现状和需求情况调研工作，了解本省农村基层医疗卫生机构门诊和住院诊疗常见病、多发病所使用的卫生技术以及人员、设备和药品等配置和利用情况，以及基层医疗卫生机构医务人员的卫生技术需求情况，为下一步更好地遴选出安全性、有效性、经济性和基层适用性较好的农村基层卫生适宜技术，提高适宜卫生技术推广管理的科学化水平，提供了科学依据。

（广东省卫生厅　涂正杰）

金　融

2012年，广东省金融领域科技发展迅速，金融的现代科技化水平不断提高，在信息系统、信息化基础设施建设、信息科技风险管控与安全运维等方面均取得长足进展。

【金融系统信息化环境安全保障】 2012年，在省金融办和中央驻粤金融监管机构的指导和支持下，广东各金融机构采取多种措施，有效保证了信息化环境安全稳定，金融系统实现总体安全稳健运行。

人民银行广州分行 2012年，该行圆满完成“两会”及“十八大”期间广东省金融业信息安全保障任务，有效发挥广东省银行业信息安全联席会议、风险预警、应急协调等机制的作用，强化全省银行业信息安全协作能力，组织全省银行业金融机构进一步落实等级保护工作要求，组织广东省内各地方性银行业金融机构开展网络与信息安全自查工作，深入分析安全风险，全面提高防护能力。

广东银监局 2012年4月，该行颁布《广东银行业金融机构信息科技风险管理指导意见》，并对辖内10家银行机构开展落实情况的现场检查；9月，召开广东银行业“十八大”信息科技安全保障工作会议，确保了“十八大”期间银行系统安全稳健运行；发布《信息科技运行维护管理相关外包风险提示的通知》，从法律层面上有效规范了外包商的服务水平；召开克隆卡专题会议，颁发《关于加强银行卡客户身份认证防范“克隆卡”风险的通知》。

广东证监局 2012年，该行实施网上交易强身份认证工作，有效提升了证券公司网上交易的安全性，进一步保障了网上证券信息系统的安全、可靠和高效运行。

广东保监局 2012年，该行大力开展系统数据和行业平台建设集中化，引导保险机构注重加强移动互联网技术的应用，推动保险业务的远程化和移动化，促进保险信息化建设逐步向无纸化、集中化、移动化、智能化方向发展。

【信息系统建设】

人民银行广州分行 2012年，该行省级数据中心应用不断扩大和完善。参与自建系统统一存储备份体系建设、国库数据再利用等多项总行试点工程；大力推进广东省金融互动系统、能耗统计分析系统、文献共享系统等业务平台建设，提高信息交流和共享水平；完成金融统计分析数据库、执法审批系统等项目建设；协调推进金融稳定信息平台、新版省集中数据上报与统计分析平台、省集中农户征信管理系统等工程，进一步丰富数字化应用。

工商银行广东省分行 2012年，该行信息化工作主动贴近业务，开发了小企业风险监测管理系统、表外业务管理系统、资产管理业务验证系统、信贷业务监测监督等系统；加快电子银行产品研发及推广，先后完成银企电子数据传送系统、银行卡综合管理与分析系统等的功能优化和新应用研发；加强对各类区域业务、特色业务的全面支持，推进广东省金融社保卡项目，研发市民卡、银医一卡通应用，提高服务民生能力；推进自助发卡业务，实现网点发卡渠道的创新；以“信息创造价值”为理念，积极开展EDW（企业级数据仓库）推广，全年在经营分析、营销管理、决策支持、客户关系、风险管理等方面为个人存款、贷款、贵金属、结售汇、卡业务等业务领域提供近120项数据服务。

农业银行广东省分行 2012年，该行完成BoEing系统（一期）推广工程，BoEing系统是农业银行支撑和驱动未来10多年发展的基础技术平台，作为新一代核心系统，在操作界面、业务流程、柜员操作等环节都有较大的提升；开发了“赢在大堂”营销支持系统，有效支持大堂各岗位人员营销工作，减少客户等待时间，减轻柜员工作压力；研发了对公客户自助易系统，将15个交易流程进行整合，优化网点对公业务办理流程，推进网点对公业务转型；以运营流程优化为目标，开发了自助设备集中加配钞管理系统、账户核对系统、运营集中管理系统，实现了对网点设备的精细化管理。

交通银行广东省分行 2012年，该行完成了网点智能叫号机项目、远程智能柜员机项目、远程密钥打印系统、工商验资通系统、网点客户身份识别系统、审计数据分析平台、新版绩效管理考核系统等的上线推广工作；加强与政府、企事业单位的合作，自主开发了地方财政系统（含公务卡系统）、非税代缴、电费直联代扣、广东工商验资通、广东烟草代扣、移动电信代扣、住房公积金、国土投标系统、自助医院等一批特色业务系统。

广发银行　2012年，该行共实施科技项目143个，累计完成11个版本共2 090项需求的研发和投产，在支持客户营销服务、电子银行建设、业务运营管理、完善财务管理、风险防范、管理信息化、分行特色应用研发、开展应用架构优化、推进基础应用平台建设等方面取得较好成果。

华夏银行广州分行　2012年，该行开通了金融服务网讯平台，增设了基层服务动态、建言献策、业务探讨、金融随笔等功能，由点及面全方位覆盖了全行金融服务动态，进一步提升办公平台的运转效率。

平安银行　大力推进两行（原深圳发展银行和原平安银行）系统整合，整合项目涉及两行原有系统共133个，主要包括广东金融平台、大小额支付系统、代理签约、运营集中平台、指纹系统、验印系统、全国支票影像系统、商票系统、自助设备改造、国际业务系统、个人网银等。在系统整合的同时，新增开发预售房资金监管系统、经济适用房登记系统，对银法通系统进行优化，最大限度地满足本地特色业务发展需要。

兴业银行广州分行　2012年，该行顺利完成新版ATM系统、新版金卡系统、会计资料影像系统、文书档案系统、票据影像系统、零售信贷影像档案管理系统、IC卡系统等的推广和升级工作；采用“存储+虚拟化”的解决方案，全面完成6个二级分（支）行的系统集中迁移工作，各地使用办公系统不再受技术架构限制，完全满足二级机构公文流转的个性化需求。

招商银行　2012年，该行重点加强电子交易渠道的建设和产品推广工作，提供网上银行产品市场营销技术支持72项；加强数据营销模型的开发建设，辅助业务部门开展更为精准高效的营销，全年完成数据统计需求457项，开发了统计报表56个，有效提高数据分析效率。

广东证监局　2012年，广东证监局按照证监会要求，自主开发了行政许可网上审批和备案管理系统（于2013年1月1日正式投入使用），将极大地提高行政审批效率，实现“阳光审批”。

保险机构　2012年，各保险机构不断加强移动互联网技术应用。在查勘定损方面，通过客户自助查勘、微信上传照片等技术应用，实现客户自助实时查勘，通过3G移动视频平台，实现远程的精准定损，广东省保险行业协会开发了android手机版的远程定损app；在客户服务方面，各保险机构不断丰富机构网站功能，实现个人保单管理、资料修改、理赔查询、平安推出“一帐通”功能。

【信息化基础设施建设】

人民银行广州分行　2012年，该行重点实施电视会议系统延伸至县支行工程，工程涉及人民银行全省19家地市中心支行71家县支行，工程的实施显著提升了县支行信息化基础设施水平及政策传导效率，进一步提高了县支行履职能力。

建设银行广东省分行　2012年，该行建立小型机、x86、存储资源三大虚拟化资源平台，打造“粤龙云”基础设施管控平台，实现基础资源统一管控、自动分配，提高设备使用效率；完成双活机房网络改造，实现通讯线路快速切换，极大提高机房运行可靠性；完善综合网络接入平台，丰富接入方式，提高接入灵活性，大大缩短网点建设时间。

农业银行广东省分行　2012年，该行完成数据中心机房环境监控系统扩容，监控范围扩展至UPS主机、蓄电池、精密空调、漏水、温湿度、UPS输入输出开关、发电机等，实现了“集中监控、精确定位故障、高效管理”的机房管理模式，确保数据中心机房高效、稳定运行。实施开放平台集中监控系统优化项目（OCMS），将157台主机加入OCMS的监控范围，包括小型机、PC服务器物理机和虚拟机，实现对主机操作系统、数据库、应用系统等多层次的集中监控。

广发银行　2012年，该行深入推进两地三中心建设，全面开展生产信息中心基础设施建设工作，启动异地灾备中心前期准备工作；全面实施基础设施资源池管理，数据中心小型机服务器、存储资源整合率达到100%，有效保障高峰时期的业务处理能力。

光大银行广州分行　2012年，该行为提高中心机房的安全性和连续运行能力、保障网络系统安全，实施了骨干链路上下行分离项目，对二级分行的主干线路进行升级，对所有网点的通讯专线也进行了光纤化，实现了双运营商、双线路、双网络设备的通讯模式，极大提高了网络风险抵御能力。

广州农村商业银行　2012年，该行为进一步提升网络系统的可靠性和可用性，完成了60多个网点的备份线路建设，对部分核心网点通信线路进行了提速，对网络设备进行了双机冗余改造；完成了生产系统主备机及服务器的虚拟化建设，为业务创新和服务连续性提供了有力支撑。

证券、基金和期货公司　2012年，各证券、基金和期货公司通过机房建设、重要信息系统升级等方式不断加大信息系统基础建设投入，提升信息系统安全保障能力，其中，广州证券完成了新机房建设，华泰长城期货完成了核心机房的三期建设，广发基金完成了上海证券交易所跨市场ETF基金系统升级，为新基金的发行和运作提供了技术保障。

保险机构　2012年，由中国保监会的统一规划和建设，整合保单登记中心、保险数据中心、保险信息中心等功能的保险业信息共享平台建设工作正式启动。

【支付清算】　广州银行电子结算中心紧抓“运行服务”和“建设发展”两条工作主线，切实保障支付系统安全稳定运行。2012年，广州CCPC大、小额支付系统已连接全省62个金融机构，新增直接参与者5个、总数达104个，新增间接参与者245个、总数达6 523个；支票影像交换系统直接参与者总数达106个；电子商业汇票系统新增4个直接参与者、总数达26个，新增间接参与者134个、总数达4 765个。大额支付系统日均业务量37.98万笔，日均金额5 885.39亿元，分别比2011年增长19.83%和38.97%；小额支付系统日均业务量48.09万笔，日均金额77.41亿元，分别比2011年增长26.47%和27.22%；支票影像交换系统日均业务量1.56万笔，日均金额6.76亿元，分别比2011年增长7.27%和7.49%；电子商业汇票系统日均业务量150笔、日均金额3.57亿元，分别比2011年增长13.63%和14.94%；网上支付跨行清算系统日均业务量3.86万笔，日均金额4.03亿元，分别比2011年增长202.15%和190.96%。

【金融IC卡应用与推广】　2012年，广东省金融IC卡推广工作以ATM受理功能改造以及增量发卡占比提高为重点，以公共服务领域应用互联互惠为突破，加强全方位、大规模宣传。人民银行广州分行印发了《广东省金融IC卡应用宣传工作方案》，推动金融IC卡应用工作纵深发展。截至2012年年底，广东共有20家金融机构成功发行PBOC2.0标准IC卡，累计发卡量超过1 555万张，同比大幅增长565%；全部45.4万台直联对公POS和7.5万台间联POS已100%可受理金融IC卡，4.3万台ATM完成接触式受理金融IC卡改造，存量改造完成率超过99%。

在金融社保IC卡应用推广方面，人民银行广州分行与省人力资源和社会保障厅建立工作协调机制，联合制订了《广东省加载金融功能社会保障卡银行代管职工基本医疗保险个人账户交易处理技术方案》，为各地全面发行和推广具有金融功能的社会保障卡，以及加快推动医保异地实时结算、整合社保“五险”应用等工作提供了全省统一的技术标准和业务规范。截至2012年年底，人民银行广州分行共对广东省16个地区90家商业银行发行金融社保IC卡进行了审核批复。

此外，人民银行广州分行联合中国银联广东分公司、广东省金融科技学会，组织广东省内30家银行卡发卡和受理机构开展了“2012年度广东省银行卡跨行交易质量月”活动，切实提升了银行卡跨行交易质量，进一步完善金融IC卡受理环境。

（广东省人民政府金融工作办公室　张　涛）

公　安

2012年，全省公安科技信息化部门认真贯彻落实省公安厅党委关于“抓一化促八率”的总体部署，深入推进公安科技信息化建设和应用，加强运行服务管理、通信保障、科技和技防管理工作，取得了显著的工作成效。

【科研管理】

“十二五”科技强警工作规划　2012年7月，省公安厅下发实施《全省公安机关“十二五”科技强警工作规划》，提出本省公安“十二五”期间科技强警指导思想和总体目标，在推进公安信息化基础设施、应急通信保障体系、“五个一网”工程建设、科技创新和成果推广等方面，规划了12项主要任务和7项保障措施，大力对各地进行宏观指导。

2012年广东省公安机关科技活动周　5月19—25日，省公安厅在全省公安机关同步组织开展了“2012年广东省公安机关科技活动周”活动。此次活动紧扣“携手建设创新型公安机关”主题，结合全省“三打两建”“三访三评”“抓一化促八率”公安中心工作，通过多样化的科普知识宣传、全方位的科技成果展示、零距离的警营互动活动，集中展示了公安机关“科技强警”取得的成果，充分体现了公安机关科技成果惠及民生，科技应用推进社会管理创新的重要作用。活动期间，共发放各类宣传资料2万余份，建立公安科普宣传网站20余个，举办各类科技讲座、交流、培训、比武、练兵、竞赛150余场次，制作公安科普板报200余块，取得了良好的效果。

第6届中国国际警用装备博览会　5月22—25日，省公安机关以“科技创新，平安南粤”为主题，在第6届中国国际警用装备博览会（以下简称“警博会”）设立展区，展出近年来本省公安机关自主研发、拥有自主知识产权的警用装备以及开展科技信息化建设的成果共12个项目。公安部科信局和装财局领导一致认为，本省展出的装备和成果科技含量高且涵盖面广。展会期间，本省展区共接待观众近万名。

5月23日晚，在警博会领导专场中，国务委员、公安部长孟建柱视察警博会，并参观了本省展区。作为第1个向公安部汇报的地方公安机关展区，省公安厅以现场讲解、多媒体演示等形式汇报了本省公安科技创新工作，获得充分肯定。

【科技成果及奖励】　2012年度，全省公安系统有3个项目获公安部科学技术奖，其中一等奖2项、三等奖1项，创一个省份同时获2个公安部科学技术奖一等奖之先河。此外，省公安系统还有8个项目获第3届全国公安基层技术革新奖，其中一等奖1项、三等奖3项、优秀奖4项；有2个项目获广东省科学技术奖三等奖。

【信息化建设和应用】　2012年12月3日和22日，省公安厅开展了新任市、县公安机关主要领导创新警务暨“抓一化促八率”训练考核，对全省137名新任市、县公安局局长和政委进行了考核，有效促进了各级公安机关主要领导带头学习应用信息化。

人像平台建设应用　2012年10月，省公安厅搭建了人像应用共享服务平台，制订了《人像识别信息交换规范》，建成目前全球最大建库规模、覆盖全省实有人口、出入境人员、违法犯罪人员三大库的人像资源库（含人口相片比对平台），总建库容量达2.5亿（人）。截至12月，全省各级公安机关利用人像比对技术进行查询比对18 278人次，比中信息10 375条，比中率达56%以上。珠海、河源等地及省监狱局还利用该手段抓获了一批全国在逃人员。

警务信息资源整合共享　2012年，省公安厅综合资源库已整合15大类84小类公安内部基础数据，共37亿多条；整合26个省级政府部门约1.3亿条政务信息资源；获取民航数据3.5亿多条，日更新量达40万条；与广铁公安搭建数据共享通道，累计获取广铁实名售票数据1.9亿多条，日更新量达50万条。

8月20日，广东、广西两省区公安机关在广西贺州市举行桂粤警务信息资源共享合作协议签订暨启动仪式，围绕警务综合信息系统、人像应用平台、SIS超级情报系统、视频综合应用平台、VCS视频图像采集摘要比对器、治安卡口缉查布控系统六大信息系统建设应用，大力开展桂粤警务信息资源共享合作，截至2012年年底，已初步实现两省区警务信息系统的数据互换和一站式查询，两省区警综系统实现数据交换共享达750多万条，视综平台试点应用为广西提供了4.5万多条视频数据共享。

“金盾工程”二期建设　2012年，省公安厅启动金盾工程二期项目建设，完成《金盾工程（二期）概要设计》编制，并通过“省政法网办”组织的专家评审。截至2012年年底，省公安厅金盾工程（二期）确定建设项目48个，其中基础设施建设项目17个、“三大平台”建设项目3个、应用系统建设项目28个。

社会治安视频监控系统建设　2012年，为进一步提高本省视频监控系统建设覆盖率、推进资源整合、深化管理应用、健全保障机制，省公安机关积极组织工作专班，在广泛调研、科学论证的基础上，全力推进第2期三年规划的起草，并征求各地市、各行业、省直相关部门意见，于5月23日以省综治委、省委政法委名义正式印发《广东省社会治安视频监控系统建设三年规划（2012—2014年）》。

6月13日，省综治委、省委政法委在广州召开全省深化社会治安视频监控系统建设应用工作会议。省委副书记、省委政法委书记、省社工委主任、省综治委主任朱明国，省政府党组副书记、省公安厅厅长梁伟发，公安部科技信息化局总工程师朱抚刚等领导出席会议。21个地级以上市及顺德区的政法委书记、分管财政的副市长、综治办主任、公安局局长、视频办主任，30个省直单位的负责人等约200人参加了会议。会议总结和回顾了2007年以来本省社会治安视频监控系统建设应用情况，并根据《广东省社会治安视频监控系统建设三年规划（2012—2014年）》，部署和安排了下一步工作。据统计，截至2012年年底，全省共建成视频监控镜头144万个，其中公安机关可直接调控的镜头达13万个。全省公安机关利用视频监控系统破获各类案件3.6万余起，抓获违法犯罪嫌疑人3.6万余名。

【科技基础条件建设】 2012年12月20日，视频图像智能分析与应用技术公安部重点实验室揭牌暨启动仪式在广州举行。该实验室是经公安部批准，由省公安厅、中山大学联合建立的公安部重点实验室。省政府党组副书记、省公安厅厅长梁伟发，公安部科技信息化局局长厉剑，中山大学校长、中国科学院院士许宁生，公安部科技信息化局副局长谭晓准为实验室揭牌。梁伟发、厉剑分别为重点实验室主任和学术委员会主任颁发了聘书。省公安厅、中山大学两家联建单位共同启动了实验室。截至2012年年底，该实验室已取得单项技术成果与应用8项、平台性技术成果与应用9项、技术支持服务13项。该实验室将面向公安实战，服务公共安全，将先进的视频图像智能分析与应用技术与公安业务紧密结合，科学规划、重点研发，提升公安机关打击犯罪、维护治安的能力和水平，为实施科技强警提供技术支撑。

【技防管理】 2012年，省公安厅取消了1项技防行政审批业务，即“省安全技术防范系统设计、施工、维修单位资格证总量审批”；下放实施2项涉及技防行政审批业务，即“三级、未定级安全技术防范系统设计、施工、维修单位资格证核发”和“200万～500万元安全技术防范工程设计方案的审批及其工程竣工验收”。

（广东省公安厅　李先全）

海　洋

广东作为全国海洋经济发展最活跃、最具增长潜力的地区之一，2012年，全省海洋经济继续保持高速发展、高位运行的良好态势。随着广东海洋经济综合试验区建设的全面铺开，全省掀起了新一轮海洋开发高潮。2012年，全省海洋经济保持高于同期国民经济的增长水平，全省海洋生产总值首次突破万亿元大关，达1.1万亿元，同比增长12.3%，高出全省生产总值增幅3.8个百分点，占全省生产总值的19.3%，约占全国海洋生产总值的22%，连续18年稳居全国首位。

【科技成果奖励】 2012年度，广东省海洋科技发展取得成效，获得广东省科学技术奖一等奖1项、二等奖1项、三等奖1项。

南海及邻近海域藻华形成演变过程机制与遥感监测方法

主要完成单位：中国科学院南海海洋研究所

获奖情况：2012年度广东省科学技术奖一等奖

该项目紧抓卫星遥感这一革命性手段，充分利用多尺度多时空数据，围绕“藻华生消规律—动力学机制—生态环境效应—遥感监测与评估方法”的主线，开展系列研究。首次提出“南海西部强风—上升流—藻华”形成演变的动力理论与概念模型，揭示季风与气候变化对藻华过程的调控机理，阐述南海常态藻华格局及其演变特征。率先研究海啸等海洋灾害的生态效应，揭示台风、海啸等引发的突发性藻华过程的三维结构与生消规律，阐明台风引发藻华对海洋初级生产过程的重要意义。系统分析南海有害藻华的时空分布特征与机理，提出相应的灾害风险评估体系。发展多种针对富营养、高叶绿素水体的遥感反演与空间数据挖掘，发展高分辨率数据获取与海量信息存取技术。

南海北部近海渔业资源及其生态系统水平管理策略

主要完成单位：中国水产科学研究院南海水产研究所

获奖情况：2012年度广东省科学技术奖二等奖

该成果建立了南海北部近海渔业资源和渔业生态环境数据库，研发和集成了渔业资源增殖放流、人工鱼礁、海洋牧场和捕捞管理等技术体系，提出了南海北部近海渔业资源养护与管理技术策略。建立了11个推广应用示范区，示范区面积达到236平方公里，资源密度提高了6.3～26.6倍，渔业经济效益及生态服务效益增值110.0亿元，新增利税11.0亿元。

【海洋经济建设】

海洋经济综合试验区建设　2012年8月，省委、省政府召开全省实施海洋经济综合试验区发展规划工作会议，出台了《关于充分发挥海洋资源优势 努力建设海洋经济强省的决定》《广东省发展临海工业实施方案》《广东省发展海洋新兴产业及海洋科技实施方案》《广东省发展滨海旅游业实施方案》《广东省集中集约用海实施方案》《广东省海洋生态保护实施方案》等5个实施方案，涉及项目224个，总投资超万亿元。广州南沙、深圳前海、珠海横琴国家级新区，以及珠海高栏港、汕头海湾新区、东莞长安港区、新会银洲湖、台山广海湾、阳江港吉树港区等区域用海获得国家批准，茂名滨海新区、中山翠亨新区、湛江东海岛临港工业区等区域用海加快推进。

海洋功能区划项目落实　2012年11月，国务院批复《广东省海洋功能区划》，提出到2020年广东省建设用围填海面积230平方公里，为本省经济发展提供了重要空间。2012年全年海域使用安排用海面积100平方公里，围填海12.7平方公里。湛江中科炼化、揭阳中委石化、湛江钢铁基地、珠海三一重工等一批重大项目“落地下海”。海洋经济“十二五”发展规划、海岛保护与利用规划等相继获得省政府批准。珠海大、小三洲首批无居民海岛获准开发。

【海洋产业发展】

海洋渔业　广东海洋渔业继续保持稳定增长态势，现代渔业转型升级步伐加快。建设了10个节地节水高质高效渔业示范园区，对发展现代渔业起到示范带动作用。阳江深水网箱产业园区大镬岛示范基地、粤兴水产品加工综合楼建设项目、国联深水网箱产业园区项目加快建设，深水网箱技术的应用，有效转变了传统渔业养殖模式。加快构建水产良种体系，培育高产高效的水产新品种，增加了产业科技含量，优化了产品品质。重视调整产业结构布局，积极拓展远洋作业空间。2012年全年实现增加值377.0亿元，比上年增长9.3%，居全国第5位。

海洋船舶业　广东海洋船舶工业积极推进转型升级，虽然受到金融危机冲击，但是继续加快调整产品结构，注重在高技术、高附加值等船舶细分市场中做强做大，海洋工程装备和辅助船舶等高技术和高附加值的建造数量呈较快增长态势，2012年全年实现增加值151.0亿元，比上年增长2.0%。

海洋油气业　随着国家实施南海战略的不断推进，海洋石油天然气勘探开采能力和输送能力不断增强。深圳液化天然气项目（迭福站）开工建设，中海油南海天然气陆上终端平基工程交付使用。2012年全年实现增加值610.0亿元，比上年增长5.2%，居全国第2位。

海洋化工业　广东省海洋化工业快速发展，沿海石化项目不断上马建设，在建、新建、扩建、竣工的炼油项目众多。2012年全年实现增加值776.0亿元，比上年增长10.1%，居全国第1位。

海洋生物医药业　广州国际生物岛、深圳国家生物产业基地龙岗海洋生物产业园、南海海洋生物技术国家工程中心东莞产业基地等一批重点科研基地建设进一步推进。2012年全年实现增加值1.2亿元，比上年增长26.3%。

海水利用业　广东已形成长期从事海水淡化

与水处理专业技术研究开发的基础力量，已初步形成以反渗透技术为主体的海水淡化技术产业群体。2012年全年实现增加值83.0亿元，比上年增长18.6%。

海洋电力业 珠海桂山、湛江徐闻新寮岛等海上风电项目快速推进，拉开了广东海洋电力业发展和海洋新能源产业体系建设的新序幕，2012年全年实现增加值2.3亿元，比上年增长21.1%。

海洋工程建筑业 广东加快了海洋工程建筑业的发展步伐，投资兴建大量涉海项目。2012年全年实现增加值438.0亿元，比上年增25.1%。

【海洋环境与资源保护】

海洋环境保护与监测 建成海洋环境专题预报室，编制发布2012年度《广东省海洋环境质量公报》。推进广东省岸基海洋观测站网建设，惠东海龟湾、北部湾雷州海洋站建成，运行情况良好。推进湛江特呈岛、阳江海陵岛国家级海洋公园建设。雷州珍稀海洋生物国家级自然保护区建成"全国海洋科普教育基地"。

海洋生物资源养护 加快人工鱼礁建设，建成和在建人工鱼礁区45座，礁区面积283平方公里，建成水生生物自然保护区86个、水产种质资源保护区15个。2012年，全省共有11座人工鱼礁区实施工程建设，完成制作礁体2 972个（空方量约11.6万立方米），完成投放礁体4 135个（空方量约13.6万立方米），投放礁区面积为660公顷。雷州乌石国家级海洋公园获得国家批准，2012年新增水产种质资源保护区2个。加强海洋资源增殖放流，成功举办2012年南海生物资源增殖放流暨第5届广东休渔放生节活动，广州、佛山、肇庆、清远等市联合举办"爱我珠江亲水节"渔业增殖放流活动，全省共投放水生动物4.6亿尾（粒）。2012年9月15日—10月14日，在全省范围开展第3届水生野生动物保护科普宣传月活动。

海洋生态文明示范建设 开展珠海横琴、湛江流沙湾等12个生态修复和海岛整治项目。截至2012年年底，湛江、汕尾、潮州等地投入7亿元开展港湾整治，成效显著。2012年4月，广东率先在珠海横琴新区启动了创建国家级海洋生态文明示范区活动，组织横琴新区、徐闻县、南澳县3个县（区)申报首批国家级海洋生态文明示范区。

【国家海洋专项实施】

海洋经济创新发展区域示范专项 国家海洋经济创新发展区域示范专项于2012年开始实施。根据财政部、国家海洋局的要求，广东省组织编制了总体实施方案及成果转化和产业化、公益性科研、高等学校创新能力提升计划、公共服务平台、海域海岸带整治修复5个分项实施方案，对整个示范工作的总体部署与分项实施做出系统化安排。积极组织申报国家海洋经济创新发展区域示范，获得国家支持启动资金2.68亿元。

海洋公益性行业科研专项 广东省从2008年开始组织推荐国家海洋局海洋公益性行业科研专项项目，这是广东省承担国家级海洋科技项目的重大开端。2008—2012年，省海洋与渔业局组织推荐立项了4个项目，合计获得经费3 931万元。广东省充分发挥海洋科技力量雄厚的优势，先后共有10多家科研机构、200多名科研人员参与国家海洋公益性行业科研专项经费项目超过20个，涉及项目共计经费1.6亿元。

【海洋科技合作与交流】

全国海洋科技界院士广东系列活动 为推动广东省海洋经济强省建设的工作设想，中国工程院与广东省人民政府于2012年9月在广州联合举办全国海洋科技界院士大会暨广东海洋经济强省建设战略研讨会。以广东省全面实施《广东海洋经济发展试点区域规划》和《广东省海洋经济试点工作方案》为突破口，谋划通过加强海洋经济发展试点工作，破解我国海洋经济发展难题，为广东省海洋经济综合开发与试点提供政策咨询。

政校合作 2012年9月26日，省海洋与渔业局和中山大学签订战略合作框架协议，加强海洋政策研究合作，加强海洋技术研发合作，共同推进建设海洋生物天然产物化合物库，共同建设高水平海洋科技创新平台和海洋人才培养合作，并对合作开展省海洋与水产高科技园开发利用达成了初步协议。

项目引进 2012年3月28日，阳江万事达海洋食品公司与美国夏威夷海洋研究所（OI）在阳江市签署了"南美白对虾选育技术转让项目"合作备忘录，引进OI的整体技术团队，开展具有自主知识产权的南美白对虾优良品系的研发，为养

殖户提供优质廉价的国产虾苗，使广东省的南美白对虾选育技术跃上一个新台阶。

中国海洋经济博览会　2012年12月13—15日，由广东省人民政府和国家海洋局联合举办的2012中国海洋经济博览会在广州成功举行。博览会期间，累计有10多万名观众入场参观，促成投资和贸易项目198个，成交额近930亿元。签约项目主要包括海洋石油化工、船舶制造等临港工业，以及海洋生物医药、海洋渔业、海产品加工贸易等产业。

（广东省海洋与渔业局　陈海丽）

环境保护与生态整治

【科技项目实施】

大气复合污染监测能力建设　以“十一五”国家“863计划”资源环境技术领域重大项目“重点城市群大气复合污染综合防治技术与集成示范”为依托，珠江三角洲建立了大气复合污染监测预警体系、区域大气环境质量科学研究中心。2012年11月8日，全国首个真正意义上的大气超级监测站在鹤山揭牌并正式投入使用，环境保护部副部长吴晓青亲临揭牌并给予高度评价。该站总投资超过7 500万元，配置国内最先进的大气监测仪器约30台（套），拥有先进的地面监测、雷达探测的立体监测手段，具备近200种大气环境要素的实时监测能力，可对大气中颗粒物的化学组成、气溶胶散射系数等重要非常规污染参数进行分析，从而更准确地检测大气污染程度。该系统将成为全面监测珠三角地区大气的“天网”。

水专项东江项目实施　截至2012年年底，水专项东江项目“十一五”总体任务基本完成。项目构建了饮用水水源型河流水污染系统控制工程技术体系，建立了饮用水水源型河流痕量毒害物风险管理体系和东江流域水环境实时数字化管理系统，突破了东江流域典型行业脱毒减害、水环境生态修复等20多项关键技术；形成了成熟组合技术或单项技术30套（项），发表论文200余篇，申请专利60余项，培养了100余名硕士、博士研究生；建成了点源控制、面源控制、河道水质深度净化与生态修复示范工程40多个；建成了东江水环境研究中心（新塘）、龙岗、博罗、河源等6个野外工作站。项目成果在淡水河、石马河污染防治和东江重要水源地水质预报预警与应急处置中都得到了有效应用。水专项已成为本省保护优质水源、治理水污染、促进可持续发展不可缺少的重要科技支撑。

【科技成果奖励】　2012年度广东省环境保护科学技术奖评选出“华南珍稀濒危植物的野外回归研究与应用”等一等奖4项、二等奖6项、三等奖11项。获2012年度广东省科学技术奖一等奖1项，三等奖1项。

项目名称：华南珍稀濒危植物的野外回归研究与应用

承担单位：中国科学院华南植物园

获奖情况：2012年度广东省科学技术奖一等奖

该项目围绕“华南珍稀濒危植物的野外回归”这一主题，系统开展了报春苣苔等28种珍稀濒危植物的生态生物学研究及繁殖技术攻关，率先建立了利用生物技术和生态恢复技术集成方法进行珍稀濒危植物回归的新技术。建立了3个苗圃基地和9个植物回归示范点，生产华盖木、伯乐树等28种珍稀濒危植物110多万株，总产值2.21亿元，初步实现珍稀濒危植物产业化，产生了良好的社会、生态和经济效益。建立了“选取适当的珍稀植物，进行基础研究和繁殖技术攻关，再进行野外回归和市场化生产，实现其有效保护，同时通过区域生态规划及国家战略咨询，推动整个国家珍稀濒危植物回归”的模式，为中国履行《全球植物保护战略》提供了技术支撑，并在全球有广阔的应用前景。共发表论文33篇，其中SCI收录论文23篇，论文被正面引用142次，含SCI收录论文被引用96次，1篇论文被*Biological Conservation*进行了评述；国际会议报告5次；完成国家咨询报告2份；共申请国家发明专利6项，其中5项已获授权；培养博士研究生2名、硕士研究生4名。该项成果在珍稀濒危植物野外回归机理研究达到国际先进水平，在利用生物技术与生态恢复技术集成方法进行珍稀濒危植物回归方面达到国际领先水平。

项目名称：特大城市空气质量监测预警体系及其在广州亚运中的应用

承担单位：广州市环境监测中心站

获奖情况：2012年度广东省科学技术奖三等奖

项目通过空气质量监测网络的优化和集成、先进监测技术的应用、监测项目和领域的拓展，建立了天地空一体化的空气质量监测体系，实现了对细粒子污染、光化学烟雾和温室气体等指标的前瞻性监控；通过耦合数值模型、新型统计模型、卫星遥感空气质量气象条件指数模型等多模式及动态污染源清单，建立了预测预报集成系统，实现了6～72小时的空气质量业务预报，准确率达80%以上；制定了空气质量三级预警响应机制，创建了环保、气象等多部门参与的专家联合会商机制，缩短了监测、研究与决策管理的过程，提高了预警时效。

项目建立和完善的监测预警体系在第16届广州亚运会期间实现了空气质量的实时监控，准确预测空气质量变化趋势与污染来源，为亚运空气质量保障方案的针对性调整与实施提供了重要的科学依据，圆满实现了亚运会时期环境空气质量保障目标。项目还为2011年深圳世界大学生运动会空气质量保障提供示范，为广州市“十一五”总量减排、“十二五”环境保护规划、空气污染综合整治方案等政策法规提供了大量的监测数据、信息和强有力的科学支撑。

项目集成创建的特大城市空气质量监测预警体系，在第16届广州亚运会空气质量保障实践中得到了成功应用和验证，为我国其他地区开展类似工作提供了成功的范例，研究成果达到了国际先进水平。

【环境标准管理】

严控污染物排放限值　为贯彻《广东省人民政府关于印发广东省“十二五”主要污染物总量减排实施方案的通知》及《印发〈珠江三角洲环境保护一体化规划（2009—2020年）〉的通知》有关要求，推动本省主要污染物减排，促进环境质量的改善，省环境保护厅印发了《广东省环境保护厅关于珠江三角洲地区执行国家排放标准水污染物特别排放限值的通知》，对电镀、制浆造纸、合成革与人造革、制糖4个行业执行国家排放标准水污染物特别排放限值。

成立广东省环境管理标准化技术委员会

2012年5月，在省质量技术监督局的大力支持下，广东省环境管理标准化技术委员会在广州正式成立。省环境管理标准化技术委员会依托省环境科学研究院，主要负责全省环境保护专业技术领域内的标准化技术归口工作，它的成立将为本省环境管理标准化工作提供一个新的工作平台，有利于推动本省环境标准体系的建立健全，推动本省产业结构和技术转型升级、减少污染物排放并不断改善环境质量。

加强环境标准制修订　2012年，针对移动源废气污染物排放以及挥发性有机污染物（VOC）排放的控制和管理，省环境保护厅组织开展了《广东省在用船舶柴油机排气污染物排放限值》《广东省医药制造业挥发性有机物排放标准》《广东省集装箱制造业挥发性有机污染物排放标准》《电子设备制造行业挥发性有机物排放标准》和《染料制造行业挥发性有机物排放标准》等多项地方环境标准的制修订工作，完善本省地方环境标准体系。

【生态整治】　2012年，省环境保护厅积极实施民生环保，大力推进农村环境综合整治工作。

农村环境保护　2012年，省环境保护厅将“推进农村环境保护”列入民生环保十件实事之一，实施“以奖促治”“以奖代补”，抓好100个村农村环境综合整治示范工程，推动农村生活污水处理和生活垃圾收集设施建设，建成国家级、省级生态村镇20个以上。为做好此项工作，省环境保护厅积极争取了中央农村环保专项资金1 500万元，安排省级农村环保专项资金6 800多万元，共支持了174个农村环境综合整治项目，受益人口约54万人。在项目选取上，重点侧重东江、榕江、北江、西江等流域的连片村庄生活污水处理、生活垃圾收集清运和畜禽养殖业污染防治，以点带面推动农村环境综合整治。加强项目实施管理，分别组织对近两年中央农村环境连片整治项目进行督查督办，推进项目进展，并向环保部报送了2010年中央农村环保专项资金补助项目环境成效评估报告，向各地通报2010—2011年农村环境连片综合整治项目进展情况。新命名了珠海市斗门区白蕉镇等29个省级生态乡镇、珠海市金湾区三灶镇鱼月村等9个省级生态村。广州市花都区梯面镇等12个乡镇以及汕头市澄海区莲花镇碧砂村等2个村申报“国家生态乡镇”“国家生态村”，并通过省级考核。通过实施“以奖促治、以奖代补”，有效促进农村突出环境问题的解决，促进农村环境基础设施建设，促进农村环境质量的提升和村容镇貌的改善。

农村环境综合整治责任制试点 2012年，省环境保护厅积极指导和推动韶关始兴县、韶关浈江区、梅州梅县、阳江阳东县等地开展农村环境综合整治目标责任制试点工作，批准佛山市和徐闻县新增为责任制试点地区，与佛山市人民政府签订了佛山市农村环境综合整治目标责任书（试点），并指导阳江市环保局与阳东县人民政府签订了责任书。通过试点，探索建立将农村环境综合整治纳入地方政府责任考核的机制，推动地方农村环境质量的改善。

【清洁生产】 2012年，省环境保护厅印发了《广东省环境保护厅关于加强重点企业清洁生产管理工作的通知》，制定了《广东省重点企业清洁生产审核报告编制技术要求》和《广东省重点企业清洁生产验收工作报告编制技术要求》，公布了第7批510家省重点企业名单，10个地市也公布了市重点企业名单，企业数量超过1 400家。

2012年，全省共有2 071家重点企业开展了清洁生产审核工作，1 681家企业通过了环保部门组织的评估，837家企业通过了验收。全省重点企业审核过程中共提出清洁生产方案54 934项，已实施清洁生产方案51 651项，共投资513 771.6万元。方案实施后，在有效减少污染物排放的同时，提高了资源能源利用率，节约了生产成本，企业的工艺及生产管理都有较大改进，获得了良好的经济与环境效益。

（广东省环境保护厅环境监测与科技标准处 赵 扬）

能源开发与利用

2012年，广东省一次能源消费总量为24 080.97万吨标准煤，比上年下降了0.21%，原煤、原油、电力、天然气占能源消费比重分别为48.7%、26.8%、18.2%、6.3%；终端能源消费量达28 377.06万吨标准煤，比上年增长了2.15%，原煤、油品和电力分别占终端能源消费量的11.6%、17.2%和49.2%。2012年，广东能源生产总量为5 088.88万吨标准煤，比上年上升，占终端能源消费量的17.93%，能源自给率低，对外依存度很高。从2001—2012年的统计数据看来，广东能源生产总量的年均增长缓慢，2005年开始全年能源生产总量没有多大增长，有些年出现下降，而能源消费量逐年增加，使得广东能源供需矛盾一直十分突出。

【能源科技成果及奖励】 2012年，广东省注重能源科技开发工作，取得一批科技成果，大大推动了广东省能源的开发与利用（见表8-2-6-1）。

表8-2-6-1 广东省能源方面部分获科学技术奖成果（2012）

序号	获奖项目	承担单位	获奖类别
1	百万千瓦超超临界机组自启停控制技术研究及应用	华能国际电力股份有限公司等	2012年度广东省科学技术奖一等奖
2	大电网设备智能化广域监测诊断关键技术研究与应用	广东电网公司电力科学研究院等	2012年度广东省科学技术奖一等奖

（续上表）

序号	获奖项目	承担单位	获奖类别
3	锂离子电池凝胶聚合物隔膜及功能电解质的设计与制备技术	华南师范大学等	2012年度广东省科学技术奖一等奖
4	直流融冰关键技术及装置研发与工程应用	南方电网科学研究院有限责任公司等	2012年度广东省科学技术奖二等奖
5	高性能开关电源的柔性技术及应用	华南理工大学等	2012年度广东省科学技术奖二等奖
6	大型装备叶片断裂故障诊断及快速修复关键技术	广东电网公司电力科学研究院等	2012年度广东省科学技术奖二等奖
7	出水温度为16℃～18℃的离心式冷水机组开发	珠海格力电器股份有限公司等	2012年度广东省科学技术奖二等奖
8	NF-2000水电站计算机监控系统	广东南丰电气自动化有限公司	2012年度广东省科学技术奖二等奖
9	自升式海上石油钻井平台桩腿锁紧系统的研制及产业化	广东精铟机械有限公司等	2012年度广东省科学技术奖二等奖
10	海底油气管道用直缝埋弧焊接钢管开发与应用	番禺珠江钢管有限公司等	2012年度广东省科学技术奖二等奖
11	莺—琼盆地海上隐蔽气藏勘探关键技术研究与实践	中海石油（中国）有限公司湛江分公司	2012年度广东省科学技术奖二等奖

【能源基础建设及节能减排】

能源基础建设　2012年，广东省重大项目粤电惠来电厂3～4号机组扩建、中委合资广东石化2 000万吨/年重油加工、深圳液化天然气应急调峰站项目（迭福北）、广东阳江抽水蓄能电站、广东大唐国际雷州电厂“上大压小”新建工程、国电中山民众燃气热电冷多联供等项目获国家批准实施。全省新增电源装机容量约600万千瓦，35千伏及以上输电线路2 541.64千米、变电容量1 012.28万千伏安。

2012年4月，中国石油天然气集团公司与委内瑞拉国家石油公司开展原油开采、运输以及加工一体化合作的下游加工项目——广东石化2 000万吨/年重油加工工程项目，获国家发改委核准，并开工建设，是省规划建设的四大石化产业基地之一揭阳石化产业基地的龙头项目，总投资为586亿元，建成投产后年加工委内瑞拉生产的重质原油2 000万吨。

节能减排　2012年1月，《广东省低碳试点工作实施方案》正式获国家发改委批复同意，是国家低碳省试点工作启动一年多以来，全国13个低碳试点省市中首个获国家发改委正式批复的低碳试点工作实施方案。广东省碳排放权交易试点启动，广州碳排放权交易所揭牌运行。广州能源所等编制珠海万山试验开发区《东澳岛低碳发展规划》《企业碳排放核查技术指南》《中新广州知识城低碳发展规划》等。粤港应对气候变化联络协调小组，就两地应对气候变化合作进行磋商，协调粤港应对气候变化的活动和措施，推进相关的科学研究和技术开发。省经信委等制定《广东省推进能源管理体系工作实施方案》，推进广东省万家企业节能低碳行动及全省能源管理体系建设。

省经信委和中国节能协会节能服务产业委员会（EMCA）联合主办“智光杯”中国节能服务万里行—广东行暨广东能效电厂项目推广活动。全国工业能耗在线监测试点工作交流会在东莞举行，以提高工业能耗预测预警和宏观调控能力。广东省节能宣传月、第2届国际（广东）节能展、广东省清洁生产工作会议等举行。举办广东省国家万家企业节能低碳行动培训班、广东省合同能源管理培训班，推进节能减排的相关工作。

省政府高度重视战略性新兴产业的培育发展，并把新能源汽车作为本省重点战略性新兴产业之一进行培育，确定了14个示范试点城市。广州市节能与新能源汽车示范推广试点通过国家验收，示范推广各类节能与新能源汽车达2 771辆，有效地带动了广州新能源汽车产业的发展，取得了良好的经济效益。在智能电网建设方面，广州首个公共电动汽车充电站已在亚运城投入运行。

注重新能源电池的研究，国家轻工业电池及储能材料质量监督检测中心落户深圳，使中国南方有了首家国家级的储能电池检测机构。加上已有的先进储能材料国家工程研究中心，深圳在新能源电池行业有了更高的技术研发、成果转化以及电池检测的国家级平台，将建设成具有国际水准的一流的电池检测评价中心、国家电池权威检测评价中心。

【新能源和可再生能源技术研发与利用】 广东新能源的储量丰富，可开发利用储量均居全国前列。广东各地对发展新能源热情高涨，如阳江、河源着力打造新能源基地，汕尾打造重要电力能源基地等，推动新能源和可再生能源的开发和利用。

核电　核能利用方面，中广核集团已开工建设和储备适合建核电站的厂址数量居全国第1位。核电作为一种清洁能源，发电成本低廉、零排放，将成为我国达成减排目标的必然选择。2012年，全国在建最大的核电项目、6台机组装机648万千瓦、投资700亿元的阳江东平核电站稳步推进。

截至2012年年底，中广核集团布局全国沿海在建的15台核电机组建设稳步有序地推进，建立了以国家级研发中心、集团级研发中心、公司级研发中心为主体的3级科技创新研发构架。推进具有自主知识产权的第3代百万千瓦级压水堆核电技术ACPR1000+的研发，按照国际、国内核安全法规，借鉴欧美高标准的安全要求，应用了最新的研究成果，安全性大大提高，将有力推动我国先进核电自主化建设，带动我国装备制造业发展，为我国核电“走出去”战略实施提供坚实的技术支撑。

太阳能　2012年，广东省在太阳能研究与应用推广取得了较大进展，光热光电的应用逐步广泛，在非晶硅（薄膜）太阳能电池、太阳能玻璃及太阳能建筑一体化的技术和生产方面居于全国前列。

2012年，金太阳示范工程总规模为1 709兆瓦，其中广东省共17个项目，总装机容量186兆瓦，居全国各省（市）第2位。2009年以来，广东省共有60个光伏发电项目列入国家金太阳示范工程，总装机容量约300兆瓦。

可取代晶硅原材料的第2代铜铟镓硒薄膜太阳能电池核心技术取得突破，中科院深圳先进技术研究院联合香港中文大学，自主研发成功高效低成本铜铟镓硒薄膜太阳能电池装备、工艺及产品，制备的铜铟镓硒太阳能电池效率达18.7%，迈入国际领先行列。

风能　广东海岸线长度为全国第1，沿海风能资源丰富，具有开发海上风电的得天独厚的优势。据《广东省海上风电场工程规划报告》显示，广东近海可供开发风电资源规模达1 100万千瓦左右。

2012年，广东风能科技开发与应用取得了较大进展，风能项目逐步推进，取得了一批风能科研成果。在风能产业方面，风电设备整机制造水平全国领先，风电场选址也逐步由沿海地区向内陆山区和海上扩展。广东省海上风电技术创新团队明阳风电首席科学家朱荣华博士领衔，研发提供国内近海风场大规模发电整套技术和设备解决方案，预计5年内可增加销售收入146亿元，节约20%风场开发成本。

生物质能　广东省“生物能源与生物基产品产业技术创新联盟”由15家科研院所、高校、企业共同发起，2012年3月获省科技厅批复，核心任务是集成和共享技术创新资源，加强合作研发，突破生物质产业共性和关键技术瓶颈，促进产业发展。创新联盟成员在生物质能研究方面开发了一系列技术成果，如所开发的混流式固定床气化技术和流化床复合气化技术已经进行了推广应用，已建立了1.5吨/小时固定床气化炉每年代替2 000吨重油的示范工程和2×5吨/小时流化床气化炉每年代替1.7万吨重油的工程项目；生物质规模化替代窑炉燃料示范应用技术，已成功应用于钢材煅烧炉、熔铝炉、熔铜炉、不锈钢退火炉等，建成示范用户6家；开发的生物柴油固体催化、连续生产等先进技术，实现了技术规范化、设备成套和模块化的应用，已建成的年产3万吨生物柴油示范工程运转正常，在建的年产10万吨连续绿色生物柴油示范工程是目前我国规模最大的生物柴油生产线之一；生物质全成分制取先进液体燃料理论体系与技术已建成百吨级纤维素制取汽油类烃中试系统，各项指标处于国际先进水平。

其他能源　2012年，海洋能、地热能、天然气水合物在研发方面取得了较大进展，为推动大规模推广进行技术开发。建于珠海的“海岛独立可再生能源电力示范系统”项目核心部分10千瓦鹰式和20千瓦点吸收式波浪能装置实海投放成功，已实现连续发电，实现了快捷、安全和低成本研发海洋波浪能发电装置的目标，为规模化开发利用海洋波浪能打下了坚实的基础；新型漂浮式波浪能发电装置“鹰式一号”在珠海市万山岛指定海域投放并成功发电。

广东省多家单位承担的国家科技支撑计划项目“地热资源利用技术”，在地热资源综合梯级利用集成系统工艺、关键设备装置设计方案以及浅层地热资源监测技术等方面取得了多项成果。广州能源所开发的中低温余热及地热资源发电系统模拟软件开发取得新进展，该软件可应用于对利用工业余热及地热资源发电的动力系统设计进行优化及过程模拟；地热资源综合梯级利用示范系统突破两级溴化锂制冷技术和高温地热热泵技术，设计了地热“制冷—干燥—洗浴—热泵”4级梯级利用的工艺流程。

开展天然气水合物基础研究，广州能源所承担的项目“天然气水合物目标预测、开采和应用关键技术”启动，开展水合物目标预测、开采和应用关键技术研究。参加了“实验1号”船南海西沙海槽取样航次，进行沉积物和水体取样，对这些构造进行沉积物和底层水取样，以进一步证实其属性和沉积环境特征，以深化对海底冷泉活动和渗漏型水合物形成机制的认识。

（中国科学院广州能源研究所　苏秋成）

交　通

2012年，广东省交通运输事业迎来了新的发展机遇。按照省委、省政府“加快转型升级、建设幸福广东”的决策部署，交通运输工作坚持主题主线，广大交通系统的干部职工上下一心，迎难而上，圆满完成了全年目标任务。

公路水路基础设施支撑能力进一步增强。2012年，交通运输基础设施完成投资约715亿元，为年计划的102%。其中公路626亿元，港口73.6亿元，航道10.1亿元，客货运站场3.7亿元，更新改造、车船购置及其他1.7亿元。高速公路建设有了新的发展，完成投资442.4亿元，为年计划的105.2%；新增高速公路475公里，全省高速公路总里程达5 524公里，圆满完成了省政府确定的到2012年年底高速公路总里程达到5 500公里的目标。普通公路保持良好发展势头。国省道完成投资65.2亿元，为年计划的100%。地方公路完成投资119.1亿元，客货运站场完成投资3.7亿元，分别为年计划的82%、74%。全省公路通车总里程约19.5万公里，公路密度达108.4公里/百平方公里，公路桥梁4.4万座/280万延米。受宏观经济环境和国家金融政策影响，全省公路水路基础设施投资自2011年以来略有放缓。2012年实际投资比上年略有下降，基本实现平稳发展。

运输效率和保障能力进一步提高。公路客货运站场683个，其中客运站452个、货运站231个。航道通航总里程1.18万公里，其中高等级航道897公里。全省港口码头泊位2 955个，其中万吨级泊位264个。港口年通过能力14.4亿吨，集装箱年通过能力4 990万标箱，同比增长7%、8%。全年公路水路客运量、旅客周转量、货运量、货物周转量分别达到56亿人、2 507亿人公里、25亿吨、9 172亿吨公里，同比增长12%、20%、17%、40%。进一步推进铁水联运工作。全年完成铁水联运货运量4 875万吨、集装箱运量15万标准箱，同比分别增长10%、17%。

【科技项目管理】　2012年全省交通运输业市场主导性、政府引导性课题科技立项共112项，政府补助资金共1 635万元，其中重大工程2项，补助资金60万元；道路工程15项，补助资金230万元；桥隧工程20项，补助资金275万元；港航工程11项，补助资金155万元；综合研究25项，补助资金325万元；交通信息化19项，补助资金280万元；节能减排6项；补助资金70万元；推广应用10项，补助资金155万元；续延项目4项，补助资金75万元。

【科技成果与奖励】　科技创新、信息化建设和节能减排取得新成效。组织重大科技攻关，形成了一批关键技术和核心技术。2012年度全省交通运输业获省部级科技奖13项，其中“高液限土路用特性和改良填筑施工技术”项目获一等奖，“广东地区高液限土改良施工技术及应用”等3个项目获二等奖，“华南地区公路路面修筑成套技术的研究与推广应用”等9个项目获三等奖。加快交通运输科技成果向生产力转化，发布了2012年度广东省交通运输科技成果推广目录。

项目名称：广东地区高液限土改良施工技术及应用

主要完成单位：广东省长大公路工程有限公司、广东省公路勘察规划设计院股份有限公司等

获奖情况：2012年度广东省科学技术奖二等奖

该项目应用领域是土木建筑交通工程。课题研究依托广梧高速公路、云罗高速公路、惠莞高速公路、梅大高速公路等实体工程，在室内外试验、理论计算分析、施工技术开发及应用效果评价等方面对高速公路高液限土改良处理新技术、新方法、新工艺进行了深入研究。

项目紧紧围绕广东地区高速公路建设和可持续性发展战略方面的需要，从高液限土的工程分类、改良处理施工技术、施工和工程质量控制等方面开展系统性研究，开发了系列的具有独立自主知识产权的广东地区高液限土改良处理新技术、新方法、新工艺。项目的研究成果不仅完善了已有的高液限土路基填筑技术，解决目前验收检测针对性不强的问题，而且还可以加快施工进度，降低工程造价和养护费用，减少高速公路病害发生，保护当地生态环境，避免水土流失。

项目成果适用于广东地区高液限土在填筑路堤中，施工方案的制定、施工工艺的选择、施工质量的控制和检测标准的确定等，也可供其他省份、行业等类似工程中参考使用。成果已在广梧高速公路、云罗高速公路、莞惠高速公路惠州段等多项工程中应用，累计取得经济效益1.104亿元。

项目名称：东江大桥刚性悬索加劲钢桁梁结构关键力学特性研究

主要完成单位：东莞市新远高速公路发展有限公司、华南理工大学等

获奖情况：2012年度广东省科学技术奖二等奖

该项目属于交通运输学科，以莞深高速东江大桥为工程背景，针对刚性悬索加劲钢桁梁结构关键力学特性展开了理论和试验研究，得到了一整套完整的、可应用于指导钢桁梁桥设计与钢桁梁杆件制造的方法和参数。

1．首次采用三片主桁双层桥面的刚性悬索加劲钢桁梁创新桥型。双层钢桁梁在公路与铁路合建桥梁中应用广泛，双层公路钢桁梁桥在我国为首次采用，主桥采用三主桁结构刚性悬索加劲钢桁梁更是创新。

2．在桥梁构造细节上面采用多项创新技术。首次通过横向设置预拱度来进行横向主桁内力调整，减小了中桁和边桁对应位置的主要控制杆件的内力差，提高了钢桁梁构件制造精度，方便了安装；首次采用纵横梁支承的连续混凝土行车道板新结构，既改善了桥面板的受力，又提高了行车舒适性；首次采用新型的焊接整体节点，将两个节间的弦杆和节点设计成整体构件；主桥联结系进行了简化和创新。主桥刚性悬索之间不设置纵向平面联结系和横向连结系，平弦不设横向联结系。

3．采用大比例节点模型试验及有限元分析手段，首次对刚性悬索加劲刚桁梁桥特殊节点的传力方式及应力分布进行了研究，得到该类型节点在各种组合荷载作用下的应力状态。

4．首次采用足尺节点模型对刚性悬索加劲刚桁梁桥整体节点的焊接残余应力大小及分布规律进行了研究；并对盲孔法测残余应力中应变释放系数进行了有限元分析，提出了应变释放系数塑性修正通用公式；提出了焊接构件纵向残余应

力大小与分布规律的估算公式。

5. 完成了对Q420qE和Q370qE钢材的焊接接头常温及低温CTOD测试试验，得出了焊接接头的裂缝扩展变化规律，同时实现了应用数值仿真方法对金属材料CTOD断裂韧度进行评估，首次对桥梁用钢及焊接接头CTOD允许值进行了研究。

6. 首次进行了双层公路三桁刚性悬索加劲钢桁梁桥1:25缩尺全桥模型试验研究，模拟了大桥各施工安装工况，系统研究了双层公路钢桁桥横、纵向内力调整、桥门架安装以及结构体系转换等关键施工安装工况的施工力学行为及其对结构安全性的影响，探明了三片桁均衡受力、加劲弦参与主桁整体受力等工作机理。

7. 对长列螺栓群的传力特性进行了研究，提出了各排螺栓传力比等设计参数的取值范围，并提出了螺栓的优化布置方案。

项目成果适用于城市道路、公路及铁路跨江跨河且土地资源有限时所采用的双层钢桁梁桥型。项目技术在2004年11月—2009年10月应用于莞深高速东江大桥的设计与施工中，累计缩短工期90天，节约施工经费约600万元，提前通车90天，还有采用双层桥型节约用地和拆迁补偿费用共节约1.85亿元。该桥为莞深高速与东莞北五环快速路的共线工程，它的竣工拉近了东莞到深圳的距离，加速了莞深一体化进程，并完善了东莞环城高速圈，对带动当地经济发挥了积极的作用，起到了显著的经济效益和社会效益。

实践表明，该项目的研究成果不仅为大桥的成功修建起到了关键的作用，也为同类型钢桁梁桥的节点设计及厚钢板焊接接头韧性评估等积累了经验。研究成果提升了我国公路钢桥技术在国际上的整体水平，显示了我国研究工作的特色和先进性，具有较强的示范作用，必将引起国内外同行的关注，产生良好的影响。

项目名称：城市轨道交通工程安全风险预防、控制及信息平台关键技术的研究与应用

主要完成单位：广州地下铁道总公司

获奖情况：2012年度广东省科学技术奖一等奖

该项目在对国内城市轨道交通建设安全风险现状进行分析的基础上，从工程建设全过程和涵盖工程建设各参与方的角度出发，提出了包括“六评六管一平台”的城市轨道交通工程建设安全风险管理模式，完善了工程建设安全风险管理体系，实现了安全风险的立体防御和信息化管理，并在广州等地的轨道交通工程建设中得到了成功应用，为降低轨道交通工程建设安全风险提供了新的措施。该项目研究成果在城市轨道交通工程建设安全风险管理模式、安全风险预警预测方法、盾构检测预警模型与工程建设安全风险信息管理平台等方面具有系统性、先进性、创新型和实用性。

项目名称：复合地层盾构施工关键技术创新与实践

主要完成单位：广州地下铁道总公司

获奖情况：2012年度广东省科学技术奖二等奖

该项目研究立足于广州地区盾构施工，通过对深圳、上海、南京、西安、成都等城市盾构施工的研究，对德国、法国、日本、美国、加拿大等制造商生产的盾构机的设计和应用效果的统计分析，对大量的施工方法、施工技术参数以及各种各样案例的深入研究，形成了复合地层的盾构施工理念，首次提出了“地质是基础，盾构是关键，人是根本”的复合地层盾构施工指导思想。复合地层盾构施工理念，首先对复合地层做了定义，对其特点及对应的盾构施工风险做了描述，首次提出“泥饼”“喷涌”“有效推力”等对盾构施工的影响及其解决措施。其次对最关键的复合地层盾构机选型，提出选型原则、设计要点、刀盘设计和刀具配置原则等，为复合地层的盾构施工奠定了坚实的基础。详细地指出了复合地层中的地质风险源、盾构机适应性风险源和人为风险源，用集合论对诸多风险源之间的并集和交集关系进行了分析，首次指出从三个维度预测风险源。盾构施工关键技术的研究，对复合地层的盾构掘进沉降控制技术、同步注浆和二次注浆技术、添加剂使用技术、始发到达技术、换刀技术、刀盘修复技术、球状风化体处理技术、过溶洞区技术、过江技术、过砂砾层技术、辅助工法、导向技术等关键技术进行了深入研究，提出了被实践证明成功的诸多新工艺、新方法。该项目的特点是取之于实践，又反馈应用于实践，应用性很强，其中的理论和方法已广为业内所接受

并应用于盾构施工之中，是数十年盾构工程实践的结晶。

【城市轨道交通】

科研项目　2012年，广州地下铁道总公司（以下简称“广州地铁”）共开展科研项目42项，其中土建类科研项目13项、机电及综合类项目29项。土建类科研项目主要包括广州轨道交通三号线北延段土建工程技术总结、地铁地面风亭的景观和立面效果研究、岩溶探测技术研究、孤石探测技术研究、地铁振动对物业影响分析等一系列的技术研究，通过研究，广州地铁解决了部分在工程建设中存在的技术问题，总结了土建施工经验，为今后类似的相关工程建设提供了有益借鉴。机电及综合类科研项目主要包括国家标准的编制、车站相关机电设备的技术研究、节能研究和有关信号、车辆制动等重大科技攻关项目研究，这些科研项目的研究，对落实国家相关节能减排和产业配套政策，提升广州地铁科技水平，攻克城市轨道交通核心技术堡垒具有积极的作用。

2012年，广州地铁牵头组织9家参与单位全面实施“863计划”主题项目“城市轨道交通列车在途监测与安全预警关键技术”，完成了项目总体技术方案的编写，落实了列车示范方案及地面示范方案，确定了地面示范的区段地点及配套设施。在完成各车载设备地面联调的基础上，结合一、二、八号线增购列车项目列车的生产制造开展列车的示范装车，当年，首列完全装备项目车载设备成果的示范列车已经成功下线。“863计划”项目研究工作已完成过半，在科技部组织的项目中期检查过程中获得了各级领导和专家的好评。

广州地铁牵头承担“十二五”国家科技支撑计划项目“城市轨道交通运输组织、控制及保障一体化关键技术与系统研制”课题5“城轨交通列车运行状态全息检测与故障诊断技术及装备研制”研究工作，组织各子课题单位开展了课题技术方案编写工作，在技术方案的基础上开展了车载设备的研制，结合新线车辆制造，确定了设备装车的基本部署。截至2012年年底，车载设备研制工作基本完成并完成装车，地面系统的研究工作稳步推进，地面系统的基本方案已经编制完成。2012年的工作成果为地面系统的研究示范工作奠定了良好的基础。

广州地铁牵头市产学研结合项目“城市轨道交通安全保障与节能降耗关键技术研究及示范”，联合7家项目参与单位，2012年投入人力258人月，形成研究报告14篇，已完成80%的研究任务、60%的软件开发和53%的示范工程施工工作，其中1个课题成果已进入示范应用阶段，2个课题进入示范调试阶段；完成2项专利、3项实用新型专利的申请，广州地铁完成资金支付660.75万元，落实配套资金336万元，项目累计投入资金1 200万元。

通过以上课题研究，增强了广州地铁的技术创新能力，进一步提升了广州地铁的核心竞争力，加速科研成果工程化、产业化，为广州地铁及行业提供成熟配套的工艺、技术、装备，提升广州地铁在行业中的地位及话语权，同时，对广州地铁掌握关键设备核心技术，打破国外厂商的垄断具有重要意义。通过相关课题的研究，在学习、引进、消化的基础上不断创新，形成一整套先进的城市轨道交通建设关键技术和装备方面的核心技术，实现产业化、国产化，大大降低了工程建设造价及备品备件采购费用。

科研条件　2012年，广州地铁根据市科信局下达的任务书要求，完成了4个实验室（基地）人员架构、场地、设备组建工作，建设了广州地铁车辆试验基地、广州地铁AFC实验室、广州地铁节能实验室和广州地铁信号实验室等硬件基础。成立了工程中心组织机构，建立了工程中心管理办法和工程中心项目管理办法，明确了工程中心的责、权、利和日常管理程序、决策程序，建立了项目管理及科技奖励管理等管理制度，完成了工程中心软环境建设。广州地铁市工程研发中心建设通过市科信局验收，标志着广州地铁正式建成科技创新平台。

广州地铁联合广州新科佳都科技有限公司等共10家单位，在优势互补、联合开发、利益共享、风险共担的技术创新模式下，共同组建了广东轨道交通产业技术创新联盟。该联盟集中广东省、广州市在城轨智能开发领域具有优势的产学研单位，在掌握城市轨道交通智能化领域产业核心技术、形成自有自主知识产权、打破国外企业垄断、实现系统与装备的全面国产化、促进城轨智能化、进一步提高运营水平方面具有极大的促进作用。

广州地铁以广州市城市轨道交通重点工程技术研究开发中心建设为依托，构建企业科技创新技术体系，以应用技术及系统集成为主要目标，落实国家科研、低碳减排政策，解决建设、运营以及国产化技术难题，圆满完成广州市创新型（试点）企业的建设工作。

科技制度　广州地铁制定了《广州市地下铁道总公司工程技术研究开发中心管理办法（试行）》强化科技研发在公司未来发展中的重要作用，以进一步提升广州地铁科技创新能力和研发水平；制定了《广州市地下铁道总公司知识产权管理办法》，加强对广州地铁知识产权的保护，规范知识产权的申请、许可使用、转让等管理工作，减少法律纠纷，促进知识产权类无形资产的保值增值，使之转化为生产力。在项目管理方面，制定了《国家"863计划"重点项目管理办法（试行）》和《国家"十二五"科技支撑计划项目课题管理办法（试行）》，规范国家重大科技项目的研究和管理工作，保证广州地铁承担的国家重大科技项目的顺利开展。在技术创新及管理模式方面，制定了《科技创新管理办法》，确立广州地铁科技创新资源投入和成果产出的规范化管理模式。这些规章制度的制定，完善了科技创新管理机制。

专利申请与授权　近年来广州地铁专利申请量保持了良好的增长态势。2012年，广州地铁共完成国家专利申请15项，获得专利授权18项。截至2012年年底，广州地铁申请国家专利数达118项，获得专利授权86项，其中发明专利授权7项。

（广东省交通运输厅　黎　侃）

（广州地下铁道总公司　陈　龙）

邮　政

2012年，广东邮政持续推进"科技兴邮"战略，着力增强自主创新能力，深化科技应用，科技研发能力和应用成效明显，信息化水平进一步提升，为"十二五"期间广东邮政实现全面转型发展夯实了基础，提供了驱动力。

【科技研发和成果推广】　2012年，广东邮政完成科技研发24项，新立项23项。表彰2012年度省邮政科学技术奖17项，其中一等奖4项、二等奖5项、三等奖8项。积极推广一批实用性强的研发成果，推广地市局应用项目5项。重点进行代理金融客户管理、电商小包监控、业务档案管理等应用系统的开发，支持广州、东莞、佛山、中山、肇庆等市局开展多项有特色的系统开发，挖掘推广了深圳局商品分销系统、佛山局邮政用品用具、江门局新农保辅助系统、惠州局银企对账单系统、东莞和韶关局ATM监控系统等一批基层科研成果。

普通邮件大集中处理研究　该项目对全省普邮网的总体架构进行了大胆的探索和研究，打破了传统邮政层级组网模式，采取了进出口邮件分拣封发向上集中，取消市县局出口邮件分拣封发，进口邮件分拣到段，合并分拣路向、简化分拣关系等一系列措施，经优化，出口邮件网路层级趋向扁平化，内部处理时限加快，网运资源使用效率提高，是邮政网路支撑转型的一项重大研究和变革。

产品损益核算模型研究及应用　该项目采取作业成本法和量本利分析法等方法，基于邮政专业损益核算的相关基础，全面分析了函件、电子专业产品的业务流程、成本动因及构成，采用产品多层损益核算模式，搭建了符合产品损益核算通用模型，并选取账单、国际小包、航空机票等产品进行测算，为产品定价策略和营销资源投入提供了有力的数据支撑。

【信息化建设】　2012年，广东邮政顺利完成了邮政营业信息系统、邮储中间业务平台、会计稽核等统版系统的上线；开发应用了电商小包时限监控、代理金融客户营销、金融安全竞赛等系统；代收代付平台叠加了电力代缴、岭南通充值等多项功能；信息网保障能力稳步提高，ATM完好率超过97%、网络可用率保持在99.9%以上，跨省交易成功率达到99.9%，荣获中国邮政集团公司（以下简称"集团公司"）跨省交易成功率优秀奖。

企业管控模式转型　适应电商小包迅猛发展的态势，及时开发了监控系统，实现了电商小包的业务预警、全程时限分析、监控统计、短信通知、客户跟踪和查询服务，快速满足了业务的经营和监控需求，得到了集团公司的高度重视和肯定，为全省企业管控模式转型提供有效的经验。开发推广代理金融客户营销系统，建立了以客户为中心的数据平台，实施客户信息的一体化管理；人力薪酬管理、财务损益核算等系统也有力支撑了经营管理工作。

邮政服务民生　代收付平台实现了渠道管理、资金归集、清分结算、后台管理等多项功能，叠加了代收付、邮政汇款、电力缴费、电信充值和岭南通等多项便民服务，并逐步实现在邮政网点、代办网点、便民服务站等多种服务渠道的应用。全省便民服务站已超过5 400多家，全年服务人次达300多万，交易额超过3亿元。城乡居民社会养老保险系统，累计开户达1 750万户，发放金额接近45亿元，缴费总额31亿元，取得了明显的经济效益和社会效益。“自邮一族”系统为超过75万的省内会员和140万的全国会员提供了便利的车主服务。

统版系统推广上线　在邮务类信息化方面，组织了邮政营业信息系统、网运火车押运、人力资源二期等系统的推广；在金融信息化方面，组织完成了中间业务平台上收、电商平台移植，推进邮储逻辑大集中工程相关的会计平台、资金清算平台与凭证业务等系统的上线。

数据分析和应用紧贴业务需求，积极开展了“自助设备布放”“邮乐卡潜在客户特征”“珠三角中低端客户金融需求”等主题数据分析，“广州增城代理金融余额波动分析”获得2012年集团公司邮政金融数据分析优秀案例二等奖。

信息网基础能力建设　完成了一批地市局核心交换机、路由器等网络设备的更新，完成了阳江、清远等局的机房改造；省邮政信息中心机房部署了5套虚拟化平台，创建了105台虚拟机以及省中心备份系统。

信息网安全管理　开展了省邮政信息中心系统安全等级保护定级报备及整改工作；制定了《金融计算机系统数据使用安全管理办法》，确保生产数据和客户信息的安全性和保密性；全面实施了省邮政信息中心新系统上线的入网评测工作。

【标准化建设】　2012年，广东邮政承担集团公司的投递操作规范项目通过验收，配合集团公司开展企业形象管理手册、代码体系框架、投递专用车采购规范等标准研究，颁布了便民服务站、平价商店装修规范和远程监控系统建设规范等一批规范性文件，及时更新和维护邮政生产和管理机构代码，保证了新增机构的正常运作。

【特色项目选介】

普邮手持终端揽投平台　涵盖邮件揽收与投递、报刊收订、投递收箱及邮件投递监控、名址维护等多功能整合的统一手持终端系统。前端投递可使用智能手持设备实现各项投递、揽收、收订业务操作，加装GPS模板可采集投递外勤路径数据；后端管理可实现对投递质量监控、投递结果统计、投递员绩效管理以及外勤作业监控。系统的使用将对投递作业流程带来变革。

包裹自助投递设施及系统　以包裹综合信息处理系统为信息处理核心，以自助信包箱为前端应用终端，建立邮件自助化投递系统，通过收件人的电话号码信息，发送短信息通知用户到自助信包箱领取包裹，实行自助化的投递方式，有效节约投递工作量，提高投递服务水平。

代理金融客户管理系统　实现代理金融专业的客户管理、营销机构和人员管理、营销工作管理、营销辅助等功能，为邮政代理金融开展客户分级管理、营销体系建设和网点转型提供支撑。

电商小包监控系统　按照“关键人、关键岗、关键指标”的监控模式设计，实现了电商小包的业务预警、全程时限分析、监控统计、短信通知、客户跟踪和查询服务，快速满足了业务的经营和监控需求，为全省邮政管控模式转型提供了模板。

ATM完好率保障系统　结合全国邮政金融安全竞赛活动要求，实现了ATM设备故障通知、故障处理跟踪、加钞管理，并可进行设备故障考核，实现了对全省邮政金融自助设备的实时精细化管理。

营收资金管理系统　开发了对资金报表、款项认领、大客户欠费管理、酬金管理及相关数据的统计查询功能，实现了营收日报、大客户业务等数据的自动同步，保证资金报表、客户还款、银行到账记录的一致性，对邮政网点进行资金监控。

业务档案管理系统　建立了一套以互联网连接为基础的全省集中式查验业务处理系统，实现各相关查验机构网上无纸化办公，加快查验单日常处理效率，提高客户服务满意度，提升了邮政对外服务形象，同时也降低了邮政内部运营成本。

【科技进步月】　2012年，广东邮政举办了以“深化科技应用，助力转型发展”为主题的科技进步月活动。汇集近年来全省邮政的主要研发成果76项，举办了广东邮政科技创新暨信息化应用成果展，开展广泛的学习交流。

（广东省邮政公司　李汪洋）

气　象

2012年，广东省气象科技工作围绕贯彻落实中共十八大和省委十一次党代会、全国气象局长会议精神，以科技创新为支撑点，不断提高预报准确率，做好气象防灾减灾科技支撑工作，进一步加快气象现代化建设步伐，气象科技工作取得了显著成绩。

【科技项目管理与实施】　2012年，全省气象部门共争取到各类科研项目经费2 000余万元，“珠三角精细化大气成分星地协同监测与预报关键技术研究”等20余项国家和省部级科研项目得到立项支持。

华南区域气象中心科研联合攻关项目　为进一步加强区域合作，贯彻落实《中国气象局华南区域气象中心2011年工作会议纪要》，集约化解决区域内科技方面共性问题，华南区域气象中心组织了2012年区域气象科技攻关项目申报工作，成立了第2届中国气象局华南区域气象中心科技委员会。“灾害性天气短时临近预警预报系统网络版（SWAN-WEB）在华南的推广应用”等17个项目获得立项支持。

广东省气象局科学技术研究项目　加强省级科研项目管理，重新修订了《广东省气象局科学技术研究项目管理办法》。组织了2012年广东省气象局科研项目申报工作，经过评审，“基于Hadoop架构的气象私有云基础平台研究”等51个项目得到立项支持，并相继实施。

气象灾害的监测预报预警技术研究　重点加强中小河流防洪区、山洪地质灾害易发区气象监测预报预警服务关键技术攻关。初步确定了全省山洪灾害防治重点市县的致灾临界雨量、全省主要流域致灾临界雨量和试点区域中小河流流域及山洪沟致灾临界雨量。引进了FloodArea模型和洪水淹没分析模型，并开展了相关模型的试验运行，完成了特大山洪的过程模拟。建立完善了高精度定量降水估测（QPE）产品，实现任意时段内累计QPE，实时滚动监测报警的监控系统，覆盖0～168小时的精细化、无缝隙QPF。

空气质量（霾天气）预报预警方法研究　由中国气象局广州热带海洋气象研究所牵头，联合广东省环境科学研究院等单位申报公益性气象行业专项“珠三角精细化大气成分星地协同监测与预报关键技术研究”，合作开展大气排放源清单本地化工作、星地协同优化污染源时空分配模型等工作，为珠三角精细化的大气成分（空气质量、霾雾）业务预报提供了技术支撑。

专业气象预报业务　继续开展林业、海洋、水利、交通、电力、旅游等气象服务，完善水文气象服务业务，组织成立暴雨诱发中小河流洪水和山洪地质灾害气象风险预警服务试验业务领导小组，研究部署中小河流洪水和山洪灾害气象风险预警服务试验业务工作，以及风险普查试点工作。组织编写了《广东省开展暴雨诱发的中小河流洪水和山洪地质灾害气象风险预警服务试验业务技术方案》，收集各地调研和灾情数据，确定中小河流洪水、山洪地质灾害风险指标阈值，建立一套由基础数据库、面雨量监测与预报方法、致灾临界条件以及风险预警模型组成的业务技术体系。

【科技创新体系建设】

区域数值天气预报重点实验室　2012年3月

12日，中国气象局与广东省人民政府签署《关于加快气象现代化试点省建设合作备忘录》，明确提出建设“区域数值天气预报国家重点实验室”的目标。省气象局举全局之力，依托中国气象局广州热带海洋气象研究所，联合广东省气象台、广东省气象信息中心和深圳局等单位积极组织申报，9月，广东省区域数值天气预报重点实验室得到立项批复；12月，中国气象局区域数值天气预报重点实验室得到立项批复。该重点实验室将逐步开展热带区域和精细化数值天气预报理论和相关技术研究工作，建立具有热带区域特色的数值模式理论体系和有自主知识产权的技术方法。

突发灾害性天气应急研究中心　2012年，省气象局依托中国气象局广州热带海洋气象研究所和广东省气象局业务直属单位的主要科技力量，建设突发灾害性天气预报预警技术创新体系。召开了突发灾害性天气应急研究中心启动会，就项目组织形式、主要研究任务、经费及考核目标分配等进行详细讨论，并就总体任务进行方案部署，组织成立了广东省灾害性天气应急研究中心理事会和专家委员会。

科技创新团队　加强省气象局科技创新团队管理，组织召开团队咨询会、研讨会及年度考核会，以需求为牵引，引导团队围绕广东气象现代化业务发展中的关键科学技术问题开展研究，促进科技成果向业务服务能力转化。加强创新团队内部、团队之间的交流与合作，建立科技研发支撑业务需求、业务反馈提升科研能力的常态化合作机制。

科学研究试验基地　进一步做好茂名博贺海洋观测平台建设，相继建设了海气界面能量交换观测系统、海陆气能量平衡观测系统。通过对观测系统的完善，加强了高风速条件下海气界面通量交换特征的观测能力，为研究登陆台风边界层对台风强度的影响提供第一手观测资料，有利于获取南海近海这一海陆交界地区的能量交换的长时间序列观测数据。开展了从化雷电野外试验基地科学试验和业务应用研究。2012年度夏季试验全程历时129天，共发射火箭11发，成功引雷2次，参加试验人员约50人，参加单位主要由相关科研机构、各大院校和企业等组成。

【气候与气候变化】

极端天气气候事件的监测预警　完成《热带气旋极端事件监测指标研究报告》和极端天气气候事件监测业务系统2.0版本地化，开展广东省热带气旋极端事件监测指标的完善以及业务系统建设工作，建立了基于标准化先前降水指数SAPI的广东省现代农业气象干旱监测评估方法，在气象干旱逐日监测业务中投入使用，逐日制作发布全省干旱监测图，为全省气象干旱监测、评估业务提供基础资料。

现代天气气候业务改革　继续深化现代天气业务改革，研究制定了广东省三级业务布局和岗位设置的方案，确定了省级指导、市级联动、县级服务为主的三级业务体系。积极开展预报技术研究和业务应用，开发短时临近预报系统（SWAN）网络版、网格编辑订正平台（GIFT 1.0），开展灾害性天气监测预警移动应急响应系统（WHISPER，风铃）研究，编制《大城市精细化预报服务业务实施方案》《海洋气象精细化预报业务实施方案》。

推进气候业务科技创新，完成国家级气候预测业务系统和方法的本地化任务，结合华南区域特色，整合现有的省级气候预测业务平台，建立并完善月内、月、季省级多时间尺度、动力与统计相结合的预测业务平台。开展定量化气候灾害风险评估，暴雨诱发的中小河流洪水风险预警服务试验业务，广东省热带气旋、暴雨洪涝、寒冷灾害和干旱等主要气象灾害的气象灾害风险区划等工作。

低碳试点省建设　依托粤港政府合作联席会议，签署政府层面《2012年粤港应对气候变化合作计划》，与港澳共建极端气候事件信息交流机制，联合编制《粤港澳气候变化评估报告》。主持编写《广东省应对气候变化“十二五”规划》和《广东省应对气候变化规划思路研究》。编制完成《2011年度省农田温室气体清单》。引进开发温室气体源汇反演评估模式Carbon Tracker，分析珠三角大气成分站多种温室气体分布，以广州和深圳为代表开展“珠三角地区CO_2和CH_4的时间分布特征及差异分析研究”。

开发利用气候资源能力建设　充分利用广东省风能资源详查及评估工作成果为相关企业提供

风能资源开发服务，与南方电网等单位签订“珠海桂山海上风电项目台风专题研究”合同，正式启动本省第1个海上风电台风专题项目研究工作。针对广东沿海山地典型地形，利用GRAPES中尺度模式对广东沿海代表地区的风电功率预报已取得突破性进展，在专项综合评估中各项技术指标处于前列。

气候可行性论证业务能力和社会管理职能建设　编制完成了《城市暴雨强度公式计算技术指南》和《城市热岛效应评估技术指南》。积极推进气候可行性论证社会管理，制订《广东省气候可行性论证管理规定》初稿，并多次召开修改讨论会、编写论证会，从法理与气候专业的角度进行了完善与修改。

温室气体监测评估体系建设　对番禺大气成分物理与化学实验室、东莞气象局观测站的CO_2观测系统进行了标气、流量、水汽的检测和订正试验，为建立本区域温室气体的制备—标定—分级传递的集成技术标准体系提供了操作流程与技术路线。推进温室气体监测体系建设，初步引进了碳源汇反演模式系统，为进一步研究珠三角地区温室气体源汇分布及其输送机制打下了基础。

【科技成果与奖励】　2012年，全省气象部门共发表核心期刊科技论文78篇，申请国家发明专利2项；“珠江三角洲光化学烟雾污染预报预警系统研究”“广州亚运会一体化气象预报服务系统”“热带资料同化技术的业务应用开发”3个项目获得2012年度广东省科学技术奖三等奖；“实时气象信息显示系统的示范推广”项目获2011年度广东省农业技术推广奖一等奖，“面向农业防灾减灾的气象信息整合与快速发布”项目获广东省农业技术推广二等奖；“热带资料同化技术的业务应用开发”获得2012年广州市科学技术三等奖。

继续探索与完善科技成果转化管理。“基于标准化前期降水指数的气象干旱逐日动态监测指标”“广东省现代农业气象业务系统”2项成果进入业务化运行，“NCEP再分析资料处理和图形应用平台”等5项成果进入业务试运行阶段。由省气象局科研重点项目资助的气象局新版业务内网已推出测试版，并为各市气象局提供本地化网页。

【科技交流与合作】　2012年9月14日，广东省人民政府和香港特区政府在广州举行粤港合作联席会议第15次会议，粤港双方政府签订了《数值天气预报技术长期合作协议》。根据协议，粤港双方会加强数值天气预报方面专业知识和技术的交流，并开发同一验证平台，以评估模式预报性能及各种气象数据对数值模式的贡献，促进双方技术发展和业务应用。

推进局校合作，建立中国气象局广州热带海洋气象研究所与中山大学、暨南大学教学与科研合作基地。华南区域气象中心大气成分综合观测基地位于广州番禺雷达站，包含中国气象局大气成分业务观测站（主站）、中国气象局广州热带海洋气象研究所大气物理与大气化学实验室，其目标主要是监测区域大气成分要素的演变过程和特征。

【科普宣传】　2012年11月21日，由中国气象局公共气象服务中心、中国气象局气象宣传与科普中心、华风气象传媒集团联合主办的大型系列科普考察活动——“应对气候变化中国行”考察在广州启动。考察成员从广州出发，到中山、阳江、茂名、湛江进行考察，通过走访海洋观测站了解海平面上升监测情况，并走到沿海居民家中，了解气候变化对他们生活产生的影响，同时，考察成员还考察了低碳企业园区、风力发电企业，了解广东省在开展低碳举措和发展清洁能源方面的情况。在阳江和茂名，考察团走访了台风登陆点，研讨防台举措和防灾减灾意义；在湛江，实地查看了海平面上升对红树林生长的影响。

（广东省气象局科技与预报处　王桂娟）

地　　震

2012年，是广东省地震局承担省部共建重点实验室建设的第1年。广东省地震科技工作继续围绕着贯彻落实全国地震科技大会精神、《国家地震科学技术发展纲要（2007—2020年）》以及地震工作“十二五”规划的内容，建立健全“监测预报、震灾预防、应急救援和科技创新”的防震减灾“3+1”工作体系，继续加大对地震科技的资金人力投入力度，提升地震科技对防震减灾事业的支撑和引领作用。在地震科技创新和应用、地震科技成果转化和服务方面的能力持续保持提升态势，地震速报、地震预警和紧急处置等技术研发取得新进展，地震科技工作继续在全国处于领先水平。

【科技项目管理与实施】 2012年，省地震局加大科研项目申报力度、推进科研项目工作进度及成果管理，全年共组织申报科研项目8项，获得中国地震局和广东省支持共4项，经费共约430万元。广东省与中国地震局共建项目“广东省地震监测预警技术与重大工程地震安全诊断重点实验室”、中国地震局“地震监测与减灾技术重点实验室”开始建设，省重点科研项目“地震预警与自动速报技术研发”和省国际合作项目“粤港澳地区地壳三维结构成像及地震精定位研究”积极推进。

2012年，省地震局承担的广东省科技计划项目“四川汶川特大地震发震与成灾机理探索及广东省的减灾对策研究”通过了验收评审。评审专家组认为该研究项目技术路线清晰，目标务实，并对已完成的《广东省房屋抗震加固指南》和《广东省地震地质灾害分布图》成果给予高度评价，推荐列入广东省“科技惠民计划”。该项目在对汶川8.0级的地震震灾特点和成灾机理深入研究的基础上，抓住广东省在震灾防御方面存在的薄弱环节，通过6个专题的深入分析，取得了多项实用性成果。

1．通过汶川8.0级地震发震断裂特征和广东地区活动断裂相似性研究，对与汶川8.0级地震发震断裂相似的广东地区活动断裂的活动能力和强度进行了分析和评价，对广东省未来中强地震的发生地点有了更清晰的认识。2．在对汶川8.0级地震的地震地质灾害现象考察和对地震地质产生机理研究的基础上，结合广东省已有的研究工作，编制出《广东省地震地质灾害分布图》，可以指导广东省的土地规划和工程建设。3．根据广东省老旧房屋类型、现状和存在的问题，编写《广东省房屋抗震加固指南》，把房屋抗震性能鉴定和加固技术融合为一体，非常适用于广东省城市老旧房屋鉴定和加固。4．在对广东省桥梁工程的分布、现状和病害分析的基础上，较全面地评价了广东省主要桥梁的抗震能力和易损性，对广东省桥梁工程的抗震加固和震灾防御具有重要指导意义。5．针对广东省农村自建房存在的问题和不足，在对比分析其震害的基础上，提出合理的设计和施工方法，编写了《广东省农村民居房屋抗震实用技术指南》，以指导农村房屋抗震设计和施工。6．在对广东省地震构造和潜在震源区危险性研究的基础上，对广东省及华南地区的地震形势进行了重新分析和研判，对广东省抗震防灾和应急准备具有指导意义。

【科技基础条件建设】 2011年12月，由中国地震局与广东省政府共建、目前全国地震系统中唯一设置在省地震局的重点实验室“地震监测与减灾技术重点实验室”正式挂牌成立。2012年是该重点实验室建设的第1年。为保证重点实验室的稳定健康发展，省地震局从软硬件两个方面，对实验室的建设给予大力支持。制定了《地震监测与减灾技术重点实验室管理办法（试行）》，成立了重点实验室管理委员会；在办公条件较为紧张的情况下，优先保障了重点实验室发展的场地需求，并对重点实验室的工作场所环境进行了改造升级。利用建设重点实验室的机遇，建立有利于地震科技成果转化应用的管理措施，制定了《广东省地震局科技成果激励奖励办法（试行）》等系列措施。

【科技人才培养】 2012年，为加强管理队伍和专业技术队伍建设，提高科技队伍的专业结构，省地震局完成公开招聘9人，其中应届毕业生4人、社会在职5人；调入研究员1人。根据工作需要，聘用中级职务11名、初级职务4名，认定工程师资格1名。完成2012年度专业技术资格评审，其中5级岗位4人、6级岗位4人、8级岗位5人、9级岗位11人、11级岗位6人。推荐1人为2012年享受政府特殊津贴候选人，3人为广东省重大行政决策咨询论证专家人选，1人为中青年科技创新领军人才人选，1人为地震灾害高级评估师。有3人取得本科学历、2人取得大学专科学历，1人在国外攻读博士学位、1人攻读国内在职博士、3人攻读硕士学位。

继续加大干部职工教育培训力度，采用派出培训、联合办班、自办班和网络学习等培训形式，提高干部素质能力。2012年8月，省地震局举办第2期“全省地震系统干部能力提升班”，该培训在第1期培训基础上加以创新，采取“一期三站”式培训。第1站是在省委党校进行理论素养、专业知识培训；第2站是在阳江市召开现场会进行实地观摩、现场授课；第3站是在国家地震紧急救援训练基地进行应急管理专题培训，参训人员达130人。利用“三站”不同平台，安排不同的培训课程，通过上课、实践、研讨、考察四位一体的培训方式，实现教学内容、形式上的创新，学员普遍反应良好。通过培训，使参训的省、市、县（区）三级防震减灾工作管理人员政治素质、业务素质、管理能力得到增强，这对于提高广东省防震减灾社会管理与公共服务能力将起到积极作用。此外，省地震局还积极开展自办班，组织“远震震相与典型震例分析”“地震观测系统的标定与检查”2个自办培训班、1个讲座，参加人数90人次。

【科普宣传】 2012年3月16日，省地震局联合深圳、江门、阳江、汕尾等市政府及中广核集团有限公司启动了为期一周的“地震与核安全科普宣传活动”。科普宣传人员起草编写《地震与核安全知识手册》地震常识部分，还派技术人员带上应急包、应急通信设备等到活动现场进行地震知识宣传。这次活动对增强民众防震减灾意识，形成正确的舆论导向，加快陆丰核电建设具有十分重要的意义。

2012年4月，省地震局与广州市越秀区关心下一代工作委员会商议，由省地震局提供资金和设备，广州市越秀区中小学生综合实践教育基地（四会）提供场地，共同建设地震科普馆。该馆于2012年10月30日施工完毕，对推动地震科普宣传教育工作具有标志性意义。

2012年，省地震局参加了由广州市科信局主办，在广州市第六中学举行的“2012年广州市科技活动周开幕式暨‘2012科学使者校园行’”活动。省地震科普馆联合省科协、省教育厅等单位，在广州市第五中学举办2012年广东省“全国科技周暨防灾减灾日科普宣传周”活动启动仪式。积极参加省地震科普馆联合广州市教育局、广州市科信局、海珠区教育局以及海珠区科信局等单位，在广州市海珠区少年宫举办的“2012年广州市防震减灾科普教育活动暨海珠区‘小海豚’科技节开幕式”。

2012年5月12日是第4个全国“防灾减灾日”，5月7—13日是第2个“防灾减灾宣传周”。为提高城乡居民防灾减灾意识和避险救助能力，推进《全民科学素质行动计划纲要》的全面实施，省地震科普馆于防灾减灾周期间免费向社会公众开放。该馆作为“印象黄花”参观游览活动的其中一站，积极与广州市越秀区黄花岗街道党工委合作，做好地震科普宣传工作。截至2012年年底，该馆共接待团体约40批次，进馆人数超过3万人。2012年，该馆被列入省直机关第1批关心下一代工作活动基地。

2012年年初，省地震局开通了“南粤防震减灾”微博，主要用于实时发布地震信息，宣传地震科普知识，答疑解惑。该微博自开通以来，不到一年时间，粉丝人数已经超过3万人，大大地提升了地震信息发布的速度，成为了地震科普宣传的新阵地。

此外，省地震局还配合有关部门参加了多次户外宣传活动。组织并指导全省各地开展防震减灾知识宣传活动，派出专家赴各地、各部门讲授防震减灾及应急避震知识数十场次，指导各地中小学校开展应急疏散演练百余次，向全省各地印发了大量应急避震宣传画报。各市县地震部门也组织了各种形式的地震科普宣传工作。

【科技交流与合作】

“广东省地震重点监视防御区县级以上城市建（构）筑物抗震性能普查”项目成果验收会 2012年10月9日，省地震局召开“广东省地震重点监视防御区县级以上城市建（构）筑物抗震性能普查”项目成果验收会。该项目是广东省防震减灾“十一五”重点项目之一，省市总共投入近2 000万元，完成了全省地震重点监视防御区13个地级以上城市57.33万栋、12.61亿平方米建

（构）筑物的抗震性能普查工作任务，建立了包含57万余条记录的普查数据库和信息展示系统。通过全面分析这些普查数据，能够了解各类型建（构）筑物的抗震性能水平及其分布，为旧城改造、城市规划、地震应急等政府决策提供依据。

省部共建地震监测与减灾技术重点实验室学术委员会第1届会议　2012年12月1日，省地震局在广州组织召开了省部共建地震监测与减灾技术重点实验室学术委员会第1届会议。中国地震局科技司、省科技厅领导出席了此次会议。会议还邀请了美国巨灾风险模型公司EQECAT、深圳爱科通电子有限公司等专家列席。学术委员会15位委员中11人到会，省地震局重点实验室管理成员全体到会。学术委员会委员听取了重点实验室的工作汇报，审议了重点实验室2012—2014年工作规划，对重点实验室拟申报国家科技进步奖的成果进行了初步鉴定，对省部共建重点实验室的下一步工作进行了深入探讨。

2012城市地质环境与可持续发展论坛　2012年12月4—5日，省地震局协办的“2012城市地质环境与可持续发展论坛”在香港举行，该论坛由中国工程院土木、水利与建筑工程学部，中国地质调查局，教育部城市环境与可持续发展联合研究中心和香港大学主办。此次论坛收到100多篇论文和摘要，邀请了15位中外院士和专家做特邀报告。中国地震局组织了24人的代表团参加此次论坛，省地震局负责组织召集论坛特别报告分会场。会场共有6个交流报告，涉及地震预警、抗震设防、地震灾害评估、地震保险、砂土液化、地震孕育等问题。

【重点成果推广】　2012年，数字地震台网信息实时处理和地震自动速报系统成果在国家、省、市级和重大工程地震台网及援外台网被广泛推广应用，效果良好。

1．在国家地震台网中心、国家地震速报备份中心的应用。数字地震台网实时处理和地震自动速报系统（JOPENS）作为我国地震观测数据与信息传输共享的核心软件，部署在中国地震台网中心，负责接收全国31个地震台网的台站数据，通过流服务器实现全国波形的交换，实现全国地震台站、省级地震台网、国家地震台网之间的波形共享。通过消息服务器实现了速报数据、地震编目数据的交换与共享，实现了全国统一编目，产出了快速的地震目录。148个国家台站也部署了JOPENS地震台站数据处理软件，负责分析全球范围内的地震。系统还部署在国家地震速报备份中心，使我国首次实现了全球尺度的地震自动速报的实用化，速报结果通过速报信息发布平台上报到国家地震台网，并通过网页、手机短信自动发布，显著提高了我国的地震速报速度。

2．在省级地震台网的应用。全国31个省级区域地震台网部署应用了JOPENS系统，各台网利用流数据管理系统共享了周边省份的台站数据，同时使用JOPENS的人机交互分析软件，完成地震监测、地震速报、地震目录编辑等任务。通过自动定位与人机交互的相结合，实现人工快速速报，通过统一编目系统对交界地区的地震或国内5级以上地震联动分析，通过自动速报共享平台接收国家地震速报备份中心的自动定位结果。在JOPENS推广中，对全国31个省级区域地震台网的台网人员进行了4次大型培训，同时经过5年的持续维护，为各个台网培养了一批系统管理和分析人员。

3．在市县市级地震台网的应用。JOPENS系统部署在江苏、广东、广西、山东等省、区多个市县市级地震台网中，地方级台网与省级地方台网的互联共享，增强了地震监测范围和精度，市县市级地震台网也及时共享了地震速报参数。

4．在重大工程地震台网的应用。JOPENS系统部署在金沙江梯级电站水库、黄河梯级电站水库、新丰江水库、龙滩水库等水库监测台网中；长江三峡水库地震诱发监测系统也应用了JOPENS系统中的流数据传输系统，为国家重大工程建设和安全做出了贡献。

5．在援外台网的应用。JOPENS系统通过国家援外项目，推广到印度尼西亚、阿尔及利亚、巴基斯坦、萨摩亚等国的国家级地震台网，为整体外交做出了贡献。

（广东省地震局　张　项）

建　设

2012年，全省建设科技工作以科学发展观为统领，紧紧围绕“加快转型升级，建设幸福广东”这一核心和城乡建设重点工作，科技支撑产业结构调整和增长方式转变的能力、建设科技管理水平进一步提高，企业和科研机构对建设科技的投入明显增长，建设工作逐步走上科学发展的轨道。

【科技项目管理】 2012年度，省住房和城乡建设厅审核推荐2012年住房和城乡建设部科技计划项目87项，全省共有56个项目被批准列入计划。审核推荐省科技产业技术与研究开发入库项目2项，省重大科技专项6项。

【科技成果与奖励】 2012年，省住房和城乡建设厅组织完成各类建设科技成果鉴定288项，其中“超高密肋箱型钢管柱混凝土浇注施工关键技术”等2项达到国际领先水平，“大抗拔力可滑移球铰支座”等17项达到国际先进水平，“大面积厂房高次超静定空间网架整体吊装施工技术”等162项达到国内领先水平，“复杂地质条件下大型沉井下沉施工技术”等90项达到国内先进水平，达省内领先水平的12项，达省内先进水平的5项。完成住房和城乡建设部科技项目验收4项。

重点推广14项新型墙材、建筑节能材料与应用技术、施工技术与应用等方面的“四新”成果，使传统行业科技水平显著提高，建筑业、房地产业、市政公用行业科技进步贡献率明显提高。

全省建设系统共有10项成果获2012年度广东省科学技术奖，其中“城市地下空间结构耐久性评估及剩余寿命预测技术研究”等2项获二等奖，“广州快速公交系统模式及关键建设技术研究”等8项获三等奖。全省共有23项成果获2012年度华夏建设科学技术奖，其中“降低大型公共建筑空调系统能耗的关键技术研究与示范”等2项获一等奖，“珠江三角洲城乡规划一体化规划”等7项获二等奖，“大型公共建筑场馆施工关键技术研究与应用”等14项获三等奖。

项目名称：城市地下空间结构耐久性评估及剩余寿命预测技术研究

获奖情况：2012年度广东省科学技术奖二等奖

完成单位：广州市建筑科学研究院有限公司、广州地铁设计研究院有限公司、广州市建筑科学研究院新技术开发中心有限公司等

该项目以广州市地铁工程及九号工程为依托，系统开展城市地下空间结构耐久性评估及剩余寿命预测的关键技术研究，取得了以下关键技术及创新点：1．应用弹塑性力学理论，建立了混凝土保护层钢筋锈蚀膨胀开裂寿命预测模型，推导了城市地下结构钢筋混凝土锈胀开裂寿命预测理论计算公式，解决了钢筋混凝土从钢筋锈蚀发生到保护层开裂的第2阶段寿命预测计算难题；2．试验确定了地下结构受氯离子侵蚀的混凝土钢筋表面氯离子浓度临界值，给出了地下结构耐久性混凝土优化配合比基本设计要求；3．提出了受碳化侵蚀、氯离子侵蚀和硫酸盐侵蚀的城市地下结构剩余寿命预测方法；4．针对广州地下结构耐久性破坏主要环境因素，对环境侵蚀强度等级进行了合理划分。

项目已发表学术论文11篇，出版专著1部，获得专利1项，部分研究成果被广东省标准《城市地下空间检测监测技术标准》及《城市地下空间开发利用规划与设计技术规程》采纳。项目研究成果已在广州市人防九号工程、广州市地铁工程、广州珠江新城地下空间工程、长沙市地铁工程等10几项地下工程中得到应用，累计新增产值9 600多万元，节支总额5 900多万元。研究成果有效解决了城市地下工程的耐久性保障和耐久性预测等技术难点，大幅提高了地下结构混凝土的耐久性，减少了结构的修补及拆除，提高资源利用率，减少碳排放，社会效益和经济效益显著。

项目名称：珠江三角洲城乡规划一体化规划

获奖情况：2012年度“中国城市规划设计研究院CAUPD杯”华夏建设科学技术奖二等奖

完成单位：广东省城乡规划设计研究院、广东省城市发展研究中心、广州市城市规划编制研究中心、深圳市规划国土发展研究中心

为贯彻实施《珠江三角洲地区改革发展规划纲要（2008—2020年）》，2009年年初，广东

省委、省政府提出进一步开展城乡规划、基础设施、环境保护、产业发展、公共服务五个一体化规划的部署。《珠江三角洲城乡一体化规划》是《珠江三角洲地区改革发展规划纲要（2008—2020年）》配套的五个“一体化规划”之一。该项目以加强环境再造，促进发展转型，共建低碳化、一体化发展的世界级绿色城镇群为主线，围绕形成精明增长的绿色城市格局、重塑田园围城的绿色乡村格局、营造健康而有品味的绿色生活格局、构建高级化集聚化的绿色生产格局四大目标，从区域协作、城市转型、乡村整治、环境再造和产业升级五大方面，提出了推进区域外拓、打造宜居湾区、培育阳光海岸、促进都市圈合作、营造区域公交网、推动中心活化、建设新市镇、加快城中村改造、实施万村百镇整治、构建区域绿道网、打造人文珠江、建设洁净家园、完善区域物流网、培育千亿产业板块和建设区域创新发展带15项建设任务。首次提出“区域绿道”建设理念，揭开珠三角乃至全国范围内绿道建设的序幕。

【工程建设标准化建设】 2012年，省住房和城乡建设厅逐步完善建筑节能技术体系并建立与之配套的标准规范体系，发布了《〈民用建筑能耗和节能信息统计报表〉广东省实施细则》《〈国家机关办公建筑和大型公共建筑能源审计导则〉广东省实施细则》《既有民用建筑节能改造技术规程》3项广东省工程建设地方标准，下达了《铝合金模板技术规范》等11项工程建设地方标准的编制（修订）任务。这些建设标准的颁布与实施，促进了城乡建设科技进步，规范了市场行为，确保了工程安全质量，推动了全省城乡建设事业的发展。

（广东省住房与城乡建设厅　刘　映）

电　力

【科技投入与技术攻关】 2012年，广东电网公司坚持科学发展观，以南方电网方略为统领，以公司科技创先为契机，组织开展了一大批科技攻关项目，努力提高广东电网的科技含量，增强驾驭大电网的能力，实现了电网安全稳定运行，为广东经济持续发展做出了重要贡献。广东电网公司主要在增强驾驭大电网能力、智能电网、节能减排研等方面重点开展科技研究。

为了增强驾驭大电网能力，广东电网公司组织开展了“百兆级动态无功补偿装置（STATCOM）关键技术研究及应用”“提高GIS运行可靠性关键技术研究及应用”“500kV输变电设备带电水冲洗技术研究及工程实践”“柔性备自投关键技术及其标准化体系研究”“智能通信网全程管控系统”等项目的研究。

在智能电网建设方面，广东电网公司组织开展了“智能配电网自愈控制技术研究与开发”“主动配电网的间歇式能源消纳及优化技术研究与应用”“电动汽车运营系统关键技术研究与应用”“MW级燃气轮机分布式冷电联供与示范研究”“3C绿色变电站智能关键技术研究与实践”“配电网智能化关键技术研究及应用”等项目的技术攻关。

在节能减排方面，广东电网公司组织开展了“生物质直燃发电关键技术研究及工程实践”“节能发电调度环境下广东电网经济调度相关理论研究”“火电厂SCR烟气脱硝系统安全经济运行关键技术问题研究”“高性能加氢变压器油研制及其应用研究”等项目的技术攻关。

【重点科技项目】

百兆级动态无功补偿装置（STATCOM）关键技术研究及应用　该项目由广东电网公司组织开展，属于“十一五”国家科技支撑计划重点项目。项目主要热点包括：

1. 解决了链式STATCOM在星接和三角接线两种方式下的所有关键控制技术，主要包括负荷动态无功补偿控制技术、谐波抑制技术、不平衡负荷补偿控制技术、系统电压、无功及潮流控制技术等。

2. 解决了35kV链式STATCOM的主要控制技术，主要包括脉冲调制技术、直流电压均衡技术、电流跟踪控制技术等。研究集控制与保护于一体，可实时监控电压、电流、温度等，也可实现对短路等严重故障的可靠检测及处理，还可实现对单元内水冷散热器漏水的检测。

3．采用单个阀组单元旁路方案，可实现不停机动态切换，切换时间在10ms内，自动实现对各相电压的平衡控制；阀组单元采用密封式模块化设计，防护等级达到IP54；STATCOM由6个变流链组成，每相由2个变流链并联组成，每个变流链由26个链节组成，可输出电压为35kV，容量达到±200MVA。

4．确定35kV/±200MVA链式STATCOM的系统控制策略，提高动态无功支撑，加速故障后的电压恢复，减少低压释放负荷，提高暂态电压稳定性，防止电压崩溃事故。

5．解决了35kV/±200MVA链式STATCOM的防误策略技术，在稳态调节时杜绝出现对系统反作用的措施，以及杜绝对阻尼振荡反作用的措施和通讯异常时的控制策略。

该项目已申请专利32项，其中发明专利6项、实用新型专利24项、软件著作权2项；按照南网企业标准的要求修编了南方电网公司4个STATCOM相关技术规范；发表了科技论文23篇；编制了STATCOM技术丛书6分册。为推广应用STATCOM技术，南方电网于2012年9月28日下发了《关于开展广东电网STATCOM动态无功补偿设备配置方案及工程可行性研究的通知》。

提高GIS运行可靠性关键技术研究及应用

广东电网GIS设备共3 253间隔，2009—2011年发生事故23起，严重影响了电网安全。该项目构建了GIS设备的品控体系、运行维护体系、攻克了局部放电检测系统标准化与标定难题，有效地遏制了GIS事故频发的严峻态势。2012年实现了GIS设备重大（紧急）缺陷率同比下降12.9%，事故率大幅下降54.5%，切实降低GIS运行风险，提高了供电可靠性，成效显著。项目主要研究内容包括：

1．建立GIS设备品控体系。编写南方电网公司110～500kVGIS设备技术规范及关键环节管控标准，从设备准入、监造、安装验收等环节，开展了零部件抽检、关键点见证，在交接验收试验过程中广泛开展了局部放电检测，共发现117起设备试验不合格。

2．建立运行维护体系。修编电力设备预防性试验规程，明确GIS设备预试定检要求；开展提高GIS运行可靠性专项工作，对重点设备开展专项普查，及时发现并处理设备隐患35起。

3．局部放电检测系统标准化研究。针对目前局部放电检测系统标准缺失导致量纲混乱问题，研究并提出标准量纲，编写电力行业标准，引领局放检测技术规范发展。

4．局放检测标定体系研究。建立GIS局部放电检测系统标定平台，解决检测系统无法量化评价的难题。开展检测系统性能评价，提升检测设备可靠性。研究局部放电信号传播特性，建立传感器配置方案专家库，并根据工程实际需求给出优化配置建议及策略。

5．针对变电站复杂电磁环境，研究检测抗干扰技术，研制具备优良抗干扰性能的局部放电检测设备，提升局放检测准确度。

6．建立状态监测体系。提出GIS设备状态评价方法，广泛开展局部放电带电测试与在线监测，实现了关键GIS设备运行状态实时监测，大幅提升了设备状态监测及评估水平，有效发现GIS设备缺陷26起，解体确认了100%。

项目成果申报国家专利25项，其中已授权专利9项（发明专利4项、实用新型专利3项、软件著作权2项），实审中的发明专利4项；编写专著1部；发表论文16篇（SCI收录论文1篇、EI收录论文5篇、中文核心期刊论文8篇）；主持编写电力行业标准1份，参与编写电力行业标准2份、企业标准27份。

2011—2012年，利用本项目成果，开展了GIS设备关键环节品质控制、检测系统标定及推广应用，有效杜绝了缺陷产品投运，大幅提升了GIS设备状态监测及评估水平，降低了GIS设备故障率，明显提高了设备可靠性。2012年同比2011年广东电网公司GIS设备事故降幅达54.5%，设备可用系数从99.92%提升为99.996%，设备非计划停运时间比2011年下降了65.48%。

生物质直燃发电关键技术研究及工程实践

该项目由广东电网公司组织开展，结合理论研究、试验研究及设备研发，攻克了诸多生物质直燃发电的关键技术难题，进行了世界首台50MWe纯烧生物质直燃发电机组工程化实践，至项目结题时该机组仍是世界单机容量最大的纯烧生物质直燃发电机组。项目主要研究内容包括：

1．设计、制造了世界首台单机发电容量

50MWe高温高压纯烧生物质直燃发电机组锅炉，研究生物质锅炉电站高参数大型化技术，并通过工程实践及关键技术的应用实现了该机组满负荷、安全、经济、高效运行，为我国及世界生物质直燃电厂建设及运行提供了宝贵经验。

2．研究开发大型生物质直燃锅炉优化运行指导系统。根据生物质电厂锅炉运行及试验数据，以经济性指标和污染物排放为最优目标，开发生物质电厂优化运行系统，为运行人员的现场操作提供运行指导，指导电厂的连续长期节能降耗。

3．研究生物质锅炉碱金属迁移及生物质燃烧聚团的机理，项目实施过程中发明了一种多孔膜结构生物质锅炉抗结焦抗腐蚀剂，能够解决目前生物质燃料在燃烧过程中容易结渣及高温腐蚀问题。

4．研究生物质锅炉给料系统均匀、稳定给料技术及可靠下料技术，开发生物质燃料循环流化床锅炉落料口一体化落料装置，开发新型防架料、防堵塞生物质料仓。解决了困扰生物质直燃发电的料仓架拱、堵料问题，以及给下料不稳定导致的负荷不稳问题，并解决了给料系统烟气反窜导致的火灾隐患问题。

5．深入研究了生物质的燃烧特性、结渣特性、灰熔点特点、污染物排放规律、飞灰含碳量分析方法，并对生物质电厂碳排放进行全生命周期分析研究。开发建立了大型生物质燃烧特性数据库，形成生物质燃烧及排放特性查询及预测软件系统和生物质发电碳排放计算系统，为生物质锅炉设计及运行提供了基础数据。

6．自主研发世界先进水平的可分级配风循环流化床生物质直燃试验台架，并通过该装置进行科学试验。解决了缺乏半工业规模的可分级配风生物质中试试验装置问题，为生物质直燃科学试验及验证奠定了基础。

项目成果已应用在湛江生物质直燃发电工程，并推广应用到中国最大的生物质直燃发电集团——国能电力集团，大幅提高了机组运行的安全性、经济性，为企业每年创造直接经济效益达8 000万元，全面推广应用后每年将创造6亿元以上的经济效益，项目应用前景极为广阔。

500kV输变电设备带电水冲洗技术研究及工程实践　该项目由广东电网公司组织开展，属于输变电设备带电作业技术领域。项目研究突破了500kV输电线路和变电设备带电水冲洗重大技术难题，建立了带电水冲洗技术体系，研制了分别针对500kV输电线路和变电设备的带电水冲洗装备，已成功应用于电网防污闪工作。项目主要研究内容包括：

1．研究了带电水冲洗水射流力学特性及带电水冲洗清洗效率，明确带电水冲洗射流参数配合。

2．500kV输变电设备带电水冲洗绝缘特性及安全监视研究，提出安全水柱长度和不同条件下设备冲洗方式配合。

3．提出适合500kV输变电设备安全可靠冲洗方法。

4．500kV输电线路带电水冲洗装备研制及作业工艺研究，开发适合各类型500kV输电线路杆塔的带电水冲洗装备；500kV变电设备带电水冲洗装备研制及作业工艺研究，开发满足500kV变电设备带电水冲洗需求并可自动冲洗作业的装备。

5．输变电带电水冲洗工程实践，验证技术与装备可靠实用性。

项目申请国内专利20项，其中发明专利13项（1项授权、5项实审）、实用新型专利7项（4项授权），编制国家电力行业标准2项（《500kV输变电设备带电水冲洗作业技术规范》和《电力用车载式带电水冲洗装置》）、广东电网公司输电线路和变电设备带电水冲洗作业实施细则等企业标准5项。以中国工程院李立涅院士为主任委员的鉴定委员评价认为，该成果对500kV输变电设备带电水冲洗技术开展了系统和全面的研究，实现了工程应用，研究成果达到国际领先水平。

广东电网AVC功能建设与应用　该项目由广东电网公司组织开展，以南网中长期发展规划“两个转变”的战略路径为指引，广东电网结合智能电网发展的趋势，在智能调度领域开展智能优化控制技术的应用推广，以解决无功电压运行和管理问题。

项目自2009年开始，科学、有序、稳步推进了全省电压无功智能优化控制技术实用化改造，全网共1211座变电站、32座电厂投入AVC闭环控制，涵盖110kV及以上所有电压等级，AVC厂站覆盖率超过81%，工程总体规模在全国处于领先水平，实现了省网和19个地区供电局电压无功智能化实时控制，有效提升了电网安全经济运营水平。项目的主要创新点包括：

1．AVC以母线电压合格为优先控制目标，动态分层分区从电网全局角度进行协调优化，实时追踪系统电压变化情况进行自动控制，确保调控准确及时，提高了受控站的电压合格率。

2．AVC充分考虑了各种量测、设备异常，以电网安全和设备安全为约束，程序化的控制降低了调度监控人员人工调节误控的风险，极大地减少了调度监控人员人工调压的工作量。

3．AVC基于主站系统实现，数据来源于主站SCADA系统的全网实时数据，策略控制也是通过SCADA系统的遥控功能来实现，不需要增加任何硬件设备，通过增加和扩充EMS系统软件功能和应用集成从而实现区域电压无功控制。

项目结合试点经验，形成企业标准《南方电网自动电压控制技术规范》，发表工程实践论文8篇，申请专利1项。在3年的实用化改造及应用中，项目取得了显著的社会效益及经济效益：

1．项目实现的智能化实时控制确保了全网电压调控及时准确，提高了全网电压合格率。2010—2012年全网AVC受控站平均电压合格率为99.75%，比全网A类电压合格率高出2.46%。随着AVC厂站覆盖率的提升，全网A类电压合格率明显提高，由2010年的95.86%提高至2012年的98.33%。

2．智能化实时控制降低了人工操作误控的风险，提高控制的安全可靠。2009—2012年，全网AVC累计自动控制次数为728万次，AVC动作正确率100%，极大减轻了调度监控人员的调压工作强度，使得调度监控人员可以集中精力监控电网运行情况，提高了安全生产效率和可靠性。

3．智能化实时控制解放了调度监控人员生产力，在提高无功电压调控水平的同时，减少了监控、运维人力成本投入和电网投资。

地区AVC功能的投运极大地减轻了调度监控人员调压的工作量，以2012年为例，AVC累计控制次数为248万次（日均6 812次），控制正确率为100%，调度员手工调压累计次数为46万（日均1 228次），AVC控制次数占总调压次数（AVC控制次数+手工调压次数）的84.7%。

AVC通过软件在调度主站端实现电网的无功电压集中式实时闭环控制，与分布在站端的VQC装置相比，极大地降低了硬件投资成本，统一了运维接口界面，参数整定、运行维护容易，节省了大量的人力成本和运维的安全性。同时，新改、建变电站无需再配置VQC控制系统，节省了电网投资支出。

对比传统的人工调压和站内VQC控制方式，全网约可减少100位调度监控人员和150位自动化运维人员的人力投入，减少VQC建设费用近2 000万元，每年可减少维护费用1 500多万元。

4．智能化实时控制提高了电网的经济运行水平。基于全局的协调优化技术，实现了电网无功潮流分层、分区优化分布，提高了受电功率因数，减少了线路无功传输，在降低网损方面发挥了重要作用。

分布式供能关键技术、装备研究及其工程示范　该项目为南方电网公司承接的首个国家“863计划”课题“MW级燃气轮机分布式冷电联供技术集成与示范研究”。

课题研究由广东电网公司牵头承担，系统性地开展了分布式供能系统选址、优化配置、总体设计、关键设备研发、并网策略、控制策略及运行维护方面的研究，结合课题在佛山禅城供电局建成一个以微型燃气轮机及吸收式制冷机为主体的分布式冷电联供示范工程，其发电和制冷供应禅城供电局内3栋大楼。

结合工程示范，项目系统地开展了以分布式供能系统在南方地区的应用技术研究。研究包括分布式供能系统优化配置技术、南方地区的可行性分析、示范工程总体技术方案研发、低温高效吸收式制冷机研究、冷电联供系统优化控制系统开发、示范工程建设、安装、调试、运行及评估等。

在冷电联供系统集成技术研究方面，针对分布式供能系统靠近用户侧，热冷电负荷变化剧烈的问题，发展了在设计阶段即可考虑运行特性的全工况优化配置方法，并成功开发出了分布式供能系统分析与优化集成软件平台。针对地区气候特点及能源价格体系，开展了高效热电冷分布式供能系统在中国南方地区的应用分析研究。开发了优化运行控制和多目标优化调度技术。

在微型燃气轮机分布式冷电联供系统示范研究方面，以开发的分布式供能集成技术、运行控制技术为依托，以佛山市供电局建筑楼群为对象，提出了一个分布式冷电联供系统总体技术方案。创新了制冷流程，利用一系列新技术开发了利用低温烟气的高效吸收式制冷机，并与微型燃气轮机结合，建成了一个基于燃气轮机和吸收式制冷机的冷电联供示范系统，示范工程的一次能源综合利用率（LHV）达到81.77%，电热比为0.52。以示范工程为基础，开展了独立、并网不售电以及并网售购电运行模式以及经济性最优、能源利用效率最优、以冷定电、电负荷跟踪等多种控制模式的试验与分析，为分布式供能系统应用及推广积累了重要经验。

【科技成果及奖励】 2012年，广东电网公司奖励了126项科技成果，其中一等奖23项、二等奖37项、三等奖66项；获2012年度广东省科学技术奖6项，其中一等奖2项、二等奖1项、三等奖3项；获2012年度中国电力科学技术奖三等奖4项，有效地激励了公司系统科技人员投身科技创新的积极性和主动性。

2012年，广东电网公司系统共获得192项专利授权，其中发明专利56项，实用新型专利136项。截至2012年年底，广东电网公司拥有有效专利授权338项，其中发明专利授权72项。

（广东电网公司 张 飞）

水 利

2012年是“十二五”规划实施的第2年，是大力发展民生水利、推进传统水利向现代水利和可持续发展水利转变的重要时期。广东省水利科技工作着眼省政府5个民生水利工作方案，围绕全省水利中心工作，在推动水利科技创新、积极促进水利科技交流合作等方面取得良好成效。

【科研项目管理】 2012年，省水利厅和财政厅共同组织开展2011年度水利科技创新项目立项评审工作。2011年年底联合发布申报指南后，受理申报项目75个，共有27个项目获2011年度省水利科技创新项目立项。

2012年，省水利厅向水利部推荐申报了“珠江河口水沙动力格局变迁及治理对策研究”等4个水利部公益性行业科研专项经费项目、“多波束测深系统”等3个“948计划”项目、“广东省安全生态型中小流域综合治理模式研究”等2个水利科技推广计划项目。其中，水利部公益性行业科研专项经费项目“珠江河口水沙动力格局变迁及治理对策研究”、水利科技推广计划项目“感潮河湖水环境联合调控技术集成与成果推广”和“948计划”项目“大型泵机组全方位在线监测与诊断系统”通过评审获批立项。

2012年，“地基沉降计算新方法的研究”等7个省水利科技项目通过省水利厅验收，“大型泵站水力特性及整流技术研究与应用”等12个项目通过省水利厅组织的成果鉴定。

【科研成果及奖励】 “水旱风灾害防御决策支持关键技术研究与业务化应用”获大禹奖二等奖、“大型泵站水力特性及整流技术研究与应用”“城市淤泥集中式场地综合处理和资源化利用技术”2个项目获得2012年度广东省科学技术奖二等奖。

项目名称：水旱风灾害防御决策支持关键技术研究与业务化应用

主要完成单位：广东省防汛防旱防风总指挥部办公室、广东省防汛抢险技术保障中心、广东省水文局、中国水利水电科学研究院、河海大学

获奖情况：2012年度大禹水利科学技术奖二等奖

该项目对信息采集共享、洪水预报及防洪调度、台风暴潮预报、灾情评估、智能化决策分析等防御水旱风灾害的关键技术进行了深入研究，并实现了业务化应用，主要建设成果包括：1. 接入和新建了4 000多个水雨情自动测报站的信息采集系统，大幅度提高了水雨情信息应用的自动化水平及水文信息的测报效率。2. 建成了覆盖省、各地市、县和省属单位的水利骨干网络，实现了通信网络互联互通和信息的高效交换。3. 建成了覆盖省、各地市、县和省属单位等150个分会场的视频会议系统；新建了1 000多宗中小型水库视频监控点，共享接入了500多个视频监控点，

并整合到业务应用系统中。4．建成了省地市三防及水文部门等39个单位的综合数据库群，实现了各类信息的获取、存储、管理、实时自动交换和数据共享。5．建成了全省江河、水库的洪水预报及防洪调度系统和沿海风暴潮预报系统；建成了集信息服务、综合监视、防汛、防旱、防风、会商、三维电子沙盘于一体的决策支持业务应用系统。

该成果的创新点有：1．创新提出了水旱风灾害防御业务流程一体化应用集成模式；应用现代信息技术，建立了先进的信息采集传输处理系统；研究开发了集洪水预报、旱情分析、风暴潮预警预测、水量调度、预案评估、会商决策、风险管理于一体的决策支持系统，功能丰富，先进实用。2．提出了河道与围区一、二维水动力学实时耦合模型，结合基于地理要素的分布式流域水文模型，构建了河库堤实时联合预报调度与仿真模拟系统，实现了全省数值化精细实时洪水预报与调度，提高了防洪调度决策效率和科学水平。3．提出了一整套适合于广东近海、珠江河口水域多要素耦合、多尺度嵌套的风暴潮天文潮耦合预警预报技术方案，实现了复杂河口地区和长海岸线多要素耦合、多尺度嵌套的风暴潮天文潮耦合预报。4．提出了基于多种应用模型的三防决策风险分析方法和耦合技术，实现了洪水演算模型、灾情评估模型、DEM叠加分析、空间插值等技术的耦合计算和集成应用，建成了基于共享地图服务的决策支持业务应用系统，以及集成风险分析功能的三维电子沙盘。5．研究了三防应急管理、区域合作与信息共享机制，创建了三防应急管理四大体系（责任、预案、指挥、抢救），实现了由单一三防指挥向全面应急管理的转变，提高了防灾减灾应急管理水平。测试与应用表明，系统运行稳定、功能齐全、安全可靠、操作简便、响应快捷。

项目成果在三防工作中得到充分应用，并取得巨大的减灾效益和社会效益。建成的系统从2005年陆续投入运行以来，在保障经济高速增长和社会和谐稳定等方面发挥了巨大的作用。在防御2008年西江北江洪灾、2008年强台风“黑格比”、2009年台风“巨爵”、2010年粤西“9·21”特大洪灾、2011年强台风“纳沙”等重大灾害上取得巨大效益。

项目名称：大型泵站水力特性及整流技术研究与应用

主要完成单位：广东省水利水电科学研究院

获奖情况：2012年度广东省科学技术奖二等奖

大型泵站无压矩形进水流道整流技术是广东省水利水电科学研究院独立研究、开发应用的技术，主要应用于水利、电力行业的大型泵站工程进水前池及流道的水流流态控制。

该成果的主要创新点包括：1．通过模型试验发现了对称的正向进水前池主回流流向存在不稳定的现象，并发现该回流对轻微扰动的响应较为敏感。2．首次通过大型无压矩形进水流道泵站水力特性及机组振动的现场试验，揭示了进水流道内回流及非吸气涡对机组不规则振动的直接影响。3．首次对多种进流型式的泵站前池，提出三角墩组、导流墙以及二者结合的整流工程技术，使水流实现平顺、均匀、稳定、无涡的流态。4．针对运行水位变幅大的泵站，提出在流道内设置胸墙调整吸水室内上层水流的结构达到整流的目的，并结合扩散式分流墩组等工程措施，实现吸水室内三维水流结构的调整，在较短的距离内实现了良好的水流流态，大幅度缩短了流道。5．提出了大型无压矩形进水流道泵站模型设计的基本要求，提高了我国大型泵站相关水力学试验研究的水平。

该成果已成功应用于东深供水工程、台山电厂等多项重大工程建设，经多年工程运行实践，证明其整流效果好、适应性广、结构简单、施工方便、投资省，具有广泛的推广应用价值。

项目名称：城市淤泥集中式场地综合处理和资源化利用技术

主要完成单位：深圳市水务工程建设管理中心、河海大学、南京河海科技有限公司

获奖情况：2012年度广东省科学技术奖二等奖

随着城市水环境整治工程在我国城市河湖的广泛开展，淤泥的处理、处置以及二次污染已经成为一个广泛关注的重要问题。淤泥含水率高、强度低、重金属含量高、处理难度大，已成为城市河湖治理的关键问题，开展城市淤泥集中式场地综合处

理和资源化利用技术研究具有重要的意义。

该项目结合深圳市近5年拟清淤700万立方米的要求，提出了建设城市淤泥处理场集中式处理和利用的技术模式，对城市集中式淤泥处理场建设、运行所遇到的技术问题进行了系统的研究。

该成果的创新点有：1. 提出了针对城市高含水率黑臭淤泥的集中式综合处理和资源化利用方案，为解决我国沿海发达城市疏浚淤泥的处理问题提供了一种新的模式。2. 形成了城市淤泥原位加固的土地还原技术，通过采用堆场促淤、快速插板和快速真空预压排水加固技术，可以在原位实现淤泥的快速加固，该方法发展了传统的真空预压地基加固技术。3. 研发了以水泥、粉煤灰、废石膏粉、无机黏土矿物为主的复合型固化材料新的优化配方，大幅度降低了处理成本。

该研究成果在福永集中式处理场工程中得到成功应用，处理了深圳市8条河流清淤工程中230万立方米淤泥和污水处理厂40万立方米污泥，产生了经济效益6亿元，具有广阔的应用前景。

【标准化建设】 2012年，广东省飞来峡管理处主编的水利行业标准《灯泡贯流式水轮发电机组运行检修规范》和广东省水利水电科学研究院主编的广东省地方标准《堤防工程安全评价导则》已获批发布实施。地方标准制修订项目“河道管理范围内建设项目技术规程”经省质监局批准立项。

2012年，广东省水利标准化技术委员会获省质监局批准同意筹建，秘书处单位设在省水利水电技术中心。

【科技交流】

粤台交流 2012年8—11月，省水利厅组织3批技术交流团组39人赴台湾进行技术交流。代表团与台湾的中区水资源局石冈坝管理中心、新北县水源政策与居民权益维护促进会、台北水源特定区管理局、嘉南农田水会、乌山头水库灌溉水量监测站等市县和民间水务管理部门开展业务交流，并先后实地考察了嘉义县东石海堤、仁义潭水库、二港海堤海岸环境改善工程、王功防潮堤及台中石冈坝水库等工程建设管理和农田灌溉建设管理情况，了解集集拦河堰管理中心（台湾水资源馆）、台南市乌山头水库（八田与一纪念馆）、台北公馆自来水园区（水资源教育馆）等在水文化管理方面的成绩。

国际会议及培训 2012年1月，省水利厅在新加坡举办城市水务管理高级培训班，来自省水利厅直管直属单位、地方水务局、水务公司及省法制办等单位的12名学员参加了培训。学习内容包括：新加坡的水源管理及策略、新加坡政府管理机构职能与法定机构、新加坡政府对居民用水价格的调控等10个专题。通过培训，学员比较全面系统地了解了新加坡的基本国情、水情，理解了新加坡政府从国家战略高度围绕“水问题”实施的系列集水区建设、海水淡化及污水新生技术，以及政府职能机构为实现水资源高效应用与管理、全民节水计划等，从城市规划到社会管理都体现出科学、高效、创新的原则和精神。

2012年7月，由省水利厅直属单位水文局、北江局、韩江局、西江局、东江局、水利科学研究院组成6人代表团，赴新加坡参加国际水资源周。代表团介绍了广东省推进水资源可持续利用、流域管理方面的做法和经验，了解了国际水资源管理和水处理技术的前沿动态，学习借鉴新加坡在城市水务管理的成功经验，对本省水资源管理和水利科技发展具有重要的启示作用。

2012年10月，广东水利代表团一行6人访问了德国、波兰、匈牙利3国，考察了3个国家在流域管理和水资源保护等方面工作。考察期间，了解了德国、波兰、匈牙利当前水资源管理保护状况及技术水平，交流了流域水资源管理、水生态治理和保护、供水用水管理和节水型社会建设等方面的经验。

（广东省水利厅　桂江峰）

石　油　化　工

2012年，中国石油化工股份有限公司广州分公司（以下简称“广州石化”）围绕技术进步、科技创新支撑产业发展目标，加大技术投入，着力提升质量和产能，通过加大应用新技术、新设备推进清洁生产和节能降耗目标。在加强自主创新开发的同时，积极与北京化工研究院、石油化工科学研究院、清华大学、华南理工大学、中国石油大学等12所科研院校合作科研、新产品开发、新技术推广应用及生产技术攻关等，发挥“产、学、研”相结合的优势。全年投资2 133万元进行新产品开发、生产技术攻关、新技术、新设备推广应用。共开展各级科研项目47项，完成31项，有23项科技成果通过广州石化的技术评定。

中国石化集团公司茂名石油化工公司、中国石化集团资产经营管理有限公司茂名石化分公司、中国石油化工股份有限公司茂名分公司统称“茂名石化”。茂名石化拥有70多套主要炼油、化工生产装置，1座动力厂，还有港口码头、铁路运输以及完善的管道、原油和成品油储存、海上原油接卸等储运设施。原油一次加工能力2 500万吨/年，乙烯生产能力100万吨/年。主要生产汽油、煤油、柴油、润滑油、溶剂油、石脑油、沥青、乙烯、甲苯、聚丙烯、乙二醇、苯乙烯、丁苯橡胶、SBS等30多类石油化工产品。

【科技成果及专利】

广州石化 2012年，广州石化承担的“减顶气增压喷射脱硫成套技术开发应用”“聚丙烯装置PPR专有生产技术推广应用”等5项成果通过中国石油化工股份有限公司（以下简称“中国石化”）鉴定、验收；“汽轮机节能和安全关键技术研究”成果通过广东省验收；“新型注塑料DNDA-2020”通过广东省和中国石化科技成果鉴定。国家级“十二五”科技攻关项目“SHEER成套加氢技术开发”柴油加氢改质装置4月23日投料试车一次成功，并生产出合格产品，经初期标定结果表明各项技术指标达到攻关目标。2012年12月，“100万吨/年超低压连续重整成套技术开发”获中国石化集团公司科技进步一等奖，“高熔指低密度聚乙烯瓶盖专用料DNDA-2020的研制”等4个成果获中国石化集团公司科技进步三等奖；“一种提高喷气燃料水分离指数方法”等5项专利获国家专利局授权。

茂名石化 2012年，“大型石化装置系统长周期运行风险的控制与评估关键技术及工程应用”获国家科技进步奖二等奖；另有3项获集团公司科技进步奖，其中“高结晶聚丙烯生产技术”获二等奖，“PRT-C/PRT-D重整催化剂的研制及工业应用、二醇装置二氧化碳脱除工艺技术研究”获三等奖。

2012年，茂名石化共申请国内专利23件，同比增加1件，申请数创历史最高纪录。申请发明专利14件，实用新型专利9件，发明专利的占有率达60.87%，同比公司所有授权专利发明的占有率提高了10.87%。截至2012年年底，茂名石化已累计申请国内专利98件，累计获得专利授权57件。

【新产品开发】

广州石化 2012年，广州石化成功开发生产欧V柴油、国IV柴油、丙丁二元共聚聚丙烯J750B，实现国内HYPOL工艺装置生产丙丁共聚聚丙烯零的突破。全年累计生产欧V柴油1.1万吨，全部销往香港、澳门等地；生产化工新产品45.96万吨，合成纤维差别化率达55.57%，合成树脂新产品和专用料率达60.74%；化工新产品DMDB-8916实现批量化生产。

茂名石化 2012年1月，茂名石化开发的环保型SBS充油胶新产品F-875在橡胶装置实现工业化生产。该产品使用环保型添加剂配方，不含壬基酚及壬基酚聚氧乙烯醚等成分，产品耐黄变和热氧老化性能有大幅提升，综合性能达到国际同类产品先进水平，填补了国内同类产品空白，可替代进口同类产品，下游用于制造白色和透明鞋底料、机械橡胶制品等，其制成品可满足出口标准。

2012年，茂名石化开发的聚丙烯热罐装瓶用料HP-9009M成功实现工业化试生产，首批产品各项性能达到预期计划。该料耐高温性能好，主要用于BOPP热灌装瓶，制作的包装品在成本、安全性、环保性、卫生性和内装物的口感保持方面均更为出色，广泛用于茶、果蔬汁、运动饮料和保健饮料等热灌装包装，是近几年国内外塑料包装用料的一个热点，在国外尤其在日本已得到大量应用。

【重大项目进展】

SHEER加氢成套技术开发 该项目属于中国石化科技开发项目，被列入“十二五”国家科技支撑项目，由广州石化与抚顺石油化工研究院共同承担。项目主要研发内容为通过工艺与工程集合，优化操作条件，采用器外预硫化催化

剂、新型高效传热技术、高效分离技术、高效除垢等技术，开发加氢裂化反应热综合利用技术（SHEER），在广州石化建成一套200万/年加氢改制装置。该装置只设开工加热炉，设备投资减少2%～4%，燃料消耗减少9%～25%。2012年4月23日，广州石化200万吨/年柴油加氢改质装置投产，围绕加氢裂化（改质）装置反应热综合利用的"SHEER加氢成套技术"开始工业应用试验。装置投产后，装置生产及标定期间反应加热炉只保留长明灯，实现了加氢裂化（改质）装置只设开工加热炉的攻关目标，在回收低温热系统和液力透平未投用的情况下，综合能耗仅为7.39千克标油/吨，低于设计值的9.68千克标油/吨，缠绕管换热器换热效果明显。6月，完成该装置初期标定，经过72小时的标定，装置在满负荷生产情况下，操作平稳，装置流程和设备满足生产要求，操作条件基本能在设计范围内，产品符合质量要求，各项能耗指标达到设计要求。

汽轮机节能和安全关键技术研究　2012年12月6日，由广州石化和北京化工大学联合承担的广东省产学研项目"汽轮机节能和安全关键技术研究"通过省科技厅的验收。专家一致认为，该项目开发的蜂窝密封技术具有创新性和自主知识产权，达到国际同类技术先进水平，并实现产业化，具有显著的经济效益和社会效益。该项目于2007年立项，在广州石化6个作业部共10台机组（含汽轮机、烟机、电机）的轴封或叶顶密封进行试验，取得良好效果。该项目的实施，有效降低了机组振动故障的发生率，提高机组运行效率，节约运行成本。项目获国家专利局实用新型专利授权。

GS-12乙苯脱氢制苯乙烯催化剂研制与工业应用试验　2012年12月13日，由广州石化和上海石油化工研究院共同承担的中国石化科研项目"GS-12乙苯脱氢制苯乙烯催化剂研制与工业应用试验"通过中国石化鉴定。鉴定专家一致认为，该项目所开发的GS-12催化剂具有创新性和自主知识产权，综合性能指标均达到进口催化剂水平，经济效益和社会效益显著，建议推广应用。该项目开发的GS-12乙苯脱氢催化剂从2010年1月开始在广州石化8万吨/年苯乙烯装置进行工业应用试验，截至2012年6月，装置运行近30个月，累计在线实际运行837天，累计生产出合格苯乙烯219 754吨，平均日产苯乙烯262.5吨，平均负荷103.3%。工业运行结果表明，GS-12催化剂具有原料处理能力大、苯乙烯选择性高（平均97.3%）、乙苯转化率高（平均63.6%）、抗粉化性能好、长期使用稳定的特点。由于GS-12催化剂具有良好的稳定性，使用寿命由原来的25个月延长到30个月，相当于节省20%的催化剂消耗。使用一批GS-12催化剂，苯乙烯产量增加、收率提高及节省催化剂费用等累计产生的效益达1 108万元，相当于每年增加效益443万元。

SHN-01F全馏分裂解汽油一段加氢镍基催化剂工业试验　该项目由广州石化与上海石油化工研究院共同承担。2012年7月19日，项目通过中国石化鉴定，鉴定意见认为，经工业应用结果表明，该催化剂具有活性温度低、抗毒物能力强、操作条件缓和、活性和稳定性好等特点，综合性能达到国际先进水平，经济和社会效益显著。2009年年底，开始在广州石化15万吨/年全馏分裂解汽油加氢装置开展工业应用试验，实现开车一次成功；2011年年底完成第2周期生产。在第1、第2再生周期内，装置运行状况良好，加氢产品双烯值＜2.0gI2/100g油。装置的标定过程中满足技术协议要求，反应器的温升和反应器压差等关键参数比较稳定。针对SHN-01F催化剂能在苛刻原料工况下保持良好的加氢活性，工艺参数稳定，具备较强的耐胶质、耐高硫醇硫、耐高氯能力。投用以来，配合公司优化原料降本增效，SHN-01F催化剂累计加工常规一段加氢催化剂难以处理的高硫醇粗裂解汽油原料14万吨，增效4 200万元。特别是2011年11—12月，SHN-01F催化剂一共处理了约1 000吨的受污染的高含量氯和硫醇（硫醇硫高达33ppm）物料，增加效益200万元。该批催化剂投用以来累计增效4 400万元。

2套延迟焦化装置成功实现18小时生焦

2012年11月9日，广州石化100万吨/年2号延迟焦化装置和140万吨/年3号延迟焦化装置同时成功实施由20小时生焦改为18小时生焦周期，装置处理量提高。其中，2号延迟焦化装置负荷率最高达到116.9%，3号延迟焦化装置负荷率最高达到130%，总渣油加工量突破8 600吨/天，有效降低渣油库存，满足该公司蒸馏装置高负荷下渣油平衡，实现通过调整生焦周期达到渣油平衡。停运100万吨/年1号延迟焦化装置降低能耗目标，在中国石化系统尚属首次。

1 000万吨/年常减压装置建成投产　2012年12月5日，茂名石化新建1 000万吨/年常减压装置一次投产成功。该装置是茂名石化油品质量升级改造工程44个主项中的龙头项目，采用国内先进的工艺技术，主要加工进口高含硫混合原油，产品的硫含量大幅降低，出厂油品全部达到国Ⅲ、国Ⅳ标准。装置投产后，公司原油一次加工能力超2 000万吨/年，成为继镇海炼化、大连石化之后，国内第3家原油加工能力超过2 000万吨/年的炼油企业。

12万吨/年硫黄回收联合装置建成投产

2012年12月10日，茂名石化新建12万吨/年硫黄回收联合装置一次开车成功产出合格硫黄。该装置是油品质量升级改造工程配套装置，主要包括1套12万吨/年硫黄回收及尾气处理装置和1套500吨/时溶剂再生装置，于2010年12月3日开工建设，总投资3亿元。装置投产后，茂名石化将形成34万吨/年的含硫气体处理能力，能够回收炼油尾气中的硫化氢制造优质硫黄，每年减少二氧化硫排放68万吨，达到2 000万吨/年炼油规模“增产不增污”的环保效果。

220万吨/年催化裂化装置建成投产　2012年12月12日，炼油新建220万吨/年催化裂化装置一次开车成功。该装置是茂名石化油品质量升级改造工程主体项目之一，于2011年1月19日动工建设，总投资10亿元，具有单元多、规模大、工艺先进、国产化程度高、绿色节能环保等特点。投产后，茂名石化炼油综合能力明显提升，汽油、柴油产品可全部达到国Ⅲ、国Ⅳ标准。

40万吨/年气体分馏装置建成投产　2012年12月22日，茂名石化新建40万吨/年气体分馏装置一次开车成功。该装置以新催化脱硫后液化气为原料，生产精丙烯、丙烷馏分、碳四碳五馏分和乙烷气等产品，装置于2011年1月1日正式开工建设，总投资1.03亿元。投产后，将大幅提高液化气产品附加值，一年内即可收回投资。

合资空分项目桩基工程开工建设　2012年3月18日，茂名石化与液化空气（中国）投资公司合资的空分项目桩基工程在炼油厂区正式开工建设。该项目基础设计于2012年2月13日获总部批复，总概算6.58亿元，装置采用液化空气（杭州）有限公司提供的生产工艺及技术方案，设计制氧能力为9万标准立方米/时，制氮能力为2.7万标准立方米/时，年操作时数8 400小时，为国内生产能力最大的空分装置。

化工轻油储备库项目开工建设　2012年12月1日，中国石化重点建设项目——茂名化工轻油储备库正式开工建设。该项目基础设计于2012年6月18日获得批复，总概算核定为4.41亿元，主要建设内容包括收购珠海中寰石油有限公司拟建油库用地23.73公顷及配套1万吨级成品油码头，新建4座5万立方米石脑油罐、泵棚、变电所、仪表机柜间、泡沫站、和污水提升池等。

2号柴油加氢装置柴油超深度加氢脱硫技术改造项目建成投用　2012年12月15日，中国石化十条龙科技攻关项目——2号柴油加氢装置柴油超深度加氢脱硫技术改造（以下简称“RTS”）项目建成投用。该项目于2012年7月20日开工，总投资3 602.86万元，主要包括新上RTS超深度加氢脱硫、增加热高分流程、样板炉改造等项目。投产后，该装置能耗下降约4个单位，柴油产品硫含量由1.5%降到0.03%～0.001%，使茂名石化成功实现运用4.0兆帕等级低压柴油加氢装置生产国Ⅲ、国Ⅳ柴油，告别了只有高压柴油加氢装置生产高标号柴油的历史。

10万吨/年顺丁橡胶装置建成中交　2012年12月30日，茂名石化10万吨/年顺丁橡胶装置建成中交。该装置总投资5.26亿元，2011年11月1日开工建设，以丁二烯为原料，采用国内最先进的生产工艺和操作技术，关键设备全部实现国产化，主要生产BR9000、BR9004A/B等产品，投产后橡胶设计生产能力将达到18万吨/年，成为华南地区最大的橡胶生产企业。

国内规模最大的可拆卸火炬成功投用　2012年3月28日，茂名石化炼油150米新火炬一次点火成功并正式投用。新火炬是茂名石化炼油改扩建工程第1套建成投用的装置，为国内已投产的3套可拆卸式火炬中规模最大的1套。新火炬自2011年5月开工建设，共设置4套火炬，配设两套独立点火系统，采用先进引射技术，可实现预混燃烧，并能抵御12级台风和暴风雨雪天气，是一组运行可靠、高效节能的环保型火炬。

【标准化工作】 2012年，广州石化完成《重整拔头油》等3项企业产品标准修订，并报备广东省质量技术监督部门；实施《车用液化石油气》等3个产品国家标准、《工业用1-丁烯》1个行业标准和《窄带类聚丙烯树脂》等2个中国石化一级企业标准，产品质量标准的合法化和标准化水平提高。全年实现产品出厂合格率100%，标准执行率100%，国家各级质量监督部门抽样检验合格率100%，辅材料进厂验收合格率100%，炼油装置馏出口合格率98.58%，炼油主要产品一次进罐合格率93.4%，化工装置馏出口合格率99%，三苯产品馏出口合格率99.9%，三聚产品优一级品率99.4%。

先后开展了国家食品包装用树脂卫生检测，EU、FDA和REACH等法规要求的第三方检测。完成三聚产品18个牌号、4个法规检测。检测的树脂产品均符合欧盟、美国、德国等法规指令的要求，确保下游客户产品出口质量要求。4月，中国石化系统首套采用自有SHEER加氢成套技术对二次加工柴油进行加氢改质的200万吨/年柴油加氢改质装置建成投产，至此，广州石化成品油质量全部达到国Ⅳ标准；8月，成功生产欧Ⅴ车用柴油，各项指标达标并成功外销香港、澳门等地。柴油、汽油、聚乙烯、聚丙烯等产品连续多年被评为“广州市三满意产品”。

【优化增效】

广州石化 2012年，广州石化坚持以市场为导向，不断优化生产方案和产品结构，全年共制定原料、总流程、炼化一体化、节能降耗、操作等优化方案170个，完成方案实施164个，创效4.4亿元。其中，产品优化增效2.8亿元。通过采取优化生产方案、调整产品结构等多种措施增产高标号清洁汽油、柴油、航煤、液化气、A级沥青、石脑油、二甲苯等产品，优化乙烯原料，增产丙烯、丁二烯等高附加值产品，全年炼油高附加值产品达83.39%。动力系统运行方式、燃料结构、减少外购水量、错峰进电、降低燃料油消耗、降低减温减压器直供量等优化项目累计创效4 025.35万元。

茂名石化 2012年，茂名石化克服市场不利因素和成品油价格下降的影响，加工原油1 436.60万吨，实现销售收入1 100.07亿元（按地方统计口径为945.18亿元），同比分别下降13.31万吨和7.3亿元。但是，通过提高资源利用率和优化挖潜降本增效，生产成品油819.10万吨，同比增加18.12万吨，其中，增产汽柴油40.8万吨，居中国石化首位；生产乙烯110.14万吨，同比增加1.62万吨，创历史新高；上缴税金241.42亿元（含海关进口增值税107.94亿元），同比增加10亿元，创历史新高。

2012年，茂名石化强化裂解炉运行管理，积极优化裂解原料，加强装置存在问题的技术攻关力度，裂解装置实现了安稳长满优运行。全年共生产乙烯110.14万吨，超额完成集团公司下达的108万吨年度任务，同比增产1.62万吨，占集团公司乙烯生产总量的11.5%；乙烯日均产量达到3 108吨，创百万吨乙烯投产以来的最好水平。装置自投产以来累计生产乙烯1 042万吨，成为国内首家生产乙烯超千万吨的企业。

【节能减排】

广州石化 2012年，广州石化加大节能减排综合治理力度，加大臭气、焦粉污染、污水减排等专项治理，积极采用新型节能技术和节能改造，环保和节能减排工作取得显著效果。完成294台电机节能更新、8项设备节能、12台变频器改造，推进装置间热联合、直供料和低温热合理利用，实现轻催汽（柴）油、焦化汽（柴）油、蒸馏一柴油、催化液化气直供下游装置，炼油装置直供料比例达83%，燃料消耗同比下降3.14千克标油/吨。全年工业废水排放量259.97万吨，同比减少16.55%；COD排放137.33吨，同比减少21.31%；火炬累计点火36.9小时，同比减少56.77%；CFB锅炉皮带输焦率从上年69%提升至99%；加热炉、锅炉按实际热负荷加权平均炉效率91.26%，同比提高0.49个百分点；累计节能量2.56万吨标煤/年，为年度计划的167%。6月，获广州市工商业节能专项资金奖励139.04万元；4月9日，被评为中国石化集团公司节能减排先进单位。

茂名石化 2012年，茂名石化各项技术经济指标均创历史最好水平。其中，炼油加工损失

率0.37%，综合能耗49千克标油/吨，同比分别降低0.01个百分点和0.75千克标油/吨；化工乙烯收率、双烯收率、高附产品收率分别为32.22%、47.74%、60.54%，同比提高0.57、0.84和1.46个百分点，居炼化企业前列；炼油单因耗能7.76千克标油／吨·单位因数、乙烯燃动能耗534.29千克标油/吨、乙烯装置损失率0.14%，同比分别下降0.1、5.68个单位和0.08个百分点，为国内最优。

（中国石油化工股份有限公司广州分公司 王新忠 曾淑华）

（中国石油化工股份有限公司茂名分公司 韩泉梅）

国 土 资 源

【科技项目管理】 2012年，省国土资源厅组织开展广东省国土资源科技专项研究2项，为“节约集约用地理论与实践研究”和“地质灾害监测预警研究”，并逐步探索建立省国土资源科技项目的长效机制。

申报科技部国土资源公益性行业科研专项25个，其中“珠江三角洲低效用地统筹利用与效益提升关键技术研究”获批立项；申报省科技厅、省财厅产业技术与研究开发入库项目3个；申报国土资源部标准制修订工作计划项目4个。

组织科技成果鉴定2项，为“广东省2 000国家大地坐标框架的建立及实时服务项目”和“节约集约用地理论与实践研究”。

向国土资源部推荐成熟的土地科技成果7个，为“广东省土地利用信息动态监测系统”“土地利用总体规划编制与管理信息化技术”“大比例尺土地调查建库一体化与政务应用系统”“广州市土地利用总体规划编制方法与技术科技创新成果”“韶关市国土资源‘一张图’建设和应用项目”“提高低效建设用地利用效率对策研究——以广州市荔湾区为例”“广州市海珠区土地利用总体规划（2010—2020年）”，其中，“广东省土地利用信息动态监测系统”“广州市土地利用总体规划编制方法与技术科技创新成果”项目被纳入国土资源部成熟土地科技成果。

向国土资源部推荐先进成熟的地质找矿科技成果5个，为“广东省乐昌市禾尚田矿区钨多金属矿普查”“广东省云安县高枨矿区铅锌银矿详查”“广东省封开县园珠顶矿区寻找斑岩型铜钼矿床”“实现找矿重大突破、难选钼矿工艺研究”及“半工业试验、可控源音频大地电磁法在矿产和地热勘查中的应用”。

深圳市城市规划发展研究中心的罗平获得第7批“国土资源部优秀青年科技人才”称号。

【科技成果奖励】 省国土资源厅申报2012年国土资源部国土资源科学技术奖6项，其中由深圳市规划国土发展研究中心组织实施的“减量增长目标下的土地利用规划支撑技术研究”和由深圳市房地产评估发展中心组织实施的“深圳市汛期地质灾害气象预警预报综合研究”2个项目获得二等奖。

【科普宣传】 2012年，省国土资源厅组织5个国土资源科普基地、野外观测基地开展了年度国土资源科普宣传工作。

“世界地球日”活动 4月22日，省国土资源厅、省地质局、江门市人民政府、省地质学会联合在江门五邑大学举办广东省纪念第43个世界地球日主题宣传活动暨“找矿突破在行动”基层行启动仪式、地学诗歌“五邑大学诗会”大型宣传活动。

活动邀请了中山大学教授作“推进找矿突破，保障科学发展”的科普演讲，向参加活动的上千名干部、学生和群众介绍了我国矿产资源国情以及如何合理开发利用矿产资源，通过知识问答形式与现场听众互动交流。中山大学、五邑大学等高校学生朗诵地学诗歌，使大学生们更加牢固地树立起保护地球资源的意识。省科学馆派出流动宣传车在活动现场举办地质灾害防治大型图片展览，省地质局757地质大队在现场设立咨询点并展示矿产矿石实物，向学生、群众派发大量的宣传纪念品。《南方日报》、南方网、江门电视台等媒体对此次活动作了专题报道。这次活动的开展普及了矿产资源知识，提高了市民保护地球家园的意识，在全社会营造了人人珍惜资源、节约集约利用资源的良好氛围。

“土地日”活动　6月25日期间，省国土资源厅与团省委联合开展纪念全国“土地日”暨“珍爱国土·青年担当”系列宣传活动。在广州“团一大”纪念广场举办纪念第22个全国“土地日”主题宣传活动、“全国土地日”公益微博大赛；组织大学生国土资源志愿者队伍深入广大农村，开展国土资源保护宣讲教育活动；利用农村党员干部现代远程教育平台和团省委的视频会议系统，开展国土资源知识远程教育培训；开展“建设高标准基本农田，保障国家粮食安全”为主题的竞赛活动。

测绘宣传活动　8月29日，省国土资源厅与河源市人民政府在河源茶山公园联合开展庆祝《中华人民共和国测绘法》修订颁布10周年大型宣传咨询活动。社会各界群众以及测绘业界代表近千人参加了活动。

活动通过在现场悬挂宣传标语，摆设宣传展板，展示测量仪器，向广大群众宣传测绘法律法规和测绘专业知识，宣传本省在推进数字城市地理空间框架、天地图建设中取得的成就，宣传测绘人开拓进取、勇于奉献的精神，展示测绘单位风采。同时，还组织专家现场解答了群众有关测绘地理信息方面的问题，向市民派送印有《中华人民共和国测绘法》《广东省基础测绘条例》《测绘成果管理条例》《广东省测绘管理条例》等宣传地图6 000余份，派送中国版图知识书籍500余份。现场还精心组织了测绘知识有奖问答活动，调动了参与群众的积极性，广大群众踊跃参与。

【科技基础条件建设】　2012年，依托华南农业大学和省国土资源技术中心建立的建设用地再开发重点实验室、依托省矿产应用研究所建立的放射性与稀有稀散矿产综合利用重点实验室、依托深圳市规划国土发展研究中心建立的城市土地资源监测与仿真重点实验室3个国土资源重点实验室获国土资源部批准组建。

【信息化管理】　2012年，省国土资源厅网站建设及政务信息公开成绩突出，被国土资源部评为“国土资源政务信息网上公开示范单位”，被国家测绘地理信息局授予“测绘地理信息系统网站建设信息公开奖”称号。申报国土资源信息化成果奖励，“广东省土地利用信息动态监测系统”“开放式空间信息平台关键技术及国土资源管理应用”“广东省国土资源信息服务体系建设与应用”等获评为中国信息化（国土资源领域）优秀成果。

电子政务服务　“金土工程”项目基本完成了硬件、网络工程和41个业务数据库建设，38个业务系统已开展试用，进一步完善了国土资源信息化支撑环境，强化了国土资源信息化标准建设，加强了国土资源网上审批及各类系统的集成应用，提高了电子政务服务水平。

建设国土资源监管体系，利用信息化手段，科学有效地落实监管。国土资源综合监管系统基本实现了土地管理“批、供、用、补、查”前3项的监管和地矿、测绘业务监管。省土地与矿业权网上交易监测监管系统在线监测全省各地土地与矿业权交易前、交易中、交易后的状态，自动预警违规违法行为，及时掌握各类监管信息。

开展网上办事窗口建设，制定了工作方案，梳理、入驻26项服务事项，完成办事指南、表格下载、办理结果查询、办事咨询等办事环节的功能，实现采矿权延续登记发证、国家秘密基础测绘成果利用审批2项事项的“外网受理—内网办理—外网反馈”的全流程办理功能，并积极推动26项事项进驻省网上办事大厅。

组织开展《广东省国土资源信息化目标责任书》履行情况检查，对各市国土资源信息化建设进行考核评分。检查情况表明，全省各市国土资源信息化建设均取得较大进展，电子政务平台均已投入使用，东莞、广州、深圳、惠州、肇庆、佛山、韶关等地国土资源信息化建设已获成效。

信息安全管理　开展涉密信息系统建设，通过布设涉密网络环境，采用虚拟化桌面、无盘终端技术部署涉密信息系统，完善了国土资源信息通信网络架构，提高了国土资源数据安全管理水平。同时，进一步强化国土资源信息安全管理，开展信息安全等级保护差距测评和整改工作，组织厅属单位开展涉密信息系统建设。

信息化制度建设　加强信息化制度建设，拟订《广东省国土资源数据管理暂行办法》，修订《广东省土地矿业权网上交易系统数据交换标准》。

（广东省国土资源厅　胡吉进）

广 播 电 视

2012年年初，广东省政府于两会期间在全国率先与国家广播电影电视总局（以下简称“国家广电总局”）签订《国家广电总局与广东省人民政府签订推动广东广播影视先行先试、转型升级合作协议》（以下简称《合作协议》）。协议确定将加快实现广播电视“户户通”、广播电视“渔船通”，在全国率先普及县级多厅数字影院，在全国率先建设全省农村国家标准地面数字电视无线覆盖网，加快推进广东省广播影视公共服务体系示范区创建，率先构建覆盖全省城乡、结构合理、功能健全、实用高效的广播影视公共服务体系。共同推进广东广播影视科技创新，研发一批具有自主知识产权的核心技术、关键技术、共性技术，加快发展广播影视装备制造业，增强广播影视领域技术装备水平，增强广东广播影视产业核心竞争力；创建广东现代广播影视产业体系和市场体系，打造广东南方广播影视产业集群、交易及新业态运营实验区；加强广东广播影视人才队伍建设、率先实施广播影视名家工程等。

为了扎实有效落实《合作协议》，共同推进广东省广播影视先行先试、转型升级工作，6月4日，省广播电影电视局（以下简称“省广电局”）与国家广电总局广播科学研究院签订了《广东省广播电影电视局与国家广播电影电视总局广播科学研究院关于共同推进广播影视科技创新及加快推进广播影视公共服务基础设施建设战略合作协议》，在立项、设计、研究、产业化及建设等方面与广播科学研究院开展合作。国家广电总局广播科学研究院为广东省提供全面技术支撑，支持广东省加快推进广播影视公共服务基础设施建设，共同提升广播影视产业发展层次，共同推进广播影视科技创新，共同提高广播影视监管水平。2012年，推进广播影视科技创新及加快推进广播影视公共服务基础设施建设战略合作项目进展顺利。

【十八大安全播出保障】 2012年，全省各级广电部门和播出单位制定本单位的《十八大广播电视安全播出和安全生产工作实施方案》，全省各级安全播出责任单位落实签订《十八大安全播出责任书》共2 078份。

隐患排查和专项整治 2012年3—9月，省广电局组织开展一系列全省安全播出大检查整改活动，按照“技术和内容相互依存、二者并重”的原则，首次在检查中增设宣传管理内容，完成了宣传管理和技术安全的问题整改核查。经核查，在全省广播电视安全大检查中发现的1 133处问题和隐患，完成整改1 076处，整改率达95%。其中，190处宣传管理问题全部完成整改，整改率达100%；943处技术安全隐患完成整改886处，整改率为94%，其他57处确实因客观条件限制暂时未完成整改，都已采取有效保障措施，确保不发生问题。另外，各地还举一反三，通过边整改边检查，新发现并整改了275处技术安全隐患。

设备改造升级投入 全省各级广播电视部门累计投资约4.1亿元，实施播出系统、供电系统、监测监控设备等技术改造项目达902个。按照国家广电总局62号令实施细则的标准规范要求，重点完善了信号源零切换保障系统；进行了电力系统、播出系统的升级、改造；完成了各关键环节播出信号的监测和监控保障，以及传输线路的安防保障等项目建设。

人员培训和演练 全省一线采编播人员参加政治常识二次考核9 370余人，技术岗位人员参加业务知识二次考核4 976人，考试平均成绩达到良好以上。针对各种可能发生的突发事件，修订和完善安全播出和安全生产应急操作预案347份，开展实战演练的科目985项。落实关键部门和重要岗位人员排查5 431人。通过培训、演练确保在关键部门和重要岗位的人员政治过硬、技术熟练、精神状态良好。

【广播电视公共服务事业建设】

广播电视“村村通”工程 截至2012年11月底，本省已全部完成20户以下未通电自然村的广播电视“村村通”工程并进行了工程验收。省广电局在广播电视“村村通”工程采取技术先进的接收直播卫星方式，彻底解决了全省3 165个广播电视盲村、共54 320户农户收听收看广播电视难问题，实现了全省农村“村村通”广播电视，广

播电视综合人口覆盖率从96.67%提高到99%，提前3年完成了本省“十二五”广播电视全覆盖的目标任务，加快了本省城乡广播电视公共服务均等化进程。

广播电视“渔船通”工程 广播电视“渔船通”工程是利用专业的船载广播电视接收系统，接收中9直播卫星的广播电视信号，使全省船长24米及以上的大中型渔船渔民在出海作业时能够听到、看到国内广播电视节目的一项惠民工程。截至2012年12月底，省广电局在省渔业部门及各级政府部门的配合下，基本完成全省12个沿海地市2 266艘渔船的广播电视“渔船通”工程。

至此，所有船籍广东省内登记在册的船长24米及以上的大中型渔船均可以通过卫星接收机收看25套卫星电视节目，包括中央电视台1至16套、中国教育电视台第1套、广东省1套卫视以及7套少数民族语言电视节目；收听17套卫星广播节目，包括中央人民广播电台1至13套节目、国际台3套节目以及本省1套广播节目。此外，本省还拟开展海洋安全应急广播，开展渔业安全生产信息、新闻资讯、VOD视频点播、气象、科技等综合信息的数据广播等功能业务。

省农村广播电视无线覆盖（省节目）工程

省农村广播电视无线覆盖（省节目）工程作为本省广播电视公共服务体系建设的一部分，自2007年起经历了技术方案（模拟）制定、项目立项、环境评估、调整技术方案（由模拟改为地面数字）4个阶段。2012年年初，确定将计划建设的省广播电视节目无线覆盖网由原定模拟方式技术体系更改为地面数字电视国家技术标准体系。2012年9月，省广电局委托国家广电总局广播科学研究院制定了《广东省地面数字电视无线覆盖（省节目）技术规划》，并上报国家广电总局审批。计划2013年实施工程建设，2014年年底投入运行。届时，本省覆盖区内的城乡群众将能享受同等、免费的广播电视公共服务，农村地区电视节目数量及画面质量将“转型升级”，工程实施将促进本省国标地面数字电视机顶盒产业的发展。

应急广播 2012年10月底，在省广电局的协调下，由南方广播影视传媒集团牵头，与国家广电总局广播电视科学研究院共同拟定了《广东省广播应急系统建设方案》，对本省广播应急发布总平台、21个地级市平台、121个县级子平台、18.8万室内终端、14.08万个室外终端、62.5万套固定终端和10万移动终端进行了初步规划。该项目将建立以广东人民广播电台为主的国家应急广播广东分中心、应急广播信息制作播发分平台和应急广播调度控制平台，以中波广播、调频广播、卫星广播、CMMB、有线电视网、应急广播车等综合手段为传输渠道的应急广播体系。

【数字电视发展】 2012年，省广电局根据广播电视新发展趋势及局领导的部署，将属于广播电视公共服务体系的省节目无线覆盖（模拟信号）规划调整为省节目地面数字电视覆盖规划，制定了全省116座电视发射台的技术规划，配合国家广电总局广播电视科学研究院制定了频率规划。由模拟电视覆盖调整为地面数字电视覆盖，将使本省提供公共服务的无线电视节目数量从2套提升到5套标清及2套高清节目，涵盖综合、新闻、经济、体育及地方台节目，丰富无线收看电视节目的内容，解决本省农村地区收看多套无线电视节目问题。

2012年，该项目总体实施方案在完成环保评审的基础上已上报国家广电总局审批，省财政已落实项目建设的全部设备投资资金，各方面工作顺利推进。

【国家数字音频广播试点和数字音频广播先导试验网建设】 2012年，省广电局按照省部合作协议及与国家广电总局广播电视科学研究院合作协议的要求，争取完成国家数字音频广播试点和建设数字音频广播先导试验网工作任务，设备已进入调试阶段，芯片及样机研制、标准研发及产业化应用也在按计划落实。同时，配合广东省应急广播体系及系统的建设，项目申报、应急广播体系及系统技术方案制定、关键技术研究及突破、部分标准研究及制定、样机研制及测试、示范系统建设等工作顺利推进。

9月28日，国家广电总局正式批准由省广电局承担在广东珠江三角洲开展“AVS++DRA”音视频双国标技术在数字电视地面广播试验，试播节目为中央电视台综合频道高清节目以及中央电视台综合频道、军事农业频道、新闻频道标清节目。省广电局规划在广州地区组建先导网开展实验，该网以广州花果山、花都区、增城市焦石岭三点发射台组成。试验期为6个月，之后视需要逐步扩大到珠江三角洲地区。

【技术创新项目选介】

CDR数字音频广播试验　2012年，在广东省广播电影电视局的主导下，广东省广播电视技术中心（以下简称“省广电技术中心”）联合深圳广电集团等有关单位完成了数字音频广播（CDR，暂定名，China Digital Radio的缩写）深圳新闻大厦试验发射点建设和试验工作，混合播出一路模拟调频立体声广播节目和两路数字音频立体声广播节目。经用工程接收样机初步收测，CDR播出的数字和模拟广播节目音质良好，接收稳定。CDR试验系统的开通试验发射和随后的系统测试评估，将为我国自有知识产权的数字音频广播技术标准的研究和制订提供有力依据，并为我国数字音频广播技术的推广应用打下基础。

制订数字音频广播标准体系，是我国广播电视数字化过程的一个重要组成部分，是提升音频广播公共服务能力的必然选择。省广电技术中心多年来努力探索模拟广播向数字广播转换的模式和路径，密切跟踪国内外数字音频广播技术发展，并进行了DRM、HD-Radio等多种国外标准的试验。2011年起正式参与国家广播电影电视总局和省广播电影电视局数字音频广播重大科研项目研究及相关工作，启动数字音频广播国家标准广东试验网的建设。经过合作单位共同努力，该项目设在深圳新闻大厦的第1个试验发射点从2012年12月起开始试验播出，位于广州越秀山电视塔的第2试验发射点也将于2013年年初开始试验播出。

发射传输台站播出信号监测记录保存系统

2012年，省广电技术中心完成了电视调频发射转播台、中波转播台、卫星地球站和微波站等25座台站的播出信号记录保存系统的建设并投入使用。该播出信号监录保存系统通过运用信息技术手段，实现了对卫星传输、微波传输、电视发射、调频发射和中波发射5种播出方式的广播电视节目信号源内容和传输发射效果的全面有效监测记录，提高了广播电视安全播出事故预警和防范能力，为确保安全播出传输提供了有力保证，也为界定和区分事故责任提供可靠依据。

播出信号监录保存系统具有以下主要技术特点及功能：1．先进性。采用国际上先进的数字视频、计算机网络技术。2．实现自动采集监测数据并进行全天24小时记录存储，记录保存时间10天以上；遇数据异态可实时自动报警，对视音频层面的黑场、静帧、静音、彩场、视音频丢失、台标丢失等故障现象实现声光报警，并记录到日志，配合录制功能，日志可和故障录像文件联动。3．扩展性。选用具有良好升级能力和扩展性的设备，软硬件结构具备良好的可扩展性和移植性，采取模块化设计。4．实用性。服务器选配开放式操作系统，系统基于以太网TCP/IP协议，所选系统适合广电系统所有台站今后组网要求。5．多级别的操作员分类权限配置，可设置记录信息访问权限。

电视墙监测报警系统　2012年7月，省广电技术中心所属广播电视卫星地球站自行研制的电视墙监测报警系统建成投入使用。

新系统集成了多项全新的实用功能。在视频显示方面，采用多画面分割显示方式，每个画面带伴音监测的音柱显示。在远程监控方面，可通过IP网络，远程实时显示电视墙上的所有画面，远程进行相关监测参数的设置，今后将进一步开发增加android系统手机远程监控功能。在监测内容方面，包括了台标、静帧、黑场、视音频丢失、音频比对等，可实时监测72路电视信号和24路广播信号，可通过在原有的监控网络上接入监控计算机来扩展监测信号的数量。在报警方式方面，支持人声告警、图像边框和标题变为红色提示报警等多种方式，今后将进一步开发可以增加短信等更多报警方式。在信号记录方面，可实时记录电视墙显示的每一路视音频信号，并可记录、分析各套节目信号源和播出系统关键环节的ASI信号。该系统采用分布式监控，将多台计算机的监控结果通过高速网络进行集中管理，监测节点多，处理速度快，可靠性高，稳定性好，可扩展性强。

为解决监测信号多、信息量大而影响计算机运算的问题，该系统采用简单有效的软件编程算法，使多路信号的实时监测得以实现。监测台标的算法，采用了样点和模板匹配的混合算法，提高了运算速度和稳定性；监测静帧的算法，通过计算帧与帧之间的变化量，可快速准确地判断出静帧画面；监测图像黑场的算法，采用当画面显示台标的位置和其他位置同时出现黑屏时，系统无需延时立即判断为黑场信号的方法；音频比对的算法，通过较高的音频采样频率（16KHz），能准确计算出音频的功率谱，实现了音频功率谱比对；报警处理算法，采用中断方式进行处理，当出现信号异常时系统暂停正在执行的程序，自动转去处理相应事件，处理完该事件后，继续完成被打断的程序，这样的处理使算法缩短了处理周期，大大减少了故障告警响应时间。

电视墙监录报警系统的成功研制和投入使用，大大提高了广播电视卫星地球站安全播出的监测水平，为确保该站的安全播出提供了强力的技术支撑和保障。

中波转播台计算机播出监控系统 2012年，省广电技术中心建成了韶关中波转播台等8座中波转播台计算机播出监控系统并投入使用。

中波转播台计算机播出监控系统主要由信源切换监控单元、音频监测慢录单元、指标监测单元、发射机智能监控单元、环境电力设备监控单元及短信报警单元等组成，可实现信号源智能切换及录音、发射机智能开关机、主备发射机智能倒换、台务管理、系统故障智能退出等功能。在系统崩溃时，可完全脱离系统控制，而由人工对播出设备进行操作，确保了中波转播台的播出安全。

中波转播台计算机播出监控系统基于多种安全设计技术，采用先进的网络和模块化结构，通用性和实用性兼备，可充分实现资源共享。同时，具有安全可靠性和扩展性，可更好地加强中波广播安全播出管理，确保安全播出。

调频天馈线系统更新改造 2012年6月，省广电技术中心所属九〇三台圆满完成调频天馈线系统更新改造工程。新天馈系统采用先进的天馈技术，有效提高了安全播出可靠性。

该项更新改造任务主要包括：更新改造原有的调频发射天馈线，新建“5+1”调频智能监控切换单元等设备。新天馈系统根据九〇三台的实际需求，率先采用国内首创的七口天线切换开关，可实现合共3种天馈线的切换输出方式。其中，第1种方式为双馈输出，满足全功率发射工作，承载功率不小于80千瓦；第2种方式为单馈输出，当上下其中一层天馈出现故障，需要检修时，可适当降功率播出，承载功率不小于40千瓦；第3种方式为容灾备份，可切换输出至现有的调频容灾备份天线降功率发射，实现不停机维护整个天线系统。

新建的“5+1”调频智能监控切换单元，针对九〇三台现用哈里斯全固态调频广播5+1发射系统的智能化运行管理而设计。通过该单元，用户可在任一监控终端对整个发射系统进行实时监测、远程控制、故障处理、数据管理等，从而对调频发射机实施智能监测，并在主机出现故障时，由计算机倒换备机播出。

2部中波发射机更新改造 2012年，省广电技术中心所属五二二台完成了珠江经济台和广东卫星广播2套节目的2部中波发射机更新改造工作，实现了发射机房设备全固态化。

该台本次替代原PSM电子管发射机所安装的2部新发射机为中波全固态数字调幅发射机。新发射机采用数字调幅技术，克服了模拟调制难以避免的各种非线性失真，有良好的动态响应，各项电声技术指标远优于模拟调制发射机。发射机在音频数字处理系统、控制检测系统采用了大量微功耗的数字集成电路，射频系统采用了高效的D类开关电路和功率合成器，使整机的效率大大提高，极大地节省了运行开支，明显减少了机器的维护经费和人力消耗。发射机配有数字音频广播（DRM）接口电路，可方便实现数字音频广播；采用循环调制方式，提高了功放单元的使用寿命；配有音频处理器、同步广播信号接口、智能控制、显示、报警系统和远程控制接口；发射机具有平均调制能力强，保护功能齐全等优点。

该项目自主创新性、经济性和效益性突出。通过自主创新，设计制作天馈倒换设备，节省了3个同轴开关。新发射机整机效率可达到80%以上，较原旧设备整机效率提高了20%。新发射机的投入使用使该台设备技术性能得到进一步提高，节目播出质量得到明显改善，覆盖范围更广，听众更满意，受众更多，为党的舆论宣传建设、广播电视安全优质播出打下坚实的基础。

（广东省广播电影电视局　曾晓怡）

（广东省广播电视技术中心　岑　斌）

科技发展资源、环境和条件

专业技术队伍建设

2012年，广东省第3批引进创新科研团队专项共引进26个团队，汇聚174名高层次人才，累计引进创新科研团队57个，带动集聚各类人才近6 000人，“以才引才、以才育才、以才聚才”效益凸显。截至2012年年底，全省专业技术人才总量达455万人，具有高级职称或博士学位以上的高层次专业技术人才达26.3万人，取得了丰硕的科研成果。加强科技服务能力和管理干部队伍建设，为全省科技创新提供了组织保障。

创新科研团队引进和管理

近3年来，广东省共成功引进3批57个创新科研团队，汇聚高层次人才近500名，累计投入省财政资金14.95亿元，带动地市财政和社会投入80多亿元。2012年9月，3批团队共吸引高层次创新人才1 620人，是引进之初的3倍多，培养博士后、博士、硕士等科研骨干2 109人，带动集聚各类人才近6 000人，“以才引才、以才育才、以才聚才”效益凸显。创新科研团队为广东带来了一大批产业发展急需紧缺的关键核心技术，截至2012年9月，3批团队已申请专利2 341件，其中发明专利1 837件；获得授权专利721件，其中发明专利377件、国际专利（PCT）142项；参与制定标准87项，其中国际标准2项、国家标准5项；研发新产品、新装备、新工艺159个，获得新药临床批件1个，国外药品注册2个；实现直接销售收入达4.58亿元，带动上下游1 437家企业，企业产值达50亿元，呈现出强劲的市场发展潜力。学术研究与基础支撑后劲十足，已发表论文816篇，其中近85.6%被SCI/EI收录。

【第3批创新科研团队引进】 2012年，广东省成功组织第3批创新科研团队引进评审工作，共引进26个团队汇聚174名高层次人才，其中包括2006年诺贝尔化学奖获得者1名，国内外院士7名，“千人计划”入选者10名，长江学者、国家杰出青年科学基金获得者、国家重点实验室负责人9名。第3批团队已获得国内外多项风险投资累计7.35亿元，其中18个团队预期1年内可研发出样品（样机），5年内可实现项目成果大规模销售。

【团队管理与服务】

工作信息采集 为跟踪掌握创新科研团队在粤工作进展情况，及时了解团队在粤创新创业面临的困难和问题，为团队提供优质服务，2月及10月，广东省引进创新科研团队专项办公室（以下简称“专项办”）分别启动实施了前2批团队及第3批团队在粤工作信息采集工作，探索建立团队在粤工作进展定期汇报制度，并集中人力和时间，及时整理分析团队信息采集表，形成团队在粤工作进展报告。

日常跟踪管理服务 为了规范团队的日常管理，专项办积极探索建立良好的管理服务制度，努力为引进团队提供优质服务，为团队在粤创新创业营造良好环境。一是起草制定《广东省引进创新科研团队后期跟踪管理暂行办法》（以下简称《办法》）。为规范团队后期跟踪管理，提高专项资金使用效率及团队项目推进效率，专项办于2012年年初启动《办法》起草制定工作，截至2012年年底，已完成《广东省引进创新科研团队后期跟踪暂行管理办法征求意见稿》清稿及释义稿，约5万字，并广泛征求30多个相关省直单位、地市科技局、高等院校、科研院所和企业团队等的意见及完成征求意见的整理吸纳工作，将开展第2轮征求意见。《办法》的出台，可有效指导团队后期跟踪管理服务工作的开展，并实现团队项目全过程制度化管理，对完善广东省引进高层次人才后期跟踪管理与服务工作有重要意义。

二是认真配合省委组织部开展第三方评估工作，进一步提高广东省引进创新科研团队和领军人才工作的科学性、针对性和实效性。根据中共中央政治局委员、广东省委书记汪洋指示，省委组织部委托中国人事科学院于10—12月开展广东省引进创新科研团队和领军人才第三方评估工作。专项办积极配合参与，根据中国人事科学院要求提供相关团队申报书、合同书、专家名单等材料，指派2名工作人员参与实地调研评估工作，并积极汇报广东省近3年团队工作情况，为评估工作顺利开展奠定良好基础。

三是出版《广东科技》团队专刊加大团队宣传力度。值团队实施3周年之际，专项办联合《广东科技》杂志社，出版团队专刊《打造创新人才高地——广东省引进创新科研团队专项计划实施3周年巡礼》（2012年11月上半月刊），从政府、用人单位、引进团队3个角度，全面、深入地总结团队实施3年来所取得的成绩和经验，并派发约300份至省委组织部、省科技厅相关处室、各地市科技局、相关高校、科研院所及企业等，进一步加大团队宣传力度，打造国内人才引进一流品牌。

四是开展团队档案信息化管理工作。专项办对3批团队申报书、合同书、日常管理政策文件等所有专项办档案进行全面的、系统的整理整合，分门别类、优化设计，并建立所有存档资料目录，实现了团队档案信息化管理，便于团队信息的快捷查找及系统管理。

第4批团队筹备工作　2012年8月1日，专项办在总结前3批团队申报评审组织工作经验的基础上，启动团队申报书修改完善等第4批团队筹备工作，以更好地指导、规范第4批团队申报评审组织工作的开展。

一是启动第4批团队申报书修改完善工作。以“产业化导向”为指引，在总结前3批团队经验基础上，参考借鉴中国创新创业大赛、省战略性新兴产业核心技术攻关项目等国家、省市相关申报材料，对申报书及申报指南进行修改和完善，使申报书更加科学合理、简洁规范。调整完善申报要求和指引，规范团队申报；完善产业化要求及相关内容，为评审提供较全面的、有价值的信息，并强化产业化导向；细化年度评价考核指标，为后期合同签订、跟踪管理奠定良好基础。截至2012年年底，该项工作已基本完成，并经科技厅领导审批同意后报省委组织部审议。

二是起草制定《广东省引进创新科研团队项目申报产业领域分类指导目录》（以下简称《目录》）。以前3批团队各领域申报实际情况为基础，重点根据广东省政府《关于贯彻落实国务院部署加快培育和发展战略性新兴产业的意见》中的重点发展领域，及《国家重点支持的高新技术领域目录》（2011年版）中的技术领域分类，并征求采纳了22位历届评审专家意见，制定该《目录》，明确各申报领域专业范畴，避免出现因申报领域指引不清所致申报不规范问题，为科学、专业地组织开展评审工作奠定良好基础。

三是启动第2期团队评审专家库建设工作。以2010年第1期团队专家库为基础，设计统一的录入模式，整合团队在3年评审中收集积累的79个评审专家信息库资料，完善团队评审专家库建设工作，补充相关数据信息近3 000条，实现入库专家数据的完整性、科学性。截至2012年年底，已实现入库专家1 000多名，平均每个领域专家约180余名，为后继团队评审工作奠定良好基础。

【优秀团队选介】

国际肿瘤基因组研究团队　该团队是广东省首批引进创新科研团队之一，由深圳华大基因研究院引进。中国科学院院士杨焕明是团队带头人，任国家“863计划”重大项目“功能基因组与蛋白质组”首席科学家。该团队是一个老中青相结合的团队，包括4名国际知名教授。团队在国际知名学术期刊《科学》和《自然》及其系列杂志上发表论文20多篇，其他SCI收录论文100余篇，共被引用超过10 000多次。2007年，该团队完成了第1个黄种人基因组“炎黄一号”的研究，被评为美国《科学》杂志2007年世界十大科技进展第1位。团队主要研究方向是从基因组、转录组、表观组、蛋白质组等多方面对肿瘤的发生、发展及转移的分子机制进行深入研究。

继2010年连续在《自然》及其系列杂志上发

表3篇论文后，2011年上半年，团队8名团队成员又陆续在国际知名核心期刊上发表论文12篇，其中《膀胱移行细胞癌中染色质重塑相关基因突变的研究》《基于全基因组组装数据检测人类基因组结构变异》2篇论文发表在《自然》系列杂志上，再创同行之最。

2011年1月，团队所依托的深圳华大基因研究院成功申请我国首个国家基因库，使中国成为继美国、日本和欧洲后第4个建有国家级基因库的国家和地区，首期投资1 500万元。基因库的组建，将显著提升我国在生命科学及生物信息安全领域的研究水平，并有望在生物云计算、基因数据产出存储分析、生物样本保存等方面形成中国标准，谋求一定的国际话语权。

在2011年5月德国爆发急性肠出血性流行病疫情中，团队积极践行科研服务民生理念，主动与国内外科研组织合作，在收到样品后，3天内完成了大肠杆菌基因组的测序和初步组装并及时将相关基因组序列数据公开分享，促进全球生物信息学家的通力合作。5天后，研制出该大肠杆菌的诊断试剂盒并向全球范围内无偿提供检测实验方案及所需引物序列信息，在疫情监控和致病病菌检测上发挥了重要作用，展示了快速的基因组测序技术和及时的数据共享给全球科研和民生带来的巨大贡献，标志着广东基因研究水平跻身世界前列。

光启理工研究院团队　该团队是广东省首批引进创新科研团队之一，由深圳光启高等理工研究院引进。带头人是美国杜克大学博士刘若鹏。刘若鹏2009年在《科学》上发表《宽频段隐身衣的实验实现》一文，引起学术界、媒体和各国政府的高度重视。核心成员由4名毕业于哈佛大学、牛津大学等国际顶尖学府的博士后组成。该团队致力于超材料的研究与产业化，以扩宽超材料应用领域，加快超材料产业化发展，为我国国防、工业、航天、信息等领域做积极贡献。近几年，团队在《科学》《物理学快报》等世界顶尖科技期刊上发表学术论文120余篇。

截至2012年年底，团队已吸引风险投资超过3 000万元，并于2010年8月与国民技术股份有限公司签订《关于成立“智能无线互联标准技术联合实验室”战略合作协议》。依据协议，国民技术股份有限公司将在4年内总计投入约2.5亿元与团队共同建设“智能无线互联标准技术联合实验室”。作为国内单笔最大科研机构与企业横向课题合作项目，联合实验室将通过智能无线互联标准技术的源头知识产权覆盖，确立在相关领域的全球技术领先地位，进而支撑推动一系列全新高科技产业，如手机支付、物联网、移动互联网、传感器网络与近距离智能网络覆盖等的快速发展。

团队在引进2年间，成立了民办非企业性质的深圳光启高等理工研究院，积极开展团队建设并迅速扩大人员队伍，拥有成员300多人，其中博士以上学历的超过50人，并全职引进世界计算几何学之父、哈佛大学Godfried Theodore Toussaint教授，实现了“以才引才、以才聚才”的裂变效应。

团队项目进展飞速：完成可实用亿级超材料的设计工作，并制作出世界第1款“超材料电磁薄膜”，在解决卫星通信、微波通信、移动通信与高铁通信等关键技术瓶颈方面可起到革命性的推动作用；成功研发出世界第1款高增益、小型化的9频射频器件，将极大带动第4代移动通信产业的发展，目前正着手于产业化生产；成功研发出新产品“车载终端系统”，并签订2 000余万元的产业化意向订单，主要用于第13届全国运动会。项目组已申请核心专利超千项，平均月申请量约100项件，逐步实现对超材料领域源头知识产权的覆盖，抢占超材料产业制高点，团队逐步确立了在超材料领域的全球领先地位，在深圳改革开放30周年庆典期间获得胡锦涛总书记和温家宝总理亲自接见。

宽禁带半导体研究中心团队　该团队是广东省首批引进创新科研团队之一，由东莞市中镓半导体科技有限公司引进，团队带头人是我国著名物理学家甘子钊院士。团队由14名老中青学者组成，拥有具有自主知识产权的GaN基激光器的制备技术，主要研究方向为氮化物材料生长和器件研究，包括自支撑氮化镓衬底材料、同质外延器件、半导体芯片、高亮度大功率LED技术、器件验证研究以及蓝光激光器的研究等。

团队在粤创新创业取得3个“第1”，形成国内最大型的PSS衬底生产基地，并打破了氮化镓衬底材料的国际垄断。研究项目是国内第1个实现氮化镓衬底材料产业化的项目，并在国内首次实现光泵浦下波长为410纳米的GaN基多量子阱激光器受激发射；建成国内第1条专业的氮化镓（GaN）衬底材料生产线，研究出厚度达1 100微米的自支撑氮化镓衬底，及稳定的氮化镓蓝宝石复合衬底生产工艺；自主研发出国际上第1台纯固体微区激光剥离设备，完成LED的无损激光剥离，成功解决激光的损伤问题，技术国际领先，填补国内空白，已申报PCT国际发明专利，并成功出口至美国，成为目前世界上可生产激光剥离设备的2家企业之一。成功研发出稳定的高质量PSS图形化蓝宝石衬底的生产技术，并投入大规模产业化，形成国内最大型的PSS衬底生产基地。已申请核心发明专利16项，获授权4项，并以此为基础，成功研发出新产品7个，有效地打破氮化镓衬底材料的国际垄断现状，实现年销售额超千万元，改变了广东省LED产业长期处于下游发展的被动局面。

运动控制与先进装备技术国际研究团队 该团队是广东省首批引进创新科研团队之一，由东莞华中科技大学制造工程研究院引进。团队带头人李泽湘教授是香港科技大学自动化技术中心主任、教育部长江学者特聘教授。团队由8名国内外运动控制领域知名专家组成，包括3名IEEE Fellow、1名ASME Fellow、2名教育部长江学者和2名国家杰出青年科学基金获得者。团队致力于运动控制技术、先进装备技术及工业机器人的研发及产业化，并面向珠三角地区企业开展运动控制技术推广培训，为广东省培养一批运动控制技术应用方面的专业技术人才，推动广东产业转型与升级。

团队自行研发出的100kHZ超声换能器，技术达美国同类产品水平，已和企业合作在LED焊线上试用，将打破我国超声换能器长期依赖美国UTHE公司进口的现状，极大地提高广东省乃至全国LED焊线装备的制造水平。

团队成功开发出的平面式LED焊线装备，技术达国际先进水平，相比国内同行企业多仿制国外产品而言，拥有自主知识产权，且价格比国外同类产品低40%，可有效地降低国内LED企业的生产成本，推动广东省LED产业快速发展。

截至2012年年底，团队已完成共晶机软件系统、固晶机软件系统、地铁扶梯中央控制系统、铣削控制系统、飞剪控制系统等多个项目研究，其中，共晶机软件系统是国内首台共晶设备。建成相关实验室2间，成功孵化相关产业化公司2家，为项目的进一步开展及产业化奠定了良好基础。

团队在开展自身队伍建设的同时，积极开展运动控制技术推广与培训，为珠三角地区培养越来越多运动控制专业技术人才，推动珠三角地区企业自动化生产水平不断提高。截至2012年年底，团队成员已拓展为50人，其中博士13名，并培养科研骨干30余人，且多次召开运动控制技术推广培训会及研讨会，吸引近千名企业科研骨干参加，极大地带动了珠三角地区企业参与自动化生产的积极性，提高了企业自动化生产水平。

基因沉默技术与治疗研发团队 该团队是广东省第2批引进创新科研团队之一，由广州市锐博生物科技有限公司引进，带头人是美国科学院的克雷格·梅洛院士。克雷格·梅洛院士首次发现了核糖核酸（RNA）干扰基因沉默过程机制，荣获2006年度诺贝尔生理或医学奖。团队由5名中青年科学家组成，其中崔俊青博士曾在《科学》杂志发表2篇关于淋巴细胞抗肿瘤论文。团队研发方向为全基因组siRNA文库和筛选、RNAi农业医药应用关键技术以及miRNA等非编码RNA的临床应用，已在国际知名学术期刊《自然》《科学》和《细胞》杂志发表论文24篇，被引用达11 500余次，并开发了多个关键专利技术及相关产品，包括世界第1个基因沉默技术发明专利。

团队扎根广东，有条不紊地推进各项科研进展。新引进成员10名，发表国际核心期刊论文7篇，申请核心发明专利5项，自主研发出新产品4个。同时积极与相关企业、高校合作，带动整合相关产业链，建成具有国际水平的基因沉默技术药物研发中心，包括1个高通量高内涵筛选平台、临床前研发平台和产业化平台，为项目的进一步开展及产业化奠定了良好基础。

团队积极研发的基于RNAi技术的新一代绿色生物农药，具有清洁、高效及环保等特点，可有效消灭农作物害虫，并实现“零污染”“零残留”及“零破坏”，即对环境不产生任何污染，不在农作物上残留任何农药成分，对生态系统不产生任何破坏。该技术的攻克及产品的成功研发，将极大地促进广东省乃至我国农业安全生产，从源头上解决食品安全问题，对绿色农业产生变革性影响。该项目已进入田间试验阶段，并向农业部申报新农药登记，以期早日推向市场。

第3代半导体碳化硅材料和器件研发及产业化创新科研团队　该团队是广东省第2批引进创新科研团队之一，由东莞市天域半导体科技有限公司引进。带头人王占国院士是我国著名的半导体材料及材料物理学家，任国家“863计划”专家组组长。团队核心成员由6名研究员组成。团队研究方向为第3代宽禁带碳化硅（SiC）半导体外延材料及器件产业化，包括SiC外延材料产业化、器件材料生长技术、外延设备研制、外延材料检测与标准化以及器件工艺技术5个项目。曾申请核心专利23项，授权专利15项，拥有SiC外延等核心技术9项，发表SCI和EI收录论文40余篇。

自行研发出的碳化硅外延片实现了国产碳化硅外延生长片量产零的突破。2012年6月，团队从德国引进了世界上最先进的碳化硅量产设备，经过20多次反复安装、调整、试产，成功生长出达到国际先进水平的3英寸和4英寸碳化硅外延片，已进入量产阶段，实现了国产碳化硅外延片量产零的突破。在此基础上，提前组建器件研发技术人才队伍及订购器件研发仪器设备，着手进行碳化硅器件研发，为项目成果转化与产业化奠定良好基础。试验证明，用碳化硅外延片生产出来的器件，比目前市场普遍使用的、用硅外延片生产出来的器件节能70%以上。

团队引进后，积极展开各方面工作，并瞄准国内市场碳化硅产品缺乏的空缺，积极展开核心技术攻关，申请核心技术专利4项，获授权3项。同时，积极起草《重掺杂衬底上4H碳化硅同质外延层厚度的红外反射测量方法》，规范行业研究及生产，该技术标准将以企业标准进行发布，并有望成为国内首个碳化硅方面的标准。此外，还成立了天域碳化硅技术研究院，完成二期净化车间的建设及6台检测设备、1台外延量产设备的进口，为项目进一步开展及产业化奠定了坚实基础。

（广东省引进创新科研团队专项办公室　黄　欢）

高层次专业技术人才队伍建设

截至2012年12月31日，全省专业技术人才总量达455万人，具有高级职称或博士学位以上的高层次专业技术人才达26.3万人，其中，院士107名（含双聘院士74名）、享受政府特殊津贴专家5 205人、“新世纪百千万人才工程”国家级人选82人，累计招收博士后5 300余人，科研成果更加丰硕，对经济发展的贡献更加明显。

【高层次专业技术人才培育】　2012年，广东省坚持系统培养和科学选拔相结合，不断提升高层次人才的质量。年初，省委、省政府出台《广东省选拔和推荐政府特殊津贴人员实施办法》。省人力资源和社会保障厅与省委组织部联合出台《广东省专业技术人才队伍建设中长期规划（2011—2020年）》，与省委组织部等6部门联合出台《广东省战略性新兴产业首席专家评选办法》。《广东省专业技术人才队伍建设中长期规划（2011—2020年）》是本省首个专业技术人才队伍建设发展规划。全省评选认定首届广东省工艺美术大师示范工作室19个。

博士后工作　中国（广东）博士后人才交流与科技项目洽谈会经人力资源和社会保障部批准永久落户广东佛山，成为广东省继广州留交会、深圳高交会之后又一人才引进新品牌。省人力资源和社会保障厅与省委组织部等9部门联合出台《关于进一步加强博士后工作促进广东自主创新的实施意见》。

2012年，全省增设博士后科研流动站32家，认定第3批创新实践基地81家。截至2012年年底，全省博士后科研流动站137家、科研工作站205个。全年全省670名博士后进站，470人出站，394人留粤工作。遴选推荐72名博士申报“香江学者”计划，共有11名博士入选，其中中山大学4名、华南理工大学1名、暨南大学2名、华南师范大学2名、广州中医药大学1名、中科院地化所1名，分别到香港科技大学、香港城市大学、香港浸会大学和香港理工大学4所院校从事博士后研究。

10月25日，由省人力资源和社会保障厅、省博士后联谊会主办的广东省博士后联谊大会在广州中山大学举行，400余名博士后参加会议。11月10日，由人力资源和社会保障部、全国博士后管理委员会办公室、省人力资源和社会保障厅共同主办，暨南大学承办的“2012年全国经济管理类博士后学术论坛”在广州举办，来自全中国近40个单位的经济管理类博士后、博士后管理服务人员参加了此次论坛。

职称制度改革　2012年，结合本省技工院校数量较多、类型齐全、性质多样的实际，探索推进技工院校教师职称制度改革试点工作，加强省内外调研，制定上报试点工作方案，拟先行启动技工院校教师正高级专业技术职务任职资格评聘试点工作，总结试点经验后，在其他层级技工院校中推开。

完善工业设计职业资格制度试点工作，会同省经信委出台《高级工业设计师职业资格（专业技术人员）评审条件》和《关于调整完善工业设计职业资格（专业技术人员）试点政策的通知》，建立了较为完善的工业设计职业资格制度体系。同时周密组织2012年工业设计职业资格考试工作，共有512人报考（报考高级17人、中级123人、初级372人），遴选出一批工业设计人才，推动试点工作走在全国前列。丰富和完善社会工作者职业资格评价制度，在深入省内外调研基础上，提出开展社会工作者职业水平评价试点的初案。积极推进粤港专业资格互认试点工作，加强两地专业人才的深层次交流和合作。

制定出台《关于突出贡献人员专业技术资格评定的暂行办法》，为获国家科学技术奖、中国发明专利金奖，“广东引进领军人才”人选等14类人才职称评定开辟“绿色通道”，为高层次创新型人才创造良好的职称环境。创新评价方式，在高校教师、卫生、工程等系列正高全面实行答辩制度，确保评审的客观和公正。深入开展“非公专技人员职称政策宣讲活动”，进一步畅通职称申报渠道。逐步铺开农村实用技术人才职称评定工作，总结推广惠州农村实用人才职称评定试点经验，在珠海、中山、韶关开展相关试点工作。

继续教育　2012年，广东省承办国家专业技术人才知识更新工程高级研修班项目3期，举办省级高级研修班150余期，并积极推荐高层次专业技术人才免费参加其他省（市）举办的国家级高级研修项目；累计培训高层次专业技术人才约8 000人次，有力地促进了本省专业技术人才队伍能力建设。

【高层次专业技术人才引聚】　2012年，广东省评审引进第3批领军人才18名，其中欧美国家院士5名、中央“千人计划”入选者3名、“长江学者”2名。赴日本、法国招聘海外人才，达成明确合作意向和聘用协议的高层次人才228名、科研团队12个。全省通过各种途径吸引来粤发展海外留学人员6 000名，在粤工作国（境）外专家13万人次。截至2012年年底，在广东工作的院士达99名，回国留学生达7.6万人。

成功举办第4届“百名海外专家南粤行”活动，邀请来自12个国家的91名海外专家到广州、佛山、珠海、肇庆等地考察洽谈，并达成项目合作、人才引进初步意向22个。华南师范大学比利时籍专家拉斯·奥尔夫·彼昂（Lars Olof Björn）获2012年度中国政府友谊奖。广州留学创业园获批成为国家级留学人员创业园。截至2012年年底，全省有留学人员创业园20个，其中国家级留创园4个，共吸引5万名留学人员入园，创办企业2 122家。

（广东省人力资源和社会保障厅　王文特）

科技干部教育与培训

2012年，省科技厅加强科技服务能力和管理干部队伍建设，为全省科技创新提供人才支持与组织保障。

广东省科技干部学院作为国家级星火培训基地和广东省科技干部、专业技术人员、中小学教师继续教育基地，全年共举办各类培训班23期，培训科技干部、专业技术人员、中小学教师1 555人次，联合省级星火培训基地和星火学校开展农村科技带头人和新型职业农民培训，举办科技讲座70多次，培训8 000多人次。

【全国县市科技局长“科技创新环境与公共服务能力建设”专题培训班】 2012年6月26日—7月2日，由科技部主办、省科技厅协办、省科技干部学院承办的“全国县市科技局长‘科技创新环境与公共服务能力建设’专题培训班”在省科技干部学院举办，来自全国各省、市、自治区的84位县（市、区）科技局领导参加。省科技厅领导出席开班典礼，并为培训班授课。培训班还邀请了国务院区域经济规划小组专家、广东省农科院副院长及广东省委党校、暨南大学的知名专家作专题报告，安排学员赴深圳、东莞、中山、珠海4个地市考察交流区域创新体系建设、产学研结合、县市科技创新环境建设等经验和成果。

【科技系统干部培训】 2012年，省科技干部学院先后举办“广东省地市科技局长‘科技管理创新和创新环境建设’专题研修班”1期、培训22人，“广东省县（市、区）科技局‘科技管理创新和创新环境建设’研修班”1期、培训44人，“广东省科技厅所属事业单位人事干部培训班”1期，培训32人。

广东省地市科技局长“科技管理创新和创新环境建设”专题研修班　该研修班于2012年6月11—20日在省科技干部学院举办，来自全省地级市科技局（委）、顺德区经济促进局的领导共22人参加。省科技厅领导为研修班作了题为《广东当前科技工作的形势与任务》的专题报告。研修班还邀请了省委党校专家和省科技厅有关处室领导为学员授课，主要包括“深化产学研合作”“科技服务业与科技金融”“加快转变政府职能，提升公共服务能力”“社会转型时期的管理创新”“《广东省自主创新促进条例》解读”等专题。组织学员前往云南省昆明、大理等地考察交流了地市科技创新环境建设的经验与举措。

广东省县（市、区）科技局“科技管理创新和创新环境建设”研修班　该研修班于2012年9月17—25日在省科技干部学院举办，全省44个县（市、区）科技局领导参加。省科技厅领导作开班动员，并作《广东当前科技工作的形势与任务》的专题报告。研修班还邀请省委党校专家和省科技厅有关处室领导为学员授课，主要包括“加快转变政府职能，提升公共服务能力”“专业镇发展与产业转型升级”“农村科技发展”“《广东省自主创新促进条例》解读”等专题。组织学员外出实地考察交流县市科技管理创新的经验与举措。

【新疆吐鲁番地区新型城镇化建设专题研修班】

2012年10月9—19日，省科技干部学院举办了“新疆吐鲁番地区新型城镇化建设专题研修班”，新疆吐鲁番地区领导干部21人参加培训。研修班邀请了省委党校、广州市委党校、省农科院、省科技战略发展研究中心的专家和中山大学、暨南大学教授围绕“广东城乡一体化发展与新型城镇化建设”“现代农业与城镇化建设”“珠三角经济发展方式转变与产业转型升级”等专题为学员授课，并组织学员到珠海、江门、深圳、东莞等地市开展了新型城镇化与新农村建设、城市建设与规划专题调研。

【云南省自主创新与战略性新兴产业专题培训班】 2012年11月13—19日，省科技干部学院举办了“云南省自主创新与战略性新兴产业专题培训班”，云南省科技管理干部14人参加培训。培训班邀请了省科技厅、省科技情报所、暨南大学的专家、教授为学员讲授“广东战略性新兴产业发展现状”“广东经济发展方式转变与产业升级转型”“自主创新与战略性新兴产业培育”等专题，并安排学员前往东莞、中山、韶关等地市和专业镇进行实地考察，与当地科技部门和相关企业座谈、交流。

【西藏林芝地区科技管理干部研修班】 2012年11月30—12月10日，省科技干部学院举办了“西藏林芝地区科技管理干部研修班”。该研修班是省科技厅科技援藏的第14期研修班，西藏林芝地区科技管理干部18人参加培训。省科技厅领导为研修班作《广东科技工作情况》专题报告。研修班还邀请省农业科学院、省微生物所的专家学者为学员授课，主要包括：“现代农业科技与特色农业”“食用菌资源开发与种植加工”“花卉园林植物资源开发”“科技经费使用与管理”等专题，并组织学员赴深圳、珠海、韶关、东莞等地市参观现代农业示范园、有机农产品、绿色食品生产基地、高新技术产业园区与创新型企业等。研修班的举办支持了西藏林芝地区科技管理干部的培养，加强了粤藏两地科技工作交流。

【新疆喀什地区科技管理干部研修班】 2012年12月15—26日，省科技干部学院举办了“新疆喀什地区科技管理干部研修班”。该研修班是省科技厅对口支援喀什地区举办的首期研修班，新疆维吾尔自治区喀什地区科技管理干部21人参加培训。省科技厅领导为研修班作《广东科技发展情况介绍》专题报告。研修班还邀请省科技厅、省社会科学院、省农业科学院、暨南大学的专家学者为学员授课，主要包括“现代农业与农业科技”“广东经济发展方式转变与产业结构优化调整”“科技资源配置与科技创新能力建设”“科技项目申报与管理”等专题，并组织学员赴深圳、珠海、东莞、中山等地参观高新技术产业园、专业镇技术创新平台、生态农业科技园、产业转移园等。研修班的举办加强了粤疆两地科技工作交流。

【专业技术人员继续教育与培训】 2012年，省科技干部学院举办专业技术人员继续教育与培训班15期，累计培训1 299人次，主要包括：投资建设项目管理师考前培训，注册资产评估师、设备监理师考前培训，注册水利水电工程、港口与航道监理师考前培训，全国注册土木工程师考前培训，全国建造师考前培训，公安刑侦技侦专业技术培训，管理咨询师考前培训，计算机专业技能培训等。

【星火科技培训】 2012年，省科技干部学院承担了广东省科技计划项目“农村科技创新创业带头人与新型职业农民培训”项目，加强农业科技服务体系和农村科技人才队伍建设，促进现代农业科技创新成果推广应用，重点开展以农村科技带头人、农业技术推广人员、种养殖大户、专业农民等为对象的农业科技培训，指导并协助省级星火培训基地和各星火学校举办培训班和讲座70多次，培训8 000多人次。

【IT行业高中级专业技术人员培训班】 2012年，省科技厅委托省计算中心举办“信息系统项目管理与创新”“最新网络安全技术”等高新技术高级研修班，培训IT行业高中级专业技术人员、急需紧缺和骨干人才600多名，有效地提高了高层次科技人才的知识水平，培养高层次创新型人才，并促进高端科技学术交流，推动本省专业技术人才知识更新工程的实施。

（广东省科技干部学院　曾煜洲）

（广东省科学技术厅人事处　罗海波）

科 技 金 融

2012年，国家和省级科技金融结合试点工作稳步推进。省科技厅加强与省金融办及一行三局的联系，会商做好全省科技金融的发展规划、政策制定和试点业务指导。广州、深圳、佛山和东莞积极发挥国家试点优势，制定并实施促进科技和金融结合先行先试的政策措施。建立健全省科技厅与金融机构合作机制，省科技厅先后与兴业银行、中国银行广州分行等开展新一轮的战略合作，搭建政银合作平台，实现优势互补、合作共赢。粤科风险投资集团调整理顺管理体制，扩大风险投资资金规模，发挥财政资金的政策性作用，带动全省创业投资加快发展。

科技型企业投融资服务

近年来，广东省着力聚集各类科技要素和金融要素，积极推进科技和金融结合，科技、金融、产业融合基础日趋扎实，有效地缓解了科技企业融资难问题。

截至2012年年底，省科技厅充分发挥1亿元科技型中小企业融资贷款风险准备金和3 000万元省市联合风险准备金的杠杆作用，共引导和推动银行向企业贷款超过15亿元，风险准备金实际放大30余倍。为推动科技企业走向国内外资本市场，省科技厅组建成立了华南科技资本研究院，对企业开展相关的战略咨询和上市前期辅导。

省科技厅积极推广和探索科技金融结合新模式，推广“EMC+电网+金融”模式，吸引社会资金支持LED产品推广应用，推动LED产业快速健康发展。出台《广东省人民政府办公厅关于推广三资融合建设模式促进我省民营科技园发展的意见》，推广“三资融合”新模式，充分利用民间资本促进战略性新兴产业和民营科技园快速发展。

（广东省科学技术厅发展规划处　韩亚欣）

科技金融试点

【国家促进科技和金融试点】 2011年11月，“广佛莞”地区、深圳市被科技部和“一行三会”列为全国首批促进科技和金融试点地区。试点地区积极发挥国家试点优势，制定并实施一系列促进科技和金融结合的政策措施。

广州市　该市初步形成“一个中心、两大示范区、三大平台”（以国家科技金融试点为中心，推进广州开发区、番禺示范区建设，着力打造创业引导投资平台、科技支行融资平台、企业上市服务平台）的科技金融体系，截至2012年年底，全市创投机构达100余家，管理基金150多只，资金规模400多亿元。

东莞市　2012年，该市设立总规模20亿元，首期规模5亿元的“东莞市产业升级转型及创业投资引导基金”，市政府出资1亿元成立“东莞红土”基金，出资2亿元成立“东莞中科中广”基金。

佛山市　该市致力于建设股权投资集聚发展区域中心，截至2012年年底，金融高新区私募创投、股权投资基金等项目72个，注册及募集资金额达135亿元，已投资项目超过300个，投资金额超过50亿元。设立政府中小企业信用担保基金，担保基金规模达3.5亿元，累计为1 029家本地中小企业提供超过74亿元的贷款资金。首个国家级知识产权投融资试验区在南海区挂牌成立，自2010年以来，已有54家科技型企业立项开展3.4亿元知识产权质押融资项目。

【省科技金融结合试点】

科技金融试点市　省科技厅积极推动科技金融试点市工作，采用省市联动方式共同设立“联合科技贷款风险准备金”，与当地金融和担保机构开展深入合作，为科技型中小企业的融资提供支持。省科技厅依托广东省科技型中小企业投融资服务中心，指导各试点市建立试点市助贷平台和工作体系，培训当地投融资服务人员，提高投融资服务水平。科技金融试点市工作取得了良好效果，特别是在中山，直接推动科技金融走进专业镇，服务专业镇转型升级。截至2012年年底，联合科技贷款风险准备金已经拉动合作银行累计为小榄镇55家科技型企业发放科技贷款2.45亿元，省市区（镇）科技金融联动服务成效明显。针对科技型中小企业轻资产难以获得融资的特点，试点开展知识产权质押贷款业务，广州、东莞及佛山等地已有17家企业通过纯知识产权或者以发明专利、技术成果、软件著作权、商标等无形资产嫁接反担保资产向银行成功借款接近2亿元，知识产权质押贷款取得突破。

科技金融示范区　12月12日，广东省科技和金融结合试点区授牌暨广东省科技厅与中行广东省分行战略合作签约仪式在番禺节能科技园举行。仪式上，番禺区获颁发“广东省科技和金融结合试点区”牌匾，并与中行广东省分行签署了科技金融战略合作协议。广东省生产力促进中心、广州市生产力促进中心、番禺区生产力促进中心、中国银行番禺科技支行签署了《广州市联合科技贷款风险准备金试点区协议》。

借鉴科技金融试点市的成功经验，省科技厅推动中国银行广东省分行成立广东首家科技支行——中行番禺科技支行。番禺科技支行拥有独立的客户评级和准入机制、独立的拨备制度、独立的信贷审批机制和独立的风险管理措施，按照科技型中小企业发展的不同阶段，对孵化期、初创期、成长期、成熟期的企业提供不同的授信额度。以省市区三级联动的方式设立5 000万元科技企业贷款“风险池”资金，分担科技支行的贷款风险，进一步降低了贷款门槛。截至2012年年底，番禺科技支行对科技型中小企业的贷款达17 043万元，科技型中小企业的融资难问题得到有效缓解。

截至2012年年底，依托中国银行番禺支行和东莞银行松山湖支行组建设立的2家科技支行对科技型中小企业的贷款近2亿元，有效地缓解了科技型中小企业的融资难问题。

（广东省科学技术厅发展规划处　韩亚欣）

风险投资业发展

【风险投资业发展环境】　2012年，中国风险投资业的发展大环境充满挑战性。国内A股市场跌势凶猛，新股发行速度减慢，发行审批趋严，中国企业赴美上市受阻，排队等候上市的企业数量庞大（七八百家）。自2011年下半年开始，VC机构从一级市场募资开始变得困难。面对大环境的变化，风险投资行业格局也随之发生变化。在同业竞争激烈、投资项目成本高企、IPO退出难度加大、退出收益率下降、募资困难的多重考验下，一些风险投资机构对投资策略进行了调整，由投资链的中、后端向前延伸，募集专门投资早期项目的基金。早期基金借助国家对小微企业的支持与营造更好的创业环境政策，加大对初创期企业的投资。

国家层面的系列动作，却为风险投资营造了较有利的环境。5月30日，国务院常务会议讨论通过了《“十二五”国家战略性新兴产业发展规划》，提出了节能环保、新一代信息技术、生物、高端装备制造、新能源产业、新材料、新能源汽车七大战略性新兴产业的重点发展方向和主要任务。5月底，中央启动首批战略性新兴产业专项补助资金，而各省市也基本完善了对战略性新兴产业的各项资金补助政策。

8月3日，中国投资协会股权和创业投资专业委员会发布了《中国投资协会股权和创业投资专业委员会自律规则》，规则共108条，从风险投资基金的设立、资金募集、投资、投后管理及投资退出、诚信信息管理、惩戒措施、行业发展与社会责任等方面为风险投资发展提供了行为规范和准则。

9月7日，“新三板”正式扩容，新增上海张江、武汉东湖、天津滨海3个园区，为风险投资提供了更多的项目退出通道选择。

根据中国风险投资研究院的行业年度统计报告，2012年中国内地VC/PE市场基金募集较2011年大幅下滑。2012年，中国内地已完成和正在募集（不包括拟设立机构/基金）的基金共329个，其中透露募资额的基金278个，计划募集资本总额高达7 342.94亿元。65家机构/基金已完成募集（不包括部分完成），募资额达798.34亿元，与2011年募资额相比大幅下降，平均每家机构/基金募集的风险资本规模达12.28亿元，与2011年基本持平。另有264家机构/基金正在进行募集，但没有披露募资是否完成，据统计，这些基金的募资总目标规模将达到6 544.61亿元，其中已募集到位674.10亿元。2012年国内外风险投资机构共投资了987个项目，较2011年下降39.63%，其中披露投资金额的687个项目涉及投资金额1 038.76亿元，投资规模较2011年下降54.85%，投资市场表现低迷。2012年，广东省是全国热门的投资地区，除深圳市外总共发生投资案例60家，涉及金额高达62.01亿元。

【广东省风险投资业发展现状】 2012年，根据经济环境的变化，广东省相应颁布多个政策扶持中小企业，给风险投资营造良好的环境。2月1日，广东省人民政府发布了《印发2012年扶持中小微企业发展若干政策措施的通知》，加大对中小微企业的扶持，减轻企业负担，积极应对国际金融危机的影响。2月13日，广东省人民政府发布了《关于支持中小微企业融资的若干意见》，旨在促进金融机构增强对中小微企业融资服务能力，拓宽中小企业直接融资渠道，帮助企业实现转型升级。4月，广东省人民政府办公厅相继出台了《印发广东省中小微企业综合服务体系建设实施意见的通知》《印发2012年跟踪落实民企招商成果工作方案的通知》《印发2012年实施创新帮扶中小企业行动计划工作方案的通知》，切实落实对中小微企业的帮扶；10月9日，出台了《广东省人民政府办公厅关于推广三资融合建设模式促进我省民营科技园发展的意见》。

【广东省粤科风险投资集团】 2012年，广东省粤科风险投资集团（以下简称“粤科集团”）投资主业稳健发展，资金管理规模不断扩大，筹资平台建设稳步推进。由粤科集团、江门市政府以及3家民营企业共同出资设立的“江门基金”，目标规模10亿元，首期出资2亿元；2012年粤科集团新增管理省政府创业风险投资引导资金2.7亿元；粤科集团参股“广东广商高新科技股份有限公司”，以5%的出资带动95%的民间资本参与科技产业发展，搭建提供专业化创新服务、金融服务、科技成果孵化的综合平台。2012年5月，由粤科集团和深圳市创新投资集团牵头发起的广东首只创业投资引导基金“广东红土创业投资基金”成立，规模为10亿元，主要投资于省政府大力支持的战略性新兴产业，引导社会资本投向战略性新兴产业。

2012年，粤科集团积极推进新项目投资工作，特别是重点加大了早期项目的投资力度，探索早期项目的投资模式，投资能力稳步提升，全年实现新投资项目和创投基金（机构）共18项，投资资金5亿余元。

粤科集团积极推进多家参股投资企业的上市进程，其中广州嘉诚国际物流股份有限公司上市已进入正式上报发审委阶段。广东天波信息技术股份有限公司、江苏赛福天钢索股份有限公司、肇庆华锋电子铝箔股份有限公司已于2012年年底向中国证监会正式申报了上市材料，并获得中国证监会受理。广东红墙新材料股份有限公司、广东铂亚信息技术股份有限公司、广州星业科技股份有限公司项目的上市准备工作也取得了阶段性进展。

除了风险投资主营业务，粤科集团扎实推进科技金融新业务的发展，集团转变发展方式迈出重要步伐。通过深入研究和把握科技创业活动的客观规律，围绕科技创业活动的不同类型、不同阶段、不同方面对金融服务的内在要求，粤科集团加快建立健全科技金融服务链，确保提供针对性、系统化的投融资服务；着力丰富科技创业投融资服务的方式，加快建立健全集股权融资和债权融资、直接融资和间接融资、融资担保和风险保障于一体的科技金融服务体系；积极搭建支持科技创新创业的投融资综合服务平台，着力丰富和畅通科技与金融结合的渠道。为实现省政府领导提出的金融、科技和产业融合发展，为广东实现创新强省、金融强省的战略目标扎实做好工作。

【广东省风险投资促进会】 2012年，广东省风险投资促进会（以下简称“促进会”）继续加强业务开拓，提升服务水平，扩大业界影响力，对外树立协会形象，开展了一系列业务活动和服务工作。

同业交流合作 6月8—9日，促进会与科技部火炬高技术产业开发中心、广东省科技厅、中国风险投资研究院等其他承办单位联合，在深圳成功承办了2012（第14届）中国风险投资论坛。作为该论坛的主要承办方之一，促进会直接参与了该论坛的方案策划、筹备和实施的全过程。促进会会员单位有近60位嘉宾参加了该论坛。

5月16日，促进会作为支持单位与广东省科技型中小企业技术创新基金管理中心合作，举办了2012年度国家科技型中小企业技术创新基金创业投资引导基金培训会。

9月26日，促进会领导参加了2012年国有创业投资机构座谈会。此次会议是在全国科技创新大会背景下，研讨各级、各类国有创业投资机构如何发挥战略功能，优化环境机制，达成共识与合力的又一次重要会议。

11月30日，促进会领导参加了全国股权和创业投资协会负责人联席会议，此次会议决定组建全国股权和创业投资协会联盟。全国股权和创业投资行业协会联盟宗旨是推动中国股权投资和创业投资全行业自律与诚信体系建设，加强行业政策、法规和重大问题的研究，促进全国各地区股权和创业投资行业协会间的交流与合作，共同致力于中国股权和创投事业的发展与繁荣。

课题调研 2012年，促进会代表风险投资业界不断加强与政府有关部门沟通，及时反馈业界意见，参与协助政府有关决策机构制定有关政策和规则。2—4月，促进会受科技部火炬中心和中国科学技术发展战略研究院的委托，承担“2011年度全国创业投资调查”在广东省内的调查工作。

（广东省粤科金融集团有限公司 黄俐俐）

基础条件平台建设

近年来，广东省以科技基础条件平台建设为抓手，充分整合科学仪器设备、科学数据、自然科技资源、科技文献等各类科技基础条件资源，搭建了实验室体系共享平台、自然科技资源共享平台、大型仪器及检测公共平台、科技文献与科学数据共享平台，对科技创新和经济社会发展起到重要支撑和保障作用。

2012年1月，广东省科技基础条件平台建设促进会第1次会员代表大会暨成立大会成功举行，大会决定了促进会的内设机构及发展方向，明确了促进会的职责及服务内容。建成广东省科技资源共享网，实现与中国科技资源共享网的对接。

创新方法推广应用

自主创新，方法先行，创新方法是自主创新的根本之源。2012年，省科技厅以创新方法企业试点示范工作为主要抓手，以支撑体系建设和人才队伍培养为重点工作内容，持续、稳步推进本省创新方法推广应用工作。

【推进体系建设】 2012年，广东省选择专业扎实、创新方法理论水平较好的储备师资，深入企业，根据企业创新需求，开展创新方法培训、辅助解题等工作，使本土师资的创新方法应用水平在企业实践中快速提升，培养形成60余人的专家服务团队，其中7人获得了国际MATRIZ二级认证，3人获得国家创新工程师二级证书。

广东省创新方法与决策管理系统重点实验室（培育基地） 2011年，该重点实验室由华南理工大学和广东工业大学联合建设，主要围绕创新方法与管理决策前沿和关键问题，探索具有中国特色和广东产业发展特点的创新方法与管理决策技术，开发企业创新整体解决方案与运作流程规范。

2012年，在依托高校现有办公场所和网络环境基础上，实验室继续按需引进Invention Tool、Pro/Innovator、Goldfire等计算机辅助创新平台，实验室网站已经建设完毕。成立了学术委员会，组织开展了“创新基础理论与方法研究”“创新工程研究”“创新成果应用与培训研究”和“可拓创新方法研究”等。实验室科研成果显著，获得多项国家自然科学基金项目、教育部重大课题和省科技计划项目，同时在国内外的权威期刊、会议发表创新方法相关科研论文20余篇。随着实验室的建设和完善，将进一步深化本省创新方法研究和推广应用工作，有效地为企业提供更好的创新业务培训与咨询等综合服务。

广东省创新方法研究会 2012年，广东省创新方法研究会依据研究会章程，积极开展创新方法宣传、专题研究和学术交流等活动。编印《创新与方法》内刊4期，利用广东创新方法网广泛、及时宣传报道本省创新方法工作情况与成效，并组织本土师资开展创新方法学术研究、参加国内外高水平创新方法学术论坛，竭诚为社会各界提供专业化服务。3月，来自17家创新方法试点企业的38名学员参加了答辩，其中37人获ITC二级证书，33人获ITC一级证书（包括了培训合格但未参加答辩的32人）。选择广州无线电集团和广州杰赛科技股份有限公司，启动本土师资与河北工业大学专家团队合作服务模式，共同为企业培养创新方法团队，打造示范企业

广东省创新方法推广应用研究中心 该研究中心由广东省生产力促进中心和广东工业大学联合成立，承接省科技厅下达的创新方法研究与推广应用工作总体任务，具体组织、协调全省创新

方法推广应用工作，培养创新方法自有师资和研究团队，为本省创新方法人才培养和推广应用服务，并在学校内部开设创新方法本科教学、研究生教学试点。2012年，中心为近400名本科生讲授创新方法基础理论，指导7名研究生参与创新方法研究。

【创新方法培训和普及】 2012年，省创新方法推广应用研究中心组织本土创新方法师资在广州、顺德、中山、江门等地为企业开展了大量的创新方法普及培训，同时协助创新工程师“种子”在企业内部开展创新方法培训，全年累计组织开展创新方法培训28期，参训人数逾3 000人次。在企业传播创新方法，扩大了创新方法的受众群体，有效地推进了创新方法的应用。

【创新方法推广成效】 创新方法推广应用工作有效地促进了企业自主创新。截至2012年年底，累计为企业培养创新工程师167名，其中二级创新工程师83人、一级创新工程师84人；帮助试点企业应用创新方法解决实际技术难题352项，提交专利369项（其中190项为发明专利），获授权专利115项，为企业创造经济效益逾3.6亿元，企业整体研发速度提高50%以上。

广州无线电集团　该集团为创新方法推广应用试点企业。集团以“货币识别系统”为试点项目，运用TRIZ理论，研制了具有核心自主知识产权的高性能货币识别系统，申请10多项发明专利，其中“有价文件识别方法及装置”获中国专利优秀奖，成为国内首家拥有自主知识产权高性能货币识别技术的企业。系统的各项技术水平达到国内领先、国际先进水平，填补了国内空白。近3年，该企业高性能货币识别系统累计销售收入53 171.79万元，新增利润14 766.51万元，新增税收5 785.25万元，创收外汇4 311.11万美元。

广州杰赛科技股份有限公司　该公司为创新方法推广应用试点企业。公司依托“安全的、可运营可管理的宽带无线接入技术研究”项目，应用TRIZ创新方法，提高基于TePA可信架构的宽带无线接入系统中关键网元的系统性能，并开展TePA可信架构与无线城域网的结合、无线局域网与无线城域网的融合组网、宽带运营的集中控制等技术研究，形成安全的、可运营可管理的宽带无线接入网络的整体解决方案。项目共申请发明专利10余项，项目研发的无线接入产品成功中标中国移动、中国联通的无线接入设备集中采购，尤其在2012年中国移动WLAN产品集采招标中获得综合排名第1的成绩。通过应用创新方法开展项目配套产品——WLAN系统的双频多输入多输出天线的研究，完成该型产品设计和生产，2011—2012年，新增销售1 581万元，新增利润378万元。2011—2012年，项目研发的宽带无线接入设备及其配套产品累计实现销售收入7 982万元，新增利润1 650万元。

（广东省科学技术厅科研条件与财务处　陈国庆）

实验室体系共享平台

【省重点实验室】 截至2012年年底，各级政府累计向广东省重点实验室投入近6.75亿元，依托单位及相关部门配套投入8.29亿元，已构建了极具广东特色的实验室体系。

2012年，全省新建了20家省重点实验室（见表9-3-2-1）。截至2012年年底，省重点实验室累计达180家，基本覆盖了电子信息、生物医药与健康、新材料、环保、新能源等本省重点发展领域，涵盖了基础研究、应用基础与应用开发研究、科技成果转化整个创新链。省重点实验室依托建设单位为省内高校和科研机构，据统计，高校建有省重点实验室109家，占61%，科研院所建有71家，占39%。高校建设的省重点实验室以中山大学（26家）、华南理工大学（15家）、南方医科大学（13家）、华南农业大学（10家）居多，4家单位省重点实验室总数占高校总数59%；科研院所建设的实验室以广东省农业科学院（12家）、中国科学院广州分院（13家）为依托单位的居多，这两个单位的省重点实验室总数占科研院所总数的35%。从学科领域分布上看，省重点实验室建设布局在工业、农业和医药卫生也基本平衡，分别建有71家、42家和67家，其中，工业类最多，医药卫生类次之，与本省工业立省的产业结构现状基本吻合。

表9–3–2–1　新建省重点实验室一览表（2012）

序号	重点实验室名称	依托单位
1	广东省普及型高性能计算机重点实验室	深圳大学
2	广东省数值天气预报重点实验室	中国气象局广州热带海洋气象研究所
3	广东省现代焊接技术重点实验室	中国—乌克兰巴顿焊接研究院
4	广东省先进储能材料重点实验室	华南理工大学材料科学与工程学院
5	广东省放射性核素污染控制与资源化重点实验室	广州大学环境科学与工程学院
6	广东省工业设计创意与应用研究重点实验室	广州美术学院
7	广东省微生物信号与作物病害防控重点实验室	华南农业大学资源环境学院
8	广东省水产品加工与安全重点实验室	广东海洋大学
9	广东省农业生物蛋白质功能与调控重点实验室	华南农业大学生命科学学院
10	广东省纳米医药重点实验室	中国科学院深圳先进技术研究院
11	广东省衰老相关心脑疾病重点实验室	广东医学院
12	广东省脑科学及疾病与药物研究重点实验室	香港科技大学深圳研究院
13	广东省中医针灸重点实验室	广州中医药大学
14	广东省老年感染与器官功能支持重点实验室	广州军区广州总医院
15	广东省肺癌转化医学重点实验室	广东省人民医院
16	广东省职业病防治重点实验室	广东省职业病防治院
17	广东省糖尿病防治重点实验室	中山大学附属第三医院
18	广东省乳腺癌诊治研究重点实验室	汕头大学医学院附属肿瘤医院
19	广东省生殖医学重点实验室	中山大学附属第一医院
20	广东省生物技术候选药物研究重点实验室	广东药学院

【公共实验室】 从2004年开始启动建设的省公共实验室，截至2012年年底，共有18家，是在本省现有重点实验室基础上，依托学科优势明显、研究开发能力较强的科研机构，对科技基础条件资源进行战略重组和系统优化，组建的具有开放性和公益性特点的省级共性和关键技术研究平台。公共实验室的建设，促使科研机构不断探索新的运行机制，推动自身改革和可持续发展，在开发类科研机构稳定一批精锐研究力量，大幅提升了依托单位综合实力。

【重点科研基地】 2012年，全省新建了3家重点科研基地（见表9–3–2–2），截至2012年年底，省重点科研基地累计达30家。

表9–3–2–2　新建省重点科研基地一览表（2012）

序号	科研基地名称	依托单位
1	广东省工业微生物发酵技术重点科研基地	广州市微生物研究所
2	广东省杀虫微生物研究及应用重点科研基地	广州市生物防治站
3	广东省疫苗安全重点科研基地	广东省生物制品与药物研究所

【企业重点实验室】 2012年，全省新建了7家省企业重点实验室、3家省企业重点实验室培育基地（见表9-3-2-3、9-3-2-4）。截至2012年年底，省企业重点实验室和省企业重点实验室培育基地累计共有44家，其中省企业重点实验室37家、培育基地7家，实现了较大的突破。

广东省绿色设计与制造技术企业重点实验室 该实验室依托美的集团组建，紧扣传统家电制造业转型升级问题，立足空调等典型家电绿色设计与制造关键核心技术进行研究开发，提升了集团乃至广东省家电制造业的绿色国际竞争力，降低传统家电产品全生命周期内碳排放量20%以上，制定了典型家电产品碳轨迹路线图，为我国抢占低碳新经济制高点夺取先机。

广东省电力电子变流技术企业重点实验室 该实验室依托广东志成冠军集团组建，在电力电子变流技术领域，以电源系统电子变流控制技术等为主要研究方向，获得了41项专利、15项计算机软件著作权和4项科研成果成果转化，填补了国家相关领域10项技术空白，有效带动了行业整体技术水平的提升。

表9-3-2-3 新建省企业重点实验室一览表（2012）

序号	实验室名称	依托单位
1	广东省智能电网新技术企业重点实验室	广东电网公司电力科学研究院
2	广东省工业控制系统信息安全技术企业重点实验室	研祥智能科技股份有限公司
3	广东省稀土精细化工新材料企业重点实验室	广东炜林纳功能材料有限公司
4	广东省抗病毒药物研发企业重点实验室	广东东阳光药业有限公司
5	广东省凝血因子类血液制品企业重点实验室	广东双林生物制药有限公司
6	广东省日用化学品可再生资源研究与应用企业重点实验室	广州立白企业集团有限公司
7	广东省生物可降解镁合金及其相关植入器件企业重点实验室	东莞宜安科技股份有限公司

表9-3-2-4 新建省企业重点实验室培育基地一览表（2012）

序号	培育基地名称	依托单位
1	广东省血液净化技术企业重点实验室（产学研）培育基地	珠海健帆生物科技股份有限公司
2	广东省岭南药用植物资源保护与利用企业重点实验室（产学研）培育基地	广州白云山和记黄埔中药有限公司
3	广东省城市水循环与水质安全保障技术企业重点实验室（产学研）培育基地	南海发展股份有限公司

（广东省科学技术厅科研条件与财务处 余 亮）

自然科技资源共享平台

【生物种质资源建设】 截至2012年年底，广东省已建成了一个由水稻、旱地作物、蔬菜、畜禽、南亚热带果树、热带亚热带植物、华南中药等51个生物种质资源库（圃）、1个人体标本资源库、1个矿产资源库与1个生物种质资源数据库有机集成的系统的种质资源平台，各类自然科学资源总数超过35万份，其中收集的生物种质资源总数达17.6万份，与建设前的6.8万份相比显著增加。通过加强生物种质资源的保护和利用工作，支持保存种场地的建设与设施升级，使本省种质资源库基础条件和设施达到国内领先水平，为生物种质资源范围不断扩大提供了坚强的保障。

【实验动物管理】 截至2012年年底，广东省已建成20多个实验动物生产基地，其中实验动物平台建成实验动物生产基地18家（生产许可证单位），普通级实验动物设施近78 464平方米，屏障级以上设施23 129平方米，实验动物科学研究和设施均位居全国前列，拥有全国唯一的实验犬种质资源中心。广东实验动物资源特别是大型实验动物资源在全国具有主导地位，同时拥有猴、犬、西藏小型猪3种大型实验动物，在全国独具特色。依托广州医药工业研究院建设的“国家犬类实验动物种子中心”是我国8个国家实验动物种子中心之一。依托广东省实验动物监测所建立的国家实验动物数据资源中心和中国实验动物信息网，有效地促进了本省乃至全国实验动物科技资源的挖掘和共享利用。

实验动物管理工作法制化程度加强。贯彻落实《广东省实验动物管理条例》，加强对实验动物饲养和使用执法监督检查，严格许可证管理，确保本省实验动物生产、使用安全有序。认真扎实开展实验动物执法工作，组织实验动物使用执法检查，对部分高校进行执法检查，向存在问题的相关单位下发整改通知，并进行通报批评。开展实验动物生产使用自查，组织81家单位开展了实验动物使用自查。通过开展执法检查和自查工作，有效地发现了生物安全隐患，保障了公共安全。

（广东省科学技术厅科研条件与财务处　余　亮）

大型科学仪器共享平台

2012年，大型科学仪器共享平台通过全面开展社会服务，跨区域仪器共享效果显著，特别促进了国家级、省部级项目，重点实验室和创新基地、项目的完成，实现了优势互补，提高科研项目水平、产品质量，降低科研成本、创新成本。在遇到突发事件时，能够做到快速反应，按时按质完成应急检测任务。

为配合《广东省自主创新促进条例》的落实，省科技厅积极开展其配套政策《广东省大型科学仪器设施共享办法》的调研、讨论和修改，完成多轮征求意见和修订稿，并已形成报批稿，将报省法制办审批。

【广东省大型科学仪器设施共享服务平台】

2012年，广东省大型科学仪器设施共享服务平台秉承“开放共建，协作共享”的服务宗旨，提供仪器信息展示、检索和仪器共享等服务，范围包括食品安全、公共卫生、环境保护等多个领域。全年平台提供共享服务的仪器282台，共享仪器年均开机时数达1 592小时，共为12 244项课题提供测试服务。对11个广州地区分析测试基金资助专题项目进行了验收，并新增资助12个项目，在检测方法研究等方面取得了一定成果。2008—2012年，仪器共享率一直保持在40%左右，仪器的分析服务收入稳步增长。

【广州地区大型科学仪器协作共用网】 2012年，省科技厅组织广州生产力促进中心在广州地区大型科学仪器协作共用网网站上开发了广东省大型科学仪器资源调查系统，制定了数据填报流程，为有效、持续、大范围地进行广东省大型科学仪器信息报送打下基础。同时，对133个与会单位的148名填报人员进行了系统的培训，并指导肇庆、汕头、广州3个地级市组织其下属单位填报仪器，有效提高了数据填报的准确性。经数据汇总分析，参与调研单位214个，2012年全省账面原值20万元及以上的仪器设备4 449台（套），总值27.4亿元。其中，原值50万元以上（不含50万元）的1 471台（套），占仪器总量的33%，价值18亿元，占仪器总值的66%。2012年，大仪网批准增加入网仪器15台，在网仪器达到282台。

【泛珠三角区域大型科学仪器协作共用网建设】

"泛珠三角区域大型科学仪器协作共用网建设"是科技部下达的国家科技基础条件平台建设项目，由省科技厅牵头承担，广西、福建、海南等省（区）科技厅参与实施。在各省区的共同努力下，项目进展顺利，取得初步成效。截至2012年年底，数据库内已收录广东省大型科学仪器相关信息包括：10万元及以上仪器5 342台/（套），其中50万元及以上仪器1 127台/（套），相关单位412个，实验室人员3 637位。数据库内还收录广西、福建及海南50万元及以上仪器设备359台/（套），并建立区域大型科学仪器协作共用网信息管理系统及门户网站，如泛珠三角区域大型科学仪器协作共用网、广州地区大型科学仪器协作共用网、广西壮族自治区大型科学仪器协作共用网、福建省大型科学仪器协作共用网、海南省大型科学仪器协作共用网。

（广东省科学技术厅科研条件与财务处　余　亮）

（中国广州分析测试中心　何绮云）

科技文献与科学数据共享平台

2012年，文献资源电子数据库涵盖了中文期刊8 000多种，期刊论文9 000多万篇，中文硕士、博士学位论文500多万篇，中文会议论文400多万篇，中外专利文献3 200多万项，中外标准29多万份，科技成果信息77多万项，法律法规53多万条，国内报纸全文650多万篇，国内年鉴电子图书1万多本，各种宏观及区域行业经济分析研究报告和经济统计数据以及全球产品样本数据库等。通过建设国家科技图书文献中心（NSTL）广州服务站，共享NSTL丰富的科技文献资源，特别是外文文献资源，包括：外文期刊论文2 093万篇，外文会议论文589万篇，外文学位论文30万篇，国外科技报告124万篇，国外标准12万份，外文专利1 300万项。通过订购DIALOG数据库，可远程检索各种国外科技经济数据库400多个，文献型和非文献型记录100多亿条。

2012年，文献平台各种数据库的访问量达到了73万次，检索量超过了50万次，下载了超过40万篇科技文献。其中NSTL广州服务站提供了3.8万篇的原文传递服务。NSTL广州服务站由于在服务开展方面的出色表现，2012年获得NSTL优秀服务奖二等奖以及NSTL服务进步奖三等奖。2012年，广东省科学技术情报研究所提供的参考咨询服务6 000多人次，传递文献量7 000多篇，获得了由广东省中心图书馆委员会颁发的2011年广东省文献资源共建共享服务贡献奖二等奖。

（广东省科学技术厅科研条件与财务处　余　亮）

知识产权工作

2012年，广东省进一步加大知识产权政策法规体系建设力度，发挥知识产权制度的引领作用，构建知识产权培育和运用体系，切实提高企业知识产权能力和水平，推动知识产权产业化工作持续开展。加强知识产权保护，大力开展打击侵权假冒工作和“三打”专项行动，强化知识产权管理服务体系建设，提升知识产权管理与服务水平。

知识产权政策法规建设

【《关于加快建设知识产权强省的决定》】

2012年1月20日，省委、省政府颁布《关于加快建设知识产权强省的决定》（以下简称为《决定》），吹响了广东向知识产权强省进军的号角。《决定》是省委、省政府进一步推进知识产权事业改革和发展的纲领性文件，是广东省知识产权事业发展的里程碑事件，对加快转型升级、建设幸福广东具有十分重要的意义。

《决定》明确提出了建设知识产权强省的发展目标。要求经过5年的努力，使知识产权对经济、社会和文化的促进作用显著增强，力争把广东建设成为具有较强综合实力的知识产权强省。做到知识产权创造活力增强，知识产权运用成效卓著，知识产权保护状况显著改善，知识产权服务能力稳步提升。《决定》还要求，到2015年，全省以《专利合作条约》（PCT）途径提交的国际专利申请量比2010年翻一番，各类作品的著作权登记量年均增速达15%，国内有效注册商标总量达到100万件，驰名商标达到500件，版权兴业示范基地达到150个，作品著作权自愿登记代办机构20家以上，建成特色产业专利信息数据库30个。

为确保知识产权强省目标的顺利实现，《决定》明确了一系列扶持政策和推进措施。一是要突出企业知识产权主体地位，支持企业建立知识产权制度，支持企业大力开展发明创造，重奖重大知识产权发明创造者。二是要发展重点产业自主知识产权，实施战略性新兴产业知识产权专项工程，实施重点产业（集群）专利联盟推进计划，实施商标品牌战略，实施版权兴业工程，推行重大经济和创新活动知识产权审查评议。三是要加速推进知识产权转化工作，促进自主知识产权产业化，推动知识产权交易，完善知识产权投融资机制，推进自主专利技术标准化。四是要加强知识产权保护，完善知识产权保护机制，严厉打击知识产权违法犯罪及侵权行为。五是要增强知识产权服务和管理能力，推进知识产权信息服务，促进知识产权代理和代办服务，建设知识产权服务和管理专业队伍。

【《广东省展会专利保护办法》】 2012年，省知识产权局积极配合省法制办做好《广东省展会专利保护办法》的研讨、修改和论证工作。2012年9月10日，广东省人民政府审议通过了《广东省展会专利保护办法》（以下简称《办法》），自2012年10月15日起施行。该办法吸收了多年来广东省展会知识产权保护工作的成功经验和做法，是我国首部由省政府颁布的展会专利保护规章。

《办法》的主要特点有以下4个方面：建立了展会专家服务制度、公示制度和诚信档案制度；设定了展会主办方制定展会专利保护规则和专利保护条款的义务；明确了展会主办方依合同调解专利侵权纠纷的程序、规则和措施；创设了专利行政部门处理展会专利侵权纠纷的简易程序。

为做好《办法》的实施工作，省知识产权局通过设立专题宣传栏、召开宣讲会等形式多渠道宣传贯彻落实《办法》。同时利用广交会开幕前的新闻发布会、官方网站、展馆内信息屏等对该办法作了广泛宣传。

（广东省知识产权局　赵　飞）

知识产权创造与运用

2012年，广东省专利申请受理总量、外观设计专利申请受理量居全国第3位，其中，发明专利申请受理量居全国第2位，实用新型专利申请受理量居全国第3位；PCT国际专利申请受理量居全国第1位；发明专利授权量继续保持全国第1位。截至2012年年底，广东省有效发明专利量居全国第1位，专利密度居全国第4位。

【专利产出】

专利申请　2012年，广东省专利申请受理量为229 514件，同比增长16.93%。其中，发明专利申请受理量为60 448件，同比增长16.22%；实用新型专利申请受理量78 731件，同比增长16.92%；外观设计专利申请受理量90 335件，同比增长17.43%。发明、实用新型和外观设计三种专利申请占总量的比例为26.34：34.30：39.36。

广东省专利申请中的职务申请数量为135 745件，同比增长15.68%，非职务申请数量为93 769件，同比增长18.80%，专利申请中职务与非职务比例为59.14：40.86，职务发明专利比例同比下降0.65个百分点。

专利授权　2012年，广东省专利授权量为153 598件，同比增长19.53%。其中，发明专利授权量为22 153件，同比增长21.4%；实用新型专利授权量为65 946件，同比增长28.30%；外观设计专利授权量为65 499件，同比增长11.45%。发明、实用新型和外观设计三类授权专利之比为14.42：42.93：42.64，发明和实用新型专利授权比例同比大幅提高。其中，职务授权数量为92 371件，非职务授权数量为61 227件，职务与非职务的比例为60.14：39.86。

有效专利及专利密度　截至2012年年底，广东省有效发明专利量为78 902件，同比增长34.5%，占全国有效发明专利总量的18.13%。国家知识产权局把每百万人口所拥有的有效发明专利量定义为专利密度，根据国家知识产权局公布的数据，广东省的专利密度为751.1（件/百万人），是全国专利密度323.0（件/百万人）的2.33倍。

PCT国际专利　2012年1—12月，广东省PCT国际专利申请受理量为9 211件，占全国受理总量的50.76%，同比增长3.02%。

专利奖励　在第14届“中国专利奖”评选中，广东省的中国专利金奖、优秀奖和中国外观设计金奖、优秀奖获奖项目共计55项，占全国总量的16.6%。其中，中国专利金奖获奖项目1项、中国外观设计金奖获奖项目1项、中国专利优秀奖获奖项目39项、中国外观设计优秀奖获奖项目14项。

2012年7月，省政府隆重召开广东省专利奖励大会，对本省获得第13届中国专利金奖（6项）、优秀奖（34项）的单位分别给予100万元和50万元的奖励。截至2012年年底，广东省政府安排重奖中国专利奖专项资金达9 150万元。

【企业知识产权工作】　各地市不断创新方法提高企业知识产权能力，如深圳市通过“知识产权半月谈”等平台、建立大企业帮扶带中小企业的机制，建立中小企业与知识产权中介机构服务对接机制。汕头市为全市20多家知识产权重点企业提供“知识产权直通车”服务，组织“专利顾问团”协助企业维权。东莞市开展“百家重点企业知识产权扶持计划”，出台《东莞市专利促进实施办法》。中山市建立了集知识产权申请、维权、信息利用、市场交易、预警分析、战略研究、专家咨询等功能于一体的知识产权一站式服务平台等。

专利申请与运用　2012年1—12月，全省企业专利申请量为125 503件，占全省专利申请总量的54.7%，同比增长16.4%；企业发明专利申请量为45 774件，占全省发明专利申请总量的72.7%，同比增长21.2%。

涌现出一批拥有高质量自主知识产权、善用知识产权制度获取市场优势提升核心竞争力的企业，它们通过坚定不移地实施知识产权战略、提升知识财富价值，不断拓展市场空间，部分企业拥有了产业领域的关键或核心技术专利。如深圳市燕加隆实业发展有限公司掌握了锁扣地板产业核心技术之一，一举打破了国内地板企业在地板锁扣技术上全体受制于欧美企业的困境，为整个国内地板产业节约了大量成本，依靠自主知识产权核心技术推动了企业乃至整个行业的创新发展。深圳市朗科科技有限公司作为另一个知识产权运作的成功典范，掌握了相当数量的移动存储领域基础性核心发明专利，开国内企业境外向跨国公司收取专利费之先河，已实现了专利许可收入超过产品收入的良好业绩。

知识产权试点示范 2012年，全省遴选出广州市动景计算机科技有限公司等新一批省知识产权示范企业20家，广东龙的集团有限公司等新一批省知识产权优势企业50家。截至2012年年底，共培育认定省知识产权优势企业453家、示范企业100家。揭阳、河源、珠海、江门等市制定了相关工作方案，广州市实施"进出口优势企业知识产权工作推进计划"，汕头市开展了"知识产权优势企业培育工程"。全省"以试点促普及推广，以优势培育促提升带动，以示范创建促深化发展"的企业知识产权工作格局不断强化。

企业知识产权培训 2012年，省知识产权局与台湾交通大学、台湾博拓国际智权集团、台湾"中华创业育成协会"等开展合作，联合举办企业知识产权总裁培训班、企事业单位知识产权管理及实务研修班、知识产权评估培训班、企业知识产权管理标准研讨会，邀请台湾名企高管和知名专家学者授课，深化企业高管对知识产权的理解和认识，提高企业运用知识产权制度参与市场竞争的能力。

【专利技术实施和产业化】 2012年，国家工业设计与创意产业（顺德）基地建设和企业集群知识产权战略实施试点稳步开展，国家专利产业化（广州数字家庭）试点基地建设有效开展。"广东省专利技术实施计划"继续开展，截至2012年年底，已投入资金3 400万元选择了457个优秀专利项目扶持其实施和产业化，全省专利实施率高达86%。省市县联动、企业投入为主、社会支持为辅，共同推进专利技术实施和产业化的良好局面逐步形成。

战略性新兴产业培育 2012年，省知识产权局会同省财政厅继续深入实施"广东省战略性新兴产业专利信息资源开发利用计划"。围绕新一代通信、物联网、数字家庭、新能源汽车、LED、OLED、生物医药7个重点产业，推动由省内专利信息资源开发机构和有关企事业单位承担的11项专利信息资源开发利用项目深入实施。启动电动汽车等战略性新兴产业的专利态势分析工作，为政府和企业决策提供科学依据。择优选取了新材料、生命健康、高端新型电子信息等领域的10个项目，给予重点扶持，促进新兴产业发展及其核心技术的实施和保护。

2012年，省知识产权局举行广东省战略性新兴产业专利分析及预警系列报告会，先后举办LED、生物医药、太阳能光伏、数字家庭、新一代通信等产业专利分析及预警报告会6场，面向全省逾1 300家企事业单位发布专利分析及预警研究成果，明晰产业发展的方向、创新路径与突破口，不断深化战略性新兴产业专利分析及预警系列报告平台及品牌建设。2012年，择优选取了新材料、生命健康、高端新型电子信息等领域的10个项目，给予重点扶持，促进新兴产业发展及其核心技术的实施和保护。

产业竞争合作 截至2012年年底，深圳、佛山、中山等地已建立LED、精密制造、照明灯饰等知识产权战略联盟25个，建立实施有效的利益协调机制和发展策略，不断完善开放式知识产权创造及运用体系，并通过集成知识产权资源、催化知识产权应用。全省各地结合各自实际，逐步探索出一条以政府为后盾、以市场为导向、以企业为主体、以联盟自律和共同维权为纽带、以创新服务平台为运作载体的知识产权联盟新路子，实现了企业知识产权从单一竞争到竞争合作的战略转型，知识产权联盟推进产业发展的"集群效应"愈发显现。

在新型平板显示领域，成功研制出液晶电视集成制造产品"南海机型"，降低液晶电视制造成本达20%以上，该技术已被国内50多家彩电企业所采用。在数字家庭领域，广州广晟数码技术有限公司自主研发并具有自主知识产权的"DRA数字音频编解码技术规范"成为了国家标准和国际蓝光光盘标准，这是信息产业领域的国际主流标准首次采用我国自主研发的核心技术。DRA技术已申请国内外发明专利50多件，授权专利16件，这些专利基本上涵盖了DRA技术的主要环节。在物联网产业领域，中兴通讯股份有限公司公司从2003—2012年，在射频识别标签、射频识别阅读器等射频识别领域申请专利177件，发明专利申请占80%，获授权专利20余件，其无线接入技术的相关专利极具竞争力。华为、中兴通讯、金发科技、风华高科、比亚迪、达安基因等公司已分别发展成为我国电子信息、改性塑料、电子元器件、电动汽车、分子诊断行业的龙头企业。

表9-4-2-1　全省专利申请量及授权量（2008—2012）

单位：件

项目	专利申请量合计	发明专利	实用新型专利	外观设计专利	专利授权量合计	发明专利	实用新型专利	外观设计专利
2008年	103 883	28 099	28 883	46 901	62 031	7 604	25 072	29 355
2009年	125 673	32 247	39 027	54 399	83 621	11 355	27 438	44 828
2010年	152 907	40 866	47 706	64 335	119 346	13 691	43 901	61 754
2011年	196 275	52 012	67 336	76 927	128 415	18 242	51 402	58 771
2012年	229 514	60 448	78 731	90 335	153 598	22 153	65 946	65 499

表9-4-2-2　全省专利申请量按申请人的构成（2008—2012）

单位：件

项目	专利申请量合计	非职务	高等院校	科研单位	工矿企业	机关团体
2008年	103 883	52 659	2 322	783	47 954	165
2009年	125 673	60 876	3 029	1 068	60 450	250
2010年	152 907	68 196	4 696	1 412	78 119	484
2011年	196 275	78 929	5 165	3 347	107 806	1 028
2012年	229 514	93 769	6 191	2 730	125 503	1 321

表9-4-2-3　全省专利授权量按申请人的构成（2008—2012）

单位：件

项目	专利授权量合计	非职务	高等院校	科研单位	工矿企业	机关团体
2008年	62 031	34 898	984	327	25 703	119
2009年	83 621	44 813	1 419	525	36 706	158
2010年	119 346	60 061	1 926	767	56 334	258
2011年	128 415	54 895	2 946	1 121	68 914	539
2012年	153 598	61 227	3 084	1 555	85 375	2 357

表9-4-2-4 全省专利申请量和授权量按地区分（2012）

单位：件

地区	申请				授权			
	发明专利	实用新型专利	外观设计专利	合计	发明专利	实用新型专利	外观设计专利	合计
广州	9 815	11 824	11 748	33 387	4 027	9 692	8 278	21 997
深圳	31 068	23 706	18 335	73 109	13 143	20 799	14 919	48 861
珠海	2 287	3 513	1 297	7 097	503	3 198	1 235	4 936
汕头	1 638	2 130	6 620	10 388	179	1 451	4 953	6 583
韶关	274	757	783	1 814	39	536	856	1 431
河源	125	229	216	570	19	139	168	326
梅州	126	401	618	1 145	57	372	486	915
惠州	1 676	2 614	5 604	9 894	313	2 227	1 553	4 093
汕尾	93	166	501	760	21	139	342	502
东莞	5 568	13 167	10 464	29 199	1 381	10 667	8 852	20 900
中山	1 816	5 067	11 518	18 401	465	3 822	6 591	10 878
江门	1 259	2 322	4 585	8 166	362	1 917	2 991	5 270
佛山	3 310	9 514	9 780	22 604	1 152	8 131	8 535	17 818
阳江	47	272	938	1 257	17	239	656	912
湛江	263	373	516	1 152	144	382	375	901
茂名	172	398	1 026	1 596	39	239	416	694
肇庆	323	824	404	1 551	98	758	317	1 173
清远	127	290	333	750	51	290	328	669
潮州	251	606	2 671	3 528	63	480	1 859	2 402
揭阳	142	344	2 043	2 529	59	317	1 537	1 913
云浮	55	167	284	506	19	125	225	369
修正	13	47	51	111	2	26	27	55
合计	60 448	78 731	90 335	229 514	22 153	65 946	65 499	153 598

（广东省知识产权局 陈嘉婧 成 思）

知识产权保护

据统计，2012年全省各级知识产权局共立案受理专利侵权纠纷案件489件，同比增长122%；结案418件，同比增长184%；查处假冒专利案件共634件，结案551件；通过指导各类会展和行业协会解决专利纠纷共1 144件，其中指导会展解决的专利纠纷1 112件，指导行业协会调解的纠纷32件。广东省处理的展会专利纠纷案件数占全国知识产权局系统的90%以上。

【打击侵权假冒工作和“三打”专项行动】 2012年，省知识产权局深入落实开展省委、省政府关于开展“三打”专项行动、国务院组织开展的打击侵权假冒工作、国家局组织的“护航”专项行动，并以此为契机，严厉打击专利侵权和假冒专利违法行为，强力突破涉及民生的大要案件，着力推动知识产权保护长效机制建设，取得了显著成效。

打击侵权假冒工作 2012年2月，经省长朱小丹批准，省政府成立由副省长陈云贤任组长，31个部门组成的省打击侵权假冒工作领导小组，省知识产权局负责打击侵权假冒办公室日常统筹协调工作，制定《广东省打击侵犯知识产权和制售假冒伪劣商品工作领导小组工作规则》等指导性文件，指导各地市成立打击侵权假冒工作协调机构，制定工作方案。加大对侵权假冒线索的跟踪查处力度。先后统筹开展针对农村市场、药品和医疗器械、网络售假、虚假广告、专利权、商标权和著作权等重点领域的专项整治，开展对汕头市日化用品及音像制品、佛山市南海区汽配产品、揭阳市普宁流沙镇药品等地区的联合执法行动，工作成效获得全国打击侵权假冒办的高度评价。有效推进打击侵权假冒领域两法衔接工作，东莞、中山、珠海、深圳、河源、惠州六市，梅州市梅江区、梅县、丰顺县及茂名市高州市四县（市、区）先后建立了“两法衔接”信息共享平台。

“三打”专项行动 2012年，省知识产权局成立“三打”专项行动领导小组，制定广东省“三打”行动实施方案和宣传方案，组建6个工作小组。建立“三打”案件周报和简报制度，及时通报全省系统开展“三打”的信息和情况，共编发简报51期，被省“三打”办采编13次。省知识产权局分别于2月28日、7月25日、9月18日召开了3次全省知识产权局系统“三打”工作会议。此外，省知识产权局还在汕头、中山、惠州、阳江等地分片召开系列“三打”工作推进会，在重点地市召开系列推进会，确保全省知识产权局系统“三打”工作贯彻落实到位。“三打”期间，省知识产权局共召开专题会议20余次，印发文件60余件，获得省领导和国家局批示3次，接受迎接省三打办和打假办考核3次（其中2次获得满分，评为优秀），组织省市大型联合集中执法行动3次，接受举报投诉线索18件，提请相关部门协助查处案件3件，协调了与重庆市的跨省联合执法行动。

2月28日，省知识产权局召开“三打”工作会议后就及时组织相关地市局召开了系列工作推进会。6月，省知识产权局又在粤东、粤西、粤北地区分片召开“三打”工作会议。7月23日，省知识产权局印发了《关于进一步加强全省知识产权局系统“三打两建”工作的若干意见》，提出了进一步加强“三打”工作的十项措施。为解决相关疑难和热点问题，11月30日，组织召开执法业务研讨会，就执法工作发现的有关问题进行专门研讨。

省知识产权局采取有力措施，集中全省各地市的力量，策划了多次大型联合执法行动，强力突破大案要案。局领导亲自挂帅，组织全省18个地市查处了“护康”胶囊假冒专利案、“卫生巾系列产品”假冒专利案及“制罐焊缝补涂机粉臂连接件”专利侵权案，极大地推动省知识产权局重点案件的查处工作。通过全省联合行动，推动全省执法工作开展，推动重点案件的查处，带动重点领域的整治，不断推动“三打”向纵深发展。省知识产权局成立督导组分赴粤东、粤西、粤北等地区分片召开工作会议进行督促和推进。

【专利保护】

专利行政保护 2012年，省知识产权局全力推动“三打”“双打”和“护航”专项行动，不断加大专利行政执法的力度，全省查处专利案件数量大幅提升，有效地遏制了专利违法行为。美国驻穗领事馆、法国赛博集团、英国戴森有限公司等机构致函或送牌匾、锦旗，对省知识产权局系统知识产权保护工作给予了高度赞扬。

联合执法 在“三打”中，省知识产权局举全省各级知识产权局之力，与工商、质监、卫生、公安等部门通力协作，组织地市和县（区）局开展查处“护康”胶囊、“UFT”卫生巾、“秀禾”酸辣粉、“匹奥”保健鞋垫等假冒专利大案的大型联合执法行动，共查处售假店铺100余家，查获假冒专利产品70余万件（个），捣毁制售窝点4个。通过系列联合执法行动，既完善了与各地市局进行纵向联合执法的机制，又加强了与各执法部门的横向联合和配合，形成了打击声势，知识产权的“纵横结合”的执法联动机制得到了进一步完善。

机制建设　省知识产权局以打促建，打建结合，大力推进知识产权保护长效机制建设，并取得初步成果。在省知识产权局的大力推动下，省政府出台《广东省展会专利保护办法》，并于10月15日施行；省知识产权局印发《关于进一步加强全省知识产权局系统“三打两建”工作的若干意见》，提出了进一步加强全省“三打”工作的十项措施。省知识产权局组织各地市局对最近12年的专利执法电子档案库进行整理、补充、完善和研究，对2008年专利法实施后的规范性文件和典型案例进行分析，完善知识产权保护长效机制。省知识产权局建立案件线索和执法数据的通报制度，加强省内执法信息沟通和执法协作。省知识产权局还着手建立广交会专利案件数据库，向国家局、有关省市和地市局通报广交会案件情况，协助全国知识产权系统做好广交会知识产权展前保护和展后案件跟踪处理工作。

【会展和行业协会保护】

第111届和第112届广交会　2012年，省知识产权局将广交会知识产权保护作为全系统“三打”工作的重要任务。在第111届和112届广交会上，省知识产权局组织了包括地市知识产权局近50人的省市专利联合执法队伍驻会开展知识产权保护工作，国家知识产权局专利复审委员会先后派出12名资深专家到会指导。两届广交会共受理专利投诉案件752宗，专利类投诉占了总投诉量的73.2%，涉及被投诉企业921家，认定涉嫌侵权企业451家。经过多年的努力，广交会知识产权保护水平得到了很大的提升，参展商的知识产权意识进一步提高，参展秩序得到了进一步规范，两届广交会受理的专利类投诉量、涉及被投诉企业数量及认定涉嫌侵权企业数量分别比2011年减少167宗、261家、143家，减幅分别为18%、22%、24%。副省长招玉芳批示：“知识产权工作有力有效，值得充分肯定，请省外经贸厅加强与知识产权局的联系合作，提升广交会和外经贸企业知识产权保护工作水平”。副省长陈云贤批示：“深入现场，服务企业，措施缜密，成效显著”，并赴广交会对第112届广交会知识产权保护工作开展专题调研。这是广东省分管知识产权工作的副省长首次专程、专项到广交会调研大会知识产权保护工作。省知识产权局两届广交会知识产权保护工作总结被《国家知识产权局信息》采用，并被提交国务院及各部委领导参阅。

其他展会　2012年，省知识产权局除了继续进驻广东国际美容美发化妆用品进出口博览会、中国国际中小企业博览会、中国（广东）国际旅游产业博览会等综合性展会外，还受邀新进驻了包括中国加工贸易产品博览会、中国（广州）国际金融交易·博览会、国际音响灯光展、华南国际口腔展等新展会。会前，省知识产权局协助大会主办方制订了相关的知识产权规章制度；会中，省知识产权局派员全程参与了大会的知识产权工作，共协助调解知识产权侵权纠纷41起，现场解答知识产权保护难题，积极为广大参展机构及社会公众提供知识产权投诉和咨询服务，有效地维护了会展的良好交易秩序。

2012年，广东外商投资企业产品（内销）博览会（简称“外博会”）更名为“中国加工贸易产品博览会”（以下简称“加博会”），是目前中国唯一直接服务于加工贸易转型升级的国家级博览会。省知识产权局组织了由东莞局、厚街镇政府参与的省市联合执法队伍共16人进驻加博会现场开展知识产权保护工作。本届加博会期间，中共中央政治局委员、广东省委书记汪洋一行专门视察了大会专利投诉站，详细了解专利保护工作情况，对省知识产权局的工作给予了充分肯定。

会展和行业协会知识产权保护试点工作　4月，省知识产权局开展了第4批行业协会、会展知识产权保护试点、优势、示范工作，扩大了试点示范的范围，拓展了工作的层面。在省直有关单位、市局推荐和综合考察的基础上，进行了认真审查，认定了中国国际中小企业博览会等3家单位为会展和行业协会知识产权保护示范单位、广东外商投资企业产品（内销）博览会等5家单位为会展和行业协会知识产权保护优势单位、广东省公共安全技术防范协会等10家单位为第3批会展和行业协会知识产权保护试点单位。

【知识产权执法宣传】　2012年是“三打”年，

省知识产权局充分利用各种媒体和手段，为“三打”专项行动宣传造势，并利用“4·26”世界知识产权日、中国专利周等重要时间节点开展了声势浩大的知识产权宣传教育及执法活动。在《中国知识产权报》《南方日报》《广东科技报》等媒体刊登专版，大力宣传省知识产权局知识产权保护工作，在省知识产权局网站建立“三打”专栏。全省知识产权局系统在“三打”行动中共派发各类宣传资料17余万份，开展大型知识产权专题讲座论坛培训及宣传活动70余场，发送公益短信353万条，在公共交通工具上播放公益广告11万余次，全国各类媒体对省知识产权局“三打”工作的报道有300余条。

4月20日，省知识产权局与阳江市政府联合举行“4·26”知识产权日宣传纪念活动和现场集中销毁现场会，会后省市知识产权局执法人员对阳江市区的某大型商场开展了一次现场联合执法检查活动，重点对食品、箱包皮具等商品进行了清查，现场发现1家企业2种型号商品涉嫌假冒专利，并立案调查。

4月25日，省知识产权办公会议办公室召开“广东省2012年十个知识产权典型案件发布会”。

【专利行政执法能力建设】 2012年以来，省知识产权局继续秉承“行政执法重心下移，市场监管端口前移”的工作思路，强化对地市局的指导监督，大力培养区县执法力量，积极发挥省局的指挥和监督作用。委托华南理工大学知识产权学院承办了“2012年广东省专利行政执法培训班”。培训对象扩大到市、县、区级基层一线的执法人员，共有近70名来自全省各地市（区、县）专利行政部门的学员参加本次培训。

通过联合执法、参与执法、办案咨询等方式，不断提升基层执法力量和水平。6月6日查处“护康”胶囊假冒专利全省统一行动后，省知识产权局及时根据各市遇到的法律问题，召开会议对有关案件处理、宣传教育及推进相关制度建设等问题进行解释，统一执法标准，提高执法水平。帮助部分执法经验欠缺的地市执法办案，6次派员参与惠州、肇庆市的侵权和假冒专利案件的执法工作。

各地市局也积极做好本辖区的基层执法指导工作。深圳市局充分发挥大部制改革优势，推动基层专利执法队伍建设，在分局设立知识产权科查办专利案件。广州市局根据“简政强区、事权改革”的工作要求，采取以案代训、现场教学、举办培训班等方式，积极培养县区执法力量，指导番禺区局处理外观专利侵权案件1件，指导海珠区局查处假冒专利案件3件，首次由区知识产权局作为行政主体立案处理专利侵权纠纷和假冒专利案件。

【执法协作机制建设】

委局战略合作　2012年，省知识产权局加大改革创新力度，强化协调沟通机制，将探索推进与国家知识产权局专利复审委员会（以下简称“复审委”）委局合作作为主要工作认真加以落实，取得了重大进步，委局战略合作不断深化。2012年，省知识产权局加大改革创新力度，探索推进委局战略合作，强化协调沟通机制，研究草拟了《国家知识产权局专利复审委员会广东省知识产权局关于建立战略合作关系的协议书》。下一步，省知识产权局将继续推进协议的签署和实施。

2012年，广东吸收复审委优秀干部挂职锻炼。复审委8次来粤，共对56件专利无效案件进行公开审理。省知识产权局积极组织企业及社会公众参加审理旁听，扩大了社会影响，起到了较好的宣传效果。省知识产权局利用复审委专家来粤审理案件期间，组织到企业进行工作指导，促进了复审委服务企业作用的发挥。

区域专利行政执法协作　2012年6月28日—7月2日，应新疆喀什地区行政公署的邀请，省知识产权局和广州市局派出执法人员协助喀什局和“喀交会”组委会做好知识产权保护工作，对展馆内有专利标识的展品进行检查，其中重点对涉及专利的电器、电子产品等进行了排查，杜绝了假冒专利行为的出现。10月，为推动建立区域性的执法协作机制，加强执法协作，加大执法力度，省知识产权局与北京、天津、河北、上海、江苏、山东、广东、重庆、四川9个省市在北京签订了《九省市专利行政执法协作协议》。12月11日，第3次粤渝两省市专利行政执法协作会议在广州召开，双方分别介绍开展专利行政执法专项行动工作总体情况，交流了当前的执法热点问题。11月29日，在广州签署了珠三角九市专利行政执法协作协议，加强了珠三角地区的专利行政执法协作，推动建立了珠三角地区专利行政执法协作联席会议制度，有效提高区域内知识产权保护水平的提升。

2012年，省知识产权局充分发挥区域专利行政执法协作机制的作用，接受四川省知识产权局移送专利案件2件，向浙江、贵州、山东、西藏、天津、上海等省市知识产权局移送案件9件，向广州、深圳、中山、揭阳、潮州、江门等市（区）知识产权局做出指定管辖案件15件，为共同推动省际、区域间专利行政执法协作、搭建广泛的交流与沟通的平台奠定了良好基础。

【涉外应对和维权援助机制建设】 2012年，省知识产权局启动了知识产权保护（涉外应对）重点联系单位的认定工作，通过选择部分产业集群、专利联盟、商会、服务机构、企事业单位作为广东省知识产权保护（涉外应对）重点联系单位，探索建立一种长效的知识产权纠纷预警及应急机制。在省直有关单位、市局推荐和综合考察的基础上，进行了认真审查，最终认定了广东国际经贸发展咨询协会等6家单位。

截至2012年年底，广东省已成立省知识产权维权援助中心以及深圳、汕头、佛山、东莞、中山6家知识产权维权援助中心。2012年，各维权援助中心积极开展知识产权维权援助工作，为权利人维护自身合法权益提供了有力的支持。2012年，省知识产权维权援助中心共接收192个知识产权维权援助与举报投诉电话。与2011年相比，12330电话接听量增长了9.6%。

汕头市由市政府知识产权办公会议办公室牵头，组织协调全市12个知识产权职能部门，建立了大知识产权举报投诉平台和维权援助新机制，并出台相关文件。同时，充实了市知识产权专家库，集中优秀人才，为产业、区域和企业制定专利发展规划、实施专利战略等工作提供有力的智力支持。

（广东省知识产权局　李　鹏）

知识产权管理与服务

2012年，广东继续强化知识产权管理服务体系建设，加强对专利代理的监督管理，通过开展市场中介组织防治腐败、百所千企对接工程，加大知识产权信息建设，进一步提升知识产权管理与服务水平。

【专利代理管理】

机构建设　截至2012年年底，全省有专利代理机构113家，分支机构109家，共有从业人员3 100人，执业专利代理人848人，代理机构中合伙制66家，公司制39家，律所开办专利代理业务8家。专利代理机构数量和执业专利代理人数量均位居全国第2位，分别占全国总量的12%和10.6%，分支机构设立数量居全国之首。

2012年，全省专利申请量共229 514件，其中通过本省专利代理机构申请128 352件，占总量的55.92%，全省专利代理机构不仅代理了本省一半以上的专利申请，还在专利法宣传、专利复审与无效、专利诉讼等方面做了大量的工作，为促进本省创新成果知识产权化，推动全省经济发展，建设创新型广东，发挥出越来越大的作用。

防腐专项行动　3月，省知识产权局制定《2012年开展专利代理行业防治腐败工作实施方案》，组织全省专利代理机构开展防治腐败工作。通过专项活动，大力推进市场中介组织建章立制工作，加大对市场中介组织违法违规行为查处力度，特别是加大对市场中介组织商业贿赂不正当价格行为、不正当竞争等的治理力度，切实维护公平竞争的市场经济秩序。12月上旬，省知识产权局作为省开展市场中介组织防治腐败工作领导小组成员单位，带领第7检查组完成对汕头、汕尾、揭阳三市中介组织防止腐败的监督检查。

服务能力建设　截至2012年年底，全省共有广州三环专利代理有限公司等11家知识产权服务机构跻身“广东省科技服务业百强企业（机构）”行列。2012年，省知识产权局配合国家知识产权局开展专利代理机构实务技能培训工作，分别在广州、深圳举办为期3天半的实务技能培训班，参加培训专利代理人共计185人。组织实施“专利代理行业发展促进工程”项目，开展制定专利代理行业服务指导价格的可行性研究及制定专利代理机构规范管理指引。召开规范代理机构专利申请工作座谈会，通报广东省专利代理

机构涉及非正常专利申请的情况，对如何加强专利代理机构内部管理，避免出现非正常专利申请进行深入的探讨。完成“全国专利代理人资格考试”广州考点考试各项工作，2012年广州考点网上报名1 951人，通过查验1 850人，其中香港46人、澳门2人、台湾2人；通过考试383人，通过人数占全国总通过人数的12.9%。

【专利技术交易】　广东省4家全国专利技术展示交易平台和各地知识产权应用服务平台积极发挥作用；广州、深圳、佛山、东莞4个中心2012年实际交易额近2 000万元；深圳高交会、广东设计·产业顺德年会等会展成功举办；第6届中国专利周广东分会场活动成功举行；国内首个为专利技术孵化提供服务的专业网站“中孵网”运行良好，通过“网上”与“网下”相结合的方式提供“创意—产品—商品”一站式服务，截至2012年年底，经该网站孵化成功的项目累计为相关企业创造经济效益超过6 000万元。

【知识产权质押融资及投融资工作】　省知识产权局等九部门于2012年12月联合印发《关于加快推进广东省知识产权质押融资工作的若干意见》，从建立协同推进机制、完善综合服务体系、构建风险控制和管理机制、加强保障体系建设等方面提出推进知识产权质押融资的具体措施。截至2012年年底，全省各地已有近200家企业通过逾520项知识产权获得逾9.85亿元的知识产权质押贷款。

佛山市南海区形成推动知识产权质押融资和投融资“评估+评估险+交易+担保”“评估+评估险+交易”“交易+评估险”3种市场化运作模式，并通过商业推广逐渐运用到珠海、中山、肇庆等地；建立起覆盖全区逐级推进的工作体系和机制；知识产权投融资对接项目产生实质效果；联合有关单位申报广东省《专利价值分析体系运用规范》《质押融资知识产权评估规范》2项地方标准。

广州市和东莞市顺利通过全国知识产权质押融资试点验收。顺德区制定工作方案和业务操作管理办法，探索组建服务联盟，稳步推进国家知识产权投融资服务试点。

深圳市政府于2012年4月出台《促进知识产权质押融资若干措施》，全国首个创造了利用信用再担保方式推进知识产权质押融资的工作模式，分别从机制、平台、评估、放贷、担保、交易、配套服务、推进保障8个方面对知识产权质押融资工作提出25条意见。

【知识产权公共服务】　2012年，省知识产权局适应发展形势，积极履行职能，为省内权利人和当事人提供保护与运用知识产权方面的公共服务，帮助其更好地解决经济活动中遇到的知识产权问题。5月5日，省知识产权局与中国对外贸易中心联合举办了广交会知识产权“三打两建”工作座谈会，邀请广东各交易团代表及部分企业进行座谈，充分了解参展企业知识产权保护的诉求，并就知识产权职能部门和各交易团建立工作联动协调机制进行了充分探讨。对企业投诉的专利案件，省知识产权局高度重视，积极开展查处工作，受到了当事人的高度好评。东莞市“一家人”食品有限公司派人专程来省知识产权局送上锦旗，感谢省知识产权局积极组织全省统一查处“酸辣粉”假冒专利违法行为，赞誉省知识产权局“保护知识产权　建设诚信社会”。省知识产权公共信息综合服务平台建设稳步推进，数据总量达3 800万条的省专利信息服务平台运行良好。建设了12个省级重点行业和4个地方特色行业专利分类数据库，开发了互联网版本的专利信息分析及预警应用系统。

【百所千企知识产权服务对接工程】　2012年，全省各地市结合知识产权的实际，组织开展了形式多样、富有成效的对接活动。11月，省知识产权局组织专利代理机构在肇庆、清远开展2场“百千对接”现场活动，活动中，有近30家代理机构、160多家企业参加对接活动。同时，在活动中举办“企业知识产权创造的方法与策略”“企业知识产权保护和运用策略”2场专题讲座，组织专利代理机构深入企业一线，受到了代理机构和当地企业的普遍欢迎。

（广东省知识产权局　张淑芳　成　思）

科技交流与合作

2012年，广东省共组织申报科技部国际科技合作专项29项，对独联体合作专项5项，港澳台合作专项5项，双边政府间科技合作项目58项，援外项目2项，已获得科技部支持的国际科技合作、港澳台合作专项7项，支持经费2 048万元，获得科技部立项的政府间合作项目10项，合作国包括泰国、黑山共和国和俄罗斯。2012年，省级对外科技合作项目立项合计116项，支持经费3 900万元。

对外科技交流与合作

【交流活动】 2012年，省科技厅共组织出访（包括港澳台）60批次，合计142人次。其中，出国43批，95人次；赴港澳11批，18人次；赴台6批，29人次。接待来访12批，合计52人次。组织大型国际性会展及研讨会5次，合计475人次参会。承担国家外国专家局培训任务，组织2批培训班42人次。

【合作模式创新】

中国—乌克兰巴顿焊接研究院　省委、省政府已将中国—乌克兰巴顿焊接研究院建设列入《珠江三角洲地区改革发展规划纲要（2008—2020年）》“实现4年大发展”工作方案中。科技部围绕中乌巴顿焊接研究院建设下达了多个国际科技合作专项，支持经费近5 000万元，并列入中乌两国间战略合作重点项目。

2012年9月，朱小丹省长访问乌克兰期间，专程前往乌克兰巴顿焊接研究院看望巴顿院士，并就加快建设中乌巴顿焊接研究院达成共识。11月，科技部曹健林副部长专程考察广东工业技术研究院，听取中乌巴顿焊接研究院建设工作汇报，对中乌巴顿焊接研究院建设提出要求。截至2012年年底，已完成1 000平方米焊机工艺研究的中试基地改造与装修，以及500平方米药芯焊丝中试车间的改造。

中以国际科技合作产业园　2012年5月31日，中以国际科技合作产业园在东莞市奠基，以色列工贸部部长辛鸿亲自率团参加了奠基仪式。“中以国际科技合作产业园”项目一期投资总额约15亿元，拟用地约25.3公顷，主要引进水处理技术应用企业和孵化水处理相关企业，以及开展电动汽车、高端IT产业、环保技术和生物医药等中以合作项目。中以国际科技产业园的奠基建设，对于东莞分享国际前沿的科技咨询和成果，提升城市的科技竞争力，将产生重大而积极的影响。

中德工业服务示范区　2012年8月30日，中德经济合作联委会第15次会议在北京举行，双方发表了关于进一步促进双向投资的联合声明，并表示德国弗劳恩霍夫协会与佛山合作设立的中德工业服务区将成为中德合作重点项目。建筑面积为2 000平方米的中德工业服务区一期办公室已封顶，建筑规模超20万平方米的中德高技术产业服务中心年底动工，预计2015年投入使用。2012年10月，在德国举办中国佛山—德国慕尼黑经济技术合作交流会，中德工业服务区被作为重点推介项目。

【合作渠道建设】

中美合作　2012年，广东省积极推进中美工程技术对话与合作。4月16—19日，由科技部、国家外国专家局、美国机械工程师学会共同主办的第9届中美工程技术研讨会先进制造分会在广州召开，来自美国康明斯公司、GE全球研发中心、福特汽车公司等国际知名企业的12名美方专家和广东省精密电子装备、电动汽车、节能减排、数控与机器人等先进制造领域的近百名专家及企业代表参加了会议。会议期间，中美双方专家赴广东省先进制造领域的14家大中型企业进行实地考察，并就广东企业面临的比较突出的问题，如标准化、规范化、信息化、研发投入、人才队伍建设、知识产权保护、恶性竞争、制造工艺、资源浪费、安全措施等进行了深入交流和探讨，形成了专题调研报告。这次活动取得了圆满成功，为广东省今后开展对美合作提供了基本思路和方法。

中德合作　2011年，广东省人民政府与德国弗劳恩霍夫协会签订战略合作协议。2012年3月，省科技厅代表团赴德国与弗劳恩霍夫协会国际部洽谈工作机制，形成工作目标。积极抓好试点示范，“中德工业服务示范区”研究和规划设计取得阶段性成果。不断扩大与弗劳恩霍夫协会的合作关系，推动研究机构、企业和园区与协会的合作。中国电器科学研究院有限公司水处理项目，广东省技术经济研究发展中心标杆法项目，佛山中德工业服务示范区研究项目都在有序地推进与实施。

【合作平台建设】　2012年，广东获得科技部批准的国际科技合作基地4个，审批省级国际科技合作基地10个。根据国家“十二五”国际科技合作发展规划要求，广东省积极开展国家级国际创新产业园建设工作，重点推进东莞松山湖高新技术开发区“国家级环保水处理国际创新园”和广州市大学城“国家级现代服务国际创新园”建设工作。10月31日，东莞松山湖高新技术开发区“国家级环保水处理国际创新园”获得科技部正式授牌。11月26日，广州市大学城“国家级现代服务国际创新园”获得科技部正式授牌。

（广东省科学技术厅科技交流合作处　郭映琦）

港澳台科技交流与合作

2012年，省科技厅与香港创新科技署、澳门科技委员会、香港科学园、香港生产力促进局和香港、澳门两地大学等相关机构积极沟通协商，组织实施《粤港合作框架协议》《粤澳合作框架协议》中的有关重点科技工作，全面贯彻落实“粤港高新技术合作专责小组”年度工作计划，不断加强粤港澳在科技方面的交流与合作，取得重要进展和显著成效。

【粤港澳科技交流与合作】

科技合作项目实施　2012年，科技部首次设立对港澳台合作专项计划，暨南大学、广州香港科大霍英东研究院、中科院广州生物医药与健康研究院的3个项目获得立项，获得经费支持915万元，占该计划总经费的46%。

省科技厅与香港创新科技署牵头成立粤港高新技术合作专责小组以来，一直开展紧密合作。2012年8月，省科技厅联合省经信委、省教育厅、省中医药局、省科学院等粤方高新技术合作专责小组成员赴香港，与香港特区政府商务及经济发展局、香港创新科技署等港方专责小组成员召开了粤港高新技术合作专责小组第9次全体会议。会议总结了上一年度粤港高新技术领域的工作，并通过了专责小组下一阶段的工作计划报告，双方一致同意下阶段合作重点应积极推进中央支持的粤港科技合作的措施，通过粤港科技合作资助计划推动两地的科研合作，继续建设与稳固两地的科技合作平台。

2012年，广东省投入粤港关键领域重点突破项目招标资金1.8亿元，其中省科技厅投入1亿元、深圳市投入0.5亿元、佛山市投入0.3亿元。粤港双方共同确定了申报指南，共设立4个招标专题17个课题。粤港双方共有38个项目中标，中标项目符合粤港发展高新技术产业、先进制造业、现代服务业的战略需求，对于提高两地产业竞争力将有重要的推动作用。2012年4月，上肢复康系统的项目“希望之手”获得第40届日内瓦国际发明展至高荣誉大奖，成为该展览举办40年来，首项获此殊荣的香港发明。

科技创新平台建设　2012年，深港创新圈的科技合作进一步深入，香港高校深圳产学研基地建设已初具规模，香港城市大学、香港理工大学、香港科技大学和香港中文大学在深圳的产学研基地已建成使用，香港大学深圳研究院、香港浸会大学深圳研究中心已正式挂牌运行。通过深圳的产学研基地，香港的大学已成功申请2项科技部“973计划”的资助。同时，深圳的高新技术企业如比亚迪公司也积极在香港科学园建立研发中心，充分利用香港的大学及科研机构力量，提升广东省的创新能力。香港科技大学与佛山南海区共建的佛山市香港科技大学LED-FPD工程技术研究开发中心于2012年4月正式成立。香港科学园与佛山南海区政府于2012年2月签署合作备忘录，共建位于南海瀚天科技城的粤港联合孵化器，设立香港企业专区，共同出资在香港科学园和南海粤港科技产业升级试验区建设公共技术服务平台。鼓励香港科学园的科技企业向内地拓展，同时鼓励南海企业“走出去”，在香港科学园建立分支机构，双方共同举办推介会和交流培训活动。香港大学支志明教授的有机发光材料研发技术团队与广东阿格蕾雅光电材料有限公司开展深度合作，在佛山市顺德区建设有机发光材料项目，为彩虹OLED面板项目提供配套。

2012年，中科院深圳先进技术研究院引进的香港中文大学汪正平教授的先进电子封装材料团队与华南理工大学引进的香港科技大学唐本忠教授的有机高分子光电功能材料及应用团队入选广东省创新科研团队资助计划，在广东落户并建立研发基地。截至2012年年底，已有7个香港团队入选广东省创新科研团队，获得省财政资金支持近2亿元，地方和高校配套支持2亿元左右。

省科技厅积极参与科技部与澳门成立的“内地与澳门科技合作委员会”的工作，作为成员单位认真出席每年一次的委员会会议，努力促进广东与澳门科技合作与交流。2012年4月，省科技厅推荐广州中医药大学、广东中医研究所2名专业人员赴澳门参加中国科技交流中心与澳门科技发展基金共同举办的“中药质量鉴定技术研修班”，推动澳门与内地医药研究机构、种植和生产基地、企业的合作。

【粤台科技交流与合作】 2012年5月，省科技厅组织省内科技系统管理干部、专业技术人员赴台湾进行产业创新发展考察，重点考察在促进中小企业科技创新、协助中小企业转型升级等方面取得显著成效的科技服务机构，同时与相关机构就合作开展产业研究、企业培训、促进中小科技企业创新发展等进行商讨，以为广东省的产业转型升级提供更好的服务。为更好地交流总结年会办会经验，进一步了解台湾地区科普展览行业的发展动态、展示特色，学习台湾地区暑期科普教育活动的组织及业务拓展方面值得借鉴的做法和经验，2012年10月，应台湾省工业总会的邀请，广东科学中心组织3人赴台，对台湾高雄科学工艺技术博物馆、台湾科学教育馆、台湾自然科学博物馆、台湾海洋生物博物馆、白兰氏健康博物馆、世界宗教博物馆等多家科普场馆进行实地考察。

（广东省科学技术厅科技交流合作处　郭昳琦）

泛珠三角区域科技合作

2012年，泛珠三角区域依照“优势互补、注重实效、互利互惠、合作发展”的原则，稳步推进各项工作，通过科技资源的开放、共享，科技人才的合理流动和科学家的合作研究，优势互补，建立区域创新体系，提升区域内科技整体水平，促进高新技术及其产业化的发展，组成区域产业协作和战略联盟，为区域内社会经济发展提供科技支撑。

【“十二五”泛珠三角区域科技合作规划】 根据泛珠三角区域科技合作第9次联席会议精神，泛珠三角区域各省区共同委托中国科学技术发展战略研究院，编制完成《“十二五”泛珠三角区域科技合作规划》。通过规划的编制，进一步摸清了区域内各省区科技发展优势和重大技术需求，找出共同需要解决的问题，计划采取多边或双边合作模式，共同争取科技部在政策和重大科技计划方面的支持，进一步推进泛珠三角区域科技合作向更高层次发展，为区域内调整产业结构、转变增长方式、提高自主创新能力、加快成果产业化进程提供科技支撑。

【泛珠区域科技项目合作】

农村信息直通车公共服务平台　为深入贯彻落实科学发展观，缩小城乡数字鸿沟、发展现代农业、建设新农村，以“信息惠农、科技强农和促进农村经济社会发展”为基本目标，推进泛珠三角区域农村科技信息发展，经泛珠三角区域科技合作联席会议办公室与广东农村信息直通车工程实施办公室协商开展合作，在泛珠三角各省区实施农村信息直通车工程的“农村信息化公共服务平台”，为泛珠三角区域加快农村信息化建设步伐，转变农业生产方式，推进现代农业发展和新农村建设，实现城乡经济社会一体化统筹发展做出贡献。“农村信息化公共服务平台”包括国内一流的农村信息化网站群“三农直通车”，农业电子商务平台“村村通商城”和“亿农大市场”，农业科技服务平台“村村通动植物医院”等。

在广东、江西两省科技厅2011年9月签订的《农村信息直通车江西试点工程合作协议》的基础上，2012年，“江西省农村信息直通车工程”依托广东“农村信息化公共服务平台”，通过政府引导和市场化手段，建立江西、广东两省农村信息联盟，在统一的“农村信息化公共服务平台”上全面整合江西、广东两省三农信息资源、专家资源、市场资源等，进一步丰富农村信息化公共服务资源，共建共享，互惠共赢。

2012年，在广东、云南、海南省科技厅的支持下，广东、海南、云南分别以广东村村通科技有限公司、海南省农业科技110股份有限公司、云南省农村科技服务中心为项目承担单位共同申报了科技部的国家科技支撑计划项目“农业全息物流与电子商务云服务关键技术集成与应用”，并于2012年12月获科技部立项。

联合攻关　2012年，云南、广西、云南、贵州共同实施国家支撑计划项目“低纬度高原及喀斯特地区主要粮经作物旱害综合防控关键技术研究与示范”，开展水稻、玉米、薯类、豆类等粮经作物的抗旱育种、抗旱栽培集成技术研究。广东、广西、福建、海南共同组织实施国家支撑计划项目“冬暖夏热地区建筑节能技术研究”，研究开发建筑环境相关的软件，各种玻璃遮蔽性能、传热性能指标参数等。

2012年，云南省支持了“贵金属矿山共伴生金属综合回收关键技术研究与示范工程”等6项泛珠三角区域合作项目，引进了中南大学张新明院士、广州有色金属研究院邱显扬专家等6位高层次人才及其团队在云南省内建立工作站。

2012年，广西企业与四川、广东、福建、湖南的科研院所合作申报了2013年广西科技计划项目。经过专家评审，广西科技厅计划立项支持“木质纤维原料低成本转化乙醇关键技术研究”等10个泛珠科技合作项目。

广西扬翔农牧有限责任公司、贵港瑞康饲料有限公司与中山大学开展“优质肉猪健康养殖技术研究与示范科技成果转化与应用”项目合作。防城港海世通食品有限公司、广西海洋研究所与广东海洋大学共同开展“卵形鲳鲹深水抗风浪网箱养殖技术研究与示范”。广西海洋研究所、百洋水产集团股份有限公司、防城港市宇洋科技开发有限责任公司与中国水产科学研究院南海水产研究所合作开展“鱼虾混养技术集成与示范科技成果转化与应用”项目合作。广西农垦糖业集团防城精制糖有限公司、广州甘蔗糖业研究所、南京工业大学、广西农垦糖业集团股份有限公司合作开展“葡聚糖酶在制糖清净工艺中的应用研究”。桂林亦元生现代生物技术有限公司与广东中智药业集团合作开展“牛大力速溶饮品、滋补汤料产品的研究开发”。

粤琼合作　海南省农业科学院和中国科学院广州生物医药与健康研究院合作对海南独有的五指山小型猪种猪进行克隆研究。截至2012年年底，已完成引进猪克隆技术，并联合开展对海南独有的五指山小型猪种猪的克隆实验；制定对五指山克隆猪生物学特性和扩繁条件的实施方案，已完成对海南五指山小型猪基础群的筛选和准备工作。

海南大学、海南凤生香草园农业开发有限公司与中山大学合作开展的项目“茶树油热带多糖系列日化品的开发”已获得海南省社会科技专项立项，支持资金10万元。

海南国营东昌农场、海南大林中药产业开发有限公司与广州中医药大学合作开展的项目“阳春砂仁项目建设”，获得了省中药现代化专项基金项目支持。截至2012年年底，该项目已完成橡胶林下引种栽培20公顷的阳春砂仁，植株生长良好。

【科技资源共建与共享】　2012年，为推动泛珠三角区域内各省区在科技管理领域的合作，充分发挥区域内专家资源的互补优势，增强专家评审的公平和公正性，云南省科技厅、广东省科技厅、广西壮族自治区科技厅三方正式签署了《广东、广西、云南共享专家资源的协议》，在三省区内率先建立专家资源共享机制，制定专家资源共享的数据标准。连同其他省市科技厅，共获得了5 000多名区外优秀的基础研究评审专家信息，为做好“十二五”开局之年自然科学基金项目安排，推进基础研究发展打下良好基础。

【科技交流活动】

第9届中国—东盟博览会先进技术展　9月21—25日，第9届中国—东盟博览会先进技术展在广西南宁举办。该届博览会突出“合作共赢促发展”的主题，务实推动中国—东盟友好合作，取得了丰硕成果。博览会更加专业务实，在展会内容设计、经贸活动等多方面进行创新，使展会适应自贸区发展需要，促进合作共赢，并取得良好的经贸成效。该届博览会共设置总展位数4 600个，参展企业总数2 280家，商品贸易成交总额达到17.78亿美元，比上届增长3.9%。签订国际经济合作项目118个，总投资额82.04亿美元，同比增长10.6%。其中，中国内地各省及中央直属企业对外合作的“走出去”项目63个，总投资额30.58亿美元，同比增长15.4%。签订国内经济合作项目104个，总投资额802.12亿元，比上届增长9.7%。博览会举办地广西共签订国际合作项目69个，总投资额56.66亿美元。

第8届泛珠三角区域合作与发展论坛暨经贸洽谈会　11月28日—12月2日，第8届泛珠三角区域合作与发展论坛暨经贸洽谈会在海南举办。该届泛珠大会创新办会模式，分2个阶段进行。第1阶段活动是在大会前举办多场行业磋商和项目对接活动；第2阶段是大会召开阶段，针对第1阶段磋商对接提出的实际问题与合作愿望进行深入交流，突出展现合作成果。在该届泛珠大会合作项目集体签约仪式、高层会晤及澳门、四川、云南、海南等省区开展的多场招商推介活动中，共签署合作项目202个，总投资2 772亿元。在购销合作洽谈会暨签约仪式上，各采购商与泛珠各省区达成采购意向63个，总金额130亿元。广东省组织了由34个分团、600多家企业、2 000多名企业家组成的经贸代表团赴海南参展参会。

第13届中国西部国际博览会　9月26—30日，第13届中国西部国际博览会在成都举办。同期举行第5届中国西部国际合作论坛、第5届中国西部金融论坛、2012亚洲教育论坛年会暨中国西部国际教育发展论坛等8项重大活动和96项专项活动，活动总数超百项。展览总面积20万平方米，成都世纪城新国际会展中心主展场设国际合作馆、西部合作馆、高新技术馆、电子信息馆、装备制造馆、农业产业馆6个专业馆、36个专业展区。共有来自境外56个国家和地区、境内28个省（区、市）和新疆生产建设兵团的4 598家企业参展，到会的境内外嘉宾和客商达8万人，创历届之最。该届博览会共签约投资项目1 590个，金额10 526亿元，同比增长11.4%，项目签约金额首次突破万亿元大关，实现贸易成交额2 531.8亿元，同比增长0.2%，投资项目签约及贸易合同成交额均创历届西博会之最。

首届中国·云南桥头堡建设科技入滇对接会　9月27—28日，首届中国·云南桥头堡建设科技入滇对接会在昆明召开。该届科技入滇对接会以实现“科研平台落地、科技型企业落地、科技成果和先进适用技术落地、创新创业人才和团队落地”为目标，共组织490个展位，来自全国24个省、市的230家单位（其中高校72家、科研院所95家、企业集团63家）参加了对接会展览。会上举行了18个云南省院士工作站、3个专家工作站的授牌和330个科技入滇重大项目现场签约仪式，签约金额超过百亿元，同时还有227项云南急需的技术成果达成意向成交协议，意向成交金额超过50亿元。已有云南省外140个科研平台、79家科技型企业、110项科技成果和先进适用技术，以及21个人才和团队明确落地云南。

【联席会议机制建设】

第10次泛珠三角区域科技合作联席会议　6月13日，第10次泛珠三角区域科技合作联席会议在贵州省贵阳市召开。泛珠三角“9+2”各省（区）成员单位有关领导和代表共30余人出席会议。科技部充分肯定了泛珠三角区域科技合作取得的成效，并表示科技部会一如既往地支持泛珠三角区域科技合作工作，并指出泛珠三角区域要先行先试，在机制上勇于突破，在区域科技合作领域起到示范引领作用。

第9次联席会议轮值主席单位广西壮族自治区科技厅作了关于《泛珠三角区域科技合作第9次联席会议工作总结》，中国科技发展战略研究院介绍并阐述了《泛珠三角区域“十二五”科技合作规划》，贵州省科技厅介绍了《泛珠三角区域科技合作第10次联席会议工作设想》。各省区代表就下年的工作计划以及泛珠三角区域科技合作机制进行了热烈的讨论。会议还确定了海南省科技厅作为第11次泛珠三角区域科技合作联席会议主席，第11次联席会议将于2013年在海南省召开。

泛珠三角区域科技合作2012年第1次联络员工作会议　10月25日，泛珠三角区域科技合作2012年第1次联络员工作会议在贵州遵义市召开。会议主要讨论了逐步建立泛珠三角区域农村科技合作机制、水资源环境污染治理与工程性缺水的水资源开发利用工作、第11次联席会议的相关议题和第11次联席会议具体事项。

（广东省科学技术厅发展规划处　石福华）
（泛珠三角区域科技合作联席会议办公室　钟　薇）

民间对外科技交流与合作

2012年，广东省对外科技交流中心（以下简称“交流中心”）结合广东省科技与经济社会发展焦点、热点，发挥自身国际科技交流合作渠道与资源优势，开展多种形式的科技交流活动，服务企业转型升级。

【国际科技合作与交流】

来华国际科技交流合作活动　2012年，交流中心举办了6场来华国际科技合作交流活动（见表9-5-4-1）。

第9届中美工程技术研讨会先进制造分会邀请了来自美国康明斯公司、GE全球研发中心、福特汽车公司等国际知名企业的12名专家和广东省精密电子装备、电动汽车、节能减排、数控与机器人等先进制造领域的近百名专家及企业代表进行交流研讨，并组织中美双方专家赴广东省先进制造领域的14家大中型企业进行实地考察，对广东省制造业企业发展现状及面临的挑战进行了诊断分析，提出政策建议。

加强南南科技合作应对气候变化国际研讨会暨加强南南合作促进绿色发展论坛邀请了来自20多个发展中国家和国际组织的200余名中外代表出席了会议。会上，35名外方代表签署了《共同建设平台网络的倡议》及其他合作协议，推动南南技术转移和信息共享工作，促进共同发展。

境外科技交流活动　2012年，交流中心在境外开展了5项科技交流活动，全省共有130多名科研人员、专家学者和企业管理人员参加（见表9-5-4-2）。

表9-5-4-1　交流中心举办的来华国际科技交流合作活动一览表（2012）

序号	活动名称	主办单位	时间地点	活动成效
1	东盟国家口腔医疗技术国际培训班	科技部国际合作司	3月6—21日 广东广州	推广我国口腔医疗技术，促进产品及技术出口
2	第9届中美工程技术研讨会先进制造分会	科技部、国家外专局、美国机械工程师学会	4月16—19日 广东广州	诊断广东省制造业现状及存在问题，为产业转型升级决策提供参考
3	中加投资机会研讨会	加拿大国贸部、加拿大11城联盟、省科技厅	6月1日 广东广州	加强广东省高新区、高新技术企业与加拿大在信息通讯、清洁能源领域的交流合作

（续上表）

序号	活动名称	主办单位	时间地点	活动成效
4	加强南南科技合作应对气候变化国际研讨会暨加强南南合作促进绿色发展论坛	科技部、商务部、联合国开发计划署、联合国环境规划署、联合国教科文组织、联合国工业发展组织	11月10—12日 广东广州	建立和完善南南合作机制，明晰发展中国家的技术需求，共建平台网络，促进共同发展
5	创新科技亚洲会议暨绿色发展新技术专题研讨会	省科技厅、香港科技园有限公司、国家环境服务业华南集聚区	11月15日 广东广州	推进广东省可再生能源、低能耗建筑、绿色创意环保等领域与国外的交流与合作
6	2012年丹霞地貌澳门学生科普团	澳门科学技术发展基金会、广东省对外科技交流中心	12月8日 广东韶关	启发青少年的创新思维与科学探索兴趣，探索粤澳科普教育活动合作机制

表9-5-4-2　交流中心在境外开展的科技交流活动一览表（2012）

序号	活动名称	时间地点	参会人员	主要活动及成效
1	广东省专业镇技术创新培训	5月、6月 各一期 中国香港	72人	分享专业镇产业升级公共服务体系及支援模式经验，了解香港产学研合作及科技成果转化形式及成效，引导专业镇从制造型专业镇向创新型、知识型专业镇发展
2	第7届国际研发产业化展览会	6月 意大利	2人	推广广东省智能交通技术，探讨R2B项目合作潜力
3	中以高科技投资峰会	9月 以色列	21人	与以色列高科技企业及孵化器开展圆桌会议及一对一会谈，部分高新技术园区项目达成合作意向
4	专业镇自主创新及创新体系建设培训	12月 法国	19人	学习与产业集群相关的法律法规；政府对创办高科技企业的支持、企业孵化器建设等内容，并参观考察特色产业集群
5	LED自主创新管理与产业共性技术平台建设培训	12月 美国	20人	学习美国政府对LED的发展规划与政策扶持、LED灯光技术的优劣性；美国LED专利保护个案分析、LED在通信方面的应用等内容；参观考察Philips Lumileds公司、CREE公司、Lighting Research Center等机构

按照省科技厅“深化国际科技合作，拓宽与以色列的科技合作领域”的工作部署，交流中心2012年组织了广东省内13家相关机构和企业参加了以色列“中以高科技投资峰会”，与以方企业就相关议题展开一对一的洽谈，探讨深化双方合作模式。活动取得了良好的效果，部分单位达成了项目合作意向。

针对发展LED战略性新兴产业的重点工作，交流中心组织赴美国“LED自主创新管理与产业共性技术平台建设”培训班，实地考察Philips Lumileds公司、CREE公司、加州灯光科技研究所等机构，推动省内LED企业加强自主创新，提高核心竞争力。

国际科技合作战略　2012年适逢中加建交42周年，交流中心积极参与加拿大的“亚太门户计划”，全面加强与加拿大有关机构的科技交流与合作，于2012年6月与渥太华投资创新署签订了合作备忘录，并以此为契机，与加拿大国际贸易部共同组织其主要城市联盟的有关机构来粤进行技术投资合作洽谈活动。

2012年6月，交流中心受邀派员参加由意大利对外贸易委员会主办的“第7届国际研发产业化展览会（Research to Business，R2B）”。11月，意方派员回访，并就2013年R2B项目组织与交流中心达成了战略合作意向，意方将为广东省参会单位提供部分资助，共同促进两地技术与投资的合作。

为了促进广东省科研机构和有关单位参与欧盟框架计划研究，经中国科学技术交流中心同意，在交流中心设立“欧盟框架计划中国华南地区联络点”并于2012年9月揭牌，为广东省有关单位申报欧盟框架计划提供咨询和辅导。

为了加强与中国国际科技合作协会的实质性合作，充分利用中国协会跨部门、跨地区，机制活、人脉广等优势，2012年9月，交流中心与中国国际科技合作协会签署了合作框架协议，在政策调研、信息咨询和渠道分享方面建立全面、长期的合作机制。

【科技会展】 2012年，交流中心着力打造科技型中小企业展示交流平台，举办了3个国际性专业科技展览，展览总面积约13万平方米，共吸引全球26个国家2 000多家企业参展；接待了来自五大洲90多个国家和地区的专业观众近92 000人次，同期举办了超百场专题技术研讨会与学术论坛，约8 000多人次与会（见表9-5-4-3）。

【培训与资讯】

广东省科技外事工作会议暨对外科技合作培训班　2012年9月6日，交流中心协助省科技厅举办了“广东省科技外事工作会议暨对外科技合作培训班”。培训班内容涉及科技外事工作的各个方面，既有前瞻性宏观层面的政策解读，又有实务性的项目管理操作，与会代表热烈交流探讨，取得了良好效果。

GE（中国）技术创新管理高级培训班　2012年11月29—30日，在中国科学技术交流中心大力支持下，交流中心配合省科技厅，与通用电气（中国）研究开发有限公司共同举办了“GE（中国）技术创新管理高级培训班”。培训班为期2天，邀请了通用电气公司高新技术总监等高管授课。培训班针对技术创新管理工具与方法、知识产权管理等方面进行了充分的交流。

广东科技简讯（英文版）　自2011年以来，交流中心每月收集筛选关于广东省最新技术进展、项目研究动态和科技创新政策各类公开信息，组织编译形成《广东科技简讯（英文版）》。通过互联网发送给境外近百家合作机构，保持和境外机构的经常性信息交流，宣传自主创新成就，寻求合作机会。2012年编译形成英文简讯12期，累计编译16期。

表9-5-4-3　交流中心举办的国际性专业科技展览一览表（2012）

序号	展会名称	举办时间	展览面积（平方米）	展商数量（家）	技术研讨会（场）
1	华南国际口腔医疗器材展览会暨技术研讨会	3月7—10日	36 200	652	93
2	中国（广州）国际专业音响灯光展暨乐器展览会	2月29日—3月3日	90 000	1 085	4
3	广州国际分析测试及实验室设备展览会暨技术研讨会	5月30日—6月1日	12 000	348	3

（广东省对外科技交流中心　张　郁）

科协、科技社团及科技普及、宣传

科协、科技社团

2012年，广东省科协以“建设充满生机和活力的开放服务型人民团体”为发展目标，围绕“加快转型升级、建设幸福广东”的中心大局，全面推进“三服务一加强”各项工作，推动科协事业科学发展。开展学会创新发展工作，重点培育和扶持一批国内一流的骨干学会。组织学会积极承接政府转移或委托的科技服务项目，有16个学会入选具备承接资质条件的第1批目录。

广东省科学技术协会

【“讲理想、比贡献”活动】 6月，中国科协、国家发改委、科技部、国务院国资委等部门有关负责人和中央媒体记者，对广东省开展“讲理想、比贡献”（以下简称“讲、比”）活动进行专题调研。7月，省科协联合省发改委、省国资委和省科技厅成立了全省“讲、比”领导小组。8月，召开了领导小组办公室第1次会议。会议审议通过了广东省“讲、比”活动领导小组及办公室工作规则，讨论通过了广东省推荐2011—2012年度全国“讲、比”活动先进集体、科技标兵和优秀组织者名额分配，并要求领导小组成员单位加强沟通协调，充分利用“讲、比”活动搭建的工作平台，结合本部门有关工作，共同推动全省群众性技术创新活动，同时研究制定广东省“讲、比”活动实施工作、评选、表彰和奖励办法。9月，组织评选、推荐2011—2012年度全国“讲、比”活动广东省先进集体、科技标兵和优秀组织者的工作，广东省12个先进集体、3个院士专家企业工作站、7个科技标兵和8个优秀组织者获全国表彰。

【学术交流平台建设】 2012年，省科协进一步做好各级领导听取高层次专家意见“直通车”工作，刘人怀院士提交的《关于科学开展餐厨废弃物变废为宝的建议》得到省委主要领导的批示。举办“广东科协论坛”8场，“广东院士讲坛”5场。

广东科协论坛 广东科协论坛紧紧围绕本省经济建设和社会发展的重点、热点和难点问题，邀请著名院士专家作专题报告，打造本省具有较大影响力、高水平、高质量的学术交流品牌。2012年，共举办了第46～52期共7场广东科协论坛，参会人员2 000多人。

3月19日（第46期），由我国著名空间技术专家、“航天18勇士”的中国工程院戚发轫院士作“航天技术与中国航天”专题报告。5月28日（第47期），由我国著名地质学家、中国工程院院士康玉柱作“中国油气资源前景分析与战略思考”专题报告。6月29日（第48期），由我国著名海洋生态—环境科学与工程专家、中国工程院院士丁德文作“蓝色经济区建设：关于海洋经济发展的思考”专题报告。7月24日（第49期），由我国著名光纤传送网与宽带信息网专家、中国工程院院士、原副院长邬贺铨作“信息化与工业化融合——迎接第三次工业革命”专题报告。8月13日（第50期），由我国著名有机化学家、中国科学院院士陈新滋作“科学之美在于服务社会”专题报告。9月17日（第51期），由我国著名卫生管理和疾病控制专家、中国工程院院士王陇德作“慢病防控与国际保健新观念”专题报告。11月12日（第52期），由我国著名轻工机械工程专家、中国工程院院士瞿金平作“高分子材料加工成型装备创新研究成果”专题报告。

第10届广东省科协学术活动周 11月12日，

第10届广东省科协学术活动周在广东科学馆科学会堂举行开幕式。本届学术活动周活动围绕“科技创新与经济结构调整”的主题，充分发挥了省科协学科齐全、人才荟萃的优势，省级学会和各地市科协积极参与，上下联动，营造科技创新学术氛围。本届学术活动周共有活动346项，围绕本省经济发展的重点、热点、难点问题，提出新理论、新观点和新对策，为广东转型升级与科技创新提供强有力的智力支撑。

“南粤科技创新优秀学术论文”评选 2012年，经省党廉办批准，省科协开展了第3届南粤科技创新优秀学术论文评选活动，共评出南粤科技创新优秀学术论文一等奖5篇、二等奖20篇、三等奖55篇，促进了南粤学术创新水平的提升。

技术创新方法培训 2012年，省科协积极开展面向企业的创新方法培训和TRIZ理论（发明问题解决理论）推广等工作。根据企业的实际需求，在珠海市举办技术创新方法培训班4场，格力电器股份有限公司、蓉胜超微线材股份有限公司、方正科技集团股份有限公司、光联通讯技术有限公司等120多家知名高新技术企业参加，培养企业科技人员2 000多人。举办“广东省科技创新与QC小组优秀成果发表活动”，万和新电气股份有限公司、美的集团股份有限公司、立白企业集团有限公司、志高空调有限公司、创维集团有限公司等60多个高新技术企业的代表参加了活动，发布科技创新及质量管理重大成果65项。

【创新发展平台建设】 2012年，省科协举办“2012年广东企业科技创新与QC小组优秀成果发表大会”，发布科技创新及质量管理重大成果65项。2012年，按照“以企业需求为导向，以技术项目为纽带，以院士、专家和专业学会为依托，以提高企业技术创新能力为核心”的工作思路，在广州、深圳、佛山、珠海、惠州、江门、肇庆、韶关、阳江、东莞、河源等地的高新企业、产业集群区、技术孵化基地、高新技术开发区新建院士专家企业工作站11家和“学会科技服务站”13个，帮助引进科技成果和推广新技术62项。开展美国专利资源应用试点工作，有40多家企业使用吸收了110项专利，产生60多项科技成果。

新建企业科协组织650家，培养企业创新工程师482名。据统计，全省有2 000多家企业开展“讲、比”活动，参加的科技人员70 000多人次，完成活动项目3 900多项，为企业新增经济效益23亿元。

2012年1月，中共中央政治局委员、广东省委书记汪洋在省委十届十一次全会工作报告上指出：“省科协通过创建院士专家企业工作站、学会科技服务站等方式，为科技人才的脱颖而出和企业竞争力的提升做出了积极贡献”。

【科协建设】 2012年，按照省委的要求，省科协积极牵头做好《中共广东省委、广东省人民政府关于加强新时期科协工作的意见》（以下简称《意见》）起草工作。会同省委政研室、省政府办公厅等对《意见》进行反复修改完善，广泛征求、吸纳了各方面的意见建议，并正式出台《意见》。《意见》从7个方面提出加强新时期科协工作的18条意见，对全省科协组织的主要任务、职能和加强组织领导、确保工作经费等作了明确规定。这是省委、省政府首次为加强科协工作而出台《意见》。

2012年7月，省科协拟订了《关于协助政府有关职能部门开展新经济组织科技人员职称评审工作方案》。9月20日，该方案获得省政府批准。省科协与政府有关职能部门进一步研究制定评审方案及相关操作细则。从2013年开始，在条件成熟的领域开展新经济组织科技人员的职称评定工作。

做好理论创新发展的工作，顺利完成了《枢纽型科技社团组织建设研究》课题，编著了科协工具书《科协宝鉴》。加强直属事业单位建设，广东工程职业技术学院积极引进高职称、高技能人才，推进校园扩建二期工程建设，组建全国高校首个股份制的职业教育集团，跻身全国高校就业50强，应届毕业生就业率达99%以上。

（广东省科学技术协会　刘泽周）

科　技　社　团

2012年，省科协充分发挥科技社团的自身优势，组织所属学会承接政府转移或委托的科技服务项目。2012年，省科协组织学会申报具备承接政府职能转移和购买社会组织服务资质条件的目录，有16家入选第1批目录，争取其他申报学会都能入选第2批目录。开展省级学会重大学术交流项目申报评审工作，资助了省物理学会“中国物理学会秋季年会”等13个项目。实施省级学会国际学术活动专项资助计划，资助了省植物学会“第13届国际植物园协会大会”等8个项目。东莞市科协承担了科技东莞项目专家库管理工作，省科协组织全省各级学会为东莞市提供了3 000名项目评审专家。

省科协组织引导省级学会，在中小企业、专业镇、基层医院和农村新建学会建立“学会科技服务站”，为企业的技术创新、专业镇的产业调整升级、医院及农村先进技术推广应用、专业技术人才培养助力。2012年，全省新建省级“学会科技服务站”13个。截至2012年年底，全省共建立省级“学会科技服务站”50个。

（广东省科学技术协会　刘泽周）

科 普 工 作

2012年，广东开展了全国科普日、第27届广东省青少年科技创新大赛、第12届广东省青少年机器人竞赛、全国科技周暨防灾减灾日科普宣传周、首届广东省科普作品创作大赛等活动。2012年，广东省获全国表彰的科普示范社区有33个，新认定广东省青少年科技教育基地17个。截至2012年年底，省科协已在社区、学校试点建立"科普漂流书屋"130座，漂流书籍4.2万册。

科普主要活动

【2012年全省"科技活动进步月"】 6月，按照省委、省政府的部署和中共中央政治局委员、广东省委书记汪洋关于"调动全社会的积极性，培育全社会创新意识和氛围"的要求，发动全省科协系统和广大科技工作者，围绕"让创新成为全社会的共识与实践"主题，重点开展提升自主创新能力、转变经济发展方式、提高公民科学素质以及科技惠及民生等系列活动。据统计，全省"科技进步活动月"期间，共开展活动1 000多项，参加人员500多万人次。

【广东省2012年全国科普日活动】 9月21日，省科协联合省全民科学素质纲要实施工作办公室、省食品安全办公室、省食品药品安全监督局、广州市越秀区人民政府在广州越秀公园举办"广东省2012年全国科普日活动"启动仪式。围绕"弘扬广东精神、同铸食品安全"的主题，开展了"食品咨询一条街"、科普文艺表演、广场科普咨询服务等活动，向群众宣传普及食品安全知识。广东科学馆、广东科学中心、中山大学眼科中心、广东省科普中心、省科普志愿者协会和广州市雅荷塘小学等单位，给群众带来了一系列群众关心的健康养生、环境保护、节能减排和防灾应急等社会热点问题的科普活动和专家咨询。据统计，科普日期间，全省科协系统围绕党和政府的中心工作，广泛开展群众性、经常性和社会性科普活动2 000多项，参与人数800多万人次。省科协组织的"全国科普日"活动被中国科协评为全国2012年全国科普日活动"优秀特色活动"项目。

【"全国科技周、防灾减灾日科普宣传周"活动】 5月10日，省科协联合省全民科学素质纲要实施工作办公室、省教育厅、省地震局、省气象局、省消防局和广州市海珠区人民政府在广州市第五中学举办2012年广东省"全国科技周暨防灾减灾日科普宣传周"活动，5 000多名师生参加。活动现场中小学生进行了防灾减灾演练，主办单位赠送了一大批防灾减灾科普图书、资料及资源包和科普漂流书屋与书籍。

【青少年科技教育活动】 4月7日，省科协联合省教育厅、省科技厅、省知识产权局和广州市人民政府在广州举办第27届广东省青少年科技创新大赛。22支代表队、441名选手参赛，参评创新项目313项、优秀科技实践活动展示项目107项、优秀少年儿童科学幻想绘画90幅，约2万名师生前来观摩。同时，选拔优秀项目参加第27届全国青少年科技创新大赛，获得一等奖5项、二等奖8项、三等奖2项，取得优异成绩。

5月12日，省科协在东莞市举办第12届广东省青少年机器人竞赛，13个地级市的241支代表队、850多名师生参加了机器人创意、基本技能、FLL、VEX和机器人足球5个大项目的比赛。同时，组成广东代表队参加全国青少年机器人竞赛，取得13枚金牌、7枚银牌、5枚铜牌的骄人成绩，金牌总数位居全国第1。

【科普惠农兴村计划】 4月，根据中国科协、财政部的统一部署，省科协联合省财政厅及时下发《组织开展基层科普行动计划和广东省“科普惠农兴村计划”实施工作》的通知，组织做好全国、省级“科普惠农兴村计划”申报、推荐和评审工作。2012年，广东省获全国表彰的农村科普先进集体19个、带头人16名，获奖补资金460万元；获省级表彰的农村科普先进集体11个、带头人11名，获奖补资金220万元。同时，为建立科普惠农兴长效机制，省科协联合省财政厅组织开展“科普惠农兴服务站”建设，2012年建立第4批科普惠农兴村服务站31个。

【全省文化科技卫生“三下乡”活动和“千会服务千村”行动】 4月12日，省科协联合省委宣传部、省科技厅、省农业厅、省卫生厅、省妇联、团省委、省社科联、省地震局、省农科院、羊城晚报社和清远市人民政府等12部门和单位在清远市清新县举办2012年广东省文化科技卫生“三下乡”暨“千会服务千村”行动启动仪式，共有10 000多名群众参加。

活动通过主会场和分会场的形式，带动全省深入开展文化科技卫生“三下乡”暨“千会服务千村”行动。活动以“五大重点人群”科学素质行动为主线，走进机关、企业事业单位举办“科普大讲堂”专题讲座，深入农村、学校和社区开展科普便民服务，省直有关部门和省科协直属单位向当地民众赠送了一批文化、科技、卫生书籍和农资、医药、科普展板等价值30万元的物资。2012年，全省科协系统开展“千会服务千村”行动重大项目达480多项，一系列文化科技卫生便民服务活动，为当地农民群众送温暖、送欢乐、送健康、送科技知识。

【科普与文艺结合的传播活动】 6月，省科协组织各市开展科普文艺创作，选送优秀科普作品参加全民科学素质文艺汇演，在国家7个部委、29个省（自治区、直辖市）科学素质办推荐的167个节目中，广东省选送的《科学的春天》（广东工程职业技术学院创作）获一等奖、《科协之歌》（广东省科协创作）获二等奖和《父亲的礼物》（东莞市科技博物馆创作）获三等奖。省科协将参加北京全国科学素质文艺汇演节目光盘刻录200张下发到各地，广泛宣传科学文艺传播科普的新形式。

落实省科技厅、省科协《关于举办首届广东省科普剧大赛的通知》要求，组织各地科普剧节目的创作，参加2012年12月23日在东莞市科技博物馆举办的首届广东省科普作品创作大赛。大赛由省科学技术厅、省科协共同主办，来自全省11个地区的23支参赛队伍参赛，剧目题材有环境保护、垃圾分类、中医药养生、高原气候、食品安全等，剧目类型有卡通剧、历史剧、穿越剧、科幻剧等。最终，东莞科技馆的《一杯开水的幸福》获得科普场馆组第1名，东莞科技馆少年科普剧团的《大兵小蚁》以及惠州科技馆、惠州市青少年宫的《鸟国惊梦》获得学校组第1名。

【科普统计】 3—5月，省科技厅在全省范围内组织实施了2011年度科普工作统计，对全省科普资源状况和科普工作运行质量进行了全面调查。统计范围包括全省、市、县(市、区)人民政府有关部门和直属单位、社会团体、主要企事业单位等机构和组织，主要包括科技管理、科协、教育、国土资源、农业、文化、卫生、计生、环保、广电、林业、旅游、中科院、园林、地震、气象、工会、团委、妇联、国防科工20个部门。本次统计按照省、市、县分级实施，采取条块结合的方式进行。为保证各地市科普统计工作人员熟悉统计工作，3月，组织了一次各地市科普统计工作人员培训会，截至5月21日，共收集全省科普统计报表2 110份上报科技部，并形成了广东省科普统计监测报告，报送各级领导参考，圆满完成了科普统计工作任务。

统计报告显示，本省科技馆建设成效比较显著，截至2011年年底，广东省科技馆数量仅次于北京，居全国第2位。2011年，全省科普场馆总数为231个，科技馆建筑面积合计36.01万平方米，博物馆建筑面积合计17.28万平方米，科普展厅面积多达35 614.87万平方米。其中科技馆52个，比2010年增加23个，增幅较大；科学技术博物馆24个，比2010年减少7个；青少年科技馆（站）155个，比2010年增加111个，增幅高达252.27%。

（广东省科学技术协会　刘泽周）

（广东省科学技术厅政策法规处　刘世伟）

科普基地建设

2012年，省科技厅继续支持科普项目，加大科普场馆建设和管理力度，共安排国家级或省级青少年科技教育基地建设、科普社区建设等项目50项。

【青少年科技教育基地建设】 2012年，省科技厅共认定青少年科技教育基地17家，其中由院校承办的有7家，由企业、科研机构承办的各5家。

太安堂中医药博物馆　太安堂中医药博物馆成立于2009年5月，展区面积达3 200平方米，以“中国最大的中医药家族博物馆”载入“大世界基尼斯之最”史册，是弘扬国粹展示太安堂中医药文化的平台，也是中医药理论创新研究和学术交流全国性基地。博物馆以中华医药5 000年灿烂文化为背景，以太安堂500年传承发展历史为主线，生动展示了中医药学从始创到成熟、从形成到繁荣、从继承到创新的发展轨迹。博物馆在设计和布展方式上，兼容并蓄传统文化理念和现代科技手法。展陈设计运用多种前沿技术手段和设备，将历史文化内容、总体形式环境和谐相融。通过对视频、音频、动画、图片、文字等媒体加以组合应用，深度挖掘展览陈列对象所蕴含的背景、意义，促进观众视觉、听觉及其他感官和行为的配合，创造崭新的参观体验，提高其观赏、体验的兴趣。

粤西丝绸文化创意园　粤西丝绸文化创意园成立于2007年3月，主要设施占地约1 000平方米，依托茂名市蚕业技术推广中心、化州市丝源蚕业有限公司的生产资源、技术力量、资源积累，有试验中心、技术中心、冷库、质检中心、会议培训基地、种苗生产中心、后加工展示中心等完整的科普体系。主要科普内容包括：蚕种生产全程演示，多媒体展示人类历史中蚕所扮演的重要角色，蚕业有关研究的重要进展展示及讲解，蚕茧加工工艺原理介绍等。粤西丝绸文化创意园是历史发展、产业知识、经济作用、地方文化意识等技术成果创新、产业构成与展望、学术交流和科技服务为一体的科教阵地，也是青少年了解粤西蚕业发展的一个重要窗口。

阳江市科技馆　阳江市科技馆建立于2010年12月，占地面积约900平方米，馆内有4个常设展厅，分别为一层序厅和基础科学展厅、二层信息科学展厅、三层清洁能源展厅、四层自然科学等展厅，馆内共有展品90多件。该馆展示内容主要包括：基础科学、信息技术、清洁能源、自然科学等领域知识。阳江市科技馆践行“创新立馆、特色兴馆、人才强馆、服务地方”的办馆理念，致力于市科普工作，服务青少年科技教育，是阳江市青少年科技交流平台和科技成果展示重要窗口。自正式对外开放以来，阳江市科技馆已接待参观游客3万多人次，为科普知识深入人心营造了良好的社会氛围，得到了媒体的关注报道，受到了市委、市政府各级领导、业内同行和社会公众的认可，取得了良好的社会效益。

【青少年科学教育特色学校“五个一”创建工程】 12月，省科协联合省教育厅、省科技厅在深圳市召开全省青少年科学教育特色学校创建工作经验交流会，总结交流经验，扎实推进“五个一”创建活动，促进科学教育常态化、课程化、制度化。截至2012年年底，广东省已命名省级科学教育特色学校107所，各特色学校坚持特色，不断创新，发挥科学实践和体验示范带动作用，促进广东省中小学生在全国、省级青少年科技创新项目的奖项占全省总数的50%以上。

【科普示范社区“五个一”创建活动】 4月，根据中国科协、财政部的统一部署，省科协联合省财政厅及时下发《组织开展基层科普行动计划和广东省“科普惠农兴村计划”实施工作》的通知，组织做好全国“社区科普益民计划”申报、推荐和评审工作。同时，制定了广东省“基层科普行动计划”实施办法、实施细则、评审办法和专项资金管理办法。2012年，广东省获全国表彰的科普示范社区33个，获奖补资金660万元，名列全国第1。结合全国“社区科普益民计划”工作，推动广东省科普示范社区“五个一”创建活动，11—12月，省科协联合省财政厅、省文明办、省科技厅组织开展广东省第四批科普示范社区创建评选活动，在原有105个省级科普示范社区的基础上，新命名广东省科普示范社区114个。截至2012年年底，广东省已命名省级科普示范社区219个。

【科普漂流书屋】 “科普漂流书屋”是“十二五”时期《广东省全民科学素质行动计划纲要实施方案（2011—2015年）》的工作任务之一，截至2012年年底，省科协已在社区、学校试点建立“科普漂流书屋”130座，漂流书籍4.2万册。2012年，省委副书记朱明国、副省长陈云贤先后察看了“科普漂流书屋”，给予高度评价，要求在全省推广“科普漂流书屋”。

（广东省科学技术厅政策法规处　刘世伟）
（广东省科学技术协会　刘泽周）

广东科学中心

2012年，广东科学中心（以下简称“科学中心”）以科学发展观为指导，以建设“国内领先、国际一流”的科学中心为目标，紧密围绕“一体两环”发展模式，稳步发展科普教育、科普展览、科普研究等基本职能，积极开展科技成果展示，学术交流等拓展职能，保持了良好的发展态势。截至2012年年底，科学中心共接待公众100多万人次，圆满完成了各项工作任务。

【科普展览】 启动建设“广东省LED主题园”，一期项目“LED体验馆”建成开放。LED主题园是融LED教育培训、LED展示服务、LED创意服务三大功能于一体的综合园区，建成后将是国内首个以LED为主题的综合园区。该主题园建设一期项目“LED体验馆”已建成并于2012年10月对外开放，短短几个月的时间，就已发展为社会公众、LED行业人士及青少年服务的重要科普和教育培训基地。

加快科普展览的多元化发展，展教资源不断丰富。成功从意大利引进“达·芬奇的科学密码”展，让广大公众足不出广州就能领略到国外热门展览的魅力，受到社会各界的热烈欢迎和新闻媒体的广泛关注。科学中心自主研发的“用眼看世界”科学观察工具展，以“主题式”和“综合型”设计理念，“故事化”和“情境式”展示手法，以及“全互动”体验形式和“探究式”学习方式，呈现科学内涵，获得较好的展示效果。

组织开展临展项目的国内巡展，扩大中心影响力和知名度。截至2012年年底，外出巡展的展览项目有“走近诺贝尔奖”“动漫的奥妙”“人与健康”“运动·科学”和“积木王国”。这些展览在中国科技馆、厦门科技馆、东莞科技馆、深圳宝安科技馆等场馆进行了展出，参观人数达百万人次。

【科普教育活动】

“聚焦里约·水资源保护”科学实践项目 科学中心代表我国科技馆界首次参与联合国“聚焦里约·水资源保护”科学实践项目。该项目是科学中心与澳大利亚国家科技馆、新加坡科学中心一起共同负责的国际性青少年科学实践项目。科学中心面向拔尖型人才培养，多次组织三国的青少年学生开展水资源问题的调查研究，项目成果在里约热内卢举行的“联合国可持续发展大会”上向120个国家的元首和政府首脑成功展示，得到与会各国嘉宾的一致好评。

“科技进步活动月”系列科普活动 2012年广东省“科技进步活动月”期间，科学中心共推出20多项免费科普展览和活动，包括有“欢乐科学周末”活动、“创意机器人特训营”活动、“日环食”“金星凌日”天文观测活动等，为全省广大公众献上丰盛的科普盛宴，吸引了过万观众的参与，掀起科普活动的新高潮。继续开展“小谷围科学讲坛”“科技营地”“科普三进”等活动，不断提高活动组织的规范化、有序化。2012年，小谷围科学讲坛合计举办27期次（总第84期），固定听众群体持续增大；全年共举办19期科学探究营地，接待4 064名中小学生；参加第27届全国青少年科技创新大赛并为获奖者颁发“广东科学中心专项奖”。

省少年发明奖优秀作品展暨首届广东省创意机器人大赛 该大赛首次引入港澳比赛团队，参评作品1 000多项，经选拔有780项入围，来自广东省及港澳等14个地区，200多所学校参加了展评，参赛作品和参与人数都创下历史新高。本届发明奖共评出特别贡献奖10个、一等奖24个、二等奖96个、三等奖186、组织奖39个，专利申请鼓励奖29个，港澳特别奖10个；首届机器人创意大赛以广东民俗“赛龙舟”为主题，共吸引了200多支队伍近600名师生参加，评出争霸赛一等奖26个、二等奖39个、三等奖59个、优胜奖12个，挑战赛一等奖9个、二等奖13个、三等奖19个。

首届广东省科普剧大赛 该大赛得到了广东省10多个地区，20多个科普场馆和中小学校的积极参与，吸引了近万观众观摩，赢得社会各界广泛赞誉。这是广东省首次举办的全省性科普剧比赛，也是首次由科普场馆与学校共同参与的比赛，为全省广大青少年学习科学知识、领悟科学精神、培养艺术情操提供又一新的载体和交流平台。

科普援疆 作为广东省支援新疆建设的重要内容，科学中心自主研发的主题巡展“传承科技·启迪未来”面积300多平方米，内容涵盖了声、光、电、力、磁、数等多个领域，与中小学课程紧密结合，非常适合中小学校开展校外科学教育。

党校教学实践基地建设 2012年，省委党校培训接待学员人数持续增加，共进行了32批次1 270人次的现场教学，党校培训基地的教学资源也更加系统化、文字化。

【学术交流活动】 在2012年ASPAC大会上，科学中心主任当选为亚太科学中心协会新一届执委会总议员，仍然是该组织目前唯一的中国专家，中国科协专门致电祝贺。

2012年，科学中心成功举办第4届“馆校结合·科学教育”论坛。来自香港特别行政区、澳门特别行政区、台湾地区及内地的40多家单位，共120余名代表齐聚科学中心，共同探讨科学教育活动实践与创新的话题，受到了科普界和教育界的广泛关注。

2012年，科学中心接待加拿大安大略科学中心（Ontario Science Center）、北方科学中心（Science North）、韩国科技教育部、韩国国立果川科学馆、俄罗斯中俄友谊科技园等多国同行来访，新西兰奥塔哥博物馆首位互派人员前来交流学习。继续深化与多国驻穗总领馆合作，与美国、德国、法国、瑞士等10多个国家驻穗领事馆建立了良好的交流与合作关系，先后开展多个主题活动。

举办“珠江科学大讲堂”，打造又一华南地区全新高端的科学互动平台，先后邀请中国工程院院士、光纤传送网与宽带信息网专家邬贺铨，中国工程院院士、药物研究专家杨胜利，中国工程院院士、电网工程专家、直流输电专家李立浧，空间物理学家、中科院院士魏奉思等国内知名专家作主题讲座。

【组织建设】

广东省科学馆研究会 2012年是广东省科学馆研究会成立后全面开展工作的一年。通过一年来在承办大型科普活动、搭建科普场馆业界交流平台、提升会员单位科普研究能力等方面的积极努力，该研究会在业界的影响力不断增强，会员间的沟通交流明显增多。如组织全省12家科普场馆赴新疆开展援建活动，与新疆自然博物馆协会签署了“十二五”框架合作协议，搭建新·粤两地科普交流新桥梁等。

广州科普基地联盟 科学中心积极推进科普基地联盟各项工作，推动广州市科普事业再上新台阶。2012年，成功举办广州科普基地联盟首届“十佳科普讲解员大赛”，科学中心参赛代表包揽了大赛冠亚军，科学中心也荣获该大赛的最佳组织奖。

广东科学中心高端专家委员会 2012年2月，科学中心成立高端专家委员会，打造高端创新平台，首批聘请16名院士和专家为科普创新工作献计献策。专家委员会的成立是科学中心新时期应对科普事业发展挑战的重大决策，符合科普工作发展的需要。

【人才培养】 2012年，科学中心首次招收全日制硕士学位研究生，开启国内科普场馆自主招收培养创新人才之先河，开创科普展览展示与展项工程设计专业高端人才培养新模式。

（广东科学中心办公室 周 静）

科 技 宣 传

2012年，广东省紧紧围绕省委、省政府的中心工作，聚焦广东科技工作的重大事件，重点围绕广东省科技进步活动月、LED推广应用示范、专业镇转型升级、引进创新科研团队、全省科技创新大会等专题，联合中央和省内主流媒体开展了深入宣传报道，打造了一批精品力作，头版头条报道、系列深度报道明显增多，形成了强大的新闻宣传声势，为推进自主创新战略、建设创新型广东营造了良好的氛围。中央和省内主要电视媒体通过专题片形式深入宣传广东科技工作的新做法、新成效，广泛宣传科技工作中的典型人物、典型事件，让科技工作深入民心。

全省科技进步活动月

2012年5月中旬至6月中旬，广东省举办了第21个“科技进步活动月”（以下简称“活动月”）全民科普教育和科技服务活动，部分活动延续开展。“活动月”由省科技厅、省委宣传部和省科协共同牵头举办，按照加快实施《珠江三角洲地区改革发展规划纲要（2008—2020年）》和《广东自主创新规划纲要》的要求，围绕“让创新成为全社会的共识与实践”的主题，在全省高新区、专业镇、高新技术企业、科研机构、高等院校、科普馆等组织一系列内容丰富、形式多样的群众性科技活动和普及活动，进一步发挥“活动月”在全省创新文化建设中的示范带动作用，在全省掀起推进科技创新的新高潮。据不完全统计，“活动月”期间，全省组织开展各类社会公共科技服务活动1 000多场次，参与人员和受益群众500多万人次，使“活动月”的覆盖面更广、辐射力更强、影响力更大。

【科技服务企业】 为进一步提升企业作为技术创新的主体地位，2012年“活动月”更加突出以企业为服务重点，推动企业技术创新。

科技人员服务企业活动 “活动月”期间，广东省组织发动大批科技人员从高校、科研院所走进企业和工厂。其中，省科技厅继续深入开展企业科技特派员行动，提升企业和行业的创新能力，为企业培养一批创新人才。全年新增企业科技特派员工作站18家，新增企业科技特派员909名，累计达6 200名；参与工作站建设的高校及科研院所近百家，吸引近200名特派员及其助理进站工作。省科协举办“厂会协作”行动，动员和组织全省科协系统广大科技工作者，面向广大中小企业广泛开展各类科技服务、技术人才培训等活动，解决了企业生产中的一批技术问题，促进企业自主能力创新和核心竞争力的提高；开展广东省“院士专家企业工作站”建设，进一步完善企业的创新平台建设。

企业技术创新培训活动 6月18—19日，省科技厅组织开展首期广东省创新型企业院线提升计划宣讲培训会。培训会旨在阶段性总结本省近3年来实施创新型企业“院线提升计划”的理论与实践，深入推进实施“院线提升计划”项目，加强各地科技管理部门和项目承担单位对项目的理解，引导企业科学系统谋划创新体系建设，明确总体创新思路，成功整合创新资源，组建企业研究开发院，制定并实施企业创新路线图，进一步推动本省创新型企业建设，提高企业核心竞争力。6月27—28日，省科技厅组织开展广东省科技型中小微企业融资与上市辅导培训会。培训会旨在增强企业利用资本市场以及开展资本运营的意识和能力，加快科技型企业上市步伐，促进经济发展方式转变和产业结构调整优化，推动科技型企业做大做强。

组织企业向外对接活动　6月1日，省科技厅举办中加投资机会研讨会，组织广东高新技术企业与加拿大高技术领域的项目对接，合作项目涵盖了信息通讯、清洁能源、生命科学、医疗设备、造船技术等多个领域。如渥太华带来的智能交通、废物、废料转换能源项目，温哥华Ostara公司带来的营养恢复技术、绿色技术——地热交换系统，卡尔加里Birchcliff能源有限公司的能源项目等，通过广阔的国际舞台更加有效配置创新资源。省科技厅组织广东企业赴全国多个省市开展校企对接活动，先后组织省内企业赴北京、浙江、江苏、黑龙江、吉林、湖北、湖南等省份开展产学研对接，促进了国家重点建设高校科研成果来粤转移转化。

【科技惠民】　“活动月”期间，全省各地同步举行了一系列科技惠民、服务“三农”活动。其中，以科技服务民生为重点，通过创新成果展、新技术推广、低成本医疗应用等方式让科技创新的成果走进千家万户；以大型科技下乡为重点，大力推进社会主义新农村建设，促进农民增产增收，提高农民科学素质。

科技服务民生活动　“活动月”期间，省科技厅联合有关单位开展“民生科技·服务民生”现场服务活动暨民生科技成果图片展、“发现身边的科技——广东省科技进步活动月20周年户外活动”等系列活动，让广大公众亲身参与科技活动，感受科技的魅力，拉近公众与科技之间的距离。同时，还举行了广东省医学学术直通车、地震与核安全宣传、节约能源资源系列活动等与百姓生活息息相关的科普活动。

大型科技下乡活动　大型科技下乡活动是每年“活动月”的“传统项目”和重点工作之一。“活动月”期间，省科技厅联合省农业厅、省农科院等部门组织科技人员到台山、恩平、乐昌、兴宁、电白、东源等地开展粮食春耕、农业科技、医疗卫生科技下乡活动，为农民群众开展农业实用技术、农产品安全及检测技术、农村信息技术和卫生保健咨询活动，并设立科技集市和农业科技新成果展示摊位，现场派发各类农业实用科技资料，为当地的农民朋友、种粮大户、农技人员开展数十场专题技术培训。现场共向农户赠送化肥1 270千克、水稻良种500多千克、技术资料5 000多份、果蔬良种650包、农药500袋。

文化科技卫生“三下乡”活动　4月12日，省科协联合省市12部门和单位举办2012年广东省文化科技卫生“三下乡”暨“千会服务千村”行动启动仪式，参与群众1万多人。活动走进机关、企业事业单位举办“科普大讲堂”专题讲座，深入农村、学校和社区开展科普便民服务，赠送文化、科技、卫生书籍和农资、医药、科普展板等物资30万元，开展“千会服务千村”行动重大项目达480多项。

【公众科普教育】

主题科普展览　“活动月”期间，全省各地围绕“低碳、科技创新与实践、创新智慧生活”等主题，举办了一系列科普展览。例如，省科技图书馆举办了“书香生活”——世界读书活动日科普展、中外重大科技创新进展科普图片展、“发展低碳经济　创建绿色社会”科普挂图巡展等活动，以丰富多彩的图文形式展现科技魅力。广东科学中心围绕LED科普的主题，启动建设“广东省LED主题园”，该主题园是融LED教育培训、LED展示服务、LED创意服务三大功能于一体的综合园区，建成后将是国内首个以LED为主题的综合园区。一期项目“LED体验馆”已于10月对外开放，成为社会公众、LED行业人士及青少年的重要科普和教育培训基地。广东科学中心还成功从意大利引进“达·芬奇的科学密码”展，以及自主研发“用眼看世界”科学观察工具展，受到社会各界的热烈欢迎和新闻媒体的广泛关注。此外，佛山、江门、韶关、河源、梅州等地举办了《国家最高科技奖获得者》专题科普展全省巡展。

青少年科普教育活动　适逢中国共青团建团90周年，“活动月”期间，各有关单位围绕青少年开展形式多样的科普教育活动。例如，广东科学中心以创新大赛的形式，举办首届广东省创意机器人大赛，活动首次引入港澳比赛团队，参评作品1 000多项，经选拔有780项入围，来自本省及港澳等14个地区的200多所学校参加了展评，参赛作品和参与人数都创下历史新高，共吸引了200多支队伍近600名师生参加。省科协举办第27

届广东省青少年科技创新大赛，吸引22支代表队441名选手参加，参评创新项目313项、优秀科技实践活动展示项目107项、优秀少年儿童科学幻想绘画90幅。省科协举办第12届广东省青少年机器人竞赛，吸引241支代表队850多名师生参赛，大赛组成广东代表队参加全国青少年机器人竞赛，获得金牌13枚、银牌7枚、铜牌5枚，其中金牌总数位居全国第1。同时，各高校也举办了各类型的科技文化节、学术报告会、讲座等活动，为青少年提供展现自我创意的大舞台。

大型科技宣传活动

【创新政策专题宣传】

《广东省自主创新促进条例》巡回宣讲活动

6月11—28日，《广东省自主创新促进条例》（以下简称《条例》）巡回宣讲团一行先后深入潮州、揭阳、深圳、佛山、东莞、惠州、珠海、中山、江门、肇庆等地级以上市及汕头市金平区召开13场专题报告会，掀起《条例》在全省的学习热潮。宣讲团重点介绍了《条例》起草的有关情况和宣讲贯彻的重要意义，并对《条例》主要条款进行深度解读。来自全省科技、企业战线上的3 000多名政府相关部门代表，高校、科研机构、科技中介服务机构及企业代表们参加了宣讲活动。省科技厅免费派发了《条例》等政策法规宣讲图书数千册，并向地市科技局赠送《广东省自主创新促进条例释义及实用指南》《广东科技——占领创新法制高地专刊》《高新技术企业申请认定实操指南》和《研发费税前加计扣除政策实操指南》等相关培训资料。很多代表在宣讲会后主动通过电话、电子邮件等方式与专家取得联系，详细咨询了《条例》和相关政策执行的内容，并表示该次宣讲活动开展得很及时和很有效，对于企事业单位"用好与用足"法规、政策以提升自身自主创新能力有着重要的作用。各市科技局的领导对本省开展《条例》巡回宣讲活动给予充分肯定，对活动的显著效果和所产生的社会影响给予充分认可和赞同。各地媒体积极参与报道，发挥了强大的舆论导向作用，使《条例》及相关自主创新政策进一步深入人心。

企业研发费税前扣除政策巡回宣讲活动

2012年，省科技厅共在全省16个地级以上市、广州等部分高新区组织了两轮企业研究开发费用财税优惠政策巡回宣讲活动，实现了全省21个地级以上市政策培训全覆盖，共培训科技型企业5 000多家，科技、管理、财务人员1万多名，为企业免费发放政策培训资料5 000余份。通过建立政策咨询免费热线、QQ群等方式，为全省企业提供优质政策服务，帮助广大科技型企业享受研发税收优惠政策，成功应对经济困难形势，调动企业加大研发投入，提高自主创新能力和产业竞争力。据统计，全年全省共有6 000多家企业落实研发费用税前扣除政策，加计扣除额超过294.5亿元，帮助企业减免税收73.6亿元，居各省市第2位。

【主要专题科技宣传】

"让创新成为全社会的共识和实践"专题宣传　2012年年初，中共中央政治局委员、广东省委书记汪洋专程到省科技厅视察指导工作，强调要"让创新成为全社会的共识和实践"，这一论断在南粤科技界引起了热烈反响。为深入贯彻和宣传这一新要求，省科技厅与南方新闻网策划制作了"让创新成为全社会的共识和实践"宣传专题，对省领导重要讲话精神进行深度解读，营造良好的创新氛围。"专题深切寄语"栏目整理了汪洋近年来寄语广东科技的经典言论，"学习贯彻和专家视点"栏目汇集了各地市和广大专家贯彻省领导重要讲话精神相关言论，还罗列出广东省近年来自主创新重要成就并与网友展开互动。专题还包含了"全国科技创新大会""广东省自主创新促进条例实施"等子栏目，使整个专题的内容更加充实，架构更加立体，在广东科技界掀起了深入贯彻落实省领导讲话精神的学习热潮。专题推出后，广东科学中心响应号召特地设立高端专家库，聘请院士专家为"科普创新"建言献策，各路专家学者集思广益、献计献策，寻求广东科技工作的新突破。

全省科技奖励大会专题宣传　3月27日，省委、省政府在广州召开全省科学技术奖励大会暨全省科技工作会议。会议颁发2011年度省科学技术奖共计272项，其中特等奖2项、一等奖30项、二等奖87项、三等奖153项。中国科学院院士、中山大学肿瘤防治中心主任、中山大学附属肿瘤医院院长曾益新，荣获2011年度广东省科学技术奖突出贡献奖，重奖200万元。会前，省科技厅组织省内主要媒体对获奖单位和个人开展专题采访活动，重点采访了突出贡献奖得主曾益新。会后，组织有关媒体对涉及社会民生的部分获奖项目进行深入的采访宣传，进一步提高公众对科技创新成果的关注度。

LED推广应用示范专题宣传　5月28日，广东省推广应用LED照明产品工作会议在广州召开，研究部署本省在公共照明领域全面推广普及LED照明产品工作，印发《广东省推广使用LED照明产品实施方案》。会议强调，从方案实施之日起，全省道路、公共场所、政府机关、国有企事业单位等财政或国有资本投资建设的照明工程以及南沙、前海、横琴等新规划建设的新区一律使用LED照明产品。广东省推广应用LED照明产品工作会议受到社会和新闻媒体的广泛关注，5月29日，《人民日报》、新华社、《南方日报》和南方网等主流媒体纷纷用显要版面报道相关内容。省科技厅联合南方新闻网推出LED推广应用示范网络专题，积极宣传由政府主导的实施方案、LED产品评价标杆体系、EMC商业模式、LED龙头企业，引导网民正确看待LED产业。专题推出后在互联网上引起强烈反响，各大网站和行业媒体纷纷转发相关新闻。此外，省科技厅还以《南方日报》《南方都市报》《羊城晚报》等地方媒体为主阵地，常规性新闻宣传与专题宣传相结合，不断推出LED产品推广应用示范的新闻报道，一年内在省内形成强大的舆论氛围。

全省科技创新工作会议专题宣传　7月19日，全省科技创新工作会议在中山市古镇召开，传达全国科技创新大会精神，部署全省科技创新和加快专业镇转型升级各项工作。会议提出要以贯彻这次大会精神为契机，深入实施创新驱动战略，增强信心和决心，抢抓机遇，鼓足干劲，为率先建成创新型省份而努力奋斗。省科技厅组织媒体在会前、会中深入中山、东莞有关专业镇就专业镇转型升级专题作采访活动，省内和中央主流媒体纷纷作头版报道，其中，《南方日报》《科技日报》作系列专题报道。

【“广东科技好新闻”评选】　5月15日，由省科技厅支持，省新闻工作者协会和广东科技新闻工作者协会联合主办的第15届广东科技好新闻奖在广州颁出。《广东科研创新在行动（系列报道）》等9件作品获一等奖，《10年专业镇，6条“广东经验”》等15件作品获二等奖，《科技馆能不能免费》等25件作品获三等奖。《科技日报》广东记者站的刘成刚和《广东科技报》的叶青荣获2011年度广东科技宣传工作先进个人。

该届共收到30个新闻单位的99件参评作品，获奖作品比例占总数的50%。作品紧紧围绕“加快转型升级、建设幸福广东”中心工作，主动服务“以科技发展促进自主创新”大局，反映出本省科技报道紧跟省委、省政府的中心工作和战略部署，为广东自主创新鼓与呼，以及突出表现科技报道在重大活动中发挥的尖兵作用。该次获奖作品水平高、内容创新，不乏一批精品力作。其中，《南方日报》的系列报道《广东科研创新在行动》，新闻信息的分层处理很有创意，既是连成系列的篇，也是分日刊出的章，每天刊出的篇目写作方法各有特色，从而达到了导向性、指导性、服务性融合一体的良好传播效果；《广州日报》的《钟南山痛批科技界浮躁风》，读后令人振聋发聩，较好地体现了主流媒体舆论监督的功能和水平；广东电台的《科技厅长两会提建议：以科技服务促进自主创新》，谈技术而非全技术，跳出科技论科技进步，是一件很具影响力的新闻作品。此外，该次获奖的作品题材有所创新。作为唯一的参评视频作品，来自中国科技网的视频作品《一个闪光的时代坐标》，以镜头表现为主导，给人以强烈的创新提升感，荣获专家好评。

（广东省科学技术厅办公室　陈锡强）

区域科技创新发展

技术创新专业镇

根据省委、省政府重点工作部署，2012年，省科技厅通过创新引领、平台提升、集群发展和园区支撑加快实现广东专业镇的转型升级。2012年专业镇工作重点是通过产学研合作，实施“广东省创新型专业镇和创新型产业集群”建设工程。在开展机制体制创新，推进“一镇一策”评估调研与规划制定，推动“镇校、镇院”合作，建设专业镇创新公共服务平台，完善创新服务体系，提升专业镇综合创新能力等方面，稳步推进各项工作。

专业镇认定与培育

2012年，广东省技术创新专业镇建设和转型升级工作进展显著，全年共新增省级技术创新专业镇16家，总数达到342家。《中共广东省委、广东省人民政府关于依靠科技创新推进专业镇转型升级的决定》《广东省人民政府关于加快专业镇中小微企业服务平台建设的意见》等推进专业镇转型升级的文件，分别于2012年7月和8月经省委、省政府批准颁布施行。这2个重要文件的出台，对于专业镇加快经济结构调整、完善区域创新体系、提升广东省核心竞争力、加快转型升级、建设幸福广东具有十分重要的意义。

表11-1-1-1　新认定广东省技术创新专业镇一览表（2012）

序号	专业镇名称	特色产业
1	东莞市清溪镇	光电通讯
2	东莞市常平镇	半导体照明
3	东莞市塘厦镇	电子电源
4	东莞市黄江镇	电子元器件
5	梅州市梅县城东镇	机电
6	梅州市兴宁市水口镇	工艺品
7	梅州市平远县东石镇	汽车部件
8	梅州市五华县转水镇	旅游
9	阳江市阳东县合山镇	针织机械
10	广州市白云区同和街道	生物医药
11	佛山市顺德区伦教街道	珠宝首饰
12	肇庆市端州区城东街道	现代服务
13	肇庆市封开县杏花镇	杏花鸡
14	珠海市斗门区莲洲镇	水产养殖
15	阳江市海陵岛闸坡镇	旅游
16	惠州市龙门县龙田镇	旅游

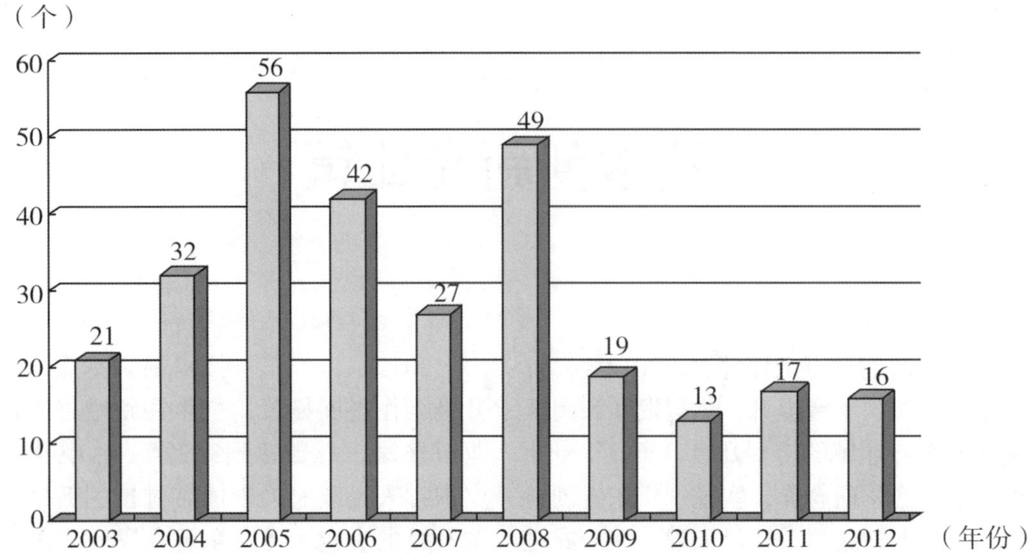

图11-1-1-1 广东省年度新增省级专业镇数量（2003—2012）

表11-1-1-2 广东省专业镇基本情况表（2012）

地区	专业镇（个）	常住人口（人）	GDP（万元）	工业总产值（万元）	出口值（万元）	企业（个）	高新企业（个）	规模以上企业（个）
合 计	342	34 900 029	175 135 889	422 647 224	98 100 608	450 096	23 194	1 478
广州市	6	943 814	6 125 321	11 881 088	2 177 935	11 827	1 174	45
珠海市	6	897 413	3 618 316	9 413 072	5 205 853	1 938	372	69
汕头市	27	2 278 578	7 512 216	19 539 691	2 274 730	21 842	1 361	81
佛山市	38	6 516 403	65 708 821	178 763 274	25 316 711	148 487	7 856	452
韶关市	11	431 129	347 306	351 228	22 734	3 665	20	0
河源市	14	535 185	1 816 021	1 046 404	65 764	2 126	95	8
梅州市	35	1 911 577	3 684 148	3 361 088	520 802	15 971	692	22
惠州市	14	1 244 914	5 876 206	18 855 337	4 185 538	11 277	588	34
汕尾市	6	612 073	2 448 934	2 502 477	288 032	4 231	130	0
东莞市	22	5 623 494	26 339 919	68 279 963	39 448 257	57 427	3 215	294
中山市	16	1 945 134	14 069 999	35 714 871	7 633 012	45 364	2 508	120
江门市	20	2 071 416	10 351 852	19 544 071	5 193 109	30 961	1 567	182
阳江市	11	763 848	2 605 993	4 330 867	525 497	7 014	330	12
湛江市	16	1 040 807	2 781 855	3 424 555	333 124	11 817	296	25
茂名市	16	1 547 675	3 503 352	2 726 401	213 060	26 103	291	15
肇庆市	20	1 189 493	3 814 779	7 472 558	498 634	7 288	631	33
清远市	9	714 535	1 762 914	7 220 939	568 122	1 489	197	5
潮州市	17	1 381 752	4 228 589	8 266 087	1 267 514	15 385	658	47
揭阳市	18	2 017 603	5 059 604	14 366 141	1 645 251	15 331	916	21
云浮市	20	1 233 186	3 479 744	5 587 112	716 929	10 553	297	13

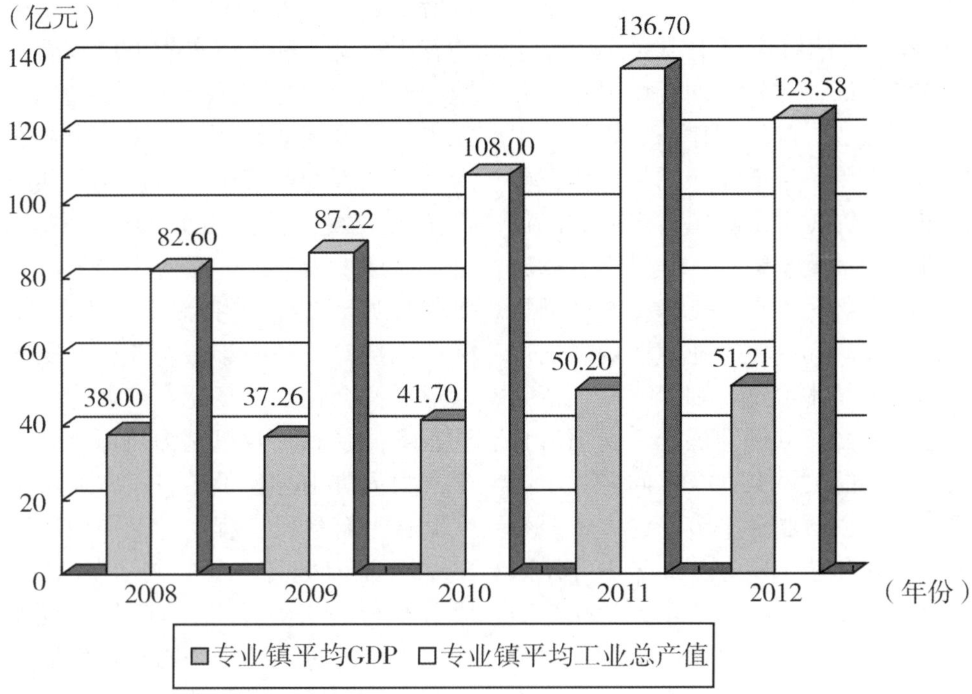

图11-1-1-2 广东省专业镇平均GDP和平均工业总产值（2008—2012）

（省部院产学研结合协调领导小组办公室）

（广东省专业镇发展促进会 苏 炜）

专业镇创新计划

2011年12月30日，省科技厅发布了《2012年广东省专业镇专项计划申报指南》，指南分4个专题，包括专题一：“专业镇‘一镇一校’‘一镇一院’合作建设”；专题二：“创新型专业镇‘一镇一策’发展规划研究编制”；专题三：“专业镇创新公共服务平台建设”；专题四：“专业镇产业升级与重大科技成果转化”，指南中针对各专题明确提出了申报主体、项目基础、项目内容、配套金额等具体要求。

至2012年2月17日申报工作截止，共收到各专业镇申报项目140项。2012年4月，按照规定程序完成专家评审工作。因结合“一镇一校（院、所）”专题申报情况，调整专题一的项目结合产学研专项另行组织申报，不参与本次专项评审，因此实际参评项目共100项。根据专家项目评审结果，综合考虑全省专业镇区域协调发展，本次专项择优安排了相关项目48项，总金额1 900万元。其中，专题二“创新型专业镇‘一镇一策’发展规划研究编制”安排18项，共540万元；专题三“专业镇创新公共服务平台建设”安排24项，共1 130万元；专题四“专业镇产业升级与重大科技成果转化”安排6项，共230万元。

【专业镇“一镇一校”“一镇一院”合作】 2012年，广东省积极开展“一校（院所）一镇”产学研全面战略合作的推进工作，引导省内外高校、科研院所将优势创新资源投入到专业镇的转型升级中，鼓励省级专业镇结合自身实际与高校、科研院所进行全方位的产学研合作，通过合作建设技术创新平台、公共服务平台，开展技术攻关、成果转化、人才培养等产学研合作工作，全面提升专业镇的自主创新能力，同时还引导高校和科研机构为专业镇经济社会发展规划、产业发展规划等战略制定以及社会管理提供智力支撑。截至2012年年底，已有中山大学与古镇镇、华中科技大学与大朗镇、电子科技大学与石龙镇等10多个校镇建立了全面合作关系，为广东省开展“一校（院所）一镇”活动，推动专业镇转型升级提供了典型示范。

2012年6月，古镇镇政府与中山大学签订了“一校一镇”合作协议，建立长期合作关系，共建产学研结合示范基地、院士工作站、特派员工作站、中山大学（古镇）半导体照明技术研究中心、广东现代照明灯饰（中山古镇）产业技术创新联盟、产学研结合示范基地和产学研结合创新平台等9个公共创新服务平台。校镇双方将围绕产业发展需求，共同研究制定专业镇产业发展规划；就传统灯饰产业技术改造，LED战略性新兴产业的培育发展等方面，共同开展产学研项目合作，解决产业发展中的关键共性技术问题。中山大学在古镇建立公共创新服务平台，为古镇照明产业的发展提供人才和技术支撑。如“半导体照明稀土新材料院士工作站”，由中山大学化学与化学工程学院苏锵院士为首的科研团队和古镇镇生产力促进中心相关技术人员共同组成，重点构建稀土发光材料与半导体照明、背光显示领域的研究和开发平台，全面开展新型稀土发光材料研发及其在白光LED器件的应用等咨询、测试、人才培训和相关技术成果产业化指导等业务。

2012年6月，电子科技大学与石龙镇签订了“一镇一校”产学研合作协议，共同建立面向区域的国家级协同创新平台（即国家“2011”计划协同创新平台）。同时，帮助石龙镇制定产业发展规划，开展共性、关键核心技术项目攻关，搭建科技创新服务平台等。

【创新型专业镇“一镇一策”发展规划研究编制】 2012年广东省专业镇专项计划中，扶持了“创新型专业镇‘一镇一策’发展规划研究编制”有关项目18项，共540万元。2012年2—3月，省科技厅与省委政策研究室联合开展“一镇一策”专业镇转型升级调研工作，探索总结了近年来专业镇转型升级的先进经验和做法。其中，专业镇转型升级的“小榄”经验引起了省委、省政府的关注，并在全省推广。截至2012年年底，约有超过50%的专业镇制定了“一镇一策”特色产业生态与科技创新规划，围绕产业的共性技术需求，制定专业镇产业技术路线图。

【专业镇创新公共服务平台建设】 2012年，省政府出台了《关于促进稳增长调结构惠民生工作的若干意见》和《广东省人民政府关于加快专业镇中小微企业服务平台建设的意见》，新增5亿元支持专业镇建设面向中小微企业的公共服务平台。广东省专业镇中小微企业公共服务平台的建设坚持“突出重点服务大局、科学规划稳步推进、有序发展形成体系、引导需求合理布局”的工作原则，结合本省专业镇发展与转型升级实际，围绕专业镇中小微企业公共服务平台建设，以形成社会化、市场化、专业化的中小微企业公共服务体系和长效机制为目标，开始实施专业镇生产力促进中心建设工程、专业镇中小微企业公共服务平台建设工程、专业镇中小微企业公共服务平台能力提升工程、专业镇中小微企业公共服务平台网络建设工程4项公共服务平台建设工作，力争通过扶持中小微企业发展，促使本省专业镇尽早实现转型升级。

2012年，省科技厅重点扶持专业镇公共服务平台建设，引导专业镇中小微企业从传统加工型向“专精特新”型转变。全年通过广东省专业镇专项计划、专业镇中小微企业服务平台建设专项等工作，扶持专业镇各项建设项目176项，投入资金1.09亿元。其中，2012年专业镇专项计划“专业镇创新公共服务平台建设”专题24项，共1 130万元。2012年专业镇中小微企业服务平台建设专项扶持128个平台建设项目，共8 962万元，项目吸引了全国100余所高校、科研院所、生产力促进中心、工程中心等专业机构参与，共同建立能为中小微企业提供技术创新、商贸会展、检验检测、企业孵化、信息咨询等为主要内容的多元化服务平台，构建纵横相连、资源共享、协同服务的专业镇创新公共服务体系，为专业镇发展提供持续动力。截至2012年年底，全省专业镇共建有技术创新公共服务平台276个，平台对外服务企业近5万家，培训人员超过21万人次，为专业镇做大做强优势特色产业提供了良好的支撑平台。

【专业镇产业升级与重大科技成果转化】 2012年广东省专业镇专项计划中，扶持了“专业镇产业升级与重大科技成果转化”有关项目6项，共230万元。如支持佛山市顺德区杏坛镇人民政府开展“纳米复合材料产业化布局促进杏坛镇环保材料产业升级”，支持梅州市梅江区城北镇人民政府开展“梅江区城北花卉专业镇蝴蝶兰平地催花关键技术科技成果转化”。

（省部院产学研结合协调领导小组办公室）

（广东省专业镇发展促进会　苏　炜）

专业镇交流与研究

【全省科技创新工作会议】 7月19日，全省科技创新工作会议在中山市古镇镇召开，省委、省政府、省科技厅、各地市政府、科技局、高新区、专业镇逾200位代表出席了此次会议。此次会议安排参观了中山古镇在科技创新工作方面有特色的相关单位，包括古镇创新平台中的中山大学（古镇）半导体照明技术研究中心、广东现代服务交易中心古镇分中心、古镇灯文化博物馆、中国中山（灯饰）知识产权快速维权中心、琪朗灯饰设计中心、东方佰盛灯饰广场等地。其中，广东现代服务中心古镇分中心设立的全省首个“现代服务产品连锁超市”引起了参观领导的广泛关注，形成了广东省在模式创新、服务积聚方面的新亮点。

【专业镇转型升级工作座谈会】 2012年9月，省科技厅分赴韶关、肇庆、惠州等地组织当地科技主管部门和省级专业镇有关负责同志召开依靠科技创新推进专业镇转型升级座谈会。会议传达了《中共广东省委、广东省人民政府关于依靠科技创新推进专业镇转型升级的决定》和《广东省人民政府关于加快专业镇中小微企业服务平台建设的意见》文件精神，指出这将是今后一段时期指导本省专业镇建设和发展的纲领性文件，并就下一步如何贯彻落实文件精神、加快专业镇转型升级的有关问题进行了座谈，强调要进一步深化产学研合作，大力实施“一校（院）一镇”计划，不断提升公共服务平台建设的质量和水平，全面推进专业镇转型升级。

【专业镇中小微企业服务平台建设情况调研】

2012年10月，省科技厅按照省委、省政府关于加快推进专业镇转型升级的重大决策部署，组织广东省专业镇发展促进会等力量，在全省开展专业镇中小微企业服务平台建设情况调研，以全面摸清和掌握专业镇的平台建设实际，为制定专业镇平台建设和发展规划提供依据。

【专业镇发展思路研讨会】 2012年11月28日，省科技厅“学习贯彻党的十八大精神，研究新时期广东专业镇发展的大思路”研讨会在广州召开，与会专家学者结合十八大报告提出的创新驱动发展战略，就新时期广东专业镇发展如何与生态文明建设、新型城市化相结合，不断完善配套环境建设、提升产业层次等，提出了许多建设性意见。

（省部院产学研结合协调领导小组办公室）

（广东省专业镇发展促进会　苏　炜）

区域创新示范

2012年，广东省新增国家级可持续发展实验区1个、省级可持续发展实验区1个，3个省级可持续发展实验区通过验收，7个科技富民强项专项获得立项，各个科技富民强县试点工作进展顺利。专项的立项和实施，极大地促进了本省相关产业的健康可持续发展，增强了产业科技创新和科技支撑引领作用。

可持续发展实验区

2012年，广东省可持续发展实验区（以下简称“实验区”）建设工作紧紧围绕《“十二五”国家可持续发展实验区建设与发展规划纲要》及国家、省实验区管理相关要求，以科技惠民为重点，注重科技支撑，坚持改革创新，在实验区工作机制建设、实验区日常管理、提升与宣传等方面开展积极的工作。

【实验区建设20周年】

广东省可持续发展实验区工作会议 2012年6月19日，广东省可持续发展实验区工作会议在佛山市禅城区召开，来自全省21个地市近90名科技主管部门、国家和省级实验区管理部门有关领导参与了会议。会议围绕总结、部署、指导提升3个主题展开。会议回顾了广东省20年来实验区建设历程，肯定了成绩，同时也提出了当前工作的不足，并结合本省实验区建设实际提出了下一步工作设想。会上，科技部社发司解读了“十二五”期间实验区建设相关方针和政策，介绍了国家实验区工作动态。中科院广州分院黄宁生院长、华中科技大学王晓鸣教授分别做了实验区相关讲座，解读了可持续发展相关理念与政策，分析了国内外发展现状，并提出了思考，为本省实验区工作的开展提供了较好的指导。

会上还宣读了科技部批准佛山市禅城区成为国家可持续发展实验区的文件，并向禅城区颁发牌匾。宣读成立广东省可持续发展实验区专家委员会通知，并向本次受聘专家共13人颁发证书，专家涵盖资源与环境学、生态学、区域可持续发展等社会发展的多个领域。

调研与宣传 为进一步提升本省实验区建设水平，总结本省实验区建设20周年的建设成效和管理经验，省科技厅组织相关领域专家对省内各国家级、省级实验区开展了典型经验和重点问题的调研工作，总结20年来广东省实验区建设所取得的成就、先进工作经验、创新方法和特色模式，并以专刊的形式在省内相关媒体报刊上发布，扩大实验区的社会影响。

【实验区工作机制建设】 2012年，为进一步集思广益，充分发挥和调动本省专家的积极性，做好新时期实验区的建设工作，广东省成立了可持续发展实验区专家委员会，确定第1届专家委员会成员，制订《广东省可持续发展实验区专家委员会工作规程》，明确专家委员会的组成、成员基本条件、职责任务等方面内容，并设立实验区专家委员会秘书处，协助专家委员会工作的开展。

【实验区认定与管理】 2012年，四会市获认定为省级可持续发展实验区，对肇庆鼎湖区、梅州兴宁市、梅州大埔县3个省级可持续发展实验区进行验收，均顺利通过省科技厅可持续发展实验区专家委员会的验收。佛山市禅城区被认定为国家级可持续发展实验区，开展对梅州丰顺、江门新会2个国家级可持续发展实验区的中期检查工作，均按照本区域建设可持续发展实验区规划要求进度完成阶段目标。截至2012年年底，全省共有省级实验区23个、国家级实验区9个。

禅城国家可持续发展实验区　禅城区是佛山市的传统中心城区，2002年经国务院批准由两区一镇整合而成，总面积154.68平方公里，地处珠三角腹地，坐落于广佛都市圈的核心区域，东依广州，南邻港澳，是珠三角重要的交通枢纽和广佛肇经济圈的重要组成部分。

2008年，禅城区经省科技厅批准成为“广东省可持续发展实验区”，在区党委政府的领导下开展可持续发展实践，有效促进了产业转型、城市转型和环境再造，积累了丰富的经验。2012年，禅城区获批准为“国家可持续发展实验区”。

在实验区创建期间，禅城区大力推进产业结构优化升级与城市化进程，确定“五个转变”建设方向：经济增长方式由粗放型向集约型转变，科技发展模式从引进模仿向自主创新转变，生态环境影响方式由生产发展与环境污染对立型向环境友好型转变，社会事业从滞后于经济发展向与经济同步发展转变，城市发展模式从城乡二元结构向现代化中心城区转变。实现“五个明显”目标：经济综合实力较强，产业集聚优势明显；科技实力比较雄厚，区域和企业品牌优势明显；历史文化底蕴深厚，区域文化特色明显；基础设施建设日益完善，城市化高度发展明显；社会事业加快推进，社会保障较高水平明显。

获批准为国家级实验区后，禅城区计划通过加强可持续发展能力和条件建设，到2015年，建立起可持续发展的都市型现代产业体系、绿色低碳的资源环境体系、功能突出的城市基础体系、智慧创新的社会管理体系、和谐优美的人居生态体系、富具岭南特色的文化体系以及廉洁高效的行政服务体系，打造经济社会与资源环境全面协调发展的幸福禅城，形成可供其他发达城市中心城区推广借鉴的创新模式与经验，为升级“国家可持续发展示范区”打下坚实基础。

四会市省级可持续发展实验区　四会市位于广东省中部偏西，西、北、绥三江下游，东与佛山市三水区交界，南与肇庆市鼎湖区相连，西北与广宁县接壤，东北与清远市清新县毗邻，属珠三角经济区，是肇庆市的东大门和经济中心区，绥江经济走廊的龙头城市，也是珠三角通往粤西和广西的交通要冲。

2000年以来，四会市委、市政府坚持以科学发展观为指导，以解放思想为动力，围绕建设现代化工业城市，争当肇庆科学发展排头兵的目标，大力推进工业创税计划、十项惠农工程和“三个五”城市建设，使经济社会进入了全面提速、加快发展的新阶段。先后获评“中国柑橘之乡”“中国玉器之乡”“全国绿色小康县”“国家高水平体育后备人才基地”“广东省卫生城市”“广东省文明城市”“中国珠宝玉石首饰特色产业基地”“全国最具投资潜力中小城市百强”“全国最具投资吸引力城市”等，2011年广东省县域经济综合发展力进入前两位，六度获“中国最具投资潜力中小城市百强县市”称号，四度获“中国最具区域带动力中小城市百强县市”称号。

2012年，四会市围绕经济、社会、资源可持续发展的目标，按照规划先行、公众参与的原则，提出了两城三基地、科技引领、循环经济、低碳城市发展和人才强县五大战略。根据肇庆市“两区引领两化”战略，结合四会市实际，提出“两城三基地”战略构思，建设以佛教禅修、旅游服务、中高档居住为主的贞山新城、区域生产性服务业为主的新城大沙新城以及江谷下茆产业基地、龙甫产业基地、肇庆高新区四会产业基地。利用珠江三角洲的产业转移与辐射以及生态化浪潮等外部机会来突破资源型低端产业束缚的战略选择，通过外力推动（外资）和内部积累（民营）“双轨互动”，积极发展高新技术产业，以科技创新引领资源型产业的“复合升级”，以科技引领产业升级发展。在发展经济的同时，立足长远发展，转变发展观念，克服环境有限性，摒弃单纯追求GDP增长的传统思路，加强资源合理开发，提高资源利用效率，大力发展生态农业、生态林业、生态旅游等“绿色产业”，大力发展“循环经济”，实现资源投入使用的减量化，资源利用过程中的再利用，资源使用终端的再循环，资源使用全过程的再思考、再优化。同时，大力提高人才待遇，为优秀人才提供良好的发展条件，通过优势产业发展吸引集聚专业人才，在优势产业方面率先形成人才洼地，为进一步集聚人才起带动作用。

在科学发展观指导下，四会市计划通过可持续发展实验区的建设，以“奋力追赶，成为肇庆融入珠三角一体化发展的排头兵”为目标，把四会市建设成为广佛肇都市区辐射大西南的门户，以岭南山水为依托，以玉器加工、先进制造、循环产业、现代物流与生产性服务为主导，以玉文化、佛文化为特色的宜居、宜业、宜游的“三宜优雅之城”。

（广东省科学技术厅社会发展与基础研究处 罗 军）

科技富民强县

截至2012年年底，广东省获科技部、财政部立项39个科技富民强县专项。2012年，有18个项目在执行期，其中2009年立项2个，2010年立项3个，2011年立项6个，2012年立项7个（见表11-2-2-1）。

表11-2-2-1 广东在执行期的科技富民强县专项一览表（2012）

单位：万元

序号	立项年度	市名	县（市、区）名	项目名称	国拨资金
1	2009	河源	龙川县	油茶无性系丰产技术示范与深加工产业化	200
2	2009	惠州	惠城区	高效绿色水稻规模生成技术示范及产业化	160
3	2010	阳江	阳西县	阳西海洋渔业产业升级科技示范工程	175
4	2010	清远	清城区	优质家禽健康养殖标准化及深加工产业化示范	148
5	2010	茂名	电白县	南亚热带水产品产业化技术集成与示范推广	165
6	2011	河源	东源县	新丰江流域生态农业技术示范与产业化	73
7	2011	韶关	乐昌市	粤北山区安全优质农产品生产技术应用与推广	73
8	2011	韶关	仁化县	油茶产业化生产	103
9	2011	梅州	梅县	金柚关键技术示范开发与产业集群培育	74
10	2011	汕头	南澳县	大型海藻良种繁育、高效栽培及深加工技术示范	79
11	2011	潮州	潮安县	畜禽肉制品机械化加工技术开发及其产业化	72
12	2012	韶关	南雄市	粤北山区优质稻安全种植及加工技术集成应用	163
13	2012	韶关	始兴县	优质无公害蔬菜标准化生产技术集成应用推广	111
14	2012	肇庆	四会市	无公害生猪技术集成与应用示范	112
15	2012	河源	源城区	源城区食用菌产业化发展	151
16	2012	江门	台山市	鳗鱼标准化生产技术示范推广	120
17	2012	湛江	吴川市	吴川羽绒加工产业化示范	172
18	2012	云浮	郁南县	粤西地区现代蚕桑技术示范推广与产业化	81

2012年，本省在执行期的18个专项共计划安排33 244万元经费支持，其中科技部下拨专项经费2 244万元，带动地方及企业配套投入经费31 000万元。各个科技富民强县试点工作均按计划进度组织实施，经费及时下拨到位，总体进展顺利。在2012年度的专项经费支出中，新技术新品种引进费支出为2 428万元，新技术示范推广费支出为3 938万元，科技服务费支出为1 072万元，培训费支出为733万元，其他支出为23 046万元。

【实施成效】 2012年处于执行期的18个专项，均为农业类项目，且均是当地具有较好的农业产业特色和较好的产业和技术带动效益的项目。专项的立项和实施，极大地促进了本省特色优势农业产业的健康可持续发展。据2012年度执行情况统计，18个专项在该年度与产业相关的企业数为542家，其中年销售500万元及以上的企业187家，销售额100万元以上的企业270家，建立研发机构的企业有88家，企业产业年产值约232亿元，上缴利税约2.3亿元。项目的实施，有效地增加了农民就业，促进了农民增收。18个项目共吸收从业人员约26万人，其中吸收农业劳动力约25万人，直接参与项目实施的农民人数达19万人，辐射带动了约26万农民参与产业建设，有效提高了农民收入，农民人均项目收入达到6 377元，直接参与农民人均纯收入8 341元。

这些项目的实施，增强了产业科技创新和科技支撑引领作用。共研发新产品新品种116种，鉴定成果28项，获奖成果26项，申请专利271项，获授权专利107项，引智259人，引进新品种91个，新品种推广面积3.53万公顷，推广新技术69项，建立示范基地163个。较好地提升了产业科技能力，共搭建各类信息平台29个，农产品交易平台23个，建立农民协会32个，农业技术合作组织169个。培养乡土人才1.4万人，共培训农民24万人，建立培训机构73个，开办培训班1 358期，发放资料31万份。共带动498名科技特派员参与，其中法人科技特派员55人，科技特派团24个，形成利益共同体17个，创办企业23个，包括龙头企业11个，实施项目开发90项，年项目总投资约12 647万元，实现年利润6 800万元。组建合作经济组织或专业协会723个，会员人数34 740人。

【主要做法和经验】

制定目标管理政策，保障专项顺利实施 全省18个试点县（市、区）均专门成立了富民强县工作领导小组，由县（市、区）长任组长，分管副县（市、区）长任副组长，相关职能部门负责人任成员，负责协调推进富民强县工作。各有关局和乡镇成立相应的领导机构，为项目实施提供组织保障。同时聘请有关专家成立专家委员会，为项目实施提供咨询、指导，解决有关技术问题。

河源市源城区则进一步完善实施方案，依据项目合同对实施县实行目标管理，制订了富民强县专项行动工作目标管理指标体系，将目标管理指标分解到有关镇局领导和成员单位，确定具体目标纳入党政领导政绩考核范围和单位双文明目标考核内容。并出台了有关规章制度，如有关部门定期会商制度、资金审计制度、人大巡查监督制度等。市科技局、市财政局联合对项目实施全程监督，严格按照实施县的实施方案逐项落实。在市、县二级，建立了政府统筹下的部门定期协调和会商工作机制，明确部门之间的分工和协作关系，做到责任明确，任务落实，充分调动各部门的主动性和积极性，逐步形成“党委领导、政府统筹、部门协作、上下联动、共同推进”的新格局。

建立科技示范基地，促进产业健康发展 东源县的“新丰江流域生态农业技术示范与产业化”项目实施以来，已在上莞、康禾、涧头等镇建立了茶叶安全优质产业化示范基地800公顷，在船塘、三河、黄沙、顺天等镇建立板栗安全优质产业化示范基地1 000公顷，在锡场镇、顺天镇、义合镇建立了优质蔬菜生产基地333.33公顷，在灯塔、双江、涧头、顺天等镇建立稻米安全加工产业化示范基地2 666.67公顷，在新丰江水库建立水产安全优质产业化示范基地2公顷，在灯塔盆地建立生猪安全优质产业化示范基地，并在万绿湖、黄龙岩等景区建立生态农业旅游产业示范基地。

台山市的“鳗鱼标准化生产技术示范推广”项目实施以来，建立健全和制定标准化生产规程1项，建立鳗鱼标准化生产示范区面积715公顷，并通过示范区的应用、示范和推广，带动全市逾666.67公顷鳗鱼的产业化、标准化养殖水平；培训专业技术人员和养殖人员750人以上，增加收入约1 200万元，创造近500个就业岗位，农民人均增收超过80元。

推广先进品种技术，提升产业科技含量 东源县通过实施科技富民强县专项行动计划，相关产业申请专利2件，获授权专利1件，推广新品种3种，科技成果转化率达80%。其中，茶叶品种改良技术、板栗病虫害防治技术等新品种试验示范成功。举办各类农业实用技术培训班25期，培训农户达3 000人次，下发资料3 200份，培养了一大批种养技术人才。

潮安县的“畜禽肉制品机械化加工技术开发及其产业化”项目通过研发新的肉脯加工工艺，采用自动切片、自动披模、热风循环自动脱水、远红外线烘烤的技术工艺手段，重点解决了传统肉脯加工中存在的技术缺陷，使肉脯风味口感更好、品质更安全。处于中试过程的新产品各项指标均达到产品的行业标准，且在采用新设备新技术之后，生产效率已提高了20%，每年节能减耗约占标准煤系数的10%，建成一条年产干肉制品800吨的自动化生产线，其加工水平达国内领先水平。带动当地1 000户农民养殖原料猪60 000头，产生直接和间接经济效益2.5亿元，农民每户年均增收2 500元。公司年新增销售收入5 000万元，新增利税560万元，新增出口创汇150万美元。

加强产学研合作，夯实产业发展后劲 阳西县在项目实施过程中，注重加强产学研工作，与中山大学、华南理工大学、华南农业大学、广东海洋大学、仲恺农业工程学院、广东省农科院、中科院广州化学研究所、南海水产研究所等20多家高校和科研院所建立了密切的合作关系。如广东顺欣海洋渔业有限公司、广东金凤生物科技有限公司开展了科技特派员进驻企业工作，分别与广东海洋大学、仲恺农业工程学院签署了科技特派员进驻企业协作协议，为企业引智提升了企业研发能力。广东顺欣海洋渔业有限公司在科技特派员卢伙胜教授的带领下，上马水产品太阳能干燥项目，年新增产值4 500万元，2012年度该企业总产值2.2亿元，新增利税2 000多万元，成为该县科技富民强县项目海产精深加工示范研发基地之一，并成为广东省现代企业500强企业之一。阳西康顺虾苗场与广东海洋大学等高校协作，创建了国家级对虾良种场，年产优质虾苗30亿尾，年产值2 500多万元，带动周边推广对虾无公害标准化健康养殖面积逾666.67公顷，成为该县科技富民强县项目良种示范场。

梅县“金柚关键技术示范开发与产业集群培育”项目，与华南农业大学、广东省农科院、仲恺农业工程学院、嘉应学院、中国柑橘协会等单位（或组织）合作，在新品种选育、脱毒苗木繁育、水肥一体化管理、整形修剪、套袋栽培等11个方面开展了长期产学研合作，为公司乃至华南区的柚果产业发展搭建起一个综合、高端、长效的示范和辐射平台，为新品种推广、配套技术示范、乡土人才培训、留守农民居家创业等建立了长效机制。同时，公司正在筹建中国华南区柚果农业科技创新中心及柚果精深加工研发中心。

培育产业化经济组织，带动农民共同致富

乐昌市的粤北山区安全优质农产品生产技术应用与推广项目围绕香芋、马蹄、水果、蔬菜等特色产业，加大农业产业化经济组织培育力度，全年新增农民专业合作社93家，新增韶关市级农业龙头企业1家，截至2012年年底，全市有产业组织236个，其中农业龙头企业10家，注册各类农民专业合作社204个、社员19 111人，通过“合作社+基地+农户”的经营模式，辐射带动周边农户36 000多户参与种养。10家农业龙头企业中，有省级扶贫龙头企业2家、市级农业龙头企业6家；204家农民专业合作社中，有省级示范社12家、市级示范社18家、县级示范社32家，其中粤宝农副产品流通合作社和九峰绿峰果菜专业合作社荣获全国表彰。

河源市“源城区食用菌产业化发展”项目实施以来，围绕当地农业特色食用菌产业为支柱，进行产业化开发，已培育省级农业产业化龙头企业5家，市级农业产业化龙头企业10家，组建“专业技术协会”民营科技和农民合作组织28家，带动800户示范培植户共同致富。

着力打造品牌产品，提高商品市场占有率

乐昌市有无公害农产品55个、绿色食品10个、有机农产品20个，无公害农产品产地认定面积4 000公顷以上、绿色食品产地认定面积433.33公顷，生猪无公害认证规模达68 000头，张溪香芋、北乡马蹄、沿溪山白毛尖被列为“国家地理标志保护农产品”，沿溪山茶叶荣获“广东省农业名牌农产品”称号，张溪香芋还荣获“2012年广东省十大最具人气土特产”称号。

梅县与华南农业大学合作开发的几个沙田柚深加工产品，综合利用了柚的皮、囊、肉、核等各个部分，不但提高了整个柚子的利用率，也提高了生产线的使用率，多元化的柚系列产品，在生产成本、市场促销等方面相得益彰，生产出金柚深加工系列产品：金柚蜜酱、金柚果冻系列、金柚吸味包系列、金柚无糖薄荷糖、金柚果汁饮料等，其中金柚果冻系列、金柚吸味包已向国家知识产权局注册了专利，金柚蜜酱、金柚吸味包制定出《技术企业执行标准》，截至2012年年底，已与多家大型超市卖场集团公司进行合作。

主导产业带动发展，县域经济效益显著　始兴县美青农业发展有限公司大力发挥省级重点农业龙头企业的作用，高标准建设起66.67公顷露地蔬菜标准示范基地，示范带动全县蔬菜种植逾333.33公顷，始兴县玲珑蔬菜流通专业合作社在巩固原有入社社员的基础上，发展了澄江镇潭坑村点，带动潭坑村点贫困户200户种植蔬菜26.67公顷。截至2012年年底，该社有社员350多户，种植蔬菜面积达200多公顷。始兴县“优质无公害蔬菜标准化生产技术集成应用推广”项目实施后，蔬菜产业新增农民就业2 000人，辐射带动农民4 950人，直接参与农民人均项目收入达到2 100元，使之真正成为推进该县农民增收的主导产业。

东源县围绕科技富民强县专项行动，形成了鲜明的区域特色产业格局。上莞、康禾、涧头茶叶、船塘板栗等一批优势产业和优势品种不断发展壮大，辐射带动茶叶种植面积0.13万公顷，总产量达920吨，总产值达1.37亿元，涌现了“上莞仙湖”牌绿茶、康禾贡茶、童氏“石坪顶”牌绿茶等具有一定知名度的茶叶品牌；辐射带动板栗生产基地总面积1.33万公顷，总产量达到1.4万吨，总产值达1.4亿元，东源油栗被评为“中华名果”，主要品牌有“望郎回”牌风味炒栗、“富万家”牌风味炒栗，经认证为绿色食品；辐射带动优质杂交水稻及糯稻总面积0.4万公顷，总产量5.4万吨，总产值1亿元，主要加工品牌有“霸王花”牌米排粉、“绿纯”牌客家娘酒；辐射带动蔬菜种植总面积400公顷，总产量达到6 000吨，总产值达1 700万元；辐射带动周围水产养殖面积2公顷，总产量超5 000吨，产值超3 000万元；辐射带动全县年生猪饲养量近30万头的规模，产值近6亿元。

【典型案例】

茂名市电白县　茂名市电白县在项目实施过程中，注重加强部门之间的团结协作，依托中山大学、广东海洋大学等高等院校和科研院所加强水产品产业化技术集成研究，依托龙头企业，建立种苗繁育、养殖、加工示范基地，推动项目的实施，并进一步完善科技特派员队伍建设，加强技术培训和科技人才引进与培养，促进先进技术的推广应用。

通过项目实施，该县不断健全水产养殖和加工技术推广和服务体系，基本形成了较为完善水产品生产从种苗供应、物资供应到养殖加工流通的产业链，并建立了比较完善的水产技术推广、病害防治、水产品质量安全监管等服务体系。通过整合设立了县水产技术推广站和县水生动物防疫检疫站，全县各镇也设立了镇级水产技术推广站，全县建立了虾、鱼、贝类等养殖技术示范点30多个，形成了县、镇、村（专业户）技术推广与病害测报信息网络。

该县企业与科研部门、大专院校进行产学研合作，组织实施了多项各级科技计划项目，内容涉及水产品加工等多个领域。2012年共组织申报了省级科技计划项目16项，通过立项6项，获得扶持资金265万元；申报市级科技计划项目49项，通过立项5项，获得扶持资金31万元。

通过集约化、工厂化等先进养殖技术的推广和应用，以及养殖设施、装备水平的改善，引导养殖户瞄准国内外市场需求，大力发展经济效益高、需求量大的名优水产品种，重点发展了南美白对虾、优质海水鱼、罗非鱼等主导品种，全县水产养殖正向标准化、现代化迈进。

通过广东省农村信息直通车工程电白服务站、电白水产品加工特色产业基地信息网、电白流通网、电白金农网等信息服务体系，为农户和企业提供更多更好的市场和技术信息服务，不断提高产业效益。

省市县联动送科技下乡活动和广东海洋大

学与省农科院等大专院校科研机构的专家教授到该县举办水产养殖培训班，共为农民朋友赠送农业实用技术资料5 300份，3 000人接受了培训，培养了乡土人才160人。并使受训人员在加工技术、养殖新技术和政策法规知识上获益，增强了有关人员吸纳、运用新技术的能力，促进了产业效益的提升。

梅州市梅县　梅县在项目的实施过程中，建立“金柚+肉兔”健康示范基地，利用本地丰富的柚叶和兔可食用草作为兔饲料，走种养结合、有机循环发展的生态农业之路，采取“公司+基地+农户”的发展模式，带动群众大力发展养兔业，实施金柚溯源体系建设，通过“企业—合作社—农户”三位一体的溯源管理和质量监督运作机制，对金柚生产、流通等过程的信息进行精确溯源。通过开展产学研合作，开发出食品、保健品、日用品、化妆品、环保类产品等一系列柚果深加工产品。同时，以金柚种植为产业基础，重点发展金柚深加工产品研发、生产销售，延长深加工产业链，建立金柚电子商务平台等完善的销售网点。完善县、镇两级绿色农产品推广服务体系，建设一支由科研院所专家、县级专家和镇村技术员组成的科技服务团队，建立金柚种植和加工生产技术协会，开展技术咨询服务，建设功能齐全完善、快捷方便、服务周到的科技信息网络化服务体系，为种植户提供优质的种植技术和市场信息。还举办金柚种植和加工标准化生产技术培训班，派驻专业技术人员下基地作一线指导，派发专业实用技术资料、为农户提供收购信息，并以农业杂志、教材VCD/DVD、技术规程和品牌及金柚研讨会、评比会、柚花飘香节、金柚节等形式构建全方位、多手段的宣传示范推广模式，进一步提升金柚的知名度，扩大“金柚之乡”的声誉。

截至2012年年底，全县共建立培训机构15个，开办培训班305期，发放资料21 356份，编制培训教材12种，培训农民12 136人次，培养乡土人才721人。通过松口沙田柚协会、嘉丰农业发展公司等引进新品种6个，推广面积1 413.67公顷，推广新技术8项。全县金柚产业实现总产值8亿多元，吸收农业劳动力60 124人，鉴定科技成果2项，获奖成果2项，申请专利2项、获授权1项，引智27人。建立了科技示范基地8个，设立了信息平台5个、农产品交易平台6个，组建了农民协会1个、农民技术合作组织15个。辐射带动农民就业50 132人，农民人均纯收入增收712元。

（广东省科学技术厅农村科技处）

地市科技概况

2012年，全省各地市积极完善区域创新环境，广泛聚集创新资源，大力实施创新驱动发展战略，加强产学研合作，着力提升企业的自主创新能力和产业的核心竞争力，促进科技与经济紧密融合，推动科技工作不断取得新进展、新成效，科技对经济社会发展的支撑引领作用不断增强。

广　州　市

2012年，广州市科技和信息化工作深入贯彻落实市委、市政府推进新型城市化发展的决策部署，抓调研、抓政策、抓项目，以重大创新平台建设为支撑，以提升企业创新能力和推进智慧城市建设应用为重点，圆满完成了市委、市政府的工作任务，国家创新型城市和智慧广州建设取得显著成效。获得世界智慧城市大会奖2项，获授“中国软件名城”和“智慧城市领军城市”称号，获得国家科技奖励项目占全省获奖总数的53.8%。广州国际创新城获批为国家现代服务业国际创新园，广州超算中心、中科院广州生物医药与健康研究院、广州中科院工研院、中乌巴顿焊接研究院、军事医学科学院华南分院、华大基因等一批创新平台建设取得重要进展，成立全省首家科技银行。全市高新技术产品产值占规模以上工业总产值的42%以上，全市新增上市企业90%为科技型企业，4家广州企业包揽了我国年内在纽约和伦敦证交所上市的互联网企业全部名额。《广州高新技术科普丛书》被评为国家优秀科普作品，智慧广州“五个一”工程再上新台阶。TD-LTE第4代移动通信网络覆盖领先全国，建成开通广州市网上办事大厅，广州市政府门户网站连获国内2项权威政府网站绩效评估第1名。

【科技政策环境】

政策措施制定与实施　2012年，《广州市科技创新促进条例》通过市人大常委会审议，市委、市政府出台了新型城市化发展两部配套文件——《关于建设智慧广州的实施意见》《关于推进科技创新工程的实施意见》及2013年工作要点。市政府颁布施行《广州市政府信息共享管理规定》。《广州市“十二五”信息化发展规划》以及软件和信息服务业、电子信息、科技服务业、云计算、电子商务、科普等一批重点专项规划发布实施，完善了《广州市科学技术奖励办法》及实施细则，完成了《广州市智能化城市管理与运行体系顶层设计方案》《广州市科研机构集聚区发展规划》编制，形成了建设创新型城市和智慧城市的总框架、总路线。完成了《广州市公共安全管理规定》立法后评估及修订《广州市科技计划与项目管理办法》。印发了《广州市人民政府关于支持番禺节能科技园做大做强建设成为全国一流示范性科技园区的意见》《广州市珠江科技新星管理暂行办法》。

政策措施宣传与落实　2012年，为加大企业研发费税前加计扣除政策的宣传力度，市科信局采取多项措施进行宣传、解读、辅导。年内共受理了724家企业共计4 799个项目，通过鉴定的项目4 261个。全市通过评审的项目中，研发投入的总金额达106.11亿元，其中企业投入自有资金为100.35亿元。在企业自有资金中，可加计扣除的研发费用为68.65亿元，经税务部门实际办理且抵扣的应纳税所得额约为26亿元。

编印了《广州市科技法律法规、规章、规范性文件汇编》（2011年度）1 000册，发放到全市各部门、市区科信部门、科技企业、高等院校和科研院所及市科信局机关、下属单位干部职工。及时更新广州市科技和信息化局网站，将最新出台的政策文件上网，方便社会公众查阅。完成了《广州市科技和信息化政策说明和业务指引》的编写并在市科信网上公布，该文件汇集了市科信局主要业务的办理流程。

重大活动 2012年，市委、市政府召开了高规格全市科技奖励大会暨科技和信息化工作会议。开展广州科技活动周、珠江科学大讲堂、百名院士专家广州行等系列科普活动。成功举办第11届国际信息产业周、第9届中国国际半导体照明展览会暨论坛、第15届中国留学人员广州科技交流会、第2届中国（广州）国际创新博览会、珠江创新论坛及全国数字家庭整体解决方案设计大赛。参与“新广州·新商机”系列推介活动，达成科技合作项目7项，合同金额20.2亿元。组织参加巴塞罗那第2届智慧城市世界大会和博览会，发表“智慧广州战略与实践”主题演讲，获得城市和创新两项大会奖。加大新闻媒体宣传力度，在中央、省市级报刊、电视台及网络等发表新闻报道1 360余篇（幅），营造了良好的创新氛围。

【民营科技】

民营科技企业 2012年，全市有62家企业被认定为广东省民营科技企业，比2011年增加167%；认定广州市民营科技企业178家，比2011年增加99%。全市参加民科统计的民营科技企业共有1 698家，年末职工总数291 695人，其中从事科技活动人员93 112人。全年技工贸总收入2 291.3亿元，同比增长9%；上缴税金总额122亿元，同比增长32.6%；出口创汇64.1亿美元，同比减少54.2%。全年投入研究开发经费162.5亿元，占全年技工贸总收入的7%。其中，技工贸总收入超过100万元的企业有1 435家，比2011年增长5%；超亿元的企业有350家，比2011年增长8%。全市新认定高新技术企业253家，其中民营高新技术企业239家，占94%。截至2012年年底，全市共认定高新技术企业1 384家，其中民营高新技术企业1 209家，占87.4%。在上市的38家高新技术企业中，民营科技企业有27家，占71.05%。广州市民营科技企业有38家获得“广州市先进集体”称号，29人获“广州市劳动模范”称号。民营科技企业已成为广州战略性产业发展的主要力量。

民营科技园 2012年，民营科技园以广州民营科技企业创新基地（以下简称“创新基地”）建设为主线，以加快核心区与附属园区转型升级为要务，夯实建设基础，着力引进优质企业，不断推动民营经济发展，园区建设发展势头良好。2012年，启动了园区控规优化调整，创新基地核心区北部地块（面积563.3公顷）方案、创新基地启动区控规调整方案、居家用品园区控规修编方案、私企园区控规调整等均按照既定工作步骤推进。园区基础设施建设投入共约4亿元，建成道路总长28千米，绿化面积20万平方米，共铺设给水管24千米、雨水管29千米、污水管28千米，建设11万伏变电站1座，基本满足企业生产生活需要。园区综合配套环境进一步完善，吸引华南理工大学科技园等大学科技园入驻。为增强发展后劲，将已建成的广州“863”产业化促进中心1～3期及正在推进土地出让的4～6期打造成为以军转民用、电力电气、电子商务、节能与新能源、数字信息等产业为主题的科研总部大厦，不断吸引科技型企业研发机构入驻。2012年，全园区技工贸总收入137亿元，同比增长26.2%，其中核心区技工贸总收入47.12亿元，居家用品园区技工贸总收入41.29亿元，私企区技工贸总收入48.59亿元；园区实现税收5.8亿元，其中核心区实现税收2.46亿元；园区完成固定资产投资8.1亿元。

【产学研合作】 2012年，广州市着眼长远，围绕集聚资源、搭建平台、转化成果、培育新兴产业、升级传统产业、构建创新体系等方面全面推进广东省省部产学研示范市建设。

财政投入 2012年，广州市加大市本级财政对产学研合作的支持力度，通过产学研专项共资助10项，资助经费达到1 940万元。2012年度，以市科信局作为推荐单位，企事业单位共申请省部产学研项目（含省部产学研结合项目、省部产学研结合示范基地、省部产学研结合科技创新平台、广东省中国科学院全面战略合作项目、院士工作站和企业特派员工作站）742项，158项获得立项，获省科技经费9 470万元，带动10亿元以上企业资金投入产学研创新活动。其中新增院士工作站10个、企业特派员工作站3个、省部产学研结合科技创新平台6个、产学研基地2个，搭建了一批产学研创新平台的建设。通过省市资金投入

联动机制，在市级层面形成与“三部两院”的长期合作机制，充分调动社会资金投入产学研创新活动，有效地推动产学研合作的纵深发展。

产学研结合创新平台 2012年，广州市继续推进国家级创新平台在广州落地。打造了“千人计划”南方创业服务中心，筹办了广州地区校地协同创新联盟、广州市产学研促进会等一批重大产学研合作交流平台，并在继续推进中科院广州工研院新三所、广州现代产业技术研究院、华南新药创制中心以及中乌巴顿焊接研究院等重大产学研结合平台的基础上，成功吸引军事医学科学院华南干细胞与再生医学研究中心等国家级创新平台落地广州。

产学研创新联盟 2012年，广州地区新增24个经省科技厅认定的产业技术创新联盟，并且以产学研联盟为依托，积极承担一批国家、省、市重大专项，以广州地铁作为主要倡导者成立的“城市轨道交通运输组织与安全保障产业技术创新联盟”“城市轨道交通列车在途监测与安全预警关键技术联合体”等产学研结合创新联盟，先后承担了“863计划”项目1项、“十二五”规划国家重大科技支撑项目1项、市重大科技攻关项目1项、市产学研专项1项，主编国家及行业标准10项，多次获得广东省、广州市科学技术奖，成绩显著。

人才引进和培养 广州市每年通过创业创新领军人才计划、珠江新星等人才专项培养一批具有创业创新精神的产学研创新人才，并通过广东省创新科研团队专项、“千人计划”南方创业服务中心等引进了国内外院士、国家“千人计划”人才、诺贝尔奖获得者等一大批国际顶尖人才来穗进行创业创新活动。2012年，广州药业集团成功引进“伟哥之父”弗里德·穆拉德博士担任广州医药研究总院院长，中山大学成功引进以2006年诺贝尔化学奖获得者罗杰·科恩伯格院士为带头人的新型靶向抗癌药物研发创新团队。

【技术创新工程】

工程中心 2012年，广州市新增各级工程中心65家，其中国家级2家、省级29家、市级34家。截至2012年年底，广州市已有各级工程中心309家，其中国家级15家、省级113家、市级181家，覆盖电子信息、机械装备、生物医药、光机电一体化、新材料、轻工、新能源与高效节能、农业现代化、软件、建筑10个领域。

创新型企业 2012年，广州市认定创新型企业20家、创新型试点企业71家，新增国家创新型试点企业3家，新增省创新型企业13家、省创新型试点企业18家。截至2012年年底，广州地区共有国家创新型企业8家、国家创新型试点企业6家，省级创新型企业50家、省级创新型试点企业32家，市级创新型企业100家、创新型试点企业135家。

【科技服务体系】

科技服务业发展环境营造 2012年，广州市制定了《广州市科技服务业“十二五”规划》《广州市科研机构集聚区选址及发展规划（送审稿）》。

《广州市科技服务业“十二五”规划》中明确提出以“支撑转型、服务创新、规模发展、国际定位”的指导方针，以打造优势领域突出、覆盖整个创新链条的广州科技服务业体系、引领广州现代服务业发展、支撑广州战略性新兴产业培育和传统优势产业改造升级为目标，创新财政扶持方式，重点发展研发、设计等高端科技服务业以及具有比较竞争优势的创业与检验检测服务业，大力发展知识产权服务业、科技金融服务业与科技中介服务业，初步建成市场化、专业化、现代化、国际化的科技服务业体系，将广州建设为我国具有较强影响力和辐射力的科技服务业中心城市。

《广州市科研机构集聚区选址及发展规划（送审稿）》明确了以提高自主创新能力为主线，以集聚国内外科技创新资源、优化研发产业空间布局、激发科研机构创新活力、推动科研机构做大做强、突破制约经济发展技术瓶颈、加快发展科技服务业、加快建设开放型区域创新体系为目标，促进广州率先转型升级。

对广州市10年前施行的《广州市科学技术奖励办法》《广州市科学技术奖励办法实施细则》进行修订，调整和拓展了奖励层次和类别，促进科技与经济融合发展。

行业发展特点 科技服务产业逐步形成一定

规模。全市科技服务业从业人员超20万人，科技服务业主营业务收入440多亿元，产值过亿的科技服务业企业20多家。科技服务行业渐成体系。全市拥有科研机构200多家，构筑了以市场为导向、服务广州重点产业的技术研发体系；以国家级技术转移中心、创新驿站、省科技服务百强企业为骨干的技术服务体系，引领广州技术转移和成果转化网络化发展；形成了国家级示范生产力促进中心引领的市、区（县）两级（纵向）及行业（横向）生产力促进中心服务网络；科技企业孵化器59家，构建了以广州国际企业孵化器为龙头的创业孵化体系；工程技术研究开发中心309家、重点实验室190多家、检测机构100多家，形成了专业化技术支撑平台群体。部分行业已经形成竞争优势。医学、电子等检测技术水平处于国内领先，综合实力在国内具有绝对优势；工业设计集群逐渐形成，涌现一批全国工业设计产业领头企业与知名品牌。新兴业态培育成效显著。服务外包、创意设计、科技金融、科技咨询等一批新兴科技服务行业迅速发展壮大。

科技服务业产业规模逐步扩大，实现服务收入453.9亿元。开展科技服务示范企业和服务品牌培育，提升服务能力。实施科技服务业示范企业和服务品牌培育工程，选择一批具有优势的科技服务机构，加强和完善相关服务设备设施与制度建设，规范服务，提升服务能力与水平，培育特色服务业务，推动科技服务机构规范化、专业化、品牌化发展。通过工程的实施，涌现出一批能力突出、服务与商业模式先进、专业特色鲜明、辐射带动作用强的科技服务龙头机构，23家科技服务企业被认定为市科技服务业示范企业，58家科技服务企业被认定为省科技服务业百强单位，占全省的53.7%。

平台建设　筹建“千人计划”专家南方创业服务中心，创新战略性新兴技术与产业化孵化模式。“千人计划”专家南方创业服务中心是专门为“千人计划”专家等国内外高层次人才来穗创业的高端服务平台，平台以“人才+服务机构+企业”的共同体为建设目标，通过市场化机制，吸纳社会各方创业服务资源参与建设，重点围绕“人才引培、创新开发、项目前孵化、市场导入、创业发展、高速成长”六大环节的人才服务链，通过开展“科技服务、人才服务、信息服务、政策服务、市场服务、融资服务”的重点服务，为各类高端人才提供优质高效、专业精细的创新创业服务。

专项实施　围绕区域性及行业性科技服务平台、不同专业科技服务平台、国际科技服务合作、加强知识产权申报培训和专业性创新服务模式等方面实施科技服务业专项，选择了10家单位进行了立项支持。

【科技计划项目】　2012年，市本级技术研究开发资金归口管理的经费约6.2亿元，全年共立项支持创新平台及研发项目近800项。市科技计划项目重点扶持电子信息、医疗卫生与健康、生物医药、农业、新能源、新材料、环保等技术领域，其中支持了医疗卫生与健康领域项目134项，资助金额4 384万元；新能源领域项目56项，资助金额3 727万元；电子信息领域项目238项，资助金额1.34亿元；新材料领域项目95项，资助金额3 933万元等。市科技计划项目按承担单位性质划分，企业承担379项，资助经费2.19亿元；高等院校承担257项，资助经费6 323万元，约占技术研究开发资金10%；科研院所承担77项，资助经费4 856万元。

安排2 485万元科技攻关专项，支持146项研发项目开展核心技术、关键共性技术研究，开发具有自主知识产权及市场竞争力的新产品、新工艺和新装备，解决社会发展中突出的科技问题。安排1 000万元基础性研究专项，立项支持128个项目，带动社会总投入2 984万元，用于攻克医疗、农业、电子、生物技术等领域的科技难题，实现理论、方法、技术等方面的突破。

【科技成果与技术市场】

科技成果奖励　广州地区有14个项目获得2012年度国家科学技术奖，其中获得国家科技进步奖一等奖3项、二等奖8项，自然科学奖二等奖3项。187个项目获得2012年度广东省科学技术奖，其中一等奖28项、二等奖62项、三等奖97项。78个项目获得2012年广州市科学技术奖，其中一等奖13项、二等奖33项、三等奖32项。

技术市场　全年登记科技成果213项，208项科技成果实现产业化。广州地区技术市场环境更进一步优化，技术交易更进一步活跃，保持着良好的增长势头，越来越多的自主创新项目需要通过技术交易市场，实现成果转化，新增了2家技术合同认定登记机构，累计达15家；认定登记技术合同8 394份，合同总成交额198亿元，同比增长24.2%，其中技术交易额152.8亿元，比2011年增长48.35%。

【高新技术及战略性新兴产业】 2012年，全市产业结构进一步优化，广州市规模以上工业高新技术产品产值占规模以上工业总产值的42%以上。全市新增上市企业90%为科技型企业。新认定高新技术企业253家，截至2012年年底，经认定的高新技术企业1 384家、软件企业986家，分别占全省的21.4%和24.9%。

软件产业　推进中国软件名城创建工作，实施“天云计划”，云计算、移动互联网、电子商务等新业态取得快速发展。2012年，全市软件业务收入1 356亿元，同比增长30%，占全国软件收入的5.46%。14家企业进入国家规划布局内重点软件企业，3家企业入选全国软件百强企业，41家企业入选省软件和集成电路设计100强培育计划。中国移动南方基地、中金数据云计算中心、中国电信广州互联网数据中心、中国联通亚太数据中心等重大项目进展顺利。南沙粤港澳数据服务试验区获得工信部和省政府支持。

电子信息产业　2012年，全市电子产品制造业产值增速达16.1%，电子信息产业高端项目快速产业化。8.5代液晶面板项目开工建设，集成电路芯片、LED、智能终端和新一代移动通信等产业化项目取得重要进展，具有国际先进水平的CPU芯片、超高速无线局域网芯片和通信计算一体化芯片研发和产业化取得重要进展，AMOLED显示屏技术研发取得重大突破，北斗多模导航型射频芯片技术水平位居全国第1。

生物与健康产业　推动军事医学科学院华南干细胞与再生医学研究中心、华大基因等重大项目落户，广州生物医药与健康研究院二期工程进展顺利，成功转化4项千万元级重大成果。华南新药创制中心平台建设成效显著，新增新药合作项目15个，完成6个新药项目申报新药证书。广州铭康生物工程有限公司研发的国内首个治疗急性心肌梗塞基因药物通过国家新药评审。广州国际生物岛建设取得重大突破，已集聚40多个生物科技项目。

新能源产业　推进国家新能源汽车、半导体照明试点城市建设，通过了广州节能与新能源汽车示范推广试点城市验收，加快LED产品推广应用，安装21万多盏LED路灯和46万多套景观照明灯具。研发出国际先进水平的LED驱动芯片、大功率LED芯片等高端核心产品。2012年，广州市半导体照明企业100余家，产业规模约40亿元。

【农业科技】

农业关键技术研究　加强农业种质资源创新利用。2012年，挖掘和选育出新品种、新品系30多个，其中冠华4号节瓜、油绿801菜心、粤海黄秋葵、秀丽1号凤梨、盈丰红掌等11个新品种通过了省品种审定，并在生产上广泛应用，提高了广州市种质创新水平。突破了一批农产品加工关键技术。利用农产品副产物燕麦麸开展综合利用研究，研发出燕麦葡聚糖、燕麦多肽等产品销往欧美等国家。利用动物副产物鲜皮和骨为原料，通过超滤等技术，制备高活性和高纯度胶原蛋白和多肽，促进了农产品副产物高附加值产品的转化。开发了一批生物农药、畜禽疫苗等生物技术和产品。“300亿PIB/ml斜纹夜蛾核型多角体病毒母药”“10亿PIB/ml斜纹夜蛾核型多角体病毒可湿性粉剂”2个产品获得农业部的农药正式登记证，并被认证为广东省高新技术产品。猪瘟活疫苗、猪链球菌2型氢氧化铝灭活疫苗2种疫苗获得农业部新药证书及生产批文并批量生产。

农业科技创新　广州市谭山蜂业有限公司与华南理工大学合作开展蜂蜜绿色加工关键技术研究及产业化，采用新工艺生产蜂蜜产品，保持原有蜂蜜气味，无异味，色值降低了50%，羟甲基糠醛含量低于2.3毫克/千克，远低于美国蜂蜜产品标准。建成了年保鲜加工蜂蜜2 000吨的生产线1条，促进了蜂蜜产业发展。广州市从化顺昌源绿色食品有限公司与仲恺农业工程学院合作开展果渣综合利用研究，研发出了荔枝利口酒和荔枝白兰地2款新产品，申请发明专利1件。该公司已建成了3 000平方米储酒间及前处理车间，荔枝白兰地已批量生产，实现年产值 5 000多万元，带动农户1 000多户，为水果资源的深加工和综合利用提供示范，促进了水果产业发展。

农业科技成果转化　广州市农业技术推广中心实施科技入户工程，共示范推广主导品种和新优品种36个，主推技术和先进适用技术11项，示范面积1 000公顷。广州市果树所选育推广了青花梨、春晖桔柚、红玲2号广蜜番木瓜等水果新品种11个，推广良种苗木30多万株，种子100多千克。广州市农科院开展春、秋两季蔬菜新品种展示观摩会，年展示品种700多个，繁育推广优良种子40多万千克，种苗1 000多万株，辐射面积20多万公顷。广东省农科院兽医研究所将授权发明专利“用细胞生产猪瘟活疫苗的方法”转让国内18家动物疫苗生产企业，促进了农业生物技术发展。

农村科技服务　开展科技下乡。市科信局和市农业局在增城市正果镇联合主办了“2012年广州科技活动周科技下乡暨科技帮扶活动”，组织了180多位专家和科技工作者到场为农民现场提供咨询服务，服务农民3 500人次。采取多渠道、多形式开展农业实用技术培训。2012年，举办各类农业科技培训讲座150多期，培训农民技术骨干1.67万多人次。提升农村科技信息服务水平。广州市农业技术推广中心通过“农业通”手机短信服务，发布信息61万条，服务农民超过1万户次；增城市特色农业产供销信息服务平台发布信息4 000余条，在线专家咨询系统的查询与农业科技视频的点播达1 300多人次。

【科技基础条件】　2012年，广州市科研条件建设经费共3 547万元。支持重点实验室建设项目12项，经费支出1 200万元；省配套项目3项，经费支出300万元；广州市行业工程技术研究中心建设项目15项，经费支出1 200万元；省市共建生物种质资源库建设项目7项，经费支出200万元；市属科研机构创新能力建设项目9项，经费支出447万元；资源共享平台项目2项，经费支出200万元。

截至2012年年底，全市共有国家重点实验室15家、省级重点实验室180家、市属培育重点实验室50家，其中企业重点实验室9家。广州市重点实验室基本覆盖了信息与通信，先进制造，新能源与节能，生物、医药与健康，新材料，资源与环境，现代农业等广州市战略性主导产业领域。实现了地方重点实验室与国家、省重点实验室的有机衔接，实现从基础研究、应用基础研究到应用开发研究的全覆盖。

市重点实验室积极开展基础研究、应用基础研究和应用开发研究，承担并完成了大量国家及省部级重大科研任务，在科学前沿探索和解决国家及地方重大需求问题方面发挥了骨干引领作用。2012年，广州市重点实验室共获得国家级奖励6项、省部级奖励46项、市级奖励27项，被SCI和EI检索收录论文1 048篇。市重点实验室吸引和培养一批科技创新优秀人才33人，其中中央“千人计划”3人、省部级各类人才计划12人、市“创新创业领军人才百人计划”3人、市珠江科技新星15人。这些科研精英担任重点实验室的学术带头人，使实验室的科研方向紧跟科技前沿，科研水平不断提升，同时也吸引和培养了一批科技人才，形成科研团队，为提高广州市的自主创新能力和实现可持续发展奠定了良好的人才基础。

【专业镇及特色产业基地】

技术创新专业镇　2012年，市科信局首次组织实施了广州市专业镇建设专项。专项以培育省级专业镇为目标，重点围绕广州市镇（街）特色产业的转型升级，支持各镇（街）建设面向产业的公共服务平台，完善专业镇的创新服务体系，推动镇（街）经济的可持续发展。市本级财政共投入500万元，带动各街镇及社会投入1 020万元，支持4个镇（街）开展技术创新公共服务能力建设。

大力支持已认定为省级技术创新专业镇的镇（街）提升技术创新公共服务能力。狮岭镇与广州市标准化研究院合作建立皮革皮具产品市场准入信息平台，整合了现有皮革皮具市场准入信息服务资源，将带动市场准入研究成果转化和皮革皮具产业化实现产业升级，提高皮革皮具行业信息化水平。沙湾镇围绕珠宝特色产业发展需求，创建由创意设计、检验检测、物流交易、品牌提升等构成的创新公共服务平台，平台的创建充分整合沙湾珠宝产业资源，延长沙湾珠宝产业链，提升珠宝产业的附加值和品牌形象，开创珠宝产业的创新发展模式。新塘镇以牛仔服装为特色产业，建设牛仔服装创新设计服务、会展服务、产品交易、现代服务交易等平台，实现专业镇间的资源共享、互联互通，从而更好地为牛仔服装相关企业服务。

鼓励已形成特色产业集聚效应的街镇开展技术创新公共服务平台建设。白云区江高镇已形成较完整的化妆品产业链，该镇针对精细化工产业发展需求，通过技术资源库、专家支援站、打造区域品牌等思路，建设精细化工品牌设计服务、产品交易、检测服务三大子平台，提升江高镇的整体实力。

2012年，白云区同和街被认定为广东省技术创新专业镇（街），是广州市获认定的第6个省级专业镇（街）。同和街辖区内拥有广州白云山制药股份有限公司、广州白云山和记黄埔中药有限公司、广州白云山明兴制药有限公司等知名企业，已形成了生物医药产业的聚集发展。2012年，同和街道生物医药企业实现销售收入超过40亿元，上缴利税近6.5亿元，成为广州市省级专业镇的新力军。

特色产业基地　国家数字家庭应用示范产业基地自2009年揭牌以来，已经培育集聚了200多家数字家庭相关企业。该基地形成以芯片设计、软件开发为基础，推动整机研发、配合系统集成、内容服务等的数字家庭产业发展，2012年，基地实现数字家庭相关产值120亿元。2012年，围绕“三个重大突破”推动战略性新兴产业发展，该基地获得了广州国家现代服务业集成电路设计产业化基地、国家数字家庭标准化工作组、国家（广东省）科技和金融结合试点区、全国大学生创业示范园区4块“国家级”的牌子。承办了数字家庭整体解决方案大赛及2012中国集成电路产业促进大会暨第7届“中国芯”颁奖典礼。以民生档案数据库为支撑，以民生卡为载体，建设全区市民民生积分管理系统和服务平台，实现教育、流管、户籍管理等多部门的积分计算与民生服务兑现。

花都光电科技产业基地由花都区空港经济管理委员会牵头管理，规划总面积15平方公里，已开发面积3平方公里，累计完成投资超过6亿元。2012年，广州市花都科技区科技经济交流协会与花都区空港经济管理委员会共同向广州市发改委申报战略性新兴产业基地，最终被认定为广州市首批战略性新兴产业基地之一。该基地重点发展半导体发光器件、LED照明产品、电子音响等产业，致力于打造全国LED照明产业基地及建成集光电产业链相关的技术、资金、人才、服务等多功能于一体的产业中心，已有多家知名光电企业陆续落户该基地。

2012年，广州国际生物岛建设加快。标准产业单元二期、三期已动工兴建，企业总部社区项目已完成核准申请、地形测绘、勘察设计招标等前期工作。广州国际创新中心、威尔登国际酒店积极推进融资工作。生物岛部分服务性配套项目已经动工，入驻生物岛的大型服务业配套项目2个，投资总额3.7亿美元，注册资本1.95亿美元，包括启德酒店项目（投资总额1.88亿美元，注册资本9 500万美元）、国际创新中心项目（2栋高楼，投资总额1.82亿美元，注册资本1亿美元）。2012年，入岛的生物科技企业共48家，已获批项目累计注册资本3.15亿元，累计总投资额14.59亿元，重点引进了包括华南抗体中心、军科院华南干细胞与再生医学研究中心、广药研究总院等一批重大项目，预计投资总额约31.4亿元。全年共策划组织和参与中英生物科技之桥系列活动、“新广州·新商机”招商推介会等14次招商活动。

【知识产权工作】　2012年，广州市荣膺“国家知识产权示范城市”称号，以获评“国家知识产权示范城市”为契机，全面推进实施知识产权战略，积极创新知识产权政策，不断加强知识产权的创造、运用、保护和管理。

知识产权战略推进　进一步加强“国家知识产权示范城市”组织领导，市长亲自担任市知识产权工作领导小组组长，加强知识产权工作与科技、经济融合，全面参与市重要文件制定。区域知识产权战略进一步深化，推动珠三角地区九市签署《珠江三角洲专利行政执法合作协议》，推进与东莞、佛山、清远等地实现专利信息共享和业务工作对接。统筹全市各部门实施知识产权战略，有效推进知识产权战略年示范推进计划，广州市先后获得“全国商标示范城市”“全国版权示范城市”“全国质量强市示范城市”等荣誉称号。

知识产权政策创新 组成调研组赴多个城市开展新型城市化调研，起草了《关于加快专利创造工作实施方案》及其配套措施，从加大政策资金扶持力度、规范专利创造申请资助和专利产业化资金管理，强化专利发展预测、评估、考核、运行，加大打击假冒专利违法行为等方面提出一揽子具体工作方案。

有效实施“示范年专利推进计划”。联合市国资委组织召开“国有企业知识产权工作会议”，出台《关于进一步加强国有企业知识产权工作的意见》。组织高校、科研、行业协会各类培训班25场次，对19家重点企业开展“一对一”专利指导。

专利申请与授权 2012年，全市专利申请33 421件，同比增长19%，其中发明专利申请9 816件，同比增长20.1%；全市专利授权22 045件，同比增长20.2%，其中发明专利授权4 036件，同比增长28.3%。在第14届国家专利奖评选中，广州市共有18项专利获奖，数量创历史新高，市知识产权局首次获得中国专利奖优秀组织奖。在第7届国际发明展览会上荣获优秀展团奖，收获11金9银7铜共27个奖项。各类知识产权试点、示范工作取得新突破。

专利融资和产业化 深化专利质押融资试点工作，2012年，全市参与质押融资企业达到15家，融资额度达2.03亿元，顺利通过国家知识产权局“知识产权质押融资试点”验收。深入推进专利产业化工作，投入财政资金286万元，共支持22个优秀专利技术产业化，并推动区县以不低于1∶1的比例投入产业化资金支持，带动项目承担单位投入1.6亿元。积极开展专利保险试点工作，广州市被列入全国首批5个“专利保险试点城市”之一。

“双打”和“三打两建” 将“三打两建”与“双打”“护航”专项行动结合，全力开展专利行政执法；积极与相关执法部门展开联动，先后组织开展了查处“护康胶囊”假冒专利案件等一系列大案，查处“黑代理”27家；共检查生产经营场所4 574家，商品13 831件，全年专利侵权假冒案件立案240件，同比增长150%，结案242件，同比增长222.7%。在全国专利行政执法绩效考核中，广州市位列副省级城市第1，市知识产权局被评为“全国知识产权系统和公安机关知识产权执法保护先进集体”。

展会知识产权保护 全年进驻广交会、广州国际家具博览会等15个大型展会开展专利执法。在第112届广交会中，高效、准确处理专利侵权与纠纷484宗，有效地遏制了专利侵权现象。副省长陈云贤在广交会视察时对卓有成效的知识产权保护工作表示肯定。美国驻广州总领事馆总领事高来恩、意大利特瑞琪公司等先后向市知识产权局发来感谢信及牌匾。

知识产权保护长效机制建设 完善知识产权保护法律法规，初步形成了较为健全的知识产权保护法律法规体系。搭建市区两级执法网络。印发《关于进一步加强区（县级市）知识产权工作体系建设的指导意见》，推动全市新增31个专利行政执法专项编制，各区县局相继成立专利执法部门。联合市法制办举办申领行政执法证暨专利行政执法培训班。有效探索长效监管机制建设，如在广州市国览医疗器械城开展建立长效监管机制试点工作，该项目被列入国家局知识产权保护能力提升工作工程项目。

【科技交流与合作】

项目实施 2012年，全市支持国际科技合作项目总经费4 060万元，共支持项目53个。其中，对外科技合作专项经费2 000万元，支持项目36个；与伯明翰大学、乌克兰国家科学院合作项目实现零的突破，支持经费1 860万元，支持项目13个；难题招贤专项支持经费200万元，支持项目4个。

2012年的对外科技合作专项中有6个重大项目。其中，“临床医学研究国际合作平台项目”通过中山大学附属第一医院与美国西南医学中心建立医教研全方位合作战略伙伴关系，建设了按国际标准运作的临床医学研究中心。广州市第一人民医院与伯明翰大学合作的“脑与认知中心”亦在广州正式成立。

基地及平台建设 截至2012年年底，全市拥有国家级国际科技合作基地12家、广东省国际科技合作基地19家。2012年，多个国际科技合作基地和平台建设工作稳步推进，取得了显著的成

效。广东省干细胞与再生医学国际科技合作示范基地与香港中文大学共建“干细胞与再生医学联合实验室”，与国际干细胞领域的领先机构英国伯明翰大学签署了合作备忘录。广东省农业科技国际合作基地着力开展国际合作网络的搭建，与9个国家和地区的34家机构新建立了实质性的合作关系，签署了合作协议39份。中国电器科学研究院国际科技合作基地与瑞士ABB公司、芬兰Vacon公司、德国老牌涂料公司WB公司、日本片冈公司、日本本田公司等国际领先企业开展了技术合作。

2012年，广州市共资助企业对外科技合作专项平台建设项目13个，其中广州市国际·穗港澳台科技合作基地与台湾工业技术研究院合作共建广州市物联网检测技术服务中心进展顺利。中乌研究院现代焊接装备与工艺平台已基本完成了基础条件和中试条件的准备，平台的设备购置进展良好，人才建设稳步推进。

2012年，广州市开展了培育建设国际科技孵化基地（试点）工作，批准广东省工业技术研究院（广州有色金属研究院）等11家单位为首批国际科技孵化基地，并在第15届留交会上授牌。

穗乌合作　广州市人民政府—乌克兰国家科学院科技合作联委会工作顺利实施。调整中方成员名单，制定工作机制。中乌联委会中方成员共7名，主席为王东副市长。继续推进中乌巴顿焊接研究院（以下简称“中乌研究院”）工作。中乌研究院列为市委、市政府重点工作，列入《中共广州市委、广州市人民政府关于全面推进新型城市化发展的决定》之《中共广州市委、广州市人民政府关于推进科技创新工程的实施意见》中。广州市支持项目资金累计830万元，并获得科技部资助5 400万元，省科技厅资助6 700万元。一批研发平台技术先进设备即将到位，外方专家也逐步到位，各合作项目按计划如期开展，已经开始推进项目产业化的前期工作。推动项目合作。通过多种渠道征集广州市与乌克兰的科技合作项目，联合各区县召开多场项目推介会，企业反映非常积极，所征集的项目列入对外科技合作计划，经系列的评审筛选程序，“管道自动化闪光对焊装备开发及工业应用”等7个项目获得立项，支持经费共计570万元。

穗英合作　积极推进与伯明翰大学合作工作。明确中方委员会及其秘书处的主要职责、工作机制和保障措施。根据双方确定的合作计划，评审通过“穗英合作基于广州市出生队列的儿童健康研究平台”等5个项目，共资助经费1 390万元。与伯明翰大学联合举办了伯明翰大学工程技术合作科研及技术成果转让交流会。伯明翰大学8位技术专家围绕高端制造业、综合可持续能源以及城市轨道交通技术等领域，与广州地区各企业、单位的60多位技术人员进行了讨论交流。

重大活动　组织一批重大国际科技交流活动。市科信局组织接待外宾32个团组，接待人数约184人次，主要来自美国、德国、英国、伊朗等国家和我国港澳台地区。

【科普工作】

科普政策法规完善　2012年是《中华人民共和国科学技术普及法》（以下简称《科普法》）颁布实施10周年，市人大常委会将广州市贯彻落实《科普法》和《广州市科学技术普及条例》（以下简称《科普条例》）执法检查情况作为2012年市人大常委会的重点工作。市科信局高度重视该项工作，制定了专门的执法检查工作计划，参与了高校、青少年、科普基地等专题科普情况汇报，负责起草《广州市贯彻落实科普法和科普条例情况汇报》上报市政府。组织开展了纪念《科普法》贯彻实施10周年高端论坛活动的组织策划工作，并给予资金支持。加强与市人大教科文卫工委的沟通，针对执法检查存在的问题草拟《对人大常委会执法检查组检查科普法和科普条例实施情况的审议意见的整改措施》上报市政府。

启动《科普条例》修订工作。组成修订小组，开展条例修订的前期调研工作，草拟条例修订稿，并及时向市人大教科文卫工委汇报修订工作进展情况。

组织起草《广州市科学技术普及行动计划（2013—2015年）》。在对广州市“十一五”期间科普工作情况进行专题调研的基础上，提出2013—2015年广州市科普工作的具体任务。

科普活动品牌打造　2012年广州科技活动周以“创新·智慧·生活”为主题，组织市各有关部门及区、县政府开展多层次、多系列的群众性科技活动，如2012年广州科技活动周开幕式暨2012科学使者校园行活动启动仪式、广州民营科技企业发展高端论坛、2012年百名院士专家广州行、首届广州科普基地联盟“十佳科普讲解员大赛”等。

与羊城晚报社、广东科学中心合作，举办珠江科学大讲堂系列活动。邀请国内高层次人才普及前沿科技发展知识，2012年共举办4期，《羊城晚报》相应开展了4期专版报道，南方网同时作了现场直播。

举办百名院士专家广州行系列活动，博士科学使者进校园、进社区、进农村、进军营，参与活动的博士科学使者近1 000名，参与的公众上万人次。

承办城市科普工作座谈会，来自北京、天津、上海、重庆、成都、郑州等兄弟城市聚集广州，共同交流科普工作经验。

科普丛书宣传 将已出版的第1辑《广州高新技术科普丛书》14本发放到市各有关单位、区县科技行政部门和部分学校。支持丛书申报国家、省各种形式的科普作品评选，被评为2012年国家优秀科普作品、省优秀科普作品一等奖及国家新闻出版总署“2012年向全国青少年推荐的百种优秀图书”之一。启动新一辑丛书共8本的编写工作。

科普基地建设 进一步加强科普基地的管理，完成了第2和第3批市科普基地共27家单位的考核工作，其中，保留市科普基地资格的22家，取消广州绿田野生态教育中心、番禺化龙农业大观园、广州花卉博览园和七喜控股股份有限公司4家市科普基地资格，将东山区少年宫并入越秀区少年宫作为一个基地管理。启动第1批和第4批科普基地考核工作。组织开展第6批市科普基地申报认定，共有43家单位申报，新认定市科普基地18家，至此，全市认定的科普基地达69家。

广州科普基地联盟作用不断加强。成立了由一批拥有丰富科普理论和实践经验的专家、学者和专业人士组成的专家委员会及专业组。为基地单位的展项设计、展览组织、科普产品开发等工作提供专业意见咨询，丰富了基地单位的科普理论与实践工作。持续开展以“开放、体验、成长”为主题的“广州科普基地联盟校园行”系列活动，分别在从化市灌村中学和从化市太平中学举办了两场专题活动，送科普到农村学校，吸引了1 000多名师生参加。各科普基地也结合本单位情况，发挥优势资源，开展一对一的“馆校合作”科普活动。筹划并组织了“2012广州科普精品游”系列活动，首期推出“科学嘉年华”一日游、“人与自然”绿色和谐一日游、“动物也疯狂”一日游、“中医医药与健康”一日游等5条线路，并于5月26日在广东科学中心举行“2012广州科普精品游”启动仪式，1 000多位市民当日免费体验科普精品线路多个景点。

【防震减灾】 2012年5月8日，广州市地震局揭牌，广州市人民政府地震办公室正式更名为广州市地震局，内设综合管理科（加挂监测预报科牌子）、震害预防科、应急救援科，编制从原来的8名增加到16名，同时，新录用工作人员4名，接收军队转业干部1名。实现办公场地扩容升级，成功争取面积达1 391平方米的办公及业务用房。其中，办公用房480平方米，其余作为业务用房。

地震监测 截至2012年年底，广州市已基本建成由数字遥测地震台网、地震前兆数字观测台网、地震强震动观测台站和地震群测群防观测点组成的地震台网。依托地震台网实现震情监测、测报并及时组织应对，快速、准确、高效应对河源M4.8级地震等震情，做到快速核实震情灾情、及时报告上级，通过公开发布信息、做好解释工作等防止地震谣传发生。

震害防御 截至2012年年底，全市建成7个地震安全示范社区。2012年，荔湾区西塱社区等3个社区获评为“广东省地震安全示范社区”，其中，黄埔区泰景社区更获评为“国家级地震安全示范社区”。截至2012年年底，共建成8个地震安全农居示范村，按广州市委、市政府的统一部署，全部完成穗北山区8镇的地震安全农居抗震示范亭建设和验收工作。2012年，完成海珠区90平方公里的地震小区划工作，全市累计完成近220平方公里小区划工作。

地震应急救援 完成黄埔体育中心地震应急避难场所（占地7.3万平方米，灾时可容纳5万人）、白云区永平街地震应急避难场所（占地6万平方米，灾时可容纳2万人）建设，共建成8处

地震应急避难场所，总占地面积约5万平方米，灾时可容纳约20万人。着力推进应急避难场所的三维数字化系统建设。“5·12”防灾减灾日，在白云区永平街地震应急避难场所和从化市广州医学院从化学院分别开展两场大型地震应急演练。

防震减灾科普宣传 2012年，广州动物园防震减灾科普基地、从化市喜乐登青少年拓展训练中心防震减灾科普基地和广州市中学生劳动技术学校防震减灾科普基地被评为“国家防震减灾科普基地”。其中，中学生劳动技校科普基地承担着全市中学生应对地震灾害的培训任务。

成功举办第26届全国中心城市防震减灾工作联席会议，全面展示了广州防震减灾工作取得的最新成果。该会议是我国地震行业一年一度的盛事，由全国中心城市防震减灾联席工作会议的17个成员单位轮流主办。2012年由广州市地震局承办，17个联席会议成员单位、9个特邀城市地震局主要负责同志等共105人参加了会议。

（广州市科技和信息化局　孙　翔　刘时良）

深　圳　市

2012年，深圳市按照“自主创新、重点跨越、支撑发展、引领未来”的科技工作方针，广泛聚集创新资源，突出企业主体地位，大力发展新型科研机构，进一步增强自主创新能力，促进经济发展从要素驱动向创新驱动转变。全年全社会研发投入占GDP比重提高到3.81%，居全国领先水平；高新技术产品产值1.29万亿元，其中具有自主知识产权的达61%；PCT国际专利申请量占全国的40.3%，连续9年居全国首位，每万人拥有发明专利超过50件，居全国第1位。

【科技政策环境】 2012年，深圳市召开全市科技创新大会，进一步贯彻落实全国科技创新大会精神，出台《关于努力建设国家自主创新示范区实现创新驱动发展的决定》《关于深化科技体制改革提升科技创新能力的若干措施》等“1+10”政策文件，从财政金融、人才支撑、创新载体建设、高技术服务业发展等方面，全面加强了对自主创新工作的支持，进一步夯实了自主创新体系的政策基础，完善了创新政策法规体系。

【产学研合作】 2012年，深圳市进一步强化产学研合作，积极开展特派员行动计划、特派员工作站、院士工作站、产学研示范基地、产学研创新平台等工作。引进科技特派员169名，组织有关企业申报院士工作站13个、特派员工作站3个、省部合作项目281项、省院合作项目69项、创新平台示范基地项目9项，项目涵盖了新能源、电子信息、软件、新材料、生物医药、先进制造以及环保等领域，涉及389家企业以及163所高等院校和科研院所。围绕产业需求和战略布局，新组建了广东智能电网产学研联盟、广东智能机器人产学研联盟、广东低碳生物材料产业技术创新联盟、广东先进装备制造产业技术创新联盟、广东智能交通产业技术创新联盟、广东生物医药产业技术创新联盟、广东LED（深圳）产业技术创新联盟、广东智能包装产业技术创新联盟8个省部产学研创新联盟。通过开展省部院产学研合作，有力地促进了内地高校科技成果在深圳市的产业化。

【创新能力建设】 加快建设国家重大科技基础设施，建成了国家超级计算深圳中心，启动建设首个国家基因库。2012年，全市新增重点实验室、工程中心、公共技术平台等创新载体180家，累计达到757家。大力支持中国科学院深圳先进技术研究院、华大基因研究院、光启高等理工研究院等新型科研机构发展。华大基因成为世界最大的基因测序研究机构，执行院长王俊入选《自然》杂志2012年度十大人物。大亚湾中微子实验室发现中微子“第三种振荡”，入选美国《科学》杂志2012年度全球十大科学突破。深圳成为获得这两项殊荣的唯一中国城市。光启高等理工研究院成立以来，累计申请专利2 194件，占超材料领域全球专利申请量的85%以上。中国科学院深圳先进技术研究院跃居全省科研院所专利申请量首位。继续组建新能源研究院等一批发展速度快、创新成果多、产业化能力强的新型科研机构。推进生物、新能源、新材料、新一代信息技术等领域的重大科技攻关，实施重大技术攻关项目50多项，提升了产业核心竞争力。

【科技服务体系】 2012年，深圳继续完善科技服务体系建设。加快推动《深圳经济特区技术转移条例》立法工作，12月底进入市人大审批阶段。深圳共有国家级技术转移示范机构8家，市级经登记备案技术转移机构26家。2012年，全市技术交易额达到148亿元，同比增长51%，居计划单列市首位。登记合同的企业数达到1 057个，同比增加了10.3%。全年深港澳台技术转移联盟新增盟员单位23家，其中台湾3家、香港2家。顺应国际技术转移服务网络化的趋势，建设创新驿站，成立了深圳市创新驿站科技有限公司，专门从事技术转移公共服务平台的建设与经营，为公众技术转移活动提供一个智能、便捷、专业的技术转移工作平台。

【科技计划项目】 2012年，深圳市深化科技管理体制改革，优化配置和高效利用科技资源，理顺了政府支持与市场引导、基础研究与应用开发、稳定支持与竞争择优等关系。实行了项目官员责任制和专家评审评估决策参考制度。运用现代信息技术完成了业务流程再造，规范了审批行为，减少了项目管理的自由裁量权和人为因素，真正实现了操作层信息化，提高效率；管理层信息化，提高协同性；决策层信息化，提高决策民主化、科学化。深圳市科技创新委员会近30亿元科技经费全部实现了网上项目征集、申报、受理、评审、评估、考察、合同签订以及资金拨付。

支持企业参与国家重大科技专项和各级各类科技计划。2012年，深圳市共获国家科技计划立项项目97项，中央财政资助8.97亿元，其中国家重大科技专项85项，立项数较2011年增长35%。获国家新能源汽车产业链资助资金3.8亿元。获广东省科技计划立项项目101项，省财政资助6 305万元，其中省重大科技专项19项，立项数较2011年增长58%。

【科技成果与奖励】 深圳市共获2012年度国家科学技术奖10项，其中一等奖2项。深圳超多维光电子有限公司参与的项目"立体视频重建与显示技术及装置"获得国家技术发明奖一等奖；中兴通讯股份有限公司、华为技术有限公司参与的项目"TD-SCDMA关键工程技术研究及产业化应用"获得国家科学技术进步奖一等奖。另获二等奖8项，其中国家科学技术进步奖二等奖6项，国家技术发明奖二等奖2项。8个项目中，由深圳企业主持的项目有3个，分别是："高性能、跨网络的多媒体通信技术创新及产业化""新一代无源光网络EPON/10G-EPON关键技术与应用创新""'天'生与'人'生：生殖与克隆"，分别由华为技术有限公司、中兴通讯股份有限公司和华大基因研究院主持，均获国家科学技术进步奖二等奖。

获2012年度广东省科学技术奖32项，其中主持完成25项，参与7项，获奖项目数占全省280个奖项的11%。由企业主持和参与完成的项目达22项，占获奖项目的71%；产学研项目13项，占获奖项目的42%，不少项目是深企与市外高校联合完成的；主持完成项目达25项，超过获奖总数的80%。获奖项目覆盖农业、畜牧业、化工、材料、生物、节能环保、预防医学与卫生、信息科学、计算机软件、电子通信、机械、建筑水利等领域，范围为历年最广。

共授予2012年度深圳市科学技术奖116项，其中市长奖1名、自然科学奖4项、技术发明奖5项、科技进步奖64项、青年科技奖4名、专利奖23项、标准奖15项。

表11-3-2-1 深圳市部分获奖成果一览表（2012）

序号	项目名称	主要完成单位	获奖类别
1	立体视频重建与显示技术及装置	深圳超多维光电子有限公司	2012年度国家技术发明奖一等奖
2	光电交叉联动与跨层灵活疏导的光传送技术及设备	中兴通讯股份有限公司	2012年度国家技术发明奖二等奖

（续上表）

序号	项目名称	主要完成单位	获奖类别
3	高速分布反馈半导体激光器及其与电吸收调制器单片集成光源	深圳市恒宝通光电子有限公司	2012年度国家技术发明奖二等奖
4	TD-SCDMA关键工程技术研究及产业化应用	中兴通讯股份有限公司 华为技术有限公司	2012年度国家科技进步奖一等奖
5	“天”生与“人”生：生殖与克隆	深圳华大基因研究院	2012年度国家科技进步奖二等奖
6	数字视频编解码技术国家标准AVS与产业化应用	华为技术有限公司	2012年度国家科技进步奖二等奖
7	肿瘤转移的分子靶向治疗应用	深圳市天达康基因工程有限公司	2012年度国家科技进步奖二等奖
8	高性能、跨网络的多媒体通信技术创新及产业化	华为技术有限公司	2012年度国家科技进步奖二等奖
9	新一代无源光网络EPON/10G-EPON关键技术与应用创新	中兴通讯股份有限公司	2012年度国家科技进步奖二等奖
10	轨道交通自动售检票成套设备	高新现代智能系统股份有限公司	2012年度广东省科学技术奖一等奖
11	荔枝高效安全生产理论与关键技术体系研究及产业化应用	南山区西丽果场	2012年度广东省科学技术奖一等奖
12	锂离子电池凝胶聚合物隔膜及功能电解质的设计与制备技术	深圳华粤宝电池有限公司	2012年度广东省科学技术奖一等奖

【高新技术及战略性新兴产业】

高新技术产品产值　2012年，全市实现高新技术产品产值12 931.82亿元，同比增长8.9%。其中，电子信息高新技术产品产值11 360.2亿元，同比增长8.7%；新材料及新能源高新技术产品产值722.5亿元，同比增长11%；光机电一体化高新技术产品产值625.7亿元，同比增长8.9%；生物技术高新技术产品产值134.1亿元，同比增长11.8%；环保高新技术产品产值89.3亿元，同比增长13%。

高新技术企业　截至2012年年底，全市从事高新技术产品研发和生产的企业超过3万家，累计认定国家级高新技术企业2 867家、市级高新技术企业1 338家，其中876家企业高新技术产品产值超过1亿元、213家企业超过5亿元、100家企业超过10亿元、8家企业超过100亿元、2家企业超过1 000亿元。

高新区　2012年，深圳高新区通过自主创新、走内生式发展道路，继续保持快速健康发展势头，企业整体发展态势良好。以深圳湾园区为例，2012年实现工业总产值4 693.60亿元，同比增长15.76%；工业增加值1 370.81亿元，同比增长31.00%；实现税收267.49亿元，同比增长15.76%。高新区每平方公里工业总产值408.14亿元、工业增加值119.20亿元，单位面积产出居国家级高新区首位。深圳高新区获“国家下一代互联网创新型产业集群”和“深圳国家级文化和科技融合示范基地”认定。深圳高新区管委会荣获“国家高新技术产业开发区建设20年先进集体”称号。

战略性新兴产业　为抢占经济科技制高点，2009年起，深圳率先制定了生物、互联网、新能源、新材料、文化创意和新一代信息技术六大战略性新兴产业振兴发展规划与政策，全力推进经济结构战略性调整。2009—2015年，全市投入180亿元专项资金，规划建设23个产业基地和集聚区，组建生物、超材料等产学研资联盟，推动六大战略性新兴产业规模实现年均20%以上的增长。2012年，六大战略性新兴产业增速高于GDP增速2倍以上，增加值占GDP比重达到27%，成为转型升级中加快发展的重要力量。

【科技人才队伍建设】 深圳市围绕推进实施人才强市战略，以贯彻落实中长期人才发展规划纲要为主线，以实施“孔雀计划”“人才安居工程”为重点，全面推进科技人才工作发展和科技人才队伍建设，取得了明显成效。截至2012年年底，全市专业技术人才超过100万人，科技研发人才总量达到400万人，引进“海归”人才总数突破4万人。高层次人才2 403人，其中全职院士9人；“千人计划”人才59人，占全省的40%；省领军人才7人，占全省的14.3%；“孔雀计划”人才184人。重点依托创新团队，集聚海外智力资源，2012年新引进海外高层次人才团队16个，共有核心成员104人，90%以上的成员具有博士学位，团队学科领域分布广泛，项目切合产业发展导向。7个团队入选广东省第3批创新科研团队，累计入选广东省创新科研团队总数16个，占全省团队总数的近1/3。

【科技金融】 2012年，深圳市利用金融业发展优势，加大对科技创新的支持，形成了包括银行信贷、证券市场、创业投资、担保资金和政府创投引导基金等覆盖创新全链条的金融服务体系。截至2012年年底，深圳金融总资产超过5万亿元，VC/PE企业数量约占全国的1/3，仅2012年就新注册1 450家。成立市促进科技和金融结合试点领导小组，组建了全国首个科技金融联盟，首批成员单位106家。出台《关于促进科技和金融结合的若干措施》，推进科技和金融结合融资平台建设，探索科技资源与金融资源对接的新机制。

【科技基础条件】 2012年，深圳市不断完善重点实验室的建设布局，截至2012年年底，深圳市级及以上重点实验室达169家，分布于45家大学、科研机构和企业中。其中，国家企业重点实验室4家、省部共建国家重点实验室培育基地3家、省部（教育部）共建重点实验室1家、环保部重点实验室1家、农业部重点实验室1家、中科院重点实验室1家、广东省重点实验室17家（含省企业重点实验室3家、省部共建实验室3家）、国家重点实验室深圳分室2家，涉及电子信息、生物技术、资源环境、先进制造、材料科学、光电子等领域，为深圳学科建设和高新技术产业发展起着重要的引领和支撑作用。

【知识产权工作】 2012年，深圳国内专利申请量73 130件，同比增长15.13%，其中发明专利申请量31 075件，同比增长7.81%，占申请总量的42.49%；国内专利授权量48 662件，同比增长23.62%，其中发明专利授权量13 068件，同比增长10.50%，占授权总量的26.85%；计算机软件著作权登记12 374件，同比增长29.86%，位居全国大中城市第3位，占广东省登记总量的55.92%。截至2012年年底，深圳国内有效发明专利累计达52 768件，专利密度为50件/万人，高居全国榜首；专利合作条约（PCT）国际专利申请量8 024件，连续9年居全国首位，占全国申请总量的40.3%。2012年，全国发明专利授权量排名前10强企业中，深圳占5席，其中华为技术有限公司、中兴通讯股份有限公司、鸿富锦精密工业（深圳）有限公司位列前3。

2012年，为打击重点领域、重点地区、重点产品知识产权侵权违法行为，深圳市市场监督管理局（知识产权局）开展了知识产权执法维权“护航”专项行动、动漫产品市场专项整治行动、打击网络侵权盗版“剑网行动”、网络购物领域专项整治行动、手机及电子市场专项整治行动、打击非法印制卷烟商标标识专项行动等专项治理工作，集中捣毁了一批重点制假售假窝点，查处了一批重点案件，取得了良好效果。根据深圳市“两建”工作的总体部署，成立由深圳市市场监督管理局（知识产权局）牵头的知识产权保护综合监管分体系建设工作小组，制定《深圳市知识产权保护综合监管分体系建设实施方案（试行）》，从完善知识产权监管行政执法体系、加强重点地区重点行业知识产权监管、建立健全行政执法和刑事司法相衔接工作机制、创新源头监管机制、探索网络环境下知识产权保护方式方法、加快信息平台建设、提高知识产权服务水平、提升企业应对涉外知识产权纠纷能力、加大知识产权宣传力度等方面对知识产权保护长效机制提出了具体要求。

深圳市人民政府出台《深圳市促进知识产权质押融资若干措施》，从机制、平台、评估、放贷、担保、交易、配套服务、推进保障8个方面提出具体措施，切实解决中小企业融资难的问题，激发企业创新活力。发布《深圳市知识产权专项资金管理办法》及包括专利申请资助、境外商标注册资助、计算机软件著作权登记申请资助等在内的9个操作规程，扩充专项资金的资助范围，2012年深圳市共投入知识产权专项资金2.08亿元。充分发挥知识产权支撑作用，继2011年将深圳华大基因研究院和深圳光启高等理工研究院作为“定制式”服务的对象后，深圳市知识产权局2012年又制定了《为腾讯公司提供知识产权与标准化服务工作方案》，为腾讯科技（深圳）有限公司提供专利风险管控培训等“处方式”服务，不断拓宽服务的范围。经过近两年的探索实践，知识产权“定制式”服务取得良好成效。

2012年，深圳市继续推动深港知识产权交流合作，组团到香港海关学习交流，合作推动知识产权保护和打击假冒伪劣行为，召开知识产权联席会议，探索建立深港知识产权合作统筹协调机制。接待日本株式会社、日本特许厅厅长一行、英国驻华使馆知识产权专员、美国贸易代表办公室官员等来访；与汤丽柏琦（Tory Burch）、微软、SAP、华特Disney等知识产权权利人交流；为肯德基、比亚迪、迈瑞、华为、中兴、腾讯等公司知识产权维权提供服务。

【科技交流与合作】

国际科技交流与合作　落实《深圳市与以色列产业研发合作协议》，与以色列海法HICENTER签署了《技术转移合作框架协议》，构建合作机制。进一步开拓新的合作国家和地区，与澳大利亚UNIQUEST签署了《技术转移合作框架备忘录》。联合科技部火炬中心举办了建设世界一流科技园区国际会议，以色列驻华大使等外宾参会并演讲。

深港创新圈建设　《深港创新圈三年行动计划（2009—2011年）》既定目标如期完成，8个创新基地、12个服务平台、4个重大专项的整体建设进展顺利，实现了预期目标。2007—2012年，深港创新圈联合资助计划共资助深港联合研发项目45个，深圳单方资助项目222个，深港两地共投入资金超3亿元。

【科普工作】　2012年，全市开展以“携手建设创新型国家”为主题的科技周活动，突出“科技与文化融合，科技与生活同行”的活动特色，共举办各类活动120多场次，参与人数达50多万人次。举办“自主创新大讲堂”100场，其中干部学习专场20期、创新型城市管理论坛8期、科学技术论坛15期、系列科普活动57期，参与听众约2万人次。推动青少年科技教育工作，举办了2012年“深圳杯”全国大学生数学建模夏令营活动和第11届深圳市青少年机器人大赛等活动。深圳在全国率先实行科普基地动态管理，新增市级科普教育基地8家。深圳宝安区2个社区、南山区、龙岗区各有1个社区成为全国首批“科普社区益民计划”实施社区之一，分别获得了中央财政资金20万元的资助奖励，被授予首批“全国科普示范社区”称号。

（深圳市科技创新委员会　杨滢亮）

珠　海　市

2012年，珠海市科技持续发展，在高新技术产业发展、科技平台建设、科研团队和领军人才引进等方面均有所突破，取得了一定成绩。全市新增国家高新技术企业54家，总数达到285家。全市专利申请量7 097件，同比增长26.9%；专利授权量4 936件，同比增长33.8%；每百万人口发明专利申请量达到1 459件，居全省第2位。珠海格力电器股份有限公司荣获中国外观设计金奖，全市累计获得中国专利金奖2项、优秀奖8项。6个项目获省级科学技术奖，37个项目获市级科技进步奖。截至2012年年底，全市共建设产学研示范基地11家、国家重点实验室分支机构5家、广东省企业重点实验室1家；国家级工程中心4家、省级工程中心26家、市级工程中心39家；国家级企业技术中心2个、省级企业技术中心35个、市级重点企业技术中心119个。全市拥有中国世界名牌产品1个、中国名牌产品4个、广东省名牌产品83个、中国驰名商标9个、广东省著名商标86个。珠海市丽珠集团“蛋白质药物研究及产业化”团队入选“广东省第3批创新科研团队引进计划”，丽珠集团彭育才博士入选“广东省第3批领军人才引进计划”，实现该市创新科研团队和领军人才引进零的突破。

【科技政策环境】 2012年，珠海市全面落实《珠海经济特区科技创新促进条例》，全市本级科学技术支出4.72亿元，占全市本级财政一般预算支出比例的4.34%，同比增长31.6%，高于本级财政经常性收入增长21.4%。编制《中共珠海市委、珠海市人民政府关于加快实施自主创新战略建设创新型珠海的意见》（送审稿），出台实施《关于促进金融信息技术服务业发展的若干措施》《珠海市专利申请资助管理办法》《珠海市进一步加强专利工作的若干措施》《进一步扶持生物医药发展的若干政策》，进一步完善科技政策环境。

【民营科技】 2012年，珠海市有2批共31家民营企业获认定为省级民营科技企业，全市拥有省级民营科技企业数量增加到133家。开展珠海市民营科技企业认定工作，共认定广东同望科技股份有限公司等21家珠海市民营科技企业。开展原生产科技型企业证书换领工作，26家原生产科技型企业办理了民营科技企业换证手续。

【产学研合作】 2012年，珠海市共有23个项目获得省级产学研合作及重大项目立项支持，合计金额1 570万元，其中珠海赛纳打印科技股份有限公司与浙江大学共5个单位联合开展的“基于系统集成芯片和成像到点新材料关键技术的安全型激光打印机产业化”项目获省部产学研结合重大专项支持（省财政将连续3年累计资助1 000万元）。珠海市产学研合作项目立项34项，合计资助经费1 460万元。

2012年，该市新增企业科技特派员工作站3个，广东省企业重点实验室（产学研）培育基地1个，新引进企业科技特派员49名。广东印制电子产业技术创新联盟等3个产业技术创新联盟获省级认定，实现了珠海市在广东省产学研创新联盟零的突破。澳门大学在珠海设立澳大科技研究院。浙江大学和赛纳打印科技公司新建“浙江大学—赛纳科技联合实验室”，实现浙江大学国家“核高基”重大成果转化。珠中江三地科技部门正式签署《珠中江区域产学研合作框架协议》，三地首批25个产业共性技术与服务平台实现开发和共享。在第6届中国产学研合作创新大会暨2012中国产学研合作促进会年会上，方正多层电路板有限公司获得中国产学研合作创新奖（单位），何为教授获得中国产学研创新奖（个人）。

【技术创新工程】

工程中心和企业技术中心　2012年，珠海市新增各级工程中心8家、企业技术中心14家。截至2012年年底，全市共有工程中心69家，其中国家级工程中心4家、省级工程中心26家、市级工程中心39家；共有企业技术中心156家，其中国家级企业技术中心2家、省级企业技术中心35家、市级企业技术中心119家。新增省级工程中心是依托珠海方正科技多层电路板有限公司组建的广东省高速通讯印制电路板工程技术研究开发中心。

创新型企业　2012年，珠海市新增广东省创新型（试点）企业3家，分别是珠海天威飞马打印耗材有限公司、广东江龙船舶制造有限公司和广东佳和通信技术有限公司，全市经认定的广东省创新型（试点）企业总数累计达23家。新增广东溢多利生物科技股份有限公司1家广东省创新型企业，全市经认定的广东省创新型企业总数累计达14家。

【科技服务体系】 2012年，珠海市继续加强孵化器、公共技术服务平台等科技中介机构建设，不断完善科技服务体系，增强科技服务能力。截至2012年年底，全市拥有高新区创业服务中心（民营科技园）、清华科技园等5家科技企业孵化基地，其中国家级孵化器1家、省级孵化器4家，孵化总面积22.094万平方米，在孵企业数达

259家，毕业企业40家，累计毕业企业168家，有效地促进了技术创新成果的转化和初创型企业的培育发展。2012年，5家科技企业孵化器实现总收入10 829万元，同比增长8.08%；对孵化器内的公共技术服务平台投资额达344.32万元，同比下降64.07%；孵化基金总额43 728元，同比增长0.16%。珠海市先后建立了南方软件产品检测中心、南方集成电路设计服务中心、南方网络检测中心、南方数字娱乐公共服务中心、珠海市国际信息检索中心等一系列公共技术服务平台，为高端新型电子信息产业的发展提供了良好的技术支撑。2012年，珠海市将产业公共服务平台纳入了战略性新兴产业重大项目扶持范围，珠海南方软件网络评测中心获得专项支持。

【科技计划项目】 2012年，珠海市共有243个项目被列入市级科技计划，下达市级财政科技经费12 923万元。其中，战略性新兴产业专项资金重大项目29个，支持金额6 400万元。110个项目被列入国家及省部级各类计划，共获得支持经费19 367万元，其中珠海格力电器股份有限公司承担的“格力R290环保冷媒空调研制及产业化”等7个项目获得国家火炬计划项目立项。41个项目获国家或省创新基金（资金）支持，资助总额2 090万元，其中珠海飞鹏净化科技有限公司承担的“水—磁空气净化设备”等24个项目获国家创新基金支持，资助总额1 630万元。珠海健帆生物科技股份有限公司承担的“一次性使用血浆胆红素吸附器”等17个项目获得广东省创新资金立项支持，资助总额460万元。珠海亿邦制药有限公司牵头承担的“化学药专利到期药物大品种技术再创新”获得国家新药创制科技重大专项“十二五”实施计划重点支持，资助金额7 453.82万元。健帆生物科技承担的“血液灌流系列产品（组合型人工肾、人工肝）关键技术攻关及产业化”项目获广东省战略性新兴产业核心技术攻关计划重点支持，资助金额800万元。

【科技成果与技术市场】 2012年，珠海市登记科技成果82项。6个项目获得2012年度广东省科学技术奖，其中，珠海出入境检验检疫局与深圳出入境检验检疫局动植物检验检疫技术中心合作完成的“动物烈性传染病关键检测技术研发与应用”、珠海艾派克微电子有限公司完成的“可重复利用的打印机耗材存储芯片”、珠海格力电器股份有限公司与合肥通用机械研究院合作完成的“出水温度为16℃～18℃的离心式冷水机组开发”3个项目获二等奖；珠海市农业科学研究中心完成的“西芹黄萎病综合防治技术研究”，珠海市农业科学研究中心、珠海经济特区永源实业公司等单位合作完成的“生物活性饲料添加剂在凡纳滨对虾健康养殖中的研究与应用”、珠海格力电器股份有限公司完成的“地（水）源热泵机组研究开发”3个项目获三等奖。颁发2011年度珠海市科学技术奖获奖项目40个，其中，珠海和佳医疗设备股份有限公司和珠海保税区谷原软件有限公司合作完成的“肿瘤微创综合治疗方案及系列技术设备”、珠海世纪鼎利通信科技股份有限公司的“DCI-Pilot Pioneer无线网络测试分析系统”项目获得科技突出贡献奖，珠海天威飞马打印耗材有限公司的“打印设备用回收再生激光耗材产业化”等23个项目获得科学技术进步奖，珠海方正特会软件系统有限公司的“DRP（发行资源协同平台）”等15个项目获得自主创新促进奖。

2012年，全市技术合同核准登记560件，合同成交金额9.5亿元，同比增长11%。其中技术交易额9.3亿元，同比增长11.2%。

【高新技术及战略性新兴产业】

高新技术产业　2012年，珠海市新增高新技术企业54家，45家企业通过高企复审，高新技术企业总数累计达到285家，总数连续两年全省排名第5，高新技术企业总数占规模以上工业企业总数比例全省排名第3。新增国家火炬计划重点高新技术企业10家，总数累计达17家。全市高新技术产品产值1 597.6亿元，占规模以上工业总产值的52%，充分体现了高新技术产业对工业发展的引领和支撑作用。其中，格力电器股份有限公司年销售额突破1 000亿元，许继电气有限公司、魅族科技有限公司等多家科技型企业产值实现翻番。高新技术产业发展特色鲜明，部分细分行业形成较强的竞争实力。软件产业规模位居全省第3位，是国家软件产业基地；集成电路设计收入排名全省第2，仅次于深圳；生物医药行业每年以30%左右的速度增长，成为广东省重要的生物医药产业基地；智能电网行业在国内具有领先地位，产品几乎覆盖了整个智能电网产业链。

高新技术产品　2012年，全市高新技术产品产值达1 597.6亿元，同比增长3.38%，占全市规模以上工业企业工业总产值的52%，占全市工业总产值的49.71%。高新技术产品全年销售收入为1 530.05亿元，同比增长9.15%；高新技术产品出口创汇109.28亿元，同比增长40.77%；高新技术产品盈利能力增强，实现利税总额150.73亿元。

高新区　2012年，珠海高新区工业企业实现总收入1 563.8亿元，同比增长7.08%；工业总产值1 554.73亿元，同比下降3.44%；出口创汇110.48亿美元，同比增长2.34%；实际上缴税费总额63.66亿元，同比增长15.2%；实现净利润112.4亿元，同比增长15.88%。

珠海国家高新区于1992年经科技部批准成立，是全国83个国家高新区之一。12月21日，市委、市政府召开促进珠海高新区创新发展工作会议，回顾总结高新区20年发展经验，科学谋划未来创新发展。会上，宣读了《关于表彰珠海高新区成立20周年突出贡献单位奖和个人奖的通报》。珠海格力电器股份有限公司等10家单位被授予突出贡献单位奖，雷军等10位被授予突出贡献个人奖。当天，高新区还举行了微软创新中心、易店宝总部、乐淘总部基地等10个重大项目签约仪式，项目计划投资总额92.26亿元，其中6个产业项目涵盖电子信息、电子商务、高端服务等领域，总投资25.26亿元；4个金融项目包涵产业载体建设、总部基地建设、扶持资金投入等方面，银行授信、融资额度达67亿元。由珠海华发集团有限公司和中大控股有限公司合作开发的中山大学国家大学科技园项目在当天正式动工。该项目计划总投资超过20亿元，将在3～5年内被打造成为集现代服务创新园、技术创新园及服务配套为一体的高新技术产业科研孵化和生活配套基地，形成产学研结合、具有高端优势的自主创新基地。另外，高新区9个项目也即将动工或投产。

战略性新兴产业　2012年，珠海市出台了《关于加快发展战略性新兴产业的意见》《关于促进生物医药产业加快发展的意见》《新能源汽车产业规划》《关于进一步加快高端新型电子信息产业发展的意见》等一系列政策措施，初步构建起相对完善的战略性新兴产业政策支撑体系。组织遴选第2批29个市级战略性新兴产业重大项目，全市战略性新兴产业重点项目总数达到53个，项目总投资74.2亿元。珠海市对重大项目实施单位给予100万～500万元资金支持，2012年累计支持金额达6 200万元。

【科技基础条件】　截至2012年年底，珠海市共引进5家国家重点实验室在珠海设立分支机构，分别是吉林大学无机合成与制备化学国家重点实验室、电子科技大学电子薄膜与集成器件国家重点实验室、大连理工大学精细化工国家重点实验室、武汉大学软件工程国家重点实验室和中山大学光电材料与技术国家重点实验室。其中吉林大学无机合成与制备化学国家重点实验室等3家实验室已发展成为省部产学研结合科技创新平台。5家重点实验室分支机构在珠海共有固定的研发场地15 000多平方米，仪器设备5 000多万元，引进了包括院士在内的教授、博士、硕士等近百名科技人员长期在珠海分支机构从事科研工作，在珠海市打印机耗材、软件开发、材料和印制电路板等产业的技术研发中，发挥了重要的作用。珠海市建有省级重点实验室和重点实验室产学研培育基地各1家，分别是广东省制冷设备节能环保技术企业重点实验室（格力电器股份有限公司承担建设）、广东省血液净化技术企业重点实验室（产学研）培育基地（珠海健帆生物科技股份有限公司承担建设）。

【技术创新专业镇】　2012年，斗门莲洲镇被广东省认定为技术创新专业镇，全市专业镇总数达6个。6个专业镇共有规模以上企业372个，名牌产品69个，驰名商标53个，实现工农业总产值982.48亿元；共有科技服务机构33个，与大学、科研院所共建科技机构21个，与特色产业相关的会展机构4个。2012年，专业镇政府科技投入共计7 835万元，同比增长11.08%；拥有科技人员25 612人，同比下降11.23%；专利申请量690件，其中发明专利211件；专利授权量432件，其中发明专利90件。开展专业镇中小微企业服务平台建设工作，珠海市耗材行业协会等7个单位获得省专业镇中小微服务平台建设专项资金支持。

【知识产权工作】 2012年，珠海市专利申请量为7 097件，同比增长26.9%，其中，发明专利申请量为2 287件，同比增长54.1%；专利授权量为4 936件，同比增长33.8%，其中，发明专利授权量为503件，同比增长55.7%。每百万人发明专利申请量、授权量分别为1 456件、320件，均列全省第2位。认定注册商标4 560件，核准注册商标3 925件，新增中国驰名商标2件，新认定省著名商标10件，延续认定17件。19个工业产品获2012年广东省名牌产品。新认定市知识产权优势企业9家，省知识产权优势企业2家，省知识产权示范企业2家。3项专利获得第14届中国专利奖，其中，珠海格力电器股份有限公司的“U系列空调”外观设计专利荣获中国外观设计金奖，“卧室空调自定义睡眠曲线”发明专利荣获中国专利优秀奖，格力电器成为中国空调业唯一连续3年获中国专利优秀奖的企业。

组织开展打击假冒专利执法行动，累计出动执法人员46人次，检查大型商场及药店等经营场所6家次，检查箱包皮具、食品药品和日化用品等商品约1 100件。共立案1件，结案1件，下发整改通知书1份。加大展会知识产权保护力度，派出执法人员3人，参加第113、114届广交会展会执法共5期，为期25天。

【科技交流与合作】 2012年，珠海市定期通过互联网等渠道向企业推介由该市驻外使馆科技处推荐的国外先进技术和项目，促进国际先进技术和项目向该市转移。协助企业申请国家、省和市国际科技合作项目专项资金，引导企业对关键技术和项目的引进、消化、吸收与再创新。2012年，全市共有2个项目被列入省级对外科技合作项目，获省财政支持资金55万元，分别是珠海优特电力科技股份有限公司的“基于物联网技术的电力安全操作和设备巡视系统”、珠海金山办公软件有限公司的“基于网络化的WPS办公套件在日本市场的研发及推广”。

【科普工作】 2012年，珠海市组织开展“科技进步活动月”系列宣传活动，通过组织青少年科普活动、防震减灾科普活动、专利宣传活动、科技下乡等六大类活动，使科技创新理念走入社区、走入千家万户，在全社会宣传科学思想、科学精神、科学知识和科学方法，普及科技知识。通过市电视台、广播电台和特区报社等媒体对科技进步活动月的各项活动进行专门报道，大力宣传“科教兴市”战略，在全社会形成“信科学、爱科学、用科学”的良好社会氛围。开展“广东青少年科学教育特色学校创建活动”，珠海市紫荆中学和珠海市第二中学被省科协、省科技厅、省教育厅命名为“广东省科学教育特色学校”。

【防震减灾】 2012年，珠海市开展了创建广东省防震减灾示范城市的工作，制定了《珠海市创建广东省防震减灾示范城市工作方案》，编制了《珠海市地震应急工作检查管理办法》，横琴新区地震小区划工作取得重大进展，完成了《横琴新区地震小区划工作报告》（初稿）。积极配合省地震局地震应急指挥中心建设需要，及时完成全市地震应急基础数据和地震应急信息库的年度数据更新工作，完成了香洲广场、湾仔回归广场、金湾红旗中心广场及斗门井岸休闲广场4个应急避难场所的规划建设。开展了“广东省防震减灾科普教育基地”的建设工作，珠海市第三中学成为该市首个广东省防震减灾科普教育基地，并授予牌匾。举办了第3期“珠海市地震应急救援志愿者培训班”，近130名来自全市各行各业的志愿者参加了培训，对斗门区莲洲镇130多名镇、村干部开展了应急培训。在香洲区吉大街道办园林社区居委会、湾仔街道办富兴社区居委会分别举办“防震减灾知识进社区”活动，增强了社区居民的防震减灾意识，提高了应急避震、自救互救的能力。全市各中小学校每学期开展了1次地震应急知识学习和应急避震疏散演练活动。举办了4场地震、避震、自救与互救基本知识专场讲座，近2 000人接受了教育。在2月16日河源4.8级地震的应对中，迅速通过珠海电视台、《珠海特区报》和《珠江晚报》等发布正确的震情信息，及时处理市民来电查询震情信息，消除了市民的恐慌与疑虑，群众生活未受影响，社会秩序正常。

（珠海市科技工贸和信息化局）

汕 头 市

2012年，汕头市科技局以科学发展观为指导，紧紧围绕加快转型升级、建设幸福汕头的核心任务，大力实施创新驱动发展战略，着力提升企业的自主创新能力和产业的核心竞争力，促进科技与经济紧密融合，推动科技工作不断取得新进展、新成效，科技对经济社会发展的支撑引领作用不断增强。全市获得科技成果72项，评定市科学技术奖54项，其中一等奖19项、二等奖22项、三等奖13项；获2012年度省科学技术奖6项，其中一等奖1项、二等奖2项、三等奖3项。全市列入国家、省各类科技计划项目146项，获得扶持资金13 025万元，其中国家科技计划项目23项，获得扶持资金1 390万元；省科技计划项目123项，获得扶持资金11 635万元。全市新增专利授权6 588件，同比增长50.72%，其中发明专利授权184件，同比增长23.49%。汕头市科技局被省科技厅评为“2012年度广东省对外科技合作先进单位”。

【科技政策环境】

全市科技创新工作会议　为深入贯彻落实全国科技创新大会和全省科技创新工作会议精神，进一步深化科技体制改革，充分调动科技企业和科技人员的创新积极性，加快建设创新型汕头，不断提升汕头核心竞争力，2012年12月6日，市委、市政府召开全市科技创新工作会议。会上，市政府传达了全国科技创新大会和全省科技创新工作会议精神，龙湖区委就龙湖省级民营科技园建设、金平区石炮台街道党工委就石炮台省级技术创新专业镇建设作了典型发言。举行了2012年度市科学技术奖获奖项目颁奖仪式，并为获得2011年度省科学技术奖的单位颁奖，最后市委书记陈茂辉就“实施创新驱动发展战略，加快建设创新型汕头”发言。

科技政策宣传　2012年，汕头市配合省科技厅、省人大法工委《广东省自主创新促进条例》巡回宣讲组，开展两次《广东省自主创新促进条例》和有关科技政策的宣讲活动，进一步增强了科技型企业对科技政策法规的理解和把握能力。大力宣传高新技术企业减免所得税、企业研发费税前加计扣除等企业税收优惠政策，积极引导和帮助企业享受税收优惠。2012年，汕头市大部分高新技术企业享受了所得税减按15%税率征收的优惠政策，一批科技型企业享受了研发费税前加计扣除的优惠政策。

【民营科技】　2012年，汕头市新增市级民营科技企业48家、省级民营科技企业62家。截至2012年年底，全市共有市级民营科技企业771家、省级民营科技企业388家。2012年度，据357家民营科技企业报送的年报表统计，其全年工业总产值294.66亿元，工业增加值82.34亿元，技工贸总收入284.73亿元，出口销售收入13.96亿元，从事科技活动人员12 346人，研究与试验发展人员5 838人，科技活动经费支出11.74亿元，高新技术产品产值96.63亿元，当年专利申请1 343项，当年专利授权1 031项，当年拥有发明专利764项，当年承担全部科技项目经费支出9.53亿元，企业办科技机构数125个。

【产学研合作】　2012年，汕头市以龙湖区9家电力电器产业骨干企业为依托，以华南理工大学、汕头大学等高等院校及科研院所为技术支持，以夏野电力电器技术研究院为创新服务平台，成立“汕头市龙湖区电力电器产业技术创新联盟”，有力地推动了该市电力电器产业的技术创新和快速发展。此外，汕头市的“粤东电力电器产业技术创新平台”项目，被列入省部产学研结合科技创新平台计划项目，获得60万元扶持资金。全市有24个项目被列入省部产学研合作专项，12个项目被列入市产学研合作专项。

【技术创新工程】

工程中心　2012年，汕头市组建以广东美联新材料科技有限公司为依托的“广东省功能性色母粒工程技术研究开发中心”、以广东三凌塑料管材有限公司为依托的“广东省新型塑料管道工程技术研究开发中心”、以汕头市夏野电器科技有限公司为依托的“广东省智能烹调电器工程技术研究开发中心”3家省级工程技术研发中心。

依托广东荣诚食品有限公司、汕头市捷成食品添加剂有限公司等企业组建3批共23家市级工程技术研究开发中心。此外，全市有6家省级工程技术研究开发中心通过省科技厅的验收。截至2012年年底，全市已有省级工程技术研究开发中心50家、市级工程技术研究开发中心120家。

创新型企业　2012年，全市新增省创新型试点企业6家、省创新型企业3家。截至2012年年底，全市共有国家创新型企业3家、省创新型企业12家、省创新型试点企业10家。

【科技服务体系】

科技咨询研究　汕头科技情报所用广泛的情报信息网渠道、丰富的信息资源和自身的研究力量，为全市的经济、科技规划和重大的经济、科技活动提供信息咨询服务，按时保质为市领导和有关部门要求提供专题资料。2012年，该所共编辑出版《科技信息汇编》15期、《汕头科技》4期。

培训工作　2012年10月，汕头生产力促进中心和中国联通汕头分公司共同举办“2012中小企业服务年——创新中国行　与沃共赢”汕头站启动暨“智慧园区”战略合作签约仪式及授牌仪式。3月，召开高新技术企业认定和复审申报辅导培训会议，全市各（区）县科技局、有关企业代表共80多人参加。11月，汕头生产力促进中心主办全市推广应用LED照明产品培训及企业对接洽谈会，全市公共照明主管部门、LED照明产品生产及应用企业、高新技术企业和民营科技企业代表共150多人参加。汕头市科技局组织省级科技计划项目经费管理培训会、第4期广东科技成果管理人员培训班，来自企业的骨干参加了培训。

【科技计划项目】　2012年，汕头市企业承担重大科技项目能力明显增强，全市列入国家、省各类科技计划项目146项，共获得扶持资金13 025万元。其中，列入国家科技型中小企业技术创新基金18项、扶持资金1 390万元；广东省战略性新兴产业核心技术攻关6项、扶持资金4 800万元；广东省重大科技专项11项、扶持资金1 070万元。

认真实施市级科技计划项目，重点支持高新技术企业上市培育、工业与高新技术、产学研合作、科技型中小企业技术创新、农业、社会发展、民生科技、医疗卫生科研、平台建设、软科学等项目，安排科技计划项目180项，计划总投资9.34亿元。资金来源以企业为主，其中市财政科技经费投入1 700万元。这批项目预计年新增产值可达25.78亿元，年利税4.79亿元，创节汇0.74亿美元。

【科技成果与技术市场】　2012年，全市取得科技成果72项，其中，“镍盐废弃物资源化高值利用的关键技术集成与示范”科技成果达到国际领先水平，“可适应吸压结合一体化气流成网机”“糖尿病心脑血管并发症基础与临床系列研究”等13项科技成果达到国际先进水平，“航宇三维可视仿真平台”“牡蛎健康养殖关键技术研究与应用推广”等30项科技成果达到国内领先水平，“电能质量自动监控柴油发电机组”“定量组织速度成像及其衍生技术评价左心室心肌生物力学及心功能系列研究”等6项科技成果达到国内先进水平。2012年，全市共受理、登记技术合同27项，技术交易额1 724.57万元。

2012年度汕头市科学技术奖共评出获奖项目54项，其中一等奖19项、二等奖22项、三等奖13项。获奖项目技术水平达到国际领先水平的1项，国际先进水平的10项、国内领先水平的30项、国内先进水平的11项、省内领先水平的1项。获2012年度广东省科学技术奖6项，其中，华能国际电力股份有限公司海门电厂与广东电网公司电力科学研究院、广州粤能电力科技开发有限公司、广东红海湾发电有限公司共同完成的“百万千瓦超超临界机组自启停控制技术研究及应用”项目获一等奖；广东汕头超声电子股份有限公司的“电容式多指触控模组研制及产业化”、广东金明精机股份有限公司的“九层共挤智能高阻隔薄膜吹塑成套装备”2个项目获二等奖；黑牛食品股份有限公司与江南大学共同完成的“大豆活性物质——功能性大豆肽和大豆膳食纤维的制备与应用技术”、汕头市华莎驰家具家饰有限公司与厦门大学共同完成的“不饱和树脂复合材料在欧式古典家具制作中的研究及产业化”、汕头大学医学院第一附属医院的“大黄素抑制肿瘤细胞增殖的分子机制探讨”3个项目获三等奖。

项目名称：百万千瓦超超临界机组自启停控制技术研究及应用

主要完成单位：华能国际电力股份有限公司海门电厂、广东电网公司电力科学研究院、广州粤能电力科技开发有限公司、广东红海湾发电有限公司

获奖情况：2012年度广东省科学技术奖一等奖

该项目属于火电厂热工控制领域，主要针对超超临界机组自启停控制技术开展深入研究，旨在掌握百万千瓦超超临界自启停控制系统关键技术。机组自启停控制系统（Automatic Power Plant Start Up And Shutdown System, APS）可以使机组按照最优规划模式进行设备启停和控制，简化了操作人员的工作，减少了出现误操作的可能，提高了机组运行的安全可靠性，同时也缩短了机组启停时间，提高了机组经济效益。

项目针对1 000MW机组的控制特点，开展超超临界机组自启停控制技术研究。技术创新点有：1. 提出了适应百万千瓦超超临界机组特性的完整APS体系和架构，解决了超超临界机组启停过程复杂、无法实现启停过程自动控制的难题；2. 开发出百万千瓦机组自启停全程优化控制技术，解决了超超临界机组特性复杂，可控性差，无法实现全程自动控制的难题；3. 提出百万千瓦超超临界锅炉自启停特殊过程的控制策略，解决了超超临界机组一些特殊过程的强非线性、无法实现自动控制的难题。

项目首次在百万千瓦机组（海门电厂1、2号机组）实现APS功能，通过缩短机组启动和停运时间及全程控制优化，降低了发电煤耗和厂用电率，已累计为发电企业增收节支超亿元。项目研究成果具有可移植性，成果已成功推广应用于海门电厂3号机组、汕尾电厂3～4号机组、湛江调顺电厂1～2号机组、珠海金湾电厂1～2号机组、沙角C电厂1～3号机组以及江苏利港电厂4号机组中，效果显著。海门电厂4号机组、茂名电厂7号机组等也正在实施APS系统，每年项目推广应用的经济效益超过10亿元。

项目名称：电容式多指触控模组研制及产业化

主要完成单位：广东汕头超声电子股份有限公司

获奖情况：2012年度广东省科学技术奖一等奖

该项目制作的电容式多指触控模组是根据人体电容感应原理，通过人手触摸实现信息输入的薄型化信息输入器件。行业现有产品采用先在基板玻璃上下面进行多次反复镀膜制作X、Y轴电极，再将基板玻璃切割成单粒电容感应器后与盖板保护玻璃进行贴合的制作方法；由于涉及单片玻璃多次反复镀膜及单粒电容器贴合的复杂制程，导致制作成本居高不下。

该项目独创性地将X、Y轴电极分别制作在基板和盖板玻璃上，并通过将两片大玻璃板整片进行真空贴合后再切割成单粒的方式，有效地规避了单片玻璃多次反复镀膜及单粒电容器贴合的繁杂制程，大幅降低制造难度和成本；同时通过电极对向真空贴合，有效缩短电极间距离，提高电极密封性，大幅提高触控灵敏度和耐温湿、耐静电性能，将抗静电性提高到15千伏的国际领先水平。项目还同时通过光电性能、软件算法、检测技术、生产技术等研究开发，在电极设计制作、反射膜层制作、超薄型绝缘膜层制作等方面取得多项创新成果，研发出非规则化感应层图形电极的检测方法，建立起成套的产品自动化测试系统，有效解决电容屏检测难的行业问题，自主研发掌握了全套的产品生产工艺技术。经鉴定，项目关键技术居于国际领先，总体技术处于国际先进。

电容式多指触控模组可实现拖拽、缩放、翻页以及弹奏钢琴等个性化输入操作，并可免除显示系统的操作键盘配置，特别符合电子产品轻薄化、时尚化、个性化发展需要，是3G、4G时代的关键产品——移动互联终端的必备部件。该项目于2010年3月投产应用，成为国内首款高端智能手机——联想乐Phone的唯一配套触控器件以及全球首款车载多媒体终端——日本先锋的配套器件，也是国内最早通过联想、中兴、华为、海信等智能手机厂商技术认证的产品，被大量应用于联想乐Phone、中兴V880、海信U8和E910等畅销品牌智能手机中，积累了雄厚的技术和品牌领先优势。近期，项目产品更是应邀参加2012年度英特尔信息技术峰会展出，被英特尔公司应用在其超极本上，所展出产品的多指同时触控点数已达到10点的最高国际水平；未来与英特尔公司的进

一步合作将为项目技术应用提供更加广阔的市场空间。

【高新技术及战略性新兴产业】

高新技术产业　2012年，汕头市新增高新技术企业18家，有22家高新技术企业通过复核。截至2012年年底，全市共有高新技术企业128家。有75家企业的150项新产品申报省高新技术产品认定，其中121项高新技术产品获得认定，进一步壮大了该市的高新技术产业规模。

战略性新兴产业　2012年，汕头市积极争取省战略性新兴产业核心技术攻关专项资金，“用于三网融合的新型可管理区域综合信息接入系统”“模块化可重组全分布式自适应控制系统成型装备”“PCB绿色制造关键化学品高纯硝酸银技术攻关”“高性能智能化多层共挤吹塑装备”“印制线路板（PCB）用镀铜关键材料的开发及产业化”“中国兰花的分子育种及种苗高效繁育技术研究与应用”6个项目得到立项，获得扶持资金4 800万元，带动突破了一批产业关键共性技术，引领战略性新兴产业快速发展。

启动首批市战略性新兴产业扶持专项资金项目，投入财政资金1 500万元，通过竞争性选拔，择优确立7个创新能力强、经济效益好、示范带动强的项目，加快突破制约战略性新兴产业发展的技术瓶颈。项目带动企业、社会总投资6.615亿多元，有望在新型电子信息、新材料、高端装备制造、生物育种等核心技术和装备领域取得31项自主知识产权，预计实现销售收入11.198亿元，形成一批拉动战略性新兴产业发展的新增长点。

根据省政府关于在3年内普及LED公用照明的统一部署及时间进度安排，制定印发《汕头市推广使用LED照明产品实施方案》及有关配套政策措施，明确3年内普及公共领域LED照明的目标任务及工作进度。成立全市推广使用LED照明产品协调领导小组，并先后两次召开会议，研究部署全市推广使用LED照明工作。市政府与各区县和高新区、保税区签订推广使用LED照明工作责任书，进一步明确任务，落实责任。举办推广应用LED照明产品培训及企业对接洽谈会，邀请省半导体照明产业联合创新中心专家对广东省LED标杆体系、LED照明工程模式及合同能源管理知识进行讲解，同时组织开展LED照明产品展示和供需双方对接交流活动。为及时掌握工作进度，促进推广应用工作的顺利进展，市科技局积极履行协调、组织、推进的工作职责，对各区县和高新区、保税区推广使用LED照明产品情况进行经常性地督导检查。截至2012年年底，全市推广应用LED照明产品工作进入全面实施阶段，已完成LED路灯改造8 602盏，新建LED路灯1 905盏，总体节能率达到50%以上，最高达到70%。通过推广应用LED照明产品，扶持LED产业技术创新，有力地推进创新链与产业链的融合，促进全市LED照明产业的快速发展。

【汕头软件园】　2012年，汕头软件园不断提高管理和服务水平，增强集聚和孵化能力，提升产业创新和竞争能力，形成强有力的带动和辐射作用，有力地促进了该市软件产业的发展。当年组织对80家入园企业年度审核，8家企业被取消入园企业资格，认定4家企业为第21批汕头软件园入园企业，入园企业总数达到76家，其中省级软件企业16家、高新技术企业12家、省级民营科技企业14家，通过系统集成资质认证的企业8家。广东航宇卫星科技有限公司承担的“应用于高端制造业面向客户的实时仿真系统研发及关键技术攻关”、广东天盈信息技术有限公司承担的“SAAS应用聚合平台的研发与推广”和广东迈科医学科技有限公司承担的“基于健康档案区域卫生信息平台的推广应用及运行维护”等被列入省科技计划项目，获得扶持资金200多万元。广东天亿马信息产业有限公司承担的“基于Intel CORE i5的TYM超极本的研发”、广东正迪网络科技有限公司承担的“具有防伪、防盗、物流和仓储管理功能的RFID电子标签系统”、汕头市博远自动化电气有限公司承担的“基于透明工厂的全集成工业自动化系统”和广东正全科技有限公司承担的“基于云计算的企业移动应用”等被列入汕头市科技计划项目，获得财政扶持资金100多万元。15家企业被认定为省级软件企业；19项产品被认定为软件产品，总数达到163项；取得著作权登记证93项，总数达到286项。粤东软件技术共享服务平台投入运行，为产业发展提供了一个良好技术支撑环境。航天产业基地正式落地建设，利用中国卫星现有成熟的卫星遥感技术、卫星通信技术、北斗导航定位技术、数字化仿真技术等辅助城市公共安全管理和防灾减灾工作，取得了新进展。

【农业科技】 2012年，汕头市大力实施农业科技攻关，着力推进海藻、花卉、潮汕焦柑和石斑鱼等产业的发展，全市被列入国家农业科技成果转化资金项目1项，获得扶持资金60万元；被列入省科技计划项目9项，获得扶持资金108万元。

继续推进“粤闽台乌龙茶星火技术产业带”项目，建成标准化生产茶园面积2 066.67公顷，新增技术设备16台（套），申请专利4项，授权专利1项，项目产值1.6亿元。继续组织实施汕头市广东农业科技园区项目，白沙蔬菜所核心园区开展潮汕特色及优势的蔬菜新品种的改良、培育、繁育、示范及推广，推广蔬菜品种20多个，推广良种17万千克，良种推广种植面积2.33万公顷；白沙禽畜所核心园区开展狮头鹅品种保护、提纯复壮、繁育育种等工作，年繁育并推广狮头鹅原种种鹅苗8万只。

【科技基础条件】

数据特区项目建设 2012年，汕头市推动建立项目领导机构，成立了汕头“数据特区”项目建设协调领导小组，进一步加强对项目建设的组织领导。邀请中国工程院邬贺铨院士等有关专家，对《汕头“数据特区”离岸业务示范区项目规划》进行论证评审，获得一致通过。积极推进南山湾科技工业园区“数据园区”项目建设进程，协调争取中国联合网络通信有限公司汕头市分公司通信枢纽机房项目入驻“数据园区”。整理形成汕头“数据特区”建设项目的相关推介资料，通过中国国际贸易促进委员会汕头市分会等部门进行宣传推介，寻求合作伙伴。积极与国家和省有关部门、万国数据公司进行沟通协调，全力推进项目建设进程。

金科网建设 2012年，汕头生产力促进中心除管理维护运转好汕头科技信息网、汕头民营科技企业网、高校科技成果汕头推广转化中心、汕头网上技术交易网、软件园网、汕头市村村通信息网等10多个网站外，自主开发制作汕头LED推广应用网站、“汕头市科技局‘五好’领导班子创建活动”专栏网站；完成服务器补丁安装、杀毒、路由器维护，防入侵检测、邮件服务器断电故障恢复；调试2013年预算申报软件、财务专线电脑调试配备；升级网络宽带，由原来的10M升为20M；设计汕头市科技信息公共服务平台建设方案；修改完善科技项目网上评审系统。

【知识产权工作】

知识产权政策法规 市政府第十三届九次常务会议审议通过了新修订的《汕头市专利奖励办法》（以下简称《办法》），市知识产权局配套出台了新的实施细则。新《办法》突出强化提升专利奖含金量，并将评选周期由两年评选一次改为一年一次，保持与国家和省专利奖评选周期一致；同时增设外观设计专利金奖和优秀奖两大奖项；突出参评专利项目的实施转化和经济效益，提高评选准入门槛。

为贯彻市委十二届二次全会精神，市知识产权局及时出台《关于进一步帮扶优势企业运用知识产权做强做大若干措施》，并根据各区县的实际情况，按照分类指导、分层次推进的原则，帮助各区县完善知识产权政策。潮南区政府在财政压力大的情况下，仍出台政策加强对专利工作的资金投入，2012年该区被省知识产权局确定为省知识产权试点区域。龙湖区、澄海区先后出台了《龙湖区委区政府关于提高自主创新能力，提升产业竞争力的决定》《澄海区关于加快建设知识产权强区的意见》等一批政策文件。市知识产权局为推动专利产出，相继出台了《关于进一步推动全市专利产出科学发展的通知》和《关于开展推动全市专利产出科学发展赶超进位专项活动的通知》。上述知识产权法规政策的出台和实施，为全市专利产出、尤其是专利质量的提升提供了保障。

知识产权创造 据统计，全年全市新增专利申请10 388件，其中新增发明专利申请1 638件，发明专利申请量占三类专利的比例比2011年同期提高了4.5个百分点；新增专利授权6 583件，同比增长50.61%；新增PCT国际专利申请57件，同比增长62.9%。专利结构明显优化，专利产出数量和质量得到双提升。全市累计专利申请量和授权量分别达到69 311件和40 876件。

知识产权运用　为提升企业运用知识产权制度能力，加快运用知识产权转型升级，增强市场竞争力，市、区县两级知识产权局加大对企业的培育扶持，实施知识产权提升工程和优秀专利项目培育工程，并结合地方产业特点，按照“提升突出一批、成长壮大一批、发展储备一批”的培育策略，促进企业产品结构优化升级。全年全市新增广东省知识产权优势企业1家、汕头市知识产权优势培育企业12家，广东省专利技术实施计划项目1项、汕头市专利技术实施孵化项目8项。在第14届国家专利奖评选中，全市有5个项目获得中国专利优秀奖，获奖数量创历史新高，占全省地级市获同等奖项数量的12%。在第4届汕头专利奖评选中，有17个项目获奖，其中5个项目获得金奖。全年全市新增的13家省、市优势企业共申请专利285件，实现销售收入13.3亿元，具有自主知识产权的产品占销售总额和出口创汇总额的60%以上。参加2012年年度结题验收的10家市知识产权优势培育企业和14个专利技术孵化项目承担单位，获扶持两年期间共新增专利申请1 716件，销售额年均增长幅度分别达到17.2%和21.2%。

知识产权保护和“三打两建”及“双打”　全市各级知识产权局严格按照上级要求，围绕“三打两建”任务，周密部署，精心组织，努力优化知识产权保护环境，为企业健康发展保驾护航。通过完善举报途径、多方挖掘案源，以及开展涉案企业回访等形式，确定检查整治重点，严厉打击专利违法行为。全年全市各级知识产权局共出动执法人员1 000多人次，检查商场超市300多家，排查标注专利标记的商品上万件，立案查处假冒专利和处理专利侵权纠纷案件分别为69宗和35宗，立案量是2011年的3.6倍。同时，坚持打建结合，以打促建，及时制定出台《汕头市知识产权局社会信用体系建设试点工作方案》和《汕头市知识产权局专利行政保护监管体系建设试点工作方案》，试点工作已按照方案有序开展。

坚持“三打”和“双打”并重，切实巩固专项行动成效。在贯彻国务院统一部署的打击侵犯知识产权和制售假冒伪劣商品专项行动（以下简称“双打”）中，市知识产权局承担着市“双打”工作领导小组办公室的日常工作。工作中，市“双打”办坚持以“三打”促“双打”的思路，积极发挥统筹协调作用，先后牵头协调相关职能部门开展了食品、药品、日化用品、酒类产品、食盐、卷烟、建材、箱包皮具、通讯产品、汽车配件十大打假专项行动。全年全市各级有关职能部门共立案查处侵权和假冒案件2 756件，涉案金额1 240.52万元，其中重大案件182件，涉案金额669.74万元；公安机关共破获侵权假冒案件1 039宗，其中刑事案件423宗、行政案件616宗；市检察机关共批准逮捕各类侵犯知识产权的嫌疑人169人，涉案110宗；市两级法院共审结商标权属及专利、商标侵权纠纷民事案件141宗。

知识产权维权援助　建立了市知识产权专家库。集中全市高等院校、科研院所、企业和相关知识产权管理部门以及法律、专利服务机构等方面的专家和优秀人才，为全市产业、区域和企业制定知识产权发展规划、实施专利战略以及应对国内外知识产权纷争提供服务，为政府职能部门制定知识产权政策、项目评审和为企业知识产权维权等提供智力支持。由市知识产权办公会议办公室牵头，组织协调全市12个相关知识产权等职能部门，建立了大知识产权举报投诉平台和维权援助新机制，出台文件对知识产权案件举报投诉及转办做出规定，为权利人维权提供便利。市知识产权维权援助中心全年共接受举报投诉20宗，核实转办20宗，维权援助57宗，协助异地维权3宗。

知识产权文化氛围营造　多渠道多形式普及知识产权知识，力促宣传社会化。在“4·26”世界知识产权日期间，以市政府名义举行了全市知识产权保护状况新闻发布会，向社会各界广泛宣传汕头良好的知识产权保护环境；结合“三打两建”和“双打”专项行动的开展，组织专项宣传活动10多场次，编印专项行动简报15期；在汕头电视台黄金时段播放知识产权公益宣传片和专题报道，在报纸、网络开展常规宣传，在公交车车身进行“12330”知识产权举报投诉公益电话宣传，知识产权知识宣传深入到全社会，效果明显。

搭建知识产权宣传教育平台，成立了市知识产权宣传培训讲师团，常年面向机关、基层高等院校和企事业单位开展知识产权宣传教育活动。一年来，讲师团成员共主讲知识产权专题讲座近

20场。坚持市、区联动开展培训，由市知识产权局提供补助经费，各区县知识产权局针对企业、行业协会的需求开展专题培训，先后举办了重点行业和企业专利申请与维权、广交会知识产权保护与PCT国际专利申请、上市公司涉及的知识产权问题解析与案例分析、专利信息运用技巧讲座、专利行政执法培训等专题培训班18场次，培训企业负责人、科研人员以及知识产权管理人员1 000多人。

多途径培养学生的知识产权意识，力促教育课堂化。在省知识产权局的支持下，汕头大学被批准成为全省首批6个也是粤东地区唯一一个省知识产权培训基地，2012年举办多期在校学生知识产权讲座。粤东高级技工学校作为市知识产权培训基地，重视发挥职业教育面向企业培养专业人才的优势，先后举办了3期知识产权专业人才培训班，有效增强技校学生知识产权保护意识和创新精神。市知识产权局还会同市教育、团市委、少工委等部门在全市扎实推进中小学知识产权教育试点，被列入第2批试点的8所中小学开展与知识产权教育相关的体验和实践等活动28场次，培训学生共12 907人，学生申请专利221件。

【科技交流与合作】 2012年，汕头市新增汕头大学工学院“广东省医学信号分析与成像国际科技合作基地”、汕头大学医学院“广东省新发传染病国际科研合作基地”、澄海区“远东国兰科技合作基地”3个省级对外合作基地，为开展对外科技交流合作创造了良好条件。

组织开展与独联体国家的合作，促成汕头市西北航空用品有限公司与乌克兰有关单位开展“飞机碳刹车盘”合作项目、汕头市华仑电子设备科技有限公司与中国—乌克兰巴顿焊接研究院合作研发“全自动智能温度控制五轴焊锡机器人”项目。

按照《粤港合作框架协议》的要求，推动汕港科技合作，汕头大学与香港理工大学、香港科技大学合作的领域涉及超声图像处理、超声成像器件开发、脑电信号分析与处理等方面，其中部分合作项目已取得显著效果，广东飞轮科技实业有限公司与香港合作方共同承担了省科技国际计划合作项目“四通航模飞机”。

【科普工作】

科技进步活动月 2012年5月中旬至6月中旬，汕头市科技局联合市委宣传部、市科协，牵头市直有关部门和各区县政府，在全市开展以“让创新成为全社会的共识与实践”为主题的“科技进步活动月”活动，举办“科普影视片巡回展播”“世界电信日”“方特缤纷动漫文化科普嘉年华”“科技下乡惠民”“开播科普大篷车”等20多项大型科技活动，营造携手共建创新型汕头的良好氛围。

科普场馆建设 2012年，汕头市科技局积极引导、扶持、鼓励社会各界参与科普事业，大力发展各个行业、各种类型的科普教育基地，依托广东华茂沉香科技基地有限公司、广东太安堂药业股份有限公司建设2个省级青少年科技教育基地。积极争取省科普项目资金，不断完善省级青少年科技教育基地和科普社区的科普功能，有5个科普项目得到省立项，获得41万元的资金支持。

2012年，汕头科技馆承办由中国科技馆主办，中国科协科普部支持的“科技进步与网球运动科普展览全国巡展”，展览以“科技进步与网球运动”“科技与健康”和“运动与健康”三大主题体现，共展出39件展品，全市各大中小学及广大市民约2万人次参观体验。

汕头科技馆完成了“数字科技馆”建设并对公众免费开放。“数字科技馆”集海洋探奇、动物世界、动手拼装、太空旅行、迷你游戏、身边的科学、科技奥运7个主题为一体，展出近百个数字科普作品。

汕头科技馆充分利用已建成的九大科普展室的资源，积极组织学校学生利用寒暑假、节假日、双休日，免费参观科技馆，全年辅导公众参观、体验、实践人数约22.8万人次。全年完成各类大型展会5场次，举办各种讲座、报告会、培训共312场次。被中国科协命名为“全国科普教育基地”，被广东省科技馆研究会授予“先进集体”称号。

（汕头市科学技术局　梁海军）

佛　山　市

2012年，佛山市科学技术局紧紧围绕市委、市政府中心工作，始终坚持以转变经济发展方式和优化产业结构为主线，大力增强自主创新能力，重点培育战略性新兴产业，加快产业转型升级，各项工作扎实推进。

【科技政策环境】 2012年11月29日，佛山市委、市政府召开了创建国家创新型城市动员大会，市委书记、市长等市领导出席会议并讲话，省科技厅领导出席会议并致辞。全市各区、镇党政主要负责人，市直副局以上单位负责人，高新技术企业、民营科技企业、科研机构等单位负责人代表共计500多人参加了该次会议。会议明确佛山市将进一步加快创新驱动城市发展的步伐，全面启动建设国家创新型城市工作，会上下发了《佛山市建设国家创新型城市总体规划（2013—2020年）》（征求意见稿）及《佛山市建设国家创新型城市实施方案》（征求意见稿）。未来8年，佛山将以建设国家创新型城市为旗帜，借佛山市成为全省行政管理体制改革先行先试试验区的东风，加快科技管理体制的改革和创新，完善创新创业环境，吸引、集聚国内外创新资源入驻佛山，建平台、引团队、聚产业，掀起新一轮创新创业的发展高潮，努力把佛山建成国际高端制造业基地，国家产业技术创新高地，全国科技、产业、金融“三融合”示范区，国家创新驱动示范城市。

【民营科技】 2012年，佛山市231家企业（包含顺德58家企业）被认定为广东省民营科技企业。截至2012年年底，佛山市共有1 231家广东省民营科技企业。根据《广东省人民政府2012年行政审批制度改革事项目录（第2批）》，佛山市将不再开展民营科技企业认定工作。

7月6日，佛山中德工业服务区在佛山新城正式奠基，被列为广东省六大区域发展平台之一。佛山中德工业服务区通过了省科技厅组织的专家论证，启动“广东省国际科技合作基地”建设。

【产学研合作】

院市合作　据统计，截至2012年年底，佛山市引入中科院创新团队41个、共计360余人，涉及中科院下属研究院所40多家，建成专业中心7个、创新平台15个，育成企业40家。院市双方达成合作项目700余项，形成新产品60余项，其中30多项实现产业化，带动产值超500亿元。由于院市合作成效显著，中科院佛山产业技术创新与育成中心获得科技部授予的“国家技术转移示范机构”前三甲荣誉称号。

2012年3月，佛山市与中科院签订了《中国科学院、佛山市人民政府合作共建佛山中国科学院产业技术研究院框架协议》，8月，研究院获市政府批复正式成立。研究院计划建立生物医药产业技术研发中心、新材料研发中心、智能制造与数字化研究中心等八大研究中心。截至2012年年底，研究院已和中科院上海有机所的诺贝尔奖金获得者团队、中科院金属所的“千人计划”团队、中科院生物物理所的结核病诊断与治疗药物团队等18个科研团队达成合作意向，首批中科院生物物理所科研团队即将进驻。研究院的建设是推进院市合作的长久化与制度化的重大举措，标志着院市合作进入新的发展阶段。

产业技术创新联盟　为加快解决佛山市产业发展中急需解决的关键共性和核心技术问题，推动佛山市相关产业形成强强联合、优势互补、互惠共赢的良性发展态势，在已成功组建5家省级产业技术创新联盟的基础上，佛山市科技局选择在产业规模较大、产业优势明显但产品结构有待优化的智能家电、牛仔服装等7个产业，组织行业内优势企业、技术创新中心及相关科研院校共同筹建产业技术创新联盟，均成功被省科技厅认定为省级产业技术创新联盟。截至2012年年底，佛山市已有12家省级产业技术创新联盟，位居全省前列。

院士工作室　2012年，佛山市新增广东省蒙娜丽莎新型无机材料院士工作站等2家省级、1家市级、2家区级院士工作室。截至2012年年底，佛山市共有26家企事业单位建立各级院士工作室29家，其中省级7家、市级18家、区级4家。通过引进院士及其创新团队的高端智力资源，有力地推动了关键技术难题的攻克，增强了企业的自主创新能力和市场竞争力。

【技术创新工程】 2012年，佛山市申报省工程中心18家，通过论证5家，有17家省工程中心通过验收；申报市工程中心30家，通过论证16家，验收了53家。截至2012年年底，佛山市共有省级工程中心105家、市级工程中心248家，其中佛山佛塑科技集团股份有限公司申报的“国家高性能聚合物膜材料与应用工程技术研究中心的建设”已进入实质性考察阶段。

新认定广东省创新型试点企业10家、省创新型企业5家。截至2012年年底，佛山市共有国家创新型企业试点2家、省创新型试点企业19家、省创新型企业19家。

【科技服务体系】 2012年7月6日，佛山中德工业服务区在佛山新城正式奠基，被列为广东省六大区域发展平台之一。佛山中德工业服务区通过了省科技厅组织的专家论证，启动“广东省国际科技合作基地”建设。佛山市科技局筹划建设“中德知识产权保护和服务试验区”，成立“中德知识产权保护和服务中心”，为德国在华企业提供高端知识产权服务，也为佛山市企业进入德国提供知识产权服务。

【科技计划项目】 2012年，佛山市科技局按照国家、省、市科技工作的部署，积极组织企业申报各类科技项目共1 300多项，获得各级经费支持超过3亿元。其中，获得国家科技立项67项，立项经费2 350万元；获得省级科技立项214项，立项经费28 823万元；市级科技立项218项，立项经费6 026.5万元；市发明专利资助项目728项，资助经费389.5万元。

5月，制定《佛山市科技计划项目验收工作规程（试行）》，进一步明确了验收程序、材料要求、验收标准等，为强化市级财政资金绩效管理提供了依据和指南。

【科技成果与技术市场】 2012年，佛山市科技局完成省级科技成果鉴定4项、市级科技成果鉴定70项，省级成果登记15项、市级成果登记88项。评审出2012年度市科学技术奖获奖项目106项，其中一等奖14项、二等奖36项、三等奖56项。获2012年度广东省科学奖17项，其中特等奖1项、一等奖1项、二等奖3项、三等奖12项。截至2012年年底，佛山市科技局共受理技术合同登记128份，合同成交总额30 160.21万元，同比增长143%，其中技术交易额28 259.94万元，同比增长141%。

项目名称：佛山一环快速干线工程建设与管理创新实践

主要完成单位：佛山市人民政府、佛山市路桥建设有限公司、佛山市交通运输局

获奖情况：2012年度广东省科学技术奖特等奖

详见第139页。

项目名称：多功能无规共聚聚丙烯（PP-R）管道系统的研发与应用

主要完成单位：佛山市日丰企业有限公司、中山大学

获奖情况：2012年度广东省科学技术奖二等奖

该项目针对无规共聚聚丙烯管材的低温脆性，以及白色PP-R管遮光效果不好而管内易滋生青苔导致卫生性降低的问题，通过添加极少量的纳米粒子、成核剂、遮光剂以及抗菌剂到PP-R材料中，充分考虑了以上添加剂在管材使用过程中的抗抽提性和卫生性，并通过改善其和基体的相容性，开发出具有较好低温韧性以及遮光效果显著的多功能PP-R管道系统。该管道系统克服了普通PP-R管材低温脆性及白色管遮光效果差、易滋生微生物的缺点，可广泛应用于冷热水输送领域，适合户外明装管道系统及寒冷地区的冷热水供应，保温节能效果好，有利于建筑节能；同时，促进了PP-R管道产品的结构调整和产业优化升级，推动了建筑行业技术水平的发展。

【高新技术及战略性新兴产业】

高新技术产业　截至2012年年底，佛山市共有高新技术企业544家，总数量位于广东省第3位，仅次于深圳和广州。2012年，佛山市高新技术企业共实现工业总产值2 836.5亿元，总收入2 828.08亿元，出口创汇80.81亿美元，税收总额102.72亿元，净利润133.67亿元。

战略性新兴产业　6月15日，全市推广应用LED照明产品工作会议召开，研究部署佛山市在公共照明领域全面推广普及LED照明产品工作。佛山市政府与各区政府、佛山新城及市直有关部门签订了《佛山市推广应用LED照明产品工作责任书》，明确了各自工作任务。佛山市科技局同时制定了《佛山市推广使用LED照明产品实施方案》，作为推广应用工作的行动指南，通过政策性地扩大终端市场需求，拉动LED产业不断取得新突破，跃上新台阶。

8月25日，佛山市科技局组织召开全市LED照明产品推广应用暨LED产业技术路线图发布交流会。南海区罗村街道、桂城街道、顺德区龙江镇、市路桥建设集团和市中医院与相关节能服务公司签订试点任务书，以此发挥以点带面的示范效应。

重点打造拥有33万平方米的广东省新光源产业基地，使其成为佛山市发展LED产业的重要载体，先后引进了奇力光电科技股份有限公司、国星半导体技术有限公司等45家半导体照明企业以及国家半导体照明工程研发及产业联盟华南分中心、中国赛宝实验室、广东省半导体照明产业联合创新中心等高端公共服务平台，产业得到进一步集聚，在辐射与带动周边地区和相关产业方面发挥了积极的作用。7月，广东省新光源产业基地三大项目正式落成，将进一步提升基地的聚集和辐射效应，对全面展示佛山市LED产业提升发展及自主创新成果起到良好的促进作用。

佛山市科技局联合佛山新城管委会重点推进佛山新城LED照明应用研究及示范工程建设，组织申报国家“863计划”重点项目，在高品质LED光源封装技术、模组化LED灯具技术、无电解电容驱动电源技术和智能照明系统控制技术四大方面开展半导体照明关键技术集成研发和产业化研究，该项目已立项入库。

【农业科技】　2012年，佛山共有6个项目申报省农业攻关项目，4个项目申报国家星火计划，1个项目申报省农村信息直通车工程项目，4家企业申报省农业科技成果转化资金专项计划项目。

6月19日，根据省科技厅农村信息直通车工程实施办公室的统一部署，佛山市科技局举办了“佛山市名优农产品电子商务培训班”。佛山市30多家优秀、特色的涉农企业参加了培训。通过电子商务培训，指导企业如何利用电子商务开展业务，提升了佛山市农业企业的信息化水平，拓宽了农产品产销渠道，提高了市场竞争力。

【科技基础条件】　2012年，佛山市新增省级企业重点实验室2家，累计共有4家企业组建了省级企业重点实验室，分别是广东凤铝铝业有限公司、广东吉熙安电缆附件有限公司、广东炜林纳功能材料有限公司、南海发展股份有限公司。广东炜林纳功能材料有限公司在佛山市科技局的引导下，加强与华南理工大学合作，依托企业现有基础，借助华南理工大学的科技人才力量，合作建成“广东省稀土精细化工新材料企业重点实验室”，2012年该项目获省科技厅批准立项，成为省级企业重点实验室。

【技术创新专业镇】　2012年，佛山市以全省科技创新工作会议为契机，宣传推广该市专业镇工作。7月19日，全省科技创新工作会议在中山市古镇镇召开，传达全国科技创新大会精神，部署全省科技创新和加快专业镇转型升级各项工作，佛山市科达机电股份有限公司作为企业转型升级代表在大会进行了发言。佛山市科技局充分利用这次召开会议的契机，积极推荐南庄、罗村、西樵、荷城4个镇作为省专业镇转型升级先进典型在会上派发经验总结交流材料，总结和推广佛山市专业镇转型升级的好经验好做法，同时配合省科技厅接待并安排香港文汇报广东分社对佛山市科技局以及部分专业镇进行专访，宣传佛山市专业镇转型升级方面的成功经验。

深入开展专业镇“一校（院）一镇”工作。2012年，全市共有7个单位申报省专业镇专项，其中有4个项目获得省科技厅立项。同时，佛山市科技发展专项资金也设立专业镇“一校（院）一镇”合作建设专题，支持专业镇充分利用产学研合作创新平台提升专业镇整体创新能力和综合服务能力，加强与国内高校、科研院所的紧密合作，为专业镇发展提供持续动力，促进产业转型升级。

【知识产权工作】

专利申请与授权　2012年，佛山市专利申请量22 603件，同比增长10.8%，其中发明专利申请量3 310件，同比增长19.4%；专利授权17 839件，同比增长9.1%，其中发明专利授权1 161件，同比增长19.4%；PCT国际专利申请121件。

三打两建　根据全省“三打两建”专项行动、省知识产权局系统专利执法维权“护航”专项行动及国务院打击侵权和假冒伪劣商品工作部署，佛山市科技局成立了“三打两建”专项行动领导小组，制定了《“三打两建”工作主要任务分解表》，以打击假冒专利为重点，采取定期市场巡查、与各区经济促进局联合执法、与市各相关单位组织综合执法队伍联合行动等多种方式，对汽车用品、箱包皮具、医疗器械、电脑配件等多个行业进行检查，加大对假冒专利案件的查处力度。全年共组织了78次联合执法行动，出动执法人员588人次，分别组织了禅城、南海、高明、三水知识产权局及相关部门检查日用品、化妆品、汽配、食品、药品、箱包等商品9 841件，共处理专利案件53宗，其中处理专利侵权案件17宗，调解专利侵权案件10宗，处理假冒专利案件26宗，处理案件量比2011年增加了100%。涉案金额80万元，其中大案2宗、涉案金额45.4万元。

知识产权保护　联合佛山市知识产权局、工商局、版权局、经济和信息局、食品药品监督管理局等部门开展“正版正货承诺”活动；与珠三角地区其他8个地市知识产权局的代表共同签订《珠江三角洲地区专利行政执法合作协议》，从政策研讨、业务交流、信息共享、执法协作等5个方面，开展专利行政执法合作。

推动建立诉调对接机制。充分发挥行业协会在知识产权保护中的作用，组织佛山市知识产权协会、禅城区知识产权保护协会，共同探讨专利侵权纠纷的第三方和解机制，并达成初步共识，开展试点工作。

探讨建立专利纠纷仲裁机制。拓宽解决知识产权纠纷的渠道和途径，与佛山仲裁委员会探讨共同构建专利纠纷仲裁解决模式，建立专利纠纷仲裁室，增加专利纠纷的仲裁途径。

积极与法院沟通，尽力缩小司法和行政对于侵权判定标准的分歧，同时还组织知识产权专家对部分疑难案件进行咨询会商，确保案件处理的准确性。

开展专利纠纷案件回访活动。举办专利纠纷案件回访座谈会，听取专利纠纷案件当事人的意见和建议，进一步改进专利行政执法工作，不断提高办案效率和水平。

建立市场巡查制度。定期进行市场巡查，建立市场巡查登记表，建立专业市场知识产权保护联系网络，加强沟通交流和宣传，帮助专业市场增强知识产权保护意识。

【科技交流与合作】　2012年，为拓展佛山市招才引智工作，佛山市科技局积极开展与多个国际组织的合作。7月1—4日，澳大利亚联邦科技与工业研究组织的专家团到访佛山，中科院、澳大利亚联邦科技与工业研究组织和佛山市三方初步达成合作意向，筹划合作共建中澳产业技术中心。7月，英国兰卡斯特大学环境中心、中科院地化所与佛山市科技部门达成合作意向，拟建立国际环境研究与创新中心佛山办事处，将国际合作引入院市合作工作，以人才培养促进科技成果向产业化转化的创新模式开展环保项目合作。7月6日，佛山市政府与德国弗劳恩霍夫协会签署框架合作协议，德国弗劳恩霍夫协会为佛山市的产业转型升级提供高技术服务，佛山市科技局将协助新城管委会、德国弗劳恩霍夫协会开展中德产业对比研究项目，借鉴德国工业发展的先进理念，促进佛山市产业的转型升级。

【科普工作】　2012年，佛山市“科技进步活动月”围绕“让创新成为全社会的共识与实践”这一主题，针对当前佛山市科技和经济社会发展的热点以及群众的实际需求，重点开展提升自主创新能力，转变经济发展方式，提高公民科学素质以及科技惠及民生等系列活动。

“科技进步活动月”期间，佛山市科技局在局网站上开设了专栏，连同市科协等部门，和各区局一同开展了以“科技改变生活，文明造福佛山”为主题的送科技到基层活动。禅城区举办了以“科技促进城市升级，创新造福千年古镇”为主题的社区科普活动，三水区举办了“防灾减灾日”宣传活动、“佛山市气象科普农业科技下乡活动”，高明区举办了食品安全和安全生产的专题宣传等多项活动。这些科普宣传活动每场均吸引数千人参加，让民众切身感受到自己身边的科技成果。

2012年，佛山市科学馆围绕公益性科普教育基地功能，大力开展科普教育工作。举办科普讲座32次，约13 000人参加了科普讲座。接待参观团体达230批次，接待参观人数达17万人次。同时，开展多种形式的科普教育活动，如“送科普知识进校园”科普活动，先后在南海石江小学、华英中学举行；举办“成长1+1”家庭教育系列公益讲座、“科学探索”科普教育系列公益讲座、“成长1+1”家庭教育论坛等。

（佛山市科学技术局　蒋碧婵）

韶　关　市

2012年，韶关市科技局深入开展“三服务（服务企业、服务产业、服务民生）”活动，全力打造“服务型机关”，工作理念实现了从“管理型”到“服务型”的质的转变。“三服务”推动全市科技工作跨上更高水平，为韶关绿色崛起提供了有力的科技支撑。韶关市科技局荣获2012年度中国产学研合作促进奖，是广东省唯一获此奖项的科技主管部门。

【民营科技】 2012年，韶关市有8家企业被认定为省级民营科技企业。截至2012年年底，全市共有81家省级民营科技企业。

韶关市民营科技工业园坚持以招商引资和发展民营经济为重点，本着高标准规划、高起点建设和高效能管理原则，形成了以机械装备、玩具制造为主导产业和新材料、生物制药、新能源等新兴产业不断发展壮大的格局。截至2012年年底，园区落户项目有300多个，其中投产企业150多家。2012年，园区完成工业总产值120亿元，同比增长12.15%。

【产学研合作】 2012年，韶关市企业与北京科技大学、华中科技大学、中科院广州化学所等省内外高校和科研院所建立了长期、稳定的产学研合作关系，共引入企业科技特派员60多人，进驻40多家企业。组织多批次企事业单位相关人员赴省内外高校、科研院所等开展产学研交流对接，初步达成了一批合作项目协议。2012年，韶关获批建设的“全省产学研结合示范市”进展顺利，全市产学研合作成效显著。韶关市科技局获得2012年中国产学研合作促进奖，是广东省唯一获此奖项的科技主管部门。

组织企业、高校联合申报2012年省部、省院产学研合作专项25个，组织申报2012年省科技基础条件项目6个，组织申报2012年广东省产学研重大专项1个——“超长大型高精度液压油缸关键部件制造技术研究及产业化”。

【技术创新工程】 2012年，韶关市依托韶关液压件厂有限公司组建了广东省伺服液压缸工程技术研究开发中心，依托韶关市亿恒电气设备有限公司组建了韶关市环保节能型电气设备工程技术研究开发中心。截至2012年年底，全市共有省市工程技术研发中心35家，其中省级11家。

【科技计划项目】 2012年，韶关市共有68项省级以上的科技计划项目获立项，获支持资金4 200万元。其中，重大科技专项4项：韶关市伟光液压油缸有限公司承担的“超长大型高精度液压油缸关键部件制造技术研究及产业化”项目获200万元支持；广东旭粤新能源科技有限公司承担的“广东旭粤太阳能生态旅游度假村绿色小区建设示范”项目获低碳专项200万元支持；中健行集团有限公司承担的“马尾松针叶聚戊烯醇治疗阿尔茨海默病创新药物临床前研究”项目获新药专项100万元支持；韶关市路灯管理处承担的“韶关市公共照明示范工程”项目获LED专项1 500万元支持。获省级以上科技型中小企业技术创新基金8项，获支持资金共计410万元，弥补了中小微型企业发展急需的资金不足问题。组织实施市级科技计划项目104项。

【科技成果与奖励】 韶关市获2012年度广东省科学技术奖9项，其中一等奖1项、二等奖3项、三等奖5项。韶关市第一人民医院参与完成的

"慢性阻塞性肺疾病发病与人群防治研究"获一等奖。乐昌市龙山林场、韶关市曲江区国营小坑林场参与完成的"杉木系统改良与无性系选择"及乳源东阳光精箔有限公司参与完成的"高端铝材用晶粒细化母合金制备关键技术集成及产业化"获二等奖。

广东韶钢嘉羊新型材料有限公司主持完成的"高性能矿渣粉高效制备与应用技术"项目，获2012年度广东省科学技术奖二等奖。该项目在国内首次建立了矿渣粉体粒度分布特征与矿渣粉活性指数之间的关系模型，提出了通过优化粉体粒度分布作为实现矿渣高效粉磨的技术途径，为建立高炉矿渣立磨高效粉磨技术体系提供了重要理论与技术支撑。项目已获授权专利6项，总体技术达国内领先水平。建成的2条矿渣粉生产线，设备国产化率达70%，单线生产能力提高14.3%，综合电耗下降4.7%、煤耗下降15.3%，其中单线生产能力62.9万吨/年获"中国企业创新纪录"称号。近3年2条生产线节支总额达1 900万元。

全市评选出2012年度科技进步奖76项，其中达国际先进水平和国内领先水平的有9项、国内先进水平的有42项，获奖工农业项目新增产值28亿多元，新增税利6亿多元，节支3亿元。近年来，全市科技创新更加注重服务社会民生，涌现出一批与生活、健康、环保密切相关的科技成果，为韶关经济社会发展发挥引领和支撑作用。

【高新技术产业】 2012年，韶关市有6家企业被认定为国家高新技术企业，全市高新技术企业累计达31家。高新技术产品产值达158.06亿元，高新技术产业增加值占工业增加值的比例达到23%。有17个产品被认定为广东省高新技术产品。

【农业科技】 2012年，韶关市获批2个"国家科技富民强县"专项（南雄市和始兴县）。组织申报国家、省农村农业类项目30多项。组织农业专家到乐昌两江镇茶坪村等地通过现场咨询、发放技术手册等形式，满足广大农户对科技信息、技术的需求。邀请林科专家到曲江白土镇解决农户山地种植问题。联合省科技厅在乐昌梅花镇举办农产品生产科技下乡活动，开展现场技术培训并解答农户咨询，送去了优质种子和农用科技书籍等。

【专业镇及特色产业基地】 截至2012年年底，全市共有省、市级专业镇33个。液压油缸、铝箔、有色金属材料等三大特色产业基地产值达130亿元，同比增长8.3%。

【知识产权工作】

专利申请与授权 2012年，韶关市专利申请的数量和质量明显提升，专利申请结构进一步优化。全市专利申请量1 814件，同比增长45.70%，其中发明和实用新型专利申请1 031件，占专利申请总量的56.84%；专利授权量1 431件，同比增长114.22%。全市专利资助共4批，共1 205件，资助金额119.13万元。

知识产权示范 2012年，浈江区被确定为省知识产权试点区域，韶关市利民制药厂被列为省知识产权优势企业，仁化县实验学校被确定为省中小学知识产权教育示范学校。截至2012年年底，全市拥有省级知识产权试点县（市、区）4个（武江区、乐昌市、仁化县、浈江区）、省级知识产权优势企业9家、省级知识产权试点事业单位2个（韶关学院、韶关技师学院）、省级中小学知识产权教育试点（示范）学校10所、省知识产权战略试点企业1家。广东东阳光铝业股份有限公司被列为广东省知识产权示范企业及全国企事业知识产权试点单位。

知识产权保护 2012年，韶关市知识产权执法主要围绕"三打两建"展开。制定了《韶关市知识产权系统"三打两建"专项行动实施方案》《韶关市知识产权系统社会信用体系建设实施方案》《韶关市专利行政保护监管体系建设实施方案》。市知识产权局多次联合市工商局、文广新局、公安局开展侵犯知识产权和制售假冒伪劣商品专项宣传和执法检查行动。4月26日世界知识产权日，市政府知识产权办公会议办公室会同市知识产权局、工商局、文广新局、公安局、质监局、药监局等有关部门在市区联合开展了"4·26"知识产权联合执法专项行动，出动执法人员20多人，在市区多个大型商贸场所、药店、主要流通市场进行了现场检查。6月6日，市知识产权局联合市公安局组成联合执法组开展了

查处“护康胶囊”假冒专利的执法行动。9月12日的专项行动中，查处涉嫌假冒专利药品、保健品4宗，经查证为专利标识不规范，容易引起消费者误解，相关产品被下架处理。

3月17日，市知识产权局联合韶关市文广新局在市区中山公园开展“三打”宣传咨询活动，印制派发“三打”“知识产权保护”等宣传资料。利用韶关电台、电视台、《韶关日报》、韶关家园网等媒体大力宣传“三打”工作和知识产权保护，及时报道打击成果和典型案件。编印下发《知识产权宣传手册》和《知识产权ABC》宣传资料1万册。年内，共举办4期知识产权管理及实务等内容的培训班，其中市本级1期、县（市、区）3期，全市企事业单位代表、各县（市、区）知识产权管理部门等230多人参加了培训。

【科普工作】 2012年，韶关市深入实施《韶关市科学技术局宣传工作奖惩办法（暂行）》，全面激发宣传热情。市科技局在各类媒体上共发宣传稿件200多篇，其中10多篇稿件在《广东科技报》、南方网等省级媒体发表，多篇稿件作为《韶关日报》头版头条刊登。

2012年，市科协围绕提高全民科学素质，主要开展了以下活动：2012年文化科技卫生“三下乡”活动暨“千会服务千村”行动、“5·12”国家防灾减灾日地震地质科普活动、2012年韶关市“科技进步活动月”活动、韶关市“科普日”活动、“科普漂流书屋”赠送活动、“四送一训”科普惠农活动、各类青少年科技竞赛活动等。通过科普咨询、科普讲座、科普展览、科普竞赛及媒体、网络宣传等形式大力普及《科普法》。

【民生科技】

创新医疗器械产品应用示范工程　2012年，韶关市科技局会同卫生部门组织“创新医疗器械产品应用示范工程”，推进国产的数字化、智能化、质优价廉的创新医疗器械产品配置到基层。继乐昌市作为全省首个“创新医疗器械产品应用示范工程”示范点之后，粤北第二人民医院、仁化人民医院、乳源人民医院作为示范单位，应用国产创新医疗器械产品，有力推动基层医疗设备的完善，提高基层医疗机构诊断技术水平，造福基层群众，受到群众的热烈欢迎。

生态环境科技成果示范推广　为减少餐饮业油烟污染和火灾隐患，韶关市科技局扶持开发了餐饮业厨房油烟环保节能净化装置。该装置净化后排放浓度为0.4毫克/平方米，油烟去除效率为78.5%，达到饮食业油烟排放标准。该科技成果于2011年12月通过专家鉴定，并先后荣获全国发明展览会银奖和铜奖。该产品已在韶关市区两家餐饮酒楼示范使用一年，并受到用户的充分肯定和高度评价，处于推广阶段。为节约用水，减少排放，韶关市科技局示范推广了节水马桶。“博尔通”1.8升座便器冲洗用水量只需1.8升，优于国家标准节水型座便器（6升）的要求，节水效果显著。同时，甲醇汽油、金属切割液等一批环保产品也在示范推广，并取得初步成效。

生态宜居科技项目实施　围绕景观绿化、环境优化保障、噪声控制与改善、自然通风等方面，韶关市科技局组织实施了“广东旭粤太阳能生态旅游度假村绿色小区建设示范”“韶关市大气细颗粒物（PM2.5）源解析研究”等科技项目，使人们在安全健康、美丽舒适的人居环境中生产生活。

【防震减灾】 2012年，韶关市防震减灾工作贯彻“预防为主，防御与救助相结合”的方针，落实国家和省防震减灾工作会议精神，转变管理理念，树立服务意识，地震监测预报、震灾预防和地震应急救援三大工作体系建设进展顺利。截至2012年年底，全市有6个地震台（站）、5个地震宏观观测点、4个地震应急避难场所、7个地震安全示范村、1个地震应急物资储备中心。

2012年5月11日，韶关市地震局联合市民政局、武江区委宣传部、武江区科技局（科协）、新华街道、韶关市科技馆、韶关市红十字会及武江区公安、消防、教育、卫生等相关部门在武江区红星小学举办了地震应急疏散演练。12月6日，韶关市地震局在韶关学院联合市红十字会、市消防局等部门举办了一场千余人的地震应急救援综合演练，并供第12届粤闽赣湘交界区地震联防协作会议与会代表观摩。通过地震应急疏散演练，提高了当地应对地震突发事件的能力，减少地震灾害造成的损失。

为做好“5·12防震减灾日”以及“防灾减灾宣传活动周”期间的防震减灾科普知识宣传活动，提高公众防震减灾意识和避险自救能力，韶关市地震局围绕建设“幸福广东”，重点突出“预防为主，防御与救助相结合”的理念，积极开展以“弘扬防灾减灾文化、提高防灾减灾意识”为主题的系列防震减灾科普知识宣传活动。并在武江区、曲江区、乐昌市等县（市、区）开展大型防震减灾综合宣传活动，现场派发《城市防震要点》《人类应学会与地震共存》《防震减灾知识》等宣传资料3万余册。同时在全市的电子大屏幕上播放相关的地震科普宣传知识。5月10日，邀请省地震局到该市乐昌一中作了“树立忧患意识、参与减灾行动”的专题讲座，机关干部、学校师生、防震减灾助理员和媒体记者等1 000多人参加。

12月6日，第12届粤闽赣湘交界区地震联防协作会议在韶关市召开。广东、福建、江西、湖南四省地震局以及广东韶关、梅州、河源与江西赣州、福建龙岩、湖南郴州六市人民政府、地震部门负责人和专家参加了会议。会上，广东、福建、江西、湖南四省地震局专家作了交界区地震形势分析报告，韶关、河源、梅州、龙岩、赣州、郴州六市代表进行了防震减灾经验交流。

（韶关市科学技术局　夏敬华）

河　源　市

2012年，河源市围绕市委、市政府的中心工作，树立“卓越科技，产业领袖”的目标追求，弘扬新时期河源科技人精神，以提高科技创新能力为总目标、总任务，努力推动全市科技工作上新台阶，全市各项科技事业取得了长足发展，为助推“广东绿谷”，实现“三大”崛起，建设幸福河源提供了坚实的科技支撑。

【科技政策环境】　2012年，河源市召开了全市科技工作会议，传达贯彻了国家、省有关科技工作会议、文件精神，出台了《中共河源市委、河源市人民政府关于依靠科技创新推进专业镇转型升级实施意见》《河源市促进自主创新实施意见》，修订了《河源市科学技术奖励办法》，为该市科技的进步、经济的发展营造了良好的政策环境。

【民营科技】　2012年，河源市共培育和发展民营企业9家。截至2012年年底，全市共有民营企业75家，有力地促进了民营企业的发展。

【产学研合作】　2012年，河源市共组织申报国家级、省级和市级各类科技项目305项，其中国家级5项、省级128项、市级172项。认定省部产学研结合科技创新平台3个、省部产学研结合示范基地2个、省部产学研示范企业5家。积极引导企业与高校、科研院所共建研发机构，加快高新技术成果在该市产业转移园的转化和产业化，提升该市产业自主创新能力与产业核心竞争力，2012年共有60多家企业（单位）与30多所国内外高校和科研院所建立了产学研合作关系。进一步优化扩大科技特派员队伍，2012年新增企业科技特派员5名，总数达到46名。

【技术创新工程】　2012年，河源市大力推进省市级工程中心建设，重点支持优势企业申报组建国家级工程中心或重点实验室。新组建了省级工程中心2家。市级工程中心5家，截至2012年年底，全市已有省级以上企业工程中心12家、市级工程中心40家，广泛分布于各产业集群，为产业创新发展提供了强有力的技术和人才平台，以企业为中心的创新体系得到进一步完善。

通过切实提高认识，强化扶持意识；规范金融秩序，改进金融服务；增加资金补助，提升企业活力；减轻企业负担，缓解企业压力；提高服务水平，优化发展环境等做法，河源市不断加快创新型企业发展步伐。当年新增省级创新型企业1家，截至2012年年底，全市共有河源富马硬质合金股份有限公司、广东和平君乐药业有限公司、广东立国制药有限公司3家省级创新型企业，有力地促进了该市自主创新能力的提升和发展方式的转变。

【科技服务体系】 2012年，河源市努力建设支持自主研发、促进成果转化的科技服务体系，制定优化相关政策法规，鼓励各种社会力量和社会资本参与和组建科技中介服务机构，大力发展孵化器、生产力促进中心、特色产业园区、产业化基地和公共科技平台，加强科技服务人才培养。通过不懈的努力，河源市科技孵化、技术服务、管理咨询、风险投资等新兴科技服务业呈现出加速发展态势，初步形成符合该市实际的科技服务格局。

【科技计划项目】 2012年，河源市获省科技厅立项产学研合作项目及重大科技专项35项、省级工业攻关项目5项、省级社会发展项目4项、高新区发展引导专项2项、省级科技型中小企业技术创新专项3项、省级农业类科技计划项目7项；获国家级科技型中小企业技术创新专项立项4项。科技项目的申报与实施，为河源市凝聚了一批高素质、高技术、高规格的人才队伍，为该市高新技术产业发展积累了宝贵经验，增强了企业发展信心。

【科技成果与奖励】 2012年，河源市共组织48项科技项目进行市级科技成果鉴定。评出2012年度市科学技术进步奖项目35项，其中特等奖2项、一等奖3项、二等奖5项、三等奖25项。由陆宇皇金建材（河源）有限公司承担的“膨胀蛭石防火板”项目获2012年度广东省科学技术奖三等奖。

【高新技术及战略性新兴产业】

高新技术产业 2012年，河源市共有5家企业获得国家级高新技术企业认定。截至2012年年底，全市高新技术企业总数达到21家，为推动该市产业结构优化升级，增强经济发展后劲，推进市高新区升级为国家级高新区打下了坚实基础。

战略性新兴产业 2012年，河源市积极引进和培育新电子、新材料、新能源、新医药等战略性新兴产业，推动产业结构转型升级。

成功打造手机产业“全链条”，壮实电子信息产业。河源市以手机为主的电子信息产业发展迅猛，先后引进了中兴通讯股份有限公司、西可通信技术设备有限公司、广东美晨通讯有限公司等手机及配套企业56家，投资总额达271亿元；吸引了国家通讯终端产品质量监督检验中心（全国唯一的国家级通讯终端产品质检中心）、中国移动信息终端技术产学研战略联盟、电子信息研究院、博士后流动工作站、电子产品实验室等产业技术创新服务平台的落户。截至2012年年底，河源高新区已经形成了集新产品研发、模具开发、注塑、喷油、SMT（表面组装）、整机组装、检测、物流、销售为一体的手机产业“全链条”。2012年，高新区手机产量超过5 800万部，手机及配套元器件产值200亿元以上。2012年，河源高新区被认定为新一代移动通信终端制造产业的“省市共建战略性新兴产业基地”。作为河源手机电子信息产业的主要载体，高新区被广东省政府认定为“广东省手机生产基地”，是广东省唯一的“广东省手机产业集群升级示范区”，也是全国主要手机出口基地，并被认定为“首批广东省外贸转型升级专业型示范基地”，手机产品销往世界各地，影响遍及欧美、东南亚、非洲等地区，打出了闪亮的“做手机，到河源”的区域名片。

大力发展太阳能光伏产业，打造亚洲最大光伏产业基地。作为华南地区的“石英宝库”，河源具有得天独厚的资源禀赋，其石英储量占全世界探明储量的1/4，纯度高达99%。截至2012年年底，广东汉能光伏有限公司投资210亿元建设的太阳能薄膜电池生产基地已经投产，并带动了35家相关配套企业的集聚落户，形成了产品门类齐全、技术水平高端、产业环节完整、相互配套、各环节均有重大项目的产业链条。

以创建“河源市绿色照明示范城市”为契机，大力发展LED产业。河源通过LED路灯产业化示范推广工程的实施，以产品配套和应用开发为纽带，引导企业通过联合、兼并和重组，激励企业不断扩大生产规模，提高技术水平，加快形成一批具有行业特色、产业优势、规模效应和品牌形象的龙头骨干企业。截至2012年年底，全市已培育了河源粤兴照明实业有限公司、河源市超越光电科技有限公司、河源市江辉光电科技有限公司等LED及配套企业近10家。

【农业科技】 2012年，河源市申报了国家级科技富民强县专项计划项目“食用菌技术示范与产业化”，并获准立项；组织申报国家成果转化资金项目“粤引尤力克柠檬标准化种植技术示范与推广”。组织申报省级农业类科技计划项目47项，其中重点项目2项、面上引导项目35项、广东省农村信息直通车工程专项4项、广东省农村科技特派员专项3项、农业科技成果转化资金3项；立项25项。申报省级专业镇转型项目3项，认定1项。新增农村科技特派员（个人及法人）60多个、工作站6个，截至2012年年底，全市农村科技特派员数量达到360多个、工作站28个。同时，认定了河源市华睿蓝莓实业有限公司等3家企业为第4批河源市农业技术创新中心组建单位。截至2012年年底，全市共有省级农业科技创新中心3家、市级农业科技创新中心14家。

【专业镇及特色产业基地】 2012年，河源市出台了《中共河源市委、河源市人民政府关于依靠科技创新推进专业镇转型升级的实施意见》，安排专项资金支持专业镇转型升级技术创新体系和产业服务体系建设。组建市级专业镇6个，截至2012年年底，全市共有省级专业镇14个、市级专业镇36个。

2012年，河源市大力建设新能源特色产业基地和新材料特色产业基地。通过广东汉能光伏有限公司的非微晶叠层薄膜太阳能电池项目建设，带动了全市太阳能光伏产业的发展，初步形成从石英砂开采加工到太阳能电池生产、太阳能发电为一体的光伏产业链；通过硬质合金项目建设，带动形成了以富马硬质合金为龙头，普益合金、正信合金、永兴合金等一批硬质合金型材生产项目的加快实施，河源将建成广东乃至全国微晶硬质合金生产基地，并形成以中高档特色制品为主，涵盖多品种、多系列的特色制品国家级产业基地。

【知识产权工作】 2012年，河源市专利申请量为570件，同比增长16.8%，专利授权量为326件，有2项专利技术被列入省级专利技术实施计划项目，其中重大项目1项；1家企业被认定为省级知识产权优势企业。同时，该市进一步加大了知识产权宣传力度，举办了第12届粤东知识产权局长联席会议，组织了第12个世界知识产权日系列宣传活动和科技下乡活动，深入开展知识产权宣传活动。加强知识产权保护，开展联合执法巡查行动，加大打击侵犯知识产权和制售假冒伪劣商品的工作力度，充分保护知识产权权益人的合法利益，提高商家及群众知识产权意识；开展打击专利申请非法代理机构；开展打击侵犯知识产权和制售假冒伪劣商品专项行动和“三打两建”专项行动。

“4·26”世界知识产权日期间，河源市组织专利、商标、版权、海关以及公安等知识产权管理部门对市区大型商场超市进行知识产权维权巡查，提高商家和群众知识产权意识，扩大知识产权影响力；8月，河源市成功查处了“肤立修凝胶”假冒专利案，执法检查过程中，执法人员向商家宣传有关专利法律法规和专利标识标注规范要求，并就流通企业加强专利商品的监管提出了指导性意见。

【科普工作】 2012年6月，河源市在龙川县麻布岗镇举行了一场以“让创新成为全社会的共识与实践”为主题的科技下乡活动，活动中组织开展了科普集市，举办了脐橙实用技术培训，培养一批懂科技、懂管理，能从事专业化生产和产业化经营的农业科技管理人才和新型农民，提高广大农民科技素质，满足当地农业结构调整和产业化经营发展的需要，促进农业增效，农民增收。

【防震减灾】 2012年，河源市认真做好震情监测和分析工作。通过与新丰江中心地震台进行震情会商，加强震情监测，努力捕捉地震前兆信息，积极、主动、及时向市政府报告信息，为政府应急管理决策提供意见和建议。积极开展防震减灾宣传教育工作。通过电视、网络、报刊等媒介积极开展防震减灾科普知识宣传。“5·12”防震减灾宣传周期间，该市各县区均在学校、广场等地举办防震减灾知识讲座和科普图片展览咨询活动，不断扩大防震减灾宣传的力度，普及防震减灾知识。及时做好地震应急处置工作。2月和8月，该市发生了两次4级以上地震，迅速启动应急预案。由于积极应对，宣传到位，居民生产生活未受影响，社会稳定，得到了中共中央政治局委员、广东省委书记汪洋及国家地震局局长陈建民等领导的高度赞扬。

（河源市科学技术局　黄　强）

梅　州　市

2012年，梅州市科技工作紧紧围绕市委、市政府“一园两特带动一精”产业发展战略，全面贯彻落实全省科技工作会议精神，大力实施科技示范工程，着力培育创新主体，加快产业结构调整升级，努力提高科技工作水平，为“全力加快梅州绿色的经济崛起、建设富庶美丽幸福梅州”提供了科技引领和支撑。

截至2012年年底，梅州市有省级技术创新专业镇35个、市级26个；省部产学研示范基地16个，产学研创新联盟5个，科技特派员工作站5个，共有212名科技特派员进驻该市企业；广东省农村科技特派员工作站26个，特派员219名（个人特派员215名、法人特派员4名）；国家火炬计划重点高新技术企业1家；广东省创新型企业5家，创新型试点企业1家；广东省“百强创新型企业培育工程”示范企业2家；国家高新技术企业40家；广东省民营科技企业76家；省级工程中心25家、市级30家；国家培育重点实验室梅州分实验室2家；省级重点实验室1家，省级培育重点实验室1家；省知识产权示范企业1家，省知识产权优势企业10家；省知识产权试点区域4个；省中小学知识产权教育示范学校1所；省中小学知识产权教育试点学校8所；国家可持续发展实验区2个，广东省可持续发展实验区2个；省级青少年科普教育基地6家。

【科技政策环境】　根据《国家中长期科学和技术发展规划纲要（2006—2020年）》《国家“十二五”科学和技术发展规划》《广东省科学和技术发展“十二五”规划》等精神，市科技局于2011年始开展了《梅州市科技发展“十二五”规划》编制工作。2012年，根据市府办的要求，在此基础上按三年工作计划编制成《梅州市科技发展三年行动计划（2013—2015年）》。

【民营科技】　2012年，梅州市共组织6家企业申报广东省民营科技企业认定，全部通过认证。按照《关于开展广东省民营科技企业集中复核工作的通知》要求，梅州市组织开展2009年认定的广东省民营科技企业集中复核工作，共组织复审企业2家。截至2012年年底，全市共有民营科技企业78家，实现工业总产值45.45亿元，上缴税金2.66亿元。

【产学研合作】　2012年，梅州市共组织申报产学研合作项目66项，其中重大专项1项、重点项目14项、引导项目39项、省院合作项目4项、省部产学研示范基地项目4项、省部产学研结合创新平台项目2项、科技特派员工作站建设项目2项。共批准立项35项，立项率达53%，其中重大专项1项、重点项目5项、引导项目20项、省院合作项目2项、省部产学研示范基地建设2项、创新平台项目3项、科技特派员工作站建设项目2项，立项金额2 600万元，当年下达1 900万元。

截至2012年年底，全市有180家企业与高校建立了产学研合作关系，有省部产学研示范基地16个、产学研创新联盟5个、科技特派员工作站5个，212名科技特派员与该市企业签订了合作协议，有力地推动了创新体系建设和自主创新能力的提高。

【技术创新工程】　2012年，梅州市获批准组建省级工程中心2家，新建市级工程中心7家，截至2012年年底，梅州市拥有省级工程中心25家、市级工程中心30家。推动企业自主创新技术研发，提高了企业开发新技术、新工艺、新产品的积极性。

2012年，梅州市获批认定省级创新型企业6家（含试点企业），分别是广汽强华（梅州）汽车零部件有限公司、兴宁市金雁电工有限公司、广东超华科技股份有限公司、广东梅县梅雁电解铜箔有限公司、梅州振声包装技术有限公司、广东嘉应制药股份有限公司。持续提升企业自主创新能力，促进企业成为技术创新主体，探索行之有效的创新模式和措施，形成一批具有典型示范作用的创新型企业，引导更多企业走创新发展之路。

【科技服务体系】　2012年，梅州市省级专业镇中小微企业服务平台建设立项1项；专业镇生产力促进中心能力提升与功能完善建设项目立项9项；促进科技服务业发展计划项目立项10项，暂缓2项。由梅州生产力促进中心牵头负责组织，与广东省村村通科技有限公司合作，依托广东农村信息直通车工程建立“村村通商城”“村村通大市场”“农产品溯源信息服务平台”，建设梅州农业专业镇特色农产品电子商务服务平台。

【科技计划项目】 2012年，市科技局共组织推荐申报省科技计划项目267项，获立项120多项（重大科技专项5项，获专项资金550万元），获专项资金5 008万元。获各级星火计划项目立项19项，涉及农业科技成果转化、农业科技培训、农村科技服务体系建设、农村信息化等方面，其中国家级星火计划项目7项、省级星火计划项目6项、省级农业攻关项目6项。项目总投资3 766万元，其中梅州市财政投入200万元，承担单位自筹资金3 273万元，预计实现总产值约8.5亿元。联合市本级财政部门，完成对2012年28项市级科技研究与开发项目的下达，下拨经费250万元。同时还组织评审了2012年市级自筹经费科研项目，分3批次共立项141项。

【科技成果与奖励】 2012年，梅州市共受理申报梅州市科学技术奖项目52项，其中，农业类18项，占34.62%；工业类19项，占36.54%；医疗卫生类15项，占28.84%。评选出2012年度梅州市科学技术奖47项，其中一等奖3项、二等奖10项、三等奖34项。获奖项目中，可直接产生经济效益的项目累计新增产值24.4亿元，年新增利税3.22亿元。

项目名称：食药用菌工厂化生产与精深加工关键技术研究

主要完成单位：广东省微生物研究所、梅州市微生物研究所、侨微生物科技有限公司

获奖情况：2012年度广东省科学技术奖一等奖

该项目主要内容包括：野生食药用菌资源的大批量开发；高效节能的工厂化栽培工艺研究；食药用菌精深加工技术的创新和多种类新产品开发；栽培生产和加工生产过程中的综合质量控制体系的构建；食药用菌资源研究、栽培与加工生产示范试验平台的建设。

项目名称：NF-2000水电站计算机监控系统

主要完成单位：广东南丰电气自动化有限公司

获奖情况：2012年度广东省科学技术奖二等奖

该项目成功开发了“NF-2000水电站计算机监控系统”，实现了中小型水电站设备智能化运行管理等功能，系统的各项特性达到国家电力行业标准《水电厂计算机监控系统基本技术条件》规定的最高级别。

【高新技术及战略性新兴产业】

高新技术产业　2012年，梅州市共组织15家企业申报国家高新技术企业认定，11家企业通过专家评审；组织6家高新技术企业进行复审，5家通过了复审。截至2012年年底，梅州市共有国家高新技术企业48家；组织申报广东省高新技术产品认定21个，其中有12个产品获认定；落实有关奖励政策，对2011年新认定的10家国家高新技术企业，每家给予10万元奖励，鼓励企业争取享受新产品研究开发费抵扣应纳税所得额政策，对符合条件的企业依法依规贯彻落实优惠政策。

2012年10月，省政府办公厅批复，同意省科技厅等有关部门关于梅州高新区迁址的意见，并由省科技厅会同省有关单位联合发文，梅州高新区迁址顺利完成。2012年，梅州市共组织申报高新区引导专项10项，立项5项，获得高新区建设专项资金650万元。

战略性新兴产业　截至2012年年底，全市有重点LED企业5家，产品涵盖产业链的上下游，主要有蓝宝石衬底，球泡灯、日光灯、筒灯、隧道灯、射灯等，产品产值6 905万元。广东赛翡蓝宝石科技有限公司、梅州蓝谱光电有限公司等LED企业发展步伐不断加快，自主创新能力不断增强。特别是2011年成功引进计划总投入38亿元的广东赛翡蓝宝石科技有限公司，首期“LED蓝宝石衬底ASF工艺创新”项目已投入2亿元并实现投产。

【农业科技】 2012年，梅州市围绕加强“广东省梅州农业科技园区”管理，加速科技成果转化

发展现代精致高效农业，推动园区农业产业转型升级，重点加强农业园区的茶叶、金柚、油茶、淡水渔业、生猪、旅游六大产业12个子项目建设单位监督管理工作，通过龙头带动，突出示范效应。截至2012年年底，梅州农业园区12个示范子项目共引进新技术7项，新建技术平台3个，推广新品种11个，完成人员培训5 978人次，园区企业已开发新产品8个，完成专利申请2件，上半年实现新增产值2 200万元，利税总额1 614万元，取得了较好的经济和社会效益。

【专业镇及特色产业基地】 2012年，梅州市共向省科技厅推荐申报广东省专业镇专项计划60多项，其中专业镇“一镇一策”建设专项已有4项获批，获得经费120万元；中小微企业公共平台建设专项立项16项，获省科技专项经费1 100多万元。2012年，梅州市新批组建省级专业镇4个、市级2个。截至2012年年底，梅州市共有省级专业镇35个、市级专业镇26个，依托专业镇建立的公共服务平台20多个。2012年，全市省级专业镇特色产业产值超过165亿元，专业镇特色产业已成为梅州市县域经济发展的支柱产业。

梅州市自2007年有8个专业镇被批准为省级专业镇以来，已发展到2012年的35个省级专业镇，数量上在全省排名第2位，共搭建了27个技术创新服务平台，形成了以绿色农业为主的特色乡镇经济。截至2012年年底，梅州市70%以上的专业镇建立了特色产业公共创新服务平台。2012年，梅州市35家省级专业镇的GDP总量超300亿元，达368.4亿元，占全市经济总量的49.3%（全市2012年GDP745.98亿元），直接带动就业超过65万人，对全市的经济贡献率在50%以上。

【知识产权工作】 2012年，梅州市专利申请1140件，同比增长15.62%，其中发明专利109件、实用新型专利432件、外观设计专利599件；专利授权911件，同比增长31.65%，其中发明专利71件、实用新型专利335件、外观设计专利505件。

2012年，博敏电子股份有限公司被认定为省知识产权示范企业，成为梅州市首家省知识产权示范企业；广东科伦药业有限公司被认定为省知识产权优势企业；丰顺县被认定为广东省知识产权试点区域。

2012年，梅州市共出动执法人员156人次，检查生产经营场所161家，检查商品11 842件，专利案件立案28宗，其中假冒专利案件26宗、专利侵权纠纷案件2宗，涉案金额27万多元，结案26宗，结案率达92.8%。

【科普工作】 2012年，按照省科技厅《关于开展2011年度全省科普统计的通知》的要求，市科技局制定了《梅州市2011年度科普统计调查方案》，下发了《关于做好2011年度梅州市科普工作统计的通知》，在全市组织实施2011年度梅州市科普统计调查。截至5月10日，市科技局顺利完成了科普统计任务，共组织148家单位进行调查，较好地完成了统计任务。

2012年，梅州市科技局扎实抓好“科技进步活动月”，紧紧围绕“让创新成为全社会的共识和实践”的主题，开展送科技下乡活动。通过举办形式多样的科技创新和科普宣传活动，为广大企业开展技术创新活动和为广大人民群众解决生产生活提供科技咨询服务，营造了“信科学、爱科学、学科学、用科学”的良好社会氛围。全市累计举办各类培训班63场，培训人员9 000多人次；送科技下乡开展科技咨询活动46场次，参加人数约4.5万人；科普图展进校园30场次，参加活动师生6万多人；张贴标语200多条，悬挂横额100多条；出版宣传专栏和科普长廊100多个，发送各种科技资料3.8万份；电台、电视台、《梅州日报》播出刊登科技活动节目、稿件达100多条，收到了明显的成效。

6月13日，梅州市蕉岭县蕉城镇举办大型科技集市活动。活动现场为农户送去各类先进适用农技书籍、食用菌栽培技术、防灾减灾宣传小册2 000多份，良种果树300多株，名贵树种200多株，食用灵芝、虫草菌种200多份，展示防震减灾等科技宣传画册、挂图10多幅，为50多名群众义诊并赠送了药品。参加活动的群众达600多人。

【防震减灾】 2012年1月11日，省地震局专业技术人员在梅州地震台已有基础上安装了强震台，提高梅州市的地震预警能力；加强对观测点的管理，保证观测资料的质量做到连续、准确、可靠，及时向国家和省地震局报寄观测资料。加强防震减灾法律、法规和地震知识的宣传，主动配合电视、报刊、电台等主流媒体，围绕公众关注的问题，制作防震减灾专栏、专题节目。2012年，市县两级联合在梅江区乐育中学、梅县松口中学开展了防震减灾应急避险、自救互救技能演练、地震科普知识讲座等活动。

（梅州市科学技术局　黎巧君）

惠　州　市

2012年，惠州市大力实施“创新强市”战略，着力改善创新环境，提高自主创新能力，建设创新型城市，充分发挥科技创新在加快转型升级中的支撑引领作用。2012年，人力资源和社会保障部、科技部公示惠州市科技局为“全国科技管理系统先进集体”，成为广东省唯一获得表彰的地市级科技部门。

【科技政策环境】 2012年，惠州市先后出台了《关于推进我市LED产业发展的实施意见》《惠州市LED产业发展规划》《关于贯彻落实建设知识产权强省的决定的实施意见》《关于依靠科技创新推进专业镇转型升级的实施意见》和《惠州市改善创新环境行动计划》等一批文件，将惠州市知识产权专项资金提升至2 000万元，市级专业镇专项资金提升至1 000万元。全年惠州市市级科技项目经费达到6 260万元，财政科技投入实现逐年稳定增长，增幅明显高于经常性财政收入的增幅。惠州市科技局积极贯彻落实国家、省市相关政策，落实企业研发费用税前加计扣除、高新技术企业税收优惠等政策，全年为惠州市企业减免所得税近3亿元。在一系列措施的推动下，惠州市企业自主创新能力进一步提升，科技投入持续加大，全市R&D占GDP的比重从2010年的1.1%提升至2012年的2.0%。

【民营科技】 2012年，惠州市新获认定省级民营科技企业52家。截至2012年年底，民营科技企业已达273家，其中省级190家、市级83家。

【产学研合作】 2012年，惠州市牵头组建了车载电子、云计算、LED产业3个省部产学研创新联盟，TCL集团、德赛集团、华阳集团三大集团分别获得产学研粤港招标重大科技专项立项，全市已获得产学研扶持资金达3 278万元。截至2012年年底，惠州市共有产学研联盟8个，其中牵头组建的4个，参与组建的4个。获认定产学研结合科技创新平台1家，院士工作站2家，科技特派员工作站7家。

【技术创新工程】 2012年，惠州市有8家企业被认定为省级创新型企业，6家企业被认定为省级创新型试点企业，截至2012年年底，全市共有省级创新型企业20家、试点企业6家，国家创新型企业1家、试点企业1家。

2012年，惠州市伟乐科技有限公司、惠州硕贝德无线科技股份有限公司获批组建省级工程技术研究开发中心，广东罗浮山国药股份有限公司、惠州亿纬锂能股份有限公司、惠州源东国际硅胶制品有限公司组建的省级工程技术研究开发中心通过验收。3月26日，国家卫星定位系统工程技术研究中心惠州华阳研究中心挂牌仪式在惠州华阳通用电子有限公司举行。

截至2012年年底，全市企业创新平台已达150家，其中国家级5家、省级42家。重点推进了中山大学在大亚湾建立惠州研究院，武汉大学在华阳集团组建国家工程中心惠州分中心。

【科技服务体系】 5月30日，市科技局与惠州学院共建市科技发展研究中心签约揭牌仪式暨全面合作座谈会在惠州学院召开，科技发展研究中心的成立标志着惠州学院与市科技局的合作范围扩大。

8月12日，全省数控一代机械产品创新应用示范工程推进大会在东莞召开。惠州市获批为第1批广东省数控一代机械产品创新应用培育示范市，是此批各类示范区域中唯一一家培育示范市。同时，仲恺高新区惠环街道获批为第1批广东省数控一代机械产品创新应用示范专业镇。

8月1日，惠州仲恺高新区知识产权与技术服务中心揭牌仪式暨知识产权战略研究成果发布会在高新区举行。本次活动还启用了惠州市专利技术商务平台，为首批惠州仲恺知识产权高级顾问颁发了聘书，发布了高新区知识产权战略研究的最新成果——《惠州仲恺高新区区域性专利发展战略》。仲恺知识产权与技术服务中心配备了4名专利代理人、7名专利工程师，设立了专利技术展示和发布平台，正着手组建专利联盟和知识产权专家团队，通过提供专利信息分类、检索、分析和数据信息运用等服务，提升该区知识产权服务的整体层次和水平，实现政府、企业、社会的多方共赢。

8月，市科技局在新浪网和腾讯网开通了名为“惠州科技”的政务微博。该微博定期发布该市科技工作动态、科技成果和科技便民信息，在线解答群众的疑问。

12月，仲恺高新区科技创业服务中心获广东省科技型中小企业公共技术服务示范机构授牌。

截至2012年年底，全市已建成上规模的企业孵化器、加速器4家，在建2家。

【科技计划项目】 2012年，惠州市共获得国家、省级各类科技项目157项，扶持企业达82家，获扶持资金超过2.2亿元，同比增长88%。在科技型中小企业创新基金、战略性新兴产业专项、高新区发展专项、省部院产学研合作和创新科研团队等方面均取得了突破性的成绩，在科技型中小企业培育方面成绩突出。2012年，惠州市共有17个项目获得科技部科技型中小企业创新基金立项，共获得3 165万元资金支持。其中TCL恺创公司获得国家创业投资引导基金阶段参股项目立项，立项金额2 000万元，实现了惠州市乃至广东省在该基金中阶段参股项目零的突破。

【科技成果与技术市场】 评出2012年度惠州市科学技术进步奖中科学技术进步类获奖项目32项，其中一等奖5项、二等奖9项、三等奖18项；科学技术进步奖专利类获奖项目15项，其中金奖3项、优秀奖12项。获2012年度广东省科学科技奖奖8项，其中一等奖1项、三等奖7项，惠州市天蕈生物食品有限公司参与完成的“食药用菌工厂化生产与精深加工关键技术”项目获一等奖。2012年，惠州市有4家企业参加了广东省“十二五”科技动员成果展。

2012年，惠州市完成科技成果鉴定26项，其中省级会议鉴定1项、市级会议鉴定7项、市级函审鉴定18项；完成成果登记19项。完成技术合同14份，成交总金额8 700多万元。

【高新技术及战略性新兴产业】

高新技术产业 2012年，惠州市高新技术产品产值达2 780亿元，比2011年增长21.8%，继续保持快速增长。高新技术产品产值占规模以上工业产值比重为48.5%，连续多年位居全省第2位。新获认定国家高新技术企业28家、国家火炬计划重点高新技术企业6家，截至2012年年底，全市共认定国家高新技术企业132家、国家火炬计划重点高新技术企业15家。2012年全市共有省“百强创新型企业培育工程”示范企业8家，省自主创新100强企业4家，累计认定广东省自主创新产品共50种。

战略性新兴产业 2012年，惠州市LED、云计算智能终端、车载电子与动力电池、精密制造装备、生物种苗应用等科技产业发展步入快车道。

LED产业发展势头迅猛，成为了外延、芯片制造、封装、应用等上中下游一体化，产业链最完善、产业基础最雄厚的地区，并成立了惠州市LED产业创新联盟，全市LED产值突破300亿元，约占全省的1/6。如华阳多媒体电子有限公司的LED高亮度微型投影机已研发成功并批量投产，经济效益可观。9月14日，惠州市LED产业创新联盟成立，该联盟是由LED产业相关企事业单位、大专院校、科研院所等单位自发组成的专业性非营利性的社会组织。截至2012年年底，惠州市LED产业规模以上的企业有100多家，加入该联盟的企事业单位有40多家。

在3D显示技术方面，TCL集团在数字家电支持互联互通的关键共性技术上取得突破，已承担了“863计划”、核高基、科技支撑计划等国家级项目60项。2012年，TCL集团成功研制了全球最大的110寸四倍全高清3D液晶电视。

在北斗导航应用方面，德赛西威汽车电子有限公司攻克科研难关，在北斗车载导航领域夺得先机，在业内率先集成导航惯导定位技术，首推北斗双模高精度导航产品，在推进我国北斗导航产业进程中起到里程碑的重大意义。

在芯片开发方面，惠州市正源微电子有限公

司成功研发拥有自主知识产权的射频模拟芯片，填补了国内射频芯片的技术空白，实现了手机射频功率放大器芯片核心技术研发及产业化。

【农业科技】 2012年，惠州市农业科学研究所的“惠州地区水稻、蔬菜、甜玉米等农作物新品种引进及推广应用”、惠州市四季鲜绿色食品有限公司的“惠东山区农机技术的培训与推广”和惠州学院的“甜玉米病虫害生态控制技术的示范与推广”“荔枝果园群体结构改造技术应用与示范”4个项目获得“省农村科技特派员科技服务体系建设专项计划”立项。

3月14日，广东海纳农业有限公司院士工作站、农业产业化国家重点龙头企业、省农创中心挂牌暨广东海纳现代农业生态园区举行奠基仪式。广东海纳农业公司现代农业院士工作站是惠州市建立的首个院士工作站，是全省3个农业类院士工作站之一。其内设土肥院士工作站和农业装备院士工作站，分别由中国科学院赵其国和中国工程院罗锡文两位院士牵头，将在科技创新、科技成果转化、人才培养等方面加强与企业的合作，提高农业创新能力和开发能力，促进科技成果的产业化转化，促进现代农业的发展。

3月5日，由国家马铃薯产业技术体系广州综合试验站、惠东县科技局、平海镇政府联合举办的“2012农业科技促进年冬种马铃薯技术培训班”在惠东县平海镇举行。

【科技基础条件】 5月，市科技局组织申报的德赛集团“新型工程机械车载监视器关键技术研究与产业化”、TCL集团“基于智能操作系统的自然人机交互技术研究与应用”2个项目被省科技厅遴选为省重点实验室建设支撑项目。

【专业镇及特色产业基地】

专业镇　截至2012年年底，惠州市已建立了14个省级专业镇，涵盖了服装、鞋业、器材、灯饰、电子、农业、旅游等产业，其中铁涌镇的马铃薯产业覆盖到了平海镇和稔山镇，黄埠镇的鞋业产业也覆盖到了吉隆镇。惠州市14个专业镇的GDP为587.62亿元，约占全市GDP（2 368亿元）的24.8%；工业总产值为1 885.5亿元，约占全市工业总产值（5 495亿元）的34.3%。经济总量接近全市的1/4。专业镇已经成为惠州市区域经济的重要载体，在实施“双转移”和“双提升”战略、带动区域协调发展、推进城镇化建设中发挥着不可替代的作用。

7月18日，由广东省生产力促进中心与惠州市科技局联合主办的专业镇技术创新巡讲会在惠州科技馆举行，巡讲主题为“企业转型升级战略决策与管理提升”。来自全市100多家企业的代表以及各县（区）、专业镇的科技管理干部共200余人参加此次巡讲会。

特色产业基地　2012年12月，仲恺高新区被科技部火炬中心认定为“国家火炬惠州LED特色产业基地”。截至2012年年底，惠州市已获认定4个国家级特色产业基地（国家火炬计划惠州数码视听产业基地、国家火炬计划仲恺激光头产业基地、惠州国家通信高新技术产业化基地、国家火炬计划惠州LED产业基地）和4个省级特色产业基地［广东省火炬计划仲恺激光头产业基地、省火炬计划高能环保电池特色产业基地、省火炬计划石油化学工业特色产业基地（惠州大亚湾）、广东省火炬计划惠州仲恺汽车电子特色产业基地］。

【知识产权工作】 2012年，惠州市在全省率先出台了《贯彻落实〈中共广东省委、广东省人民政府关于加快建设知识产权强省的决定〉的实施意见》，明确提出了建设知识产权强市的总体要求和发展目标，规定了经费保障，引领知识产权工作不断深入。从2012年起，在市财政每年安排市级知识产权专项资金1 000万元基础上，各县（区）每年安排知识产权经费总额达到1 000万元，使全市知识产权专项经费达2 000万元。2012年，惠州市知识产权局认定了惠州TCL移动通信有限公司等7家企业为2012年惠州市知识产权优势企业。

专利产出　2012年，全市专利申请量达9 894件，同比增长64.11%，在全省排名第7位，连续4年名列珠三角第1；其中发明专利1 676件，同比增长29.32%；专利授权量达4 093件，同比增长40.32%；PCT专利申请134件；有效发明专利645件，各项指标继续创历史新高。

知识产权保护 惠州市知识产权局成立了“三打两建”专项行动领导小组，结合国务院和广东省开展的“双打”工作，以国家知识产权局的知识产权执法维权“护航”专项行动为契机，在全市知识产权局系统集中开展打击假冒专利“百日”行动。截至2012年年底，市知识产权局系统先后出动执法人员350人次，查处生产经营场所和商家700余家，检查商品47 000余件，查处各类假冒专利案件52宗，涉及案值10多万元，结案52宗，调处专利侵权纠纷案件17宗，涉及案值60多万元，结案12宗。办案量在全省21个地级市的专利行政执法数据统计中排名第5。惠州市知识产权局被国家知识产权局授予2012年度全国知识产权系统和公安机关知识产权执法保护先进集体，李艺军同志被授予先进个人。

知识产权宣传培训 4月23日，惠州市政府知识产权办公室举办了知识产权强省政策宣讲会，邀请省知识产权局领导进行知识产权强省政策宣讲，就《中共广东省委、广东省人民政府关于加快建设知识产权强省的决定》的起草背景、制定过程以及内容特点等进行了讲解，并对如何贯彻实施该文件提出了具体要求。

2012年，惠州市知识产权局、惠州市工商行政管理局和惠州市版权局联合开展“正版正货承诺”活动，选择了32家管理规范，知识产权制度较完善，社会信誉好的企业和商家作为“正版正货”承诺单位。截至2012年年底，全市共有62家企业和商家加入到该活动的行列。

惠州市知识产权局、市教育局、共青团惠州市委和中国少年先锋队惠州工作委员会和惠州市科学技术协会联合开展中小学知识产权教育试点工作，拟认定7家学校为2012年惠州市中小学知识产权教育试点示范学校。惠州市知识产权局和惠州学院共同举办惠州学院2012年知识产权宣传月系列活动，活动包括知识产权专题报告会、常识板报展、问卷调查以及有奖知识竞赛4部分内容的系列活动。

惠州市知识产权局通过加强与县区和企业的联系，采取分期、分批、分领域的方式，实施“百千万知识产权人才培育工程”，开展专利申请、知识产权保护、知识产权管理、专利信息运用等不同层次的培训，培养管理人才和中介服务人才等多层次知识产权人才，先后举办了10多场专题培训班和讲座，参加人员1 300多人。2012年，惠州市知识产权局还承办了主题为“知识产权风险管理”的美国知识产权制度巡回研讨会和“全省上市公司知识产权总裁培训班”。

惠州市文化广电新闻出版局分别举办了3期印刷、电子出版物、音像制品、书报刊守法自律监管员培训班，对全市300多人次出版物经营从业人员进行《著作权法》等法律法规知识的培训，提高他们守法经营、文明经营的自觉性。

专利奖励 7月24日，省政府在广州召开了全省知识产权工作会议暨广东省获中国专利奖表彰大会。会议对第13届中国专利奖广东获奖单位进行了表彰和奖励。惠州市TCL集团的“液晶电视背光控制系统及方法”和德赛集团的“基于GPS语音导航技术的车载音频处理装置”两项专利技术获得表彰，各获100万元的奖励。TCL集团一项外观设计专利获得50万元的奖励。

【科技交流与合作】 “物联天下·云领未来”，2012首届中国惠州物联网·云计算技术应用博览会（以下简称“云博会”）于11月2—4日在惠州举行。11月2日，云博会开幕式在惠州会展中心广场隆重举行。开幕当日，共签约物联网、云计算产业项目40宗，签约总金额301.8亿元。此次云博会由工信部和科技部作为指导单位，由惠州市人民政府、广东省经济和信息化委员会、广东省科学技术厅联合主办，市经济和信息化局、市科技局和仲恺高新区管委会承办。

本届云博会共有359家企业报名参展，知名参展企业有微软、腾讯、联想、思科、中兴、爱立信、华为、TCL、德赛、华阳等。展馆共设标准展位328个、特装展位58个。展会主要分为智能制造区、慧云应用区、云端漫步区、综合展示区4个展区，为增强展销效果，还设立了中国手机大赛成果展、香港展区、台湾展区、北斗卫星装备制造及应用展区等一批专业性和区域性较强的专区，展览面积达2万平方米，会展期间共接待11.69万人次，堪称是国际、国内云计算、物联网行业的一场盛会。

【科普工作】 为深入推进《关于加快建设知识

产权强省的决定》（以下简称《决定》）的宣传和贯彻，4月24日，在惠州举办了“2012年4·26知识产权宣传周系列活动——知识产权强省政策宣讲会”。

3月1日，全国首部促进自主创新地方性法规《广东省自主创新促进条例》（以下简称《条例》）正式实施。为更好地学习宣传和贯彻执行《条例》，省科技厅联合省人大法工委于6月25日，在该市举办了《广东省自主创新促进条例》巡回宣讲会活动。

10月16日，惠城区科技局在马安镇新乐村开展了第2场“科技下乡活动暨农村实用技术培训班”活动。2012年，惠城区科技局以科技活动为载体，开展科技下乡5次，培训农民2 000多人次，发放宣传及培训资料10 000多份。

【防震减灾】 2012年，惠州市妥善处置河源4.8级地震造成的影响，做好应急准备，通过惠州市电视台、惠州市广播电台、《惠州日报》、《东江时报》、《南方日报》（惠州记者站）和互联网等媒体通报有关震情，从而消除了民众的恐慌心理，维护了社会的稳定。期间全市无人员伤亡报告。

积极开展科普宣传和培训活动，坚持不懈地开展防震减灾知识“六进”，即进机关、进学校、进企业、进社区、进农村、进家庭科普宣传活动。在“5·12”防灾减灾日，市地震部门按照国家地震局和省地震局要求，通过举办现场宣传咨询活动、培训、演练等丰富形式，开展了一系列防震减灾宣传活动，取得了良好的宣传效果。

稳步推进抗震设防的监管工作，开展了1项重大建设工程项目的“安评”工作，为惠州市中心区14个一般建设工程项目提供了地震小区划成果报告。全程协助施工单位完成了市中心区（第2期）130平方公里地震小区划工程的野外作业等有关工作。2012年，惠州市地震局向惠州市政府申请增补为市规划委员会成员单位或列席城市规划委员会会议，以便从源头上把好全市重大建设项目抗震设防关。

（惠州市科学技术局　刘传和）

汕尾市

【产学研合作】 2012年8月15—16日，中科院南海海洋研究所书记率队到汕尾市就海洋产业发展状况、院地双方共建海洋产业研发平台、推动海洋产业发展进行调研。调研组一行参观考察了红海湾广泰实业发展有限公司、汕尾市国泰食品有限公司和汕尾市快捷通导设备有限公司3个汕尾市海洋产业研究院建设项目参与单位和海丰县海鹏水产科技养殖有限公司、广东省梅陇农场等技术推广应用单位。

3月14日，汕尾市科技局以强化产学研合作为切入点，与深圳大学在汕尾市举行了产学研合作框架协议签约仪式，借助深圳大学的技术、人才等科技资源，为汕尾市产业的转型升级和创新发展提供支持和帮助。围绕汕尾市现代产业体系建设的需要，合作双方将在科技发展规划、技术创新、技术攻关、技术转让和转化、人才培训等方面加强合作，共同探索建立技术创新和成果转移转化服务平台。签约仪式上，深圳大学还分别与汕尾市有关企业签订了科技特派员协议，为这些企业出谋献策，解决企业面临的技术问题，为企业的发展做出积极贡献。截至2012年年底，深圳大学在与汕尾市企业联合开展科技研发、技术转移、科研平台建设等方面发挥了积极作用。

5月15日，广西医科大学与海丰县有记养生茶业有限公司签署了产学研战略合作协议。有记公司聘请广西医科大学4位专家为科技特派员，聘请南华大学谢金魁教授和广西医科大学药学院院长黄仁彬教授为企业技术顾问。广西医科大学药学院还与海丰县有记养生茶业有限公司共同建立“相思藤实验室”和“校外实习基地”，以此为平台，为汕尾市相关产业的发展提供强有力的技术支持和帮助。

3月27日，广东工业大学在汕尾市雅泰隆食品有限公司举行校外实习基地挂牌仪式。该基地计划通过设立高校本科生实习基地，引进食品专业技术人才服务企业，解决企业在生产过程中出现的技术难题，提升企业产品质量安全，是促进该市食品加工企业创新能力的又一新的尝试。

2012年，全市引进特派员的企业有4家，新签特派员6名。

【科技计划项目】 2012年度，汕尾市科技局共组织推荐申报国家、省级科技计划项目64项，获国家立项项目4项，其中1项获科研经费70万元；获省级立项项目17项，获科研经费468万元。在省级重大科技专项和国际合作项目方面取得了新突破，填补了汕尾市在此类项目立项的空白。下达市级科技专项资金项目7项，下拨科研经费245万元。

2012年，市科技局组织有关企业，联合中科院南海海洋研究所、广东工业大学、深圳大学等高校和科研院所，共同申报了“海产品保鲜与安全加工技术产业化应用与示范”“市海洋产业研究院建设”和“CS32嵌入式中央处理器IP核研究和开发”3项省重大科技计划专项，取得了申报省级重大科技计划专项的新突破。“海产品保鲜与安全加工技术产业化应用与示范”专项获立项，获得省专项经费200万元。

【农业科技】 2012年，汕尾市围绕《省级农业科技园区建设实施方案》，扎实推进园区各项建设任务。

园区管理　4月19日，按照省科技厅的工作布置，园区管委会组织核心区入园企业、专家参加农业科技园区项目结转答辩，受到了专家的好评。5月30日—6月1日，园区管委会邀请广东省技术经济研究发展中心农村科技发展战略研究所深入园区，对入园企业进行产业调研，并对园区产业规划进行调整，增加海水养殖产业，即红海湾广泰实业发展有限公司作为核心区海水养殖业入园企业。园区管委会、华南农业大学、汕尾市陆港生态种养实业有限公司联合举办辣椒新品种示范种植展示会，展示辣椒新品种40多种，本地辣椒品种50多种，将引导农户示范种植。11月，市科技局与深圳一家知识产权事务所合作，委托事务所申请汕尾市农业科技园区统一品牌。

核心区建设　建设科研创新综合管理中心等设施。汕尾市利群生态农业有限公司建成了2 000多平方米的科研创新综合管理中心，占地2公顷的农产品冷链物流中心已完成封顶，3.33公顷科研温室大篷也已搭建完成。汕尾市陆港生态种养实业有限公司2 000平方米的科研创新中心大楼办公设施已配套完成，建成4公顷的科研温室大棚，进行瓜蔬、名优花卉培育试种工作；建设完成的培训中心，配套了音响、电脑、投影仪等多媒体设备，可容纳100多人开展培训活动。建设完成试验基地33.33公顷。其中，鸡苗孵化试验基地13.33公顷，总投资1 800万元，已有8台孵化机、15栋标准化鸡舍，15条生产线，年产鸡苗800万～1 000万只；园林绿化苗木基地13.33公顷；生态果林试验基地和优势特色作物试验基地6.67公顷。建成示范区34公顷。其中，无公害蔬菜种植示范基地27.33公顷，甜玉米、糯玉米、甘薯旱地作物生产示范基地6.67公顷。完成木瓜种植标准制定工作。完成《水果型木瓜生产技术规程》陆河县农业地方标准的编制、审核、发布等工作，同时还编制完成了《有机木瓜种植标准化管理体系》等标准规范。广东省生宝种养有限公司已完成建设有机木瓜种植基地166.67公顷、节水灌溉设施133.33公顷、木瓜育苗大棚2公顷，种植有机木瓜25万株；跨越专业合作社的大米加工厂3 320平方米场地整理完成，原料仓1座648平方米已封顶，加工车间656平方米、成品仓库400平方米已完成基建工程，总投入资金达327.81万元。

农业科技项目　2012年度，汕尾市农业科技项目获国家立项3项、省级立项6项、市级立项2项。其中，汕尾市利群生态农业有限公司实施的“汕尾市名优蔬菜与特色作物生产关键技术集成与示范推广”等3个项目获国家星火计划面上项目立项；汕尾市城区丰祺蔬菜种植专业合作社实施的“气雾栽培技术示范与推广”等6个项目获得省级农业科技项目立项，获省级科研经费支持77万元；汕尾市华智农业科技研究院有限公司实施的“蔬菜栽培技术模式及其良种创新的应用研究”获得市级农业科技项目立项2项，获科研经费25万元。

汕尾市红海湾广泰实业发展有限公司与中国科学院南海海洋研究所合作的“石斑鱼工业化循环水高效健康养殖技术集成示范”项目，设计了石斑鱼工业化循环水高效健康养殖系统，改造和新建室石斑鱼工业化循环水培苗和养殖车间2组，进行全细胞灭活疫苗田间试验。汕尾市城区丰祺蔬菜种植专业合作社承担的“气雾栽培技术示范与推广”，建立了放生物学原理的连栋钢管温室作为主题温室，引进当前世界上园艺生产栽培中最具有潜力及前景的“电脑数字化栽培”新技术，实现作物生长“温、湿、光、气、热、肥”的全智能化管理。

【技术创新专业镇】 2012年，汕尾市将专业镇工作纳入各级党委、政府的重点工作来抓，大力推进专业镇工作，以专业镇的创新发展带动全市传统产业的转型升级和经济社会的跨越发展。各专业镇成立专业镇工作领导小组，指定专业镇工作分管领导，为专业镇工作的开展提供了较好的组织保障和工作便利条件。截至2012年年底，汕尾市共有省级专业镇6个，涉及珠宝首饰（海丰可塘镇）、服装（海丰公平镇）、圣诞礼品（陆丰碣石镇）、家具配件（陆丰甲子镇）、海马养殖与加工（陆丰甲子镇）、青梅种植与加工（陆河东坑镇）等特色产业。2012年，各省级专业镇共有企业4 000多家，其中规模以上企业66家，实现地区生产总产值244.8亿元，从业人员超过6万人，工作成效明显。

2012年，市科技局组织推荐了3个项目申报专业镇公共服务平台建设专项，分别是“公平镇服装中小微企业质量检测公共服务平台建设”“可塘镇珠宝质量检测公共服务平台”和“甲子镇家具配件专业镇中小微企业信息网络服务平台”。其中，“公平镇服装中小微企业质量检测公共服务平台建设”和“甲子镇家具配件专业镇中小微企业信息网络服务平台”获得立项。

【知识产权工作】

专利申请与授权 2012年，全市专利申请762件，其中发明专利172件；专利授权484件，其中发明专利21件。

知识产权保护 2012年，市科技局结合“三打两建”专项活动，开展多渠道、多形式的知识产权执法活动，牵头组织工商局、质监局、公安局、文广新局等有关部门联合执法和本局系统市县联合执法，共出动执法车辆40多车次，执法人员220多人次，在城区、海丰县、陆丰市和陆河县等重点领域，开展以皮具、服装、珠宝、食品、药品和家具五金配件为重点产品的“三打”专项行动。抽查了相关产品4 000多件；检查大型商场、超市共36家，药店27家；抽查有专利标识的食品472件，药品117件；缴获盗版光盘50多张。对涉嫌假冒专利产品立案30宗，其中发出整改通知书8份，结案30宗。

【科普工作】 2012年6月5日，汕尾市、城区两级联动在城区马宫街道长沙村委举办了“2012年科技进步活动月”启动仪式暨“科技、卫生、文化三下乡”集中服务活动。来自全市各行各业的专家、科技工作者80多人，群众300多人参加了活动。活动主要面向农民朋友开展健康检查、送医送药、计生知识、种养技术咨询、防震减灾、知识产权保护、法律咨询等宣传活动，并举办低碳生活、节能减排等图片展，同时派发各类农业实用科技资料1万多册，新种子、新化肥、新农药、医药、卫生用品一大批，受到了农民朋友的热烈欢迎。

【防震减灾】 2012年，汕尾市遵循“积极、慎重、科学、有效”的原则，在全市各地开展形式多样的地震科普宣传活动。3月16日，市科技局组织全省“地震与核安全”汕尾分会场的主题宣传活动，作为牵头单位联合市科协、市委宣传部、市教育局、中广核陆丰核电公司等单位，制定“地震与核安全”活动策划方案和实施方案，举办了“地震与核安全科普宣传活动暨走进安全的核电世界科普展”启动仪式和“地震与核安全”讲座，汕尾市直各单位负责人和汕尾市职业技术学校师生共800多人应邀参加了活动，对与会人员进行了地震与核安全的知识宣传和教育，取得显著效果。

市科技局联合汕尾电视台“生活平方”节目组，通过组织宣传报道材料、现场采访等形式，重点介绍了汕尾市近几年来在地震观测台站建设、预防基础能力建设和应急基础能力建设等方面的情况。4月6日和7月5日，市科技局防震减灾工作主管副局长应邀在市委党校举办的处级和科级干部培训班上为全体学员作“防震减灾知识”专题讲座。5月12日和10月22日，应邀为陆丰市彭伟学校和海丰县仁荣中学讲授防震减灾知识。

利用报纸、电视台、电台、互联网等宣传媒体，进一步加强防震减灾科普宣传。利用“防灾减灾日”“防震减灾周”“科技三下乡”等活动，开展防震减灾知识咨询，发放防震减灾知识小册子1万多份。

（汕尾市科学技术局　林植峰）

东　莞　市

2012年，东莞市科技工作围绕建设全省科技与产业融合发展示范区的目标，实施“科技东莞”工程，狠抓重大科技专项，促进科技金融产业“三融合”，推进科技创新。

2012年，东莞市新增149家国家高新技术企业，总数达到527家，在全省排名第3。新增228家省民营科技企业和4家省创新型企业，新增省知识产权优势企业3家、省知识产权示范企业1家，全市科技型企业队伍不断壮大。新增1个国家级国际创新园、5个省级国际科技合作基地及2家公共创新平台、3家省级企业工程中心、2家省级企业重点实验室等，全市科技创新体系进一步完善。

2012年，东莞市顺利通过国家知识产权示范城市创建市和全国专利质押融资试点城市验收，东莞市科技局（市知识产权局）被评为全国专利系统先进集体、广东省对外科技合作先进单位。

【民营科技】　2012年，东莞市新增228家省民营科技企业。加强市镇联动，积极发展科技企业孵化器，新认定2家科技企业孵化器，并重点以东莞天安数码城为试点，开展“三资融合”试点工作，组织相关金融服务机构等与民营科技园区进行对接，初步探索形成了土地资本、产业资本和金融资本相结合的运作模式，并向全市镇街和园区进行推广。

【产学研合作】　2012年，东莞市推动与国内高校院所开展产学研合作，积极策划组织市党政代表团拜访北京大学、清华大学、中科院、武汉大学、同济大学等14家高校院所，达成了30多项意向产学研合作事项，特别是推动该市与清华大学签署了全面合作框架协议，校地双方着力加强在信息科学与技术、核技术及应用、节能环保、新材料等领域的科技合作。组织6批科技企业赴上海、成都、厦门等城市开展产学研考察对接活动，组织市内公共科技创新平台与企业对接，达成合作意向项目120多项。

2012年，东莞市新组建云计算、智能玩具等6家省部产学研创新联盟，截至2012年年底，全市省部产学研创新联盟总数达到10家。来自国内高校院所的61名特派员入驻东莞市企业。

【技术创新工程】

创新平台　2012年，东莞市新增2家公共创新平台、3家省企业工程中心，截至2012年年底，东莞市共有公共科技创新平台13家、行业创新平台12家，国家级工程中心1家、省级工程中心47家、市级工程中心80家。

东莞市加强东莞华中科技大学制造工程研究院、电子科技大学电子信息工程研究院等已建公共创新平台的管理建设，其中，中科院系统八大院所的400多名技术专家和骨干以及相关科研资源已进驻东莞中科院云计算产业技术创新与育成中心。推动北京大学、华南理工大学与东莞市合作建设北京大学东莞光电研究院和华南协同创新研究院，全市公共创新平台总数达到13家，其中，华南协同创新研究院是全国首家协同创新研究院，北京大学东莞光电研究院是当年北京大学与地方政府合作组建的唯一一个创新平台。加强行业技术创新平台管理，对东莞志成冠军绿色电源技术研究院等6个行业技术平台开展中期检查和专项审计。

创新型企业　2012年，东莞市积极开展创新型企业建设，东莞勤上光电股份有限公司等4家企业被认定为第5批广东省创新型企业，东莞光阵显示器制品有限公司等6家企业被认定为第6批广东省创新型试点企业，广东生益科技股份有限公司等3家企业被认定为第2批通过复审的广东省创新型企业。截至2012年年底，东莞市共有国家级创新型试点企业1家，省创新型（试点）企业累计达25家，其中省创新型企业14家、省创新型试点企业11家，创新型企业队伍不断壮大。

东莞市着力强化创新型企业的创新主体地位，大力推动创新型企业的科技创新及创新成果转化，企业自主创新能力得到提升，在行业内发挥了带头示范作用。2012年，东莞市25家省级创新型（试点）企业全年研发支出9.46亿元，研发投入大幅提高；共获得国家或省部级科技计划项目11项；专利申请量796件，专利授权量702件，其中发明专利授权量114件；主持或参与制定国际、国家或行业技术标准80项；获得国家、省科技奖励3项，科技创新能力不断增强。

【科技计划项目】　2012年，东莞市加大对重大科技专项监理管理力度，委托监理机构对列入全市“三重”目标管理的32项重大科技专项项目进行全程跟踪管理。对近3年来立项的国家科技计划项目、粤港招标东莞专项、省重大科技专项、省创新科研团队项目等开展实施情况和财政资金使用情况专项检查，对2009—2010年度立项的8项市重大科技专项和2010年度立项的86项高等院校科研机构和医疗卫生单位科研项目执行情况开展中期检查，及时要求和督促相关承担单位对存在的问题进行整改，确保扶持资金专款专用和推动相关科研成果加速产业化。组织对到期的市级科技计划项目进行结题验收，共验收项目350项，其中通过验收230项。另外，东莞市还对2011年度11项获市财政科技资金200万元以上的科技专项进行绩效评价，涉及财政科技资金约2.3亿元。

2012年，东莞市精简调整市级科技项目类别，项目设置更加集中资源和突出重点。全年共获科技部立项创新基金项目36项、国际创新园项目1项、中欧中小企业节能减排科研合作资金项目1项、农业科技成果转化资金项目1项、金太阳示范项目3项，获省科技厅立项重大科技专项8项、战略新兴产业核心技术攻关项目7项、战略新兴产业发展专项资金（LED产业）计划项目6项、创新基金项目19项、工业高新技术攻关项目13项，获得省级以上科研经费4.19亿元，比2011年增加22%，居全省前列。

【科技成果与技术市场】

科技成果　东莞市有2项科研成果获得第14届中国专利奖外观设计优秀奖，8项科研成果获得2012年度广东省科学技术奖，99项科研成果获得2012年东莞市科学技术奖，其中舒伟平等5人获东莞市科学技术奖荣誉类市长奖，“GaN基LED大功率芯片”等22项科技成果获东莞市科学技术进步奖一等奖，“东莞市环境质量自动监控管理系统开发集成应用”等33项科技成果获东莞市科学技术进步奖二等奖，“乐民电子政务与电子金融综合服务平台”等38项科技成果获东莞市科学技术进步奖三等奖，东莞市依时利科技有限公司获东莞市科学技术奖创新企业奖。

2012年11月3日，东莞市科学技术奖励大会暨市引进第2批创新创业领军人才授牌仪式在东莞国际会展中心隆重举行。东莞市领导出席了大会，并为获奖代表颁发了证书和牌匾。

技术市场　2012年，东莞市共完成技术合同认定152份，合同总交易额14 486万元，技术交易额13 547万元。

【高新技术及战略性新兴产业】

高新技术企业　2012年，东莞市新增149家国家高新技术企业，总数达到527家，在全省排名第3。全年报送省高新技术产品670个，通过认定的有553个，占全省认定总数19%。2012年高新技术产品产值达3 403.68亿元，占全市规模以上工业总产值的35.86%。

战略性新兴产业　2012年，东莞市全面启动LED照明产品推广工作，出台并组织实施《东莞市推广应用LED照明产品工作方案》，召开全市推广应用LED照明产品工作会议，市政府与各镇街和园区签订相关推广应用责任书。市科技局制定《关于推广应用LED照明产品中加快LED企业发展的指导意见》《东莞市LED照明产品一致性核查》等指导文件，研究起草《东莞市促进LED产业发展实施办法》并上报市政府，为“十二五”全面推进LED产业发展奠定基础。全市累计安装和改造LED路灯5.6万盏，公共领域LED室内灯具4.3万盏，LED企业达150多家，LED产业产值达150亿元，比2011年增长30%。

【创新科研团队】　2012年，东莞市有5个团队入选第3批广东省引进创新科研团队，共获省财政1.2亿元科研经费支持。截至2012年年底，全市团队总数达14家，保持全省前列。加强对团队项目的监管和规范，依据《广东省创新科研团队专项资金管理暂行办法》，组织注册会计师等专家对第1和第2批共9个省创新科研团队进行专项调研并形成调研报告。

【科技基础条件】 2012年，东莞市新增2家省级企业重点实验室，截至2012年年底，全市共有省级重点实验室（企业重点实验室）11家、市级重点实验室31家。

【技术创新专业镇】 2012年，东莞市推动专业镇发展，新增黄江、清溪、塘厦、常平4家省技术创新专业镇，全市省级专业镇总数达到22家。组织召开2012年东莞市专业镇工作会议，传达省科技厅2012年广东省专业镇“一校（院所）一镇”工作部署大会的精神，明确专业镇建设工作任务。开展“一校一镇”行动计划，组织了20多场对接活动，参与企业达507家。石龙、虎门等镇制定了专业镇特色产业技术路线图，推动专业镇加快转型升级。

【科技金融】 2012年，市科技局起草了《东莞市科技创业投资引导基金组建总体方案》《东莞市政府购买东莞市科创投资研究院科技金融服务项目的方案》等，提出设立引导基金、解决科技企业上市前期规范难题的思路方案。开展专利质押融资工作，建立东莞知识产权质押融资项目信息管理平台，新增7家企业通过专利质押获得5 253万元贷款，东莞市顺利通过国家知识产权质押融资试点城市验收。同时，推进科技企业上市工作，评审认定东莞市贝特利新材料有限公司等7家企业为第6批重点培育上市后备科技企业。全市共认定培育76家重点培育上市后备科技企业，其中有6家已成功上市，有1家已过会待挂牌。

【知识产权工作】 2012年，东莞市组织实施知识产权战略，召开全市知识产权工作会议暨专利奖励大会，推动东莞市与省知识产权局签署《广东省知识产权局、东莞市人民政府关于建立知识产权合作会商制度的议定书》，建立了市局会商制度。2012年，全市新认定省知识产权优势企业3家、省知识产权示范企业1家。

专利申请及授权　2012年，东莞市专利申请量接近30 000件，达到29 199件，同比增长19.53%，其中发明专利5 568件，同比增长32.16%；专利授权量20 900件，同比增长8.00%，其中发明专利授权量1 381件，同比增长82.19%；PCT国际专利申请量235件。专利申请量、授权量及PCT国际专利申请量继续位居全省前3位。

知识产权宣传培训　2012年“世界知识产权日”活动期间，东莞市举办相关专题讲座、专题报道、论坛等10多场。注重提升专利质量，在全市各镇街组织开展“专利双提升”行动，全年共有954家企业实现“专利破零”。加强推广专利电子申请，简化专利资助审批程序，全年受理和审核专利申请资助项目14 022项，资助约2 370万元。

专利行政执法　2012年，东莞市深入开展知识产权系统“三打两建”“双打”“护航”等专项整治行动，共处理专利行政案件70宗，同比增长218.2%；进驻首届中国加工贸易产品博览会等4个展会开展驻会维权工作，处理展会专利案件39宗，同比增长39.3%；规范专利代理市场，查处3家“黑代理”，新增5家专利代理机构；推动维权援助平台建设，挂牌成立中国（东莞）知识产权维权援助中心，开通“12330”知识产权维权援助与举报投诉公益服务电话，受理各类电话、来访咨询近350宗。

专利奖励　4月27日，东莞市政府召开了2012年东莞市知识产权工作会议暨专利奖励大会。会上宣读了市专利奖表彰决定，并举行了颁奖授牌仪式。国家知识产权局派员为中国（东莞）知识产权维权援助中心授牌，并为市知识产权局颁发全国专利系统先进集体牌匾。

【科技交流与合作】 2012年，东莞市加强国际科技合作，新增国家级国际创新园1个、省级国际科技合作基地5个。先后组织科技代表团前往德国、以色列、澳大利亚等国家开展科技交流与合作，推进与相关国家科研机构、高科技企业的深层次交流合作。引进一批创新资源，特别是按照上级部门和市委、市政府要求，积极主动做好我国与以色列合作建设的首个产业园区“中以国际科技合作产业园”的相关筹建工作，推动中德精密制造技术中心等重大科技项目落户该市。

11月1—4日，2012年中国（东莞）国际科技合作周暨招才引智大会在东莞国际会展中心成功举办。该届科技合作周经科技部同意，正式更名为“中国（东莞）国际科技合作周”，成为国家级科技交流合作专题展会（详见第28页）。

（东莞市科学技术局　王少波）

中　山　市

2012年，中山市完善区域创新环境，加强产学研合作，实施重大科技专项，持续提高自主创新能力，支撑和引领全市产业转型升级。中山市成为省首批数控一代机械产品创新应用示范市和省北斗卫星导航产业化基地，新能源汽车、风电装备、光电装备与产品制造成为省市共建战略性新兴产业基地，实现引进广东省创新科研团队“零”的突破，首次有科技成果进入省科学技术奖特等奖项目公示，知识产权快速维权工作和专业镇转型升级工作分别成为全国和全省的典范。

【科技政策环境】　2012年，市科技局加强科技发展专项资金的规范管理，在对原有6个子项目的资金使用办法修订的基础上，制定了《中山市科技发展专项资金管理暂行办法》，明确扶持对象、范围及方式，资金申报、审批及拨付，资金使用和监督管理等，建立科学合理、层次分明、分工明确、覆盖全面的专项资金管理制度。为了完善科技人才政策环境，市科技局联合中山市委组织部制定《关于实施<中山市引进创新科研团队评审和资助暂行办法>的补充通知》和《关于实施<中山市院士工作站管理暂行办法>的补充通知》，加大对创新科研团队、院士工作站等高端人才载体的财政支持力度。

全省科技创新工作会议　详见第25页

广东省科技装备动员工作会议　2012年10月12日，广东省科技装备动员工作会议在中山市召开，省军区司令员刘联华、副省长陈云贤、广州军区装备部副部长马改河出席会议并作讲话，中山市副市长代表中山市作经验介绍。中山市已建立50家科技装备动员工作定点单位，推动国防科技和民用科技互动，走出一条“平战结合、军民兼容”的新路子，科技装备动员能力明显增强。市科技局获省科技装备动员工作委员会授予“十一五”广东省科技装备动员工作先进单位。

【民营科技】　2012年，中山市新增62家省民营科技企业，14家省民营科技企业通过复核，累计达223家。截至2012年年底，全市经认定的省、市两级民营科技企业345家，实现工业总产值688亿元、工业增加值223亿元、技工贸总收入633亿元，出口创汇32亿美元，上缴税额45亿元，支出科技活动经费19亿元，承担各类科技计划887项，组建研发机构223家，其中省级工程中心22家，拥有高新技术产品585个，实现高新技术产品产值299亿元。中山民营科技园拥有高新技术企业11家，新增1个省级工程中心，组织申请专利1 044件，申请省市科技计划项目7项，获市级专利奖励2项。

【产学研合作】　2012年，中山市产学研合作向纵深发展。市科技局组织镇区、企业代表赴北京、武汉等地高校、科研院所开展产学研对接活动超过10场，达成了80多个项目合作意向。新引进省部企业科技特派员28名，全市共有科技特派员369名，入驻了263家企业，围绕区域支柱产业及战略性新兴产业发展需求，组织研发团队开展技术攻关。新组建现代照明灯饰、先进水泥基材料2个省级产业技术创新联盟，带动企业、行业加快发展。建立产学研合作信息库，分别编发2期《高校科技成果汇编》和《国家重点实验室汇编》，供有关单位和企业查询。推动珠中江区域产学研合作，由市科技局牵头制定的《珠中江区域产学研合作框架协议》，在2012年4月珠中江第5次党政联席会议上正式签署。

【技术创新工程】　2012年，广东通宇通讯股份有限公司、广东美味鲜调味食品有限公司、中山市太力家庭用品制造有限公司、中山四海家具制造有限公司4家企业组建广东省工程技术研究开发中心，批准组建市级工程技术研究开发中心

24家。截至2012年年底，全市新增省级创新型试点企业4家，累计达11家；新增省级创新型企业2家，累计达9家；全市各级技术研究开发中心累计达318家，其中省级34家、市级284家，企业研发机构建设进一步完善。

【科技服务体系】 2012年，市科技局推广小榄镇生产力促进中心构建中小微企业综合服务体系的成功经验，草拟《加快公共创新服务平台建设的指导意见》，按照“政府主导+市场运作+企业主体”的模式，加快构建集技术研发、检验检测、管理咨询、人才培训、知识产权等功能为一体的综合服务平台。

中山市生产力促进中心积极加强科技窗口服务、科技培训和专利信息运用推广，全年共受理科技项目申报575项，办理科技查新125项，举办技术创新、组织创新、管理创新等各类培训30多场，培训人员4 000多人次。利用汤姆森知识产权平台为该市战略性新兴产业提供专利信息的深度服务，编制16期行业专利简报。

此外，市装备制造业科技研究中心发挥“大平台”作用，共建“1+4”市校产学研创新平台高效运行。中山市北京理工大学研究院深入开展企业科技特派员计划，助推中小微企业创新发展，为中山市新能源电动汽车、游戏游艺等产业发展提供强有力的技术支撑。中山市武汉大学技术转移中心充分发挥大地测量与卫星导航学科优势，助推中山市加速进军北斗卫星导航和位置服务产业。中山市武汉理工大学现代工程技术研究院牵头组建先进水泥基材料省部产学研创新联盟，带动中山市水泥基材料产业与海洋工程战略相结合，发展海洋经济产业。中山市华南理工大学现代产业技术研究院通过组织重大项目攻关，为中山市数控一代机械产品、LED、生物医药等产业升级发挥骨干支撑作用。

【科技计划项目】 2012年，市科技局围绕提升高新技术产业、战略性新兴产业和传统产业转型升级三大产业，发挥政府组织、协调作用，采取产学研合作和协同创新模式，积极挖掘、策划各类科技计划争取国家、省联动支持。该市获国家、省科技立项294项，获经费支持1.52亿元，比上年增长9.6%。全年获得国家、省100万元以上支持的重大科技项目有30项，获经费支持1.14亿元，占经费总额的76.4%。欧普照明电器（中山）有限公司的“创新型平面化配光LED光源和平面发光灯具的集成技术研发”项目、中山市华艺灯饰照明股份有限公司的“陶瓷基LED模组化结构光源和一体化照明系统集成及产业化”项目获得第3批省战略性新兴产业发展专项资金（LED产业）1 000万元的支持。广东汇和药业有限公司的“广东华南新药中试基地建设”和“注射用头孢他啶他唑巴坦（6：1）临床研究”项目分别获得省第1批重大科技专项计划项目资金支持500万元和250万元。广东长宝信息科技有限公司的“面向主动安全的城市车辆在线位置服务关键技术研究”项目获得国家“863计划”“前沿技术——地球观测与导航技术”300万元资金支持。

2012年，市科技局使用科技发展专项资金5 996.17万元，支持项目1 477项。其中，科技计划项目资金分5批支持433个项目共3 380.1万元，LED产业发展专项资金1批支持2个项目共206.12万元，产学研结合专项资金分3批支持45个项目共1 000万元，专利专项资金分5批（含专利奖励）支持965个项目共599.94万元，科技型中小企业技术创新专项资金1批支持23个项目共310万元，装备制造工业研究院专项资金1批支持9个项目共500万元。

2012年，市科技局共组织6批次132项市级科技计划项目验收。

【科技成果与技术市场】 中山市获2012年度广东省科学技术奖11项，其中特等奖1项、一等奖1项、二等奖4项、三等奖5项。由中山市小榄镇人民政府等单位完成的“专业镇中小微企业科技服务体系的创新与实践”项目获得特等奖，实现了中山市在该奖项“零”的突破。小榄镇通过构筑十大创新平台、健全三种创新机制、强化三类队伍建设等措施，为中小微企业转型升级提供全方位的服务与支持，为广东省的专业镇转型升级起到了示范带动作用，成为科技服务经济社会的成功典范。

评出2011年度中山市科学技术奖95项，其中产学研合作奖5项，科技进步奖90项。科技进步奖包括一等奖17项、二等奖35项、三等奖38项，奖金共471万元。90%以上的市科技奖获奖成果已经广泛推广应用并取得显著的经济和社会效益，专利申请258件，专利授权163件，发表论文311篇，可计算产值的58个工农项目3年累计实现产值132亿元、利税22.3亿元。

2012年，中山市共组织科技成果会议鉴定48项，其中国际先进6项、国内领先32项、国内先进10项。办理技术合同登记88项，交易额1.7亿元，增长59%，为企业减免税费843.5万元。

【高新技术及战略性新兴产业】

高新技术产业　2012年，中山市新认定国家高新技术企业34家，通过高新技术企业复审35家。截至2012年年底，全市有高新技术企业共241家，国家火炬计划重点高新技术企业16家。

2012年，中山市高新技术产业快速增长，全市高新技术产品产值达2 450亿元，占规模以上工业总产值的42.0%；全年高新技术产业增加值达180.62亿元，比上年增长21.6%，高出规模以上工业增加值增速5.9个百分点。火炬高新技术产业开发区实现规模以上工业增加值278.2亿元，比上年增长9%，比全市规模以上工业增加值高出4.4个百分点，成为领导全市科技经济发展的桥头堡。

战略性新兴产业　2012年，中山市风电装备、新能源汽车、半导体（LED）产业等战略性新兴产业加快发展，先进装备制造业增加值增速高出全市规模以上工业增加值增速4.5个百分点。LED产业实现技术和市场“两端突破”。中山市制定《中山市推广应用LED照明产品实施方案》，明确将于2013年年底完成普及公共照明领域LED照明任务。市科技局积极探索新的运作模式，“LED企业直接投资推广应用LED照明产品”的模式获得省科技厅支持，严格按照政府采购和公开招标的要求，工程建设做到质量、数量、程序3个保证。截至2012年年底，中山市已完成安装和改造LED路灯23 824盏，已招标未安装13 331盏，正在招投标6 918盏，数量名列全省前茅；严格控制LED产品质量，全市累计有29批产品纳入广东省绿色照明示范城市推广采购产品目录；LED核心技术攻关取得重要进展，引领产业链逐步向散热材料、蓝宝石晶体、荧光粉薄膜涂覆及塑封成型设备等中高端环节延伸。全年LED产业产值达356.5亿元，比上年增长55%。

【科技人才队伍建设】　2012年，中山新诺科技有限公司“高端光刻设备创新科研团队”、广东明阳风电产业集团有限公司“海上风电技术创新团队”入选广东省第3批创新科研团队，分别获得3 000万元和2 000万元经费支持，实现了中山市省级创新科研团队“零”的突破。这2个团队分别填补了国内在大屏面板生产领域光刻设备激光直接成像设备以及自主海上风机安装平台和海上风机基础领域的空白。截至2012年年底，全市共引进4个创新科研团队，省级2个、市级2个。第2批市级创新科研团队共受理11个团队申报，拟新引进3个市级创新科研团队。古镇镇生产力促进中心与中科院院士、中山大学教授苏锵为带头人的团队合作组建“古镇半导体照明稀土新材料院士工作站”。截至2012年年底，全市共组建院士工作站2家。

【科技基础条件】　2012年，市科技局联合市委组织部，批准电子薄膜与集成器件国家重点实验室、电动车辆国家工程实验室、食品科学与技术国家重点实验室、材料成形与模具技术国家重点实验室4家国家重点实验室进驻中山市建立分支机构。截至2012年年底，全市共有国家重点实验室11家。

【科技金融】　2012年，中山市科技金融结合试点工作顺利推进。全市有24个项目获得国家、省科技型中小企业技术创新基金1 240万元支持，已为全市科技型中小企业提供2.5亿元科技贷款，其中2012年提供58笔贷款，共1.27亿元；使用省市联合风险准备金633.85万元，有效缓解科技型中小企业融资难的问题。积极落实创新优惠政策，办理研发费加计扣除为企业减免税费6 757.6万元。

【专业镇及特色产业基地】

专业镇　2012年，全市15个专业镇生产总值达1 402.41亿元，占全市生产总值的57.45%，并以创新服务平台建设为抓手促进专业镇传统产业优化升级。全市共有21个公共创新平台建设项目获得国家、省经费资助共2 450万元。其中，小榄镇生产力促进中心项目“LED产业集群科技服务集成平台应用示范”获得国家科技支撑计划257万元资助，古镇镇生产力促进中心“中山市古镇镇生产力促进中心建设”等7个项目获得省专业镇中小微企业服务平台建设专项资金558万元资助。积极开展“一镇一校”产学研合作，小榄镇与华南理工大学、古镇镇与中山大学的产学研合作取得明显成效，中山大学（古镇）半导体照明技术研究中心等9个创新服务平台高效运行，古镇“灯饰专业镇”升级为“现代照明专业镇”。

特色产业基地 2012年，全市11个省级及以上火炬计划特色产业基地实现工业总产值近2 300亿元，收入超10亿元的企业27家。特色产业基地高度重视利用高新技术提升产业竞争力，拥有高新技术企业138家，建立80个各类科技服务机构，企业研发经费投入超19.6亿元，承担国家、省和市各类科技计划114项，国内专利申请9 939件、专利授权5 727件，其中发明专利申请699件、授权197件。

【知识产权工作】 2012年，全市专利产出水平迅速上升，专利申请18 400件，比上年增长30.2%，其中发明专利申请1 816件，增长40.9%；专利授权10 878件，比上年增长8.5%，其中发明专利授权465件，增长31.0%。企业专利合作协定（PCT）申请84项，获得国家、省专利申请资助资金达478.9万元。新增4家知识产权优势企业、1家知识产权示范企业和1个知识产权试点镇（街）。

专利奖励 2012年，中山市隆成日用制品有限公司的第13届中国外观设计金奖项目“婴儿车”获得省政府100万元重奖。获中山市专利奖28项，其中专利金奖10项、专利优秀奖16项、优秀专利发明人2人，奖金共88万元。

知识产权保护 在国家知识产权局的支持下，中国中山（灯饰）知识产权快速维权中心（以下简称“中心”）建立专利申请快速授权通道，调试和运行“中国外观设计专利智能检索系统”和“中国专利电子审批系统”两大业务系统，实现外观设计专利10个工作日获得授权。截至2012年年底，中心已为394件专利申请进行加快申请。中山市知识产权局将古镇镇辖区内的专利行政执法权限委托中心行使，中山市中级法院将知识产权巡回审理庭设立在中心内，使中心零距离贴近专利的行政执法和司法审判，维权效率大幅提高。截至2012年年底，中心累计立案314宗，已结案308宗，其中移送法院11宗、调解结案237宗、其他形式结案60宗，在办案件12宗，结案率98%，出动检查人员932次，检查各类灯饰门市和工厂580家次。立案数和结案数居全国75个知识产权维权援助中心首位。

7月24日，全国知识产权快速维权工作现场会在中山市古镇镇召开。会议总结和推广中山开展快速维权工作经验，探索创新知识产权工作模式，国家知识产权局局长田力普、副局长杨铁军，世界知识产权组织副总干事王彬颖和中山市委副书记、市长陈茂辉等领导出席会议。参会人员还现场考察了中山（灯饰）知识产权快速维权中心，观看快速申请演示，参观相关企业。

专利行政执法 中山市制定《中山市知识产权局系统“三打两建”专项行动实施方案》《中山市打击侵犯知识产权和制售假冒伪劣商品工作方案》，抓住重点真打实打。2012年，全市专利侵权纠纷案件立案329件，排名全省第1，其中结案321件。通过系列的行政执法行动，有力打击了侵犯知识产权行为，规范了市场秩序；加强宣传，开展系列专利宣传报道，营造了尊重创新、保护创造的良好氛围。2012年12月，中山市知识产权局获国家知识产权局授予“2012年度全国知识产权执法保护先进集体”称号。

【科技交流与合作】 2012年，中山市通过组建产学研创新联盟、引进科技创新人才团队、搭建平台对接创新资源等多种方式，开展科技交流和合作。成功从海外引进了高端光刻设备、海上风电技术2个创新团队，并入选第3批广东省创新科研团队。广泛开展与国内重点高校、科研院所的交流合作，每月组织一期“企业院校行”“专家企业行”等专题对接活动，截至2012年年底，联合组建了4个产学研创新联盟、4个国家重点实验室分支机构、2个院士工作站。充分利用已有的2个国际科技合作基地，开展对外科技合作项目，加强与港澳台生产力促进部门的合作联系，提升全市科技服务机构整体水平，优化中小微企业发展环境。小榄生产力促进中心与香港生产力促进局合作开展“创新公共服务平台专业能力建设”和“热处理中心诊断”顾问项目，推动产业创新平台服务多元化和专业化。

【科普工作】 2012年，中山市多渠道开展经常性科普宣传活动，创新活动形式和内容，实现科普工作社会化。

科普宣讲活动 组织征订十大系列500多块科普展板，归纳总结科普讲师团成员科普讲座内容15个类别50多项主题，向社会公布，由基层单位按需点单，提供菜单式科普服务。全年举办巡展巡讲科普活动130场，其中开展健康生活进社区、进校区、进农村、进企业的科普“四进”活动56场次。开展科普进修学堂活动30多场次，深入全市20多个社区学校开展科普知识和技能培训等。结合世界知识产权日、全国防灾减灾纪念日、全省科技进步活动月、全国科普日等主题开展大型科普活动，实现科普活动规模效应。

青少年科技活动 开展青少年科技教育和科技创新活动，促进青少年科学素质提升。举办2012年中山市青少年科普活动周、第10届中山市青少年科技创新大赛、青少年科普剧创作大赛、学校科技教育成果展暨省市机器人竞赛获奖项目展示、动漫文化展、“光华科普大讲堂进中山”大型系列公益讲座等六大项活动，推动全市各镇区、科普教育基地、青少年科普教育示范学校等单位开展70多项大中型科普活动，吸引全市100多所学校、5万多名青少年参加，规模和档次创历史活动之最，有效推动青少年科技创新活动的蓬勃开展。

科普基地建设 加强科普基地建设，完善科普教育网络体系。全市有市级以上科普教育基地29个，其中全国科普教育基地2个和省级科普教育基地9个；市级以上青少年科普教育示范学校49所，其中省级青少年科学教育特色学校8所；省级科普示范社区13个。

【防震减灾】 2012年，中山市继续推进实施《中山市防震减灾“十二五”规划》。加强地震观测台站建设和维护，实施“地震烈度速报台网建设”项目，推进桂山中学地下流体地震前兆观测台站建设。加强地震灾害防御能力建设，完成《中山市防震减灾“十一五”规划》10个地震安全农居示范村地建设和验收，完成中山市城区震害预测软硬件配置，制定中山市创建广东省防震减灾示范城市工作方案以及示范城市创建工作实施计划。加强地震应急救援能力建设，做好有感地震应急处置，开展全市地震应急避难场所调查统计，及时调整市防震减灾工作联席会议成员名单，在企业组织开展地震应急疏散演练，为全市96名防震减灾助理员、局机关及下属单位配发地震应急包，制定《中山市地震突发事件应急信息发布规定》。开展地震科普宣传教育，在防震减灾宣传周期间共举办展览10场，派发宣传明信片9万套，举办专题讲座3场，与市应急办、市教育局联合举办中山市应急暨防震减灾知识有奖问答活动，全市300多所中小学校有超过30万名学生参与。

（中山市科学技术局 黄奋敏）

江 门 市

【科技政策环境】 2012年4月17日，在珠中江第五次党政联席会议上，三市科技部门签署了《珠中江区域产学研合作框架协议》。这加强了珠中江区域产学研合作联系，促进了三地在专业镇转型升级、战略性新兴产业的创新平台建设的交流。鼓励和支持企业跨地域合作，提出在打印机设备及耗材研发、集成电路封装基板、风电装备、新能源电机及驱动系统、LED照明、化工涂料等领域的技术交流与合作的可行性评估。

【民营科技】 2012年，江门市共培育扶持86家科技企业通过省、市级民营科技企业认定，其中省级56家、市级30家，通过复审企业16家。民营科技企业总数累计达523家，其中省级396家、市级127家。民营科技企业全年实现技工贸总收入达394亿元，其中技工贸总收入超亿元的企业78家、超5亿元的企业16家、超10亿元的企业5家。

2012年，新会今古洲民营科技园和台山市新宁省级民营科技园两个省级民科园都重点加强科技服务体系建设，完善园区各类创新平台建设，为园区企业提供相关的服务，使园区科技创业环境不断优化。同时，两个省级民科园还组织实施了一批科技创新项目，使园区企业自主创新能力不断增强，园区经济得到快速发展。据统计，两个省级民科技园区2012年工业总产值增幅约为8%，达350多亿元。

【产学研合作】 2012年，江门市扎实推进产学研结合工作，产学研合作项目通过省科技计划立项19项，获省科技经费支持3 020万元；其中重点项目和重大项目通过答辩12项（省部院产学研结合重大专项1项），战略性新兴产业项目1项，获经费支持2 470万元。制定了《江门市政产学研结合工作实施方案（2012—2015年）》，指导产学研工作。成立了江门市产学研结合协调领导小组，制定了《江门市产学研结合示范基地管理办法》，组织申报并实施江门市省部院产学研结合示范市，项目已获得通过。组建了江门市首家产学研结合技术创新联盟“广东LED（江门）产业技术创新联盟”，并通过省的认定。

产学研深度合作 由嘉宝莉化工集团股份有限公司、四方威凯精细化工有限公司、盛方化工有限公司、银帆化学有限公司、江门市制漆厂有限公司以及华南理工大学、四川大学、上海大学、五邑大学、广东省涂料行业协会等共同承担的“高性能有机/无机杂合乳液及水性工业涂料产业化技术”项目通过省部院产学研重大专项立项，获1 000万元总经费支持。该项目针对目前制约江门市水性环保涂料发展的关键技术“乳液”进行重点协同创新，经多方论证，决定以“有机/无机杂合乳液”为主攻方向，开发“高性能有机/无机杂合乳液及水性工业涂料产业化技术”，计划用2～3年的时间，通过项目的实施，总体提升江门市涂料产业竞争力。项目将每年给国家提供5 000万元以上税金，每年向社会提供10 000吨水性木器涂料、5 000吨水性皮革涂料、1 000吨水性瓷膜涂料、1 000吨水性汽车涂料及1 000吨水性塑料涂料，促进整个行业及上下游行业的发展。

对接交流活动 2012年10月，江门市组织江门市硕普科技开发有限公司、江门市制漆厂有限公司等10多家企业赴北京科技大学、北京理工大学、北京航空航天大学、哈尔滨工业大学、吉林大学、长春光电研究所等高校及科研院所，进行科技交流与合作活动。邀请哈尔滨工业大学航空学院材料所的3位教授专家到江门市进行产学研交流与对接，共同研商LED蓝宝石衬底等科研成果的转化与产业化。截至2012年年底，江门市已经与清华大学、北京理工大学、华南理工大学、广东省农科院等高校及科研院所签订或建立了产学研全面合作关系，推动了国内100多所高校院所参与到江门市的产学研合作，组织实施产学研项目600多项，2012年推广科技成果500多项，年新增产值超20亿元、利税超1亿元。

科技特派员工作 2012年，江门市共引进100多所高校的148名省部科技特派员入驻企业，其中博导约30名，60%是正教授，全部具有副教授级以上职称。多数特派员带有多名具有硕士或博士学位的特派员助理同时入驻企业。华南农业大学、北京理工大学、五邑大学、江门市职业技术学院分别在相关企业建设科技特派员工作站，通过科技特派员组成研发团队，攻关战略性新兴产业核心关键技术。据统计，全市科技特派员直接参与了约400个项目的研发工作，这些项目的实施年新增产值超10亿元。

【技术创新工程】 2012年，江门市各级政府相继加大了资金投入，加快了技术创新平台的建设，新批准组建市级工程中心16家。广东广天机电和华南精细化工2家工业研究院运行良好，逐步融入区域科技经济发展体系，为产业技术创新提供技术支撑。广东道氏技术股份有限公司和广东彼迪药业有限公司2家企业组建了省级工程中心。截至2012年年底，全市拥有省级工业研究院2家，省级工程中心22家、市级工程中心156家。

【科技服务体系】 2012年，江门市加大“科技孵化器”建设速度，逐步扩大规模，完善硬件设施，提升服务水平，推动孵化器快速发展，蓬江火炬高新技术创业园新认定为国家级科技企业孵化器。全市6家科技企业孵化器已投入使用面积达6万多平方米，在孵企业达200多家，在建或扩建孵化器4家，在建孵化面积达4万多平方米。据统计，全年实现在孵企业总收入接近3亿元，连同已毕业企业技工贸总收入超10亿元，累计毕业企业达90家。

【科技计划项目】 2012年，江门市组织申报省市级科技计划项目800多项，获得国家、省立项101项，扶持资金10 559.3万元，同比增长1倍多。2012年度，江门市产业技术研究与开发资金项目预算共1 750万元，分2批实施。第1批产业技术研究与开发资金计划项目共21项，预算资金810万元。项目重点突出了科技金融工作的推进、科技创新平台建设的推动和科技服务能力的提升等工作，适当兼顾了五邑大学和江门职业技术学院的基础与理论科学研究工作。第2批产业技术研究与开发资金计划项目共73项，预算资金940万元。项目落实了重点民生工程建设专项资金，突出了专业镇技术创新试点建设工作，院企、校企产学研合作工作，战略性新兴产业引导扶持工作，适当兼顾了农业科技创新和企业工程技术研究开发中心的建设工作。

2012年，江门市组织申报创新基金项目60项，其中重点创新项目1项、涉农领域技术创新项目5项、其他一般创新项目54项。截至2012年年底，获得国家和省创新基金立项共33项，扶持资金1 430万元。其中，国家级项目13项，同比增长333%，扶持资金900万元，同比增长309%，扶持资金排在全省第7位；省级20项，同比增长18%，扶持资金530万元，同比增长47.2%，扶持资金排全省第2位。江门市本级创新基金项目立项21项，资助经费600万元，其中市本级财政安排资金300万元，辖区市、区财政安排300万元。全年完成8项国家级、46项省级和97项市级创新基金项目的跟踪管理服务工作，组织3项国家级和2项省级创新基金项目进行验收，省级项目顺利通过验收。

【科技成果与奖励】 2012年，江门市有61项科技成果通过市级以上鉴定，其中10个项目通过省级鉴定，51个项目通过市级鉴定。

全市获2012年度广东省科学技术奖7项，其中一等奖1项、三等奖6项。评出2012年度江门市科学技术奖87项，其中一等奖6项、二等奖20项、三等奖61项。

【高新技术及战略性新兴产业】

高新技术产业　2012年，江门市完成培育和组织企业申报认定国家级和市级高新技术企业59家，其中国家级37家、市级22家。全市累计共有高新技术企业234家，其中国家级137家、市级97家。高新技术产品975个，高新技术产品产值约700亿元，占规模以上工业总产值的26%。据统计，2012年，全市高新技术企业年产值达629亿元；技工贸总收入超亿元的高新技术企业达71家、总收入超10亿元的12家、总收入超50亿元的企业达2家。落实2012年度高新技术企业所得税减免5.5亿元，企业研发加计扣除所得税0.21亿元，合计减免税额达5.71亿元。

江门市组织高新区实施“一区多园”管理模式和以“三资融合”模式建设总部科技园，促进高新区超常规发展。实施高新技术产业开发区发展引导专项，加大高新区创新环境和条件建设力度，提高园区自主创新能力。2012年，高新区完成工业总产值353.6亿元，获得省级高新区发展专项扶持资金700万元，比上年大幅增加。

战略性新兴产业　2012年，江门市大力推动绿色光源产业规模发展。推进中国（江门）绿色光源博览交易中心、国家半导体光电产品检测重点实验室等公共服务平台建设，加快建设江门高新区绿色光源（LED）产业基地核心园区，实现绿色照明产业集群横向一体化和产业聚集。加速发展高端装备制造业。以富华重工为依托，打造台山市汽车零部件生产基地。大力发展轨道交通装备制造业，深化与南车集团的合作，打造城轨车辆修造基地和城轨车辆制造基地，以南车集团为依托，培育轨道交通装备工程技术研究开发中心。全面推进新能源产业建设。积极推动电动汽车电池产业化发展，大力发展清洁能源（核电）装备制造业，致力打造台山清洁能源（核电）装备产业园。

【科技金融】 2012年，针对科技型中小微企业因快速成长而固定资产少、融资与贷款难等特点，江门市开创性地学习先进地区经验，与广东省粤科风险集团开展战略合作，成立了江门市科技创业风险投资基金，共同解决中小微企业融资难题。该基金总投入10亿元，首期出资2亿元。

市科技局下属单位市生产力促进中心代表市政府出资1 000万元，同时与基金托管银行达成1∶1的授信贷款额度，达到了40倍的放大效应。基金采取“政府引导、多元出资、专业化管理、市场化运作”的模式，引导银行和民间资本投入科技创新创业，吸引优质创业资本、项目、技术和人才聚集，实现科技资源与金融资本多层次、多形式的合作，促进江门市中小微企业快速发展。

【农业科技】 2012年，江门市共组织申报省级农业科技计划项目22项，立项10项，获经费支持393万元，其中通过国家农业科技计划立项2项及国家星火计划立项5项，项目数及经费支持额度均有较大的突破。台山市申报的科技富民强县专项行动计划项目“鳗鱼标准化生产技术示范推广”，获得国家科技经费支持120万元，同时台山市获“国家农业富民强县”称号。江门市杰士植物营养有限公司的“有机质螯合的新型水溶性钙硼肥”获农业科技成果转化资金项目立项，获经费支持60万元。这些科技项目的实施及示范带动，增加了农民的收入，推动了现代农业的发展，支撑了社会主义新农村的建设，并为实施国家农业富民强县及省农业科技示范县专项夯实了良好的基础。恩平市的“远程村务管理信息系统推广应用”项目通过广东省农村信息直通车工程专项立项，完善了示范村村务管理信息系统应用的基础设施建设，初步形成覆盖全市的农村村务管理务体系。

【专业镇及特色产业基地】

专业镇　截至2012年年底，全市共有20个省级专业镇、12个市级专业镇。2012年，市科技局联合市委办、省生产力促进中心、五邑大学组成专题调研组，对全市专业镇进行了全面深入的实地调研。收集32个专业镇转型升级书面调研材料，到各市区召开所有专业镇参与的转型升级座谈会。在充分调研的基础上，形成了关于推进江门市专业镇转型升级的调研报告，上报市委、市政府，得到了上级的充分肯定。

2012年10月，江门市专业镇工作会议召开，优化创新资源配置，推进集聚国内科技、人才资源落地江门市专业镇，组建了江门市专业镇专家顾问团，同时还启动了广东省专业镇技术创新支援中心江门分中心，标志着江门市专业镇转型升级工作全面展开。

江门市专业镇专家顾问团由31名专家教授组成，每位成员与每个专业镇以“一对一”负责方式，每位专家教授负责担任一个专业镇的专家顾问联系人，并组织国内外高校、科研院所的科研力量组成小组团队，根据各个专业镇的产业优势、短板以及产业链等特点，采用产业生态发展系统评估方法，协助专业镇制定出具体规划和产业发展技术路线图，找出技术瓶颈和提升优先发展的技术课题，以帮助专业镇明确产业升级的方向与目标，实施“一镇一策”“一校（院）一镇”工程。

广东省专业镇技术支援中心江门分中心，主要以提高五邑地区专业镇创新能力为目标，引导五邑地区技术、装备、资金、人才和信息等创新要素向专业镇集聚，建立江门市专业镇协作创新平台，推动专业镇驶入创新驱动轨道，促进专业镇转型升级。

专业镇技术创新平台　截至2012年年底，全市专业镇共拥有科技服务机构52个，建立了33个创新平台，基本覆盖了江门市主要优势产业和特色产业。其中，蓬江区的国家摩托车及配件质量监督检验中心（广东）设有整车检验、发动机检验、电器检验、灯光检验和零部件检验5个检验室，为江门市的摩托车整车、发动机和20多种零部件的大量强制检验和委托检验业务提供支撑。广东广天机电研究院先后与江门大长江集团有限公司、江门轻骑华南摩托车有限公司等50多家企业开展技术改造、新产品和新工艺研发，提供技术转让、技术培训、对外交流与合作等技术服务工作，获得大量的科研成果，成为辐射华南地区的摩托车技术集成和服务中心。开平水口的水暖卫浴技术创新中心已形成了集产品研发、质量检测、人才培训、产品展示、电子商务平台、知识产权应用与保护六大版块的服务体系，服务区域辐射了蓬江杜阮、鹤山址山及周边区域的水暖卫浴产业。

2012年，为推动专业镇转型升级和产业生态规划、产业技术路线图的制订，推动实施“一校（院）一镇”工程，吸引国内外创新资源落地江门市专业镇，示范带动全市专业镇转型升级，江门市有所侧重地组织实施了多个市级专业镇重点计划，包括“广东省专业镇技术创新支援中心江门分中心建设”“江门市蓬江区摩托车专业镇转型升级创新平台建设”“新会司前专业镇转型升级创新服务平台”“开平市水口水暖卫浴产业技术路线图”“五邑大学江门市专业镇转型升级特派员计划”以及“五邑大学址山五金卫浴产业集群一站式电子商务外包服务平台建设”等。

特色产业基地　截至2012年年底，江门市建立了国家火炬计划江门半导体照明特色产业基地、国家火炬计划江门新材料产业基地、国家火炬计划江门纺织化纤产业基地3个国家基地，广东省火炬计划纺织新材料特色产业基地、广东省火炬计划麦克风特色产业基地（江门市）、广东省火炬计划光机电特色产业基地（江门）3个省级基地。特色产业基地高度重视利用高新技术提升产业竞争力，通过积极鼓励基地企业承担各级科技项目，建立工程技术研发中心，开展产学研合作和构建共性技术研发平台等多种手段，加强高新技术与特色产业的有机结合，大大提高了基地的自主创新能力。2012年，全市火炬计划特色产业基地工业总产值752多亿元。

【知识产权工作】　2012年，江门市制定出台了《2012年江门市实施知识产权战略纲要工作方案》，最大限度地调动全市知识产权职能部门、各市区人民政府的积极性，形成促进知识产权事业发展的整体合力，力求取得新进展、实现新突破。截至2012年年底，全市创建广东省中小学知识产权教育示范学校1所，开平市水口镇参加广东省专业镇知识产权专项行动，培育认定27家江门市知识产权示范企业，全市累计培育认定市知识产权示范企业93家。

专利申请及授权　2012年，全市专利申请8 166件，其中，发明专利申请1 259件，同比增长53.35%；实用新型专利申请2 322件；外观设计专利申请4 585件。全市专利授权5 270件，其中发明专利362件，同比增长69.95%；实用新型专利1 917件；外观设计专利3 991件。

专利服务　2012年，江门市在注重提升全市知识产权综合能力的同时，把企业知识产权工作作为全市知识产权工作的重点来抓。为加强专利联盟的建设，提升知识产权对行业竞争力的支撑作用，江门市知识产权局选定了恩平市电声产业为发展对象，组建成立了恩平市电声行业专利联盟，以减少行业内因知识产权应用而引起的纠纷，增强行业对知识产权运用和维权的力量。为有效促进科技与金融结合，江门市知识产权局积极选取有发展前景的专利技术向银行推荐。截至2012年年底，江门市知识产权局与招商银行江门分行签订了专利质押融资合作协议，筛选出首批26家企业作为专利质押融资的试点企业，争取尽快对较为成熟的企业实现专利质押授信融资。

知识产权保护　江门市成立了“江门打击侵犯知识产权和制售假冒伪劣商品工作领导小组”，以加强对打击侵犯知识产权和制售假冒伪劣商品工作的组织领导。市知识产权局先后制定了《江门市知识产权局系统“三打两建”专项行动实施方案》《江门市知识产权执法维权“护航”专项行动实施方案》和《江门市开展专利代理市场中介组织防治腐败工作的实施方案》，保证专项整治行动的顺利实施。开展专项行动以来，江门市知识产权局召开了7次专题会议，研究部署行动具体方法和措施，确保专项整治行动取得实效。

全市知识产权局系统在专项行动中，共出动执法人员156人次，检查商场、批发市场、生产经营场所等68家，检查商品7万余件，立案侵权纠纷案件5宗，已调解3宗，撤诉1宗，1宗处理当中；立案查处假冒专利案件7宗，其中对4家违法企业进行了处罚。

专利奖励　江门市地尔汉宇电器股份有限公司被认定为广东省知识产权优势企业，嘉宝莉化工集团股份有限公司的“基于柔质手感涂料专利应用产品系列化研究及产业化项目”获得广东省专利技术实施项目立项，江门市普润水处理技术中心有限公司的“含铬电镀废水处理和铬离子回收的新设备”、华南理工大学和李锦记（新会）食品有限公司的“全自动翻曲机”荣获中国第13届专利优秀奖。

知识产权宣传培训　2012年，江门市以“3·15消费者权益日”“4·26保护知识产权宣传周”“科技进步活动月”等大型活动为重点，举办大型宣传和咨询活动、举行竞赛、制作电视公益广告、编写知识产权基本手册等。

举办大型户外宣传咨询活动。4月22日，市知识产权局在市区东湖广场举行“4·26世界知识产权日”大型户外宣传咨询活动，江门海关、市中级人民法院、市文化广播电视新闻出版局、市工商局、市公安局等部门积极参与。围绕“设计未来”主题，各部门在活动现场设立宣传点，发放宣传资料，现场接受群众咨询，解答群众在生活中遇到的知识产权问题。活动期间还举行了知识产权知识有奖问答比赛，江门市40家拥有自主知识产权的企业也在现场进行了专利产品展示。

举办知识产权知识讲座。2012年，市知识产权局系统举办各种宣传、培训活动26场次，设立宣传栏10个，悬挂宣传标语（含电子滚动标语）70余条，印发宣传小册子5 000本，领导接受本地媒体采访3次，编印工作简报8期。

【科普工作】 2012年，江门市社会公众科普宣传活动效果显著。全年围绕“节约能源资源、保护生态环境、保障安全健康”工作主题，结合“科技文化卫生‘三下乡’”“全国科普日”“全省科技活动进步月”等开展主题活动9场次，组织专家教授和科普志愿者近500人次参加，受益群众近2万人次。市科协联合相关部门先后在新会区大鳌镇、蓬江区农林社区、台山市石花山广场、恩平市华润广场、开平市龙胜镇、鹤山市雅瑶镇等社区、农村举办大型科普集市活动。市科技局继续与江门电视台合作，设立科普大篷车电视栏目，每周播放科普节目，定期在东湖广场、农林社区、群星社区、岭梅社区等播放科普电影共20余场。

科技服务站 2012年，市科协积极协助市级学会创建科技服务站，指导其开展基层服务工作。截至2012年年底，市医学会、市药学会、市病媒生物防制协会、市农学会等先后建立起10个市级学会科技服务站。各有关学会依托科技服务站，积极开展科技服务，推动基层发展。如市医学会组织专家分别到睦州镇卫生院、杜阮镇卫生院、古劳镇卫生院，根据当地乡镇卫生院的需求开展技术指导、专业培训和医疗会诊等服务，提升基层医务人员医术水平。市农学会在新会区三江镇和台山市水步镇实施国家水稻产业技术体系江门综合试验站的科研项目，先后举办水稻“三控”施肥技术等培训班5场次，组织观摩交流活动10余场，共培训人员550多人次，较高提升了农民技术水平。市病媒生物防制协会指导开展爱国卫生行动，承接了“腐竹之乡”鹤城镇近200多家工厂的灭蝇消杀除害工作，经省、市食品卫生安全部门多次检查均达卫生要求。

基层科普行动计划 2012年，江门市科协在实施基层科普行动计划中取得新成绩。在社区和农村分别实施“社区科普益民计划”和“科普惠农兴村计划”。新会区北门社区以及恩平市黄海燕、鹤山市吕源根个人等，获得国家基层科普行动计划表彰。开平市龙胜镇水果协会获得省科普惠农兴村计划表彰，获得中央财政和省财政奖补资金45万元。市科协联合市财政局对4个农村专业技术协会、3个农村科普示范基地和5个科普带头人进行市级科普惠农兴村计划项目表彰，奖励资金33万元。2012年，全市有8个社区被评为广东省科普示范社区。基层科普行动计划的实施，有力地推动基层科普工作发展。如恩平市全国科普带头人黄海燕，其蓝海农业科技有限公司基地被选定为“全国农技推广示范县”项目的“农业科技实验示范基地”，先后推广“优质试管香蕉苗生产技术”“大棚蔬菜生产技术”等多项农业适用技术，为当地农业发展做出积极贡献。

重点人群科学素质行动 2012年，江门市多部门联合组织举办科技文化卫生“三下乡”大型科普集市活动4场次，组织科技分队下乡服务20场次，当地受益群众近万人次。依托镇（街）科协开展农村党员、基层干部科技素质培训150多场次，培训农民近2万人次。多部门联合举办青少年科技创新大赛、防灾减灾活动、校园科技节、青少年科普讲座等200多场次，参加科技教育活动的青少年达10万人次。蓬江区科协、江海区科协、开平市科协先后联合举办“防灾减灾日科普宣传周”活动。市科协组织专家在新会区陈瑞祺中学为1 000多名师生作了题为“青少年如何正确利用网络信息”的科普讲座。科普大篷车分别开进了蓬江区、新会区和开平市10所中小学校。新会现代农业基地等江门市10多所科普教育基地，全年接待青少年20万人次。通过广泛实施

未成年人科学素质行动，江门市一中、开平市吴汉良理工学校被认定为广东省青少年科学教育特色学校。江门市在2012年省第27届青少年科技创新大赛上共获得31个奖项。

【防震减灾】 2012年，经市编委同意设立江门市地震局和江门市地震监测中心，增强了江门市地震工作机构和队伍。完成调整市防震抗震救灾工作领导小组成员工作，提出深化行政审批制度改革事项，制定廉政风险防控措施，出台行政处罚自由裁量标准和实施办法，提高依法行政水平。

完成防震减灾“十二五”规划编制工作，积极配合省地震局推进局省共同推进珠江三角洲地区防震减灾合作项目和示范城市建设。江门市“三网一员”网络已延伸至行政村，组织开展地震应急通讯模拟演练。

加强抗震设防监督管理，完成9个地震安居示范工程验收和江门市建（构）筑物抗震性能普查项目验收工作。组织、举办“地震与核安全”知识宣传、新会地震台公众开放日和“平安中国”等一系列宣传活动，防震减灾知识“五进”活动深入开展。

（江门市科学技术局　黄京华）

阳　江　市

【民营科技】 2012年，阳江市新增省级民营科技企业17家，截至2012年年底，阳江市共有省级民营科技企业129家。建有省级民营科技园1家，为阳东县民营科技园。全市民营科技企业的资产总额为92.9亿元，实现总产值106.6亿元，技工贸总收入25.6亿元，利润额6.72亿元，上缴税额7.3亿元，投入研究开发费4.8亿元，拥有长期职工30 068人，其中科技人员4 651人，大学以上学历2 500人。

阳东县民营科技园管委会积极优化民营科技发展环境，进一步加强科技服务体系建设，加快推进科技创新平台建设，积极实施“园区带动、跨越发展”战略，促进民营经济的创新发展。2012年，该园区工业总产值达232亿元，同比增长21.5%。

【产学研合作】 2012年，阳江市积极推进产学研结合，促成一批企业与高校开展技术攻关，联合申报省科技计划项目并先后获得省部产学研专项立项。其中，阳江市五金刀剪产学研创新联盟与华南理工大学合作开展的“阳江五金刀剪产业提升关键技术产学研合作研发”项目获得省产学研结合重大专项项目立项，获得专项扶持资金200万元；另外5个项目共获得省扶持经费230万元。2012年，阳江市还组织阳江市宝马利汽车空调设备有限公司申报创建“阳江市宝马利汽车空调制造装备院士工作站”，并顺利获得立项。

2012年，全市新增科技特派员4名，截至2012年年底，共有25家高校向阳江市47家企业派驻了69名科技特派员。

【技术创新工程】

工程中心　2012年，阳江市新增省级工程技术研究开发中心1家、市级工程技术研究开发中心4家。截至2012年年底，全市省级工程技术研究开发中心达到10家、市级工程技术研究开发中心达到54家。

创新型企业　截至2012年年底，阳江十八子厨业有限公司、阳江市新力工业有限公司、阳江市宝马利汽车空调设备有限公司和广东银鹰实业集团有限公司4家企业获省科技厅认定为创新型企业。2012年，阳江市创新型企业销售收入达187 045万元，增长14.55%；投入科技活动人员数共804人，企业研究与试验发展（R&D）经费支出总额共8 041.98万元，增长9.2%。

【科技计划项目】 2012年，阳江市本级科技财政三项经费投入1 995万元，同比增长24.6%。2010年设立的阳江市科技型中小企业技术创新专项资金由300万元增加至2012年的650万元，对扶持科技型中小企业的发展起到了积极的引导和推动作用。2012年，专项资金实施扶持企业技术创新项目共24项，其中4项获得省科技型中小企业技术创新基金立项，2项获得科技部科技型中小企业技术创新基金立项，带动企业创新投入6 945万元。

2012年，阳江市承担科技部、省科技厅立项的各类科技计划项目共32项，获扶持的资金额度达3 088万元。其中，阳江市科工信局牵头承担的推广应用LED照明产品工作示范项目获省科技厅扶持资金1 200万元；阳江市汉能工业有限公司承担的“高效低成本铜铟镓硒薄膜太阳能电池关键技术开发及产业化”项目，总投资2 000万元，获扶持资金500万元，项目完成后预计年新增产值7 500万元、年利税1 600万元。

【科技成果与技术市场】 2012年，阳江市共登记科技成果35项、应用技术成果22项、软科学成果12项，其中由企业完成的12项、科研机构完成的3项、医疗及其他机构完成的19项。

阳江市新力工业有限公司的“新型节能高效不锈钢冲压焊接管道泵”、阳江市顺和工业有限公司的“可折合脚轮轻便型运载车具”和广东凌霄泵业股份有限公司的“基于液压胀形技术不锈钢泵的研发与产业化”3项科技成果获得2012年度广东省科学技术奖三等奖。

同时，共有34项成果获得2012年度阳江市科学技术奖，其中一等奖5项、二等奖11项、三等奖18项。

【高新技术及战略性新兴产业】

高新技术企业及产品 2012年，全市有7个产品获省科技厅认定为“广东省高新技术产品”，全市高新技术企业工业总产值达352.44亿元，同比增加5.81%。阳江市十八子刀剪制品有限公司、汉能工业有限公司、广东康力日用制品有限公司、万丰实业有限公司4家企业获认定为国家高新技术企业；纳谷科技有限公司、阳西县电梯配件有限公司2家企业通过复审重新认定为国家高新技术企业。

战略性新兴产业 2012年，阳江市的核电、风电、太阳能、LED照明产品项目发展迅速，已形成了全国知名、特色突出、门类齐全的新能源发电体系。阳江汉能工业公司的铜铟镓硒薄膜太阳能电池项目正在推进，阳江汉能工业公司、阳江立乔科技有限公司的半导体照明（LED）项目建成试产，广青金属科技有限公司、世纪青山镍业有限公司的镍合金产业链深加工项目首期建成投产，广东明轩玻璃实业有限公司的LOW-E镀膜玻璃，阳光控制玻璃和中控低辐射建筑玻璃项目在抓紧建设。食品加工和生物制药方面，种植面积达6 666.67公顷的阳春中药材种植基地、阳江九州通医药投资管理有限公司的药品研发制造基地项目、广东信德集团的重要转基因研发项目、一片天医药集团的药物精炼提取项目等生物制药领域项目进展顺利。

【农业科技】 2012年，阳江市共组织申报国家星火项目2项，科技部、财政部2012年农业科技成果转化资金项目1项。组织企业申报省农业科技项目28项，有5项获得立项，项目总投入1 709万元，总产出21 614万元。“信息兴农”项目建设取得新的成效，分别在阳西县、江城区、海陵区、高新区建设农村信息服务中心6个、农村信息培训中心5个、信息化体验站点124个，有力推进了农村信息化基础设施的建设。

为充分发挥阳江发展海洋与渔业的优势，以产学研合作构建现代渔业科技创新体系，加快海洋经济的发展方式转变，阳江市积极争取省科技厅支持组建阳江市广东农业科技园区。截至2012年年底，已完成申报材料编写上报工作，并顺利通过了专家答辩会。

2012年，阳江市组建了农村科技特派员科技服务工作站8个，进一步优化了农业和农村科技发展与服务环境，壮大了农村科技特派员队伍。截至2012年年底，阳江市共有省农村科技特派员81名和团队工作站29个，农业新品种、新技术的开发、推广、应用也取得较好成效。

【专业镇及特色产业基地】

专业镇 截至2012年年底，阳江市有省级专业镇11个、市级专业镇15个，覆盖了五金刀剪与金属制品、海洋养殖与捕捞、农业种养、旅游四大领域。2012年，阳江市省级专业镇工业总产值达433亿元，占全市工业总产值的36.5%，专业镇特色产业总产值272.7亿元，有效促进了城镇区域经济发展。阳江市加强专业镇中小微企业服务平台建设工作，建立了阳江市五金刀剪产品公共检验检测平台、阳东工业设计中心、东城镇五金刀剪产业技术创新服务平台等专业镇中小微企业服

务平台，为全市的五金刀剪产业提供技术、质量检测认证、人才培训和知识产权服务，促进了五金刀剪产业的转型升级。

特色产业基地　2012年，阳江市特色产业基地建设不断发展，有力地促进了阳江市高新技术产业集群和创新集群的形成，加快推进了阳江市传统产业的发展和转型升级的步伐。积极申请组建广东省火炬计划阳江海洋经济特色产业基地并获得批准，处于征地建设阶段；截至2012年年底，全市已建成五金刀剪国家级火炬计划特色产业基地和海洋特色产业、春砂仁2个省级火炬计划特色产业基地。

【知识产权工作】　2012年，阳江市专利申请量达1 257件，其中发明专利47件、实用新型专利272件、外观设计专利938件。2012年，阳江市新增广东省知识产权优势企业1家、广东省中小学知识产权教育试点示范学校1所、广东省行业协会知识产权试点单位1家，列入省的专利实施项目有1项。

组织开展了“三打两建”“双打”“护航”“4·26”世界知识产权日宣传纪念活动、2010—2011年度阳江市专利奖评选、阳江刀博会知识产权保护、专利执法专项行动、专利纠纷调解、专利打假等专项活动，知识产权保护环境不断优化。2012年，阳江市处理专利侵权纠纷案件29宗，其中涉外案件3宗，涉案金额达450万元。举办会展知识产权保护暨反倾销业务知识培训班，组织开展“4·26”世界知识产权宣传系列活动，加大宣传培训力度，全市知识产权意识明显提高。

【科普工作】

科普活动　2012年，全市开展“科技进步活动月”、“科普活动周”、科普影视、科普知识介绍、科普展览等活动。“科技进步活动月”期间，全市科协系统组织专家106人参加活动，举办各类科普讲座、技术培训班、科技知识咨询活动25场次，接受群众咨询7 200人次，发放宣传资料2.7万份，展贴科普挂图120幅。2012年，《科普大篷车》电视节目播出52集；《科普之窗》刊登出版6期；举办科普展览10期，观看人数20 411人次；全年开展科普大篷车进校园活动7次，有2万多名学生参加了科普大篷车活动。阳江市江城区城东街道金湾社区居民委员会荣获“全国科普示范社区”称号，并获得中国科协的基层科普行动计划项目的资助。

青少年科普　2012年12月21日，阳江市科协邀请中国科协原副主席、阳江籍著名气象学家、中国科学院院士曾庆存回到家乡阳江，在阳江一中作励志报告和气象科普讲座，参观阳江市气象科普教育基地等科技设施建设，并提出指导意见。2012年，阳江市科协联合教育局举办了阳江市第4届青少年科技创新大赛。组织参加第27届省青少年科技创新大赛，获得一等奖2项、二等奖4项、三等奖5项，一名学生获推荐参加第27届全国青少年创新大赛，这是阳江市首次获得参加全国大赛资格。阳江市第二中学同时获得“广东省青少年科学教育特色学校”。

【防震减灾】　2012年，阳江市防震减灾各项工作均取得较大进展，荣获2012年度全省市县防震减灾工作考核第1名，代表广东省参加全国市县防震减灾工作年度考核并被评为综合考核先进单位。阳江市重新修订了《阳江市地震应急预案》，开展阳江市科普示范学校、阳江市防震减灾示范社区和阳江市地震安全乡镇（街道）的建设，地震安全社区建设工作纳入了《阳江市创建宜居示范社区总体实施方案（2011—2015年）》，成功申报1个国家地震安全示范社区、1个省级地震安全示范社区和2个省级防震减灾科普教育基地，建立和完善阳江市综合应急救援队、地震应急志愿者队伍、阳江市无线电地震应急通信志愿队和防震减灾助理员队伍，举行了阳江市2012年地震应急救援综合演练。

完成阳江市深井地电场观测网市区子台、阳江地震海啸基准监测站和监测台阵等10个子台建设和中国地震背景场探测项目阳江南鹏岛测震台的基建工作；完成阳江市GPS地壳运动观测网市区子台建设的筹建、报建、图纸设计以及基建工程招标代理工作；完成地震台网系统软件升级和地震速报信息共享系统（EQIM）安装工作；参加全省地震观测资料质量评比优秀率达90%以上。

全市公建和市区自建工程抗震设防要求管理

100%纳入基本建设程序，得到有力监管。积极引导和指导农民群众对新建住房进行抗震设防，完成近万间农村地震安全民居的指导工作。

（阳江市科技工业和信息化局　黄　君）

湛　江　市

【产学研合作】 2012年，湛江市申报国家、省级产学研项目39项，已经立项实施的省级项目16项，获得经费支持568万元；新增市级产学研结合示范项目3项，全市产学研合作项目总数达到206项。全年新增5名科技特派员入驻4家企业，共组织23所高校、科研院所向88家企业派驻科技特派员128人次。地校产学研合作不断扩大，2012年，湛江市政府与北京科技大学签订了地校合作协议，为钢铁、石化项目的发展提供科技支撑。

【技术创新工程】 2012年，湛江市新认定省级工程中心1家、市级工程中心2家；省级重点实验室3家、市级重点实验室3家；市级企业技术开发机构3家。截至2012年年底，全市共有国家级研究基地4家，检测中心2家；省级重点实验室7家，企业工程中心14家，农业科技创新中心9家，区域性试验中心3家，院士工作站1家；市级企业工程中心14家，重点实验室3家，企业技术开发中心56家，各类研发机构达到114家。

【科技计划项目】 2012年，湛江市申报国家、省级科技项目共189项，立项36项（含结转项目），获得资金3 062万元；申报市级科技计划项目300项，立项实施96项，扶持项目经费1 320万元。

【科技成果与奖励】 2012年，湛江市获得各类科技成果56项，其中工农业技术成果32项，占成果总数的57%；医药卫生科技成果24项，占43%。有48项科技成果获得市级科学技术奖，9项获得2012年度省级科学技术奖，其中由中国科学院南海海洋研究所、广东粤海饲料集团有限公司等10个单位合作完成的“凡纳滨对虾良种选育关键技术及产业化应用”项目获得2012年度广东省科学技术奖一等奖。绝大部分科技成果已在工农业生产和医疗卫生领域应用和推广，并逐步形成产业化，取得显著的经济效益和社会效益，累计新增产值36.43亿元，新增销售收入93.02亿元，新增利税44亿元，创收外汇725万美元。

【高新技术及战略性新兴产业】

高新技术产业　2012年，湛江市组织申报国家、省级各类高新技术项目40项，已获批立项9项，共获科技经费742万元；新增立项市级项目19项，获扶持经费420万元。全市新增国家高新技术企业4家，高新技术企业总数达到50家；新增省级创新试点企业2家，省级创新型企业总数达到10家；新增省级高新技术产品48个，省级高新产品总数达到80个。高新技术产业总产值达到270亿元，比上年增长10%。

2012年，湛江市在小家电、化工新材料、专用机械设备等领域组织技术突破，整合广东浩特电器有限公司等一批小家电企业的技术力量，开展对节能型微电脑电磁炉、节能智能型电饭煲产品生产技术、工艺和材料等进行攻关研究，以推动小家电产业转型升级。湛江聚鑫新能源有限公司对高性能锂离子动力电池碳负极包覆沥青生产技术、锂离子电池碳负极废料生产冶金高纯增碳剂技术进行攻关研究。湛江科海科技有限公司开展“超高温油田井下在线测量系统”的研究开发，成功开发具有国际竞争力的油田井下测量设备，打破了国内油田使用井下高精度测量设备长期依赖国外进口的局面。

战略性新兴产业　2012年，湛江市商洽新兴产业项目19项，已签约项目10项，洽谈金额达65.9亿元，签约金额达30.35亿元。其中，湛江市政府与浪潮集团签订投资3亿元的“湛江云计算中心”项目、与北京科技大学签订“湛江工业研究院”的框架协议；奋勇经济区与香港易高环保投资公司有限签订投资10亿元的“废液废渣综合利用”项目；廉江市工业管委会与上海中技桩业股份有限公司签订投资6亿元的“空心方桩制造”项目；坡头区工业管委会与华思科技股份有限公司签订投资4亿元的“电子厂”项目。

【农业科技】

项目申报 2012年，湛江市组织申报国家、省级农业科技计划123项，已下达立项项目47项，获得科技经费1 002万元。新增市级立项项目25项，扶持经费441万元，农业科技创新成效显著。

农产品加工关键技术 湛江双湖食品有限公司与广东海洋大学合作实施“水产胶原蛋白类产品的深度开发研究及产业化”项目，成功从罗非鱼下脚料中的鱼皮和鱼鳞中提取胶原蛋白多肽，纯度大于90%。项目实现年产值3 000万元，利税350万元。湛江博泰生物化工科技实业有限公司与深圳大学联合开发“对虾加工下脚料深加工关键技术”项目，利用对虾加工下脚料开发壳聚糖、壳寡糖及碱性生物肥料。项目每年综合利用对虾下脚料1万吨，实现年产值5 000多万元，利税500多万元。湛江恒兴水产科技有限公司研究攻关利用罗非鱼下脚料制备富含小肽饲料蛋白源关键技术取得成功，还有一批如复合微生物饲料添加剂、水果保鲜、面包虾自动化生产等技术也取得突破。

农业科技园区示范 组织科技园实施农业项目9项，建立甘蔗种植加工、热带花卉、休闲农业、海水养殖、水产饲料、水产加工等一批示范基地，打造科技园内的功能小园区。建成农业科技示范村9条，省级城镇化技术集成应用试点镇2个。

产业技术创新联盟 建立农业产学研技术创新联盟4家，农业产业协会4家。湛江国联水产开发股份有限公司与国内多所高校和企业联合建立了“中国水产品加工产业技术创新战略联盟”。

农业信息化 建成农村科技信息直通车综合信息服务站（点）1 503个，信息化与培训中心11个，举办信息员培训班5期，培训农村基层信息员589人次。

农村科技特派员计划 建成农村科技特派员法人单位32个、特派员团队15个、特派员工作站37个，拥有农村科技特派员432名。

【专业镇与特色产业基地】

专业镇 2012年，湛江市组织专业镇龙头企业开展技术创新，形成技工贸一体化、种养加一条龙的产业化经营模式，推动专业镇产业转型升级。实施专业镇培育工程，继续组织和引导镇级经济向特色优势产业集聚，使“一镇一品”“一镇数品”的特色产业更加集聚，产业化经营更加突出。2012年，全市新增省级专业镇2个、专业镇转型升级示范镇1个。截至2012年年底，全市专业镇总数达到43个，其中省级专业镇19个。组织专业镇实施科技计划，全市专业镇实施科技项目15项，获扶持资金265万元，促进了镇域特色产业做强做优，推动县域经济发展。

特色产业基地 2012年，湛江市大力建设科技示范基地和农业产业带，截至2012年年底，全市共建成省级健康农业科技示范基地9个、省级绿色食品生产示范基地6个、特色农业产业带5条。通过基地建设，推动了农业技术成果转化和农业产业化。

【知识产权工作】 2012年，湛江市组织申请市级以上专利项目19项，已获立项5项，获得科技经费61万元。修订《湛江市专利申请与奖励暂行办法》，引导和鼓励申请专利，提高专利申请量和授权量。2012年专利申请量达到1 151件，授权量901件，分别增长9.4%和20.6%。组织实施专利技术转化项目，新增省级专利转化项目5项、市级专利转化项目3项，全部专利转化项目达到37项。修订和完善《湛江市促进专利申请工作的激励措施》，坚持每年年终评选专利工作先进，奖励先进企事业单位、先进县（市、区）科技局与专利事务所。

【科普工作】 2012年，湛江市共举办科技讲座、业务学习、科技培训等活动30多场次，参加活动人员3 000多人次。通过悬挂标语横额、制作墙报专栏、建立电子荧屏开展科技宣传，扩大科技影响力。出台《科技政策面对面》的宣传手册，该手册对国家、省、市出台的有关科技政策进行分类解读，并汇编成册，对广大企事业单位及科技人员进行科技政策的宣传和指导。

（湛江市科学技术局 徐宇霞 卢 璐）

茂 名 市

截至2012年年底，茂名市经省认定的民营科技企业有81家，其中年产值超亿元的9家、超5 000万元的17家，有15家民营科技企业设有工程技术研究中心。2012年，在全省自主创新考核验收工作中，茂名市的成绩为优秀。茂名市被省科技厅评为产学研结合示范市，有4个县（市、区）被科技部列入科技富民强市试点计划。

【科技政策环境】 2012年，茂名市计划出台《中共茂名市委、茂名市人民政府关于深化科技体制改革加快区域创新体系建设的实施意见》《中共茂名市委、茂名市人民政府贯彻〈中共广东省委、广东省人民政府关于依靠科技创新推进专业镇转型升级〉的决定》《中共茂名市委、茂名市人民政府贯彻〈中共广东省委、广东省人民政府关于加快建设知识产权强省的决定〉的实施意见》3份文件，进一步优化茂名市科技创新环境。截至2012年年底，这3份文件已完成的征求意见稿。

12月26日，茂名市委、市政府召开全市科技创新工作会议，传达全国、全省科技创新会议精神，表彰科技创新先进集体和个人，部署2013年全市科技创新工作。会上，市政府分别与中国石油大学、广东工业大学、广州中医药大学、广东石油化工学院签订了产学研全面合作协议。

【民营科技企业】 2012年，茂名市中准实业有限公司、茂名云龙工业发展有限公司、茂名市集大成电器有限公司等17家企业通过审查，被认定为省级民营科技企业。截至2012年年底，全市共有省级民营科技企业118家。

【产学研结合】

项目管理　2012年，茂名市组织申报省部产学研结合项目31项。其中首次组织申报省部产学研结合重大专项，立项1项，获1 000万元经费支持；申报省部产学研结合重点项目3项，立项2项，获得200万元经费支持；申报省部产学研结合引导项目27项，立项6项，共获180万元经费支持；申报省部产学研结合示范基地项目2项，立项1项，获100万元经费支持。

技术创新平台　2012年，茂名市科技局组织茂名市茂南三高渔业有限公司与中国水产科学院淡水渔业研究中心共建“中国水产科学院淡水渔业研究中心茂名三高罗非鱼博士后工作站”。由中国科学院化学研究所、茂名市生产力促进中心共建的“技术转移平台”项目获市重大科技和产学研专项立项支持。西安交大—茂名重力技术研究院、无机非金属新材料研究中心、四川大学—长兴食品研究院、纳米矿物材料及应用教育部工程研究中心茂名分中心等产学研创新平台建设，取得了显著成效。

产学研创新联盟　2012年3月，“广东罗非鱼（茂名）产业技术创新联盟”通过省科技厅批准建设。该联盟主要发起单位有中山大学、广东海洋大学、仲恺农业工程学院、中国水产科学院淡水渔业研究中心、中国水产科学院珠江水产研究所5家高校、科研院所，茂名市茂南三高渔业发展有限公司、广东罗非鱼良种场、茂名长兴食品有限公司、茂名市海名威水产科技有限公司、茂名市昌达饲料厂有限公司、珠海市富民罗非鱼养殖开发有限公司6家企业以及广东省高要市水产技术推广中心1家中介机构。

【科技计划项目】 2012年，茂名市科技局共组织申报国家、省级各类科技项目140多项，有2个项目获得科技部立项，有24个项目获得省科技厅立项，共获得经费支持1 193万元。受理市级科技计划项目申请531项，立项320项，共安排89项，资金370万元；中小企业创新基金安排了100万元，支持茂名市科研项目的开展和技术创新；下达市重大科技专项资金安排1 000万元，并实行竞争性分配。

【科技成果与技术市场】 茂名市推荐申报省科学技术奖项目14项，有6项获得2012年度广东省科技技术奖三等奖。评出2012年度茂名市科学技术奖项目35项，其中一等奖3项、二等奖8项、三等奖24项。完成科技成果鉴定项目80项。认定登记合同18宗，技术交易额1 767.39万元。

【高新技术及战略性新兴产业】 2012年，茂名众和国颂精细化工有限公司、茂名市群英网络有限公司、茂名云龙工业发展有限公司3家企业被认定为国家高新技术企业。茂名高岭科技有限公司、茂名重力石化机械制造有限公司2家企业被认定为国家火炬计划重点高新技术企业，实现茂名市国家重点高新技术企业零的突破。茂名市银华高岭土实业有限公司、广东长盈信息科技有限公司、茂名实华东成化工有限公司3家高新技术企业通过2012年复审，继续享受高新技术企业资格。全年新认定广东省高新技术产品10个。

2012年，全市申报广东省战略性新兴产业核心技术攻关项目4项，其中广东石油化工学院与清华大学等单位合作申报的“面向石化行业的工业机组复合故障无量纲免疫检测器集成诊断装置研发”项目获得500万元经费支持。

【农业科技】 2012年，茂名市组织申报各级农业科技项目78项，其中国家级项目2项、省级项目36项，获得省立项16项。“广东北运蔬菜高效安全关键技术集成示范与应用”被纳入国家星火重大项目库，“茂名特色农产品广东省农业科技园区”获得省科技厅立项，支持经费387万元。

组织一支庞大的农村科技特派员队伍，全市组织市级个人农村科技特派员630名，其中管理类67名、技术类122名、产业类361名、信息类80名；法人农村科技特派员32个，其中创业型25个、服务型7个；农村科技特派员团队23个，其中创业型17个、服务型6个；组建农村科技特派员工作站63个；建立农村科技特派员协会1个，全部农村科技特派员都加入特派员协会。全市选派省级及省外农村科技特派员102名，特派员团队12个。2012年，茂名市举办各类农村实用技术培训班23期，受训农民达1 893人次。

【专业镇及特色产业基地】 截至2012年年底，茂名市获认定省级专业镇16个、市级专业镇11个。建立特色产业基地6个，分别为广东省火炬计划茂名石化特色产业基地、茂南高岭土特色产业基地、电白水产品加工特色产业基地、信宜温控产品特色产业基地、茂名香精香料特色产业基地和热带水果深加工特色产业基地。

【知识产权工作】 2012年，茂名市专利申请1 596件，比2011年增长76%，增幅排全省第3位；专利授权694件，比2011年增长75%，增幅排全省第2位。开展第4届茂名市专利奖评审工作，评出金奖项目1项、优秀奖项目15项、优秀发明者奖8人。

在“三打两建”工作过程中，茂名市积极开展知识产权联合执法和日常执法，共出动执法人员600多人次，执法车辆100多台次，检查商铺、企业1 200多家，检查各类商品1万余件，查处假冒专利案件6宗，涉案金额2万余元。

【科普工作】 2012年，茂名市组织申报省科普项目6项，立项项目1项，获得科普项目经费8万元。

6月8日，茂名市与省科技厅在电白县马踏镇联合举办“2012年科技活动月大型科技下乡活动”，省科技厅、市科技局领导及省直专家、市直专家共100多人出席了活动，3 000多位群众参与了活动。活动开展了科技培训、农业技术咨询、知识产权咨询、赠送科技图书和报刊、科普展览、农用物资推广、种子赠送和专家义诊等10多个专题板块。

【防震减灾】 2012年，茂名市的防震减灾工作取得显著进展，综合防震减灾能力有了很大提高。做好地震监测预报工作。地震监测台网全年正常运行，确保了地震观测数据传输记录的连续性、可靠性和准确性。积极组织开展形式多样、内容丰富的防震减灾宣传活动，提高社会公众的防震减灾意识。积极指导开展地震应急疏散演练。5月11日，指导信宜市职业技术学校举办地震应急演练活动，该校1 000多名师生参加了演练；5月14日，指导化州市第一中学开展地震应急疏散演练，该校5 000多名学生参加了演练。通过演练进一步提高了师生的安全意识，增强了师生实际抵御和应对紧急突发事件的能力。推进防震减灾科普教育示范学校建设。积极打造省级防震减灾科普教育基地，大力推进防震减灾科普教育示范学校建设，做好市防震减灾科普馆的维护工作。大力做好服务民生的地震安全工程。继续开展地震安全农居示范工程建设，2012年，建成化州市新时代农场金龙泉小区和高州市南塘镇彭村2个地震安全农居示范工程。

（茂名市科学技术局 文 妙）

肇 庆 市

【科技政策环境】 2012年3月，肇庆市印发了《肇庆市贯彻落实广东省民营科技园“三资融合”建设模式现场会精神加快园区创新发展的工作意见》，贯彻落实省政府召开的广东省民营科技园“三资融合”建设模式现场会精神，推广“三资融合”建设新模式。7月，出台了《肇庆高新区“一区多园”实施办法（试行）》，充分发挥国家高新区的核心引领作用，以国家高新区名义开展产业链招商，提高各县（市、区）园区发展层次，提升综合承载能力，促进支柱和特色产业集群发展。11月，印发了《肇庆市科技局行政处罚自由裁量权适用规则（试行）》，规范科技部门的行政处罚自由裁量权的正确行使。

【民营科技】

民营科技企业 2012年，肇庆星湖制药有限公司、肇庆市宝利达机电设备有限公司及肇庆市威盛塑料科技有限公司等12家企业被认定为广东省民营科技企业；肇庆市东方景虹绿色照明科技应用有限公司、肇庆市腾胜真空技术工程有限公司及四会市爱达合金材料有限公司等10家企业被认定为肇庆市民营科技企业。截至2012年年底，全市共有民营科技企业102家，其中省级75家、市级27家；民营科技企业的从业人员2.2万人，总产值100.95亿元。

民营科技园 2012年，肇庆（四会）民营科技园实现生产总值218.25亿元，同比增长17.5%；规模以上企业完成工业总产值421.43亿元，同比增长33.7%；规模以上民营企业完成工业总产值148.74亿元，同比增长32%；高新技术产品产值98.76亿元，同比增长42.35%，占园区工业总产值的45.25%。

【产学研合作】 2012年，肇庆市充分发挥与清华大学、同济大学校市合作平台作用，深化龙头企业与高校院所的合作，集聚多方优势创新资源，围绕全市产业发展的重大科技需求，着力突破一批制约经济社会发展的技术瓶颈和关键共性技术。全年共实施省部产学研合作项目13项，省院合作项目2项。积极推进华南智慧城与广东工业大学“肇庆协同创新研究院”建设工作，以广东工业大学广东省物联网信息技术重点实验室、广东省物联网共性技术研究开发中心、华南智能城物联网技术示范企业，共建物联网共性技术支撑服务平台，推动肇庆物联网产业的发展。广东风华高新科技股份有限公司与华南理工大学、中国科学院自动化研究所合作共同承担2项国家“863计划”项目，将肇庆市电子信息制造业技术的协同创新提升到国家层面。广东鸿图科技股份有限公司、广东肇庆星湖生物科技股份有限公司、肇庆千江高新材料科技有限公司与清华大学等分别在精密铸造、生物制药、新材料等领域共同推进关键技术的研发攻关及其产业化。2012年，肇庆学院获得国家级科研项目10项，市厅级以上项目达到146项，科研经费突破1 000万元大关。学院的多个创新团队通过产学研合作，在果树种养、电子信息、林产化工、水产研究等领域有效地服务全市地方经济和产业发展。

科技特派员 2012年，肇庆市科技特派员工作逐步常规化。肇庆华锋电子铝箔有限公司与西安交通大学等共建省产学研合作特派员工作站，突破制约电子铝箔制造产业技术瓶颈。截至2012年年底，全市接纳科技特派员53名（累计共接纳科技特派员100多名）、特派员助理200多名，分别来自30多家高校科研院所，派驻企业近40家。

产学研创新联盟 2012年，肇庆市产学研示范市建设基本形成以政府为引导、企业为主体、市场为导向、产业化为目标，高校和科研院所为技术依托的技术创新体系。截至2012年年底，全市企业加入国家级产学研创新联盟2个，牵头组建省级产学研创新联盟3个，加入省级产学研创新联盟4个，培育产学研创新联盟2个，组建院士工作站2个，建立省级产学研示范基地4个、市级产学研示范基地7个。

【技术创新工程】

工程中心 2012年，广东风华邦科电子有限公司、肇庆市创威发展有限公司及肇庆亚洲铝厂有限公司等17家企业组建了市级工程技术研究开发中心，广东同步化工股份有限公司和广东科茂林产化工股份有限公司2家企业组建了省级工程技术研究开发中心。

创新型企业　2012年，怀集登云汽配股份有限公司被认定为广东省第5批创新型企业。广东风华高新科技股份有限公司承担的“风华高科创新型企业制定与实施创新路线图”项目获省创新型企业实施技术创新工程试点项目资金40万元。

【科技计划项目】　2012年，肇庆市实施省级以上科技计划项目88项，获得项目资金4 442.94万元。其中工业类（包括产学研）项目48项，获得资金2 885万元，占总额的65%；农业类项目21项，获得资金832万元。实施市级科技计划项目133项，支持项目资金1 691.5万元。实施高新技术产业和战略性新兴产业专项9项，安排专项资金1 000万元。

【科技成果与技术市场】　2012年，肇庆市共有68项科研成果通过省、市科技成果鉴定，其中省级成果鉴定11项。办理科技成果登记82项，其中省级科技成果登记11项。肇庆市获得2012年度广东省科学技术奖7项，其中二等奖2项、三等奖5项；评出2012年度肇庆市科学技术奖获奖项目51项，其中一等奖6项、二等奖15项、三等奖30项。2012年，肇庆登记点认定登记技术合同1宗，涉及技术交易额104.11万元。

【高新技术与战略性新兴产业】　2012年，肇庆市成立了“肇庆市促进高新技术产业和战略性新兴产业发展领导小组”，出台《肇庆市高新技术产业和战略性新兴产业发展专项资金管理办法》，重点扶持高端新型电子信息、生物医药、新材料、高端装备制造、新能源汽车、LED六大产业，高新技术产业和战略性新兴产业发展迅速。

高新技术企业　全市共有28家企业申请认定国家高新技术企业，另有17家高新技术企业通过复审。截至2012年年底，全市共有国家高新技术企业91家，年总产值272.21亿元，销售收入270.49亿元，缴税总额为10.06亿元，总利润约7.4亿元，出口创汇约6.73亿美元，从业人员约3.41万人。肇庆大华农生物药品有限公司和广东四会互感器厂有限公司被认定为国家火炬计划重点高新技术企业。全年高新技术产品产值达696.4亿元，占规模以上工业总产值的24.7%，同比增长30%。加快推动高新区“一区多园”模式，四会产业园挂牌运作，高要、德庆、怀集也签订了“一区多园”合作框架协议，国家高新区品牌带动效应显现。

战略性新兴产业　2012年，肇庆市成立了LED照明技术及产品推广应用联席会议，制定了《肇庆市推广使用LED照明产品实施方案》。方案明确了肇庆市推广应用LED照明产品工作的总体目标、工作计划、推广主体、推广模式及推广要求，明确了部门职责和政策保障体系。通过《西江日报》《肇庆都市报》等主流媒体的报道以及国道324线高要段LED路灯改造项目、国道321线德庆段LED路灯改造项目等示范项目的带动，2012年肇庆市LED照明技术及产品推广工作成效显著。截至2012年年底，全市已安装LED路灯9 102盏、景观灯2 354盏，打造了德庆龙湖酒店、端州红会医院、端州区科技局、睦岗办事处、广宁县农信社网点室内照明示范点5个。

【农业科技】　2012年，肇庆市围绕柑橘、水稻、蔬菜、水产等农业主导产业，加强农业科技创新公共服务平台建设，开展现代农业良种良法示范推广和产业关键共性技术研究攻关，有力推动了农业科技跨越发展。全年农业领域科技计划项目共立项59项，其中国家级1项、省级20项、市级38项，立项经费1 202万元。

【专业镇与特色产业基地】

专业镇　2012年，肇庆市组织广宁南街、端州睦岗、端州黄岗、封开河儿口、高要蚬岗等专业镇申报专业镇中小微企业服务平台建设专项资金项目，打造服务当地主导产业的中小微企业公共服务平台。端州区城东街道、封开县杏花镇分别被认定为省级现代服务业技术创新专业镇和家禽饲养技术创新专业镇。截至2012年年底，全市拥有省级技术创新专业镇20个、市级28个。

特色产业基地　2012年，肇庆市继续开展“西江北岸优质果品星火技术产业带建设”项目，建设柑橘“四项技术”示范基地1.9万公顷，单产增加11%，成本降低10%，收入增加20%。通过德庆县官圩镇农技推广中心、怀集县梁村镇果蔬协会和广宁县沙糖橘协会3个单位配合当地龙头企业大力发展循环式经济，多养猪，多产、多施有机肥，推动产业循环式组合，共施用沼液有机肥666.7公顷，并产生1 333.3公顷的带动效应。推动德庆县和怀集县的3个龙头企业采取订单方式，以优于市场交易价向农户订购柑橘30万吨，带动柑橘种植面积6 666.7公顷。培训农技站人员1 000人次，专业户20 000人次，共获得增产8 000公顷的种植效益。培育标准的无病毒柑橘苗60万株，并向产业带果场推出15万株。

【科技金融】　2012年，肇庆市围绕促进科技金融结合，推进战略性新兴产业发展壮大及推动产业转型升级。完善科技服务支撑平台建设，建设该市首个电子信息专利数据库及肇庆市科技专家库重点产业智库平台。探索科技型中小企业融资模式。11月21日，与中国建设银行股份有限公司肇庆市分行签订战略合作协议，进行科技型中小企业贷款模式、产品和服务创新的尝试；与农业银行肇庆分行协商，共同支持符合条件的科技型中小企业通过债券市场融资。开展科技型企业技术投融资的对接、辅导工作。8月，举办端州区科技型中小企业科技金融座谈会及技术投融资推介会，开展科、银、企对接活动。

【知识产权工作】　2012年，肇庆市进一步推进知识产权战略，在全市范围内开展“三打两建”专项行动，加大专利保护力度。全年实施专利技术项目6项，评出肇庆专利奖15项，受理专利申请资助258项。

专利产出　2012年，肇庆市专利申请量为1 551件，同比增长5.8%。其中，发明专利申请量为323件，同比增长21.43%；专利授权量为1 173件，同比增长31.95%，其中，发明专利授权量为98件，同比增长75%；PCT国际专利申请量为14件。

试点示范　2012年，肇庆市被国家知识产权局确定为国家知识产权试点城市；肇庆高新区被国家知识产权局确定为国家知识产权试点园区；肇庆市奥威斯实验小学被批准为省中小学知识产权教育示范学校；广东风华高新科技股份有限公司承担的“高端信息产业新型片式元器件关键技术应用及产业化”项目纳入广东省专利技术实施计划项目（重大项目）；四会市鸿明贵金属有限公司被认定为“广东省知识产权优势企业”。

队伍建设　2012年5月17日，肇庆市举办“四会市企业知识产权战略讲座”培训班；5—9月，在肇庆市企业知识产权培训基地举办2期专利研修班，来自全市高新技术企业、民营科技企业以及市、县（区）知识产权相关技术及管理人员参加了为期10天的研修，受训人员超过500人次。8月9日，肇庆市在市科技中心召开全市知识产权工作会议，传达全省知识产权工作会议暨广东省专利奖励大会会议精神。9月5日，在肇庆市党政干部知识产权培训基地举办“肇庆市贯彻知识产权强省政策专题讲座”，邀请省知识产权局党组书记作专题报告并开展知识产权工作调研。11月8日，在肇庆高新区举办百所千企知识产权服务对接工程系列活动，组织了“企业知识产权创造的方法与策略”和“企业知识产权保护和运用策略”两个专题讲座，省知识产权局领导出席活动并讲话。来自省内14家专利代理机构的29名资深代理人和该市77家企业约130位企业知识产权工作人员，以及各县（市、区）知识产权局的领导和业务人员参加了活动。

知识产权保护　2012年，肇庆市开展“三打两建”、打击侵权假冒和知识产权维权“护航”专项行动，严厉打击侵犯知识产权违法行为，切实维护市场经济秩序和专利权人的合法权益。全年共出动知识产权执法人员1 451人次，检查生产经营场所9 607家，检查商品168 118件，排查线索29条，先后4次对涉嫌专利侵权和假冒专利违法行为的进行行政执法。开展“3·15”消费者权益日、“4·26”世界知识产权日、7月31日文化市场综合执法等横向联合执法行动；协助省知识产权局在四会市开展查处假冒专利案件，对群众举报的复杂假冒专利案件进行现场执法检查，正式立案3件，其中专利侵权案件1件、假冒专利案件2件，办结案件2件。

【科技交流与合作】 2012年8月22日，梧州市科技局到肇庆市考察交流科技管理工作，参观了肇庆高新区和广东华南智慧城，并与肇庆市科技局召开座谈会。会上，两市科技局签署了《肇庆市—梧州市科技合作协议》《肇庆市—梧州市共建林产化工科技创新基地合作协议》。这两个协议的签订，将有效促进两市科技交流与合作，推动两地科技创新工作和粤桂合作特别试验区建设，共创科技创新环境，形成互利共赢的新局面。11月1日，广西贺州市科技局、贺州市文广新局、贺州市科协等领导一行7人到肇庆市考察交流科技创新工作，肇庆、贺州两市科技局签署了《贺州市与肇庆市科技交流合作协议》。合作协议的签订，为进一步加强肇庆、贺州两市科技交流合作，促进区域科技、经济与社会友好协调发展提供了政策保障。

【科普工作】 2012年，肇庆市科技中心共接待学校、团体40批次，2 020人次，社会公众9 477人次，全年接待总人数超过11 497人次。4—6月，开设“人与健康”和“科技进步与网球运动”等专题的临时展览，吸引超过6 000人进场体验；与教育、团委等部门合作，开展科技进校园、科技进社区、学生进科技馆科普活动；3月，获广东科学馆授予“科普资源共建共享基地”称号。

2012年，肇庆市在“科技进步活动月”期间，先后举办大型科普集市、送科技下乡、开展科普宣传、举办科技报告会等活动100多场次；举办各类实用技术培训班、科普讲座60多期；组织科技专家进社区、进农村、进企业开展科技服务40多次；组织科普进校园活动、科技活动竞赛30多场（次）；组织科普大篷车展示宣传、科普图片展览60多场次；累计组织科技专家、科普志愿者服务3 000多人次；派发各种科技资料约12万份；派发各种科普挂图600多幅；全市通过电台、电视台收听收看科普节目、参加活动、接受科普教育的干部群众、青少年学生超过90多万人次。

【防震减灾】 2012年，肇庆市印发《肇庆市创建防震减灾示范城市实施方案》；出台《肇庆市防震减灾科普示范学校管理办法》，并成立工作领导小组；制定《关于做好地震突发事件风险隐患排查和整改的工作方案》，成立肇庆市地震突发事件风险隐患排查和整改专项工作领导小组。在奥威斯实验小学、端州区机关幼儿园及高要市金利镇第一中学等地举办了应急避震演练活动。在端州区芙蓉公园、百花园社区及肇庆学院等地举办了地震知识宣传活动及专题讲座。举办了全市地震系统防震减灾知识演讲比赛暨地震应急数据库应用培训班。

（肇庆市科学技术局　麦伟男）

清　远　市

2012年，清远市科技工作紧紧围绕市委、市政府的中心工作，全面贯彻落实“桥头堡”战略，在产学研合作、知识产权保护、高新技术产业发展等方面取得了显著成效，获科技部2011年度“科技进步考核先进市”等荣誉称号。

【科技政策环境】 2012年，清远市制定《清远市再生金属产业发展规划（2012—2020年）》。该规划以低碳、环保、生态为主线，以促进产业合理布局和优化升级为宗旨，提出清远市再生金属产业的重点建设内容、优先发展技术领域、产业结构调整与园区建设实施方案，对推进清远市再生金属产业结构升级具有重要指导意义。

【产学研合作】 2012年，清远市积极推动与中南大学、中山大学、暨南大学等高校的市校合作，促成市政府与中南大学签订全面合作协议，共建了中南大学技术转移（清远）中心。10月30—31日，清远市赴北京开展循环经济园区考察和产学研对接活动，与北京科技大学、中国科学院化学研究所等高校院所进行了深入对接，为清远市引入再生金属、新材料等领域高层次人才及优秀科技成果，为实现成果转化打下基础。据统计，全年开展产学研对接活动20次，新签科技特派员21人，与该市开展产学研合作的高校超过50家，参与合作活动的企业近百家。

【科技计划项目】 2012年，清远市积极组织申报各类科技计划项目，共获省级以上立项39项，扶持资金由2011年的1 476万元增至4 704万元，增长219%；共下达市级科技计划项目196项（含自筹项目140项），支持经费达1 980万元。

【科技成果与奖励】 2012年，清远市召开了科技创新暨知识产权工作会议，共表彰奖励220个市科技创新奖项目，颁发奖金380多万元，创历年之最。评出2012年度清远市科技进步奖获奖项目54项，其中一等奖3项、二等奖13项、三等奖38项，工业和农业类科技成果占比结构不断优化。

【高新技术产业】 2012年，全市新认定广东省高新技术产品36个，新认定国家高新技术企业17家，高新技术企业总数达到50家，涉及新材料、生物医药、高新技术改造传统产业、电子信息、新能源及节能等技术领域。2012年全市高新技术产业产值达148.09亿元，同比增长27.4%；高新技术企业投入科技活动人员5 115人，科技项目支出6.8亿元，专利申请246件，分别比上年增长64.6%、56.4%和13.9%。高技术产业实力得到进一步增强，整体创新能力得到较快提升。

【技术创新工程】 2012年，全市新认定省级创新型企业3家，全市省级创新型企业增至5家，省级创新型试点企业增至8家，市级创新型试点企业增至9家，创新型企业梯队培养模式成效明显。开展清远市首家国家级工程中心的组建、申报工作，新组建省级工程技术研究开发中心1家、市级工程技术研究开发中心3家。截至2012年年底，清远市共组建了省级工程中心6家、市级工程中心12家。

【农业科技】 2012年，清远市加强农业科技创新体系建设，制定《清远市农业科技创新中心管理办法》，组建3家市级农业科技创新中心，组织英德德丰农牧有限公司等企业创建省级农业科技园。

【知识产权工作】 2012年，清远市专利申请量达748件，授权量达657件，授权量同比增长65.5%，授权专利的科技含量不断提高。不断推进专利技术产业化，获得省知识产权各类计划项目立项5项。新认定市知识产权优势企业5家，新批准市专利技术实施计划项目4项，新批准市中小学知识产权教育试点6所。全年资助专利申请超过400件，资助资金超过50万元。

以“三打两建”促进知识产权保护，成立了“三打”工作领导小组，制定5个专项行动方案，以打击重复、群体、恶意专利侵权和严重的假冒专利行为为重点内容，以流通环节的大型商场和商品集散地为重点目标，对清远重要商场、药店、通讯电器商城进行了专利执法检查工作，共出动执法人员98人次，检查涉及专利的商品982件，立案查处涉嫌假冒专利案件8宗，专利侵权案件1宗。加强知识产权宣传和培训，开展了“4·26”知识产权周系列宣传活动，举办了5期知识产权培训班。

【技术创新专业镇】 2012年，清远市积极引导专业镇公共服务平台建设，加大产学研合作，促进专业镇产业转型升级，进一步加快产业集聚。与华南理工大学联合编制《清远市再生金属产业发展规划（2012—2020年）》，与广东省现代服务交易中心联合承担实施“西江镇创新型专业镇‘一镇一策’发展规划研究编制”项目，与首诚太合实业发展有限公司联合承担实施“西江镇碳酸钙创新公共服务平台建设”项目，清城区源潭镇、清新区龙颈镇承担“基于优化式产业集群的源潭陶瓷技术创新服务平台建设”“陶瓷行业融资服务及人才培训平台”等4个专业镇建设及公共平台建设项目。专业镇通过制定规划、建设服务平台等为抓手，进一步提升了企业和特色产业的竞争力，带动了镇域经济的快速发展。

【科普工作】 2012年，市科技局利用科技进步活动月、知识产权宣传周、防震减灾宣传日，开展了大型科技集市、科技队伍下乡、知识产权咨询、防震减灾宣传等一系列活动，开办培训和讲座30余次，科技下乡和相关科技活动10余场（次），送科技资料8万余份，共吸引群众3万多人次。

【防震减灾】 2012年，清远市围绕规划设计，进一步加强应急避险场所功能建设，完善清远市区地震应急避险场所设施。做好农村防震安居工程验收工作，完成“十一五”规划在清远建设10个示范村的工作。同时，市科技局局配合省地震局完成8个县（市、区）GPS经纬度实地测定工作，集中力量采集地震基础数据。

（清远市科学技术局　李晓声）

潮　州　市

【科技政策环境】 2012年，潮州市委、市政府高度重视自主创新工作，完善科技创新工作联动推进机制，力促创新环境日趋完善。出台了《中共潮州市委、潮州市人民政府关于贯彻落实〈中共广东省委、广东省人民政府加快建设知识产权强省决定〉的意见》等一系列政策措施，营造有利于自主创新的大环境。同时，落实各项惠企政策措施，全年帮助企业享受研发经费加计扣除优惠政策获得的税收减免额超过2 000万元，高新技术企业享受税收优惠近亿元。

【产学研合作】 2012年，潮州市人民政府与中国科学院广州分院、广东工业大学、广州中医药大学签订产学研战略合作协议，潮州市三环（集团）股份有限公司、广东真美食品集团有限公司、潮安县庵埠镇乔新印刷机械厂与广东工业大学，广东中包机械有限公司与广东工业大学，广东永生源生物科技有限公司与华南理工大学、广东工业大学、广州中医药大学签订产学研合作协议。

科技特派员　截至2012年年底，累计有24名科技特派员与潮州市21家企业成功对接，特派员共参与驻点企业开发新产品33项，申请专利超过120项，合作申报项目立项31项，建立省级以上的研发机构9个，培养科技人员767人。

产学研创新联盟　2012年，食品、包装机械技术创新专业镇——庵埠镇整合行业资源，联合高校组建产学研创新联盟。“广东新一代自动化食品包装机械（潮州）产业技术创新联盟”被列入2012年第1批广东产业技术创新联盟建设计划，成为全省4家先进制造创新联盟之一。该联盟及其成员单位共同承担2012年数控一代机械产品创新应用示范工程专项资金项目——“面向新一代数控系统的食品包装及印刷装备关键技术攻关与产业化”，潮安县及庵埠镇分别被省科技厅认定为“广东省数控一代机械产品创新应用示范工程示范培育示范县”和“广东省数控一代机械产品创新应用示范工程示范专业镇”。

【技术创新工程】 2012年，潮州市新组建省级工程技术研究开发中心4个、市级工程技术研究开发中心7个。截至2012年年底，全市市级以上工程中心有67个，其中省级26个。

截至2012年年底，潮州市有7家企业被认定为广东省创新型企业，7家企业被认定为广东省创新型企业试点。

【科技计划项目】 2012年，潮州市共组织申报国家和省科技计划项目215项，获批准立项97项，其中国家级项目2项、省战略性新兴产业项目2项、省重大科技专项3项、粤港关键领域重点突破项目2项、产学研合作项目26项。组织批准市级科技项目立项46项。

【科技成果与技术市场】 2012年，潮州市科技局组织省级科技成果鉴定4项、市级科技成果鉴定13项。评出2012年度潮州市科技进步奖项目24项，其中一等奖3项、二等奖8项、三等奖13项。

【高新技术及战略性新兴产业】 2012年，潮州市共组织10家企业申报高新技术企业认定，9家企业申报2012年高新技术企业复审，组织申报省高新技术产品26项，立项22项。截至2012年年底，全市共有高新技术企业48家。2012年，高新技术企业实现工业总产值89亿元，上缴税费6.77亿元。

广东金源照明科技有限公司的“基于塑料散热器无基板COB封装技术的LED室内灯具研制及产业化”项目、广东顺祥陶瓷有限公司的“新型高效节能窑炉装备研发示范与产业化”项目获得广东省战略性新兴产业专项资金立项支持。

【农业科技】 2012年，“潮州市茶叶及岭南特色水果广东省农业科技园区”获省科技厅批准组建。园区以高效利用土地资源、发展循环农业、保护生态环境为核心，以突出区域的资源优势、生态环境优势、发展茶叶和特色水果产业优势为主导。示范区为潮州市潮安县东北部、饶平县北部，主要包括潮安县文祠镇、归湖镇、凤凰镇和饶平县新丰镇，并以示范区为依托，辐射全市农业产区。

【专业镇及特色产业基地】 2012年，全市组织了8个项目申报省专业镇专项计划，包括专业镇创新公共服务平台建设项目1项，专业镇“一镇一校”“一镇一院”合作建设项目2项，创新型专业镇“一镇一策”发展规划研究项目5项，立项3项。组织申报专业镇中小微企业服务平台建设专项资金项目19项，立项7项。截至2012年年底，全市共有省级专业镇17个、市级专业镇25个。

截至2012年年底，潮州市拥有国家级特色产业基地1个，为国家日用陶瓷特色产业基地；省级特色产业基地4个，分别是果蔬深加工特色产业基地、水族器材产业基地、潮州市工艺服装（婚纱晚礼服）特色产业基地和饶平县水产特色产业基地。

【知识产权工作】

项目立项与实施 2012年，潮州市共获批国家和省各类项目立项7项。潮州三环（集团）股份有限公司、广东松发陶瓷股份有限公司被认定为广东省知识产权优势企业，潮州宏业陶瓷制作厂有限公司的“镁质陶瓷按摩器产业化”被列入广东省专利技术实施计划项目，潮州市鞋业行业协会被列入广东省知识产权行业协会知识产权保护试点单位，潮州市湘桥区西新街道被列入广东省区域知识产权试点单位，潮州市知识产权局的广东区域知识产权发展计划得到认定，广东海利集团的“电磁炉（KJ-D8E）”被评为第14届中国外观设计优秀奖，这是潮州市在这个奖项上的历史性突破，填补了潮州市未获国家专利奖的空白。8家企业被认定为潮州市知识产权优势企业培育对象，7家企业被认定为潮州市知识产权优势企业，6个项目被列入市知识产权示范实施计划项目，7所中小学被列入市知识产权教育试点学校，包括5个县、区局和2家专利代理服务机构共有7个项目被列入科技服务提升计划。

专利产出 2012年，潮州市共申请专利3 528项，同比增长16.01%；获授权专利共2 402项，同比增长27.97%。落实专利申请资助金额54.64万元，表彰发明专利权人8.5万元。

知识产权保护 2012年，潮州市开展“三打两建”“护航”专项行动，以重复、群体、恶意专利侵权和严重的假冒专利为重点内容，以陶瓷、不锈钢、食品包装为重点领域，以大型商场和商品集散地为重点环节，严厉打击专利侵权和假冒专利行为。2012年共受理专利侵权纠纷案件41宗，2011年度结转7宗，已审结25宗，其中处理结案10宗；调解成功并撤案15宗，尚未审结23宗，其中1宗中止。

【科普工作】 2012年，潮州市组织了以“推进自主创新，加快转型升级，建设幸福潮州”为主题的“科技进步活动月”活动，举办了“4·26”知识产权咨询活动，开展了“雷雨”“天网”知识产权执法专项行动，召开了2012年潮州市科技奖励大会和潮州市科技创新大会，表彰在自主创新方面取得显著成效的企业和优秀的科技人才，为推进全市科技进步发挥了重要作用。

（潮州市科学技术局 邱 煜）

揭 阳 市

【科技政策环境】 2012年5月31日，揭阳市高新技术企业协会举行成立大会，选举广东吉荣空调有限公司董事长林小茁为协会理事长，17位专家为协会顾问。高新技术企业协会的成立，为该市高新技术企业的快速健康持续发展创造良好的发展环境，也为政府与揭阳市高新技术企业、企业与企业之间、企业与高校和科研院所之间搭建起交流合作的平台。同时，还为科技企业提供科技信息、科技政策、科技成果推介等服务。

2012年，揭阳市实施民营企业领军人物“榕江一期”培训计划。8月15—17日，举办“中科院揭阳企业科技总裁培训班”，邀请中科院专家帮助揭阳市培训高端人才，培训人员有全市高新技术企业、省级民营科技企业负责人，科技型企业总裁，科技服务机构，高新区和省、市专业镇主要负责人等150多人，旨在全面提升企业家和科技管理人员素质，培育造就一批科技领军人物，促进企业自主创新，发挥科技对经济的引领支撑作用。

【民营科技】 2012年，揭阳市积极引导民营企业加大科技研发投入，支持民营企业开展产学研合作，提高企业的产品竞争力，引导民营企业向科技型转变，扶优扶强，培植一批能够上规模、上档次、搞好一家带活一片的企业申报省级民营科技企业。全年揭阳市新增广东达华节水科技股份有限公司、广东伟兴电子科技有限公司等13家省级民营科技企业，数量为历年之最。

认真贯彻落实省政府《关于推广三资融合建设模式促进我省民营科技园发展的意见》精神，积极推进该市民营科技园区建设和设立金属产业研究院，重点支持中国南方（揭阳）金属生态城申报省级民营科技园，促进产业转型升级。

【产学研合作】 围绕《2012年市政府重点工作安排》中关于加快六大传统产业转型升级目标，揭阳市选择了纺织服装产业作为示范带动，实施“揭阳市纺织服装产业提升工程”，深化产学研合作，组建产业链技术创新联盟。该项目获得省科技厅重大科技专项支持。东华大学、武汉纺织大学和中科院研究所等单位正在揭阳市骨干纺织服装企业全面开展合作，流沙东纺织服装专业镇及普宁纺织服装科技研究院等公共创新服务平台建设和电子商务平台建设如期进行。推动广东热金宝特种耐火材料实业有限公司与中科院上海硅酸盐研究所合作，攻克了高晶体莫来石—堇青石质≥1 300℃高温耐火窑具、炉窑结构材料，将可全面替代碳化硅制品，该成果达国际领先水平。

2012年，全市新增产学研合作项目60多项，其中与中科院签订20多个合作研发项目；申报省部产学研合作企业35家，项目35项。新增科技特派员22名。

【技术创新工程】

创新型企业　2012年，揭阳市新增广东巨轮模具股份有限公司、广东东泰乳业有限公司、广东环西生物科技股份有限公司3家广东省创新型企业；新增广东福尔康化工科技股份有限公司、广东达华节水科技股份有限公司、广东佳隆食品股份有限公司、广东中宝炊具制品有限公司4家广东省创新型试点企业。通过培育创新型企业，使优势企业率先实现创新发展，带头克服发展瓶颈，进而实现企业转型升级。

工程中心　2012年，揭阳市新增广东省服装用特殊功能纤维材料工程技术研究开发中心、广东省头孢类药物制剂工程技术研究开发中心2家省级工程技术研究开发中心；新增揭阳市锂离子动力电池及材料工程技术研究开发中心等13家市级工程技术研究开发中心。通过集中建设一批工程技术研究开发中心，促进企业开展共性技术和关键技术攻关，提高了企业的自主创新能力。

【科技服务体系】 2012年以来，揭阳高新区全面实施“创新驱动”“高端拉动”战略，在聘请11所高校和科研院所的13位专家成立科技产业发展顾问委员会的基础上，有效对接外部高端力量打造科技企业孵化器，使之成为园区“科技暖企”的重要载体。通过与广州市高新技术创业服务中心合作，成立揭阳市高新技术创业服务中心，开创全省首个区域合作共建科技企业孵化器的模式；通过与华南理工大学等多所高校和科研院所合作，帮助科技企业孵化器的运营，对接企业开展科技创新帮扶活动。截至2012年年底，入驻孵化器的22家企业中，具备自主研发、自主创新能力的中小型科技企业13家、工业设计企业5家、科技服务及金额服务等配套企业4家。依托揭阳市生产力促进中心，帮助企业发展和创新释疑解难，为中小企业提供多层次、全方位的信息服务和技术支持服务，重点围绕企业的发展和创新开展信息、中介、项目包装、技术诊断等服务，帮助企业解决技术问题。

【科技计划项目】 2012年，揭阳市共组织申报国家、省级各类科技计划项目共123项，获批立项70项；实施市级科技计划项目73项。在市级科技计划项目安排中，集中有限的科技资金重点突破，优先支持人才引进项目和列入省现代产业500强及自主创新100强项目，积极引导和支持创新要素向企业聚集。进一步完善科技计划项目管理办法，健全绩效评价机制，对重大和重点项目进行全程跟踪，加强管理，确保取得实效。

【科技成果与奖励】 2012年，揭阳市通过省级科技成果鉴定7项，市级科技成果鉴定37项。科技成果质量水平不断提高，其中2项达到国际先进水平，22项达到国内领先水平，14项达到国内先进水平，6项达到省内先进水平。评定2012年度揭阳市科技进步奖49项，其中一等奖19项、二等奖17项、三等奖13项；获2012年度广东省科学技术奖三等奖5项。

【高新技术及战略性新兴产业】 2012年，广东康美药业股份有限公司被列入国家火炬计划重点高新技术企业。全市新增国家高新技术企业6家，分别是广东热金宝新材料科技有限公司、广东海欧医疗器械股份有限公司、广东辉丰科技股份有限公司、广东领航数控机床股份有限公司、广东越群海洋生物研究开发有限公司、揭阳市大立模具厂有限公司，全市高新技术企业累计达48家。通过认定的省级高新技术产品51个，同比增长55%。

2012年，全市高新技术企业共实现工业产值169.36亿元，总收入170.91亿元，实现利税30.63亿元。落实高新技术企业所得税减按15%征收政策、研发费用加计扣除等政策，高新技术企业享受所得税减免3.5亿元、研发费用加计扣除0.24亿元。支持揭阳高新区建立科技企业孵化器，2012年申报“揭阳高新区科技企业孵化器建设”项目获省科技厅立项资金支持。

2012年，全市战略性新兴产业工业总产值超过200亿元，增速位居全省第1位。生物医药产业继续保持快速发展，全市共有生物医药企业100多家，其中高新技术企业12家，生物医药产业产值超过150亿元，形成了以广东康美药业股份有限公司、广东世信药业有限公司为龙头的医药制造企业集群和以广东泰宝医疗科技股份有限公司为龙头的医疗器械制造企业集群。

【技术创新专业镇】 2012年，揭阳市大力实施专业镇“一镇一策”和“一镇一品”行动计划，以产学研合作和面向小微企业的公共服务平台建设为抓手，在技术创新上大力推动专业镇转型升级。以制订《揭阳市委、市人民政府关于依靠科技创新推进专业镇转型升级的意见》为契机，进一步抓好专业镇的培育和提升工作，新增市级专业镇1个。以专业镇产学研合作为抓手，加快推动产业共性技术攻关。围绕模具、五金不锈钢、纺织服装等揭阳特色专业镇的产业升级共性技术需求，积极组织校企和院地科技合作，积极引进创新资源，加快推动专业镇产业共性技术攻关和科研成果转化。做强做优“一镇一品”，提高特色产业技术水平和市场竞争力。以建设面向中小微企业的公共创新服务平台为抓手，提升产业创新服务质量，推动全市专业镇的综合性和专业镇公共创新服务平台建设，组建专业镇中小微服务平台10个。

2012年，全市省、市级专业镇达到34个（其中省级专业镇18个）GDP总量超过506亿元，约占全市经济总量的36.7%。大多数专业镇坚持“一镇一主业”的特色化、集群化发展路子，形成了独特的产业形态和竞争优势。相当部分专业镇已拥有颇具规模的特色产业，如素有“中国竹笋之乡”的埔田镇产业主要是“三高”特色农业。截至2012年年底，全镇竹笋种植面积达2 000公顷，年竹笋产量达10万吨，竹笋加工企业20多家，年加工量超6万吨，加工产品远销国内外，产业规模达5亿元。

【知识产权工作】 2012年，全市专利申请2 529件，同比增长50.27%；专利授权1 913件，同比增长42.76%；国际专利申请7项，同比增长133%。专利申请增幅位居粤东三市首位。全市新增省级知识产权优势企业1家，列入省级专利实施计划1项。普宁市源丰电器有限公司被认定为2012年广东省知识产权优势企业，其“室外天线”项目获得第14届中国专利奖金奖，是广东省获得的唯一殊荣。广东科迪微晶玻璃实业有限公司的“超低系数高透明度微晶玻璃以及其制品的生产方法”列入省级专利实施计划项目。2012年共受理立案16宗，结案率达100%。

【科普工作】

科技进步活动月 围绕“让创新成为全社会的共识与实践”的主题，市科技局联合市委宣传部、市科协认真开展科技进步月活动，提高全民科技创新意识，重点推出5家企业开展自主创新工作系列报道。6月13日，该市组织全市各县（市、区）科技局、经信局、市直有关单位、高新技术企业、民营科技企业、科技型企业和基层科研机构人员等200多人参加《广东省自主创新促进条例》宣讲会，进一步提高企业对科技政策的理解，激发企业把自主创新作为转型升级的核心推动力。

科技下乡 2012年，全市共组织开展科技下乡活动10场次，举办各类科技培训和讲座22场次，发放科技宣传资料5万多册。通过举办形式多样的宣传活动，提升了社会各界对科技进步和科技创新工作的认识，进一步形成了科技创新氛围，提高了全民科技意识，扩大了科技工作的显示度和影响力。

“科技暖企”活动 为响应揭阳市政府提出的“八大暖企行动”计划，2012年第4季度开始，市科技局积极开展“科技暖企”计划，联合新闻媒体，加大科技暖企宣传力度，联合揭阳电视台和揭阳日报社深入企业开展科技暖企宣传报道11场次。同时，在市科技局信息网站和市高新技术企业协会网站开辟“科技暖企进行时”专栏，及时宣传科技暖企活动，营造了浓厚的科技暖企氛围。

（揭阳市科学技术局　吴伟锋）

云　浮　市

【科技政策环境】 2012年，市科技局编制了《云浮市贯彻广东省改善创新环境五年行动计划实施意见》（以下简称《实施意见》），该《实施意见》以深化行政审批制度改革和转变政府职能为契机，以实现创新成为全社会的共识和自觉行动为目的，将进一步加快该市自主创新战略的实施步伐，全面发挥自主创新作为云浮转型升级核心推动力的作用。

2012年3月1日，《广东省自主创新促进条例》（以下简称《条例》）正式实施后，云浮市认真学习和宣传贯彻实施《条例》，召开专题会议对《条例》进行解读，并将贯彻落实的任务分解到各有关部门。同时，在全市科技工作会议、市政府常务会议及有关专题会议，总结分析各时期职能部门对《条例》的宣传贯彻情况和存在问题，研究部署各阶段推进自主创新工作的要点，有效地推动《条例》在云浮市的宣传贯彻实施。

【民营科技】

民营科技企业 2012年，云浮市新增新兴县粤兴华不锈钢制品有限公司、广东大华农动物保健品股份有限公司、新兴同仁药业有限公司等9家省级民营科技企业，截至2012年年底，全市省级民营科技企业达52家，队伍不断扩大。

初城民营科技园 2012年，广东初城民科园发展成效明显，特色产业规模不断发展壮大，企业和产业竞争力不断增强，科技创新综合服务体系不断完善，会展经济服务和对外吸引力不断增强。

全年园区实现工业生产总值45.23亿元，比上年增长10.1%。石材工业总产值35.42亿元，出口创汇8 995万美元。截至2012年年底，园区内企业已发展至1 024家，产品有13大系列23大门类1 000多个品种，主销欧美、日本、俄罗斯、澳大利亚、东南亚和中国香港、中国澳门及内地大中城市。年销售石材荒料37万平方米，年产石料板材630多万平方米，各式石材工艺品30多万件（套），就业人数超2.7万人。同时，石材生产的产业链向上下游延伸，一批石材机械制造企业、废料综合开发企业、石材销售企业、建筑企业和相关的零部件配套供货商、技术咨询服务企业等配套服务业也得到发展，民科园形成了明显的产业特色和企业集群优势。

通过技术创新，促进信息化与工业相结合，推动企业优化生产工艺，开发新产品、新技术，打造自主品牌，提高产品科技含量和市场竞争力。初城民科园企业石材与石材机械产品实现了由低档、低质向高档、高科技含量转变，由粗放型向集约型、精细型、节能环保型转变。一批有实力的企业自行设计、生产出超大型板材、异型材、高档工艺品、超薄型产品及人造岗石，有一批石材企业已应用电脑水刀导形切割机、大型电脑自动磨光机、电脑仿形机、绳锯、钞锯等先进设备，其技术水平、产品质量达到了国际先进水平。

科技信息服务平台建成投入使用，使园区内83%企业实现了网上交易和信息交流，科技信息服务平台的建立，有效地改变了园内企业传统的经营管理和营销方式。

园区内基础设施日臻完善，为企业的发展提供了巨大的发展潜力和发展空间。2012年10月18日，以石材高科技、石材创意文化为引领，特色鲜明、内涵丰富、技术革新、精品荟萃的科技文化盛会——第9届中国（云浮）国际石材科技展览会暨第3届中国（云浮）石文化节在云浮国际石材博览中心隆重开幕，吸引了国内外的石材及机械参展商，国内外宾客4万多人次参观，促成35亿元的合同成交额，大大促进企业的技术交流与合作，提高了园区企业的知名度。

【产学研合作】 2012年，云浮市共申报省产学研结合项目44项，立项23项，立项率达52%，获得省产学研专项资金1 400万元。其中，由云浮市云城区河口街道办事处为主承担单位，中材亨达水泥有限公司、华南理工大学、云浮市新富云岗石有限公司、云浮市永光兄弟石材有限公司、云浮市石材学会、中科院广州化学研究所、云浮市云安县六都镇人民政府、广西大学等9个单位参与实施的广东省产学研结合重大专项“石材废弃物资源化利用”，获省科技经费200万元。

2012年，全市新入驻企业科技特派员10名，对33名优秀企业科技特派员给予补助，弘扬先进，树立典型。

【技术创新工程】

工程中心　2012年，以云浮广业硫铁矿集团有限公司为依托单位，云浮市组建了广东省硫铁矿业工程技术研究开发中心。截至2012年年底，全市共有省级工程中心18家。以广东省温氏食品集团股份有限公司为依托单位的广东省温氏食品工程技术研究开发中心承担的“创建肉鸡、肉猪种业国家工程技术研究中心能力建设”项目获得省级工程中心能力建设专项立项，支持资金40万元。云浮市的“广东省人造石材工程技术研究开发中心”“广东省清热解毒类药物制剂工程技术研究开发中心”经过3年的组建，通过了省科技厅、省发改委、省经信委的验收。

创新型企业　2012年，云浮市按照创新型企业建设试点工作以“突出引导、注重集成、分类指导、重点推进”的原则，以提升企业自主创新能力为核心，以体制机制创新为主线，大胆探索促进企业成为技术创新主体的新模式，不断加大对企业自主创新的引导和支持，促进产学研紧密结合。截至2012年年底，该市已培育了广东温氏食品集团股份有限公司、广东中兴液力传动有限公司、广东大华农动物保健品股份有限公司、广东凌丰集团股份有限公司、云安晟达松脂化工有限公司这些具有典范效应的创新型企业。

省级创新型企业广东大华农动物保健品股份有限公司2012年主营业务收入达5亿元，为地区经济建设发挥了积极的作用。国家级创新型企业广东温氏食品集团股份有限公司2012年以销售收入3%以上的比例计提研发经费用于技术创新，成立了专门的科技管理机构，确立了科技创新工作在企业发展战略中的核心地位，形成了从技术需求分析，研发到成果转化一整套技术研发与应用的管理机制。该企业在强化自主创新为重点的同时还注重推行联合创新、委托创新相结合的多元化创新模式，不断增强企业的科技综合实力。

【科技服务体系】 截至2012年年底，全市共有科技服务机构82家，科技服务业从业人员达2 950人，从事科技活动人员1 319人，年科技服务项目2 363项，承担各级政府项目127项，发表科技论文157篇，科技服务收入达2 679.2万元。

【科技计划项目】 2012年，全市共向科技部和省科技厅申报省级以上的各类科技计划项目233项（含国家级8项、省级225项），获批立项80项，获得支持经费4 700多万元，立项数、经费数均是云浮市历年来最多的一年。云浮市科特机械有限公司联合广东工业大学申报了数控一代机械产品专项的关键技术攻关与行业数控装备类重点项目“面向石材加工的专业数控系统研发与数控装备产业化应用”，获得支持资金100万元。广东凌丰集团股份有限公司承担的“双层电热保温多功能不锈钢锅的研发”项目、云浮市惠沄钛白有限公司承担的“硫酸法钛白粉生产的酸性废水处理及综合利用技术研究”、新兴县金水台温泉有限公司承担的“饮用偏硅酸泉水的研究与开发”等12个项目分别被列入省级工业攻关和社会发展项目。

2012年2月，市科技局牵头完成2011年广东省软科学研究课题项目“云浮石材产业自主创新研究”的研究工作，并通过专家评审，该课题成果《云浮石材产业发展战略研究》由广东经济出版社正式出版。

【科技成果与奖励】

成果鉴定与登记　2012年，云浮市通过省级以上科技成果鉴定的项目有1项。为云浮发电厂等单位完成的“300MW循环流化床（CFB）锅炉燃烧优化关键技术研究及工程应用”，办理省级科技成果登记的科技成果1项。经市级鉴定的科技成果有26项，办理市级科技成果登记的科技成果有44项。

成果奖励　由云浮市绿兴复合肥（西江）有限公司完成的“荔枝延长保鲜期优质高产微生态调控技术”、云浮市人民医院完成的“胸腰椎骨折内固定并成形术的生物力学研究与临床评价”、云浮市公路局参与完成的“体外预应力加固混凝土梁桥成套技术”、云浮广业硫铁矿集团有限公司参与完成的“广东云浮硫化工产业集群三维归核协同创新发展的实践”4个项目获2012年度广东省科学技术奖三等奖。

评选出2012年度云浮市科学技术奖获奖项目35项，其中一等奖2项、二等奖12项、三等奖21项，获奖科技工作者184人，获奖单位55个。企业的获奖项目数量和质量一直保持在较高的水平，35项市科学技术奖获奖成果中，由企业独立完成或者参与完成的项目19项，占54%，其中企业是第1完成单位的项目19项，占企业获奖项目数的100%。这些获奖项目涵盖了石材机械、水泥、电力、硫化工等领域，累计产生经济效益达31亿元。项目总体技术水平较高，经科技专家评价，达国内先进以上水平的有14项，占40%，达省内先进以上水平的21项，占60%，大大提升了云浮市机械制造、电力、石材加工、硫化工、不锈钢餐厨具制造业、生物制药等重点产业的总体技术水平和企业竞争力。

技术市场　2012年，云浮市南风科技信息有限公司开展技术合同交易1项，合同登记金额280万元，技术交易额为280万元。

【高新技术及战略性新兴产业】　2012年，云浮市科特机械有限公司、广东惠云钛业股份有限公司2家企业通过国家高新技术企业认定，广东中兴液力传动有限公司通过国家高新技术企业复审，广东大华农动物保健品股份有限公司通过2012年度国家火炬计划重点高新技术企业评选。广东中兴液力传动有限公司研发的“YOTchj875液力偶合器”及其他企业的7个产品被认定为广东省高新技术产品。

2012年，云浮高新技术产业开发区管理委员会承担的“云浮高新区石材机械行业创新资源系统建设”项目、云浮南风数字科技有限公司承担的“智慧城市数字家庭智能盒关键技术研发及示范”等4个项目被列入广东省高新技术产业开发区发展引导专项资金项目，共获得项目资金430万元。

2012年，全市共有9家企业申报了2012年度创新基金项目，是历年来申报创新基金类项目最多的一年。其中，6个项目获得省专项资金立项，立项率达67%，获得项目资金170万元；广东十二岭酒业有限公司承担的“发酵型青梅酒的生产及应用”、新兴县德纳斯金属制品有限公司承担的“碳钢三层镀的开发及应用”等4个项目获得国家创新基金立项，共获得项目资金260万元。2012年度云浮市获得省专项资金和国家创新基金共计430万元，是该市历年来获得最多资金支持的一年。

2012年，广东大华农动物保健品股份有限公司与华南农业大学联合申报的“新型动物专用抗生素肠溶微囊的研制及产业化技术研究”项目获得广东省第2批战略性新兴产业核心技术攻关立项，获项目资金700万元。

【农业科技】　2012年，全市被列入省级以上农业科技计划项目共11项，获得支持经费319万元。项目建设内容涵盖农业生物、动植物新品种选育、安全高效种养、病虫防治、农产品加工等技术开发与应用，以及现代农业适用关键技术应用示范和农业科技成果转化等。其中，云浮市广东温氏食品集团股份有限公司的"新兴矮脚黄鸡健康养殖与肉品加工技术集成与转化"被列为国家农业科技成果转化资金项目，广东马林食品有限公司的"果品多元化绿色加工技术集成与成果转化"和广东十二岭酒业有限公司的"荔枝白兰地生产工艺成果应用及产业化"被列为省农业科技成果转化资金项目。在项目建设中，还重点抓好云浮市大唐农林科技有限公司的"湿加松良种产业化生产与高效栽培关键技术集成与示范"，以及"新兴香荔丰产稳产优质栽培技术的研究与示范""大顶苦瓜的提纯复壮与绿色标准栽培技术示范推广""紫甘薯新品种引种推广与示范"等省级农业科技专项，为促进云浮市农业产业优化升级起到科技支撑的作用。

2012年，全市列入市级农业科技计划项目共14项，配套资金91万元。共选派农村科技特派员158人、团队特派员4个、法人特派员12个，建立农村特派员科技服务工作站25个。全市科技特派员共引进推广新技术82项、新品种225个，示范面积6 400公顷、示范数量1.17万头，产生社会效益8.27亿元。通过科技特派员创办企业40个，其中龙头企业13个。全市共组建农村经济合作组织或专业协会50个，会员人数达1 469人。

2012年，全市共有11个国家或省级农业科技计划项目通过验收。其中，郁南、罗定、新兴3个县（市）的富民强县项目通过了验收。富民强县项目实施的内容包括"粤西地区现代蚕桑技术示范推广与产业化""'罗定肉桂'产业化科技示范"和"华南丘陵山区循环农业技术产业化示范"。这些项目的实施在强化科技支撑、促进产业壮大、带动农民增收等方面都取得了良好成效，推动了县域经济发展。郁南县富民强县项目通过验收后的后续项目已立项，获得国家资金81万元。此外，云浮市还对国家的转化资金项目和星火计划项目、省级农业科技计划项目等进行了验收。这批项目实施的内容包括植物安全高效种植、标准化生产、生物防治、高效养殖、疾病控制等技术开发与应用，涉及禽畜、马铃薯、肉桂等产业。这批项目在实施期间共开发新产品（新品种）9项，发表论文17篇，推广应用先进适用技术3项，推广应用面积达1 333.3公顷，带动农户6 000户，累计投入资金3 548万元，累计带动社会投入9 935万元，累计实现产值31 005万元，累计实现税利3 713万元，为云浮市农业经济发展起到了积极促进作用。

在新兴县以禽畜养殖为主导产业建设"云浮市广东省农业科技园区"，园区建设依托全国最大的肉鸡、肉猪养殖加工企业广东温氏食品集团股份有限公司，围绕畜禽养殖业建立包括畜禽育种、饲料、有机肥、疫病防治、食品加工、物联网智能监测与产品质量安全信息追溯的完整产业链，园区建设计划投入资金1.11亿元，按照规划和实施方案顺利进行。

【科技金融】 2012年8月2日，市科技局牵头会同市中小企业局、市金融工作局、市工商业联合会和中国邮政储蓄银行云浮市分行联合开展"幸福创富路，邮储伴您行"为主题的2012年创富大赛云浮赛区活动，以邮政储蓄银行的小额贷款、小企业贷款、个人商务贷款3种产品为依托，通过组织科技型企业与金融机构互动，积极探索能有效运行的科技金融服务体系建设的新路子。

【技术创新专业镇】 2012年10月，省科技厅产学研结合处、省生产力促进中心和省情报研究所等调研组到云浮市调研专业镇建设情况，云浮市先后组织了省级以上20多家专业镇负责人和高校代表参加了座谈。参会人员就专业镇公共服务平台发展概况、存在问题与困难进行了交流互动，分析专业镇公共服务平台发展需求与趋势，并提出一些符合山区专业镇发展的新思路。

【知识产权工作】 2012年，云浮市获得由省知识产权局立项的广东区域发展计划项目1项，广东省专利技术实施计划重点项目1项、重大项目1项，认定广东省知识产权优势企业1家；认定市知识产权优势企业5家，市知识产权教育试点学校6家。截至2012年年底，全市共有广东省知识产权优势企业9家、省知识产权示范企业1家、省中小学知识产权教育试点学校10所、省中小学知识产权教育示范学校1所、市知识产权优势企业5家、市知识产权教育试点学校6家，获得省区域知识产权发展计划6项，组织实施省专利技术计划项目19项，全市专利技术实施产值90.2亿元。

专利申请和授权　2012年，云浮市专利申请506件，同比增长44.2%，其中发明专利55件、实用新型专利167件、外观设计专利284件；PCT（国际专利）专利申请1件。专利授权369件，同比增长57%，其中发明专利19件、实用新型专利125件、外观设计专利225件。截至2012年年底，全市专利申请共2 434件，专利授权1 689件。

知识产权宣传　在“4・26”世界知识产权宣传周期间，市委宣传部、市知识产权局、市版权局和市工商行政管理局在市文化馆广场联合组织开展专利、版权、商标等知识的大型现场咨询、游园等咨询活动，向群众宣传知识产权的重要意义，宣传专利、版权、商标的有关法律法规，派发宣传资料，讲授如何申请专利、商标，如何鉴别版权、正版音像制品和出版物等知识，并接受群众咨询。活动中，前来咨询和参加游园活动的市民2 000余人，派发宣传资料2 000份。

知识产权保护　深入开展打击侵权和假冒伪劣工作、“三打两建”专项行动工作和知识产权执法维权“护航”专项行动工作。据统计，全年共出动执法人员168人次，检查各类超市、皮具店铺、药店等共72家，检查专利商品4 200余件，立案查处假冒专利案件3件，调解中国石材会展期间专利纠纷案件1宗。

【科普工作】　2012年2月，市科技局制订了本年度云浮市科普工作统计调查方案并组织开展了2011年全市科普统计。12月中旬，全省科技统计工作会议在云浮市新兴县召开，市科技局组织全市省级民营科技企业参加这次全省民营科技企业调查统计工作会议。

2012年，云浮市对已实施的11个科普活动或项目的实施督查及验收。云浮市青少年宫省级青少年科技教育基地建设项目被省科技厅批准立项，列入省级科普计划项目并获得省科学事业经费支持。

【防震减灾】　2012年，云浮市基本形成“纵向到边、横向到底”的“三网一员”网络体系，逐步建立起地震前兆信息预报网和震时灾情、民情、社情速报网。同时，加强对群测群防点的指导和管理，提高他们对动物异常现象和相关资料的收集、整理、研究和分析的技能。督促指导各中小学校组织开展地震应急避险疏散演练，使全体师生进一步认识到校园防震工作的重要性，提高师生逃生自救的技能。结合防震减灾宣传活动周、科技进步活动月、“7・28”地震纪念日、防灾减灾日和国际减灾日等特定时段，开展一系列防震减灾宣传活动。派发《地震是怎么回事？》等宣传小册子，利用科技“三下乡”开展地震科普知识“进校园、进乡村、进机关、进社区、进企业”活动，组织收看防震减灾系列影视作品，全年共发放宣传材料20 000多份。

（云浮市科学技术局　陈嘉丽）

石龙镇

石龙现代信息服务园

国家中低压输配电设备质量监督检验中心

新城区

优美的居住环境

石龙镇是广东省电子信息专业镇，位于东莞市北部，东江下游北干流和南支流交汇处，北靠广州，南临深圳，毗邻香港，是承接东江上下游航运的水上交通枢纽，也是广深铁路上的客运大站，曾与广州、佛山、陈村并称为广东四大名镇。2013年，石龙镇实现地区生产总值74.8亿元，同比增长9.3%；规模以上工业总产值207.6亿元，同比增长8.1%；各项税收总额14.7亿元，同比增长10.9%，每平方公里创造了过5亿元生产总值、过15亿元工业产值和过亿元税收的不俗效益。

改革开放以来，石龙镇积极实施“科技兴镇”发展战略，相继获认定为国家星火技术密集区、国家信息化试点镇、国家电子信息产业基地、广东省电子信息产业集群升级示范区、国家火炬计划数码办公设备特色产业基地，“数字广东”推进计划试点、国际宜居城镇、“智慧广东”试点城镇，广东省可持续发展实验区等。世界500强企业日本京瓷、柯尼卡美能达和电产三协在石龙镇扎根经营，逐步形成以数码复印机、激光打印机、光学电子、电子元件等为主的电子信息特色产业集群。“石龙镇现代化建设科技创新示范工程”获得了广东省科学技术进步奖特等奖。

在调结构、促转型中，石龙镇的现代服务产业发展取得了可喜成绩。广安电气检测中心一期中低压项目已全面投入运营，成为华南地区乃至东南亚地区电气设备检测的重要基地。二期高压部分进展顺利，计划2014年投入使用，届时该中心将成为华南地区唯一涵盖高中低压的电气设备检测基地。东莞市中外运物流中心项目实现了水路、公路、铁路联运，并开通了国际联运线路，打造珠三角地区至中亚、东欧等地区的国际联运平台。石龙现代信息服务园已成为本地及周边具有影响力的科技企业孵化器，进驻率达90%以上，而民间投资建设的添百汇信息科技产业园将于2014年投入使用。

展望未来，石龙镇将牢牢抓住新东莞火车站坐落于石龙带来的机遇，依托中外运物流中心、广安电气检验中心和石龙现代信息服务园等平台，发挥产业基础扎实、经济结构合理、城市环境优美、文教医疗完善、社会管理先进等优势，紧紧围绕“打造国际宜居宜商名镇，建设幸福石龙，实现高水平崛起”的核心目标，努力实现“有限石龙”向“无限石龙”转变。

望牛墩镇

望牛墩镇概况

望年墩镇始建于宋代，与东莞市中心区相连，位于穗深港经济走廊中部，是香港、深圳通往广州最快捷通道的必经之地。全镇总面积31.57平方公里，其中1/6为水域，总人口约8.8万人。现辖21个村委会和1个社区居民。改革开放以来，望牛墩镇充分发挥毗邻澳港的区位优势、网络发达的交通优势、底蕴深厚的人文优势以及资源丰富的生态优势，综合实力跃上一个新台阶，社会文明程度日益增强，先后荣获“全国综合实力千强镇”“中国乞巧文化之乡”“广东省镇域经济综合发展力百强镇”“广东省教育强镇”“广东省民间艺术乞巧之乡”“广东省卫生镇”“广东省印刷重镇”“东莞市文明镇”等称号。望牛墩镇以“加快转变发展方式、走特色崛起之路”为核心，努力打造东莞现代岭南水乡的先行地和枢纽城。

东莞智源彩印有限公司主要设备

望牛墩印刷包装

望牛墩凭借良好的经济发展环境和强大的产业配套能力等优势，使印刷包装产业快速发展。随着产业规模的不断增长，印刷技术和印刷设备达到国际先进水平，印刷包装产业带基本完成，已成为望牛墩镇的主导产业。目前，全镇共有印刷包装企业54 家，占全镇395 家工业企业的13.7%。其中：出版物印刷企业1 家，包装装潢印刷品印刷企业 38 家，排版、其他印刷品印刷企业15 家。印刷包装工业总产值29.5 亿元，占全镇工业总产值76.5 亿元的38.6%，从业人员达7 800 人。

近年来，望牛墩镇积极推动产业转型升级，加快产业集聚区建设步伐，强化特色产业发展，积极打造印刷包装业公共服务平台，已形成了优势产业和优势产业链，涌现出东莞智源彩印有限公司（年产值11.3 亿元）、万国纸业（东莞）有限公司（世界500 强企业，年产值0.52 亿元）、东莞市冠宏包装实业有限公司（年产值1.9 亿元）和东莞市泰达包装制品有限公司（年产值1.3 亿元）等一批国际一流印刷包装龙头企业。

东莞智源彩印有限公司

罗定市船步镇人民政府

罗定市船步镇是广东省中心镇、广东省技术创新专业镇、云浮市文明镇。全镇总人口83 667人，工商户在册达487户，大中小微型企业上百家。主要资源有石灰石、铁矿石和花岗岩等。

近年来，船步镇党委、政府坚持以建设现代化与生态型的经济强镇为发展目标，狠抓招商引资和项目建设，不断优化软硬件设施建设，吸引相关企业到船步镇投资设厂，综合经济实力持续增强，形成了纳米碳酸钙和纳米涂料两大化工生产基地，该行业已成为船步镇的特色产业和主导产业。

船步镇以成功申报“广东省技术创新专业镇”为起点，通过化工专业镇的品牌效应，按照省委、省政府关于加快专业镇转型升级的部署和要求，进一步加大招商引资力度，加快该镇在工业园区、产业集聚与提升、龙头企业培育、人才引进与培养等方面建设，进而加快转型升级，提升产业竞争力，推动全镇产业结构的优化升级。跨越赶超、科学崛起，建设和谐富裕、生态文明示范镇。

船步镇全貌(船步镇致力建设和谐富裕、生态文明示范镇，大手笔抓好省级中心强镇建设。图为布局合理、焕然一新、繁荣热闹的圩镇中心景象)

罗定市委副书记、市长黄天生到船步镇调研重点企业

省领导莅临船步镇调研指导工作

罗定市市委书记、市人大常委会主任万木林深入船步镇，调研指导经济社会建设

惠州市惠城区人民政府小金口街道办事处

惠州市惠城区人民政府小金口街道办事处办公楼

2010年7月，麒麟舞代表惠州参加上海世博会"广东文化周"开幕式前展演

小金口街景

自上世纪 90 年代以来，小金口发展进入了快车道，各项经济指标保持高位增长。目前，辖区拥有各类企业 400 多家，其中世界500 强企业2家，全市30 强企业4家，大型商品农业基地和物流中心13 个。现代物流产业在全市具有举足轻重的地位。可以说，小金口已经发展成为一个具有扎实经济基础的城乡兼容区。

小金口位于惠州市区北部，距市中心仅5 公里，一直以来是惠州的北大门，近年来更是成为连接珠三角与粤东、粤北地区及江西、福建等地的交通枢纽；铁路、高速公路、城际轻轨、城市主干道等各类交通的全街贯通，畅通八方的交通网络的形成，以及与广州白云机场、深圳宝安机场、大亚湾深水港口的无缝连接，都使小金口具备了发展大物流的区位优势。

小金口的物流发展已有一定基础，金泽物流园、中粤通、农产品批发市场等品牌物流企业已经建成，钢材市场、装饰市场、汽车市场也初具规模。街道以"企业带动项目，项目带动园区，园区带动产业"为发展思路，推进"两个一批"的物流龙头企业引进与培育工作。引进一批国内外知名物流企业及国际高端第三、第四方物流企业落户小金口，提高小金口在广东省内物流资源方面的吸引力和幅射力。"内部培育一批"，即培育一批本地有实力的物流企业。这些企业以小金口为基地，将其业务拓展到省内及全国各地，扩大物流业的幅射范围，促进本区物流总部的发展。

小金口充分利用已建成的物流园区，探索专业化物流的模式，并且对现有的农产品批发市场、钢材市场、装饰市场、汽车市场进行升级改造，打造出上规模、高水平的专业化物流园区，真正实现物流企业积聚，功能集成，差异化经营。

大型现代物流园——金泽国际物流园

五位一体 共建共享 推动纺织产业创新升级

南方技术创新中心

佛山市南海区西樵镇是我国著名的纺织之乡，现有纺织产业840多家，织机3万多台（套），年产各种面料20多亿米，形成了交易市场、产业基地、创新平台、产业链条、区域品牌五位一体、相互支撑的产业格局，先后获得“中国面料名镇”“全国首个纺织产业升级示范区”“广东省‘双提升’示范专业镇”等荣誉称号。

大展示，大市场。广东西樵轻纺城集产品销售、研发展示、信息交流、商务洽谈、物流货运于一体，服装面料、家纺布艺、纺织原料、辅料配件等产品一应俱全，是全国三大纺织品批发市场之一、华南地区最大的一级纺织品批发交易市场、广东省大型高级批发市场、广东省重点龙头流通市场。

造林引凤，携手共赢。广东西樵纺织产业基地实施统一供应工业用水、统一供应工业用蒸汽、统一污水处理，有效降低企业运营成本，实现节能减排和循环再用，被评定为“广东省循环经济工业园”。其中，污水处理采取“企业初步处理中水回用+中央污水厂集中处理+人工湿地深度净化”的方式，处理技术和效果处于国际领先地位。

聚智聚才，推进产学研。南方纺织产业创新平台积极与纺织专业科研机构、高等院校进行产学研合作，建成了新产品新技术研发、检测和质量认证、教育培训、产品展示、信息化管理应用和电子商务六大服务体系，为纺织中小企业开展各类技术服务约10万次，被业界誉为“产业医院”和“产业加速器”。

西樵轻纺城

外引内提，完善延伸产业链条。产业集聚效应日益突显，各地纺织服装龙头企业纷纷进驻西樵，镇内企业实现跨环节壮大发展，上下游产业环节关联度增强，合力提升，形成了原料、机械、浆印染、后整理、织造、服装、市场、物流一条龙产业格局。

彰显特色，打造区域品牌。西樵面料立足中高档、个性化、功能化，特色牛仔、西装面料、休闲面料、家纺布艺等主要产品在行内享有较高知名度和美誉度，较大程度上代表着中国流行面料趋势，越来越多的国内外知名服装企业将采购目光锁定西樵。

布艺展厅

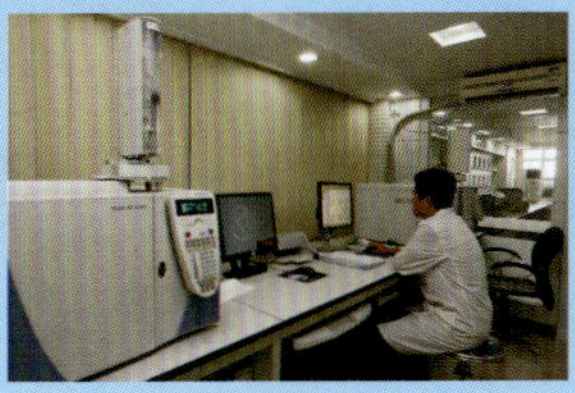
生态检测

染整试验

印花制版

织造车间

佛山市顺德区
伦教街道经济和科技促进局

周大福展厅外立面效果图

伦教，地处珠江三角洲腹地，位于广东省佛山市顺德区中心城区，总面积59.2平方公里，总人口约20万人，是中国大陆主要的珠宝首饰加工基地，有着得天独厚的投资环境和产业优势。近年来，伦教先后获得“中国珠宝玉石首饰特色产业基地”“广东省珠宝首饰专业镇”“顺德珠宝首饰产业创业基地”等荣誉称号。2012年，伦教实现工农业总产值426.19亿元，其中，珠宝行业实现工业总产值162.90亿元，占伦教工业总产值的38.96%，相关珠宝首饰产业从业人员约7 000人。

伦教是中国珠宝首饰投资发源地之一，早在1988年，郑裕彤先生在伦教投资创办伦教（周大福）首饰钻石加工厂。历经20多年的发展，形成了以周大福、周生生和万辉珠宝等知名品牌企业为龙头的珠宝首饰生产加工基地，逐步形成了规模化、集约化的生产模式。

目前，珠宝首饰业已发展成为伦教的支柱产业、顺德的特色产业及总部经济推动下的创新型文化产业。伦教街道将以“中国珠宝玉石首饰特色产业基地”与“广东省珠宝首饰专业镇”为契机，大力实施龙头带动、产城互动、创新驱动等举措，不断提升珠宝首饰行业的发展优势，站在新的起点上，再创新辉煌！

顺德伦教珠宝首饰产业招商洽谈会

万辉珠宝

设计大赛

设计大赛

合禾效果图

虎门镇

——虎门服装服饰、信息传输线缆产业简介

虎门镇位于珠江口湾区顶点、东莞西南部，毗邻广州南沙国家级新区。面积178平方公里，人口60多万。改革开放30多年来，虎门从一个国内生产总值仅6500多万元的海边小镇，迅速发展成为生产总值达348亿元、富有现代气息的时尚之都。有超过100位党和国家领导人前来虎门调研考察。曾获得80多项国家和省级荣誉称号，其中2012年获得了中国城镇综合实力500强第一名，连续三年获得广东镇域经济综合发展力第一名，入选首批“全国纺织模范产业集群”、首批“中国服装产业示范集群”，被评为“广东摄影之乡”。2012年生产总值348亿元，居东莞市各镇街第一。

【虎门服装服饰业主要有七大特点】

一是产业集群规模居全国服装产业集群之首。截至2012年年底，有服装服饰生产加工企业2 300多家，生产面积274万平方米，从业人员超过20万人，年工业总产值约300亿元。

二是产业链条完整。有299家面辅料企业，438家物流、印染、绣花等配套企业，324家咨询、培训、设计、策划等服务机构，形成了集研发、设计、生产、销售、服务于一体的完整产业链，实现全环节生产销售。

三是市场规模庞大。服装服饰市场区域约7平方公里，经营面积232万平方米，有40个专业市场、1.5万经营户，年销售额近600亿元。在建面积约170万平方米，均位于虎门商务城内。

四是品牌集聚效应明显。有服装服饰注册商标5万多个，其中中国驰名商标1个、中国名牌产品3个、广东省著名商标12个，涌现了以纯、松鹰等一批龙头企业。

五是公共服务平台作用强大。建立了国家级虎门服装创新服务中心，内含虎门服装技术创新中心、虎门富民服装商务中心、国家纺织面料虎门馆、中国纺织工业联合会检测中心虎门实验室、虎门服装设计中心、虎门服装技术培训中心、虎门电子商务示范基地、新丝路时尚发布中心、以纯集团服装展示中心、虎门服装品牌推广中心等10个平台，着力为服装服饰业提供全方位服务。已成功举办17届中国（虎门）国际服装交易会，在业界享有较高的知名度和影响力。

六是南派服装特色鲜明。虎门服装以时尚女装和休闲服装为主，设计以天空、大地、海洋为灵感，着力表现南国蓝天、碧水、绿树的明快色调，注重突出岭南风格和南粤水乡韵味，自成风格。

七是辐射带动能力强。服装服饰业的发展，带旺了餐饮、旅业、运输、旅游、零售、房地产等行业，全镇有4家五星级酒店。

2013年9月，广东省科学技术厅发文授予虎门镇等14个镇为广东技术创新专业镇。其中，虎门镇以信息传输线缆为特色产业，获得“电子信息设备制造”类广东技术创新专业镇。虎门镇信息传输线缆产业是继服装服饰产业之后虎门产业体系的又一重要支柱产业。

虎门信息传输线缆企业集聚效应明显，2012年虎门信息传输线缆企业及其上下游企业共202家，工业总产值163亿元，占全镇工业总产值的26%。其中，上市公司1家、国家高新技术企业3家、省民营科技企业3家、省级企业技术中心1个。

2012年，虎门镇与中国纺织工业联合会等机构合作，建立虎门服装创新服务中心。该中心被工信部评为“国家级中小企业公共服务示范平台”，包括国家纺织面料虎门馆、中国纺织工业联合会检测中心虎门实验室、新丝路时尚发布中心、以纯集团服装展示中心、虎门服装技术创新中心、虎门服装设计中心、虎门服装技术培训中心、虎门电子商务示范基地、虎门服装品牌推广中心等10个平台，提供研发设计、质量检测、人才培训、信息咨询、展销物流、融资服务等公共服务，促进服装服饰业向高端发展。

兴宁市福兴街道

——打造最具岭南文化特色的国际一流休闲度假区

兴宁市福兴街道毗邻兴宁城区，总面积34.94平方公里，辖10个行政村、1个社区居委会，人口3.4万人。福兴历史悠久，人文荟萃，文化底蕴深厚，境内文物古迹丰富，保存完好，主要有3A级国家旅游区神光山国家森林公园、石古大王、神光寺、墨池寺、龙凤寺等宗教文化胜地，具有浓郁的“一山两教三寺”和谐相处的宗教文化。还有众多历史文化名人，如宋朝翰林院大学士罗孟郊、明朝吴中四才子之一的祝枝山、胡曦、何香凝、周恩来等也都曾在福兴留下足迹。福兴民居独特，客家风情浓郁，现有梅州市市级古民居2座、兴宁市特色古民居7座。福兴传统民间工艺如墨烟张制墨工艺、松山围米粉、高田镜器等及中华民族文化宝藏之一《罗家通书》得到了世人流传与继承。生态旅游资源有融林木观赏、园林花卉、名人书画、养殖、茶艺、美食为一体的农业生态开发示范基地五里香茶艺休闲娱乐运动中心以及锦华村的草莓基地、梅子茶场等。在开发旅游产业方面，福兴具有其他地方不可比拟的自然景观和人文资源优势。

福兴位于梅河高速公路西出口和即将开工建设的济广高速新陂出口之间，毗邻鹰汕铁路和广梅汕铁路客站，在连接华东地区和辐射珠三角地区、潮汕地区和龙川、五华等相邻的地区有着举足轻重的咽喉作用，是连接广州（梅州）产业转移园和东莞石碣（兴宁）产业转移工业园的一个重要而关键的节点。福兴交通便捷，205国道、兴福路、S225线纵横贯穿福兴，将坭陂鸿源生态园、叶塘温泉、合水水库旅游区、铁山渡田河省级自然保护区连为一体，区位交通优势得天独厚。

福兴街道为科学开发神光山，加快福兴旅游产业的形成、集聚、发展，委托广州市冶金设计院有限公司编制了《福兴旅游产业发展规划》，并将围绕“打造最具岭南文化特色的国际一流休闲度假区”的目标，以神光山生态旅游综合开发区建设为着力点，以旅游宣传、旅游招商为突破口，立足区位优势和资源优势，开发利用各种旅游资源，努力实现福兴旅游产业全面、健康、快速、协调发展的良好局面。

神光山全景

广州市市政工程设计研究院
Guangzhou Municipal Engineering Design & Research Institute

2012年联合国灯塔奖

2011年联合国可持续交通奖

广州市市政工程设计研究院

研究院设计的广州快速公交（BRT）项目获“灯塔奖”，隋军院长（左一）代表广州赴卡塔尔多哈领奖

广州市市政工程设计研究院是拥有60余年历史的科技型企业，是国家高新技术企业及广州市创新型企业。

主营业务：市政工程研究、市政公用勘察设计、建筑工程勘察设计、公路勘察设计、水利（河道整治、城市防洪）勘察设计、环境工程勘察设计、工程总承包、建设工程咨询、工程检测与监测等。

科研成果：近三年来先后获得国家科技进步二等奖1项、华夏建设科学技术一等奖1项以及省、市的科学技术奖十余项；设计的广州快速公交（BRT）项目获得了联合国颁发的可持续交通奖和灯塔奖；先后获得发明专利6项、实用新型专利17项、外观设计专利1项。

科研平台：获人社部批准成立“博士后科研工作站”，获广东省科技厅批准建设“广东省城市环境建设工程技术研究中心”，“广州市市政路桥供排水工程技术研究开发中心”已通过广州市科技与信息化局验收成立。该院实验研究中心有上千万元的研究设备和数十名专职研究人员。

科研项目：该院近三年来完成和在研2项国家自然科学基金项目、2项国家水专项子课题、1项住建部项目和十余项省、市科技项目，参编了十余部住建部的行业标准。

广州市中山大道快速公交（BRT）试验线工程

研究院成功研发国内外首创的“物化预处理工艺”，对企业超标排放生产废水应急减毒，避免其对微生物的冲击，确保生物处理系统的正常运行

京溪污水处理厂——我国首座全地埋式的膜生物反应器（简称MBR）污水处理厂

快意电梯有限公司

广东省
工程技术研究开发中心
广东省科学技术厅
广东省发展和改革委员会
广东省经济和信息化委员会

高新技术企业
证书
企业名称：
证书编号：
发证时间：
有效期：
批准机关：

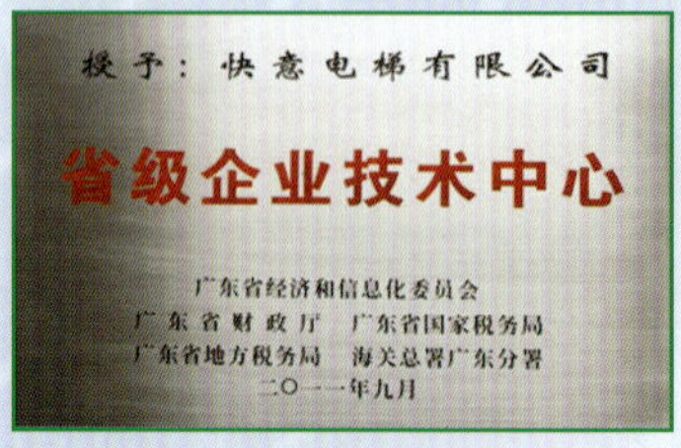
授予：快意电梯有限公司
省级企业技术中心
广东省经济和信息化委员会
广东省财政厅　广东省国家税务局
广东省地方税务局　海关总署广东分署
二〇一一年九月

民营科技企业资格证书

行政办公大楼
电梯研发中心
电梯制造中心
快意电梯

快意电梯股份有限公司（以下简称“快意电梯”）创立于1998年，具备国家质监总局颁发的特种设备制造、安装、改造和维修保养A级资质，是一家集研发、设计、生产、安装和售后服务为一体的大型专业电梯企业。2003年以来，公司进入快速发展阶段，平均每年增长30%，年整梯生产量达15 000台。目前，公司拥有员工1 200多人，注册资金10 898万元，占地面积11万平方米，拥有华南第一高度85米电梯试验塔，综合实力处于行业领先地位。

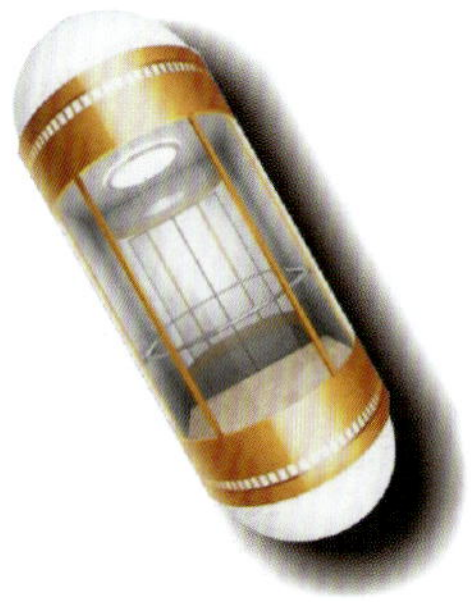

研发能力：快意电梯一直坚持自主研发、自主品牌道路，研发和工程技术团队拥有200多名专业人员，目前已获得国家知识产权局专利技术授权130多项。公司自主研发的普锐能能量再生系统实现比传统电梯节能40%左右，5米/秒、1600KG 高速电梯荣膺“广东省高新技术产品”称号。

产品信息：依托强大的研发实力，快意电梯产品种类齐全，拥有Metis- EI型住宅电梯、CR型商用电梯、HS型超高速电梯，JoyMore-CR型无机房电梯、HL型家用电梯、BuildingEye观光电梯、Graces自动扶梯、自动人行道、Atlas大吨位载货电梯，以及汽车电梯、医用电梯、旧楼加装电梯等全系列产品。

销售网络：快意电梯以质量稳定和超高性价比获得客户的广泛赞誉，产品行销不但覆盖全国，而且远及东南亚、澳洲、中东、印巴、南美、非洲等海外市场。目前，公司已经在全国30多个省区建立了35个分支机构，在全球20多个国家建立了销售和服务网点。

主要客户和样板工程：近年来，快意电梯品牌影响力与日俱增，陆续和澳洲PEARL TOWER、新加坡IBIS HOTEL、B&Q、喜来登酒店、中国移动、PICC、加多宝集团、联华国际、华润万家等众多国内外知名企业建立了长期战略联盟。从2008年开始，公司连续多次中标新加坡HDB项目，累计获得订单4 050多份，创造了中国电梯出口的单一项目最高纪录。

客户服务：创造百年品牌，树立服务口碑。快意电梯已建成400客服中心和远程监控系统，配备近千名专业人员，为客户提供7×24小时全天候服务，推动公司从制造向服务品牌的转型和提升。公司倡导“城市运载解决方案”，推出专家团队与客户“side by side”服务理念，实施建筑及其运载系统投资评估、电梯配置、土建工程、电梯安装、维保及更新、电梯运行远程监控等模块化运作，以最优化的综合成本带给客户最大的价值。

企业荣誉：借鉴世界先进管理经验，快意电梯先后通过了ISO9001质量管理体系认证、ISO14001环境管理体系、OHSAS18001职业健康安全管理体系认证。锐意进取的快意人向管理要效益，在收获累累订单的同时，也收获了社会各界的如潮好评，公司先后被认定为“国家级高新技术企业”“广东省省级企业技术中心”“东莞市电梯工程技术研究开发中心”，获得“中国驰名商标”“广东省著名商标”“广东省名牌产品”“广东省用户满意企业”“守合同重信用企业”和“东莞市50强民营工业企业”等荣誉称号。

未来展望：城市的梦想永无止境，快意自我超越的步伐永不停息！秉承“快乐运载、恒久支持”的经营理念，诚待天下宾客，欢迎广泛合作！

我们的信念是：

每个产品都是最好的！

广州市极动焊接机械有限公司

KYOKUTOH CHINA CO. LTD

广州市极动焊接机械有限公司是日本极东股份有限公司（KYOKUTOH CO .,LTD）在中国设立的分公司。极东股份有限公司创立于1953年，在韩国及美国均设有分公司。公司专业研发生产电阻焊用电极研磨设备、弧焊用清喷嘴机、各类螺母螺栓焊电极、KCF定位销等产品，广泛应用于汽车制造及五金焊接行业。在国内拥有大量汽车车身及零配厂应用实例，产品深受广大客户的好评。公司的荣誉客户有：本田、日产、三菱、铃木、马自达、GM、奔驰等。

公司一直以“技术创新、改革发展、顾客至上”为经营理念。生产工艺完善，技术先进，质量可靠，产品通过了国际质量体系ISO9001认证，自动电极帽修磨机取得了CUL规格。公司的目标是成为在专业弧焊和电阻焊接技术方面的世界一级全自动工业企业。

2004年新成立的广州市极动焊接机械有限公司主要生产电阻焊接用的各类电极、电极帽修磨机、弧焊用清喷嘴机、KCF定位销等产品。产品具有较强的市场竞争力，公司坚持“质量第一、信誉第一、用户第一”原则，以此来赢得用户的信赖。

CD-SVR型修磨机

该机采用伺服马达驱动，与焊接机器人伺服系统有效溶合，利用伺服马达及其驱动系统的精确运行，能准确判别电极修磨的效果及修磨机刀具的修磨能力。

New-ETD型修磨机

该机为手持气动式修磨机，结构小巧轻便，操作简单，实现焊枪电极的上、下同时修磨。

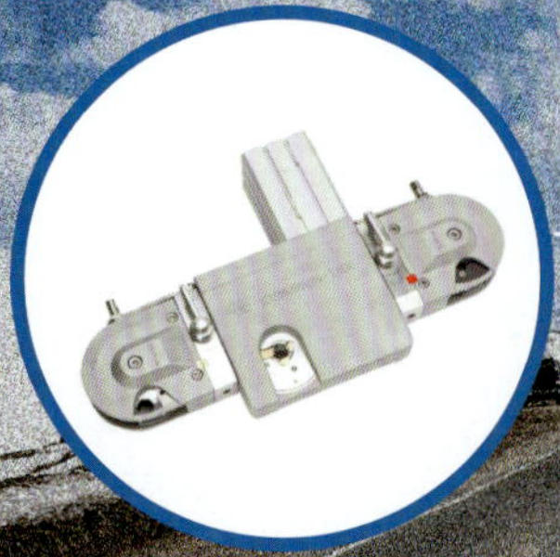

KIKK型电极帽自动更换机

采用气缸驱动的结构与管钳拆卸的原理实现电阻焊自动化生产线焊枪电极的自动更换，使用该设备实现了乘用车生产线的无间断生产，安装简单、运行安全可靠，填补了国内该技术上的空白。

KYOKUTOH

地址：广州市花都区芙蓉镇芙蓉大道新庄村路段　网址：www.kyokutoh.com.cn
邮件：admin@kyokutoh.cc　电话：020-86980880　传真：020-86980890

广东生物医药产业基地

广东生物医药产业基地是佛山国家高新区核心区（南海高新区）的重要组成部分，地处珠三角核心地带，位于环境优美、交通便利的佛山南海仙溪湖畔，是南海区政府与中国科学院合作共建的生物医药专业性园区。产业基地总体规划占地面积为6 000亩，由研发孵化区、生产制造区、物流展贸区、康健体验区、综合配套区5个功能区组成。目标是建设成为"国内一流、国际知名"的生物医药产业园区及健康产业基地。

产业基地已取得2012年、2013年广东省重点建设项目，广东省生物医药产业"十二五"规划重点建设项目，并获得"广东（南海）生物医药产业化基地""广东省科技企业孵化器""广东省小企业创业基地"等称号。国家领导人、中国科学院领导、省相关部门领导均对产业基地予以相当关注和支持。

产业基地采取生物医药制造业与现代生物医药服务业"双轮"驱动的特色化发展道路，聚焦医疗器械、高端健康品、创新药物制造，以及生物医药研发服务、健康医疗服务、流通展贸服务等六大细分产业领域。

产业基地围绕生物医药产业打造专业的公共服务平台，主要包括：公用仪器中心平台、动物实验平台、检验检测平台、诊断试剂中试平台、冻干注射剂与固体制剂中试平台、前孵化器产业对接平台、CRO研发外包平台、生物医药创投基金平台等。

佛山市和南海区针对生物医药产业专门制定了产业发展扶持政策、人才创新与创业团队政策等，对于孵化项目、产业化项目、人才团队等给予相应的资金、住房、办公等配套（单个项目或团队最高800万元，领军人才个人300万元，税收返还，场地免租等）。

产业基地面向全球，广纳各类生物医药科技研究项目、孵化项目、产业化项目、人才团队，积极鼓励和支持各类生物医药产业的技术研究、开发、创新和产业化。

联系电话：0757-81828778

网址：www.bpc.ac.cn

地址：广东省佛山市南海321国道仙溪段

产业化基地载体

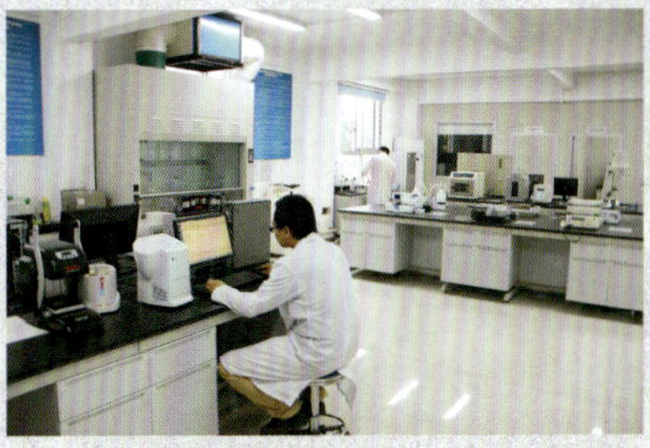

仪器平台

孵化器大门

广东冠昊生物科技股份有限公司

广东冠昊生物科技股份有限公司（以下简称“冠昊生物”）是一家从事再生医学材料及再生型医用植入器械研发、生产及销售的高科技企业。

冠昊生物通过一系列自主研发、具有世界先进水平的组织处理技术，开发出一类以动物组织为原料的新型生物材料，并用此类材料开发出众多的新型医用植入器械产品，目前已有生物型硬脑（脊）膜补片——脑膜建、胸普外科修补膜——体膜建、无菌生物护创膜——得膜建三个膜类产品获得国家药监局准产注册。

冠昊生物凭借在诱导再生功能的新型生物材料及其制品的研发领域的领先水平，经国家发改委批准，承担了两个国家工程项目的建设：“再生型医用植入器械国家工程实验室”和“再生型生物膜高技术产业化示范工程”。2011年，冠昊生物成功在深圳创业板上市；2013年，冠昊生物建设的广东冠昊生命健康产业园被评为“广州市开发区科技企业孵化器试点”和“广州市战略性新兴产业基地”。

广州电力建筑安装工程有限公司

[公司概况]

广州电力建筑安装工程有限公司成立于1995年6月，2008年5月13日在广东合鸿达投资管理有限公司各级领导的超前思维引导下重新启动，全新定位为以非开挖电力管道自行施工为主、电力土建项目经营为辅的实体企业，与国内多个非开挖领先企业进行技术交流，2013年9月与中国地质大学（武汉）建立“产、学、研”基地，为公司长久发展奠定了坚实的技术基础。

公司注册资金为2 000万元，现有固定资产8 400万元。拥有房屋建筑工程施工总承包叁级、市政公用工程总承包叁级、钢结构工程专业承包叁级、送变电工程专业承包叁级资质证书。

公司多年来一直致力于技术的创新及施工工艺改进，成果丰硕，取得实用新型专利8项，并先后对控向作业推广使用有线和地磁控向系统，在非开挖管线铺设施工中采用公司自主研发、生产的能有效避免对管材损害的一体式钻进挤扩器，逐步推广使用三维轨迹测量仪、GPS、全站仪等测量设备，为提高公司水平定向钻施工精度提供更先进的技术支持，同时也取得了巨大的经济效益和社会效益。

[高科技成果应用]

钻杆引导装置：该设备主要应用于非开挖多条管线铺设“填管法”施工工艺中，当钻杆安装该引导装置后，钻杆在定向钻孔运动时不会造成“串孔”，能平滑地引导钻杆在定向钻孔中的运动，能顺利地在定向钻孔中穿行且不会对已经回拉的管材造成损坏。

三维轨迹检测系统：测量系统在工作时，由牵引绳牵引管内探测头在被测管道中匀速行走，管口计程器固定在管口，管内探测头的数据传输缆带动管口计程器上的旋转编码器旋转，同时由上位机控制管内探测头中的姿态传感器（电子罗、盘陀螺仪）和管口计程器中的旋转编码器以一定的频率测量俯仰角、横滚角、管内探测头载体坐标系Z轴上的角速度和旋转编码器的脉冲数，并将这些数据通过数据传输线缆源源不断地传送给上位机，上位机程序再对这些数据进行实时处理，得出姿态角度和测点间距，进而计算出探测头的行走轨迹，也就是被测管道的轴线轨迹。

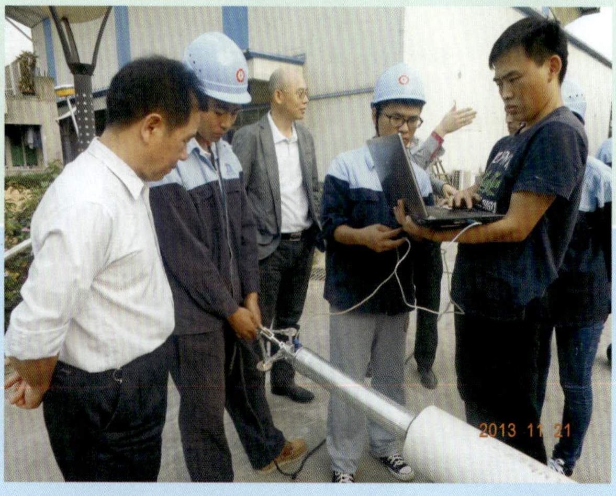

高效管材固定装置：该设备主要应用于非开挖多条管线铺设施工中，设备安装在回扩器的后端，分别通过多块管线连接板连接多条管线，实现在一次回拉的过程中铺设多条的管线，管线之间不会出现缠绕，而且相邻的管线连接板连接有防护板，在前进的过程中防护板能对管材固定装置形成很

广州禾信有限公司

【公司介绍】

禾信公司成立于2004年，是集质谱仪器研发、制造、销售及技术服务为一体的国家级火炬计划重点高新技术企业和国家“千人计划”创业企业。注册资金4 000万元，场地6 000平方米。

禾信公司通过多年努力，掌握高分辨垂直引入式飞行时间质谱分析器、电喷雾离子源、电子轰击离子源、真空紫外光电离源、大气压基质辅助激光解析离子源、大气压差分真空接口、膜进样以及质谱专用高速数据采集卡等，具有自主知识产权的质谱核心技术和飞行时间质谱仪器全套装配工艺；通过ISO9001：2008质量管理体系认证。在国内率先实现质谱仪器产品自主正向开发。产品研发得到国家“863”计划、国家重大科学仪器设备开发专项、国家火炬计划以及多项省市级科技攻关重点项目的支持。

禾信公司向环境监测、气象、工业生产、医药以及国防工业等领域提供商品化质谱仪器以及技术服务。近年来，质谱仪器销售额连创新高实现数量级增长，入选2012年中国优秀创业投资项目。2012年实现首台质谱仪器出口美国。

【发展历程】

2004年广州禾信分析仪器有限公司成立。
2006年成功研制我国首台大气压基质辅助激光解析离子源飞行时间质谱仪，并应用于制药行业。
2008年成功研制台式在线电子轰击源飞行时间质谱仪，应用于冶金行业。
2009年提供受国外技术封锁的定制产品，为国家战略部门服务；获第一轮科技风险投资。
2010年：
- 成功推出国内现阶段最尖端商品化质谱仪器在线单颗粒气溶胶质谱仪，应用于环境监测领域；
- 禾信产品成功应用于广州亚运会空气质量保障；
- 成立昆山禾信质谱技术有限公司（子公司）；
- 温家宝、李源潮、汪洋等先后亲临禾信公司考察。

2011年：
- 实现全国首台国产高端质谱仪器中标“政府公开招标采购项目”；
- 禾信“气溶胶质谱仪”，入选国家“十一五”重大科技成就展；
- 禾信产品，首次装备到我国第一个大气监测超级站；
- 年度销售额突破1000万元；
- 由禾信公司牵头的国家重大科学仪器设备开发专项“新型高分辨率杂化质谱仪的研制与应用开发”项目正式启动。

2012年：
- 推出在线挥发性有机物质谱仪；
- 禾信产品，成功应用于粤北地区重大血铅事故应急溯源，同年，成功应用于“东方红Ⅱ号”黄渤海科考研究；
- 禾信与中海油服达成战略合作，共同开发实时气体分析系统用于录井仪装备；
- 获第二轮科技风险投资；
- 美国新墨西哥州立大学向禾信采购ESI-TOFMS，实现国产高端质谱仪器走出国门的梦想，打破出口零的记录；
- 俄罗斯科学院物理与能源问题研究所向禾信采购台式高分辨电子轰击源飞行时间质谱仪（EI-TOF）。

2013年：
- 张德江、陈昌智等先后亲临禾信公司考察；
- 禾信产品，首次现场观测获得多城市大气颗粒的混合状态；
- 成功推出全球首台大气污染在线源解析监测设备 $PM_{2.5}$ 在线源解析质谱监测系统；
- 美国加州大学Kimberly Prather教授团队（商业化ATOFMS技术发源地）向禾信采购3台气溶胶质谱仪；
- 成立北京禾信科学仪器有限公司（子公司）；
- 截至目前，已经向国防及核工业领域提供多款高端质谱仪器。

【获得奖励】

2008年广东省科学技术奖一等奖
2009年BCEIA金奖
2010年：
- 中国科学仪器优秀新产品
- 中国侨界（创新成果）贡献奖
- 中国分析测试协会科学技术一等奖（CAIA）

2011年：
- BCEIA金奖
- 中国仪器仪表学会科学技术奖
- 入选国家“十一五”重大科技成就展

2012年：
- 广东省重点新产品
- 博士后创新实践基地
- 入选国家高新区建设20年成就展
- 入选2012年中国优秀创业投资项目

2013年：
- BCEIA金奖
- 广东省高新技术产品
- 广州市科学技术奖三等奖
- 中国仪器仪表学会科学技术奖
- 中国分析测试协会科学技术二等奖（CAIA）
- 广东省科学技术奖三等奖

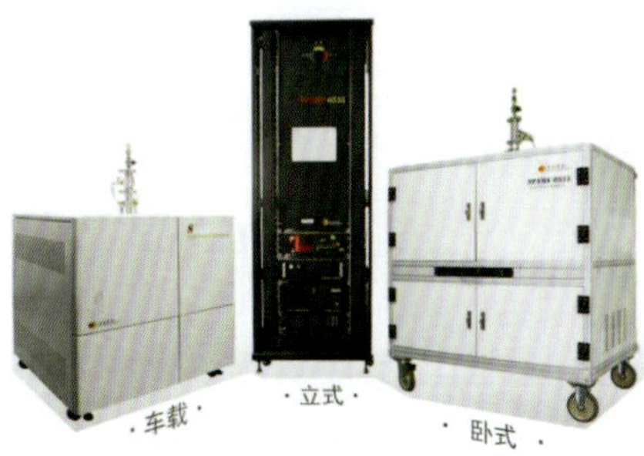

PM2.5在线源解析质谱监测系统

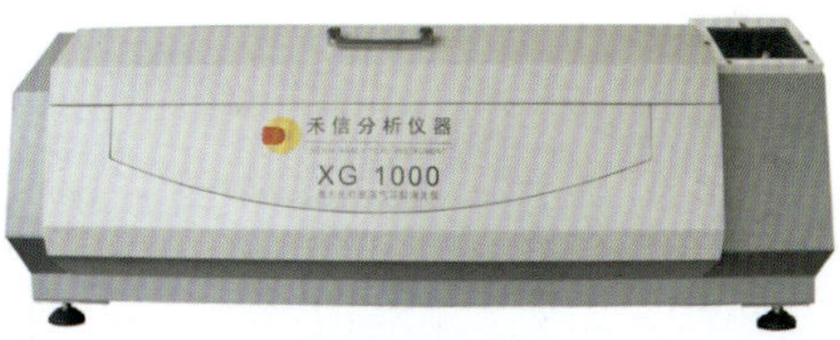

大气气溶胶消光仪

挥发性有机物（VOCs）
在线污染源识别质谱系统

茂名重力石化机械制造有限公司

茂名重力石化机械制造有限公司（以下简称“茂名重力”）前身是茂名石化公司属下的茂名石化机械厂，成立于1958年10月，2005年12月实施改制分流。

茂名重力位于广东省茂名市环市西路91号，占地28万平方米，总资产5.08亿元，是一家金属冷热加工和检验手段配套齐全、技术力量雄厚的以石油化工设备为主的机械设计和制造企业，在制造高温环境、低温环境及腐蚀环境的石油化工机械设备方面具有丰富的经验，现有相关产品产量和质量在国内同行业中处于领先水平。

茂名重力拥有的资质主要包括：中国Ⅰ、Ⅱ、Ⅲ类压力容器（含高压）设计和制造许可证书；中国A级锅炉制造许可证书；中国压力管道元件制造许可证书；美国ASME S钢印授权证书；美国ASME U&U2钢印授权证书；ISO9001：2008质量体系认证证书；GB/T 28001-2011职业健康安全管理体系认证证书；GB/T 24001-2004/ISO 14001：2004环境管理体系认证证书；Q/SHS 0001.1-2001安全、环境与健康管理体系认证证书；壳牌加热炉亚洲唯一战略供应商；广东省石化装备工程技术研究中心；广东省企业技术中心；国家实验室认可的检测中心；广东省二级计量保证体系企业；广东省对外贸易自营进出口证书；广东省认定的国家焊工培训中心及焊工资格考评委员会资格。

茂名重力属国家级火炬计划重点高新技术企业、广东省民营科技企业、广东省创新型企业、广东省知识产权优势企业、广东省建设现代产业500强项目企业、广东省战略性新兴产业培育企业等。茂名重力2010年获得广东省十大创新企业提名奖；2011年被中国工商银行广东省分行评为钻石AAA级优质客户，同年3月，获得“广东省民营企业创新产业化示范基地”称号。

茂名重力的主导产品主要有：

（1）大型高等级换热器，主要包括循环气冷却器、高压换热器、高等级材料（2.25Cr-1Mo）换热器、急冷换热器等；

（2）石化工业炉，主要包括炼油常（减）压炉、炼油加热炉、乙烯裂解炉、乙烯样板炉、甲醇炉、化肥炉等；

（3）聚丙（乙）烯反应器，主要包括多区循环反应器、环管反应器、气相反应器等；

（4）中厚壁临氢反应器，主要包括脱硫反应器、苯乙烯反应器、加氢反应器、煤化工气化炉和转化炉等；

（5）节能环保产品，主要包括铸铁板翅式空气预热器、板式空气预热器、组合式空气预热器和高频电阻焊螺旋翅片管等。

其中茂名重力的主导产品环管反应器，国内市场的占有率在90%以上，另一主导产品乙烯裂解炉对流段，国内市场的占有率在80%以上。

独山子中的乙烯裂解炉

长白山下的乙烯裂解炉

环管反应器工厂内整体预组装与试压

广州雅纯化妆品制造有限公司

广州雅纯化妆品制造有限公司创建于1997年，2002年正式转型成为专业承接OEM/ODM/OBM化妆品代加工企业，是中国首批从事同类业务的企业之一，现已通过ISO9001、ISO14000、OHSAS18000、美国及欧盟GMPC管理体系认证。公司全面按照GMP标准修建了封闭式厂房，建筑面积达20000平方米，拥有先进的生产设备和国内一流的生产环境。

2012年，雅纯正式通过国家高新技术企业认证。

科技与品牌
Technology and Brand

【行业贡献】

◎ 科技与品牌研讨会：

2005年，雅纯公司成功获得广东省美协授权，成立了广东省化妆品专业加工制造委员会，并代表委员会召开每年两届的“科技与品牌”化妆品OEM专题研讨会，至今已举办了18届。历届研讨会的成功举办，不但开创了化妆品OEM技术营销品牌的先河，而且成就了中国化妆品专业制造行业的一大会议品牌。

【国际标准的NET技术研发中心】

雅纯公司依托雅兰国际生物科技研究中心（NET）雄厚的技术力量，汇集国内和国际上众多著名的化工专家、生物学家、皮肤学家以及化妆品技术专家，将自然、能量、科技的核心理念融合于产品技术研发中，现拥有20余项专利技术、1 000个以上的成熟配方和制造工艺。

◎ 国家发明专利：

1.一种修护抗皱组合化妆品及其制备方法 专利号：ZL.2009 1 0040667.3
2.一种美白淡斑霜化妆品及其制备方法 专利号：ZL.2009 1 0040669.2
3.一种玻尿酸微针贴膜化妆品及其制备方法 专利号：ZL.2011 1 0117237.4
4.一种应用于化妆品的美白祛斑剂 专利号：ZL.2011 1 0143774.6
5.化妆品丰胸美胸添加剂 专利号：ZL.2012 1 0161394.X

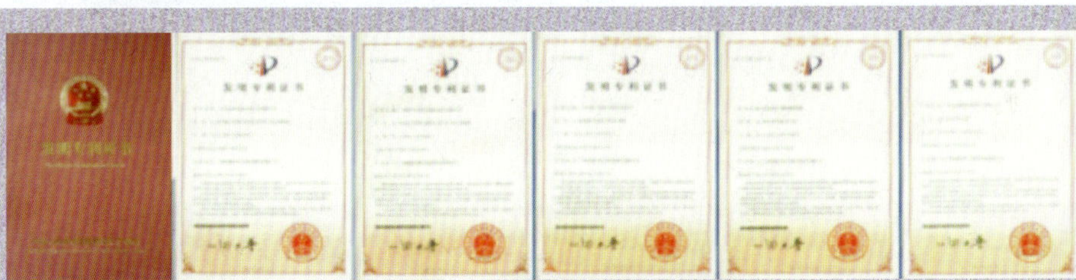

◎ 实用新型专利：

1.电动微针导入美容仪
2.便携式电动晶砂磨皮换肤仪
3.微电流电泳导入瓶盖

◎ 技术合作项目：

- 与江南大学合作“光甘草定提取与应用”项目
- 与广东药学院合作“具有抗衰老作用的羧甲基酵母葡聚糖开发”项目
- 与广东省香化协会专家组合作技术指导、培训项目
- 与广东省微生物研究所合作“产品微生物测试”项目
- 与世界最大的椰子食用原料生产商新加坡Sambugroup公司合作开发“天然椰子护肤系列”产品
- 与日本CosMED制药株式公社合作，结合中草药精华开发出一系列针对皮肤祛皱的功能性产品

广州震雄装饰工程有限公司

公司产品亚太区道达尔檐口

广州震雄装饰工程有限公司位于广州市从化经济开发区工业大道，占地约34 000平方米，建筑面积31 000多平方米。公司历经数年的磨砺与发展，秉承为客户创造最优化解决方案的理念，在市场竞争中锐意进取，凝聚了一批国内外高素质的管理人才，发展成为一个集设计和制作为一体，服务于20多个国际知名品牌及全国著名企业的国际化综合性广告标识集团。总部设于广州，生产基地位于从化经济开发区，分别在上海、深圳、武汉、北京、福州、香港等地区建立了分支机构。

公司产品——奥迪环

公司先后通过了多家跨国企业长期的审查考核，成为众多大型企业指定的供应商。主要市场及客户有：中国石油、中国石化、壳牌、道达尔、广州本田、丰田、奥迪、林肯、福特、中国工商银行、中国建设银行、屈臣氏、白云国际机场、中国南方航空公司、真功夫、招商银行、广发银行、汇丰银行、光大银行、PICC等。

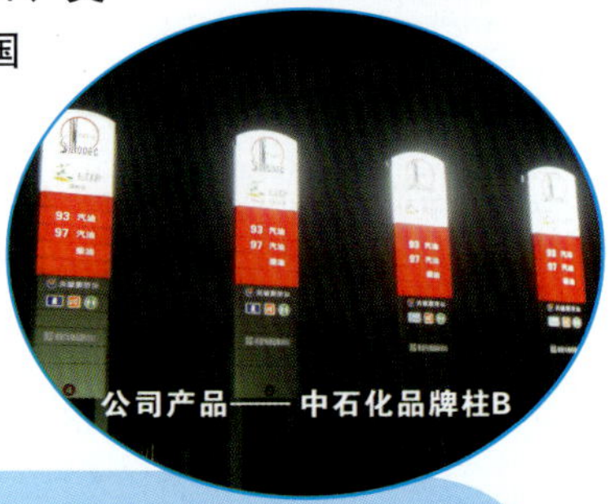
公司产品——中石化品牌柱B

公司拥有主要生产设备多套（台），有数控折弯机、数控自动冲床、喷绘机以及各种装配生产线，同时引进国外先进生产技术，拥有一批经验丰富的技术工人和工艺工程师，年产值上亿元。

公司厂房

生产车间

南雄阳普医疗科技有限公司
——南雄首家高新技术企业

南雄阳普医疗科技有限公司，是创业板上市公司广州阳普医疗科技股份有限公司（证券代码：300030）于南雄市设立的全资子公司，2011年7月注册成立，一期投资2500万元。前期主营产品血清隔离剂与纳米血液促凝剂，属于《国家重点支持的高新技术领域》规定的范围，并已获得“广东省高新技术产品”称号，应用于临床检验诊断，为临床诊疗提供可靠的实验数据，提高国内医疗服务水平。产品发展方向为临床诊断试剂所需的核心中间化学品以及高端药物中间体和原料药，横跨医学与化学两个领域。

南雄阳普秉承阳普医疗“创新引领企业发展”的理念，视创新为企业生存和发展的动力源泉。公司成立以来，一直高度重视公司创新文化的建设，建立完善的研发组织管理制度，加大软硬件投入，研发技术人员在员工人数中占比在40%以上，人才结构合理、优势突出，技术创新能力强。积极开展产学研合作，与中科院及多家国内知名高校保持良好的合作关系。每年的研发经费投入占公司销售收入的10%以上。公司重视科研成果固化，保护自主知识产权，截至目前，公司已自主申请了包括2项发明专利、4项实用新型专利，共6项专利。公司近两年承担了“广东科技型中小企业技术创新专项”“广东省教育部产学研合作专项”“广东省中国科学院全面战略合作专项”等省级科技计划项目，公司的科技成果“用于临床诊断的新一代高性能血清隔离剂的研发与应用”荣获2012年度南雄市科技进步奖一等奖、2012年度韶关市科技进步奖二等奖，并成功申报2013年度广东省科学技术奖且获推荐受理。

2013年，经过科技部门的专家评审，南雄阳普被认定为“广东省2013年第一批高新技术企业”，成为南雄市首家高新技术企业，也是该批次内韶关地区唯一一家被认定的高新技术企业。这标志着南雄市高新技术企业零的突破，将在全市范围内起着重要示范性作用，引领市内其他企业重视研发创新，实现转型升级。

茂名石化实华股份有限公司

茂名石化实华股份有限公司（股票简称：茂化实华，证券代码：000637）是以国家特大型国有企业中国石化茂名石油化工公司为发起人，于1988年10月创立的股份制企业，“茂化实华”A股股票于1996年11月14日在深圳证券交易所挂牌上市，是茂名市第一家上市公司。

公司以建设全国知名化工企业集团为目标，目前，公司有3家全资子公司（东成化工、东阳包装、深圳惠鹏）和1家控股子公司（东油化工），现有员工1000多人，拥有17万吨/年聚丙烯、50万吨/年气体分离等10多套现代化生产装置，其中聚丙烯生产装置是全国最大的间歇式小本体聚丙烯生产装置，气体分离装置处理能力居全国同行业第2位。

公司名列2008—2009年度广东省百强民营企业第36名，位居茂名市地方工业“十强”之首。公司主业突出业绩稳健、信息公开透明准确、市场信誉好，2002年和2003年连续两年被《新财富》杂志评为中国百家最具成长性上市公司之一。

公司通过了ISO9001：2008版质量认证，获得广东“八五”期间企业科技进步奖，2001和2003年获得“广东省质量效益型先进企业”称号，获“2009年度广东省最具核心竞争力企业”称号，2009年被认定为国家高新技术企业。“实华”牌商标为广东省著名商标，“实华”牌聚丙烯树脂被评为国家监督检测质量十佳放心品牌。

广州卫视博生物科技有限公司

广州卫视博生物科技有限公司2007年10月成立于广州民营科技园“863”产业化促进中心，是集研发、生产和销售医疗器械和生物试剂为一体的高新技术企业，主要产品为国内外具有核心自主知识产权的折叠式人工玻璃体及其系列产品，用于治疗玻璃体视网膜疾病。

公司拥有400平方米的万级洁净厂房，拥有Ⅲ类医疗器械生产许可证，组装完成了折叠式人工玻璃体的生产线。公司从成立至今共申请专利保护19项、PCT 3项，其中已授权专利15项，包括美国专利3项、澳大利亚专利1项、俄罗斯专利1项。申报的国家和地区涉及美国、日本、加拿大、俄罗斯、巴西、印度、澳大利亚、中国香港、欧盟等。

公司已获得政府基金资助5项，其中863计划项目1项、国家科技支撑计划项目1项、教育部产学研结合项目1项、科技型中小企业技术创新基金项目1项、广东省高新区专项引导资金1项。2013年，公司荣获广东省科学技术厅举办的“珠江天使杯”科技创新创业大赛“百强企业”称号。

折叠式人工玻璃体由公司与国内最大的眼科中心——中山眼科中心共同研发，主要由薄膜球囊、引流管和引流阀组成。球囊部是通过计算机精细模拟人眼玻璃体制作而成，并且通过引流管与引流阀相连接。通过眼部微创切口将球囊部植入到玻璃体腔，随后注入介质，形成玻璃体形状的薄膜球囊支撑视网膜、充填眼球，即360度弧形固体支撑视网膜，治疗目前临床难以治疗的视网膜脱离患者。完成动物实验、标准制定和多中心临床试验的系列研究，相关研究在国际SCI杂志上发表了12篇论文，两篇论文在*Eye*和*Invest Ophthalmol Vis Sci*杂志封面发表，在国际眼科学界产生积极的影响。

公司产品于2010年6月在国家食品药品监督管理局完成注册检验（报告编号：G20091151），质量合格，产品的机械、光学和生物相容性指标优良，达到眼内长期植入条件，现已完成全国9家临床试验基地的120例患者的多中心临床试验，等待国家食品药品监督管理局的审批。从而为严重的玻璃体视网膜疾病提供一种新的治疗模式和产品。

澳大利亚新南威尔士大学Brien Holden 视觉研究所访问广州卫视博生物科技有限公司

2011年9月29日，澳大利亚新南威尔士大学Brien Holden 视觉研究所一行8人，在执行总裁Brien Holden教授的率领下，莅临民营科技园广州卫视博生物科技有限公司参观、考察。卫视博生物科技有限公司技术负责人高前应教授介绍了公司的主要产品“折叠式人工玻璃体”的研发和临床试验结果，并向澳大利亚专家展示了公司的生产和研发条件。最后，双方都表示了极大的合作兴趣，并签订了保密协议，期待进一步的合作和交流。

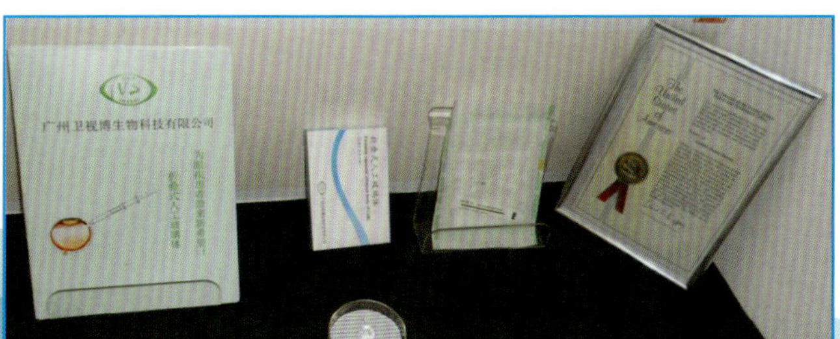

广州天绎智能科技有限公司

广州天绎智能科技有限公司（Timespace），成立于2007年4月，是一家专业从事2.4G远距离射频识别（RFID）产品研究开发和生产销售，并致力于物联网营运服务发展的高科技企业，是广东省经济和信息化委员会认定的软件企业。公司创立了天绎物联信息系统平台，在这个平台下已经成功开发了不同领域的多个产品，包括：电子学生证营运、母婴监护营运系统、中小学消费营运系统等。

2008年公司推出国内技术领先的母婴（人员）智能监护系统，于2008年12月6号在香港九龙医院上线运行。2009年9月番禺中心医院引进公司的母婴智能监护系统，该事件先后被包括央视在内的3家电视媒体和9家报纸报道。公司已经完成30多家三甲医院和几十家其他类型妇幼医院的实施和安装，系统稳定运行超过5年。

2010年4月开始，公司向物联网系统运营全方位解决方案商转型。

2010年9月9日公司成功销售区域医疗系统到柳州地区。2010年10月公司进入湖北武汉，成为电子学生证营运全方位解决方案提供商，提供驻地运营公司运作模型、资金解决方案等一系列解决方案。

公司于2011年1月、2012年2月、2012年5月、2012年11月进行4次私募融资，分别引入长城资本、粤科风投、深圳创新投资、华菱津衫等4家著名中国vc。

2012年公司一举成为中国2.4g远距离考勤业务第一提供商，并且以该业务成为中国2.4gRFID领军式企业。

2013年公司已经获得中国移动广东公司商业服务合作伙伴的资格，成功在广州落地，与中移动广州公司达成带资推广营运远距离考勤业务。

2013年9月公司正式向市场推出天绎物联门户和天绎中小学消费营运系统。

项目技术具有完全自主知识产权，已获得两项实用新型专利和一项软件著作权授权：

→防剪式腕带射频监控装置（专利号：ZL200820004087.X）

→省电式射频报警装置（专利号：ZL200820004088.4）

→母婴识别防盗管理系统1.0（登记号：2009SR037914）

申请了三项发明专利：

→无线射频识别定位方法及其系统（申请号：200710102012.5）

→防剪式腕带射频监控装置（申请号：2008100068988）

→省电式射频报警装置（申请号：2008100068992）

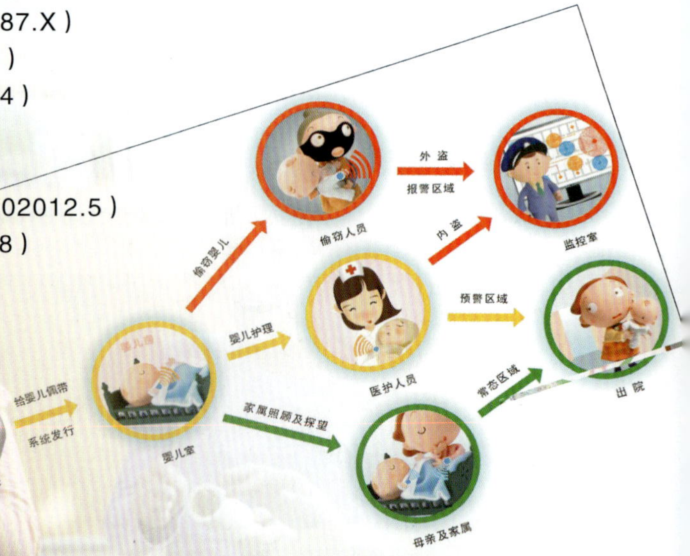

母婴智能监护系统示意图

广州造船厂有限公司

广州造船厂有限公司是中国船舶工业集团公司直属企业，也是国内历史悠久的船舶企业之一，其历史可追溯到1954年，曾为海军建造多艘水面战斗舰艇。为适应经济发展，于1993年分离广州广船国际股份有限公司上市。

广州造船厂有限公司位居华南地区经济发展迅猛的两个龙头城市广州市和佛山市之间，以其特有优质服务意识、精湛雄厚的技术力量，构建以造船中间产品及钢结构工程为核心产品，造船配套产品以船体分段、船用大舱口盖、桅类、压力水油柜、梯类、导缆滚轮、座架、带缆桩、弯管接头、异径接头、法兰及各类铸锻产品等为主营产品，统合了广东造船多个细分市场，同时钢结构生产制作又以港口机械、屋架、桥梁为导向，在我国广东、福建、广西、香港、澳门、台湾以及邻国日本等地的市场打造了一个优质高效、诚信服务的品牌！

广州造船厂有限公司以“追求卓越，诚信服务，持续改进，顾客满意”的经营理念，不断提升内部管理水平，公司产品质量多次荣获国家、省市级奖励，多项产品被中国、英国、德国、法国、挪威等国家的船级社以及中国石化系统认可，2001年获得中国船级社ISO9000质量标准体系认证，同时连续5年获得“重合同、守信誉”殊荣；2009年获武器装备科研生产许可证，是广东省国防军工重点培育单位、广东省重大科技专项实施单位、华南理工大学研究生校外培养基地和船用大型锻件制造技术示范基地。

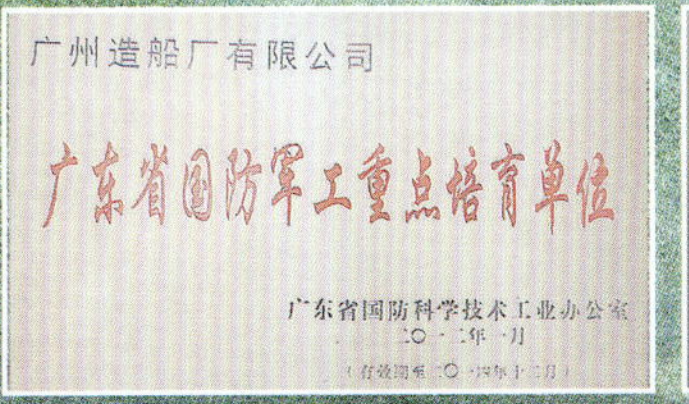

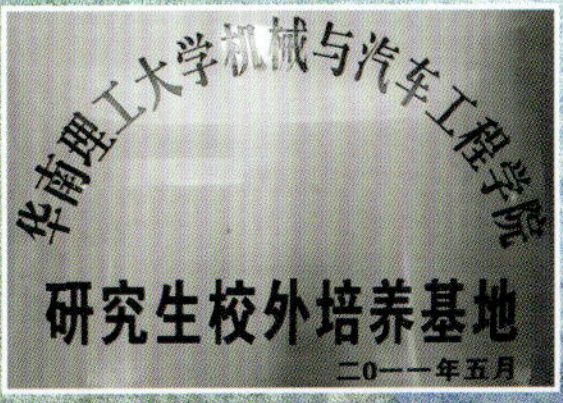

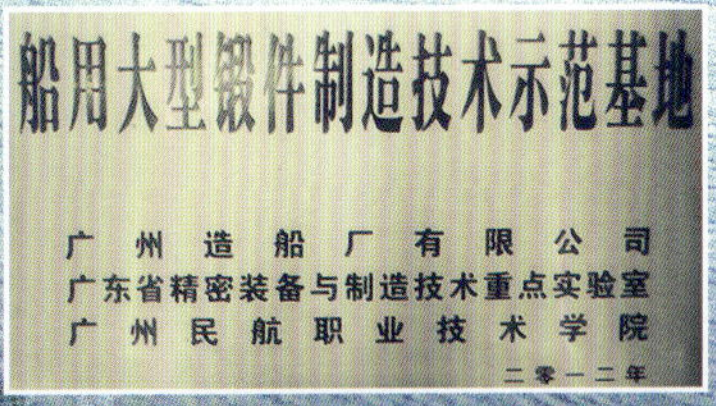

让商旅管理
简单可控
广州尚途商旅信息技术有限公司是一家国内领先的差旅管理企业，
自成立之初便专注于企业商务旅行管理。
公司专门为政府、国企、大中型民营企业及外资企业等提供旅游B2E、B2G电子商务解决方案
4008-139-139
www.shinetour.com
关注尚途微信
SHINE TOUR®
尚途®差旅 .COM

环境保护部华南环境科学研究所

环境保护部华南环境科学研究所成立于1973年，是环保部直属的从事综合性环境科学研究的公益性科研机构，性质为公益二类。现有职工301人，其中研究员30人、高级工程师85人，博士77人、硕士138人，享受政府特殊津贴专家9人。办公地址分为东、西两区，占地77亩，建筑面积近4万平方米。

总体定位：立足于建成国家前瞻性环境问题的主要研究基地；立足于成为解决国家面向未来环境问题科技支撑的中坚力量；强化社会服务意识，为节能减排、污染源稳定达标排放和环境保护目标的实现提供可靠的技术保障。

学科特色：主要围绕热带、亚热带区域生态环境问题，以城市与海洋研究为特色，在环境与健康、环境污染事故应急与信息技术、水环境与污染控制、城市群与发达地区环境问题、大气环境与污染控制、近岸海域污染防治与生态保护、环境影响评价、生态文明建设等领域开展了大量的基础理论与应用研究，形成了自己的特色学科和优势研究领域。其中环境与健康、环境污染事故应急等学科在全国具有一定的影响力。

环境咨询服务：秉承“科研先行，服务并重”的发展理念，不断将科研成果应用于环境咨询和环境工程服务，打造了“层次高、实力强、质量优”的行业服务品牌，在华南地区享有很高的声誉。拥有各类级别最高的环境领域资格证书，涵盖环境影响评价（建设项目环评,规划环评）、环境规划、清洁生产审核、环保核查、环境监理、环境监测、工程咨询、环保设施运营、水土保持方案编制、水资源论证、室内空气质量检测、环保仪器质检、节能评估、能源审计等业务，具备全过程环境咨询服务的能力。

地址：(东区)广东省广州市萝岗区瑞和路18号　邮编：510530

(西区)广东省广州市天河区员村西街七号大院　邮编：510655

电话：020-29119668　　传真：020-29119308

网址：www.scies.org

广东真美食品集团有限公司

广东真美食品集团有限公司始创于1991年，位于被誉为“生态宝岛，江上明珠”的潮州市江东镇，是一家集科研、养殖、加工、贸易于一体的科技型规模化的省级农业龙头企业。目前公司的主要产品有熟肉干制品、糖果、糕点饼食、蛋制品、水产深加工品等。

公司自创立以来，在生产过程就严格执行质量管理体系，按有关国家及行业标准进行生产，并在不断发展的过程中逐渐完善了ISO、HACCP国际管理体系认证和QS 认证等，产品质量均符合国家进出口标准。目前公司拥有核心技术并被国家专利局授权发明专利13项，其中12项是近3年授权的，公司的技术实力发展不断壮大。

2014年是真美集团的转型升级年，自主品牌建设是主要目标，也是公司未来10年发展计划的核心所在。公司的产品肉脯被列入“广东省名牌产品”“广东省食品文化遗产”范围。“真美”牌商标也被认定为广东省著名商标。集团公司旗下新品牌“潮府饼家”生产的“福耀万家”月饼荣获“2013年度广东精品月饼”称号，“鸿福礼”月饼荣获“2013年度广东创意月饼”称号，“潮福礼”月饼荣获“2013年度最具广东特色月饼”称号。同时，公司参与制订的国家及行业标准已发布实施14项，其中10项是近3年制订的。

集团公司持续追求技术和管理的创新，在自主研发过程中结合实际，注重科技创新，产品生产都以安全、绿色环保为出发点。

近几年，真美集团在产品研发、产品质量、品牌建设、企业文化等方面都取得了长足进步，现已发展成为实力雄厚的食品加工企业。公司将继续秉承“人生求真，生活唯美”的理念，做真正的安全食品企业。

附录

科技政策措施及规范性文件

关于印发《广东省科学技术厅关于省企业重点实验室建设与运行的管理办法》和《广东省科学技术厅关于省重点实验室建设与运行的管理办法》的通知

粤科财字〔2012〕58号

各地级以上市科技局（委）、顺德区经济促进局，省内各有关高校、科研机构及有关单位：

为贯彻落实《珠江三角洲地区改革发展规划纲要（2008—2020年）》和《广东自主创新规划纲要》有关精神，加强和规范广东省重点实验室、广东省企业重点实验室的建设与运行管理，充分发挥重点实验室对我省经济社会发展的引领带动作用，提升我省自主创新能力，省科技厅修订了《广东省科学技术厅关于省重点实验室建设与运行的管理办法》（附件1），制定了《广东省科学技术厅关于省企业重点实验室建设与运行的管理办法》（附件2），现将两个管理办法印发给你们，请结合实际贯彻执行。2002年印发的《广东省重点实验室建设与管理办法（试行）》（粤科财字〔2002〕71号）同时废止。

附件：1.《广东省科学技术厅关于省重点实验室建设与运行的管理办法》
　　　2.《广东省科学技术厅关于省企业重点实验室建设与运行的管理办法》

广东省科学技术厅
2012年4月13日

附件1：

广东省科学技术厅关于省重点实验室建设与运行的管理办法

第一章　总　则

第一条　为贯彻落实《珠江三角洲地区改革发展规划纲要（2008—2020年）》《广东自主创新规划纲要》和《广东省建设创新型广东行动纲要》有关精神，加强和规范广东省重点实验室（以下简称“省重点实验室”）的建设与运行管理，特制订本办法。

第二条　省重点实验室依托广东省内高校、科研机构建设，是国家和广东省科技创新体系的重要组成部分，是广东省组织基础研究、应用基础及应用开发研究的核心力量和骨干平台，是聚集和培养优秀科技人才、配置先进科研装备、开展高层次学术交流、产出高水平科研成果的重要基地。

第三条　省重点实验室实行分类指导、动态管理和定期考核评估。

第四条 省重点实验室实行“开放、流动、竞争、创新”的运行机制。

第五条 省财政设立专项经费，稳定支持省重点实验室的建设、开放运行、科研仪器设备研发与更新。专项经费单独核算，专款专用。

第二章 职 责

第六条 广东省科学技术厅是广东省重点实验室的管理部门，主要职责是：

（一）制订省重点实验室发展方针和政策，宏观指导省重点实验室的建设和运行。

（二）编制和组织实施省重点实验室建设总体规划和发展计划。

（三）批准省重点实验室的建立、调整和撤销。

（四）组织省重点实验室考核评估。

（五）会同相关部门研究制定支持省重点实验室的措施。

第七条 依托单位是省重点实验室建设和运行管理的具体负责单位，主要职责是：

（一）为省重点实验室提供后勤保障以及人员、经费等配套条件，解决省重点实验室建设与运行中的有关问题。

（二）聘任省重点实验室主任、副主任，学术委员会主任、副主任及委员，并向省科技主管部门备案。

（三）协助做好省重点实验室的考核评估工作。

第三章 建 设

第八条 省重点实验室的主要任务是：

（一）根据国家和广东省中长期科学和技术发展规划，围绕广东省经济、社会和科技发展战略目标，针对科学前沿和国民经济、社会发展的重要科技领域及方向，开展基础研究、应用基础研究和应用开发研究，获取具有自主知识产权的科技创新成果，成为广东省科技创新的骨干力量。

（二）面向经济建设和社会发展主战场，解决现代产业体系和战略性新兴产业的重大科学问题和关键共性技术问题，提供基础性、战略性、前瞻性的知识储备和技术支撑，引导新技术的应用和成果转化，发挥技术集成、高端科技服务和辐射带动作用。

（三）积极培养、引进、稳定和聚集高层次科技人才和学术带头人，建成一支高素质人才队伍；不断增强创新意识，提高创新能力，建立健全管理与运行机制，加强自主创新及产学研合作。

（四）充分利用社会资源，装备具有国际先进水平的仪器设备；积极跟踪国际科技发展动态，瞄准世界科学技术前沿，开展高层次的国内外学术交流，与国内外高水平科研机构建立实质性的合作关系；要面向社会开放，设立开放基金。

（五）创造条件，争取进入国家重点实验室等国家科技创新基地行列。

第九条 立项范围。

省科技主管部门根据广东省学科与产业特色，选择与广东省经济社会发展紧密结合的关键性研究领域，以及有发展前景的应用基础研究领域，围绕现代产业体系和战略性新兴产业规划布局，有计划、有重点地从有条件的单位遴选建设，并保持适度建设规模。

省重点实验室建设依托单位为科研实力较强、基础条件较好的高校、科研机构，且不受隶属关系（国家、部委、外省市）的限制，设在广东地区、具有法人资格的单位，有相对固定的科研人员和相对集中的科研场地，服务于广东经济社会建设，均可申报。

第十条 立项条件。

申请省重点实验室，应符合优先发展的学科和技术领域，体现广东优势和特色，同时还应具备以下条件：

（一）研究领域明确，近、中、远期目标清晰；

（二）研究方向较稳定，具有一定优势，有较好的研究基础，取得较好的科研成绩，研发能力和水平在国内或省内本领域处于领先地位；在该领域有承担国家和省重大研究开发项目的能力；

（三）研究内容具有前瞻性，有创新性并具有特色；

（四）有高水平的学术带头人和管理能力较强的领导班子以及素质较好、结构合理的科研队伍，学风正派，学术民主，有团结合作和献身科学的精神；有培养高级科技人才的能力；

（五）有相对集中的实验用房，面积在2 000平方米以上；有先进的科研条件和设施，科研仪器总值1 000万元以上；有良好的技术支撑条件和学术活动环境；

（六）依托单位重视省重点实验室的建设，在人力、物力、财力上能给予稳定的支持，提供必需的后勤保障，保证省重点实验室正常运行。

第十一条　项目组织。

指南发布。省科技主管部门根据广东科技经济社会发展的需要和省重点实验室建设的布局要求，制定并发布年度申报指南。

材料受理。申报单位根据指南的要求，按规定的时间编写申报任务书和可行性报告，通过省科技主管部门指定的网络进行申报，并将申报材料报送省科技主管部门业务受理窗口。

第十二条　审批立项。

省科技主管部门会同省财政主管部门组织专家进行评审和论证，根据专家评审和论证意见，审定支持项目和经费，省科技主管部门下达立项通知，两部门共同下达立项经费。

省重点实验室建设实行合同制管理，依托单位在接到立项通知1个月内与省科技主管部门签订合同书。合同书将作为建设实施和验收的主要依据。

第十三条　凡列入建设计划的省重点实验室，依托单位应以不低于1∶1的比例进行新增资金配套。

第十四条　省财政资助省重点实验室的建设经费，主要用于建设期仪器设备购置和更新改造、人才引进、科学研究、开放基金等。省重点实验室要按照实施方案购置仪器设备；属于政府采购目录规定范围内的，应按规定编制政府采购预算，实行政府采购。财政经费的20%可用于开放基金。

省重点实验室用房及水、电等配套条件，由依托单位解决。确需新建、扩建的，资金由依托单位自筹解决，并按基本建设有关规定报批。

省财政视情况给予省重点实验室开放运行费，主要用于省重点实验室在运行过程中的人才引进、科研仪器维修、开放基金和学术交流、人员费等。

第十五条　省重点实验室在建期间，研究方向与建设内容应与实施方案和合同书内容保持一致。确因特殊情况需进行重大调整时，在学术委员会的建议下，依托单位提出调整报告，报省科技主管部门审批。

第十六条　省重点实验室建设完成后，由依托单位提交验收申请。省科技主管部门组织专家，按实施方案和合同书规定的要求进行验收。

第十七条　省重点实验室建设期限为3年，对无正当理由超期半年以上而不能按计划验收的在建省重点实验室，省科技主管部门组织调查小组，协调解决问题，并进行内部通报。情节严重的，取消省重点实验室建设计划，依托单位5年内不得在同一领域申报建设省重点实验室。

第四章 运 行

第十八条 省重点实验室应是依托单位下属相对独立的科研实体，实行人财物相对独立的管理机制；省重点实验室接受依托单位的行政领导和业务指导及监督。

第十九条 省重点实验室实行主任负责制，配备主任1人，副主任2～3人，其中专职副主任1人。主任应是本领域高水平的学术带头人，具有较强的组织管理能力。主任由依托单位聘任，副主任经主任提名，由依托单位聘任，报省科技主管部门批准并备案。主任、副主任任期5年，可连聘连任。

第二十条 省重点实验室设学术委员会。学术委员会是省重点实验室的学术指导机构，职责是审议实验室的目标、研究方向、重大学术活动、年度工作计划和总结。学术委员会人数一般为9～11人，依托单位的委员不超过1/3，每届任期5年。每次换届应更换委员1/3以上。学术委员会成员由省重点实验室推荐，依托单位聘任。学术委员会会议每年至少召开1次，每次实到人数不少于2/3，并形成会议纪要。学术委员会成员名单和学术委员会会议纪要报省科技主管部门备案。

第二十一条 省重点实验室应实行开放共享制度，设立开放基金，用于开放课题，开展多种形式的科技合作与交流；加大仪器设备共享力度，大型仪器设备应进入大型科学仪器协作共用网。

第二十二条 省重点实验室要创新机制，营造宽松民主、潜心研究的科研环境，鼓励科技人员不断产出拥有自主知识产权的科研成果。

第二十三条 省重点实验室人员由固定与流动人员组成，固定人员包括研究人员、技术支撑人员和管理人员，流动人员包括访问学者、博士后研究人员、研究生等。固定人员不得少于20名。要不断优化固定人员队伍的配置，创造条件培养和吸引优秀青年科技人才，提高科研队伍的整体素质。固定人员实行聘任制。

第二十四条 省重点实验室应积极引进和聘请国内外高级客座研究人员，特别是吸引优秀的青年专家参与研究开发工作，省重点实验室和依托单位提供必需的工作环境和后勤保障。

第二十五条 省重点实验室应加强知识产权保护。由省重点实验室完成的专著、论文、软件、数据库等研究成果，应标注省重点实验室名称，专利申请、技术成果转让、申报奖励等按国家有关规定办理。

第二十六条 省重点实验室应统筹仪器设备的使用和管理，保障科研仪器的高效运转和开放共享，提高设备利用率。

第二十七条 省重点实验室应设立实验室秘书岗位，协助处理实验室日常运行管理、对外联络等相关事宜。

第二十八条 省重点实验室应当重视科学普及，向社会公众特别是科研、教学单位开放。

第五章 考核与评估

第二十九条 省重点实验室每年10月底前填报《广东省重点实验室管理信息统计表》，经依托单位审核后报送省科技主管部门。

第三十条 省重点实验室实行动态管理，引入竞争机制，定期考核评估，优胜劣汰。4年为一个考核评估周期。考核评估结果分为优秀、良好、合格和不合格4个档次。

第三十一条 省科技主管部门制定考核评估指标体系，组织专家进行考核评估，对省重点实验室4年的整体运行状况进行综合评价。考核评估指标包括学科目标与研究方向、研究成果及其转化、学术技术水平、队伍建设与人才培养、经费及设备实力、运行与管理等。

第三十二条 考核评估采取定量评估与定性评议相结合、学术专家与管理专家相结合、书面材料审查与现场评估相结合的原则。考核评估程序是：省科技主管部门发布考核评估通知，参评省重点实验室按时、如实提交考核评估申请材料，书面材料评审，现场考察，确定考核评估结果。

第三十三条 省科技主管部门对参加考核评估的省重点实验室进行现场考察，现场考察的内容主要包括：听取实验室主任工作报告、考察实验室、进行业务骨干访谈等。

第三十四条 省科技主管部门根据省重点实验室考核评估成绩，确定省重点实验室考核评估结果。

第六章 奖励与责任

第三十五条 省科技主管部门和省有关主管部门的科技计划项目，在同等条件下，优先支持省重点实验室。

第三十六条 对进入国家级实验室或省部共建培育基地的省重点实验室，给予奖励和运行经费支持。

第三十七条 对考核评估获得优秀、良好的省重点实验室分级给予经费奖励。

第三十八条 对考核评估中根据专家意见需整改的省重点实验室，要进行人员重组或结构调整，限期1年整改，如果在限期内没有明显改进的，撤消其省重点实验室称号。

第三十九条 对考核评估为不合格或无正当理由不参与考核评估的省重点实验室，撤消其省重点实验室称号，依托单位5年内不得在同一领域申报建设省重点实验室。

第七章 附 则

第四十条 省重点实验室统一命名为“广东省××重点实验室”，英文名称为“Guangdong Provincial Key Laboratory of ××”。

第四十一条 本管理办法由省科技主管部门负责解释。

第四十二条 本管理办法自2012年6月1日起执行。原省科技主管部门颁发的《广东省重点实验室建设与管理办法（试行）》（粤科财字〔2002〕71号）同时终止执行。

附件2：

广东省科学技术厅关于省企业重点实验室建设与运行的管理办法

第一章 总 则

第一条 为贯彻落实《珠江三角洲地区改革发展规划纲要（2008—2020年）》《广东自主创新规划纲要》和《广东省建设创新型广东行动纲要》有关精神，建立并完善以市场为导向、企业为主体、产学研结合的技术创新体系，加强和规范广东省企业重点实验室（以下简称“省企业重点实验室”）建设和运行管理，制订本办法。

第二条 省企业重点实验室依托广东省内具有较强研究开发能力和技术辐射能力的行业骨干企业建设，是国家和广东省技术创新体系的重要组成部分。作为提高企业自主创新能力的重要平台，省企业重点实验室与高校、科研机构开展长期、稳定的产学研合作，衔接应用基础研究、成果推广和产业化，为加快转变发展方式、提升国家和广东省相关行业的核心竞争力、建设创新型广东提供重要支撑。

第三条 省企业重点实验室实行动态管理和定期考核评估。

第四条 省企业重点实验室实行“开放、流动、协作、创新”的运行机制。

第五条 省财政设立专项经费，支持省企业重点实验室的建设。专项经费单独核算，专款专用。

第二章 职 责

第六条 广东省科学技术厅是广东省企业重点实验室的管理部门，主要职责是：

（一）制订省企业重点实验室发展方针和政策，宏观指导企业重点实验室的建设和运行。

（二）编制和组织实施省企业重点实验室建设总体规划和发展计划。

（三）批准省企业重点实验室的建立、调整和撤销。

（四）组织省企业重点实验室考核评估。

（五）会同相关部门研究制定支持省企业重点实验室的措施。

第七条 依托单位是省企业重点实验室建设和运行管理的具体负责单位，主要职责是：

（一）制定支持省企业重点实验室发展的政策和措施，为省企业重点实验室提供后勤保障以及人员、经费等配套条件，解决省企业重点实验室建设与运行中的有关问题。

（二）聘任省企业重点实验室主任、副主任，学术委员会主任、副主任及委员，并向省科技主管部门备案。

（三）协助做好省企业重点实验室的考核评估工作。

第三章 建 设

第八条 省企业重点实验室的主要任务是：

（一）根据国家和广东省中长期科学和技术发展规划，围绕广东省经济、社会和科技发展战略需求，以提高企业自主创新能力和推动行业技术进步为宗旨，开展应用基础研究，重点开展应用技术研究和技术开发，解决广东省现代产业体系和战略性新兴产业的关键共性技术问题，成为广东省高水平优势产业研发基地；掌握自主知识产权，研究提出国际、国家、行业和地方标准，促进产学研结合，增强技术创新和成果转化能力，引导新技术的应用和成果转化，发挥产业共性技术集成、高端科技公共服务和辐射带动作用。

（二）积极培养、引进、稳定和聚集高层次科技人才和学术带头人，建成一支高素质人才队伍；不断增强创新意识，提高创新能力，建立健全管理与运行机制；为企业培养和输送高水平的技术人才，提升广东省企业的自主创新能力，推动行业的整体科技进步。

（三）充分利用社会资源，装备具有国内乃至国际先进水平的仪器设备；积极跟踪国际科技发展动态，瞄准世界科学技术前沿，开展高层次的国内外科学和技术交流，与国内外高水平科研机构建立实质性的合作关系；面向社会开放，设立开放基金。

（四）创造条件，争取进入企业国家重点实验室等国家科技创新基地行列，积极承担国家、省级和行业重大或重点科技计划项目。

第九条 立项范围。

省科技主管部门根据广东省产业特色，主要选择广东省优先和重点发展的行业领域，以及有发展前景的应用基础研究、应用技术研究和技术开发领域，围绕现代产业体系和战略性新兴产业规划布局，有重点、有步骤地从具有创新优势的行业骨干企业遴选建设，并保持适度建设规模。

第十条 立项条件。

（一）依托单位应具有明确的技术创新发展战略，持续从事应用基础研究、关键技术和共性技术研究5年以上；掌握产业核心技术并具有自主知识产权，具有较强的行业带动性和辐射作用，在重大关键技术创新或系统集成方面成果突出，在省内本领域处于领先地位，能够承担和完成国家和省重大科研任务。

（二）依托单位须为广东省工商行政管理机关登记注册的内资或者内资控股企业，且已通过高新技术企业或省级以上创新型企业认定。

（三）依托单位上年度主营业务收入超过5亿元，主营业务与省企业重点实验室申报方向属于同一领域，近3年研发投入占年销售收入比例不低于3%，能够为省企业重点实验室提供充足稳定的建设、运行和实验经费，保证省企业重点实验室开展工作的基本需要。

（四）依托单位须建有经认定的省级以上工程技术研究开发中心，综合科技实力较强，内部研发体系和知识产权管理体系健全，并与高校、科研机构等建立了长期稳定的产学研合作关系，在行业协会或产业联盟中积极发挥带动辐射作用，在科研合作中分工合理。

（五）拥有一支年龄与知识结构合理、高水平的科技创新队伍，能够培养优秀中青年科技人才以及具有较好科学素质和科研能力的科研后备人才。

（六）有相对集中的实验用房，面积在3 000平方米以上；有先进的科研条件和设施，科研仪器总值1 000万元以上，并能对外开放使用。

（七）优先支持企业与国家重点实验室、省重点实验室、省公共实验室和省直科研机构、省内高校开展全面合作，共建实验室。

第十一条　项目组织。

指南发布。省科技主管部门根据广东科技经济社会发展的需要和省企业重点实验室建设的布局要求，制定并发布年度申报指南。

材料受理。申报单位根据指南的要求，按规定的时间编写申报任务书和可行性报告，通过省科技主管部门指定的网络进行申报，并将申报材料报送省科技主管部门业务受理窗口。

第十二条　审批立项。

省科技主管部门会同省财政主管部门组织专家进行评审和论证，根据专家评审和论证意见，审定支持项目和经费，省科技主管部门下达立项通知，两部门共同下达立项经费。

对于地市重点推荐、但不满足部分立项条件的省企业重点实验室，如确需在该领域布局建设的，经论证后可作为省企业重点实验室培育基地进行建设，并统一命名为“广东省××企业重点实验室（产学研）培育基地”，培育期为2年，通过专家论证后可正式授牌省企业重点实验室。

省企业重点实验室实行合同制管理，依托单位在接到立项通知1个月内与省科技主管部门签订合同书。合同书将作为建设实施和验收的主要依据。

第十三条　实验室的经费投入以依托单位为主，同时充分发挥部门、地方各级政府和企业的积极性，形成多元化、多渠道、多层次的投入体系。凡列入建设计划的省企业重点实验室，依托单位新增配套资金与省财政资金比例应不低于2：1，依托单位所在地市主管部门应以不低于1：1的比例进行新增资金配套。

第十四条　省财政资助省企业重点实验室的建设经费，主要用于建设期仪器设备购置和更新改造、人才引进、科学研究、开放基金等。省企业重点实验室要按照实施方案的计划进行仪器设备购置；属于政府采购目录规定范围内的，应按规定编制政府采购预算，实行政府采购。财政经费的20%可用于开放基金。

省企业重点实验室用房及水、电等配套条件，由依托单位解决。确需新建、扩建的，资金由依托单位自筹解决，并按基本建设有关规定报批。

第十五条　省企业重点实验室在建过程中，研究方向与建设内容应与实施方案和合同书内容保持一致。确因特殊情况需进行重大调整时，在学术委员会的建议下，依托单位提出调整报告，报省科技主管部门审批。

第十六条 省企业重点实验室建设计划完成后，由依托单位提交验收申请。省科技主管部门组织专家，按实施方案和合同书规定的要求进行验收。

第十七条 省企业重点实验室建设期限为2年，对无正当理由超期半年以上而不能按计划验收的在建省企业重点实验室，省科技主管部门组织调查小组，协调解决问题，并进行内部通报。情节严重的，取消省企业重点实验室建设计划，依托单位5年内不得在同一领域申报建设省企业重点实验室。

第四章 运 行

第十八条 省企业重点实验室应是依托单位下属相对独立的科研实体，实行人财物相对独立的管理机制；省企业重点实验室接受依托单位的行政领导和业务指导及监督。

第十九条 省企业重点实验室实行主任负责制，配备主任1人，副主任2～3人，其中专职副主任1人。主任应是本领域高水平的学术带头人，具有较强的组织管理能力。主任由依托单位聘任，副主任经主任提名，由依托单位聘任，报省科技主管部门批准并备案。主任、副主任任期5年，可连聘连任。

第二十条 省企业重点实验室设立学术委员会，由高校、科研院所、行业协会和相关企业的国内外优秀专家组成。学术委员会是省企业重点实验室的学术指导机构，职责是审议实验室的目标、研究方向、重大学术活动、年度工作计划和总结。学术委员会人数一般为9～11人，依托单位的委员不超过1/3，每届任期5年。每次换届应更换委员1/3以上。学术委员会成员由省企业重点实验室推荐，依托单位聘任。学术委员会会议每年至少召开1次，每次实到人数不少于2/3，并形成会议纪要。学术委员会成员名单和学术委员会会议纪要报省科技主管部门备案。

第二十一条 省企业重点实验室应实行开放共享制度，设立开放基金，用于开放课题，开展多种形式的科技合作与交流；加大仪器设备共享力度，大型仪器设备应进入大型科学仪器协作共用网。

第二十二条 省企业重点实验室要创新机制，营造宽松民主、潜心研究的科研环境，鼓励科技人员不断产出拥有自主知识产权的科研成果。

第二十三条 省企业重点实验室人员由固定与流动人员组成，固定人员包括研究人员、技术人员和少量管理人员，流动人员包括客座研究人员、访问学者、博士后研究人员、在读研究生、临时聘用人员等。固定人员不得少于25名。要不断优化固定人员队伍的配置，创造条件培养和吸引优秀青年科技人才，提高科研队伍的整体素质。固定人员实行聘任制。

第二十四条 省企业重点实验室应积极引进和聘请国内外高级客座研究人员，特别是吸引优秀的青年专家参与研究开发工作，省企业重点实验室和依托单位提供必需的工作环境和后勤保障。

第二十五条 省企业重点实验室应加强知识产权保护。由省企业重点实验室完成的专著、论文、软件、数据库等研究成果，应标注省企业重点实验室名称，专利申请、技术成果转让、申报奖励等按国家有关规定办理。对其他单位或个人利用实验室平台取得的成果按国家有关规定及双方约定办理。

第二十六条 省企业重点实验室应统筹仪器设备的使用和管理，保障科研仪器的高效运转和开放共享，提高设备利用率。

第二十七条 省企业重点实验室应当结合自身特点，在广东省产业技术创新联盟的建设中发挥骨干和引领作用，鼓励实验室骨干科技人员积极为行业服务。

第二十八条 省企业重点实验室在开展学术交流、项目合作、论文发表、成果宣传等工作中，应严格遵守国家有关保密规定。

第二十九条 依托单位出现股份制改革、企业兼并、外资股份注入等法人主体或所有制结构等重大变化情况时，须在变化发生后的3个月内向省科技主管部门报告，科技主管部门将视情况研究处理意见。依托单位出现外资控股、注销、破产等情况时，撤销“广东省企业重点实验室”资格。

第五章　考核与评估

第三十条　省企业重点实验室每年10月底前填报《广东省企业重点实验室管理信息统计表》，经依托单位审核后报送省科技主管部门。

第三十一条　省企业重点实验室实行动态管理，引入竞争机制，定期考核评估，优胜劣汰。4年为一个考核评估周期。考核评估结果分为优秀、良好、合格和不合格4个档次。

第三十二条　省科技主管部门制定考核评估指标体系，组织专家进行考核评估，对省企业重点实验室4年的整体运行状况进行综合评价。考核评估指标包括研究方向与目标、研究成果及转化、队伍建设与人才培养、经费及设备实力、运行与管理等。

第三十三条　考核评估采取定量评估与定性评议相结合、学术专家与管理专家相结合、书面材料审查与现场评估相结合的原则。考核评估程序是：省科技主管部门发布考核评估通知，参评省企业重点实验室按时、如实提交考核评估申请材料，书面材料评审，现场考察，确定考核评估结果。

第三十四条　省科技主管部门对参加考核评估的省企业重点实验室进行现场考察，现场考察的内容主要包括：听取实验室主任工作报告、考察实验室、进行业务骨干访谈等。

第三十五条　省科技主管部门根据省企业重点实验室考核评估成绩，确定省企业重点实验室考核评估结果。

第六章　奖励与责任

第三十六条　省科技主管部门和省有关主管部门的科技计划项目，在同等条件下，优先支持省企业重点实验室。

第三十七条　对进入国家级实验室的省企业重点实验室，给予奖励和配套经费支持。

第三十八条　对考核评估获得优秀、良好的省企业重点实验室分级给予经费奖励。

第三十九条　对考核评估中根据专家意见需整改的省企业重点实验室，要进行人员重组或结构调整，限期1年整改，如果在限期内没有明显改进的，撤消其省企业重点实验室称号。

第四十条　对考核评估为不合格或无正当理由不参与考核评估的省企业重点实验室，撤消其省企业重点实验室称号，依托单位5年内不得在同一领域申报建设省企业重点实验室。

第四十一条　依托单位不得将省企业重点实验室等字样用于广告、产品商标等商业化行为，或用于非省企业重点实验室建设计划中认定的场所，违反者将由省科技主管部门责令改正。

第七章　附　则

第四十二条　符合立项条件的省企业重点实验室，统一命名为“广东省××企业重点实验室”，英文名称为“Guangdong Provincial Key Laboratory of ××”。

第四十三条　本管理办法由省科技主管部门负责解释。

第四十四条　本管理办法自2012年6月1日起执行。

关于印发广东省科技服务业“十二五”发展规划纲要的通知

粤科管字〔2012〕68号

各地级以上市科技局（委）、顺德区经济促进局、各有关单位：

现将《广东省科技服务业“十二五”发展规划纲要》印发给你们，请各地、各单位结合本地实际，认真贯彻落实。“十二五”是我省“加快转型升级、建设幸福广东”的关键时期，是提高自主创新能力、建设创新型广东的攻坚阶段。科技服务业发展不仅是我省提高区域自主创新能力，促进科技、经济和社会协调发展的重要环节，而且是加速科技成果向现实生产力转化的关键措施，对于我省加速培育发展战略性新兴产业，推进产业结构优化升级和经济发展方式转变，具有十分重要的意义。

广东省科学技术厅
2012年4月28日

广东省科技服务业“十二五”发展规划纲要

科技服务业是在研究开发链和科技产业链中，不可缺少的服务性机构和服务性活动的总和，主要包括研究与试验发展、专业技术服务、科技交流和推广服务、新兴科技服务等领域。科技服务业是区域创新加速器和产业升级推进器，是现代服务业的新增长点，决定着一个地区的创新能力和产业竞争力，是衡量一个国家经济发展水平的重要标志。

全球化和知识经济是当今世界两大特征。经济全球化带动包括科学技术在内的各种生产要素在世界范围内的频繁流动，引发科技全球化和研发全球化，带动科学技术突飞猛进发展。而科技进步不断消融产业边界，催生多种的行业和职业，形成知识经济形态，使得国家和地区之间的竞争更有赖于技术和创新。“十二五”是我省加快建设现代产业体系和创新型广东的关键时期，需要立足我省国民经济和社会发展需求，把握发展机遇，理清未来五年科技服务业发展思路、目标和重点，加速我省科技服务业发展，为建设创新型广东和现代产业体系奠定坚实基础。

根据《珠江三角洲地区改革发展规划纲要（2008—2020年）》和《广东省科学和技术发展“十二五”规划》，特制定本规划。

一、发展基础与发展环境

（一）发展基础

1．产业规模不断扩大。“十一五”期间，我省科技服务业增加值以年均20%的速度增长，为“十二五”时期科技服务业发展奠定了重要基础。2010年全省共有3.5万个各类科技服务机构，从业人员53万人，实现营业收入3 200亿元，增加值1 700亿元，占全省生产总值的3.7%。

2．新兴科技服务业快速发展。“十一五”期间研发与试验发展、专业技术服务业、科技交流与推广服务业、地质勘查业四类传统科技服务稳步发展，增加值年均增速18.8%，2010年产值达到483.79亿元。专业技术服务外包、创意设计、DNA检测、超级计算、云计算、风险投资等新兴科技服务也快速发展，增加值年均增速超过40%，其产业规模迅速赶超传统四大科技服务业。同时，科技服务业与制造业彼此延伸和融合，全省3 000多个高新技术企业不仅提供高科技产品，而且随产品提供大量的科技服务，并将科技服务的价值固化在有形产品上，具有相当的规模。

3. 珠三角科技服务集聚发展。在新兴科技服务业领域，科技服务机构几乎全集中在珠三角地区，且呈现集群发展态势，并形成广州科学城、深圳前海深港现代服务业合作区、东莞松山湖科技产业园、佛山广东金融高新技术服务区、惠州仲恺高新技术产业开发区、中山广东健康医疗技术服务区、广东工业设计城和珠海横琴新区等一批科技服务业聚集区。目前珠三角九市各类科技服务机构约占全省的87.2%，其中深圳占40.3%，广州占25.5%。

4. 技术市场规模不断扩大。"十一五"期间我省技术市场不断繁荣，科技中介服务机构不断发展壮大，技术市场在促进科技与经济的结合、加快科技成果转化、优化科技资源配置等方面发挥重要作用，推动全省自主创新。2010年全省共认定登记技术合同17 558项，合同成交金额242.5亿元，其中技术交易额209.2亿元。

5. 存在问题。一是科技服务业总体实力不强，对国民经济贡献仍偏小，结构不合理，科技服务业前端的科学研究比较薄弱，新兴科技服务业发展不均衡。二是专业化程度不高，企业规模偏小，缺乏知名品牌。三是缺乏行业标准和行业规范，管理政出多门，缺乏系统性。四是体制机制不健全，对政府依附性强，公正性差，缺乏市场意识、竞争意识和服务意识。五是国际化程度低，在科技服务领域，缺乏国际交流与合作，国际技术贸易维持在较低水平，承接海外科技服务外包偏少。六是科技服务机构总体发展不均衡，珠三角以外地区的科技服务缺乏。

（二）发展环境

1. 产业升级步伐加快的新机遇。随着全省产业升级"双转移"战略的实施，一批受土地等发展空间限制的企业向两翼山区转移，为珠三角地区科技服务业的高速发展提供了广阔的产业布局空间。随着全省产业升级"双提升"战略的实施，依靠自主创新提高产业竞争力成为广东产业发展的新趋势，产业创新需求将迅猛增长，这为全省科技服务业的发展提供了广阔的市场拓展机会。随着产业升级"双轮驱动"战略的实施，服务业、特别是高技术服务业将在发展中得到较大的政策倾斜，科技服务业作为高技术服务业中重要的组成部分和主要的增长热点，必将成为全省提高服务业对全省经济发展贡献的排头兵。

2. 建设创新型广东的新机遇。增强我省自主创新能力，加快建设创新型广东是我省当前的重要任务。建设创新型广东就必须加速发展科技服务业。科技服务业对全省科技产业的发展具有较强的带动和支撑作用，是创新型广东发展必要的创新型产业基础。科技服务机构是区域创新体系的重要组成部分，是支撑创新型广东必须强化建设的创新体系和创新环境的主要组成元素。因此，建设创新型广东将为科技服务业的迅速发展带来重大的政策良机。

3. 服务业加速转移的新机遇。以服务外包为特征的新一轮国际服务产业转移正在迅猛发展。一是我省具有一定优势的IT外包依然占据全球服务外包市场较大份额，且保持着较高的增速，对我省加速以IT外包产业为基础的科技外包服务业提供了广阔市场。二是以产品和流程创新为主要特征的新型科技服务外包高速增长，为我省发挥科技服务业后发优势，实现科技服务业跨越式发展，迅速与国际科技服务业特别是高端科技服务业接轨提供了重大发展机遇。

二、指导思想与发展目标

（一）指导思想

以科学发展观为指导，贯彻落实《珠江三角洲地区改革发展规划纲要（2008—2020年）》和《关于加快建设现代产业体系的决定》关于发展科技服务业的要求，紧密围绕全省科技服务业建设与发展的经济社会需求和实际，大胆探索，先行先试，以有效服务于产业竞争力和自主创新能力提升为目标，以研发服务业、新兴科技服务业和专业技术服务业为重点，瞄准研发链和科技产业链，加强政府引导，整合和优化服务资源，加速打造高效服务平台，着力优化科技服务业全省布局，着力创新科技服务业态，培育发展科技服务企业和品牌，积极承接国内外技术性知识流程服务外包，提升我省自主创新能力，为促进广东经济社会全面发展做出贡献。

（二）基本原则

1. 政府引导。超前研究，抢先部署，强化科技服务业顶层设计，加强全行业规划引导和政策扶持，推动科技服务业有序、快速、健康发展。着力做好四个引导，一是引导科技服务业创新业态，激发新兴增长点；二是引导各地市合理分工，有侧重地发展优势科技服务；三是引导科技服务业事业、社团型组织突出公共科技服务定位；四是引导企业创新服务模式，拓展科技服务市场。

2. 企业主体。明确科技服务业中企业是产业发展主体和创新主体的发展思路，引导和鼓励企业建立独立研发机构，鼓励科技服务企业发展，鼓励以经营性为主的科研机构转制为企业。加快推动科技服务业市场机制的建立和完善，推动以企业为主体的科技服务业产业体系与创新服务体系的形成。

3. 集群发展。突出重点，以科技服务业较为集中和基础较好的地市、县区为典型，以新型科技园区和科技服务平台为载体，高标准规划和建设科技服务基地，在全省打造若干科技服务业集群。

4. 资源整合。以增量带动存量，用存量激活增量，统筹全省科技服务业资金、人才、管理等创新要素资源，以科技服务业产业基地、产业创新联盟、技术创新平台、科技服务示范企业建设和培育为抓手，构建开放、合理的全省科技服务业产业发展科技支撑体系。

（三）发展目标

1. 总体目标。整合和优化服务资源，创造良好发展环境，全力打造服务特色和服务品牌，探索适合我省科技服务业发展典型模式，充分发挥科技服务体系，初步实现科技服务业产业化和国际化，为2020年前形成以珠江三角洲为核心区的国际性科技服务业产业基地打下坚实基础。

2. 具体目标。到2015年，全省科技服务业从业单位达到5万家，从业人员超过100万人，集聚国内外高层次人才10万人，实现科技服务营业收入达8 000亿元。

——大力发展科技中介服务业，引进国际先进技术，推动知识产权交易，加速科技成果转化，力争到2015年全省技术合同成交金额500亿元以上，将科技成果转化率提高到60%以上。

——加快发展信息内容服务、工业设计、生命健康服务、科技服务外包等新兴科技服务业，力争到2015年全省新兴科技服务业产值超过3 000亿元。

——稳步发展技术检测、检验与认证服务。力争在技术检测、检验和认证领域，全省检测和认证收入达到1 000亿元。

——重点发展全省科技服务业聚集区，在省级以上高新区和产业转移园区等科技产业园区建立和完善科技服务平台，建设200个公共服务创新平台、30个科技服务业示范基地和深圳、广州、珠海三大科技服务业创新型城市。

三、空间布局

围绕转变经济发展方式、构建现代产业体系、培育战略性新兴产业和改造提升传统优势产业、促进区域协调发展的核心任务，依托各地产业定位，结合现有产业基础，发挥各地区位优势，按照广州、深圳两个核心，珠三角、东西两翼、北部山区三个层面进行总体空间布局。

（一）两个核心

广州以发展研发服务、信息服务、检测服务和科技服务外包等为重点，以广州中新知识城为依托，建设国家级的研发产业集群。重点发展广东现代服务交易中心（广东现代服务研究院）、中新知识城、国际生物岛、广州科学城、广州大学城、广州天河软件园、南沙资讯科技园，打造集研发、创意、孵化、投融资、产业化于一体的科技服务创新区。

深圳以创意设计、技术产权交易、风险投资和科技服务外包等为重点，以高交会为依托，以高新区、科技园、大学城为载体，发展高科技服务产业。重点创建国家高技术产业创新中心、深圳软件园、深港创新圈、深圳前海深港现代服务业合作区等重要科技服务创新基地。

（二）三个层面

珠三角地区：在建设好广州、深圳两大创新圈的核心城市外，要在珠海、佛山、中山、东莞、惠州、江门、肇庆等市紧紧围绕经济发展和制造业转型的需要，发展特色产业科技服务业和产业主题创新园区，鼓励各类科技服务机构在珠三角地区设立分支机构。

东西两翼地区：以高新区和产业转移园区为重点，大力发展科技中介服务平台、技术创新平台和检测检验平台。在东西两翼的中心城市适度发展钢铁、化工、建材科技创新平台和与临港工业相配套的科技服务业。

北部山区：鼓励北部山区发展农业科技服务业和优势产业科技服务业，建设科技信息中心和推广中心，推动北部山区承接珠三角地区产业转移和技术转移。

四、主要任务

（一）扩张科技服务业增长规模

立足专业技术服务业和科技交流与推广服务业，以检验检测服务和技术市场服务为突破口，加快扩张科技服务业规模。创新科技服务业发展模式，着力发展新兴科技服务业，推动创意设计、科技服务外包、科技金融、科技信息、数字内容等重点产业的发展，培育科技服务业新兴增长点。

（二）提高科技服务业发展质量

遴选和扶持具有优势的骨干服务机构打造服务品牌，完善服务基础设施，规范服务，提升服务能力。制定科技服务品牌战略和规划，确定品牌建设的重点行业和领域，推动科技服务机构由单一服务模式向聚集服务模式转变，突出主导业务，凸现特色，强化品牌，提高核心竞争力。实施科技服务百强机构培育工程，促进全省自主创新能力提升，加快转变经济发展方式，加快建设现代产业体系，培育和发展科技服务业龙头企业，引导和带动广东科技服务业质量的提升。制定科技服务业发展标杆指数和质量认证体系，引导企业提高服务质量。以技术创新、方法创新和机制创新为手段，不断完善服务方法和手段，优化服务流程，拓展服务范围，提高服务水平，提高标杆指数和质量认证体系的适用性和权威性。

（三）创新发展科技服务业态

支持开展科技服务业新业态的前瞻性研究和探索，研究产品与服务融合机制，支持产品与服务相融合，研发能在科技创新公共信息、公共科技条件、公共科技服务和环境生态科技服务等领域广泛得到应用的科技服务型产品。重点支持嵌入式软件、工业软件的研发和设计服务，物联网应用示范以及云计算在电子商务、金融、网络动漫等领域的应用。以新兴科技服务业为重点，发展数字内容、创意设计、生物医药研发、数字媒体技术应用、制造业和服务业外包专业技术服务等新兴服务业业态。结合广东制造业产业集聚的典型特征，创新先进制造业与科技服务业发展的联动机制，推动制造企业剥离内置化的科技服务，形成信息服务、研发、设计、技术服务等外包业务，促进科技服务产业化规模化，承接国内外的研发、设计、咨询等科技服务业务，增强广东服务经济的发展实力，探索转型新路径。

（四）整合优化科技服务资源

1. 整合全省科技服务业资源。以提升区域竞争力为目标，以壮大科技机构、提升科技服务能力为基础，实现科技服务业科技资源在不同类型科研机构进行不同方式的整合。整合创新资源、聚集创新要素、强化创新功能，采取依托重大科研平台和重点科研机构组织实施重大科技专项计划的方式，整合政府和企业资金、人力和技术等科技资源；提高企业自主创新能力和技术转化能力，发挥企业市场主体作用，广泛吸纳科技资金和风险投资，吸引优秀科技人才。

2. 整合粤港科技服务资源。在“深港创新圈”和南沙资讯科技园等粤港科技合作重要载体建设的基础上，继续探索与港澳台相关机构联合建设粤港澳科技服务业合作示范区，发挥香港在技术应用与开发及国际市场网络和信息方面的优势以及广州和深圳对华南地区的科技辐射作用，以香港科技园和广东高新区的对接和共建为抓手，进一步充实和完善深港河套地区、广州南沙粤港重点合作区的粤港产学研合作基地和平台建设，共同推进粤港整体科技服务业国际竞争力的提升、服务于粤港及以泛珠三角为纵深的经济腹地的区域产业转型升级。

3. 整合国内外科技服务资源。加速引入国外科技服务机构和新兴科技服务业态，更好地整合国际科技资源，服务于创新型省份建设，提升全省科技服务水平；加速发展科技服务外包，利用国际科技服务业市场加速发展我省科技服务业。提高全省及各市国际科技合作服务能力和水平，建立国外引智为宗旨的科技合作关系，实现国内需求与海外资源的有效对接，使国际科技合作成为我省重要的潜在创新技术来源和增强自主创新能力的重要途径。

（五）打造科技服务创新平台

1. 建设重点公共科技研发创新与科技服务平台。依托高等院校、科研院所、工程技术研发中心及研究试验基地等研发组织，建设服务企业、服务产业、服务市场的研发服务机构。鼓励中央及省部属高校与科研院所与地方产业对接，为地方产业升级服务，建立多种所有制形式的研究院。支持推动研发服务机构建立与技术转移和成果转化机构、知识产权服务机构、技术市场中心、创新中心、科技服务中心、生产力促进中心等科技服务机构需求紧密联系制度，同时，建立起与国际接轨的研究、技术和质量服务标准体系，促进我省研发服务与技术服务标准逐步与国际先进水平接轨。

2. 壮大一批规模科技服务机构。根据市场和产业发展需求，为加快扶持一批科技服务骨干机构和知名品牌，提供研发服务外包、科研设计、共性技术加工、检验检测、生产力促进、科技创业孵化、科技信息、创业投融资、技术产权交易、科技咨询、知识产权、科技培训、技术推广等科技服务，推动我省科技服务业规范化、专业化和规模化发展，组建一批行业性科技服务平台，形成规模优势，对全省科技服务业发展起引导作用。

3. 继续完善全省生产力促进中心体系。加快推进生产力促进中心服务创新，提高科技成果转化绩效，提高其“一站式、全方位”服务的能力，培育以广东生产力促进中心等为龙头的骨干生产力促进中心；加强市（县）生产力促进中心建设的同时，继续扩大行业分中心和海外分中心的建设规模；积极探索以工程技术研究中心、高新技术创业服务中心等为依托创办生产力促进中心的新模式；鼓励社会力量创办生产力促进中心，逐步形成资源构成和投资主体多元化的格局。

4. 鼓励建立产业合作联盟。建立产业合作联盟，实施有效的利益协调机制和发展策略，组织开展交流、协作活动，健全行业规范、准则和职业操守制度，确保科技服务业健康、有序和规范化发展。具体包括：一是以知识产权为纽带，促进科技服务企业与高等院校、科研院所开展产学研合作，充分利用科研院所、高等院校的科研成果、人才智力和技术开发、检测等设施，作为开展科技服务业务的重要支撑。二是促进科技服务机构之间的联合与协作，建立市场化运作、优势互补、利益共享的协作网络，加快推进珠江三角洲技术转移联盟和广东工业设计创新服务联盟的建设。三是促进科技服务企业与法律、会计、资产评估和投资融资等相关机构协调配合，为科技创新的全过程提供综合性配套服务。

五、发展重点

（一）技术市场服务提升工程

——以创新驿站为载体，大力建设技术转移公共网络服务平台。以企业技术转移需求为出发点，在各地建立能够有效联结高校、企业的创新驿站，开展标准化和个性化的技术转移服务，为企业创新提供专业化、便捷的技术转移通道。

——支持生产力促进中心、技术转移中心、专利技术展示交易中心、科技服务中心、创新服务中心、企业孵化器等技术转移机构开展本地化、特色化的技术转移业务，培育一批具有较大业务规模和较强核心竞争力的技术转移机构。

——以深圳南方国际技术产权交易中心为发展模式，以华南技术交易中心为载体和重点，建设集技术成果与产权交易、科技中介服务、科技信息联网等为一体的综合性技术服务平台，引导和推动全省技术成果交易市场的扩张和提升。

——加强专利信息检索服务，支持知识产权发展与研究中心，开展重点产业、行业专利态势分析，加强创新与知识产权的协同，建立知识产权预警机制，增强产业发展与创新活动的前瞻性。

（二）科技信息资源整合工程

——充分运用现代信息、网络技术手段，建设面向全社会的科技网络服务平台。以省科技情报所、省科技图书馆、省专利信息服务平台等为核心，建立共建共享的科技资源信息库，实现科技成果网上交易、科技服务网上服务；提高计算机网络化与资源共享化水平，为广大中小企业开展科技创新活动提供大量的技术成果信息、科技人才信息、专利标准信息等，搭建科技文献信息服务平台，逐步形成功能综合化、结构网络化、手段现代化、服务社会化的科技服务系统；通过整合农业科技信息资源，搭建一站式农业科技咨询服务平台。

——通过政府资金引导，带动贷款担保、风险投资、知识产权质押、科技保险等社会资本资源聚集发展科技服务业。在符合财政资金使用规定前提下，吸引社会资金设立科技贷款风险准备金支持激励金融机构开展无形资产质押业务，采取风险补偿、贷款贴息、风险投资、担保、跟进投资、种子资金投资和参股等其他金融产品创新手段，引导金融机构和社会资金支持科技企业融资，帮助科技企业创新创业。

（三）科技服务外包培育工程

——建设科技外包服务聚集基地。以广州科学城、中新知识城、软件园等园区为基地，以软件外包服务为基础，以制造业外包专业技术服务为突破口，迅速发展以商务应用软件及其配套服务为主要产品形式的科技外包服务业。

——推动流程设计、产品设计的新型外包服务的发展。研发基于流程设计、产品设计的科技服务软件产品，引导ERP软件企业和电子商务企业参与到新兴的流程与产品设计外包服务市场。

——组建“一站式”生物医药产业公共研发服务平台。以广州国际生物岛、科学城生物企业孵化器和其他主要生物医药产业基地等产业集群为载体，依托华南新药创制中心、中科院医药与健康研究院的筛选转化平台、国内领先的动物实验平台、临床研究组织机构和临床试验基地和国际标准的中心实验室，提供生物医药产业全链条服务，实现“一站式”整体服务的目标。完善生物医药产业上游的科研性服务链。大力推进生物医药产业链建设后移，将临床试验组织稽查、数据管理和分析、注册申报、中心实验室服务和药品上市后的4期临床研究作为完善生物医药服务产业链的重点，促进临床试验阶段和临床药品上市后研究链条建设。

（四）创意设计服务提升工程

——打造基于数字化的创意设计创新平台，支撑数字设计产业的快速发展。加强数字设计与工业软件在产业改造升级方面的合作，重点发展基于数字化的工业设计、建筑设计、产品外形外观及包装设计、工业模型与模具设计以及广告和平面设计等数字设计服务业。推动数字设计产业从单一产品设计提升为品牌整体形象设计，形成可提供整体设计解决方案的服务能力。

——打造文化型创意产业平台与基地。以广东国家数字出版基地、珠海动画科技园、东莞松山湖创意产业孵化器、东莞市创托，大力发展数字出版、数字化视觉艺术等产业，加强软件、多媒体、网络技术在新闻出版、咨询策划、广告会展、时尚消费、娱乐休闲等领域的应用，发展优秀创意产品，提升创意产品的质量和水平。

——面向传统产业升级需求建设创意设计产业基地。以陶瓷、纺织服装、家电等传统产业为重点，以佛山创意产业园、广东工业设计城、国家工业设计与创意产业（顺德）基地、惠州工业园区等基地为依托，加速发展面向传统产业的工业设计产业。

（五）检验检测服务产业提升工程

——围绕广东产业技术创新需求，在重点产业建立科技检验检测平台。建设与人身健康安全、人居生活环境、企业质量控制等相关的特种设备安全性能检测平台，仪器设备计量检测服务平台，产品质量公共检测平台，食品药品检测服务平台，节能检测服务平台，环保检测服务平台，新能源汽车检测平台、高低压电子设备检测平台、先进材料检测服务平台，LED与光伏发电产品检测平台，家用电器检测服务平台等公共检测服务平台。

——依托公共检测服务平台，建设多功能综合性服务平台。建设集专业技术服务、认证计量、检验检测、分析测试、产业技术路线图、技术培训、产品标准化、专利商标品牌服务于一体的科技服务平台，为广东省传统优势产业和中小企业提供优质快速检测服务，提供技术评估与技术标准，支撑家电电器、纺织服装、塑料、钢铁、家具、轻工食品、建材、造纸等传统优势产业转型升级，提升中小企业核心竞争力。

（六）专业人才队伍建设综合工程

——整合全省生产力促进中心专业镇技术服务人才培训资源，以省生产力促进中心、省金科网、各地市生产力促进中心、金科网各地市分支等服务机构为依托，编印科技服务专业技术教材，开展科技服务网络教学，定期举办专业人才培训班，在全省迅速普及科技服务历年和扩大科技服务人才队伍。

——推荐和派出科技创新顾问。面向全省高新技术企业、创新型企业、高新区、专业镇的提升需求，依托百强科技服务机构（企业），向企业推荐和派出科技创新顾问，通过实践锻炼，打造一支实用化的科技创新服务队伍。

——加强学校专业培养和社会教育。引导省内部分重点高校成立科技管理学院，设立科技服务业相关专业；引导有条件的高校开设科技服务业课程。立足本科、研究生等不同层次培养产业需要的复合型专业人才，探索科技服务与管理人才高学历培养模式。在政府支持和引导下，通过政府机构、科技服务业研究院，对科技服务业企业及人员进行培训、认证、诊断、辅导，为科技服务业发展提供人才、智力保障。

六、保障措施

（一）完善政策，优化环境

1. 制定扶持和规范科技服务业发展的法律法规。在法律法规的制定过程中，对各级政府的职责、大学科研院所以及重点实验室等科研机构的技术创新和技术转移绩效、科技成果和知识产权的管理办法、技术交易的准则以及技术成果和知识产权权益分享等做出规定。明确政府、科技服务机构、研究机构和企业在技术转移过程中的责任和义务；加强对各类科技服务机构的引导、监督和管理；制定各类科技服务机构的职责范围和行业准则等。

2. 完善支持科技服务业发展的财税政策。区分不同类型的科技服务机构与科技活动，分别制定相应的财政资助政策。针对公共性强的非营利性科技服务机构应加大财政扶持的力度。对于国家已有的对科技服务活动的减免税政策要抓好落实。充分利用企业研发税前经费抵扣、高新技术企业认定等优惠政策，对科技服务机构给予政策扶持。探索建立科技服务业财税、产业、科技政策综合试点园区。

（二）加强领导，分类指导

1. 立足于科技服务业全省功能格局强化分类指导。建立省市联动工作小组，指导各地市成立相应的组织管理机构，具体负责和推动当地科技服务业的发展。引导各地政府在全省总体发展目标基础上，结合本地科技服务业的发展状况及定位制定相应的发展规划，从而形成规范的分类管理格局。同时注重加强各地区的产业协作和优势互补，优化产业集聚区和重大项目的布局，避免资源重复和恶性竞争。

2. 建立科技服务业地区发展考评体系。建立和完善统计调查制度，加强对全省以及各地市科技服务业有关数据的采集、监测与分析，服务于全省和各地市科技服务业发展决策；基于统计调查逐步建立科技服务业地区发展考评体系，建立考评指标体系和考评办法，引导各地区科技服务业发展工作。

（三）规范行业，强化管理

1. 建立科技服务资质认定制度和行业管理规范。建立科技服务业机构资质认定制度，研究制定“省级科技服务机构”认定办法。建立完善的行业管理规范，加强监督，优化管理，提高科技服务企业和机构的整体发展质量，规范行业和市场秩序。建立包括培训、考核、认证、资格管理等各项内容的科技服务人才认证体系，提高从业人员的综合素质和服务水平，引导科技服务业形成一批支撑行业发展的骨干队伍。

2．推进科技服务业标准化工作。组织制定和实施科技服务标准体系。依托行业协会和龙头企业，制定科技服务业基础标准、服务标准、管理标准及各类科技服务产品的质量标准和技术标准，创新标准实施推广模式，加强科技服务标准的宣传和实施。学习借鉴发达国家和地区的标准体系，逐步建立与国际接轨、与相关行业标准衔接、满足我省科技和经济社会发展需要的科技服务业标准体系。

3．建立行业预警和评价体系。基于全省科技服务业统计调查开展统计分析，并进一步开展科技服务业发展预测、预警和评价指标体系研究，为制定和实施产业政策提供决策依据。

（四）培育市场，发展产业

1．培育科技服务业市场。鼓励企业研发活动的外包和产学研合作，扩大研发、检测等科技服务市场需求。推动科技服务业重大应用示范，强化科技成果推广，将科技服务业重点产品和服务纳入自主创新产品政府采购范畴。加速发展技术成果交易市场，加速科技金融结合，建立健全科技服务业交易平台。

2．成立行业协会促进产业发展。推动建设广东省科技服务行业协会，充分发挥其在业内代表、行业自律、发展协调等方面的积极作用，作为重要平台整合全省科技服务业行业资源。行业协会要定期举办科技服务业发展论坛和相关的会展，加大对科技服务价值和社会功能的宣传力度，向社会普及科技服务和科技创新知识。依托行业协会探索建立科技服务业机构信誉评价体系，推动信誉监督管理社会化。

（五）加大投入，扶持企业

1．加大财政科技投入。加大财政科技投入，扶持我省科技服务业发展。鼓励科技服务企业强强联合，对具有发展前景的科技服务企业或项目要加大扶持力度。鼓励市县设立科技服务业发展资金，形成多方使力的效应，集聚财政资金的使用效率，放大财政的支持效果。

2．积极拓宽投融资渠道。通过政府、银行、担保机构、创投机构多方合作，选择有科技含量、有潜力、已开展科技服务并取得较好成效的企业给予贷款扶持，采取无偿自助、贴息、贷款担保、知识产权抵押等多种科技金融方式，加快广东省科技服务企业（机构）投融资担保体系的建设。创新科技金融结合机制，允许将科技成果、知识产权等无形资产纳入担保物，开展新型的科技担保融资，鼓励和帮扶科技服务业企业通过上市获得融资。充分利用多层次资本市场来筹措科技服务业发展和创新投入资金，建立健全以政府投入为导向、企业投入为主体、社会投入和外资投入为重要渠道的多元化投融资体系。

3．引入风险投资发展科技服务业。加大风险投资扶持力度，切实发挥风险投资事业在促进我省科技服务业发展中的作用。鼓励有关部门和地方政府设立创业风险投资引导基金，探索设立“广东省科技服务有风险投资基金”。建立科技项目风险评价机制，鼓励和支持风险投资机构参与科技项目的产业化，帮助和推动具有较强自主创新能力的科技服务业企业上市融资。

印发广东省推广使用LED照明产品实施方案的通知

粤府函〔2012〕113号

各地级以上市人民政府，各县（市、区）人民政府，省政府各部门、各直属机构：

《广东省推广使用LED照明产品实施方案》现印发给你们，请认真贯彻执行。执行中遇到的问题，请径向省科技厅反映。

广东省人民政府
2012年5月23日

广东省推广使用LED照明产品实施方案

为加快推广应用高效节能环保的半导体照明（LED）产品，促进节能减排，拉动LED照明及相关产业发展，形成有竞争力的战略性新兴产业和新经济增长点，现就在全省范围内推广应用LED照明产品，制定本方案。

一、目标任务

（一）3年普及公共照明领域LED照明。率先在公共照明领域，即道路、公共场所、政府机关、国有企事业单位等财政或国有资本投资建设的照明工程领域，完成LED照明产品推广应用。从本方案实施之日起，以上领域新建照明工程一律采用LED路灯、庭院灯和景观灯等照明产品；原有使用的非LED照明产品，在3年内即到2014年底前实施分期分批改造完成。珠三角地区力争用两年时间，到2013年底前率先完成。

（二）加快普及社会LED照明。以3年普及公共照明领域LED照明为示范带动，通过室内照明等综合性LED照明社会示范工程的引导和相关配套政策的促进，加快非公共照明领域推广步伐，倡导和推动社会各领域逐步推广应用LED照明产品。

（三）统筹城乡推广应用。在应用示范项目安排中，充分照顾农村的实际，安排一定比例的农村地区示范项目，引导带动LED照明产品应用工程向农村地区覆盖。

（四）实现节能及产业发展综合目标。通过推广应用工程的实施，实现同比口径下照明节能50%以上。拉动全省LED产业快速健康发展，到“十二五”期末实现年产值5 000亿元以上。

二、推广内容和措施要求

（一）鼓励采用合同能源管理（EMC）运作模式。各地指定公共照明业务主管部门作为业主单位，通过招标方式确定节能服务公司、监理机构、能源审计与节能评估服务机构。节能服务公司依照合同，负责工程投融资、灯具采购、工程实施、售后和更换灯具回收服务。监理机构负责提供项目实施的监理服务。能源审计与节能评估服务机构负责对项目效益、工程检查验收进行第三方评估、测算等。

除EMC模式外，各地也可根据实际情况，采用政府投资、能源托管等多种模式推广应用LED照明产品。无论采用何种模式，都必须依法依规，按照政府采购和公开招标的要求，选择工程实施主体和应用的产品。

（二）实施节能服务公司公开招标遴选。按照“业主管理、事权统一”的原则，每个业主单位采取公开招标的方式，遴选一家节能公司，具体承担公共照明领域LED照明工程的实施。参与招标的节能服务公司应满足下列条件：具备国家或省（市）有关主管部门认可的节能服务资质、注册资本3 000万元以上、银行授信额度2亿元以上，社会融资能力3亿元以上，专业技术雄厚，具有保障项目顺利实施和稳定运行的能力。申请国家财政奖励的节能服务公司要达到财政部、国家发展改革委《合同能源管理财政奖励资金管理暂行办法》（财建〔2010〕249号）相关要求。

（三）发挥电网作为电力需求侧管理实施主体的作用。结合LED路灯可调可控的特点，打造统一的LED照明产品全生命周期节能监管服务平台，通过和电网企业电力需求侧管理和负荷调度工作紧密结合，实现对道路照明负荷的智能控制和有效管理，为全省LED照明产品推广应用提供全方位的服务。

（四）严格保证推广应用工程质量。严格把握产品准入条件，推广工程使用的产品必须是我省LED标杆体系推荐目录产品。优先使用能效高、本地配套程度高的产品。LED灯具制造企业必须保证提供安装的产品与标杆检测产品的一致性，对弄虚作假的一律取消标杆目录推荐产品资格，3年内不得参与同类项目招投标。节能服务公司不按规定采购产品的，一律取消投标资格，3年内不得参与LED照明工程实施。严格技术准入条件，改造后的道路照明指标必须满足《城市道路照明设计标准》（CJJ45-2006）要求。抓紧研究制订高速公路、隧道LED照明的有关地方标准，逐步推进已通车高速公路和国省道的隧道LED照明的改造工作。改造后道路照明系统的电压、电流、功率因素须符合《电能质量公用电网谐波》（GB/T14549-93）等国家电力设计的标准要求。特别是在涉及公共交通安全的领域，要稳步推进、严控质量，保障安全第一。在应用改造工程中替换下来的灯具，由节能服务公司依照合同进行回收。废旧灯具处置必须遵循回收利用和环保经济的原则。

三、政策保障

（一）落实国家和省财税激励政策。根据《国务院关于加快推行合同能源管理促进节能服务产业发展的意见》（国办发〔2010〕25号）、财政部、国家发展改革委《合同能源管理项目财政奖励资金管理暂行办法》（财建〔2010〕249号）有关规定，对符合条件的LED推广改造项目，支持其按年节能量申请一次性财政奖励。其中，中央财政奖励标准为240元/吨标准煤，省级财政奖励标准为80元/吨标准煤。符合《财政部、国家税务总局关于促进节能服务产业发展增值税、营业税和企业所得税政策问题的通知》（财税〔2010〕110号）规定的，享受相应的税收优惠。

（二）落实地方财政支持及会计核算政策。地方财政从随电费征收的城市公用事业附加收入中解决LED照明改造工程的资金来源。各业主单位依据合同并按财政资金支付有关规定向节能服务公司支付节能改造费用。各级政府机构采用合同能源管理方式实施节能改造，按照合同支付给节能服务公司的支出视同能源费用进行列支。事业单位采用合同能源管理方式实施节能改造，按照合同支付给节能服务公司的支出计入相关支出。

（三）加强公共照明领域配套审核、准入把关。发展改革部门负责把使用LED照明产品作为财政投资建设项目审批立项的前置条件。建设设计部门负责调整设计规范，使供电设备的设计更有利于LED照明产品的使用。电网企业负责制订基于LED照明的最低能效标准，并在用电报装（增容）审批环节对申请用电（增容）单位的照明系统进行能效评价，达不到最低能效标准的照明项目，不予批准。质监部门负责根据LED照明工程的实施情况组织修订省LED照明产品地方标准。

四、工作进度安排

（一）总体要求。

把公共照明领域作为各地推广应用LED照明产品的突破口，强力推行。各地级以上市根据上述目标任务，制订相应目标，把公共领域LED照明改造任务分解到所辖各县（市、区）、镇（街道）的法人业主单位，制订明确的时间进度表，切实加强行政督导，促进应用工程的实施。

为给公共照明领域推广应用LED照明产品提供示范，省选择广州市中心六区作为试点，在2012年6月底前签订EMC合同，争取在2012年7月开始实施，先行先试，力争创出经验，为全省做出表率。

在非公共照明领域，继续实施以室内照明为重点的LED照明社会示范工程。在今明两年，每年实施10个左右的综合应用示范项目，引导促进全社会普及应用LED照明产品。

（二）工作进度。

1. 制订计划。2012年7月1日前，各地级以上市制订本市普及公共领域LED照明产品的总体目标和计划进度，报省科技厅。

2. 签订合同。2012年7月起，各业主单位依据各地LED照明改造（建设）的总体目标和计划进度，通过招标确定节能服务公司、监理机构等并签订相关合同。

3. 全面建设。从2012年8月起，节能服务公司按照合同进度开展工程方案设计、LED灯具采购及安装以及跟踪服务等工作。

4. 检查督导。从2012年10月起，省、市科技主管部门会同有关部门，陆续展开工程检查督导工作。检查结果统一上报省人民政府。

五、加强组织领导

（一）建立行政督导和考核机制。省政府与各地级以上市政府签订推广使用LED照明产品的责任书，把LED照明产品推广应用列入节能减排考核。考核办法由省LED照明技术及产品推广应用联席会议制订，由各地科技主管部门牵头组织实施，从2012年起开展年度考核通报，考核结果作为节能减排责任考核的重要依据。

（二）优化合同能源管理模式的运行环境。各地科技主管部门负责组织、指导、推动LED照明产品推广应用工作。财政、税务、节能主管部门要针对合同能源管理业务的特点，负责提供相关财税优惠政策等方面的服务。金融部门要适应LED照明工程和EMC业务的要求，创新金融产品，提供优质的融资服务。交通运输部门负责指导推动新建高速公路隧道LED照明工作，逐步推进已通车高速公路和国省道的隧道LED照明改造工作。质监部门会同交通运输、科技部门研究制订高速公路、隧道LED照明的有关地方标准。住房和城乡建设、市政管理部门要协调道路建设和路灯管理部门全面推广LED路灯等LED照明产品。在实施过程中，科技、交通运输、质监等有关部门要加强沟通协商，确保相关工作安全、顺利推进。

（三）加大宣传力度。通过传媒报道、主题展览、建立体验中心等多种形式，加大对LED照明产品和推广应用项目成效的宣传力度，增强人民群众对LED照明产品的认识度和关注度，营造有利于LED照明产品推广使用的市场环境和社会氛围。

广东省人民政府关于加快专业镇中小微企业服务平台建设的意见

粤府〔2012〕98号

各地级以上市人民政府，各县（市、区）人民政府，省政府各部门、各直属机构：

为大力推进我省专业镇主导产业发展，形成更好地服务中小微企业的长效机制，引导中小微企业转型升级，增强中小微企业竞争力，现就加快专业镇中小微企业服务平台（以下简称“中小微企业服务平台”）建设，提出以下意见。

一、重要意义

第一条 加快中小微企业服务平台建设，有利于将综合服务贯穿于企业成长发展全过程，有利于促进专业镇主导产业发展和转型升级，有利于发挥政府与市场在生产力促进中的协调互补作用，有利于促进生产性服务业全链条发展，是落实省委、省政府促进中小微企业发展的重要载体，是探索建设服务型政府的新路径，是构筑转型升级的新动力。建设中小微企业服务平台，对改善中小微企业发展环境，增强市场竞争力，引导中小微企业从传统加工型向“专精特新”型转变，从要素驱动向创新驱动转变，促进社会资源优化配置和专业化分工协作，形成社会化、市场化、专业化的公共服务体系和长效机制，具有重要现实意义。

二、建设内容与运行机制

第二条 专业镇和产业集聚度比较高的镇要建立中小微企业服务平台。要发挥现有生产力促进中心、创新平台、共性技术中心等服务平台的作用，结合专业镇和产业集聚度高的镇具体情况，多形式建设中小微企业服务平台，主要包括：

——技术创新服务平台。帮助企业研发新产品、新技术、新工艺，开展技术咨询与推广、先进制造技术、质量管理方法、节能降耗、清洁生产和环保技术应用等服务。推动产学研联合，解决产业共性技术难题。

——工业设计服务平台。提供产品设计、企业形象设计、环境设计、创意工业设计、广告设计、展示设计、包装设计、装帧设计、设计管理等服务。

——质量检测服务平台。提供产品检测、技术标准咨询、认证认可与生产（制造）许可政策指导与技术服务，接受中小微企业的委托检测。

——知识产权服务平台。引入知识产权咨询、代理、评估、交易等中介机构，提供专利信息检索、分析、预警、政策法规信息库、知识产权维权援助等服务。

——信息网络服务平台。提供科技、经济、市场、人才、物流、管理、政策、法规等方面的信息服务。搭建中小微企业信息化应用服务平台，促进信息化与工业化融合。

——电子商务服务平台。提供产品展示、网上交易、广告宣传、咨询洽谈、网上销售、网上支付、电子账户、交易管理等服务。

——创业孵化服务平台。提供创业信息、创业培训、商务策划、工商代理、财税申报和相关行政许可申报等服务。提供创业启动资金及办公、实验、生产、服务场所。

——企业融资服务平台。开展投融资咨询、贷款指导、上市辅导、财务管理、投融资推介和对接、信用征集与评价、小额贷款、融资担保和配套中介等服务。

——人才培训服务平台。为企业开展各类培训，提高企业人员的整体素质。提供人力资源管理和企业内部培训、测评考核和职业技能鉴定服务。

第三条　结合本地实际，加快中小微企业服务平台建设。到2013年底，全省各专业镇建成2～3个中小微企业服务平台，实现专业镇中小微服务平台全覆盖。到2015年底，各专业镇建成5个以上中小微企业服务平台，形成政府引导、市场运作相结合的运行机制，建设一支专业化服务团队，达到一定的服务规模，建成服务功能完善、辐射能力较强、服务质量稳步提升的中小微企业服务平台体系。

第四条　中小微企业服务平台要按照“政府引导、市场运作，协同创新、资源共享，服务企业、注重实效”的原则，坚持政府引导与社会广泛参与相结合，坚持公益性服务与市场化服务相结合，坚持促进产业升级与服务中小微企业发展相结合。立足本地，突出重点，紧紧围绕本地主导产业、优势产业的服务需求，重点针对中小微企业的共性需求和转型升级面临的突出问题，有所为有所不为，推进中小微企业服务平台建设。

第五条　中小微企业服务平台要有固定的经营服务场所和必要的服务设施、仪器设备等；要有健全的管理制度、规范的服务流程、合理的收费标准和完善的服务质量保证措施；对中小微企业的服务收费要有相应的优惠规定。年服务中小微企业要达到50家以上。要有专业的服务团队，其中大专以上学历、中级以上职称专业技术人员和高级工以上高技能人才的比例占60%以上。

第六条　中小微企业服务平台是独立的法人实体。鼓励以现有的生产力促进中心、共性技术中心、中小企业服务中心等服务平台为依托，推动社会各类经济实体特别是民间资本投资创办中小微企业服务平台。注重产学研联合，支持大专院校、科研机构建立中小微企业服务平台。支持科技人员领办、中小微企业联合投资共建中小微企业服务平台。支持产业集群龙头骨干企业建立中小微企业服务平台。切实利用国内外先进科技成果和社会科技资源，形成多元化、多形式的平台建设模式，提高公共服务能力和服务水平。

第七条　中小微企业服务平台作为市场主体，要坚持市场化的运作模式，按照公益服务与有偿服务相结合的原则，为中小微企业提供合理收费的优质服务，形成中小微企业服务平台滚动发展、良性循环的运行机制。

三、重点任务

第八条　开展共性关键技术研究与服务。开展行业和专业共性技术、关键技术、先进适用技术研究，参与制定技术标准。开展新产品、新设计、新材料、新工艺、新技术的研发，建立研发和示范推广中心，减少企业研发成本重复投入，推广科技成果应用。对企业产品研发、内部管理、市场营销、信息收集、知识产权等整个价值链的共性技术提供全方位服务。

第九条　加强质量检测服务。开展标准信息查询服务，帮助企业制定企业标准、联盟标准。开展认证认可与生产（制造）许可政策指导、技术服务，帮助企业开展技术创新，提高产品质量。开展集产品研发、中试、技术改造、进货验收、出厂检验于一体的公共检测服务。实施技术性贸易措施预警，向企业通报国外有关技术法规、合格评定等技术信息，提供信息咨询服务与应对措施建议。

第十条　加强知识产权服务。支持有条件的中小微企业服务平台申报国家知识产权服务机构，提升平台知识产权服务能力。推动有条件的中小微企业服务平台开展知识产权质押融资试点工作，促进知识产权与金融资本的有效对接。有条件的专业镇可设置维权援助机构，开展知识产权维权援助工作。推动专业镇实施《创新知识企业知识产权管理通用规范》，提高企业知识产权管理效能。支持专业镇组建知识产权联盟，降低企业知识产权运营成本。支持知识产权服务平台开展专利分析及预警工作。

第十一条 加强信息网络技术运用。推动企业信息化运用与提升，促进信息化与工业化深度融合，提高中小微企业研发、营销和管理水平。运用现代信息技术改造传统产业，鼓励探索新的商业模式和新的经营业态。大力发展电子商务，为企业提供网上展示销售、交易支付等商务服务，拓展企业销售渠道，降低营销成本，提升企业竞争力。

第十二条 建立“品牌培育基地”。支持中小微企业服务平台承担省、市两级政府质量奖以及广东省名牌产品的培育工作。为中小微企业申报名牌、驰著名商标、地理标志产品保护、原产地标识等提供技术咨询。

第十三条 建立“创业孵化基地”。建立中小微企业创业基地，改善创业和发展环境，建成一批具有配套服务和创业孵化功能的中小微企业创业基地，为创业人员提供创业场地费用减免，按实际孵化成功户数给予创业孵化补贴。对认定为国家级或省级示范性创业孵化基地的，从专业镇中小微企业服务平台建设专项资金中给予一次性资金奖励。

第十四条 组建产学研一体化平台。推动形成引智、引才、引标准、引机构的机制，切实引进高级技术专家、高技能人才以及国际和国内的检测、设计机构，支持国家级、省级创新平台在专业镇设立分支机构，破解当地资源短缺问题，提高中小微企业服务平台的服务层次和水平。实施“一校一镇”战略，与科研院所和高校开展全面合作，利用科研院所和高校的技术、人才、设备、成果等优势，促进创新成果产业化。组织大学科技园、科技企业孵化器等建立中小微企业服务平台，鼓励申报各地市、省及国家科技型中小企业创新基金。培育商业性产学研中小微企业服务平台，探索建立股权投资机制。依托中小微企业服务平台，结合中小微企业对职工技能水平的实际要求，筛选一批优质职业院校和技工院校，与中小微企业合作开展“校企双制”办学。

第十五条 发展专业化服务团队。利用现有技能大师工作室和高技能人才公共实训基地，围绕专业镇特色产业需要有针对性地开设实训项目。参与制定完善产业发展亟需的职业（工种）标准和专项能力考核规范，对未列入国家职业大典与考核的新职业（工种）及专项能力，经职业技能鉴定合格，核发《广东省职业技能评价证书》，在广东省内享受与国家职业资格证书同等待遇。探索设立职称申报受理点。将继续教育延伸到专业镇，支持专业镇中小微企业服务平台积极申报国家级和省级继续教育基地。支持符合条件的中小微企业服务平台申请设立博士后创新实践基地或博士后工作站、院士工作站，吸引更多的博士后人才和高级人才，提升专业服务水平。

第十六条 加强与港澳台及国内外生产力促进机构交流合作。加强与境内外生产力促进机构和中小企业服务机构，特别是港澳台地区生产力促进机构和中小企业服务机构的交流与合作，学习借鉴先进地区经验，提升平台服务能力。加强中小微企业服务平台联盟建设，鼓励同类型专业镇间共建中小微企业服务平台，推动专业镇转型升级。

四、政策措施

第十七条 加大中小微企业服务平台建设专项资金投入。加大省中小企业发展专项资金的投入，省财政一次性新增安排5亿元，设立专业镇中小微企业服务平台建设专项资金，并制定具体使用办法。各市、县、镇也应根据实际，设立专业镇中小微企业服务平台建设专项资金。

第十八条 加大科技型中小企业技术创新专项资金投入。省财政2012—2014年安排2.5亿元，并制定具体使用办法，鼓励专业镇服务平台为中小微企业技术创新创业开展基础性、公益性和开放性的专业化技术服务，参照国家创新基金安排方式，对其技术服务运营费用、技术转移服务费用等给予补贴，促进更多技术成果转让和产业化。

第十九条　创新财政资金使用方式。参照“双转移”资金扶持使用办法，采取竞争性方式取得财政扶持资金。部分财政资金可用“以奖代补”等形式给予扶持。在专业镇中小微企业服务平台建设专项资金中安排贷款贴息资金，将中小微企业服务平台基础条件建设、公共服务平台建设等项目纳入支持范围，给予专项贴息支持。

第二十条　落实国家税收优惠政策。支持中小微企业服务平台申报高新技术企业，对符合高新技术企业条件的，按照税法规定享受相关税收优惠政策。中小微企业服务平台研究开发新技术、新产品、新工艺发生的研究开发费用，符合有关规定的，享受研究开发费税前加计扣除政策。在一个纳税年度内，符合条件的中小微企业服务平台技术转让所得不超过500万元的部分，免征企业所得税；超过500万元的部分，减半征收企业所得税。

第二十一条　加大金融支持力度。支持中小微企业服务平台联合银行、小额贷款公司、融资担保公司等金融服务机构，建设“科技金融服务中心”，推动科技金融互动互融发展。引导和支持银行、证券、保险等各类金融机构在专业镇设立分支机构，探索在中小微企业服务平台现场办公，专人专门服务中小微企业，缩短中小微企业信贷业务审批周期。鼓励金融机构加强与中小微企业服务平台的合作，共同开发适合专业镇产业特色的金融产品，降低企业融资成本。对有融资需求的中小微企业服务平台，视同成长型中小企业，享受省相关政策支持。

第二十二条　给予土地等生产要素优惠政策。对中小微企业服务平台建设项目涉及的用地，在符合土地利用总体规划的前提下，各地倾斜安排其所需的土地利用年度计划指标。对列入《广东省优先发展目录》且用地集约的中小微工业企业项目，在确定土地出让底价时按不低于所在地土地等别相对应《全国工业用地出让最低价标准》的70%执行。建立企业用地预申请制度，有效保障中小微企业发展用地。对中小微企业服务平台涉及的用水、用电等生产要素优先供应，并参照享受省内重点企业生产要素减免优惠政策。

第二十三条　建立健全“一站式”公共服务体系。将中小微企业服务平台纳入政府公共服务体系（网上办事大厅），为企业提供技术研发推广、质量检测、人员培训、专利服务以及政府网上办事等“一站式”服务，采取代办等方式为企业提供便捷服务。各地工商行政管理部门对申请登记注册为企业的中小微企业服务平台，实行免收登记费、允许注册资本10万元以下的有限责任公司（不含一人有限责任公司）免缴首期注册资本、出资期限可延长至2年，符合条件的登记申请在3个工作日内办结。支持中小微企业服务平台参与建设国家中小企业公共服务平台网络建设工程，省统筹国家资金、省中小企业发展专项资金给予专项补助。对符合规定年龄、工作年限、职业资格等条件的专业镇中小微企业服务平台骨干人员，鼓励在就业地直接申请入户，同时加大对专业镇异地务工人员的积分入户力度，确保可按积分享受子女教育、保障性住房等公共服务。

五、考核与组织领导

第二十四条　制定中小微企业服务平台的管理与考核办法。建立健全市场化运作、企业化运营、绩效激励导向的中小微企业服务平台运行模式，完善服务标准和评价指标，定期对中小微企业服务平台实施绩效考核，依据服务绩效，对信誉好、服务优、效果突出的中小微企业服务平台，给予服务奖励、财政经费扶持，促进优质中小微企业服务平台加快发展。2012—2015年，每年由省科技厅、经济和信息化委牵头组织考核专业镇中小微企业服务平台。对考核优秀的前20家中小微企业服务平台，省财政从专业镇中小微企业服务平台建设专项资金中给予100万元/家的奖励。

第二十五条　加强组织领导。各市、县政府和省直有关部门要把中小微企业服务平台建设作为促进中小微企业发展的重要举措，结合专业镇产业发展实际，统筹规划，合理布局，明确建设目标和重点建设任务，加强工作的组织领导协调和督导。充分发挥中小微企业服务平台在中小微企业初创阶段的支持作用、成长阶段的引导作用、成熟阶段的监管作用，形成促进中小微企业健康发展的工作合力。

广东省人民政府

2012年8月23日

中共广东省委、广东省人民政府关于依靠科技创新推进专业镇转型升级的决定

（粤发〔2012〕11号）

为深入贯彻落实《珠江三角洲地区改革发展规划纲要（2008—2020年）》和省第十一次党代会精神，进一步发挥专业镇在加快转型升级、建设幸福广东中的重要作用，现就依靠科技创新推进专业镇转型升级作出如下决定。

一、重大意义、指导思想和发展目标

（一）重大意义。我省专业镇经过十多年的发展，已经成为区域经济社会发展的重要支柱，成为我省产业集群集约发展和小区域特色经济发展的主要形态，成为推动我省工业化、城镇化和农业现代化的有效发展模式。当前，我省经济结构深刻调整，科技创新日趋活跃，要求专业镇必须加快转型升级，适应日趋激烈的国际国内竞争。加快专业镇转型升级，对于加快经济结构有效调整，完善自主创新体系，持续提升核心竞争力，对于统筹城乡和区域协调发展，加快推进工业化、城镇化和农业现代化，以及对于节约集约利用土地等资源和集中进行环境治理都具有十分重要的意义。各级党委、政府务必从全局和战略的高度，采取有力措施，加快推进专业镇转型升级。

（二）指导思想。以邓小平理论和“三个代表”重要思想为指导，深入贯彻落实科学发展观，坚持以改革创新为动力，以加快传统产业转型升级为主线，以提高自主创新能力为核心，以企业为主体，按照“市场引领，创新支撑，平台提升，品牌带动，园区承载，集群发展”的原则，加快推进专业镇转型升级，促进创新型产业集群发展壮大，使专业镇发展尽快走上内生增长、创新驱动的轨道，成为推动全省产业转型升级的重要力量。

（三）发展目标。力争经过5年发展，专业镇转型升级取得显著成效，专业镇的经济规模、创新能力、产业结构和辐射作用都有明显提升。

——专业镇经济规模不断壮大。全省专业镇GDP总量突破2.5万亿元，占全省GDP的1/3以上；省级以上专业镇达到500个以上，具有创新型产业集群特征的专业镇达到150个以上，培育工农业总产值超千亿元的专业镇10个以上、超百亿元的专业镇120个以上。

——专业镇创新能力显著提升。组建专业镇公共技术创新服务平台300个以上，每万人口R&D（研究与开发）人员数量达到60人以上，专利授权量达到3.5万件以上，全社会研发投入占GDP比重达到2.5%以上。

——专业镇产业结构更加优化。专业镇三次产业结构明显优化，传统产业转型升级取得实质性进展，高新技术产业、现代服务业的比例明显上升，知识或技术密集型产品比例不断提高。主导产业的现代化、先进性特征进一步强化，产业的集聚力进一步增强。

——专业镇辐射作用逐步增强。专业镇在创造就业、增加收入等方面的辐射带动效应日益显著，对周边地区经济社会发展的辐射引领能力进一步增强，国际科技合作和交流更加活跃。

二、加快专业镇产业转型升级

（四）实行“一镇一策”产业转型升级改造。省、市科技等有关部门要根据各专业镇主导产业特点、发展阶段水平、资源禀赋条件等，遵循产业经济发展规律，通过产业生态评估把握转型升级需求，研究制订“一镇一策”的扶持发展政策和技术改造升级措施，制定具体的产业技术升级路线图，推进专业镇加快产业升级、产品创新，实现自主创新能力和产业竞争力双提升。统筹兼顾专业镇与中心城区建设，推动完善分工协作关系，逐步构建产业布局合理的城镇体系，实现专业镇工业化与城镇化协同推进。

（五）加强创新型产业集群建设。依托专业镇主导产业优势，进一步突出特色、优化结构、完善链条、集聚发展，打造一批以市场为导向、以企业为主体、以创新为支撑、商业模式先进、以生产知识或技术密集型产品为主的创新型产业集群，强化企业集聚化、技术高端化、产业集群化的区域经济发展模式。各地要从全省产业布局和当地突出优势出发，明确专业镇产业定位，做好具有地方特色的创新型产业集群规划和实施方案，重点加强广佛肇、深莞惠、珠中江三个经济圈之间产业的融合发展和错位发展，形成优势互补、布局合理、协调有序的产业发展格局。

（六）运用信息化技术改造提升传统产业。积极推广应用计算机辅助设计与制造、生产控制系统、生产线信息集成系统等技术，着力提高中小企业信息化水平、管理水平、技术水平和生产效率；大力推进软件服务企业与中小企业对接，逐步建立面向中小企业提供研发设计、财务管理、数据存储等服务的云服务平台。支持专业镇企业对现有生产设备进行挖潜改造升级，开展工艺创新，提高企业整体技术能力。

（七）鼓励专业镇发展先进制造业。支持专业镇发展高速加工、精密加工、复合加工、智能化加工技术和工业机器人，积极发展以数字化为特征的设计技术、测量技术和控制技术，掌握一批装备制造新兴产业的核心技术，增强大型成套设备和终端产品的设计、开发、制造能力。在有条件的专业镇规划建设一批高水平的重点试验室、工程技术研究中心和示范基地，为发展先进制造业强化技术支撑。

（八）加快发展专业镇现代服务业。推动现代服务业和传统产业在专业镇融合发展，增强商贸会展、现代物流、工业设计、文化创意、金融保险、信息服务、电子商务等现代服务业，提升其对专业镇的支撑、引领和服务功能。实施专业镇“广货北上西拓”计划，在全国重要城市和地区建设专业市场和营销网络，大力发展集群销售业。依托广东现代服务交易中心、高等学校和主体科研机构建设综合型、多功能、一体化服务产品超市，培育专业镇服务外包基地和外包人才培训基地。

（九）推动发展专业镇战略性新兴产业集群。重点选择电子信息、机械制造、文化创意、灯饰等产业关联度强、技术水平高的专业镇，扶持发展高端电子信息、LED、生物医药等战略性新兴产业集群。通过引进创新科研团队、战略性新兴产业重大项目和龙头企业，带动发展专业镇战略性新兴产业集群。充分发挥专业镇规模生产优势和专业市场优势，吸引高等院校、科研机构战略性新兴产业科研成果到专业镇进行转化和产业化。推动专业镇与高新区联动协作，发展战略性新兴产业配套服务和配套产品。

（十）积极发展现代农业专业镇。在农业基础较好的粤东西北地区积极创建国家农业科技园区，建设国家现代农业示范区，大力发展现代农业产业集群，加快现代农业产业技术体系建设。发挥农业专业镇引领作用，大力发展农副产品深加工产业。推进全省农村信息直通车工程，加快农村科技服务超市网络建设。鼓励和支持城镇规模以上工商企业参与农业开发，积极推行“公司（农民专业合作社）+商标+基地（农户）”的农业产业化经营模式。利用现代流通和营销体系，提升专业镇无公害、绿色、有机农产品商标和地理标志的品牌效应。加强专业镇农业标准化生产和农产品生产全程质量安全控制，提高农产品质量安全水平。

三、着力提高专业镇自主创新能力

（十一）突出企业转型升级和自主创新主体地位。积极推进专业镇创新型企业试点工作，使企业成为转型升级的决策与投资主体、研发主体、创新利益分配主体和自主创新、科技成果转化主体。加强企业工程技术研究中心建设，鼓励应用技术研发机构进驻企业。

（十二）突破产业关键共性技术。研究制定专业镇的纺织服装、五金、陶瓷、家电、家具、食品、文化产品、皮革皮具、玩具、特色农产品、电子信息材料等产业技术升级路线图，选准专业镇关键共性技术和攻关方向，实施关键共性技术联合攻关。以专业镇公共技术创新服务平台、行业协会商会和龙头企业为节点，运用产学研结合模式组建专业镇协同创新网络，开展联合攻关，重点突破纺织、注塑、印刷、包装、木工、制鞋、电气、五金模具、陶瓷、石材等机械产品数控化共性技术，研发具有自主知识产权的数控装备，建立创新应用技术规范与标准体系，为推动传统机械装备产品升级至“数控一代”提供技术支撑。

（十三）集聚国内科技资源支持专业镇技术创新。充分运用省政府与科技部、教育部、工业和信息化部和中国工程院、中国科学院产学研合作机制，优化科技创新资源配置，集聚国内科技、人才资源进入专业镇，实施“一校一镇，一院（所）一镇”行动计划，重点提升专业镇技术创新能力和综合配套服务能力。鼓励和支持省内外高等学校在专业镇设立大学科技园专业镇分园和科技企业孵化器，联合高等学校、科研院所开展全方位的技术创新活动。

（十四）推动产业创新联盟建设。以行业大企业为龙头，以行业协会为基础，以知识产权为纽带，组建一批产业技术创新联盟，针对处于产业链上下游联系密切的专业镇，突破镇的行政区域限制，开展产业发展所急需的技术创新、标准制定、生产流程协调、产业配套协助等工作，提升产业链的应变能力、协调能力和配套能力。

（十五）实施品牌带动战略。支持专业镇注册集体商标，创建、培育产业集群公共品牌，提高特色产业品牌知名度和市场影响力。支持企业创建自主品牌，引导和鼓励企业申请认定驰名商标、著名商标和名牌产品。鼓励专业镇企业发展具有自主知识产权、自主品牌、技术含量高的产品，提高产品附加值和市场占有率。全面加强质量管理，推广执行国际国内先进质量标准，大力推进企业质量诚信体系建设，加快整合质量安全信息资源，提升产品质量。

（十六）建设高水平的科技产业园区。按照企业集中、产业集聚、土地集约、特色鲜明的原则，在基础好的专业镇重点建设一批具有较强竞争力和影响力的科技产业园，集聚创新平台、服务平台。鼓励兴办专业化产业转移园和民营科技产业园，积极推动土地资本、工业资本、金融资本“三资融合”。对专业镇产业集聚度高的重点工业园区经营性用地和工业用地进行统一规划和储备，将专业镇发展土地审批纳入“绿色通道”。

（十七）突出专业镇人才队伍建设。采用“校镇合作”“校企合作”等形式，支持高等院校、职业技术院校与专业镇合作，推进实训人才基地建设。实施专业镇人才“校企双制”“订单式培养”计划，培养大批技能型人才。积极引进创新人才，在专业镇设立大学生创新创业实习实践基地、联合培养研究生示范基地和博士后工作站、博士后创新实践基地、科技特派员工作站，运用岗位招聘、柔性引进、积分制入户等形式吸引各类人才到专业镇创新创业。改革完善职称评审制度，在职称评审要素方面更多地向在专业镇工作的基层专业技术人员倾斜。允许用人单位把引进人才的购房补贴、安家费、科研启动经费等费用列入成本核算。

（十八）推动专业镇参与国际合作。鼓励专业镇与国内外知名产业集聚区交流合作，实现信息交流、技术合作、产业对接和市场共享。支持企业参与申报欧盟和世界银行国际产业合作项目，推进粤港澳台科技合作共建专业镇创新平台，支持有条件的专业镇建设国际科技合作示范基地。

四、健全专业镇中小微企业公共服务体系

（十九）加快建设专业镇生产力促进中心。总结推广中山市小榄专业镇生产力促进中心经验，充分调动社会资源，按照市场规律为企业提供全方位服务，形成与专业镇主导产业紧密结合、服务功能完善、贯穿企业发展全过程的全链条综合服务体系，优化中小微企业成长发展环境。

（二十）加快建设科技、金融、产业融合创新服务平台。加大对专业镇企业的金融服务和信贷支持，鼓励和支持专业镇设立中小微企业融资担保机构和创业投资引导基金，建立科技型中小微企业融资担保信用制度，发展科技小额贷款公司，大力发展股权质押、知识产权质押、信用放款等信贷创新产品。通过互助担保、联合担保等方式，推动以专业市场、产业园区或行业为单位组织企业商圈，直接对金融机构融资。探索和组织发行“中小企业集合债券”“中小企业集合票据”等，全面拓宽中小企业债券融资渠道，推动科技型中小企业在中小板、“新三板”等股权交易市场上市直接融资或实现股权流转。建立科技金融资源数据库，为科技、金融、产业融合创新提供支持。

（二十一）加快建设公共技术创新服务平台。加快组建共性技术研发、工业设计、企业孵化、成果转移转化等功能为一体的公共技术创新服务平台，提升以工学、美学、经济学为基础的设计水平，提高产品附加值和产业核心竞争力。支持国家级、省级科研机构和高等学校到专业镇设立公共技术创新服务平台，支持国家级、省部级重点实验室、工程技术研究中心到专业镇设立分实验室、分中心等分支机构。按照政府推动、市场运作、自主经营、有偿服务的原则，赋予公共技术创新服务平台更多的服务功能，强化其自身“造血”能力，建立公共技术创新服务平台支持创新型产业集群发展、创新型产业集群反哺公共技术创新服务平台的运行机制，实现两者相互支撑、良性循环发展。

（二十二）加快建设信息服务平台。推进专业镇建立和完善特色产业创新资源数据库与企业技术需求数据库，开展行业信息情报分析和技术信息情报服务工作，为企业提供技术、人才、市场供需对接信息服务。运用云技术提供网上技术信息检索、网上技术成果交易、网上技术情报定制等多种服务，设立企业技术创新服务热线，组建由企业管理专家、技术专家组成的企业技术创新服务快速反应小组。建设创新要素交流和互动的网络平台，发展专业镇技术创新服务实体，探索完善以省中心和专业镇站点相结合的创新支援网络。

（二十三）加快建设检验检测服务平台。支持国家级、省级检验检测平台与技术机构在专业镇建设公共检测服务平台、特色产业技术检验中心、产品检测中心等，为专业镇及周边地区相关企业提供测试、检验、认证等服务。帮助和支持专业镇龙头企业申请检验检测分类管理一类企业，减少其出口产品抽检批次。

（二十四）加快建设标准体系服务平台。引导专业镇通过产学研合作制定相关地方行业标准，积极参与国家相关行业标准制定工作。加快制定和实施强制性能效标准、环保标准及节能减排的市场准入标准。鼓励企业和行业组织建立行业标准数据库，提供标准咨询与技术服务，建立国际标准跟踪机制。支持以科技型企业为主体，联合行业协会、高等学校、科研院所共同承担国际和国家专业标准化委员会秘书处工作。积极开展企业标准化试点工作。

（二十五）加快建设知识产权服务平台。促进专业镇完善知识产权工作机制，支持知识产权服务机构在专业镇建立工作站，并为专业镇企业开展知识产权对接、托管、孵化等服务。在专业镇内培育和发展一批省级专利运营基地。通过政府采购、补贴等形式，推动高等学校、公共研发机构和企业向专业镇企业授权许可使用其知识产权。积极扶持一批专业镇知识产权优势企业。支持企业以知识产权共享和共同维权为纽带，建设专利联盟，实施有效的利益协调机制和发展策略。推动专业镇针对重点产业和产品开展专利态势分析和预警工作，帮助企业掌握全球创新状况，增强产业发展和创新活动的前瞻性。加强专业镇专业市场知识产权保护，严厉打击侵犯知识产权和制售假冒伪劣商品行为。

（二十六）加快建设教育培训服务平台。联合高等学校、科研院所、专业技术机构或组织，组建专家培训团队，开展品牌策略、企业营销、标准法规、知识产权等系列专题培训。依托职业技术院校，开展特色产业专业技术人员培训。推动面向专业镇的培训机构发展，推动培训师资、培训教材、培训标准建设。强化职业安全教育、劳动普法教育、职工心理健康教育、企业员工素质拓展等培训。

（二十七）加快建设物流服务平台。加快专业镇重点物流企业的运输、仓储、配送、信息设施和物流园区的基础设施建设。支持商贸流通企业发展共同配送，降低配送成本，提高配送效率。支持专业镇物流企业与制造企业合作，全面参与制造企业的供应链管理，组建第三方物流企业。推进物流技术创新和应用，支持货物跟踪定位、无线射频识别、物流信息平台、智能交通、物流管理软件、移动物流信息服务、物联网技术等物流技术攻关与应用，提高物流装备的现代化水平。加快农产品物流业发展，建立畅通高效、安全便利的专业镇农产品物流体系。

五、努力营造专业镇转型升级的良好环境

（二十八）加强领导，形成合力。各级党委、政府要把依靠科技创新推进专业镇转型升级列入重要议事日程，加强对专业镇转型升级的统筹规划和宏观指导，改进领导和工作方式。科技部门要加强统筹、协调和指导。发展改革、经济和信息化、农业、财政、税务、国土资源、人力资源社会保障、教育、工商、质量监督、知识产权等相关部门和各有关金融单位要密切配合，加强协调，形成合力，共同推进我省专业镇发展再上新水平。宣传部门和新闻媒体要广泛宣传各地依靠科技创新推进专业镇转型升级的先进经验和做法，营造良好氛围。

（二十九）加强扶持，优化服务。统筹运用现有相关专项资金，加大对创新型产业集群专业镇的扶持力度，引导各市、县（市、区）财政及社会投入相应配套资金，用于推进专业镇创新平台建设、公共服务体系建设、加强关键共性技术攻关、人才培养引进等工作。落实国务院关于扶持小型和微型企业发展的金融、财税政策措施。将符合条件的专业镇中小企业公共技术创新服务平台纳入科技开发用品进口税收优惠政策范围。认真落实国家关于高新技术企业所得税减免和企业研发费用加计扣除等优惠政策，鼓励专业镇企业加大研发投入力度。

（三十）加强创新，深化改革。开展专业镇行政体制改革试点工作，对属于省政府认定的具备一定人口规模和经济实力的特大镇，可依法赋予在经济发展、市场监管、社会管理、公共服务、民生事业等方面的部分县级行政管理职权。建立行政审批“绿色通道”制度，对涉及专业镇项目的审批环节实行限期办结制、首问负责制和一次性告知制，按规定减免相关规费。

（三十一）加强考核，科学评估。制定专业镇绩效考核指标体系与评估实施办法。每年定期对专业镇进行评估考核，加强动态管理和跟踪监测。经省科技行政主管部门会同有关机构组织认定的省级专业镇和省级创新型产业集群，可优先申报认定国家创新型产业集群。

广东省人民政府办公厅关于推广三资融合建设模式促进我省民营科技园发展的意见

粤府办〔2012〕100号

各地级以上市人民政府，各县（市、区）人民政府，省政府各部门、各直属机构：

民营科技园是培育民营科技企业、壮大民营科技经济的重要载体，是提高自主创新能力、推动产业转型升级的重要平台，是促进创业就业、建设幸福广东的重要基地。为认真贯彻落实胡锦涛总书记在广东视察时的重要指示精神，总结推广番禺节能科技园推行土地资本、金融资本和产业资本相融合（以下简称“三资融合”）的建设模式探索民营科技园建设新体制机制的做法，推动我省民营科技园又好又快发展，经省人民政府同意，提出以下意见。

一、引导产业资本向民营科技园集聚，壮大民营科技经济发展规模

（一）优化民营科技园布局。根据全省产业转型升级、区域协调发展需要以及各地民营经济发展条件，遵循科技发展、园区建设等规律，制订全省民营科技园至2020年的发展规划和五年行动计划，通过科学规划引导园区合理布局。相关规划工作由省科技、发展改革、经济和信息化等有关部门负责。继续开展省市级民营科技园区认定工作，重点扶持一批产业特色鲜明、发展潜力较大、示范效应突出的民营科技园。按照产业集群、企业集聚、用地集约、科学有序的要求，优化各地级以上市民营科技园的区域布局。

（二）发展园区特色产业集群。鼓励有条件的县（市、区）建设民营科技园。做好民营科技园与其他各类园区的统筹协调。支持在开发程度较低的高新区、经济开发区、产业转移园区内划出区域，发展民营科技园。广州、深圳地区的民营科技园要突出与当地高新技术产业开发区的紧密联动，加快发展战略性新兴产业集群。珠海、中山、佛山、东莞、惠州、肇庆、江门等珠江三角洲地区的民营科技园要依托区域产业优势，努力发展先进技术产业集群和高新技术产业集群。东西两翼和北部山区的民营科技园要以承接产业转移为契机，结合当地资源条件，重点发展具有优势或特色的产业集群。

（三）明确民营科技园产业战略定位。各级政府及相关部门要指导民营科技园确立发展战略性新兴产业高端环节的定位，重点引进高附加值、高科技含量、高成长性项目，把设计、创意、研发、营销、结算等产业链“两端”环节引入园内。各民营科技园主导产业原则上不得超过3个，主导产业产值占园内总产值的比重不得低于50%，珠江三角洲地区民营科技园单位面积固定资产投资额原则上不得低于每公顷2 006万元，非珠三角地区民营科技园原则上不得低于每公顷1 005万元。各民营科技园要注重上下游配套产业的相互协调，形成分工协作、相互支撑、相互促进的完整产业链，推动企业集聚发展成为产业集群。

二、增强土地资本的产出效益，提升民营科技园土地集约化水平

（四）多渠道保障民营科技园建设用地。加快完善和认真落实民营科技园土地支持政策，引导民营科技园依法合理使用建设用地。各地级以上市要将民营科技园建设用地统一纳入城镇总体规划

和土地利用总体规划。在坚持土地节约集约利用的原则下，每年在省下达给各地级以上市的土地利用计划指标中，优先安排民营科技园建设用地。支持通过“三旧”改造建设民营科技园区。对符合省优先发展目录的集约用地条件的战略性新兴产业工业项目，允许按不低于所在土地等级相对应工业用地出让最低标准的70%确定土地出让价格。在民营科技园中单独设立的研发中心、科研机构及产品设计产业用地，在符合相关规划条件的前提下，可按协议出让方式供地。

（五）完善民营科技园基础设施建设。鼓励有实力的大企业投资民营科技园基础设施，或经统筹规划后建设“园中园”。鼓励有条件的民营科技园组建基础设施建设投资公司。积极推广民营资本参与、政府与私人企业合作投资、非政府资金建设等新型融资方式，通过市场运作筹集建设资金，加快完善民营科技园基础设施建设。在异地务工人员集中的民营科技园，可以按照集约用地原则，集中建设单元型或宿舍型公共配套住房，面向用工单位或园内就业人员出租。

（六）简化民营科技园企业注册登记和产权登记。工业用地开发建设的省级民营科技园内按规划建设的房屋，可按房屋的幢、层、套、间等有固定界限的部分为基本单元进行产权登记，国家另有规定的除外。房屋登记后可出租或转让，承租方或受让方以及再承租方、再次受让方仅限于符合入园条件的科技型企业（机构）或其股东。省科技厅、住房和城乡建设厅要加强指导，做好相关监督、检查工作。除法律法规规定的专项许可经营项目外，在民营科技园集中办公区设立企业的，可以申请以租赁的独立区域作为住所，登记机关在营业执照中予以注明。

三、大力发展科技金融，切实解决民营科技企业融资难问题

（七）吸引金融资本投资民营科技园。鼓励金融机构在民营科技园内设立营业机构，并在风险可控、成本可测、信息充分披露的前提下，创新金融产品和服务方式，加强对园内科技型中小企业的融资服务。对在园内购置或自建金融服务办公用房的金融机构，有条件的地方可以给予一次性财政补贴等优惠。鼓励和支持各地级以上市结合本地民营科技园发展和融资需求，稳健发展小额贷款公司、融资性担保公司等新型准金融机构。鼓励各地级以上市设立民营科技园信用贷款风险补贴资金，用于对园内企业的信用评级费用补贴、贷款贴息以及试点银行的风险补贴，对单个企业和银行的补贴实行年度总额控制，可对各类金融机构实施业务增量补贴。引导各类创业风险投资机构到园内设立办事机构，鼓励民营科技园通过设立创业投资引导基金、私募股权投资基金等多种形式对具有发展潜力的企业进行股权投资。

（八）引导企业运用各类金融工具。支持民营科技企业通过参股、控股、资产收购等多种方式，参与国有企业、事业单位的改制重组。鼓励企业充分运用短期融资券、中期票据、企业债券、集合债券、集合票据、知识产权投融资等融资工具扩大融资规模，开展民营企业融资租赁业务试点工作。支持和推动有条件的民营科技企业上市融资，实施企业上市路线图资助计划，各地级以上市应认真贯彻落实国家和省支持企业改制的税费减免政策。支持符合条件的园内企业在区域性非公开科技企业柜台交易市场进行企业股权交易和技术产权交易。

（九）建设民营科技园科技金融服务平台。鼓励民营科技园建立各类金融服务平台，为民营科技企业提供银行、担保、保险、上市、租赁等金融服务，促进科技资源与金融资源的有效对接。支持各民营科技园设立中小企业融资服务平台，为中小企业提供“一站式”融资服务，探索以园内多家企业融资需求整体打包，统一对金融机构进行招投标，提高企业在融资过程中的议价能力，降低借贷成本。鼓励民间资本发起设立金融中介服务机构，支持信用评级、资产评估、会计、法律等机构为园内民营科技企业提供全方位金融服务。

四、完善民营科技园科技创新服务体系，努力提高民营科技企业自主创新能力

（十）加强产业核心关键技术攻关。各民营科技园应围绕园内主导产业技术发展需求，研究制定产业技术路线图，确定关键共性技术和攻关方向。鼓励园内企业与国内外高等院校、科研院所开展科技合作交流，对产业核心关键技术进行联合攻关。支持园内各类主体开展协同创新活动。以园内高新技术龙头企业为依托，加快组建产业技术创新联盟和专利联盟。支持引导园内企业加快研发机构建设和发展，申报省级以上工程技术中心、重点实验室、企业技术中心、企业研究开发院。

（十一）促进科技成果转化。鼓励园内企业与国内外高等院校、科研院所开展产学研合作，加速科技创新成果在民营科技园内的转化和产业化。推动民营科技园产学研结合示范基地建设，扶持一批影响大、辐射面广、经济社会效益明显的科技成果转化项目，有条件的地方可给予财政资金支持和奖励。落实国家及我省关于科技成果转化的各项优惠政策，鼓励拥有核心关键技术或自主知识产权的科研人员以创办企业、作价入股或技术转让等方式到民营科技园内转化高新技术成果。由高等学校承担的科技计划项目，民营科技园企业参与联合投入的，允许双方按出资比例，通过合同约定的方式共享创新成果所有权。

（十二）建设民营科技园科技创新公共平台。支持民营科技园设立生产力促进中心或科技服务中心。通过园区各类科技创新服务平台，为企业开展技术研发、技术检测、技术交易、项目申报等科技创新服务，形成与园内科技创新链相匹配的科技服务链。鼓励民营科技园设立科技企业孵化器。各级科技计划应大力支持民营科技园相关科技创新服务平台的建设。

（十三）加强知识产权保护和品牌建设。加大对民营科技园企业知识产权成果的保护力度，严厉打击各种侵权行为，健全知识产权保护机制，完善涉外知识产权争端应对机制和维权援助机制。建立健全知识产权服务体系和专利经营体系，有条件的区县一级财政按照园内企业知识产权申请费和审查费的实际发生额，给予一定资金补助。引导园内创新主体参与创制技术标准，支持企业以产业链为纽带形成标准联盟，对于参与国际、国家、地方标准制定的园内企业，有条件的地方可给予适当的资助或奖励。鼓励民营科技园企业通过技术创新不断提升产品和服务的科技含量和质量，加大培育自主品牌的投入力度，提升民营科技企业的产品信誉度和品牌实力，逐步扩大品牌的国际影响力。

五、加大政策扶持力度，营造民营科技园良好发展环境

（十四）优化人才发展环境。各级人力资源与社会保障、公安、科技等部门要进一步提高人才服务水平，理顺人才管理服务体制机制，提供人才招聘、人才引进、职称评定、户口管理、档案挂靠、人事代理、培训教育、流动党员管理等多样化的人才服务，为民营科技园引进创新创业人才设立便捷、高效的“绿色通道”。大力鼓励和支持民营科技企业人才参加职业资格考试和职称评定。各地政府要按照《转发国务院办公厅关于积极稳妥推进户籍管理制度改革的通知》（粤府〔2011〕40号）精神，进一步改革人才户籍管理制度，特别是放宽设立集体户口的范围和条件，允许科研事业单位、民营科技园或具有一定规模、每年缴纳一定税额的民营科技企业设立集体户口，为人才提供落户便利。要按照“依法办事、以人为本”的原则，严禁各地人才市场对挂靠户口的人才在婚姻登记等方面设立各种限制性规定。各地级以上市人力资源社会保障部门要牵头开展专项行动，对人才市场有关人才户籍管理的各种不合理的限制性规定进行清理。今年内要清理完毕并向社会公布清理结果。

（十五）提高对中小微企业的综合服务水平。总结推广中山市小榄专业镇生产力促进中心的经验，坚持政府主导、市场运作，推动民营科技园内的生产力促进中心发展，为企业提供全方位服

务，形成有利于园区主导产业发展、贯穿企业发展全过程、覆盖企业生产经营各个环节的全链条服务体系。依法及时清理和调整不利于民营科技园发展的行政审批事项。民营科技园所在地政府有关职能部门，要加强和改进对园区企业的综合电子政务服务。要在民营科技园和民营科技企业中建立健全党团组织和工会组织，发挥其在协调劳动关系等方面的重要作用。

六、加强组织领导，形成推动民营科技园发展合力

（十六）加强对民营科技园建设的统筹协调。各级政府要把加快民营科技园发展列入重要议事日程，加强对民营科技园建设的统筹、协调和指导。建立由省科技行政主管部门牵头，发展改革、经济和信息化、住房和城乡建设、国土资源、工商、知识产权、金融等单位参与的民营科技园工作协调机制，形成推动我省民营科技园发展的合力。鼓励各级财政加大对民营科技园的投入力度，发挥财政资金的杠杆作用，推动园区建设发展。

（十七）强化对民营科技园的考核评价。合理设置民营科技园考核指标体系，将投资强度、销售收入、财税收入、招商引资、建成区面积等作为民营科技园考核的主要指标，将产业集聚度、投入产出率和重大科技项目数量作为考核的辅助指标。省科技行政主管部门牵头定期组织省级民营科技园申报审核认定，并负责对省级民营科技园进行年度考核，实行动态管理。

（十八）加强宣传推广工作。充分利用各类媒体，广泛宣传“三资融合”建设模式的特点和优势，推广典型民营科技园的先进经验，充分发挥典型民营科技园的示范带动作用，选择建设成绩突出、建设模式先进、在国内外同行业内具有较高知名度的民营科技园组织开展现场学习会、巡回宣讲活动等宣传活动。

广东省人民政府办公厅

2012年10月9日

中共广东省委办公厅 广东省人民政府办公厅关于印发《广东省建设法制化国际化营商环境五年行动计划》等五个行动计划的通知

粤办发〔2012〕37号

各地级以上市党委、人民政府，各县（市、区）党委、人民政府，省委各部委，省直各单位，省各人民团体，中直驻粤各单位：

《广东省建设法制化国际化营商环境五年行动计划》《广东省改善创新环境五年行动计划》《广东省促进粤东西北地区地级市城区扩容提质五年行动计划》《广东省培育幸福导向型产业体系五年行动计划》《广东省创建幸福村居五年行动计划》已经省委、省政府同意，现印发给你们，请结合实际认真贯彻执行。

中共广东省委办公厅
广东省人民政府办公厅
2012年10月13日

广东省改善创新环境五年行动计划

为贯彻落实省第十一次党代会精神，改善创新环境，提高自主创新能力，为加快转型升级、建设幸福广东提供有力的科技支撑和保障，制定本行动计划。

一、行动目标和基本原则

（一）主要目标。通过5年努力，基本形成有利于自主创新的体制机制和文化氛围，建立起适应社会主义市场经济发展要求、遵循科技创新规律与产业发展规律的创新环境体系，主要创新环境指数居国内领先地位，接近甚至达到中等创新型国家和地区的水平。到2017年，全社会研发投入占地区生产总值的比重达到2.4%以上，全省每百名研发人员发明专利申请量超过16件，科技服务机构达6万家，每万名劳动力中研发人员超过40人年，公民具备基本科学素质的比例超过5%。

（二）基本原则

1. 政府主导，社会参与。以深化行政审批制度改革和转变政府职能为契机，充分发挥政府在宏观管理、公共服务、激励保障等方面的主导作用，激发社会各界和广大人民群众在改善创新环境中的首创精神，积极引导社会力量参与改善创新环境行动计划，让创新成为全社会的共识和自觉行动。

2. 改革创新，重点突破。解放思想，先行先试，进一步深化科研体制改革，强化企业技术创新主体地位，充分发挥高等学校、科研机构在自主创新中的骨干作用，紧紧抓住重点领域和关键环节，着力解决影响创新环境改善的突出问题和体制机制障碍，加快构建具有广东特色的开放型区域创新体系。

3. 科学设计，软硬并重。坚持把改善创新环境作为一项系统工程来抓，高度重视总体设计、统筹规划、制度安排与政策制定，既注重加强科研基础设施与服务平台等硬环境建设，又注重创新体制机制、提升服务质量、创新文化氛围等软环境建设。

4. 开放合作，协同推进。坚持大科技、大开放、大合作的发展思路，以世界眼光、战略思维树立创新环境标杆，查找薄弱环节，提出对策措施，加强区域间、部门间的合作与协调，形成跨区域、跨部门协同推进改善创新环境工作的新格局。

二、主要任务

（一）优化研发环境。以深化科研体制改革和科技管理体制改革为动力，强化企业创新主体地位，建立企业主导产业技术创新的体制机制，加快建立企业为主体、高等学校和科研机构为支撑、科技服务机构为纽带、产学研用紧密结合的技术创新体系，着力形成条件完备、充满活力、富有效率、成果转化的研发环境。

1. 强化企业创新主体地位。充分发挥企业在研发投入、科研组织和成果转化中的主体作用，对面向产业发展目标的省、市重大科技项目，原则上由有条件的企业牵头组织实施。支持行业龙头企业与高等学校、科研机构联合组建研发平台和产学研创新战略联盟，合作开展核心关键技术研发，引导高等学校、科研机构的人才、技术、成果等创新要素向企业集聚。对企业的专利申请费及购买费、软件著作权登记费、集成电路布图设计申请费给予补助，落实对职务发明人、设计人的奖励和报酬政策。积极发挥省科技型中小企业技术创新基金的引导作用，通过贷款贴息、研发资助等方式支持中小微企业技术创新活动。完善国有企业考核评价制度，把国有企业研发投入计作利润纳入业绩考核，加大国有企业自主创新投入力度，重点考核企业创新能力建设、创新成效等。（省科技厅、省发展改革委、省经济和信息化委牵头，省知识产权局、省国资委、省财政厅参加）

2. 加强企业研发机构建设。实施大中型工业企业研发机构建设引导工程，推动大中型工业企业和高新技术企业建设工程技术研发中心、工程研究中心、企业技术中心、企业（工程）实验室等研发机构。实施创新型企业院线提升计划，引导创新型企业组建研究开发院，制定创新路线图，支持企业研发机构建立健全组织管理制度和知识产权制度。推动组建一批行业技术研发中心，为全省中小微企业提供创新服务。吸引世界500强企业和境外其他研究组织来粤设立研发机构。鼓励有条件的企业"走出去"，通过新建、并购、直接投资等方式建立海外研发机构。制定扶持政策措施，发展一批具有国际竞争力的民营新型科研机构。（省科技厅、省经济和信息化委牵头，省发展改革委、省外经贸厅参加）

3. 建设重大创新平台。推进散裂中子源、国家基因库、广州超级计算中心、华南国家计量测试中心、中科院广州生物医药与健康研究院、中科院广州工业技术研究院、中科院深圳先进技术研究院、华南新药创制中心、广东省半导体照明产业联合创新中心、广州国际生物岛、广州天河智慧城等重大科学工程和创新平台建设。力争更多国家级质检中心落户广东，为全省产业升级提供产品质量检测、节能检测、环保检测、食品药品检测等公共服务。（省科技厅、省知识产权局牵头，省质监局、省发展改革委参加）

4. 深化科研体制改革。按照科研机构分类改革的要求，明确定位，优化布局，稳定规模，提升能力，进一步深化省属科研院所体制改革。以组建工业、农业、社会发展和科技服务业等四大主体科研机构为重点，充分发挥主体科研机构在科技创新中的骨干作用。开展科研机构法人治理制度改革试点工作。加快高等学校和科研院所科研体制改革和机制创新。完善高校科研评价制度和科技组织机制，创新运行机制和管理制度，建立科学的评价机制和正确的科研导向，推动高等学校建立与产业、区域经济紧密结合的成果转化机制，鼓励和支持高等学校教师转化与推广科研成果。鼓励科研院所和高等学校的科技人员创办科技型企业，促进研发成果转化。（省编办、省科技厅牵头，省

教育厅、省人力资源社会保障厅参加）

5．推进科技管理体制改革。推进科技项目管理改革，优化科技项目管理组织流程，建立健全科技项目决策、执行、评价相对分开、互相监督的运行机制。深化科技评价和奖励制度改革，完善科研项目结题验收管理办法和省科学技术奖励办法，重点评价目标完成情况、成果转化情况以及技术成果的突破性和带动性。探索建立财政科技资金配套支持风险投资投入初创期研发项目制度，引导国内外各类风险投资资金汇集广东。（省科技厅牵头，省财政厅、省国资委、省教育厅参加）

6．提高财政科技投入及使用绩效。各级政府应当逐步提高科技经费的财政投入总体水平，财政用于科技经费的增长幅度，应当高于本级财政经常性收入的增长幅度。健全科研经费投入机制，优化基础研究、应用开发和成果转化与产业化的经费投入结构。建立健全科研课题间接成本补偿机制。增加项目承担单位预算调整权限，提高科研经费使用自主权。加强对各类科技计划、专项、基金、工程等经费管理使用的绩效评价，提高财政科技资金使用效益。（省财政厅、省科技厅牵头，省发展改革委、省经济和信息化委、省教育厅参加）

7．多渠道增加研发投入。完善产业、技术等政策，引导社会资金投入，保障全社会自主创新经费持续稳定增长，逐步提高研发经费占地区生产总值的比例，并保持稳步增长。鼓励社会力量依法捐赠财产或者设立科学技术基金资助自主创新活动。将财政资金的使用与市场机制有机结合起来，综合运用直接补助、以奖代补、创业投资引导、出资入股、风险补偿等多元化资助方式，创造有利于公平竞争的创新氛围和环境。（省财政厅、省科技厅牵头，省教育厅参加）

8.落实企业研发财税优惠政策。落实企业研发费用税前加计扣除与企业研发设备加速折旧等政策。适应研发费用加计扣除政策的核算要求，改进企业研发费用计核方法，激励企业加大研发投入。完善高新技术企业认定与复核具体操作程序，落实相关税收优惠政策。研究制定国产装备首购政策，有效降低重大装备产品进入市场的风险。探索建立政府采购新产品、新技术的新机制和新标准，完善新技术、新标准评价体系。建立全省统一的研发政策信息公布平台和信息反馈机制。（省财政厅、省科技厅、省国税局、省地税局牵头，海关总署广东分署参加）

9．推进大型科学仪器共享。建立全省大型科学仪器设备协作共享和信息报送制度，对利用财政资金新购、新建大型仪器设备开展联合评议，防止重复购置和闲置浪费。开展共享服务评估，鼓励以社会资金购置和建设的大型科学仪器设施所在单位向社会提供共享服务。重点加强公共实验室、公共研发平台、科技基础条件平台等公共创新平台建设，并将自主创新服务情况纳入考核评价体系。（省科技厅牵头，省财政厅参加）

（二）优化创新市场环境。以深化科技行政审批制度改革为突破口，以培育发展科技中介服务机构为切入点，理顺政府与市场、资本、企业和社会组织等方面的关系，加快建立市场机制主导配置创新资源的新型发展模式，推动更多创新资源向企业集聚，着力营造科学高效、开放有序、公平诚信、健康成熟的创新市场环境。

10．深化科技行政审批制度改革。继续清理和调整科技行政审批项目，支持相关地级以上市开展审批方式改革试点，进一步减少和规范行政审批。加快推进科技计划项目管理改革，调整科技计划框架体系，提高系统性和协同性，建立科学合理的项目形成机制和储备机制，完善公平竞争、信息公开公示、第三方评估、科技项目管理法人责任制、评审评价等制度，保障科技人员公平获得创新资源。（省科技厅牵头，省发展改革委、省经济和信息化委、省编办参加）

11．培育科技服务机构。组建一批行业性和综合性科技服务平台，推动服务机构由单一服务模式向聚集模式转变。积极推进技术转移服务体系建设，推动技术交易市场发展，加快建设广东现代服务交易中心，打造现代服务产品超市。鼓励有条件的企业、社会组织提供技术咨询评估、成果推介、融资担保等多种功能的技术转移服务。鼓励社会资本投资设立创业投资、创业辅导、市场开拓等新型转化实体，提供综合性科技成果转化服务。建立和推行政府购买科技公共服务制度，将科技项目服务、先进技术推广、扶持政策落实等专业性和技术性较强的工作，委托符合条件的科技中介服务机构办理。制定科技服务业发展标杆指数和质量认证体系，完善行业管理规范。积极创建知识产权服务业发展示范省，培育发展知识产权服务机构。（省科技厅、省财政厅牵头，省编办、省知识产权局参加）

12．发展风险投资。培育和发展风险投资，完善风险投资退出机制，支持有条件的地级以上市设立为风险投资提供必要担保的机构，出台发展创业投资的政策措施，规范设立创业投资引导基金，引导民间资本参与自主创新。充分利用包括主板、创业板、中小板、代办股份转让系统、区域股权交易市场在内的多层次投融资平台，探索不同层次资本市场间的转板机制。推进粤科风险投资集团等科技金融服务机构建设，辅导科技型中小企业融资上市。（省科技厅、省金融办、省发展改革委、省财政厅牵头，省经济和信息化委、广东银监局、广东证监局、广东保监局参加）

13．支持商业模式创新。积极运用商业模式创新，推动战略性新兴产业相关产品商业化、产业化进程。制定激励扶持政策，重点支持高端新型电子信息、新能源汽车和半导体照明等战略性新兴产业领域企业开展商业模式创新，采用合同能源管理、重大技术设备融资租赁、电子商务等商业模式，开展新产品开发及推广应用工作，提升商业运营能力，加快培育形成新兴市场。探索建立碳排放交易制度，创新产品价格激励机制，推进太阳能、风能等新能源以及电动汽车、半导体照明等节能减排创新产品的市场推广应用。（省发展改革委、省经济和信息化委、省科技厅牵头，省金融办、省物价局参加）

14．开展科技成果处置权和收益权改革。在高等学校、科研机构、高新技术企业中开展科技成果处置权和收益权改革试点、科技成果股权和分红权激励试点等工作，完善科技成果评估、对外投资、登记核准、变更等制度，鼓励科技项目承担单位和科技人员转化科技成果，提升转化效率。建立健全自主创新成果信息报送、登记、发布和共享机制。（省财政厅牵头，省编办、省发展改革委、省经济和信息化委、省科技厅、省教育厅、省国资委参加）

15．简化科技企业注册程序。加快以备案制为主的企业投资管理体制改革，积极探索“宽入严管”的企业登记管理制度，降低市场准入成本，简化技术入股创办企业的注册办理手续。支持不需要办理权属登记的自有技术作为公司股东的首次出资。申请设立注册资本在10万元以下的科技型企业，办理注册登记时，其资本注册实行“自主首付”，其余出资额两年内缴足。（省工商局、省发展改革委牵头）

（三）优化产业创新环境。以加快科技成果产业化为目标，加强产业园区载体建设，健全专业镇创新服务体系，促进科技产业与金融相融合，进一步整合国内外产业创新资源，加强知识产权保护与技术标准制定工作，着力营造配套齐全、布局优化、规范有序、效益凸显的产业创新环境。

16．提升产业园区建设水平。支持符合条件的省级高新区升格为国家级高新区，推动广州、深圳国家级高新区升格为国家自主创新示范区，帮助园区内企业享受国家相关扶持政策。支持省级以上高新区按相关程序申请扩区，提高产业集聚水平。鼓励高新区、产业转移工业园、特色产业基地等建立创业服务中心、科技企业孵化器或集研发、孵化于一体的省级研究开发院，形成结构合理、功能完善的科技服务体系。落实好国家支持科技企业孵化器发展等方面的税收优惠政策。对省级以上产业园区战略性新兴产业、高新技术产业单独设立的研发中心、科研机构，可采用协议出让方式供地。（省科技厅牵头，省发展改革委、省经济和信息化委、省财政厅、省外经贸厅、省国土资源厅、省地税局、省国税局参加）

17．加快建设专业镇公共服务平台。实施中小微企业自主创新提升工程，充分发挥省财政新增5亿元专项资金的引导作用，支持专业镇建设面向中小微企业的公共服务平台，加快实现专业镇公共创新服务平台全覆盖。加强规划引导，优化服务功能，以市场化运作方式加快建设专业镇生产力促进中心，以及技术创新服务、信息网络服务、质量检测服务、知识产权服务、人才培训服务、企业融资服务、企业孵化服务、电子商务服务、工业设计服务等平台，着力解决产业和行业发展中的共性问题。（省科技厅、省经济和信息化委牵头，省财政厅、省质监局参加）

18．推广民营科技园“三资融合”建设模式。推广运用番禺节能科技园产业资本、土地资本、金融资本“三资融合”建设模式，引导民营资本运用新机制重点发展一批民营科技园区。制定出台民营科技园区产权分割与产权登记的具体实施办法，提高土地集约利用水平。支持民营科技园区设立中小企业融资服务平台，为中小企业提供“一站式”融资服务，引导园区对多家企业融资需求进行整体打包，统一向金融机构进行招投标，提高企业融资议价能力，降低借贷成本。支持有条件的民营科技园区组建基础设施建设投资公司，通过市场运作方式筹集建设资金，积极推广私人资本参与（BOT）、政府与私人企业合作投资（PPP）、非政府资金建设（BT）等新型融资方式，加强园区基础设施建设。（省科技厅、省住房城乡建设厅、省金融办牵头，省发展改革委、省国土资源厅参加）

19．发展科技金融。发展私募基金、产业基金等新金融业态，建立风险分担机制、特别融资机制与退出机制，完善创业投资体系，运用科技金融手段促进成果转化与产业化。探索知识产权质押融资新模式，推广股权质押、应收账款质押、存货质押、订单融资等创新型融资工具，拓宽科技型企业融资渠道，努力解决科技型企业融资难问题。稳步推进科技小额贷款试点工作。积极开展科技保险创新。争取国家同意广东设立一批符合广东产业政策的大型产业投资基金。推进广州、深圳、佛山、东莞等市的国家级科技和金融结合试点工作。（省金融办、广东银监局、广东证监局、广东保监局牵头，省发展改革委、省经济和信息化委、省科技厅参加）

20．深化省部产学研合作。进一步深化“三部两院一省”产学研合作机制，促进国内外知名高等学校和科研院所的创新资源向广东企业聚集。加快推进与国防科工系统以及央企科研院所的产学研合作，推动国家重大科技项目落户广东。引进一批国家重点实验室、工程中心等国家级平台在高新区、专业镇、产业转移园区建立分支机构。鼓励高新技术企业建立院士专家工作站。支持产业龙头企业和骨干企业与全国高等学校、科研机构组建创新联盟，共同突破核心技术，开发重大产品。继续实施企业科技特派员计划，帮助企业解决生产与技术难题。（省科技厅牵头，省经济和信息化委、省教育厅、省科协参加）

21．推进对外科技合作。以启动实施粤港澳CEPA（关于建立更紧密经贸关系的安排）先行先试综合示范区为契机，推动三地联合改善创新环境。加强深港创新圈、广州南沙新区、深圳前海地区、珠海横琴新区等区域的科技合作。充分发挥广州中新知识城在开展对外科技合作中的带动作用。完善科技合作与交流人员过境快速批核机制，简化科研人员因公出国（境）的审批及办理签注手续。探索建立省科技合作项目经费过境制度，畅通科技合作项目经费在境内外的流动渠道。全面推广“哑铃型”国际科技合作模式，加快建设中国—乌克兰巴顿焊接研究院、中以国家环保与水处理国际创新园、广州国际创新城、广州国际科技合作交流中心等一批高水平的国际科技合作平台，推动广东企业与国外企业通过专利交叉许可、研发外包、服务外包等模式，构建国际科技合作新型网络，在全球范围配置创新资源，建立健全国际化协同创新机制，吸引国外高端创新资源流向广东。全面推进广东经济发展国际咨询会合作项目实施，开展与德国弗劳恩霍夫协会等国际知名科学组织合作。（省科技厅牵头，省发展改革委、省经济和信息化委、省财政厅、省外经贸厅、省公安厅、省教育厅参加）

22．加强知识产权保护。建立与国际接轨的知识产权保护制度，加大知识产权行政执法力度，开展知识产权保护专项行动。加快制定和完善域名、网络文化作品、生物遗传资源等特殊知识产权的保护措施。加强知识产权司法保护，依法打击知识产权侵权行为。推进国家知识产权城市试点示范及强县工程建设，加快《创新知识企业知识产权管理通用规范》的推广运用，每年组织开展“4·26”和“知识产权活动周”系列宣传活动。建立知识产权侵权预警、风险防范、维权援助与

涉外应对机制，健全知识产权海关保护长效机制，打击进出口侵犯知识产权行为。（省知识产权局牵头）

23．加快实施技术标准战略。支持企事业单位参与国内外标准化活动，主导或者参与国际标准、国家标准、行业标准和地方标准的制定和修订，推动自主创新成果形成相关技术标准。鼓励企事业单位实行科研攻关与技术标准研究同步，自主创新成果转化与技术标准制定同步，自主创新成果产业化与技术标准实施同步，提升市场竞争力。加快制定战略性新兴产业重要技术标准，完善现代产业标准体系。建立完善标准信息查询服务平台、技术性贸易措施预警应对平台，组织重要标准、国外有关技术法规、合格评定程序的宣传贯彻活动，开展技术性贸易措施预警及评议。支持产业联盟全面推广实施联盟标准。（省质监局牵头）

（四）优化创新人才环境。以激发人才创新创业活力为目的，深入实施重大人才工程和政策，建设人才高地，着力营造人尽其才、人才辈出、安居乐业的人才发展环境。

24．优化科技人才创新环境。建立以科研能力和创新成果等为导向的科技人才评价标准，改变片面将论文数量、项目和经费数量、专利数量等与科研人员评价和晋升直接挂钩的做法。探索实施科研关键岗位和重大科研项目负责人公开招聘制度。规范和完善专业技术职务聘任和岗位聘用制度，扩大用人单位自主权。探索有利于创新人才发挥作用的多种分配方式，完善科技人员收入分配政策，健全与岗位职责、工作业绩、实际贡献紧密联系、鼓励创新创造的激励机制。（省人力资源社会保障厅牵头，省教育厅、省科技厅参与）

25．优化科技人才创业环境。允许和鼓励高等学校、科研院所科技人员创办企业或到企业兼职，离岗创业期间保留其原身份和职称，档案工资正常晋升。对高等学校、科研机构将科技人员职务创新成果转让给他人的，应当从技术转让所得的净收入中提取不低于30%的比例，奖励为完成该项创新成果及其转化做出重要贡献的人员。对高等学校、科研机构采用技术作价入股方式实施转化的，应当从职务创新成果作价所得股份中提取不低于30%的份额，奖励为完成该项创新成果及其转化做出重要贡献的人员。（省人力资源社会保障厅、省财政厅、省教育厅牵头，省科技厅参加）

26．优化科技人才生活环境。切实为来粤工作的高层次人才解决住房、配偶安置、子女入学等实际困难。各地及用人单位可结合实际，采取货币补贴（购房补贴、房租补贴）、提供房屋租住（人才公寓、购买商品房）和保障性住房等方式解决外来人才住房问题。外籍高层次人才及其配偶子女可参加国内各项社会保险，在参保缴费、在华社保关系转移接续、各项社保待遇等方面，享有与中国公民同等权利。（省人力资源社会保障厅、省财政厅牵头，省住房城乡建设厅、省卫生厅、省科技厅参加）

27．改进科技人才公共服务。各级人才服务机构要建设集中办事大厅，提供“一站式”服务，按照“一站式受理、一次性告知、一条龙服务”的要求，实行限时办结和专人全程代理制度。完善“千人计划”南方创业服务中心、中国留学人员广州科技交流会等人才服务平台建设，为引进海外科技创新人才提供完善的公共服务。建立政府购买非公有制人才中介服务机构专业服务的长效机制，提高识才、选才、揽才、留才的公共服务质量，完善高层次人才服务体系。吸引聚集一批国内外知名的人才中介机构，健全专业化、国际化的人才市场服务体系。建立海外高层次人才档案制度，制定日常联系服务办法，建立跟踪服务和沟通反馈机制。适当放宽办理外国专家证年龄限制，争取国家政策支持，建立海外高层次人才绿卡制度。（省人力资源社会保障厅牵头，省科技厅参加）

（五）优化创新文化环境。弘扬具有广东特色的创新创业文化，激发全社会创新热情，提高公众科学素养，加强科研诚信建设，着力营造开放包容、鼓励创新、宽容失败、全民参与的创新文化环境。

28．完善创新政策法规。加快制定出台《广东省自主创新促进条例》系列配套政策，推动高新区、专业镇、创新人才等专项立法进程，逐步形成覆盖创新全链条的政策法规体系，为企事业单位自主创新活动营造完善的法治环境。加强科技政策巡回宣讲，引导和帮助企业学好、用好政策，促进各项优惠政策落到实处。加强公职人员科技政策法规培训，增强依法行政意识，提高创新法律素养，提升创新服务能力。（省科技厅、省法制办牵头，省发展改革委、省经济和信息化委、省财政厅、省人力资源社会保障厅、省知识产权局、省质监局参加）

29．加强科研诚信建设。建立符合创新发展规律和创新人才成长规律的评价指标体系，引导创新创业者树立正确的价值取向。建设全省科研诚信档案，实现科研诚信信息共享。将科研诚信情况作为专业技术职务职称评聘、自主创新项目立项、科技成果奖励等工作的重要依据。研究制定科研不端行为处罚规定，畅通受理科研不端行为举报渠道。（省科技厅、省发展改革委、省经济和信息化委牵头，省教育厅参加）

30．提升全民科学素质。加强科学技术教育、传播与普及，弘扬科学精神，传播创新思想，提升全民科学素质。健全全省科普网络，完善科普基础设施，加强科普资源开发与共享，强化大众媒体的科学传播功能，促进科学研究与科普宣传有机结合，完善全民科学素质建设机制。深入实施青少年、农民、社区居民科学素质提升行动，大力发展素质教育和创新教育，广泛开展全省“科技进步活动月”等群众性科普宣传教育活动，在全社会营造崇尚科学、勇于创新的良好氛围。借鉴国外创新挑战奖励模式，每年面向社会提出若干创新任务目标，引导公众积极参与创新活动。（省科协、省科技厅牵头）

31．建设创新文化。弘扬“厚于德、诚于信、敏于行”的新时期广东精神，组织开展丰富多彩的科技创新文化活动。开展发明问题的解决理论（TRIZ）等创新方法和产业技术路线图的推广应用，加强创新创业典型的总结和宣传，积极推广优秀企业的先进创新模式和经验，激发全社会的创新意识和创新热情。（省委宣传部、省文化厅、省科技厅牵头，省新闻出版局、省科协参加）

三、措施保障

（一）加强组织领导。省科技教育领导小组要把改善创新环境工作列入重要议事日程，统筹协调和研究解决行动计划推进过程中的重要问题。各地各部门要高度重视改善创新环境，明确任务和目标，制定分步实施方案，确保行动计划顺利实施。加强部门间协调，完善创新政策落实情况的跟踪、分析和评估机制。

（二）加大宣传力度。各级宣传部门要加强对改善创新环境的宣传工作，深入开展形式多样的宣传活动，大力宣传各地各部门改善创新环境的成功经验和先进做法，营造有利于创新环境建设的舆论氛围。

（三）加强监测评估。省科技行政管理、统计部门要加快研究制定覆盖研发环境、产业环境、服务环境等内容的创新环境监测指标体系，定期发布全省和各市的创新环境指数。充分发挥专家学者、社会各界的决策咨询和意见反馈作用。通过实地检查、调研分析、实施监督，确保行动计划各项举措落实到位。完善领导干部目标考核机制，把改善创新环境工作纳入年度考核评价体系。

广东省人民政府关于印发广东省企业研发机构“十二五”发展规划的通知

粤府〔2012〕131号

各地级以上市人民政府，各县（市、区）人民政府，省政府各部门、各直属机构：

现将《广东省企业研发机构“十二五”发展规划》印发给你们，请认真组织实施。实施中遇到的问题，请径向省科技厅反映。

广东省人民政府

2012年11月14日

广东省企业研发机构“十二五”发展规划

为深入贯彻落实党的十八大、全国科技创新大会、省第十一次党代会和全省科技创新工作会议精神，加快推进企业研发机构建设，进一步完善具有广东特色的开放型区域创新体系，加快建设创新型广东，推进转型升级，特制定本规划。

一、重要意义与建设基础

（一）重要意义

企业研发机构是企业设立的具有自主研发能力的技术创新组织，既是企业依靠科技创新赢得竞争优势的重要制度安排，也是区域创新体系的重要组成部分，在集聚创新资源，开发新技术、新产品，带动行业技术进步和产业转型升级方面具有重要作用。推动企业研发机构加快建设发展，是深化科技体制改革、强化企业创新主体地位的内在要求，是推动转型升级、建设现代产业体系的关键环节，是深入实施创新驱动战略、建设创新型广东的重要途径。当前，我省正处于从要素驱动向创新驱动转变的关键时期，建设创新型广东的形势非常紧迫，任务十分艰巨。必须充分认识加快企业研发机构建设发展的重要性和紧迫性，把引导扶持企业建设发展研发机构摆在更加突出的位置，切实推动我省企业研发机构建设发展上规模、上水平、上台阶。

（二）建设进展

近年来，省委、省政府高度重视科技创新和企业研发机构建设，颁布了我国首部自主创新地方性法规《广东省自主创新促进条例》，企业研发机构建设发展的环境不断优化，数量不断增加，能力不断提升，新型科研机构不断涌现，为我省科技进步和经济社会发展提供了重要支撑。

1. 企业研发机构数量不断增加。2011年，我省共有各类企业研发机构近4 000家，其中大中型工业企业建有研发机构2 272家。第2次全国研发资源清查显示，我省国家级和省级企业研发机构分别达115家和1 372家，位居全国前列。此外，我省在高新区和专业镇等特色产业区域中，还设有为中小企业服务的公共创新平台近千家，其中产学研合作技术创新平台121家、高新区公共研发平台220家、专业镇技术创新平台315家、院士工作站47家、院士专家企业工作站33家、博士后科研工作站204家。

2．企业研发机构集聚创新资源能力不断增强。企业研发机构的研发设施和管理制度不断完善，引导创新人才不断向企业集聚，2011年我省企业研发机构的研发人员总数近20万人，其中大中型工业企业研发机构硕士、博士数量近5万人，全国排名第1。拉动企业研发投入不断提高，2011年国家认定企业技术中心的依托企业科技活动经费支出达626.65亿元，占销售收入的4.75%。

3．企业研发机构创新产出效益显著。企业研发机构取得了一批自主知识产权和重大创新成果，研制了一批新产品并实现产业化。我省企业重点实验室建设3年来，共承担完成了280项重大科研任务，获得省部级以上科技奖励达150项。2011年国家认定企业技术中心的依托企业拥有发明专利9 411件，平均每家企业拥有159.5件；拥有国际发明专利531件，平均每家企业拥有9件。

4．新型企业科研机构不断涌现。近几年，珠三角地区涌现出一批以深圳光启研究院、华大基因研究院等为代表的民办新型科研机构。这类机构以市场运作为主要模式，集科技创新与产业化于一体，汇集了众多海内外高层次人才，迅速成为我省推进源头科技创新，发展新兴产业的生力军。光启研究院成立仅两年，已在国内外申请了1 229项超材料领域发明专利，实现了该领域80%的底层专利覆盖。在2010年《科学》杂志评选的“十大科技突破”中，华大基因研究院占据其二，标志着我国在全球源头科技创新中第一次与发达国家站在同一起跑线上。

（三）存在问题

我省企业研发机构建设发展虽取得了明显成效，但仍存在企业研发机构建设比例较低、创新能力不足、鼓励政策有待完善等问题。大中型工业企业建有研发机构的比例只有20.3%，低于浙江的54.4%和江苏的36.3%。在重大核心技术突破、原始创新和科学管理制度建设等方面，与国外知名企业研发机构相比还存在较大差距。另外，我省尚未出台专门针对企业研发机构的政策措施，与江苏、天津、浙江、上海等地相比有一定工作差距。

二、指导思想、基本原则和发展目标

（一）指导思想

以邓小平理论、“三个代表”重要思想、科学发展观为指导，按照全国科技创新大会、省第十一次党代会精神，以深化科技体制改革为契机，以“加快转型升级、建设幸福广东”为核心任务，以提高企业创新能力和产业竞争力为目标，以强化企业创新主体地位为主线，着力推动企业建设研究开发机构，完善创新组织架构，健全创新管理制度，集聚科研创新人才，努力优化企业创新环境，加速形成以企业为主体，产学研相结合的技术创新体系和具有广东特色的开放型区域创新体系，建设创新型广东。

（二）基本原则

1．政府引导，企业主体。积极发挥政府在引导企业建设研发机构中的宏观引导和组织保障作用。以深化行政审批制度与科技管理制度改革为主线，努力为企业建设研发机构营造良好发展环境。同时，坚持企业在建设研发机构中的主体地位，充分发挥市场机制在建设企业研发机构、推动创新资源向企业集聚中的基础性作用，推动企业面向产业，建设具有市场竞争力和发展活力的研发机构。

2．突出重点，分类指导。准确把握我省经济社会发展对企业研发机构建设的战略需求，科学制订和统筹实施全省企业研发机构建设发展的总体规划，重点推动大中型企业和高新技术企业建设研发机构。同时，针对不同产业、不同领域、不同类型的企业研发机构实行分类指导和科学管理，确保企业研发机构健康有序建设与发展。

3．壮大规模，提高质量。努力实现企业研发机构规模扩张与质量提高齐步并进、协调发展。一方面，积极推进各类企业加快建设研发机构，全面扩大企业研发机构覆盖面；另一方面，引导企业根据自身发展需要，探索研发机构建设新模式、新机制，提高企业研发机构集聚创新资源能力，不断提高企业研发机构发展质量和水平。

4．优化环境，协同推进。大力优化企业研发机构建设发展的有利环境，积极引导和充分调动企业、高等院校、科研院所等各方力量共建研发机构的积极性，同时吸引更多的中央企业、外资企业来粤设立企业研发机构。推动各地、各部门形成合力、协同推进企业研发机构的建设发展。

（三）发展目标

力争通过今后若干年努力，形成数量众多、功能完善、布局优化的企业研发机构体系，各类企业研发机构基本达到“场地专用、装备精良、人员专业、运行高效、管理科学”的要求，综合实力位居全国前列。力争到2015年，全省企业研发机构总数超过1万家，其中省级以上创新型企业全面建有研发机构，大中型企业设立研发机构的比例超过50%，省级以上企业重点实验室100家，省级以上工程技术研究开发中心和企业技术中心800家，省级以上工程实验室50家，国家地方联合创新平台30家，院士专家企业工作站100家，博士后科研工作站250家，国家级企业重点实验室、工程技术研究开发中心、工程实验室、企业技术中心等各类企业研发机构100多家。企业研发机构研发经费投入超过500亿元，占全省研发经费总投入比重达30%以上，企业研发机构研发人员总量40万人以上，每百名企业研发机构研发人员发明专利申请量15件以上。到2020年，拥有一大批具有国际竞争力的企业研发机构，主要投入和产出指标接近主要发达国家企业研发机构整体水平。

三、重点任务

“十二五”期间，有针对性地引导和支持我省企业建立研发机构，全面提升企业研发机构建设发展水平和自主创新能力，重点实施七项任务。

（一）引导大中型企业研发机构建设

针对不同行业和不同类型的企业发展特点，综合运用财政税收、科技金融、人才引进、产学研合作等方面的政策措施，加强对大中型企业研发机构建设的分类指导，支持企业积极探索符合自身发展需要的研发机构建设模式。鼓励有条件的大中型企业承担或参与国家和地方布局的产业共性技术创新平台建设。引导大中型工业企业建立专业化的工程技术研究开发中心、企业技术中心、企业重点实验室、工程实验室、博士后工作站、院士工作站等各类研发机构。在科技政策、科技计划、创新平台建设、科研经费资助、住房保障、生活补贴等方面给予院士工作站、博士后工作站重点扶持，引进一批“两院”院士、博士后等高层次人才来粤创新创业。推动商贸物流、交通运输、软件信息、金融等大中型服务类企业建设数据中心、研发应用中心、评测中心、创意中心等研发机构。支持农业骨干企业加快建立研发机构，并通过加强产学研合作开展现代农业关键技术攻关。发挥高新技术企业创新基础优势，引导高新技术企业加快建设研发机构，实现大中型高新技术企业研发机构全覆盖。

（二）推动创新型企业院线建设和提升

面向具有高水平研究开发能力、科技创新能力和综合竞争力的创新型企业，重点在高端新型电子信息、新能源汽车、半导体照明和生物等战略性新兴产业领域，组建研究开发院或制定实施创新路线图，组织有针对性的专利态势分析和预警研究，引导创新型企业积极整合创新资源。一是对于尚未建立研究开发院、具有良好研发基础的省级以上创新型企业，引导其加强创新发展战略顶层设计与规划，明确创新发展的总体思路，重点开展创新能力、队伍、机制、平台、文化五大建设，组建集研究开发、成果转化、科技服务、综合管理于一体的综合型企业研究开发院，保持企业创新优势，提升创新软实力和自主创新能力。二是对于已建立研究开发院的创新型企业，引导企业制定和实施企业创新路线图，运用技术路线图、标杆法等创新方法，探索从思想路线图、市场路线图、产品路线图、技术路线图、组织路线图等方面制定企业创新路线图，帮助企业加速发展壮大成为拥有自主知识产权和独特核心技术、具有较强国际竞争力的龙头创新型企业。

（三）支持行业技术研发中心建设

围绕战略性新兴产业、高新技术产业、传统优势产业对关键技术和共性技术的研究开发需求，政府发动并投入引导性资金，调动、整合社会资源，推动组建一批行业技术研发中心，打造面向整个行业集信息、技术、管理等服务功能为一体的综合性、开放性的技术支持平台，为全省中小微企业提供服务。采用“公司制+会员制”的组织形式，建立明晰的产权结构和法人治理结构，激发行业技术研发中心活力，同时保障行业技术研发中心拥有稳定的服务对象和服务网络。运用政府购买服务等形式，对于服务中小企业的公共技术创新平台给予适当财政支持，推动公共技术创新平台辐射提升中小企业自主创新能力。支持部分有条件的中小企业自建或与高等院校、科研院所联合建立研发机构，推动实力弱小的中小企业联合建立研发机构或通过公共技术创新平台获取先进技术和研发服务。

（四）加快培养引进高层次创新科研团队和科研领军人才

以提升企业研发机构整体研发能力和研发队伍层次为目标，重点支持有一定规模和实力的企业研发机构创新人才引进模式，培养引进一批高层次创新科研团队和科研领军人才。一是贯彻落实省引进创新科研团队和领军人才专项政策，引导企业研发机构建立引进创新科研团队和领军人才的长效机制，吸引国内外一流的创新科研团队和顶尖级领军人才到企业创新创业；二是充分发挥院士工作站、企业博士后工作站等机构汇集人才的作用，鼓励高校、科研机构教授（研究员）、博士等高层次人才到企业研发机构开展科技开发与成果转化活动。三是鼓励企业研发机构采取科技成果折股、知识产权入股、科技成果收益分成、股权奖励、股权出售、股票期权等方式对创新科研团队和领军人才进行股权或分红激励。

（五）加快公共创新平台建设

面向高新区、战略性新兴产业基地和专业镇等产业集群区域，加快建设一批公共创新平台，为高新区、产业基地和专业镇中小企业提供服务。在省级以上高新区，通过整合创新资源和产学研合作，运用新型体制机制建立集“创新、创业、服务”为一体的产业技术研究院，主要从事共性、关键性和前瞻性技术研究开发，采取多种方式向产业界推广产业化研究成果和最新工艺技术，为企业尤其是中小企业提供开放式研发平台、培育产业技术创新人才，为发展壮大高新技术产业和培育发展战略新兴产业提供创新驱动。完善专业镇技术创新平台服务功能，扩大服务领域和区域，推动平台功能多元化和服务水平上层次。继续开展共性技术与关键技术的开发、科技成果转化、工业设计、检验检测、技术性贸易措施预警、标准查询、产品质量安全风险预警、品牌培育孵化、企业信息化与信息网络支持、科技中介与咨询、人才引进与培训、知识产权服务等工作。引导平台向行业信息化与电子商务、集成品牌和区域品牌的开发与推广、科技与金融的结合、行业标准的制定与实施等纵深方向发展。

（六）开展新型科研机构建设示范

紧跟国际战略性新兴产业和高新技术产业发展前沿，结合我省基础优势和发展需求，通过引进创新科研团队、领军人才等形式，重点布局发展一批新型科研示范性机构。加快研究制定新型民办科研机构扶持政策措施，指导和监督社会组织开展新型民办科研机构认定工作，扶持一批集科技创新与产业化于一体的新型科研机构。推动新型科研机构取得一批重大原创性技术成果，集聚培育一批创新创业人才，探索一条以支撑引领战略性新兴产业发展为目标、以市场为导向、以创富为动力、以企业化运作为模式的新型民办研发机构发展新路子。支持产业战略联盟运用产学研结合等机制发展一批新型民办科研机构。

（七）鼓励和支持企业研发机构开展对外合作

一是实施鼓励境外组织来粤设立研发机构计划。吸引世界500强企业和境外其他有实力的组织来粤设立研究开发机构，支持有条件的地区建立国际科技合作产业基地。鼓励外资研发机构与我省企业、高等院校和科研院所开展多种形式的合作研究开发活动，联合创建工程技术研究开发中心、企业技术中心、实验室等研发机构，鼓励外资研发机构的实验设备向社会开展有偿服务。二是实施鼓励企业建立海外研发机构计划。鼓励有条件的企业“走出去”，通过采取新建、并购、收购或直接投资等方式建立海外研发机构，吸引境外优秀科技人才，收集国际产业发展动态等信息，就地消化吸收国外先进技术，提高企业国际竞争力。三是实施粤港澳台合作共建研发机构引导计划。创新粤港澳科技合作机制，加强政策引导和支持，鼓励企业与港澳台高等院校、科研院所及企业共建研发机构，引导企业利用粤港澳台资源建立研发机构，提升企业创新能力。研究修订相关政策，尽快消除企业与粤港澳台合作共建研发中心的政策障碍。重点推进电子信息、环保、绿色科技、生物医药、集成电路设计等产业领域的企业与港澳高等院校、科研机构共建研发机构。

四、保障措施

（一）加强组织领导

建立全省推进企业研发机构建设工作协调机制，统筹协调解决企业研发机构建设中的重大问题。按企业研发机构的不同类型实行部门分工管理负责制，省直各有关单位要充分发挥职能作用，密切配合，加强协调，形成共同推进企业研发机构建设发展的合力。各级政府要把加快企业研发机构建设发展列入重要议事日程，加强对企业研发机构建设的统筹、协调和指导，建立健全协调机制，结合本地实际，参照本规划抓紧制订具体的实施意见和配套措施。把企业研发机构建设工作作为市县党政领导政绩考核的重要内容。

（二）加快形成多渠道投入体系

突出扶优扶强，加大对重点公共服务平台和重点企业研发机构的财政税收扶持力度。发挥财政资金的引导作用，充分统筹利用好现有有关专项资金，主要用于实施引导企业建设发展研发机构七项重点任务，支持企业建设省级以上研发机构、国家级重点实验室、工程实验室、工程（技术）研究中心、企业技术中心，支持企业研发机构与我省企业建立联合研究中心、产业创新国际合作联盟等合作载体。引导更多民间和社会资金投入企业研发机构建设发展，加快形成以政府投入为引导，企业投入为主体，社会资本、金融资本、风险投资积极参与的多层次、多渠道投入体系，力争到2015年，大中型工业企业平均研发投入占主营业务收入比例提高到1.5%。

（三）落实国家相关税收优惠政策

符合税法规定条件的企业研发机构，采购国产设备可按规定全额退还增值税。企业建立的省级以上工程技术研究开发中心、工程实验室和企业技术中心，进口规定范围内的科技开发用品，可按规定免征进口关税和进口环节增值税。对符合条件的外资研发中心进口科技开发用品，可按规定免征进口关税和进口环节增值税、消费税。企业外购的软件，凡符合固定资产或无形资产确认条件的，可以按照固定资产或无形资产进行核算，其折旧或摊销年限可以适当缩短，最短可为2年。对企业研发机构从事技术转让、技术开发和与之相关的技术咨询、技术服务免征增值税。企业为开发新技术、新产品、新工艺发生的研究开发费用，未形成无形资产计入当期损益的，在按照规定据实扣除的基础上，按照研究开发费用的50%加计扣除；形成无形资产的，按照无形资产成本的150%摊销。企业研发机构中经有关部门认定为外国专家、港澳台专家、华侨专家的人员，其携运进境的图书资料、科研仪器、工具、样品、试剂等教学、科研物品，除国家规定不予免税的商品外，在自用合理数量范围内免征关税。国家税收规定有调整或出台新的优惠政策的，按其规定抓好落实。

（四）推动科技金融创新

一是推广知识产权质押贷款业务，引导和促进金融机构通过创新性金融产品加大对企业研发机构的支持力度，并鼓励企业研发机构充分利用短期融资券、中期票据、企业债券、集合债券、集合票据等融资工具扩大融资规模。二是开展科技保险创新，在广州、深圳、佛山、东莞等城市深化科技保险试点，鼓励保险机构开展高新技术企业产品研发责任保险、关键研发设备保险、高管人员和关键研发人员团体健康保险和意外保险等科技保险业务，支持我省企业研发机构建设。三是鼓励有关部门和地方政府增设创业投资引导基金，引导风险投资、私募基金、产业基金、资产管理等新型金融业态对具有发展潜力、独立的企业研发机构进行股权投资。四是推进粤科风险投资集团、广东广商高新科技股份有限公司、广东华南科技资本研究院等科技金融服务平台建设和改革发展，辅导协调企业研发机构融资。五是加快发展技术产权交易市场，完善华南技术交易服务体系，推进国家专利技术展示交易中心建设，支持符合条件的企业研发机构在区域性非公开科技企业柜台交易市场进行交易。

（五）加大人才扶持力度

一是在各类企业研发机构认定中，明确科技人员数量和结构等方面的要求，促进企业高层次研发人才集聚。二是完善科技人员职称评价标准，企业研发机构中的专业技术人员可按照社会化职称评审办法，向相关人事部门申请免费办理专业技术职务的评审。三是支持来粤设立的中央企业研发机构实施股权激励试点，给予相应奖励，奖励资金与试点企业奖励金和高层次人才个人出资组成股权激励资金，支持企业实施股权激励，股权激励资金的股份期权占公司股份的比例不超过20%。四是全面落实我省引进、培养和奖励高层次人才有关规定，加快引进世界500强和国内500强企业研发机构人才。五是建立企业研发机构技术和管理人员出入境绿色通道，为研发机构人员出入境提供便捷、快速的通关服务和签证服务。经有关部门认定备案的企业研发机构，其外籍高管或研发人员因研发工作急需出入境广东的可特事特办，临时享受快发邀请和落地签证待遇。

（六）落实相关扶持政策

一是认真落实国家和省有关企业研发投入的有关规定，把研发投入和企业研发机构建设作为企业申请政府科技经费支持的重要条件；引导企业将研发机构投入纳入年度预算，并建立稳定的投入增长机制。二是对世界500强和国内500强企业设立的独立研发机构需要建设研发基地以及企业与国内外著名高等院校、科研院所和大中型企业合作，单项引进或双向共建的企业研发机构专门用地，在坚持土地集约利用的原则下，每年在省下达给各地级以上市的土地利用计划指标中优先保障，并可按规定以协议出让方式供地。三是对自主创新100强企业设立研发机构实行经营服务性收费优惠。四是加快科技项目管理改革，优化科技项目决策、执行、评价相对分开、互相监督的运行机制；深化科技评价和奖励制度改革，重点评价目标完成情况、成果转化情况以及技术成果的突破性和带动性，保障企业研发机构科技项目实施的科学性和合理性。五是对外资研发机构进口设备、备件、样品等，经海关、出入境检验检疫部门核准后，采用提前报检、提前报关、实货放行的通关模式，实施优先通检、通关，享受便捷、高效的服务。

（七）加强统计监测工作

各级有关部门要加强企业研发机构统计制度建设，抓紧建立完善统计核查和监测指标体系，明确统计工作责任人，做到应统尽统。定期发布企业研发机构建设情况，建立企业研发机构基础数据库，确保政府相关部门及时、准确掌握企业创新能力建设情况，并采取针对性措施，促进企业研发机构建设发展。

（八）强化舆论宣传引导

加强企业研发机构建设的宣传工作，充分发挥媒体的宣传导向作用，广泛宣传企业研发机构建设发展的优惠政策，动员更多的高等院校、科研院所、企业和社会力量参与建设企业研发机构，为实施本规划营造良好的氛围和环境。注重典型引导，总结、交流和推广各地加快企业研发机构建设发展的先进经验，充分发挥示范带动作用。定期组织评定全省百强企业研发机构并给予通报表扬。

广东省人民政府办公厅关于促进科技服务业发展的若干意见

粤府办〔2012〕120号

各地级以上市人民政府，各县（市、区）人民政府，省政府各部门、各直属机构：

科技服务业是现代服务业的重要内容，技术含量和附加值高，创新性强，发展潜力大，辐射带动作用突出。加快发展科技服务业对于培育壮大战略性新兴产业和促进产业结构优化升级具有重要意义。为落实《珠江三角洲地区改革发展规划纲要（2008—2020年）》和《中共广东省委、广东省人民政府关于加快建设现代产业体系的决定》（粤发〔2008〕7号），经省人民政府同意，现就促进科技服务业发展提出以下意见。

一、指导思想、基本原则和发展目标

（一）指导思想。以邓小平理论、“三个代表”重要思想、科学发展观为指导，按照实施科技强省战略和推进现代服务业改革发展的总体要求，以体制机制创新为动力，以发挥企业、科研院所和高等院校等科技服务机构的主体作用为抓手，以发展科技延伸服务和科技支撑服务为重点，培育规范科技服务市场，发展壮大科技服务业新兴业态，不断提升科技服务业的比重和水平，努力形成产业布局合理、服务功能强大、市场环境优化、支撑作用凸显的良好局面。

（二）基本原则。坚持政府引导与市场驱动相结合，促进科技服务资源有效配置和高效利用；坚持加快发展与注重规范相结合，促进科技服务业健康有序发展；坚持全面推进与分类指导相结合，促进不同区域、类别的科技服务业协调发展；坚持改革发展与开放合作相结合，促进科技服务体系不断完善。

（三）发展目标。到2015年，全省科技服务业从业单位达5万家，科技服务业增加值占现代服务业增加值的比重达20%。在重点领域掌握一批具有自主知识产权的关键技术和标准，自主创新能力显著提升；规划建设50个特色鲜明、结构合理、配套完善的省级科技服务业集聚区，培育300家创新能力较强、服务水平较高、具有一定影响力的科技服务骨干机构，国家认定的技术先进型服务企业达200家以上，促进科技服务业成为我省重要的支柱产业。到2020年，基本建成与国际接轨的功能综合化、结构网络化、手段现代化、服务专业化和社会化的科技服务体系，市场竞争力显著增强，形成以珠江三角洲地区为核心区的国内领先、国际先进的科技服务业产业基地。

二、突出服务重点，大力推动科技服务业重点领域发展

（四）研发设计服务。发挥研发设计服务对提升产业创新能力的关键作用，建立支撑加快产业结构转型升级的研发设计服务体系，促进专业研发设计服务企业发展壮大。推动重点高校及科研院所建设一批具有国际水准的国家重点实验室、工程实验室和工程技术开发中心。推动工业、农业、社会发展、现代服务业等领域的四大主体科研机构建设，加速产学研合作，推动组建一批具有地方产业特色的研发服务机构。鼓励企业将技术开发部门注册成为具有独立法人资格的研究开发中心或研究开发院，独立承接研发设计业务。引导重点高校、国家级科研院所与我省重点产业联合建设公共创新平台。引进国内外著名工业设计机构，重点建设广东工业设计城等科技服务机构，打造一批

具有国际竞争力的研发设计企业和知名品牌。

（五）知识产权服务。积极发展知识产权创造、运用、保护和管理等环节的服务，加强规范管理。加快省知识产权服务业园区建设，培育知识产权服务市场。扩大知识产权基础信息资源共享范围，使各类知识产权服务主体可低成本获得基础信息资源。推动服务机构为企业提供知识产权代理、咨询、检索、分析、数据加工等基础服务，支持服务机构开展评估、交易、转化、托管、投融资等增值服务。加强知识产权分析预警和相关技术咨询等对战略性新兴产业的服务能力。

（六）检验检测服务。推进检验检测机构市场化运营，提升专业化服务水平。加快食品药品、节能减排等检验检测公共服务平台建设。大力培育国家级质检和技术中心，开展认证计量、技术培训、标准化等服务。加强测试方法、测试技术等基础能力建设，发展面向设计开发、生产制造、售后服务全过程的分析、测试、检验、计量等服务，培育第三方的质量和安全检验、检测、检疫、计量、认证技术服务。鼓励检验检测技术服务机构由提供单一认证服务向提供综合检测服务延伸。

（七）科技成果转化服务。完善科技成果转化服务体系，大力发展专业化、市场化的科技成果转化服务。推动技术交易市场建设，鼓励建设具备技术咨询评估、成果推介、融资担保等多种功能的技术转移服务机构。鼓励社会资本投资设立新型转化实体，发展创业投资、创业辅导、市场开拓等多种业务的综合性科技成果转化服务。加快建设广东现代服务交易中心，打造现代服务产品超市。推动生产力体系建设，建设国家级和省级示范生产力促进中心。打造科技型企业孵化器，培育一批有发展前景的科技型小微企业。加快技术转移服务体系建设，提升国家级技术转移示范机构和创新驿站的核心服务能力。

（八）科技咨询服务。推动科技评估、产业生态评估、科技招投标、科技情报信息等科技咨询服务机构规范有序发展，鼓励承接政府委托的科技咨询服务职能。建立共建共享的科技资源信息库，建设智能化科技信息收集、加工分析、共享应用的现代化信息网络服务平台。全面推进企业管理和战略咨询服务，推动本土管理咨询服务企业的品牌化、国际化发展。支持和引导信息咨询、会计律师事务所、投资和管理咨询等专业服务机构重点服务科技型中小企业。

（九）科技服务外包。支持广州、深圳市大力推进“中国服务外包示范城市”建设，推动珠海、佛山、东莞等地服务外包联动发展，形成各具特色和相互支撑的服务外包产业集群。加快在岸外包与离岸外包同步发展。以研发设计、检验检测、创意设计、云服务等知识流程服务外包为重点，培育技术先进型服务外包企业，促进科技服务外包产业与先进制造业联动发展。鼓励政府和企事业单位将研发及信息技术业务外包，鼓励有实力的企业将科技服务业务与制造业分离。实施科技服务外包规模企业培育工程，培育一批具有国际竞争力的科技服务外包企业。

三、拓展服务范围，强化科技服务业发展支撑

（十）大力发展科技金融服务。统筹协调科技金融资源，搭建科技金融合作平台，推动创业投资机构、银行、券商和保险机构加快科技金融产品及服务模式的创新，优化科技金融生态环境，优选优育科技企业资源，进一步提升支持科技创新的能力。以国家级高新区和省级战略性新兴产业基地为重点，打造科技、金融、产业融合创新发展示范区。推进广州、深圳、佛山、东莞等地国家科技金融结合试点。用好科技型中小企业贷款风险准备金和省市联合风险准备金，引导银行加大对科技型企业的信贷支持。加快发展风险投资、私募基金、产业基金等新金融业态，构建风险分担机制和特别融资机制，完善创业投资体系。加强与全国社保基金、中金公司等沟通，争取设立一批符合我省产业政策的大型产业投资基金。支持建设新产业技术产权交易平台。力争我省国家级高新区全部纳入“新三板”扩容试点。辅导协调科技型中小企业融资上市。推进广东华南科技资本研究院等科技金融服务平台建设，深化粤科风险投资集团改革。争取设立专门服务科技型企业的专业银行、

广东广商高新科技股份有限公司等服务科技的新型金融机构。稳步推进科技小额贷款试点。探索知识产权质押融资新模式，推广股权质押、应收账款质押、存货质押、订单融资等创新型融资工具。加强科技金融风险评估和防范。

（十一）培育发展新型科研机构。鼓励发展创新创业创富相统一、产学研一体化、运作机制市场化和科研团队年轻化国际化的新型科研机构。加快研究制订新型科研机构的认定管理办法，明确新型科研机构在创新体系中的定位，为新型科研机构提供全面专业的服务支撑。扶持深圳光启高等理工研究院、深圳华大基因研究院、东莞华中科技大学制造工程研究院、华南新药创制中心等新型科研机构发展，解决海外引进人才职称评定等突出问题。总结推广新型科研机构全新的运营机制、用人机制和创新机制，优化创新环境，建设创新文化。深入推进科研事业单位分类改革，加大对公益性科技服务的扶持力度，推动一批公益类科研院所转制为非营利性科技服务机构，鼓励民间资本进入科技服务业领域。

（十二）发展科技中介服务机构。完善科技中介服务门类，提高服务质量。鼓励有条件的科研院所、高等院校及企业等依托本单位的科研人才优势，兴办科技中介服务机构。引导科技中介服务机构通过并购或外包方式做大做强，扩大经营范围，降低经营成本，增强企业竞争力。支持科技中介服务机构特色化发展，在优势领域做成品牌。推行政府购买科技公共服务，支持符合条件的科技中介服务机构承接政府委托专业性、技术性强的工作和项目。完善科技中介服务机构准入和退出机制，加强科技中介服务机构信用体系建设。

四、加快产业集聚，大力提升科技服务业协同创新能力

（十三）加快产业集聚。省科技主管部门会同有关部门研究制订科技服务业集聚区的建设规划、专项政策和认定管理办法，促进创新资源和科技服务机构向高新技术产业开发区、战略性新兴产业基地、民营科技园区、产业转移园区、现代服务业合作区以及专业镇等区域汇集，建设科技创业园、软件与服务外包基地、文化创意产业园等不同类型的科技服务业集聚区。积极在科技服务业集聚区的政策扶持、体制创新等方面先行先试，大力支持在广州南沙、中新（广州）知识城、深圳前海深港现代服务业合作区、珠海横琴新区等区域重点开展CEPA先行先试综合示范区和科技服务业对外合作集聚区建设。

（十四）推动协同创新。构建以企业为主体、市场为导向，企业、高校、科研院所及管理部门等多主体协同创新体系，广泛集聚优势创新资源，努力推动经济发展从要素驱动向创新驱动转变。研究制订科技服务业重点产业技术路线图，确定产业关键共性技术并组织重大科技攻关，促进创新链和产业链双螺旋融合。推进节能减排、生物医药、电子信息、社会民生等领域科技服务业的关键共性技术和支撑工具研发。支持引导科技服务机构提升技术创新能力，创造条件申报省级以上工程技术中心、重点实验室、企业技术中心、企业研究开发院和科技服务业百强企业（机构）。推进技术合同登记认定，建设全省科技成果登记和技术转移信息发布平台。

（十五）创新商业模式。促进新型连锁经营、特许经营、合同能源管理、融资租赁、网络营销等商业模式在科技服务领域的推广和应用。引导科技服务机构依托网络平台和新一代信息技术，开发新的科技服务增值业务，构建新型营销盈利模式。在不同领域重点培育100家科技服务业商业模式创新示范企业。鼓励科技服务机构与国际知名机构建立战略合作关系。在高新技术产业开发区、民营科技园、专业镇等产业集聚区建设广东现代服务交易中心分支机构，完善生产力促进体系。

五、加强交流合作，大力提升科技服务业的国际竞争力

（十六）拓宽国内交流合作。落实《科技部广东省人民政府工作会商制度议定书》，深化省部院产学研合作，积极争取国家高技术研究发展计划（863计划）等国家支撑计划项目落户我省，引导人才、资金、技术、信息等创新要素向科技服务业聚集。吸引国内著名高校、科研机构来我省设立研发中心、公共创新平台或产学研结合示范基地，促进国内重大科技成果来粤转移转化。充分发挥中国国际高新技术成果交易会、中国国际人才交流大会、中国留学人员广州科技交流会及中国（广东）博士后人才交流会等平台作用，推进科技成果转化与交流合作。

（十七）加强粤港澳台交流合作。促进粤港澳台科技服务要素合理流动和开放共享。落实粤港、粤澳合作框架协议，推动三地科技服务人员技术职务及产品、商品检验认证等互认。鼓励科技服务机构参与粤港联合招标，合作开展关键共性技术攻关。探索建立粤港澳科技服务贸易自由化新模式。建设粤港澳联合实验室，共建一批高水平专业科技服务平台或基地。探索构建粤港澳台服务外包领域合作机制，共同开拓软件开发、金融后台、研发设计、数据处理等国际服务外包业务；加强文化创意、工业设计等领域的教育培训合作，支持广东工业设计培训学院等联合实训基地建设。

（十八）加强国际交流合作。扩大科技服务领域对外开放，支持承接境外科技服务业转移，引导外商投资我省科技服务业。引导国外知名科技服务机构在我省设立分支机构及共建联合实验室、研发中心、技术转移机构。实施“哑铃型”国际科技合作模式，建立功能互补、两端一体的研发机构和辅助机构，推动国际最新科技成果向我省转移转化。建立科技服务业国际科技合作示范基地。鼓励有条件的科技服务机构建立境外研发机构和营销网络，积极开拓国际市场。引导科技服务机构参与国家或国际有关科技服务对外合作项目和重大科学研究计划。扶持龙头骨干科技服务机构到境外上市。

六、促进科技服务业发展的保障措施

（十九）加强组织领导和统筹协调。完善全省科技服务业工作领导协调机制，统筹全省科技服务业改革发展中的重大问题，部署重大任务，提出科技服务业发展产业规划、专项政策、规范制度。各地、各部门要高度重视，切实加强组织领导，结合实际抓紧制订实施方案和落实措施。各级科技主管部门要充分发挥统筹协调作用，各有关部门要从各自职能出发，加强协调配合，确保各项任务措施落到实处。加强宣传，普及科技服务业相关知识，引导全社会关注和支持科技服务业。

（二十）多渠道加大资金投入力度。统筹运用好现有相关专项资金，不断加大对科技服务业发展的扶持力度。充分发挥省战略性新兴产业创业投资引导资金作用，鼓励有条件的地区加快建立政府性创业投资引导基金，着重用于支持创业投资企业、创业投资管理企业和中小微型服务机构发展。开展政策性融资担保、信托投资、信托贷款等，丰富财政资金使用渠道，发挥财政资金杠杆作用，引导社会资金投入，提高资金使用效率效益。

（二十一）加大人才引进与培养力度。完善科技服务引才引智机制，采取柔性流动方式吸引高层次科技服务人才来粤创新创业。推动建立高校教育和社会培养相结合的专业人才培养机制。开展科技服务机构管理人员和专业技术人员培训。探索构建科技服务业职称评定制度，推进科技咨询师、专利分析师、项目管理师、技术经纪人等培训工作。支持企业设立技术转移工作部门或者技术转移专员，负责收集、分析企业技术成果和技术需求，研究技术成果转化和保护策略。着力培养和引进一批结构合理、素质优良的科技服务业领军人才和创新团队。

（二十二）强化调查统计和评估工作。根据我省科技服务业的特点和发展实际，完善科技服务标准体系，加强科技服务标准的制订、修订工作，夯实科技服务业发展基础。建立完善科技服务

业的统计指标和调查方法，为科技服务业政策制订提供科学依据。加强科技服务业数据开发利用力度，研究将新兴业态纳入统计制度的方式方法，为科技服务业发展提供准确科学的统计参考。全面开展科技服务业统计监测分析，系统评价全省科技服务业的发展水平，及时发布科技服务业统计信息。

（二十三）发挥行业协会及战略联盟作用。鼓励各类科技服务机构依照自愿、平等的原则，按相近的专业范围建立行业协会。推动省、市设立科技服务行业协会，充分发挥其在组织、协调、服务、监管等方面的作用，督促行业自律和诚信经营。支持我省科技服务机构联合国家重点高校、科研院所，组建省部科技服务产学研技术创新联盟，整合全省科技服务资源，推动科技服务业与高新技术产业、先进制造业、战略性新兴产业联动发展。

广东省人民政府办公厅

2012年11月20日

专题调研报告

广东专业镇生产力促进体系调研报告

（2012年6月）

中小微企业是我国国民经济和社会发展的重要力量，是保持国民经济平稳健康可持续发展的重要基础，是促进就业、改善民生和维护社会和谐稳定的重要保障。促进中小微企业科学发展对我省加快转型升级、建设幸福广东具有重要意义。中小微企业由于自身的“先天不足”，需要政府的大力扶持，需要更好的生产力促进机制，需要更为完善的综合服务体系支撑其发展壮大。在各级政府的扶持和指导下，我省已经涌现了一批以生产力促进中心为代表的中小微企业综合性服务平台，这些平台机制灵活，服务模式创新，深受中小微企业欢迎。根据省政府领导6月初在中山市小榄镇生产力促进中心现场调研精神，我们对全省生产力促进体系进行了一次全面深入的调研，聆听了部分生产力促进中心和中小微企业代表的意见和建议，对全省生产力促进体系中区域、行业和专业性三种类型中心及典型案例进行了剖析，在此基础上形成了调研报告。

一、发展概况

（一）全省生产力促进中心服务体系发展概况

近年来，我省非常重视生产力促进体系建设，早在2003年就研究制定并出台了《广东省生产力促进中心管理办法（试行）》《广东省生产力促进机构备案实施细则》和《关于加强广东省科技服务体系建设的若干意见》等政策文件，最近还起草完成了《广东省生产力促进机构“十二五”发展规划纲要（待审稿）》，为“十二五”时期我省生产力促进中心加快发展奠定了良好基础。“十一五”以来，在科技部的指导和省有关部门的大力支持下，在各地市的积极配合下，我省生产力促进中心紧密围绕全省科技工作和加强企业自主创新能力建设的部署，努力发挥生产力促进中心服务基层科技、服务产业集群的辐射带动作用，通过建立共性服务平台，强化人才队伍建设，培育骨干机构，创新服务理念，推进服务体系建设，不断提升服务能力和服务水平，并充分发挥全省生产力促进中心网络化组织的功能，集成社会各方资源，为全省企业尤其是中小微企业提供了多元化全方位的科技服务，为促进我省经济发展做出了积极的贡献。

1. 总体规模稳步扩大，服务网络业已形成

在各级政府的扶持下，我省生产力促进中心服务体系日臻完善，基本形成上下联动、协同合作的生产力促进服务网络，服务领域遍及电子信息、绿色能源、生物医药、装备制造、家用电器、轻工食品等主要行业。截至2011年年底，全省共有省市县及行业生产力促进中心125家，其中国家级示范中心7家、省级示范中心16家；另有4家中心入选广东省科技服务业百强企业（机构），1家中心被认定为广东省科技服务业发展示范基地；全省生产力促进中心资产总额为25.6亿元，用于开展技术服

务等活动的技术装备达12 048台套。为创新服务机制，生产力促进中心主动发起和牵头成立“广东省工业设计创新服务联盟”和“珠江三角洲技术转移联盟”，并积极参与组建区域产业支援联盟及科技服务联盟，形成了省市联动、行业互动的良好发展局面。在2009年，广东被科技部批准为“生产力促进中心体系建设重点省行动”试点省，并于2010年年底通过了科技部的验收评估。

2. 人员素质不断提高，机构管理日益规范

“十一五”以来，我省生产力促进中心从业队伍快速壮大，人员结构不断优化，综合素质稳步提升。截至2011年年底，全省生产力促进中心从业人员2 853人，其中大专以上学历2 511人，占总数的88%，具有中高级职称1 599人，占总数的56%。全年共组织生产力促进中心从业人员参加各类培训7 549人次。在各级政府的大力引导下，生产力促进中心质量管理体系日益完善，标准化服务意识不断增强，全省已有20家生产力促进中心通过ISO9001质量管理体系认证。

3. 服务能力显著提升，服务业绩快速增长

多年来，生产力促进中心在政府部门的支持下，大力整合科技服务资源，积极开展科技服务。一方面，为政府制定和实施重大任务和专项行动提供服务支撑，当好参谋助手；另一方面，紧密围绕企业技术管理创新需求，为中小微企业提供技术转移、工业设计、企业孵化、科技金融、科技培训等全流程的科技服务，为提升中小微企业自主创新能力做出了重要贡献。2011年，全省生产力促进中心共服务企业43 984家，实现总收入7.4亿元，为企业增加销售额约140亿元，增加利税17.5亿元，为社会提供就业岗位71 372人。据分类统计，全省生产力促进中心全年为企业提供技术推广、技术开发和产品检测等技术服务259 641项次，导入技术152项，引进人才2 843人，组织交易活动67项，为社会和企业培训人员达113 751人次；全年为企业提供管理咨询、技术咨询、协助企业申报科技计划以及其他咨询等合计18 882项次。此外，联系科研机构1 822家，联系专家6 578人，与国际及港澳台机构开展人员交流3 428人次，引进项目76项，引进资金1 079万元，充分发挥了桥梁与纽带的作用，为提升我省中小微企业创新能力、促进地方产业转型升级和经济发展做出了重要贡献。

（二）全省专业镇发展概况

专业镇是我省自20世纪80年代末以来出现的产业相对集中、产供销一体化、以镇级经济为单元的新型经济形态，是广东传统产业的主战场，在强省富民、带动区域发展和城镇化等方面发挥着重要作用。“十一五”以来，我省以技术创新示范为切入点，采取措施不断推进专业镇的培育、壮大与创新发展，引导广东专业镇从自发、零散和无序的发展阶段迈向规划引导、政策扶持、科技支撑的发展轨道。

1. 专业镇已成为广东经济发展及转型升级的重要一极

截至2011年年底，全省已认定326个省级专业镇，占全省建制镇的1/5，在全省经济社会发展中的战略地位日益突出。2011年，全省专业镇实现地区生产总值（GDP）1.64万亿元，是2007年的2.14倍，占全省GDP的比重从2007年的24.9%提升到2011年的31.1%。专业镇镇均工农业总产值近137亿元，同比增长27%，全省工业总产值超千亿元的专业镇达6个，超百亿元专业镇达103个，占专业镇总数1/3；规模以上企业数达25万家。

2011年，专业镇对区域经济的平均贡献率达到39.3%，佛山、云浮的专业镇对区域经济贡献率分别高达94.7%、67.4%；中山、江门、潮州等8个地区专业镇对本地经济贡献率均超过50%。2011年，全省专业镇共有企业43.4万家，直接解决就业人口1 399万人，平均每个镇解决4.3万人的就业问题；专业镇人均GDP达4.98万元，同比增长12.4%，高于全省人均GDP增长速率。

2. 专业镇技术创新能力明显提升

省科技厅于2000年在全国率先启动了“专业镇技术创新试点”工作，近年来又先后开展了“技术创新示范专业镇”“双提升示范专业镇”“一校（院）一镇”“一镇一策”等专项工作，围绕专

业镇产业发展需求，组织科技专项计划，建设多层次的创新平台，引进国内外高层次创新人才，对专业镇转型升级中的技术难点和技术瓶颈开展联合攻关，实现部分产业发展关键技术突破。以珠三角为代表的许多专业镇技术创新能力逐步增强，技术创新体系逐步形成。经过多年发展，专业镇初步摆脱了传统粗放的劳动密集型经济增长模式，逐步走向以技术创新为核心驱动力的发展路径。

2011年，全省专业镇科技投入达148.56亿元，研发人员20.24万人，占全省研发人员总数的53.3%，科研能力不断提升。全省专业镇高新技术企业达1 231家，比2010年增加326家，占全省的22.5%，专业镇成为我省高新技术企业的重要培育基地。专业镇企业自主创新积极性和知识产权保护意识不断增强，专利申请和授权量持续增加，占全省比重越来越大。2011年，专业镇专利申请量达81 361件，同比增长49%，占全省的41.4%。专业镇成为全省专利的重要产出基地。通过自主创新和品牌建设战略，逐步形成了在国内外具有较高知名度的企业和产品品牌，2011年，全省专业镇名牌名标总数3 094个，其中著名驰名商标数1 609个；集体商标数和原产地商标数达171个，共参与制定修订行业标准1 355件，同比增加54.3%，古镇、南庄、顺德区家电产业专业镇等制定的部分标准成为国家标准。

3. 专业镇创新服务体系建设初显规模，但制约因素仍有待突破

专业镇中的企业多数为中小微企业，其在发展过程中不可避免存在自身创新资源、创新能力及创新投入不足等难题。因此，各类创新服务机构，是专业镇中小微企业借助外部资源获取科技服务、推进产品技术创新的有力支撑。截至2012年6月，全省专业镇共拥有科技服务机构1 229个，专业镇积极联合高等院校和科研院所，建立了近200个创新平台，覆盖了全省主要优势产业和特色产业。但由于投入、人才等因素制约，致使其不论在数量还是在质量上，仍远远无法满足新形势下专业镇转型升级的需求。目前专业镇技术创新平台大多都注重信息发布、市场推广、管理咨询等服务，但仍未能给企业提供全面、良好的研发、检测、信息、培训等技术服务，辐射带动作用不明显；尤其在共性技术攻关能力方面更显得力不从心。同时，创新服务平台的布局和能力水平分布也不均衡，如中山、东莞和佛山三地中超过60%的专业镇都组建了较高水平的技术创新平台，具有较好的创新服务基础，而其他地市的平台建设数量少、水平不高，还不足以支撑整个地市专业镇的发展需求。

二、典型服务模式及案例

根据国家《中小企业促进法》关于推动建立各类技术服务机构，建立生产力促进中心和科技企业孵化基地的要求，10多年来，省科技厅积极推进全省生产力促进体系发展，全面构建服务广大中小微企业的技术创新服务体系。目前全省生产力促进中心可分为区域性、行业性和专业性三种类型。三者优势互补，已经初步形成资源共享、相互协作的服务网络，成为我省服务中小微企业技术和产品创新的中坚力量。

（一）区域生产力促进中心：企业创新发展的综合服务商

区域生产力促进中心在全省科技服务体系中扮演重要角色并占据主导地位，截至2012年6月，全省共建立了99个区域生产力促进中心。这些区域中心通过构建集科技创新、创业辅导、企业咨询、企业信息化、公共检测、人才培养、科技金融、企业孵化等服务功能为一体的综合性服务平台，在协助各级政府部门开展工作的同时，深入开展“服务产业集群、服务基层科技”的两服务行动，积极推动各类优质创新资源进入专业镇，进入企业一线，促进广大中小微企业技术和管理创新能力提升，成为了政府部门的“得力助手”和广大中小微企业的“好帮手”。

典型机构：广东省生产力促进中心

广东省生产力促进中心（以下简称“省中心”）是我省最早成立的生产力促进中心之一。10多

年来，省中心坚持“优化资源配置、强化平台建设、促进企业发展、服务产业转型”的工作思路，重点打造了软件公共技术支撑、科技成果转化与孵化、工业设计及先进制造业技术、创新基金、管理咨询、培训、科技人才、科技型中小企业融资、创新方法推广研究、专业镇技术创新支援中心十大服务平台，培育出科技金融、创新基金、软件企业孵化及技术支撑等多个在全省具有龙头地位的核心服务品牌，服务网络遍及全省大部分地市、高新区和专业镇，孵化培育出一大批优秀科技型中小企业，为推动我省中小微企业发展做出了积极的贡献。2011年，省中心组织开展各类培训、咨询和技术服务10 187项（人）次，服务企业8 565家，为企业新增销售额95.8亿元，新增利税11.3亿元，为社会增加就业超过2.1万人。省中心连续4年被科技部评为优秀国家级示范中心，连续2年荣获生产力促进（服务贡献）奖和中国产学研合作促进奖，2010年入选广东省科技服务业百强机构和科技服务业示范基地，2011年被中国技术市场协会评为“金桥奖”先进集体。

1. 创新科技金融机制，破解中小企业融资难题

完善风险分担机制是科技金融合作的关键所在。省中心在2007年推动设立了总额为1亿元的“广东省科技型中小企业融资担保风险准备金”之后，组建了省科技型中小企业投融资服务中心和华南科技资本研究院，积极开展企业投融资服务及项目开发、辅导和培训工作。截至2012年6月，已累计为科技型中小企业提供了3 375万元风险准备金质押，撬动银行发放贷款超过10亿元，风险准备金实际放大倍数达到30余倍，极大地发挥了财政专项资金支持科技创新的杠杆效率。为解决科技型中小企业因缺乏有形资产抵押而难以获得融资支持的难题，省中心与招商银行、北京银行、东莞银行及国内知名法律和评估机构深入合作，搭建了知识产权质押融资平台，试点知识产权质押贷款业务。截至2012年6月，来自广州、东莞和佛山等地的17家企业通过纯知识产权或者以发明专利、技术成果、软件著作权、商标等无形资产嫁接反担保资产向银行成功借款接近2亿元，知识产权质押贷款取得实质性突破。

2. 建立企业孵化基地和公共技术支撑体系，提升企业孵化效率

经过多年的探索和完善，省中心在企业孵化方面已经建立起一套充满活力的管理机制及创新的服务体系，特别是下属的广东软件科学园，被科技部认定为“广州国家现代服务业软件产业化基地”。完善的服务体系、创新条件和服务模式让广东软件园成为了各地高新区、产业转移园等自主创新园区争先效仿的典型模式。截至2012年6月，在园企业260家，2011年总产值超过57亿元，纳税总额达4.5亿元。全年提供园区软件企业认定、技术合同登记等服务555项，组织举办企业培训辅导活动近百场，成功帮助5家企业获得风险投资资金达5 400万元。依托国家“863计划”软件专业孵化器广东基地和实验室，广东软件园在全省建立了较为完善的软件评测和技术服务网络，服务延伸至肇庆、江门、阳江等12个地市，全年完成软件评测及技术服务项目960项，直接服务收入超过450万元。同时，广东软件园参股的广州润芯信息技术有限公司和东莞市泰斗微电子科技有限公司在北斗二代卫星导航射频芯片领域及基带芯片领域不断取得突破，迅速跻身“国家梯队”，引起了业界的极大关注。

3. 推动创新方法在企业的推广应用，提升企业创新效率

省中心作为广东创新方法工作的依托单位，牵头成立了广东省创新方法研究会和创新方法推广应用研究中心，并借助省创新方法工作专项，重点面向高新技术企业、科研机构和高等院校，广泛持续地开展了以TRIZ为主的创新方法推广应用工作。通过试点企业培育示范，培养了一大批企业创新方法工程师和团队，应用创新方法理论解决了企业生产和研发众多实际技术难题。近3年来，共组织了40多期创新方法普及培训和深入培训，3期创新工程师培训以及2期师资培训。同时，创新方法推广应用研究中心还联合高校开展创新方法课程，培养在校学生运用创新方法的能力。截至2012年6月，直接培养创新方法人才逾5 000人，培养了50多名熟练掌握创新方法理论的师资人才，初步形成了广东本土的创新方法培训与推广应用的骨干力量。

4. 整合各方优质资源，为专业镇企业提供全方位创新服务

为进一步帮助专业镇聚集省内外优质创新资源，提高创新能力和途径，省中心成立了省专业镇技术创新支援中心，建立了专业镇“1+N”的创新协作平台，并已在中山、东莞、顺德等产业集群发达的地区建立了创新驿站，促进企业技术需求与高校、科研机构的直接对接。截至2012年6月，支援中心已经组建了20多个涵盖家电、陶瓷、金属加工及制品、纺织、机械等领域的专家服务团，主要采取电话（960099）、网上在线咨询和现场指导等途径，为专业镇科技创新提供智力支持。

5. 深入开展中小企业创新基金咨询和服务工作，争取更多国家资金支持

近年来，省中心依托科技型中小企业技术创新基金管理中心，根据中小企业成长路线图，积极实施“育苗造林”成长计划，即选择一批发展前景较好的受资助企业，通过省中心的综合培育平台，协助企业制定发展规划，解决项目研发、产业化过程中的技术难题。定期组织专家对入选企业进行发展评估。联合产学研合作、科技金融等相关专项计划，对入选企业进行综合持续支持。同时进一步加强管理中心咨询队伍建设，加强对各地市科技管理部门、中介机构、企业的组织培训，深入挖掘优质项目，提升全省创新基金工作服务水平。2011年，创新基金管理中心在全省组织了10场创新基金申报培训会，700多家企业和52家科技服务机构、1 500多人参加了培训。2011年组织与国家联审创新项目863个，同比增长180%，全省（含深圳）获得国家创新基金立项375个，资助金额2.52亿元，立项数、资助额同比增长43.7%和32.9%，均创历史新高。

6. “以人为本”，协助企业做好高层次人才引进和培养

近年来，省科技人才服务中心以新一代电子信息、生物、节能环保、高端装备制造、新材料、新能源汽车等涉及广东区域支柱产业、新兴产业和战略产业的技术创新领域的企业为服务重点，通过帮助企业引进创新科研团队及领军人才，提高企业的自主创新能力。截至2012年6月，来自273所高校及科研院所的5 291名专家教授，入驻到全省2 822家企业开展技术服务工作。同时，省科技人才服务中心还通过组织高校毕业生走访专业镇和服务科技型企业供需见面会等形式，为专业镇企业与高校毕业生搭建一个双向选择的交流平台，吸引了来自全省40多所高校的数千名毕业生参与，一大批高校毕业生选择了在专业镇发展。

（二）行业生产力促进中心：行业发展的助推器

行业生产力促进中心依靠自身雄厚的科技资源和行业技术优势，构建了一批行业公共技术服务平台，以科技为先导，以高新科技成果为依托，以促进科技成果转化、推动技术进步与技术创新、提高行业生产力水平为宗旨，逐步形成了具有综合技术优势和特色的技术创新服务体系，组织全行业的科技力量为企业提供全方位的服务，有力推动了本行业的技术进步。

典型机构：工业与日用电器生产力促进中心

工业与日用电器生产力促进中心（CNAPC）是1998年经科技部批准成立的、目前国内日用电器行业唯一的大型综合性科技服务机构。2000年被科技部评为“国家级示范生产力促进中心”。该中心设有4个全国性行业协（分）会和11个国家标准化（分）技术委员会秘书处；归口管理国际电工委员会（IEC）的16个技术委员会，汇聚了日用电器、分马力电机和电器附件及自动控制器3个行业的专业人才，具备雄厚的电器行业信息资源和人才资源。工业与日用电器生产力促进中心通过多年的实践，在行业公共服务平台建设与服务方面积累有益的经验。

1. 开展行业性活动，促进行业交流和技术进步

工业与日用电器生产力促进中心通过归口管理的4个行业协会组织，充分发挥协会服务平台的作用，开展了大量的行业服务工作，针对行业实际开展行业技术交流、信息咨询和信息服务、展览展示活动、国际技术交流和合作等方面做了大量工作，为推动行业的技术交流和技术进步做出了贡献。2011年，共组织召开各类行业技术研讨会、论坛、展览展示会等国内外技术交流活动40余次，

参与活动的企业近2 000家（次）、参加活动人员共15 000多人次。通过这些活动，增进了企业间的交流和了解，促进了行业的新技术应用、新产品推广以及节能环保、绿色设计、国外技术壁垒应对、标准理解实施、产品质量及认证等工作的开展，有效地推动了广东省电器行业技术进步和企业生产经营。

2. 组织标准制定与宣贯，促进企业产品质量提升

标准化是提升企业核心竞争力的重要手段。工业与日用电器生产力促进中心立足广东省家电支柱产业发展现状，在行业中组建了4个IEC专家组，集聚了40位专家作为技术支撑队伍和智囊团，开展家电行业产品的标准技术研发与制定，2006年以来累计制修订标准超过200项，开展标准宣贯30多次，推动了我省家电产品的结构调整和技术进步，为广东省家电产品出口、产品质量提高提供了标准技术保障，提升了日用电器企业的核心竞争力。

3. 开展人才培训，促进行业科技人才水平提升

工业与日用电器生产力促进中心充分发挥技术、人才方面的优势，在家用电器、电器附件、灯具与光源、电子、汽车零部件、电池电源、材料等领域建立了多个综合培训服务平台，为企业提供产品标准、检测、认证、质量管理体系等业务的人才培训。该中心累计为3 000多家企业提供技术及管理培训，培训各类人才达10 000人次，形成了自身特色的培训服务模式，满足了大量企业技术及管理人才的培训需求，大大促进了行业企业的高级管理人才和技能型人才的水平提升。

4. 提供技术咨询和信息服务，促进企业管理水平提升

工业与日用电器生产力促进中心积极为企业做好标准、质量认证、质量管理体系等咨询和相关服务工作，推动数十家企业获得知名品牌和驰名商标，行业企业品牌建设工作成效显著。该中心为企业提供实验室规划技术和工业设计等咨询，帮助企业完善质量管理体系，提高产品质量检测水平和工业设计水平。该中心还利用下属协会主办的刊物，提供政策法规、市场动态、新产品开发、国外技术跟踪等大量信息，为企业生产经营、管理与改革、产品质量、市场竞争等企业重大决策等提供了重要参考，切实提升了企业的经营管理水平。

5. 实施检测和出口认证服务，促进行业竞争力提升

工业与日用电器生产力促进中心依托中国电器科学研究院组建了国内乃至亚洲规模最大、检测范围最广、综合实力最强的电子电器检测平台。该检测平台获得国家认证认可机构的多项授权，并和国外诸多认证机构及政府部门保持着长期良好的合作关系，出具的检测报告可以得到全世界40多个国家50多家认证机构的认可。检测平台为国内外各类型企业的产品安全、性能和质量体系提供了可信赖的认证及检测服务，年服务企业达3 000多家次，检测项目超过30 000个，出具检测报告达30 000份，有力地促进了企业产品质量和行业竞争力的提升。

6. 跟踪欧盟环保指令，促进企业提升应对国外技术壁垒的水平和能力

工业与日用电器生产力促进中心在国内最早开始跟踪和研究欧盟WEEE和RoHS指令，开展氯氟烃（CFC）替代和废旧电器回收技术培训，积极推进WEEE的回收处理和资源再利用技术，针对欧盟抬高“绿色门槛”，该中心组织行业进行应对欧盟两个指令对策和措施研究，提高了企业监控产品质量的能力，增强了企业出口产品的竞争力，帮助企业拓展了海外市场。

（三）专业镇生产力促进中心：中小微企业的社区医院

近年来，为加快提升我省专业镇中小微企业技术创新能力，推动产业集群优化升级，省科技厅重点在中山、佛山等产业集中度高、创新环境较好的地市建设了15个专业镇生产力促进中心。这一批生产力促进中心整合了部分优势创新资源，建成了一批技术、产品研发，产品质量检测、认证，人才培养，科技金融，创业就业服务的综合平台，在政府与企业间构筑了一条宽广、有效的沟通渠道，成为了区域内众多中小微企业创新发展的“良师益友”，被喻为中小微企业的社区医院。

典型机构：中山市小榄镇生产力促进中心

小榄镇生产力促进中心（以下简称“小榄中心”）于2000年经省科技厅批准成立，是在借鉴和学习日本、新加坡、香港等先进国家和地区经验的基础上，为推动企业技术创新和发展区域经济而组建的中小企业公共服务平台。截至2012年6月，小榄中心已建立较为完善的服务体系，集技术创新、信息网络、质量检测、人才培训、企业融资和科技创业六大服务功能和43个服务实体，拥有专业化服务团队600多人，研发创新场所3万多平方米，各类先进设备500多套，总资产3.5亿元。2011年，小榄中心服务企业近5 000家，完成服务合同10 000多份，开展各类讲座及培训200多个，培训学员12 000多人次，为企业和平台申请扶持资金1 500多万元。先后获得“国家级示范生产力促进中心”“广东省科技服务业发展示范基地”“广东省中小企业综合服务机构示范单位”等称号。

在建设发展过程中，小榄中心始终坚持“政府为主导、市场为导向、企业为主体”的发展模式，紧紧围绕“解决企业共性困难”这一主线，不断培育和发展新的服务项目，丰富服务手段和内容。

1．紧贴企业需求，推进传统产业“双提升”

针对镇上中小企业技术落后、创新能力不足等问题，小榄中心积极开展技术创新服务，先后建成了汉信现代设计制造技术服务中心、五金表面热处理中心、工业设计产业园、低碳发展促进中心等43个专业服务机构，与国内外50多家科研院校开展密切的产学研合作，为企业提供模具快速成型、五金表面热处理、产品研发、创新设计、节能降耗等技术创新服务。其中，汉信中心每年为企业提供产品快速成型等一站式创新服务2 000多项。小榄中心成立了项目拓展部，积极开展政策咨询、项目协助申报和产学研对接服务，近3年来成功为企业申请各级扶持资金3 000多万元，为100多家企业提供产学研合作对接服务。此外，小榄中心还成功引入Thomson innovation（汤姆森）专利检索平台，为企业提供免费的专利检索、申请与维权等一条龙服务，有力地支持了企业的产品创新。

2．加强产学研合作，培育和引导半导体照明新兴产业发展

一是与华南理工大学和华南师范大学合作，建立了LED产业技术研究院，重点解决产业发展的共性技术难题。二是建立LED综合检测平台，为LED企业提供产品测试服务，累计进行光性能测试10 000多项、EMC电磁兼容测试6 000多小时，共减免企业检测及研发费用1 300多万元。三是投资500万元建设LED封装实训室，在职业高中开设LED专业班，为行业发展培育本土人才。四是利用小榄“半导体照明产业国际科技合作基地”的优势，加强与日本、瑞典等国外先进机构的合作，积极筹建“中国绿色照明教育示范基地”，打造“中国新光源之都”。2010年，小榄中心的“LED产业科技服务体系建设”被列入广东省现代产业500强重点培育项目，推动建设总投资13亿元、总建筑面积达40万平方米的“LED中国九州城”项目，打造具有国际影响力的LED商贸交易平台。

3．完善第三方公共检测服务平台，支撑企业新产品研发

小榄中心积极推进国家科技创新项目“检测资源共享公共服务平台”的建设，先后建成了五金锁具、化学成分分析、电器安全规范、EMC电磁兼容及光性能五大实验室。检测平台每年为小榄镇及周边地区3 000多家企业开展公共检测服务，其中锁具实验室累计服务企业1 000多家，每年为锁具企业节省检测费用100多万元，有效减少中小企业对检测设备以及专业人员的重复投入，优化资源配置，缩短企业新产品研发周期。

4．推动企业信息化与工业化融合，推动企业的信息化改造

与省机械研究所等单位合作建立广东省信息化与工业化融合创新中心，构建“政府推动+行业机构专业运作+专家智库+工业产业联盟+技术应用平台+行业信息化服务”的完整工作链，推动企业的信息化改造，为企业自主创新提供强大的信息化支撑平台。

5．实施产业与人才“双优化”战略，改善企业人才结构

成立了“小榄生产力培训学院”，引入香港生产力促进局和台湾生产力促进中心等机构的优质师资，通过开展企业诊断与辅导、专业技能人才培养、人力资源管理、品牌建设等服务，帮助企业

进一步改善内部结构，转变经营方式，提高管理水平和自主创新能力，协助企业向现代化管理和经营方向发展。2011年，小榄中心开展讲座和培训班216个，培训学员12 116人次，累计诊断和辅导企业30多家。

6．推动成果孵化，激励青年创业

一是成立科技创业中心，为符合科技成果孵化条件的中小企业或个人给予创业支持，包括提供低成本的办公场所、设备、创业咨询等服务。截至2012年6月，孵化项目23个，注册工商实体18家，涉及的领域包括工业设计、电子信息、质量检测、节能降耗、认证代理、半导体照明服务等。二是出资30万元与中南大学合作设立“中南大学‘小榄智造’创业奖励金”，鼓励大学生大胆创新，科技创业，经推荐的项目可优先入驻创业基地，激发青年的创业热情和意愿。

三、存在问题

（一）创新资源规模小层次低

生产力促进中心服务体系的定位是中小微企业的家庭医生和综合服务提供商，这就决定了生产力促进机构是以诊断和服务为业务重点，而非以研发为重点。这样的定位使生产力促进机构自身的创新资源规模与层次水平受到限制。特别是镇区生产力促进中心，由于地处二三线城市，高校、科研院所的创新资源很少能惠及，造成了生产力促进服务机构能利用的创新资源严重缺乏，也非常分散，难以建立高水平的产业共性技术研发服务平台。创新资源规模小、层次低，使生产力促进机构创新要素的聚集和整合能力欠缺，服务企业的能力与水平也受到严重制约。

（二）高级适用型人才缺乏

生产力促进中心以提升中小微企业综合竞争力、推动产业升级转型为目标，而“提升中小微企业竞争力”就是要解决每个经济发展阶段中小微企业的共性困难，这就要求生产力促进中心服务体系要有大量的优秀专业人才来支撑生产力促进中心的发展壮大。但目前生产力促进中心尤其是镇区生产力促进中心，面临的困境是缺乏既懂技术又懂市场、营销、管理的综合性、专业性高层次人才。高级适用型人才的缺乏致使生产力促进中心的服务水平和服务能力与中小微企业的服务需求仍然有较大的差距。

（三）资金和税费瓶颈严重

生产力促进中心服务体系的建立、完善和发挥作用，离不开政府的投入与扶持。但目前省政府还没有扶持生产力促进中心服务体系建设与发展的专项资金，全省生产力促进机构目前还处于嗷嗷待哺的状态。此外，生产力促进中心一般都是企事业法人单位，所属行业是现代服务业，各项费用和纳税与普通服务业一样，与中小微企业的成本之痛一样。例如，财政划拨的专项资金或者专项奖励要收取企业所得税；政府配置的土地及厂房要收取物业税及租金税等，这些都制约了生产力促进中心服务体系的发展壮大。

（四）区域发展差距较大

全省生产力促进中心整体发展不平衡。从机构发展方面来看，地区性机构发展不平衡，珠三角比东西两翼和粤北地区发展快；综合性和行业性生产力促进中心发展不平衡，综合性生产力促进中心较多。从业务拓展来看，珠三角地区比东西两翼和粤北地区要好，国家级示范生产力促进中心比其他生产力促进中心要好。生产力促进中心总体发展格局不平衡，制约了我省生产力促进中心的整体协调发展。

四、政策建议

（一）建立健全专业镇中小微企业服务体系

生产力促进中心服务体系是着力为广大中小微企业提供科技创新、创业辅导、企业咨询、企业信息化、公共检测、人才培养、科技金融、企业孵化八大服务功能的专业组织。加快全省专业镇生产力促进中心服务体系建设，支持生产力促进中心牵头组建高校、科研机构和企业共同参与的服务联盟。支持各类实验室、工程中心与相关专业镇生产力促进中心共建分支机构，支持专业镇生产力促进中心设立院士、博士（后）、科技特派员工作站，加快创新驿站建设，为专业镇生产力促进中心提供全面专业的服务支撑。

（二）加强人才队伍建设

加强生产力促进中心从业人员资质培训，支持生产力促进中心通过人才租赁、业务联盟等方式，加快培养和引进一批结构合理、素质优良的科技服务业领军人才和创新团队。加快建立省市级科技人才服务机构人才挂靠、租赁的绿色通道，及时解决专业镇高级人才落户、子女就学、社会保障等难题。支持省科技人才服务中心等人才服务机构结合省部院产学研合作"一校（院）一镇"、科技特派员等行动计划，组建专业镇管理与技术创新专家顾问团队。鼓励科技特派员及其团队入驻专业镇生产力促进中心创新平台。

（三）设立专项资金

建议省财政设立生产力促进中心发展专项资金，主要用于：支持生产力促进中心产业基地、公共技术服务平台建设；支持生产力促进中心的关键共性技术、服务产品的开发和产业化；支持生产力促进中心进入产业园区和产业集群，帮助企业进行产业技术改造和产业升级；支持生产力促进中心高级人才引进和培养；支持质量标准制订、商业模式创新等产业环境建设等。加强镇级财政支持，要求各相关镇把生产力促进中心纳入财政预算管理，加大人、财、物的支持力度。同时，充分利用目前已设立的省部院产学研合作、专业镇建设、战略性新兴产业等财政专项，加大对各类生产力促进中心建设发展的支持力度。

（四）建立部门协调联动的工作机制

省科技行政管理部门协同各有关部门加强统筹管理，集成资源、营造环境，形成共同推动全省生产力促进中心加快发展的合力。各地方政府在转变政府职能过程中，对生产力促进中心能够承担的工作，特别是面向中小微企业的先进技术推广、产学研合作等方面，要积极委托生产力促进中心组织实施，为生产力促进中心创造更广阔的发展空间。加快制定全省生产力促进中心的发展规划，根据产业发展需要，进一步加快和明确共性技术支撑平台的建设，避免重复建设。要加强监督检查，建立绩效评价机制，确保行动取得实效，推动生产力促进工作。

（五）给予税收政策优惠

对于生产力促进中心服务性收入地方税收分成部分给予返还。支持生产力促进中心申报高新技术企业，按照税法规定享受相关税收优惠政策。生产力促进中心研究开发新技术、新产品、新工艺发生的研究开发费用，按照国家中长期科技发展规划配套政策有关规定享受研究开发费税前150%抵扣当年应纳所得税额。当年抵扣不足部分，可按税法规定在5年内结转抵扣。具有自主知识产权和自主品牌的科技服务产品和服务出口按照规定享受国家有关出口退（免）税政策。根据财政部、国家税务总局财税字〔1999〕273号文件的精神，对生产力促进中心从事的技术转让、技术开发、技术咨询和技术服务（包括技术培训和技术中介）取得的收入，免征营业税。

（六）加强港澳台生产力促进机构交流合作

发挥省生产力促进协会作用，进一步加强与境内外生产力促进机构，特别是港澳台地区生产力促进机构的交流与合作，学习借鉴先进地区经验，提升服务能力，推动专业镇转型升级。

（广东省科学技术厅科技服务与管理处）

（广东省生产力促进中心）

科技统计表

表1　各类科技机构概况（2012）

表1－1　主要指标

指　标		政府部门属科技机构					非政府部门属研究与开发机构和综合技术服务业有R&D活动的事业单位	转制机构
		县以上部门属研究与开发机构合计	自然科学和技术领域	社会与人文科学领域	科技信息和文献机构	县属研究与开发机构		
机构数	（个）	179	153	10	16	133	140	70
职工总数	（人）	20 293	18 781	646	866	2 433	27 556	12 747
单位在职从事科技活动人员	（人）	16 207	14 971	577	659	1 250	16 147	7 010
大学本科及以上学历	（人）	12 158	11 132	485	541	236	13 035	5 313
R&D人员折合全时工作量	（人年）	9 393	8 975	373	45	221	8 973	3 236
科技活动收入	（千元）	7 086 892	6 645 880	234 077	206 935	117 465	6 803 561	2 621 034
政府拨款	（千元）	5 256 437	4 924 254	224 463	107 720	105 849	1 500 835	413 182
科技经费内部支出	（千元）	6 922 131	6 493 108	213 124	215 899	116 575	3 650 304	1 442 690
资产购建支出	（千元）	1 910 294	1 879 020	20 104	11 170	11 484	700 862	246 557
R&D经费内部支出	（千元）	3 595 729	3 440 503	143 274	11 952	16 081	2 536 401	941 649
固定资产	（千元）	8 067 246	7 656 706	142 988	267 552	242 703	5 473 178	3 634 948
课题数	（个）	6 568	6 234	175	159	205	1 352	1 189
课题经费支出	（千元）	2 610 635	2 501 248	86 883	22 504	33 301	2 187 701	688 624
R&D课题经费支出	（千元）	1 802 655	1 714 329	85 159	3 167	13 091	1 835 955	540 458
课题投入人员	（人年）	10 891	10 157	398	337	588	9 410	3 560
R&D课题投入人员	（人年）	7 718	7 309	370	39	207	8 449	2 782
专利申请受理	（项）	1 416	1 416	0	0	6	2 020	714
专利授权	（项）	745	744	0	1	2	857	341
科技论文	（篇）	6 836	6 141	482	213	85	2 058	1 720
科技专著	（种）	149	84	61	4	2	24	27

注：1．各表中数据由于统计小数四舍五入而产生的误差均未作配平处理；

2．以后各表的范围为县以上政府部门属研究与开发机构，即自然、社人、信息文献3个领域中的机构。

表2 全部县以上部门属科技机构、人员和经费概况（2012）

表2－1 按地域分布

地　域	机构数（个）	从业人员总数（人）	单位在职科技活动人员		经费收入总额（千元）		科技活动贷款（千元）	经费支出总额（千元）	
				大学本科及以上学历		政府资金			科技经费支出
总　计	**179**	**20 293**	**16 207**	**12 158**	**10 516 474**	**5 726 789**	**35 000**	**10 503 429**	**6 922 131**
广州市	86	15 619	12 484	9 867	9 452 061	4 881 165	35 000	9 442 676	6 055 473
韶关市	10	257	190	78	57 023	34 819	0	55 631	42 639
深圳市	1	970	970	944	325 680	314 020	0	351 795	351 795
珠海市	4	203	161	68	27 582	22 177	0	27 653	11 429
汕头市	11	583	390	156	91 433	43 821	0	87 464	53 701
佛山市	4	161	131	83	49 672	46 319	0	53 244	40 643
江门市	4	96	73	42	17 267	11 859	0	17 486	14 206
湛江市	9	707	509	264	144 543	121 405	0	146 032	105 279
茂名市	8	157	128	57	26 320	16 499	0	25 428	20 721
肇庆市	5	117	107	43	18 637	15 213	0	18 815	14 671
惠州市	7	346	217	96	51 001	39 084	0	48 590	35 522
梅州市	5	192	165	70	32 020	20 403	0	27 687	22 741
汕尾市	3	16	15	6	1 388	1 388	0	1 366	1 055
河源市	2	20	16	5	3 618	1 228	0	3 042	1 927
阳江市	1	62	47	18	8 968	7 851	0	6 911	5 652
清远市	1	3	3	1	7	0	0	445	445
东莞市	8	486	393	276	150 155	113 985	0	134 606	118 181
中山市	3	103	72	58	39 732	18 310	0	36 602	12 753
潮州市	2	87	80	10	8 655	7 944	0	8 510	7 025
揭阳市	3	88	48	13	6 288	5 828	0	6 072	4 403
云浮市	2	20	8	3	4 424	3 471	0	3 374	1 870

表2－2 按隶属关系分布

隶 属	机构数（个）	从业人员总数（人）	单位在职科技活动人员		经费收入总额（千元）		科技活动贷款（千元）	经费支出总额（千元）	
				大学本科及以上学历		政府资金			科技经费支出
总 计	**179**	**20 293**	**16 207**	**12 158**	**10 516 474**	**5 726 789**	**35 000**	**10 503 429**	**6 922 131**
地方部门属	159	12 499	9 460	6 514	6 812 621	3 257 489	30 000	6 824 987	3 875 679
省级部门属	50	7 050	5 559	4 157	5 367 076	2 327 558	30 000	5 396 430	2 854 160
副省级城市属	21	2 148	1 434	1 171	818 421	478 800	0	828 242	570 805
地市级部门属	88	3 301	2 467	1 186	627 124	451 131	0	600 315	450 714
中央部门属	20	7 794	6 747	5 644	3 703 853	2 469 300	5 000	3 678 442	3 046 452
中国科学院	6	3 088	2 990	2 591	1 466 785	1 270 331	0	1 502 349	1 370 927

表2－3 按服务的国民经济行业分布

行业	机构数（个）	从业人员总数（人）	单位在职科技活动人员		经费收入总额（千元）		科技活动贷款（千元）	经费支出总额（千元）	
				大学本科及以上学历		政府资金			科技经费支出
总 计	**179**	**20 293**	**16 207**	**12 158**	**10 516 474**	**5 726 789**	**35 000**	**10 503 429**	**6 922 131**
农、林、牧、渔业	71	4 654	3 101	1 738	1 220 419	910 905	0	1 272 487	974 861
农业	30	2 150	1 497	763	513 839	380 089	0	517 706	387 686
林业	15	839	583	363	259 614	178 783	0	254 264	187 474
畜牧业	6	349	149	60	39 642	18 140	0	43 119	22 479
渔业	5	406	288	209	195 006	155 842	0	181 742	172 255
农、林、牧、渔服务业	15	910	584	343	212 318	178 051	0	275 656	204 967

（续上表）

行　业	机构数（个）	从业人员总数（人）	单位在职科技活动人员		经费收入总额（千元）		科技活动贷款（千元）	经费支出总额（千元）	
				大学本科及以上学历		政府资金			科技经费支出
采矿业	1	1 392	1 205	1 084	563 997	238 198	5 000	555 663	216 395
有色金属矿采选业	1	1 392	1 205	1 084	563 997	238 198	5 000	555 663	216 395
制造业	17	1 723	1 429	1 008	825 572	457 842	0	837 665	631 217
农副食品加工业	2	574	442	276	206 579	117 246	0	218 855	142 253
食品制造业	1	177	141	120	74 546	48 320	0	71 980	54 198
石油加工、炼焦和核燃料加工业	1	17	15	3	2 740	2 535	0	2 711	1 362
医药制造业	5	566	546	432	217 074	198 409	0	220 649	194 390
化学纤维制造业	1	24	17	11	12 257	9 961	0	12 231	1 035
黑色金属冶炼和压延加工业	1	68	27	11	42 897	14 987	0	42 416	2 543
专用设备制造业	4	238	200	153	266 248	65 844	0	265 538	233 570
计算机、通信和其他电子设备制造业	1	36	18	2	2 032	0	0	2 086	787
仪器仪表制造业	1	23	23	0	1 199	540	0	1 199	1 079
交通运输、仓储和邮政业	3	83	78	70	26 578	22 253	0	29 113	24 949
道路运输业	2	62	59	58	16 843	15 013	0	19 356	19 356
水上运输业	1	21	19	12	9 735	7 240	0	9 757	5 593
信息传输、软件和信息技术服务业	4	297	270	191	108 112	55 383	0	102 088	85 236
电信、广播电视和卫星传输服务	1	103	90	70	46 348	18 726	0	42 159	37 495

（续上表）

行　业	机构数（个）	从业人员总数（人）			经费收入总额（千元）		科技活动贷款（千元）	经费支出总额（千元）	
			单位在职科技活动人员			政府资金			科技经费支出
				大学本科及以上学历					
软件和信息技术服务业	3	194	180	121	61 764	36 657	0	59 929	47 741
科学研究和技术服务业	51	8 376	7 113	5 893	3 770 836	2 518 471	0	3 849 376	3 245 611
研究和试验发展	21	4 410	3 956	3 429	1 949 474	1 446 749	0	1 973 807	1 780 082
专业技术服务业	27	3 919	3 118	2 441	1 812 386	1 063 724	0	1 867 336	1 459 102
科技推广和应用服务业	3	47	39	23	8 976	7 998	0	8 233	6 427
水利、环境和公共设施管理业	15	1 829	1 328	991	734 390	193 185	0	731 057	507 826
水利管理业	5	1 068	841	585	377 634	65 793	0	405 474	340 160
生态保护和环境治理业	10	761	487	406	356 756	127 392	0	325 583	167 666
教育	1	54	44	44	37 378	18 790	0	37 378	17 507
教育	1	54	44	44	37 378	18 790	0	37 378	17 507
卫生和社会工作	9	1 535	1 333	898	3 072 410	1 172 271	30 000	2 923 603	1 088 111
卫生	9	1 535	1 333	898	3 072 410	1 172 271	30 000	2 923 603	1 088 111
文化、体育和娱乐业	5	250	208	164	101 468	84 177	0	100 538	65 957
文化艺术业	3	154	120	87	73 704	57 414	0	77 553	49 341
体育	2	96	88	77	27 764	26 763	0	22 985	16 616
公共管理、社会保障和社会组织	2	100	98	77	55 314	55 314	0	64 461	64 461
国家机构	2	100	98	77	55 314	55 314	0	64 461	64 461

表2－4　按机构所属学科领域分布

学科领域	机构数（个）	从业人员总数（人）	单位在职科技活动人员		经费收入总额（千元）		科技活动贷款（千元）	经费支出总额（千元）	
				大学本科及以上学历		政府资金			科技经费支出
总　计	**179**	**20 293**	**16 207**	**12 158**	**10 516 474**	**5 726 789**	**35 000**	**10 503 429**	**6 922 131**
自然科学领域	15	2 399	2 162	1 679	1 177 902	919 284	0	1 207 741	1 031 072
农业科学领域	81	5 610	3 835	2 265	1 776 606	1 122 231	0	1 839 287	1 390 877
医学科学领域	13	2 106	1 885	1 341	3 294 677	1 370 207	30 000	3 143 895	1 283 039
工程科学与技术领域	44	8 764	7 135	5 885	3 737 274	1 934 708	5 000	3 781 664	2 812 990
社会、人文科学领域	26	1 414	1 190	988	530 015	380 359	0	530 842	404 153

表2－5　按机构中从事科技活动人员规模分布

行业	机构数（个）	从业人员总数（人）	单位在职科技活动人员		经费收入总额（千元）		科技活动贷款（千元）	经费支出总额（千元）	
				大学本科及以上学历		政府资金			科技经费支出
总　计	**179**	**20 293**	**16 207**	**12 158**	**10 516 474**	**5 726 789**	**35 000**	**10 503 429**	**6 922 131**
≥1 000人	1	1 392	1 205	1 084	563 997	238 198	5 000	555 663	216 395
500～999人	4	3 145	2 821	2 275	2 167 135	896 227	0	2 212 419	1 374 511
300～499人	8	3 454	2 891	2 262	1 564 101	953 543	0	1 661 153	1 286 371
200～299人	8	2 451	2 049	1 602	2 907 105	1 652 621	0	2 713 228	1 612 167
100～199人	23	3 766	2 971	2 156	1 518 390	967 504	30 000	1 581 952	1 237 104
50～99人	25	2 558	1 926	1 330	797 311	453 500	0	825 703	624 101
30～49人	29	1 732	1 115	740	510 163	282 246	0	496 392	317 526
20～29人	24	880	597	338	299 976	156 354	0	278 688	146 240
10～19人	38	758	523	310	167 251	109 120	0	158 163	93 849
0～9人	19	157	109	61	21 045	17 476	0	20 068	13 867

表3　全部县以上部门属科技机构人员概况（2012）

表3－1　按地域分布

单位：人

地　域	从业人员总数	单位在职科技活动人员		外来流动科技活动人员		离退休人员
			女性	外聘流动学者	非本单位在读研究生	
总　计	**20 293**	**16 207**	**6 381**	**648**	**2 705**	**10 574**
广州市	15 619	12 484	5 183	506	2 263	7 795
韶关市	257	190	61	0	0	276
深圳市	970	970	351	90	379	0
珠海市	203	161	50	0	0	135
汕头市	583	390	136	0	0	450
佛山市	161	131	47	1	0	203
江门市	96	73	16	1	0	20
湛江市	707	509	161	22	16	700
茂名市	157	128	30	1	0	78
肇庆市	117	107	33	6	0	208
惠州市	346	217	65	2	2	62
梅州市	192	165	59	14	0	115
汕尾市	16	15	3	0	0	3
河源市	20	16	7	0	0	0
阳江市	62	47	12	2	0	31
清远市	3	3	0	0	0	1
东莞市	486	393	94	3	45	155
中山市	103	72	26	0	0	184
潮州市	87	80	32	0	0	47
揭阳市	88	48	11	0	0	60
云浮市	20	8	4	0	0	51

表3－2 按隶属关系分布

单位：人

隶　属	从业人员总数	单位在职科技活动人员		外来流动科技活动人员		离退休人员
			女性	外聘流动学者	非本单位在读研究生	
总　计	**20 293**	**16 207**	**6 381**	**648**	**2 705**	**10 574**
地方部门属	12 499	9 460	4 022	200	412	6 716
省级部门属	7 050	5 559	2 600	91	327	3 462
副省级城市属	2 148	1 434	660	36	33	901
地市级部门属	3 301	2 467	762	73	52	2 353
中央部门属	7 794	6 747	2 359	448	2 293	3 858
中国科学院	3 088	2 990	1 077	321	1 951	1 202

表4 全部县以上部门属科技机构人员按工作性质分类（2012）

表4－1 按地域分布

单位：人

地　域	单位在职科技活动人员				生产经营活动人员	其他人员
		科技管理	课题活动	科技服务		
总　计	**16 207**	**2 314**	**10 494**	**3 399**	**1 963**	**2 123**
广州市	12 484	1 634	8 397	2 453	1 445	1 690
韶关市	190	34	95	61	31	36
深圳市	970	148	716	106	0	0
珠海市	161	16	87	58	11	31
汕头市	390	93	137	160	140	53
佛山市	131	31	55	45	15	15
江门市	73	9	35	29	4	19
湛江市	509	75	284	150	80	118
茂名市	128	31	72	25	9	20

（续上表）

地　域	单位在职科技活动人员				生产经营活动人员	其他人员
		科技管理	课题活动	科技服务		
肇庆市	107	22	65	20	2	8
惠州市	217	64	106	47	76	53
梅州市	165	49	97	19	26	1
汕尾市	15	5	6	4	1	0
河源市	16	5	0	11	2	2
阳江市	47	6	31	10	9	6
清远市	3	2	0	1	0	0
东莞市	393	57	192	144	59	34
中山市	72	15	49	8	8	23
潮州市	80	9	54	17	0	7
揭阳市	48	8	14	26	33	7
云浮市	8	1	2	5	12	0

表4－2　按隶属关系分布

单位：人

隶　属	单位在职科技活动人员				生产经营活动人员	其他人员
		科技管理	课题活动	科技服务		
总　计	**16 207**	**2 314**	**10 494**	**3 399**	**1 963**	**2 123**
地方部门属	9 460	1 504	5 616	2 340	1 480	1 559
省级部门属	5 559	803	3 537	1 219	628	863
副省级城市属	1 434	210	838	386	386	328
地市级部门属	2 467	491	1 241	735	466	368
中央部门属	6 747	810	4 878	1 059	483	564
中国科学院	2 990	409	2 101	480	10	88

表4－3　按机构所属学科领域分布

单位：人

学科领域	单位在职科技活动人员				生产经营活动人员	其他人员
		科技管理	课题活动	科技服务		
总　计	**16 207**	**2 314**	**10 494**	**3 399**	**1 963**	**2 123**
自然科学领域	2 162	329	1 469	364	96	141
农业科学领域	3 835	610	2 278	947	916	859
医学科学领域	1 885	217	1 012	656	15	206
工程科学与技术领域	7 135	852	5 065	1 218	855	774
社会、人文科学领域	1 190	306	670	214	81	143

表5　全部县以上部门属科技机构科技活动人员的资历和文化程度（2012）

表5－1　按地域分布

单位：人

地　域	单位在职科技活动人员	学　历					职　称		
		博士毕业	硕士毕业	本科毕业	大专毕业	其他	高级	中级	其他
总　计	**16 207**	**2 133**	**4 333**	**5 692**	**2 389**	**1 660**	**4 321**	**4 841**	**7 045**
广州市	12 484	1 786	3 486	4 595	1 668	949	3 738	3 851	4 895
韶关市	190	0	11	67	50	62	23	55	112
深圳市	970	273	505	166	24	2	171	298	501
珠海市	161	6	15	47	29	64	26	38	97
汕头市	390	0	9	147	101	133	74	75	241
佛山市	131	0	40	43	20	28	28	47	56
江门市	73	0	6	36	10	21	10	20	43
湛江市	509	36	100	128	99	146	89	156	264
茂名市	128	1	8	48	47	24	24	45	59
肇庆市	107	0	5	38	29	35	6	36	65

（续上表）

地　域	单位在职科技活动人员	学　历					职　称		
		博士毕业	硕士毕业	本科毕业	大专毕业	其他	高级	中级	其他
惠州市	217	4	25	67	95	26	18	33	166
梅州市	165	0	12	58	70	25	37	49	79
汕尾市	15	0	0	6	8	1	0	6	9
河源市	16	0	0	5	11	0	1	0	15
阳江市	47	0	2	16	20	9	6	16	25
清远市	3	0	0	1	0	2	0	1	2
东莞市	393	26	99	151	55	62	45	53	295
中山市	72	1	10	47	4	10	10	32	30
潮州市	80	0	0	10	23	47	11	11	58
揭阳市	48	0	0	13	22	13	3	17	28
云浮市	8	0	0	3	4	1	1	2	5

表5－2　按隶属关系分布　　单位：人

隶　属	单位在职科技活动人员	学　历					职　称		
		博士毕业	硕士毕业	本科毕业	大专毕业	其他	高级	中级	其他
总　计	**16 207**	**2 133**	**4 333**	**5 692**	**2 389**	**1 660**	**4 321**	**4 841**	**7 045**
地方部门属	9 460	626	2 214	3 674	1 793	1 153	2 302	2 732	4 426
省级部门属	5 559	501	1 434	2 222	942	460	1 579	1 727	2 253
副省级城市属	1 434	75	482	614	203	60	365	424	645
地市级部门属	2 467	50	298	838	648	633	358	581	1 528
中央部门属	6 747	1 507	2 119	2 018	596	507	2 019	2 109	2 619
中国科学院	2 990	1 089	921	581	169	230	874	966	1 150

表6 全部县以上部门属科技机构经费收入（2012）

表6－1 按地域分布

单位：千元

地域	科技活动收入	政府资金				非政府资金			生产经营活动收入	其他收入
		政府资金	财政拨款	承担政府科研项目收入	其他	非政府资金	技术性收入	国外资金		
总计	**7 086 892**	**5 256 437**	**3 054 759**	**1 196 109**	**216 699**	**1 830 455**	**1 643 131**	**9 224**	**1 725 145**	**1 704 437**
广州市	6 189 533	4 448 959	2 556 610	928 501	202 738	1 740 574	1 564 454	9 224	1 656 204	1 606 324
韶关市	41 334	27 662	20 145	7 094	0	13 672	13 672	0	3 963	11 726
深圳市	325 680	314 020	174 700	139 320	0	11 660	11 660	0	0	0
珠海市	21 889	17 432	11 825	5 607	0	4 457	0	0	0	5 693
汕头市	69 148	39 268	31 079	7 775	414	29 880	29 880	0	16 163	6 122
佛山市	46 817	46 168	35 088	7 008	0	649	20	0	0	2 855
江门市	12 933	11 859	4 977	5 110	1 254	1 074	1 074	0	3 736	598
湛江市	122 874	115 554	83 873	21 756	5 494	7 320	5 392	0	10 469	11 200
茂名市	22 143	14 741	7 230	7 150	52	7 402	7 402	0	2 416	1 761
肇庆市	14 202	14 202	9 516	2 581	0	0	0	0	909	3 526
惠州市	40 237	38 554	22 978	9 673	139	1 683	1 683	0	4 585	6 179
梅州市	25 946	19 045	13 410	1 700	3 935	6 901	5 340	0	315	5 759
汕尾市	1 388	1 388	1 338	0	50	0	0	0	0	0
河源市	3 618	1 228	1 228	0	0	2 390	0	0	0	0
阳江市	8 707	7 851	4 941	2 595	195	856	856	0	178	83
清远市	0	0	0	0	0	0	0	0	7	0
东莞市	109 471	107 534	55 792	42 522	202	1 937	1 698	0	24 789	15 895
中山市	14 000	14 000	7 173	5 827	0	0	0	0	0	25 732
潮州市	7 944	7 944	7 805	0	139	0	0	0	0	711
揭阳市	5 828	5 828	3 681	60	2 087	0	0	0	460	0
云浮市	3 200	3 200	1 370	1 830	0	0	0	0	951	273

表6 – 2 按隶属关系分布

单位：千元

隶 属	科技活动收入	政府资金				非政府资金			生产经营活动收入	其他收入
			财政拨款	承担政府科研项目收入	其他		技术性收入	国外资金		
总 计	**7 086 892**	**5 256 437**	**3 054 759**	**1 196 109**	**216 699**	**1 830 455**	**1 643 131**	**9 224**	**1 725 145**	**1 704 437**
地方部门属	3 974 235	2 973 248	1 892 597	420 844	97 648	1 000 987	900 390	1 299	1 396 017	1 442 369
省级部门属	2 929 363	2 153 352	1 317 245	249 671	68 868	776 011	694 655	1 299	1 249 302	1 188 411
副省级城市属	559 944	397 820	298 250	61 090	19 868	162 124	153 279	0	88 340	170 137
地市级部门属	484 928	422 076	277 102	110 083	8 912	62 852	52 456	0	58 375	83 821
中央部门属	3 112 657	2 283 189	1 162 162	775 265	119 051	829 468	742 741	7 925	329 128	262 068
中国科学院	1 376 735	1 197 642	687 111	396 984	109 245	179 093	142 744	7 830	14 259	75 791

表6 – 3 按服务的国民经济行业分布

单位：千元

行 业	科技活动收入	政府资金				非政府资金			生产经营活动收入	其他收入
			财政拨款	承担政府科研项目收入	其他		技术性收入	国外资金		
总 计	**7 086 892**	**5 256 437**	**3 054 759**	**1 196 109**	**216 699**	**1 830 455**	**1 643 131**	**9 224**	**1 725 145**	**1 704 437**
农、林、牧、渔业	923 114	823 690	507 069	211 630	15 234	99 424	65 924	345	114 149	183 156
农业	379 882	336 228	226 885	92 565	6 338	43 654	29 191	0	47 163	86 794
林业	189 145	163 696	99 167	33 995	3 388	25 449	9 687	250	19 522	50 947
畜牧业	19 281	17 921	11 592	6 071	50	1 360	1 360	0	18 517	1 844
渔业	180 868	155 320	92 423	45 160	139	25 548	25 453	95	8 276	5 862
农、林、牧、渔服务业	153 938	150 525	77 002	33 839	5 319	3 413	233	0	20 671	37 709
采矿业	231 294	181 618	58 518	122 750	350	49 676	49 676	0	269 506	63 197
有色金属矿采选业	231 294	181 618	58 518	122 750	350	49 676	49 676	0	269 506	63 197

（续上表）

行业	科技活动收入	政府资金				非政府资金			生产经营活动收入	其他收入
		政府资金	财政拨款	承担政府科研项目收入	其他	非政府资金	技术性收入	国外资金		
制造业	643 222	377 183	234 159	93 100	47 344	266 039	260 019	0	57 155	125 195
农副食品加工业	140 535	88 165	61 564	19 614	6 987	52 370	51 777	0	6 611	59 433
食品制造业	51 865	37 062	26 147	10 915	0	14 803	14 803	0	5 422	17 259
石油加工、炼焦和核燃料加工业	1 391	1 186	1 186	0	0	205	205	0	0	1 349
医药制造业	214 122	197 742	127 111	28 188	40 043	16 380	15 883	0	773	2 179
化学纤维制造业	733	733	0	733	0	0	0	0	1 140	10 384
黑色金属冶炼和压延加工业	360	360	180	0	0	0	0	0	27 910	14 627
专用设备制造业	233 137	51 515	17 671	33 530	314	181 622	176 692	0	14 093	19 018
计算机、通信和其他电子设备制造业	0	0	0	0	0	0	0	0	1 206	826
仪器仪表制造业	1 079	420	300	120	0	659	659	0	0	120
交通运输、仓储和邮政业	22 467	18 142	6 539	11 603	0	4 325	4 325	0	0	4 111
道路运输业	16 843	15 013	4 000	11 013	0	1 830	1 830	0	0	0
水上运输业	5 624	3 129	2 539	590	0	2 495	2 495	0	0	4 111
信息传输、软件和信息技术服务业	79 810	52 968	42 924	3 738	6 306	26 842	25 084	0	25 169	3 133
电信、广播电视和卫星传输服务	24 087	18 726	14 988	3 738	0	5 361	5 361	0	22 214	47
软件和信息技术服务业	55 723	34 242	27 936	0	6 306	21 481	19 723	0	2 955	3 086
科学研究和技术服务业	3 210 110	2 339 631	1 304 808	707 559	100 227	870 479	826 477	7 930	316 305	244 421
研究和试验发展	1 753 673	1 353 043	716 430	478 868	52 519	400 630	365 710	7 712	66 700	129 101
专业技术服务业	1 448 681	979 730	582 080	228 131	47 708	468 951	459 869	218	249 605	114 100
科技推广和应用服务业	7 756	6 858	6 298	560	0	898	898	0	0	1 220

（续上表）

行　业	科技活动收入	政府资金				非政府资金			生产经营活动收入	其他收入
		政府资金	财政拨款	承担政府科研项目收入	其他	非政府资金	技术性收入	国外资金		
水利、环境和公共设施管理业	570 416	166 918	113 894	20 506	5 441	403 498	331 607	561	74 808	89 166
水利管理业	371 403	64 479	52 935	2 526	718	306 924	264 578	0	0	6 231
生态保护和环境治理业	199 013	102 439	60 959	17 980	4 723	96 574	67 029	561	74 808	82 935
教育	17 507	17 507	17 507	0	0	0	0	0	0	19 871
教育	17 507	17 507	17 507	0	0	0	0	0	0	19 871
卫生和社会工作	1 246 512	1 146 843	657 713	13 994	34 067	99 669	79 072	388	862 389	963 509
卫生	1 246 512	1 146 843	657 713	13 994	34 067	99 669	79 072	388	862 389	963 509
文化、体育和娱乐业	87 126	76 623	63 740	11 229	304	10 503	947	0	5 664	8 678
文化艺术业	61 176	50 673	49 919	450	304	10 503	947	0	5 664	6 864
体育	25 950	25 950	13 821	10 779	0	0	0	0	0	1 814
公共管理、社会保障和社会组织	55 314	55 314	47 888	0	7 426	0	0	0	0	0
国家机构	55 314	55 314	47 888	0	7 426	0	0	0	0	0

表6－4　按机构所属学科领域分布

单位：千元

隶　属	科技活动收入	政府资金				非政府资金			生产经营活动收入	其他收入
		政府资金	财政拨款	承担政府科研项目收入	其他	非政府资金	技术性收入	国外资金		
总　计	**7 086 892**	**5 256 437**	**3 054 759**	**1 196 109**	**216 699**	**1 830 455**	**1 643 131**	**9 224**	**1 725 145**	**1 704 437**
自然科学领域	1 030 706	812 706	495 926	265 727	43 761	218 000	197 803	4 175	32 294	114 902
农业科学领域	1 350 069	1 008 725	595 231	272 223	25 563	341 344	270 742	345	149 991	276 546
医学科学领域	1 458 398	1 344 779	787 696	39 504	74 110	113 619	92 525	388	862 389	973 890
工程科学与技术领域	2 826 110	1 744 259	898 209	571 106	72 084	1 081 851	1 016 344	4 316	641 602	269 562
社会、人文科学领域	421 609	345 968	277 697	47 549	1 181	75 641	65 717	0	38 869	69 537

表7　全部县以上部门属科技机构经费支出（2012）

表7－1　按地域分布

单位：千元

地　域	科技经费内部支出						生产经营支出	其他支出
		科技经费日常支出				科研基建支出		
			人员劳务费	设备购置费	其他日常支出			
总　计	**6 922 131**	**5 870 027**	**1 890 696**	**858 190**	**3 121 141**	**1 052 104**	**1 847 331**	**1 722 458**
广州市	6 055 473	5 033 726	1 546 147	706 493	2 781 086	1 021 747	1 775 906	1 605 989
韶关市	42 639	42 216	15 111	2 822	24 283	423	2 401	10 591
深圳市	351 795	351 795	131 726	101 074	118 995	0	0	0
珠海市	11 429	11 127	8 542	1 059	1 526	302	9 427	6 797
汕头市	53 701	53 165	29 468	706	22 991	536	26 487	7 276
佛山市	40 643	36 571	13 854	7 949	14 768	4 072	0	9 560
江门市	14 206	13 688	4 856	1 822	7 010	518	1 612	1 668
湛江市	105 279	100 848	36 885	17 365	46 598	4 431	10 409	30 344
茂名市	20 721	20 132	9 176	939	10 017	589	2 306	2 151
肇庆市	14 671	12 566	4 738	2 133	5 695	2 105	885	3 259
惠州市	35 522	28 934	14 885	4 912	9 137	6 588	5 813	4 345
梅州市	22 741	22 741	18 491	491	3 759	0	151	4 795
汕尾市	1 055	1 055	789	0	266	0	0	311
河源市	1 927	1 927	1 495	89	343	0	246	869
阳江市	5 652	5 532	4 120	40	1 372	120	780	479
清远市	445	445	415	9	21	0	0	0
东莞市	118 181	108 508	35 098	10 195	63 215	9 673	9 200	7 225
中山市	12 753	11 753	5 857	0	5 896	1 000	400	23 449
潮州市	7 025	7 025	5 867	61	1 097	0	0	1 485
揭阳市	4 403	4 403	2 082	0	2 321	0	394	1 275
云浮市	1 870	1 870	1 094	31	745	0	914	590

表7－2　按隶属关系分布

单位：千元

隶　属	科技经费内部支出	科技经费日常支出	人员劳务费	设备购置费	其他日常支出	科研基建支出	生产经营支出	其他支出
总　计	**6 922 131**	**5 870 027**	**1 890 696**	**858 190**	**3 121 141**	**1 052 104**	**1 847 331**	**1 722 458**
地方部门属	3 875 679	3 082 518	1 016 285	419 718	1 646 515	793 161	1 501 727	1 436 072
省级部门属	2 854 160	2 118 770	662 066	320 813	1 135 891	735 390	1 304 091	1 234 770
副省级城市属	570 805	541 610	160 077	57 541	323 992	29 195	136 538	119 000
地市级部门属	450 714	422 138	194 142	41 364	186 632	28 576	61 098	82 302
中央部门属	3 046 452	2 787 509	874 411	438 472	1 474 626	258 943	345 604	286 386
中国科学院	1 370 927	1 356 733	440 894	280 746	635 093	14 194	14 331	117 091

表7－3　按机构所属学科领域分布

单位：千元

学科领域	科技经费内部支出	科技经费日常支出	人员劳务费	设备购置费	其他日常支出	科研基建支出	生产经营支出	其他支出
总　计	**6 922 131**	**5 870 027**	**1 890 696**	**858 190**	**3 121 141**	**1 052 104**	**1 847 331**	**1 722 458**
自然科学领域	1 031 072	1 014 119	321 761	162 250	530 108	16 953	30 677	142 997
农业科学领域	1 390 877	1 208 921	414 361	87 741	706 819	181 956	209 383	230 633
医学科学领域	1 283 039	835 376	218 131	168 343	448 902	447 663	851 978	1 008 878
工程科学与技术领域	2 812 990	2 426 999	782 120	425 258	1 219 621	385 991	726 984	241 570
社会、人文科学领域	404 153	384 612	154 323	14 598	215 691	19 541	28 309	98 380

表7－4　按服务的国民经济行业分布

单位：千元

行　业	科技经费内部支出	科技经费日常支出				科研基建支出	生产经营支出	其他支出
			人员劳务费	设备购置费	其他日常支出			
总　计	**6 922 131**	**5 870 027**	**1 890 696**	**858 190**	**3 121 141**	**1 052 104**	**1 847 331**	**1 722 458**
农、林、牧、渔业	974 861	822 884	309 699	57 995	455 190	151 977	121 864	171 543
农业	387 686	376 167	145 626	23 481	207 060	11 519	50 008	79 117
林业	187 474	160 079	50 560	9 102	100 417	27 395	24 081	42 527
畜牧业	22 479	21 851	11 481	1 174	9 196	628	15 292	2 356
渔业	172 255	154 253	55 248	14 413	84 592	18 002	7 098	2 239
农、林、牧、渔服务业	204 967	110 534	46 784	9 825	53 925	94 433	25 385	45 304
采矿业	216 395	216 395	92 904	64 393	59 098	0	269 506	69 762
有色金属矿采选业	216 395	216 395	92 904	64 393	59 098	0	269 506	69 762
制造业	631 217	624 394	196 308	68 908	359 178	6 823	67 730	138 598
农副食品加工业	142 253	139 172	46 843	29 319	63 010	3 081	19 320	57 282
食品制造业	54 198	54 198	25 399	2 387	26 412	0	5 205	12 577
石油加工、炼焦和核燃料加工业	1 362	1 362	951	20	391	0	0	1 349
医药制造业	194 390	190 828	72 701	30 596	87 531	3 562	228	26 031
化学纤维制造业	1 035	1 035	596	0	439	0	1 333	9 863
黑色金属冶炼和压延加工业	2 543	2 363	1 244	270	849	180	26 569	13 184
专用设备制造业	233 570	233 570	47 231	6 307	180 032	0	14 093	17 875
计算机、通信和其他电子设备制造业	787	787	582	0	205	0	982	317
仪器仪表制造业	1 079	1 079	761	9	309	0	0	120
交通运输、仓储和邮政业	24 949	24 949	13 105	698	11 146	0	0	4 164
道路运输业	19 356	19 356	9 947	676	8 733	0	0	0
水上运输业	5 593	5 593	3 158	22	2 413	0	0	4 164

（续上表）

行　业	科技经费内部支出	科技经费日常支出				科研基建支出	生产经营支出	其他支出
			人员劳务费	设备购置费	其他日常支出			
信息传输、软件和信息技术服务业	85 236	85 236	29 367	1 497	54 372	0	7 619	9 233
电信、广播电视和卫星传输服务	37 495	37 495	12 636	40	24 819	0	4 664	0
软件和信息技术服务业	47 741	47 741	16 731	1 457	29 553	0	2 955	9 233
科学研究和技术服务业	3 245 611	2 867 912	900 443	492 877	1 474 592	377 699	341 703	256 026
研究和试验发展	1 780 082	1 648 201	486 370	244 082	917 749	131 881	49 844	140 840
专业技术服务业	1 459 102	1 213 284	409 751	248 034	555 499	245 818	291 859	113 380
科技推广和应用服务业	6 427	6 427	4 322	761	1 344	0	0	1 806
水利、环境和公共设施管理业	507 826	437 672	166 593	25 527	245 552	70 154	184 946	37 151
水利管理业	340 160	293 743	104 902	16 334	172 507	46 417	60 385	4 929
生态保护和环境治理业	167 666	143 929	61 691	9 193	73 045	23 737	124 561	32 222
教育	17 507	17 507	7 724	268	9 515	0	0	19 871
教育	17 507	17 507	7 724	268	9 515	0	0	19 871
卫生和社会工作	1 088 111	644 010	144 782	137 932	361 296	444 101	851 978	983 514
卫生	1 088 111	644 010	144 782	137 932	361 296	444 101	851 978	983 514
文化、体育和娱乐业	65 957	64 607	22 241	6 819	35 547	1 350	1 985	32 596
文化艺术业	49 341	49 341	16 817	4 419	28 105	0	1 985	26 227
体育	16 616	15 266	5 424	2 400	7 442	1 350	0	6 369
公共管理、社会保障和社会组织	64 461	64 461	7 530	1 276	55 655	0	0	0
国家机构	64 461	64 461	7 530	1 276	55 655	0	0	0

表8　全部县以上部门属科技机构基本建设与固定资产（2012）

表8－1　按地域分布

单位：千元

地　域	基本建设投资实际完成额	科研仪器设备	科研土建工程	科研基建	政府资金	企业资金	事业单位资金	其他资金	年末固定资产原价	科研房屋建筑物	科研仪器设备	进口
总　计	**1 063 613**	**133 667**	**918 437**	**1 052 104**	**788 870**	**3 328**	**220 986**	**38 920**	**8 067 246**	**2 050 723**	**3 742 916**	**1 298 966**
广州市	1 027 055	121 863	899 884	1 021 747	761 110	2 000	220 121	38 516	6 960 026	1 781 922	3 251 097	1 071 738
韶关市	423	0	423	423	423	0	0	0	40 012	24 027	9 802	1 009
深圳市	0	0	0	0	0	0	0	0	319 361	0	269 756	123 013
珠海市	302	302	0	302	0	302	0	0	52 072	29 267	8 467	780
汕头市	536	536	0	536	0	536	0	0	101 682	38 958	10 011	384
佛山市	7 113	0	4 072	4 072	4 072	0	0	0	68 222	17 651	43 203	27 622
江门市	518	0	518	518	518	0	0	0	19 010	6 530	2 326	0
湛江市	4 431	1 152	3 279	4 431	4 431	0	0	0	224 645	64 729	102 085	69 999
茂名市	839	420	169	589	309	100	180	0	10 186	4 376	2 719	0
肇庆市	2 105	328	1 777	2 105	2 105	0	0	0	21 975	9 210	2 013	0
惠州市	9 498	3 611	2 977	6 588	5 764	390	30	404	44 173	5 855	5 649	210
梅州市	0	0	0	0	0	0	0	0	40 589	2 398	1 363	0
汕尾市	0	0	0	0	0	0	0	0	644	108	0	0
河源市	0	0	0	0	0	0	0	0	1 376	500	0	0
阳江市	120	0	120	120	120	0	0	0	21 068	5 835	1 020	0
清远市	0	0	0	0	0	0	0	0	84	44	0	0
东莞市	9 673	4 455	5 218	9 673	9 018	0	655	0	119 655	51 381	30 651	3 743
中山市	1 000	1 000	0	1 000	1 000	0	0	0	11 162	3 130	1 862	468
潮州市	0	0	0	0	0	0	0	0	7 342	3 624	367	0
揭阳市	0	0	0	0	0	0	0	0	3 515	900	486	0
云浮市	0	0	0	0	0	0	0	0	447	278	39	0

表8－2 按隶属关系分布

单位：千元

地 域	基本建设投资实际完成额	科研仪器设备	科研土建工程	科研基建	政府资金	企业资金	事业单位资金	其他资金	年末固定资产原价	科研房屋建筑物	科研仪器设备	进口
总 计	**1 063 613**	**133 667**	**918 437**	**1 052 104**	**788 870**	**3 328**	**220 986**	**38 920**	**8 067 246**	**2 050 723**	**3 742 916**	**1 298 966**
地方部门属	804 670	58 071	735 090	793 161	562 159	3 328	188 754	38 920	4 671 184	1 407 513	1 806 005	468 899
省级部门属	738 799	41 807	693 583	735 390	517 568	0	179 306	38 516	2 834 867	835 596	1 305 157	308 857
副省级城市属	31 094	5 612	23 583	29 195	18 612	2 000	8 583	0	1 218 713	371 107	353 335	126 835
地市级部门属	34 777	10 652	17 924	28 576	25 979	1 328	865	404	617 604	200 810	147 513	33 207
中央部门属	258 943	75 596	183 347	258 943	226 711	0	32 232	0	3 396 062	643 210	1 936 911	830 067
中国科学院	14 194	129	14 065	14 194	4 302	0	9 892	0	1 758 019	189 613	973 290	617 706

表9 全部县以上部门属科技机构课题概况（2012）

表9－1 按地域分布

地 域	课题数合计（个）	R&D课题	课题经费内部支出（千元）	其中：政府资金	其中：R&D课题经费	课题投入人员（人年）	其中：R&D人员	其中：外聘流动学者	其中：在读研究生
总 计	**6 568**	**4 700**	**2 610 635**	**1 659 938**	**1 802 655**	**10 891**	**7 716**	**303**	**1 238**
广州市	5 474	3 999	2 259 040	1 382 265	1 562 790	8 559	6 483	251	1 098
韶关市	57	5	11 016	6 374	760	102	13	0	0
深圳市	501	459	156 882	153 941	131 306	474	435	35	128
珠海市	17	7	6 004	5 774	1 444	118	41	0	0
汕头市	72	8	13 112	9 095	1 837	188	36	0	0
佛山市	17	11	7 506	7 486	5 174	70	37	1	0
江门市	13	8	7 390	2 935	5 059	39	27	0	0
湛江市	100	33	19 304	19 064	8 122	356	122	2	12
茂名市	38	18	12 601	9 279	4 840	99	47	0	0

（续上表）

地　域	课题数 合计（个）	R&D课题	课题经费 内部支出（千元）	其中：政府资金	其中：R&D课题经费	课题 投入人员（人年）	其中：R&D人员	其中：外聘流动学者	其中：在读研究生
肇庆市	33	8	6 276	4 649	1 040	95	26	0	0
惠州市	48	26	9 396	8 827	3 401	142	76	0	0
梅州市	38	10	7 637	5 634	801	170	24	14	0
阳江市	14	6	2 390	2 390	1 140	36	21	0	0
东莞市	113	88	87 224	38 708	72 520	341	283	0	0
中山市	12	4	2 578	2 373	780	32	10	0	0
潮州市	7	2	404	404	42	22	6	0	0
揭阳市	11	8	1 809	678	1 599	42	30	0	0
云浮市	3	0	66	62	0	6	0	0	0

表9－2　按隶属关系分布

隶　属	课题数 合计（个）	R&D课题	课题经费 内部支出（千元）	其中：政府资金	其中：R&D课题经费	课题 投入人员（人年）	其中：R&D人员	其中：外聘流动学者	其中：在读研究生
总　计	**6 568**	**4 700**	**2 610 635**	**1 659 938**	**1 802 655**	**10 891**	**7 716**	**303**	**1 238**
地方部门属	2 879	1 853	1 057 423	619 050	692 212	6 051	3 929	53	200
省级部门属	1 997	1 429	744 719	412 553	499 124	3 775	2 768	25	183
副省级城市属	352	197	123 432	89 497	79 739	685	431	8	13
地市级部门属	530	227	189 272	117 000	113 350	1 590	730	20	4
中央部门属	3 689	2 847	1 553 212	1 040 888	1 110 442	4 841	3 787	250	1 038
中国科学院	2 218	2 063	821 999	703 972	706 161	2 539	2 308	228	816

表9－3　按课题活动类型分布

课题活动类型	课题数 合计（个）	R&D课题	课题经费 内部支出（千元）	其中：政府资金	其中：R&D课题经费	课题 投入人员（人年）	其中：R&D人员	其中：外聘流动学者	其中：在读研究生
总　计	**6 568**	**4 700**	**2 610 635**	**1 659 938**	**1 802 655**	**10 891**	**7 716**	**303**	**1 238**
基础研究	1 440	1 440	500 836	451 199	500 836	1 963	1 963	97	580
应用研究	1 811	1 811	544 062	431 419	544 062	2 545	2 545	85	355
试验发展	1 449	1 449	757 757	472 379	757 757	3 209	3 209	47	192
R&D成果应用	546	0	261 113	120 612	0	1 176	0	16	52
科技服务	1 322	0	546 867	184 330	0	1 999	0	58	59

表9－4　按服务的国民经济行业分布

行　业	课题数 合计（个）	R&D课题	课题经费 内部支出（千元）	其中：政府资金	其中：R&D课题经费	课题 投入人员（人年）	其中：R&D人员	其中：外聘流动学者	其中：在读研究生
总　计	**6 568**	**4 700**	**2 610 635**	**1 659 938**	**1 802 655**	**10 891**	**7 716**	**303**	**1 238**
农、林、牧、渔业	1 376	859	358 410	330 007	222 625	2 541	1 400	29	208
农业	613	336	173 700	162 182	103 847	1 169	602	1	21
林业	309	205	77 779	68 857	53 831	526	315	17	56
畜牧业	25	10	8 518	6 472	2 725	78	25	0	0
渔业	234	199	60 005	60 005	44 836	342	263	10	124
农、林、牧、渔服务业	195	109	38 407	32 491	17 386	425	195	1	7
采矿业	229	227	189 665	69 443	189 569	678	677	0	0
有色金属矿采选业	229	227	189 665	69 443	189 569	678	677	0	0
制造业	413	352	344 661	193 101	226 831	924	716	9	83
农副食品加工业	63	46	36 466	26 859	28 641	246	149	0	9
食品制造业	106	94	41 068	20 259	35 875	117	103	1	16
石油加工、炼焦和核燃料加工业	5	3	1 120	850	870	15	10	0	0
医药制造业	178	166	142 858	124 341	138 497	388	373	9	55
化学纤维制造业	3	2	733	733	533	10	8	0	0

（续上表）

行　业	课题数合计（个）	R&D课题	课题经费内部支出（千元）	其中：政府资金	其中：R&D课题经费	课题投入人员（人年）	其中：R&D人员	其中：外聘流动学者	其中：在读研究生
黑色金属冶炼和压延加工业	3	2	1 230	610	1 030	8	5	0	0
专用设备制造业	53	39	120 879	19 329	21 385	130	68	0	4
计算机、通信和其他电子设备制造业	1	0	7	0	0	5	0	0	0
仪器仪表制造业	1	0	300	120	0	5	0	0	0
交通运输、仓储和邮政业	51	6	23 071	16 331	3 853	67	13	1	0
道路运输业	42	0	17 848	16 171	0	48	0	0	0
水上运输业	9	6	5 223	160	3 853	19	13	1	0
信息传输、软件和信息技术服务业	88	47	23 856	6 574	7 621	191	48	2	4
电信、广播电视和卫星传输服务	57	44	9 970	3 448	7 218	52	38	2	4
软件和信息技术服务业	31	3	13 886	3 126	403	139	10	0	0
科学研究和技术服务业	3 435	2 642	1 247 979	910 173	905 521	4 613	3 565	262	845
研究和试验发展	2 028	1 773	688 169	578 940	606 432	2 631	2 237	191	607
专业技术服务业	1 402	869	559 190	330 614	299 088	1 964	1 329	71	237
科技推广和应用服务业	5	0	619	619	0	18	0	0	0
水利、环境和公共设施管理业	620	271	301 132	73 684	131 070	1 024	519	0	37
水利管理业	302	47	228 788	21 468	81 984	577	200	0	0
生态保护和环境治理业	318	224	72 344	52 216	49 086	447	319	0	37
教育	13	0	174	174	0	7	0	0	0
教育	13	0	174	174	0	7	0	0	0
卫生和社会工作	312	288	91 051	33 816	86 311	765	715	0	62
卫生	312	288	91 051	33 816	86 311	765	715	0	62
文化、体育和娱乐业	30	7	30 392	26 392	29 010	69	51	0	0
文化艺术业	24	1	25 383	21 383	24 000	45	26	0	0
体育	6	6	5 010	5 010	5 010	25	25	0	0
公共管理、社会保障和社会组织	1	1	243	243	243	14	14	0	0
国家机构	1	1	243	243	243	14	14	0	0

表9－5　按课题所属学科分布

学　科	课题数 合计（个）	R&D课题	课题经费 内部支出（千元）	其中：政府资金	其中：R&D课题经费	课题 投入人员（人年）	其中：R&D人员	其中：外聘流动学者	其中：在读研究生
总　计	**6 568**	**4 700**	**2 610 635**	**1 659 938**	**1 802 655**	**10 891**	**7 716**	**303**	**1 238**
自然科学领域	1 575	1 441	582 999	481 113	497 637	2 059	1 817	142	543
数学	7	6	713	713	563	10	7	0	2
信息科学与系统科学	58	50	9 548	7 648	8 386	79	61	4	10
力学	6	5	346	345	345	3	2	0	1
物理学	30	27	11 448	11 346	11 164	35	32	5	6
化学	70	63	23 852	14 524	21 729	121	107	5	19
地球科学	900	816	344 752	293 370	274 919	1 104	962	105	364
生物学	504	474	192 340	153 167	180 531	706	645	25	142
农业科学领域	1 674	1 073	422 020	380 566	270 371	2 987	1 681	46	265
农学	942	546	251 988	225 041	152 304	1 854	953	10	64
林学	351	236	86 351	75 176	60 883	591	358	19	64
畜牧、兽医科学	98	62	15 903	13 398	7 082	152	78	7	9
水产学	283	229	67 778	66 952	50 102	390	292	11	128
医学科学领域	455	435	166 378	100 900	161 134	1 039	989	11	98
基础医学	61	59	28 917	23 741	28 915	109	109	2	12
临床医学	166	159	55 901	17 870	53 335	414	399	3	58
预防医学与公共卫生学	142	133	49 463	32 099	46 791	365	331	4	9
药学	34	34	19 943	16 824	19 943	69	69	1	14
中医学与中药学	52	50	12 153	10 366	12 149	82	82	1	5
工程科学与技术领域	2 642	1 589	1 345 331	609 014	784 331	4 342	2 833	99	329
工程与技术科学基础学科	40	17	8 432	2 995	2 504	70	18	0	1
信息与系统科学相关工程与技术	59	31	23 044	13 919	13 985	183	53	2	3
自然科学相关工程与技术	96	85	156 783	54 517	47 274	187	121	8	15
测绘科学技术	19	13	3 704	2 015	1 517	19	11	1	1

（续上表）

学　科	课题数合计（个）	R&D课题	课题经费内部支出（千元）	其中：政府资金	其中：R&D课题经费	课题投入人员（人年）	其中：R&D人员	其中：外聘流动学者	其中：在读研究生
材料科学	115	106	105 105	44 328	102 245	476	439	2	9
矿山工程技术	81	71	35 736	9 923	33 133	128	107	0	0
冶金工程技术	72	71	57 126	19 711	57 088	228	228	0	0
机械工程	101	88	83 190	37 965	71 085	274	251	3	7
动力与电气工程	55	53	21 106	18 435	20 456	84	75	0	2
能源科学技术	365	278	116 846	81 361	82 431	434	318	39	104
核科学技术	1	1	139	138	139	0	0	0	0
电子与通信技术	187	152	78 181	56 429	66 256	253	170	12	29
计算机科学技术	160	114	52 571	30 465	29 707	290	143	14	27
化学工程	22	16	12 443	9 181	11 684	42	34	0	3
产品应用相关工程技术	61	45	20 112	5 669	18 732	216	172	1	3
纺织科学技术	8	6	1 073	1 073	693	20	15	0	1
食品科学技术	27	20	14 732	8 159	11 298	47	39	0	5
土木建筑工程	4	2	7 583	0	1 002	21	9	0	0
水利工程	278	41	210 436	17 296	77 816	522	184	0	0
交通运输工程	53	7	24 149	17 409	4 001	70	15	1	0
环境科学技术及资源科学技术	734	332	298 480	165 930	122 507	669	366	15	113
安全科学技术	34	19	5 587	4 411	4 137	58	41	2	7
管理学	70	21	8 773	7 685	4 643	53	24	0	1
社会、人文科学领域	222	162	93 907	88 345	89 182	465	395	4	2
哲学	6	6	1 563	1 563	1 563	6	6	0	0
宗教学	8	8	1 940	1 940	1 940	14	14	0	0
历史学	4	4	916	916	916	5	5	0	0
考古学	1	1	24 000	20 000	24 000	26	26	0	0
经济学	87	77	43 325	42 060	41 740	259	236	3	0

（续上表）

学 科	课题数 合计（个）	R&D课题	课题经费 内部支出（千元）	其中：政府资金	其中：R&D课题经费	课题投入人员（人年）	其中：R&D人员	其中：外聘流动学者	其中：在读研究生
政治学	4	4	1 138	1 138	1 138	6	6	0	0
法学	3	3	395	395	395	2	2	0	0
社会学	21	20	6 735	6 735	6 658	30	29	0	1
民族学与文化学	25	25	4 934	4 929	4 934	39	39	1	0
图书馆、情报与文献学	34	4	3 206	3 057	755	39	5	0	0
教育学	20	2	495	352	33	11	1	0	1
体育科学	7	7	5 105	5 105	5 105	26	26	0	0
统计学	2	1	154	154	4	3	1	0	1

表9－6 按课题技术领域分布

技术领域	课题数 合计（个）	R&D课题	课题经费 内部支出（千元）	其中：政府资金	其中：R&D课题经费	课题投入人员（人年）	其中：R&D人员	其中：外聘流动学者	其中：在读研究生
总 计	**6 568**	**4 700**	**2 610 635**	**1 659 938**	**1 802 655**	**10 891**	**7 716**	**303**	**1 238**
非技术领域	241	151	85 800	79 451	73 232	470	305	2	15
信息技术	403	313	132 296	98 067	100 618	671	406	35	76
生物和现代农业技术	1 913	1 446	560 580	485 765	436 274	3 082	2 125	68	349
新材料技术	217	184	138 547	58 074	133 088	628	581	3	12
能源技术	428	339	143 183	105 679	107 798	483	365	42	107
激光技术	8	5	8 363	8 280	7 584	12	7	0	2
先进制造与自动化技术	197	170	128 212	71 182	113 439	429	379	6	23
航天技术	1	0	367	367	0	4	0	0	0
资源与环境技术	2 014	1 293	864 086	509 796	468 924	2 404	1 549	132	531
其他技术领域	1 146	799	549 202	243 278	361 698	2 709	2 000	15	124

表9－7 按课题来源分布

课题来源	课题数合计（个）	R&D课题	课题经费内部支出（千元）	其中：政府资金	其中：R&D课题经费	课题投入人员（人年）	其中：R&D人员	其中：外聘流动学者	其中：在读研究生
总　计	**6 568**	**4 700**	**2 610 635**	**1 659 938**	**1 802 655**	**10 891**	**7 716**	**303**	**1 238**
中央政府部门下达课题	1 917	1 689	839 225	714 625	725 080	3 410	2 838	125	710
国家重大科技专项	26	20	63 975	56 953	27 047	94	57	1	8
国家自然科学基金课题	729	729	170 609	159 102	170 609	969	969	59	314
国家“863计划”课题	34	31	29 802	25 542	27 992	80	67	2	14
国家科技支撑(攻关)计划课题	68	57	61 141	39 445	55 164	257	229	6	34
火炬/星火计划国家级课题	10	1	1 501	1 157	166	24	1	0	0
国家发改委产业化示范工程	12	4	7 883	7 665	7 470	19	12	0	0
国家“973计划”课题	107	107	74 487	69 541	74 487	162	162	8	49
公益性行业科研专项	121	85	64 801	51 045	51 625	352	253	7	37
国家社会科学基金课题	6	5	2 329	1 429	2 254	14	12	0	0
其他课题	804	650	362 699	302 745	308 267	1 439	1 077	42	254
地方政府部门下达课题	2 793	1 986	903 839	657 349	709 062	5 021	3 420	97	313
地方自然科学基金课题	253	239	46 465	27 992	42 977	437	367	9	62
地方科技攻关计划课题	800	620	245 603	152 255	204 403	1 465	1 078	16	64
地方星火计划课题	9	1	1 414	1 414	450	14	2	0	0
地方社会科学基金课题	22	17	1 729	1 579	1 130	31	15	0	1
其他课题	1 709	1 109	608 628	474 110	460 102	3 074	1 960	72	187
企业委托课题	977	268	551 566	58 754	97 275	1 089	284	39	69
自选课题	421	396	102 413	92 750	98 223	665	615	30	72
国际合作课题	56	50	28 168	21 067	24 027	65	54	3	11
其他课题	404	311	185 426	115 394	148 988	641	505	9	63

表9－8　按课题合作形式分布

课题合作形式	课题数合计（个）	R&D课题	课题经费内部支出（千元）	其中：政府资金	其中：R&D课题经费	课题投入人员（人年）	其中：R&D人员	其中：外聘流动学者	其中：在读研究生
总　计	**6 568**	**4 700**	**2 610 635**	**1 659 938**	**1 802 655**	**10 891**	**7 716**	**303**	**1 238**
与境外机构合作	97	85	62 554	41 734	51 606	214	194	3	18
与国内高校合作	274	231	114 057	91 741	79 671	574	449	9	65
与国内独立研究机构合作	469	345	278 340	221 803	239 348	1 125	842	28	117
与境内注册的外商独资企业合作	12	7	3 393	1 350	1 795	14	9	0	1
与境内注册的其他企业合作	478	330	216 143	117 454	157 438	819	539	21	114
独立研究	5 127	3 655	1 893 900	1 151 488	1 248 323	7 837	5 561	239	912
其他	111	47	42 249	34 369	24 475	308	123	3	11

表9－9　按课题的社会经济目标分布

社会经济目标	课题数合计（个）	R&D课题	课题经费内部支出（千元）	其中：政府资金	其中：R&D课题经费	课题投入人员（人年）	其中：R&D人员	其中：外聘流动学者	其中：在读研究生
总　计	**6 568**	**4 700**	**2 610 635**	**1 659 938**	**1 802 655**	**10 891**	**7 716**	**303**	**1 238**
环境保护、生态建设及污染防治	973	455	474 607	207 190	167 232	1 159	569	43	183
环境污染预防	973	455	474 607	207 190	167 232	1 159	569	43	183
能源生产、分配和合理利用	507	402	167 126	121 802	127 025	571	428	47	124
可再生能源	507	402	167 126	121 802	127 025	571	428	47	124
卫生事业的发展	544	508	206 245	135 784	185 514	1 107	1 026	17	105
社会医疗	544	508	206 245	135 784	185 514	1 107	1 026	17	105
教育事业发展	36	15	3 923	3 254	1 393	44	8	1	2
其他教育	36	15	3 923	3 254	1 393	44	8	1	2
基础设施以及城市和农村规划	277	65	99 408	40 708	19 583	356	96	13	7
通信	277	65	99 408	40 708	19 583	356	96	13	7

（续上表）

社会经济目标	课题数合计（个）	R&D课题	课题经费内部支出（千元）	其中：政府资金	其中：R&D课题经费	课题投入人员（人年）	其中：R&D人员	其中：外聘流动学者	其中：在读研究生
社会发展和社会服务	386	222	134 300	101 911	97 571	691	372	7	26
文艺、娱乐	386	222	134 300	101 911	97 571	691	372	7	26
地球和大气层的探索与利用	698	690	238 186	236 690	236 707	789	781	75	302
地球探测和开发其他研究	698	690	238 186	236 690	236 707	789	781	75	302
民用空间的探测及开发	1	0	83	83	0	1	0	0	0
卫星服务	1	0	83	83	0	1	0	0	0
促进农林牧渔业发展	1 809	1 200	557 160	409 503	304 155	3 166	1 814	41	245
农作物种植及培育	1 809	1 200	557 160	409 503	304 155	3 166	1 814	41	245
工商业发展	749	561	409 474	170 500	351 335	1 945	1 592	20	51
产业共性技术	749	561	409 474	170 500	351 335	1 945	1 592	20	51
非定向研究	567	567	269 008	231 347	269 008	889	889	40	193
医学科学领域的非定向研究	567	567	269 008	231 347	269 008	889	889	40	193
其他民用目标	21	15	51 116	1 166	43 131	174	141	0	0

表10 全部县以上部门属科技机构课题经费内部支出按活动类型分类（2012）

表10－1 按地域分布

单位：千元

地域	课题经费内部支出	基础研究	应用研究	试验发展	R&D成果应用	科技服务
总计	**2 610 635**	**500 836**	**544 062**	**757 757**	**261 113**	**546 867**
广州市	2 259 040	471 225	435 018	656 546	214 193	482 057
韶关市	11 016	0	0	760	6 393	3 863
深圳市	156 882	28 351	102 482	473	1 506	24 070
珠海市	6 004	0	0	1 444	770	3 790
汕头市	13 112	0	0	1 837	6 560	4 715

（续上表）

地 域	课题经费内部支出	基础研究	应用研究	试验发展	R&D成果应用	科技服务
佛山市	7 506	0	1	5 173	3	2 329
江门市	7 390	0	0	5 059	500	1 831
湛江市	19 304	868	2 590	4 665	6 781	4 400
茂名市	12 601	0	970	3 870	3 510	4 251
肇庆市	6 276	0	150	890	2 951	2 285
惠州市	9 396	0	558	2 843	3 262	2 733
梅州市	7 637	0	0	801	2 433	4 403
汕尾市	0	0	0	0	0	0
河源市	0	0	0	0	0	0
阳江市	2 390	0	0	1 140	200	1 050
清远市	0	0	0	0	0	0
东莞市	87 224	392	1 513	70 615	11 433	3 272
中山市	2 578	0	780	0	390	1 408
潮州市	404	0	0	42	82	280
揭阳市	1 809	0	0	1 599	80	130
云浮市	66	0	0	0	66	0

表10－2 按隶属关系分布

单位：千元

隶 属	课题经费内部支出	基础研究	应用研究	试验发展	R&D成果应用	科技服务
总 计	**2 610 635**	**500 836**	**544 062**	**757 757**	**261 113**	**546 867**
地方部门属	1 057 423	86 034	231 761	374 418	217 203	148 007
省级部门属	744 719	83 990	175 091	240 043	169 585	76 010
副省级城市属	123 432	2 044	51 648	26 046	9 818	33 875
地市级部门属	189 272	0	5 022	108 328	37 800	38 122
中央部门属	1 553 212	414 802	312 301	383 340	43 910	398 860
中国科学院	821 999	332 842	237 556	135 763	12 734	103 104

表11　全部县以上部门属科技机构课题投入人员按活动类型分类（2012）

表11－1　按地域分布

单位：人年

地　域	课题投入人员	基础研究	应用研究	试验发展	R&D成果应用	科技服务
总　计	**10 891**	**1 963**	**2 545**	**3 209**	**1 176**	**1 999**
广州市	8 559	1 825	2 122	2 536	599	1 477
韶关市	102	0	0	13	56	33
深圳市	474	113	318	4	9	31
珠海市	118	0	0	41	30	47
汕头市	188	0	0	36	99	53
佛山市	70	0	1	36	1	33
江门市	39	0	0	27	2	10
湛江市	356	22	48	53	155	79
茂名市	99	0	10	37	16	36
肇庆市	95	0	3	23	40	29
惠州市	142	0	14	62	31	35
梅州市	170	0	0	24	69	77
汕尾市	0	0	0	0	0	0
河源市	0	0	0	0	0	0
阳江市	36	0	0	21	5	11
清远市	0	0	0	0	0	0
东莞市	341	3	19	261	38	21
中山市	32	0	10	0	11	11
潮州市	22	0	0	6	8	8
揭阳市	42	0	0	30	3	9
云浮市	6	0	0	0	6	0

表11－2 按隶属关系分布

单位：人年

隶 属	课题投入人员	基础研究	应用研究	试验发展	R&D成果应用	科技服务
总 计	**10 891**	**1 963**	**2 545**	**3 209**	**1 176**	**1 999**
地方部门属	6 051	542	1 447	1 940	937	1 185
省级部门属	3 775	517	1 173	1 078	432	576
副省级城市属	685	26	214	192	66	188
地市级部门属	1 590	0	60	670	439	421
中央部门属	4 841	1 421	1 098	1 269	239	815
中国科学院	2 539	1 193	822	293	36	195

表12 全部县以上部门属科技机构专利（2012）

表12－1 按地域分布

地 域	专利申请受理数（件）	发明专利	专利授权数（件）	其中：发明专利	其中：国外授权	有效发明专利数（件）	专利所有权转让及许可数（件）	专利所有权转让与许可收入（千元）
总 计	**1 416**	**1 090**	**745**	**453**	**4**	**3 060**	**44**	**3 455**
广州市	617	461	488	323	2	1 892	31	2 030
韶关市	0	0	0	0	0	2	0	0
深圳市	675	564	141	97	2	1 060	11	1 225
珠海市	4	4	2	1	0	5	0	0
汕头市	2	0	2	0	0	0	0	0
佛山市	0	0	0	0	0	0	0	0
江门市	0	0	0	0	0	0	0	0
湛江市	80	43	77	17	0	42	0	0
茂名市	0	0	0	0	0	0	0	0

（续上表）

地　域	专利申请受理数（件）	发明专利	专利授权数（件）	其中：发明专利	其中：国外授权	有效发明专利数（件）	专利所有权转让及许可数（件）	专利所有权转让与许可收入（千元）
肇庆市	0	0	0	0	0	0	0	0
惠州市	0	0	0	0	0	0	0	0
梅州市	0	0	0	0	0	0	0	0
汕尾市	0	0	0	0	0	0	0	0
河源市	0	0	0	0	0	0	0	0
阳江市	0	0	0	0	0	0	0	0
清远市	0	0	0	0	0	0	0	0
东莞市	38	18	35	15	0	59	2	200
中山市	0	0	0	0	0	0	0	0
潮州市	0	0	0	0	0	0	0	0
揭阳市	0	0	0	0	0	0	0	0
云浮市	0	0	0	0	0	0	0	0

表12－2　按隶属关系分布

隶　属	专利申请受理数（件）	发明专利	专利授权数（件）	其中：发明专利	其中：国外授权	有效发明专利数（件）	专利所有权转让及许可数（件）	专利所有权转让与许可收入（千元）
总　计	**1 416**	**1 090**	**745**	**453**	**4**	**3 060**	**44**	**3 455**
地方部门属	223	149	200	112	0	643	4	600
省级部门属	160	118	129	84	0	500	2	400
副省级城市属	12	5	24	7	0	68	0	0
地市级部门属	51	26	47	21	0	75	2	200
中央部门属	1 193	941	545	341	4	2 417	40	2 855
中国科学院	922	769	366	263	4	2 152	35	2 815

表12－3　按国民经济行业分布

行　业	专利申请受理数（件）	发明专利	专利授权数（件）	其中：发明专利	其中：国外授权	有效发明专利数（件）	专利所有权转让及许可数（件）	专利所有权转让与许可收入（千元）
总　计	**1 416**	**1 090**	**745**	**453**	**4**	**3 060**	**44**	**3 455**
农、林、牧、渔业	149	91	120	70	0	183	0	0
采矿业	53	46	22	18	0	70	5	40
制造业	157	119	126	68	0	327	14	400
交通运输、仓储和邮政业	0	0	0	0	0	0	0	0
信息传输、软件和信息技术服务业	13	7	11	1	0	3	0	0
科学研究和技术服务业	1 000	790	431	269	4	2 352	25	3 015
水利、环境和公共设施管理业	41	36	30	24	0	97	0	0
教育	0	0	0	0	0	0	0	0
卫生和社会工作	2	0	5	3	0	26	0	0
文化、体育和娱乐业	1	1	0	0	0	2	0	0
公共管理、社会保障和社会组织	0	0	0	0	0	0	0	0

表12－4　按机构所属学科领域分布

学科领域	专利申请受理数（件）	发明专利	专利授权数（件）	其中：发明专利	其中：国外授权	有效发明专利数（件）	专利所有权转让及许可数（件）	专利所有权转让与许可收入（千元）
总　计	**1 416**	**1 090**	**745**	**453**	**4**	**3 060**	**44**	**3 455**
自然科学领域	158	138	128	108	2	511	7	1 730
农业科学领域	245	155	199	95	0	288	0	0
医学科学领域	47	40	35	30	0	89	12	0
工程科学与技术领域	965	756	383	220	2	2 170	25	1 725
社会、人文科学领域	1	1	0	0	0	2	0	0

表13 全部县以上部门属科技机构论文、著作及其他科技产出（2012）

表13－1 按地域分布

地 域	科技论文（篇）	国外发表	科技著作（种）	形成国家或行业标准数（项）	集成电路布图设计登记数（件）	植物新品种权授予数（项）	软件著作权数（件）	新药证书数（件）
总 计	**6 836**	**2 037**	**149**	**98**	**4**	**22**	**99**	**1**
广州市	5 612	1 347	135	75	0	14	69	1
韶关市	13	0	1	0	0	0	0	0
深圳市	678	622	12	2	2	0	24	0
珠海市	21	0	0	0	0	0	0	0
汕头市	21	0	0	10	0	1	0	0
佛山市	11	0	0	0	0	3	0	0
江门市	7	0	0	0	0	0	0	0
湛江市	215	55	0	7	0	1	1	0
茂名市	35	0	0	2	0	0	0	0
肇庆市	9	4	0	2	2	2	0	0
惠州市	50	0	0	0	0	0	0	0
梅州市	42	0	0	0	0	0	0	0
汕尾市	0	0	0	0	0	0	0	0
河源市	0	0	0	0	0	0	0	0
阳江市	3	0	0	0	0	0	0	0
清远市	0	0	0	0	0	0	0	0
东莞市	78	1	0	0	0	1	5	0
中山市	25	2	1	0	0	0	0	0
潮州市	9	0	0	0	0	0	0	0
揭阳市	7	6	0	0	0	0	0	0
云浮市	0	0	0	0	0	0	0	0

表13－2　按隶属关系分布

隶　属	科技论文（篇）	国外发表	科技著作（种）	形成国家或行业标准数（项）	集成电路布图设计登记数（件）	植物新品种权授予数（项）	软件著作权数（件）	新药证书数（件）
总　计	**6 836**	**2 037**	**149**	**98**	**4**	**22**	**99**	**1**
地方部门属	3 034	283	105	39	2	15	56	1
省级部门属	2 328	262	69	14	0	0	44	1
副省级城市属	360	5	34	11	0	8	5	0
地市级部门属	346	16	2	14	2	7	7	0
中央部门属	3 802	1 754	44	59	2	7	43	0
中国科学院	2 336	1 592	23	3	2	6	33	0

表13－3　按国民经济行业分布

行　业	科技论文（篇）	国外发表	科技著作（种）	形成国家或行业标准数（项）	集成电路布图设计登记数（件）	植物新品种权授予数（项）	软件著作权数（件）	新药证书数（件）
总　计	**6 836**	**2 037**	**149**	**98**	**4**	**22**	**99**	**1**
农、林、牧、渔业	1 224	88	19	53	2	13	1	1
采矿业	252	17	2	10	0	0	0	0
制造业	442	163	1	9	0	0	15	0
交通运输、仓储和邮政业	12	0	0	0	0	0	0	0
信息传输、软件和信息技术服务业	49	20	1	0	0	0	10	0
科学研究和技术服务业	3 706	1 612	85	22	2	9	71	0
水利、环境和公共设施管理业	476	66	14	0	0	0	2	0
教育	22	0	4	0	0	0	0	0
卫生和社会工作	563	70	10	4	0	0	0	0
文化、体育和娱乐业	79	1	13	0	0	0	0	0
公共管理、社会保障和社会组织	11	0	0	0	0	0	0	0

表13－4　按机构所属学科领域分布

学科领域	科技论文（篇）	国外发表	科技著作（种）	形成国家或行业标准数（项）	集成电路布图设计登记数（件）	植物新品种权授予数（项）	软件著作权数（件）	新药证书数（件）
总　计	**6 836**	**2 037**	**149**	**98**	**4**	**22**	**99**	**1**
自然科学领域	1 572	804	15	3	0	6	11	0
农业科学领域	1 543	163	25	60	2	16	24	1
医学科学领域	702	139	13	4	0	0	0	0
工程科学与技术领域	2 371	924	35	31	2	0	62	0
社会、人文科学领域	648	7	61	0	0	0	2	0

表14　全部县以上部门属科技机构R&D人员（2012）

表14－1　按地域分布

单位：人

地　域	R&D人员	女性	按工作量分		按学历分			
			R&D全时人员	R&D非全时人员	博士毕业	硕士毕业	本科毕业	其他
总　计	**13 453**	**4 702**	**7 047**	**6 406**	**2 336**	**4 647**	**4 429**	**2 041**
广州市	11 366	4 072	5 673	5 693	2 005	3 913	3 838	1 610
韶关市	20	4	6	14	0	1	4	15
深圳市	970	351	511	459	273	505	166	26
珠海市	41	13	41	0	5	8	12	16
汕头市	38	9	27	11	0	4	24	10
佛山市	69	14	37	32	0	12	20	37
江门市	32	14	29	3	0	6	12	14
湛江市	196	60	157	39	23	70	70	33
茂名市	74	16	72	2	0	2	32	40

（续上表）

地　域	R&D人员	女性	按工作量分		按学历分			
			R&D全时人员	R&D非全时人员	博士毕业	硕士毕业	本科毕业	其他
肇庆市	28	9	23	5	0	3	8	17
惠州市	145	39	125	20	3	19	45	78
梅州市	35	6	32	3	0	1	13	21
汕尾市	0	0	0	0	0	0	0	0
河源市	0	0	0	0	0	0	0	0
阳江市	47	12	0	47	0	2	16	29
清远市	0	0	0	0	0	0	0	0
东莞市	330	61	254	76	26	96	145	63
中山市	15	10	15	0	1	5	8	1
潮州市	6	1	4	2	0	0	3	3
揭阳市	41	11	41	0	0	0	13	28
云浮市	0	0	0	0	0	0	0	0

表14－2　按隶属关系分布　　单位：人

隶　属	R&D人员	女性	按工作量分		按学历分			
			R&D全时人员	R&D非全时人员	博士毕业	硕士毕业	本科毕业	其他
总　计	**13 453**	**4 702**	**7 047**	**6 406**	**2 336**	**4 647**	**4 429**	**2 041**
地方部门属	5 922	2 110	3 507	2 415	602	1 670	2 364	1 286
省级部门属	4 180	1 540	2 307	1 873	479	1 182	1 718	801
副省级城市属	711	315	390	321	76	268	265	102
地市级部门属	1 031	255	810	221	47	220	381	383
中央部门属	7 531	2 592	3 540	3 991	1 734	2 977	2 065	755
中国科学院	4 531	1 710	2 402	2 129	1 343	1 718	992	478

表14－3　按机构所属学科领域分布

单位：人

学科领域	R&D人员	女性	按工作量分		按学历分			
			R&D全时人员	R&D非全时人员	博士毕业	硕士毕业	本科毕业	其他
总　计	**13 453**	**4 702**	**7 047**	**6 406**	**2 336**	**4 647**	**4 429**	**2 041**
自然科学领域	3 094	1 155	1 646	1 448	859	996	790	449
农业科学领域	2 608	771	1 721	887	318	783	766	741
医学科学领域	1 907	840	876	1 031	259	549	737	362
工程科学与技术领域	5 227	1 662	2 446	2 781	795	2 076	1 969	387
社会、人文科学领域	617	274	358	259	105	243	167	102

表15　全部县以上部门属科技机构R&D人员折合全时工作量（2012）

表15－1　按地域分布

单位：人年

地　域	R&D折合全时工作量	按活动类型分			按工作岗位性质分		
		基础研究人员	应用研究人员	试验发展人员	研究人员	技术人员	其他辅助人员
总　计	**9 393**	**2 444**	**3 105**	**3 844**	**5 495**	**2 749**	**1 149**
广州市	7 603	2 210	2 393	3 000	4 449	2 238	916
韶关市	12	0	0	12	2	8	2
深圳市	770	200	563	7	615	125	30
珠海市	41	0	0	41	21	19	1
汕头市	36	0	0	36	14	15	7
佛山市	37	0	1	36	19	13	5
江门市	31	0	0	31	12	10	9
湛江市	181	30	65	86	74	58	49

（续上表）

地　域	R&D折合全时工作量	按活动类型分			按工作岗位性质分		
		基础研究人员	应用研究人员	试验发展人员	研究人员	技术人员	其他辅助人员
茂名市	74	0	17	57	33	31	10
肇庆市	26	0	3	23	9	11	6
惠州市	133	0	25	108	47	56	30
梅州市	35	0	0	35	24	11	0
汕尾市	0	0	0	0	0	0	0
河源市	0	0	0	0	0	0	0
阳江市	36	0	0	36	4	18	14
清远市	0	0	0	0	0	0	0
东莞市	316	4	23	289	158	107	51
中山市	15	0	15	0	7	6	2
潮州市	6	0	0	6	2	2	2
揭阳市	41	0	0	41	5	21	15
云浮市	0	0	0	0	0	0	0

表15－2　按隶属关系分布

单位：人年

隶　属	R&D折合全时工作量	按活动类型分			按工作岗位性质分		
		基础研究人员	应用研究人员	试验发展人员	研究人员	技术人员	其他辅助人员
总　计	**9 393**	**2 444**	**3 105**	**3 844**	**5 495**	**2 749**	**1 149**
地方部门属	4 516	589	1 583	2 344	2 572	1 374	570

（续上表）

隶　属	R&D折合全时工作量	按活动类型分			按工作岗位性质分		
		基础研究人员	应用研究人员	试验发展人员	研究人员	技术人员	其他辅助人员
省级部门属	3 088	562	1 273	1 253	1 862	875	351
副省级城市属	485	27	220	238	309	122	54
地市级部门属	943	0	90	853	401	377	165
中央部门属	4 877	1 855	1 522	1 500	2 923	1 375	579
中国科学院	3 079	1 556	1 172	351	2 185	646	248

表15－3　按机构所属学科领域分布

单位：人年

学科领域	R&D折合全时工作量	按活动类型分			按工作岗位性质分		
		基础研究人员	应用研究人员	试验发展人员	研究人员	技术人员	其他辅助人员
总　计	**9 393**	**2 444**	**3 105**	**3 844**	**5 495**	**2 749**	**1 149**
自然科学领域	2 118	1 188	574	356	1 479	412	227
农业科学领域	2 107	242	442	1 423	949	764	394
医学科学领域	1 231	526	579	126	757	347	127
工程科学与技术领域	3 494	425	1 183	1 886	1 950	1 168	376
社会、人文科学领域	443	63	327	53	360	58	25

表15－4　按服务的国民经济行业分布

单位：人年

行　业	R&D折合全时工作量	按活动类型分			按工作岗位性质分		
		基础研究人员	应用研究人员	试验发展人员	研究人员	技术人员	其他辅助人员
总　计	**9 393**	**2 444**	**3 105**	**3 844**	**5 495**	**2 749**	**1 149**
农、林、牧、渔业	1 716	130	383	1 203	780	646	290
农业	751	53	141	557	365	256	130
林业	408	38	84	286	225	102	81
畜牧业	27	0	2	25	8	14	5
渔业	296	38	94	164	79	180	37
农、林、牧、渔服务业	234	1	62	171	103	94	37
采矿业	746	17	15	714	334	306	106
有色金属矿采选业	746	17	15	714	334	306	106
制造业	947	315	277	355	497	283	167
农副食品加工业	264	21	76	167	41	124	99
食品制造业	124	36	35	53	85	21	18
石油加工、炼焦和核燃料加工业	15	0	10	5	8	6	1
医药制造业	442	249	129	64	300	107	35
化学纤维制造业	10	0	0	10	4	4	2
黑色金属冶炼和压延加工业	8	0	0	8	4	2	2
专用设备制造业	84	9	27	48	55	19	10
计算机、通信和其他电子设备制造业	0	0	0	0	0	0	0
仪器仪表制造业	0	0	0	0	0	0	0
交通运输、仓储和邮政业	13	0	0	13	9	2	2
道路运输业	0	0	0	0	0	0	0
水上运输业	13	0	0	13	9	2	2

（续上表）

行　业	R&D折合全时工作量	按活动类型分			按工作岗位性质分		
		基础研究人员	应用研究人员	试验发展人员	研究人员	技术人员	其他辅助人员
信息传输、软件和信息技术服务业	56	0	1	55	22	26	8
电信、广播电视和卫星传输服务	45	0	1	44	18	21	6
软件和信息技术服务业	11	0	0	11	4	5	2
科学研究和技术服务业	4 496	1 586	1 775	1 135	3 008	1 080	408
研究和试验发展	2 979	1 138	1 260	581	2 119	607	253
专业技术服务业	1 517	448	515	554	889	473	155
科技推广和应用服务业	0	0	0	0	0	0	0
水利、环境和公共设施管理业	587	103	194	290	377	145	65
水利管理业	240	4	89	147	178	43	19
生态保护和环境治理业	347	99	105	143	199	102	46
教育	0	0	0	0	0	0	0
教育	0	0	0	0	0	0	0
卫生和社会工作	765	267	444	54	437	241	87
卫生	765	267	444	54	437	241	87
文化、体育和娱乐业	51	26	16	9	24	20	7
文化艺术业	26	26	0	0	12	8	6
体育	25	0	16	9	12	12	1
公共管理、社会保障和社会组织	16	0	0	16	7	0	9
国家机构	16	0	0	16	7	0	9

表16 全部县以上部门属科技机构R&D经费支出（2012）

表16－1 按地域分布

单位：千元

地 域	R&D经费内部支出	按活动类型分			按来源分					R&D经费外部支出
		基础研究	应用研究	试验发展	政府资金	企业资金	事业单位资金	国外资金	其他资金	
总 计	**3 595 729**	**945 889**	**1 167 384**	**1 482 456**	**2 509 101**	**134 515**	**787 708**	**27 970**	**136 435**	**42 933**
广州市	3 128 133	880 587	923 809	1 323 737	2 135 491	122 225	731 828	11 899	126 690	41 248
韶关市	760	0	0	760	310	0	0	0	450	0
深圳市	294 435	63 575	229 799	1 061	263 408	10 396	2 551	16 071	2 009	0
珠海市	1 444	0	0	1 444	1 244	200	0	0	0	0
汕头市	2 311	0	0	2 311	1 837	474	0	0	0	0
佛山市	12 786	0	288	12 498	12 766	20	0	0	0	0
江门市	5 703	0	0	5 703	3 453	1 200	1 050	0	0	0
湛江市	17 402	1 334	4 918	11 150	17 362	0	40	0	0	295
茂名市	11 822	0	2 143	9 679	6 734	0	0	0	5 088	0
肇庆市	1 040	0	150	890	100	0	940	0	0	0
惠州市	14 351	0	2 427	11 924	12 819	0	10	0	1 522	0
梅州市	3 512	0	0	3 512	3 512	0	0	0	0	0
汕尾市	0	0	0	0	0	0	0	0	0	0
河源市	0	0	0	0	0	0	0	0	0	0
阳江市	5 532	0	0	5 532	5 282	0	250	0	0	450
清远市	0	0	0	0	0	0	0	0	0	0
东莞市	93 837	393	3 070	90 374	43 252	0	50 585	0	0	940
中山市	780	0	780	0	780	0	0	0	0	0
潮州市	42	0	0	42	42	0	0	0	0	0
揭阳市	1 839	0	0	1 839	709	0	454	0	676	0
云浮市	0	0	0	0	0	0	0	0	0	0

表16－2　按隶属关系分布

单位：千元

隶　属	R&D经费内部支出	按活动类型分			按来源分					R&D经费外部支出
		基础研究	应用研究	试验发展	政府资金	企业资金	事业单位资金	国外资金	其他资金	
总　计	**3 595 729**	**945 889**	**1 167 384**	**1 482 456**	**2 509 101**	**134 515**	**787 708**	**27 970**	**136 435**	**42 933**
地方部门属	1 547 756	177 074	494 142	876 540	883 329	31 127	500 434	5 196	127 670	14 695
省级部门属	1 184 948	172 571	386 820	625 557	641 192	20 921	416 835	5 196	100 804	6 955
副省级城市属	178 285	4 503	96 164	77 618	124 004	4 841	30 310	0	19 130	7 210
地市级部门属	184 523	0	11 158	173 365	118 133	5 365	53 289	0	7 736	530
中央部门属	2 047 973	768 815	673 242	605 916	1 625 772	103 388	287 274	22 774	8 765	28 238
中国科学院	1 186 967	540 360	437 083	209 524	1 006 354	54 673	94 401	22 774	8 765	16 176

表16－3　按机构所属学科领域分布

单位：千元

学　科	R&D经费内部支出	按活动类型分			按来源分					R&D经费外部支出
		基础研究	应用研究	试验发展	政府资金	企业资金	事业单位资金	国外资金	其他资金	
总　计	**3 595 729**	**945 889**	**1 167 384**	**1 482 456**	**2 509 101**	**134 515**	**787 708**	**27 970**	**136 435**	**42 933**
自然科学领域	793 181	432 140	193 235	167 806	632 648	17 579	112 891	6 244	23 819	22 271
农业科学领域	735 611	84 947	145 905	504 759	565 175	12 040	140 519	3 030	14 847	2 133
医学科学领域	448 103	153 569	206 937	87 597	292 872	10 149	141 622	1 241	2 219	100
工程科学与技术领域	1 455 916	239 832	509 825	706 259	860 908	90 747	392 486	17 455	94 320	18 429
社会、人文科学领域	162 918	35 401	111 482	16 035	157 498	4 000	190	0	1 230	0

表17　全部县以上部门属科技机构R&D经费内部支出（2012）

表17－1　按地域分布

单位：千元

地　域	R&D经费内部支出	经常费支出	人员费用	设备购置费	其他	基本建设费	仪器设备费	土建费
总　计	**3 595 729**	**3 119 737**	**1 182 503**	**541 207**	**1 396 027**	**475 992**	**100 839**	**375 153**
广州市	3 128 133	2 659 679	1 000 039	442 379	1 217 261	468 454	99 676	368 778
韶关市	760	760	30	0	730	0	0	0
深圳市	294 435	294 435	110 248	84 594	99 593	0	0	0
珠海市	1 444	1 444	735	509	200	0	0	0
汕头市	2 311	2 311	2 299	5	7	0	0	0
佛山市	12 786	8 714	7 157	0	1 557	4 072	0	4 072
江门市	5 703	5 185	3 262	48	1 875	518	0	518
湛江市	17 402	17 402	8 235	2 809	6 358	0	0	0
茂名市	11 822	11 613	4 152	20	7 441	209	209	0
肇庆市	1 040	1 040	870	0	170	0	0	0
惠州市	14 351	14 351	4 962	3 672	5 717	0	0	0
梅州市	3 512	3 512	3 485	22	5	0	0	0
汕尾市	0	0	0	0	0	0	0	0
河源市	0	0	0	0	0	0	0	0
阳江市	5 532	5 442	4 120	40	1 282	90	0	90
清远市	0	0	0	0	0	0	0	0
东莞市	93 837	91 188	31 682	7 109	52 397	2 649	954	1 695
中山市	780	780	300	0	480	0	0	0
潮州市	42	42	15	0	27	0	0	0
揭阳市	1 839	1 839	912	0	927	0	0	0
云浮市	0	0	0	0	0	0	0	0

表17－2 按隶属关系分布

单位：千元

隶 属	R&D经费内部支出	经常费支出				基本建设费		
			人员费用	设备购置费	其他		仪器设备费	土建费
总 计	**3 595 729**	**3 119 737**	**1 182 503**	**541 207**	**1 396 027**	**475 992**	**100 839**	**375 153**
地方部门属	1 547 756	1 322 535	541 479	174 551	606 505	225 221	26 902	198 319
省级部门属	1 184 948	987 320	408 365	142 342	436 613	197 628	20 217	177 411
副省级城市属	178 285	158 230	59 601	12 581	86 048	20 055	5 522	14 533
地市级部门属	184 523	176 985	73 513	19 628	83 844	7 538	1 163	6 375
中央部门属	2 047 973	1 797 202	641 024	366 656	789 522	250 771	73 937	176 834
中国科学院	1 186 967	1 173 661	380 383	250 959	542 319	13 306	127	13 179

表17－3 按机构所属学科领域分布

单位：千元

学 科	R&D经费内部支出	经常费支出				基本建设费		
			人员费用	设备购置费	其他		仪器设备费	土建费
总 计	**3 595 729**	**3 119 737**	**1 182 503**	**541 207**	**1 396 027**	**475 992**	**100 839**	**375 153**
自然科学领域	793 181	779 908	250 626	144 245	385 037	13 273	4 774	8 499
农业科学领域	735 611	579 266	236 092	42 226	300 948	156 345	15 627	140 718
医学科学领域	448 103	441 347	155 622	87 236	198 489	6 756	2 727	4 029
工程科学与技术领域	1 455 916	1 168 563	474 160	263 044	431 359	287 353	76 361	210 992
社会、人文科学领域	162 918	150 653	66 003	4 456	80 194	12 265	1 350	10 915

表17－4　按机构服务的国民经济行业分布

单位：千元

行　业	R&D经费内部支出	经常费支出				基本建设费		
			人员费用	设备购置费	其他		仪器设备费	土建费
总　计	**3 595 729**	**3 119 737**	**1 182 503**	**541 207**	**1 396 027**	**475 992**	**100 839**	**375 153**
农、林、牧、渔业	603 975	475 228	187 916	33 823	253 489	128 747	10 748	117 999
农业	196 132	191 867	80 793	11 113	99 961	4 265	2 118	2 147
林业	123 396	99 087	38 124	3 918	57 045	24 309	2 222	22 087
畜牧业	5 322	5 114	2 820	239	2 055	208	208	0
渔业	135 395	125 336	43 983	11 501	69 852	10 059	2 860	7 199
农、林、牧、渔服务业	143 730	53 824	22 196	7 052	24 576	89 906	3 340	86 566
采矿业	189 666	189 666	81 880	61 541	46 245	0	0	0
有色金属矿采选业	189 666	189 666	81 880	61 541	46 245	0	0	0
制造业	357 864	352 222	134 281	50 426	167 515	5 642	40	5 602
农副食品加工业	73 532	71 529	21 846	14 080	35 603	2 003	0	2 003
食品制造业	50 403	50 403	23 621	2 220	24 562	0	0	0
石油加工、炼焦和核燃料加工业	870	870	850	20	0	0	0	0
医药制造业	185 873	182 324	68 097	30 227	84 000	3 549	0	3 549
化学纤维制造业	752	752	434	0	318	0	0	0
黑色金属冶炼和压延加工业	1 120	1 030	200	27	803	90	40	50
专用设备制造业	45 314	45 314	19 233	3 852	22 229	0	0	0
计算机、通信和其他电子设备制造业	0	0	0	0	0	0	0	0
仪器仪表制造业	0	0	0	0	0	0	0	0
交通运输、仓储和邮政业	3 853	3 853	1 895	13	1 945	0	0	0
道路运输业	0	0	0	0	0	0	0	0
水上运输业	3 853	3 853	1 895	13	1 945	0	0	0
信息传输、软件和信息技术服务业	11 955	11 955	8 632	120	3 203	0	0	0

（续上表）

行　业	R&D经费内部支出	经常费支出				基本建设费		
			人员费用	设备购置费	其他		仪器设备费	土建费
电信、广播电视和卫星传输服务	11 030	11 030	8 306	40	2 684	0	0	0
软件和信息技术服务业	925	925	326	80	519	0	0	0
科学研究和技术服务业	1 868 998	1 577 625	599 022	329 145	649 458	291 373	77 924	213 449
研究和试验发展	1 152 592	1 034 531	386 313	213 675	434 543	118 061	68 777	49 284
专业技术服务业	716 406	543 094	212 709	115 470	214 915	173 312	9 147	164 165
科技推广和应用服务业	0	0	0	0	0	0	0	0
水利、环境和公共设施管理业	271 816	226 143	79 067	6 557	140 519	45 673	8 050	37 623
水利管理业	144 231	120 860	36 204	1 512	83 144	23 371	2 300	21 071
生态保护和环境治理业	127 585	105 283	42 863	5 045	57 375	22 302	5 750	16 552
教育	0	0	0	0	0	0	0	0
教育	0	0	0	0	0	0	0	0
卫生和社会工作	254 710	251 503	83 414	56 927	111 162	3 207	2 727	480
卫生	254 710	251 503	83 414	56 927	111 162	3 207	2 727	480
文化、体育和娱乐业	31 692	30 342	5 451	2 400	22 491	1 350	1 350	0
文化艺术业	24 000	24 000	3 716	0	20 284	0	0	0
体育	7 692	6 342	1 735	2 400	2 207	1 350	1 350	0
公共管理、社会保障和社会组织	1 200	1 200	945	255	0	0	0	0
国家机构	1 200	1 200	945	255	0	0	0	0

2012年广东科技记事

1月6日

“城市生命线工程结构安全”国际联合实验室暨“广东省城市生命线工程结构力学应急技术研究中心”揭牌仪式在暨南大学举行。

1月9日

广东省科技基础条件平台建设促进会第1次会员代表大会暨成立大会在广东科学馆召开，有关地市科技管理部门、科研院所、高校、企业和行业协会代表参加了会议。大会一致通过了促进会章程，民主选举产生促进会理事、常务理事以及执行机构。

1月11日

广东省在广州发布首个LED照明产业标准体系规划与路线图。

1月12日

江门国家级高新技术产业开发区揭牌仪式在江门高新区举行。

1月14日

中科院广州能源所举行“973计划”项目“草本能源植物培育及化学催化制备先进液体燃料的基础研究”启动会。

1月16日

广东省农村科技战略专家2012年年会在省科技厅召开，20多位省农村科技发展战略专家参加了会议。

1月20日

数字家庭产学研技术创新联盟等34家联盟被认定为省部院产学研技术创新联盟。

1月21日

中共中央政治局委员、广东省委书记汪洋，省委副书记、省长朱小丹，副省长陈云贤一行专程到省科技厅视察指导工作，代表省委、省政府向全省科技管理干部和广大科技工作者致以新春的美好祝愿。

2月1日

陈云贤副省长率省府办公厅、省科技厅、省财政厅、省知识产权局、省金融办、省科协及中科院广州分院（省科学院）有关负责同志到广东科学中心调研并召开科技工作座谈会，代表省政府向全省广大科技工作者致以新春的节日问候。

2月7—10日

国家自然科学基金委员会化学科学部“国家杰出青年科学基金”资助项目中期检查暨结题验收报告会在广州召开，来自全国的20位中国科学院院士、中国工程院院士，49位2007年度和2009年度国家杰出青年科学基金获资助者参加了此次会议。陈云贤副省长接见了与会的院士、国家基金委领导和杰青代表。此次会议是一次高规格的全国性学术会议，对提升广东省在全国化学化工界的基础研究影响力，促进广东省科研人员与省外化学化工科技界专家的交流合作具有十分重要的意义。

2月8日

·全省科技管理系统学习贯彻省主要领导同志重要讲话精神暨全省科技形势分析会在广州召开，会议专题学习贯彻省主要领导同志到省科技厅视察指导工作时的重要讲话精神，分析当前全省科技工作形势，研究部署今后科技工作。

·省政府地方志办公室召开《广东省志（1979—2000）·科学技术卷》终审会议。

2月10日

广东省科技服务业发展座谈会在省科技厅召开，来自省内主要高校和科技服务机构的专家学者、受邀媒体记者近30人参加了座谈会。

2月13日

“贯彻落实省领导重要讲话精神、完善LED照明产品标杆体系建设专家座谈会”在广东省工业技术研究院召开，来自全省LED产业协会、专家、高校、企业代表60多人参加了座谈会。

2月14日

·提升广东省重点实验室创新能力专家研讨会在省科技厅召开，省内主要科研院所及高校专家学者、科研条件与财务处有关人员共20多人参加了会议。

·中共中央、国务院在北京召开国家科学技术奖励大会。广东省共有34个项目获得国家科技奖。

2月20日

科技部召开学习贯彻中央1号文件视频会议，省科技厅为视频会议分会场之一。省科技厅领导，有关地市、县领导以及来自全省各地级市科技局、有关县科技局、高校、科研院所科技管理部门代表、科技人员及企业代表等120多人参加了会议。

2月22日

广东省专业镇“一校（院所）一镇”工作部署大会在省科技厅召开，来自21个地市科技管理部门，全国各有关高校、科研院所的负责人等参加了会议。

2月23日

广东省专业镇发展促进会第3次会员代表大会在广州召开。会上，选举产生新一届促进会理事会，通过了促进会章程的修改意见。省科技厅、省专业镇发展促进会理事单位、会员单位代表共270多人参加了会议。

2月24日

佛山市南海区人民政府与香港科技园公司战略合作签约仪式在南海区举行。

2月27日—3月3日

经人力资源和社会保障部批准，由省科技厅、省人力资源和社会保障厅联合主办，省计算中心承办的国家级专业技术人才知识更新工程“最新网络安全与维护”高级研修班在广州举办。

2月28日

·科技部召开重大科学仪器设备开发专项政策解读视频会议。来自省内高校、科研机构和企业的项目负责人及项目组骨干共约50人参加了视频会议。会后，省科技厅就本省重大科学仪器专项工作进行了部署。

·广东省人大常委会召开《广东省自主创新促进条例》颁布实施新闻发布会。

3月4日

广东省人民政府与北京大学在北京签署战略合作框架协议，中共中央政治局委员、广东省委书记汪洋，省委副书记、省长朱小丹出席签约仪式。

3月6日

科技部国际合作司举办的“东盟国家口腔医疗技术国际培训班”在广州开班。

3月7日

·全国政协副主席、科技部部长万钢和部党组副书记、副部长王志刚，中国工程院院长周济，国家自然科学基金委主任陈宜瑜、副主任孙家广，中共中央政治局委员、广东省委书记汪洋，省委副书记、省长朱小丹，副省长陈云贤，就进一步加强省部和省院自主创新合作，充分发挥国家自然科学基金委—广东联合基金作用，促进创新型广东建设进行工作会商。

·华南师范大学华南先进光电子研究院揭牌。

3月10日

广东省与中国科学院在北京举行全面战略合作座谈会，共商院省合作大计。会上还举行了院省全面战略合作重大项目签约仪式。中共中央政治局委员、广东省委书记汪洋，省委副书记、省长朱小丹，中国科学院院长、党组书记白春礼等领导见证了项目签约。

3月14日

惠州市海纳农业有限公司现代农业院士工作站、省农业科技创新中心揭牌暨广东海纳现代农业生态园区奠基仪式启动。

3月21日

2012年全省农村科技工作会议在广州召开。全省各地市科技局（委）、涉农高校和科研院所、科技富民强县、现代农业科技强县、粮食优质丰产科技示范县、广东农业科技园区主要负责同志和农村科技战略专家等共200人参加了会议。

3月26日

爱华特（广州）通讯有限公司等545家企业被认定为广东省2011年第2批高新技术企业。

3月27日

省委、省政府在广州召开广东省科学技术奖励大会暨全省科技工作会议。2011年度广东科学技术奖共评选出272项优秀科技成果，其中特等奖2项、一等奖30项、二等奖87项、三等奖153项。省科学技术突出贡献奖授予中国科学院院士、中山大学肿瘤防治中心主任、中山大学附属肿瘤医院院长曾益新，奖金200万元。

3月29日

·佛山市南海区人民政府在南海罗村举行“南海光明新城启动暨十大城市提升项目”开工仪式。

·墨西哥驻穗总领事大卫·纳赫拉先生等一行3人到访广东科学中心，双方就在中墨建交40周年之际，如何开展科技、教育、文化等领域的深入合作进行了交流。

3月30日

国家科技和金融结合广东试点工作座谈会在广州召开。省科技厅、省金融办、一行三局相关处室负责人及试点地区科技局（委）负责人参加了会议。

3月31日

广东省LED照明标准光组件项目评审研讨会在广州召开。会上，省半导体照明产业联合创新中心颁布了《广东省LED照明标准光组件项目实施方案》和《标准光组件层级项目指导书》，省科技厅为项目研究起草文件的专家颁发了专家聘书和荣誉奖牌。

4月7—9日

由中国科技金融促进会风险投资专业委员会、全国投资机构科技金融工作联席会议主办，惠州仲恺高新技术产业开发区管理委员会承办，惠州市人民政府、科技部火炬中心、中国科技金融促进会支持的“2012年全国风险投资行业年会暨第7届风险投资创新高峰论坛”在惠州举行。科技部党组成员、副部长曹健林以及全国88家国家级高新区负责人，知名风险投资机构及其产业界的代表近500人参加会议。

4月8日

第27届广东省青少年科技创新大赛开幕式在广州市第二中学（科学城校区）举行。开幕式上公布了广东省第3批“青少年科学教育特色学校”名单。

4月9日

由广东、湖北两省人民政府主办的“2012广东产品湖北行启动暨粤鄂经贸合作项目签约仪式”在武汉科技会展中心举行。省科技厅组织广东省经贸代表团科技分团参加该次活动。

4月9—10日

科技部发展计划司在杭州市召开全国科技计划工作会议，省科技厅作《加强科技计划管理、建设科技业务管理系统》的典型发言。

4月10日

·2012年全省“4·26知识产权宣传周”活动方案发布仪式、国家知识产权局区域专利信息服务（广州）中心揭牌仪式暨泛珠三角区域内地九省（区）专利信息运用合作协议签署仪式在广州举行。

·北京航空航天大学李书教授等193名专家被认定为2012年第1批广东企业科技特派员。

4月10—12日

科技部、省科技厅、省委政研室组成部省联合调研组，赴深圳、东莞和广州开展新型科技创新机构调研。

4月11日

由广东、河南两省人民政府主办的“2012广东产品河南行启动暨粤豫经贸合作项目签约仪式”在郑州国际会展中心举行。省科技厅组织广东省经贸代表团科技分团参加该次活动。

4月13日

·第3次广东国家农村信息化示范省建设实施方案专家咨询会在广州召开。

·省科技厅印发《广东省科学技术厅关于省级科技计划项目管理的暂行办法》。

4月16日

家蚕基因组生物学国家重点实验室蚕桑抗病育种中心挂牌暨蚕桑抗病育种学术研讨会在广东省农科院蚕业与农产品加工研究所举行。

4月16—19日

由科技部、国家外国专家局、美国机械工程师学会共同主办的第9届中美工程技术研讨会先进制造分会在广州召开。12名美方专家和本省精密电子装备、电动汽车、节能减排、数控与机器人等先进制造领域的近百名专家及企业代表参加了会议。

4月17日

广东省生物医学信息检测与超声成像重点实验室和医学超声关键技术国家地方联合工程实验室揭牌仪式在深圳大学南校区举行。

4月24日

中国科协常务副主席、书记处第一书记、党组书记陈希一行视察广东科学中心。

4月25日

省实验动物监测所黄韧同志荣获“全国五一劳动奖章”。

5月3日

·LED照明标准光组件项目发布会在广州召开。发布会向公众介绍了标准光组件项目实施和进展情况，22家国内科研机构、上市企业、龙头企业举行了“标准光组件联合研究联盟”签约启动仪式。

·广东红土创业投资有限公司揭牌仪式及首期投资企业签约仪式在广州举行。

5月10日

广东省农作物病虫害应急防控技术研究中心揭牌仪式在广东省农科院植保所举行。

5月11日

2012年中国技术创业协会孵化联盟成员大会在广州召开，广东省市区科技部门及全国孵化器协会成员、高新区企业代表等近300人参加了大会。

5月15日

·湛江市奋勇经济区、湛江高新技术产业开发区奋勇新区揭牌暨项目签约仪式举行。

·省科技厅、省委宣传部和省科协联合召开2012年全省“科技进步活动月”新闻发布会，并为第15届广东科技好新闻奖获奖者颁奖。

5月15—16日

省科技厅与浙江大学、东南大学开展产学研交流对接活动。惠州、中山、珠海等地市20多家企业的代表、科技管理部门人员近50人参加了此次活动。

5月16日

省政协召开深化广东省科研体制改革调研座谈会，介绍近年来本省科研体制改革情况，就本省四大主体科研机构建设、新型科研机构发展、技术创新平台建设等情况作了重点说明。

5月18日

·广东智慧城市产业技术创新联盟大会在广州中国科学院软件应用技术研究所召开，同时举行联盟揭牌仪式。

·第6届广东大学生科技学术节暨第8届“挑战杯”广东大学生创业计划竞赛终审决赛开幕式在南方医科大学举行。

5月21日

广东生物医药产业基地授牌暨动工仪式在佛山举行，同期举行“广东省科技企业孵化器”“广东（南海）生物医药产业化基地”授牌仪式。

5月24日

省科技厅与梅州市科技局联合在梅州兴宁市龙田镇和刁坊镇分别举行特色农产品和粮食生产科技下乡活动。

5月28日

广东省推广应用LED照明产品工作会议在广州召开，研究部署本省在公共照明领域全面推广普及LED照明产品工作。各地级以上市政府、省有关单位，中直驻粤有关单位负责人，有关高等院校、科研机构、检测机构、行业协会、LED企业代表近200人参加了会议。

5月29日

省实施《珠三角规划纲要》第6评估考核组一行9人，对省科技厅2011年度贯彻实施《珠江三角洲地区改革发展规划纲要（2008—2020年）》以及推动“四年大发展”的工作进行评估考核和实地验收。

5月30日

广州国际分析测试与实验室设备展览会暨技术研讨会开幕式在广州举行。

5月31日

·许瑞生副省长在东莞会见以色列工业贸易和劳工部部长辛鸿一行，就广东与以色列在产业研发创新合作相关问题进行探讨。会后，举行了“中以国际科技合作产业园”奠基仪式。

·第11次全国地方国际科技合作协会工作会议暨纪念中国国际科技合作协会成立20周年大会在北京召开，广东省作题为《深耕民间科技合作，助力创新广东建设》的讲话。

6月1日

·全省高新区战略联盟交流学习活动在中山高新区举行，来自全省21个高新区管委会领导、科技管理部门负责人、省科技厅高新处及省高新区发展促进中心相关人员近60人参加了活动。

·由省科技厅联合加拿大国贸部、加拿大11城联盟共同举办的中加投资机会研讨会在广州召开。加拿大驻广州大使馆总领事、加拿大的国贸部投资司、加拿大11城联盟及渥太华投资署的官方投资代表以及广东高新区管委会、高校、科研机构和企业界人士等150多人参加会议。

·省科技厅印发《广东省科学技术厅正版软件资产管理办法》和《广东省科学技术厅使用正版软件管理办法》。

6月8日

·科技部副部长王伟中到深圳迈瑞生物医疗电子股份有限公司调研。

·第1届中国LED照明国际交易高峰论坛暨中国LED照明示范工程产需对接会在广州国际商品展贸城“广州光谷”举行，“广东新光源产品流通平台（光平台）”获授牌。国家半导体照明工程研发及产业联盟、广州市经贸委、广州市国资委、中国商业联合会、中国连锁经营协会、中国百货商业协会等全国各地众多采购企业代表，LED照明行业龙头企业代表，以及省市主流媒体、照明行业专业媒体记者等共300多人参加了会议。

6月11日

LED行业风云榜颁奖盛典暨粤港台LED产业协同创新高峰论坛在广州举行，来自科技部、工信部、省科技厅、香港应科院、台湾科技大学以及国内外专家代表、LED知名企业代表200余人参会。

6月11—15日

由省委宣传部副部长、省文改办主任为组长，省科技厅副厅长为副组长，省委宣传部发改办、省科技厅高新处、省文化厅文化市场与产业处、省新闻出版局办公室、省广电局科技事业处等负责人为成员的调研组，前往广州、深圳、珠海、杭州等地就文化与科技融合发展工作进行专项调研，实地考察相关企业并进行座谈交流。

6月12日

·2012年第1期全省地市科技局长“科技管理创新和创新环境建设”专题研修班在广东省科技干部学院开班，来自全省各地级市科技局（委）领导共22人参加了学习。

·科技部、财政部在北京召开了科技惠民计划工作会议，省科技厅代表广东在大会上介绍了广东省科技惠民计划试点工作思路。

6月13日

第10次“泛珠三角”区域科技合作联席会议在贵州省贵阳市召开，“泛珠三角”“9+2”各省（区）成员单位有关领导和代表共30多人参加了会议。

6月14日

由中国工程院主办的广东省战略性新兴产业发展座谈会在北京召开。会议听取了广东省政府以及广州、深圳、佛山和东莞等四市政府关于战略性新兴产业发展情况的介绍，并就战略性新兴产业发展有关问题进行了交流。中国工程院院长周济院士、省人民政府陈云贤副省长出席会议并讲话。

6月15日

·由全国政协副主席、致公党中央主席、科技部部长万钢率领的致公党中央调研组在广州召开广东省现代信息技术促进产业转型升级情况交流会。会上，省委副书记、省长朱小丹向调研组汇报了广东在利用现代信息技术促进产业转型升级方面的探索和做法，省科技厅作交流发言，万钢部长作总结讲话。

·由省科技厅和河源市人民政府联合主办的以“科技兴农，情系山区”为主题的“省科技进步活动月”大型农业科技和医疗卫生下乡活动在河源东源县新回龙镇举行。

6月16—17日

第10届广东省少年儿童发明奖优秀作品展暨首届广东省创意机器人大赛在广东科学中心举行。

6月18日

·广东粤商科技投资股份有限公司筹建发起会议在广州召开。粤科风险投资集团、金发科技股份有限公司等20多家省内民营企业以及中山、惠州、佛山、珠海等市科技局参加了会议。

·广州市海珠科技产业园、中国科学院南海生物医药科技产业中心被认定为省级科技企业孵化器。

6月18—19日

首期广东省创新型企业院线提升计划宣讲培训会在广州大学城召开。全省各地级以上市科技管理部门和有关创新型（试点）企业的学员等共100多人参加了会议。

6月19日

·广东省可持续发展实验区工作会议在佛山市禅城区召开，省可持续发展实验区专家委员近90人参加了会议。

·由科技部、国家中医药管理局、广东省人民政府主办，省科技厅、省中医药局、省中医药科学院、省中医院承办的国家中医药发展论坛（简称“珠江论坛”）第6届学术研讨会在广州召开。论坛以“针灸研究发展战略——加快创新发展，提高针灸临床和科研水平”为主题。相关领域的专家共40余人出席了此次会议。

·全国人大常委会委员、全国人大教科文卫委员会副主任委员程津培院士到广东省进行科技调研，考察了呼吸疾病国家重点实验室，并在广州中医药大学开展中医药法立法调研。

6月19—28日

《广东省自主创新促进条例》巡回宣讲活动在中山、珠海、江门、肇庆、佛山、惠州、东莞、深圳、广州等珠三角九地市展开。

6月20日

由科技部科技经费监管服务中心主办、省科技厅承办的"十二五"国家科技经费管理改革培训会在广州召开，来自安徽省、广西壮族自治区、福建省、海南省和广东省的代表约400人参加了会议。

6月26日

国家电子电路基材工程技术研究中心组建启动仪式在东莞举行。

6月27—28日

省科技厅与广州市科信局在广州番禺举行广东省科技型中小微企业融资与上市辅导培训会，来自全省各地市的200多家中小微企业、地市科技部门的代表近350人参加了会议。

6月29日

以色列施拉特公司、天津施拉特科技有限公司代表和以色列总领事馆经济事务主任一行到访省科技厅。双方就促进广东省成为中国高技术中心和以色列从低端技术向高端技术经济转变的经验进行了交流。

7月1日

"863计划"主题项目"植物空间诱变与细胞工程育种"项目暨课题启动会在华南农业大学召开。

7月3日

广东省工业技术研究院表面工程实验室、西安交通大学热喷涂实验室和法国贝尔福—蒙博里亚科技大学材料、加工及表面实验室联合成立"中法表面工程联合实验室"，开创了广东省国际合作的新模式。

7月5日

广东省人民政府和香港特区政府在香港会展中心召开了2012粤港经济技术贸易合作交流会。

7月7日

科技部在北京召开国家高新技术产业开发区工作会。省科技厅有两人被授予"国家高新技术产业开发区建设20年先进个人"称号。

7月9日

由深圳市政府、科技部火炬中心和省科技厅共同主办的2012（首届）中国创新创业大赛深圳赛区新闻发布会暨推介会在深圳会展中心召开。来自各地市科技型中小企业技术创新基金管理机构负责人和省级以上孵化器、大学科技园、创业投资机构等单位负责人共120多人参加了新闻发布会。

7月11日

全省科技企业孵化器工作座谈会在广州召开。全省高新区科技工作负责人、各地市科技局有关负责人、部分科技企业孵化器及公共服务平台代表、大学科技园负责人等共150人参加了会议。

7月12日

广东省推广应用LED照明产品工作交流会在广州召开。各地级以上市推广应用LED照明产品牵头部门、科技部门及有关协会、检测机构、节能服务公司、LED制造生产企业代表等150多人参加了会议。

7月13日

陈云贤副省长率队到广州高新区开展改善创新环境行动计划专题调研。

7月16—18日

美国国家科学基金会驻中国办事处主任杨荣珍博士一行，走访重点高校和研究承担单位，了解广东省的基础研究和人才培养概况，并参观了广东科学中心。

7月17日

广东省基本建设优化研究会第1届会员大会暨成立大会在广州举行。来自中国基本建设优化研究会、省科技厅、省民政厅、高校、企业以及广东省基本建设优化研究会等一批会员单位的代表共100多人参加会议。

7月19日

全省科技创新工作会议在中山市古镇镇召开。各地级以上市、顺德区党委或政府以及政府分管科技工作主要负责人，全省国家级和省级高新区管委会、省直有关单位和中直驻粤有关单位，有关高校、科研院所和企业主要负责人等约200人参加了会议。

7月20—21日

第4次全国科技援疆工作会议暨全国科技援疆规划推进会在乌鲁木齐召开。

7月21日

省科技信息中心在天河区天河体育中心南广场举行了“发现身边的科技——广东省科技进步活动月20周年户外活动”。

7月23日

由省科技厅和西藏林芝地区科技局共同主办的林芝地区专业技术人员食用菌培训班在省微生物研究所举行。

7月24—26日

省科技厅率珠海、惠州、中山、江门、肇庆、韶关等地市数十家企业的代表、科技管理部门及广东省产学研合作促进会相关负责同志一行40多人，赴东北地区部分高校及科研院所开展产学研交流对接活动。

8月1日

广东省新光源产业基地三大项目落成与佛山高新区珠三角国际科技园启动暨科技金融结合创新推进大会在佛山市举行。

8月2日

广东省半导体照明标杆体系评价认定委员会成立大会暨第1次工作会议在广州召开。

8月2—3日

省科技厅召开全省科技形势分析会，贯彻落实全国科技创新大会和全省科技创新工作会议精神，分析全省科技发展形势，讨论提出下一步工作重点任务。

8月6日

日本食品专家萩原博一行7人到访省科技厅，双方就食品安全和饮食教育进行交流。

8月7日

·2012年度国家自然科学基金委—广东联合基金联席工作会暨管委会扩大会议在北京召开。

·越共中央宣传部裴世德副部长率领的代表团一行10人到访省科技厅。

8月8日

省实施《珠三角规划纲要》讲评会暨“四年大发展”攻关动员会在广州召开。会议通报实施《珠三角规划纲要》2011年度评估考核和创新工作评奖情况。省科技厅在评估考核中获得优秀等次，由省科技厅牵头实施的“创新与产业两端突破，推动LED产业迅猛发展”获得创新工作经济建设类的三等奖。

8月9日

广东科学中心援建疏附县科技馆项目揭牌暨疏附县科技馆开展仪式在新疆疏附县举行。

8月12日

广东省数控一代机械产品创新应用示范工程推进大会在东莞召开。各地级以上市科技局、各省级以上高新区、有关专业镇、机械装备企业、机械工程学会、数控一代专家组、有关高等院校、科研院所、承担省“数控一代”专项项目代表等200多人参加了会议。

8月12—15日

全国政协原副主席、中国工程院主席团名誉主席徐匡迪院士，中国工程院院长周济院士率有关院士、专家一行60多人，到广东就“战略性新兴产业培育和发展战略研究”和“中国特色城镇化道路发展战略研究”课题进行调研。13日，中国工程院赴广东专题调研座谈会在广州召开。

8月14日

粤港高新技术合作专责小组第 9 次全体会议在香港特别行政区政府总部召开。

8月16日

中国工程院赴广东专题调研意见反馈座谈会在广州召开。会上，全国政协原副主席、中国工程院主席团名誉主席徐匡迪院士，中国工程院院长周济院士，省委副书记、省长朱小丹分别作讲话。中国工程院“中国特色城镇化道路发展战略研究”调研组和“战略性新兴产业培育和发展战略研究”调研组的部分专家学者反馈了调研意见。会议由陈云贤副省长主持。

8月23日

·广药集团香港科技大学梁纯教授科研团队新型靶标抗癌创新药研究合作签约暨“穗港创新药物筛选与评价研究联合实验室”启动仪式在广州举行。

·日本电池储能专家高村孝酮一行3人到访省科技厅，双方就聚合物电容电池（PLA电池）技术进行了交流。

8月28日

省政府新闻办在广州召开“广东省加快专业镇中小微企业服务平台建设”新闻发布会，通报《关于加快专业镇中小微企业服务平台建设的意见》主要内容及具体贯彻落实措施。

8月30日

科技部在广州召开生产力促进中心提升科技金融服务能力工作经验交流会。

8月30—31日

省科技厅在广州组织召开全省生产力促进中心工作会议暨中心负责人培训班。四大主题课程为来自全省12个地市科技主管部门，80多个生产力促进中心的120多人参加了会议。

9月6—7日

·科技部国际合作司一行到广东就国际科技合作计划项目进展情况进行调研，先后考察了华南理工大学、华南农业大学、汕头市西北航空用品有限公司、汕头大学。

·广东省科技外事工作会议暨对外科技合作培训班在广州举行。会上，表彰了广州市科技和信息化局等15家广东省对外科技合作先进单位，并举行了“欧盟框架计划中国华南地区联络点”揭牌仪式，该联络点正式落户广东省对外科技交流中心。

9月7日

广州市友迪资讯科技有限公司等488家企业被评为广东省民营科技企业。

9月7—9日

第3届全省科技行政管理部门“科技杯”羽毛球比赛在肇庆市举行，来自省科技厅、各地级以上市和顺德区科技行政管理部门的24支代表队近300名运动员参加了比赛。

9月10日

科技部、中央组织部、工业和信息化部在北京联合召开了安徽、河南、湖北、广东、重庆五省（市）国家农村信息化示范省实施方案论证会。会上，广东省建设国家农村信息化示范省实施方案顺利通过论证。

9月11日

广州视源电子科技股份有限公司等59家单位获批组建广东省工程技术研究开发中心，被列入2012年度广东省工程技术研究开发中心建设计划项目。

9月12日

·广东省基础工程公司等43家企业被认定为第2批通过复审的广东省创新型企业。

·广东宏大爆破股份有限公司等49家企业被认定为第5批广东省创新型企业。

·广东永顺生物制药股份有限公司等77家企业被认定为第6批广东省创新型试点企业。

9月12—13日

2012年度国家自然科学基金委—广东联合基金评审会暨管委会会议在昆明召开。会上共批准30项重点项目、2个面上项目，重点项目平均资助强度为260万元左右，资助金额总数为7 725万元。

9月12—14日

科技部港澳台办领导一行到访广东就粤港科技合作及广东省推荐申报、立项的科技部对港澳台合作专项进行调研。

9月14日

广东省惠州市LED产业创新联盟成立，拥有成员单位40余家，包括元晖光电股份有限公司、TCL照明电器有限公司、德赛智能科技有限公司、科锐光电有限公司等业内知名公司。

9月15日

科技部高新司组织专家在广州召开“十一五”国家科技支撑计划项目“数字家庭与数字电视技术应用与示范”验收会。

9月16日

科技部高新司在广州召开2012年国家文化科技融合创新工程项目论证会，省科技厅向与会代表介绍广东省科技工作发展情况。

9月16—18日

中国工程院和广东省在广州联合召开“中国海洋工程与科技发展研讨暨广东省海洋发展战略咨询会”，中国工程院有关院士、专家，省科技厅人员约70多人参加了会议。

9月20日

·由省科技厅、省卫生厅、省食品药品监管局联合主办的广东省创新医疗器械产品应用示范工程科技惠民行动启动会在广州召开。部分试点县区政府、各地级以上市科技局、卫生局领导，医疗器械产业技术创新战略联盟专家，有关高校、科研机构、医疗器械企业、示范医疗机构代表等200多人参加会议。

·科技部党组成员、科技日报社社长王志学及科技部政策法规司领导一行到东莞考察调研专业镇科技创新工作。

9月23日

2012年国际氮化物半导体衬底与外延芯片发展战略研讨会在东莞松山湖召开，来自国内外的专家、学者、产业界人士以及媒体记者共50多人参加了会议。

9月25日

·内地与澳门科技合作委员会第6次会议在澳门召开，省科技厅作粤澳科技合作工作进展汇报。

·中山市政府在火炬开发区召开了全市推广应用LED照明产品工作现场会。

9月27日

·《分析测试学报》创刊30周年。

·内地与香港科技合作委员会第7次会议在香港科技园召开，省科技厅在会上介绍了粤港合作情况和今后工作目标。

10月9日

国家科技计划项目监督检查汇报会在广州召开。会后，科技部、财政部检查组一行赴深圳、东莞等地监督检查国家科技计划项目实施及其经费管理使用情况。

10月10日

省科技厅印发《广东省科学技术厅关于科技型中小企业技术创新专项资金项目监督管理及验收工作规范（暂行）》。

10月10—14日

中南地区科技情报（信息）所（院）长会议在广州召开。

10月12日

由省军区装备部和省科技厅共同组织的科技装备动员工作会议在中山召开，来自全省各地市的100多名军地代表参加了会议。

10月18日

·广东省LED主题园暨LED体验馆在广东科学中心正式启动。启动仪式上，木林森股份有限公司等10家LED企业获颁“广东省LED主题园展示基地”称号。

·科技部火炬中心、省科技厅、珠海市人民政府在北京签署《共同推动珠海高新区创新发展战略提升合作框架协议》。

10月19日

省科技厅印发《广东省推广使用LED照明产品工作考核办法》。

10月22日

省政府召开省直科技系统科技发展工作座谈会，分析当前科技发展形势，加快推进本省科技创新发展有关工作。

10月23日

“十二五”广东省制造业信息化科技工程启动大会在广州召开。各地级以上市科技局、各省级以上高新区、有关专业镇、有关高等院校、科研院所、制造业信息化专家组代表等近200人参加了会议。

10月26—27日

由科技部、国家中医药管理局、广东省人民政府主办，省科技厅、省中医药局、省中医药科学院、省中医院承办的国家中医药发展论坛（简称“珠江论坛”）第8届学术研讨会在广州召开。

10月29日

广东粤科润华创业投资有限公司挂牌仪式在江门市举行，标志着江门市首个由政府引导的科技创业风险投资基金正式成立。

10月30日

广东省半导体照明质量与可靠性服务中心揭牌仪式在工业和信息化部电子第五研究所举行。

11月1—4日

2012年中国东莞国际科技合作周在东莞国际会展中心举行。2012中国（东莞）国际科技合作周——LED照明产品推广应用系列活动同期展开。活动中，省科技厅与兴业银行签订《兴业银行全面支持广东省LED照明应用推广专项合作协议》，近80家广东省LED标杆体系推荐目录企业参加了LED照明产品展示，21个地级市科技、建设、路灯管理等业主单位代表100多人以及80多家参展企业代表参加了LED照明产品采购洽谈会。

11月2日

省科技厅领导会见乌克兰国家科学院院士奥坚科·弗拉季米尔率领的代表团，就广东省与乌克兰的科技合作进行座谈交流。

11月5日

由省科技厅牵头组织实施的广东省自然科学杰出青年基金项目综合评审会在广东科学中心召开。

11月6日

第9届中国国际半导体照明展览会暨论坛在广州举行，省科技厅作题为《广东LED产业发展的探索和实践》的主题报告。

11月7日

陈云贤副省长赴省半导体照明产业联合创新中心视察指导工作，听取联合创新中心的汇报，参观了联合创新中心“标准光组件”项目的成果展示。

11月9日

·广东省中医药科技创新座谈会在广州召开。会上，省中医药科学院向与会专家介绍了从2009年至今召开的8届“珠江论坛”的主题及整体的发展历程。

·2012中国国际绿色创新技术产品展在广州广交会展馆开幕。该展会由中国有关部门和联合国有关机构联合主办，中国商务部、发展改革委等9部委和广东省、上海市等10省市共同支持。

11月10日

科技部副部长曹健林一行赴广东省工业技术研究院指导检查中国—乌克兰巴顿焊接研究院建设进展情况。

11月12日

广东顺德中山大学—卡内基梅隆大学联合研究院奠基仪式在顺德南方智谷举行。

11月15日

由省科技厅、香港科技园有限公司和国家环境服务业华南集聚区主办的2012创新科技亚洲会议暨绿色发展新技术专题研讨会在广东大厦召开。

11月16日

·首届中国创新创业大赛深圳赛区决赛及颁奖典礼在深圳举行。江苏航科复合材料科技有限公司、深圳市海目星激光科技有限公司分别获得初创企业组和成长企业组一等奖，将进军北京，角逐全国总决赛的最后大奖。

·广百集团LED照明示范工程启动仪式暨广州国际商品展贸城广州光谷开业一周年活动在广州光谷举行。

11月18—19日

科技部发展计划司在广东省东莞市召开科技管理创新重点工作座谈会。

11月19日

广东省LED照明标准技术联盟成立大会暨广东省LED照明产业标准化公共平台建设项目启动会在广州举行。

11月20—24日

第19届中国杨凌农业高新科技成果博览会在陕西杨凌示范区举行。广东科技展团精选了华南农业大学、广东省农科院、广东亿龙新材科技有限公司等高校、院所以及农业科技企业在内的8家单位的13个优秀项目展示。

11月23日

省食品药品监管局和省科技厅联合主办的广东省生物医药产业自主创新大会在广州召开。

11月26日

广东省召开贯彻落实国务院批准广东行政审批制度改革先行先试动员电视电话会议。省科技厅荣获“2012年省级行政审批制度改革工作先进单位”。

11月28日

·省科技厅领导接受广东省政府门户网站在线专访，以“完善科技创新体系、推动产业转型升级”为主题，就如何构建企业为主体的自主创新体系、改善创新环境、高新区发展、LED战略性新兴产业发展等热点话题与网友进行互动交流。

·省部产学研结合工作高校座谈会在广州召开。省部院产学研办、省产学研合作促进会的相关负责同志，清华大学、浙江大学、上海交通大学等30多所高校及部分高校驻粤研究院的代表共50多人参加了会议。

·省科技厅学习贯彻党的十八大精神，研究新时期广东专业镇发展的大思路研讨会在广州市召开。

11月30日

科技部火炬中心在东莞松山湖高新区召开全国科技服务体系建设试点工作座谈会。省科技厅介绍了广东高新区建设发展和科技创新工作情况，同时就广东省推进高新区开展创新发展战略提升行动，实施创新型产业集群建设工程和科技服务体系建设工程进行简要介绍。

12月3日

2012年西藏林芝地区科技管理干部研修班在广州开班，来自西藏林芝地区科技管理部门的18位学员参加了培训。

12月4日

广东省科技服务业研究院筹建工作第1次工作会议召开。

12月5日

·2012年度广东省科学技术奖评审委员会评审会议在广州召开，评出2012年度广东省科学技术奖拟奖项目286项。

·全省科技型中小企业技术创新基金工作会议在广州召开。全省各地科技主管部门、地方创新基金管理机构、有关高新区、广东省科技型中小企业公共技术服务示范机构相关负责人共100多人参加了会议。

12月11日

省科技厅与省农业厅联合推进农民专业合作社信息化发展协议签约仪式在广州举行。

12月12日

广东省科技和金融结合试点区授牌暨广东省科技厅与中行广东省分行战略合作签约仪式在番禺节能科技园举行。省市区相关部门和金融机构的负责人，番禺区科技型企业代表等约150人参加了仪式。

12月13—15日

2012年度广东省基础研究管理工作会暨国家自然科学基金广东地区联络网单位会议在广东省梅州市召开。省科技厅、省自然科学基金会办公室，有关大学、科研机构的相关领导及基础研究管理人员，国家自然科学基金广东地区项目依托单位部门负责人220多人参加了会议。

12月17日

2012年新疆喀什地区科技管理干部研修班在广州开班，来自新疆喀什地区科技管理部门的20位学员参加了培训。

12月19—21日

第15届中国留学人员广州科技交流会举行，汇聚了2 500名海外高层次人才、3 000多个海内外项目到会交流。

12月20日

·全省科研条件与财务工作会议在广州召开。会上，省财政厅就当前财政形势、财政科技投入的情况以及下一步财政支持科技工作的思路作发言；省科技厅总结了近年广东省科研条件与财务工作与成效，并就今后广东省科研条件财务工作作部署。会议还对2011年和2012年广东省重点实验室考核评估优秀的11家实验室进行了授牌。

·《广东科技》杂志创刊20周年庆祝活动暨“2012年度广东省科技创新企业发展论坛”在广州

举行。

12月21日

·省政府在佛山市南海区举行“2012中国（广东）金融·科技·产业融合创新洽谈会”。会上，省科技厅、广东工业大学、佛山市、佛山市南海区签署了《共同推进佛山广东工业大学数控装备协同创新研究院建设合作协议》。

·珠海市委、市政府召开促进珠海高新区创新发展工作会议，回顾总结高新区20年发展经验。

12月21—22日

国家中医药发展论坛（简称“珠江论坛”）第9届学术研讨会在广州召开。

12月26日

·科技部国际合作司在北京举办2012年度国际科技合作基地证书授予仪式暨国际科技合作工作座谈会。省科技厅在座谈中详细介绍了本省近年来国际科技合作实践和取得的成绩，特别是中—乌巴顿焊接研究院建设和引进社会资金孵化研发成果、与创新型国家合作、与港澳台地区科技合作以及创新团队引进工作。

·茂名市委、市政府召开全市科技创新工作会议，传达全国、全省科技创新会议精神，表彰科技创新先进集体和个人，部署2013年全市科技创新工作。

12月27日

由科技部、国家中医药管理局主办的“973计划”中医药基础理论2012年年度交流会在广州召开。

12月28日

科技部国际合作司在广东科学中心召开“协作创新、青春有为”青年主题联学座谈会。

12月29日

军事医学科学院、省科技厅、广州市政府、广州开发区管委会在广州举行共建军事医学科学院华南干细胞与再生医学研究中心合作协议签署仪式。

表格索引

· 表1-4-1-1　全省国有企业、事业单位专业技术人员数（2008—2012）………（34）
· 表1-4-2-1　全省科技活动经费增长情况（2008—2012）…………………………（35）
· 表1-4-2-2　全省R&D经费明细情况（2012）……………………………………（35）
· 表1-4-3-1　科技活动机构概况（2012）…………………………………………（36）
· 表1-4-4-1　科研课题及科技产出情况（2012）…………………………………（36）
· 表1-4-4-2　国家及省级科技成果奖励情况（2008—2012）……………………（36）
· 表4-1-2-1　各地市省部产学研结合示范基地建设情况一览表（2008—2012）……………………………………………（61）
· 表4-1-2-2　各类型省部产学研结合示范基地一览表（2008—2012）…………（62）
· 表4-2-1-1 广东省工业企业R&D经费和人员投入情况（2011—2012）………（66）
· 表4-2-1-2　广东省区域工业企业R&D经费和人员投入情况（2012）…………（67）
· 表4-2-1-3　广东省部分地市工业企业R&D经费和人员投入情况（2011—2012）……………………………………………（67）
· 表4-2-1-4　广东省工业企业分门类R&D经费和人员投入情况（2011—2012）……………………………………………（67）
· 表4-2-1-5　广东省工业企业相关行业R&D经费和人员投入情况（2011—2012）……………………………………………（68）
· 表4-2-1-6　政府对工业企业R&D经费投入情况（2011—2012）………………（68）
· 表4-2-1-7　广东省工业企业R&D经费和人员投入情况（2012）………………（68）
· 表4-2-2-1　新组建的省级工程中心一览表（2012）……………………………（70）
· 表4-2-2-2　省级工程中心能力建设项目一览表（2012）………………………（72）
· 表4-2-2-3　通过验收的省级工程中心一览表（2012）…………………………（73）
· 表4-2-3-1　广东省创新型企业数量（2010—2012）……………………………（76）
· 表4-3-2-1　中山大学获准新建科研平台一览表（2012）………………………（80）
· 表4-3-3-1　华南理工大学获批组建的科研平台一览表（2012）………………（84）
· 表4-3-3-2　由华南理工大学牵头的部分获奖成果一览表（2012）……………（84）
· 表4-3-6-1　华南农业大学获批组建的科研平台一览表（2012）………………（91）
· 表4-3-6-2　华南农业大学获奖重要成果一览表（2011年度）…………………（91）
· 表4-3-9-1　汕头大学获批建设的科研平台（2012）……………………………（96）

·表4-5-1-1 广东省科技服务业百强企业（机构）名单（2012）………………（106）
·表5-1-1-1 国家自然科学基金委—广东联合基金资助项目情况表（2008—2012）……………………………………（117）
·表5-1-2-1 广东省获国家“973计划”（含国家重大科学研究计划）首席科学家项目情况（2012）……………………（119）
·表5-1-3-1 广东省自然科学基金资助项目情况（2012）………………………（120）
·表5-1-3-2 广东省自然科学基金各学科面上项目资助情况（2012）…………（120）
·表5-2-3-1 粤港共性技术招标项目立项情况（2005—2012）…………………（126）
·表5-3-2-1 全省已登记重大科技成果基本情况一览表（2011—2012）………（129）
·表5-3-2-2 全省已登记重大科技成果应用及经济效益情况一览表（2012）…………………………………………………（130）
·表5-3-2-3 全省重大科技成果登记完成单位情况一览表（2008—2012）……（130）
·表5-3-3-1 获国家级、省级科技奖励情况一览表（2008—2012）……………（130）
·表5-3-3-2 广东省获国家科学技术奖项目名单（2012）………………………（131）
·表5-3-3-3 2012年度广东省科学技术奖特等奖、一等奖获奖名单……………（135）
·表5-3-3-4 社会力量设立科技奖（2012）…………………………………………………（141）
·表6-1-1-1 高新技术企业认定复审评审统计表（不含深圳）（2012）………（145）
·表6-1-7-1 广东省节能环保战略性新兴产业核心技术攻关立项情况（2012）…………………………………………………（154）
·表6-1-8-1 广东省新能源战略性新兴产业核心技术攻关立项情况（2012）…………………………………………………（155）
·表7-1-1-1 广东省农业领域科技计划项目立项情况（2012）…………………（169）
·表7-1-1-2 广东省战略性新兴产业核心技术攻关项目一览表（2012）………（170）
·表7-1-2-1 广东农业科研团队及项目一览表（2012）……………………………（171）
·表7-1-3-1 广东省农业领域关键节点关键技术重点项目一览表（2012）……（173）
·表7-1-4-1 广东省获国家农业科技成果转化资金项目一览表（2012）………（175）
·表7-1-4-2 广东省获国家星火计划重大项目一览表（2012）…………………（178）
·表7-2-3-1 部分林业科技获奖成果一览表（2012）………………………………（186）
·表7-2-3-2 经批准发布的林业行业标准和广东省地方标准（2012）…………（189）
·表7-3-1-1 渔业获奖项目一览表（2012）…………………………………………………（191）
·表8-2-6-1 广东省能源方面部分获科学技术奖成果（2012）…………………（213）
·表9-3-2-1 新建省重点实验室一览表（2012）……………………………………（263）
·表9-3-2-2 新建省重点科研基地一览表（2012）…………………………………（263）
·表9-3-2-3 新建省企业重点实验室一览表（2012）………………………………（264）
·表9-3-2-4 新建省企业重点实验室培育基地一览表（2012）…………………（264）
·表9-4-2-1 全省专利申请量及授权量（2008—2012）……………………………（270）

· 表9-4-2-2　全省专利申请量按申请人的构成（2008—2012）……………………（270）
· 表9-4-2-3　全省专利授权量按申请人的构成（2008—2012）……………………（270）
· 表9-4-2-4　全省专利申请量和授权量按地区分（2012）……………………（271）
· 表9-5-4-1　交流中心举办的来华国际科技交流合作活动一览表（2012）……（282）
· 表9-5-4-2　交流中心在境外开展的科技交流活动一览表（2012）……………（283）
· 表9-5-4-3　交流中心举办的国际性专业科技展览一览表（2012）……………（284）
· 表11-1-1-1　新认定广东省技术创新专业镇一览表（2012）……………………（301）
· 表11-1-1-2　广东省专业镇基本情况表（2012）……………………………………（302）
· 表11-2-2-1　广东在执行期的科技富民强县专项一览表（2012）………………（308）
· 表11-3-2-1　深圳市部分获奖成果一览表（2012）………………………………（324）

科技统计表

· 表1　各类科技机构概况（2012）……（459）
· 表1－1　主要指标……………………（459）
· 表2　全部县以上部门属科技机构、人员和经费概况（2012）………………（460）
· 表2－1　按地域分布…………………（460）
· 表2－2　按隶属关系分布……………（461）
· 表2－3　按服务的国民经济行业分布…（461）
· 表2－4　按机构所属学科领域分布……（464）
· 表2－5　按机构中从事科技活动人员规模分布………………………………（464）
· 表3　全部县以上部门属科技机构人员概况（2012）…………………………（465）
· 表3－1　按地域分布…………………（465）
· 表3－2　按隶属关系分布……………（466）
· 表4　全部县以上部门属科技机构人员按工作性质分类（2012）……………（466）
· 表4－1　按地域分布…………………（466）
· 表4－2　按隶属关系分布……………（467）
· 表4－3　按机构所属学科领域分布…（468）
· 表5　全部县以上部门属科技机构科技活动人员的资历和文化程度（2012）…（468）
· 表5－1　按地域分布…………………（468）
· 表5－2　按隶属关系分布……………（469）
· 表6　全部县以上部门属科技机构经费收入（2012）…………………………（470）
· 表6－1　按地域分布…………………（470）
· 表6－2　按隶属关系分布……………（471）
· 表6－3　按服务的国民经济行业分布…………………………………………（471）
· 表6－4　按机构所属学科领域分布…（473）
· 表7　全部县以上部门属科技机构经费支出（2012）…………………………（474）
· 表7－1　按地域分布…………………（474）
· 表7－2　按隶属关系分布……………（475）
· 表7－3　按机构所属学科领域分布…（475）
· 表7－4　按服务的国民经济行业分布…………………………………………（476）
· 表8　全部县以上部门属科技机构基本建设与固定资产（2012）……………（478）
· 表8－1　按地域分布…………………（478）
· 表8－2　按隶属关系分布……………（479）
· 表9　全部县以上部门属科技机构课题概况（2012）…………………………（479）
· 表9－1　按地域分布…………………（479）

· 表9－2　按隶属关系分布……………（480）

· 表9－3　按课题活动类型分布………（481）

· 表9－4　按服务的国民经济行业分布…………………………………………（481）

· 表9－5　按课题所属学科分布………（483）

· 表9－6　按课题技术领域分布………（485）

· 表9－7　按课题来源分布……………（486）

· 表9－8　按课题合作形式分布………（487）

· 表9－9　按课题的社会经济目标分布…………………………………………（487）

· 表10　全部县以上部门属科技机构课题经费内部支出按活动类型分类（2012）…………………………………………（488）

· 表10－1　按地域分布…………………（488）

· 表10－2　按隶属关系分布……………（489）

· 表11　全部县以上部门属科技机构课题投入人员按活动类型分类（2012）…（490）

· 表11－1　按地域分布…………………（490）

· 表11－2　按隶属关系分布……………（491）

· 表12　全部县以上部门属科技机构专利（2012）……………………………（491）

· 表12－1　按地域分布…………………（491）

· 表12－2　按隶属关系分布……………（492）

· 表12－3　按国民经济行业分布………（493）

· 表12－4　按机构所属学科领域分布…（493）

· 表13　全部县以上部门属科技机构论文、著作及其他科技产出（2012）……（494）

· 表13－1　按地域分布…………………（494）

· 表13－2　按隶属关系分布……………（495）

· 表13－3　按国民经济行业分布………（495）

· 表13－4　按机构所属学科领域分布…（496）

· 表14　全部县以上部门属科技机构R&D人员（2012）…………………………（496）

· 表14－1　按地域分布…………………（496）

· 表14－2　按隶属关系分布……………（497）

· 表14－3　按机构所属学科领域分布…（498）

· 表15　全部县以上部门属科技机构R&D人员折合全时工作量（2012）………（498）

· 表15－1　按地域分布…………………（498）

· 表15－2　按隶属关系分布……………（499）

· 表15－3　按机构所属学科领域分布…（500）

· 表15－4　按服务的国民经济行业分布…………………………………………（501）

· 表16　全部县以上部门属科技机构R&D经费支出（2012）……………………（503）

· 表16－1　按地域分布…………………（503）

· 表16－2　按隶属关系分布……………（504）

· 表16－3　按机构所属学科领域分布…（504）

· 表17　全部县以上部门属科技机构R&D经费内部支出（2012）………………（505）

· 表17－1　按地域分布…………………（505）

· 表17－2　按隶属关系分布……………（506）

· 表17－3　按机构所属学科领域分布…（506）

· 表17－4　按机构服务的国民经济行业分布………………………………………（507）

主题索引

说　明

1．本索引采用主题分析法，按主题词汉语拼音字母顺序排列。

2．索引的主题词后面的数字表示内容所在页码，数字后面的英文字母（a、b）表示该页自左至右的栏别。

3．本索引对彩色插页、“领导讲话”、“政策措施及规范性文件”、“科技记事”等不作内容主题分析。

B

百所千企知识产权服务对接工程　276b　381b

C

城市轨道交通　71　137　218a　218b　219a　219b　220a　315a　321b
创新基金　77a　77b　145a　260a　329a　333a　343b　353a　360a　364b　368a　372b　377b　390b　452　453

D

大型仪器及检测公共平台　261a
大学科技园　92b　162b　165b　166a　166b　314b　330a
地震科技创新　225a
第10届广东省科协学术活动周　287b　288a
电子信息产业　110a　148b　163a　317a　329a　330a　347a　347b

F

风险准备金　257a　258a　364b　452
佛山产业技术创新与育成中心　110b　339b
泛珠区域科技项目合作　279b

G

高层次专业技术人才队伍建设　253b
高等院校科技创新　78
高交会　29b　30a　30b　111a　253b　276a
工研院　58a　104b　105a　105b　313a　315a
广东科协论坛　287b
广东科学中心　5b　151b　279b　290a　293a　293b　294b　296b　297b　322a　322b
广东农村信息直通车工程　169　180b　181a　182b　183b　280a　350a
广东省风险投资业发展　259a
广东省科学技术奖　24a　59a　81b　84a　84　88b　91a　91　93a　94b　96b　99b　100a　100b　105a　121b　135a　135　139a　172a　172b　186b　186　187　191b　191　203a　203b　207a　208b　209a　211b　212a　213　214　217a　217b　218a　218b　224a　228a

228b 233a 233b 234b 298a 316b 324b 325 329a 333b 334a 334b 340b 343b 344a 347a 350a 350b 360b 363b 368a 373a 375a 380a 387a 390a
广东省可持续发展实验区 306a 306b 307a 349a
《广东省实验动物管理条例》 265a
广东省重点新产品计划 128a
广东省自然科学基金 87a 88a 94a 95b 99b 117a 119a 119 120 121a 121b
《广东省自主创新促进条例》 4b 39a 40b 41a 42a 42b 255a 255b 265b 297a 297b 332a 356a 388a 388b
广东邮政科技创新 222a
广州国际企业孵化器 316a
广州石化 235b 236a 236b 237a 237b 239a 239b
国家科学技术奖 3b 128a 130a 130b 131 254a 316b 324b

H

海洋渔业科技推广专项 193a
华南理工大学科技园 166a 166b 314b
环境标准管理 212a
惠州市科技 352a 354b
环境保护与生态整治 211a

J

技术合同登记 109b 110b 340b 364a
建设科技工作 228a
杰出青年基金项目 83a 92b 117a 118b

K

科技服务平台 50b 109a 280a 316b
科技干部教育与培训 254b
科技金融试点市工作 258a
科技统计指标 34
科技下乡活动 179b 180a 296a 311b 344a 348b 351b 356a 378b 388a
科技信息服务平台 180b 181b 389a
科技型中小企业技术创新 77a 77b 260a 333a 343b 347a 363b 364b 372b 453
科技政策法规 39 40b 332b
科技装备动员 112a 362a 362b
科普统计 291b 351b 392b
科研平台建设 48b 80b 83b 87a 88a 90b 93a 94b 96b 356b
科技会展 110b 284a
科普基地建设 292a 322a 366a
可持续发展实验区 306a 306b 307a 308a 349a

L

联合基金 83a 117a 117b 117 118a 118b 122b
林业标准化 189b
林业科技发展 184a 184 190a
留交会 30b 31a 31b 32a 32b 253b 321a

M

茂名石化 236a 236b 238a 238b 239b 378a
梅州市科技 349a 351b
民营科技园区 39b 50a 50 51a 359a 386a

Q

企业科技创新 66a 66 180a 220a 279a 288a
“千会服务千村”行动 291a 296b 345a
全省科技进步活动月 295a 366a
全省科学技术奖励大会 297b
企业技术中心 48b 69b 75 152b 328a 328b

R

软科学研究 41a 42a 42 43b 108b 111a

390a

S

三网融合　30a　148b　335a
韶关市科技　343a　343b　345a　345b
深圳虚拟大学园　162b　166b
生物医药产业　4b　29a　29b　125b　148a　152a　152b　153a　157a　319a　323b　330a　339b　387a
生物种质资源库　4b　265a　318a
省部院产学研合作　4a　24b　60a　111b　323b　353a　457
省级工程技术研究开发中心　87a　333a　352b　372b　380a　383a　384b　386b
实验室体系共享平台　261a　262b
水利科技　233a　233 b　235 b
水生动物防疫检疫体系　194b

X

新材料产业　51b　156a　157a　162b　370a
星火科技培训　256b

Y

引进创新科研团队专项　249a　249b　250a　253a
渔业科技　191b　191　192b　193a　194a　194b　195b　373b
“院士专家企业工作站”建设　295b

Z

知识产权创造与运用　268a
知识产权质押贷款　258a　276a　452
智能电网建设　215a　229b
中山大学国家大学科技园　330a
主体科研机构建设　5b　98a
专业镇创新计划　303a
自然科技资源共享平台　261a　265a
自主创新100强企业　353b
自主创新能力建设　3a　4b　29b　449

DING HONG

广东华鳌合金新材料有限公司

广东华鳌合金新材料有限公司（以下简称“公司”），成立于2006年，注册资本1213万元，位于广东鹤山市鹤城镇工业二区，占地63亩，厂房面积6200平方米，是目前中国唯一的精密铸造主要原材料综合解决方案供应商。

公司的主营业务是高温合金和新型高温合金母材的研发、生产、销售及其回收利用，合金资源再生回收利用网络体系研发、建设。利用废旧合金（包括废镍、废钼、废钨和废高合金等）生产合金母材或高温合金母材符合国家产业政策，是“循环经济”“节约经济”“资源环保再生”“绿色循环”“回收企业”“低碳企业”的代表，公司开发的特殊生产线更填补了国内铸造用原材料生产的技术空白。目前，公司的产品（如双相母合金等）被列为国家产业结构调整目录中耐腐蚀耐磨损钢材、节约合金资源不锈钢材的鼓励类项目。

公司拥有自有经改造的特殊设备、生产工艺和生产线。改造后的整套生产设备、生产工艺及生产线使公司的生产钢水利用率更高、熔炼时间更短、钢水纯净度更高，确保公司产品成品率高、生产成本低，并通过不同材质的配比，实现客户对原材料的不同需求。在全国创立了利用废旧合金材料生产高精原料的先例，在国内同行业处于领先地位，也是该类企业唯一的一家。公司打破了精密铸造行业一直选用废不锈钢打包料的传统，取而代之的是与国际接轨的合金母材等原材料。公司现每月再生、精炼3000吨优质精密铸造原材料，满足了国内高端精密铸造企业对质和量的需求，形成了有价废合金金属回收到高端材料研发、生产的发展格局。目前公司服务的行业包括石油、化工、汽车、核电、航空和航天等。

公司实施目标化管理，公司治理层设置董事会和监事会，经营管理层设总经理、副总经理、总工程师以及技术科、设备科、采购部、销售部、企管部、财务部等6个部门和生产管理中心、价格管理中心等2个职能部门。公司分工明确，权责到人。目前公司拥有员工共200人，其中管理员工56人，高级管理人员9人，专科以上学历管理人员占总管理员工的90%以上。

公司现有产品和产品原料均属于国家“十二五”规划纲要“新材料产业”“节能环保产业”战略性新兴产业创新发展工程，在此基础上，公司拥有独特的废旧合金回收和高合金母材及高温合金母材销售两大网络优势，具备高端合金母材生产能力，子公司（佛山市硕辉金属回收有限公司）拥有废合金及其加工产成品的回收和销售网络。

目前，鹤山市政府已将该公司列为“鹤山市重点企业、重点工程”，公司的目标是朝着资本市场化方向发展。公司已从资本市场引入普凯天祥股份投资基金合伙企业（有限公司）和普凯天吉股份投资基金合伙企业（有限公司）为战略投资者。

公司利用珠三角的区位优势，建立辐射全国的销售网络，并在浙江、福建、河北等地设立办事处；华中、华北、西部等地的基地也正在筹划中。公司的长远规划是着眼全国、面向世界，秉持专业、专心、专注的精神，致力打造中国精密铸造主要原材料综合解决方案第一供应商、行业第一品牌。

广汽集团
GAC GROUP

广州汽车集团股份有限公司（以下简称“广汽集团”）是一家大型国有控股股份制企业集团，其前身为成立于1997年6月的广州汽车集团有限公司。2005年6月28日，广州汽车工业集团有限公司、万向集团公司、中国机械工业集团有限公司、广州钢铁企业集团有限公司和广州市长隆酒店有限公司作为共同发起人，对原广州汽车集团有限公司进行股份制改造，设立广汽集团。在中国大型国有控股汽车集团中，广汽集团首家实现A+H股整体上市。

广汽集团的主要业务有面向国内外市场的汽车整车及零部件设计与制造、汽车销售与物流、汽车金融、保险及相关服务，具有独立完整的产、供、销及研发体系。目前集团旗下拥有广汽乘用车、广汽本田、广汽丰田、广汽三菱、广汽菲亚特、广汽吉奥、本田（中国）、广汽中兴、广汽日野、广汽客车、五羊本田、广汽部件、广汽丰田发动机、上海日野发动机、广汽商贸、同方环球、中隆投资、广汽汇理、广爱公司、众诚保险、广汽资本、广汽研究院等数十家知名企业与研发机构。

广汽集团以“铸造社会信赖的公众公司”为目标，不断提升经济效益，持续改进资产质量，盈利能力不断提升，取得了良好的财务绩效。同时，广汽集团制定相对稳定、连续的利润分配方案，积极回报股东；坚持依法纳税，为国家创造的税收逐年增加。2013年广汽集团首次实现汽车产销、摩托车销量双超百万辆，成功晋级年产销“百万辆俱乐部”。同时实现营业收入从千亿到两千亿的又一历史性突破，并首次跻身《财富》世界500强。

测试台

燃调调试

高端经济舱

广州飞机维修工程有限公司

广州飞机维修工程有限公司（以下简称“GAMECO”）于1989年10月在广州成立，是中国南方航空股份有限公司（50%），和记黄埔飞机维修投资（香港）有限公司（25%），南华国际飞机工程（香港）有限公司（25%）共同合资经营的一家专门从事飞机及机载零部件维修的中外合资企业。

电路板在线功能检测项目

GAMECO拥有中国民用航空总局（CAAC）、美国联邦航空管理局（FAA）、欧洲航空安全局（EASA）及亚太区多个国家和地区的适航当局维修许可证书，及中国民用航空局颁发的DMDOR和CAAC-PMA资格证书。可为波音737、747、757、767、777、787系列，空客A300、A310、A320、A330、A380系列及EMB145、190等型号飞机及附件提供各种级别的维修、改装等服务。GAMECO的附件维修中心也是国内功能最完备的飞机附件维修基地之一。

GAMECO广州总部、重庆维修基地、清远分公司、乌鲁木齐飞机定检线及上海浦东维修团队可为客户提供全面、高质、高效的飞机维修工程服务。

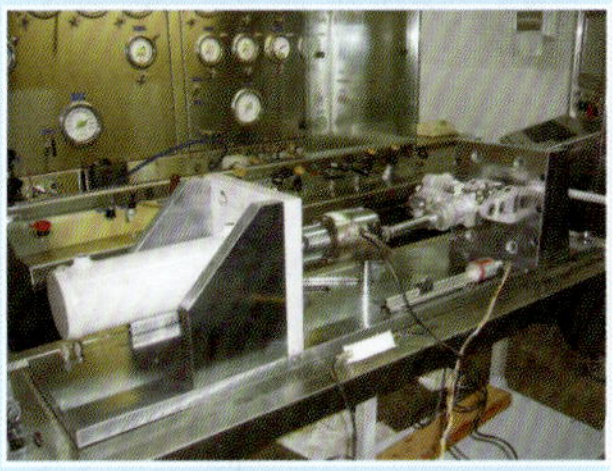

一种飞机扰流板动力控制组件

GAMECO始终将科技发展创新作为维修能力建设和市场开发的重要基础，给予了高度重视和大力投入，技术创新开发能力和维修工程管理能力不断提高。

目前，GAMECO从事和参与科技开发与创新的工程技术人员500多人，在聘专家21人。按GAMECO的科技发展与创新工作总体规划，公司每年投入在科技发展与创新方面的资金不低于年销售收入的3%，科技创新相关的营业收入占公司总收入的比例达到60%。

飞机灭火瓶灭火剂混合装置

过去5年，GAMECO 重视通过自主研发而获得自主知识产权，公司的自主知识产权的质量和水平明显提高。截至2013年11月，公司专利申请数量达56项，包括：发明专利申请量16项，获得授权4项；实用新型专利申请量37项，获得授权30项；外观专利申请量3项，获得授权3项。此外，在过去的5年里，GAMECO 一共开设了160项科技创新项目，其中多个项目被认定为“广东省高新技术产品”。这些项目的实施，大大提升了GAMECO的竞争力。

长期以来，GAMECO重视“产学研”体系建设。GAMECO与中国民航大学、广东工业大学联合开展“3+1”人才培育计划，即GAMECO为满足业务发展对专业人才的需要而建立的产学研结合的新机制。“3+1”项目为GAMECO开拓了一条选育应届毕业生的新思路，突破了飞机维修行业招收专业的限制，前移了人才培养阵地，变被动为主动，从而为公司今后的发展提供了源源不断的高层次技术人才。此外，GAMECO通过与华南理工大学、中国民航大学等高校合作开展研发工作，利用高校智力资源，不断提升自我创新水平，在科技成果转化方面取得了较好的成绩。

经过不懈的努力，GAMECO在2009年获得“高新技术企业”称号，并在2012年通过“高新技术企业”的复审。2013年3月，GAMECO成为广州市创新型试点企业。今后，GAMECO人将继续秉承以创新带动企业发展的理念，致力于成为中国最好、亚洲一流、世界知名、员工喜爱的飞机维修公司。

机库全景

广新交易会
GUANGDONG TRADE FAIR

广东最大的国有外贸集团倾力打造的B2B电商平台

5年内，建成20个以上的海外营运中心。

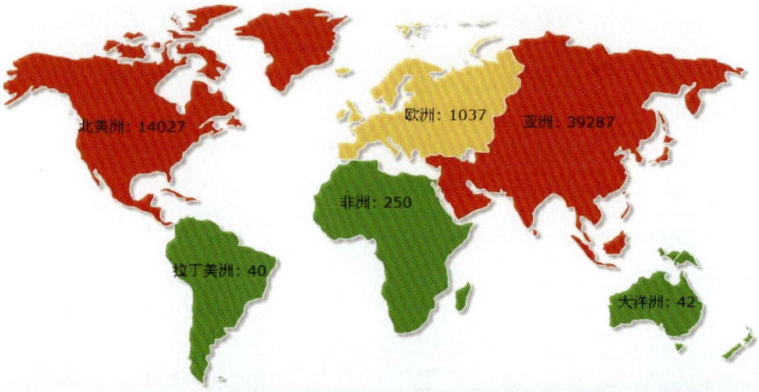

开发营运中心

轻工要营运中心

江西营运中心

广新信息技术产业发展有限公司是广东省广新集团全资控股子公司，是“广东省软件企业”“广东省高新技术企业”“广东省CIO联盟主席单位”“2012年度广州十佳电子商务示范企业”“2012年度广州食品安全服务十佳先进单位”“2012年度广州最具诚信度企业”。公司积极围绕广东省政府大力完善食品安全监管体系的工作要求，通过自主研发和技术创新，全力打造具有知识产权与发明专利的“粤新”牌食品防伪溯源技术，并在酒品、茶叶、肉品、保健品等相关行业推广应用，取得较好的社会效益与经济效益。

“粤新”牌食品防伪溯源技术由溯源平台、防伪平台、放心食品交易平台（包括目前已经上线的广东放心酒交易平台、广东放心茶交易平台以及即将上线的广东放心肉交易平台、“粤新在线”手机商城等）几部分构成。主要产品包括：食品防伪认证管理平台、食品流通溯源（电子流通单）管理平台、电子商务平台、手机移动商务平台、防伪认证标签（二维码第三代、RFID）、手机二维码扫描系统（覆盖Android、Iphone、Windows Mobile和Symbian等手机操作系统）、手机RFID读卡扫描器、防伪认证手持终端机、立式终端机、自动贴标机等。

在酒类行业，公司已建立起以“粤新”为品牌的酒类防伪溯源管理体系。其中，“中外名酒连锁”“粤强酒业”（“老广酒”和“烟酒在线”控股股东）等30多家省内外知名酒企已与公司签订协议加入到该食品安全管理体系，使用公司自行生产研发的系列产品。好又多等八大商超、王府井等大型百货连锁的酒品销售专柜、五粮液旗舰店等名优酒专卖店已启动防伪溯源管理。西凤酒、老广酒、东方喜炮及五粮液近10个系列品牌等开始使用防伪溯源平台。同时已经在全省建立38家“酒类防伪溯源示范店”、加盟店。2013年西澳葡萄酒商会开始采购应用“粤新”防伪溯源产品，第一批10家澳洲酒庄原标酒开始从源头溯源进入中国市场。

相关技术也应用推广到茶叶、肉类、保健品等相关行业。广东最大的放心茶批发中心广东国际茶叶交易中心、广东粤东地区原生态高山茶核心示范基地梅州华银“阴那山”生态茶开始使用公司的防伪溯源技术进行茶叶流通的追溯防伪管理。而占据华南地区冷冻肉类流通量20%以上份额的食品流通批发企业广弘食品（股票代码：000529）也使用公司的技术产品，启动两广地区和出口港澳地区的禽蛋、冷冻肉的食品流通溯源监管。另外，广东省援藏项目之一，和藤制药在西藏项目——野生天麻、野生灵芝、红景天系列等产品也在2013年开始利用“粤新”溯源产品从西藏开始溯源，向全国200多家专柜、专卖店推广。

从2013年开始，“粤新”牌产品开始进入装备制造行业。4月，华南地区最大的特种船生产基地广东海工开始使用二维码溯源系统，进行物资盘点系统改造，维修、低值、劳保、工具、内部建造库、三防物资、固定资产等物资2700多项，数量155000个，大大地提升了物资管理效率，改变了传统仓库管理状况，消除了物资帐实管理信息不对称的现象，为物资实施成本控制打下牢固基础。

2012年6月28–30日，广新信息作为广东六家企业代表之一，参加由工业和信息化部主办的2012年“中国信息化与工业化融合成果展览会”。展会期间，包括国务院副总理李克强、工信部部长苗圩、前工信部部长李毅中等领导参观视察了公司展位并给予充分肯定。2013年1月，广新集团获得工信部“中国两化融合示范企业”称号。

以防伪溯源技术作为重要支撑，公司继续加大放心食品电子商务的应用与探索。“广东省放心酒电子交易平台”，通过酒品防伪溯源技术和电子交易的深度融合，实现酒类行业的行政监管、检测技术和信息技术等资源的集成，形成以防伪溯源服务为基础，电子交易平台为载体、配套仓储物流配送服务、结算方式灵活多样的酒品电商运营新模式，努力推动广东传统酒类产业的升级与再造。据统计，广东省放心酒电子交易平台已经聚集了获得“广东省放心酒企业”牌匾的37家企业的加盟，酒品交易覆盖白、红、洋和威士忌等四大类，35个著名品牌，70多个系列产品，2012年交易总量超过3300万元，在2012年8月广东省政府组织的“广货网上行”活动中被评为首批网上百家商城之一。

公司与广州国际茶叶交易中心、壹昊茶仓共同建设的“广东省放心茶电子交易平台”，通过打造集展示、销售、监督、管理、服务于一体，实体与电子交易相结合的“仓储式放心茶超市”，努力开创茶叶流通领域诚信和标准化体系的电子商务新模式。该平台除了线上提供产品展销、样品鉴赏和网络信息沟通服务外，线下还拥有面积达6000平方米营业厅，设有专业普洱馆（主营普洱茶）、名优品牌馆（主营红茶、绿茶、乌龙茶、黑茶、白茶、黄茶、花茶）和主题特色馆（主营境外茶、特色茶）。2012年12月，广新信息“放心茶”项目被评为“广东省信息兴农优秀成果”。

www.gdtfair.com　广东省广新控股集团有限公司

德联集团 DELIAN GROUP

广东德联集团股份有限公司

广东德联集团股份有限公司是一家专营汽车系列化工用品的大型集团公司。公司致力于引进国外先进的化工生产技术和产品，以推动国内汽车化工业的发展为已任，力求创建国内一流的环保化工企业。

十几年来，德联人凭借过硬的专业知识、勤奋坚韧的工作态度，令公司迅速发展。时至今日，德联集团已分别在上海、长春、佛山、成都有4个大型生厂基地，其直接下属企业已有8家，成为集生产、销售、服务、贸易为一体的化工公司。

自1996年以来，德联集团一直努力寻求与国际知名企业友好合作的道路，并成功与国际众多知名企业建立了密不可分的战略伙伴关系。其中与全球最大化工公司之一的德国BASF合作生产、销售防冻液、制动液、汽油清净剂、电镀中间体等；与世界著名的化工公司德国PENTOSIN合作生产、销售动力转向油、自动变速箱油、润滑油等；与美国DOW合作生产、销售增强阻尼垫、玻璃胶等；与BP合作销售润滑油品等；与美国AFTON合作生产、销售柴油清净剂等；与英国INEOS合作销售制冷剂等。多年来，德联集团与国外众多知名企业真诚合作，一直被誉为同行业成功的典范。

一直以来，德联集团带给汽车生产企业和驾驶者专业优质的产品，赢得良好口碑，现已成为上海大众、一汽大众、上海通用、金杯通用、上汽集团、长安福特、长安汽车、华晨宝马、北京奔驰、北方奔驰、一汽轿车、哈飞汽车、保定中兴、奇瑞汽车、吉利汽车、比亚迪等国内大型汽车生产厂的定点配套生产厂和供应商。

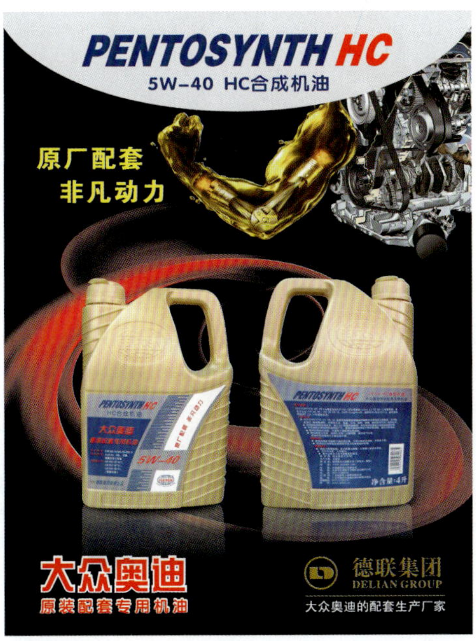

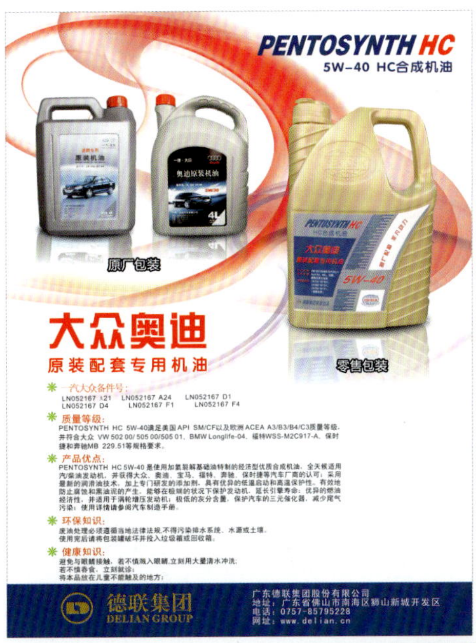

公 司 简 介

广州市名花香料有限公司（以下简称“名花公司”）于2003年创立，集自主研发、生产、经营于一体，是国内最具创新能力与产品性价比最好的食用香精企业之一。名花公司占地面积12000平方米，有10万级GMP净化车间4200平方米，生产研发设备国内一流，凝聚了一支由外籍专家、教授级高工、博士、硕士、专业技术人员组成的研发团队。公司与国内高校科研院所建立起产学研实验、实习中心，申请了11项产品发明专利，目前承担国家、省、市级科技创新项目3项，已建成市级技术中心，正在组建博士后工作站。公司已通过ISO9001：2008国际质量管理体系标准、ISO22000：2005食品安全管理体系、ISO14001：2004环境管理体系、HALAL（清真洁食认证）等多个体系认证。

名花公司专注于食用香精领域，为客户提供卓越品质的特色香味产品，降低客户的产品成本，无处不在的专业服务为客户量身定制产品，让客户享受更多的创新美味。公司现有1300多个产品，年生产能力超3000吨，多年来产值以年均30%的速度递增。目前国内外有众多著名企业持续使用名花产品，在烘焙制品、乳制品、糖果、油脂、饮料、炒货休闲食品等行业有非常出色的表现及享有很高的声誉。公司先后获得了“广州市著名商标”“广州市市级企业技术中心”“广东省守合同重信用企业”“广东省最佳雇主企业”“广东省食品添加剂五强企业”“国家高新技术企业”等荣誉称号。

名花公司在海内外设立了86个服务点，及时准确为客户提供最专业、最真诚的服务，名花人长期致力于与客户一起获得友谊、商机、成长和成功。

®

广州市名花香料有限公司

地址：广州市白云区白云大道北东凤东路东坑街1号
电话：020-86167578　86168768
传真：020-86168538

Http://www.8flower.com.cn

GuangZhou Flower Flavours&Fragrances. Co., Ltd

ADD: NO.1, Dongkeng Street, Dongfeng East Road, North Baiyun, Guangzhou City　P.C.: 510440
Tel: 020-86167578/86168768　Fax: 020-86168538
Email: flower@8flower.com.cn

Http://cff.en.alibaba.com

蓝盾 BLUEDON 让你的安全更智慧

——蓝盾股份:300297——

蓝盾信息安全技术股份有限公司

蓝盾信息安全技术股份有限公司成立于1999年10月，坐落于软件业发达的国家级火炬计划软件产业基地广州天河软件园，是国家重点软件企业、国家火炬计划重点高新技术企业，国际云安全联盟(CSA)企业成员之一。

公司拥有AAA级企业信用等级，在经营活动中始终坚持“诚信服务”，追求细致卓越，高效服务客户，以客户需求为导向，在发展过程中以“让你的安全更智慧”为理念，专注于企业级信息安全领域，构建了以信息安全产品为基础、覆盖信息安全集成和信息安全服务的完整业务体系，成为一家安全产品、安全服务、安全集成、安全运营四位一体的综合性信息安全企业。

十几年来，勤劳智慧的蓝盾人凭借高度民族使命感和责任感，自主研发出5大类别60大系列100多个品种的产品，其中多项产品通过国家公安、保密、军队等权威主管部门检测认证。

公司建立了以华南区域为中心向全国辐射的区域营销模式及服务体系，已经在华南、华中、华北、华东、西南、西北、东北等区域的核心城市建立了分支机构，设立了深圳、西安、宁夏、合肥、武汉、广西6个分公司以及北京、上海、黑龙江、长沙、郑州、成都、重庆、济南8个办事处，作为中国信息安全行业的领军企业，公司目前已拥有覆盖全国，涉及政府、电信、金融、军队、能源、交通、教育、流通、邮政、制造等客户。雄厚的实力和一流的服务为公司赢得了广大客户的高度赞誉。

蓝盾信息安全技术股份有限公司　ADD：广州市天河区科韵路16号广州信息港A栋20-21楼

TEL：020-8552 6663　FAX：020-8552 6000　Net：www.bluedon.com

中国科学院深圳先进技术研究院

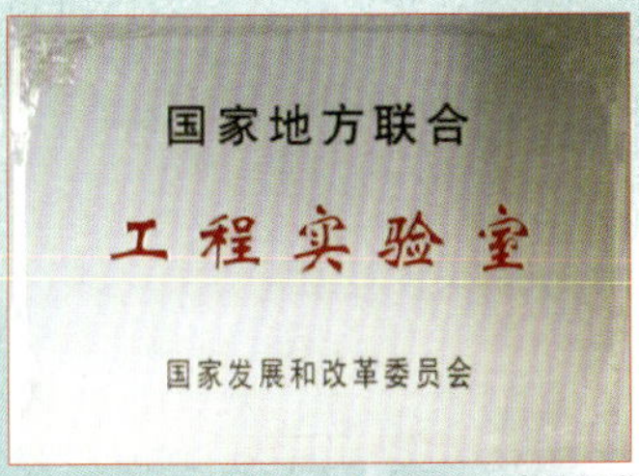

先进院申报的国家地方联合“高端医学影像与装备工程实验室”获批

新闻出版总署的批复文件及《集成技术》前身《先进技术研究通报》

根据中央建设创新型国家的总体战略目标和国家中长期科技发展规划纲要，结合中国科学院科技布局调整的要求，围绕深圳市实施创新型城市战略，2006年2月，中国科学院、深圳市人民政府、香港中文大学友好协商，在深圳市共同建立中国科学院深圳先进技术研究院（以下简称“先进院”）。先进院目前由先进集成技术研究所、生物医学与健康工程研究所、先进计算与数字工程研究所、广州中国科学院先进技术研究所（筹）、生物医药与技术研究所（筹）、育成中心、工程中心、行政管理部门等部分组成，同时设立学术委员会、工业委员会。

2011年，先进院新建2个研究所：广州中国科学院先进技术研究所（筹）、生物医药与技术研究所（筹），研究所数量达到5个，人员规模达到1529人（员工918人）。新增“千人计划”入选者3人（A类）、青年千人1人（广东省首批唯一）；中科院百人计划6人；“机器人与智能信息系统”和“高端磁共振成像”2个团队新入选广东省第二批创新团队；新增2人入选广东省领军人才；11人入选深圳市第一批孔雀计划人才。先进院的人才队伍不仅在国家和地方显示出强劲的竞争力，也提升了先进院在国际的影响力。

2011年，先进院新增纵向科研项目248项，总经费3.53亿元（注：含人才项目经费），同比增长57%。其中，国家级项目96项，同比增长267%；国家基金项目获批总金额2480万元，同比增长66%，其中包括基金重点项目3项。新增论文507篇，其中SCI索引147篇，EI索引292篇；新增专利申请212件，其中发明专利184件，占87%；获授权专利89件，其中发明专利51件，实用新型专利29件；在高端医学影像、低成本健康领域建立了专利池，“磁共振专利专项”已申请专利62件。整体科研实力进一步增强，从国家到地方各个层面得到进一步认可，多个项目获重大突破。

2011年，先进院科研项目结题超过100项，在低成本健康、高端医学影像、机器人、电动车、太阳能电池、云计算等领域科研成果不断涌现。

低成本健康与高端医疗影像领域获重大突破。低成本健康领域新增项目40余项，经费逾5000万元。大力推动“低成本健康三基网底工程”的建设和推广；积极参与科技部“科技援非”项目，向非洲50个国家提供全科模块化箱房诊所和集装箱房医院（纳米比亚、喀麦隆），实现“低成本健康”走出国门。中科强华公司入驻龙岗，快速建设研发生产基地逾2万平方米。2011年中国（深圳）创新创业大赛上，一体化内窥镜摄像系统、医疗集成电路模拟前端芯片2个项目分别获得第1、第4名。先进院在医学影像技术研发领域逐步形成国内具有领军地位的综合影响力。牵头或承担“十二五”国家磁共振、新型CT和超声领域支撑计划项目任务5项。发表国际期刊论文20篇、申请专利70项。获批国家地方共建“高端医学影像技术与装备工程实验室”，深圳市“医学成像工程实验室”“磁共振重点实验室”。

家庭和工业机器人领域取得新进展。计算机视觉与模式识别、爬树机器人分别在国际会议（CVPR）（ICRA）上发表高水平论文，被国际媒体关注并广泛报道；联手腾讯公司成功开发了QQ机器人，上市1小时即售出1400台。作为深圳市机器人技术行业协会理事长单位，组织了一次工业机器人论坛、两次教育机器人论坛，举办了第一届全国教育机器人大赛。63家协会会员企业产值达160亿元，出口产值达90亿元。

电动车领域有新斩获。在完成中科院“电动车整车及关键技术开发”重大项目的基础上，继续牵头实施中科院重要方向项目“下一代电动车关键零部件技术研发”“复合材料轻量化微型电动汽车设计与仿真”；研发了纯电动微型垃圾清运车、7米增程式中巴车，7米纯电动中巴车已经获工信部公告。LF620纯电动轿车在上海、重庆和台湾实现销售和示范运行，并成为上海首辆私人购买的沪牌新能源汽车。

2011年，先进院获批广东省近五年来唯一全国公开发行的学术刊物——《集成技术》。主/承办2011年中国计算机大会、中美前沿科学研讨会等8次大型国际国内学术会议。组织学术讲座186场，近70%报告人来自国外知名高校或科研机构。新增国际合作项目15个，总经费2750万元。11位外籍非华裔学者分别入选中国科学院外籍特聘研究员（6位）和外籍青年科学家（5位）项目。全年接待英、美等多国代表到院访问交流逾390人次。国际交流更加密切，国际知名度和影响力进一步提升。

2011年，新增重点实验室和公共技术平台7个（累计29个：国家级1个、省部级4个、深圳市24个）；新增与企业共建联合实验室2个（累计14个）；扩建实验场地6500平方米，新建实验室10个，提升改造实验室5个。购置设备3227台（套），总金额达6170万元【累计1万元以上1131台（套）、10万元以上212台（套），总价值超过1.48亿元】；实现了科研设备的智能化、信息化管理，在“中国科学院仪器设备共享管理系统”里机时数达37600小时。

2011年，先进院加大与地方政府、企业合作力度，努力推动工业转型。与政府合作方面，与深圳市龙岗区政府联手，建立龙岗低成本医疗产业育成中心基地，带动一批企业参与到低成本医疗产业；与汕头市政府加强合作，该地区32个村和7家社区卫生院实现低成本医疗产品的应用；与新疆维吾尔自治区签订3000台套协议，实现“低成本健康边疆行”计划；与福建晋江市政府就城市安全监控开始产业化对接。与企业合作方面，拓展与地方龙头企业合作，在产业升级和新兴产业发展中起到科技支撑和技术引领作用。与腾讯、华为、创维、三九现代中药、泰玛、潮商投资集团等公司先后在智能互联网机器人、云计算、嵌入式软件、智能电视、配药机器人、新能源等领域开展了技术研发和产业化推广的紧密合作。科技服务辐射深圳、珠三角300多家企业。2011年，共派出企业特派员17人（累计派出85人），与企业合作申报各类项目46项（企业为主申报），获批或已通过审核9项，获批经费2240万元，2011年再获“中科院院地合作先进集体”称号。

中国科学院副院长施尔畏（右）、广州市委书记张广宁（左）为广州先进所揭牌

中科院“低成本健康”特色产业园揭牌仪式

地址：深圳市南山区西丽大学城学苑大道1068号　邮政编码：518055　电话：0755-86392288　传真：0755-86392289
电子信箱：info@siat.ac.cn　网址：http://www.siat.cas.cn

TCL集团工业研究院

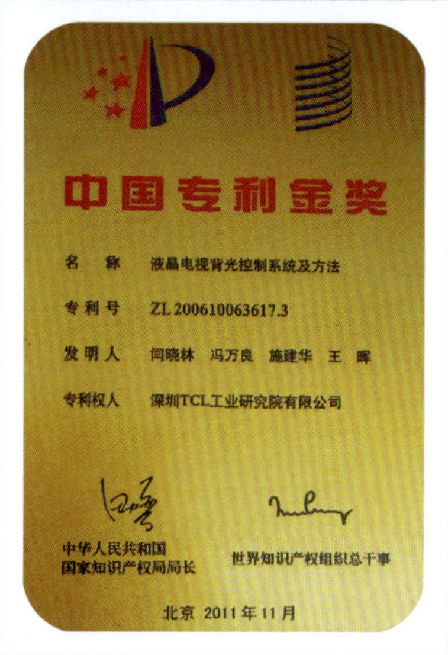

TCL集团工业研究院（以下简称“研究院”）成立于2005年7月，总部位于深圳市南山区TCL国际E城。作为TCL集团直属的中央研究机构，研究院为集团的技术创新战略与产业技术发展服务，负责集团基础核心技术和共性技术的研发，引领集团未来新技术发展方向并进行孵化，承担集团技术和知识产权管理工作，统筹协调集团研发资源，提升集团主导产业技术竞争力。

研究院现有人员450多人，分布在深圳、西安、惠州、台湾和美国硅谷，其中拥有硕士以上学位及高级职称的人员约40%，技术骨干毕业于国内外知名学府，技术带头人在行业内有很好的影响力和声誉。研究院与国内外高校、科研院所、国际级企业建立了多个联合实验室，拥有先进的仪器设备和优美的工作环境。研究院成立以来，多项技术取得国际领先和国际先进水平，获得中国专利金奖、专利优秀奖，多项创新性技术应用于产业取得行业领先地位，获得国家、省、市多项技术创新大奖。

研究院以尊重人才、尊重科学为理念，推崇信任、平等、创新、绩效导

广东电网公司电力科学研究院

（以下简称“电科院”）成立于1958年年底，是广东电网公司综合性科研试验的执行机构，主要为公司和直属供电局提供技术研究开发与应用服务，是公司技术研发中心、技术支持中心、技术服务中心、试验检测中心和研发人才培养中心。

电科院是全国首批获电力部火电工程类和送变电工程类甲级调试资质的单位之一，并在2011年通过中电建协专家评审，获全国首批电力工程双特级调试能力资格，在全国同行中率先通过ISO9001质量体系认证、安全职业健康管理体系认证、环境管理体系（安健环）国际认证等多项国际认证。2011年，电科院荣获中国电力设备管理协会颁发的“全国电网器材全生命周期质量检验管理”“全国电力行业设备技术监督管理”和“全国电力行业设备调试与试验管理”等3个示范指导单位称号。

电科院系统谋划基础设施和实验室建设，拥有广东省电力行业高低压电工产品质量检验中心等7个专业研究中心及南方电网首批重点实验室电网自动化实验室等67个实验室。目前，电科院着手筹建广东电网研发基地，策划建设一批专业重点实验室，其中，电网自动化实验室建设向国家级重点实验室推进，可再生能源及微电网、智能电网及配电网、六氟化硫、电能质量等实验室向省部级重点实验室推进。

2011年，实施科研项目达117项，科研经费达20622万元；2012年，计划实施科研项目162项，科研经费22520万元。其中，承担多项国家“863”课题研究，并在电力设备运行状态远程监测诊断中心建设和关键技术研究等科研项目研究上都处于国内甚至国际领先水平。

建设大电网设备的“智能监控中心”——大电网设备智能化广域监测诊断关键技术研究与应用

电网的安全运行对国家经济发展、人民安居乐业起着基础性作用。电网是由变电设备和输电设备组成的，因此，电网设备的安全是电网安全运行的基础。

“大电网设备智能化广域监测诊断关键技术研究与应用”项目，由广东电网公司电力科学研究院等产、学、研8家单位共同合作完成。本项目通过研究并利用电网设备的远程监测与智能诊断技术，致力于建设大电网设备的“智能监控中心”，时刻确保电网设备的安全。项目从在线监测技术研究与大规模集成、电力设备多源信息一体化融合、输电线路故障精确定位与诊断、变电设备智能诊断与风险预警四大方面开展了多项关键技术的研究，建成了全国最大规模的大电网设备智能监测诊断中心。目前，中心的监测范围已全面覆盖广东省21个地市供电局，成为广东电网设备安全的坚实保障。

该项目将在线监测装置安装于变电站内或输电线路上，24小时监测电网设备的健康状况，能够最及时地发现设备的故障隐患。通过项目研发的综合处理单元，将数量众多的各类在线监测装置统一接入“智能监控中心”。智能监控中心可对设备运行状态进行实时监测并准确发布预警信息，智能诊断设备健康状况，科学制定设备维护策略。

通过研发智能监测终端产品、节约电网投资成本、降低设备故障损失、减少人力物力支出，截至目前，项目共创造了经济效益12.7亿元。项目的原创性知识产权已在国内外35家企业应用，相关技术标准与装置产品已推广应用至全国多个省份。

“大电网设备智能化广域监测诊断关键技术研究与应用”项目是智能电网建设重要组成部分，实现了高效、准确、全面、智能化驾驭和控制电网设备，在重大保供电活动以及自然灾害应急保障工作发挥了重要作用，社会效益显著。

动态畸变负荷电能准确计量及溯源技术、装备与应用

该项目旨在解决目前冲击性波形电能计量、谐波电能计量、直流电能计量不准确问题，达到维护电量公平贸易、为电网公司减少电量损失、指导用户科学用电、促进节能减排的目的。依托本项目研究，主持编制国家标准1项、参与编制国家标准1项；获得国家发明专利授权4项，获得实用新型专利授权9项，获得软件著作权6项；发表SCI收录论文1篇、EI收录论文等8篇，研制出国际首台量值可溯源的直流电能表检定装置，国内首台高精度动态波形发生标准源。项目成果在广东、湖南、湖北、江苏、内蒙古等近10个电力公司进行大面积推广应用。2009年至今，项目研制成果在广东电网公司推广应用产生直接经济效益1361.2万元，全国范围内使用产生直接经济效益超过6000万元，若推广应用至全国动态畸变负荷每年可产生直接经济效益过亿元。项目成果经鉴定整体达到了国际先进水平，在谐波参量检测算法、谐波电能表检定装置和直流电能表检定装置关键技术方面达到国际领先水平。

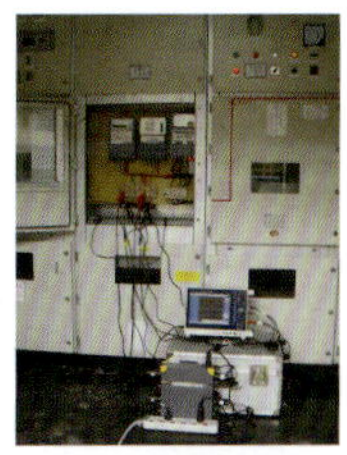

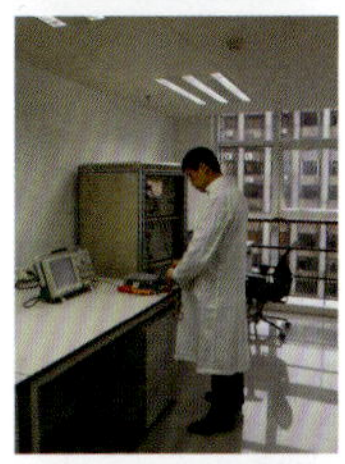

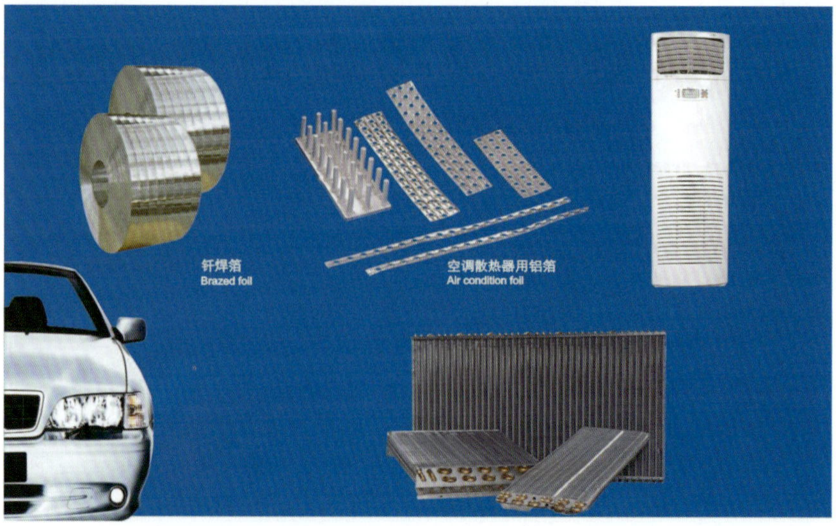

化成箔

化成箔是铝电解电容器的关键原材料，是重要的电子功能材料。公司现有生产能力3000万平方米，中国产品市场占有率达30%以上，产能世界第一。

高精铝板带箔

电子产品专用铝箔主要包括中高压、低压阳极铝箔和负极箔等。2012年，东阳光铝共生产全系列电子光箔20000吨，产品在国内市场占有率达到40%，与日本昭和、新疆众和成为世界前三位电子光箔供应商，电子光箔产量已超过新疆众和，位居国内第一。

国家工商行政管理总局商标局

关于认定“HEC”商标为驰名商标的批复

中国名牌产品证书

中国名牌产品

广东东阳光铝业股份有限公司

广东东阳光铝业股份有限公司（股票代码：600673）是集精铝冶炼、高精铝板带箔加工、铝电解电容器用电极箔生产、铝电解电容器制造，涵盖磁性材料、氯碱化工等产品的科研开发、生产、销售为一体的高科技民营股份制企业，旗下有11家二级子公司、2家三级子公司。

公司拥有全球范围内高精铝冶炼→铝板带箔加工→铝电解电容器用电极箔生产→铝电解电容器制造的最完整、整体水平最高的铝及铝合金压延加工及材料制备产业链，是国内最大的电子光箔、化成箔、亲水箔及Φ16以上的大电容生产基地，是国内行业的领军企业，占据行业的主导地位。

多年来，东阳光铝本着“追求卓越的品质和服务、追求最好的信誉和伦理，追求最佳的发展和效益”的经营管理理念，制定了“突出铝业，发展磁材，依托主导产业，运筹资本经营，开拓内外市场，创造最佳效益”的发展战略，以高性能铝板带箔加工为龙头，以化成铝箔和亲水铝箔为两翼，配套电子元器件相关产业，形成了健全完整的产业布局，为公司持续发展提供了坚实基础和源源不断的动力。

公司拥有完善的科研基础设施和科研团队，依托广东省省级企业技术中心、人事部批准设立的“博士后科研工作站”、与华南师范大学联合建立的“节能环保新材料工程研究开发中心”等科研机构，开展新工艺、新产品、新材料的研究开发，突破了一批制约行业发展的核心技术，如高压高比容腐蚀箔生产技术的集成研究与产业化、高性能低压阳极铝箔及其高效生产技术研发与产业化、KT1200超薄空调铝箔及其生产技术的研究开发与应用等，为整个行业的技术进步做出了巨大的贡献。

公司追求“与时俱进、快速反应、满足市场、永续经营”的创新机制，以“奉献社会、实现自我、幸福家庭”为经营宗旨，秉承“空谈误事、实干兴业”的创业精神，逐步形成了企业不断创新的文化氛围。公司以雄厚的研发实力和以自主创新为主、坚持走以产学研合作道路的研发体系创造了高品质的产品，奠定了行业的主导地位，建成全国最大、技术领先的化成箔和亲水箔生产基地，已成为格力、美的、松下、三星、飞利浦、柯达等国内外著名厂家的重要供应商。

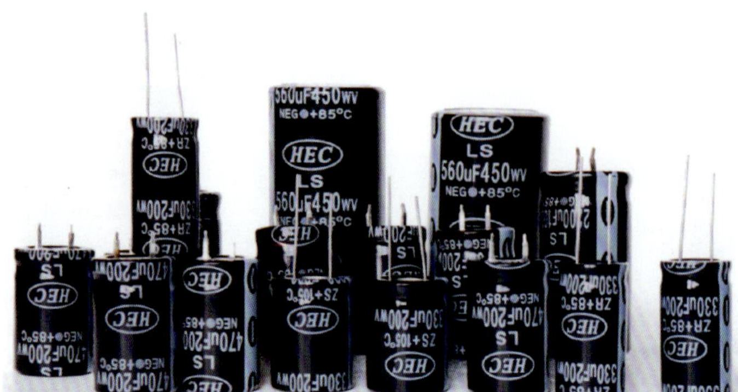

铝电解电容器

铝电解电容器是电子线路中不可缺少的基础元件，应用领域十分广泛。公司具备大电解电容器8000万只/年、小电解电容器10亿只/年的生产能力。公司是国内最大的Φ16以上高压大电解电容器生产基地，处于国内领先地位。

GLORYVIEW TECH.®

广东宏景科技有限公司
广东省建筑智能工程技术研究开发中心

建筑智能化设计、施工、咨询 系统集成 软件开发

中国智慧城市综合服务商

智领未来

广东宏景科技有限公司（以下简称“宏景科技”）成立于1997年，是广东省认定的高新技术企业及软件企业、广东省战略性新兴产业骨干企业、广东省创新型企业。

宏景科技主要从事建筑智能化、计算机信息系统集成、安防以及软件应用系统的规划、设计、开发、实施和维护等服务。现已具备国家建筑智能化设计和施工一体化壹级资质、计算机信息系统集成贰级资质、涉及国家秘密的信息系统集成乙级资质、广东省安全技术防范系统设计、施工及维修壹级资质、人防信息系统建设保密项目设计（施工）乙级资质等；是中国建筑业协会智能建筑分会副会长单位、广东省软件协会常务副会长单位、广东省民防协会理事单位。

经过十几年的快速发展，宏景科技已形成“科研+生产+市场”一体化配套的运营机制，承担过全国各地重点工程和众多大型企事业单位的数百项计算机应用、网络、智能化等方面的技术开发和工程项目。

宏景科技重视企业规范化管理，已通过了ISO9001：2008质量管理体系认证、ISO14001环境质量体系认证、职业健康安全管理体系认证；被广东省科技厅列为“现代企业制度”试点单位；被评为广东省企业文化建设先进单位，连续14年被评为“重合同，守信用”先进企业；2008—2009年连续两年评为广东省诚信示范企业、被中国工程建设管理协会评为全国建筑智能化工程设计与施工一体化首批AAA级重点推荐企业，2009、2011年度智能建筑行业最具成长力的十佳企业、广东软件50强企业，并在2008、2009、2010、2011连续4年成为全国智能建筑行业完成工程额全国前50强企业。2011年，公司研发的“智能建筑分层分布式信息技术”“智能通道控制管理平台”“易景多媒体信息发布系统”分别获得中国仪器仪表学会科技成果奖和优秀产品奖。

宏景科技现有广州、汕头、深圳、南宁、沈阳、海南、昆明、佛山等多家分公司，具有雄厚实力，拥有一大批科研成果和专利技术，是计算机软件开发、系统集成人才培养的重要基地。宏景科技汇聚了一批锐意创新、开拓进取的精英，公司员工180余人，本科以上学历的员工占总人数的85%以上，博士、高级工程师20余人，工程师70余人。

宏景科技一直致力于加强同国内外知名IT厂商的深入合作，目前是IBM、HP、Oracle、CISCO、Microsoft、Sybase、Johnson、Siemon、CommScope、EMC、HDS、华为、华赛、阿尔卡特、H3C、Honeywell、IBDN等IT厂商华南区的重要合作伙伴。

宏景科技同国内外各大IT公司以及中山大学、华南理工大学、汕头大学、广州大学、中国科学院广州分院等高校和研究所建立紧密合作关系，成立产学研科研中心，联合承担科研攻关和新产品开发项目。华南理工大学、汕头大学、广州大学华软学院等高校均在宏景科技建立学生就业实习基地、研究生培养基地。

2010年6月，经广东省科学技术厅、广东省发展和改革委员会、广东省经济和信息化委员会联合批准，以宏景科技为依托，成立了省级智能工程技术研究开发中心。主要从事绿色智能建筑新技术、新产品的研发，并以行业技术产品为中心，为业内提供技术咨询和人才培养服务。

宏景科技一贯坚持以文化凝聚人才、技术带动市场、管理提升质量，构建企业核心竞争力，立足长远，诚信经营，稳健发展，与各界朋友携手共进，再创宏景科技发展新篇章！

广东惠伦晶体科技股份有限公司

惠伦晶体
FAILONG CRYSTAL

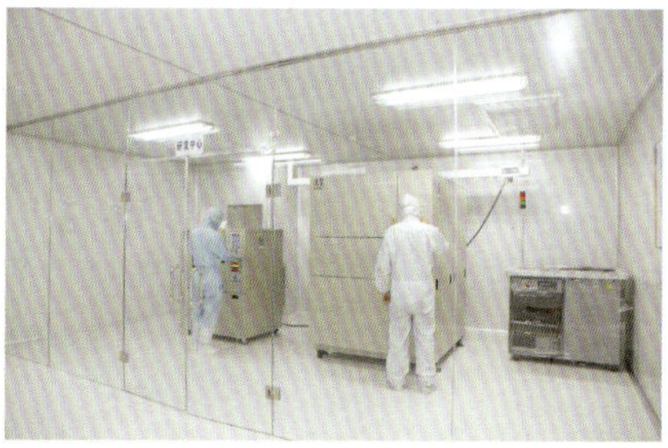

广东惠伦晶体科技股份有限公司成立于2002年，位于广东省东莞市黄江镇，占地2.56万平方米，注册资本12619.42万元。公司自成立以来一直专注于频率控制与选择元器件行业，以表面贴装压电石英晶体谐振器为主导产品，是一家专业从事压电石英晶体元器件系列产品研发、生产和销售的高新技术企业。经过近十年发展，公司已成为国内表面贴装压电石英晶体元器件行业龙头企业之一。

公司秉持“科技创新、追求质量”的经营理念，连续多年荣获“中国电子元件百强企业”“广东省诚信示范企业”“广东省制造业百强企业”“广东省企业500强”等荣誉称号。公司生产的压电石英晶体谐振器产品已获得ISO9001：2008国际质量认证、GJB9001B：2009军用产品质量管理体系认证和汽车行业ISO/TS16949：2009 国际质量认证，广泛应用于移动通信、消费类电子、汽车电子、电子仪表、光学设备、家用电器、医疗设备、安防产品智能化、航天与军用产品等领域。

广东骏汇汽车科技股份有限公司

Guangdong junhui Automotive Technology Co.,Ltd.

广东骏汇汽车科技股份有限公司是一家专业生产汽车制动器钢背、蹄铁的厂家，是中国摩擦密封材料行业协会会员单位。前身是“广州市骏佳金属制品有限公司”，其下属公司包括韶关骏汇汽车零部件有限公司、广州骏高模具科技有限公司、广州骏雄金属材料科技有限公司。

公司有近10年生产制动器钢背、蹄铁的历史，通过了TS16949管理体系认证，目前为国内外的近百种车型OE供货。产品主要出口德国、英国、澳大利亚、意大利、巴西、罗马尼亚等国家。

公司已全面实现了ERP系统管理，并通过了ISO9001-2008质量管理体系的认证，成功导入了TS16949体系，从原材料采购、模具设计制造、产品生产加工、发货、售后服务等方面都有严格的控制。

公司的经营宗旨是本着专业、诚信、高效、互利的原则，为国内外汽车制动器中高端产品生产厂家提供质优价廉的汽车零配件和优质的服务。

主要设备

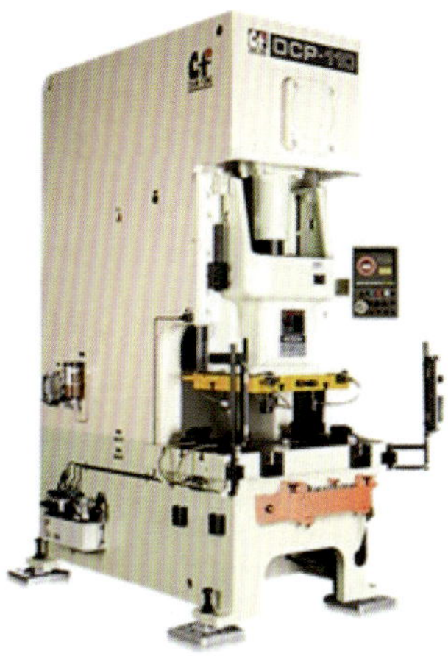

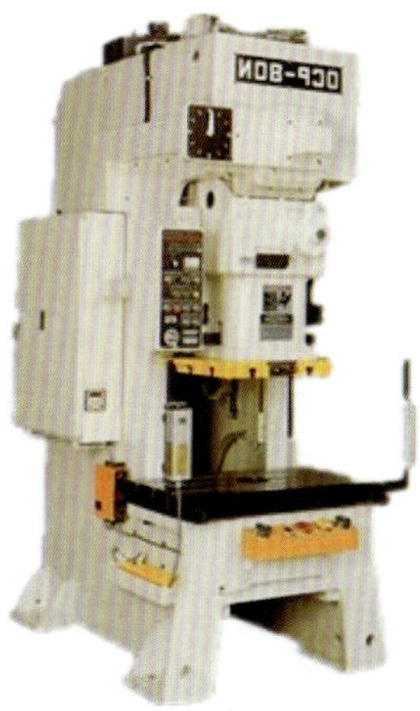

公司掠影

办公楼

办公室

会议室

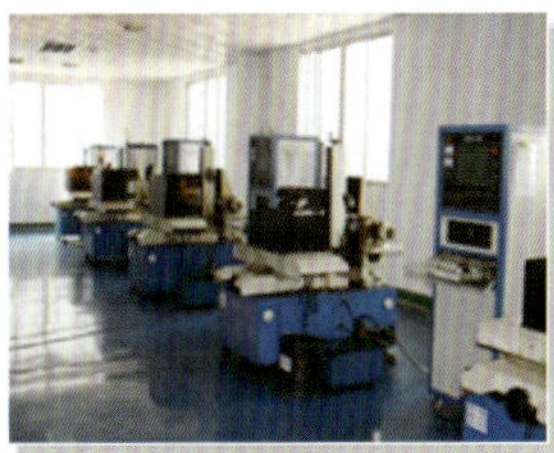

线切割房

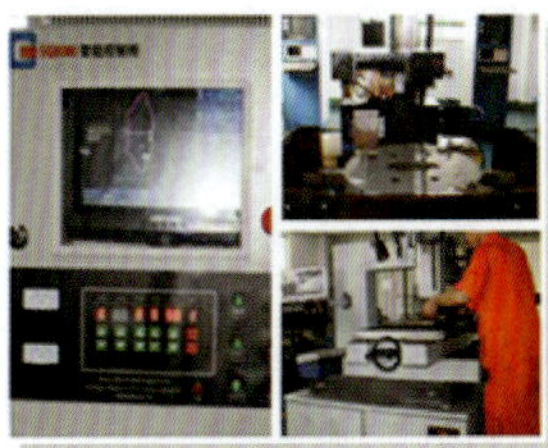

模具加工

模具仓

冲压加工

自动抛光

影像检测仪

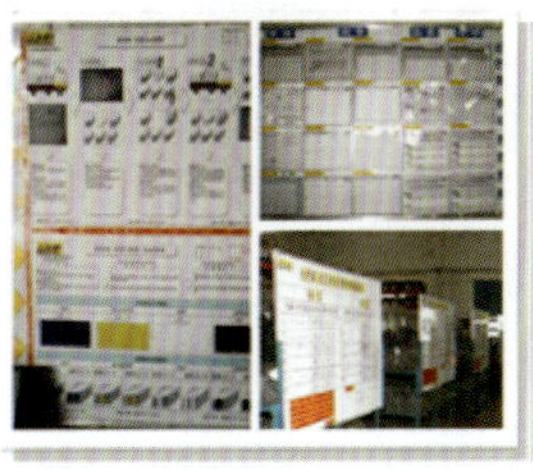

看板管理

产品包装

成品仓

广东省中科宏微半导体设备有限公司

广东省中科宏微半导体设备有限公司是由广东国晟投资有限公司、中国科学院半导体研究所、广东省工业技术研究院、东莞勤上光电股份有限公司、深圳洲明科技股份有限公司共同投资组建的股份制公司，公司注册资本为1.3亿元。

公司以中国科学院半导体研究所为技术依托，聚集国内外一流人才团队，专注于半导体照明产业领域的重大核心装备金属有机化学气相沉积（MOCVD）设备的研发和制造，所开发产品具有国内领先、国际先进水平。公司先后承担了多项国家“863”计划项目、国家能源局“国家能源应用技术研究及工程示范”项目、广东省重大科技专项等项目。

物穷其理、宏微交替。科技、质量、管理支撑着中科宏微的飞跃发展，描绘着企业的宏伟蓝图。中科宏微将努力搭建国际一流的MOCVD装备设计、制造和生产平台，形成年产MOCVD设备200台以上、年产值超过20亿元的规模，成为国际一流的MOCVD高端装备制造企业和支撑我国半导体照明产业发展的重要企业。

标准光组件发布会

光组件成果展示

广东省半导体照明产业联合创新中心

广东省半导体照明产业联合创新中心坐落于广东新光源产业基地核心区，由广东省科技厅发起，国家相关部门参与，省内科研机构、省内半导体照明上市企业、龙头企业共同出资成立，注册资金6300万元，一期投资1.2亿元。联合创新中心主要面向LED产业链各个环节的创新需求，系统集成有效的创新资源，完善创新服务功能，营造创新环境，建成广东LED产业发展战略智库、信息交互中枢、检测认证基地、技术创新桥梁、金融服务尖兵、人才培养高地、成果展示舞台。

以广东省半导体照明产业技术创新中心为主体，广东新光源产业基地为依托，通过与台湾工研院、香港应科院、国家半导体照明工程研发及产业联盟、清华大学、浙江大学等科研机构携手合作，汇集国际国内半导体照明巨头企业、科研团队和院所入驻中心，形成具有先进创新能力、创意服务能力和较强辐射带动能力的创新策源地，打造覆盖研发外包、检验检测、展示交易、教育培训、市场推广和金融支持等环节，面向广东、辐射全国、影响世界的LED产业创新服务集群。

中心大楼

广东石油化工学院

Guangdong University of Petrochemical Technology

广东石油化工学院地处南方海滨城市广东省茂名市。2010年5月，学校更名为广东石油化工学院。2011年，学校被教育部列为“卓越工程师教育培养计划”试点高校。2013年，广东省人民政府与中国石油化工集团公司、中国石油天然气集团公司、中国海洋石油总公司签署共建该校协议。

学校具有悠久的本科办学历史，1960年，学校就开办了石油炼制等4个五年制本科专业；1978年秋，经广东省和石油部批准，学校开办了石油炼制等2个本科专业；1990年起至学校升格本科前，先后与华东理工大学、华南理工大学、广东工业大学、广东海洋大学、佛山科学技术学院、湛江师范学院等高校联合开办了化学工程、化工机械等15个专业共17个本科班。学校发展成为一所以工为主，石油化工特色鲜明、优势突出，多学科协调发展的省属本科高校，共为社会培养了7万多名毕业生，这些毕业生遍布全国各地的石油化工行业等大中型企业和各级政府机关、科研院所、高校、中小学，并成为所在单位的技术骨干，深受用人单位欢迎。

学校占地面积60万平方米，校舍面积40.28万平方米，其中1000元以上教学科研仪器设备总值1.36亿元。图书馆藏书124万册，电子图书75万种，网络数据库24个。拥有3个国家级工程实践教育中心，1个省重点实验室——广东省石化装备故障诊断重点实验室，3个省高校工程技术开发中心——广东高校石油化工污染控制与清洁生产工程技术开发中心、广东高校石油化工装备故障诊断与信息化控制工程技术开发中心、广东高校果蔬加工与贮藏工程技术开发中心，1个省工程技术研究中心——广东省石油化工资源清洁利用工程技术研究中心，1个省级地方历史文化研究基地——广东省冼夫人文化研究基地，1个省非物质文化遗产研究基地，6个省级实验教学示范中心建设项目——石油化工工程教育中心、现代通信与电子技术实验教学示范中心、化学与化工基础实验示范教学中心、现代机械工程训练中心、教师教育综合技能训练中心、石油化工实验与实践中心，2个省级大学生实践教学基地——茂名石油化工公司工程实践教育中心、茂名绿园食品有限公司理科实践教育基地等一批省级高层次教学、科研平台。学校的信息网络中心是广东省教育和科研计算机网地区汇接中心之一，校园网覆盖教学和办公区域。

学校现设有石油工程学院、化学工程学院、环境与生物工程学院、机电工程学院、计算机与电子信息学院、文法学院、理学院、外国语学院、经济管理学院、建筑工程学院、体育学系、艺术系、思想政治理论课教学部、实验教学部、继续教育学院、国际教育中心16个教学单位，开办有工学、理学、管理学、经济学、教育学、文学、法学、历史学、艺术学等9大学科门类，43个本科专业。目前有全日制在校生20400多人。

学校现有教职工约1100人，其中教授、副教授329人，具有博士、硕士学位的教师共547人。有广东省高等学校“千百十工程”省级培养对象6人，享受国务院政府特殊津贴4人；有一批教师获得“全国先进工作者”“全国优秀教师”“南粤优秀教师”“省市优秀教育工作者”等各类荣誉称号。中国科学院陈新滋院士，中国工程院刘尚合院士、薛群基院士，中石化集团公司及其所属公司和华南理工大学、常州大学、北京石油化工学院等高校的专家学者50多人担任学校客座教授；8位“长江学者”“珠江学者”及“国家杰出青年自然科学基金”获得者担任学校重点学科顾问。

近年来学校毕业生就业率均在98%以上，先后荣获“全国普通高校毕业生就业工作先进集体”“2009年度全国毕业生就业典型经验高校”和“2010年全国普通高等学校毕业生预征工作先进集体”“全国志愿服务先进集”“全国优秀志愿者组织”等国家级荣誉称号。

作为华南地区唯一一所石油化工特色院校，学校拥有3个省级重点学科——控制理论与控制工程、化学工艺、环境工程，1个国家级特色专业建设点——化学工程与工艺专业，2个卓越工程师教育培养计划国家级试点专业——化学工程与工艺、电气工程及其自动化，5个省级特色专业建设点——化学工程与工艺、电气工程及其自动化、机械设计制造及其自动化、环境工程、过程装备与控制工程，3个省级专业综合改革试点项目——电气工程及其自动化、化学工程与工艺、过程装备与控制工程，2个省级人才培养模式创新实验区——化学工程领域石油化工应用型人才培养模式创新实验区、“校企互通，工学结合”的卓越电气工程师后备人才培养模式创新实验区。近年来，学校承担了500多项科研项目，其中包括国家自然科学基金项目、省部产学研合作项目、省第二批战略性新兴产业核心技术攻关项目、省自然科学基金重点项目、茂名市重大科技专项等高级别项目近200项。获广东省科技三等奖4项，获茂名市科技、哲学社会科学优秀成果奖等奖励近100项，获专利授权80多项。

学校坚持面向国内外社会办学。成立了由政府机关、企事业单位、科研院所等63家董事单位组成的广东石油化工学院董事会，与其中的茂名石化公司、广州石化公司、湛江东兴石化公司等国家特大型企业、大型企业建立了紧密的产学研合作关系。与太原理工大学、成都理工大学、广东工业大学、江苏科技大学、辽宁石油化工大学等20所高校联合培养硕士研究生、博士研究生。近年来，学校还与英国知山大学、英国北安普顿大学、澳门科技大学、越南石油大学等国（境）外20多所知名高校建立了合作关系，合作内容包括师资培训、学术交流、学者互访和师生交流等，选拔学生以“3+1”或“3+2”模式到境外合作院校留学。

“十二五”期间，学校进一步深入实施“协调发展、内涵发展、特色发展”战略，不断提高教育教学质量，加大学科建设和科研工作力度，进一步增强办学核心竞争力，力争成为硕士学位授予权规划建设单位，把学校建设成为以工为主，石油化工特色鲜明、优势突出、多学科协调发展，在省内外具有较大影响的本科院校。

广东新劲刚新材料科技股份有限公司

广东新劲刚新材料科技股份有限公司经过 20 余年的稳健发展，已成为新材料领域内的一支生力军，主要产品包括超硬材料制品、电磁功能材料、粉末冶金新材料与硬质合金涂层复合特钢等，不断为陶瓷、矿山、建筑、建材、冶金、石化、电力、耐火材料等行业提供技术领先的产品和服务。

公司荣获“国家级高新技术企业”证书。2010 年和 2011 年公司先后获批成立了“广东省超硬和电磁功能材料工程技术研究开发中心”和“广东省超硬和电磁功能材料技术中心”，构筑新产品开发战略平台。

客户是公司永远关注的焦点。目前，公司拥有3个全资子公司，在广东佛山、江西高安、河北三河和山东淄博建有生产基地，营销和服务网络涵盖全中国及东南亚、南亚等区域市场。

廣東醫學院
Guangdong Medical College

立志立德 求真求精

广东医学院是广东省属重点建设大学，创建于1958年，前身是中山医学院湛江分院，1964年升格为五年制医学本科院校并更名为湛江医学院，1992年易名为广东医学院。学校是全国首批获学士学位授予权单位，1986年获硕士学位授予权，1991年获广东省办学水平评估一等奖，2005年被评为教育部本科教学工作水平评估优秀院校，2008年被评为广东省首批依法治校示范校，2009年被广东省列为国家限额指标内的拟新增博士学位授予单位立项建设单位，2013年获批为博士学位授予单位。

学校由湛江校区、东莞校区两部分组成，校园总面积1404亩。湛江校区占地227亩，位于富有亚热带风情的沿海开放城市湛江市；东莞校区创建于2002年，占地1177亩，位于东莞市美丽的松山湖科技产业园区。

学校现有全日制在校生2万余人，设有研究生学院、基础医学院、第一临床医学院、第二临床医学院、医学检验学院、护理学院、药学院、公共卫生学院、人文与管理学院、信息工程学院、继续教育学院、社会科学部、体育教学部、外语教学部等14个学院（部），拥有29个直属、非直属附属医院和100余家临床教学医院。

学校现有教职工1300余人，其中硕士生导师500余人，博士生导师28人，享受国务院颁发的政府特殊津贴专家13人，全国模范教师和全国优秀教师9人，广东省教学名师4人。

学校已初步形成了较为合理的学科专业结构，涵盖医、理、管、工、文、法等学科门类，设有临床医学、医学检验（技术）、医学影像学、口腔医学、预防医学、生物医学工程、信息管理与信息系统、护理学、药学、公共事业管理、法医学、医学英语、应用心理学、劳动与社会保障、麻醉学、中药学、统计学、社会工作、卫生检验与检疫、食品质量与安全等20个本科专业，1个一级学科博士学位授权点，2个专业学位硕士授权点和1个一级学科硕士学位授权点，涵盖58个二级学科。现有24个硕士研究生联合培养基地，1个博士研究生联合培养点，1个博士后科研工作站，3个广东省高校重点学科，14个广东省临床重点专科，2个广东省临床重点扶持专科。临床医学、医学检验等2个专业是广东省名牌专业，临床医学、医学检验、护理学、医学影像学等4个专业是国家级和省级特色专业建设点，临床医学专业是省级重点专业。“广东医学院附属医院临床技能综合培训中心”获国家级大学生校外实践基地立项。3门精品视频公开课“生物化学”“外科学总论”和“组织学与胚胎学”获省级立项建设；5门精品资源共享课“医学统计学”“药理学”“病理学”“病理生理学”和“临床生物化学及检验”获省级立项建设。现有6个省级实验教学示范中心，3个省级专业综合改革试点（临床医学、医学检验和药学专业）、1个省级人才培养模式实验区（医学检验专业）和1个省级教学团队（医学检验专业）。

学校拥有良好的科研条件，建有湛江校区和东莞校区两大科研中心，拥有广东天然药物研究与开发重点实验室、广东省医学分子诊断重点实验室、广东省衰老相关心脑疾病重点实验室、粤西高校分析中心、医学生物活性分子研究重点实验室、现代生物化学与分子生物学重点实验室、神经变性疾病与衰老研究医学重点实验室、病证结合二级实验室、湛江市环北部湾海岸特色微藻生物资源产品研发重点实验室、湛江市肝胆相关疾病重点实验室、东莞市环境医学重点实验室等11个省、厅、市级重点实验室以及中美联合肿瘤研究所，中美基因、营养与健康研究所，衰老研究所，中药与新药研究所等4个中外联合科研平台。

近5年来，学校获国家级和省部级科研项目资助639项，其中国家自然科学基金项目155项，“973”计划项目子课题3项、“十二五”国家科技支撑计划项目子课题3项；获国家级、省部级及市厅级科研成果奖43项次，获国家发明专利113项。

学校拥有先进的网络设施，是广东省教育科研网的接入单位，湛江地区汇接中心。学校还拥有现代化的图书馆，累计馆藏文献总量216.1万册。学校坚持开放的办学理念，与国内外医学院校和科研院所保持着密切联系和合作往来，分别与美国、英国、法国、澳大利亚、日本等国家和我国港澳台地区教研机构建立友好合作关系，探索多种合作方式。

办学半个多世纪以来，学校为国家和地方共培养了4万多名高层次医学及其他专业人才。学校生源充足，是广东省考生报考的热门省属本科院校之一。毕业生就业率一直稳中有升，2013年学校本科生就业率98.78%，研究生就业率100%。学生以理论基础扎实、实际操作能力强而受到用人单位的好评。

HING WAH

广州兴华玻璃工业有限公司

广州兴华玻璃工业有限公司是兴华控股（香港）有限公司的子公司，广州兴华玻璃工业有限公司前身是国营广州市前进玻璃厂，是一家集研发、生产、工程安装、销售、服务为一体的跨行业经营的综合性高新技术企业，有多年玻璃行业经验，其中专业生产防弹玻璃经验已有十多年。

兴华生产基地位于广州市白云区槎头兴华工业区，厂房面积达5万平方米，拥有超大规格玻璃钢化生产线和先进的玻璃加工设备，主要生产防弹、防砸、防火、防爆炸、防暴力、夹层、中空、电控变色、超大规格钢化等特种安全玻璃和工艺、家具、镀膜等高档装饰玻璃，广泛应用于建筑幕墙、防火、防弹、防砸、防爆等安防工程及汽车制造厂。

“兴华”防弹、防砸、防爆炸、防暴力、电控变色等特种安全玻璃是全国各省公安机关、特种汽车制造厂、银行等金融单位的专业合作生产产品。

公司防火玻璃事业部也已发展为公司的支柱产业。

公司工程事业部已在幕墙工程、装修工程领域建立起良好的品牌形象，是公司新的增长点。

一流的品质是公司一贯的坚持，公司产品已通过ISO9001：2008国际质量体系认证和中国国家强制性产品3C认证。优秀的人力资源是兴华最大的资本，公司信守“团队、责任、学习、绩效、创新”的核心价值观、运用国际化、信息化的管理手段，倾力为客户提供优质满意的产品和服务。

藉由对全球顾客的一流服务，彰显兴华人关爱社会、信守承诺的经营哲学。

今古洲民科园一角

广东名牌产品——岗州春虫草

今古洲民营科技园

城际车外观

全国最大发电锅炉生产基地
——福斯特惠勒动力机械公司

华南最大彩钢板生产基地
——广东华冠钢铁公司

北京市化工研究院广东研发基地
——国望化学品公司

日本大冢株式会社投资的
大冢慎昌（广东）饮料公司

国家一类口岸——新会港

今古洲民营科技园是2002年8月经省科技厅认定的“十五”期间全省首个省级民营科技园，2004年又被科技部认定为重点联系民营科技园，2006年被中国民营科技促进会评为“全国先进科技产业园区”，并获得“全国民营科技促进奖”。园区总体规划面积15.21平方公里，地处银洲湖的枢纽位置，是珠江水系中除东莞虎门水道外唯一可通万吨级海轮的水道，北依国家森林公园圭峰山风景区，南临银洲湖、珠江出海口，东连西江，西枕潭江，距离广州110公里，距珠海80公里。园区内建有国家一类口岸新会货运港，是珠江三角洲西翼的江海联运基地和物流中心。此外，园区紧邻广东省轨道交通产业园和广珠城轨新会站，广珠高速铁路横跨园区境内，贯穿园区的三和大道连通佛开、广东西部沿海、江鹤、江中和江珠高速公路网。

今古洲民科园一直坚持“创新发展思路，完善园区科技创新体系，提升自主创新能力，打造创新型效益型园区”的建园宗旨，不断完善基础设施建设，加强园区的创新服务体系建设以及信息服务功能。狠抓民营科技企业的发展，产业优势初步确立，高新技术企业成为园区经济的主力军。重庆力帆集团、广能达电力器材、广东华冠钢铁、江裕集团、上海耀皮玻璃、安徽中鼎集团等一批较大规模的民营企业相继在园区内投资兴办新企业，瑞士ABB、美国福斯特惠勒、英国BPI、日本大冢等跨国公司前来落户，形成涵盖电力器材、电子产品、精细化工、纺织制衣、钢铁和五金不锈钢制品、摩托车制造等优势产业的结构布局。近几年，园区共承担省级以上科技项目近30项，培育了一批国家级、市级高新技术企业和省级民营科技企业，园区内现有国家级高新技术企业6家、市级高新技术企业5家、省级民营科技企业15家、市级民营科技企业2家。园区内以企业为主体建立了3家省级工程技术研发中心，5家市级工程技术研发中心。企业自主创新能力加强，积极打造民族品牌，创出了“映美”打印机、“千色花”涂料、“CPF”聚丙烯电容薄膜等著名品牌产品，园区内企业拥有中国驰名商标2个、中国名牌产品2个、国家免检产品2项、广东省著名商标8个、广东省名牌产品9个。

广东南车轨道交通车辆有限公司生产车间

全国最大打印机生产基地
——江裕科技园

广东南车轨道交通车辆有限公司

今古洲民营科技园标志

南沙資訊科技園

广州南沙资讯科技园有限公司

科技园航拍图

南沙资讯科技园生活区

专家公寓楼

广州南沙资讯科技园由霍英东基金有限公司、霍英东铭源发展有限公司、香港科技大学和广州市政府、南沙区政府合作建设。南沙资讯科技园是广州高新技术产业开发区的组成部分，是国家“火炬计划”软件基地之广州软件园的其中一员，是国家服务外包广州基地城市示范园区。

2008年8月，南沙资讯科技园设立南沙开发区保护知识产权举报投诉服务中心工作站；2009年4月，博士后科研工作站正式挂牌；2012年12月，南沙资讯科技园成为广州首批国际科技孵化基地培育单位之一。

南沙资讯科技园总体规划面积为2.5平方公里。首期建设占地20公顷，已建成四大功能区，即研发及产业区、会议培训中心、迎宾楼和生活区，总建筑面积约11万平方米。

南沙资讯科技园拥有国际先进水平的技术与研发团队，由广州市香港科大霍英东研究院、广州中国科学院工业技术研究院、以及众多高新技术企业组成，共500多名科技研发人员。研发的技术与产品类别有：软件开发、芯片设计、神经信息技术、光电技术、网络技术、微电子封装、纳米电子、新材料技术、生物技术、环保技术等。随着南沙新区的成立和发展，南沙资讯科技园将吸引更多拥有自主核心技术的科技企业落户。

南沙既有优越的地理位置，亦有怡人的生活环境。随着发展所带来的机遇，南沙吸引着各类科技人才前来工作和创业，一个生机勃勃，汇聚了人才与技术的科技社区已雏形渐现。

惠州仲恺高新区东江高新科技产业园

东江高新科技产业园园区

惠州仲恺高新区东江高新科技产业园于2008年12月成立，是市委、市政府实施“南进北拓、东西延伸”城市发展战略、实现“经济总量再造一个惠州”目标的重要部署之一。2010年2月，园区纳入仲恺高新区管理范围，成为仲恺高新区“一区四园五镇（街道）”之一。

东江产业园是惠州东部新城区的重要组成部分。园区按照“近期建区，中期成园，远期为城”的发展思路实施建设，近期3~5年内将开发10平方公里的高新技术产业聚集区，中期5~10年内将建设50平方公里的生态科技产业园，远期将打造101平方公里的高新科技产业城。园区以发展高新技术制造业为导向，结合城市发展的功能配套，融合生态园区理念，按制造业板块、研发和总部经济板块、留学生创业板块、航空港物流板块、生态休闲板块5个功能产业布局建设。

东江高新科技产业园与企业签约

成立以来，东江产业园紧紧围绕“国家级、创新型、生态化、示范性”4个关键词，全面掀起“大招商、大建设、大发展”新高潮，加快打造园区核心竞争力，园区经济社会各项事业实现持续、快速、健康发展。截至目前，东江产业园已引进华阳集团、伊利乳业、雷曼光电、艾比森光电、泓淋通讯、硕贝德通讯科技等80多个项目，总投资350多亿元。落户项目既有LED、移动通讯等战略性新兴产业，也有新材料、精密注塑等相关产业，还有现代物流、商住地产、学校教育、新兴能源等配套行业，园区初步形成工商并进、互融发展、优化合理的产业结构。

硕贝德科技新工业园落成启用

2011年，园区规模以上工业企业实现年产值56亿元，同比增长552.7%；实现工业增加值4.75亿元，同比增长191.41%；税收全年收入约11580万元，同比增长2157%；固定资产总投资16.30亿元，同比增长191%；合同利用外资金额7580.84万美元。

中山华帝燃具股份有限公司

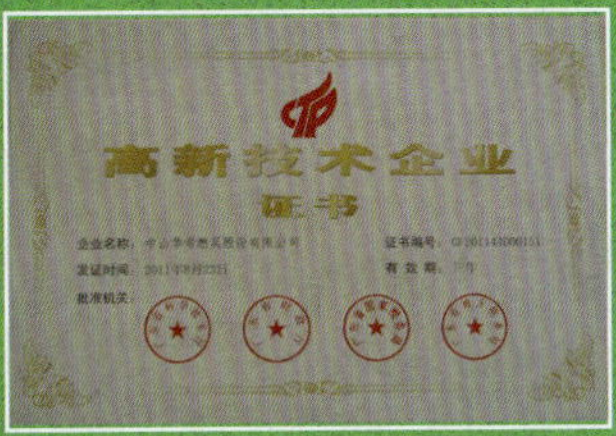

中山华帝燃具股份有限公司前身为中山华帝燃具有限公司，始创于1992年4月8日，2001年11月28日中山华帝燃具股份有限公司成立，2004年9月1日中山华帝燃具股份有限公司在深交所上市交易（股票简称华帝股份，股票代码002035）。主要从事生产、销售燃气具系列产品，太阳能及类似能源器具，家庭厨房用品，家用电器，企业自有资产投资和技术进出口等业务。

目前，华帝产品已形成灶具（燃气灶、沼气灶）、热水器（电热水器、燃气热水器和太阳能热水器）、抽油烟机、消毒柜、橱柜等系列产品为主的500多个品种，营销网络遍布海内外，全国各省区均有分支机构和终端网点，拥有专营店超过2000家。燃气灶具成为中国灶具领导品牌，燃气热水器、抽油烟机分别进入全国行业三强。2005年6月23日，“华帝”被国家工商总局商标局认定为“中国驰名商标”；2006年4月28日，华帝股份获批成为北京2008年奥运会燃气具独家供应商；2008年3月，华帝股份成为北京奥运会祥云火炬制造商。

1992年，华帝在同行业率先导入CI，并以建立“华帝利益共同体”作为企业合作者利益共享、共同发展的原则。1999年10月28日，实施经营权与所有权分离的重大变革；2003年12月以来，一次性通过ISO14001：2004环境管理体系认证和ISO9001：2008质量管理体系认证；2008年9月，一次性通过QC080000：2005(IECQ-HSPM)电子与电器元件和产品有害物质过程管理体系认证。

公司拥有聚能燃烧技术、冷凝燃烧技术、一键清“芯”自动洗、离子熄火保护、智能双模全效消毒等全球领先的科技资源，始终以“研究和满足人的需求”为经营准则，以“诚信、责任、创新、共赢”作为企业文化的核心。公司一直以来秉持“实现自我、回馈社会”为己任。无论从赞助世界第三大冰川考察，到无偿捐赠九运火炬、十运火炬、十一运火炬和亚青会火炬，还是长期资助“春蕾班”学生、首创“华帝全国1+2红领巾助学工程”以及赞助华帝聚能号帆船8000公里环中国海航行宣传海洋环保，华帝都以公益事业为荣，全力打造优秀的“企业公民”形象。

公司的目标是继续以“持续稳健、专业化、高品质、高技术、高档次”为发展模式，致力于做全国厨卫领导品牌，成为全球有影响力的厨卫制造和服务商，成为世界上最具竞争力、被公众及投资者认为是卓越的具有文化特色的专业企业。

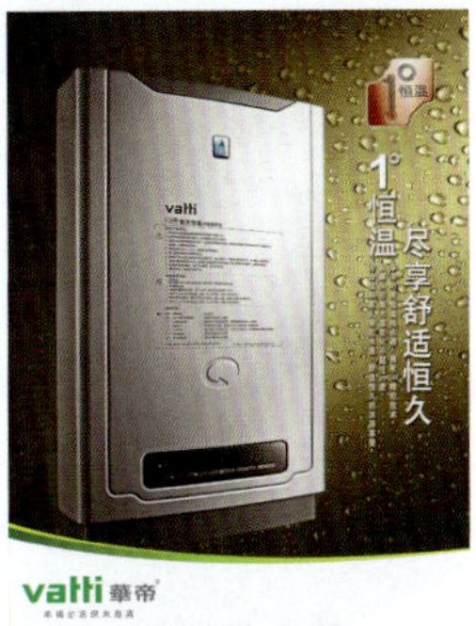

冷凝热水器

莲花灶

vatti 華帝

中山华帝燃具股份有限公司 广东省中山市小榄镇小榄工业大道南华园路1号 邮编：528416

电话：86-760-2139888 传真：86-760-2264283 http://www.vatti.com.cn

广州市天海花边有限公司

广州市天海花边有限公司成立于1988年，是一家中外合资的纺织企业。企业主要从事女士内衣用经编花边的设计、生产和销售，设有织造分厂（广州海日花边有限公司）、染整分厂、切割包装等三大生产部门，在美国、法国等欧美国家设有分公司。

经过多年的不断努力，在“创新开拓、诚信经营”的天海精神指导下，公司已发展成为世界知名的经编花边供应商。2006年产值为5亿元，其中60%的产品出口。生产设备水平、设计水平、产品质量、管理水平、人才素质等方面多年来一直居于国内同行业首位。所生产的高档内衣花边主要供应给众多世界著名的高档内衣品牌商，如黛安芬（德国）、华歌尔（日本）、玛莎（美国）、V.S（美国）等，及曼妮芬、爱慕等国内一流女士内衣品牌。公司主要生产设备均从德国和瑞士等国家进口。

1998年至今公司获得“广州市高新技术企业”“广州市A级纳税人企业”“福布斯中国最具成长性的中小企业”“全国‘双优’外商投资企业”等称号。

企业实行董事会领导下的总经理负责制。由经编生产、染整生产、切割包装、产品设计、产品销售、企业管理等六大部门组成，现有员工1000余人，其中管理及技术人员150多人（包括英国工程师1人、美国设计师1人），90%以上具有大专以上学历。员工大部分为历年招录的应届大学毕业生及研究生。为了企业的发展与进步，企业每年度都招录5~10名应届大学生及研究生充实、优化团队。

TIANHAI LACE

DESIGN

丰富的设计

拥有实力强大的产品研发能力，除了中国广州的设计中心外，还在法国加莱和美国纽约建立了设计公司，专业从事经编花边的图案、工艺、色彩及流行趋势的研发，可以最大限度地满足不同地区客户的不同要求。

Our Design teams are located worldwide giving Tianhai Lace an input of varied creative as well as styling tailored to meet the needs of our multiple markets. Our main design center is in Guangzhou China, we also have design studios in New York USA and Calais France. We call upon our strong research and development resources to create designs, trends, colours and innovative laces of the highest possible standards.

QUALITY

优质的产品

拥有完善的品质控制体系和符合国际标准的测试设备，在原料、坯布、染整、成品等各个环节进行了全过程严格的品质控制，确保花边的内在品质和外观品质稳定在很高的水平。
我们对环境保护高度关注，染色污水的处理和排放符合国际标准。

With our excellent system for quality control, using test equipment that meets international requirements, we control standards in every process of production. From raw materials through greige production, dyeing and finishing, and final presentation, we guarantee the superiority of our product. Environmental protection is also of primary concern. Our waste treatment and disposal system is in accordance with international standards.

GOVERNMENT ACCREDITATION TO ENVIRONMENTAL CORPORATION

制线 TWISTING　织造 KNITTING　染色 DYEING　成品 FINISHED LACE

CONTACT

联系我们

广州市天海花边有限公司
TIANHAI LACE CO.,LTD.
ADD: No.213, Lian Guang Road, Eastern Section, Guangzhou Economic & Technological Development District, Guangzhou, CHINA
Tel: +86 (0)20 62813000　Fax: +86 (0)20 62813300
E-mail: sales8@gztianhai.com　URL: http://www.gztianhai.com

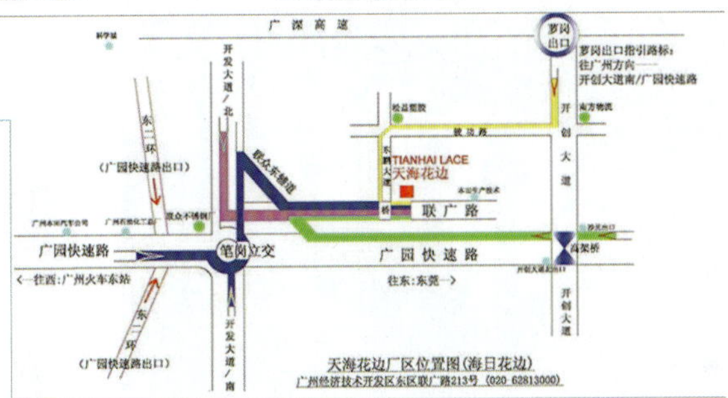

天海花边厂区位置图（海日花边）
广州经济技术开发区东区联广路213号（020 62813000）

马瑞利汽车电子（广州）有限公司

马瑞利汽车电子（广州）有限公司于1996年成立，是全球汽车著名零部件供应商意大利“MagnetiMarelli”（中文：玛格涅特·玛瑞利）在中国投资的外商独资企业，投资总额达到3420万美元。玛格涅特·玛瑞利集团是高科技汽车零部件行业内的全球领先者，是菲亚特集团成员之一。整个集团集研发生产于一体，在全球范围内拥有56个生产基地，9个大型研发中心，27个开发应用中心，遍布全球18个国家，近4万位员工。

马瑞利汽车电子（广州）有限公司自主研发生产的汽车组合仪表、车身电子模块和车载导航系统等产品在国内外处于技术领先水平，深得全球广大著名汽车厂商的认同。公司在2009年被评为“国家高新技术企业”，并于2012年通过复审。公司于2013年通过了广州市汽车电子重点工程技术研究开发中心和广东省战略性新兴产业骨干培育企业的认定。马瑞利汽车电子（广州）有限公司为国内多家汽车品牌提供产品开发生产服务。获得一汽大众（奥迪）、上海大众、东风标致、广汽菲亚特、上海汽车、上汽通用五菱、比亚迪等多家汽车主机厂的“A级供应商”“优秀供应商”“免检供应商”等的荣誉称号。

2010至2012年，公司销售额、总资产、净利润和纳税总额稳步快速增长，总资产增长率超过40%，销售收入平均年增长率达到15%左右，充分证明了企业有较强的技术实力，以技术创新推动企业发展，并取得了较好的经济效益，在行业内具有显著的竞争优势。

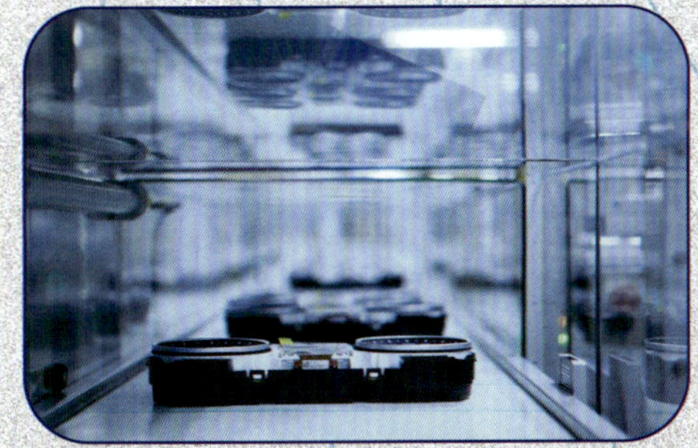

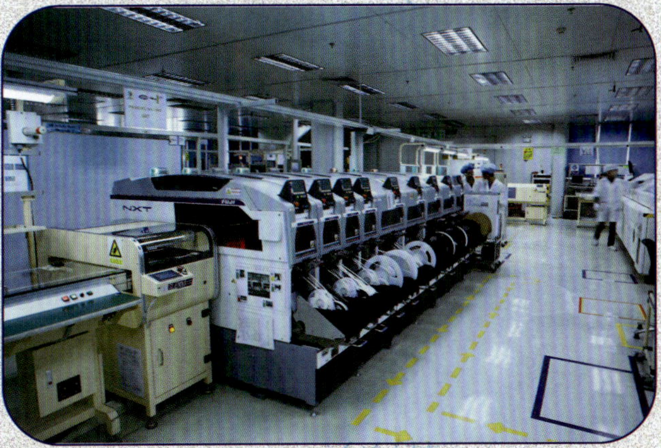

广州市金色彩文化创意有限公司

广州市金色彩文化创意有限公司(以下简称“金色彩”)成立于1999年，14年专注高精度户内外大型喷绘画面制作，是中国五大数码喷绘生产基地之一，是华南地区规模最大的喷绘企业，厂房场地面积逾万平方米，拥有喷绘主要生产设备40台、其他辅助设备近百台。2013年公司被认定为国家高新技术企业及广州市越秀区色彩管理标准工程技术研究开发中心。

金色彩经过十余年专注努力，积累丰富经验，运用精确的客户数据库系统、强大的生产执行能力及完备的全国安装执行网络，形成了向具有全国连锁商业网点的国际国内知名品牌商业客户提供一站式广告终端服务的新型运营模式，即提供广告设计、深化、生产、制作、物流、安装、执行服务，为客户统一全国画面品质标准、统一执行上画时间、统一物流安装执行标准，一揽子解决品牌客户全国商业网点商业画面及道具展示项目执行统一标准化，以此作为企业核心竞争力，超越国内同行。

多年来，金色彩为国内外众多知名企业和品牌提供服务，服务客户主要有宝洁、丰田、麦当劳、高露洁、安踏、加多宝、屈臣氏、雅诗兰黛、露华浓、金龙鱼、大润发、康美药业、HM、阿玛尼、中国移动通信、中国石化等，并参与执行世博会、亚运会、亚沙会、大运会、亚青会、青奥会等国际国内大型活动及体育赛事景观形象工程服务。

荣誉证书

广州市金色彩文化创意有限公司

在第16届亚洲运动会、广州2010年亚洲残疾人运动会期间，表现出色、成绩显著，圆满完成了运动会景观设计和实施工作，为赛会的成功举办做出了突出贡献，特发此证，以资鼓励。

第16届亚运会组委会形象景观团队

二〇一〇年十二月

广州市番禺金鑫宝电子有限公司

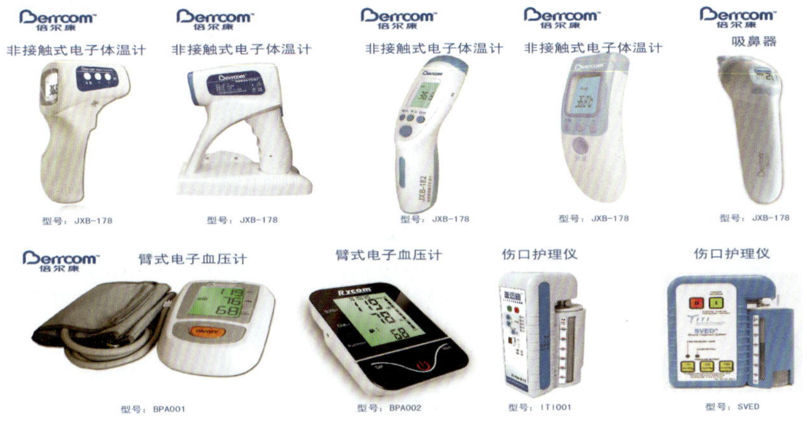

广州市番禺金鑫宝电子有限公司是一家集电子、机械研发一体的高新技术企业，公司位于番禺区大岗镇中心地带，交通便利。公司企业发展战略为研发中高端产品，不断提高科研水平和自主创新能力，不断研发和产出高附加值的产品。

公司具有庞大的产品研发团队和强大的生产技术控制能力。相关部门领导及技术研发人员具有多年本行业专业技术及管理经验，对产品研发、生产管理、品质管理具有可靠的保证。自主研发成果主要包括红外线非接触式电子体温计系列、伤口护理仪系列、血栓治疗仪、数字血压计系列、婴幼儿吸鼻器系列等，已取得多项技术专利。另外，公司单独设有专业的研发团队随时为客户的OEM/ODM项目提供优质的服务。

厂区总面积为12000平方米，拥有SMT、电子、注塑、喷油、装配及10万级无菌医用生产车间，拥有2条电子专用生产线及6条装配生产线、引进国外先进的生产设备，确保订单按时交货。

公司率先通过医疗器械质量体系ISO13485认证，产品完全符合欧盟医疗CE、美国FDA标准以及欧盟环保RoHS要求，我们的宗旨是为客户提供优质的产品和优良的服务。

公司成立以来，近10年的产品生产和销售经验、专业的研发设计人才以及科学的管理，造就了高科技、高精度、美观大方的Berrcom系列产品，非接触式电子体温计、婴幼儿吸鼻器等产品销往国内及欧美等90多个国家和地区，深受全球各地用户的信赖与好评。

广州嘉德乐生化科技有限公司（以下简称“嘉得乐”）于2005年12月15日成立，注册资本2803.5万元，是一家集研发、生产、销售于一体的现代化高科技的国家高新技术企业。主要生产分子蒸馏单甘酯、水溶性单甘酯、单双甘油酯、硬脂酸盐、司盘系列、聚甘油酯等各类乳化剂产品，并生产乙撑双硬脂酰胺（EBS）、季戊四醇硬脂酸酯等塑料助剂及高分子纤维产品。嘉德乐在广州市经济技术开发区拥有自己的研发和生产基地，厂区占地面积35亩，总投资达5000万元，工厂引进先进的设备和国际顶尖的生产技术。目前拥有世界上最大的单条生产单甘酯生产线，年产量达万吨，纯度达到99%以上，产品质量达到现今国际领先水平。公司共有员工41人，其中大专以上学历科技人员13人，占员工总数的31.71%；研发人员13人，占职工总数的31.71%，均由分析化学、高分子材料、生物制药等专业组成；技术职称中有高级工程师2人、中级职称3人，科技特派员1人。公司与清华大学、华南理工大学、暨南大学等高校紧密进行产学研合作，建立创新联盟，在国内建成生产水平先进的单甘酯研示范基地和平台。

嘉德乐是国家高新技术企业，荣获“2013广州市科技小巨人”“广东省优秀龙头食品企业”“广东省诚信签约单位”等称号。获得7s认证体系、ISO9001:22000、MSDS、HACCP、SGS、SKS、HALAL体系的认证等多项国际认证。目前拥有21项专利技术，包括6项已经授权的实用新型专利，10项进入实审阶段的发明专利，5项已经受理的实用新型专利。主营产品分子蒸馏单甘酯经省科技厅成果鉴定，产品技术达到国内领先水平，产品质量达到国际先进水平。“高纯度分子蒸馏单硬脂酸甘油酯”产品2012年被认定为“广东省高新技术产品”。多项研究项目获得政府的立项支持，“基于天然植物油的不饱和单甘酯高效制造与应用关键技术研究”被省科技厅立项为2012年省部产学研结合项目，“蒸馏单甘酯生产废弃物资源化高效循环利用项目”获得广州开发区循环经济项目立项。

嘉德乐2012年主营业务收入比2011年增长了1158.25万元，增长52.91%；2012年资产总额相比2011年增长了1658.26 万元，增长46.25 %，资产和销售收入增长迅速，公司快速发展。

嘉德乐牌医药级甘油

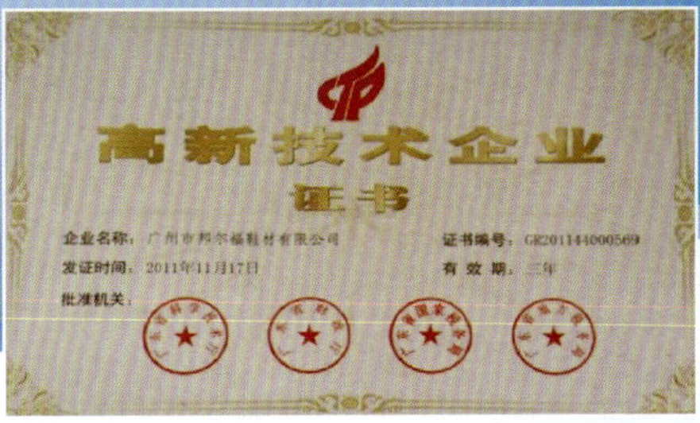

广州市邦尔福鞋材有限公司

广州市邦尔福鞋材有限公司成立于2000年5月，主要进行高分子鞋材料研究开发应用、各类橡胶大底生产、鞋材及其饰件电镀、五金饰件生产，是广东省高新技术企业、环境管理体系ISO1400：2004认定企业和国际质量管理体系ISO9001：2008认定企业。

公司位于广州市白云区太和镇南村蓝穗大道6号，毗邻机场高速北二环出口和龙归地铁站。生产厂区面积3万余平方米，是百丽、星期六、美丽华等知名上市品牌企业的重要合作商。

公司现有员工800余人，以生产橡胶大底为龙头，拥有中底、五金饰件及电镀、组合、模具、PU底等6个生产加工车间和1个鞋材料研发中心。产品涉及橡胶大底、PU底、注塑底、橡塑结合底、金属饰扣、电镀等10余种，30余条生产线，可年产2500万对橡胶大底、500万双PU及塑料大底、2000万套五金饰件。

公司注重质量，拥有先进的基础性检验检测设备，组建了20余人、相对稳定的研发团队。公司与华南理工大学建立了新型鞋材研究开发中心，开展了冰上止滑材料、新型耐磨天皮材料等项目研发合作。公司注重吸纳人才，坚持运用先进的生产工艺、严格的质量管理和雄厚的技术力量来夯实发展之路。

公司努力掌握领先技术，积极参与推动鞋材加工市场的整合与创新，参与推动鞋材产业规范化。公司已计划投入1.5亿元，征地50多亩，建立先进的鞋材生产加工基地。

JANGHO 广州江河幕墙系统工程有限公司
GUANGZHOU JANGHO CURTAIN WALL SYSTEM ENGINEERING CO.,LTD.

www.jangho.cn

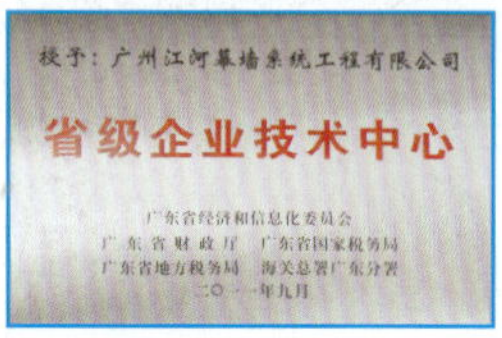

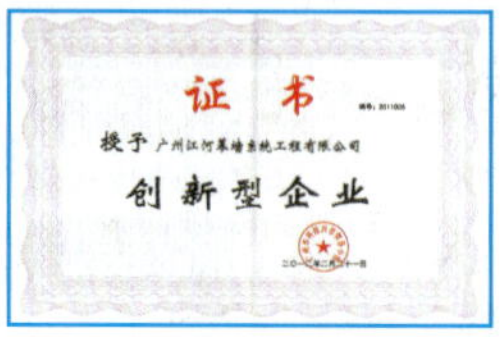

地址：广州增城经济技术开发区创新大道25号
邮编：511340
电话：020-82692588
传真：020-82692533

企业简述

广州江河幕墙系统工程有限公司（以下简称“广州江河”）是集产品研发、工程设计、精密制造、安装施工、咨询服务、成品出口于一体的幕墙系统整体解决方案提供商，是中国主板上市公司江河创建集团股份有限公司（以下简称“江河创建”，证券代码601886）的全资子公司。

广州江河总部设在广州，注册资本2亿元，是中国建筑建材行业首家国际认可CNAS出口企业检测，是经广东省科学技术厅认定的专业从事建筑幕墙设计研发、精密制造、生产加工为一体的高新技术企业。广州江河坚持专业化发展战略,依托技术领先、服务领先、品质领先之竞争优势,深耕本土市场,同时坚持国际化经营战略,积极开拓海外市场。广州江河整体解决方案已成功应用于全球上百项大型建筑幕墙工程。近年来先后承建了广州东塔（华南第一高楼）、广州珠江城（世界超高层建筑风力发电运用之先河，太阳能利用为超高层建筑之典范）、广州太古汇广场（中国十大新地标综合体）、广州利通广场（获得美国LEED绿色建筑认证）、广州火车南站（世界上最大的客运枢纽）、深圳腾讯大厦、澳门新濠天地（全球建筑体量最大的工程之一）、澳门星丽门（是亚洲首个结合剧院、影视制片场、购物商场、娱乐与世界级豪华酒店于一身的娱乐渡假综合项目）、新加坡金沙综合娱乐城（东南亚投资额最大的综合娱乐城）等一系列难度大、规模大、影响大的世界顶级幕墙工程，更是成为地标建筑、行业典范。

广州东塔

设计研发

广州江河多年来一直致力于高性能幕墙产品的研发设计、制造施工、工艺改进与创新等。公司在研发设计、生产制造和施工等主要技术领域已经达到国际、国内领先水平。

公司在广州设有大型建筑幕墙设计研发中心，广州江河已投入上千万元建立了功能齐备的企业技术中心，并且拥有独立实验室。

迄今为止，广州江河已经掌握了包括双层幕墙、预应力索网幕墙、电动开启采光顶、新型人造板幕墙、光电幕墙等数十项核心技术，其中有20余项技术为国内领先、11项技术国际领先。在积极掌握和改进核心技术的同时，江河幕墙致力于各种科技化和实用型产品的开发，公司目前申请的44项专利中，有33项已取得专利证，11项正在受理。其中，5项发明专利处于实质审查当中，6项专利正在受理。在技术创新的过程中，广州江河目前已建立起完善的核心产品体系，以建筑幕墙、建筑门窗、建筑遮阳、幕墙钢结构、金属屋面为主，共形成了五大类别、近百种系列产品，并包括了国际顶尖技术的双层智能呼吸式幕墙等高端产品，这些产品已广泛应用于各个工程项目的设计和施工中。

珠江城

企业荣誉

广州江河拥有建筑幕墙工程专业承包壹级资质，通过了ISO9001质量管理体系、ISO14001环境管理体系及OHSAS18001职业健康安全管理体系三大体系的中英双重认证。

2009年至今，广州江河先后被认定为“高新技术企业”“增城市知识产权示范企业”“广州市优秀民营企业”“2009年度重点税源户”“2010年度广东省守合同重信用企业”“广州市创新型试点企业”“广东省级企业技术中心”。2012年2月取得广州市第四批创新型企业认定，9月通过广东省创新型（试点）企业认定，11月取得2010年度广州市民营企业优秀贡献奖、第一批广州市优势传统制造业转型升级示范企业，12月取得2011年度广州市民营企业优秀贡献奖，2013年11月通过广东省创新型企业认定、获2013—2014年度广州市重点培育和发展的自主国际品牌企业。

澳门梦幻城

新加坡金沙娱乐城

太古汇

广州市永福路倚云国际广场旗舰店

广州市顺泽美汽车用品有限公司

广州市顺泽美汽车用品有限公司始创于1994年，位于“中国汽车产业基地”——广州市，是一家集汽车内饰品设计、生产、经营、服务于一体的现代化企业集团，地处风景秀美，交通发达的中国广州市花都区芙蓉镇，毗邻广州新白云国际机场。

公司历经十九载风雨历程，成就了顺泽美在国内汽车用品行业中龙头企业的地位。在全国同行业中享誉极高，拥有很高的美誉度和知名度，成为一家专注、专精、专造汽车内饰用品的标杆企业。公司占地20000平方米，建有国际标准化的厂房、办公楼和生活区，拥有专业汽车坐垫生产配套设备200多台（套），职工300余人，其中管理、研发、技术人员60余人。公司旗下包括：广州市顺泽美汽车用品厂、广州市顺泽美营销中心、广州市永福路倚云国际广场旗舰店、福怡汽车用品广场直营店等。

工厂鸟瞰图

公司以“车饰美学家”的目标定位，以打造“中国汽车内饰行业标杆企业”的企业使命，建立了“专注、专精、专造”汽车内饰，艺术、美学、舒适车居生活的品牌文化理念；以创新的设计、独特的工艺、环保的材料、人性化的设计、专业的服务为宗旨，通过顺泽美人的努力和广大消费者的厚爱，成功推出了“顺泽美”“牛牛”品牌绿色环保汽车坐垫。

“顺泽美”品牌汽车坐垫连续4年被评为中国汽车用品优秀供应商、优秀品牌等荣誉及荣获国家多项专利；公司同时担任中国汽车用品联合会常务副理事长单位、中国汽车坐垫专业委员会主任单位、中国汽车流通协会汽车专业委员会常务副会长、广州市汽车用品协会常务副会长单位；公司董事长邱清城连续两届被评为中国汽车用品联合会优秀企业家。

倚云营销中心

展望未来，公司更加注重创新设计、品牌文化、人文教育、产品品质，吸取国际先进企业的经营管理理念，不断创新，努力进取，力求打造一个最具品牌影响力的中国汽车内饰用品品牌！